JN436436

혜강 최한기가 읽은 세계

「지구전요」 역주

혜강 최한기가 읽은 세계: 『지구전요』 역주

초판 1쇄 2026년 1월 26일

지은이 최한기
역주 박세욱
펴낸이 최외출
펴낸곳 영남대학교출판부
주소 경북 경산시 대학로 280
전화 053-810-1801~5
팩스 053-810-4722
홈페이지 book.yu.ac.kr
출판등록 1975년 9월 5일 경산 제16-1호

ISBN 978-89-7581-883-7 93980

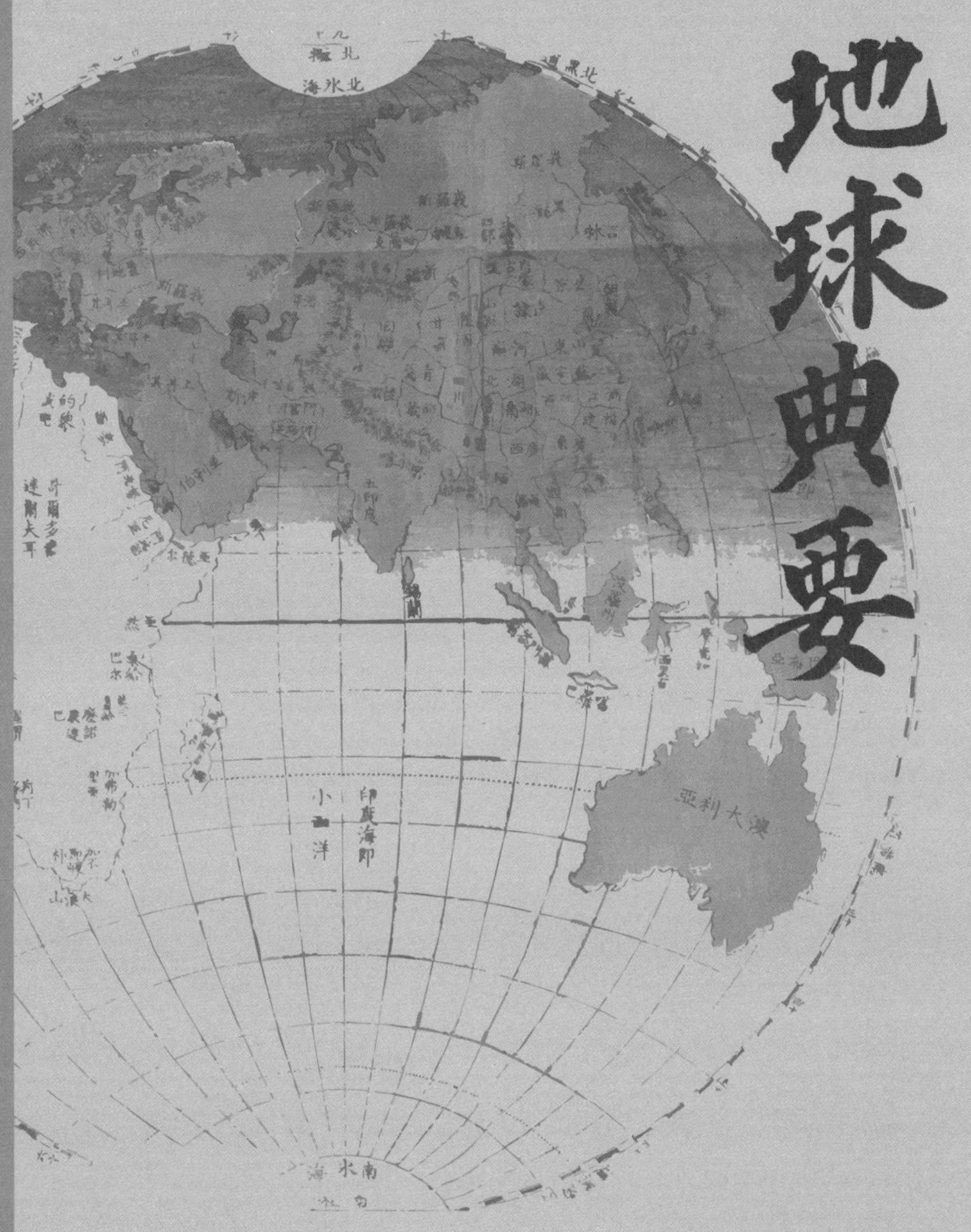

地球典要

혜강 최한기가 읽은 세계

「지구전요」 역주

최한기 지음
박세욱 역주

영남대학교출판부

※이 논문 또는 저서는 2022년 대한민국 교육부와 한국연구재단의 지원을 받아 수행된 연구임 (NRF-2022S1A5B5A16051980)

생각해 보면, 추재 조수삼의 텍스트가 결국 나를 『지구전요』 역주에 이르도록 이끌었다. 이 책은 원래 나의 '조선의 세계 인식' 프로젝트에서는 피해 가려 했던 책이다. 이 분야에서 꽤 굵직한 사전 작업을 해 왔다고 자부하고 있지만, 여기 혜강의 『지구전요』는 한 면도 수월하게 넘어가지 못하리라 예상했기 때문이다. 『제번지』, 『도이지략』, 『영애승람』, 『성사승람』 그 어느 자료도 인용되지 않았다. 이제 말 그대로 나에게는 19세기 새로운 세계가 펼쳐졌다.

혜강 최한기는 벼슬을 멀리한 지독한 독서인이다. 혜강은 『사마방목』에 따르면, 1825년 생원시에 합격했고, 그의 생년은 1803년으로 기록하고 있다. 또 이건창(李建昌, 1852~1898)의 「혜강 최공 전(惠岡崔公傳)」에, 75세를 살았다고 한다. 이로써 계산해 보면, 1877년이 그의 몰년이다.

한 연구에 따르면, 우리나라에 현존하는 『지구전요』는 필사본으로 총 6종이 있다고 한다.[1)] 이밖에 국립중앙도서관에서는 2014년부터 하버드 옌칭 도서관에 소장되어 있던 필사본 1종을 서비스하고 있다. 이 하버드 옌칭 소장본의 목록에는 총 '12권'으로 표기되어 있다. 마지막 '12권', 즉 '참고도와 지도집'은 빠져있다. 형식적으로는 '11권+1권'으로 구성되어 있다. 그러나 같은 내용의 국립중앙도서관 소장본은 '12권+1권'으로 나뉘었다. 사실 하버드 옌칭 소장본 목록대로 전체 12권이 맞고 혜강도 그렇게 의도했다. 물론 별도의 논고로 다루어야겠지만, 나는 이 필사본이 혜강의 초고이자 원본이라 확신한다. 국내 필사본 6종은 필체가 다르고, 내가 혜강의 '원본'으로 주장하는 필사본 두주(頭註)에 표기된 편집 방침들이 여실히 반영되어 필사되었기 때문이다. 따라서 본서는 하버드 옌칭 도서관 소장본을 저본으로 삼는다. 저본을 선택하는 과정에서 아쉬운 점이 있었다면, 이 '훌륭한' 도서가 왜 고화질로 공개되지 않는가다. 국립중앙도서관 소장본 외에 『지구전요』를 소장하고 있는 대학 도서관에 대해 하는 말이다. 이들 사본에 대해서는 몰라서 전혀 언급하지 않는다.

---

1) 노혜정, 「『지구전요』에 나타난 최한기의 지리관」, 『지리학논총』, 45호(2005), 474쪽, 주5.

혜강이 참고하도록 주를 붙인 참고도와 지도, 즉 '권12'는 저본에 없다. 따라서 이를 보여주려면 국립중앙도서관 소장본을 복제하는 수밖에 없다. 그러나 제공하는 지도들의 이미지가 희미하거나 윤곽이 뚜렷하지 않은 데다, 표기한 지명들도 확인하기 어려운 이미지도 꽤 있다. 다른 사본들을 활용하면 되지만, 자료 제공에 인색하다. 궁여지책으로, 어쩌면 더 잘된 일인지도 모르지만, 『지구전요』 1권에서 제시된 참고도들은 『지구도설(地球圖說)』과 같고, 이후 세계 기술에서 참고하도록 한 지도들은 한결같이 『영환지략』의 지도들을 모사했다. 당연히 100%의 일치를 보이지는 않는다. 혜강이 예를 들어 위도와 경도 또는 적도 수치를 추가하는 등 약간의 정보 출입이 있다. 복제하기에는 부족하지만 그래도 국립중앙도서관의 이미지들은 『영환지략』의 지도들과 비교해 볼 정도는 된다. 따라서 본서의 참고 지도는 1861년 오사카에서 간행된 『영환지략(瀛環志略)』의 지도를 보여주는 도시샤(同志社) 대학의 고화질 자료를 붙이고, 다른 점을 주석으로 설명했다. 이 『영환지략』의 지도들을 보여줌으로써 혜강 최한기가 서계여(徐繼畬, 1795~1873)가 제시한 지도에서 무엇을 빼고 무엇을 보태 넣었는지 확인할 수 있도록 하였다.

1857년 최한기는 『지구전요』의 서문을 썼다. 당시 55세였다. 책을 완성하고 이 서문을 썼겠지만, 장담할 수는 없다. 왜냐하면 그가 목록에서 보여주는 분권은 실제 내용과 다르기 때문이다. 현존하면서 확인할 수 있는 그의 이전 저술은 1836년 서문이 있는, 『신기통(神氣通)』 3권과 『추측록(推測錄)』 6권을 합친 『기측체의(氣測體義)』와 『강관론(講官論)』(4권)이 있다. 결국 혜강은 1836년에 총 13권의 책을 저술한 셈이다. 1838년의 서문을 갖춘 『감평(鑑枰)』(1권)이 있고, 1839년 서문이 있는 『의상이수(儀象理數)』(3권)를 저술했다. 위원(魏源)의 『해국도지』 50권 본이 완성되던 1842년, 그해 서문이 달린 『심기도설(心器圖說)』(1권)을 썼다. 이듬해 1843년에는 『소차류찬(疏箚類纂)』(3권)의 서문을 썼고, 서계여(徐繼畬)의 『영환지략(瀛環志略)』이 처음 완간된 해인 1850년에는 『습산진벌(習算津筏)』(5권)을 완성했다. 이처럼 꾸준한 독서와 저술을 이어 오던 그는 1857년이 되어서야 『지구전요』의 서문을 썼다. 말하자면 현재 발굴된 자료로는 1851~1856년 사이 그의 저술은 없다고 말할 수 있다.

최한기는 『지구전요』 제11권에 부록처럼 첨부한 「전후기년표(前後紀年表)」에 따르면 1842년 50권 본 『해국도지』가 완성되었음을 알고 있었다. 적어도 1843년 그는 이 50권 본 『해국도지』를 확보했을 것이다. 『습산진벌』이 완성되던 해인 1850년은 서계여(徐繼畬)의 『영환지략』이 간행되었다는 사실을 알고 있었음을 혜강이 만든 「연표」에서 확인할 수 있다. 물론 책을 입수하고 간행된 해를 알았겠지만 말이다. 혜강은 늦어도 1851년에는 『영환지략』을 사들였을 것이다. 이어서 『해국도지』와 『영환지략』이 같은 카테고리의 도서임을 알았을 것이고, 이 두 책이 당시로서는 '지구' 즉 땅을 살펴볼 수 있는 최신 자료임을 확신했을 것이다. 요컨대 1851~1857년 5월 이전 두 책의 독서와 '편집'이 이루어졌다. 혜강이 『지구전요』을 '저술'하려고 작심한 것은 확실히 『영환지략』을 얻고 난 뒤다. 왜냐하면 그는 서문에서 『해국도지』의 번잡함과 『영환지략』의 간략함 속에서 그 가운데를 얻으려 했다고 밝히고 있기 때문이다. 목차와 내용을 보면, 혜강의 저술 중심은 『영환지략』에 있었다.

『영환지략』의 저자 서계여는 1848년 8월에 서문을 썼다. 중국 학자 송다촨[宋大川]은 『영환지략』을 교주하면서 도광 28년(1848) '복건 순무 아문 각본(福建巡撫衙門刻本)'을 저본으로 했다고 밝혔다(『영환지략교주』, 문물출판사, 2007, 13쪽). 여기 '복건 순무'는 바로 서계여 자신이다. 그런데 교주본에 첫 번째 실린 『영환지략』 서문은 도광 기유년(己酉年), 즉 1849년 4월 유운가(劉韻珂)가 쓴 것이다. 이건 불가능하다. 이 중국학자가 정확하지 못했다. 중국 국가 도서관 소장본은 '무신년(1848)'으로 되어 있는데, 9권 미합중국[米利堅合衆國]까지만 있다. 한편 북경대에 소장된 10권 본 표지는 '경술년(1850)'으로 되어 있고 유운가의 서문이 실려 있다. 이로부터 1848년 이후, 서계여는 10권을 완성하고 추가로 10권만 판각했을 것이다. 그래서 1848년 서문이 수록되었고, 1849년 유운가의 서문이 실릴 수 있었다. 최한기는 분명히 『영환지략』이 1850년 간행되었다고 했는데 정확하다. 『영환지략』 10권 본(최종본)은 1850년 처음 간행되었다고 해야 한다. 바로 이 10권 본 『영환지략』 초판본을 혜강은 저본으로 삼았다.

언급한 것처럼, 혜강은 『영환지략』의 소략함을 『해국도지』에서 채웠다.

『해국도지』는 1842년 완성되었지만, 1844년 활자본으로 간행되었다. 당시 50권이었다가, 1847~1849년에 60권으로 증편되었고, 1852년 100권으로 늘어났다. 따라서 위원(魏源)이 『영환지략』을 채록하여 보충한 판본은 100권 본이다. 이 3종의 판본 중에서 혜강은 어떤 판본을 활용한 것일까? 모두 혜강이 독서하고 '편집'한 시기에 나왔기 때문이다. 저본에서 '권4'로 추정되는 유럽[歐羅巴] 총술에서 유럽 여러 나라의 판도를 비교한 표[友羅巴列國版圖表] 뒤에 유럽의 '사람들[人民]'을 기술했는데(3b), '인민' 항목 위의 두주(頭註)에는 "[여기] 서양의 사적은 고쳐야 한다. 『해국도지』, 제10책, 25권, 포로아(布路牙, 포르투갈) 기술에서 『해록(海錄)』과 『[오문]기략([澳門]紀略)』의 두 조목을 참고하시오"라고 하였다. 여기서 언급한 『해록』과 『오문기략』은 60권 본 『해국도지』(1849년 간행본)에 추가된 자료다. 포르투갈 연혁[葡萄亞國沿革] 아래 "원본에는 없어 보충한다"라는 주석이 붙어 있다(권25, 3b). 그러므로 이 초고에 붙인 두주는 혜강이 50권 본 『해국도지』를 중심으로 작업하면서, 1847년 이후 60권 본을 입수하거나 빌려보고, 그 정보를 이처럼 추가한 것으로 추정해 볼 수 있다. 이상으로 혜강의 중심 텍스트는 1850년 초판본 『영환지략』이었고, 보충한 자료는 50권 본 『해국도지』였으며, 이후 『지구전요』가 완성될 즈음 60권 본 『해국도지』을 확인했다고 추정한다. 만약 혜강이 60권 본 『해국도지』를 참고했다면, 그의 독서 수준으로 봤을 때, 60권 본에만 들어 있는 『경세대전(經世大典)』에 수록된 지도를 놓치지 않았을 것이다. 또한 100권 본의 내용은 『지구전요』에 보이지 않으므로, 100권 본의 존재를 혜강이 알았겠지만, 『해국도지』의 번잡함을 잘 알고 있던 터라, 참고할 필요성을 느끼지 못했을 것이다.

1857년 『지구전요』가 완성되고, 3년 뒤인 1860년 서문을 갖춘 『인정(人政)』(25권)을 내놓았다. 사실 혜강 최한기의 굵직한 독서와 저술은 이 『인정』으로 갈무리된다고 이해해도 큰 무리는 없을 것이다. 이렇게 정리해 보면, 그의 학문은 '천(天)', 즉 우주에서, '지(地)' 즉 지구로 내려왔고, 다시 '인(人)'으로 파고들었다. 말하자면 『기측체의』-『지구전요』-『인정』으로 이어지는, 천·지·인, '삼재(三才)'의 학문 여정이다. 현대적 학문 분류로 그의 학문을 재단할 수는 없다. 나는 그의 학문을 '삼재학'이라 부르고자 한다. 바로 이 점에서 『지구전요』의 특장점이 드러난다. 『영환지략』과 『해국도지』는 하늘과 땅의 움직임을 따져보는데 아쉬움을 남겼다. 혜강은 우주의 운행을 이해한 다음, 그 범주에 따라 '지구'를 돌아보며 '인정(人政)'을 예고했다. 그 '인정'은 보편적인 전부였다. 이렇게 혜강은 『영환지략』, 『해국도지』의 약점들을 보완하여 19세기 최고의 세계 인문 지리서를 남겼다.

내가 이 서문을 쓰고 있는 9월 현재로 위원의 『해국도지』 100권 본이 한국어로 2024년 9월 8책(25~27권)까지 출판되었고, 서계여의 『영환지략』이 6월 역주되어 출간되었다. 나의 『지구전요』 또한 혜강이 원했던 것처럼, 이들 책의 '가운데'에 있기를 희망한다.

나의 저본이 초고인지 원본인지 확신하지 못하고 있을 때, 이를 확인해 준, 곽혜영 선배, 그리고 내가 구두도 떼지 못하고 얼버무렸던 세 단락을 해결해 준 김충희, 신재환 선배들에게 고마움을 전한다. 이 밖에도 멀리서 옆길로 새지 않게 응원해 주신 분들이 입에 맴돈다.

마지막으로 딴 세상에 사느라 제대로 반응하지 못한 일, 밥상머리에서 혼자 풀지 못하고 행패부린 갖은 투덜거림, 뜬금없는 잠꼬대, 모두 눈감아주며 응원해 준 아내에게 이 책을 바친다.

2024년 9월, 여행하고 싶어 몰래 심어둔 표시를 하나하나 지우며.

박세욱 씀

차례

[권3]

[권4]

크고 둥근 무엇을 어찌 한번 보고, 전체를 알 수 있겠는가. 크고 운행하는 것은 반드시 도는 행성[轉曜]으로 입증할 수 있기 때문이다. 땅이 둥글다는 명확함에는 본디 층절(層節)이 있다. 한 사람의 발이 이르는 곳은 불과 1만 몇천 백 리에 불과하고, 이목이 미치는 곳은 단지 솟은 산과 흐르는 물에 있으니, 어찌 땅의 형태가 모나는지 둥근지, 지구가 동(動)하는지, 정(靜)하는지를 알겠는가. 형세는 천하 사람들의 발자취가 이르는 곳과 이목이 미치는 곳을 모아야 그 형태가 둥근 공임을 증명할 수 있다. 천만년 해와 달의 궤도와 행성[星辰]의 회전을 미루어 생각해야 그 자체적인 운행을 입증할 수 있다. 이것은 바로 우주의 현명한 사람들이 동료들과 협력하여 점차 분명히 밝혀내야지, 결코 한두 사람이 수백 년 동안 논하여 결정될 일이 아니다. 이것이 첫 번째 층절이다(大而圓者, 豈可一望而認體, 巨而運者須因轉曜而得驗. 地球之明, 自有層節. 一人之足所到, 不過萬千百里, 耳目所及, 只在山峙水流, 何以知地形之方圓, 地體之動靜. 勢將裒聚天下人之足跡所到, 耳目所及, 可驗其形之圓球. 推稽千萬歲之日月躔度, 星辰斡旋, 可驗其擅之運轉, 是乃宇宙賢知, 協力同寅, 漸次修明, 決非一二人, 十百年講定者也. 是一節也).

옛날 사람들은 옛날의 견문을 두루 살펴보고, 뜰[庭除]의 평탄함으로 미루어 땅은 모나다고 하고, 여러 행성[曜]의 운행을 우러러보고, 땅은 움직이지 않는다[地靜]고 하였다. 이로부터 내려오면서 그 설을 존중했고, 그 법칙을 숭상하여, 같으면 옳다고 하고, 다르면 아니라고 하며, 변론하는 설에 대비하지 않음이 없었다. 혹 땅은 둥글다고 하고, 혹 땅은 사방을 유영한다고도 하는데, 모두 시험하여 계산해 보지 못했다. 중세[近古]부터 지구가 둥글다는 설은 둘레로 입증되었고, 땅이 돈다는 항속성[歷]은 여러 행성[曜]으로 증명되어, 비로소 그 설을 안 자들은 은연중에 기뻐했고, 점차 그 이치를 깨달은 사람들은 흔쾌히 투합했으며, 기(氣)의 운화(運化)를 본 자들은 일을 받들어[承事], 제자리에서 생육하게 한다. 실상(實象)이나 실리(實理)의 뚜렷함이 아니라면, 천하에 조금이라도 밝은 지혜로 궁구하여 설명하는 자들이 어찌 다른 말 없이 이구동성으로 호응하겠는가. 결코 막연히 따라가며 유사하게 주장하는 설들이 견주어 의논할 바가 아니다. 옛 설에 고착된 자는 때에 따라 재어 증명할 줄 모르고, 현재의 설을 의심하는 자는 연구하여 부합할 수 없으니, 고금(古今)에

얽매여 그 말에 근거한 자들은 실제로 체득하지 못했다. 무릇 사람들이 지구의 표면에 공생하면서 운행[旋轉]에 힘입고 기화(氣化)를 타고 평생을 지내는 일은 예나 지금이나 다름이 없으니, 어찌 식견의 다름이 이처럼 현격히 다른가? 이것이 두 번째 층절이다(上古人, 以上古之見聞閱歷, 推庭除之坦平而謂之地方, 仰諸曜之運行而謂之地靜. 自茲以降, 尊其說, 尙其法, 同則是, 異則非, 辨論之說, 無所不備. 或謂地圓, 或謂地游四方, 皆未有測驗立算. 自近古地圜之說, 驗於周環, 地轉之歷, 證於諸曜, 始得其說者, 隱有悅樂, 漸覺其理者, 快有契合, 見氣運化者, 承事位育. 如非實象實理之著顯, 天下之稍有明慧究解者, 何以無異辭而同聲和應哉. 須非依俙倣似之說, 所可擬議也. 泥著古說者, 不識隨時測驗, 疑惑今說者, 不能研究符合, 牽掣古今, 以資言說者, 未有實得. 夫人共生於地球之面, 資旋轉而乘氣化, 以度平生古今無異, 奈何見識之不等, 若是懸殊耶. 是二節也).

이에 이 사람들을 인식하고, 이 세상을 깨달으려는 사람은 지구가 운화(運化)함을 철저히 밝혀냄에 있어서, 상등의 사람들은 도설(圖說)로 깨우치고, 하등의 사람들은 속설로 비유하며, 실제 체득함의 효과를 얻고자 바라니, 우열을 면치 못하고 또 비방이 그치지 않는 이유는 변론에 실마리가 많기 때문이다. 이는 최초의 계몽에서 나왔기 때문이다. 이것이 세 번째 층절이다(於是欲覺斯民, 悟斯世者, 惟於地球運化, 到底發明, 上等人以圖說開牖, 下等人以俗說譬諭, 輒臻實得之效, 未免良苦而又與訾毁不已者, 辨論多端, 是因出於最初啓蒙也. 是三節也).

오늘날 세상의 현명하고 지혜로운 사람들 모두 그 대강을 잘 알지만, 그 나머지는 모르면서 휩쓸려 다니는 사람들이 태반이니 온 세상 사람들의 지성[知覺]이 이에 이르러 또한 변화해 간다. 그러나 신괴(神怪)한 설은 변동의 끝으로 쉬이 나아가고, 어긋난 담론은 같고 다름의 사이에 들기도 하니, 오히려 성실한 '도'에 해를 끼치고, 궁구하여 설명하는 방법을 쉬이 미혹되게 한다. 서양학자[西士]의 지구에 관한 책들은 두세 가지에 그치지 않지만, 모두 과장과 허황함이 많다. 천도(天道)를 어찌 과장되고 허황하게 말할 수 있으며, 지도(地道)를 어찌 과장되고 허황하게 말할 수 있겠는가. 입이나 붓으로 유희하는 담론이 경박한 재주꾼들의 우스갯소리라고 할지라도, 천지가 기화(氣化)하는 도리는 실로 여러 행성[曜]이 틀림없는 회전에 말미암는다. 이것이 『전요』를 쓰는 이유다. 이것이 네 번째 층절이다(到今宇内賢知之類, 皆能認其大致, 其餘不知而風靡者過半, 擧世知覺, 至斯而亦運遷. 然神怪之說, 易涉於變動之際, 違戾之談, 或參於同異之間, 反貽累於誠實之道, 易致惑於究解之方. 西士地球等書, 不翅二三而率多誇誕. 天道其可以誇誕說哉, 地道其可以誇誕說哉. 口筆游戲之談, 縱爲輕薄才藝之滑稽, 天地氣化之道, 實由諸曜無訛而旋轉, 此所以典要之作也. 是四節也).

이전 지구에 관한 설들은 방향이 없는 논의에서 방향이 있는 논의로 이르렀고, 과장되고 허황한 설을 주창하다가 과장되고 허황한 설을 종식하는 데 이르렀으니, 반드시 그 사실을 바루려 붓을 적실 필요는 없다. 향후 지구에 관한 논의는 이전 사람들이 정성과 힘을 다해 이미 경험하고 점검하는 과정을 거쳐, 하늘과 땅이 운화(運化)하는 항속성[經常]이 사람들을 편안히 하고 구제하는 일이 되었으니, 귀신과 화복(禍福)은 기화(氣化)가 모이는 곳에서, 녹아 없어지고, 신령한 품성[靈性], 허구와 이상함은 진실의 철광석으로 종식될 것이다. 경계(境界), 거리[程里], 토산, 영고(榮枯)가 지구 표면에서 점점 미세해지고, 해와 달이 서로 비추어 상응하며, 여러 행성이 아울러 운행하는 사실은 지구 밖으로부터 누차 증험 되었으니, 이는 지구를 인식한 큰 공로이자 큰 경험이다. 단지 지구를 말하면서 원근의 국명(國名)이나, 신비롭고 괴이한 사적을 전하며, 항구적인 운화(運化)를 인식하지 못하고 귀신이나 화복이나 더럽고 비루한 습속을 고수한다면, 지도(地道)에서 얻을 바가 없음을 알 수 있을 것이다. 이것이 다섯 번째 층절이다(已往地球之論, 自無方向, 至有方向, 自倡誇誕, 至息誇誕, 不必更事泚筆. 方來地球之論, 前人之殫精竭力, 爲已之經驗閱歷, 天地之運化經常, 爲民之康濟事務, 鬼神禍福, 鑠於氣化之府, 靈性虛異. 熄于眞實之鑛. 境界·程里·土産·榮枯, 從球面而漸詳, 日月照應, 諸曜并運, 從球外而累驗, 是則認得地球之宏效大驗也. 苟或但說地球而能傳遠近國名, 神怪事蹟, 不識經常運化而固守鬼神禍福, 汙俗陋習, 可知其無攸得於地道也. 是五節也).

사람과 사물은 땅의 기화(氣化)를 타고, 일어났다가 소멸하고 태어났다가 죽는데, 땅으로 사람과 사물을 보면 유무를 알 수 없고, 사람으로서 땅을 살펴야, 표면을 덮고 있는 바다와 육지가 일으키는 기화(氣化)를 추측할 수 있으나, 그 안을 보지 못하고, 그 밖을 바라보지 못하면, 장차 어찌 지구를 인식하여 말하겠는가. 당연히 세상의 사람과 사물은 지구의 사무(事務)에 관계되니, 조목별로 권하고 징계하며, 필수적인 쓰임을 연구하고 익히고, 인도(人道)의 항구성을 명백히 말하며, 정교(政敎)의 교화와 실천을 수립해야 족히 지구에서의 인생과 도리를 인식했다고 말할 수 있다. 이것이 여섯 번째 층절이다(人與物乘地之氣化而起滅生息, 以地視人物, 不識有無, 以人視地, 惟能揣摩被面之海陸作之氣化, 而不見其內, 不瞭其外, 將何以認識地球言哉. 當於宇內人物, 關涉地球之事務, 條別勸懲, 硏習須用, 明言人道之經常, 樹立政敎之化行, 足可謂認地球之人生道理也. 是六節也).

대저 천도(天道)와 인도(人道)에는 모두 관건[機括]이 있으니 어찌 맥락이 없겠는가. 지구의 운화(運化)는 여러 행성의 조응(照應)으로 이루어지고, 인생과 도리는 지구의 운화(運化)로부터 생겨난다. 기화(氣化)의 네 카테고리[四門]를 배정하자면, '문'에는 각기 조목[條]이 있어 세계 각 나라의 사적을 짜서 이룬다. 그것을 읽는 자는 기화(氣化)를 살펴서 인도(人道)를 수립하고 인도를 실행하면, 인도가 정해져 지구의 표면에서 두루 통할 수 있다. 기화를 살피지 않고 인도를 말하면서 인도를 생각하면, 인도가 결정되지 않아 지구의 표면에서 두루 통할 수 없다. 이것이 일곱 번째 층절이다(蓋天人之道, 儘有機括, 豈無脈絡. 地球運化, 由諸曜之照應而成, 人生道理, 由地球之運化而生. 排定氣化之四門, 門各有條, 織成宇內各國之史蹟. 讀之者見氣化而立人道, 行人道, 則人道定而可徧偏達于球面. 不見氣化而談人道, 思人道, 則人道未定而不可徧偏達于球面. 是七節也).

[이러한] 층절을 추구하면서 분별력이 점차 열려 지각의 변화를 깨닫는다면, 인간 세상의 경륜과 학업의 범위가 어찌 이보다 크고, 이를 넘어서는 무엇이 있겠는가. 도가 설에서[玄談] '천지 이전'이니 '천지 이후'니 하는 설에는 명확함이 없고 근거도 없으며, 불가의 설[佛說]에서 '빈 산하'니 '인륜과 사물을 버림'이니 하는 설은 밝음을 등지고 어둠을 향한 꼴이다(若於逐節, 分別漸次開牖, 見得知覺遷移, 人世之經綸·學業之範圍, 豈有大於此, 過於此哉. 玄談之

先天地·後天地, 沒著無準, 佛說之空山河·遺倫物, 背明向暗).

정사년(1857), 5월 15일 혜강 최한기가 기화당(氣和堂)에서 쓰다(丁巳五月望, 惠岡崔漢綺書于氣和堂).

1. 지구는 우주 안에 있으므로, 반드시 도는 여러 행성[曜]과 연결되어 체(體)를 이뤄야 온전해지고, 기화(氣化)는 역법이 지구에서 다 생겨나게 한다. 옛날부터 지구를 논한 책 대부분이 각 나라의 강역(疆域), 풍토(風土), 산물(産物), 인민(人民), 정치[政], 풍속[俗], 연혁(沿革) 등을 설명했으나, 지구의 전체 운화(運化)는 단지 『지구도설(地球圖說)』[1]에서 대략 밝히고 있으므로, 수권에 채록한다(地在宇內, 須與旋轉之諸曜連綴成體以全, 氣化則歷法儘生於地球. 從古論地球之書多說各國疆域·風土·物産·人民·政·俗·沿革之類, 而地球之全體運化, 惟地球圖說略明之, 故排錄于卷首).

2. 지구 면의 경위도는 이미 옛사람들이 정한 바 있지만, 경위 도수를 따져 밝혀야 지구 형태의 광륜(廣輪)이 있는 곳의 방향과 또 천도(天度)의 경위를 판별할 수 있다. 서로 상응하는 양극의 은현(隱現), 하동(夏冬)의 춥고 더움, 주야(晝夜)의 길고 짧음, 조수[潮汐]의 진퇴 모두 근거할 만한 바가 있다. 이 책을 읽는 사람은 먼저 땅에서의 경위 도수와 하늘에서의 경위 도수가 장소에 따라 서로 상응함을 밝혀야 범위(範圍), 배포(排布), 기수(氣數), 운화(運化)를 고구할 수 있다(球面經緯度已有古人所定, 須講明經緯度數, 可辨地形之廣輪所處之方向, 又可辨天度之經緯. 相應兩極隱現·冬夏寒暑·晝夜永短·潮汐進退, 皆有可處. 讀是書者, 先明在地之經緯度, 在天之經緯度, 隨處相應, 可究範圍·排布·氣數·運化).

3. 천하의 지도와 기술[圖志]을 설명하는 자는 반드시 일관적인 요령을 얻어야 크고 작은 모든 일들에 통달할 수 있고, 또 순리와 역리, 어긋남과 부

---

1) 프랑스 예수회 소속 신부이자 과학자 미셸 브누아(Michel Benoist, 1715~1774, 蔣友仁)가 건륭제(乾隆帝)의 조정에서 일하며, 페르비스트(Ferdinand Verbiest, 1623~1688)의 『곤여도설(坤輿圖說)』를 토대로 1760년 「곤여전도(坤輿全圖)」을 완성했고, 이 지도의 해설서로, 서양 서적을 번역해 만든 책이 바로 『지구전도(地球全圖)』(1권)다. 이 책은 당시 내각학사이자 예부시랑이었던 하국종(何國宗, 1767년 죽음)과 한림원 편수관 전대흔(錢大昕, 1728~1804)이 윤색(潤色)한 텍스트에, 가경(嘉慶) 4년(1799), 완원(阮元, 1764~1849)이 서문을 쓰고, 전대흔의 문인 이예(李銳)의 『지구도설보도(地球圖說補圖)』(1권)에 서문을 써서 2권으로 간행했다. 여기서는 1937년 『총서집성초편』 본을 활용한다.

합함을 변별할 수 있으므로, 특별히 기화(氣化)를 들어 네 카테고리[四門]와 여러 조목을 나누어 정한다. 강역(疆域), 풍기(風氣), 인민(人民), 물산(物産)은 기화가 생성하여, 지식이나 솜씨로 증감하거나, 망상으로 고치거나 바꿀 수 없다. 의식(衣食), 궁성(宮城), 문자(文字), 역법(曆法), 농(農), 상(商), 공(工), 기용(器用)은 기화(氣化)에 순응한 여러 도구로, 기화에 어긋나면 타당성을 잃고, 기화에 합하면 타당성을 얻는다. 정치[政], 왕(王), 관리[官], 등용[用人], 교육[教], 학문[學], 예(禮), 형벌과 금지[刑禁], 법(法), 군대[兵], 관습[俗尙], 이교도[外道], 귀신(鬼神), 사절 교환[使聘], 여정[程途]은 기화가 이끄는 보편적으로 적용되는 법칙[通法]으로, 기화에 어두우면 뛰어나지 못하고[不善], 기화를 알면 뛰어남[善]을 얻는다. 각 부락[各部]의 연혁은 기화의 자취로, 기화를 살피면 일상이 자명해지고, 기화를 살피지 못하면 괴이하고 허황함을 숭상할 뿐이다(明天下之圖志者, 須得一統要領, 可以通悉鉅細事務, 又可辨別順逆違合, 故特舉氣化, 分定四門及諸條条. 疆域·風氣·人民·物産, 氣化之生成, 不可以知巧增減, 不可以妄想變改. 衣食·宮城·文字·歷·農·商·工·器用, 順氣化之諸具, 違氣化, 則失宜, 合氣化, 則得宜. 政·王·官·用人·教·學·禮·刑禁·法·兵·俗尙·外道·鬼神·使聘·程途, 導氣化之通法, 昧氣化, 則不善, 達氣化, 則得善. 各部沿革, 氣化之經歷, 見氣化, 則經常自著, 不見氣化, 則只尙怪誕).

기화(氣化)가 생성하는 문(門): 강역(疆域), 산수(山水), 풍기(風氣), 인민(人民), 인구[戶口]와 용모. 물산(物産).

기화에 순응한 여러 도구의 문(門): 의식(衣食), 궁성(宮城)도읍[都], 문자(文字), 역법[歷], 농(農)생업[業], 상(商)시장[市埔]·기(旗)·호(號), 공(工), 기용(器用)철(鐵), 대포[礮], 배[船], 재물[財], 농지세[田賦].

기화가 이끄는 통법(通法)의 문(門): 정치[政], 왕, 관리[官], 등용[用人], 교육[教], 학문[學], 예(禮) 악(樂), 형벌과 금지[刑禁] 법(法), 병(兵), 관습[俗尙] 이교도[外道], 귀신(鬼神), 사절 교환[使聘] 여정[程途].

기화 경력의 문(門): 각 부락[各部],[2] 연혁(沿革).

---

2) '부(部)'자의 사전적 정의는 혈연이 가까운 씨족들이 모여 이룬 공동체를 의미한다. 『요사(遼史)』, 권32, 「영위지(營衛志)」(376쪽)에 "부락을 '부'라 하고 씨족을 '족'이라 한다

각 나라는 네 카테고리[門]와 여러 조목에 따라 순서대로 채록하고, 동그라미를 치고 올려 써서 찾아보기 편리하게 했다. 기록할 만한 조목이 없는 경우에는 뺐고, 작은 부락[小部]과 작은 섬의 사적은 소략하여, 함께 열거하고 요약했다(各國, 依四門諸条循序採錄, 而加圈擡書, 以便搜閱. 無可錄之条, 闕之, 至於小部·小島事蹟草率, 不足分条者, 渾列而略之).

4. 『해국도지(海國圖志)』는 초창기에 나와, 서양학자들의 허황하고 신기하고 기이한[神異] 기술을 잔뜩 모아놓았고[阜集], 여러 책을 볼 때마다 채록하여, 요점을 잃었다[要無遺迭]. 전체적 줄거리[綱領]를 터득하지 못한 이들은 현혹되기 십상이다. 『영환지략(瀛環志略)』은 최근[挽近]에 출간되었는데, 정연하나[規整], 점차 단서(端緖)로 나아가면서 매우 소략함을 면하지 못했다. 이에 두 책을 참작하여 실용(實用)을 골라 기화(氣化)를 이해하는 데 힘쓰고자 한다. 번잡함과 간결함에서 그 가운데를 얻더라도, 빼고 더함은 타당함을 따라야 하는데, 대개 이 두 책 이외에서 나오지 않아 책 이름을 달 필요가 없었다. 단지 일본의 사적에만 소략함이 상당히 많아, 부득이하게 『해유록(海遊錄)』에서 채록했다(海國圖志出於初創, 阜集西士之荒誕神異, 諸書之隨聞輒錄, 要無遺迭, 未得綱領者, 易致眩感. 瀛環志略出於挽近, 規整, 漸就端緖, 未免太簡. 玆庸參酌二書, 務採實用, 導達達化. 使煩簡得中, 刪翼隨宜, 蓋不出二書之外, 不必逐懸冊名. 惟日本事蹟頗多疎略, 故傍採於海遊錄).

5. 각 나라의 지명은 이미 번역상 다름이 있고, 또한 역대 연혁의 다름이 있어 가장 분석하기 어렵다. 소재하는 나라의 역대 주군(州郡)의 명칭과 고금의 문서로 같고 다름을 분별하더라도 대부분 입증할 수 없어, 지지(地志) 학자들의 논쟁하는 이유가 된다. 하물며 수만 리 밖 언어가 다른 나라의 명칭과 지명에 있어서는 어떠하겠는가. 한두 글자에서 일고여덟 자에 이르기까지, 먼

(部落曰部, 氏族曰族)"라고 하였다. 이에 따라 '부락'으로 번역했다. '락(落)'은 '부'의 하위개념일 것이다. 마길사(瑪吉士, José Martinho Marques, 1810~1867)가 편역한 『외국지리비고(外國地理備考)』(이하 『지리비고』로 약칭함)에서 각 나라의 '성(省)'으로 기술한 용어를 서계여는 모두 '부(部)'로 통일했다. 따라서 본서에서 말하는 '부락'은 사실상 주(州) 또는 지역이나 지방을 의미한다.

나라 사람들이 민간에서 전하는 음에 따라, 한자로 음역했는데, 사람마다 다르고, 곳곳마다 다르다. 한 나라의 명칭에 많게는 여덟아홉 개도 있으니, 최근 정리된 『영환지략』에 실린 명칭을 따라 각기 다른 명칭을 나누어 주를 달되, 지명은 옆에 '‖'표를 했고, 인명은 옆에 '|'를 추가하여 식별했다(各國地名, 旣有繙繹之不同, 又有歷代沿革之有異, 最難合晳. 雖以所居國之歷代州郡名稱, 將古今文蹟辨別異同, 多不可證, 地志學之所以紛爭也. 況數萬里外言文不同之國號地名乎. 自一二字至于七八字, 依遠人俗傳之音, 以漢字譯之, 人人殊而處處異. 一國稱名, 多有至八九者, 能從最近理整瀛環志略所載之名, 分註各殊之稱, 而地名則傍標‖, 人名則傍標|, 以爲識別).

6. 지구가 칠요(七曜)와 상응하는 「역상도(歷象圖)」, 「지구전후도(地球前後圖)」, 각 나라의 지도를 별도로 한 편으로 만들었고, 숫자로 순서를 표기하고, 또 각 편의 설명에 주를 나누어 빠르게 대조 검토하도록 했다(地球與七曜相應之歷象圖·地球前後圖·各國地圖, 別爲一編, 而標其一二第次, 又分註于各篇之說, 以捷照檢).

7. 중국과 우리나라 지지(地志)에 상세히 수록된 책들은 두세 권이 아니므로, 감히 한 마디도 덧붙이지 않았다. 그리고 『영환지략』에 실린 바에 따라, 여러 나라의 앞머리에 중국 전도[神州之全圖]를 그려 넣은 이유는 대통(大統)을 밝히기 위함이지 다른 뜻은 없다(中華及我東地志詳載之書, 不翅二三, 則不敢贅一辭, 而依志略所載, 繪神州之全圖於諸國之首, 以著大統, 無外之義).

8. 현재 옛날로 거슬러 올라가 보면 각 나라의 강역 변화에 일정함이 없고 시속의 변천은 점진적이다. 현재 편찬된 원근의 서적들은 가깝게는 수십 년 이전의 일이나, 멀게는 수백 년 이전의 일을 말하니, 그 사이 강역의 변화에 어찌 국정의 성쇠와 시속의 변천이 없겠는가. 자연히 세월의 변화도 있었으므로 옛 견문으로 현재를 말하려면 결함을 극복함[救敝]에 철 지난 탄식이 없을 수 없다. 또 이 관습을 들어 저 전습(傳習)을 나무라는 일은 편벽되고 막히는 우환을 면치 못한다. 따라서 각 조목의 이치상 논단을 보태 넣을 여유가 없었다. 다만 마땅히 육합(六合)을 통하여 범위를 짐작하고, 연혁에 편승하여

경상(經常)으로 부축하여 세웠을 뿐이다(以今溸古, 各國疆域之進退無定, 時俗之變遷有漸. 方今所編之遠近書籍, 近在數十年以前事, 遠在數百年以前事, 這間疆域進退, 豈無國政之盛衰, 時俗變遷. 自有歲月之變改, 欲將古聞見而說今, 救敝不無過時之歎. 又舉此俗尙, 而譏彼傳習, 未免偏滯之患. 是以各条之按說論斷, 未暇滋筆, 但當通六合而斟酌範圍, 乘沿革而扶植經常).

9. 각 나라의 사실을 깊이 이해한 이후에 마무리 짓는 바가 없으면 모르는 것과 같고, 마무리를 지으려면, 기화 순응[氣化順迪]과 정교의 일정함[政教經常], 이를 버리고 무엇으로 하겠는가. 이에 식견이 없으면, 이교도[外道]의 잡설이 틈을 기다려 일어날 수밖에 없다. 이에 터득한 바가 있으면, 세상의 태평함[昇平]이 그 기미를 따라 점차 나아간다. 내가 『우주책(宇宙策)』 12권을 저술한 목적은 실로 이 책과 안팎의 도리로 삼아, 안에서 얻어 밖에서 적용하거나 밖에서 얻어 그 안을 제어하기도 했다(各國事實體認伊後, 無所措畫, 與不知同, 欲有措畫, 氣化順迪, 政教經常, 捨此何以哉. 無見乎斯, 則外道雜說, 不得不俟隙而發, 有得於斯, 則宇内昇平, 隨其機漸次而進. 余所著宇宙策十二卷, 實與此書爲内外詮, 或得於内而施於外, 或得乎外而制其内).

10. 역대의 연대 계산에 있어서 중국은 제왕의 연호로, 서방 나라들은 기년(紀年)으로 계산한다. 햇수가 얼마인지를 상고한다면 현재에서 거슬러 가는 편이 빠르다. 이 책을 엮은 함풍 7년(1857)을 기준으로 연대를 계산한 표를 만들었다. 행마다 열 칸을 그리고, 10년의 수를 표기하고, 그 위로 거슬러 올라가며 역대 제왕의 연호를 채워 넣었고, 매 행의 위에는 이전 10년, 100년, 1,000년의 수를 표기했으며, 이후는 이후 몇 년인지를 덧붙였으니, 실로 연대를 계산하는 빠른 방법이 되었다(歷代計年, 中國以帝王年號, 西國以教門紀年. 如考歷年多小, 莫捷於舉今溯考. 以今編此書之咸豐七年爲準, 而作計年表. 每行畫十間, 以表十年之數, 溯以上之塡歷代帝王年號, 每行之上標前十年·百年·千年之數, 以後則追書後幾年, 實爲計年之捷法).

11. 사대주의 각 나라는 정치와 풍속이 일정하지 않다고 하더라도 대략적인 삶, 도리, 기화의 경상(經常)에는 조금의 다름이 없다. 기물을 만들고 다

른 풍속을 전습(傳習)함에 있어서는 대체로 구별했다. 단 동서의 차이가 있는데, 서양인이 중화를 말한 바와 중국인이 서양의 법을 말한 바를 일괄 수집하여 「중서동이고」를 지어 마지막 편에 붙였다(四洲各國, 縱云政俗不一, 其大致之人生·道理·氣化經常少無異焉. 至於制作器用傳習殊俗, 大致辨別. 惟有中西之異同, 西人之語中華, 華人之語西法, 搜輯一統, 爲中西同異考, 付于終篇).

12. 옛사람들이 기록한 착오와 변론의 허탄함은 그 이후 사람들이 그것을 변정하고, 또 그 이후 사람들이 두 가지 설을 자세히 진술하여 절충하면, 그로써 족하다. 본디 근래 설명한 바를 근거로 직설하고 이후 사람이 미루어 밝히기를 기다려야지, 착오를 늘어놓고 일일이 일정한 법규를 들어 헛되이 문건을 번잡하게 할 필요가 있겠는가. 남극 아래의 화지(火地)는 이제 빙해(氷海)를 따르며, 오대륙의 분배는 이제 '사대륙[四洲]'을 따르는데, 이것이 바로 대략이다. 강역의 변화, 지명의 차이, 산물의 괴이함, 제조의 환망(幻妄)은 대개 삭제되고 이미 버려진 이전 설들이다(古人記事之錯誤, 辨論之荒誕, 其後人卽卞正之, 又其後人詳陳二說而折中之, 於斯足矣. 固當據方今之所明而直說之, 以俟後人之推明, 何必歷陳錯誤, 枚擧規整, 徒煩案牘. 南極下火地, 今從氷海, 五洲分排, 今從四洲, 是乃大略也. 疆域進退·地名差錯·物産奇怪·工作幻妄, 槩删已棄之前說).

○ 본 번역서의 저본은 하버드 옌칭 도서관에 소장된 필사본이다. 5책 12권으로 구성되어 있고, 면 당 10행이며, 가운데 판심에는 '혜강수집(惠岡隨輯)'으로 되어 있다. 따라서 본서의 권수는 '12권'을 따르며, 그 권수에 맞게 편집했다.

○ 혜강이 저본으로 채록한 『영환지략(瀛環志略)』은 1850년 간행본을 저본으로 삼아 교주한 송다촨(宋大川)의 『영환지략교주』(文物出版社, 2007)본을 사용했다.

○ 또 혜강이 『영환지략』의 소략함을 보충한 『해국도지(海國圖志)』는 교주본인 『위원전집(魏源全集)』(岳麓書社, 2005), 4~7책을 활용했다.

○ 혜강이 1권에서 주로 채록한 『지구도설(地球圖說)』은 1937년 『총서집성초편』 본을 저본으로 했다.

○본서에서 언급된 각 나라의 산물들은 이전 역주본들에서 대부분 설명했다. 몇몇 낯선 지명과 산물에 대해서는 역주를 계획하고 있는, 1730년 진륜형(陳倫炯)의 『해국문견록(海國聞見錄)』, 왕대해(王大海)의 1791년 『해도일지(海島逸志)』(6권), 그리고 사청고(謝淸高, 1765~1821)의 『해록(海錄)』(2권, 해산선관총서본), 마지막으로 『해국도지』의 토대자료였던, 임칙서(林則徐, 1785~1850)의 『사주지(四洲志)』(소방호재여지총초본) 역주를 통해 보완하도록 한다.

○ 한자에 붙인[첨자]표기는 저본의 글자다.

○ 밑줄 친 문장이나 단어들은 혜강이 채록하지 않았지만, 본문의 이해를 위해 번역해 넣었다는 표시다.

○ 책은 '『』', 편장이나 논문은 '「」'으로 표기했다.

자주 언급되는 참고 자료들은 다음과 같이 약칭했다.

『지리비고』	瑪吉士[José Martinho Marques, 1810~1867] 編譯, 『外國地理備考』, 海山仙館叢書, 1847년 간행본
『서역문견록』	七十一椿園 著, 畑道雲 校, 『西域聞見錄』, 江戸, 1801. 와세다대학 소장본
『영환지략교주』	徐繼畬 著, 宋大川 校注, 『瀛環志略校注』, 文物出版社, 2007.
『해국도지교주』	『魏源全集』, 岳麓書社, 2005.
『지구도설』	蔣友仁 譯, 錢大昕等 修改, 『地球圖說』, 叢書集成初編, 1935~1937.
『해록주』	謝淸高 口述, 楊炳南 筆受, 馮承鈞 注釋, 『海錄注』, 商務印書館, 1938.
『직방외기교석』	艾儒略 著, 謝方 校釋, 『職方外紀校釋』, 中華書局, 2000.
『해국문견록교주』	李長傅 校注 陳代光 整理, 『海國聞見錄校注』, 中州古籍出版社, 1984.
『해도일지교주』	王大海 著, 姚楠·吳琅璇 校註, 『海島逸誌校註』, 香港學津書店, 1992.
『고대남해지명회석』	陳佳榮·謝方·陸峻嶺 著, 『古代南海地名汇释』, 中華書局, 1986.

패동(浿東) 최한기(崔漢綺) 편집(編輯)[1)]

1-1. 일곱 행성의 순서[七曜次序]

옛날 역법을 다루는 사람들은 지구는 움직이지 않고 일곱 별[칠정(七政)]을 가지런히 하여 헤아리는 법이 점차 정교해지면서 힘써 그에 영합하려 했으나, 여러 하늘이 운행하는 실제를 고구해 보면 반드시 그렇지 않다. 근래 지구가 점차 밝혀지면서 역법 또한 변천의 과정이 생겨났다. 하늘과 땅으로부터 살피자면, 운행의 기수(氣數)가 예나 지금이나 다름이 없다. 사람들의 견문이 점차 실측하게 되었으니 이는 이전 사람들이 깨닫거나 검증하지 못한 바다. 이전 사람들이 검증하지 못한 것은 대단한 관건으로 오로지 지구에 있었다. 지구가 더불어 비교하여 서로 추론하여 밝힐 수 있는 것은 칠요(七曜)다. 지구의 동정(動靜)과 자전을 알려면 반드시 여러 요(曜)의 진퇴, 늦고 빠름, 높고 낮음, 멀고 가까움을 검증하여 밝혀야 한다. 칠요가 운행하는 행도(行度)는 서양의 학자들이 그 총명함을 다하여 각자 추산하며 한 학파의 설을 이루었다. 지금 그 중요한 네 가지 설을 들어 따르고 따르지 않음을 판정한다(天經古歷家以地靜齊七政而數法漸巧, 務盡迎合, 究諸天經之實, 未必固然. 挽近地球漸明, 歷法亦有沿革. 自天地觀之, 運行氣數, 古今無異. 人之見聞, 漸致實測, 是前人之所未覺驗. 前人之所未驗, 大端關鍵, 專在地球. 地球之可與比擬, 互相推明者, 七曜也. 欲認地球之動靜及自轉輪, 須驗諸曜之進退·遲速·高底·遠近而明之. 七曜躔離行度, 西士殫其聰明, 各自推算以成一家之言. 今取其緊要四宗以定從違).

첫 번째는 프톨레마이오스[多祿畝]다. 제1도를 보시오. 논하기를, 지구는 육합(六合)의 중심이 되고, 지구 주위의 달, 수성, 금성, 태양, 화성, 목성과 항성들은 각기 본륜(本輪)을 가지고 있고, 모두 실체로서, 서로 통하거나 서로 붙지 않는다. 본륜 밖에는 또 균륜(均輪)이 있어, 칠정은 각기 균륜의 경계에서 운행하나, 본륜의 중심은 또한 본륜의 경계에서 운행한다고 한다. 그러나 이

---

1) 여기 분권 표기는 국립중앙도서관 소장본과 일치한다. 또한 판심에도 '권1'로 표기되어 있으므로, 제1권의 분권 표기에는 문제가 없다.

설은 칠정이 운행하는 여러 이치를 설명하기에는 부족하다. 요즘 사람 중에 이를 따르는 자는 없다(第一多禄畝見第一圖. 論地爲六合之中心, 地周圍太陰·水·金·太陽·火·木·土及恒星, 各有本輪, 俱爲實體, 不相通而相切. 本輪之外, 又有均輪, 七政各行于均輪之界, 而均輪之心, 又行于本輪之界. 然此論不足以明七政運行之諸理, 今人無從之者).

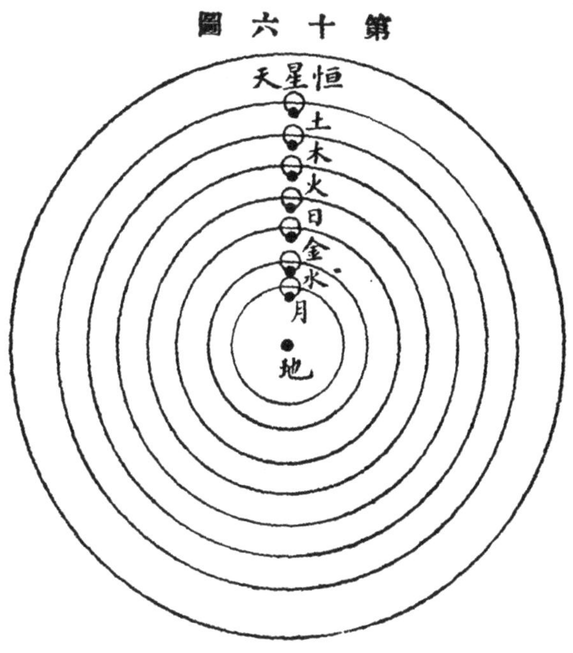

제1도. 국립중앙도서관 소장본, 『지구전요』, 권13에 수록된 '제1도'의 도면이 희미하고 작아 혜강의 저본인 『지구도설(地球圖說)』(『총서집성초편』본), 「보도(補圖)」(16쪽)에서 복제하였다. 혜강이 '항성천(恒星天)'을 '경성천(經星天)'으로 표기한 점만 다르다.

둘째는 튀코[Tycho]다. 제2도를 보시오. 논하기를 지구는 육합 중심이 되고, 지구 주위의 달, 태양, 그리고 항성들이 각기 본륜(本輪)을 가지고 있고, 지구를 따라 돈다. 수성, 금성, 화성, 목성, 토성 등 다섯 별의 본륜은 태양을 중심으로 돌며, 본륜 위에는 모두 균륜이 있다고 한다(第二的谷 見第二圖. 論地爲六合之中心, 地周圍太陰·太陽及恒星, 各有本輪, 隨地旋轉, 水·金·火·木·土五曜之

本輪, 則以太陽爲心, 而本輪之上, 俱有均輪).

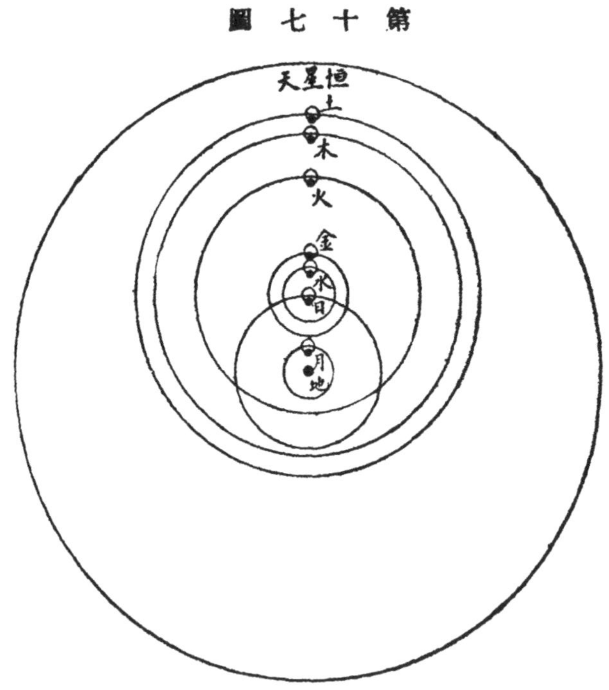

제2도. 국립중앙도서관 소장본, 『지구전요』, 권13에 수록된 '제2도'의 도면이 희미하고 작아 혜강의 저본인 『지구도설(地球圖說)』(『총서집성초편』본), 「보도(補圖)」(17쪽)에서 복제하였다. 혜강이 '항성천(恒星天)'을 '경성천(經星天)'으로 표기한 점만 다르다.

셋째는 메르센[瑪爾象, Marin Mersenne, 1588~1648]이다. 지구는 육합(六合)의 중심으로 원래 자리에서 떨어져 있지 않고, 매일 남북 양극을 한 바퀴씩 돌고, 지구 주위로 달과 태양 그리고 항성들이 선회하며, 태양 주위로 수성, 금성, 화성, 목성, 토성이 돌고 있다(第三瑪爾象 見第三圖. 地爲六合之中心, 不距本所, 而每日旋轉一周于南北兩極, 地周圍太陰·太陽及恒星旋轉, 太陽周圍水·金·火·木·土之輪轉).[2)]

2) William L. Hine, 「Mersenne and Copernicanism」, 『Isis』, 64(1973), 18~32쪽.

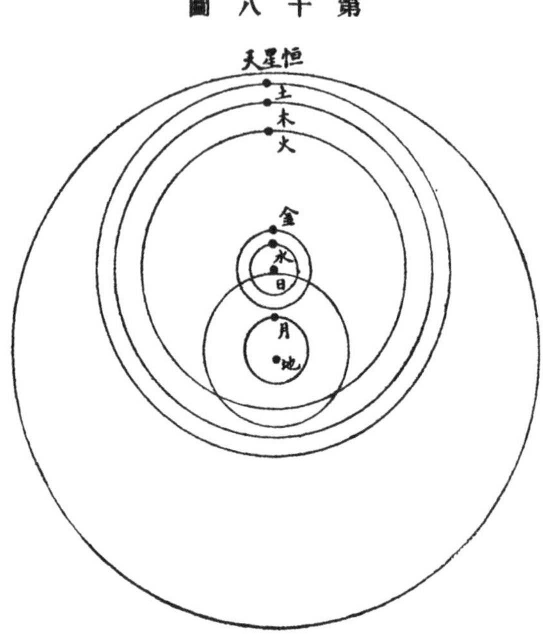

제3도. 국립중앙도서관 소장본, 『지구전요』, 권13에 수록된 '제3도'의 도면이 희미하고 작아 혜강의 저본인 『지구도설(地球圖說)』(『총서집성초편』본), 「보도(補圖)」(18쪽)에서 복제하였다. 혜강이 '항성천(恒星天)'을 '경성천(經星天)'으로 표기한 점만 다르다.

네 번째는 코페르니쿠스[Copernicus]다. 제4도를 보시오. 태양을 우주의 중심에 놓았는데, 태양에서 가장 가까운 별은 수성이고, 다음에는 금성, 지구, 화성, 목성, 토성 순이다. 달의 본륜은 지구를 돌고 있고, 토성 옆에는 다섯 개의 작은 별이 토성을 돌고 있으며, 목성 옆에는 네 개의 작은 별이 돌고 목성을 돌고 있는데, 각기 본륜이 있고 본성(本星)을 돌고 있다. 그러나 이 여러 윤(輪)에서 가장 멀리 떨어져 운행하는 것은 경성천(經星天)으로 항상 고요히 움직이지 않는다(第四歌白尼 見第四圖. 置太陽于宇宙中心, 太陽最近者水星, 次金星, 次地, 次火星, 次木星, 次土星. 太陰之本輪繞地球, 土星旁有五小星繞之, 木星旁有四小星繞之, 各有本輪繞本星, 而行距斯諸輪最遠者, 乃經星天常靜不動).

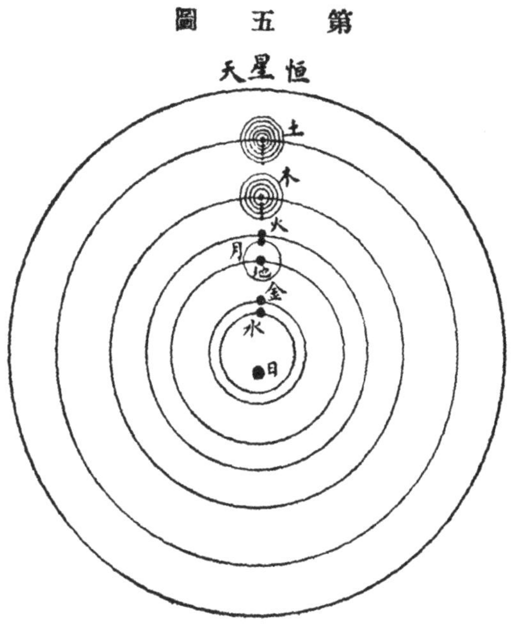

제4도. 국립중앙도서관 소장본, 『지구전요』, 권13에 수록된 '제4도'의 도면이 희미하고 작아 혜강의 저본인 『지구도설(地球圖說)』(『총서집성초편』본), 「보도(補圖)」(8쪽)에서 복제하였다. 혜강이 '항성천(恒星天)'을 '경성천(經星天)'으로 표기한 점만 다르다.

이상 네 가지 설에서, 위의 세 학자는 지구는 움직이지 않는다고 법을 세웠고, 아래 한 가지는 태양은 움직이지 않고, 지구가 움직인다고 법을 세워 추산했으니, 더 많이 이치에 부합하고 따라도 무리함이 없다. 중국과 서방에서 천문을 정밀히 탐구하는 자들은 모두 코페르니쿠스가 논한 순서에 따라 여러 행성[曜]의 운동을 추산했으니, 시험 삼아 두세 가지를 들어 그 이치를 입증해 보자(按以上四宗說內, 上三家以地靜立法, 下一宗以太陽靜地球動立法而推算, 既多密合于理, 亦屬無礙. 凡中西精求天文者, 竝以歌白尼所論序次, 推算諸曜之運動, 試舉二三端以驗其理).

첫째, 사람이 지구의 표면에 살면서 여러 행성의 운행을 살피니, 모두 지구를 둘러 돌면서 땅이 항상 고요하며 움직이지 않는 것처럼 보이지만, 자명하게 땅이 움직인다는 근거가 있다.[3] 예를 들어 배를 타고 바다를 항행할 때, 배에 타고 있는 사람은 배에 있는 여러 사물을 보면, 원근과 피차가 항상 같으므로 내가 가고 있음을 모르지만, 해안의 산과 섬 그리고 배 밖의 여러 사물을 보면, 가까웠다가 멀어졌다가 하고, 왼쪽이다가 오른쪽이었다가 하므로, 오히려 그것이 움직이는지 헷갈린다. 지구와 지구 주위의 기운이 한결같이 막힘이 없고 운동이 규칙적이다. 사람이 지구 표면에 있을 때, 주위 여러 사물의 원근이 항상 같으므로 지구가 운행함을 느낄 수 없지만, 지구 밖의 여러 행성을 보면, 어떨 때는 위에, 어떨 때는 아래에, 어떨 때는 왼쪽에, 어떨 때는 오른쪽에 보이므로, 여러 행성이 지구를 감싸고 돈다고 말한다(其一曰, 人在地面, 視諸曜之行, 皆環繞地球, 而地似常靜不動, 然自有地動之據也. 譬如舟行浮海, 舟中人見舟中諸物, 遠近彼此常等, 則不覺舟行, 而視海岸山島及舟外諸物, 時近時遠, 時左時右, 則反疑其運動矣. 地球及地周圍之氣, 一無阻碍, 運動均勻, 人在地面, 視周圍諸物之遠近常等, 則不能覺地之運行, 而視地球外之諸曜, 見其時上時下, 時左時右, 則謂諸曜繞地球而旋行).

둘째, 지구가 움직이고 태양은 그대로 있다고 말하더라도, 지구에서 보면, 필시 태양이 움직이고 지구는 그대로 있는 것과 비슷하겠지만, 이 둘로 태양이 출입하는 지평선의 도수를 추산하면, 그 수는 필시 서로 같다. 예를 들어, 제5도를 보시오. 갑(甲)과 사(巳)가 지구 표면 위에서 경(京) 지점의 지평선이 되고, 묘(卯)와 오(午), 그리고 유(酉)와 자(子)는 태양이 서쪽으로 운행하며 지구를 두르는 권(圈)이 된다. 태양이 '묘' 지점에 있다면, '경'의 지점에서 태양이 지평선에서 나와 보이고, 태양이 '묘' 방향에서 '오' 방향으로 점차 올라갔다가, '오' 방향에서 '유' 방향으로 점차 내려와, 태양이 '유' 지점에 이르면, '경'의 지점에서는 태양이 지평선에서 들어가 보인다. 태양이 지평선 아래로 운행하여, '유' 방향에서 '자' 방향으로, 또 '묘' 지점에 이르러, 다시 지평선에 나타난다. 이것이 태양은 움직이고 지구는 그대로 있다는 설이다. 이제 '묘' 지점

3) 『지구도설』에 따르면 이 문장은 "연구해 보면 땅이 움직이지 않고 여러 행성이 움직인다는 근거가 될 수는 없다(究不可以爲地靜而諸曜動之據也)"라고 하였다.

이 태양의 원래 자리이고 항상 고요하게 움직이지 않고, 지구가 오른쪽으로 운행하여 서쪽에서 동쪽으로 본심(本心)에서 돈다면, 하늘 주위의 '묘', '오', '유', '자' 권(圈)의 각 점이 서로 번갈아 돌아 지구의 경점(京點)과 상응하므로 태양이 오르내리며 지평선을 출입하는 것처럼 보이니 앞의 경우와 다름이 없다. 도판에서처럼 '경점'이 하늘의 '오' 지점에 상응하면 태양은 지평선에 보이고, '경점'이 '묘' 방향으로 돌면, 태양은 오르는 듯하고, '경점'이 하늘의 '묘' 지점에 상응하면 태양은 자오선에 이른 것처럼 보이며, '경점'이 '묘' 방향에서 반 바퀴 돌아 하늘의 '자' 지점에 상응하면, 태양은 지평선에 들어간 것처럼 보인다. 나머지 이치는 이를 본받는다(其二曰, 雖說地動而太陽靜, 自地視之, 必似太陽動而地靜, 然以斯二者推太陽出入地平之度, 其數必相等. 如 見第五圖. 甲巳爲地面上京點之地平, 卯午酉子爲太陽西行繞地之圈. 設太陽在卯點, 則自京點見太陽出地平, 太陽自卯向午則漸升, 自午向酉則漸降, 太陽至酉點, 則自京點見太陽入地平. 太陽行地平之下, 自酉過子, 復至卯點, 又出地平, 此太陽動而地靜之說也. 今設卯點爲太陽之本所, 常靜不動, 而地球右行, 自西往東, 旋轉于本心, 則天周圍卯·午·酉·子圈之各點, 遞相輪流, 與地球京點相應, 故視太陽似升降出入于地平, 與前無異. 如圖, 京點相應于天之午點, 則視太陽于地平, 京點旋行向卯, 則太陽似升, 京點應天之卯點, 則太陽似至子午線, 京點自卯旋行半周, 應天之子點, 則太陽似入地平, 餘理倣此).

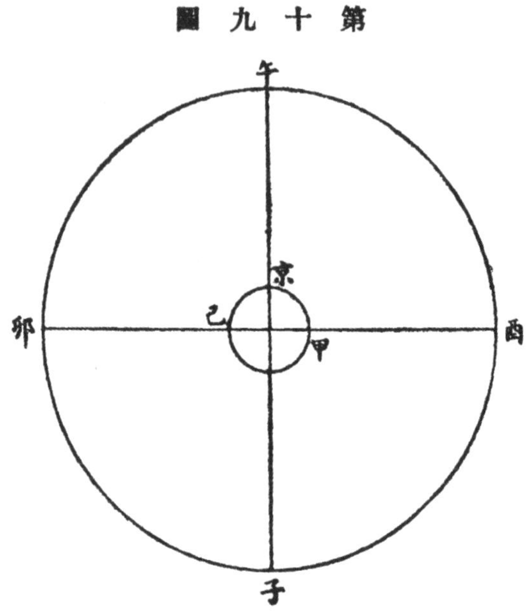

제5도. 국립중앙도서관 소장본, 『지구전요』, 권13에 수록된 '제5도'의 도면이 희미하고 작아 혜강의 저본인 『지구도설(地球圖說)』(『총서집성초편』본), 「보도(補圖)」(19쪽)에서 복제하였다.

셋째, 태양은 본디 광체(光體)이고 달, 수성, 금성, 화성, 목성, 토성의 여섯 행성은 암체(暗體)로, 태양의 빛을 빌려 발광하는데, 지구와 서로 비슷하다. 어떤 사람이 달과 다른 행성의 표면에 있으면서, 지구를 보면, 역시나 지구 표면에서 달을 보는 것처럼, 어떨 때는 어둡고, 어떨 때는 빛이 가득하며, 어떨 때는 상현과 하현이 된다. 여섯 행성이 모두 지구와 비슷하니, 어찌 여섯 행성과 태양이 지구를 순환하고 유독 지구만 편안히 그대로 있는 이치가 있겠는가. 태양을 우주의 중심에 두고 지구와 여러 떠도는 행성들이 모두 태양을 싸고돌며 태양의 빛을 빌린다는 설만 못하다(其三曰, 太陽本爲光體, 月·水·金·火·木·土, 六曜皆爲暗體, 借太陽之光以爲光, 與地球相似. 設有人在太陰及他曜面上, 則其視地球, 亦如地面上之視太陰, 有時晦, 有時光滿, 有時爲上下弦. 六曜既皆似地球, 豈有六曜及太陽循環地球, 而獨地球安靜之理乎. 不如設太陽于宇宙

中心, 而地球及諸游曜, 皆旋繞太陽, 以借太陽之光).

수성, 금성, 지구, 화성, 목성, 토성 등 여섯 행성의 본륜(本輪)은 태양에서 돌고, 달의 본륜은 지구에서 돈다. 토성과 목성은 또한 각기 작은 행성의 본륜이 있어 둘러싸여 있지만, 태양, 지구, 토성, 목성은 각 본륜의 중심이 되지 않고, 약간 한쪽으로 쏠려 있는데, 그 상호 거리를 '양심차(兩心差)'라고 한다. 코페르니쿠스는 이 여러 바퀴를 부동심의 권(圈)으로 그렸고, 케플러[刻白爾, Johannes Kepler]는 떠도는 행성의 일정한 모습을 세밀히 관찰하여 이러한 바퀴들이 타원임을 입증했다. 제6도를 보시오.[4] 타원에는 크고 작은 두 개의 지름이 있고, 세 개의 중심이 있는데, 바로 중심과 두 치우친 중심으로, 크고 작은 두 지름의 비례나 '양심차'를 안다면, 타원의 식을 그릴 수 있다(水·金·地·火·木·土六曜之本輪, 繞乎太陽, 而太陰之本輪, 繞乎地球矣. 土·木二星, 又各有小星之本輪繞之, 然太陽·地球·土·木非爲各本輪之中心, 而微在其一偏, 其相距之數, 名爲兩心差. 歌白尼將此諸輪作不同心之圈, 而刻白爾細察游曜之固然, 證此諸輪爲橢圓, 見第六圖 橢圓有大小二徑, 並有三心, 卽中心及兩偏心, 若知大小兩徑之比例或兩心差, 則可畫橢圓之式).

수성, 금성, 지구, 달, 화성, 목성, 토성 그리고 목성과 토성 주위의 아홉 소행성 모두 두 가지로 운행하는데 하나는 자기 본륜을 순행하고 하나는 본심에서 돈다. 태양에는 본륜은 없지만, 또한 다른 떠도는 행성들처럼 본심에서 회전한다. 이미 지구의 두 운동이 있으므로 지구가 본심에서 매일 동쪽으로 한 바퀴 운행하는 것은, 여러 행성이 지구 주위에서 매일 서쪽으로 한 바퀴 운행하는 것과 비슷하며 지구가 동쪽으로 1년에 본륜을 한 바퀴 운행하는 것은, 태양이 동쪽으로 1년에 하늘을 한 바퀴 도는 것과 비슷하다(水·金·地·太陰·火·木·土, 並木·土周圍九小星, 皆有兩運動, 一循行其本輪, 一旋轉于本心. 太陽雖無本輪, 亦如他游曜旋轉于本心. 旣設地球之兩運動, 若地球于本心每日東行一周, 則諸曜在地周圍似每日西行一周, 地東行一年一周輪, 則太陽似東行一年一周天).

---

4) 제시한 '제6도'는 타원형이 아니다. '제7도'의 형태를 가리키고 있지만, '제7도'는 하지와 동지, 추분과 춘분을 설명하는 도판이다. 아마도 혜강이 저본인 『지구도설』에서 빠뜨린 것으로 보인다.

경성(經星)[5]은 하늘에 있으며, 옛날부터 항상 고요하며 움직이지 않는다. 지구에서 보면 두 종의 운동이 있는 것 같으나 모두 지구가 그것을 도는 까닭에 95각(刻) 11분 4초마다 경성은 서쪽으로 한 바퀴 운행하는 듯이 보이는데 이때 지구가 남북 양극의 축에서 동쪽으로 한 바퀴 운행하기 때문이다. 72년마다 경성은 황도(黃道) 남북 양극과 더불어 동쪽으로 약 1도 운행하는 듯이 보이는데, 이때 지구 양극의 축이 점차 약 1도로 약간 치우쳐 돌기 때문이다(經星在天, 終古常靜不動, 自地視之, 似有兩種運動, 皆因地球旋轉之故, 每九十五刻十一分四抄, 經星似西行一周, 蓋此時地球于南北兩極之軸, 東行一周故也. 每七十二年經星與黃道南北兩極似東行約一度, 蓋此時地球兩極之軸漸轉微偏約一度也).

칠정체(七政體)의 크고 작음과 지구에서 떨어진 원근은 천문가들이 모두 측정하여 그 실수를 알 수 있으나, 단지 경성만 그렇지 않은데, 지구에서의 거리가 가장 멀기 때문에 세밀하게 더 측량하더라도 대소, 원근이 같지 않다는 점만 알 뿐이다(七政體之大小, 及距地之遠近, 天文家皆能測知其實數, 惟經星不然, 因其距地最遠, 雖細加測量, 僅知其大小遠近不等而已).

지구는 지구 본륜의 지름과 합해도 경성천에서 바라보면 겨우 미세한 점과 같다. 지구가 본륜을 돌 때 그 남북 양극은 항상 하늘의 남북 양극을 향해 있고, 지구에서 서로 간의 거리에 원근이 있고 경성천의 양극에 상응하더라도 항상 둘이 없는 것과 같다(地球竝地球本輪之徑, 自經星天視之, 僅如微點. 地球行本輪之時, 其南北二極, 常向于天之南北二極, 在地雖相距有遠近, 以應經星天之兩極, 常若無二).

5) '경성(經星)'은 혜강이 저본으로 채록한 『지구도설(地球圖說)』에는 '항성(恒星)'으로, 별도의 한 조목으로 구성되어 있는데, 혜강이 '경성'으로 바꾸고, 그 내용을 별도의 항목으로 나누지 않고 채록했다. 앞서 본 「역상도」에서도 '항성천(恒星天)'은 모두 '경성천(經星天)'으로 고쳤음을 보았다. 경성(經星)은 바로 보이는 위치를 바꾸지 아니하고 별자리를 구성하며, 스스로 빛을 내는 별인 '항성(恒星)'의 다른 말이다.

1-2. 여러 행성의 지름은 각기 다름[諸曜徑各不同]

천문가들이 칠정(七政)의 원근, 대소가 같지 않음을 측량할 때 지구 반경(半徑)에서 그림쇠를 댄다. 토성과 목성 주위의 아홉 소행성을 측량할 때는 해당 행성[本星]의 지름에서 그림쇠를 댄다. 이미 지구 지름의 이수를 알고 있으므로 이로부터 다른 행성의 원근, 대소의 거리를 추산할 수 있다(天文家測量七政遠近·大小不等, 取規于地球半徑, 若測量土·木旁九小星, 取規于本星之徑, 旣知地徑之里數, 由此可推知他曜遠近·大小之里數).

태양과 떠도는 행성 비례표[太陽併游曜比例表]

	지구 지름과 비교한 지름	지구 반지름에서 잼		본심에서 돌기 [자전]	한 바퀴 순행 [공전]	지구에서 보이는 지름	태양에서 보이는 지름	타원의 비례		
		태양에서 가장 먼 거리	태양에서 가장 가까운 거리					긴 지름	짧은 지름	양심차
태양	100배			25일 48각		32분 5초				
수성	1/3	10,274	6,754		87일 93각 7분	7초 15미	21초	2477	○757	○18
금성	같음	16,016	15,796	93각 5분	224일 67각 3분 20초	1분 17초 30미	30초	27441	17441	25
지구	28,650리	22,374	21,626	95각 11분 4초	365일 33각 3분 57초		25초	○○○○2	79991	861
달	1/4 강함	지구와 62	지 구 와 54	27일	27일 30각 13분 3초	28분 46초				
화성	1/5	36,630	30,426	1일 3각 10분	686일 94각 30초	8초 6미	12초	47403	24303	5141
목성	10배 강함	119,900	108,900	39각 11분	4,332일 48각	37초 15미	37초	○20401	998301	15052
토성	10배 약함	220,1870	197,804		10,759일 12각	16초	16초	857091	844091	89245

1-3. 춘하추동을 논함[論春夏秋冬]

사계절이 돌아 흐르는 일 또한 지구가 운동하여 생겨난다. 제7도를 보시오. 자(子), 묘(卯), 오(午), 유(酉)의 타원은 지구가 일 년 동안 순행하는 본륜을 닮았고, 이 바퀴는 혼천의 황도에 상응한다. 지구 양극의 축이 비스듬하게 황도의 축을 운행하고, 지구의 적도는 본륜에서 각기 23도 반 비스듬하게 운행하는데, 이것이 황적거위(黃赤距緯)다. 지구가 본륜을 도는데, 그 축은 항상 비스듬하며 그 극은 항상 하늘의 양극을 향한다. 이제 지구가 본륜의 오 방향에 있다면 지구가 태양과의 상응은 적도 북쪽 23도 반이므로 이곳에서 태양은 하늘 정점에 나타나는데, 이때 지구가 본심에서 돌면, 태양은 하지권에 나타나 지구를 감싸고 왼쪽으로 운행한다. 북방은 낮이 길어지고 남방은 낮이 짧아진다. 하지 이후 8일째면, 지구는 본륜의 을(乙) 방향에 있고, 태양이 가장 높이 있는 시기가 되는데, 이때 지구가 태양과의 거리가 가장 멀어지기 때문이다. 지구가 본륜을 돌며 '오' 방향에서 '유' 방향으로 향하면 지구와 태양의 상응은 점차 적도에 가까워진다. [지구가] 본륜의 '유' 방향에 있으면 태양은 지구의 적도에 딱 마주하는데, 이때 지구가 본심에서 돌면 태양은 적도권에 나타나 운행하여 주야가 딱 평행을 이룬다. 추분 이후에 지구는 유 방향에서 점점 자 방향에 가까워지면 지구와 태양의 상응은 점차 적도에 가까워지며 남쪽으로 향한다. 지구가 본심의 '자' 방향에 있으면, 지구와 태양의 상응은 적도 남쪽 23도 반에 있으며, 이때 지구가 본심에서 돌면 태양은 동지권에서 나타나 지구를 감싸고 왼쪽으로 돈다. 동지 이후 8일째 지구가 본심의 정 방향에 있어 바로 태양이 가장 낮은 시기가 되는데, 이때 지구와 태양과의 거리가 가장 가깝기 때문이다. 지구가 [본륜을] 돌고, '자' 방향[에서] '묘' 방향으로 향하면 지구와 태양의 상응은 점차 적도에 가까워진다. 지구가 본륜의 '묘' 방향에 이르면 태양은 적도권에 나타나 운행한다. [지구가] '묘' 방향에서 다시 '오' 방향에 이르면, 이때 지구는 본륜을 한 바퀴 돈다. 사람이 지구 표면에서 보면, 태양이 황도상에 나타나 한 바퀴를 돌아 한 해가 된다(四時輪流, 亦由地運動而生. 見第七圖. 子·卯·午·酉橢[擠]圓, 象地球一年可循之本輪, 斯輪相應于渾天之黃道. 地兩極之軸, 斜行于黃道之軸, 而地赤道斜行于本輪各二十三度半, 是爲黃赤距緯. 地循本輪, 其軸常斜, 而其極常向天之兩極. 今設地在本輪之午, 則

地球之與太陽應者, 在赤道北二十三度半, 故此處見太陽于天頂. 此時地旋轉于本心, 則見太陽于夏至圈, 繞地左行. 北方之晝長, 南方之晝短. 夏至後第八日, 地在本輪之乙, 爲太陽最高之時, 因此時地距太陽最遠故也. 地循本輪, 從午向酉, 則地球與太陽應者, 漸近赤道. [地]在本輪之酉, 太陽正當地之赤道, 此時地旋轉于本心, 則見太陽于赤道圈旋行, 而晝夜適平. 秋分後, 地自酉漸近子, 則地球與太陽應者, 漸近赤道向南. 地在本輪之子, 則地球與太陽應者, 在赤道南二十三度半, 此時地旋轉于本心, 則見太陽于冬至圈, 繞地左行. 冬至後第八日, 地在本輪之丁, 是爲太陽最卑之時, 因此時地距太陽最近故也. 地循[本輪], [從]子向卯, 則地球與太陽應者, 漸近赤道. 地至本輪之卯, 則見太陽于赤道圈旋行. [地]自卯復至午, 此時地行本輪一周. 人從地面視之, 則見太陽于黃道上循行一周而爲一歲也).

태양이 보이는 지름[視徑]의 크고 작음, 태양에서 보이는 행성[視行]의 차고 기움은 때에 따라 다른데, 모두 지구의 두 운동에서 생겨나고, 지구가 타원을 도는 이치는 태양이 타원을 도는 이치와 대략 같다(太陽之視徑大小, 太陽之視行盈縮, 隨時不等, 皆自地兩運動而生, 地球循橢撱[圓]之理, 與太陽循橢[撱]圓之理略等).

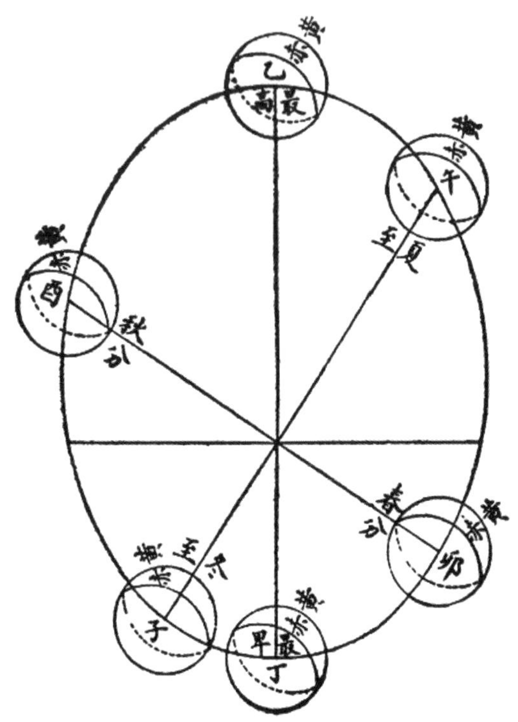

제7도. 국립중앙도서관 소장본, 『지구전요』, 권13에 수록된 '제7도'의 도면이 희미하고 작아 혜강의 저본인 『지구도설(地球圖說)』(『총서집성초편』본), 「보도(補圖)」(17쪽)에서 복제하였다.

1-4. 지구 반경 차이[地半徑差]

사람에게 여러 행성이 실제 높이보다 낮게 보일 때, 제8도를 보시오. 경(庚)이 사람의 눈이면, 경유(庚酉)는 지평선이 된다. 여러 행성의 원근이 같지 않고 모두 지평선 안, 갑(甲), 정(丁), 을(乙)에 있으며, 사람이 경(庚)에서 이들 여러 행성을 본다면, 반드시 [경성]천의 유(酉)에 상응하게 보일 것이다. 지구의 중심에서 계산하면, 갑(甲)은 병(丙)에, 정(丁)은 오(午)에, 을(乙)은 자(子)에 보인다. 이 유병(酉丙), 유오(酉午), 유자(酉子)의 원주 세 부분[弧]이 '갑', '정', '을' 세 행성의 지구 반경 차이다. 행성이 지구에서 가까우면 가까울수록 그 차이는 더 벌어진다. 경성은 지구와의 거리가 가장 멀므로 지반경차(地半徑差)가 없다. 지반경차가 가장 클 때는 지평선에 있을 때로, 행성이 점차 높아지면서 그 차이는 점차 작아진다. 행성이 [경성]천 꼭대기에 있으면 반경의 차이는 없다(人見諸曜卑于實高, 見第八圖. 庚爲人目, 庚酉爲地平線. 設數星遠近不等, 俱在地平線内, 于甲·于丁·于乙, 人自庚視此數星, 必見其應于天之酉. 若從地心計之, 則視甲于丙, 視丁于午, 視乙于子. 此酉丙·酉午·酉子三弧, 爲甲·丁·乙三星之地半徑差. 星距地愈近, 其差度愈多. 經星距地最遠, 故無地半徑差也. 地半徑差最大者在地平, 星漸高, 其差漸小. 星在天頂, 則無半徑差).

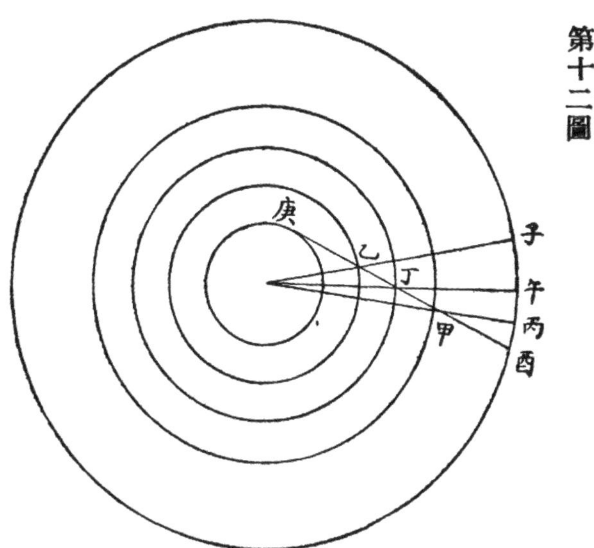

제8도. 국립중앙도서관 소장본, 『지구전요』, 권13에 수록된 '제8도'의 도면이 희미하고 작아 혜강의 저본인 『지구도설(地球圖說)』(『총서집성초편』본), 「보도(補圖)」(13쪽)에서 복제하였다.

1-5. 맑게 덮인 대기에 의한 차이[淸蒙氣差][6]

지구에 꽉 찬 대기가 지구 표면에 얽혀 있어, 낮은 것을 올려서 높게 할 수 있다. 사람이 지구 표면에서 덮인 대기 안에서 해나 달 그리고 여러 행성의 높이를 보면, 반드시 실제 높이보다 커 보인다. 제9도를 보시오. 계(癸)와 임(壬)으로 빈 그릇을 만들어 그 바닥 정(丁)에 동전 하나를 놓고, 사람의 문이 을(乙)에 있으면 광선이 경(庚)으로 투사하므로 정(丁)에 있는 동전을 볼 수 없다. 그릇 안에 물을 넣으면 광선이 물속으로 들어가면서 반드시 굴절되어 곡선에 따라 정(丁)에 투사되므로 을(乙)에서 정(丁)에 있는 동전을 볼 수 있는데, 여러 행성의 광선이 덮인 대기에 들어갈 때도 그러하다. 10도에서처럼, 태양이 건(乾)에 있고, 덮인 대기가 없다면 경(京)에서 태양을 볼 수 없다. 단 광선이 덮인 대기로 들어가면 굴절되어 경(京)에 이르므로 경에서 태양을 볼 수 있다. 그러나 사물을 바라보는 이는 반드시 직선에 따르므로 경에서 본 태양은 안에서 운행하여, 건(乾)과 병(丙)이 [청]몽기차가 된다. [청몽기차가] 가장 클 때는 지평선에 있을 때이고, 지평선 이상부터 점차 작아져, [경성]천의 꼭대기에 이르면 차이가 없어진다. 경사의 지평선 청몽기차는 33분 남짓[強]으로 측정할 수 있다(地之蒸鬱之氣, 盤結于球面, 能升卑爲高. 人在地面, 自蒙氣內觀日·月·諸曜之高, 必大于實高. 見第九圖. 癸·壬爲空盆, 于其底丁置一錢, 人目在乙, 則光線射于庚, 故目不能視錢于丁. 若盆內添水, 則光線既入水, 必折而依曲線射于丁, 故自乙能視丁錢, 諸曜光線入蒙氣亦然. 如第十圖, 太陽在乾, 若無蒙氣, 則自京不能見太陽. 惟光線既入蒙氣, 則折而至于京, 故自京能見太陽, 然視物者必依直線, 故自京見太陽行于內, 而乾丙弧爲[淸]蒙氣差. [淸蒙氣差]最大者在地平, 自地平以上漸小, 至天頂則無差矣. 京師地平蒙氣差測得三十三分強).

---

6) '청몽기차(淸蒙氣差)'란 남상길(南相吉, 1820~1869)의 『시헌기요(時憲紀要)』(육일재총서본, 상편, 13a~b)에서 "서양인 티코 브라헤[第谷]가 처음 이 의론을 폈는데, 지구 안의 떠도는 기(氣)가 상승하면, 낮은 것은 올려서 높게 하고, 작은 것을 비추어 크게 할 수 있다고 한다(西人苐谷始發其義, 謂地中游氣上騰, 能升卑爲高, 映小爲大)"라고 설명했다. 이 도서를 역주한, 남문현, 남종진 씨는 '청몽기차'를 "지구 대기에 의하여 태양 빛이나 별빛이 굴절되는 각도"라고 풀이했다(한국고전종합DB).

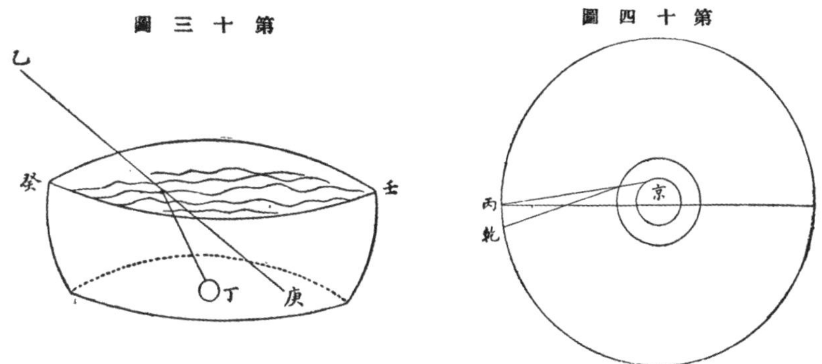

제9도. 국립중앙도서관 소장본, 『지구전요』, 권13에 수록된 '제9도'의 도면이 희미하고 작아 혜강의 저본인 『지구도설(地球圖說)』(『총서집성초편』본), 「보도(補圖)」(14쪽)에서 복제하였다.

1-6. 태양(太陽) 제10도를 보시오.

태양의 빛이 비록 크지만, 그 표면에는 흑점이 있는데, 하나, 둘, 셋 또는 넷 일정하지 않다. 그 흑점은 처음에는 작았다가 점차 커진 뒤에 점사 사그라드는데, 다함에 이르러 흑점이 많거나 커지면 태양의 빛을 감소시킬 수 있다. 그것이 무엇인지 알 수는 없지만, 보면 여기에서 저기로 간다. 25일 반마다 다시 원래 자리로 돌아가므로, 태양은 25일 반마다 본심에서 한 바퀴 돎을 알 수 있다. 달과 다섯 행성 자체는 모두 빛이 없어 태양의 빛을 빌려 발광한다(太陽之光雖大, 其面上有黑點, 或一, 或二, 或三四, 不定. 其點初小, 漸長然後漸消, 以至于盡, 黑點或多且大, 則能減太陽之光. 究不審其何物, 然視其自此往彼. 每以二十五日半復歸于原所, 則知太陽二十五日半旋轉于本心一周. 太陰及五星之體, 皆無光, 借太陽之光以爲光.)

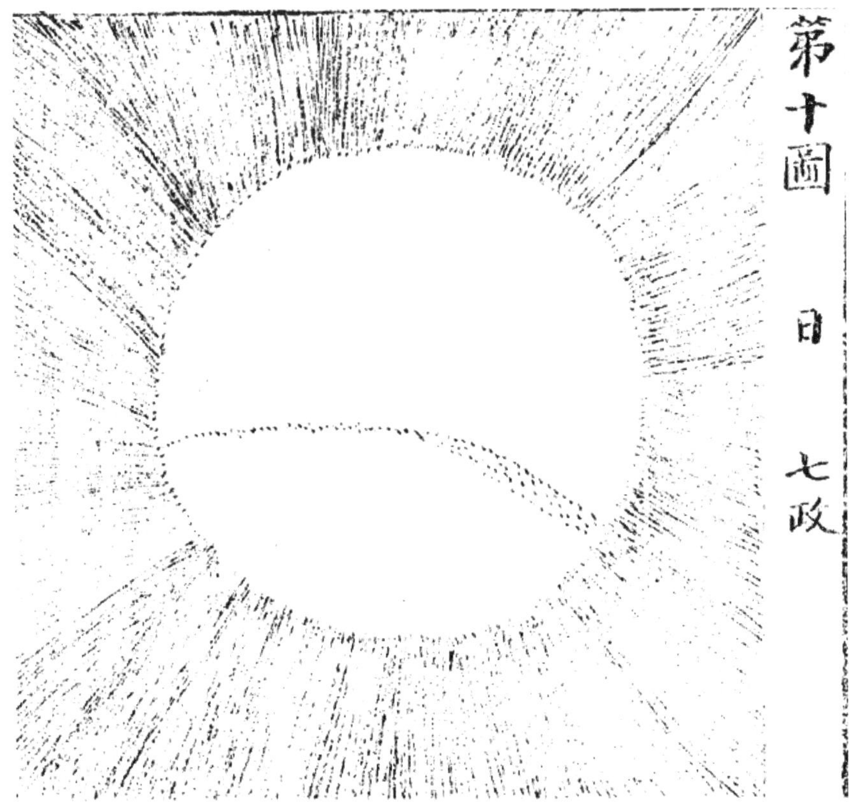

제10도. 국립중앙도서관 소장본.

1-7. 달[太陰] 제11도를 보시오. 제11도~16도까지는 국립중앙도서관 소장본을 참고하시오. 이미지가 희미하고 작아 싣지 않는다.

망원경으로 달의 표면을 보면, 산림이나 호수 또는 바다와 지구 표면에 있는 사물들처럼 검고 어두운 지역이 보인다. 태양 빛이 달의 표면을 비추니, 그 점들은 모두 태양 정 반대쪽에 검은 그림자가 만들어 낸 것으로, 생겨난 그림자를 측량함으로써 입증된다. 동서 경도의 쓰임은 달이 월식하여 지구의 그림자에 들어가거나, 지구 그림자가 달 표면의 어떤 검은 점에 부합한다면, 앞뒤는 없을지언정 그 일그러짐과 회복, 각 한계와 시각, 그리고 각 지점이 모두 다르다. 두 지점의 시각이 얼마나 차이 나는지 안다면, 두 지점이 동서 경도상 서로 얼마 떨어져 있는지 알 수 있다. 경사에 있는 사람이 월식을 보면, 처음 일그러짐은 지구 그림자와 그 검은 점과 서로 부합하여 자(子)의 초반 1각 3분에 있다. 또 어떤 사람이 일리[伊犁]에서 월식을 보면, 처음 일그러짐은 지구 그림자와 어느 흑점에서 서로 부합하여 해(亥)의 초반 1각 2분에 있으므로, 두 지점의 시차는 두 시간 1각 13분이 된다. 매시간 경도를 운행하는 비율로 추산하여 34도를 얻을 수 있으므로 일리[伊犁]는 경사에서 서쪽 경도에 있다(以望遠鏡望太陰之面, 則見其黑暗處, 似山林湖海, 地面上所有之物. 太陽光照太陰面, 其點皆生黑影于太陽正對處, 測其所生之影, 以爲考驗. 東西經度之用, 設如太陰食而入地影, 或地影相切于太陰面上某黑點, 雖無先後, 然其虧復各分限時刻各處俱不等. 若知兩處時刻相差幾何, 卽知兩處東西經度相距幾何. 如人在京師觀月食, 初虧及地影相切于其黑點, 在子初一刻三分. 又有人在伊犁觀月食, 初虧及地影相切于某黑點, 在亥初一刻二分, 兩處時差爲兩小時一刻十三分, 以每時行度之率, 推之得三十四度, 卽伊犁距京師西之經度).

1-8. 다섯 행성[五星] 제12~16도를 보시오.

수성, 금성, 화성, 목성, 토성의 형체는 지구와 비슷하며, 태양을 향한 반구는 항상 밝고, 태양을 등진 반구는 항상 어둡다. 금성과 수성 두 행성은 지구에서 보면 초하루와 보름에 상하 두 현(弦)이 있는데, 순합(順合)이면 달의 보름과 같고, 퇴합(退合)이면 달의 초하루와 같다. 동서의 거리는 달의 상하현과 같지만, 사람이 눈으로 보면 그 변화를 느낄 수 없다. 망원경으로 보면 금성의 삭망(朔望)이 두 현의 모습임을 볼 수 있다. 오직 수성만 태양과의 거리가 가장 가깝고, 그 형체도 약간 작으므로 분별하기 어렵다. 토성, 목성, 화성 세 행성은 지구에서는 항상 그 밝은 면만 보이고, 유독 화성만 태양과 90도 떨어질 때, 지구에서 약간 등진 그 밝은 면을 보면 달의 보름 전후 이틀과 비슷한데, 화성이 지구와 가까워졌기 때문이다(水·金·火·木·土之體, 與地球相似, 其向日之半球常明, 背日之半球常暗. 金·水二星, 自地視之, 有朔望上下兩弦, 順合如月之望, 退合如月之朔. 東西大距如月之上下弦, 但人以目視之, 不覺其變. 若

以望遠鏡窺之, 可得金星朔望兩弦之象. 惟水星距太陽最近, 其體又微小, 故難以分別. 土·木·火三星自地常視其光面, 獨火星距日九十度之時, 自地視其光面稍背, 似月望前後兩日, 因火星距地近故也).

토성 옆에는 다섯 소행성이 있는데, 각각 본륜이 있어 토성을 감싸고 운행한다. 수성과 금성 두 행성이 태양 주위를 돌 때와 같이, 각 작은 행성의 느리고 빠름은 그 본륜의 크고 작음에 따라 다르다. 제1성은 1일 85각, 제2성은 2일 70각, 제3성은 4일 47각, 제4성은 15일 90각, 제5성은 79일 31각을 운행하는데, 모두 본륜을 한 바퀴 돈다(土星旁有五小星, 各有本輪繞土星而行. 如水·金二輪之圍繞太陽, 各小星行之遲速, 隨其輪之大小不等. 第一星行一日八十五刻, 第二星行兩日七十刻, 第三星行四日四十九刻, 第四星行十五日九十刻, 第五星行七十九日三十一刻, 俱循本輪一周).

목성 옆에는 네 소행성이 있는데, 각기 본륜이 있어 목성을 감싸고 운행한다. 제1성은 1일 73각, 제2성은 3일 53각, 제3성은 7일 14각, 제4성은 16일 66각을 운행하는데, 모두 본륜을 한 바뀌 돈다(木星旁有四小星, 各有本輪繞木星而行. 第一星行一日七十三刻, 第二星行三日五十二刻, 第三星行七日十四刻, 第四星行十六日六十六刻, 俱循本輪一周).

토성과 목성은 완전히 암체(暗體)로, 필시 태양 반대편에서 그림자를 생성했기 때문이다. 그 주위의 여러 소행성의 형체 또한 빛이 없어 태양에서 빛을 빌리므로 본성(本星)의 그림자에 들어가면 먹힌다. 목성 옆의 소행성들은 망원경으로 쉽게 보인다. 또 그 식(食)이 가장 번성하여 하루에 한두 번으로 본성 그림자에서의 출입을 볼 수 있으므로, 이로써 각 지점의 경도를 정하는데, 월식과 같은 이치다. 또 망원경으로 토성의 형체를 보면 하나의 코로나[光圈]가 있는데, 그것이 무엇인지 밝혀지지 않았다(土·木兩星既全爲暗體, 必于太陽相對生影. 其周圍諸小星之體亦無光, 借光于日, 故入本星之影則食. 木星旁四小星, 以遠鏡鏡之易見. 又其食最繁, 每日或一或二, 可視其出入本星之影, 故用此以定各處之經度, 與月食同理. 又以遠鏡望土星之體, 有一光圈, 隨時變更, 未審其爲何物).

태양은 다섯 행성의 여러 본륜 중 한쪽으로 치우친 중심에 있다. 각 행성이 서로 같을 때, 본륜의 구간[弧]을 도는 면적 또한 같다. 태양에서 보면, 여러 행성의 속도는 다르지만 모두 순행한다. 지구에서 보면 그들에게 머무르고 물러나는[留退] 등의 변화가 보이지만, 이것이 여러 행성의 변화가 아니라 지구에서 본륜의 반경 차이가 만들어 낸 것이다. 제17도에서처럼 지구가 본륜의 곤(坤)에 있으며 곤묘선(坤卯線)을 이루면 지구의 본륜은 곤(坤)에 부합하고, 황도의 묘(卯)에 이르면 이 곤묘선은 필시 화성, 목성, 토성 세 행성의 본륜과 교차하고, 혹 이 세 행성은 본륜에 있으며 접선의 교차점은 화성, 목성, 토성이므로, 지구로부터 이 세 행성을 보면 딱 황도의 묘(卯)에 상응한다. 태양의 중심에서 계산하면 화성은 자(子) 방향에, 목성은 축(丑) 방향에, 토성은 인(寅) 방향에서 보이는데, 이 '자-화-묘', '축-목-유', '인-토-묘' 삼각의 도수는 바로 화성, 목성, 토성 세 행성의 지륜반경차(地輪半徑差)가 된다(太陽在五星諸輪之一偏心. 凡各星相等之時, 所循本輪弧之面積亦相等. 設自太陽視之, 諸星雖遲速不等, 而皆爲順行. 若自地視之, 則見其有留退等變, 然此非諸星之變, 乃自地本輪半徑差所生也. 如第十七圖. 地在本輪之坤, 作坤卯線, 切地輪于坤, 至黃道之卯, 此坤卯線必交火·木·土三星之輪, 或此三星正在本輪與切線之交火·木·土, 則自地視此三星, 正應于黃道之卯. 若從日心計之, 則視火于子, 視木于丑, 視土于寅, 此子火卯·丑木卯·寅土卯三角之度, 卽爲火·木·土三星之地輪半徑差).

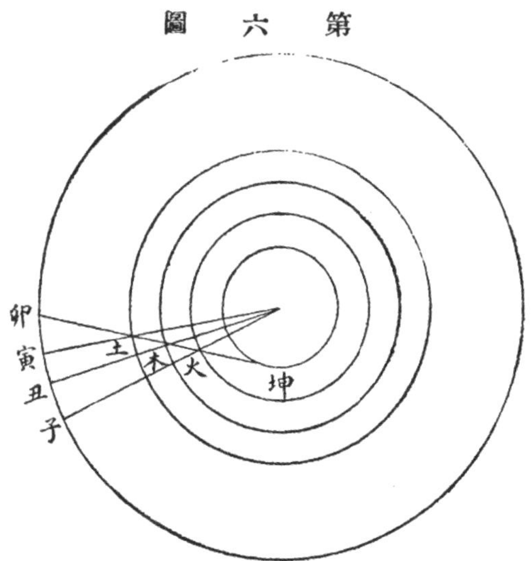

제17도. 국립중앙도서관 소장본, 『지구전요』, 권13에 수록된 '제17도'의 도면이 희미하고 작아 혜강의 저본인 『지구도설(地球圖說)』(『총서집성초편』본), 「보도(補圖)」(9쪽)에서 복제하였다.

금성과 수성 두 행성은 그 본륜이 지구 본륜 안에 있다. 지구에서 하나는 지구 중심에서 태양 중심까지, 하나는 지구 중심에서 행성의 본륜과 접하는 두 선을 그으면, 이 두 선은 지구 중심의 각에서 서로 교차하는데, 바로 행성과 태양 사이의 거리다. 곤과 건이 태양과 지구 중심선을 지나, '건-금'과 '곤-수'는 금성과 수성의 각 본륜 선과 접하고, '금-곤-건' 각은 바로 지구에서 보이는 금성과 태양의 거리이고, '수-곤-건' 각은 [바로] 지구에서 보이는 수성과 태양의 거리다. '금-곤', '수-곤', '건-곤' 세 선을 경성천의 자(子), 축(丑), 묘(卯)에 끌어가면, 이 '자-곤-묘', '축-곤-묘' 각은 바로 금성과 수성 두 행성의 지륜반경차(地輪半徑差) 각을 이룬다(金·水二星, 其輪在地輪之內, 自地作兩線, 一自地心至日心, 一自地心切星輪, 此兩線相交于地心之角, 卽爲星與日之大距, 如第十八圖. 坤乾爲過日與地心線, 坤金·坤水爲切金·水各輪之線, 金坤乾角, 卽自地視金星與日之大距, 水坤乾角, [卽]自地視水星與日之大距. 將金坤·水坤·乾坤三線引之至經星天于子·于丑·于卯, 此子坤卯·丑坤卯角, 卽爲金·水二星之地輪半徑差角).

다섯 행성의 합(合), 유(留), 순(順), 역(逆) 등의 변화는 모두 지륜반경차(地輪半徑差)로 말미암아 생겨난다. 그러나 그 변화에는 두 종류가 있는데, 행성의 본륜이 지구 본륜의 안인지 밖인지에 따라 달라지기 때문이다. 각기 지도에서 상세히 밝혔다. 17도와 18도.(五星合留順逆等變, 皆由地輪半徑差所生, 然其變有二類, 由星輪在地輪內外不同之故, 各有圖解之. 十七圖·十八圖).

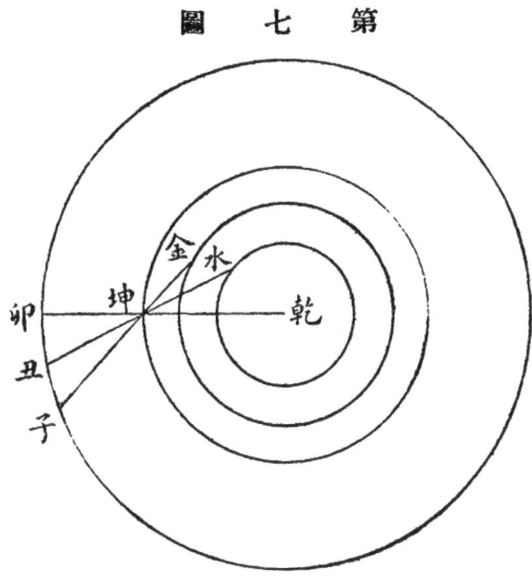

제18도. 국립중앙도서관 소장본, 『지구전요』, 권13에 수록된 '제18도'의 도면이 희미하고 작아 혜강의 저본인 『지구도설(地球圖說)』(『총서집성초편』본), 「보도(補圖)」(9쪽)에서 복제하였다.

1-9. 일식과 월식[교식(交食)]

달 형체의 절반은 태양을 향해 항상 밝고, 절반은 태양을 등지고 있어 항상 어둡다. 제19도를 보시오. 사람이 지구 표면에서 온전히 그 빛나는 면을 보거나, 반만 보이거나, 보지 못하기도 하는데, 이 때문에, 초승달과 보름달의 구분이 있다. 초하루라면 달의 광면이 지구를 등지고 있어 지구에서 달을 볼 수 없다. 초하루 이후 달의 광면이 점차 지구를 향하므로 지구에서 달을 볼 수 있다. 보름에 지구는 달과 태양의 사이에 있으므로, 지구에서 온전히 달의 광면을 볼 수 있다. 보름 이후에 달의 광면은 점차 [지구]를 등져, 초하루에 이르면, 또 그 광면이 보이지 않는다(太陰體半面向太陽常明, 半面背太陽而常暗. 見十九圖. 人在地面上, 或全見其光面, 或半見, 或不見, 由此以至朔望弦之別. 設如朔日, 太陰之光面背地, 故自地不得見之. 朔以後, 太陰之光面漸向地, 故自地得見之. 望, 地在

于太陰及太陽之間, 故自地全見太陰之光面. 望以後, 太陰之光面漸背[地], 至朔日, 又不見其光面).

태양과 달이 서로 만나는 시기를 제외하고, 달은 태양과 지구의 사이에 있다. 지구, 태양, 그리고 달이 한 선으로 나란하다면, 지구 표면에서 달그림자가 있는 곳이, 갑(甲)과 정(丁)이면 달은 태양의 빛을 가리게 되는데 이것이 일식이다. 단지 초하루에 달이 태양을 만나므로 유독 초하루에만 일식이 있다(太陽·太除相會之時, 太陰在太陽與地之問. 若地與太陰與太陽一線參直, 見十二圖. 地面上有月影之處, 如甲與丁, 則見太陰掩蔽太陽之光, 是爲日食. 惟朔日太陰會太陽, 故獨朔日有日食).

보름에 지구가 달과 태양 사이에 있어, 사람은 지구 표면에서 해와 달을 보면, 서로의 거리가 180도다. 태양, 지구 그리고 달이 한 선으로 나란하면, 제21도를 보시오. 달은 지구의 그림자에 가려져, 태양의 빛을 받을 수 없는데, 이것이 월식이다. 단지 보름에만 달이 태양과 딱 마주하므로 유독 보름에만 월식이 있다(若望時地球在太陰與太陽之間, 人從地面視日月, 相距百八十度. 若太陽與地與太陰一線參直, 見二十一圖. 則太陰爲地影所蔽, 不得受太陽之光, 是爲月食. 惟望日太陰與太陽正相對, 故獨望日有月食).

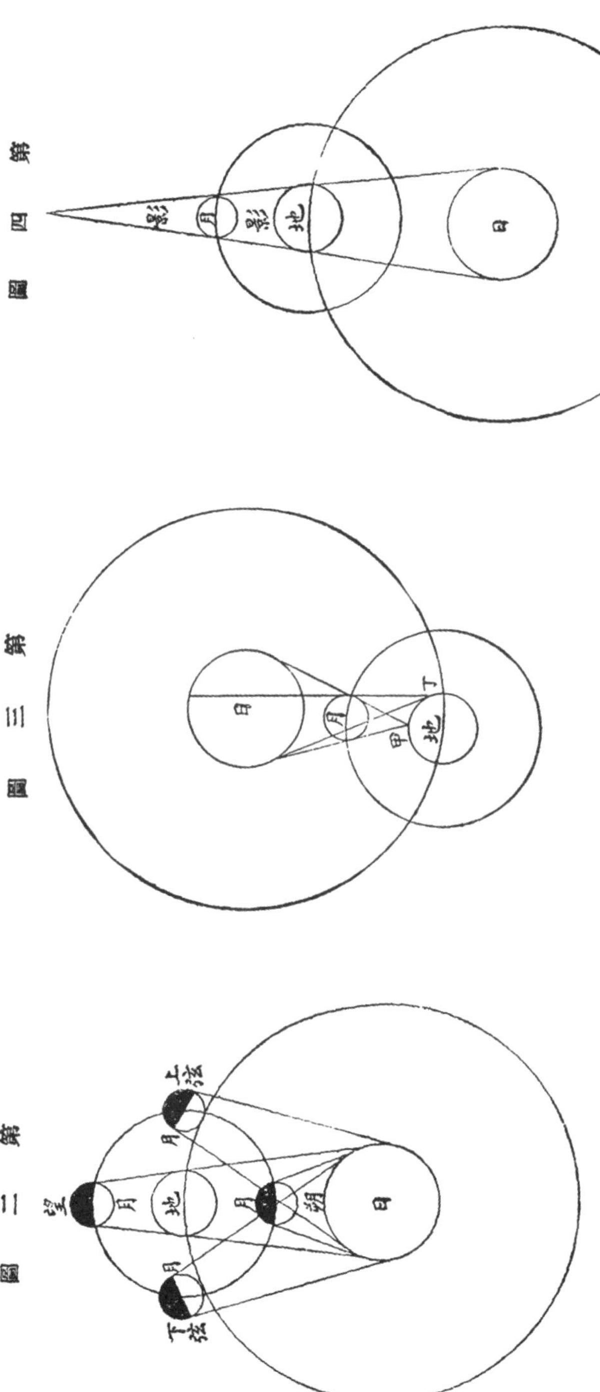

제19도, 제20도, 제21도. 국립중앙도서관 소장본, 『지구전요』, 권13에 수록된 '제19도', '제20도', '제21도'의 도면이 희미하고 작아 혜강의 저본인 『지구도설(地球圖說)』(『중서집성초편』본), 「보도(補圖)」(5~7쪽)에서 복제하였다. 왼쪽부터 19-20-21도 순이다.

1-10. 밀물과 썰물[조석(潮汐)][7]

옛날부터 조수[潮汐]를 말하며, 모두 달과 상응하여, 달이 지평선 위로 나오면 밀물[潮]이 불어나고, 달이 지평선으로 들어가면 썰물[汐]이 불어난다고 하였다. 제22도에서처럼, 곤체(坤體)가 돌면서 옆의 대기 또한 돌아, 갑(甲), 을(乙), 병(丙)의 대기 바퀴[氣輪]를 형성하는데, 달 또한 돌면서 갑, 정, 병의 대기 바퀴를 형성하여, 두 대기 바퀴가 서로 닿으면, 갑(甲)은 접점으로 들어가는 기운이 되는데, 그 기운이 다 빨려들면서 밀물이 생겨나고, 을은 닿음에서 나오는 기운이 되어 그 기운은 다 풀려나며 썰물이 생긴다. 헤아려 보면, 밀물과 썰물은 항상 지구를 끼고 돌며, 하루 밤낮을 돌아 다시 시작된다. 또 지구와 달의 거리에는 높낮이와 원근이 있어, 초하루와 보름에 달의 운행이 가까우면, 그 사이의 대기 바퀴 간의 서로 닿는 힘이 강해 밀물과 썰물의 드나듦이 불어난다. 상현과 하현에 달의 운행이 높으면, 그 사이의 대기 바퀴 간의 서로 닿는 힘이 줄면서 밀물과 썰물의 드나듦이 점차 줄어든다. 이 대기 바퀴가 일곱 행성의 대기 바퀴에 이름을 미루어 생각하면, 일곱 행성이 운행하며 연이어져 천체를 이룸에는 본디 그럴 수밖에 없는 세(勢)가 있음을 궁구할 수 있다(從古論潮汐, 皆云與太陰相應, 太陰出地平上面潮漲, 太陰入平地而汐漲. 如第二十二圖. 圖坤體旋轉, 而旁氣亦轉, 以成甲·乙·丙之氣輪, 太陰亦旋轉, 而成甲·乙·丁之氣輪, 兩氣輪相切, 甲爲入切之氣, 氣必吸而潮生, 乙爲出切之氣, 氣必放而汐. 推潮與汐, 常狹地球而轉, 周於一晝夜而復始. 且地·月相距有高低·遠近, 在朔望而月行近, 則其間氣輪之相切有力, 潮汐進退漲溢. 在上下弦而月行高, 則其間氣輪之相切減力, 潮汐進退漸成. 推此氣輪達於七曜之氣輪, 可究七曜旋轉, 聯綴成體, 自有不得不然之勢).

7) 여기 조수를 논한 단락은 이전 항목에서 채록해 왔던 『지구도설(地球圖說)』에는 보이지 않는다. 혜강 최한기의 설명으로 보인다.

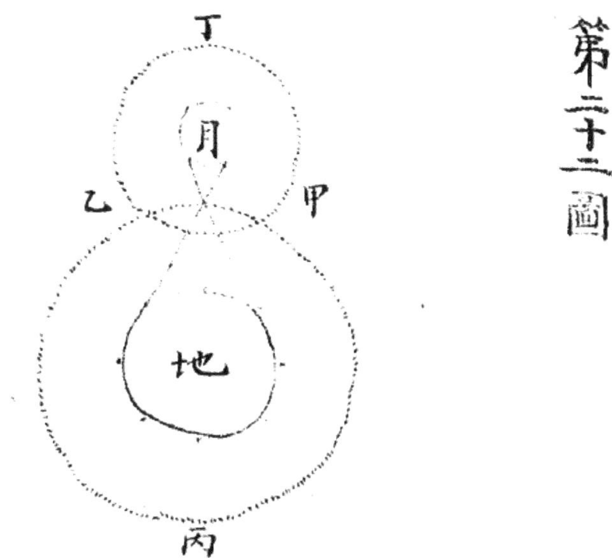

제22도. 국립중앙도서관 소장본.

1-11. 기화를 논함[論氣化]

경성천(經星天)의 안에는 오직 기(氣)만 충만하여 한점, 털끝 하나의 틈도 없이, 토성, 목성, 화성, 지구, 달, 금성, 수성, 태양 등 여덟 바퀴[輪]가 쉼 없이 순환하고 있는데, 반드시 그럴 수밖에 없는 세(勢)가 있으니, 어찌 물상(物象)으로 비유할 수 있으리오. 대야를 물로 채워 가운데에서 저으면 수면에 떠서 있는 겨자씨는 회전에 따라 돌 수밖에 없지만, 이 여덟 행성이 어찌 휘저음이 있어서 도는 것이리오. 시계탑의 바퀴가 추를 끌어서 돌리면 바퀴의 이빨이 번갈아 가며 모두 움직이는데, 이 여덟 바퀴가 어찌 추가 무거워 도는 것이겠는가. 일체 활동은 사람의 내장이 운행하는 것처럼, 영위(營衛)에는 본디 쉼 또는 그침이 없다. 그러나 여러 본륜은 모두 타원이면, 안과 밖이 거듭 교차하고[迭相] 뒤섞이는[磨盪] 사이, 그 옆의 가까운 곳에서, 원근, 고저, 광협(廣狹) 다름이 생겨난다. 멀면서 높고 넓으면, 그 사이에서 따라 도는 대기가 느슨해지고, 가까우며 낮고 좁으면, 그 사이에서 따라 도는 대기가 팽팽해진다. 어찌 유독 한두 본륜의 멀고 가까움이 이처럼 여러 본륜이 뒤섞여 조응함에 때에 따라 다름이 없을 수 있겠는가. 지구에서 멀면 기화(氣化)가 조응하는 그 미세함을 느끼기 어렵다. 지구에 가까워진 달의 높낮이는 밀물과 썰물의 성쇠를 낳고, 태양의 멀고 가까움이 추위와 더위의 진퇴를 낳는다. 기화는 여러 바퀴의 운행으로 말미암아, 이처럼 온 경성천에 현저한 여러 행성이 포진하여 운동하는데, 결국 [이것이] 기화가 조응하는 바탕이다. 상하, 사방, 소리와 냄새, 빛과 그림자 등 만 가지가 일정하지 않고, 항상 있음과 항상 있지 않음이 모두 알선하는 기화에서 생겨난다. 단 삶의 견문과 구색(究索)은 사는 곳에 국한되어 있어, 지구의 표면에서 여러 행성이 연결되어 천체를 이루고 있음을 인식할 수 없고, 설령 일곱 행성이 천체를 구성하고 있음을 인식하더라도 기화의 풀무[橐籥]는 알 수 있겠지만, 천지가 단련한 정수가 우주를 구성하는 헤아리기 어려운 도를 어찌 사람마다 헤아릴 수 있으리오. 인도(人道)가 관리하고 처리하여 받들어 순응할 수 있는 것은 기화(氣化)요, 어길 수 없는 것도 기화다. 지구와 일곱 행성의 효용을 체험하는 길은 전적으로 기화를 체득하는 데 달려있다. 기화의 도리를 체득하지 못하면 천문 현상[歷象]을 연구한들 무슨 보탬이 되리오(經星天內, 惟氣充滿, 無點毫空隙, 而土·木·火·地·月·金·水·太陽八輪循環不已, 必有不得不然之勢. 豈可以物象論之. 盈槃之水從中攪之, 水面浮芥無不隨洄而轉, 惟此八輪, 豈因有攪而轉哉. 時鍾塔輪因錘牽而撥, 輪齒遞次皆動, 惟此八輪, 豈因錘重而轉哉. 一體活動, 如人臟腑之運, 榮衛自有不息不停, 然諸本輪俱是橢圓, 則內外累重迭相磨盪之間, 從其傍近, 而必有遠近·高低·廣狹之不同. 遠而高而廣, 則其間隨轉之氣放舒, 近而低而狹, 則其間隨轉之氣緊摎, 奚特一二本輪遠近, 若是至於諸輪之磨盪照應, 莫不隨遇不同. 遠於地球, 則氣化之應難覺其微. 近地球之月輪高低, 而潮汐爲之盛衰, 太陽遠近而寒署爲之進退, 氣化之由於諸輪旋轉, 若是顯著滿天諸曜佈列運動, 總是氣化照應之質. 凡上下·四方·聲臭·光影萬端不齊, 常有與不常有, 皆生於斡旋之氣化. 但人生見聞究索, 泥着於所居, 地面不能認諸曜之聯綴成體, 縱或認七曜之成體, 見得氣化橐籥, 天地鍛鍊精液以成宇宙, 難測之道, 豈人人所能哉. 人道營理所可承順者, 氣化也, 不可違越者, 氣化也. 體驗地球與七曜之效, 專在於見得氣化. 若無見得於氣化道理, 研究歷象, 竟何補焉).

일곱 행성에는 각기 도는 본륜이 있어 겹겹이 싸고 있다. 안과 밖, 원근에는 모두 넘지 못하는 한계가 있어 바퀴 안에 들어오지 못하고, 바퀴 밖으로 나가지 못한다. 그 이유를 따져보면, 본륜에 쌓인 대기의 청탁(淸濁), 강약, 여러 행성의 경중과 대소가 각기 운전의 마땅함에 적합하기 때문이다. 물에 배를 띄우면, 배가 물에 뜨지만 뜨고 가라앉음에는 한계가 있고 순서가 다르듯이, 경성천에 가득한 대기, 그 겹침에는 순서가 있고, 순환에 조리가 있음을 알 수 있다. 단 오른쪽으로 돎이 보이면 왼쪽으로 돎은 보이지 않고, 동서의 돎은 있지만 남북의 돎은 없으니 당연히 경색(梗塞)이 없다. 토성과 목성의 옆에 있는 소행성, 지구의 옆에 있는 달은 본체의 대기가 돌며 조응하기 때문에, 옆의 바퀴가 연결되어 본체의 기화(氣化)를 인도한다. 배열의 범위를 모른다고 할지라도, 고금의 흘러온 기화엔 경험의 궤적만 있고, 인생사 받들 도리와 생각에는 미진한 실마리가 있었으므로 궁구함이 그치지 않았다(七曜各有旋轉之本輪, 累重裏包. 內外·遠近皆有不越之界限, 不入于輪內, 不出于輪外. 究其故, 則本輪內積氣之淸濁·強弱, 諸曜之輕重·大小, 各適運轉之宜. 如水之載舟, 舟之泛水, 輕重相適, 浮沉有限, 挨次不等, 可見盈天之氣, 層疊有序, 循環有條. 但見右旋而不見左旋, 只有東西之轉, 無南北之轉, 自無梗塞. 至於土·木之旁小星, 地球之旁月輪, 因其本體之氣周行照應, 旁輪之連綴, 導達本體之運化. 縱未知排布之範圍, 古今之流行氣化, 惟有徑驗之軌轍, 人生事務奉承之道慮有未盡之端, 鑽究不已).

1-12. 지도를 미루어 천도를 헤아림[推地度測天度]

옛 법으로 논하자면, 도판에서처럼 제23도. 중심 원구는 지구를 그렸고, 그 바깥 큰 권(圈)은 하늘의 혼원(渾圓)을 그렸다. 지구상의 황도와 적도가 경권(經圈)과 위권(緯圈)에 이르는 도수는 하늘의 도수를 추측하여, 설령 지구의 여러 권(圈)과 같더라도, 각 지점이 넓고 멀어 대략적인 짐작에 불과하다. 예를 들어 지구의 갑(甲)과 사(巳) 두 지점은 북극과 남극이라고도 하는 하늘의 남북 양극에 상응하면, 나머지 황도 등의 권(圈) 모두 그러하다. 땅의 적도 정(丁)의 지평선은 남쪽 갑(甲)과 북쪽 사(巳)가 되므로 사람은 정(丁)에서 하늘 꼭대기에서 적도가 보고 지평선에서 양극이 보인다. 사람이 정(丁)에서 40도 북쪽으로 가 경(京)에 이르면, 그 지평선은 자(子)와 인(寅)이 되므로 하늘 꼭대기는 꼭지점이 된다. 하늘의 적(赤)과 정(頂)의 부분[弧]은 땅의 정(丁)과 경

(京)의 부분에 상응하므로, 각각 40도면, 북극이 지평선에 나타나는데, 고도 또한 40도다. 사람이 경(京)에서 북쪽으로 사(巳)에 이르면 북극은 천정(天頂)에 보이고 정계(丁癸)와 적도가 지평이 되는데, 이 모두가 땅이 둥글기 때문이다. 이제 태양은 정(靜)하고 지구가 동(動)한다는 설로 천상의 도수를 추산하면 생각보다 상당한 차이가 나지만, 혼원(渾圓)의 천상(天象)은 지극히 크고 넓어, 그 차이를 보기 어려우며, 크게 상반되는 것도 있는데, 땅이 하늘 적도의 북쪽 지대를 돌면 동지가 되고, 땅이 하늘 적도의 남쪽 지대를 돌면 하지가 된다(將古法論之, 如第二十三圖.圖中心圓球, 以象地球, 其外大圈, 以象天之渾圓. 地球上黃·赤兩至經緯等圈度數, 推測天上度數, 縱與地球諸圈同, 各指點寥廓, 不過大略斟酌. 設如地之甲·巳兩點, 相應于天之南北兩極, 亦名北極·南極, 其餘黃赤諸圈皆然. 地赤道丁之地平爲南甲·北巳, 人在丁視赤道于天頂, 視兩極于地平. 若人從丁向北行四十度至京, 其地平爲子寅, 天頂爲頂點. 天之赤·頂弧與地之丁·京弧相應, 各四十度而北極之出地平, 亦高四十度. 人從京向北至巳, 則見北極于天頂, 而以丁癸·赤道爲地平, 此皆由地圓故也. 今以太陽靜·地球動, 推天上度數, 則想多差移, 然渾圓天象至大至廣, 難見其差而有大端相反者, 地轉天赤之北帶爲冬至, 地轉天赤之南帶爲夏至).

제23도. 국립중앙도서관 소장본, 『지구전요』, 권13에 수록된 '제23도'의 도면이 희미하고 작아 혜강의 저본인 『지구도설(地球圖說)』(『총서집성초편』본), 「보도(補圖)」(4쪽)에서 복제하였다.

하늘은 땅을 둘러싸고 있으며 서로 상응한다. 땅에는 남북 양극이 있고, 하늘 또한 이를 가지고 있으며, 땅에 경도와 위도가 각기 360도면 하늘 또한 그러하다. 지구의 가운데 허리는 적도이고, 그 땅은 매우 더운데, 이곳이 열대(熱帶)다. 태양과 가깝기 때문이다. 적도의 남북 각기 23도 반의 땅은 그다지 춥지도 덥지도 않은데, 이곳이 정대(正帶)다. 태양이 멀지도 가깝지도 않기 때문이다. 남극과 북극 23도 반의 땅은 몹시 추운데, 이곳이 냉대(冷帶)다. 태양이 멀기 때문이다(天旣包地, 彼此相應. 地有南北兩極, 天亦有之, 地經緯各有三百六十度, 天亦同. 地球中腰爲赤道, 其地甚熱, 是爲熱帶. 近日輪故也. 赤道南北各二十三度半, 其地不甚冷熱, 是爲正帶. 日輪不遠不近故也. 南北極二十三度半周圍, 其地甚冷 是爲冷帶. 遠日輪故也).[8]

무릇 원형에 두 개의 지름이 같은 원[平圓]이 있다면 고루 360도로 나뉘

8) 이상의 정보는 대체로 「곤여만국전도」에 수록된 마테오 리치의 도해(圖解)에 보인다.

고, 매 도수의 용적과 장단은 모두 같다. 타원이면 나뉘는 360도의 매 도수는 용적과 장단이 같지 않고, 용적은 같아도 장단이 일정하지 않기도 하는데, 천문가들은 새로 제작한 기구로 여러 차례 추측을 통해 지구의 대기권이 꼭 평원(平圓)이 아니며 그 도수가 수용하는 원근이 반드시 서로 같지 않으리라고 의심해 왔다. 이러한 이유로 프랑스[불랑제아(拂郎濟亞)] 국왕은 특별히 수학에 정통한 학자들을 각 나라로 나누어 보내 법칙에 따라 남북 각 도수가 수용하는 거리[里數]를 적도에서 가까운 땅, 북극에서 가까운 땅, 북극과 적도 사이의 땅으로부터 세밀하게 측량하게 했다. 무릇 세 곳에서 고도의 용적이 적도에서 가까우면 좁고, 점차 적도에서 떨어지면서 점차 넓어짐을 헤아려, 그로부터 지구 대기권의 원형이 같지 않다고 추정했다. 단 적도는 평원이지만, 경권(經圈)은 모두 타원으로, 지구의 긴 지름은 적도를 지나고, 짧은 지름은 양극을 지나, 265와 266으로 짧은 지름은 긴 지름과 비례한다. '지구의'를 만들고 지도를 그리는 자들은 적도의 지름이 2척 6촌 6푼이면 양극을 지나는 직경은 단지 2척 6촌 5푼으로 격식을 만든다(凡圓形有二平圓, 則匀分三百六十度, 其每度容積與長短皆等. 橢圓則所分三百六十度, 其每度容積與長短不等, 或有容積等而長短不齊者, 天文家以新製儀器屢加推測, 疑地球大圈, 未必是平圓, 而其度所容之遠近, 未必相等, 以故拂郎濟亞國王特遣精通數法之士, 分往各國, 按法細測, 南北各度所容之里數, 自近赤道地, 自近北極地, 自北極赤道之間地. 凡三處測其高度之容, 近赤道則狹, 漸離赤道則漸寬, 由此推得地球大圈之圓形不等. 但赤道爲平圓, 而經圈皆爲橢圓, 地球長徑過赤道, 短徑過兩極, 短徑與長徑之比例, 若二百六十五與二百六十六. 如造地球, 繪地圖者, 赤道徑二尺六寸六分, 則過極徑止二尺六寸五分, 爲式).[9]

지구 전체는 원형의 지도로 만들어야 하나, 그려 넣기가 불편하여 원형을 평면으로 바꾸고 권(圈)을 선으로 뒤집을 수밖에 없었다. 바다와 육지로 나누기 쉬운 형세에 따라 전후로 나누어 제작했다. 두 지도의 전체 형태를 알고 싶으면 반드시 '전도'와 '후도'를 연결하여 하나로 만들어야 한다. 제23도를 보시오. 그 경선과 위선은 도마다 나누어 그렸으나 이제 10도를 하나의 네모로 줄이고 번잡함을 피해 이에 따라 각국을 해당 장소에 배정할 수 있었다. 동서 위

9) 이상은 『지구도설』에서 채록하고 정리했다(『총서집성초편』본, 3쪽).

선의 도수는 천하의 길이로 주야 평행선 가운데에서 시작하여, 수치를 올리면 북극에 이르고, 수치를 내리면 남극에 이른다. 남북의 경선 도수는 천하의 폭으로, 행복의 섬[복도(福島)][10]을 시작하는 도수로 삼아 전도의 동변 180도에 이르고, 후도 동변 181도에서 시작하여 서변 350도에 이르러 다시 서로 만난다(地球全體宜作圓圖, 以其入圖不便, 不得不易圓爲平, 反圈爲線耳. 隨其海陸易判之勢, 分作前後. 兩圖欲知全形, 必須相合聯前後圖爲一體可也. 見第二十三圖. 其經緯線, 宜每度分畫, 而今省以每十度爲一方, 以免雜亂, 依此可分排各國於其所. 東西緯線數, 天下之長, 自晝夜平線而中而起, 上數至北極, 下數至南極矣. 南北經線數, 天下之寬, 自福島起初度, 至前圖東邊爲一百八十度, 後圖東邊起一百八十一度, 至西邊爲三百六十度, 復相接焉).[11]

경선은 바로 각 지역의 자오선이다. 두 지역의 시차는 모두 경도에 준거한다. 지구는 매일 태양을 향해 한 바퀴 도는 데 24시간이 걸린다. 지구가 15도를 도는 데 한 시간이 걸리고, 1도를 돌면 1시간 4분이 되므로,[12] 두 지역의 경도를 알면 두 곳의 시차를 추산할 수 있다. 동쪽에 있으면 시차가 더해지고, 서쪽에 있으면 줄어든다. 예를 들어, 북경의 경도는 134도 2분 30초이고, 조선의 도성 경도는 145도로, 북경에서 동쪽으로 10도 57분 30초 떨어져 있어, 변한 시각은 2각 3분 50초다. 태양이 조선 도성의 자오선에 이르면, 아직 이르지 않은 북경 자오선과의 차이는 2각 13분 50초이므로, 북경은 아직 오초(午初)

---

10) 그리스 신화에서 말하는 '행복의 군도'다. 그리스어로 '마카론 네소이(μακάρων νῆσοι)' 즉 행복의 섬들이란 뜻이다. 대체로 아프리카 대서양 쪽 섬들로 간주했다. 피에르 앙리 라르쉐(Pierre Henri Larcher, 1726~1812)가 번역한 『헤로도토스의 역사(Histoires d'Hérodote)』, 3권, 26장(I, Paris, 1850, 246쪽)에 "이 도시는 테베스(Thèbes)에서 7일 여정으로 모랫길을 통해서만 갈 수 있다. 이곳은 그리스어로 '행복의 군도(Μακάρων νῆσος)'라고 불린다"라고 기원전 5세기의 이야기를 기술하고 있다. 이곳을 마테오 리치는 의역하여 '복도(福島)'라고 표기했다.

11) 이상의 정보는 1603년 「곤여만국전도」에 실린 마테오 리치의 서문을 저본으로 혜강이 재구성한 문장이다.

12) 밑줄 친 이 문장은 혜강의 독해가 얼마나 정확한지 잘 보여주는 사례다. 이 단락은 『지구도설(地球圖說)』의 정보를 채록하고 있는데(『총서집성초편』본, 2쪽), 주어인 지구가 태양(太陽)으로 되어 있다. 여기서는 지구의 자전을 말하고 있으므로, 혜강의 문장이 정확하다.

1각 1분 10초다. 태양이 북경 자오선에 이르렀다면, 이미 지난 조선 도성 자오선과의 차이는 2각 13분 50초이므로, 조선 도성은 이미 오정(午正) 2각 13분 50초다. 또한 시차가 얼마인지로 두 지역의 거리 차이를 알 수 있다. 다시 예를 들어, 프랑스[拂郞濟亞國] 수도인 파리[파리스(巴里斯)]의 경도는 20도로, 북경 서쪽으로 114도 2분 30초 떨어져 있으니 변한 시각은 32각 6분 10초이므로, 북경이 오정(午正)이면, 파리는 아직 인정(寅正) 1각 8분 50초이고, 파리가 오정(午正)이면 북경은 술초(戌初) 2각 6분 10초다(經線卽各地方之子午線也. 兩地時差皆準于經度. 地球每日向日一周, 爲二十四小時. 地球轉十五度, 爲一小時, 轉一度, 爲一小時之四分, 故知兩處之經度, 卽可推兩處之時差. 在東者以時差加, 在西者以時差減. 如京師之經度一百三十四度二分三十抄, 朝鮮都城之經度一百四十五度, 距京師東十度五十七分三十抄, 變時爲二刻十三分五十抄. 太陽至朝鮮都城子午線, 則未至[13]京師子午線之差爲二刻十三分五十抄, 故京師尙有午初一刻一分十抄. 若太陽至京師子午線, 則已過朝鮮國都子午線之差爲二刻十三分五十抄, 故朝鮮國都已有午正二刻十三分五十抄也. 又可以時差多少知兩地相距里數之差. 又如拂郞濟亞國都城巴里斯之經度二十度, 距京師西一百十四度二分三十抄, 變時爲三十二刻六分十抄, 故京師至午正, 則巴里斯尙有寅正一刻八分五十抄, 巴里斯午正, 則京師有戌初二刻六分十抄).

위도는 바로 남북 양극의 고도다. 경성천 꼭대기에서 적도를 보면 지평선에 양극이 보인다. 적도 남쪽으로 200리면, 옛날 척도로는 250리고, 현재의 척도로는 200리다. 남극 고도 1도에 보이고, 적도에서 북쪽으로 200리면 북극 고도 1도다. 예를 들어 북경은 적도 북쪽 40도이므로 북극 고도 40도에 보인다.[14] 같은 위도의 땅이 그 극에서 나타난 땅[出地]의 수가 같으면 사계절의 추위와 더위가 같은 양상을 띤다. 만약 두 지역이 중앙선에서 떨어진 도수는 같지만, 하나는 남쪽으로, 하나는 북쪽으로 떨어져 있으면, 사계절과 주야, 시각의 수치가 모두 같고, 시기만 상반되어, 이곳의 여름은 저곳의 겨울이 될 뿐이다. 주야의 장단은 같지 않은데, 중앙선의 원근으로 말미암아, 멀면 멀수록 그 길이는

13) 국립중앙도서관 소장본에는 '지(知)'자로 되어 있는데, 저본의 '지(至)'자 임을 『지구도설』에서 확인할 수 있다.

14) 이상은 『지구도설』을 정리하여 기술했다.

더 커진다. 도식을 만들어 지도 옆에 기록하였다. 5도마다 그 주야의 장단이 얼마인지를 기록해 두었으니, 동서와 상하가 중앙선에서 떨어진 도수가 같으면, 모두 통용할 수 있다. 적도 중앙 지대는 태양을 꼭대기에 이고 있으면 여름이 되고, 남쪽 지대에서 태양을 이고 있으면 겨울이 되며, 다시 꼭대기에 태양을 이고 있으면 여름이 되고, 그다음 북쪽 지대에서 태양을 이고 있으면 겨울이 된다. 1년 안에 겨울과 여름이 두 번이면, 그사이에 봄과 여름도 두 번이므로 중간 지대의 땅은 1년에 두 번 파종하고 수확한다. 꼭대기에 북극을 이고 있는 지역은 반년은 낮이고 반년은 밤이 된다. 춘분 이후 태양이 지평선에서 나선형으로 회전[螺轉]하며 올라가 하지에 이르러 다시 나선형을 풀고 회전하며 오르는데, 이 반년은 낮이 된다. 추분 이후에 지평선에서 나선형으로 회전하며 내려가, 동지에 이르러 다시 나선형을 풀고 회전하며 내려가는데, 이 반년은 밤이 된다. 꼭대기에 남극을 이고 있는 지역 또한 마찬가지다(緯度卽南北兩極高度也. 視[15]赤道于天頂, 則視兩極于地平, 距赤道向南二百里, 古尺二百五十里, 今尺二百里. 則視南極高一度, 距赤道向北二百里, 則北極高一度. 如京師在赤道北四十度, 故視北極高四十度. 凡同緯之地, 其極出地數同, 則四季寒暑同態焉. 若兩處離中線度數相同, 但一離於南, 一離於北, 其四季并晝夜刻數均同, 惟時相反, 此之夏爲彼之冬耳. 晝夜長短不等, 由於離中線遠近, 愈遠則其長愈多, 爲式以記於圖邊, 每五度其晝夜長短何如, 則西東上下隔中線數同, 則皆可通用焉. 赤道中帶地戴太陽于頂爲夏, 戴太陽于南帶[16]爲冬, 復戴太陽于頂爲夏, 次戴太陽于北帶爲冬. 一年之内, 冬夏爲再, 則其間春秋亦爲再, 故中帶之地, 一年再種穫. 頂戴[17]北極之處, 半年爲晝, 半年爲夜, 自春分後, 日從地平螺轉而上, 至夏至而還解螺轉之上, 是半年爲晝. 自秋分以後, 日從地平螺轉而下, 至冬至而還解螺轉之下, 是半年爲夜也. 頂戴南極之處亦然).

---

15) 국립중앙도서관 소장본에는 '시(時)'자로 되어 있는데, 저본의 '시(視)'자 임을 『지구도설』에서 확인할 수 있다.

16) 국립중앙도서관 소장본에는 '대(戴)'자로 되어 있는데, '대(帶)'자의 잘못이다.

17) 국립중앙도서관 소장본에는 '대(帶)'자로 되어 있는데, '대(戴)'자의 잘못이다.

1-13. 바다와 육지의 분계[海陸分界] 지도 24와 지도 25를 보시오.

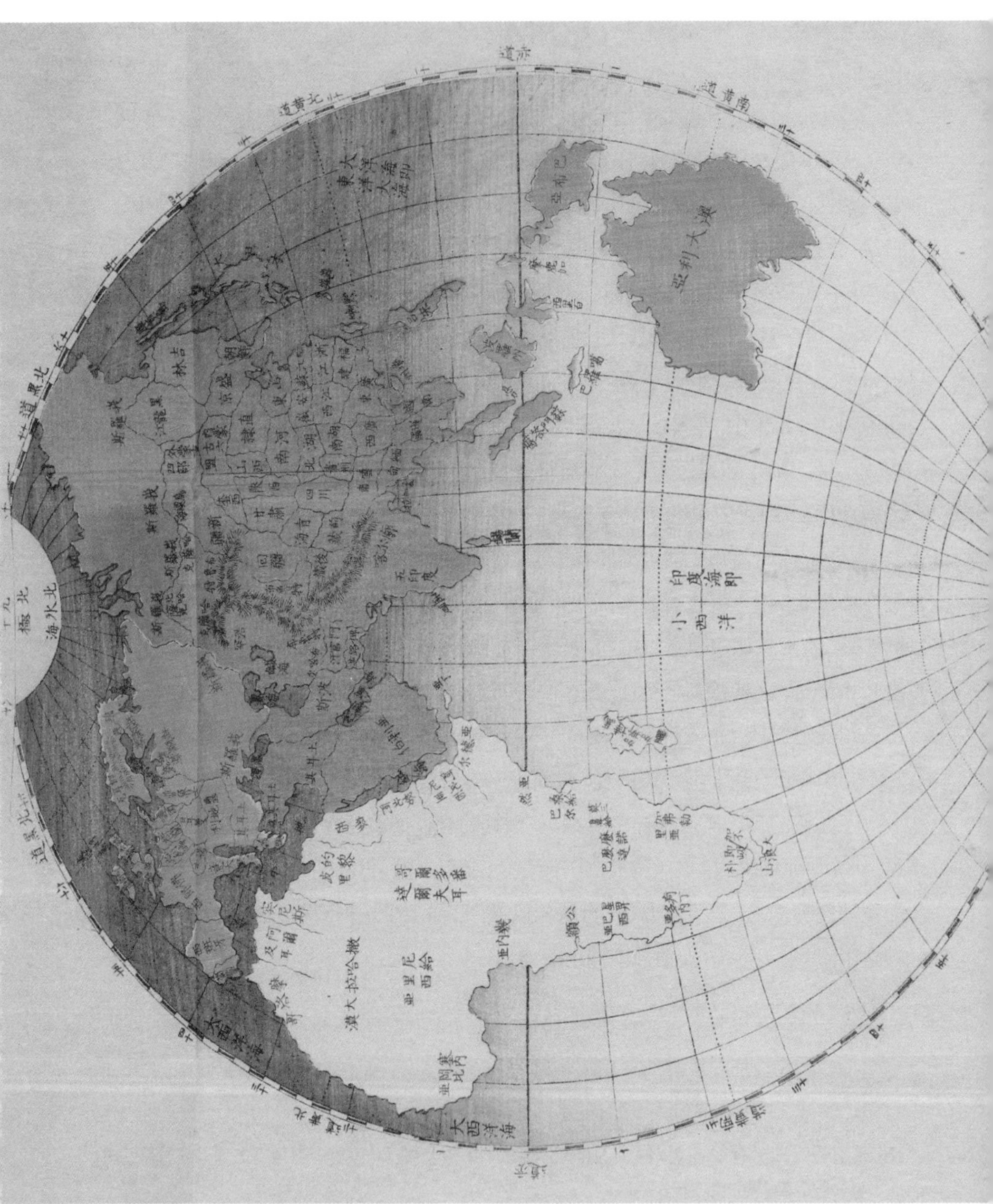

지도 24. 국립중앙도서관 소장본의 지도가 몹시 희미하여 『영환지략』(도시샤대학 소장본, 1861)에서 가져왔다.

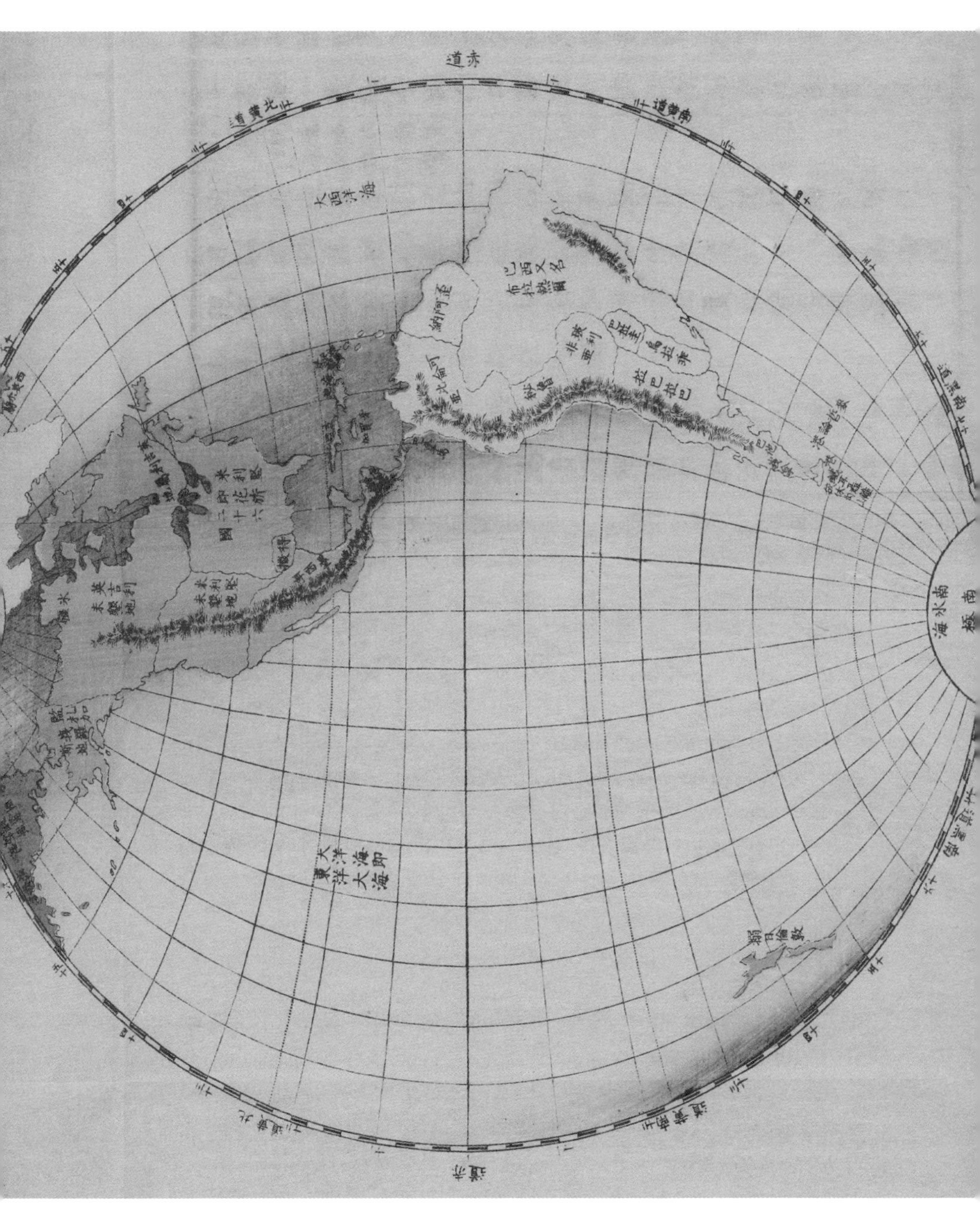

지도 25. 국립중앙도서관 소장본의 지도가 몹시 희미하여 『영환지략』(도시샤대학 소장본, 1861)에서 가져왔다.

지구의 전체 면적에서 육지는 10분의 4이고, 바다는 10분의 6 남짓이다. 육지는 4대 세계 1대 주(洲)로 나뉘는데, 아시아[亞細亞], 유럽[歐羅巴], 아프리카[阿非利加], 어떤 곳에는 리미아(利未亞)[18]로 되어 있다. 아메리카[亞墨利加], 오스트레일리아[澳大利亞]다. 바다는 드넓어 억지로 다섯으로 나누는데, 태평양[大洋海], 대서양[大西洋海], 인도양[印度海], 북빙해, 남빙해다(地球全面陸不及十之四, 海爲十之六有奇. 陸分爲四大界一大洲, 曰亞細亞, 曰歐羅巴, 曰阿非利加, 一作利未亞. 曰亞墨利加, 曰澳大利亞. 海水汪洋, 强分爲五, 曰大洋海, 曰大西洋海, 曰印度海, 曰北氷海, 曰南氷海).

아시아는 북쪽으로 북빙해에서 끝나고, 동쪽으로 태평양에, 남쪽으로 인도양에 이르며, 서쪽으로 여러 이슬람 지역[回部]을 포괄하고 서남쪽으로 흑해(黑海)에 이른다. 네 대륙 중에서 가장 광대하다. 『직방외기(職方外紀)』에 [아시아는] "서쪽은 행복의 섬[福島]에서 62도 떨어진 나다리아(那多里亞)[19]

18) 마테오 리치의 「곤여만국전도」, 알레니의 『직방외기』, 페르비스트의 『곤여도설』, 그리고 혜강이 1권을 기술하며 많이 채록한 『지구도설』 모두 '리미아(利未亞)'로 되어 있다. '리미아(利未亞)'는 기원전 시기 아프리카 북부를 지칭했다. 아프리카 전체를 지칭한 것은 피에르 앙리 라르쉐(Pierre Henri Larcher, 1726~1812)가 번역한 『헤로도토스의 역사(Histoires d'Hérodote)』, 1권, 46장(I, Paris, 1850, 42~3쪽)에서 '리부에(Λιβύη)'로 보이지만, 대체로 아프리카 북부를 지칭했다. 리미아는 바로 이 '리비아(Libya)'를 음역 표기한 것이다. 리미아의 고음은 '리-므웨이-아(li-mwȩi-ʔa)'다. 이 '미'자의 초성 'm'은 민(閩) 방언으로 'b'로 발음된다. 마테오 리치가 남방 발음에 익숙하여 '미'자로 표기했을 것 같다. 이 표기를 따르지 않은 점이 혜강의 탁월함이다.

19) '나다리아(那多里亞)'는 소아시아 '아나톨리아(Anatolia)'의 다른 표기다. 세팡 씨는 교주에서 'a'를 생략한 음역 명칭이라고 설명했지만(『직방외기교석(職方外紀校釋)』, 중화서국, 2000, 33쪽), 이는 오해다. '나톨리아' 형태를 옮긴 표기다. 17세기 영국의 극작가 크리스토퍼 마를로우(Christopher Marlowe, 1564~1593)는 『Tamburlaine』(Anthony B. Dawson ed., London, 1997, 95쪽)에서 아나톨리아를 '나톨리아(Natolia)'로 표기한 바 있다. 그 주석에 '나톨리아'는 현 아나톨리아보다 소아시아의 더 넓은 지역을 차지하고 있었다고 설명했다. 아나톨리아는 고대 그리스어로는 '아나톨레(ἀνατολή)'에 어원을 두며 '해가 뜨는 곳', '동방'이란 뜻이다. 사전적 정의에 따르면 '아나+톨레'의 형태이므로 초성 'a'를 생략할 수 없다. 필사 과정에서 잘못 빠뜨렸고, 그 형태를 한자로 옮겼을 것으로 추정한다.

에서 시작하여, 동쪽은 행복의 섬에서 180도 떨어져 있는, 아니안 해협[Anian, 亞尼俺峽, 베링해협]에 이르며, 남쪽은 적도 남쪽 12도에 있는 자바[爪哇]에서 시작하여 북쪽은 적도 북쪽으로 72도 떨어진 빙해에 이른다"라고 하였다(亞細亞者, 北盡北氷海, 東至大洋海, 南至印度海, 西括諸回部, 西南抵黑海. 在四土中, 最廣大. 外記云, 西起那多理亞, 離福島六十二度, 東至亞尼俺峽, 離福島一百八十度, 南起爪哇, 在赤道南十二度, 北至氷海, 在赤道北七十二度).

유럽[歐羅巴]은 아시아의 가장 서북쪽 모퉁이다. 지형은 바닷물에 침식되어 아시아와 비교하면 4분의 1에 불과하다. 남쪽은 지중해(地中海)에서 북극 출지(出地) 35도. 시작하여, 북쪽으로 빙해에 북극 출지(出地) 80여 도. 이른다. 남북은 45도 차이가 나고, 직경 11,200리다. 서쪽은 대서양 '행복의 섬' 초도(初度)에서 시작하여 동쪽 아비하(阿比河)[20] 92도에 이르는데, 직경 2만 3,000리다(歐羅巴者, 亞細亞極西北之隅. 地形與海水相呑齧, 比之亞細亞, 不過四分之一. 南起地中海, 北極出地三十五度. 北至氷海, 北極出地八十餘度. 南北相距四十五度, 徑一萬一千二百里. 西起大西洋福島初度, 東至阿比河九十二度, 徑二萬三千里).[21]

---

20) 유럽의 동쪽 경계인 '아비하(阿比河)'는 어느 강을 말할까? 셰팡 씨는 러시아 시베리아 서부의 오비(Обь) 강으로 추정했다(『직방외기교석』, 74쪽). 음성적으로 상당히 근접하다. 그뿐이다. 마테오 리치는 「곤여만국전도」 도해에서 유럽의 동쪽 경계로, "동쪽으로 대내하(大乃河), 묵아적호(墨阿的湖), 대해(大海)에 이른다(東至大乃河·墨阿的湖·大海)"라고 하였다. 여기 '대내하'의 '대내'는 고대 그리스의 도시 타나이스(Τάναϊς)를 음역 표기한 형태다. 타나이스는 오늘날 돈(Don)강으로, 타나이스가 마에오티스 호수로 들어가는 삼각주에 형성되었기 때문에, '타나이스'강이라고 불렀다. 이 강은 이미 스트라보의 『Geographica』(II, Lipsiae, 1796, 399쪽)에서 언급되었다. 두 번째, 묵아적호(墨阿的湖)는 아조우해임이 분명하다. 이 흑해 동북쪽에 붙어 있는 이 호수는 기원후 1세기 플리니우스의 책에는 '팔루스 마에오티스(Palus Maeotis)', 그리스어로 '마이오티스 림네(Μαιῶτις λίμνη)'로 나타난다(Smith William, 『Dictionary of Greek and Roman Geography』, II, London, 1857, 244쪽). 여기 '묵아적'은 바로 '마에오티스'를 마테오 리치가 음역 표기한 형태다. 셋째, 대해(大海)는 바로 흑해를 말한다. 이러한 유럽의 동쪽 경계는 『직방외기』보다 반세기 뒤인 1672년 페르비스트의 『곤여도설(坤輿圖說)』에서도 확인된다. 알레니가 말하는 '경도 92도'는 확실히 '대내하'의 위치와 부합한다. 따라서 여기 '아비하'는 '대내하'의 오기로 이해해야 할 것이다.

21) 이상의 정보는 『직방외기(職方外紀)』에서 주로 채록 정리했다.

아프리카[阿非利加]는 유럽의 남쪽, 아시아의 서남쪽에 있다. 북쪽 면에만 두 내해(內海)를 홍해와 지중해. 경계로 하고 있으며, 겨우 한 노선만 아시아와 땅이 연결되어 있다. 동쪽, 서쪽, 남쪽 삼면은 대양으로 둘러싸여 있다. 남쪽 가장자리는 북극 출지(出地) 35도이고, 북쪽 가장자리는 북극 출지(出地) 35도다. 동서의 폭은 78도로, 땅은 광막하여 대략 아시아의 절반에 해당한다. 북쪽에는 이슬람 지역[回部]이 있고, 나머지는 모두 검은 이민족[黑夷]이다. 날씨는 몹시 덥고, 땅과 산맥은 거칠고 둔하다. 인종들은 뒤섞여 네 대륙 중에서 가장 열악하다(阿非利加者, 在歐羅巴之南, 亞細亞之西南. 惟北面兩內海紅海·地中海爲界, 僅一線與亞細亞接壤. 東西南三面大洋圍繞. 南邊北極出地三十五度, 北邊北極出地三十五度. 東西廣七十八度, 其地廣莫, 約得亞細亞之半. 迤北有回部, 餘皆黑夷. 天時炎酷, 土脈粗頑. 人類混沌, 在四土中最劣).[22]

아메리카[亞墨利加]는 지구의 후면에 있어 세 대륙과 이어져 있지 않다. 땅은 남북 둘로 나뉜다. 가운데는 가는 해협으로 연결되어 있고, 북아메리카의 북쪽 경계는 빙해에 닿는데, 북극 출지(出地) 도수는 알려지지 않았다. 남쪽은 캐나다[加納達]에서 시작하는데 남극 출지 10도다. 서쪽은 190도에서 시작하여 동쪽으로 행복의 섬 360도에서 끝난다. 서북쪽 한 모퉁이는 아시아 동북쪽 한 모퉁이와 서로 가깝고 중간에 수십 리의 해협[海港]을 두고 있다. 동쪽은 유럽의 여러 나라와 대서양[大西洋海]을 두고 있다. 남아메리카 가장 남쪽 해협은 남극 출지(出地) 52도이고, 북쪽으로 캐나다에 이르는데, 북극 출지 10도 반이다. 서쪽은 286도에서 시작하여 동쪽으로 355도에 이른다. 두 땅을 합치면, 대략 아시아 면적에 부합한다. 둘로 갈라진 이래로 다른 땅은 알려지지 않았는데, 유럽인들이 300년 전에 처음으로 탐험하여 알아냈다(亞墨利加, 在地球之後面, 與三土不相屬. 地分南北兩土, 中有細峽相連, 北亞墨利加之北界抵氷海, 北極出地度數未詳. 南起加納達, 南極出地十度. 西起一百八十度, 東盡福島三百六十度. 其西北一角, 與亞細亞東北一角相近, 中隔海港數十里. 東與歐羅巴諸國, 隔大西洋海. 南亞墨剌加極南海峽, 南極出地五十二度, 北至加納達, 北

22) 밑줄 친 정보만 『직방외기』에서 채록했고(『직방외기교석』, 105쪽), 나머지는 혜강이 기술한 내용일 것이다.

極出地十度半. 西起二百八十六度, 東至三百五十五度. 合計兩土, 約與亞細亞延袤相埒. 其地自剖判以來, 未通別土, 歐羅巴人於三百年前, 始探得之).[23]

네 대륙 밖의 도서(島嶼)는 매우 많은데, 가장 큰 섬은 오스트레일리아[澳大利亞]로 태평양[太平海]의 남쪽에 있다. 남쪽으로 빙해에 가깝고, 주위는 대략 수만 리다. 근래 영국[英吉利]이 힘써 개간했다. 그 면적과 도수는 아직 자세히 전하지 않는다(四大土外島嶼甚多, 最大者, 澳大利亞, 在太平海之南. 近南氷海, 周圍約數萬里. 近年英吉利切力開墾. 其廣狹度數姑未詳傳).

기(氣)는 물을 싸고 지면을 둘러 모두 물이다. 증울한 습기가 샘, 물줄기, 호수, 못, 강하에 이르니 다 늘어 적을 수 없다. 환해(寰海)[24]는 지극히 넓어 장소마다 이름이 다르다. 주(州)나 지역으로 부르기도 하는데, 아시아에 가까운 바다는 '아시아 해'라고 하고, 유럽과 가까운 바다는 '유럽 해'라고 부른다. 기타 '아프리카 해[利未亞海]', '아메리카 해[亞墨利加海]'라고 하는 것처럼, 작고 작은 나라들 모두 현지에서 지칭하는 바에 따르기도 하고, 또 현지 모퉁이를 부르는 명칭에 따르기도 하는데, 남쪽에 있으면 '남해'라고 하고, 북쪽에 있으면 '북해'라고 하며, 동과 서쪽도 마찬가지다. 지방에 따르고 방향으로 바뀌는 등 정해진 기준이 전혀 없다(氣包水, 環地面, 皆水也. 自蒸鬱濕氣, 至於泉·流·湖·澤·江河, 不暇臚列. 寰海極廣, 隨處異名. 或以州域稱, 則近亞細亞者, 謂亞細亞海, 近歐羅巴者, 謂歐羅巴海. 他如利未亞海, 亞墨利加海, 及蕞爾小國, 皆可隨本地所稱, 又或隨其本地方隅命之, 則在南者, 謂之南海, 在北者, 謂之北海, 東西亦然. 隨方易向, 都無定準也).

태평양[大洋海]은 아시아 동쪽에서 남북아메리카의 서쪽까지로, 바로 중국의 '동양(東洋)' 대해다. 유럽인[泰西人]들이 그 대양의 풍랑이 고요하고 평

23) 이상의 개술은 대체로 『직방외기』에 따라 재구성했다(『직방외기교석』, 119쪽).

24) 여기 바다에 관한 기술은 『직방외기』에 근거하여 채록하고 재구성했다(『직방외기교석』, 146쪽). 알레니의 설명에 따르면, '환해(寰海)'란 나라들을 둘러싸고 있는 바다를 말한다고 정의했다.

온하여 '태평해(太平海)'라고 불렀다. 대양의 수면이 드넓기로는 최고로, 아마 지구의 절반을 둘러싸고 있을 것이다. 미국인[米利堅人]들은 광둥[粵]에 와서 차를 사 갈 때, 이 바닷길로 오는 편이 서쪽 바닷길보다 3만 리 가깝지만, 위태롭고 아주 위험한 해역을 지나야 하고, 섬의 땅끝[盡頭]을 현지인들은 급(岋)이라 한다. 대양이 수만 리에 펼쳐지고, 물과 식량을 보충한 곳이 없어, 이 바닷길로 다니는 일이 거의 드물지만, 근래는 고래잡이배들이 왕래한다고 한다(大洋海者, 由亞細亞之東, 抵南北亞墨利加之西, 卽中國之東洋大海. 泰西人因其風浪恬平, 謂之太平海. 洋面之廣濶, 以此爲最, 蓋環繞地球之半矣. 米利堅人謂赴粵買茶, 由此路比西路可近三萬里, 因其過岋處太險, 山之盡頭, 番謂之岋. 且汪洋數萬里, 無添備水食之處, 罕有由此路者, 近多捕鯨船來往).

대서양은 유럽, 아프리카의 서쪽에서 남북아메리카 동쪽에 이르는데, 먼 곳은 1만여 리고, 가까운 쪽은 만 리에 미치지 못한다(大西洋海, 由歐羅巴·阿非利加之西, 至南北亞墨利加之東, 遠者萬餘里, 近者不及萬里).

인도양은 북쪽으로 아시아, 동쪽으로 오스트레일리아, 서쪽으로 아프리카에 이른다. 정 가운데 인도양이 남쪽으로 향해 있어 서양인들이 그렇게 부르는데, 바로 중국의 남양(南洋)이자, 전하는 바의 '소서양(小西洋)'이다(印度海, 北至亞細亞, 東至澳大利亞, 西至阿非利加. 由適中之印度海而南望, 故西人以此稱之, 卽中國之南洋, 曁所傳之小西洋).

북빙해는 북극에 있고 남빙해는 남극에 있다. 기후가 매우 춥고 서리와 눈이 얼어붙어 단단한 얼음이 녹지 않는다(北氷海, 在北極, 南氷海, 在南極. 氣候甚寒, 霜雪凝結, 堅氷不解).

아시아에는 아라비아해[baḥr al-ʿarab, 勒富海]가 페르시아[波斯]와 아라비아[阿剌伯] 사이에 있다. 있고, 또 홍해(紅海)가 서양에서는 륵이서(勒爾西)[25]라고 한다. 있는

---

25) 서양 자료에 따르면, '홍해(紅海)'는 일반적으로 바닷물의 색깔이 붉어, 그렇게 불렀다고 한다. 또 주목할 만한 설은 퀸투스 쿠르티우스(Quintus Curtius)가 라틴어로 쓴 『알렉

데 모두 인도양에서 흘러든다. 유럽에는 지중해(地中海)가 서양에서는 '메디테라니언[墨力特爾勒尼安]'이라고 한다. 어떤 곳에는 미적덕랍학(美的德拉虐)으로 되어 있다. 있고, 또 흑해(黑海)가 서양에서는 륵필서(勒必西?)라고 한다. 있으며, 또 황해(黃海)가 서양에서는 발트해[Baltic, 波羅的海]라고 한다. 있는데, 모두 대서양에서 흘러든다. 아시아의 서쪽 경계에 있는 함해(鹹海), 사해(死海), 염해(鹽海)라고도 한다. 서양에서는 '아랄[亞拉爾]'이라 하고, 서역에서는 '달리강아박(達里岡阿泊)'[26]이라 부른다. 리해(裏海)는 서양에서는 '카스피안[喀爾士畢安]'이라 하고, '가사비약(加斯比約)'으로도 표기한다. 대해와 서로 통하지 않는다. 아마도 원래는 큰 호수[大澤]였는데, 억지로 '바다'로 부른 것일 뿐이다(亞細亞有阿勒富海, 在波斯·阿剌伯之間. 又有紅海, 泰西名勒爾西. 皆由印度海分注. 歐羅巴有地中海, 泰西名墨力特爾勒尼安, 一作美的德拉虐. 又有黑[墨]海, 泰西名勒必西. 又有黃海, 泰西名波羅的海. 皆有大西洋海分注. 亞細亞西境之鹹海, 一名死海, 又名鹽海, 泰西名亞拉爾, 西域稱爲達里岡阿泊. 裏海, 泰西名喀爾士必安, 又作加斯比約. 則與大海不相通. 蓋本大澤, 强名之爲海耳).

바다의 큰 섬은 각 나라의 뒤에 붙여 수록했다. 작은 섬들은 수천만 개로 다 언급하기 어렵다. 대략 아시아에 있는 섬들로 수마트라[蘇門答蠟], 일본(日本), 보르네오[浡泥]가 가장 크다. 유럽에 있는 섬으로는 영국[諳厄利亞]이 가장 크다. 아프리카에 있는 섬으로는 마다가스카르섬[聖老楞佐島][27]이 가장 크

산더 대왕의 역사(Historiae Alexandri Magni)』에서 바닷물의 색깔 때문이 아니라, 에서(Esau)가 이 바다 모퉁이에 정착하면서 '에서 왕', '에리트루스(Erithrus) 왕'이라 불렸는데, 이 '에리트루스'에 어원을 가진다고 한다. 즉 '에리트루스'는 '에리트로스(erythros)'에서 나왔는데, '붉다'는 의미다(Thomas Brown, 『Essai sur les erreurs populaires』(version française), Paris, 1733, 201쪽). 여기 '륵이서(勒爾西)'는 바로 '에리트로스'의 느슨한 음차로 추정한다.

26) '달리강아(達里岡阿)'는 몽골어 '다리간가(Дарьганга)'을 음차했고, '박(泊)'은 호수의 의역일 것이다. 부항(傅恒) 의 『황여서역도지(皇輿西域圖志)』(사고전서본, 권45, 14a)의 코칸트[霍罕] 기술과, 『황조문헌통고(皇朝文獻通考)』(사고전서본, 권299, 14b)의 타슈켄트[塔什干] 기술은 아랄해로 이끈다.

27) '성로릉좌도(聖老楞佐島)'는 '성+로릉좌+도'로 구성된 형태로, '성'은 '세인트(Saint)'를 의역한 표기이고, '로릉좌' 로렌수(Lourenço, 영어로 Laurence)에 해당한다. 바로 유럽인으로서는 처음으로 1500년 포르투갈 디에구 디아스(Diego Diaz)가 마다가스카르에 도

다. 아메리카에서는 히스파니올라[小以西把尼亞]가 가장 크고, 태평양 안에는 7,340개의 섬이 있다. 이밖에 암초[石礁]들이 수면에 드러나 있기도 하고, 물에 잠겨있기도 한데, 물에 잠긴 암초들은 배에 큰 위험이 된다. 또 모래톱[沙渚]이 있어 배가 그곳에 닿으면, 다행히 밀물을 타고 벗어날 수 있지만, 그렇지 않으면 벗어날 길이 없다(海島之大者, 附載各國之後. 其小者不下千萬, 難以殫述. 大率在亞細亞者, 蘇門答蠟·日本·浡泥最大. 在歐邏巴者, 諳厄利亞最大. 在利未亞者, 聖老楞佐島最大. 在亞墨利加者, 小以西把尼亞最大, 而太平海中, 則有七千三百四十島. 此外有石礁, 或見水面, 或隱水中, 水中者船極畏之. 又有沙渚, 船值之, 則陷幸乘潮至方得脫之, 否則斷無脫理).[28)]

지구는 생동하는 물건으로, 그 형태가 둥글다. 바닷물을 덮고 있는 것이 기(氣)이기 때문에 그 세(勢)를 싸고 있는 것도 둥글다. 수백 리 떨어진 바다 표면은 다리처럼 궁륭형이라, 멀리서 보면 볼 수 없고, 돛대에 올라가 보아야 앞의 순조로움과 험함을 볼 수 있다. 그러나 순조로움과 험함은 곳에 따라 다르다. 다만 태평양은 매우 얕아 옛날부터 지금까지 큰 풍랑이 없었다. 대서양은 아주 깊지만 1리를 넘지 않는다[深不餘里][29)](地是生動之物, 其形圓, 所塗海水爲氣, 所包其勢亦圓. 隔數百里水面, 穹如橋梁, 遠望者不可見, 須登桅望之, 乃見其前或夷或險, 而海中夷險, 各處不同. 惟太平海極淺, 亘古至今無大風浪. 大西洋極深, 深不餘里).

대서양에서 대명해(大明海)까지는 45도 이남이고 바람은 항상 일정한 징

착하여 명명한 '사앙 로렌수(São Lourenço)'를 옮긴 표기다. 한편, 1602년 「곤여만국전도」, 『월령광기』, 『방여승략외이』에는 모두 '성로랭조도(聖勞冷祖島)'라고 표기하고 있다. 여기에서도 마테오 리치는 's'를 한자로 옮길 때, 'z' 초성의 글자로 옮기고 있음을 확인할 수 있다. 「곤여만국전도」에는 일명 '마타갈실갈(麻打曷失葛, 마다가스카르)'이라고도 한다는 부연 설명이 보인다.

28) 이 단락은 전적으로 『직방외기』에서 채록했다(『직방외기교석』, 148쪽).

29) 여기 바다의 상황을 기술한 단락은 『직방외기』를 채록하고 있다(『직방외기교석』, 154~155쪽). 알레니는 대서양의 깊이가 10여 리[深十餘里]라고 기술했다. 혜강은 분명하게 '십(十)'자를 '불(不)'자로 고쳐 읽었다. 알려진 대서양의 평균 수심은 3,646m이므로 알레니의 기술이 더 부합한다.

후를 띠지만, 45도 이북에 이르면 바람은 착란하고 일정하지 않다. 더욱 이상한 바람은 '대명해' 동남쪽 모퉁이에 부는데, 변화가 어지럽고 심하게 뒤섞여 순식간에 24도의 방향을 바꿔버린다. 바다 선박들은 오로지 바람에 맡겨 떠다니는데, 바람과 해수 또한 각기 다른 길이 있어, 먼저 남풍이 불면 물은 반드시 북쪽으로 흐르고, 순식간에 북풍이 되어도 물은 아직 남쪽으로 향하지 않는데, 배가 적절히 따라가지 못하면 난파하게 된다(從大西洋至大明海四十五度以南, 其風常有定候, 至四十五度以北, 風色便錯亂不常. 其尤異者, 在大明東南一隅常有異風, 變亂凌雜, 倏忽更二十四向. 海舶惟任風而飄, 風水又各異道, 如前爲南風, 水必北行, 倏轉爲北風, 而水勢尙未趨南, 舟莫適從, 因至摧破).

인도양[小西洋]에 이르러 조수가 매우 높아지고 매우 빠르고 급하다. 잠깐이면 평지 수백 리에 바닷물이 들어오는데, 선박과 교룡이나 어별(魚鼈) 등이 조수의 힘을 타고 산속으로 솟구쳐 들어가면 나올 수 없다. 유럽, 노바야제믈랴[新增蠟][30], 아프리카, 희망봉[大浪山] 또한 시시각각 풍랑이 매우 험하고 급하다(至小西洋海, 潮極高大, 又極迅急. 平地頃刻湧數百里, 海中大舶及蛟龍魚鼈之屬, 嘗乘潮勢, 湧入山中, 不可出. 歐羅巴·新曾蠟·利未亞·大浪山, 亦時起風浪甚險急).

말라카[滿剌加]에 이르면 바다에는 바람이 없다가 갑자기 풍랑이 이는데, 바다 전체가 그렇지는 않다. 유독 1리쯤 되는 어떤 곳에서 차례로 풍랑이 일었다가 다음 풍랑이 일어날 즈음이면 이전 풍랑은 사라져 버린다(至滿剌加, 海無風倏起波浪, 又不全海皆然. 惟里許一處, 以次第興, 後浪將起, 前浪已息矣).

바다에는 대체로 바람이 있지만 유독 아프리카해[利未亞海] 근처 기니[爲匿亞, Guinea] 지역은 딱 적도 아래에 있어 항상 바람이 없어 힘들다. 또 날씨가 몹시 더워 선박이 이곳에 이르면 음식물이 모두 상하고, 사람들은 병이

---

30) '신증랍'이란 표기는 『직방외기』에만 보이는 표기다. 여기의 '증랍'은 '젬블라(Zembla)'의 또 다른 표기인 '젬라(Zemla)'를 음역한 것이다. 1602년 「곤여만국전도」와 『방여승략외이』에는 신증백랍(新曾白臘)으로 되어 있다. '증'자가 다를 뿐이다. '신증백랍(新增白臘)'은 '신+증백랍'의 구조로, 『월령광의』의 표기와 같다. '신(新)'은 라틴어 '노바(nova)'를 의역한 것이고, 증백랍(增白臘)은 바로 젬블라(Zembla)를 음역한 표기다. 즉 글자 그대로 '새로운 땅'이란 의미로, 오늘날 노바야제믈랴(Новая Земля) 제도를 가리킨다.

나기 십상이다. 바다는 깊어 닻을 내릴 수 없고, 배는 커서 노를 사용할 수 없다. 해수에는 암류(暗流)와 불어난 조수에 표류한 선박들이 얕은 곳에 이르러 부서지는 일이 여기에 많다(海上雖多有風, 獨利未亞海近爲匿亞之地, 當赤道下者, 常苦無風. 又天氣酷熱, 舶如至此, 食物俱壞, 人易生疾. 海深不得下碇, 舶大不能用櫓. 海水暗流及潮湧飄舶至淺處壞者, 多在於此).

바닷물은 맛이 짜고 안에는 열성[火性]이 있고, 그 형세로 항상 요동치므로, 결빙하지 않는다. 남극과 북극 바다에 이르면 반년은 해가 없어 기후가 매우 추워 얼음이 얼므로 '빙해(氷海)'라고 한다. 선박이 단단한 얼음에 막히면, 그냥 얼음이 풀릴 때까지 기다려야만 갈 수 있다(海水味鹹, 中有火性, 及勢常激盪, 故不成氷. 至南北極海, 則半年無日, 氣候極寒而氷, 故曰氷海. 如舶爲氷堅所阻, 直須守至氷解方得去).

적도의 바다에는 일년내내 항상 더워 음식과 술이 이곳에 이르면 색과 맛이 모두 변했다가, 이곳을 지나면 정상대로 회복된다(赤道之海, 終歲常熱, 食物水酒至此, 色味皆變, 過之卽復如常).

바다의 색은 대체로 모두 녹색이지만, 유독 동서의 두 홍해는 그 색깔이 담홍색이다. 혹 해저의 산호가 비쳐 그렇게 보일 뿐 원래 색깔이 아니라고 한다.[31] 해수가 그 형태를 달리함으로 풍기(風氣)에는 다른 기와 물이 서로 상응함이 있음을 알 수 있건만, 어찌 동정(動靜), 한열(寒熱), 형색으로만 이것으로 저것을 추론하고, 저것을 들어 이것을 밝힐 수 있으리오. 바로 땅속의 기(氣)가 변화하여 물이 생기고, 지면의 물이 기(氣)와 어울림이니, 바다를 보고 기(氣)를 앎에는 본디 해당하는 학술이 있다(凡海色大率都綠, 惟東西二紅海, 其色淡紅. 或云海底珊瑚所暎而然, 亦非本色也. 蓋海水之不同其態, 可見風氣之有異氣水相應, 奚但動靜·寒熱·形色, 將此推彼, 擧彼明此. 若乃地中之氣化生水, 地面之水和於氣, 見海知氣, 自有其術).

바다의 배들이 서쪽으로 갈 때는 순방향으로 빠르고, 동쪽으로 향해 갈 때는 역방향으로 느려지는데, 이 어찌 유독 대해라서 그런 것이리오. 또한 지중해에서도 볼 수 있는데, 그러한 이유는 아마도 지구가 오른쪽에서 돌면 옆

31) 이상은 모두 『직방외기』에서 채록했다(『직방외기교석』, 154~155쪽).

의 기륜(氣輪)에 끌어당기는 힘이 생기는데, 배가 동쪽으로 가면 배 옆의 물은 서쪽으로 흐르는 듯하므로 항해하는 배가 서로 향하는 편이 순방향이다(海舶西向而行, 則順而速, 東向而行, 則逆而遲, 是豈特大海. 又于地中海可見, 其所以然, 蓋地自右轉, 則旁氣輪有牽援之勢, 如舟行東而舟旁之水若西流, 故航海之向西順也).[32]

땅속에는 많이 물을 축적하고 있어, 항상 보면, 광부[鑿礦者]들이 웅덩이나 흐르는 물을 많이 만나고, 또 어디서나 우물을 파는 사람들은 얕든 깊던, 수원을 못 얻는 일이 없다. 또 보면, 마른 땅에도 여러 번 구멍을 내 물이 나오면 호수나 얕은 물을 이루기도 하고, 초가집을 잠기게도 하는데, 땅속에 많이 축적된 물이 아니라면 절대 이러한 일은 없을 것임을 알 수 있다. 아주 높은 산꼭대기라도 모두 핏줄이 통하여 두루 윤택하게 하는데, 마치 사람 몸 안에 많은 핏줄, 근육, 뼈를 갖추고 혈기를 운행해 윤택하게 하는 것과 같다(地内多藏積水, 常見鑿礦者多遇池瀆湍澗, 又隨處掘井者, 或淺或深, 無不得水之源. 又觀乾地屢開竅發水, 而或成湖澱, 或淹廬舍, 因知地中若非函大積之水, 定無是事也. 雖至高山絶頂, 皆通血脈, 以徧施潤澤, 正如人體内多備脉絡筋骨, 以運血氣之潤澤也).[33]

지형의 원근, 바다와 육지의 구분, 도수의 많고 적음은 답사[履覽]가 아니면 그 진상을 얻기 어렵고, 측정 도구[儀器]가 아니면 그 수치를 조사하기 어려우며, 지도나 기록이 아니면 그 자취를 전하기 어렵고, 고금의 고증이 아니면 차이와 오류를 바로잡을 길 없다. 유럽인[泰西人]들이 배를 타고 멀리 나아가는 일에 뛰어나, 사해를 돌아 이르는 곳마다, 하늘을 헤아리고 땅을 재어 지도와 글을 써내, 후세 사람들이 믿도록 하였다. 옛사람들의 지도와 기술은 초창기에 나와 참으로 미진함이 많고 또 과장과 허황함에 이르렀다. 후세 사람들의 측량과 검증으로 점차 산해의 형세와 도수의 차이, 나라 경계의 원근과 거리의 증보를 정밀하고 상세히 했더라도, 어찌 현재만 과거보다 밝겠는가. 사실 후세의 보탬과 밝힘을 기다려야 한다. 심정의 신괴설로 산천의 신괴함을 터득하고,

32) 이 단락의 정보는 『곤여도설』에 근거하여 재구성했다(사고전서본, 권1, 16b).

33) 이 단락의 정보는 『곤여도설』에서 채록했다(사고전서본, 권1, 20b).

억측의 허황함으로 사물의 허황함을 상술하여 수백 년 전해졌지만, 이미 비밀이 드러나, 산천은 신괴함에서 벗어나 진정한 면모를 드러냈고, 사물에 허황함이 사라지면서 항구적인 도리가 드러났다. 산천의 사물에 어찌 신괴함과 허황함이 있을 수 있겠는가. 단지 기(氣)가 변화한 이치일 뿐이다. 사람들이 기화(氣化)를 체득하면 반드시 기화(氣化)로써 [설명해야] 신괴함과 허황함이 일어났다가도 사라진다. 사라졌다가 일어나면, 지구학[地學]에 큰 방해가 되고, 인도(人道)를 헤치니, 명확히 하고 철저히 하여, 깨우쳐 인도함을 기약하고자 한다(地形遠近·海陸界限·度數多寡, 非履覽難得其眞, 非儀器難驗其數, 非圖志難傳其蹟, 非古今考證, 無以規整差誤. 泰西人善於行遠帆檣, 周四海所至, 輒量天度地, 抽筆圖識, 俾作後人取信. 古人圖志出於草刱, 固多未盡, 又涉夸誕. 後人測驗, 漸致精詳, 山海形勢·度數之差誤, 國界遠近·道里之增衍, 豈獨今明于古, 固當俟後世之益暘. 若以心情之神怪說得山川之神怪, 又以臆見之虛荒詳陳物類之虛荒, 傳及數百年, 已盡綻露, 山川脫神怪, 而開眞正之面, 物類銷虛荒, 而著經常之道. 山川物類何嘗有神怪虛荒, 但有氣化道理而已. 人若見得氣化, 須用氣化, 則神怪虛荒起而滅, 滅而起大爲地學之妨礙, 人道之傷害, 暸然透澈, 期欲開導).

명나라 정덕(正德, 1506~1521) 연간에 포르투갈[葡萄牙] 사람인 가노(嘉奴)[34]라는 자가 5척의 선박으로 출항하여 동쪽으로 가서 돌아 서쪽에 이르겠다고 청하여, 지구를 돌아 돌아왔다. 돌아온 날 왕은 은으로 주조한 작은 지구를 하사했는데, 그 위에는 "처음으로 지구를 돌아 개선한 자는 가노(嘉奴)다"라고 하였다. 현재는 바닷길은 서양 선박에 더 익숙하여, 동쪽에서 서쪽으로 가든, 서쪽에서 동쪽으로 돌던, 지구를 돌아 돌아오는 데는 8~9개월에 불과하다. 바로 전체 지구를 항해할 수 있는 일은 모두 이전 사람들이 열어 준 공이다(明正德年間, 葡萄牙人, 名嘉奴者, 稟請發船五隻, 東行旋繞至西, 圜地而返. 返之日王賜以銀鑄小地球, 上刻字云, 始圜地而旋者, 其嘉奴乎. 今則海道益習洋船, 自東往西, 或由西返東, 圜地而返, 計不過八九月之間, 卽可周行全地, 皆前人開創之功也).

34) '가노'는 후앙 세바스티앙 델 카노(Juan Sebastián del Cano, 1486?~1526)의 '카노'를 음역 표기한 형태다.

『지구전요(地球典要)』, 패동(浿東) 최한기(崔漢綺) 편집(編輯)[1]

2. 아시아 총설[亞細亞總說] 지도 27을 보시오.

아시아[亞細亞]는 원래 튀르키예[土耳其] 마이너[Minor, 買諾]로, 옛날 지명이다. 튀르키예 서쪽 땅에 있는 나라 이름이다. 동(東), 중(中), 서(西)튀르키예 세 곳이 있는데, 그중에서 중앙 땅을 마이너[買諾]라고 했는데, 지금은 '소아시아[小亞細亞]'라고 한다. 서방[泰西]인들이 이곳의 동쪽을 통칭하여 '아세아'라고 불렀다. 가로세로의 넓이가 네 땅덩어리 중 가장 크다. 이 땅에 있는 나라는 중국의 18성, 동 3성, 내몽골과 외몽골의 여러 도시, 신장웨이우얼[新疆回疆], 청해(靑海), 전장(前藏)과 후장(後藏)이며,[2] 그 북쪽은 바다에 이르며, 러시아[峩羅斯]의 동쪽 경계다. 그 동쪽 바닷가 외국[蕃國]은 조선(朝鮮)이라 하고, 바다 안에 있는 세 섬은 일본이라 하며, 또 작은 섬은 오키나와[琉球]라고 한다. 그 남쪽은 중국의 전(滇), 월(粵) 등의 성에 연접해 있는[毘昆連] 나라로는 베트남[安南], 태국[暹羅], 미얀마[緬甸], 남장(南掌)이 흩어져 있다. 남해의 가운데는 '남양군도(南洋羣島)'라고 한다. 그 서북쪽 신장 웨이우얼[新疆回疆]과 연접해 있는 나라들은 서역의 여러 이슬람 지역[西域諸回部]이다. 그 서남쪽 전장(前藏)과 후장(後藏)과 연접해 있는 나라는 곽이객(廓爾喀), 오인도(五印度)다. 또 서쪽은 아부한(阿富汗), 비로지(俾路芝), 파사(波斯) 등의 여러 이슬람계 나라다. 또 서남쪽은 아랄백

---

1) 저본의 분권 표기다. 권수는 밝히지 않았지만, 판심에는 '권1'로 표기되어 있다. 내용의 전개상 여기에서 분권하는 것이 타당하다. 이 '권1'은 『영환지략』과 일치하는 권수다. 확실히 『영환지략』이 혜강의 중심 텍스트였음을 보여준다. 뒤에 다시 보겠지만, 국립중앙도서관 소장본에는 '동양(東洋)의 두 나라'부터 '제2권'으로 나누었다. 이는 혜강의 목록에 따른 것이다.

2) 전장(前藏)과 후장(後藏)에 관한 설명은 우민중(于敏中)의 『일하구문고(日下舊聞考)』(사고전서본, 권87, 11a)의 설명을 취할 만하다. "'위(衛)'란 티베트어로 '가운데'란 뜻으로, 민간에서는 '전장(前藏)'이라고 부르며, 판첸[班禪]이 사는 곳이다. 후장(後藏)은 원래 명칭은 '장(藏)'으로, '선(善)'의 뜻이다(衛者番語謂中, 俗謂之前藏, 班禪所居. 後藏乃實名藏, 藏者善也)"라고 하였다. 즉 전장(前藏)은 바로 '위(衛)', 후장(後藏)은 '장(藏)'으로 '위장(衛藏)'으로 묶어, 티베트를 구분하여 일컬은 청나라 시기의 용어다. '위'는 대략 라싸 동쪽, '장'은 라싸 서쪽을 지칭한다고 보면 크게 무리하지 않다.

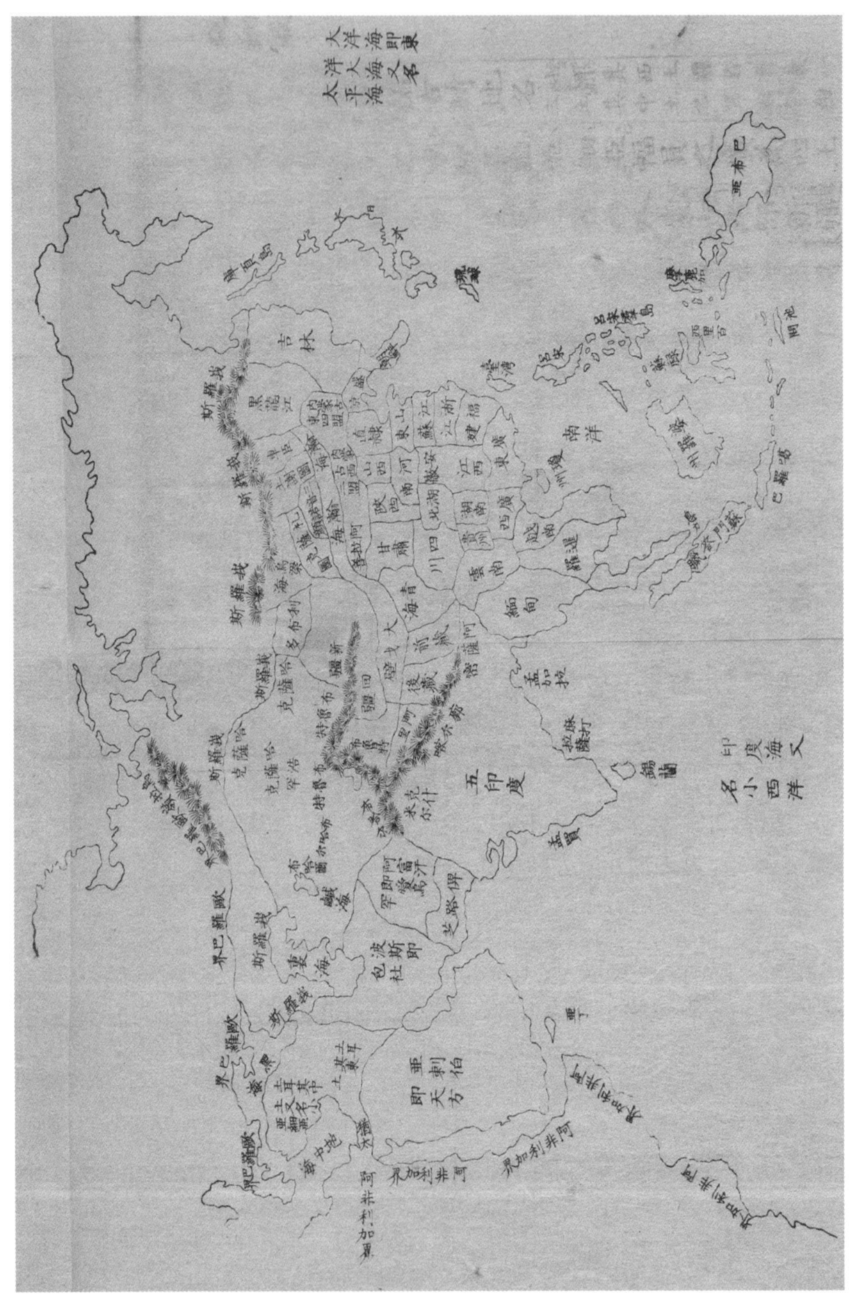

지도 27. 국립중앙도서관 소장본의 지도가 몹시 희미하여 『영환지략』(도시샤대학 소장본, 1861)에서 가져왔다.

(阿剌伯) 이슬람 지역이다. 또 서북쪽은 튀르키예[土耳其]의 동부다. 바로 유대[猶太] 지역이다. 다시 서쪽은 튀르키예[土耳其] 중부 마이너[買諾]다. 북쪽으로 빙해(氷海), 동쪽으로 대양해(大洋海), 바로 동해(東海)다. 남쪽으로 인도해(印度海), 바로 남해(南海)와 소서양해(小西洋海)다. 서쪽으로 홍해(紅海), 지중해(地中海), 흑해(黑海)와 떨어져 있다. 이것이 아시아의 전역이다. 러시아[峩羅斯]와 튀르키예[土耳其] 경계 지역은 아시아에 있지만 두 나라의 수도 소재가 유럽[歐羅巴]에 속하기 때문이다.[3)]

2-1. 중국(中國) 지도 26을 보시오.

곤여(坤輿)의 표면에서 중국이 가장 크고, 크기는 아주 넓으며 물산은 풍부하고, 존숭하는 윤리(倫理)는 만방이 모두 앙모한다. 동삼성(東三省)의 동북쪽 모퉁이는 러시아[峩羅斯]와 접해 있고, 정 북쪽은 내몽골, 외몽골의 여러 부(部)로, 조정[庭幕]들이 모두 팔기(八旗)에 편입되어 신복(臣僕)이 되었다. 서남쪽 청해(青海), 후장(後藏)에는 제후와 위관(尉官)을 설치하여 편안히 했다. 서북쪽 신강(新疆), 회강(回疆), 『한지(漢志)』의 서역 여러 나라 중 태반을 포괄했고, 잡(卡)의 음은 잡(雜)으로, 관문과 요새[關隘] 지방에 설치한 군대를 '수잡(守卡)'이라 한다. 바깥의 카자크[哈薩克], 부루트[Burut, 布魯特] 등의 부락이 해마다 희생과 가축을 이바지하고 부역했다. 동북쪽 조선(朝鮮), 유구(琉球), 남쪽 변방[南裔]의 베트남[交趾], 시암[暹羅], 미얀마[緬甸], 남장(南掌), 곽이객(廓爾喀, Gurkha) 등의 나라들이 조공의 직분을 닦으며 미룸이 없었다. 이 아시아[亞細亞]의 한 땅에서 우리의 제도[正朔]을 받들지 않는 자들로는 단지 동해(東海)의 왜노(倭奴), 북쪽 변방의 러시아[峩羅斯], 아주 서쪽의 약소한 이슬람계 지역[回部], 남쪽 변방의 인도 등의 나라들뿐이었다. 그러한즉, 중국은 아시아에 있어서 단지 그 절반을 차지하는 데 그치지 않는다.[4)] 역대의 연혁(沿革), 산해(山海), 풍물(風物)은 『일통지(一統志)』에 실려 있고, 학자[諸子百家]들이 논술한 것들은 더욱 많으니, 감히 다시 보태지 않고, 삼가 '중국일통전도(中國一統

3) 『영환지략』에서 채록했다(『영환지략교주』, 10쪽).

4) 이상 『영환지략』, 아시아[亞細亞] 기술에서 채록한 내용이다(『영환지략교주』, 2쪽).

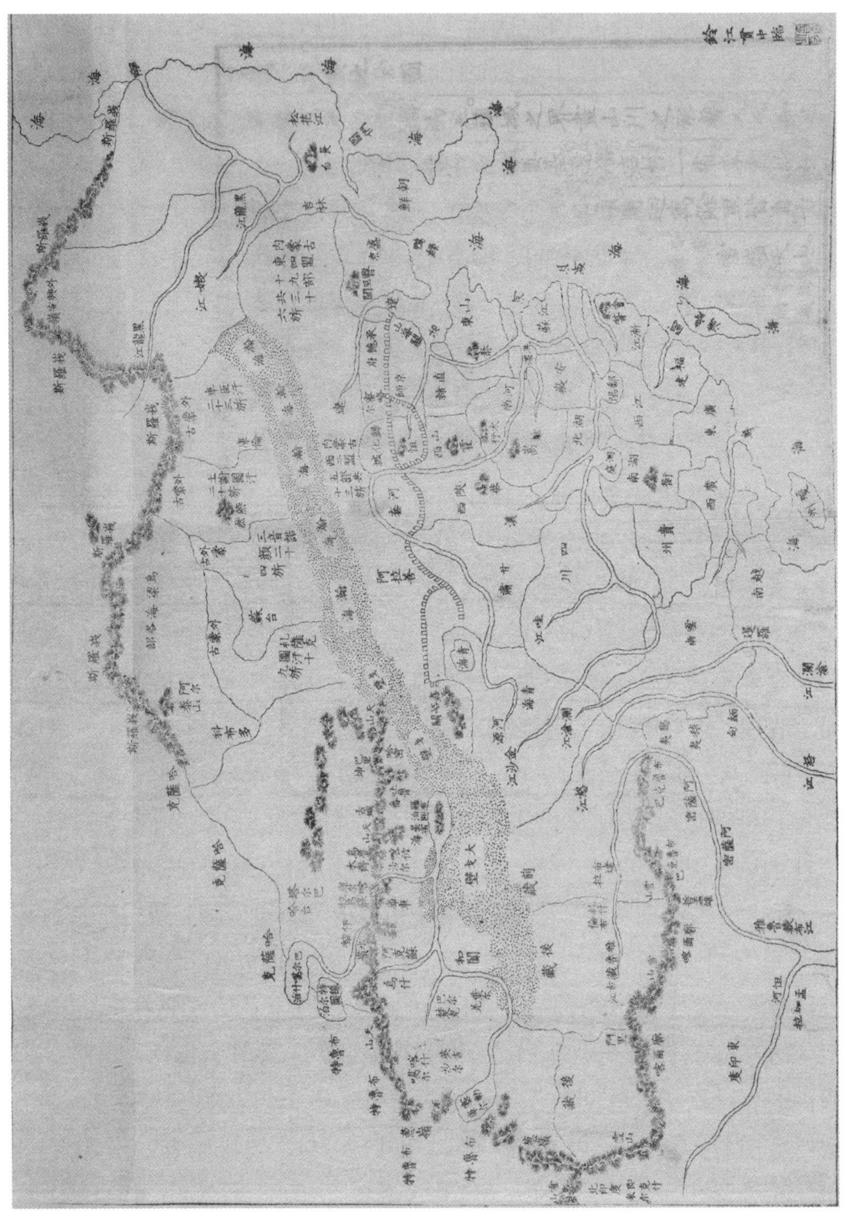

지도 26. 국립중앙도서관 소장본의 지도가 몹시 희미하여 『영환지략』(도시샤대학 소장본, 1861)에서 가져왔다. 국립중앙도서관 소장본에는 '황청전도(皇淸全圖)'라는 지도 명이 있고, 경도와 적도 표기가 있다.

全圖)’[5]를 권 앞에 모사하여 직방의 대강을 살펴볼 수 있게 하였다.[6]

5) ‘중국일통전도’는 『영환지략』에 ‘황조여지전도(黃朝輿地全圖)’로 되어 있는데(『영환지략교주』, 6쪽), 모두 「황청일통여지전도(皇淸一統輿地全圖)」를 말한다. ‘황조일통여지전도’란 강희제의 「황여전람도(皇輿全覽圖)」, 건륭제의 「내부여도(內府輿圖)」를 계승하여 동우성(董祐誠, 1791~1823)이 그리고, 이조락(李兆洛, 1769~1841)이 고증한 청나라 전국 행정구역 총도다. 도광 2년(1822)을 기준으로 하며, 경위선과 계리선(計里線)을 한 장의 지도에 활용했다. 동쪽은 니흐브족[費雅喀]이 사는 지역, 서쪽은 파미르고원[葱嶺]까지를 포함하고 있다. 경위의 1도, 계리의 1방(方)은 모두 200리를 기준으로 한다. 미국 의회 도서관에 소장된 이 지도는 1832년 제작되었고, 243x339cm다.

6) 『영환지략』에서 채록하여 재구성했다(『영환지략교주』, 6쪽).

[『지구전요』, 권2, 패동 최한기 편집][7)]

2-2. 동양(東洋)의 두 나라 지도 28을 보시오.

'동양(東洋)'은 넓고 아득하여, 곧장 아메리카[亞墨利加]의 서쪽에 이르며, 수만 리에 별다른 큰 땅이 없다. 중국 가까이에 일본(日本), 유구(琉球) 두 나라가 있는데, 대저 신주(神州)의 왼쪽 날개[左翅]다.[8)]

일본[9)]

강역(疆域): 일본은 옛날 왜국(倭國)인데, '일본(日本)'으로 고쳐 불렸다. 동해(東海)에 있으며 66개 나라로 나뉜다. 야마시로[山城], 야마토[太和], 가와치[河內], 셋쓰[攝津], 이즈미[和泉]가 바로 기내(畿內) 다섯 나라다. 이가[伊賀], 이세[伊勢], 시마[志摩], 오와리[尾張], 미카와[參河], 도토미[遠江], 스루가[駿河], 이즈[伊豆], 가이[甲斐], 사가미[相模], 무사시[武藏], 아와[安房], 가즈사[上總], 시모사[下總], 히타치[常陸]가 바로 동해도(東海道)의 열다섯 나라다. 오미[近江], 미노[美濃], 히다[飛驒], 시나오[信濃], 고즈케[上野], 시모쓰케[下野], 무쓰[陸奧], 데와[出羽]이 바로 동산도(東山道)의 여덟 나라다. 와카사[若狹], 가가[加賀], 에치젠[越前], 엣추[越中], 에치고[越後], 노도[能渡], 사도[佐渡]는 바로 북륙도(北陸道)의 일곱 나라다. 단바[丹波], 단고[丹後], 다지마[但馬], 이나바[因幡], 호키[伯耆], 이즈모[出雲], 이와미[石見], 오키[隱岐[耆]]는

7) 이 권수 표기는 국립중앙도서관 소장본에 따른 것이다.

8) 이 개술은 『영환지략』에서 채록했다(10쪽). 서계여는 "서양인의 해도에는 일본 세 섬을 조선의 북쪽으로 늘어놓고 있는데, 착오일 것이다. 그들 상선이 동양에 드물게 왔으므로, 전하는 말에 따라 추측하여 그린 것일 것이다. 여기서는 『해국문견록(海國聞見錄)』에 근거하여 바로 잡는다"라는 주석을 붙였다. 『해국문견록』은 진륜형(陳倫炯, 1687~1751)이 1730년 완성한 2권으로 된 해양 지리서다. 여기서 말하는 지도는 '하권'에 붙인 「사해총도(四海總圖)」를 말한다(1793년 중각본, 42a).

9) 국립중앙도서관 소장본, 13권 지도집에는 일본 지도가 그려져 있다. 혜강은 여기에 지도를 보라는 주석을 붙이지 않았다. 『영환지략』에는 보이지 않는다. 이 「일본도」는 혜강이 다른 판본에서 추가해 넣은 지도일 것이다.

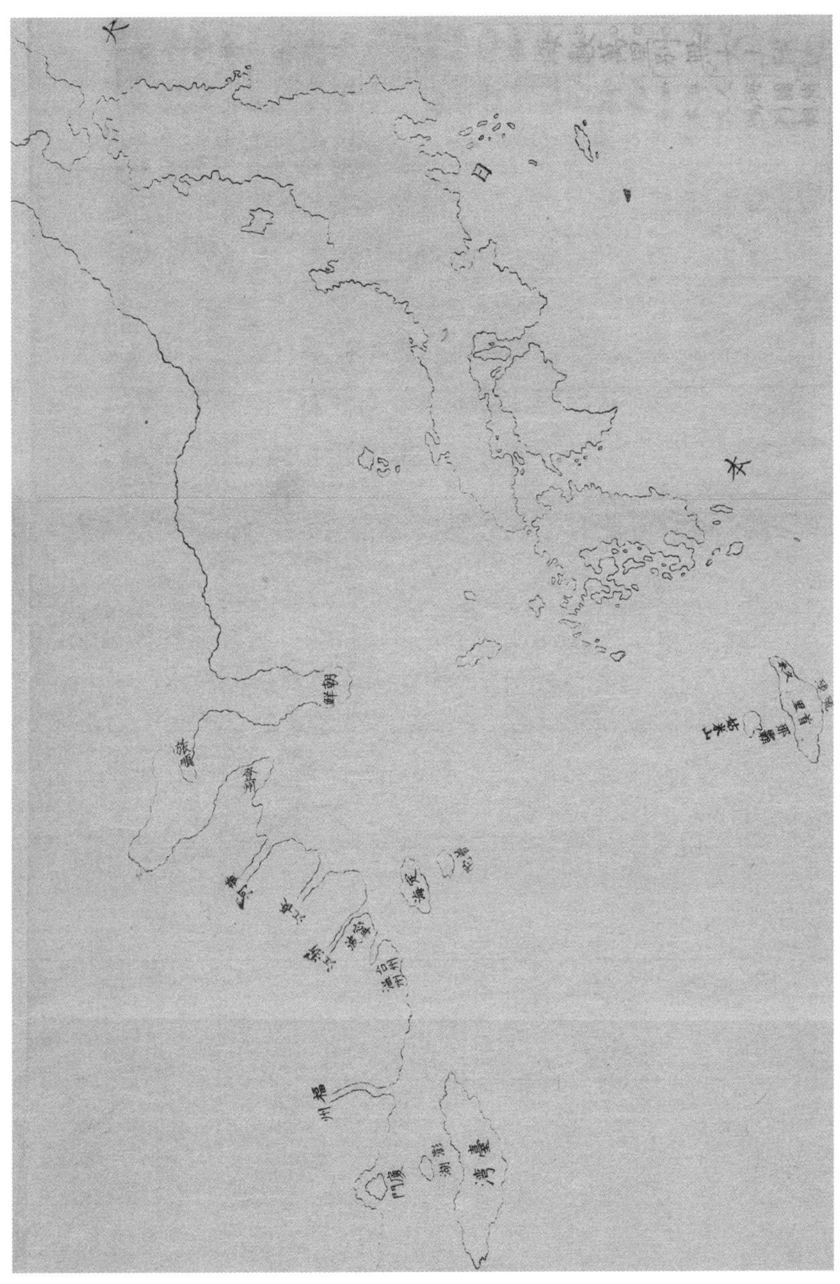

지도 28. 국립중앙도서관 소장본의 지도가 몹시 희미하여 『영환지략』(도시샤대학 소장본, 1861)에서 가져왔다. 국립중앙도서관 소장본에는 '동양이국도(東洋二國圖)'라는 지도 명이 있고, 경도와 적도 표기가 있다.

산음도(山陰道)의 여덟 나라다. 하리마[播磨], 미마사카[美作], 비젠[備前], 빗추[備中], 빈고[備後], 아키[安藝], 스오[周防], 나가토[長門]가 산양도(山陽道)의 여덟 나라다. 기이[紀伊], 아와지[淡路], 아와[阿波], 사누키[讚岐], 이요[伊豫], 도사[土佐]가 바로 남해도(南海道)의 여섯 나라다. 지쿠젠[筑前], 지쿠고[筑後], 부젠[豊前], 분고[豊後], 히젠[肥前], 히고[肥後], 휴가[日向], 오스미[大隅], 사쓰마[薩摩]가 바로 서해도(西海道)의 아홉 나라다. 그 지방을 말하자면 동쪽 무쓰[陸奧]에서 서쪽 히젠[肥前]에 이르기까지 4,200리고, 남쪽으로 기이[紀伊]에서 북쪽 와카사[若狹]까지 900리에 불과하다. 이는 육지로 이어진 땅들이다. 바다의 여러 섬, 예를 들어 노에라[永良], 다미(多彌), 일소(一艘), 하치조[八丈], 고시키지마[甑島] 등은 대마도(對馬島)보다 배나 큰 섬도 있는데, 모두 66주에 들어가지 않는다.

산수(山水): 나라 안의 지세는 동쪽이 높고 서쪽이 낮다. 산의 형태들은 수려하다. 고강(高岡)이나 대록(大麓)이라도 모두 기이하고 예쁘며 높고, 웅장하고 험난하며 원대한 모습이 없다. 스루가[駿河]의 후지잔[富士山], 무쓰[陸奧]의 킨카산[金華山], 시모쓰케[下野]의 닛코산[日光山], 이세[伊勢]의 나쯔다[熱田], 기이[紀伊]의 구마노(熊野) 등 모두 명산으로 일컬어진다. 그리고 강이나 호수로, 비와호[琵琶湖], 금절하(金絶河, 今切川), 육향강(六鄉江, 六郷川) 등은 그림처럼 맑고 아름답다.

기후[風氣]: 온난하며 약간 춥다. 옛날부터 한 자 남짓한 눈이 내리지 않았다. 기후는 강소성과 절강성[江浙]과 같다.

사람들[人民]: 나라 안의 남녀는 모두 번성하고, 여인들이 남자보다 많고, 평(平), 원(源), 등(藤), 귤(橘) 등 4대 성씨가 있다. 각기 식읍을 나누어 씨족을 이루었다.

물산(物產): 무쓰슈[陸奧州]에서는 황금이 난다. 이와미[石見], 사도[佐渡], 다지마[但馬] 등의 주에서는 은(銀)이 난다. 빗추[備中], 하리마[播磨]에서는 동(銅)이 난다. 부젠[豊前], 분고[豊後]에서는 철(鐵)이 난다. 셋쓰슈[攝津州]에서는 목화(木花)가 많이 난다. 에치젠슈[越前州]에는 설면(雪棉)이 많이 난다. 지쿠젠슈[筑前州]에는 미곡이 많이 난다. 사가미슈[相模州]에서는 재목(材木)이 많이 난다. 이키[壹岐]의 베[布], 가가[加賀]의 견(絹), 미노[美濃]의 종이[紙], 적관(赤關)의 벼루[硯], 스기하라[杉原]의 술, 우지[宇治]의 차, 토모노우라[鞱

浦, 히로시마현의 항구]의 부들 돗자리[茵席] 모두 나라의 명품들이다. 가이슈[甲斐州]에서는 말[馬]이 나는데 준마가 많다. 비젠[備前], 오와리[尾張], 사쓰마[薩摩] 등의 주에서는 긴 창[長槍], 예리한 검, 귤[橘], 유자[柚], 감(柑), 비파(枇杷), 소철(蘇鐵), 종려(椶櫚), 동백(冬栢), 토란[芋]이 난다.

음식(飮食): 밥을 먹는 법으로, 먹는 대로 다시 추가하여 남기는 것이 없다. 식후에는 술을 마시고, 술을 마신 뒤에는 과일을 먹고, 과일을 먹은 뒤에는 차를 마시고 끝낸다. 술로는 모로하쿠[諸白]가 상품이다. 백미(白米)로 누룩을 만들어 백미밥을 섞어서 만든다. 떡[餠糕]과 엿[餹飴]은 정교한 방법이 많다. 면(麵)으로는 사면(絲麪)과 아주 가는 것이다. 삭면(索麪)이 조금 가는 것이다. 있는데, 갈분(葛粉)을 메밀[蕎麥]과 섞어서 만드는데, 가닥이 길고 끊어지지 않으며 늘어뜨려 타래[卷]로 만드는데, 탕으로 만들면 색이 희다[帖而成卷, 調湯色白]. 회(膾)는 고래회를 가장 중시한다.

의복(衣服): 공복(公服)은 소매가 넓고 옆에는 여며 줄어드는 깃[衽殺]이 없고, 단지 양옆을 곧바로 재봉했고, 재봉한 옷을 허리 앞뒤로 7~8촌을 붙여 늘어뜨린다. 또한 띠는 없으며, 그 색만 붉거나 검은 차이가 있다. 세족(世族) 중에서 가장 높은 사람들은 검은색이고, 나머지는 모두 붉은색이다. 그다음은 두 폭으로 단삼을 만들어 입는데, 소매가 없어 모습이 반팔옷[反臂]과 같다. 바지를 입어 허리에 매어 입는다. 그다음은 앞에 여밈이 없고 옆에 옷섶이 있다. 이들이 모두 높은 사람 앞에 통용되는 옷이다. 바지에는 세 종류가 있는데, 청색과 백색을 교차해 짜서 만들며 앞뒤에는 각기 주름이 있고, 앞은 세줄 뒤는 두 줄이다. 또 끈이 있어 그것으로 묶는데, 상반신은 재봉하지 않고 뒷면에는 별도로 작은 판자에 검은 칠한 것을 달며, 길이는 5촌이고 폭은 2촌이다. 허리에 가로로 붙여 띠 모양으로 만든다. 이것이 높은 사람들의 복장이다. 그다음은 중국인의 바지와 같은데, 그 길이는 발을 넘어 땅에 끌도록 수 척으로, 존전(尊前)에 복장을 갖추어 입을 때 입는다. 그다음은 길이가 발을 가리지 않고 몹시 좁아 겨우 다리가 들어갈 정도인데, 이것이 천한 사람들이 혹한에 입는 것이다. 관(冠)으로 세 종류가 있는데, 하나는 대략 사모(紗帽)와 같으나 낮고 사발처럼 둥글어 겨우 머리털 언저리를 가릴 뿐이다. 위에는 관량(冠梁)이 있는데 뾰족하고 높다. 검은 나무를 깎아 만든 비녀를 가로로 관량에 꽂는다. 뒤에는 길이가 1척 남짓에 폭이 수 촌쯤 되는 뿔이 하나 튀어나와 있는데. 약간 휘어 아래로 드리운다. 또 긴 갓끈으로 모자 위에서 턱 아래로 맨다. 귀족과 고관들은 자주색 명주실 끈을 사용하고 나머지는 모두 흰색의 종이 끈을 사용하는데, 이것이 바로 관백(關白) 이하 각 주의 태수가 착용하는 것이다. '정(丁)' 자 모양 같은 것을 '오모(烏帽)'라고 하고, 모양이 베틀 북 같은 것이 앞에 둘, 뒤에 하나가 있는데, 그것을 절오모(折烏帽)라 한다. 모두 종이를 풀 먹여 검게 칠했다. 각주의 봉행(奉行) 이상의 관직이 있는 자들이 그것을 착용한다. 그러나 공·사간의 예제에만 착용하고, 평소에는 거의 쓰지 않는다.

평민의 의복은 남녀의 구별이 없다. 소매는 넓고 짧다. 색깔은 대부분 푸른 바탕이며 흰 문양이 있다. 여자들은 화초를 채색으로 그린 형태를 섞어 쓴다. 남자들은 띠가 없고, 여자들은 큰 띠로 허리를 묶는다. 남녀 모두 반 폭의 청포(靑布)로 배꼽 아래부터 아래를 가리며 치마나 바지 같은 옷은 없다. 신발은 귀하나 천하나 모두 짚신[藁履]을 신는데, 끈 한 가닥을 코[鼻]로 만들어 발가락을 끼워 신는다. 버선 또한 갈래를 나누어 줄에 끼고 다닌다. 혹 나무껍질로 갓을 만들기도 하는데, 그 모습은 대나무 갓[篛笠]처럼 생겼으나 평평하고 넓다. 남녀들은 그것을 쓰고 태양을 막거나 비를 피한다. 비옷은 비단[絹]이나 종이로 적삼 소매의 홑겹 옷을 만들어 입는데, 푸른색으로 채색하여 칠을 칠한다. 추위를 막는 수단[寒具]으로 솜을 한 자 남짓의 비단[帛]에 넣어 정수리를 덮는데, 방식이 자루와 같다. 여자들에게는 붉거나 흰 설면자(雪棉子)[10]를 머리에 덧대어 자주색 견(絹)으로 네 모퉁이를 가린 것이 있다.

궁실(宮室): 궁실의 제도는 아주 정결하게 하는 데 힘쓰지만, 단청[丹雘]하지 않는다. 동량(棟梁)은 섬세하고 기와는 가볍지만, 촘촘히 덮었으며 지붕은 높고 처마는 낮다. 나무 조각이나 나무껍질로 덮기도 하는데 비늘처럼 겹겹으로 정밀하면서도 튼튼하다. 띠 지붕은 엎은 동이 모양으로 40~50년 유지할 수 있다. 판자로 벽을 만드는데, 한 면마다 반드시 세 장자(粧子)를 설치하여 밀거나 돌려 여닫으며 지도리[樞]나 문고리[環] 방식은 없다. 한 칸의 넓이

10) '설면자(雪棉子)'란 초면(草棉), 즉 고씨피움 헤르바케움(Gossypium herbaceum)의 솜을 말한다. '설'자는 솜의 하얀 이미지를 강조하는 표현이다. 『조선왕조실록』에는 '설면자(雪綿子)'로 되어있다. 혜강은 고치솜[綿]과 혼동하지 않도록 '코튼[棉]'을 사용하고 있다는 점에 주목하시오.

는 반드시 세 보로 하는데, 온 나라가 같은 방식으로 조금의 차이도 없다. 칸마다 세 장(張)의 부들 돗자리를 까는데, 장자(粧子)와 부들 돗자리는 하나가 빠지기라도 하면 다른 것을 사와 보충해도 모두 부절을 합한 것 같다. 나라 안에 사용하는 척도가 규범이 되었기 때문이다. 당(堂), 실(室), 장(墻), 벽(壁)은 정교하고 화려하여 사람의 눈을 아른거리게 한다. 처마 끝에는 긴 나모[長槲]를 설치하여 흐르는 빗물을 받는다. 집[屋頭]에는 물통을 두어 화재에 대비한다. 뜰에는 작은 돌을 깔아 비 올 때 다녀도 진흙이 묻지 않게 한다. 각도(閣道)에는 등불을 걸어두어 밤에 다녀도 길을 잃지 않게 한다. 대체로 왕궁, 민가 모두 온돌을 설치하여 불을 때는 법이 없고, 단지 깐 판자의 위에 이중의 자리와 설면(雪棉)으로 만든 요를 펴고 잔다. 솥[鼎鐺]이나 불로 익히는 기구는 모두 별도로 주방에 설치하여, 연기가 닿지 않도록 한다. 혹한 시기에는 방 안에 판자 하나를 없애고 지로(地爐)를 설치하여 흙을 쌓고 숯불을 피운 다음, 그 공간에 평상을 놓는다. 그 위는 화기(火氣)가 통하므로 비단 요로 덮는다. 올라앉아 땀을 내기도 하고, 옆에 끼고 손발을 따뜻하게 하기도 한다.[11)]

도읍[都]: 왜국(倭國)의 원래 도읍은 태화(太和)이고, 국호(國號)도 태화다. 지금 나라 사람들은 자신을 '화인(和人)'이라 했다. 뒤에 지쿠젠슈[筑前州]로 옮겼고, 또 야마시로슈[山城州]로 옮겼다. 북쪽에는 아타고산[愛宕山]이 웅장하게 우뚝 솟아 아름답고 뛰어나다[雄峙秀拔]. 이 산이 진산(鎮山)이다. 기름진 토양과 비옥한 들판은 오곡, 상마(桑麻)에 적합하다. 동쪽은 험준한 산맥[險嶺]에 막혀 있고, 서쪽은 두 관문으로 견고하게 제어되어 있다. 사방의 여러 군국(郡國)과 도리(道里)가 균일하여, 물고기, 소금, 재화, 그리고 상인들이 몰려, 풍요롭게 자족한다. 태화는 지금 키나이[畿內]에 속한다. 들어오는 조세는 모두 황궁에 바친다.[12)]

문자(文字): 문자는 중국과 같으며 왜음으로 읽는다. 서림(書林)과 예원(藝苑)에 힘을 스는 자들은 타고난다. 강산의 수려한 기운으로, 과거(科擧)나 표절의 폐단이 없고, 옛일을 토론하여, 능통함과 능통하지 않음을 평가하는

11) 이상 신유한(申維翰)의 『해유록(海遊錄)』(해행총재본) 「문견잡록(聞見雜錄)」에서 채록하고 재구성했다.

12) 신유한의 『해유록』(해행총재본), 9월 11일 기록에서 채록했다.

데, 간혹 기언(奇言)과 미담(美談)이 나오기도 한다.[13] 특히 관제(官制)는 세습하지만 문학으로 사람을 등용하지 않는다. 관백(關白) 이하 각 주의 태수들과 여러 관직의 관리 중에서 글을 아는 자는 거의 없고, 다만 언문(諺文) 48자를 대충 진서(眞書, 한문) 수십 자를 섞어 사용하여 주문(奏聞)과 교령(敎令)을 쓰고, 장부나 문서, 그리고 편지를 써서 상하가 소통한다. 어찌 인재(人才)에 한계가 있어서이겠는가. 실로 정교(政敎)에 구속된 바가 있기 때문이다.[14]

양한(兩漢) 시기 처음 중국과 통했다. 위진(魏晉) 이후 오경(五經)과 불교(佛敎)를 중국에서 얻었다. 이에 사문(沙門)의 종교가 성행했다.[15] 근래 남경(南京)의 바다 상인들로부터 서적을 얻었다. 고금의 기이한 책과 백가(百家)의 문집을 저잣거리[闤闠]에서 간행한 자들이 많아졌다. 민간에 쓰는 문자 중 중국에 없는 글자가 매우 많다. 예를 들어 산전(山田)을 '전(畠)'이라 하고, 십자의 거리를 '십(辻)'이라고 하는 부류다. 모두 의역하여 음이 없다. 또 글자를 다르게 쓰기도 하는데, 예를 들어 편지를 다른 사람에게 보내면서 '아무개 관리 전(前)'을 '아무개 양(樣)'이라 하고, 물건을 다른 사람과 나눌 때, '어떤 물건을 얼마씩[式]'이라고 하는 것을 씩[式]이라 하지 않고 '완(宛)'이라 한다. '전(殿)'자와 '어(御)'자는 평민이 존대하는 말이고, 관백(關白) 이하 각주의 태

13) 밑줄 친 정보는 『해유록』(해행총재본), 「문견잡록」(342쪽)에 "지금 도성 밖의 사람 중에 서림과 예원에 힘쓰는 자들은 많다고 할 수 있다. 대체로 그곳은 양명(陽明)의 구역으로, 산수가 수려하고, 초목이 겨울에도 화려하여, 털 외투[氈裘]를 입는 북호(北胡)의 부류와는 타고난 기상이 같지 않다. 그러므로 그들은 모두 총명하고 사리 분별에 밝다. 그들과 필담이나 간단한 편지를 주고받아 보면, 갑작스러운 응대에도 기특한 말이나 훌륭한 담론이 있다(至今京外諸人, 着力於書林藝苑者, 可謂盛矣. 大抵其地爲陽明之區, 江山秀麗, 草木冬華, 與北胡氈裘之屬, 稟氣不同. 故其人率多聰敏明辨. 與之爲筆談短簡, 則倉卒應對, 或有奇言美談)"라고 한 문장과, "과거나 표절의 폐단 없이 오로지 요점을 익혀, 궁극에는 그 공력이 마치 좀[蠹魚]처럼 글자를 먹고 눈이 밝아진다. 옛일을 토론한 내용으로 능통함과 능통하지 않음을 평가한다(無科擧剽竊之累, 而熟習專領, 窮極其功, 如蠹魚食字而眼明. 所以吐論古事, 評騭能否)"라는 문장을 뒤섞어 놓았다.

14) 『해유록』(해행총재본), 「문견잡록」(343쪽)에는 이 문장 앞에 "서(序), 기(記), 잡문을 짓게 해보면, 눈먼 뱀이 갈대밭을 가는 것 같으며, 법도와 어기에 볼만한 것이 없는데(使之爲序記雜文, 則又盲蛇走蘆田, 法度與詞氣無一可觀)"라고 한 문장이 더 있다.

15) 이 정보는 『영환지략』에 인용된 『천하군국리병서(天下郡國利病書)』에서 채록했다(『영환지략교주』, 12쪽).

수들은 그 아래 사람들이 그들을 '돈우사마(敦于沙麻)'라고 하는데, '돈우[との·どの]'는 '전(殿)'의 훈독이고, '사마(さま)'는 양(様)의 훈독으로 바로 전양(殿様)이다.

통상[商]: 명나라 중엽 대서양(大西洋)의 포르투갈[葡萄牙]이 이곳의 항구를 점거하여 천주교로 그 현지인들을 꾀려 했다. 일본은 그들과 전쟁할 때, 네덜란드[荷蘭]가 군함으로 일본을 돕자, 포르투갈은 달아났다. 그러므로 이 나라가 통상한 나라로는 중국과 네덜란드, 그리고 남양(南洋)의 여러 나라뿐이다.[16] 사쓰마[薩摩]의 가고시마[籠島]와 히젠[肥前]의 나가사키[長崎]는 바로 상인들이 몰려드는 곳이다. 거둔 세금은 관백(關白) 별장(別藏)에 바친다.[17] 나라 안의 사람들은 많아 집들[室廬]이 번성하고, 시장과 점포가 많은데, 대체로 큰길 옆이나, 도읍의 땅, 바다 선박이 정박하는 곳에 있다. 행상하는 사람은 상품을 유통하고, 사는 사람은 그것으로 돈을 벌므로, 농사나 방직하지 않아도 의식을 사치스럽게 한다.

생업[民業]: 나라에는 병(兵), 농(農), 공(工), 상(商) 등 네 백성이 있는데, 사(士)는 이에 들지 않는다. 병(兵)은 가장 편하여 의식에 여유가 있다. 상(商)은 부유하지만, 세법이 매우 무겁다. 공(工)은 기술은 정교하나 가격이 저렴하다. 농(農)은 가장 힘들지만, 세를 내는 것 외에 다른 부역은 없다. 또 유학자, 승려, 의학자가 있는데, 의사가 상위이고, 승려는 그다음이며, 유학자는 끝이다. 유학자들은 배움을 이루어 구차하게 명예를 얻어 각 주의 기실(記室)이 되면 수백 석의 봉급을 받아먹을 수 있지만, 그렇지 않으면 병가(兵家)나 의가(醫家)에 들어가기를 구하여 봉급을 받는다.

기물[器用]: 음식을 담는 그릇에는 스기주[杉重]라는 한 세트가 있는데,

---

16) 이상의 정보는 『영환지략』에서 채록했다. 그러나 『영환지략』에는 "그 나라가 통상한 나라로는 중국과 네덜란드뿐이다"라고 하였는데, 혜강이 '남양의 여러 나라'를 추가했으므로, 아주 정확하다.

17) 이 정보는 『해유록』(해행총재본)의 「문견잡록(聞見雜錄)」(333쪽)에 "시장과 마을에서 걷은 세금은 모두 관백에게 바친다. 사쓰마의 가고시마, 히젠의 나가사키 또한 상인들이 몰려드는 곳이므로, 또한 관백의 별장(別藏)이 있다(而市閭之征稅, 皆輸於關白. 至於薩摩之籠島, 肥前之長崎, 又是商賈輻湊之所, 故亦有關白別藏)"라고 하였다. 별장(別藏)은 '별장(別莊)'의 오기일 것이다.

삼나무 판자로 삼 층의 찬합을 만들어, 위에는 병이(餠餌)를 넣고, 중간에는 과일이나 채소를 넣으며, 아래에는 물고기나 고기를 넣고, 알록달록한 명주실로 끈을 짜서 허리에 맨다. 회목(檜木)으로 만든 것을 히노키주[檜重]라고 하고, 백목(白木)인 궤(樻)로 만든 것은 '백절(白折)'이라 하며, 채색된 것을 '화절(花折)'이라 한다. 오 층짜리 큰 찬합을 '주(橱)'라 한다. 기타 국, 밥, 술, 과일에 쓰는 일반적인 그릇들은 모두 홍색, 초록색, 검은색으로 칠한 나무 그릇을 쓰고, 혹 백철(白鐵) 그릇도 있으나 유기(鍮器)는 원래 없다. 병기로는 검과 총이 가장 정교하다. 검을 차는 자는 반드시 장단의 칼을 쌍으로 차는데, 긴 검은 베고 찌를 때 사용하고, 단검은 던져서 공격한다. 총에는 대·중·소 세 종류가 있는데, 작은 총은 다닐 때 사용하고, 중간 총은 몸체가 약간 커 도르래[轆轤]로 실어 다닌다. 큰 총은 길이가 1장쯤 되는데 성을 지킬 때 쓴다.

농토세[田賦]: 농지[田]의 체계는 30보를 1무(畝)가 되고, 10무는 1탄(畽)이다. 상등은 세가 8석이고, 중등은 세가 6석이며 하등은 세가 5석이다. 25두(豆)가 1석(石)이다. 시전(市廛)은 3보가 1간(間)이 되고, 60간이 1정(町), 36정이 1리(里)다. 민가는 간(間)마다 세는 은 5전(錢)이고, 공상(工商)은 각기 산물의 10분의 1을 세금으로 낸다. 정(町)마다 이문(里門) 하나를 두고 다섯 가구를 하나로 묶어 통제하는 오가지법(五家之法)을 행한다. 한 시(市)의 세를 거두는 일을 담당한 자를 '좌(座, ざ)'라 하고, 한 리(里)의 부역을 담당하는 자를 간전(肝煎)이라 한다. 바깥 지방에는 촌마다 촌의 일을 관리가 있는데 장옥(庄屋)이라 한다. 각 주에는 관할하는 태수가 있는데, 각기 세금을 걷는다. 시장과 마을의 세금이 많이 나오는 곳은 모두 관백(關白)에게 납세한다.

왕(王): 왜황(倭皇)이 관제를 세울 때 원래 정해진 명칭이 있었는데, 안에는 삼공(三公), 육관(六官), 백집사(百執事)와 밖에는 66주의 태수가 있었다. 관백이 국사를 차지한 뒤로 왕은 일반적인 사무에 간여하지 않는다. 크고 작은 관직 제수는 관백에게서 나오지만, 작첩(爵帖)은 반드시 천황의 인장을 사용하며, 천황에게 사은(謝恩)했다. 중국 조공은 역대로 일본 사신들이 표문을 올리는 등의 일을 했지, 사실 왜황이 직접 고명을 받고 직접 공헌하지 않았다. 모두 사신들이 거짓으로 명호(名號)를 만들고 귀부[納款]를 거짓으로 칭한 것이지, 천황이 스스로 '제(帝)'라 하며, 자신들이 역법[正朔]을 만든 일은 고래로 바뀌지 않았다. 그래서 왜황의 성은 세상에 알려지지 않아, 혹 '왕씨(王氏)'라고 하고 혹 '원씨(源氏)'라고도 한다.

관제(官制): 아홉 지위로 나뉘는데, 정(正)과 종(從)의 구분이 있다. 대집정(大執政), 좌집정(左執政), 우집정(右執政)이라는 관직이 있는데, 옛날의 삼공(三公)과 같다. 그리고 대장군이 가장 높고, 대납언(大納言)이 아상(亞相)이며, 중납언(中納言)과 소납언(小納言)은 옛날 급사(給事)나 황문(黃門) 부류다. 식부(式部), 치부(治部), 민부(民部), 병부(兵部), 형부(刑部), 궁내성(宮內省)이 바로 육관(六官)이다. 각기 경(卿), 대소의 보(輔), 대소의 승(丞) 등의 관을 갖추고 있다. 소부(掃部)와 직부(織部)는 청소와 직조를 관장하는 관리다. 대장(大藏)은 조세를 관장하고, 준인(準人)은 의장, 선부(膳部)는 음식, 전약(典藥)은 의약, 채녀(采女)는 여자 관리, 태학료(太學寮)는 문학, 탄정료(彈正寮)는 규찰을 관장한다. 중장(中將), 소장(小將), 좌우의 위문(衛門), 좌우의 병위(兵衛), 좌우의 마료(馬寮), 병고료(兵庫寮)는 모두 숙위(宿衛)를 관장한다. 백관의 직함이 각기 관사(官司)에 있는데, '료(寮)'라고 부르는 자에는 두(頭), 윤(允), 조(助), 3등의 관리가 있고, 서(署)라고 부르는 자에는 수(首), 우(佑), 영(令), 사(使)라는 관리가 있는데, 각기 그 직책으로 육관(六官)에 소속된다. 각 주에는 수(守), 개(介), 목(目), 연(掾)이 있는데, 수(守)는 자사(刺史)와 같고, 개(介)는 별가(別駕)와 같고, 목(目)은 주부(主簿)와 같고, 연(掾)은 사마(司馬)와 같다. 이는 내외 관직의 대략이다. 그러나 관백이 정(正) 2위이자 대장군이다. 66주를 총괄한 이후로 각 주의 땅을 나누어[瓜分] 종실(宗室)과 집정(執政)의 식읍으로 삼고, 대소의 관사(官司)는 그냥 빈 이름만 빌렸다. 관백이 여러 신하에게 읍을 맡아 녹미[廩]로 먹고살게 한 것은 또한 군대를 다스리는 제도에서 나왔다. 백관의 의도(儀度)를 세우지 않고, 읍을 맡은 자는 각기 섭정(攝政), 봉행(奉行), 기실(記室)의 신하를 갖추고 받는 식(食)이 60만 석이라고 하는 것은, 그가 관장하는 땅에서 1년에 받는 농지세가 60만 석이 나올 수 있으니 군사 1인의 1년 녹봉은 바로 25석이므로, 100석에 군사 넷을 양성한다. 60만 석은 2만 4,000명을 양성한다. 땅이 넓은 자는 녹미가 많아 병사가 많고, 땅이 좁은 자는 녹미가 적어 병사가 적다. 나눈 봉급을 적게 먹고 양병(養兵)에 근면한 자를 능관(能官)이라 하여, 상으로 땅을 보태 준다. 사사로운 축적으로 남용하여 군대가 많이 줄어든 자는 '부장(不臧)'이라 부르며 벌로 땅을 깎는다. 이 때문에, 관직에 있는 사람은 치병(治兵)에 힘쓴다. 각 주의 섭정(攝政), 봉행(奉行)도 모두 세습하며, 준인(準人), 채녀(采女), 병위(兵衛) 등의 호칭는 왜황의 관명을 사용하고, 품위(品位)는 태수보다 아래로, 받은 지위와 봉록[班資], 이는 국군(國君) 관백(關白)이 임명한 직위다. 그 밖의 기실(記室), 의관(醫官) 등은 모두 태수 자신이 불러 등용한 사람들이다. 대마도는 조선을 접대하는 일로 매우 복잡하여, 추가로 재판(裁判)이라는 관직을 두었는데, 이 또한 태수가 임명하는 바이므로, 지위는 봉행(奉行)의 아래에 있지만 봉급은 기실(記室)보다 배다.

교(敎): 정교(政敎)와 민풍(民風)은 병(兵)이 아니면 불(佛)이다. 군국(郡國)에는 상서(庠序)와 조두(俎豆)가 없고, 또 임금과 부모에 대한 상례(喪禮)도 없다. 사람들은 하늘이 부여한 선량함이 있을지라도, 어디에서 가르침을 들을 수 있으리오. 회진후(會津侯) 원정지(源正之)는 귀공자(貴公子)로 작위를 받고 자신과 타인을 다스림[律己治人]에 한결같이 이정(二程)과 주자의 가르침을 따랐다. 호(號)가 암재(闇齋)인 산기씨(山崎氏)라는 자도 정주(程朱)의 학문을 흠모하여, 소학(小學)의 편목으로 송나라 유학자들의 언행을 저술하여 세상에 전했다.

근세 경도(京都) 사람 이등유정(伊藤惟貞)은 학문으로 나라에서 유명한데, 터득한 바를 찬집(撰集)하여 나라 사람들에게 성리존양(性理存養) 설은 무익하니 평소 행도(行道)의 실천에 힘쓰게 하며, 항상 다음과 같이 말했다. “사람의 효제충신(孝弟忠信)만이 일상에서 절실한 공부이니, 학자는 성리존양(性理存養)이 무엇인지 물을 필요가 없다. 『중용』 첫 장에 ‘성을 따르는 가르침’은 바로 도는 성리(性理)에서 나온다는 말이지 도를 행하는 자가 성리로 공부하라는 말이 아니다.” 한때 선비 중에는 추숭하여 믿거나, 비방하는[非毁] 자들도 있었다.

나라에서 쓰는 언문으로 48자가 있다. 글자의 형태는 모두 한자[眞書] 수미에 있는 점과 획을 잘라낸 것으로, 음은 있으나 뜻[釋]은 없어 서로 붙여 소리를 형성하는데 자음과 모음의 반절(反切) 같다. 방음(方音)을 방언(方言)에 맞추어 쓰는데, 민간에서 익히기 편하고 소통에 유리하여, 남녀노소 모두 소통 이해할 수 있다. 언문의 초서는 기괴하여, 떨어지는 꽃이나 나는 새 같아 분명히 알아볼 수 없다. 이는 옛날 홍법대사(弘法大師)가 만든 것이다. 나라에 간행된 서적에는 살이 빼어나고 뼈가 적으며[肉勝而少骨], 색깔과 모양은 짙고 아름다웠다. 왜인들의 서법은 대부분 홍법(弘法)에서 나왔다.

예(禮): 나라에는 관혼상제의 예제가 없다. 남자 중에서 장가들지 않은[未冠] 자는 가운데 머리털을 깎고 정수리의 앞부분만 남겨 놓았다가, 아내를 얻은 뒤에는 정수리 앞까지 깎고 머리 뒤쪽 한 갈래만 4촌쯤 남겨, 종이 끈으로 묶어 구부려 앞으로 향하게 한다. 이것이 바로 성인의 법식[儀]이다. 그러나 간혹 온 머리를 깎지 않고 머리 뒤로 함께 묶어 구부린 자들도 있다. 여자들은 중국의 제도와 같이 쪽을 지어 정수리에 갈래짓지 않고 바로 머리 뒤로 합쳐 세 다발로 주름을 붙여 굽실굽실하게 아래로 늘어뜨리고, 흰 명주실로 묶고 쪽을 느슨하게 한 다음 정수리에 대모(玳瑁)로 만든 빗을 꽂는다. 이미 시집간 여인은 치아가 모두 검은색인데 철액수(鐵液水)를 약과 섞어 물고 있으면, 치아가 바로 염색된다. 소녀와 시집가지 않은 사람 그리고 창녀(倡女)는 모두 흰 이빨이다.

혼인에는 빙폐(聘幣)를 쓰지 않고 혼인하는 날 저녁에 부인을 남편 집에 보내기만 한다. 양측의 친척들이 등촉(燈燭)을 설치하고, 엄숙히 행하는데, 그것을 보내고 맞이하는 예로 여긴다. 양가에서는 각기 술과 음식을 마련하여 손님들에게 잔치를 열어 준다.

상제(喪祭)에는 임금이나 부모의 상에도 곡하거나 상복을 입는 법도가 없고, 음식과 언어도 평소와 다름이 없다. 사람들은 시신을 나무통에 앉히고, 방을 쌓고[築室][18] 구덩이를 파서 나무를 세워 표시한다. 높은 사람이나 후(侯)의 집이라야 비석이 있고 정문(旌門)을 세워 그 땅을 표시한다. 제례에는 쌀을 뿌리고 술로 적시는 정도에 불과하다. 또 연기(年忌), 월기(月忌), 일기(日忌)라는 설이 있는데, 사람이 정월 초하루에 죽었으면 11일, 21일을 모두 '기(忌)'라 하고, 매년 정월과 매월 초하루 또한 마찬가지다. 승려를 초청해 재(齋)를 지내는데, 매우 잘 공양하여 이로써 승려들이 먹고산다.

형(刑): 죄수를 심문하는 법은 매질(搒笞)를 사용하지 않고, 죄가 무거운 자는 곧바로 머리를 베는데, 그 형에 임한 자는 술을 마시고 혼미하게 취해 구덩이에 앉아 있으면, 그의 친한 벗이 칼을 들고 조금의 난색도 없이 벤다. 왜

18) 『해유록』(해행총재본), 「문견잡록」(336쪽)에는 '돌을 쌓다[築石]'로 되어 있다.

인의 큰 칼은 사람을 베어야 유명해지므로 사형수가 있다는 소식을 들으면, 원근에서 칼을 들고 시험해 보려는 자들이 시장처럼 다투어 몰려든다. 죄수가 사형을 면하면, 바다 외딴섬 사람이 살지 않는 곳에 유배하고, 경중에 따라 햇수를 제한한다. 죄가 가볍더라도 재차 범하면 사형한다. 반역죄에 연루된 자는 십자목을 트인 거리에 세우고 그 몸을 발가벗겨 손에 못을 박아 나무에 걸어두고, 왕래하며 보는 사람들이 지지고 베게 하는데, 그렇게 참혹하게 한 뒤에 사형한다. 사쓰마슈[薩摩州]는 풍속이 강직하여 일만 있으면 사형한다. 대죄를 지은 자는 관에서 잡아 가두지 않고, '너의 죄는 죽은 죄니 너의 집에 돌아가 죽어라!'라고 유시하면, 그 사람은 승낙하고 돌아가 집에서 자살하는데, 조금의 어긋남이 없다. 관에서도 그것을 믿는다. 일본 사람들이 생명을 경시한다는 말은 사쓰마 사람들에게서 나온 말이다.

법(法): 각 주(州)의 사람들에게는 모두 표식이 있다. 그들의 장막이나 배의 돛과 의복의 깃 뒤를 보면, 반드시 검은색으로 표식을 한다. 모난 것, 둥근 것, 매화 같은 것, 나뭇잎 같은 것, 태극도 같은 것, '품(品)'자 같은 것, 또 '품' 자에 한 획을 추가한 것 등이 있어, 각 지방에 따라 다르게 한다. 각 지방의 표식을 미리 알고 있으면 그 돛을 보고서 어떤 지방의 배인지 알 수 있고, 그 옷을 보고 어느 주의 사람인지 알 수 있다. 이 또한 군제(軍制)를 위해 마련한 것으로, 군대(軍隊)들이 서로 혼란하지 않게 하기 위함이다. 또 나라의 풍속에 궁실(宮室), 여마(輿馬), 의복, 기물의 등급이나 위상이 없이, 분수에 넘쳐도 제재가 없고, 단지 명분이 일단 정해지면, 상하가 엄연하여, 경외하고 준봉에 소홀함이 없다. 상관을 받들어 섬김에는 각기 직분에 성실하다. 심지어 무리가 명령을 듣고 부림을 받듦에 한 치의 실수도 없다. 검을 차고 문을 지킬 때는 문 안에 꼿꼿이 앉아 밤에도 나태함이 없다. 차를 마련하여 대접해 올릴 때는 화로를 끼고 숯을 피우며 잠깐도 떠나지 않는다. 부르는 일이 있으면 메아리처럼 응답하며, 매질할 필요 없이, 일마다 모두 처리된다. 공·사간의 모임이 있어 둘러보며 관광하는 자가 있으면, 작은 사람은 앞에, 큰 사람은 뒤에, 더 큰 사람은 그 뒤에 앉는데 차례로 열을 지어 엄숙하고 떠들지 않는데, 한 사람도 망동하지 않는다. 아마도 국군(國君)과 태수의 정법(政法)이 한결같이 병제(兵制)에서 나와, 대소의 서민들이 견문으로 익혀, 모두가 군법(軍法)과 같다. 대소의 여러 관리에게는 인장, 부절, 받고 하사하는 규범이 없고 단지 사사로

이 도장을 새겨 공문서에 표시한다. 그리고 제반 금령을 반포할 때도 수압(手押) 하는데, 모양은 술동이처럼 그림이 크고 단정하다.

풍속[俗]: 풍속은 귀신을 좋아하여, 사람이 나서 사람들에게 존경과 믿음을 받은 자는 죽어서도 반드시 사람들에게 제사를 받는다(人之生爲衆所敬信者, 則死必爲人所享)고 하며, 사당을 세우고, 자주 재계 목욕하고 기도하는 일이 있고, 신인(神人)이 꺼린다고 하여 어육(魚肉)을 엄금하며, 신당(神堂)과 음사(淫祠)가 곳곳에 서로 바라보고 있다. 춘일(春日), 팔폭(八幅),[19] 주길(住吉) 등의 칭호가 모두 대명신(大明神)이다. 그리고 기타 소소한 신령, 인귀(人鬼)와 목석의 요괴를 풍속으로 신봉하는 것들을 다 기록할 수 없다. 맹약이나 금계(禁戒)가 있을 때는 반드시 신에게 맹세한다. 남녀가 혼인할 때도 받드는 신에게 가서 술을 따르고 믿음을 아뢴다.

풍속은 불법(佛法)을 숭상하는데, 평민 중에 승려가 되는 자는 열에 두셋이 못되고, 불경을 읽을 줄 알아 법사(法師)가 된 자는 그중 셋 중에서 하나도 못 된다. 그 나라의 법이 몹시 가혹하여 백성 중에 세금이 면제된 자[空丁]이 없고, 또 먹고살 이치가 없기 때문이다. 절[僧舍]은 마을에 있고 대체로 민간인들과 섞여 살며 승려로서의 행동[僧行]이 적다. 왜황(倭皇)의 법에 모든 아들은 법친왕(法親王)이 되고, 모든 딸은 비구니가 되며, 그 신하들은 법인종(法印宗)이라 하는데, 모두 문사(文史), 성력(星曆)을 관장한다. 나라의 다섯 산에는 승려 중에 주지관(住持官)을 파견하는데 화상(和尙) 또는 장로(長老)라고도 칭한다. 그 교리에는 조동종(曹洞宗), 임제종(臨濟宗) 두 파가 있다.

부귀한 집에서는 무역하며 아주 예쁜 창녀(娼女)를 두었는데, '성대점(城大店)'이라 한다. 부상(富商)이 여행하거나 호사스럽게 여행하는 귀빈들이 모이는 곳이다. 층층의 누각과 굽이진 정자, 병풍[屛帳], 금침(衾枕)으로 단장하고, 번화한 온갖 물품이 모두 주인집에서 마련하여 문에 '상상창옥(上上娼屋)'이라 금색 간판을 달고, 하루 정사[雲雨] 비용이 백금 10냥에 불과하며, 중하에는 차등이 있다. 그 값을 정하여 매일 세를 받아 가며, 이익을 다투는 기특한 상품으로 여긴다. 저 앳된 여인들은 자식이 있어 감히 스스로 꾀를 부리지

---

19) 『해유록』(해행총재본), 「문견잡록」(337쪽)에는 '팔번(八幡)'으로 되어 있다. 팔번(八幡), 즉 하치만은 전쟁과 군대를 관장하는 신이다.

도 못하기 때문에, 눈물을 흘리며 한별(恨別) 하는 자가 있고, 부끄러움을 머금고 억지로 즐기는 자도 있다.

일본 남창(男娼)의 미색은 여색보다 배다. 나라 사내아이 중 나이 14~15세 이상으로 용모가 아주 예쁜 자는 머리에 기름을 발라 땋고, 얼굴에는 연지와 분을 바르며, 채색 비단옷에 사향을 차는데, 천금의 값이 나간다. 국군(國君) 이하의 부호나 서민들 모두 사서 기르는데, 앉거나 눕거나 출입할 때는 반드시 항상 따르게 하여 물림 없이 탐한다[耽狎]. 행여 바깥에 마음을 두면, 못되게 질투하여[妬狠] 살인까지 한다. 그들 풍속에 다른 사람의 처첩(妻妾)을 훔치는 일은 쉬우나, 주인이 있는 남창에게는 감히 말을 걸거나 웃지 못한다.[20]

사신 교환[聘使]: 사쓰마슈[薩摩州]의 태수는 유구(琉球)를 주관하고, 히젠슈[肥前州] 태수는 남만(南蠻)을 주관하며, 대마주(對馬州)의 태수는 조선(朝鮮)을 주관한다. 대마도는 조선과 바다 하나를 사이에 두고 있는데, 순풍에 하룻밤이면 이를 수 있다. 나가사키[長崎]는 중국의 보타(普陀)와 동서로 마주하고 있는데, 이쪽에서 저쪽까지 물길로 40경(更)이다. 뱃사람들은 1주야를 10경으로 나눈다[舟人率分一晝夜爲十更也]. 샤먼[廈門]에서 나가사키까지는 북풍이면 오도(五島)를 거쳐 들어가고, 남풍이면 천당(天堂)을 거쳐 들어가는데, 물길로 72경이다.[21]

수나라와 당나라 이래로, 사신을 보내 중국과 통교했다. 송나라 초에 국승(國僧) 조연(奝然)을 바다로 보내 공헌했다. 태종은 자의(紫衣)를 하사하고, 두텁게 살펴 위무했다. 원나라 세조 지원(至元) 연간, 적흑(的黑)에게 고려(高麗)를 거쳐 일본으로 가 타이르게 했는데, 일본은 귀부하지 않았다. 또 비서감

---

20) 이상 『해유록』(해행총재본), 「문견잡록」에서 채록하고 재구성했다.

21) 나가사키와 보타(普陀), 샤먼[廈門]과의 거리 정보는 『해국도지』, 권17, 「일본도국(日本島國)」에 인용된 『황청통고(皇清通考)·사예문(四裔門)』에서 채록한 것이다(『위원전집』, 5책, 609쪽). 한편 『해국도지』에 인용된 『해국문견록(海國聞見錄)』에 따르면(앞의 책, 606쪽), “나가사키[長崎]는 보타(普陀)와 동서로 대치하고 있고, 물길로 40경이다. 샤먼에서 나가사키까지는 72경이다. 북풍에는 오도문(五島門)으로부터 나아가고, 남풍이면 천당문(天堂門)에서 나아간다(長崎與普陀, 東西對峙, 水程四十更. 廈門至長崎, 七十二更. 北風從五島門進, 南風從天堂門進)”라고 하였다. 이 문장은 1793년 중각본 『해국문견록』(와세다대학 소장본), 권상, 12a에서 확인된다. 『위원전집』의 교주에 오도문은 나루시마(Narushima)로, 천당문은 코시키(Koshiki)로 추정했다(앞의 책, 619쪽).

(祕書監) 조량필(趙良弼)에게 다시 가도록 했다. 모두 그들 태재부(太宰府)에 이르렀을 뿐, 왕경(王京)에는 이르지 못했다.[22] 결국 군대를 일으켜 정벌했으나, 폭풍을 만나 군대가 모두 빠져 죽었으니 원나라 시대에도 서로 통하지 못했다. 명나라가 일어날 때, 중국이 용병(用兵)하는 틈을 타, 여러 차례 바닷가의 주현을 노략질했다. 홍무(洪武) 2년(1369)에 사신을 보내 조서를 반포하고, 노략질하는 일을 나무랐으나 일본은 명을 받들지 않고 예전처럼 침탈했다. 자주 공물을 들였으나 표문이 없어 물리쳤다.[23] 명나라 시기 전후로 타이르고 책봉할 때, 일본이 공물을 바치고 표문을 올린 일은, 실은 왜황(倭皇)이 명을 받들어 공헌한 바가 아니라, 모두 그 신하들이 거짓으로 명호(名號)를 만든 것이었다. 지금에는 조용히 동쪽 모퉁이를 지키면서 감히 다리를 펴 중국[漢]으로 향하지 못했고, 조공선을 근절시키자, 중국 장삿배들은 갔으나 일본의 장삿배들은 오지 않았다. 200여 년간 평안하고 무사했다.[24]

전쟁[戰]: 원나라 세조(世祖) 12년(1271) 경략(經略) 흔도(忻都) 등에게 배 300척에 군사 1만 5,000명을 실어 정벌토록 했다. 그 나라에 들어가 군대를 격파할 때, 화살이 다 떨어져 돌아왔다. 18년(1277) 범문호(范文虎), 아탑해(阿塔海)에게 군대 10만을 거느리고 전선(戰船) 900척으로 일본을 정벌하게 했다. 평호도(平壺島)에 이르러 태풍에 배가 부서지자, 범문호 등은 견고한 배를 타고 돌아오면서 10여 만의 사람을 섬[山] 아래 버려, 모두 일본에 섬멸되어 돌아온 자가 세 사람뿐이었다. 뒤에 다시 정벌을 논의했으나 유선(劉宣)이 말하여 그쳤다.[25]

명나라가 일어서자 자주 연해의 주군(州郡)을 노략질했다. 영락(1403~1424) 연간에 그 왕을 타이르고, 수색하여 약탈하는 여러 적을 잡게 하

22) 『원사』, 권208, 「일본전」(4625~4630쪽)에서 채록했다.

23) 이상 『해국도지』에 인용된 『명사』를 채록했다. 『명사』, 권322, 「일본전」(8341~8342쪽)에 보인다.

24) 이상 『영환지략』에 인용된 『천하군국리병서(天下郡國利病書)』에서 채록했다(『영환지략교주』, 12~14쪽).

25) 이상은 『영환지략』에 인용된 『천하군국리병서(天下郡國利病書)』에서 『원사』를 채록한 문장에서 채록했다(『영환지략교주』, 13쪽).

자, 왕은 군대를 보내 그 무리를 체포하고, 수괴 20인을 묶어 헌상했다. 표문에, “섬에는 무뢰한 도둑들은 실로 신이 아는 바가 아니니 죄를 용서해 주길 청합니다(島上無賴鼠竊者, 實非臣所知. 願貸罪)”라고 했다. 그러나 바다 노략질은 여전히 끊이지 않았다.

만력(萬曆) 20년(1592) 왜의 추장 평수길(平秀吉)이 조선을 침략했다. 평수길이란 자는 사쓰마슈[薩摩州] 사람으로 물고기를 팔아 살았는데, 관백(關白) 신장(信長)이 그를 거두어 길렀다. 책략에 능했는데, 마침 신장이 그 부하에게 살해되자, 평수길이 그 난을 평정하고 마침내 관백의 지위를 차지하고, 66주를 꾀고 겁박하여 항복시켰다.[26] 또한 유구(琉球), 루손[呂宋], 시암[暹羅], ‘불랑기(佛狼機)’와 같은 여러 나라를 협박하여, 모두 사신을 보내 공물을 바쳤다. 그의 법 적용은 엄격하여, 행군에 전진은 있어도 후퇴는 없게 했다. 어기는 자는 아들이나 사위라고 할지라도 반드시 죽였고, 이러한 이유로 향하는 곳에는 적이 없었다. 이를 계기로 중국과 조선을 침범하여 차지하려 했다. 옛날 왕직(汪直)의 남은 무리를 소환하여 물어보고, 중국인들이 왜인(倭人)을 호랑이처럼 두려워한다는 사실을 알고, 기세가 더욱 교만해져 대대적으로 정예병[甲兵]과 선박을 정비했다. 중국 북경으로 들어가는 일은 조선 사람들이 인도하게 하고, 절강과 복건[浙閩]의 연해에 있는 군현으로 들어가는 일은 중국 사람들이 인도하게 하려 했다. 유구가 그러한 사정을 누설할까 염려하여 공물을 들이지 못하게 했다. 동안(同安, 푸젠 취안저우) 사람 진갑(陳甲)이란 자는 유구에서 장사했는데, 평수길이 중국에 해를 끼칠까, 걱정했다. 유구 장사(長史) 정형(鄭迥)과 모의하여 공물을 진상하고 책봉을 청하는 사신을 통해 그 정황을 갖추어 보고해 왔다. 진갑(陳甲) 또한 고향으로 돌아와, 그 사정을 순무 조참로(趙參魯)에게 진술했다. 이를 보고하자[聞], 병부에 명을 내려 조선에 상의하게 했다. 조선은 길을 안내한다[鄕導]는 무고를 자세히 변론했고, 또 그러한 모의를 정말 모른다고 했을 뿐이다.

평수길은 여러 진(鎭)이 모두 포학함을 원망하자, 직접 가지 못하고, 장수 청정(淸正) 등을 보내, 수백 척의 수군을 거느리고 부산진(釜山鎭)으로 나아갔

26) 이상 『영환지략』에 인용된 『천하군국리병서(天下郡國利病書)』에서 『원사』를 채록한 문장에서 발췌했다(『영환지략교주』, 13쪽).

다. 조선은 소문만 듣고[望風]도 궤멸했다. 부총병(副揔兵) 조승훈(祖承訓)에게 가서 구원하라고 명했다. 평양성 밖에서 왜와 전투했으나, 조승훈은 대패하고 겨우 자신만 목숨을 건졌다. 중국 조정에서는 병부시랑 송응창(宋應昌)을 경략(經略)으로, 도독 이여송(李如松)을 제독으로 삼아 군대를 통솔 토벌하게 했다. 이기기도 지기도 하면서, 한참 뒤에 평수길이 사망하자, 왜들은 돛을 올려 모두 돌아가니 마침내 전란이 종식되었다.

왜는 호접진(蝴蝶陣)에 익숙하여, 출진에는 부채를 흔들어 신호한다. 한 사람이 부채를 흔들면, 사람들이 모두 칼을 흔들며 일어나 허공에 대고 호탕한 짓을 하는데[揮霍], 적병(敵兵)[27]들이 엉겁결에 머리를 들면 아래에서 베어온다. 또 장사진(長蛇陣)도 펴는데, 앞에서 백각기(百脚旗)를 비추면(耀), 순서대로 줄지어 나간다. 전진과 후진이 가장 강하며, 가운데는 용겁(勇怯)이 서로 섞여 있다. 적의 부대는 30인에 불과하고, 각 부대는 서로 1~2리 떨어져 있으며 바다 고둥을 불어 신호하는데, 들으면 곧바로 합류하여 구원한다. 두세 명이 한 부대를 이루기도 하는데, 칼을 휘두르며 멋대로 날뛴다. 재물을 약탈하는 데 힘쓴다. 그들의 행군은 반드시 한 줄[單列刊]이며 길고, 걸음이 느리고 가지런하며, 수십 리를 차지하여 접근할 수 없고, 수십 일을 달려가도 힘들어하지 않는다. 진을 펼 때는 반드시 사분오열하므로 포위할 수 없다. 대진(對陣)에는 반드시 먼저 한두 사람을 보내 뛰었다가 구부렸다가 엎드렸다가 하므로 우리의 화살, 돌 그리고 화포를 허비하게 한다. 충진(衝陣)에는 반드시 사람이 먼저 움직이기를 기다렸다가 움직이면 돌입하므로 승승장구한다. 전투가 무르익으면 반드시 사방에서 기어가 진의 후면을 갑자기 둘러싸므로 적군(敵軍)[28]이 놀라 궤멸한다. 매번 기괴한 전술을 사용한다.

---

27) 이 진법(陣法)에 관한 정보는 『해국도지』에 인용된 『무비지(武備志)』에서 채록했다(『위원전집』, 5책, 603쪽). 여기의 '적병(敵兵)'은 '아병(我兵)'으로 되어 있다. 호종헌(胡宗憲)의 『주해도편(籌海圖編)』(사고전서본, 권2, 53b)에서도 '아병'으로 되어 있고, 문맥상으로도 '아병'이 되어야 할 것 같다.

28) 여기의 '적군(敵軍)' 또한 『해국도지』에 인용된 『무비지』에는 '아군(我軍)'으로 되어 있는데,문맥상 '아군'이 되어야 한다.

2-2-2. 유구(琉球)[29]

[강역(疆域)]: 유구(琉球)는 동양(東洋)의 소국이다. 복주(福州) 오호문(五虎門)에서 바다로 나가, 묘(卯, 90도) 침으로 대략 40여 경(更)이면 쿠메지마[くめじま, 孤米山]에 이른다. 이 나라의 큰 섬이다. 다시 동쪽으로 [가면] 그 나라에 이른다. 남북으로 400여 리며, 동서로는 100여 리가 채 못 된다. 주변으로 36개의 섬이 있는데, 모두 바다에 있는 돌무더기[拳石]들이다. 옛날에는 산남(山南), 산북(山北), 중산(中山) 세 나라로 나누었는데, 뒤에 중산에 병합되어 하나가 되었으므로, '중산'이라 불렀다. 나라는 슈리[しゅり, 首里], 구메[くめ, 久米], 나하[なは, 那覇] 등 세 개의 도[路]로 나뉜다. 내륙으로 가려면 반드시 나패에 정박한다. 장사꾼들이 이곳에 몰려들어 대도시를 이룬다.

날씨[風氣]: 바닷바람이 매우 강해 지붕 기와가 항상 날아가므로, 집을 지을 때는 처마를 낮게 하여 어깨높이로 짓는데. 왕이 사는 곳과 사신들의 객관은 비교적 높아, 밧줄로 기둥을 묶고 땅에 고정하여 해풍을 방비한다.

물산(物産): 땅에 돌이 많고 척박하여 쌀이 아주 적어 지과(地瓜)를 바로 번서(番薯)[30]다. 생산한다. 관리와 늙은이가 아니면 쌀을 먹지 않는다.[31]

의복(衣服): ⓐ땅에는 마(麻)와 솜[絮]이 없어 '초(蕉)'로 베를 만드는데 '포(蒲)'을 짠 것과 비슷하다. 등에 지거나 머리에 인 사람만 하체를 두르고 나머지는 모두 나체다. 사대부는 누런 비단으로 관(冠)을 쓰는데, 불교 승려의 관과 비슷하다. 큰 옷깃에 소매는 넓고 허리띠를 맨다. ⓑ복식에 중국의 풍속

---

29) 여기의 '유구(琉球)'는 정확히 오키나와 유구를 말한다.

30) 조학민(趙學敏)이 1765년에 쓴『본초강목습유(本草綱目拾遺)』(북경대 소장본, 권8, 54a) 감저(甘儲) 조목에서 '감저'는 "어떤 곳에는 '감서(甘薯)'로 되어 있고, '주서(朱薯)'라고도 부르는데, 지금은 민간에서 '번서(番薯)'로 통칭하거나 '번여(番茹)'라고도 부른다. 붉은 껍질과 흰 껍질 두 색이 있는데, 껍질이 붉은 것은 속이 노랗고 맛이 달다. 껍질이 흰 것은 속이 하얗고 맛이 담백하다. 남방의 각 성에서는 모두 이들을 심는다. 바다를 끼고 있는 지역이나 섬에 사는 사람들은 이것으로 곡물을 대용한다(一作甘薯, 又名朱薯, 以其皮有紅者也. 一名金薯, 今俗通呼爲番薯, 或作番茹. 有紅皮·白皮二色, 紅皮者, 心黃而味甜. 白皮者, 心白而味淡. 南方各省俱植之, 沿海及島中居民以此代穀)"라고 하였다. 껍질이 붉은 것은 고구마를 지칭하고, 껍질이 흰 것은 '감자(potato)'를 지칭하는 것으로

보인다. 한편, 감서(甘薯)는 조금 더 거슬러 올라갈 수 있다.

1578년 이시진은 『본초강목(本草綱目)』(사고전서본, 권27, 40b)에서 진기창(陳祈暢)의 『이물지(異物志)』를 인용하여 '감서'를 설명하고 있다. 진기창이 언제 사람인지 어떤 책인지 알 수 없지만, 『신당서』, 권58, 「예문지(藝文志)」에는 지리류 서적에 들어 있다. 이어서 이시진은 4세기 계함(稽含)의 『남방초목상(南方草木狀)』을 인용하여, "감서는 서여(薯蕷)의 종류인데, 혹 토란[芋] 종류하고도 한다. 뿌리와 잎도 토란 같다. 뿌리는 주먹이나 사발[甌] 만하다. 찌거나 삶아 먹는데, 맛은 서여(薯蕷)와 같다. 성질은 그다지 냉하지 않다. 주애(珠崖, 하이난) [사람 중] 농사를 짓지 않는 자는 이것만 심는다. 찌고 썰어 햇볕에 말려 그것을 식량으로 대용하는데 [그것을] '서량(薯糧)'이라 한다. 바다의 섬에 사는 사람들이 대부분 장수하는 것 또한 오곡을 먹지 않고, '감서'를 먹기 때문이다(甘薯, 薯蕷之類, 或云芋類也. 根·葉亦如芋. 根大如拳·甌, 蒸煮食之, 味同薯蕷. 性不甚冷. 珠崖之不業耕者惟種此, 蒸切晒收, 以充糧糗, 名薯糧. 海中之人多壽, 亦由不食五穀, 而食甘薯故也)"라고 하였다. 주목할 만한 설명은 잎이 토란과 비슷하다는 점이다. 토란은 콜로카시아(Colocasia) 속이고, '감자'는 솔라눔(Solanum) 속으로 전혀 다른 식물이다. 한편 '서여(薯蕷)'는 디오스코레아(Dioscorea)로 마에 속한다. 이 서여는 도홍경의 『명의별록(名醫別錄)』에 처음 보이는데, "2월과 8월에 뿌리를 채취하여 햇볕에 말린다(二月·八月采根曝乾)"라고 하였으므로, 오늘날 우리가 먹는 '감자'와는 다른 식물임을 알 수 있다. 다시 조학민이 설명한 '감저(甘儲)'로 돌아가 보면, 방이지(方以智)의 『물리소지(物理小識)』(사고전서본, 권6, 35a)에 따르면, 마찬가지로 『남방초목상』을 인용하여, "감저는 바로 서(薯, 마)다(甘儲卽薯也)"라고 하였다. 따라서 '감서(甘薯)-서여(薯蕷)-감저(甘儲)' 모두 디오스코레아 속에 속하는 식물로, 지금의 '감자'와는 전혀 다른 식물이다.

우리가 먹는 '감자'가 한자어에서 온 것인지 분명하지 않다. '감저(甘藷)'에서 '감자'로 발음된 것으로 보이지만, 감저(甘藷)는 바로 '감저(甘儲)'의 다른 표기다. 그렇다면 중국인들처럼 고유종이었던 디오스코레아 속의 식물로 혼용해서 썼다는 말이다. '땅속의 오이'라는 의미의 '지과'는 주숙(朱橚)이 1406년에 쓴 『구황본초(救荒本草)』에 '지과아(地瓜兒)'라는 명칭으로 처음 보이는데, 지잠(地蠶, Labiatae)의 별칭으로 소개하고 있다. 이 '지과'란 의미가 막연하므로, 위원(魏源)과 서계여(徐繼畬)는 모두 '지과(地瓜)'를 '번서(番薯)'라고 설명했다. '번(番)'자는 토종이 아닌 '외래'의 의미에 붙이는 글자다. 확실히 토종의 '서(薯)'에 '번(番)'자를 붙여 구분했음을 알 수 있다. '감자' 즉 '포테이토'는 스페인어 'patata'에서 나왔다. 감자의 유입은 유럽의 동방 진출과 연관성을 가진다. 이는 중국 자료에서 '번서'라는 명칭이 18세기 조학민의 책에서 기술되고 있다는 점으로 근거 삼을 수 있을 것이다.

마지막으로 진간(陳侃)의 『사유구록(使琉球錄)』에는 오키나와 유구의 산물로 감자(柑櫖)가 보이는데, 이는 감자(甘蔗) 즉 사탕수수를 말한다.

31) 이상 오키나와 유구의 '강역', 풍기(風氣), 물산(物産) 조목은 모두 『영환지략』에서 채록하여 재구성했다(『영환지략교주』, 15쪽).

이 있다. 평민은 일본과 다름이 없으나 다만 긴 옷을 입지만 바지가 없다.[32]

문(文): ⓒ중국과 같다(與中國同). ⓓ언어는 일본과 대략 같다.[33]

상업[商]: ⓔ나라는 원래 작은 섬으로 일본에 부림을 받는다. 빈약하여 자존하지 못하고, 다만 조공하는 배에 힘입어 물건을 사고팔아 약간의 이익을 남겨 먹고 산다. 자본은 모두 일본에서 빌리고, 팔 상품을 일본으로 실어 가는 사람이 열의 여덟아홉이다. ⓕ관세를 면제해 주므로 온 나라가 이에 힘입어 살아간다.[34]

수공업[工]: 기예를 높이 사, 온갖 장인들이 각기 한 곳에 모여 살며, 서로 섞여 살지 않는다. 그들이 만든 것은 모두 정교한데, 대모로 만든 빗, 띠로 짠 겹 돗자리 색은 노랗고, 부드러우면서 질기고, 단단하면서 촘촘하다. 등이다.[35]

왕(王): 왕의 성씨는 상(尙)으로 건국 이래로, 하나의 성씨로 전하며 바뀜이 없었다. 수리산(首里山) 등성마루에 도읍했다.

관리[官]: 관리 중에서 가장 높은 사람을 금자대부(金紫大夫)로 해마다 쌀 100석을 녹봉으로 받기 때문에, 차례로 번갈아 가며 살해한다. 땅을 지키는 관리를 안사(按司)라고 하는데, 한 명의 '안사'는 약 육칠 리를 관할한다.

사신[使]: 이전 명나라 때부터 조공을 닦았다. 지금은 중조(中朝)를 받듦이 더욱 지극하여, 조공선이 3년에 한 번 이른다. 왕이 죽으면 세자를 보내 고

---

32) ⓐ는 『영환지략』에서 채록하여 재구성했다(『영환지략교주』, 15쪽). ⓑ는 신유한(申維翰)의 『해유록(海遊錄)』에 실린 「문견잡록(聞見雜錄)」(『해행총재』본, 356~7쪽)에서 우삼동(雨森東)에게 물어 채록한 기술이 보이는데, "관인의 복장에는 아직도 중화의 옛 풍속을 간직하고 있으나, 평민들의 [복장은] 일본과 다름이 없지만, 긴 옷만 입고 바지는 없다(官人服色, 尙保中華餘俗, 而平民則與日本無異, 但着長衣而無袴)"라고 한 정보에서 가져왔다.

33) ⓒ의 정보는 『영환지략』에 보이지만(『영환지략교주』, 15쪽), ⓓ는 혜강 최한기의 기술로 보인다.

34) ⓔ는 서계여가 인용한 주황(周煌)의 『중산지(中山志)』를 채록하고 그에 따른 부연 설명에서 채록했고(『영환지략교주』, 16쪽), ⓕ는 『영환지략』 유구 기술에서 채록했다(앞의 책, 15쪽). 이 단락에 따르면, 관세를 면제해 주는 나라가 '일본'처럼 기술되어 있다. 위의 『영환지략』 문장처럼, 중국이 관세를 면제해 준 것으로, 읽어야 할 것 같다.

35) 이 조목은 신유한(申維翰)의 『해유록(海遊錄)』에 실린 「문견잡록(聞見雜錄)」(『해행총재』본, 7쪽)에서 채록했다.

명(誥命)을 청했다. 전례에 따라 문관(文冠) 2인을, 정사와 부사로 삼고, 1품의 관복과 부절을 하사하여, 바다를 건너가 그 세자를 중산왕으로 책봉하게 했다.[36)]

2-3. 남양(南洋) 연해의 각 나라[南洋濱海各國] 지도 29를 보시오.

중국의 서남쪽으로 비스듬하게 뻗어 바다로 들어가다가, 구불구불 점점 깎여, 파항[彭亨], 조호르[息力]에 이르러 끝난다. 동쪽은 중국의 남양이고, 서쪽은 소서양(小西洋)이다. 중간에 월남(越南), 시암[暹羅], 미얀마[緬甸] 등 세 대국이 있고 남장(南掌)이라는 소국이 있다. 네 나라가 복속된 지는 여러 해다. 좁은 남장(南掌)의 땅은 바닷가는 아니다.[37)]

월남(越南) 바로 안남(安南)이다.

강역(疆域): 월남은 옛날의 교지(交趾)다. 진(秦)나라 이후에서 당나라 이전까지 모두 판도에 예속되었다. 남쪽 경계는 임읍(林邑)으로, 한나라 말에 자립하여 나라를 세웠고, 뒤에 점성국(占城國)이라 불렸다. 안남은 후오대(後五代) 시기 외번(外藩)에 편입되었다. 지금은 점성에 병합되어 한나라가 되었다가 다시 캄보디아[眞臘]에 병합되었다. 북쪽으로 안남 옛 땅, 남쪽으로 꽝남[廣南]이라 부르는 점성과 진랍 옛 땅과 경계한다. 북쪽으로 광동(廣東), 광서(廣西), 운남(雲南) 세 성, 서쪽으로 시암[暹羅]과 경계하며, 동남쪽은 대해를 마주하고 있다. 도성은 투언 호아[Thuận Hóa, 順化, 후에]로, 푸르엉[Phú Lương, 富良江]의 남쪽 강안에 있다.[38)] 전체 영토는 동서로 1,760리고, 남북으로 2,800리다.

강[水]: 란창강(瀾滄江)은 별도로 부량강(富良江)이 있다. 메콩강[眉公河]이라고도 한

---

36) 이상 왕(王), 관(官), 사(使)에 관한 정보는 모두 『영환지략』에서 재구성했다(『영환지략교주』, 15쪽).

37) 이 개술은 『영환지략』에서 채록했다. 서계여는 "남장은 땅이 바닷가에 있지는 않지만, 여기 남양의 여러 나라를 기술하며 연이어 언급한다"라고 하였다(『영환지략교주』, 16쪽).

38) 『영환지략』에서 채록했다(『영환지략교주』, 16~17쪽). 주석은 『해국도지』, 권5에 인용된

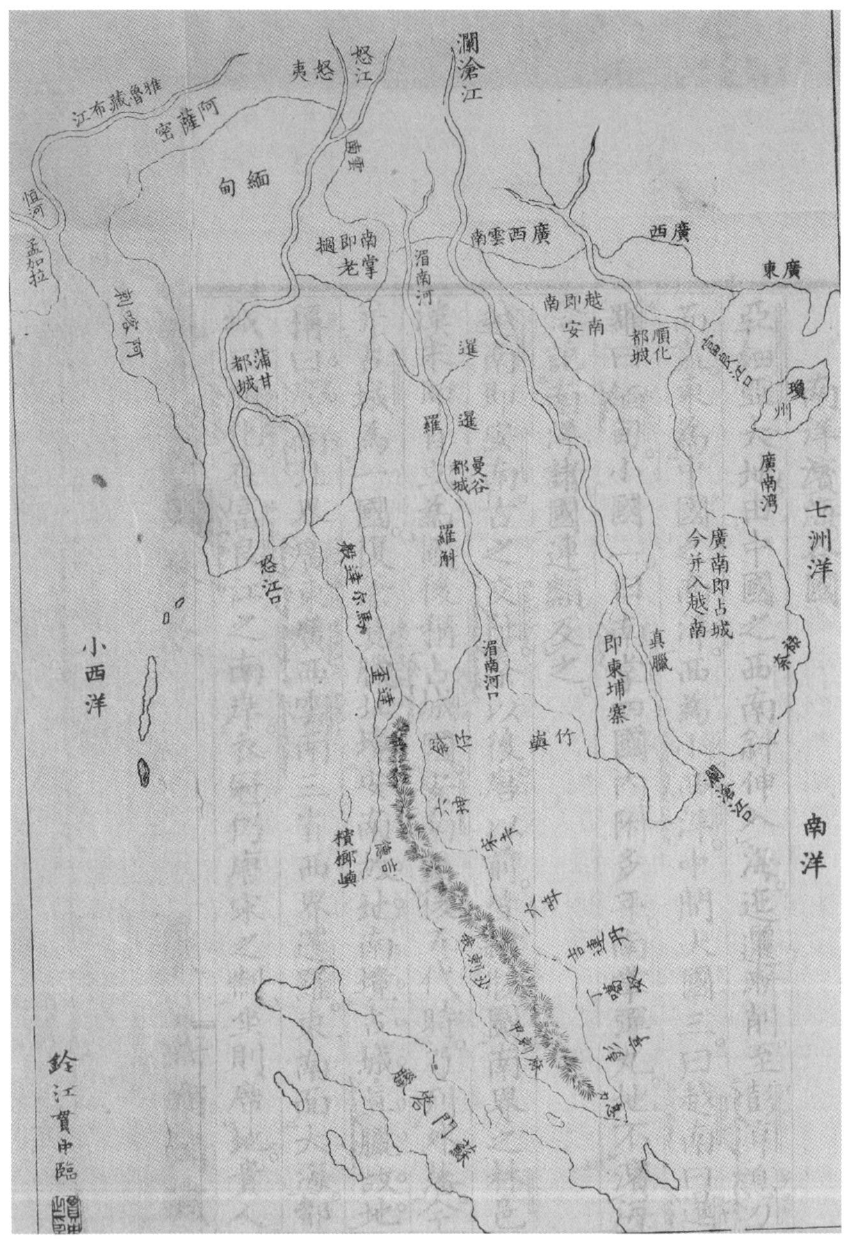

지도 29. 국립중앙도서관 소장본의 지도가 몹시 희미하여 『영환지략』(도시샤대학 소장본, 1861)에서 가져왔다. 국립중앙도서관 소장본에는 '남양빈해각국도(南洋濱海各國圖)'라는 지도 명이 있고, 경도와 적도 표기가 있다.

다. 안남의 가장 큰 물길로, 운남에서 발원하여 남쪽으로 파이문(巴爾門)[39]을 거쳐 바다로 들어간다. 해구에서 거슬러 올라가면 대략 20여 일 걸린다. 큰 배로 돛을 펴서 곧바로 몰아갈 수 있다.[40]

산(山): 서북 변경[沿邊]은 모두 겹겹의 산과 깊은 골짜기로, 숲이 무성하게 펼쳐져 있으며, 크고 작은 부락들이 영(嶺), 귀문관(鬼門關, 랑선, 치랑), 라파(羅婆), 라옹(羅翁), 녹령(麓嶺)에 의지해 사는데, 특히 나라의[國中] 요충지[要地]다.[41]

날씨[風氣]: ⓐ사계절이 따뜻하여 서리나 눈이 없고, 초목이 항상 푸르다.

사람들[人民]: ⓐ전투에 과감하고, 산과 물에 익숙하다. 사람들이 모두 맨발이며 검은색을 아름답게 여긴다. 여자를 귀하게 여기고 남자를 천시한다.

『황청통고(皇淸通考)·사예문(四裔門)』에서 가져왔다(『위원전집』, 4책, 357쪽).

39) 『해국도지』를 역주한 이들은 원문에 '파색강(巴塞江)'으로 되어 있고, 광서 2년(1876)본에는 '파이강(巴爾江)'으로 되어 있다고 주석했다(『해국도지역주』, 4책, 90쪽 주 33). 이 주석은 원문을 확인하지 않은 엉터리다. 『해국도지』의 원문은 '파이문(巴爾門)'이고, 하버드 옌칭 도서관 소장본 『지구전요』에도 정확히 '파이문'으로 되어 있다. 『위원전집』을 교주한 중국학자들이 '이(爾)'자를 '색(塞)'자로 교정했을 뿐이다. 결과적으로 이들이 제시한 교정은 '파색문(巴塞門)'이다. '강(江)'자로 된 판본은 찾지 못했다. '파이문'이란 미상의 지역을 추정하지 못한 『위원전집』의 교주자들은 궁여지책으로 '이'자를 '색'자로 고쳐, 바싹(Bassac) 강을 염두에 두었지만, 교정에 대한 주석은 별도로 내지 않았다. 바싹(Bassac)강의 캄보디아어 명칭은 톤레 바싹(Tonlé Bassac)이고 베트남어로는 허우(Hậu)강이라 부른다. 메콩강과 톤레사프강이 프놈펜에서 만나 다시 네 갈래로 나뉘어 남동쪽으로 흐르는데, 허우강과 메콩강은 인접하지만 다른 물줄기다. 따라서 바싹강이 메콩강이라는 설명은 잘못되었다. 국립중앙도서관 소장본 『지구전요』에는 '파리문(巴里門)'으로 되어 있다.

40) 이상의 정보는 『해국도지』에서 채록했다(『위원전집』, 4책, 347쪽). 위원은 '란창강(瀾滄江)'을 '미공하(眉公河)'로 표기했다. 이어서 "메콩강[미공하]은 부량강(富良江)을 가리키는 것 같다. 이 강물의 상류가 바로 운남의 여화강(黎花江)으로 안남을 거쳐 바다로 들어간다"라는 주석을 붙였다. '미공하=부량강'으로 잘못 설명했다. 이 때문에 혜강은 정확하게 '란창강'으로 고쳐 표기했다.

41) 이상은 『해국도지』에 인용된 『황청통고(皇淸通考)·사예문(四裔門)』에서 채록했다(『위원전집』, 4책, 357쪽). 『해국도지』에는 '국중(國中)'이 도치되어 '중국'으로 되어 있는데, 혜강은 정확하게 '국중'으로 고쳐 읽었다.

동성끼리도 혼인하며 여자가 먼저 남편을 구한다. ⓑ미얀마[緬甸] 인구는 대략 400만이고, 시암[暹羅] 인구는 대략 120만 명이다. 안남 통킹[東京] 인구는 510만 4,000명이다. 라오스[Laos, 臘呵士] 인구는 대략 84만 명이고, 말라유[Malayu, 巫來由] 인구는 대략 19만 명이며, 그곳에 적을 둔 중국인은 대략 44만 명이다.[42)]

물산(物産): ⓒ번목(番木), 침・남(沈・楠) 등의 향, 납[鉛], 주석[錫], 계피(桂皮), 상아(象牙), 연와(燕窩), 어시(魚翅), ⓓ목면(木棉), 백당(白糖), 후추[胡椒], 등죽(藤竹)이 난다.[43)]

의식(衣食): 의관(衣冠)은 바로 당나라와 송나라의 복제다. 앉을 때는 땅에 자리를 깔고, 귀인(貴人)들은 일인용 의자[短榻]를 사용한다. 손님에게는 구리 쟁반[銅盤]에 채소와 고기를 각기 조금씩 담아 대접하는데, 식초나 젓갈[醯醢]이 없어 물고기를 절인[醃] 즙으로 대용한다.[44)]

문자(文字): ⓔ문자, 관제(官制), 장복(章服)은 대략 중국을 따른다. ⓕ사대부들은 모두 음영(吟詠)을 좋아한다. 시는 열등하여 시구를 이루지 못하지만, 사람마다 시 짓기를 즐긴다.[45)]

역법[歷]: 삭망(朔望)은 단지 달이 생기면 초로 달이 어두워지면 말로 여기며 윤달은 두지 않는다. 밤낮을 10경(更)으로 나누어, 해가 중천이 아니면

---

42) 이상 ⓐ의 정보는 『해국도지』, 권6에 인용된 『진서(晉書)』의 내용이다(『위원전집』, 4책, 368쪽). 『진서』, 권97, 「임읍국」(2545쪽)에 보인다. ⓑ의 정보는 『해국도지』, 권5에서 채록했다(『위원전집』, 4책, 347쪽). 저본에는 시암 인구 기술을 시작하며, 중간에 '물산(物産)' 조목이 끼어들어 있어, 정보를 연결하여 번역한다.

43) ⓒ의 산물 정보는 『영환지략』을 따랐지만, ⓓ의 산물들은 『해국도지』에서 추가했다. 먼저 '번목침남제향(番木沈楠諸香)'은 『영환지략교주』에서 '번목·침남제향(番木·沈楠諸香)'으로 끊어 읽었다(『영환지략교주』, 17쪽). 그러나 이 산물들은 번목향(番木香), 침향(沈香), 기남향(棋楠香)으로 읽어야 할 것 같다. 한편 『해국도지』에 따르면, 광남(廣南), 파저아(波底阿), 통킹[東京] 세 나라의 땅에서는 "목면(木棉), 미곡(米穀), 유목(油木), 화목(花木), 백당(白糖), 호초(胡椒), 등죽(藤竹), [등]황([藤]黃), 빈랑(檳榔), 연와(燕窩), 해삼(海參), 상아(象牙)가 난다"라고 하였다(『위원전집』, 4책, 347쪽).

44) 이 조목은 『영환지략』에서 채록했다(『영환지략교주』, 17쪽).

45) ⓔ의 정보는 『해국도지』를 따랐고(『위원전집』, 4책, 347쪽), ⓕ는 『영환지략』에서 채록했다(『영환지략교주』, 17쪽).

일어나지 않고 밤에는 12시가 아니면 자지 않는다.[46)]

상(商): 동남쪽 바닷가에는 록내(祿奈)[47)]라는 어떤 곳에는 녹뢰(祿賴), 또는 용내(龍奈), 또는 농내(農耐)로도 되어 있다. 도시가 있는데, 참파[占城]의 옛 도읍이다. 남쪽 경계 바닷가에는 '간포채(柬埔寨)'라는 도시가 있는데, 캄보디아[眞臘]의 옛 도읍이다. 푸젠과 광둥[閩廣]의 상선들이 매년 왕래하며 무역하고, 다른 나라 상선들이 입항하면 기찰하고 방비함이 매우 엄격하다. 관세 또한 무거워 여러 나라가 그 번거롭고 가혹함을 꺼려, 이르는 장삿배들이 드물다.[48)] 중국의 상선들이 그곳 항구에 이르면, 사관(司關)이 예물로 추장에게 아뢴다. 선주는 추장을 만나 네 차례 절하고 방물을 헌상한다. 추장은 상인들에게 식사를 베풀고, 가게와 객사에 목패를 주어 사람들과 무역하게 한다. 사람들은 목패를 보면 반드시 경의를 표하고 간다.[49)]

기물[器用]: 군기(軍器), 병법(兵法), 병선(兵船)은 유럽[歐羅巴]의 제도를 모방했다. 군대 훈련은 아시아[阿細亞] 여러 나라 중 필적할 나라가 드물다. 이로써 안남의 통킹[東京]과 캄보디아 왕국[干波底阿國]을 겸병하고, 세 나라를 합병하여 하나로 통일했다. 미얀마[緬甸], 시암[暹羅]의 군사제도[兵制]는

46) 이상은 『해국도지』, 권6에 인용된 『명사』에서 채록했다(『위원전집』, 4책, 379쪽). 『명사』, 권324, 「점성전」(8392쪽)에서 확인된다.

47) 『해국도지』 교주본에 따르면, '록내(祿奈)'는 베트남 쩔렁(Chợ Lớn), 사이공, 자딘(Gia Định) 일대로, 현 호찌민 시에 해당한다고 추정했다(『위원전집』, 4책, 361쪽). 『영환지략』의 참고도 29에 '록내'는 '판랑(Phan Rang)' 위치에 그려져 있고 가운데에는 "꽝남[廣南]은 바로 참파[占城]로 지금은 월남에 병합되었다"라는 설명을 읽을 수 있다. 이로써 『해국도지』 교주에서는 '판랑'의 잘못된 음차로 추정했다. 참파 왕국의 마지막 수도는 판두랑가(Pāṇḍuraṅga)로 바로 판랑이다. 그러나 서계여가 보여주는 다른 표기들은 '판랑'과는 거리가 먼 음차들이다. 또 판랑은 닌투언(Ninh Thuận)성에 속하므로, 호찌민 일대가 아니다. '록내', '용내', '농내'란 음차 형태는 동나이강(sông Đồng Nai)은 호찌민 남쪽을 거쳐 동중국해로 빠져나가는데, 프랑스 점령 시기 이 강은 '동나이(Donnai)' 또는 '사이공강(sông Saigon)'으로도 불렸다(Trương Vĩnh Ký, 『Petit cours de geographie de la Basse-Cochinchine』, Saigon, 1875, 24쪽). 아마도 이 '동나이'가 여기 음역 명칭들의 어원으로 추정한다. 자세한 사항은 곧 출간될 『해국문견록역주』을 참고하시오.

48) 이상 『영환지략』에서 채록했다(『영환지략교주』, 17쪽).

49) 이상 『해국도지』, 권6에 인용된 『동서양고』에서 채록했다(『위원전집』, 4책, 366쪽). 『동서양고』(사고전서본, 권1, 18b)에 보인다.

모두 각 두목이 불러 모아 군대에 충당하는데, 무기는 모두 장창(長鎗), 칼, 쇠뇌다. 화창(火鎗, 조총)은 있지만 모두 서양이 폐기한 것들을 구매하여 수리한 것들로 사용에 적합하지 않았다. 다만 안남이 두 나라의 우위에 있었을 뿐이다.[50)]

배[船]: 교지(交趾)는 '알선(軋船)'이라는 작은 배를 만들었는데, 길이는 겨우 3장이고 뱃전[舷]은 수면에서 1척 정도 나왔으며, 양 끝은 뾰족하고 날카롭다. 24명이 노를 저어 수면을 나는 듯이 나아간다. 물러날 때는 반대로 노를 젓는데, 선미가 선수가 되어, 진퇴가 자유롭다. 선수와 선미는 각기 홍의(紅衣)의 대포[紅夷巨炮]를 실어 물에서 가깝게 포를 쏘아, 큰 배의 밑부분을 공격하는데, 부서지면 곧바로 침몰한다.[51)]

관(官): 문무(文武)의 관명은 대략 내지(內地)와 같다. 총독(總督)은 모두 응우옌[阮] 씨로 왕의 친족들이다. 높은 관리는 거창하게[堂皇] 앉지만, 간혹 옷을 벗어 이를 잡는데, 그 초라함[簡陋]이 이와 같다. 관리는 책론(策論), 시부(詩賦)로 뽑고, 향시(鄕試), 회시(會試)의 시험을 갖추었다.[52)]

학(學): 교주(交州)에는 국학(國學)과 문묘(文廟)가 있고, 각 군현에는 모두 중국처럼 학교를 세웠다.

예(禮): 상제(喪祭)는 문공(文公)의 예제를 『주자가례(朱子家禮)』 따르고, 풍수를 신봉한다. 관민(官民)은 산 위에 땅을 골라 매장하지 못하고 단지 밭[田]에만 매장이 허락된다. 부귀한 사람들은 무덤 위로 띳집으로 덮는데, 세월이 오래되면 평평해진다. 국왕과 보정(輔政) 찐[鄭] 씨만 반드시 땅을 골라 매장한다. 권력 있는 사람들도 사사로이 땅을 고르기도 하는데, 이루지 못하면 또한 평장(平葬)한다.[53)]

금(禁): 아편(鴉片)의 금지는 매우 엄격하여, 범한 자는 무거운 법률을 세

---

50) 이 조목은 『해국도지』, 권5에서 채록했다(『위원전집』, 4책, 346~7쪽).

51) 이상 『해국도지』, 권5에 인용된 욱영하(郁永河)가 1698년에 쓴 『비해기유(裨海紀游)』를 채록했다(『위원전집』, 4책, 354쪽). 여기에서 말하는 '홍의의 대포[紅夷巨炮]'는 바로 '불랑기(佛朗機)'를 말한다. '홍의'는 프랑스 군대의 군복 색깔을 말한다. '불랑기'에 관해서는 『지봉 이수광이 바라본 세계』, 489~491쪽을 참고하시오.

52) 이 조목은 『영환지략』에서 채록했다(『영환지략교주』, 17쪽).

워 적용한다[立置寘].[54]

풍속[俗]: 민간에는 불교도, 도교도 그리고 이·료(夷·獠)가 섞여 산다. 성격은 가볍고 거칠며, 가난하고 약자를 부리며 약탈을 금기하지 않는다. 교주(交州)와 애주(愛州)의 사람들은 기개가 있어[倜儻] 즐겨 도모하며, 환주(驩州)와 연주(演州)의 사람들은 순하고 빼어나 학업을 즐긴다.

나라의 장병[兵丁]은 모두 인두세[丁銀]와 부역을 면제해 주고, 달마다 군량을 지급해 준다. 군대는 수륙(水陸)으로 나누지 공격과 수비로 나누지 않는다. 군대에서는 코끼리를 중요시하며, 코끼리마다 정병 250명, 정 상노(象奴) 1명, 부(副) 상노 2명을 갖추고, 나머지 장병들은 화기, 칼, 창을 나누어 들고 나아갈 때는 앞뒤 차례로 진군하며 전투할 때는 좌우로 늘어선다. 국경의 요새나 요충의 군현에는 모두 코끼리를 배치하여 지킨다.[55]

정도(程途): ⓖ안남은 통킹[交趾]을 동경(東京)으로, 꽝남[廣南]을 서경(西京)으로 삼는다. 샤먼[廈門]에서 꽝남으로 갈 때는 남오(南澳)[56]로 길을 잡아, 광저우의 노만산(魯萬山), 경주(瓊州, 해남도)의 대주두(大洲頭)가 보이고, 칠주양(七洲洋)을 지나 광남 밖의 점필라산(呫嗶羅山)[57]에 이르러 광남으로 가는데, 총 물길로 72경이다. 교지로 갈 때는 칠주양 서쪽에서 북쪽을 돌아 들어가는데, 물길로 총 74경이다.

ⓖ칠주양은 경주부(瓊州府, 해남도) 만주(萬州)의 '동남쪽'에 있는데, 남양

---

53) 이상 학(學)과 예(禮)에 관한 기술은 『해국도지』에 인용된 『황청통고(皇清通考)』, 「사예문(四裔門)」에서 채록했다(『위원전집』, 4책, 357쪽).

54) 아편의 금지에 관한 정보는 『영환지략』에서 채록했다(『영환지략교주』, 17쪽).

55) 이 정보는 『해국도지』, 권5에 인용된 『황청통고(皇清通考)』, 「사예문(四裔門)」에서 채록하고 재구성했다(『위원전집』, 4책, 357쪽).

56) '남오(南澳)'는 『고금도서집성』(1934년 중화서국영인본), 권107에 실린 양박(楊博)의 『총론천하군현소(總論天下郡縣疏)』에 따르면, "남오는 광둥과 푸젠 경계다(南澳係廣閩交界)"라고 하였다. 현 난아오섬이다.

57) '점필라산(呫嗶羅山)'의 '산'은 섬을 의미한다. '점필라'는 '점부로(占不勞)'라고도 표기하는데, 바로 쿠라오 참(Cu Lao Cham), 다낭의 참 섬(Cham island)을 말한다. 자세한 설명은 『성사승람역주』, 53쪽을 참고하시오.

으로 가는 배들은 반드시 거치는 길이다. 중국의 상선들이 항해할 때는 섬[山]의 형태를 보고 표식으로 삼는다. 칠주양에 이르면 넓고 아득한 바다가 펼쳐지고 알아볼 수 있는 도서가 없고, 동쪽으로 치우치면 만리장사(萬里長沙)와 천리석당(千里石塘)에 빠지고, 서쪽으로 치우치면 꽝남만으로 흘러든다. 배들이 이곳에 이르면 모두 두려워한다. 바람이 아주 순조로워도 6~7일이 되어야 건너갈 수 있다.[58)]

ⓗ육로로는 광서(廣西)에서 그 나라로 이르는데, 세 갈래 길이 있다. 운남에서 그 나라에 이르는 길은 두 갈래가 있으며, 경사(京師)에서 11,165리다.[59)]

---

58) '칠주양(七洲洋)'을 지나는 항로에 관해서는 『앙코르 캄보디아: 진랍풍토기역주』, 261~264쪽을 참고하시오. ⓖ의 항로에 관한 정보는 『영환지략』에 인용된 『해국문견록(海國聞見錄)』에서 재구성했다(『영환지략교주』, 21쪽). '칠주양(七洲洋)'에 관하여, 메이어스(『차이나 리뷰』, III, 326쪽), 흐루너펠트(『Notes on the Malay Archipelago and Malacca』, I, 151쪽), 히어트(『통보』, V, 388쪽)는 파라셀 군도로 추정했다(『앙코르 캄보디아』, 257쪽). 펑청쥔도 "칠주(七洲)는 맨 먼저 『도이지략(島夷志略)』에 기록되었는데, 『성사승람』 곤륜(崑崙) 조목에서 그 문장을 인용하여 속담에, '위로는 칠주가 두렵고, 아래로는 곤륜이 두렵다. 침위를 혼동하거나 배 키를 잃으면 사람이나 배가 남아나지 않는다'라고 했다(俗云, 上怕七洲, 下怕崑崙, 針迷舵失, 人船莫存)라고 하였다. 생각건대, '칠주'는 지금의 파라셀 군도(Paracels Reefs)다"라고 설명했다(『해록주(海錄注)』, 상무인서관, 1938, 2쪽). 그러나 폴 펠리오는 1904년 이 '칠주'를 해남도 동북부의 타야(Taya) 군도로 추정했다(『8세기 말 중국에서 인도로 가는 두 갈래 여정』, 157쪽). 그런데, 1730년 진륜형(陳倫炯)의 『해국문견록(海國聞見錄)』(사고전서본, 권상, 20a)에 따르면, "칠주양(七州洋)은 경도(瓊島) 만주(萬州)의 동남쪽에 있는데, 남양으로 가려는 배들이 반드시 지나야 하는 곳이다(七州洋在瓊島萬州之東南, 凡往南洋者, 必經之所)"라고 하였다. 여기 '경도(瓊島)'는 바로 해남도이고, '만주'는 완닝(萬寧)이다. 따라서 진륜형은 해남도 동북쪽이 아니라 '동남쪽' 바다가 칠주양이라고 기술했다. 『동서양고(東西洋考)』, 권9에 실린 「서양침로(西洋針路)」에는 '칠주산(七州山) 칠주양(七州洋)'을 설명하며, 『경주지(瓊州志)』를 인용하여 "문창(文昌) 동쪽으로 100리 떨어진 바다에 어떤 섬[山]이 있는데 일곱 봉우리가 연이어 솟아 있다…"라고 하였다. 여기서 말하는 '문창(文昌)'은 해남도 동북부의 현이다. 확실히 칠주양이 해남도 동북부에 있음을 확인해 준다. 또 장섭은 "민간에 전하는 바에 따르면, 옛날의 칠주(七州)였는데, 잠겨 바다가 되었는데, 배가 지날 때 희생으로 바다귀신[海厲]에 제사하지 않으면 탈이 난다. 이곳을 지나는 배는 매우 위험해지는데, 조금이라도 동쪽을 탐하면, 바로 만리석당(萬里石塘)이다. 바로 『경주지』에서 말하는 만주(萬州)의 동쪽에 있는 '석당해(石塘海)'다. 배가 '석당'으로 들어가면 벗어나지 못한다(俗傳古是七州, 沉而成海, 舶過, 用牲粥祭海厲, 不則爲祟. 舟過此極險, 稍貪

각부(各部): ⓘ나라는 40여 성(省)으로 나뉜다. 하나의 성(省)은 단지 몇 개의 현(縣)을 관할한다. 지금은 성(省)이 되었지만, 구분하는 명목이 없으므로, 아래에는 『황청통고(皇淸通考)』「사예문(四裔門)」의 도부(都府) 명칭을 채록했다.[60] ⓙ13개의 도(道)로 나뉘고, 도는 13개의 승정사(承政司)로 나뉜다.[61] 안방[An Bang, 安邦], 하이즈엉[Hải Dương, 海陽], 선남[Sơn Nam, 山南], 낀박[Kinh Bắc, 京北], 선떠이[Sơn Tây, 山西], 랑선[Lạng Sơn, 諒山], 타이응우옌[Thái Nguyên, 太原], 뚜옌꽝[Tuyên Quang, 明光], 흥호아[Hưng Hóa, 興化], 타인호아[Thanh Hoa, 淸華], 응에안[Nghệ An, 乂安], 후에[Huế, 順化], 꽝남[Quảng Nam 廣南] 등이다.

안방에 속한 부(府)는 하나로 해동(海東)이다. 옛날 교주(交州) 땅이다. 하이즈엉에 속한 부는 하나로 하이즈엉이다. 옛날 신안(新安, Tân An) 땅이다. 선남[山南]에 속한 부는 10개로 상홍(上洪), 하홍(下洪), 천장(天長), 광동(廣東), 응천(應天), 형문(荊門), 신흥(新興), 장안(長安), 리인(涖仁), 창평(昌平), 의흥(義興) 옛날 량강(諒江), 건창(建昌), 봉화(奉化), 진만(鎭蠻), 건평(建平) 땅 등이다. 낀박에 속한 부는 넷으로, 북하(北河), 자산(慈山), 량강(諒江), 순안(順安)이다. 옛날 북강(北江), 량강(諒江) 땅 선떠이에 속한 부는 여섯으로, 귀화(歸化), 삼대(三帶), 단웅(端雄), 안서(安西), 임조(臨洮), 타강(沱江)이다. 옛날 교주(交州), 가흥(嘉興), 귀화(歸化) 땅 랑선에 속한 부는 하나로 랑선이다. 옛날 량산(諒山) 타이응우옌에 속한 부는 셋으로, 태원(太原), 부평(富平), 통화(通化)다. 옛날 태원(太原) 땅 뚜옌꽝에 속한 부는

東便是萬里石塘, 即瓊志所謂萬州東之石塘海也. 舟犯石塘, 希脱者)"라고 하였다. 이는 '칠주양'과 '만리석당(萬里石塘)'이 다른 바다이며, '석당'이 칠주양의 동쪽에 있음을 알 수 있다. 따라서 『해국문견록』의 '동남'은 '동북'의 잘못으로 읽어야 하고, '칠주양'을 파라셀 군도로 추정하는 설은 폐기해야 할 것 같다.

59) ⓗ는 『해국도지』, 권5에 인용된 『황청통고(皇淸通考)』, 「사예문(四裔門)」에서 채록하고 재구성했다(『위원전집』, 4책, 355, 356쪽). 여기의 『황청통고』는 바로 『흠정황조문헌통고(欽定皇朝文獻通考)』다.

60) 아래 행정구역 설명은 저본에 '가는 길[程途]' 뒤에 필사되어 있어, 이곳에 옮겨 번역했다.

61) 『천하군국리병서(天下郡國利病書)』, 권47, 안남 기술(사부총간본, 15b)에서 "그 나라를 13개 도로 나누고, 각 도에는 포정사를 설치했다(分其國爲十三道, 每道設承政司)"라는 기록이 보인다. 여기 '승정사(承政司)'는 '승선포정사사(承宣布政使司)'의 약칭으로, 명·청 시기 포정사의 관할 행정 지역을 말한다.

선화(宣化)다. 옛날 선화(宣化) 땅 흥호아에 속한 부는 셋으로, 흥화(興化), 광위(廣威), 천관(天關)이다. 옛날 광위(廣威) 주의 땅 타인호아에 속한 부는 넷으로 소천(紹天), 진녕(鎭寧), 규주(葵州), 하중(河中)다. 옛날 청화(淸化) 땅 응에안에 속한 부는 여덟으로, 예안(乂安), 조평(肇平), 사예(思乂), 기화(奇華), 덕광(德光), 연주(演州), 북평(北平), 청도(淸都)다. 후에에 속한 부는 셋으로, 광화(廣化), 영도(英都), 승화(昇華)다. 옛날 순화(順化) 승화(昇華) 땅 꽝남에 속한 부는 셋으로 광남(廣南), 다린(茶麟), 오마(五麻)다. 옛날 응에안[乂安] 땅[62].

연혁(沿革): 안남은 옛날 교지(交趾)다. 진(秦)나라가 영남(嶺南)을 개척하여 교지를 상군(象郡)으로 예속시켰다. 한나라 무제는 교지(交趾), 구진(九眞), 일남(日南) 등 세 개의 군을 설치했고, 광무제(光武帝)가 중흥하여 임연(任延), 석광(錫光)을 교지와 구진의 태수로 삼아 농경을 가르치고 관(冠)과 신발을 만들게 하면서, 처음으로 혼인을 알려주고 학교를 세웠다. 여자 쯩짝[徵側]과 쯩니[徵貳]가 반란을 일으켜 마원(馬援)이 토벌 평정했다. 건안(建安, 196~221) 연간에 교주(交州)로 고쳤다. 당나라 초에 안남도호부(安南都護府)로 고쳐 불렀는데, '안남'이라 명칭은 여기에서 시작되었다.

오대(五代) 후량(後梁) 정명(貞明) 연간(915~921)에 토호(土豪) 곡승미(曲承美)에게 점령되었다. 이로부터 서로 번갈아 빼앗으며 관내에는 대란이 일었으나 정부령(丁部領, Đinh Bộ Lĩnh)이란 자가 평정했다. 송나라 건덕(建德, 963~968) 초에 표문을 올리고 귀부하여, 조서로 정부령을 '안남군왕(安南郡王)'으로 삼으니 이로부터 비로소 외이(外夷)가 되었다. 정부령은 아들 련(璉, Liễn)과 선(璿)에게 전했으나 태교(太校) 여환(黎桓, Lê Hoàn)에게 찬탈당했다. 20년 뒤인 용정(龍廷)에 이르러 이공온(李公蘊, Lý Công Uẩn)에게 찬탈당했다.

62) '각 부락[各部]' 조목은 '1'과 '2'로 나뉘어 각기 다른 면에 채록되었는데, '1'(19b) 두주에는 아래로 내리라는 지침이 보인다. 그러나 혜강은 정작 옮겨야 할 곳은 지정하지 않았다. 다만 두 번째 기술은 '정도(程途)' 뒤에(22b) 채록되었다. 이후 기술에서 혜강은 '정도(程途)-각부(各部)-연혁(沿革)' 순으로 일관되게 채록하고 있으므로, 그에 따라 '정도(程途)' 다음으로 옮겨 편집한다. ⓘ의 정보는 『영환지략』에서 채록했다(『영환지략교주』, 17쪽). 주석은 혜강이 추가했다. ⓙ의 설명은 『해국도지』, 권5에 인용된 『황청통고(皇淸通考)·사예문(四裔門)』에서 채록했다(『위원전집』, 4책, 356쪽).

리씨는 여덟 세대 222년을 전했으나 이호참(李昊昍, Lý Hạo Sảm, 1121~1224년 재위)에 이르러 아들이 없자, 딸인 소성(昭盛) 즉위했다가 남편 진일경(陳日煚照, Trần Cảnh, 1258~1227년 재위)에게 자리를 물려주었다. 조서로 진일조를 '안남 국왕'으로 봉했다. 진일훤(陳日烜, Trần Hoảng, 1240~1290년 재위)에 이르러, 원나라 세조가 사신을 보내 알현하도록 불렀으나 명을 받들지 않아 군대를 보내 토벌했다. 곧바로 사신을 보내 사죄하고 조공의 직분을 닦았다. 쩐[陳]씨가 12세대, 170년을 전했다.

명나라 홍무(洪武) 21년(1388) 진훈(陳煇)[63]은 그 나라 재상 여계리(黎季犛)[64]에 시해되었다. 여계리의 아들 여창(黎蒼)이 '호저(胡奃)'로 이름을 바꾸고, 국호를 '대우(大虞)'라고 하였다. 영락(永樂) 2년(1404) 라오스[老撾]가 진일훤(陳日烜)의 손자 진천평(陳天平, Trần Thiêm Bình, ?~1406)을 보내 '호저(胡奃)'를 타이르게 하자, 호저는 옛 군주를 맞이하며 명을 따르는 척했다. 진청평이 이르자 군대를 숨겼다가 겁살해 버렸다. 주능(朱能), 장보(張輔), 목성(沐晟) 등에게 명하여 토벌토록 하여 예계리와 여창을 바로 '호저(胡奃)'다. 생포했다. 마침내 안남을 다시 군현으로 삼고, 도(都), 포(布), 안(按) 등 삼사(三司)를 세우고 15부(府), 5주(州)로 나누었다.

이후 중관(中官) 마기(馬騏)의 가렴주구(苛斂誅求)에 도적이 봉기했는데, 현지 관리[土官] 여리(黎利, Lê Lợi, 1385~1433)가 그 틈을 타 난을 일으켰다. 선덕(宣德) 원년(1426) 왕통(王通), 유승(劉升)에게 명하여 토벌하게 했다. 유승이 패전하여 죽고, 왕통은 땅을 버리고 여리와 맹약하고 후퇴하였다. 선종(宣宗, 1425~1435년 재위)은 이로부터 안남을 버리기로 했다. 여리가 곧바로 표문을 올리고 사은하자, 여리를 권서국사(權署國事)로 명했다. 레[黎] 씨는 10세, 110년을 전했다.

가정(嘉靖) 원년(1522) 여혜(黎譓)[65]가 그의 신하 막등용(莫登庸, Mạc Đăng Dung)에게 찬탈당했다. 구란(仇鸞), 모백온(毛伯溫)에게 명하여 토벌하

63) '진훈(陳煇)'은 『명사』, 권3, 「태조본기」(47쪽)에 '진일훈(陳日焜)'으로 되어 있다. 베트남어 이름은 쩐응웅(Trần Ngung)으로, 1388~1389년 재위했다.

64) '여계리(黎季犛)'는 본명이고, 즉위한 뒤에 호녓응우옌(Hồ Nhất Nguyên, 胡一元)으로 개명했기 때문에, 호꾸이리(Hồ Quý Ly, 1336~1407)로 알려졌다. 그의 둘째 아들이 바로 호한트엉(Hồ Hán Thương, 胡漢蒼)으로, 여기에서는 '여창(黎蒼)'으로 기록하고 있다.

게 했다. 막등용은 포위되어 항복하여 안남도통사(安南都統使)가 되니, 이로부터 조공이 끊이지 않았다.[66]

막(莫) 씨 이후 또 레[黎] 씨에게 빼앗겼고, 참파[占城]을 겸병하여 한 나라로 만들고, 참파를 '꽝남(廣南)'이라 칭하고 대추(大酋) 응우옌[阮] 씨에게 세습하여 지키게 하니 점차 꼬리가 커지게 되었다. 황조(皇朝) 건륭(乾隆, 1736~1795) 말에 여유기(黎維祁, Lê Duy Kỳ, 1765~1793)가 꽝남의 대추 완광평(阮光平, Nguyễn Quang Bình, 1753~1792)에게 압박당해 나라를 버리고 달아나 대규모 군대에 토벌되었다. 완광평은 처음 항명했으나 곧바로 항복하여 조공을 들이고 책봉을 받았다. 아들 완광찬(阮光纘, Nguyễn Quang Toản, 1783~1802)에게 전했으나, 레[黎] 씨의 조카 완복영(阮福暎, Nguyễn Phúc Ánh, 1762~1820)에게 멸망했다. 완복영은 국명을 고치길 청하여 '월남 국왕'으로 고쳐 봉했다. 지금까지 대를 전하며 조공의 직분을 닦았다.[67]

붙임[附]: **참파[占城]**는 옛 월상씨(越裳氏)로, 교주(交州)의 남쪽에 있었으며, 진(秦)나라 때 상군(象郡) 임읍(林邑)현이 되었다. 한나라 말 대란에 공조(功曹)의 아들 구련(區連)이 현령을 살해하고 스스로 왕을 칭하니, 이를 '임읍국(林邑國)'이라 한다. 수 세대 이후 왕은 후사가 없자 조카 범웅(范雄)을 대신 세웠다.[68] 당나라 정관(貞觀, 627~649) 연간에 왕 범두려(范頭黎)가 죽고 아들 범진룡(范鎭龍)이 시해되어 범두려의 딸이 왕이 되었다. 나라 사람들이 복종하지 않고 곧바로 범두려 고모의 아들 제갈지(諸葛地)를 왕으로 세웠다. [제갈

『명사』, 권321, 「외국·안남」(8312쪽)에는 '호저(胡奃)'로 되어 있다.

65) 레 소종[黎昭宗, 1516~1522년 재위], 레이[Lê Y]로, 『명사』, 권321, 「외국·안남」(8331쪽)에는 '여혜(黎譓)'로 되어 있고, 1530년 9월에 죽으며 레 왕조가 망했다고 전한다.

66) 이상은 『영환지략』에 인용된 『천하군국리병서(天下郡國利病書)』에서 채록했다(『영환지략교주』, 17~19쪽).

67) 이상은 서계여가 이후의 역사를 정리한 내용이다(『영환지략교주』, 19쪽). 중국과의 공방에 관한 역사는 나왈경(羅曰褧)의 『함빈록(咸賓錄)』(중국국가도서관 소장본), 권6에 실린 안남(安南), 점성(占城) 기술에 자세하다. 이 자료는 『추재 조수삼이 노래한 세계』에서 역주되었다.

68) 혜강은 참파의 역사를 붙이면서, 『영환지략』에 인용된 『천하군국리병서(天下郡國利病

지는] 그 딸을 아내로 맞이하자, 나라는 이내 안정되었다. [후]주 현덕(顯德) 5년(958) 왕 석리인덕만(釋利因德漫)이 사신을 보내 조공하며, 처음으로 '점성국'으로 자칭했다. 송나라 한 시대 동안 자주 조공을 들였다.[69] 원나라 [지원] 19년(1282) 그 나라 왕 패유보랄자오(孛由補剌者吾)가 내속해 오자 그곳에 성(省)을 세웠으나, 아들 보적(補的)은 지리상 안전함을 자부하며 복종하지 않자, 사도(唆都)를 보내 평정하게 했다. 광저우에서 항해하여 점성항(占城港)에 이르러, 진중달(陳仲達) 등을 나누어 보내, 경주(瓊州)를 거쳐 세 갈래로 공격하게 했다. 그 나라에 들어가자, 왕은 산으로 도망하여 사신을 보내 귀순을 요구했다. 다시 사신들을 죽여버렸다. 사도는 전전(轉戰)하며 목성(木城) 아래에 이르자, 험난하여 진군할 수 없어 결국 철수해 돌아왔다. 뒤에 귀부했지만 끝내 순종하는 뜻이 없었다. 명나라 홍무 원년(1368) 사신을 보내 조공을 들였다. 2년(1369) 행인 오용(吳用)을 보내 새서(璽書)를 하사하여, 이로부터 항시 조공의 직분을 닦았다.[70] 이후 안남에게 합병되었는데, 언제인지는 알려지지 않았다.[71]

書)』에서 채록했다. 여기 범웅(范雄) 이후 당나라 정관(貞觀)까지의 참파 역사는 채록하지 않았다. 혜강이 채록하지 않은 역사는 다음과 같다. "그는 아들 범일(范逸)에게 전했다. 진(晉)나라 함강(咸康) 2년(336)에 범일이 죽고, 이민족 노예[夷奴] 범문(范文)이 찬위하고, 전충(典冲)에 도읍하여 교주(交州)를 침략하고 구덕(九德)을 노략질했다. 아들 범불(范佛), 손자 범호달(范胡達)로 전하며 자주 일남(日南), 구진(九眞)을 노략질하자, 교주(交州)는 결국 허약해졌다. 범호달의 손자 범문적(范文敵)에 이르러 부남(扶南)에 살해되자, 대신 범제농(范諸農)이 그 난을 평정하고 스스로 왕으로 섰다. 아들 범양매(范陽邁), 손자 범돌(范咄)에 전했다. 송나라 원가(元嘉) 20년(443) 종각(宗慤), 단화지(檀和之)를 보내 토벌하자 이내 사신을 보내 조공했다. 수나라 초 신복하지 않아 유방(劉方), 영장진(甯長眞)을 파견하여 토벌하게 했다. 왕 범범지(范梵志)는 사신을 보내 사죄하니 조공이 끊이지 않았다."

69) 여기에서도 혜강은 원나라 지원 19년(1282)까지의 참파 역사를 채록하지 않았다. "수시로 교주(交州)와 전쟁을 벌였다. 건도(乾道) 4년(1168) 참파는 수군으로 캄보디아[眞臘]을 습격하여 도읍으로 들어갔다. 경원(慶元) 5년(1199) 캄보디아가 대거 참파를 정벌하여 남김없이 살육하고, 왕을 포로로 잡아 돌아오면서 나라는 마침내 멸망했다. 그 땅은 모두 캄보디아에 귀속되어, '점랍(占臘)'이라 불렀다고 한다. 그 후 국왕이 캄보디아 사람이었다고도 하고, 참파가 수복했다고도 하는데 믿을 만한 자료는 없다. 원나라 세조 [지원] 15년(1278)년 사신을 보내 방물을 바치고, 표문을 올리며 항복했다."

캄보디아[眞臘]는 '감패지(甘孛智)'라고도 어떤 곳에는 감막야(甘莫惹), 또는 감포지(澉浦只), 또는 간파저아(干波底阿)라고도 되어 있는데, 간포채(柬埔寨)로 속칭한다. 하고 또 크메르[Khmer, 吉蔑]라고도 한다. 원래는 부남(扶南)의 속국이었다. 수나라 시기에 처음 중국과 통교했다. 당나라 정관(貞觀, 627~649)초에 부남을 겸병하여 차지했다. 그 뒤 천축(天竺)의 승려 까웅딘야[Kauṇḍinya, 僑陳如]가 그 나라를 차지하고 나라 사람들에게 천신(天神)을 가르치며 매일 아침에 경과 주문을 외웠다. 세상을 바뀐 지 오래 지나자, 캄보디아[眞臘]는 승려를 중시했다. 그리고 참파[占城]를 멸하고 겸병하여, '점랍(占臘)'이라 불렀다. 원나라 명나라 시기에 신복하여 조공했다. 사람들이 금반(金盤), 금완(金盌)을 사용하여 '부귀한 진랍'이라 부른다. 지금은 월남의 가정(嘉定, Gia Định) 성(省)이 되었는데, 언제 이 이민족이 멸망했는지는 모른다.[72]

시암[暹羅]

강역(疆域): ⓐ북쪽으로 운남, 동쪽으로 월남과 경계하며, 남쪽으로 대해에 임해 있고, 서남쪽으로 속한 여러 이민족 부락[番部]이 연이어 있으며, 서쪽으로 미얀마[緬甸], 서북쪽 한 모퉁이는 남장(南掌)과 경계한다. 이곳은 옛날 두 나라로 나뉘어, 북쪽은 섬(暹), 남쪽은 '나혹(羅斛)'이라 했는데, '섬'에는 산이 많아 식량이 빈약하고, 나혹은 물가에 있어 식량이 남아돌았다. 섬이 나혹에 항복하여 '섬라국'으로 합칭되었다. ⓑ동서로 1,000리, 남북으로 2,000여 리다.[73]

---

70) 이상 『영환지략』에 인용된 『천하군국리병서(天下郡國利病書)』에서 채록했다(『영환지략교주』, 19~20쪽).

71) 이상 참파[占城]의 연혁과 왕들에 관해서는 『8세기 말 중국에서 인도로 가는 두 갈래 여정』, 127~143쪽과 449~454쪽을 참고하시오. 이후는 『영애승람역주』, 상, 62~97쪽을 참고하시오.

72) 첨부한 캄보디아[眞臘]에 관한 기술은 『영환지략』에 인용된 『천하군국리병서(天下郡國利病書)』에서 요약했다(『영환지략교주』, 20쪽). 캄보디아는 별도의 한 나라로 기술해야 하지만, 여기서는 남양 바닷가의 나라들을 기술하고 있으므로, 베트남 서쪽 내륙에 있는 캄보디아는 이처럼 간략하게 기술했을 것이다. 첸라[眞臘]의 명칭과 연혁에 관해서는 『앙코르 캄보디아: 진랍풍토기역주』를 참고하시오.

73) ⓐ의 기술은 『영환지략』에서 채록했다(『영환지략교주』, 22쪽). ⓑ의 '섬라' 영토 면적에

산수(山水): ⓒ나라에는 큰 강물 둘이 있는데, 하나는 란창강(瀾滄江)으로 청해(靑海)에서 발원하여 운남을 거쳐 섬라의 동북쪽 경계로 들어가 캄보디아[柬埔寨]에 이르러 바다로 들어간다.[74] 하나는 메남강[湄南河, Chao Phraya]으로, 운남의 리선(李仙), 파변(把邊) 등의 강물에서 발원하여 '섬(暹)'의 북쪽 경계에 이르러 여러 강물과 섞여 큰 강을 이룬다. 나혹(羅斛)의 남쪽 경계에 이르러 바다로 흘러든다. 그 바다 어귀[海口]를 '죽서(竹嶼)'[75]라고 한다. 죽서를 거쳐 내항(內港)으로 들어가, 방콕[Bangkok, 曼谷] 어떤 곳에는 만국(萬國)으로 되어 있다. 도성에 이르는데, 길이는 천수백 리다. 강물이 깊고 넓으며 바다 선박이 출입할 수 있다.

ⓓ산은 모두 인도(印度)의 히말라야[希馬臘壓]산맥에서 시작되는데, 이 산이 가장 높다. 다음으로는 아산(阿山)을 높게 여긴다. 나머지는 대부분 험준하여 통하기 어렵다. 한 골짜기가 한 나라가 될 수 있으며, 광대하고 비옥하지 않음이 없다. 섬라는 방콕[曼谷]에 도읍했는데, 두 방향은 모두 산으로 가로세로 하나의 큰 골짜기다. 산은 겹겹이지만, 그래도 그다지 높지는 않아 500장을 넘지 않는다. 토양은 비옥하고 산물이 풍부하여 바다 선박의 교역항[市埠] 중 최고다.[76]

관한 정보는 『영환지략』에 보이지 않는다. 『해국도지』의 교주에 따르면, "동서로 대략 3,000리고, 남북으로 3,000리다"라고 하였다(『위원전집』, 4책, 396쪽). 한편 『해국도지』에 인용된 『지리비고(地理備考)』에 따르면 "길이는 대략 3,300여 리고, 폭은 대략 1,000리다"라고 하였다(앞의 책, 391쪽). 시암에 관한 자세한 설명은 『지봉 이수광이 바라본 세계』, 115~146쪽을 참고하시오. 『지리비고』는 호세 마르티노 마르케스(José Martinho Marques, 1810~1867, 瑪吉士)가 편집하여 번역한 10권의 『외국지리비고(外國地理備考)』를 말한다. 본서에서는 1847년 간행된 해산선관총서본을 활용한다.

74) 밑줄 친 정보는 앞서 본 '월남'에서 언급된 란창강(瀾滄江)과 비교하시오.

75) '죽서(竹嶼)'는 의역인지 음역 표기인지 어렵다. 『동서양고』(사고전서본, 권9, 6b)를 보면, "얕은 하구로, 수심은 4~5탁이다. 임자(355도)와 건해(325도) 방향으로 섬의 곤신(235도) 방향을 따라가면, 그 끝이 바로 시암이다(淺口, 打水四五托. 用壬子及乾亥, 沿山坤申, 尾即暹羅)"라고 하였다. 이로써 추정해 보면, 방콕의 서남쪽 5시 방향에 있는 섬을 가리킨다. 『해국도지』 교주에는 방콕만의 '코 시창(Koh Sichang)'으로 추정했는데(『위원전집』, 4책, 399쪽), 위치는 상당히 부합하지만, 음성적이나 의미상의 관계는 찾아보기 어렵다.

76) ⓒ의 정보는 『영환지략』에서 채록했다(『영환지략교주』, 22쪽). ⓓ시암[暹羅]의 산에 관

기후[風氣]: 사계절 항시 여름 같아 서리와 눈을 모른다. 이곳에서는 반년은 4월에서 9월까지다. 비가 내리지만, 반년은 비가 내리지 않는다. 농사는 1년에 두세 번 수확한다.[77]

사람들[人民]: 미얀마[緬甸], 시암[暹羅], 베트남[安南] 세 나라는 대략 몸은 작고 피부색은 검푸르고[黝], 얼굴은 납작하고[扁], 광대뼈[髖]는 높으며, 예쁜 사람은 매우 적다. 완고한 듯하지만, 실제로는 약삭빠르고, 게으른 듯하지만, 실제로는 용감하다. 머리털은 많고 검지만, 오히려 수염은 많지 않은데, 있으면 뽑아버려, 멀리서 보면 여인 같다. 그러나 성격은 선하여 두루 사랑한다. 만나면 매우 은근하지만, 조금이라도 거스르면 바로 반목하는데, 인도인의 유화함과는 다르다. 주거생활과 생계는 역시 중국, 인도와 같지만, 두 나라의 인물됨과 기예에는 미치지 못한다. 시암[暹羅] 사람들은 게으르게 놀면서 보내며 기예를 높이 사지 않으며, 외국인을 경시한다. 상선이 이곳에 이르면 종종 만이(蠻夷)와 같이 대우했다. 다만 중국 사람들만 존중했다. 미얀마[緬甸]의 남자들은 놀고 여자들은 수고로운데, 힘든 일은 모두 여자에게 맡긴다. 교역은 모두 여자에게 일임한다. 그러나 예법을 성실히 지켜 시장에 살더라도 다른 집에 가지 않고, 간섭하지 않으며 예가 아니라고 여긴다. 이러한 풍속은 베트남[安南] 사람들에게 더 심하다. 인구는 120만 명이다.[78]

산물(產物): 은(銀), 납[鉛], 주석[錫], 용연향(龍涎香), 속향(速香), 강향(降香), 상아(象牙), 서각(犀角), 후추[胡椒], 등황(藤黃), 두구(豆蔻), 소목(蘇木), 오목(烏木), 대풍자(大風子), 장미로(薔薇露), 금강찬(金剛鑽), 보석(寶石), 공작(孔雀), 오색앵무(鸚鵡), 금사후(金絲猴), 육족구(六足龜), 취모(翠毛), 우각(牛角), 녹근(鹿筋), 등석(藤席), 가문석(佳文席), 황죽(黃竹), 묘죽(猫竹), 석류자

한 정보는 『해국도지』에서 채록했다(『위원전집』, 4책, 385쪽).

77) 이상 기후에 관한 정보는 『해국도지』, 권8에 인용된 주달관(周達觀)의 『진랍풍토기(眞臘風土記)』에서 채록했다(『위원전집』, 4책, 417쪽). 『앙코르 캄보디아: 진랍풍토기 역주』, 101~102쪽을 참고하시오.

78) 이상 사는 사람들에 관한 정보는 모두 『해국도지』, 권7에서 채록했다(『위원전집』, 4책, 385~386쪽). 혜강은 위원이 상당히 자세하게 기술한 문장을 매우 짧게 요약하며 빠뜨린 문장이 많다. 전체적인 기술에 관해서는 『해국도지역주』, 4책, 228~230쪽을 참고하시오.

(石榴子), 수과(水瓜), 토과(土瓜), 해삼(海參), 연와(燕窩), 해채(海菜) 등이다.[79]

의(衣): 왕만 머리털을 자르지 않고, 보석을 끼워 넣은 금관을 쓰는데, 모양은 투구와 비슷하다. 상의와 하의는 오색의 단(緞)이나 포(布)로 만들었고, 소매는 좁고 신발은 붉다. 신하와 백성들은 모두 머리를 자르고, 남녀가 방망이 모양으로 묶어 흰 베로 머리를 싸맨다. 관리는 1등에서 4등까지 금에 보석을 박은 모자를 쓰며, 5등에서 9등까지는 오색의 융단(絨緞) 모자를 쓴다. 옷은 모두 두 단이고, 버선과 신은 소가죽으로 만든다. 부인들은 쪽[髻]을 장식하며, 비녀, 반지, 팔찌, 분[脂粉]은 대략 중국 여인들과 같다. 상의와 하의도 오색의 직금(織金)이며, 꽃문양 만(幔)을 땅에 끌고, 가죽신은 검붉은색이다.[80]

궁성(宮城): ⓔ사는 사람들은 모두 물에 집을 가설하여 살고, 중국인들은 기와집을 지어 사는데 누각들이 서로 마주 바라본다. 땅에 사는 사람들[土人]의 집은 모두 갈대나 풀[蘆蓚]로 지었다. ⓕ섬라의 성(城)들은 강을 따라 지었는데, 멀리서 보면 뗏목 위에 성책을 쌓아 물에 떠서 여러 강안에 이어져 있는 것 같다. ⓔ큰 성은 모두 강가에 있는데, 가장 저명한 것으로 담지문(湛地門), 만파쇄(萬巴矖)[81]가 있다. 옛 도성은 '아유타야[Ayutthaya, 猶地亞]'라고 하는데, 메남강[湄南河] 상류 연안 일대에 있다. 서쪽 경계에는 마르타반 또는 모타마[Martaban, Mottama, 馬耳大萬]란 큰 성이 있고, 남쪽 경계에는 '랄군(剌郡)'[82]이란 큰 성이 있는데, 모두 부유한 지역으로 유명하다. 나라의 서남쪽으로, 짜이야[Chaiya, 斜仔], 나콘[Nakhon, 六昆], 송클라[Songkhla, 宋卡], 대년(大哖),[83] 끌란딴[Kelantan, 吉連丹], 뜨릉가누[Terengganu, 丁噶奴] 등의 이민

79) 산물에 관하여 혜강은 『영환지략』(『영환지략교주』, 22쪽)과 『해국도지』, 권7에 인용된 『황청통고(皇清通考)』, 「사예문(四裔門)」를(『위원전집』, 4책, 388쪽) 종합하여 정리했다.

80) 복식에 관한 설명은 『해국도지』에 인용된 『황청통고(皇清通考)』, 「사예문(四裔門)」에서 채록했다(『위원전집』, 4책, 388쪽).

81) 『영환지략교주』에서는 인도 동북쪽 참파와트(Champawat)에 있는 반바사(Banbasa, 班巴薩)로 추정했지만, 태국과의 거리가 너무 멀다.

82) '랄군(剌郡)'은 『영환지략교주』에 따르면 오늘날 미얀마 '양곤(Yangon)'으로 추정했는데, 음성적으로는 랑군(Rangoon)과 비교하면 그럴법하지만, 지리적 설명과 부합하지 않는다. 내 생각으로는 라콘(Lacon), 또는 나콘(Nakhon)에 대응하는 음차로, 뒤에 나오는 '육곤(六昆)'과 같은 곳을 말하는 것 같다.

족 부락[番部]이 있는데, 모두 그 나라의 속국이다.[84)]

문자(文字): 문자는 모두 옆으로 쓰고, 한자를 모른다. 명나라 정덕(正德, 1506~1521) 연간에 조공 사신 한두 사람을 골라 학관에 넣어 학업을 닦게 한 뒤에야 조금 한문을 알게 되었다.[85)]

농(農): ⓖ메남강[湄南河]의 수세가 느려지고 흩어지면서 밭고랑들은 이로써 비옥하다. 농사철에는 바를 타고 경작한다. 여름마다 황수(黃水, 메남강)가 바다에서 들어와 점차 불어나면, 모는 물에 따라가라는데, 물이 1척면 모도 1척이 되고, 물이 1장이면 모도 1장이 되어 번거롭게 김을 매거나 물을 댈 필요가 없이, 물이 빠지면 벼가 익는다. ⓗ그 강물이 이르면 온 나라가 풍악을 울리며 의장을 갖추어 맞이한다. 가을에 물이 빠질 때도 처음처럼 잔치를 벌인다. 파종하고도 김을 맬 필요가 없으며, 하늘의 공[天工]으로 인력이 들지 않아 곡식이 풍부하고 값이 싸다. 매 섬[石]은 은 3성(星)의 값이 나간다. 강희(康熙, 1622~1722) 연간 이래 해마다 쌀 수십만 섬[石]을 바다로 운송해 와 푸젠[閩], 광둥[廣], 절강(浙江) 백성들의 식량에 사용했다. 그 유용함[裨益]으로 중국은 세금을 거두지 않았다.[86)]

기용(器用): 불볕더위에 지대는 낮고 습하여 사람들은 누대에서 산다. 위에는 빈랑나무 조각과 등나무를 엮어 덮는데, 간혹 기와를 사용하기도 한다. 침상, 탁자, 안석, 등 걸상이 없디 모두 양탄자[氈]를 깔거나 등나무 자리를 깔고 앉는다. 관리와 서민들은 은(銀)이 있어도 사사로이 쓸 수 없고, 왕에게 보내면, 담당하는 관리가 쏟아부어 구슬로 만들고, 쇠 인장으로 그 위에 문양을 찍고, 100냥에 6전을 세금으로 들인다. 찍힌 문양이 없는 것은 '사사로이 만든

---

83) '대년(大哖)'은 『해국문견록』(사고전서본, 권상, 21b)에 보이는 표기로, 『동서양고(東西洋考)』의 대니(大泥), 사청고(謝淸高)의 『해록(海錄)』의 '태니(太呢)'로(『해록주』, 7쪽), 바로 빠따니(Patani)의 다른 음역 표기일 것이다.

84) ⓔ의 정보는 『영환지략』에서 채록했다(『영환지략교주』, 22쪽). ⓕ는 『해국도지』, 권7에 인용된 『황청통고(皇淸通考)』, 「사예문(四裔門)」에서 채록했다(『위원전집』, 4책, 386쪽).

85) 이 정보는 『해국도지』, 권7에 인용된 『황청통고(皇淸通考)』, 「사예문(四裔門)」에서 채록했다(『위원전집』, 4책, 388쪽).

86) ⓖ의 기술은 혜강이 『영환지략』에서 채록했다(『영환지략교주』, 22쪽). ⓗ의 정보는 『해국도지』, 권8의 위원 설명에서 채록했다(『위원전집』, 4책, 403쪽).

은'으로 여겨 논죄한다. 처음 범하면, 왼쪽 손가락을 자르고, 두 번째 범하면, 오른쪽 손가락을 자르며, 세 번 범한 자는 죽인다.[87)]

왕(王): ⓘ위의(威儀)는 매우 높다. 백관들은 한쪽 어깨를 드러내고, 맨발로 허리를 굽혀 몸을 움츠린 채로 예를 다해 공경을 표한다. '금(金)'자로 '존경'을 일컫는데, 예를 들어 임금을 부르며, 금수(金首), 금목(金目), 금비(金鼻), 금구(金口) 등의 예와 같다. ⓙ왕은 광채가 나는 불상 같은 옷을 입고, 몸에는 금박[飛金]을 붙인다. 금으로 만든 그릇을 사용하고 코끼리 가마를 탄다.[88)]

관(官): 관제는 아홉 등급으로 나뉘는데, 첫째 악아왕(握亞往, Okya), 둘째 악보라(握步喇, Okphra), 셋째 악망(握蟒, Ok Mu'oeng), 넷째 악곤(握坤, Okkhun), 다섯째 악민(握悶, Ok Mu'n), 여섯째 악문(握文), 일곱째 악판(握板, Ok Phan), 여덟째 악랑(握郞, Ok Luang), 아홉째 악구(握救)다. 선발은 대고사(大庫司)에서 향시를 거쳐, 문서로 왕에게 전달하면, 왕은 기일을 정해 그들을 시험한다. 백성들의 일을 물어 응대가 적절하면 비로소 관복[章服]을 하사하고 관직을 제수한다. 고과(考課) 또한 3년마다 이루어진다.[89)]

장례[禮葬]: 부귀한 사람들이 죽으면 수은(水銀)을 입에 부어 매장하고, 가난한 사람들은 바닷가로 옮겨 두면 곧바로 새들이 날아와 쪼아 먹는데(聽群鴉飛啄), 이를 조장(鳥葬)이라 한다.[90)]

법(法): 돈과 곡물의 출입에 관한 일은 부인이 맡아서 결정한다. 부인이

---

87) 이 조목은 『해국도지』, 권7에 인용된 『황청통고(皇淸通考)』, 「사예문(四裔門)」에서 채록했다(『위원전집』, 4책, 388쪽).

88) ⓘ의 정보는 『해국도지』, 권7에서 채록했고(『위원전집』, 4책, 385쪽), ⓙ는 『영환지략』에서 채록했다(『영환지략교주』, 22쪽).

89) 이 조목은 『해국도지』, 권7에 인용된 『황청통고(皇淸通考)』, 「사예문(四裔門)」에서 채록했다(『위원전집』, 4책, 388쪽). 원음 복원은 Francis Henry Giles, 「Analysis of Van Vliet's account of Siam」, 『The Journal of The Siam Society』, XXX-III(1938), 253쪽에서 근거했다.

90) 이상은 『해국도지』, 권8에 인용된 『명사』에서 채록했다(『위원전집』, 4책, 410쪽). 『명사』, 권324, 「섬라전」(8401쪽)에 "富貴者死, 用水銀灌其口而葬之. 貧者則移置海濱, 卽有群鴉飛啄, 俄頃而盡, 家人拾其骨號泣而棄之於海, 謂之鳥葬"라고 했으므로, 원문의 '청(聽)'자는 '즉(卽)'자로 교감해야 한다.

지혜가 많아 남편은 듣고 따른다. 나라 사람들에게는 이름은 있으나 성이 없다. 관리가 된 자는 악(握, Ok) 아무개라고 부른다. 서민 중 윗사람을 내(奈, Nai) 아무개라고 하고, 아랫사람을 애(隘, Ai) 아무개라고 부른다.[91)]

풍속[俗尚]: ⓚ인도의 불교를 준봉한다. 매사는 구차하게 검소하지만, 사찰[寺宇]를 수리하거나 지는 일만은 아주 화려하게 한다. 사람들은 혹 승려가 되었다가 혹 환속하는 등 임의로 오가면서, "사람이 나면 출가해야 하고, 출가해서도 오래 출가해서도 안 되며, 출가하지 않으면 법도를 모르고, 오래 출가하면 세월을 허비한다"라고 말한다. 이 '출가'는 중국의 자제들이 밖으로 스승에게 나아갔다가 관례(冠禮)를 치르고 아내를 얻으면 더는 스승을 따르지 않는 것과 같다. 산스크리트어 경전, 산스크리트어, 그리고 술수(術數) 등을 익히는 것은 모두 승려인 스승에게 전수받는다. 사실 종신토록 머리를 깎는 무리[比]는 아니다. ⓛ승려들은 대문을 따라가며 탁발[募食]하는데, 집마다 잘 지은 밥을 시주한다. 밥이 남으면, 새나 참새에게 먹인다. 절[蘭若]에는 불 피우는 곳이 없다. 또 현지 승려[番僧]들의 부적과 주문을 신봉하며, 일을 저질러 형에 임할 때는 현지 승려들에게 주문으로 그를 풀어주게 하고 난 뒤에 형을 집행한다.[92)]

가는 길[程途]: 샤먼[廈門]에서 시암[暹羅]까지 물길로 칠주양(七洲洋)을 지나면 쿠라오 레[Cu Lao Ré, 外羅山]이 보이고, 남쪽으로 향해 가면 대모주(玳瑁洲),[93)] 압주(鴨洲)가 나타나고, 꼰선[昆侖]이 보이며, 서쪽으로 치우쳐 가면 대진서(大眞嶼), 소진서(小眞嶼)가 나타난다.[94)] 서북쪽으로 돌면 필가산(筆

91) 이 조목은 『해국도지』, 권7에 인용된 『황청통고(皇淸通考)』, 「사예문(四裔門)」에서 채록했다(『위원전집』, 4책, 388쪽).

92) ⓚ의 정보는 『해국도지』에서 채록했다(『위원전집』, 4책, 386쪽). ⓛ승려들의 생활과 역할에 관해서는 『영환지략』에서 채록했다(『영환지략교주』, 22쪽).

93) '대모주(玳瑁洲)'는 베트남 빈딘 탄푸(Tân Phú) 동쪽 5km 해상에 있는 거북섬(Ile Tortue)을 의역한 표기다.

94) 대진서(大眞嶼)는 우비(Ubi), 소진서(小眞嶼)는 우비 팔스(Ubi False)로 보인다. 『무비지(武備志)』, 권240, 「행해도」, 13a에 '진서(眞嶼)'와 '가서(假嶼)'로 표기되어 있다. 지도로는 베르가우스(Heinrich Berghaus), 「프랜치스 해밀턴 경의 인도차이나(Hinterindien Dem

架山)[95]에 이르러 북쪽으로 향하면 죽서(竹嶼) 항구에 이른다.[96] 총 188경이다. 항구로 들어가서 다시 40경을 가야 만국(萬國, 방콕) 도성에 이르는데, 총 물길로 228경이다. 그러나 샤먼에서 캄보디아[柬埔寨]로 가면 물길로 단지 113경일 뿐이다. 어찌하여 그렇게 멀리 떨어져 있는 것인가? 아마도 캄보디아 남쪽의 바다가 온통 '란니미(爛泥尾)'라는 진흙 펄[爛泥]이고,[97] 아래로는 대횡산(大橫山), 소횡산(小橫山)과 접해 있어 바깥으로 우회하여 길이 멀어졌기 때문일 것이다.[98]

Sir Francis Hamilton)」(Gotha, 1832)를 참고하시오.

95) '필가산'은 『해국문견록교주』(59쪽)에서 300개의 봉우리를 의미하는 '삼로이욧(Sam Roi Yot)'으로 추정했는데 이는 밀스(J.V.G. Mills)가, 『영애승람 역주(Ying-Yai Sheng-Lan 'The Overall Survey Of The Ocean's Shores')』(Cambridge, Published for the Hakluyt Society, at the University Press. 1970, 212쪽)에서 한 추정을 따른 것이다. 어쨌든 진륜형이 진술하고 있는 경로와 부합하지 않는다.

96) '죽서(竹嶼)'는 아래 『해국문견록』에서 보겠지만 '시암의 항구'라고 한다. 바로 메남강 어귀의 섬을 말할 것이다. 해당하는 섬은 코 시창(Ko sichang)인데(바로 『해국문견록교주』, 60쪽에서 추정하고 있는 곳임) 의미가 부합하지 않는 것 같다.

97) '란니미(爛泥尾)'의 '란니'는 펄을 말하고 '미(尾)'는 꼬리 또는 사물의 끝을 말하므로, 『해국문견록교주』(60쪽)에서는 캄보디아 곶 즉 '카마우 곶(Point de Camau)'으로 추정했다. 그러나 『황조통전(皇朝通典)』(사고전서본, 권98, 15b)에는 "캄보디아는 서남 해상에 있다. 해안에는 펄이 많아 '란니미(爛泥尾)'라고 부르며 그 북쪽에는 큰 산이 있다(柬埔寨在西南海中. 海岸多泥, 名爛泥尾, 北枕大山)"라고 하였다. 이로써 볼 때 푸꾁(Phú Quốc) 섬 해안 지역일 것이다. 푸꾁섬 서쪽 끝으로 크고 작은 '풀로 웨이(Pulo Way)'가 있다. 다음으로 언급한 '대횡산'과 '소횡산'을 말할 것이다.

98) 이 조목은 『영환지략』에서 인용된 『해국문견록』에서 재구성했다(『영환지략교주』, 23쪽). 『해국문견록』(사고전서본, 권상, 25a)과 비교해 보면, 의미는 같지만 약간의 차이가 있다. "샤먼[廈門]에서 시암까지 물길로 칠주양(七州洋)을 지나면, 외라산(外羅山)이 나타난다. 남쪽을 향해 가면 대모주(玳瑁洲), 압주(鴨洲)가 나타나고, 곤륜(崑崙)이 보인다. 서쪽으로 치우쳐 대진서(大眞嶼)와 소진서(小眞嶼)가 보이면, 서북쪽으로 돌아 필가산(筆架山)에 이른다. 북쪽으로 향해 가면 시암의 항구인 죽서(竹嶼)까지 188경이고, 항구로 들어가 또 40경을 가는데, 총 물길은 228경이다. 동쪽으로 캄보디아[柬埔寨]에 연접해 있는데, 물길로 113경일 뿐이다. 어떻게 그렇게 멀리 떨어졌느냐면, 캄보디아 남쪽의 바다는 '란니미(爛泥尾)'라고 부르는 한 덩어리의 펄에 속하고, 아래로는 대횡산(大橫山), 소횡산(小橫山)과 접해 있어 바깥으로 우회하여 길이 멀어졌기 때문이다

각부(各部): 나라는 군(郡), 읍(邑), 현(縣)으로 나뉘어 부(府)에 예속되어 있다. 부(府)에는 대고사(大庫司)가 딸려 있는데, 아홉으로, 시암[暹羅, Ayutthaya], 가랄세마(可剌細馬)[99], 펫차분[Phetchabun, 足曹本],[100] 핏사눌록[Phitsanulok, 皮細綠], 수코타이[Sukhothai, 束骨胎], 깜팽펫[Kamphaeng Phet, 果平疋], 타나우시[倒腦細, Tanao Si],[101] 토비(討丕),[102] 나콘시탐마랏[Nakhon Si Thammarat, 六昆]이다. 부(府)는 열넷으로, 차이낫[Chainat, 彩納], 무로(無老),[103] 피차이[比釆, Phichai), 동판로(東板魯),[104] 랏부리[Ratburi, 辣^{辣}皮],[105] 필피리(疋皮里),[106] 짜이야[Chaiya, 采野], 다뇨(多鐃),[107] 촌부리[Chonburi, 千無

(廈門至暹羅, 水程過七州洋, 見外羅山. 向南見玳瑁洲·鴨洲, 見崑崙, 偏西見大眞嶼·小眞嶼, 轉西北取筆架山. 向北至暹羅港口竹嶼一百八十八更, 入港又四十更, 共水程二百二十八更. 而東聯柬埔寨, 僅水程一百十三更. 何以相去甚遠, 蓋柬埔寨南面之海, 一片盡屬爛泥, 故名「爛泥尾」, 下接大橫山·小橫山, 是以紆迴外繞而途遠也).” 해당 지명들에 관한 설명은 『지봉 이수광이 바라본 세계』, 115~146쪽을 참고하시오.

99) ‘가랄세마’는 ‘가랄+세마’로 구성된 합성어로 ‘가랄’은 코라트(Khorat) 분지를 음차했고, ‘세마’는 ‘세마(Sema)’를 옮겼다. 바로 나콘 라챠시마(Nakhon Ratchasima)를 가리킨다.

100) 『위원전집』의 교주에 따르면(『위원전집』, 4책, 397쪽), ‘족조본(足曹本)’의 ‘족’자를 ‘필(疋)’자로 교감하여, 태국 펫차분(Phetchabun)으로 읽었는데, 그렇게 읽을 수밖에 없다.

101) ‘도뇌세(倒腦細)’는 타닌타리(Tanintharyi), 또는 테나세림(Tenasserim)의 타이어 명칭인 ‘타나우시(Tanao Si)’의 음역 표기로 추정된다. 오늘날 미얀마 동남쪽 메르귀(Mergui) 지역에 해당한다.

102) ‘토비(討丕)’의 ‘비’는 ‘왜(歪)’자의 잘못일 것이다. 바로 「정화항해도」에 보이는 타왜(打歪)로, 미얀마 남동부위 다웨이(Dawei)의 음역 표기일 것이다. 자세한 사항은 『도이지략역주』, 175쪽을 참고하시오. 장황(章潢)의 『도서편(圖書編)』(사고전서본, 권51, 22b)에도 ‘타왜(打歪)’로 표기되어 있다.

103) 『위원전집』의 교주에서(『위원전집』, 4책, 398쪽), ‘무로(無老)’를 ‘노무(老無)’로 교정하고, ‘롭부리(Lop buri)’로 추정했다. 이처럼 장황(章潢)의 『도서편(圖書編)』(사고전서본, 권51, 22b)에는 ‘노무’로 채록하고 있다. 그럴법하지만, ‘리’에 해당하는 음은 없으므로, 판단을 유보한다.

104) ‘동판로(東板魯)’의 ‘동’자는 ‘속(束)’자와 혼동된 사례가 많다. 예를 들어 캄보디아를 옮긴 ‘간포채(柬埔寨)’가 ‘동포채(東埔寨)’로 옮겨진 경우와 같다. 그렇다면 ‘속판로(束板魯)’를 생각해 볼 수 있다. 앞의 두 글자로 볼 때, 수판부리(Suphanburi)를 떠 올릴 수 있다. 이로써, 『위원전집』의 교주에서는 ‘로(魯)’자를 자형이 비슷한 ‘보(普)’자로 교정

里], 시사껫[Sisaket, 細辭滑], 채욕(采欲),[108] 관세만(款細灣, Nakhon Sawan?), 쭘폰[Chumphon, 沾奔], 괴산(魁山)[109]이다. 현(縣)은 72개다.[110]

연혁(沿革): ⓜ원나라 원정(元貞, 1295~1297) 초에 사신을 보내와 공물을 들였다. 지정(至正, 1341~1370) 연간 섬(暹)이 비로소 나혹(羅斛)에 항복하여 한 나라로 통합되었다. 명나라 홍무(洪武, 1368~1398) 초 사신을 보내와 조공하고 황금 지면에 쓴 표문[金葉表]을 올렸다. 정통(正統, 1436~1449)에서 가정(嘉定, 1522~1566)에 이르는 기간 일정한 기한대로 조공을 들였다. ⓝ청나라[中朝] 건륭(乾隆, 1736~1795) 연간에 나라가 미얀마[緬甸]에 멸망되었으나 곧바로 회복했다. 죽은 왕에게 후사가 없어 대추(大酋) 정소(鄭昭)를 중국인 수장으로 추대했다. 아들 정화(鄭華)가 계승하여 고명으로 '섬라국왕(暹羅國王)'에 봉하자, 조공의 직분을 성실히 수행했다.[111]

했다(『위원전집』, 4책, 398쪽). 바로 '속판보(束板普)'란 형태는 장황(章潢)의 『도서편(圖書編)』(사고전서본, 권51, 22b)에서 확인할 수 있다.

105) 저본과 『해국도지』의 '辣'자는 음가가 미상이다. 장황(章潢)의 『도서편(圖書編)』(사고전서본, 권51, 22b)에 보이는 '랄피(辣皮)'일 것으로 추정하여 바로 잡았다.

106) 『위원전집』의 교주에 따르면(『위원전집』, 4책, 398쪽), 펫차부리(Phetchaburi)로 추정했지만, 정확한 음성적 대응은 보여주지 않는다.

107) '다뇨(多鐃)'는 『위원전집』의 교주에 따르면(『위원전집』, 4책, 398쪽), 태국 동부 뜨랏(Trat)을 옮긴 것으로 추측했다. 음성적으로 정확한 대응은 아니다.

108) '채욕(采欲)'은 '짜이야(Chaiya)'와 비슷한 발음이다. 『위원전집』의 교주에 따르면(『위원전집』, 4책, 398쪽), '짜이야품(Chaiyaphum)'의 음차로 읽었다. 이는 '승리'를 의미하는 '짜이야'와 '땅'을 뜻하는 'phum'으로 구성된 형태로, 정확한 대응은 보여주지 않는다.

109) 괴산(魁山)에 관하여 『위원전집』 교주에서는 '카오사밍(Khao Saming)'일 가능성을 제기했다(『위원전집』, 4책, 398쪽). 고증을 기다린다.

110) 시암[暹羅]의 '각부(各部)' 조목은 두주에(26a)에 아래로 내리고 '연혁(沿革)' 앞에 두라는(30b) 지침에 따라, 여기에 옮겨 편집한다. 정보는 『해국도지』, 권7에 인용된 『황청통고(皇淸通考)』, 「사예문(四裔門)」에서 채록했다(『위원전집』, 4책, 387쪽). 다시 『황청통고』는 1577년 장황(章潢)의 『도서편(圖書編)』에서 가져왔다(사고전서본, 권51, 22b~23a).

111) ⓜ의 정보는 『영환지략』에 인용된 『천하군국리병서(天下郡國利病書)』에서 채록했고

미얀마[緬甸]

강역(疆域): 면전(緬甸)은 아와(阿瓦, Ava)라고도 하는데 바로 도읍을 세운 곳 북쪽으로 야이(野夷), 동북쪽으로 운남(雲南), 남장(南掌), 동쪽으로 시암[暹羅]과 경계하고 있고, 서남쪽으로 인도양[印度海]과 떨어져 있으며, 서북쪽은 동인도와 연해 있다. 도성은 운남성에서 38정(程)의 거리에 있다.[112)]

산과 강[山水]: ⓐ산으로 소표산(小豹山)이 있다. 강으로 노강(怒江)[113)]이 동쪽은 남장(南掌)과 경계한다. 있고, 대금사강(大金沙江, Brahmaputra River)이 있는데, 인도와 경계를 이룬다. ⓑ티베트[西藏]에서 발원하는데, 바로 아로장포강(雅魯藏布江)[114)]이다. 여러 강물이 합쳐져 동쪽으로 2,000여 리를 흘러 티베트 중부[中藏]로 들어갔다가, 다시 목륜강(木倫江)과 합류하여 동쪽으로 1,000리 흘러, 미얀마[緬甸]의 아와[Ava, 阿瓦] 도성을 지나, 서남쪽으로 흘러 동인도

(『영환지략교주』, 23쪽), ⓝ은은 『천하군국리병서』의 내용에 대한 서계여의 추가 설명에서 채록했다(앞의 출처). 또한 곧 출간된 『해록역주』에 자세히 기술될 것이다.

112) 이상 미얀마[緬甸]에 관한 개술은 『영환지략』에서 채록했다(『영환지략교주』, 23~24쪽).

113) '노강(怒江)'은 『해국도지』, 권3에 '로강(潞江)'으로 표기하고, "중국의 노강(怒江) 또한 로강(潞江)이라 하는데, 미얀마[緬甸]으로 흘러들어 살윈[Salween, 薩爾溫]강으로 불린다. 물멩[Moulmein, Mawlamyine, Mawlamyaing, 毛淡棉] 부근에서 안다만[安達曼]의 모타마[Mottama, Martavan, 莫塔馬]만으로 흘러든다"라고 하였다(『위원전집』, 4책, 72쪽). '살윈'은 타이어 명칭이고, 미얀마어로는 '땅륀(Thanlwin)'이라 한다. 마손(Francis Mason)은 『Tenasserim: Or Notes on the Fauna, Flora, Minerals, and Nations of British Burmah and Pegu』(Maulmain, 1851, 213쪽)에서 '살윈'은 담팔수 속(Elaeocarpus)의 식물이 강 제방에 많이 자생하여 비롯된 명칭이라고 한다.

114) '아로장포강(雅魯藏布江)'은 『해국도지』, 권3, 「동남양 연해 각국 지도」에서 '이랍와제(以拉瓦帝, Irrawaddy)'라고도 한다는 설명이 보인다. 교주에 따르면, 현 미얀마의 이라와디[伊洛瓦底]강이라고 하며, "이 지도에서는 중국의 '아로장포강'이 미얀먀의 이라와디강과 서로 만난다고 오해했다"라고 하였는데(『위원전집』, 4책, 166쪽), 이는 위원이 처음부터 '아로장포'를 '이랍와제'로 혼동하여 오인한 데서 비롯되었다. '아로장포'는 브라마푸트라(Brahmaputra)강으로 티베트어 얄룽짱포(Yarlung Zangbo)를 음차한 표기다. 방글라데시어로는 '자무나(Jamuna)' 강이라 부른다. 따라서 '아로장포=브라마푸트라=대금사강'이다. 참고로 이라와디강은 라자타 발루카(Rajata-vāluka), 즉 '은모래 강'으로 불렸다(Mabel Haynes Bode, 『A Burmese Historian of Buddhism』, London, 1898, 42쪽).

에 이르러, 갠지스강[恒河]과 합류하여 남해로 들어간다. 폭은 5리고 미얀마 사람들[緬人]이 믿고 의지하며 험하게 여긴다.[115)]

사람들[人民]: 인구는 대략 400만 명이다. 남자들은 수영에 뛰어나며 상투를 정수리 앞에 매고, 청백의 베로 싸맨다. 부인들은 정수리 뒤에 쪽을 묶는다.[116)]

물산(物産): 땅은 대두[菽], 조[粟], 벼[稻], 기장[粱]에 적합하고, 사탕수수[蔗]는 정강이[脛]만큼 크다. 삼마와 맥(麥)은 없다.[117)]

궁성(宮城): ⓒ나라에는 다섯 성(城)이 있는데, 나무로 만들었다. 강두(江頭, Chuang U), 대공(大公), 마래(馬來), 안정국(安定國), 포감면왕성(蒲甘緬王城)으로 포감면왕성은 왕이 사는 곳이다. ⓓ사람들의 집[屋舍]은 가장 남루한데, 대나무를 땅에 꽂아 등나무로 시렁을 매었고, 자리를 이용하여 담장을 만들었으며, 이엉[苫]으로 지붕을 덮고는 완성했다고 한다. 큰 집도 하루가 되지 않아 완성할 수 있고, 작은 집은 순식간에 만든다. 대충 지어[潦草] 편리하고, 비바람에 무너지더라도 깔릴 염려는 없다. 우연히 불이 나더라도 자산을 잃었다는 슬픔은 없다.[118)]

문자(文字): ⓔ어음(語音)이 번잡하다. 산스크리트어[佛語]를 쓰기도 하고, 타타르[撻撻里] 언어를 사용하기도 하고, 중국의 언어를 사용하기도 하고 뒤섞여 구성되어 있다. 유럽[歐羅巴]인들이 그 구두를 뗄 수 없어, 하나의 긴 문장처럼 보여 읽거나 쓰는 데, 모두 어려워한다. 서적은 모두 패다라 잎[패엽(貝葉)]을 엮어 만든다. 국왕은 상아로 쪽을 만들어 금으로 가장자리를 장식하며 금으로 장식한 합[描金盒]에 넣어 보관한다. 아울러 조각하여 글자를 써넣

115) ⓐ의 정보는 『영환지략』에서 채록했다(『영환지략교주』, 24쪽). ⓑ의 노강(怒江)에 관한 설명은 『해국도지』, 권10에서 위원이 지은 「대금사강고(大金沙江考)」에서 채록하고 재구성했다(『위원전집』, 4책, 456쪽). 그러나 세부적인 정보는 약간 다르다.

116) 이 조목은 『영환지략』에서 채록했다(『영환지략교주』, 24쪽).

117) 이상은 『해국도지』, 권10에 인용된 『신당서』에서 채록했다(『위원전집』, 4책, 449쪽). 『신당서』, 권222하, 「남만·표(驃)」(6308쪽)에서 확인된다.

118) ⓒ의 정보는 『영환지략』에서 채록했고(『영환지략교주』, 24쪽), ⓓ는 『해국도지』, 권10에서 가져왔다(『위원전집』, 4책, 447쪽).

고 금으로 장식한 것이 있다. 장서는 많지만 오로지 신명(神明) 강론을 위주로 하며, 역사 기록, 음악, 의학, 화보는 '잡설소서(雜說小書)'라 불렀다. ⓕ문자는 금으로 만든 지면을 사용하고, 다음으로 종이, 그다음은 빈랑잎을 사용하는데, 그것을 '면서(緬書)'라고 한다.[119)]

농(農): 코끼리와 말을 이용하여 경작하기도 한다.[120)]

부(賦): ⓖ조세[賦稅]는 동방 중국의 법제와 같은데, 농토, 돈, 곡식을 정식 세금[正供]으로 한다. 이밖에 외국 무역에 항목별로 세를 징수하되, 정식 세금으로 치지 않고, 별도로 내고(內庫)에 저장하는데, 미얀마[緬甸], 시암[暹羅], 베트남[安南] 모두 그러하다. ⓗ금은으로 돈을 만드는데, 형태는 반달 모양이며, '등가타(登伽佗)'라고 하고, '족탄타(足彈陀)'라고도 했다.[121)]

왕(王): ⓘ그곳 왕은 '달라와저(達喇瓦底)'라고 부른다. ⓙ권한은 왕에게 전제(專制)되어, 백관들이 독단적으로 처리할 수 없다.[122)]

형법(刑法): 법례는 모두 중국과 인도 두 나라의 법률에 맞추어 참작하여 덜고 보태 행한다. 미얀마[緬甸]의 관직으로 옹의사(翁疑士), 경옹다사(敬翁多士), 아달옹사(阿達翁士) 같은 관직은 모두 도읍에서 왕을 도와 정사를 처리하고, 아울러 율관(律官)들이 밖으로 나가 각 부락[各部]을 나누어 관할하며 세금을 징수하여, 도읍의 공향(供餉)을 해결한다. 부락 사람들은 일이 있으면,

---

119) ⓔ의 정보는 『해국도지』, 권10에서 채록했고(『위원전집』, 4책, 446쪽). ⓕ는 『영환지략』에서 채록했다(『영환지략교주』, 24쪽).

120) 이 조목은 '속(俗)' 뒤에(33a) 채록되어 있는데, 두주에 이곳으로 올리라는 지침에 따라 여기에 편집한다. 『영환지략』에서 가져왔다(『영환지략교주』, 24쪽).

121) ⓖ는 『해국도지』, 권10에서 채록했고(『위원전집』, 4책, 446쪽), ⓗ는 『해국도지』, 권10에 인용된 『신당서』에서 채록했다(『위원전집』, 4책, 449쪽). 『신당서』, 권222하, 「남만·표(驃)」(6308쪽)에서 확인된다.

122) ⓘ의 정보는 『영환지략』에만 보인다(『영환지략교주』, 24쪽). ⓙ는 『해국도지』, 권10에서 채록했다(『위원전집』, 4책, 446쪽). '달라와저(達喇瓦底)'는 1439년 프로메(Prome)의 총독이었던 멘그레 키오아스와(Mengrē Kyoaswā)가 왕위에 올라 부렝 나라바디(Bureng Nārābadī), 즉 '나라바디 왕'이라 불렸다고 한다(Arthur P. Phayre, 『History of Burma』, London, 1883, 84쪽). '나라바디'와 '달라와저'은 첫음절만 제외하면 정확히 대응한다. '달'자는 '납(納)'자의 오기가 아닐까. 고증을 기다린다.

123) 이상 왕과 형법에 관한 정보는 『해국도지』에서 채록했다(『위원전집』, 4책, 446쪽).

먼저 맥옹아문(麥翁衙門)에 가서 호소하고, 다음에야 나도아문(羅都衙門)에 올려 제소한다. 나도(羅都)를 거쳐 왕에게 전달하여 왕이 판단한다. 쇠로 낙인 찍는 형벌이 있고, 저주하는 법이 있어, 짐작하여 시행한다.[123)]

풍속[俗]: ⓚ그 사람들은 급하고 사나우며, 성품은 사기성이 많다. ⓛ살생을 싫어한다. 절할 때는 손으로 팔을 안고, 이마를 조아리는 것을 공손하게 여긴다. 천문에 밝고 불법(佛法)을 좋아한다. 온갖 사원에는 유리로 기와를 만들었다. 사람들은 7세에 머리를 깎고 절에 가며 20세가 되어서 불법(佛法)에 통달하지 못하면 다시 평민이 된다. 옷은 백첩(白氎), 조하(朝霞)를 사용하는데, 누에 비단은 생명을 손상한다고 여겨 감히 옷으로 입지 않는다. 황금으로 만든 화관(花冠)과 비취 깃 모자[翠冒]를 쓰는데 잡다한 구슬을 단다.[124)]

전쟁[戰]: 원래 아와[Ava, 阿瓦], 아라칸[Arrakan, 阿臘干], 바고[Bago, 秘古] 세 나라는 각기 서로 통일되지 못하고, 일만 있으면 다투고 빼앗았다. 미얀마[緬甸]는 요충지로 더 무거운 해를 입었다. 만력(萬曆) 28년(1600), 미얀마는 군대를 동원하여 바고[秘古]를 공격해 복속시켰다. 강희(康熙) 39년(1700) 바고[秘古]가 다시 네덜란드[荷蘭]와 서양 두 나라의 군대와 약조하여 미얀마를 함께 공격했다. 곧장 아와[阿瓦]에 이르러 미얀마의 저포리(底布里) 왕을 사로잡았다. 이때 미얀마는 되레 바고[秘古]에 예속되었다. 그러나 미얀마 사람들은 강하고 사나워, 지역 군대를 소집하여 아와[阿瓦] 도성을 수복하고, 자립하여 왕에 올라 옛 땅을 모두 수복하고, 바고[秘古]를 멸망시켰다. 이후 아라칸[阿臘干]과 합쳐 하나의 나라가 되었다. 그러나 메르귀[Mergui, 麻爾古]의 땅은 모두 방글라[Bangla, 孟阿臘]와 접해 있고, 방글라[孟阿臘]는 영국[英吉利]에 속해 있었기 때문에, 도광(道光) 6년(1826)에 영국은 마침내 인도의 군대를 동원하여 미얀마를 공격했다. 미얀마는 익숙한 전투로 믿고 영국의 군대를 가볍게 보았다. 게다가 미얀마 군대는 기율이 엄격하지 않아 진군은 예리했으나 후퇴도 빨랐다. 이 때문에, 영국 군대에 꺾였다. 영국 군대는 강

---

124) ⓚ의 정보는 『영환지략』에서 채록했다(『영환지략교주』, 24쪽). ⓛ는 『해국도지』, 권10에 인용된 『신당서』에서 채록했다(『위원전집』, 4책, 449쪽). 『신당서』, 권222하, 「남만·표(驃)」(6308쪽)에서 확인된다.

125) 이상은 『해국도지』에서 채록했다(『위원전집』, 4책, 445~446쪽).

과 땅에 익숙하지 않았고, 지세가 험하여 군량 조달이 어려웠으며, 풍토병[瘴]이 심해 앓는 자들이 많아, 깊이 진입하기에 어려웠다. 원래는 퇴각하려 했으나 되레 공표하고 곧바로 아와[阿瓦]를 취하고 승승장구하며 진군했다. 미얀마 군대는 자주 기세가 꺾이고 막혀 결국 비굴한 말로 화의를 요청했다.[125] 바닷가의 넓은 땅은 영국의 부두가 되었다. 그 서남쪽은 마르타반[Martaban, 馬爾達般], 다웨이[Dawei, 達歪]라고 하였고, 서북쪽은 아객라(阿喀喇)[126]라고 불렀다. 미얀마 사람들은 당시 보복하려는 뜻을 품었으나 움직이지 못했다. 영국[英吉利]이 새로 개척한 땅은 아살밀(阿薩密, Assam)이라 했는데, 미얀마 서북쪽에 있다. 원래는 토착 이민족[土夷]의 땅이었는데, 영국인들이 동인도에서 넘어와 차지했다. 「오인도도설(五印度圖說)」에 자세하다.[127]

각부(各部): 거느린 부락은 48개다. 아와[Ava, 阿瓦, 잉와], 나라의 도읍 문액이(門額爾, Mongher), 서미(西麋, Zemee), 가리포(哥里布, Conickpoor), 강돈(江墩, Kiaintoun), 동미수(凍米數, Tummezoo),[128] 랍비나고(拉比那古, Labenagoo), 파이마(巴爾麻, Birma), 지보(芝補, Chiboo), 궁명(窮皿, Keoummeoun), 타경(打梗, Tagoung), 옹멸랍포랍(翁蔑拉布拉, Ummerapoora), 광돈(光墩, Quantong), 방포(邦布, Bampoo), 마관(磨觀, Mogouang), 변정(邊定, Paienduan), 랍공리(拉公厘, Luckhumry), 고경(高梗, Gougong), 몽리포(蒙厘布, Muannypoor), 랑욕하(郎欲河, Lawayooack, Lanywa), 반사(班師, Pansha, Pantha), 파탕류(巴宕謬, Pagahm Mew, Paghm), 마랍(麻拉, Malac, Mawlaik), 서객하도(西客呀都, Sekaygahdo, Myingyan), 마사포(麻渣布, Mouchaboo, Shwebo), 아랍간(阿拉干, Arrakan), 사탕

---

126) '아객라(阿喀喇)'는 여기 설명대로라면, 아라칸(Arakan)을 말한다. 율(Colonel Yule)에 따르면, 이곳은 프톨레마이오스가 '아르기레(Argyre)'로 언급한 지역이라고 한다(Arthur P. Phayre, 『History of Burma』, London, 1883, 261쪽). 여기 '아객라'는 '아르기레'에 해당하는 음일 것이다.

127) 이 조목은 『영환지략』에서 채록했다(『영환지략교주』, 24쪽).

128) 『해국도지』, 권10, 4a에는 '수(數)'자 없이 '동미(凍米)'라고 되어 있다. 『위원전집』 교주본에서는 '수'자를 보충해 넣었다(4책, 447쪽). 혜강이 어떤 판본을 활용했는지 정확히는 모르지만, '동미수'로 표기하고 있다는 점에 주목할 필요가 있다.

129) '마욕소'는 『해국도지』 교주본에서 '욕마소(欲麻疏)'로 교정했는데(『위원전집』, 4책, 461쪽), 이곳이 미얀마 민부(Minbu) 일대의 '와이마수(Waymazoo)'로 추정해야 한다면,

(渣宕, Chagaing), 특낭휴(特曩休, Taynangheou), 멸도(蔑都, Maydooh), 명특(皿特, Meeaday, Magwe), 신달(新達, Sendaht, Ngazun), 비의류(比衣謬, Peeaye Mew, Prome), 니특(呢特, Neday, Pakokku), 제소(濟騷, Tzeezau, Chinyakyun), 마욕소(麻欲疏, Waymazoop),[129] 란경(蘭梗, Rangoon), 명파(皿巴, Menlah, Minhla), 마이타만(麻爾打曼, Martaban), 동아(東俄, Tongho), 저노표(底奴彪, Denoobew), 파단류(波丹謬, Podang Mew), 가사명(哥士皿, Cosmin, Maungmya), 의탕(衣宕, Yeagaun, Kyithe), 지나마기이(知那麻幾爾, Chinabuckeer), 파삼(巴三, Parsaim, Bassein), 서리안(西利嘤, Syriam), 마라(麻羅, Maro), 대금사강(大金沙江, 브라마푸트라강)이 이 성에서 서쪽으로 동인도로 들어간다. 모와(母哇, Moowah)다.[130]

연혁(沿革): 미얀마[緬甸]는 옛날 주파(朱波)다. 한나라 때 서남의 이민족과 통하며 그들을 '션(撣)'이라 불렀다. 당나라 때는 표(驃), 송나라와 원나라 시기에는 '면(緬)'이라 불렀다. 한나라 화제(和帝) 영원(永元) 5년(93)에 션국(撣國) 왕 옹요조(雍繇調)가 중역(重譯)하며 진귀한 보물을 바치자, 인장과 인끈을 하사했다. 안제(安帝) 영녕(永寧) 원년(301) 사신을 보내 경하하며 악공과 마술사[幻人]를 바쳤다. 당나라 덕종(德宗) 18년(798) 표국 왕 옹강(雍羌)이 아우 실리이(悉利移)를 보내 내조하고 국악(國樂)을 헌상했는데,[131] 그 곡은 모두 산스크리트어로 된 경론이었다. 송나라 휘종(徽宗) 숭녕(崇寧) 4년(1105) 흰 코끼리를 바쳤다. 원나라 세조 지원(至元, 1335~1340) 연간에 티베트[吐番]

'욕마소'로 읽어야 한다.

130) 미얀마의 각 부락[各部] 기술은 '산수(山水)' 다음에(31a) 채록되어 있는데, 두주에 아래로 내려 '연혁' 앞에 넣으라는 지침에 따라 여기에 옮겨 편집한다. 미얀마의 부락 명칭들은 『해국도지』, 권10에서 채록했다(『위원전집』, 4책, 447~448쪽). 위원에 따르면, 『해국도지』 10권은 어느 유럽인[歐羅巴人]이 지은 책을 번역한 임칙서(林則徐, 1785~1850)의 텍스트를 위원이 다시 편집했다고 밝혔다(앞의 책, 445쪽). 이상의 영문 표기는 휴 머리(Hugh Murray, 1779~1846)의 『지리 백과(Encyclopaedia of Geography)』(II, Philadelphia, 1845, 388쪽)에 따라 추정했다. 또, 이들 옛 지명들을 모두 당시 지도에서 확인하지 못했으므로, 여기서는 괄호에 넣어 이후 더 좋은 고증을 기약했다.

131) 영국의 역사학자 하비(G.E. Harvey, 1889~1962)는 『버마 역사(History of Burma)』에서 10세기 이전 파간의 추장들 목록을 제시했는데, 문라트(Munlat)가 785년에, 다음은 그의 아들 사우키니트(Sawhkinhnit)가 802년 즉위한 것으로 되어 있다(G.E. Harvey, 『History of Burma』, London, 1925, 364쪽).

를 통해 세 차례 토벌했다. 뒤에 파간[Pagan, 蒲甘]에 현 미얀마[緬甸]의 왕성 방아(邦牙) 등의 지역 선위사(宣慰使)를 설치했다. 명나라 홍무(洪武, 1368~1398) 연간에 처음으로 귀부해 왔다. 여섯 선위사사(宣慰使司)를 두었는데, 차리(車里), 목방(木邦), 팔백대전(八百大甸), 노좌(老撾, Laos), 맹양(孟養), 면전(緬甸)으로, 이른바 '전남육위(滇南六慰)'라는 것이다.[132] 정통(正統, 1436~1449) 연간 선위사 망차답(莽次劄)이 녹천(麓川)의 반역한 이민족[叛夷] 사임(思任)과 사기(思機)를 잡아 헌상하여 땅을 보태주었다.[133] 가정(嘉靖, 1522~1566)초, 맹양(孟養), 사륜(思倫) 등이 군대를 연대하여, 미얀마[緬]를 침략하여 망기세(莽紀歲)를 죽이자, 미얀마[緬]는 조정에 담당관을 보내 조사해 주기를 호소했으나 따르지 않았다. 가정 연간에 망기세의 둘째 아들[支子] 서체(瑞體)가 타웅우[Taungoo, 洞吾]에서 일어나 다시 그 땅을 차지했다. 동쪽으로 람장(纜掌), 바로 남장(南掌) 남쪽으로 토아(土啞)를 시암[暹羅]의 땅 탈취하여 서남의 강국[雄]이 되었다.[134] 망씨(莽氏)가 패권을 차지한 이후, 여러 이민족[諸蠻]이 준동하여 해마다 자주 변경을 엿보았다. 청나라[皇朝]에 이르러 서림(西林) 상국이 토사(土司)를 폐지하고 유관(流官)에게 귀속시키자[改土歸流]는 의론을 건의하여, 모조리 잡아 죽이고[草薙禽獮], 8~9년을 경영한 뒤에 안정되었다. 이로부터 여러 이민족 부락[蠻部] 모두 판도에 들어와 지금은 인도 사이에서 남해의 울타리가 되었다.[135]

---

132) 소위 '전남육위(滇南六慰)', 즉 중국 서남쪽 경계의 이민족들에 관한 기술은 나왈경(羅曰褧)의 『함빈록(咸賓錄)』, 권7과 권8에 자세히 채록되었다. 근간 『추재 조수삼이 노래한 세계』에 역주되었으니, 참고하시오.

133) 이 시기 아와의 수장은 1440년 민레까우스와(Minrekyawswa), 1443년의 나라파티(Narapati)가 있었다(G.E. Harvey, 『History of Burma』, London, 1925, 366쪽).

134) 이상 가정 연간의 상황은 하비(G.E. Harvey, 1889~1962)의 『버마 역사』, 107~109쪽에 자세히 기술되었다. 여기 서계여가 언급한 왕들과 정확히 대응시킬 수 없어 참조하는 것에 그친다. '서체(瑞體)'는 시투끼야우틴(Sithukyawtin)의 앞 두 음절을 음차한 것 같다.

135) 이상 미얀마[緬甸]의 역사는 『영환지략』에 인용된 『천하군국리병서(天下郡國利病書)』에서 채록하고 재구성했다(『영환지략교주』, 24~25쪽).

남장(南掌) 부록[附]

강역(疆域): 남장(南掌)은 어떤 곳에는 람장(纜掌)으로 되어 있다. 바로 라오스[老撾]다. 북쪽으로 운남, 동쪽으로 시암[暹羅], 서남쪽으로 미얀마[緬甸]와 경계하고 있다. 땅은 매우 협소하다. 원래는 미얀마[緬甸]의 별도 부락[別部]이었다. 청나라[皇朝] 시기에 귀부하여 길들인 코끼리[馴象]를 헌상했다.[136]

---

136) 이 부록의 남장(南掌) 기술은 『영환지략』에서 채록했다(『영환지략교주』, 24쪽). 『운남통지(雲南通志)』(사고전서본, 권24, 24b)에 "가정(嘉靖, 1522~1566) 연간 미얀마 사람[緬人]들이 그 나라 동쪽의 람장(纜掌)을 격파했는데, [이 람장은] 또한 '남장(南掌)'이라고도 하는데, 노좌(老撾, 라오스)에 속한 부로, 그 당에서 가장 황폐하고 먼 곳이다(嘉靖間緬人破其東之纜掌, 亦名南掌, 蓋老撾屬部, 地之最荒遠者)"라고 하였다. 자세한 사항은 『지봉 이수광이 바라본 세계』, 124쪽과 근간 『추재 조수삼이 노래한 세계』를 참고하시오.

『지구전요』, 권3, 패동(浿東) 최한기 편집[137]

2-4. 남양(南洋)의 각 섬[南洋各島] 지도 30을 보시오.

중국의 남양은 많은 섬[萬島]가 둘러 펼쳐져, 끊어지기도 하고 이어지기도 하는데, 큰 섬은 수천 리고, 작은 섬은 수백 리 또는 수십 리다. 야생의 이민족[野番]들이 모여 살며 자연스럽게 부락을 이루었다. 그들 인종 전체를 '말라유[Malayu, 巫來由]'라고 한다. 어떤 곳에는 무래유(無來由)라고 되어 있다. 또한 '요아(繞阿)' 바로 조아(爪亞) '무흘(無訖)'이라는 인종도 있다. 어떤 곳에는 열길(烈吉)로 되어 있다.

서한(西漢) 시기 여러 나라가 처음으로 통교하며 공헌(貢獻)했다. 당나라 이후 상선들[市舶]이 광둥[閩廣]에 몰려들었다. 명나라 초 태감 정화 등에 항해하여 초치(招致)토록 하여, 내조(來朝)한 나라들이 더 많아졌다. 중엽 이후로 접어들며 유럽[歐邏巴] 등의 나라가 동쪽으로 와, 각 섬의 항구와 해안을 점거하고 부두[埔頭]를 세워 온갖 산물을 유통했다. 이에 여러 섬의 물산이 중화에 넘쳐나게 되었고, 푸젠과 광둥[閩廣]의 사람들이 배를 만들어 바다로 나가 오리처럼 그들을 따랐다. 간혹 농토를 사고 아내를 얻어 체류하며 돌아오지 않는 자들도 있었다. 루손[呂宋], 칼라파[Kalapa, 噶羅巴, 자바 자카르타] 등의 섬들처럼 푸젠과 광둥[閩廣]에서 와 머무르는 사람들이 10만 명 이하로 되지 않았고, 남양의 각 섬은 유럽[歐邏巴]의 동도주(東道主)가 되었다.[138]

---

137) 이 분권 표기는 국립중앙도서관 소장본에 따른 것이다. 저본에는 분권한다는 어떤 실마리도 없이 계속 2권으로 이어진다. 혜강의 목록에도 분권되지 않았는데, 국립중앙도서관 소장본의 근거는 무엇인지 모르겠다.

138) 이상의 개술은 『영환지략』, 권2, 아시아 남양의 각 섬[亞細亞南洋各島]를 채록했다(『영환지략교주』, 27쪽). 서계여는 이 정보를 대체로 진륜형(陳倫炯)의 『해국문견록(海國聞見錄)』(사고전서본, 권상, 14a)에서 가져왔다. '재우갱(宰牛坑)'은 『해국도지』 교주에 따르면, 루손섬 북부의 '아파리(Aparri)' 항구로 추정했으나(『위원전집』, 권4, 482쪽), 이 추정은 『고대남해지명회석』(666쪽)의 추정을 옮겨 놓은 것에 불과하다. 사실 지역은 비슷하지만, 음성적으로 전혀 만족스럽지 못하다. 생각건대, 이 지역은 크게 '카가얀(Cagayan)' 성에 속하고, 음성적으로는 루손섬 동북쪽 산타 아나(Santa-Ana) 약

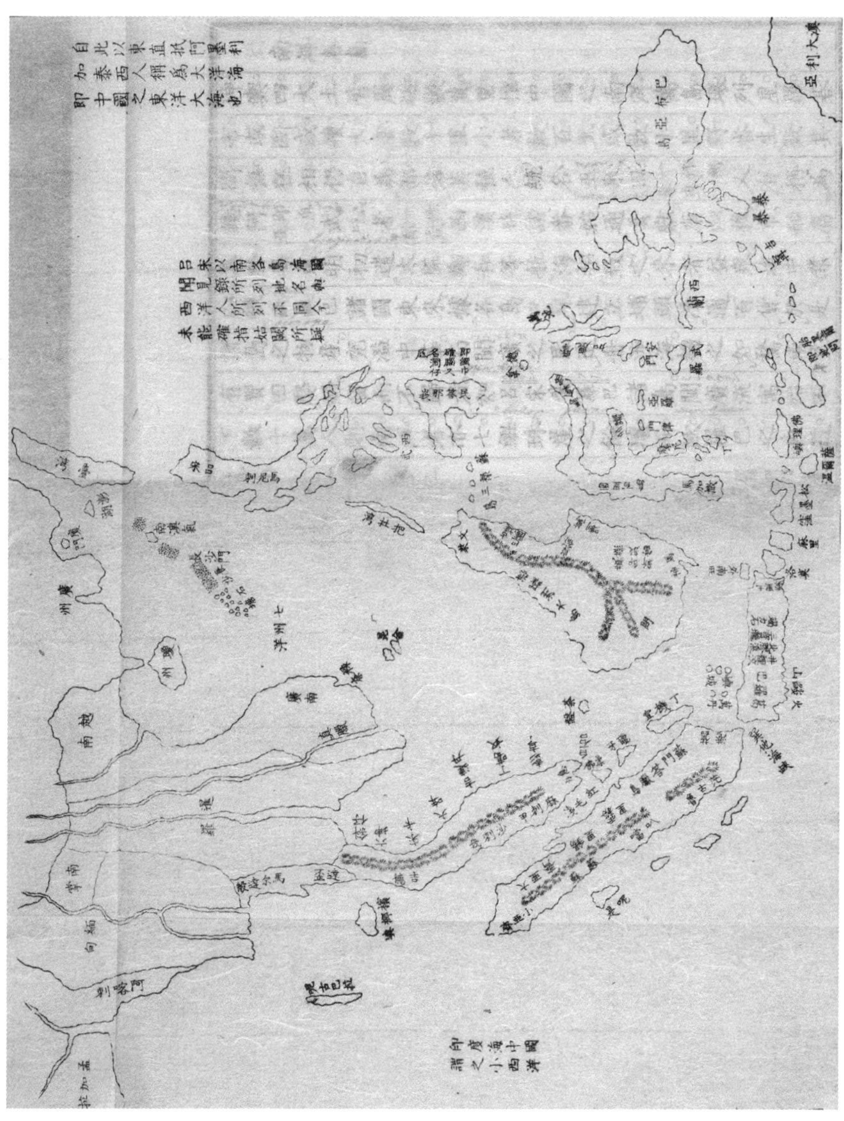

지도 30. 국립중앙도서관 소장본의 지도가 몹시 희미하여 『영환지략』(도시샤대학 소장본, 1861)에서 가져왔다. 국립중앙도서관 소장본에는 '남양각도도(南洋各島圖)'라는 지도 명이 있고, 경도와 적도 표기가 있다. "여기부터 동쪽으로는 곧장 아메리카[亞墨利加]에 이른다. 유럽인[泰西人]들은 태평양[大洋海]이라고 하는데, 바로 중국의 동양대해(東洋大海)다"라는 설명은 혜강의 지도에 보이지 않는다. 두 번째 설명은 "루손[呂宋] 이남의 각 섬은 『해국문견록(海國聞見錄)』에 수록된 지명으로[1793년 중각본, 하권, 42a에 실린 「사해총도(四海總圖)」를 말함], 서양인들이 수록하고 있는 명칭들과 달라 현재로서는 확인할 수 없어 일단 의심스러운 곳은 뺐다"라고 하였다.

루손[Luzon, 呂宋] 원래 명칭은 마니랄(馬尼剌)

강역(疆域): 루손[呂宋]은 타이완[臺灣] 봉산현(鳳山縣) 사마기(沙馬崎)의 동남쪽에 있다. 샤먼[廈門]에서 물길[水程]로 72경이다. 북면의 고산(高山) 일대는 거대한 이빨[鉅齒]처럼 보인다. 현지 명칭으로 '재우갱(宰牛坑)'이라 하는데, 바로 루손의 북쪽 경계다. 지형은 물고기가 꼬리를 흔드는 것 같다. 남북으로 대략 2,000여 리고, 서쪽 바닷가 일대는 기름진 토양[腴壤][139]이 많다. 명나라 초 홍무 7년(1374)에 조공을 들였다. 그 나라는 바로 '여송'이라는 나라였으나, 만력 연간(1573~1620)에 에스파냐[西班牙]가 이 섬을 차지하면서, 에스파냐는 원래대로 '여송'이라 부르면서 마닐라[馬尼剌]를 '소여송'이라 불렀는데, 아마도 기록을 상고하지 못하고 선후를 세운 것일 뿐이다.

산(山): 동쪽 산맥에 연이어 얽혀 있고 숲은 무성하고 깊으며 험하다. 화산[火峰]이 있고, 수시로 지진이 난다.

풍기(風氣)[140]

사람[人民]: 산 안쪽 야번(野番) 들은 검고 곱슬머리이며 띠로 집을 짓고 살며, 나무껍질을 옷으로 입는데, 타이완[臺灣] 산속 생번(生番)과 서로 비슷하다. ⓐ사는 사람들은 200여 만 명이고, ⓑ성정은 강하고 사나우며 전투를 즐긴다.

물산: 토양은 비옥하고 저습하여 벼[稻]에 적합하다. 쌀[米]이 쌀의 길이는 5~6푼 가장 많이 난다. 또 백당(白糖), 면화(棉花), 마(麻), 연초(煙草), 커피[加非] 가비는 편두(扁豆)와 비슷하고 푸르고, 검은색이으로 볶아 달이면 맛이 쓰고 향은 차와 비슷하다. 서양 사람들이 차 대용으로 마시며, 혹 설탕과 우유를 섞어 마신다 코코아[可可子], 과일 이름. 바로 약재에 들어가는 가자(訶子)로 서양인들이 또한 차로 대용한다. 금주(金珠), 대모(玳瑁), 빙편(氷片), 연와(燕窩), 해삼(海參), 오목(烏木), 홍목(紅木)이 난다.[141]

간 남쪽에 있는 '지눈간(Zinungan)'을 음차했을 가능성이 더 크다. 『해국문견록』을 교주한 리창촨(李長傳)은 이 '재우갱'을 루손섬 동북쪽 모퉁이에 있는 1,195m의 '카구아(Cagua)'일 것으로 추정했다(『해국문견록교주』, 중주고적출판사, 1985, 45쪽).

139) '유(腴)'자는 저본에 '腴'자처럼 쓰여 있어 『영환지략』, 권2, 4a에 따라 바로 잡는다.

140) 아무런 정보 없이 항목만 있다.

141) 이상 강역, 산(山), 사람, 물산 정보는 모두 『영환지략』에서 채록, 재구성했다(『영환지략교주』, 29~30쪽). ⓐ의 정보는 『해국도지』, 권11에 인용된 『무역통지(貿易通志)』에

상업: ⓒ마닐라[Manila, 馬尼剌]에는 범선들이 몰려들어 온갖 산물이 유통된다. 부두의 왕성함은 여러 대양 중에서 으뜸이다. ⓓ도광(道光) 12년(1832), 갑판선(甲板船) 136척이 드나들며, 화물은 각기 130만~140만 원이다. 내는 세금이 매우 무거웠으나 상선들은 오리처럼 몰려들었다. 그 나머지 남해의 마래서(馬莱西),[142] 뜨릉가누[Terengganu, 丁葛盧], 파항[Pahang, 彭亨] 같은 곳은 각기 현지 군주[番君]가 자치하는 곳으로 세금과 공납[稅餉]이 너무 가혹하여 교역이 성하지 않았다.[143]

공(工): 해구(海口)에서 준설하는 법. 여송의 강은 바다로 흘러드는 계치(鷄峙) 어귀의 바다 면은 길이가 360리고, 폭은 200여 리 남짓으로 내륙 강물의 유사가 바다로 흘러들어 어귀[口門]에는 진흙으로 얕아 배가 나아가지 못하고 온통 대해만 보이니 물 바닥을 따라 시공하기에 어려웠다. 마침 영국[英吉利] 배가 이르러 항구로 들어갈 수 없었다. 영국인들은 본디 기술이 많았는데, 수리 중추를 돌리는[樞紐轉旋] 법에 정통하여, 마침내 회전 테이블[轉盤] 기구를 설치하여 그 방식으로 가로세로 수백 리의 얕은 모래를 준설하자, 반년도 채 되지 않아 모두 터지니, 이때부터 큰 배가 돛을 달고 곧장 들어와 아무런 장애가 없었다. 사용한 기구는 장방형의 배 몇 척으로 배의 허리에서 선두까지 요(凹)처럼 두 갈래로 나누어 편다. 갈래 중간에 횡으로 차대[車盤]를 꽂아 마치 물레방아처럼, 바퀴 가장자리가 물 바닥에서 몇 촌 떨어져, 깊고 얕음을 조절할 수 있다. 배의 면(面)에 횡으로 바퀴를 돌리는 길을 만들어 약간 명이 밟고 차대를 돌려 움직인다. 또 커다란 파종하는 키[大播箕] 하나를 사용하여 흙 수천 근을 적재할 수 있는데, 그 키 바닥에 두 개의 바퀴를 달았고, 키

서 가져왔고(『위원전집』, 4책, 476쪽), ⓑ의 정보는 『해국도지』, 권11에 인용된 사청고(謝淸高)의 『해록(海錄)』에서 채록했다(앞의 책, 474쪽). 해당 문장은 『해록주』, 권중, 59쪽에 보인다. 사청고는 '여송'을 '대여송', 즉 스페인과 구분하여 '소여송'으로 구분해 표기했다.

142) '마래서(馬莱西)'는 『해국도지』, 권11에 인용된 『무역통지(貿易通志)』에서 '무래유(芜莱酉)'로 되어 있다. '마래서'는 '말레이'의 음차이고, '무래유'는 말라유(Malayu)의 음차로 같은 민족을 지칭한다.

143) ⓒ는 『영환지략』에서 채록했고(『영환지략교주』, 29쪽), ⓓ의 정보는 『해국도지』, 권11에 인용된 『무역통지(貿易通志)』에서 인용했다(『위원전집』, 4책, 476쪽).

의 입구에는 밭을 가는 쟁기처럼 쇠를 박아 넣었다. 또 두 쇠밧줄을 사용하는데, 길이는 수 장으로 하나는 끝을 차대에 매고, 하나는 키의 입구에 매어, 차대가 돌아 움직이면 파종하는 키를 배 옆으로 당기고, 쇠 쟁기가 갈고 지나가면 모래와 흙이 말려 키 안으로 들어오는데, 배 위에서는 별도로 앵가(鶯架)를 설치하여, 차대가 파종하는 키를 세워 모래를 작은 배에 기울여 넣으면, 벗어나 다른 곳으로 간다. 그 배는 사방에 닻줄을 던져 고정하여 움직이지 않게 한다. 오로지 물줄기 가운데 있으며 차츰 깊이 파내, 강물의 급류가 급히 흐르게 하면, 가운데 물이 저절로 점차 깊고 넓어지므로 인력을 줄이고 쉽게 이룰 수 있다.[144)]

세금[賦]: ⓔ미곡(米穀)이 아주 풍부하여 쌀 중에 긴 것은 5~6푼이다.[145)] 장저우와 취안저우 사람 중 농사를 짓고 운영하는 자들이 매우 많다. 해마다 주민세[丁票]로 은 5~6냥[金][146)]을 내야 거주를 허락받는다. 상행위[經商]는 오로지 한 구역에서만 할 수 있는데, 사방이 나뉘어 정해져 있어 경계를 넘어갈 수 없다. ⓕ중국인들도 많이 이곳에서 무역하는데 각기 한 구역에 살며 경계를 넘어갈 수 없다. 왕래하려면 반드시 노표(路票)를 요청해야 한다. 해마다 장정이 내는 은[丁口銀]이 매우 무겁다.[147)]

풍속[俗]: ⓖ이곳 풍속으로 외국 승[番僧, 신부]을 가장 중시하여 수도원

---

144) 이상 준설하는 법은 『해국도지』, 권11에 인용된 사점임(謝占壬)의 기술에 보인다(『위원전집』, 4책, 475쪽).

145) 이 주석[米長者五六分]은 앞의 '물산' 항목(36a)의 두주에 채록되어 있다.

146) '금(金)'은 명나라 시기부터 근대까지 화폐의 단위로, 은 1냥, 또는 은폐(銀幣) 1원을 '일금(一金)'이라 했다.

147) ⓔ의 정보는 『해국도지』, 권11에 인용된 진륜형(陳倫炯)의 『해국문견록(海國聞見錄)』에서 재구성했다(『위원전집』, 4책, 473쪽). 『사고전서』본, 권상, 14b에서 확인할 수 있다. "장주(漳州)와 천주(泉州) 사람 중 농사를 경영하는 사람들이 매우 많다. 해마다 주민세[丁票]로 은 5~6냥[金]을 내야 거주할 수 있다. 상행위는 사방에 나누어 정해진 한 구역을 지켜야 하고 경계를 넘어가면 안 된다. 두루 주민세[丁票]를 내면 마음대로 무역할 수 있다(漳·泉人耕種營運者甚盛. 年輸丁票銀五·六金, 方許居住. 經商惟守一隅, 四方分定, 不許越界. 廣納丁票, 聽憑貿易)." ⓕ의 정보는 앞의 『해국도지』에 인용된 사청고의 『해록』에서 채록했다(앞의 책, 474쪽). 『해록』에서는 루손을 '소여송(小呂宋)'으로 표기했다. 해당 정보는 『해록주』, 권중, 59쪽에 보인다.

[巴禮院]을 바로 천주교 짓고, 예배하는 가르침을 행한다. '파례(巴禮)'란 외국 승[番僧]이다. 천주교의 사제 염수(濂水)[148]를 계율[令]로 삼아, 선조에게 제사하지 않으며 모시는 신은 오로지 육씨(吖氏)다. 바로 예수 '염수'란 파례왕(巴禮王)의 바로 로마 교황 시신을 졸여 연고[脂膏]로 만들어 가르침을 받들 때, 사람들에게 자기 몸이 육씨에게서 나왔음을 스스로 맹세하게 하고, 맹세가 끝나면 신부[巴禮]는 시체 물[尸水]을 그의 머리에 떨어뜨리므로 '염수'라고 한다. ⓗ아내를 맞이하는 일을 견수(牽手)라고 하고, 친영(親迎)하는 날에는 교부(敎父)가 바로 교사(敎師) 쇠사슬로 남녀의 목을 둘러 주고, 7일마다 사원에 와서 신부[巴禮]에게 회개를 청하는데, '미사를 본다[看彌卅]'라고 한다. 수녀원[女尼院]은 오로지 재물을 관리하여 나라의 쓰임에 이바지한다. 수녀원은 아주 엄하게 봉쇄하여 남자들의 발길을 끊는다. 일상에 필요한 물품은 벽에 돌리는 말[轉斗]로 전달한다(壁上用轉斗傳進). 여자 중에 수녀원에 들어가 수행하려는 자는 모두 그곳으로 들어간다. ⓘ중국인이 본토의 이민족 아내[番婦]를 맞으려는 자는 반드시 그들 종교를 받아들이고 천주 교당에서 예배해야 한다. 기름 물로 미간에 십자가를 긋는데 '요수(澆水)'라고 한다. 부모의 신주를 불태우고, 늙어 죽으면 천주 교당으로 돌아가, 땅에 구덩이를 파고 맨몸[親膚]으로 매장한다. 부자들은 납부한 돈이 많고 적음에 따라 예배당 터에 매장하고, 가난한 자들은 담장 밖에 묻는다. 3년에 한 번 청소하여, 깊은 산간에 유골을 버린다. 소유한 재산은 천주(天主), 아내, 자식이 삼등분한다. 새벽[晨]에 종을 울려[鳴鷄鍾] 날이 샜음을 알리면, 비로소 시장을 열 수 있다. 정오[午]에 종을 울려 날이 졌음을 알리면 시장을 닫고 조용히 집안에 머무르며[寂閉] 왕래하지 않는다. 해 질녘[昏] 종을 울려 낮임을 알리면 등불을 대낮같이 환하게 켜고, 한밤중[夜半]에 종을 울려 밤임을 알리면 시장 점포를 닫는다. 주야 각기 6시간[三時辰]씩 낮이 되고 밤이 되며, 정오에도 야금(夜禁)이니 또한 기이한 풍속이다.[149]

---

148) 1620년 스페인어 필사본 『장저우 어법(Arte de la Lengua Chio Chiu)』(6-a)에 "濂水人都到盡好心"이란 문장을 스페인어로 "Los Christo anos todos esta el fin dell son buenos"로 번역하고 있다. '염수인'은 바로 '그리스도의 양들' 즉 그리스도인들을 말한다.

149) ⓖ는 위원이 『해국도지』, 권11, 「여송 이민족에 속한 섬(呂宋夷所屬島)」에 인용된 장저우 출신 황가수(黃可垂)의 『여송기략(呂宋紀略)』에서 채록했다(『위원전집』, 4책, 472~473쪽). 『영환지략』에도 인용되었다. ⓗ는 『영환지략』에 인용된 앞의 『여송기략』

[각부(各部)]: ⓙ이 나라는 동쪽을 등지고 서쪽을 향해 있다. 내호(內湖), 중호(中湖), 외호(外湖) 세 호수가 있는데,[150] 각기 폭이 300여 리다. ⓚ서양인들은 '외호'의 서쪽 바닷가에 '구두(龜豆)'[151]라는 성을 지었다. 또 성의 왼쪽 모퉁이는 '경일서(庚逸嶼)'[152]라고 하는데 포대(炮臺)를 만들어 통제한다[控

에서 발췌했다(『영환지략교주』, 32쪽). ⓘ는 『영환지략』에 인용된 『해국문견록』에서 채록했다(31쪽). 이에 해당하는 『해국문견록』의 기술은 다음과 같다(사고전서본, 권상, 15a~b). "장주(漳州)와 천주(泉州) 사람 중 농사를 경영하는 사람들이 매우 많다. 해마다 주민세[丁票]로 은 5~6냥[金]을 내야 거주할 수 있다. 상행위는 사방에 나누어 정해진 한 구역을 지켜야 하고 경계를 넘어가면 안 된다. 두루 주민세[丁票]를 내면 마음대로 교역할 수 있다. …중국인들이 말라유[無來由] 원주민 부인을 얻을 때는 반드시 그들 교에 들어가 천주당에 예배해야 한다. 눈썹 사이에 기름 물로 십자가를 그리는데 '요수(澆水)'라고 한다. 부모의 신주를 불태우고, 늙어 죽으면 천주당으로 돌아가, 땅에 구덩이를 파고 맨몸[親膚]으로 매장한다. 납부한 자산의 많고 적음을 따져, 부자는 천주당의 위쪽 터 안에 묻히고, 가난한 자는 담장 밖에 묻힌다. 3년에 한 번 청소하여, 깊은 산간에 유골을 버린다. 소유한 자산은 법정[公堂]에서 밝히고 천주, 아내, 자식이 삼등분한다. …새벽에 종을 울려 낮임을 알리면 시장을 열어 장사가 허락되고, 정오에 종을 울려 밤임을 알리면 시장을 닫고 조용히 집안에 머무르며[寂閉] 왕래하지 않는다. 해 질 녘[昏] 종을 울려 낮임을 알리면 등불을 대낮같이 환하게 켜고 생활하다가, 한밤중[夜半]에 종을 울려 밤임을 알리면 시장 점포를 닫는다. 주야 각기 6시간[三時辰]씩 낮이 되고 밤이 된다. 정오에 가까우면 야금에 잡히므로 온 땅이 모두 귀신 시장[鬼市]이 된다(漳·泉人耕種營運者甚盛. 年輸丁票銀五·六金, 方許居住. 經商惟守一隅, 四方分定, 不許越界. 廣納丁票, 聽憑貿易. …漢人娶無來由番婦者, 必入其教, 禮天主堂. 用油水畫十字於印堂, 名曰澆水. 焚父母神主, 老終, 歸天主堂, 挖坑土親膚而埋. 納貲較多寡, 富者埋堂上基內, 貧者埋墻外. 三年一淸, 棄骸骨於深澗. 所有家資明於公堂, 天主·妻·子作三股均分. …晨鳴鐘爲日, 方許開市肆經營, 午鳴鐘爲夜, 闔市寢閉, 不敢往來, 昏鳴鐘爲日, 燈燭輝煌如晝營生, 夜半鳴鐘爲夜, 以閉市肆. 晝夜各以三時辰爲日·爲夜. 傍午捉夜禁, 闔地皆鬼市)."

150) 이 세 호수에 관하여, 『해국도지』 교주에서는 '내호'를 '만의 호수[Laguna de Bay]'에, '외호'를 마닐라 만(Manila Bay)에, '중호'를 타알 호수(Taal Lake)에 대응시켰다(『위원전집』, 4책, 482쪽). 생각건대, '만의 호수[Laguna de Bay]'는 가운데 탈림(Talim)과 동쪽 잘라(Jala) 곶이 튀어나와 셋으로 나뉜다. 동쪽에서부터 '내', '중', '외'로 불렀다. 이렇게 이해해야, 다음 문장에서 "'외호'의 서쪽 바닷가에 '구두(龜豆)'라는 성을 지었다" 라는 기술과 부합한다.

151) '구두(龜豆)'는 바로 거북 머리 '귀두(龜頭)'로 마닐라에서 7시 방향 남쪽에 있는 '카비테(Cavite)'를 형용한 의역 명칭일 것이다.

扼]. 성을 세운 땅을 마닐라[馬尼剌]라 한다. '만리라(蠻哩喇)'라고도 한다.[153)]

섬[島]: 남쪽으로 크고 작은 섬 10여 개가 이어 있는데, 푸젠[閩] 사람들은 그곳들을 리자발(利仔戊), 감마력(甘馬力), 반애(班愛), 오당(惡黨), 숙무(宿霧), 묘무연(貓霧煙), 망건초뇌(網巾礁腦) 등이라고 한다.[154)] '망건초뇌'는 어

---

152) '경일서(庚逸嶼)'에 관하여 『해국도지』 교주에 따르면, 카비테 부근의 상글레이(Sangley) 곶, 또는 코레지도르(Corregidor) 섬을 가리키기도 한다고 추정했다(『위원전집』, 4책, 482쪽). 마닐라의 '왼쪽'이 어디인지 분명하지 않지만, 코레지도르 섬은 마닐라 만의 입구에 위치하여 방어에 유리하지만, 마닐라의 왼쪽 모퉁이로 이해하기 어렵다. 또 마닐라 부근의 '서(嶼)'라면, 앞서 말한 카비테 왼쪽의 '카리다드(Caridad)'일 가능성이 크다. 그러나 음성적으로는 어디를 선택하든 만족스럽지 못하다.

153) 이 조목은 '산(山)' 조목 뒤에(35b) 채록되어 있으나 두주에 아래로 내리라는 표기가 있고, 여기에(35b) 다시 '각부'를 넣으라는 지침에 따라 여기에 옮겨 편집한다. ⓙ는 『해국도지』, 권11에 인용된 황가수(黃可垂)의 『여송기략(呂宋紀略)』에서 채록했고(『위원전집』, 4책, 472쪽), ⓚ는 『영환지략』에서 가져왔다(『영환지략교주』, 29쪽).

154) 서계여는 이 섬들의 명칭을 『해국문견록(海國聞見錄)』(사고전서본, 권상, 15b~16a)에서 가져왔다. "[루손섬] 아래로 ①리자발(利仔戊)로 이어지는데, 물길로 12경이고, ②감마력(甘馬力)까지는 물길 21경으로, 이 두 곳은 중국인들이 루손[呂宋]에서 배를 타고 그곳으로 가 교역한다. 리자발의 동남쪽, 바다 맞은편에 다섯 섬이 마주하고 있는데, ③반애(班愛), ④오당(惡黨), ⑤숙무(宿霧), ⑥묘무연(貓霧煙), ⑦망건초뇌(網巾礁腦)다. 섬과 바다[山海]에서 나는 산물은 루손과 같은데, 사슴, 노루, 소의 가죽, 힘줄과 고기, 소목(蘇木), 오목(烏木), 강향(降香), 속향(速香), 황랍(黃蠟), 연와(燕窩), 해삼(海參) 등이다. 물길은 반드시 루손의 리자발 바다[利仔戊海]에서 남쪽으로 간다. 루손에서 반애까지 10경, 오당까지 23경, 숙무까지 24경, 망건초뇌까지 58경이다(下接利仔戊水程十二更, 至甘馬力水程二十一更, 二處漢人從呂宋舟楫往彼貿易. 利仔戊之東南, 隔海對峙有五島, 班愛·惡黨·宿務·猫務烟·網巾礁腦. 中國俱有洋艘往通. 亦係無來由族類. 山海所產, 與呂宋同. 如鹿麂·牛皮·筋脯·蘇木·烏木·降香·速香·黃蠟·燕窩·海參等類. 水程必由呂宋之利仔戊海而南. 呂宋至班愛十更, 至惡黨二十三更, 至宿務二十四更, 至網巾礁腦五十八更)"라고 하였다. 이에 대해 서계여는 "이들 지도가 「사해총도(四海總圖)」에 들어 있으나 추정하기에는 근거로 매우 부족하다. 서양인들이 그린 지도에는 루손 남쪽으로 크고 작은 10개의 섬이 보이는데 『해국문견록』의 지명과는 전혀 다르다. 아마도 푸젠 발음으로 현지 말[番語]을 옮겨 당황스러움이 많은 데다, 한자로 현지 말을 옮김에는 사람마다 다르다. 게다가 유럽인들 대부분이 의미를 따라 명명하므로 각 섬의 본명과 전혀 관계가 없는 예도 있다. 지금 각 섬의 지명을 상세히 번역하자면, '감마력'은 마린득(馬隣得)과, '반애'는 파랍만(把拉灣)과, '오당'은 니악파(泥鄂巴)와, '숙무'는 서무(西武)와, '묘무연'은 마은(馬埡)과 비슷하다. 가장 남쪽의 한 섬이 비교

적 큰데, 『해국문견록』에서 말하는 '망건초뇌'로, 유럽인들이 말하는 민답나아(民答那峨)와 비슷하다. 『해국도지』에서 '간자저(澗仔低)'라는 곳이 이곳인지는 모르겠다"라고 하였다(『영환지략교주』, 30쪽).

먼저 ⑦'망건초뇌(網巾礁腦)', 서계여가 다른 명칭으로 언급한 '간자저(澗仔低)'를 보면, 『해국도지』, 권3, 동남양의 각 섬 지도[東南洋各島圖]에 "민타나(閔他那) 섬은 '민답나아(民答那峨)'라고도 부르는데, 바로 '망건초뇌(網巾礁腦)' 또는 '간자저(澗仔低)'라고도 하는 곳이다"라고 하였다(『위원전집』, 4책, 141쪽). 여기 '민타나'와 '민답나아'는 민다나오(Mindanao)에 잘 대응한다. 이 민다나오는 스페인 사람들이 도착하여 본, 마귄다나오(Maguindanao) 또는 마긴다나우(Magindanaw) 사람들을 옮긴 표기다. 이 마귄다나오 또는 마긴다나우를 음차한 형태로 보이는 망건초뇌[maŋ-kin-tsio-naũ]는 간자저[kan-tsi-te]와 글자의 오기를 상정하지 않는 한 음성적 연관성은 거의 없다. 『해국문견록』의 기술대로라면 루손섬에서 가장 멀리 남쪽에 있다. 이로써 위원은 '망건초뇌'로 읽었을 것이다. 지리상으로 그럴법하고, '건초' 두 글자를 빼면 '민다나오'의 음차로 이해할 수도 있다. 하지만 '간자저'란 표기는 위원이 『해국도지』, 권11에서 인용한 『여송기략(呂宋紀略)』에서 "루손은 동쪽으로 '만란(萬蘭)', '간자저(澗仔低)'의 대해, 서쪽으로 푸젠·광둥 대해, 남쪽으로 술루[蘇祿] 대해, 북쪽으로 '만수조동(萬水朝東)' 대해와 경계한다"라고 하였다. 모든 물은 동쪽으로 흐른다는 의미의 '만수조동' 바다는 타이완 가오슝 앞 바다를 말한다. 따라서 『여송기략』에 언급된 방향은 일치하므로, 루손 동쪽 또는 적어도 동남쪽에 '만란'과 '간자저'가 있어야 한다. 그러나 여기의 '만란(萬蘭)'은 『해도일지』의 '만란(萬瀾)'으로 보이는데, 영역본에서는 '만란'을 반다(Banda) 군도로 번역했다(『The Chinaman abroad, or, A desultory account of the Malayan Archipelago, particularly of Java by Ong Tae Hae』, Shanghae, 1849, 39쪽). 심지어 『해도일지』 '만란' 기술에서(와세다대학 소장본, 권3, 9b) 언급한 부속 섬들은 반다 제도 지역을 가리키고 있다. 또 루손섬 '동쪽'으로는 이렇다 할 섬이 보이지 않는다. 한편, 『해국도지』 교주에 따르면 민다나오 동쪽 해역과 현 인도네시아 테르나테(Ternate)섬 이북 해역을 가리킨다는 이해할 수 없는 설명을 했다(『위원전집』, 4책, 482쪽). 이 추정은 『해도일지』의 교주를 따른 것 같다(『해도일지교주』, 82쪽). 테르나테섬은 민다나오의 훨씬 남쪽에 있으며, 필리핀 군도에 들지 않는 섬이다. 게다가 『해도일지』(와세다대학 소장본, 권3, 6b)에 따르면, "자카르타[吧國] 가장 동남쪽에 있다. 술루[Sulu, 蘇洛], 세부[Cebu, 宿務]와 서로 가깝다"라고 했으므로 '만란간자저'가 남쪽 민다나오섬 일대가 될 수 없다. 이로써 서계여의 이의 제기는 타당하고 정확하다. 결과적으로 음성적으로는 테르나테와 부합할지라도 '간자저'란 곳은 이후의 고증을 기다릴 수밖에 없다. 계획하고 있는 『해도일지』에서 다시 한번 다루기로 하고 이의를 제기하는 것에 그친다.

①리자발(利仔攴)은 위의 설명에 따르면, 루손 남쪽으로 가장 가까운 섬에 있어야 한다. 『고대남해지명회석(古代南海地名汇释)』(중화서국, 1986, 429쪽)에는 '레가스피(Legazpi)'로 추정했다. 이 음성적 유사성에만 주목한 이 추정은 『해국도지』 교주에도 이어졌다(『위원전집』, 5책, 575쪽). 레가스피는 루손섬과 이어져 동남쪽으로 뻗어 비콜

지역의 행정 중심지다. 리자발이 '레가스피'라면, 앞서 본 『해국문견록』에서 "리자발의 동남쪽, 바다 맞은편에 다섯 섬"을 어떻게 설명할 것인가? 또 중국 푸젠과 광둥에서 장삿배들이 오갈 때, 마닐라 반대편 바다로 돌아가는 항로를 택할 리 없다. 당연히 마닐라에서 남쪽으로 이어지는 항로를 취할 것이다. 또 『고대남해지명회석』에는 '리자발해'를 추정하고 있는데 '시부얀(Sibuyan)' 바다 일대라고 추정했다(429~430쪽). 시부얀은 민도로섬 동남쪽에 있다. 따라서 '리자발'은 마닐라 남쪽 민도로섬 북쪽 지역에서 찾아야 할 것이다. 추정컨대 '리자발'은 '루방(Lubang)'섬으로 읽어야 『해국문견록』에서 기술한 내용과 부합할 것 같다.

②감마력(甘馬力)도, 『고대남해지명회석』(250쪽)에 따르면, 음성적 유사성과, '리자발'를 레가스피로 추정한 이상, 같은 비콜 지역에 있는 '카마리네스(Camarines)' 주로 추정했다. 이는 리창촨(李長傅)의 『해국문견록교주(海國聞見錄校注)』(中州古籍出版社, 1985, 46쪽)를 따른 것이다. 이 중국학자들의 설명은 음성적으로는 그럴법하지만, 전혀 『해국문견록』의 기술과 부합하지 않는다. 아마도 민도로섬 서남쪽 7시 방향에 있는 칼라미안(Calamian) 제도를 말할 것이다. 『해국문견록』의 설명은 루손에서 동남쪽으로 '반애(班愛)' 등으로 이어지며, '감마력'은 별도의 항로로 기술하고 있다는 점을 근거로 삼을 수 있다. 서계여는 마린득(馬隣得), 즉 마린두케(Mariduque)로 추정했는데, 음성적, 지리적 측면에서 칼라미안보다 못하다.

③'리자발'에서 동남쪽에 있는 '반애(班愛)' 섬은 바로 파나이(Panay)섬을 가리킨다. 정확히 지리적, 음성적 모두 만족스럽다. 하지만 서계여는 팔라완[把拉灣]으로 읽었다. 이 섬은 민도로섬에서 7시 방향으로 가장 남쪽에 있으므로, 『해국문견록』에서 기술한 방향과 부합하지 않는다. ④의 오당(惡黨)은 『고대남해지명회석』(627쪽)에서는 『지남정법(指南正法)』에 따라 파나이섬 남부의 '오톤(Oton)'의 음차로 추정했다. 이어서 '오당도(惡黨島)'는 네그로스(Negros)섬으로 추정했다. 서계여는 니악파(泥鄂巴)와 비슷하다고 했는데, 『해국도지』 교주에서는 『고대남해지명회석』에 따라 네그로스섬으로 추정했다(『위원전집』, 4책, 485쪽). 음성적으로 어떤 연관성이 있는지 확인되지 않는다. '오당'은 네그로스[흑인들]의 의역 명칭으로 보인다.

⑤'숙무(宿霧)'에 관하여 서계여는 아래 서양인들의 명칭에 보이는 '서무(西武)'와 비슷하다고 했는데, 바로 세부(Cebu)에 해당한다. 『고대남해지명회석』(716쪽)에서는 삭무(朔霧), 숙무(宿務), 숙무(淑務), 속무(速巫) 등의 다른 표기를 보여 준다. 『동서양고(東西洋考)』(사고전서본, 권5, 9a)에 따르면 '삭무(朔霧)'는 스페인[佛朗機]이 루손을 차지하기 이전 먼저 취한 섬이라고 설명했다. 세부 현지어로는 '숙보(Sugbo)'라고 하는데 이를 음차한 형태일 것이다.

⑥묘무연(貓霧煙)은, 『고대남해지명회석』(710쪽)에 따르면, 묘무연(猫武烟), 묘무연(猫毋烟) 등의 다른 표기를 소개하고, 삼보앙가(Zamboanga)라는 설, 민다나오섬의 망얀(Mangyan) 족을 옮겼다는 설, 보홀(Bohol)섬이라는 설을 제시했다. 서계여의 설명에 따르면, '마은(馬垽)'과 비슷하다고 한다. 『해국도지』 교주에서는 '보홀'에 대응시켰지만(『위원전집』, 4책, 485쪽), 어떠한 음성적 연관성도 찾아보기 어렵다. 그럼에도 『해국

떤 곳에 '교건초로(蛟巾焦老)'로 되어 있고, 또 '간자저(澗仔低)'라고도 한다. 서양[泰西] 사람들은 그곳들을 사마르[Samar, 撒馬], 마린두케[Marinduque, 馬隣得], 팔라완[Palawan, 把拉灣], 니악파(泥鄂巴), 니미파지(尼未巴地),[155] 세부[Cebu, 西武], 마은(馬垽), 방민(邦閔),[156] 다라래지(多羅來地),[157] 민다나오[Mindanao, 民答那峨]라고 부른다. 모두 말라유[巫來由] 현지 인종들이다. 날씨[天時]는 루손과 비슷하다. 중국 상선들은 루손에서 나누어 가 교역한다. 산물로는 녹궤(鹿麂), 우피(牛皮), 근포(筋脯), 소목(蘇木), 오목(烏木), 강향(降香), 속향(速香), 황랍(黃蠟), 연와(燕窩), 해삼(海蔘) 등이 있다. 섬의 현지인[島番]들은 어리석어, 저축하지 않고, 중국의 포와 비단으로 몸을 가린다. 대부분 에스파냐[西班牙] 관할에 속한다.[158]

도지』를 교주한 사람들은 권15에서 '묘무연'을 삼보앙가로 추정했다(『위원전집』, 5책, 576쪽). 지리적으로는 보홀섬이 그럴법하지만, 음성적 연관성은 전혀 없다.

155) 『영환지략』에는 '미'자인지 '말(末)'자인지 분명하지 않다. 교주본에서는 '말'자로 읽었다(『영환지략교주』, 30쪽). 『해국도지』 교주에서는 '니말파지'로 읽고, 마스바테(Masbate)섬으로 추정했는데(『위원전집』, 4책, 485쪽), 음성적으로 잘 대응하는지는 모르겠다. '마스바테'에 대응하려면 적어도 '미' 또는 '말'자가 '실(失)'자의 오기임을 상정해야 한다.

156) 『영환지략』, 『해국도지』(100권 본, 1852년 간행본, 권11, 15b) 모두 '방민(邦閔)'은 한 곳으로, 읽고 있다. 그럼에도 『해국도지』 교주본에서는 '방'은 '니(尼)'자를 추가하여 파나이섬으로, '민'에는 '타나(他那)'를 보내 민다나오섬으로 교정했는데, 무리하고 근거 없다(『위원전집』, 4책, 485쪽). 『만국지리전도집(萬國地理全圖集)』에는 언급되지 않았으나, 서계여는 뒤에 민다나오에 해당하는 섬으로 '민답나아(民答那峨)'를 들고 있기 때문이다.

157) '다라래지(多羅來地)' 또한 『영환지략』, 『해국도지』(100권 본, 1852년 간행본, 권11, 15b) 모두 한 섬으로 기록하고 있다. 그러나 『해국도지』 교주본에서는 '다라' 앞에 '민(閔)'자를 추가하여 민도로섬으로 읽고, 뒤의 '래지'는 레이테(Leyte)섬으로 추정했다(『위원전집』, 4책, 485쪽). 이 교정은 그럴법하다.

158) 이 조목은 '물산(物産)' 뒤에(36a) 채록되어 있으나, 두주에 이곳으로 옮기라는 지침에 따라, 여기에 옮겨 편집한다. 이 단락은 『영환지략』에서 채록했다(『영환지략교주』, 30쪽). 서계여는 이 단락의 정보를 『해국문견록』과 『만국지리전도집(萬國地理全圖集)』에서 발췌하여 재구성했다. 바로 루손의 남쪽에 있다는 서양인들이 말하는 섬들은 『만국지리전도집』에서 가져왔는데, 『해국도지』, 권11에서 확인할 수 있다(『위원전집』, 4책, 478쪽).

연혁(沿革): ⓛ땅은 원래 말라유[巫來由]의 번국(番國)으로, 이전 명나라 융경(隆慶) 연간(1567~1572) 유럽[歐羅巴]의 에스파냐[西班牙]가 신하 미아란(咪牙蘭)을 보냈는데, 거함(巨艦)을 이끌고 동쪽으로 와, 루손[呂宋]에 이르렀다. 그 땅이 넓고 기름진 것을 보고 몰래 습격하여 빼앗으려 했다. 만력 연간(1573~1620)에 수척의 거함에 병장기를 싣고, 화물선이라 속이며, 번왕(番王)에게 황금을 주고, 소가죽만 한 땅을 청하여 상품들을 펼쳐 놓았다. 왕이 허락하자, 소가죽을 실처럼 잘라 서로 이어 사방 둘레를 만들고는 원하는 땅이 이러하니, 달마다 은을 납세하겠고 했다. 번왕이 이미 허락하여 다시 고칠 수 없었다. 결국 성을 쌓고 병영을 세운 다음 갑자기 화포로 여송을 공격하여, 번왕을 죽이고 그 나라를 멸망시켰다. 에스파냐는 대추(大酋)를 제압하고 점차 나라 사람들을 이주시켜 그들 땅을 채웠다. ⓜ또 중국인 중 상인들이 변고를 일으킬지 걱정하여 대부분 축출하여 돌려보냈고, 남는 자들은 모두 그들에게 침탈당했다. 그들 추장 낭뢰패리계로(郎雷敝裏系勝)가 미락거(美洛居, 말루쿠)를 침략할 때, 중국인 250명을 시켜 전쟁을 돕도록 했다. 반화오(潘和五)란 자가 그들 초관(哨官)이 되었는데, 만인(蠻人)들이 매일 술에 취해 누워있고, 중국인들에게 배를 조정하게 했다. 조금이라도 게으르면 곧바로 채찍질을 당해 죽는 자도 있었다. '반화오'가 "반란하여 죽는 것과 매질을 당해 죽는 것은 같다"라고 하자, 무리들은 그렇다고 여기고, 밤이 되자 그 추장과 찔러 죽이니, 여러 만(蠻)이 모두 칼날에 당했다. 번화오 등이 그들의 금은보화와 병장기를 모두 거두어 대를 몰아 돌아오다가, 길을 잃어 안남(安南)에 갔으나 그 나라 사람들에게 약탈당하고 겨우 곽유태(郭惟太) 등 32명만이 다른 배를 얻어 타고 돌아왔다. 당시 추장의 아들 랑뇌묘린(郎雷猫吝)이 신부[僧]를 보내 부친의 억울함을 진정하며 전함과 금은보화를 돌려주고, 원수들을 죽여 부친의 목숨을 보상해 줄 것을 [청했다]. 순무 허부원(許孚遠)이 조정에 보고하자, 양광(兩廣) 독무(督撫)에게 격문을 보내, 신부를 예에 따라 보내고 곽유태를 법대로 처치하게 했다. 번화오는 결국 안남에 머무르며 감히 돌아오지 못했다. 그러나 중국 상인들은 이윤을 탐해 죽음을 불사하고 다시 여송에 모여 살았다. 당시 중국의 광세사(礦稅使)가 사방으로 파견되자, 남자 장억(張嶷)이 여송 기역산(機易山)에는 본디 금은이 나는데 그것을 채취하면 한 해 금 10만 냥과 은 30만 냥을 얻을 수 있다는 유언비어[妄言]가 돌았다. 조서로 장주(漳州)의 군승(郡丞) 왕시화(王時和)와 장억을 함께 보내 가서 조사하고 땅을 지키게 했다. 서양 추장이 “산곡에는 주인이 있고 어찌 넘어가 채굴할 수 있겠는가? 예를 들어 중국의 어떤 산을 우리나라에 채굴을 허락할 수 있는가?”라고 물었다. 추장은 이로부터 천조[중국]가 장차 자기 나라를 습격해 취할 것이고, 떠돌며 사는 사람들이 반드시 내통할 것으로 의심하고 몰래 그들을 죽이려 했다. 이듬해 출병하여 이웃 나라를 침략한다고 선언하고 후한 값으로 철기를 사들이자, 중국인들은 이윤을 탐내 모두 내다가 팔아버렸다. 이에 추장은 군대로 포위하고 그들을 묻어 버리니 죽은 자가 2만여 명이었고 겨우 300여 명이 남았다. 중국 배는 결국 종적이 끊어졌다. 대관(臺官)이 장억을 탄핵하여 주살 당했고, 왕시화는 죽음을 두려워했다. 그 뒤로 중국 배들이 조금씩 다시 갔고, 만인(蠻人)들은 중국과의 교역으로 이득이 되었으므로 또한 거부하지 않아, 한참 지나자 다시 마을이 형성되었다.[159)]

술라웨시[Sulawesi, Celebes, **西里百**] 어떤 곳에는 ‘실륵밀사(失勒密士)’로, 또 ‘세리와(細利窪)’로 되어 있다.

루손[呂宋]에서 정 남쪽으로 보면 큰 섬이 있는데 ‘서리백(西里百)’이라고 한다. 섬은 사람의 팔다리처럼 네 갈래로 나뉘는데, 강의 지류[汊港]들이 더욱 깊고 굽이져 흐른다. 북쪽 한 갈래는 ‘마다도[Ma(e)nado, 馬拿多]’라 하고, 어떤 곳에는 망나타(茫拿陀)로 되어 있다. 동쪽으로 흐르는 두 갈래는 ‘톨로[Tolo, 多羅]’와 ‘보니[Boni, 摩尼]’라고 하며, 남쪽으로 흐르는 한 갈래는 ‘마카사르[Macassar, 馬加撒]’[160)]이라 한다. 어떤 곳에는 망가슬(芒佳虱)로 되어 있고, 또 망가석(望加錫), 또 망가살(茫加薩)[161)]이라고도 되어 있다. 네덜란드[賀蘭]가 남북의 두 지류에 각각 부두를 세우고 포대(砲臺)를 건설하여 군대를 주둔시켰다[戍以兵][162)]. 마카사르[馬加

---

159) ①의 정보는 『영환지략』에서 채록했다(『영환지략교주』, 29쪽). ⓜ의 내용은 『명사』, 권323, 「외국·여송」(8372~8373쪽)에서 혜강이 정확한 독서를 통해 요점만 재구성한 내용이다. 자세한 원문과 번역은 ‘중국정사외국전DB’를 참고하시오.

160) 인도네시아 술라웨시섬 남부의 중심지 마카사르(Makassar)의 음역 표기다. 마카사르어로 망카사라(Mangkasara)로 발음한다. 아래의 ‘마갑살(馬甲撒)’도 이의 다른 표기다.

161) 저본에는 망가음(茫加蔭)으로 되어 있어, 『영환지략(瀛環志略)』에 따라 ‘망가살(茫加薩)’로 교정한다.

撒] 원주민[土番]인 말라유[巫來由] 사람 중에는 '부기[Bugi, 蕪吉]'라는 혹 부기스[Bugis, 武吃氏]라고도 한다. 또 다른 인종이 있는데, 그들은[其人][163] 강하고 용맹하며 무(武)를 좋아하여 공격하는 기술이 가장 정밀한데, 남녀가 어릴 때부터 무예를 익힌다. 한 사람이 단도를 들고 수십 명을 대적할 수 있다. 바다에 나가면 해적들이 멀리서 바라보며 피한다. 그들 이름을 듣고 물러나지 않는 자가 없다. 그 인종들은 여러 섬나라에 산재하며, 사람들 모두 그들을 중시한다. 이익을 얻으면 돌아가 그 부모를 봉양한다. 옛날에는 자카르타[噶羅巴]의 속국이었고, 우두머리[魁]는 마카사르[馬甲撒] 산중에 살며 자신을 '료야(膋喏)'라 했는데, 자바[爪亞]의 호칭인 순란(巡欄)과 같다.[164] 네덜란드[하란]가 맹약하여 형제가 되자는 약속을 받아들이지 않았다[不受荷蘭約束與盟約爲兄弟而已]. 또 다른 현지인은 '부톤[Bouton, 武敦]'이라 하는데, 강하고 용맹하여 부기스[武吃氏]와 비슷하다. 마카사르[馬甲撒]의 남쪽 여러 섬에 산다. 물산은 루손[呂宋]과 같지만, 유포(幼布)와 해삼(海參)은 가장 우수하다.[165]

---

162) 『영환지략』에는 '병(兵)'자가 '구(具)'자로 되어 있는데, 혜강이 고쳐 읽은 '병'자가 문맥에 부합한다. 왕선겸(王先謙)의 『오주지리지략(五洲地理志略)』(1910년 간행본), 권8, 12a에서 '병'자임을 확인할 수 있다.

163) 저본과 『영환지략』에 빠져있어 『오주지리지략』에 따라 보충하여 번역했다.

164) '순란(巡欄)'에 관하여, 『해도일지(海島逸志)』(와세다대학 소장본, 권3, 4a)에서 자바[爪亞] 사람들을 기술한 바에 따르면, "스마랑[Semarang, 三寶壠]의 '람내(覽內)'를 높여 '순란(巡欄)'이라 한다"라고 하였다. 다시 『해도일지』(권3, 1b)에서 자바섬의 네덜란드[荷蘭]를 기술하며, '순란'을 "자바의 국주(國主)는 '람내(覽內)'에 산다"라고 하였다. 또 『해국도지』, 권29에 인용된 유욱(劉郁)의 『서사기(西使記)』에 나오는 '산탄(算灘, 술탄)'을 설명하며 위원은 "자카르타[葛留巴]에서는 그들 왕을 '순란(巡欄)'이라 하는데 실은 하나의 음이 와전된 것이다"라고 하였다(『위원전집』, 5책, 874쪽). 사실 이 위원의 설명은 오해다. 『해도일지교주』에 따르면(16쪽), 자바의 마타람(Mataram) 국왕을 '수수후난(Susuhunan)'이라 부르는데, 이를 줄여 음차한 것이라고 설명했다. 리클프스(M. C. Ricklefs)는 '수수후난'이 '존경을 표하는 사람'이라는 뜻이라고 설명하고, 마타람의 '왕'의 호칭으로 '아망구랏(Amangkurat, 1646~1677년 재위)'을 들었다(『War, culture, and economy in Java, 1677-1726』, Sydney, 1993, 8쪽, 30쪽).

165) 이상 술라웨시 기술은 모두 『영환지략』에서 채록했다(『영환지략교주』, 33~34쪽). 여기 술라웨시섬의 원주민들에 관한 기술은 대부분 『해도일지(海島逸志)』에서 가져왔다. 원문은 『해국도지』, 권13에 인용되었다(『위원전집』, 5책, 531~2쪽). 술라웨시의 지명들

술루[Sulu, 蘇祿]

강역(疆域): 루손[呂宋] 군도의 서남쪽, 보르네오[婆羅州]의 동북쪽에 작은 나라가 있는데, 술루[Sulu, 蘇祿]라 한다. 세 개의 섬이 연접해 있는데, 섬은 모두 아득히 작지만, 사는 사람들은 상당히 많다. 원래 말라유[巫來由] 이민족[番族]으로 사납고 용맹하며 싸움에 능하다. 사람들 대부분이 해적질에 익숙하다. 에스파냐[西班牙]가 이미 루손을 점거하고 술루를 속국으로 만들려 했으나 술루는 복종하지 않았다. 서방인들이 군대로 공격했으나 되레 패했다. 그들 바다에서는 명주(明珠), 대모(玳瑁)가 나고, 산에서는 소목(蘇木), 두구(荳蔻), 강향(降香), 등조(籐條), 앵무(鸚鵡)가 난다. 인구는 많고, 땅은 척박하여, 식량이 부족해, 다른 섬에서 사 온다. 샤먼[廈門] 상선들이 이따금 루손을 거쳐 교역하러 온다. 샤먼에서 술루[蘇祿]까지 물길로 110경(更)[166]이다. 소록은 동서의 동(峒)으로 나뉘어 세 명의 왕이 있다. 명나라 영락 연간(1403~1424)에 세 왕이 모두 입조하여 각기 인장과 고명을 주고 왕으로 책봉했다.[167]

보르네오[Borneo, 婆羅洲] 어떤 곳에는 '발니(浡泥)'로 되어 있고, '반니아(蟠尼阿)'로 된 곳도 있다.

강역(疆域): 루손[呂宋]에서 서남쪽으로 보면 큰 섬이 동남해 군도 중에서 가장 큰 섬 있는데, 보르네오[婆羅洲]라고 한다. 둘레는 수천 리고, 그 가운데 '식력(息力)'[168]이라는 큰 산이 동북쪽에서 서남쪽으로 뻗어 있다. 산의 서쪽 가장자리 맨 북쪽은 '브루나이[Brunei, 文萊]'라고 하고, 어떤 곳에는 문래(文來)로 되어

은 도씨(Pierre Daussy), 「필리핀, 술라웨시 그리고 말루쿠 지도(Carte des Iles Philippines, Célèbes et Moluques)」(Paris, 1840)를 근거하여 추정하였다.

166) 저본에는 '리(里)'자로 되어 있는데, 『영환지략』과 『해국도지』에 따라, '경(更)'으로 고쳤다.

167) 이상 술루[蘇祿]에 관한 기술은 모두 『영환지략』에서 채록했다(『영환지략교주』, 34쪽). 주석은 서계여(徐繼畬)가 『영환지략』에서 인용한 『박해번역록(薄海番域錄)』이란 책에서 인용한 내용으로(35쪽), 혜강이 간략하게 요약했다.

168) '식력(息力)'은 대체로 '슬라트(Selat)'라는 말레이어를 음차하여, 해협 특히 싱가포르 해협을 지칭한다. 여기서는 보르네오섬 중부 동북에서 서남쪽으로 뻗어 있는 '사리부 사라투스(Saribu, Saratus)'라는 산맥을 느슨하게 옮긴 것 같다(『해록주』, 15쪽; 지도로는 Eugene Murray-Aaron, 「Borneo」, New York, 1901을 보시오).

있다. 가장 남쪽은 '길리문(吉里問)'이라 한다. 어떤 곳에는 길리문(吉里門)으로 되어 있고, 길리지민(吉里地悶)으로 된 곳도 있다.[169] 산의 동쪽 가장자리 맨 남쪽은 '반자르마신[Banjarmasin, 馬神]'이라 하는데, 어떤 곳에는 마신(馬辰)으로 되어 있다. '길리문'과 땅이 닿아 있다. 반자르마신[馬神]의 북쪽은 '신탕[Sintang, 神當]'이라 하고, 더 북쪽은 '사오(卸敖)', 더 북쪽은 타얀[Tayan, 戴燕], 더 북쪽은 만라(萬喇), 어떤 곳에는 만란(萬瀾), 또 만랑(萬郞)으로도 되어 있고, 또 만로고(萬老高)라고도 부른다. 더 북쪽은 폰티아낙[Pontianak, 崑甸], 더 북쪽은 맘파와[Mampawah, 巴薩], 맨 북쪽은 '고달(古達)'이라 한다. '고달'에서 산을 넘어 서북쪽이 바로 브루나이[文萊]의 경계다. '고달'에서 신탕[神當]에 이르기까지 옛날에는 모두 반자르마신[馬神]에 속했으므로 여러 책에서 반자르마신으로 통칭했다. 여러 부락은 일일이 수록하지 않는다[諸部之一不著].[170] 산의 서쪽은 광막하고 황량하며, 바다의 파도가 거세고, 암초가 많아 배들이 해안으로 가까이 갈 수 없다.[171]

---

169) 여기 '길리문(吉里問)'은 서계여의 주석처럼 티모르[Timor, 吉里地悶]를 지칭하는 것이 아니라, 보르네오섬 가장 남단 '크라미안(Kramian)'산을 지칭할 것이다. 만약 '티모르'가 된다면, 반자르마신이 '길리문'과 붙어 있다는 기술을 이해하기 어렵다. '길리(吉里)'는 말레이어 '길리(gili)'를 음차한 것으로, 산을 의미한다. 따라서 '길리'가 들어가는 섬이나 산의 명칭은 동남아지역에 상당히 많다. 이에 대해서는 『성사승람역주』, 310쪽에서 자세히 논한 바 있다. 적절한 예를 들자면, 『해국문견록(海國聞見錄)』(사고전서본, 권상, 17b)에 "루손에서 '길리문(吉里問)'까지는 39경, 브루나이[文萊]까지는 42경이다(呂宋至吉里問三十九更, 至文萊四十二更)"라고 하였다. 진륜형이 말하는 또 다른 '길리문'이 여송과 브루나이 사이에 있었음을 말하고 있다. 따라서 '길리문'을 일괄적으로 티모르섬으로 이해하면 곤란하다.

170) 『영환지략』에는 "여러 부락의 명칭은 수록하지 않는다(諸部之名不著)"라고 되어 있다. 혜강이 '일(一)'자로 읽은 것은 문맥에 따른 것이다.

171) 이상 보르네오[婆羅洲]에 관한 기술은 모두 『영환지략』에서 채록, 재구성했다(『영환지략교주』, 35쪽). 여기 보르네오의 고유명사 대부분은 서계여가 『해록(海錄)』을 읽고 재구성한 것들이다(『해록주』, 권중, 48~54쪽). 서계여가 기술한 방향들에는 상당한 오류가 있다.

『해록』에 따르면, 브루나이는 '문래(文來)'로 표기하고, "문래국은 술라웨시[細利窪] 서북쪽에 있다. 술라웨시에서 동남쪽에서 작은 항구[小港]로 들어가, 서북쪽으로 가는데, 순풍에 약 대엿새면 이를 수 있다. 티모르[地問]에서 북쪽으로 갈 때는 순풍에 7~8일 가면 이를 수 있다"라고 하였다. 반자르마신에 관해서는 "마신은 폰티아낙[崑

기후[風氣]: 기후는 몹시 더워, 정오에는 반드시 머리를 숙이고 물에 가서 앉아야 조금이라도 장기(瘴氣)를 피할 수 있다.[172)]

사람들[人民]: 남쪽의 길리문(吉里門), 북쪽의 브루나이[文萊]에는 거친 땅[穢墟]이 많고, 나라는 몹시 가난하여, 현지인[土番]은 배를 타고 바다로 나

甸] 남쪽에서 약간 동쪽에 있다. 폰티아낙에서 바다를 따라 순풍에 약 이틀 타얀[戴燕] 왕국의 경계를 지나서 다시 2~3일을 더 가면 이곳에 이른다"라고 기술했다.

신탕에 관해서, "신당국은 상가우[Sanggau, 卸敖]의 동남쪽에 있다. 상가우에서 이곳으로 이른다. 또한 내륙 강으로 약 5~6일 정(程)이다"라고 하였다.

사오국[Sanggau]은 "타얀[Tayan, 戴燕國]의 동남쪽에 있다. 타얀[戴燕]의 내륙 강을 거슬러 약 7~8일 가면 이를 수 있다"라고 하였다.

타얀(Tayan) 왕국에 관해서 "대연국은 폰티아낙[崑甸] 동남쪽에 있다. 폰티아낙 남쪽 강에서 동남쪽으로 거슬러 약 7~8일을 가면 쌍문두(雙文肚)에 이르는데, 바로 대연이 관할하는 곳이다. 또 며칠 더 가면 나라의 도읍에 이른다"라고 하였다.

만라(萬喇)를 기술하여, "만라국(萬喇國)은 폰티아낙[崑甸] 동쪽 산속에 있다. 폰티아낙 북쪽 강으로 만라 항구로 들어가는데, 배를 타고 8~9일이면 이를 수 있다"라고 하였다. 펑청쥔은 이 '만라'가 '멜라위(Melavi)'로 추정했지만, 음성적 유사성은 크게 보이지 않는다(『해록주』, 50쪽). 특히 서계여가 보여준 다른 명칭들과 비교해 보면 더욱 그러하다.

폰티아낙(Pontianak)에 관하여 "곤전국은 맘파와[Mampawah, 吧薩]의 동남쪽에 있다. 바다를 따라 순풍에 약 하루 남짓이면 이를 수 있다"라고 하였다. 여기 '곤전(崑甸)'은 지리적 측면에서의 추정이다. 폰티아낙과의 음성적 연관성은 밝혀지지 않았다. 바로 광둥인 라방백(羅方伯)이 건륭 42년(1777)에 나라를 세운 곳으로 알려져 있다.

'파살'을 기술하여, "파살국은 '맘파와[Mampawah, 南吧哇]'라고도 하는데, '고달국(呫嚏國)'의 동남쪽에 있다. 바다를 따라 순풍에 하루 남짓을 가면 이를 수 있다"라고 하였다.

'고달(古達)'은 '고달(呫嚏)'로 표기하고 "고달국(呫嚏國)은 아마도 옛 기록에서 말하는 자바[爪哇]인 것 같다. 풀라우 셈빌란[Pulau Sembilan, 尖筆蘭山] 동남쪽 해상에 있다. 별도의 한 큰 산이 동남쪽으로 수천 리 이어지며 수십 개국이 둘러싸고 있는데, 식력대산(息力大山)이라고 한다. '고달국'은 그 나라 서북쪽의 한 나라다"라고 표기했다. 이에 따르면 '고달국'은 식력대산, 즉 '사리부 사라투스(Saribu, Saratus)' 의미로는 '1,100개의 산'으로, 바로 이 산 서북쪽에 있는 나라다. 대략적인 위치는 브루나이 쪽이다. 참고로 여기서 말하는 '풀라우 셈빌란'은 믈라카 해협에 있는 군도가 아니라, '탐블란(Tambelan)' 제도를 가리킬 것이다.

172) 서계여가 『박해번역록(薄海番域錄)』에서 인용한 문장에서 채록했다(『영환지략교주』, 36쪽).

가 도적질한다. 산의 동쪽 물산은 풍성하여 바닷길로 내왕하며 장사한다[通利]. 또 황금, 전석(銓石)이 나, 광산을 채굴하는 공인들이 몰려들어, 민가[丁戶]가 많고, 부락도 비교적 많다. 현지인들은 모두 말라유[巫來由] 인종으로 계곡을 따라서 조릿대[箬]로 지붕을 이어 살고, 몸에는 칼을 떼어 놓지 않으며 표창(鏢槍)에 정통하여 피를 보면 곧바로 살해한다. 산중에는 별개의 라(犭黎)[173]인이 있는데, 성질이 흉포하고 완고하며 살인을 즐기지만, 산에서 나와 함부로 소란을 피우지는 못한다. 여러 부락은 옛날 대부분 자카르타 바타비아[噶羅巴]의 속국이었다. 네덜란드[荷蘭]의 배가 처음 이 섬[洲]에 도착하여, 반자르마신 안쪽 항구로 들어가 그 지역을 차지하려 하자, 현지인들은 포화가 두려워 깊은 산속으로 피해 들어가 독초를 상류에서 풀어, 네덜란드인들이 중독되어 어찌하지 못하고[狼狽] 물러갔다.

물산(物産): '식력대산(息力大山)'에는 금광이 아주 성[旺]하다. 별도로 전산(銓山)이 있는데, 전석(銓石)이 난다. 전석은 바로 금강석으로, 민간에서는 '다이아몬드[金剛鑽]'라고 한다. 다섯 색깔이 있는데, 금색, 흑색, 붉은색이 가장 귀하다. 유럽[歐羅巴] 사람들이 그것으로 지보(至寶)를 만든다. 바둑알처럼 큰 것도 있는데, 수만 금의 값어치다. 작은 부스러기들은 못을 박고 자석을 자르는[釘磁] 공인들이 사용한다.[174] 여러 나라의 땅에서는 금과 다이아몬드[銓石] 이외에 납[鉛], 주석[錫], 빙편(氷片), 두구(荳蔻), 해삼(海參), 연와(燕窩),

---

173) 자전에 보이지 않는 글자다. '犭黎'자는 사청고(謝淸高)의 『해록』에 '력(力)'자와 '마(麻)'자의 반절로 읽으라는 원주가 보인다(『해록주』, 17쪽). 이를 근거로 '라'로 읽는다.

174) 이상 다이아몬드에 관한 기술은 사청고의 『해록』에 자세하다. "'찬석(鑽石)'이 바로 금강사(金剛沙)다. 이 산에서 나는 것에는 흰색이 많다. '아메리카[亞咩哩隔]'에서 나는 것은 다섯 광채가 난다. 큰 것은 칠흑 같은 밤 밀실에 두어도 광채를 비출 수 있어 여러 외국[番]에서 모두 보배로 여기는데, 한 알에 백금 10만 냥에 달하는 것도 있다. 서양인들은 아주 큰 것을 얻으면 지고한 보석으로 여겨, 자산을 탕진해서라도 사는데 아까워하지 않는다. 작은 것은 송곳[鑽]으로 만들어 옥석이나 유리[파리(玻璃)를 다듬는데, 단단한 것이라도, 부서지지 않는 것이 없지만, 영양(羚羊)의 뿔만은 곤란하다고 한다(鑽石卽金剛沙, 產此山者色多白, 產亞咩哩隔者色具五采, 大者雖黑夜置之密室, 光能透徹. 諸番皆寶之, 一顆有値白金十餘萬兩者. 西洋人得極大者, 奉爲至寶, 雖竭資購之不惜也. 小者則以爲鑽, 用治玉石·玻璃, 堅無不破, 獨畏羚羊角云)"라고 하였다(『해록주』, 권중, 54쪽).

대모(玳瑁), 취우(翠羽). 오목(烏木), 단향(檀香), 등조(籐條) 등이 난다.

상업[商]: 네덜란드는 바닷가에 부두 네 곳을 건설했는데, 팔삼(八三), 바로 맘파와[Mampawah, 巴薩] 본전(本田), 바로 폰티아낙[Pontianak, 崑甸] 만랑(萬郎) 바로 만라(萬喇) 마생(馬生)이다. 바로 반자르마신[Bandjarmasin, 馬神] 그 번성함이 자카르타[噶羅巴]에 훨씬 미치지 못했다. 또한 해적들이 수시로 약탈하여 교역이 더욱 미미했다. 매년 광저우(廣州)와 차오저우(潮州) 두 부(府)의 여러 선박이 항구로 들어와 교역하여 이득이 많았다[獲里甚厚]. 무릇 바다로 나가 교역할 때는 반드시 재물을 다 실어 가고, 처첩과 자식들은 집에 있으며 약간의 식량만 남겨 둘 뿐이다. 배가 돌아오면, 사람을 보내 그의 집에 알리는데, 그 아내가 직접 배에 가서 맞이하지만, 그러나 이후 돌아온 뒤로도 오지 않으면, 처첩에게 버림받았다고 생각하여 곧바로 돛을 펴고 떠나가 종신토록 돌아오지 않는다.

기용(器用): 현지인들은 구리로 만든 징[銅鉦]를 좋아하여 용기[器皿]를 모두 구리로 만든다. 윗도리는 사롱[沙郎]이라 하고, 아랫도리는 '수만(水幔)'이라 한다. 가난한 사람은 베[布]로 [만들어 입고], 부자들은 중국의 잡색 비단[絲綢]을 잘라 재봉해 문양[文采]을 넣는다.[175)]

조세[賦]: 근래 광둥[粵]의 가응주(嘉應州) 사람들이 내륙 산으로 들어가 광산을 채굴하면서 모여 사는 사람들이 많아져 결국 토착민이 되었다. 처음에는 '라(獠)' 여인을 아내로 맞으면서 말라유[巫來由] 여인들은 중국인과 혼인하지 않는다. 사람들이 점차 번성해지며 자체적으로 혼인하여 근래에는 수만 명을 넘게 되었다. 장로를 골라 공사(公司)에서 일을 처리하게 하는데, 그를 객장(客長)이라 한다. 1년 또는 2년마다 바꾼다. 장정[丁口]은 은을 납세하고 '객장'을 통해 네덜란드에 낸다. 당시 네덜란드가 부두를 건설하고 있었다. 해선들의 등두금(凳頭金) 선박세 또한 네덜란드가 징수한다. 현지인 추장[番酋]은 네덜란드의 발급[給發]에 따르며 사사로이 징수할 수 없다.[176)]

풍속[俗]: ⓐ이슬람교[回教]에 따라 7일마다 예배하며 돼지고기를 먹지 않

175) 이 조목은 '인민' 다음에 채록되어 있으나(42a), 두주에 이곳으로 옮기라는 지침이 있어 그에 따라 편집하였다.

176) 이 항목 또한 위의 '물산' 다음에 채록되어 있으나(42a~b), 두주에 이곳으로 옮기라는 지침이 있어 그에 따라 편집하였다. 이상 인민(人民), 물산(物産), 기용(器用), 부(賦) 등의 모든 정보는 『영환지략』에서 채록했다(『영환지략교주』, 35~36쪽).

는다. ⓑ남녀 중에 간음한 자는 사실이 발각되면 사람들이 예배당[廟] 안으로 데려가 계율로 꾸짖고 물을 얼굴에 뿌리는데, 그것을 '세죄(洗罪)'라고 한다.[177]

여정[程途]: ⓒ샤먼[廈門]에서 브루나이[文萊]로 가는 길은 루손[呂宋]을 경유[取道]한다. '길리문(吉里門)', 반자르마신[馬神]으로 가는 길은 칠주양(七洲洋)을 경유하여, 티오만[Tioman, 茶盤]에서 돌려 동쪽으로 향한다. ⓓ식력(息力)에서 바다 주변을 따라 가면, 네덜란드[荷蘭] 사람들이 지키고 있으며, 부두는 식력에 있고, 송백항(松栢港)[178]에, 또 폰티아낙[崑甸]에, 또 만라항(萬喇港), 또 반자르마신[馬神]에 있다. 중국인과 광둥인[粵人]은 교역하거나 농사를 지으며, 도금하는 곳에도 종종 있다. 다만 폰티아낙[崑甸]에는 내륙으로 흐르는 물길[內港]이 있는데, 작은 배를 타고 5리쯤 들어가면, 남북의 두 강으로 나뉘는데, 국왕이 그 안에 도읍하고 있다.[179]

연혁(沿革): ⓔ파라주(婆羅洲)는 서양인들이 '반니아(蟠尼阿)'라고 하는데, 바로 '발니(浡泥)'의 유전된 음이다. 당나라 고종(高宗) 총장(總章) 2년(669)에 조공을 들였는데, 그 나라를 '파라국(婆羅國)'이라 했다. 송나라 태종(太宗) 태평흥국 연간(976~984)에 조공을 들였을 때는 그 나라를 '발니(浡泥)'라고 했다. 명나라 초에 조공을 들였고 또 '길리지민(吉里地悶)', 브루나이[文萊], 보르네오[浡泥] 등의 나라로 나뉘었다. 아마도 '발니'가 이 섬의 전체 명

---

177) ⓐ는 『영환지략』에서 채록했다(『영환지략교주』, 35쪽). ⓑ는 『해국도지』, 권12, 「네덜란드에 속한 큰 섬들」에 인용된 사청고(謝淸高)의 『해록(海錄)』, 발리[Bali, 麻黎] 기술에서 가져왔다(『위원전집』, 4책, 491쪽). 해당 문장은 『해록주』, 55쪽과 정확히 일치한다.

178) '송백항(松栢港)'은 사청고의 『해록』에 따르면, '남파와(南吧哇)'라고도 부르는 '파살국(吧薩國)'에서 좋은 '사등(沙藤)'이 나는 곳으로 기술되어 있다. 펑청쥔의 주석에 따르면 이 '남파와'는 싱카왕[Singkawang, 山狗王] 남쪽에 있는 맘파와(Mampawah)로 추정했다(『해록주』, 권중, 49쪽). 『해국도지』 교주의 추정은 이를 따른 것이다(『위원전집』, 4책, 505쪽). 그러나 '송백항'과의 음성적 유사성은 찾아보기 어렵다.

179) ⓒ는 『영환지략』에서 채록했다(『영환지략교주』, 36쪽). ⓓ의 기술은 『영환지략』에 인용된 사청고의 『해록』에서 재구성한 내용으로 보인다(앞의 책, 37쪽; 『위원전집』, 4책, 489쪽). 『해록』 폰티아낙[崑甸] 기술에서 "이곳에서[네덜란드인들이 주둔하고 있는 해구] 작은 배를 세내어[買] 내륙 강으로 들어가 5리쯤 가면 강이 남북 둘로 나뉘는데, 국왕은 그곳에 산다(由此買小舟入內港, 行五里許, 分爲南北二河, 國王都其中)"라고 하였다(『해록주』, 권중, 49쪽).

칭이었을 것이다. 강역은 비교적 컸고, 국력은 여러 부족의 위에 오를 수 있어, 전체 섬의 명칭이 나라 이름이 되었는데, 대아체[大亞齊]가 오로지 수마트라[蘇門答臘]를 칭하는 것과 같다.[180] ⓕ역대 사서 편수관들이 각기 기록한 섬나라 명칭에는 상당한 오류가 있어, 단지 그 연혁을 적어둘 뿐이지 그것을 근거로 준거[典要]로 삼을 수는 없다.[181]

자카르타[噶羅巴] 어떤 곳에는 갈랄파(噶剌巴)로 되어 있고, 또 교류파(咬嚁巴)라고도 하며, 또 하와(呀瓦)라고도 하는데, 바로 자바[爪哇]

강역(疆域): 샤먼[廈門]에서 칠주양(七洲洋)으로 가서, 서남쪽으로 꼰선[昆侖]을 지나고 티오만[Tioman, 茶盤]을 넘어, 물길로 280경을 가면 자카르타[噶羅巴]에 남양의 큰 섬 이른다. 서쪽은 수마트라[蘇門答臘]와 해협[海港] 하나로 떨어져 있다. 해협[峽口]은 '순다[Sunda, 巽他]'라고 하는데, 해협의 양쪽 해안이 바로 구항(舊港, 팔렘방)의 땅 서양 여러 나라가 동쪽으로 올 때 반드시 지나는 길이다. 이 나라는 동서로 대략 1,000여 리 가로로 펼쳐져 있고, 뒤로 남해를 등지고 있으며 화염산(火焰山)을 방호벽으로 삼아 왼쪽은 반탐[Bantam, 萬丹], 바로 옛 사바(闍婆)의 땅이다. 오른쪽은 '치르본[Cirebon, Cheribon, 井裏汶]'이라 한다. 그(자카르타) 북쪽은 두 섬[山]이 해협[巷]처럼 끼고 솟구쳐 있는데, '협내(狹內)'라고 한다.[182] 협(狹) 남쪽으로 왕서(王嶼), 협판서(夾板嶼),[183] 정마

180) 여기까지의 연혁 설명은 『영환지략』에 보이는 서계여의 설을 요약 채록한 것이다.

181) ⓔ는 『영환지략』에서 채록하고 재구성했다(『영환지략교주』, 36쪽). 서계여는 송나라와 명나라 시기의 '발니(浡泥)'가 반자르마신[馬神]으로 추정했다. 이 추정을 혜강이 채록하지 않은 것은 탁월한 독서의 결과다. ⓕ의 문장은 혜강이 비판적 독서를 통해 얻어낸 결론이다.

182) 여기서 말하는 '협(狹)'은 해협[峽]으로, 『해국도지』 교주에서는 카리마타(Carimata) 해협으로 추정했다(『위원전집』, 5책. 537쪽).

183) '협판서(夾板嶼)'는 『해도일지』(권3, 10a)에 '갑판서(甲板嶼)'로 되어 있고, 『해국도지』에도 '갑판서'로 채록했다(『위원전집』, 5책, 530쪽). 『해도일지교주』에 따르면(84쪽), 네덜란드 사람들이 갑판을 이곳에서 만들었기 때문에 '갑판서'라 부른다고 하였다. 『해국도지』 교주에서는 이 '갑판서'는 자카르타만 서쪽에 위치한다고 추정했다(『위원전집』, 5책. 537쪽).

서(鼎馬嶼),[184] 백서(白嶼), 초서(草嶼) 등의 여러 섬이 늘어서 있는데, 이들을 '서성(嶼城)'[185]이라 한다. '서성'을 지나면 그 나라에 이르는데, 문호(門戶)가 중첩되어 있고, 형세가 매우 웅장하다. 옛날에는 원래 요아(繞阿)의 이민족 부락[番部]이었다. 혹 조아(爪瓜亞)라고도 하고, 또 조아(爪瓜鴉), 요아(耀亞)라고도 되어 있는데, 모두 요아(繞阿)가 유전된 음이다.[186]

산(山): 화염산(火焰山)은 [갈라]파 성 서남쪽 600여 리에 있는데, 그 산은 아주 높아 인적이 드물다. 봉우리 정상은 아궁이의 돌처럼 밤낮으로 쉬지 않는다. 청명하면 그 연기가 조금 줄지만, 비바람치고 어두우면 그 연기는 더욱 치성하고, 어떨 때는 대포 같은 소리를 내기도 하는데, 하늘에서 화산재 비가 내고 냄새는 유황과 같은데, 바로 아주 뜨거운 곳의 땅 기운이 발산되기 때문이다.[187]

기후[風氣]: 땅이 적도의 남쪽에 마주하고 있어 폭염이 남다르고, 한겨울도 내지의 초여름 같다. 꽃과 나무가 사계절 이어지며, 봄에는 비가 오고 가을에는 가물다. 한 해에 한 번 수확하고 농토는 비옥하여 농사가 쉬우며 쌀값이 싸다.[188]

---

184) 『해도일지』(권3, 10a)에는 '정마서(爀瑪嶼)'로 표기하고 있다. 서계여가 '화(火)'를 빼고 발음 부분만 옮겼을 것이다.

185) '서성(嶼城)', 즉 섬들의 도시들이란 뜻으로, 앞의 다섯 섬을 중심으로 구성된 자카르타만에 늘어선 섬들을 통칭하는 표현일 것이다.

186) 『영환지략』에서 채록했다(『영환지략교주』, 38~39쪽).

187) 이 항목은 '연혁' 다음에(47b) 채록되어 있으나, 두주에 이곳으로 옮기라는 지침에 따라 여기에 옮겨 편집한다. 이 단락의 정보는 『해국도지』, 권13(『위원전집』, 5책, 526쪽)에 인용된 『해도일지』에서 채록한 내용이다. '화염산(火焰山)'은 '화연산(火煙山)'으로 되어 있다. 『위원전집』의 주석에 따르면(5책, 536쪽), 자바섬 서남부의 게데(Gede) 화산으로 추정했다. 기술된 내용으로 볼 때, 이 추정은 매우 그럴법하다. 하지만 자바섬에는 화산이 매우 많다. 사청고는 자바섬 반탐[萬丹]을 기술하며, "나라의 남쪽은 대해에 임해 있고, 바다에는 섬들이 있는데, 겹겹의 봉우리들이 우뚝 솟아 험준하다. 이따금 화염을 뿜어, 바람을 타고 종잡을 수 없는데, 여름이면 더욱 심하다. 민간에서는 화염산(火燄山)이라 부른다(國南臨大海, 海中有山, 層巒疊巘, 崒兀崚嶒, 時有火燄引風飄忽, 入夏尤盛, 俗呼爲火燄山)"라고 하였다(『해록주』, 47쪽).

188) 이 조목은 『영환지략』에서 채록했다(『영환지략교주』, 39쪽).

사람들[人民]: 자바[爪亞]의 사람들은 네덜란드[和蘭]보다 수백 배다(爪亞之人數百倍於和蘭). 풍속은 질박(質樸)함을 높이 사고 사람들은 어리석고, 성질은 유순하고 겁이 많으며, 네덜란드[和蘭] 사람들을 두려워하여 그 말만 들어도 합장한다. 주인과 하인의 신분이 가장 엄격하여 주인을 보면 반드시 무릎을 꿇고 합장하는데 '점파(占巴)'라고 한다. 가계와 생업[家計生産]은 모두 부인들이 주관한다. 딸을 낳으면 귀하게 여기고 집에 데릴사위를 들이며, 사내를 낳으면 다른 집에 데릴사위로 보낸다.[189)]

물산(物産): ⓐ봄에 비가 내려, 무논[水田]에 고루 가득할 때, 밭에 종자를 뿌리면 번거롭게 호미질하지 않아도 저절로 잘 자란다. 쌀알은 길고 물러, 내지의 쌀이 미치지 못한다. 상품은 모두 곳곳의 속국에 몰려드는데, 교역하러 가는 상품은 [갈라]파에서 나는 것들이 아니다. ⓑ[갈라]파의 땅에서 나는 것으로, 백당(白糖), 커피(咖啡), 제비집[燕窩]이 있다. 근래 푸젠[閩]의 차를 심는 법을 배웠다. 맛이 그다지 나쁘지 않지만 많지는 않다.[190)]

ⓒ바닷가 해안에는 바위 이빨이 뾰족하고 골짜기[洞壑]가 많다. 바다제비 천여 마리가 무리를 지어 동(洞)안에 깃들어 산다. 반탐[萬丹], 자카르타[巴城], 스마랑[Semarang, 三寶壠], 그레식[Gresik, Grisee, 竭力石],[191)] 렘방[Rembang, 南旺],[192)] 반자르마신[Banjarmasin, 馬臣], 발리[Bali, 猫厘],[193)] 파시

---

189) 이 단락은 서계여가 인용한 『해도일지(海島逸志)』에서 채록하고 재구성한 내용이다(『영환지략교주』, 40~41쪽).

190) ⓐ의 정보는 서계여가 인용한 『해도일지』에서 재구성했고(『영환지략교주』, 41, 40쪽), ⓑ의 산물 정보는 『영환지략』에서 채록했다(40쪽).

191) 『영환지략교주』에서는 쿠두스(Kudus)로 추정했는데, 음성적 측면에서 그레식만 못하다(39쪽).

192) 중국 남해 기록에 '남왕(南旺)'은 두 곳이 있다. 먼저 『동서양고』(사고전서본, 권5, 8b)에서 루손[呂宋]의 교역을 기술하며 "남왕(南旺)은 대항(大港)에 연접해 있다. 더 가면 밀안(密雁)이고 안당(雁塘)으로, 모두 작은 촌락들이다. 산물은 가죽, 뿔, 열매, 꽃들이다(南旺在大港相連. 再過爲密雁爲雁塘, 皆小小村落. 所産皮·角·子·花)"라고 하였다. 여기 '남왕' 바로 앞에 '대항(大港)'을 기술하여 "대항은 '동양'에서 가장 먼저 이르는 곳 중에서 가장 큰 부락이다. 돌을 쌓아 성을 만들었다. 스페인[佛郎機]이 총독[酋]을 보내와 다스린다. 미곡은 풍부하지만, 다른 산물은 가죽과 뿔 따위다. 대항에 이르기 전에 필가산(筆架山)이 있다"라고 하였다. 이로써 볼 때, '남왕'은 필리핀 루손섬 서쪽

르[Pasir, 把實][194]에서부터 제비집[燕窩]이 나는 곳은 수십 곳으로, 모두 네덜란드[和蘭]의 유력가가 장악하고 있다. 해마다 세금이 불어나, 큰 제비집은 수천 금액이고, 작은 제비집은 수백 금액이지만, 부상(富商)들은 비싼 세금을 납부하고 그것들을 채취한다. '연와(燕窩)'란 제비의 둥지다. 제비는 해초[海菜]를 먹고 토해내 집을 만든다. 매년 겨울과 여름 두 번 수확하지만, 많이 채취

임을 짐작할 수 있다. 한편 『고대남해지명회석』(578쪽)에 따르면, '남왕(南旺)'의 추정지로 라오악(Laoag), 란간간(Langangan)을 들었다. 확실히 여기 자바섬과는 멀리 떨어져 있다. 또 『해도일지(海島逸志)』 권4에 '남망(南望)'이란 표기를 소개하며, 현 자바섬 북부의 '렘방(Rembang)'섬으로 추정했다. 와세다대학 소장본 『해도일지』에는 정확히 '남왕(南旺)'으로 표기하고 있다. 어쨌든 '남왕'은 '렘방'과 비슷한 음성적 유사성을 보여준다. 『해국도지』 교주본의 추정은 이를 따랐음이 분명하다(『위원전집』, 5책, 537쪽).

193) 『해도일지』(와세다대학 소장본, 권3, 5b~6a)에는 '묘리(貓釐)'를 다음과 같이 기술했다. "외남왕(外南旺)의 동쪽에 있으며, 사람들의 모습은 자바[爪亞]와 비슷하다. 여자들은 모두 귀를 뚫어 구멍을 크게 만든다. 여자들은 상당히 예쁘고, 성품이 근면하고 검소하여 집안을 꾸린다. 네덜란드[和蘭]에 속하지 않았다. 이곳은 바타비아[巴國]의 극동에 있으며, 사방이 대해이고 떠 있는 섬들이 늘어서 있으며 그중에는 바위 동굴이 많다. 땅에서는 제비집[燕窩], 해채(海菜), 물고기 지느러미[魚翅], 해삼(海參), 비취 새 깃털[翠羽]이 난다(居於外南旺之東, 狀類爪亞. 男女皆穿耳而大其洞. 女子頗有色, 性勤儉作家. 不屬和蘭統轄. 其地當巴國之極東, 四面大海, 浮嶼羅布, 中多石洞. 土產燕窩·海菜·魚翅·海參·翠羽)". 여기 '외남왕(外南旺)'은 외남왕(外南旺)은 『해도일지』 영역본에 따르면, 반유왕기(Banyuwangi), 또는 발람부앙(Balambuang)으로 복원했다(『The Chinaman abroad, or, A desultory account of the Malayan Archipelago, particularly of Java by Ong Tae Hae』, Shanghae, 1849, 34쪽). 그러나 『해도일지교주』에서는 이 영역본을 언급하며, '발람방간(Balambangan)'으로 잘못 추정했다고 주석했다(『해도일지교주』, 12쪽). 이는 영역본을 잘못 읽은 탓이다. 앙리 샤틀랭(Henri Chatelain, 1684~1743)의 「자바섬 지도: 서부와 동부(Carte de l'Ile de Java: partie Occidentale, partie Orientale)」(『Atlas Historique』, V, Amsterdam, 1719)을 보면, 팔람부암(Palambuam), 또는 발람부앙(Balambouang)으로 되어 있고, 발리섬 사이의 해협 또한 '팔람부암'으로 표기하고 있다. 반유왕기-발람부앙은 같은 지역의 다른 표기다. 따라서 여기 묘리(貓厘)-묘리(貓釐)는 바로 발리섬임을 확인할 수 있다.

194) '파실(把實)' 또한 『해도일지』(와세다대학 소장본, 권3, 7b~8a)에 별도의 기술이 보이는데, "반자르마신[馬辰]의 동쪽에 있고 풍토는 반자르마신과 같지만 부유함은 미치지 못하며, 사는 원주민 대부분은 말라유[無來由]다. 자체적으로 국주가 있으며 네덜란드[和蘭] 관할에 속하지 않고, 매년 공물과 세금을 바칠 따름이다. 땅에서는 제비집[燕窩], 장등(長藤), 사금(沙金)이 나, 여러 섬 중에서 부유한 나라로 불린다(在馬辰之

하지는 않는다. 비유하자면 벌꿀 채취가 잦으면 집이 망가지는 것과 같다. 매번 채취할 때면, 그곳에 여막을 짓고 현지인[番人] 백여 명이 대나무 사다리 수십 개로 장대 끝에 포대를 매어 채취한다. 성한 제비집을 채취하면 이익이 무수하지만, 쇠한 제비집을 채취하면 손해를 본다.

해마(海馬)는 마카사르[Macassar, 望加錫] 섬에서 나는데, 항상 해안에 올라와 암말을 쫓아다니다가 사람들에게 잡힌다. 털은 아주 검고 부드러우며 윤기가 난다. 꼬리가 길어 땅에 끌고 다닌다. 그것들이 육지에서 다닐 때는 여느 말과 다르지 않다. 잘 길들이면 하루에 천 리를 갈 수 있다. 단 강에서 씻기지 않아야 한다. 물을 보면, 옛 본성이 다시 살아나 헤엄쳐 깊이 잠수해 버리는데, 그 힘이 너무 커 더는 제어할 수 없다.

자석양(磁石洋)은 렘방[Rembang, 南旺]의 동쪽에 있는데, 산곡(山谷) 사이와 해안 절벽에는 모두 자석이 있다. 자석은 성질이 쇠를 끌어당기므로, 그곳의 배들은 모두 대나무 못을 사용하여 만들지 쇠못을 사용하지 않는다. 왕래하는 선박들은 모두 바람을 타고 가고 근접할 수 없다. 혹시라도 광풍에 몰려 가까이 가면, 끌려들어 벗어날 수 없다.[195]

의식(衣食): 풍속에 빈랑(檳榔)을 중시하여 손님이 오면, 그것을 바치는 것을 공경한다고 여긴다. 먹을 때는 젓가락을 사용하지 않고 손으로 집어 먹는다. 소고기는 먹지만 돼지와 개고기[犬]는 먹지 않는다. 여자들은 연지나 분을 바르지 않고 꽃을 달지 않으며 옷에는 옷깃이 없고, 치마를 입고 바지는 입지 않는다. 남자들은 옷에 깃이 있고, 살쩍에 꽃을 달며 몸에는 바지를 입는다.

東, 風土略同馬辰, 而富裕不及, 坐地之番什籍無來由. 自有國主, 不屬和蘭管轄, 每年只納貢稅而已. 土產燕窩·長藤·沙金, 諸島稱爲富國)"라고 하였다. 영역본에서는 보르네오섬 동남쪽 해안에 있는 파시르(Parir)로 추정했다(『The Chinaman abroad, or, A desultory account of the Malayan Archipelago, particularly of Java by Ong Tae Hae』, Shanghae, 1849, 37쪽). 『해도일지교주』에서 '파실'의 또다른 추정지로 술라웨시섬의 '파소(Paso)'라는 설도 소개했다. 반자르마신의 동쪽에 있다고 했으므로 '파시르'에 해당하는 음차일 것이다. 『해국도지』 교주에도 '파시르'로 추정했다(『위원전집』, 5책, 537쪽).

195) ⓒ의 정보는 '연혁' 뒤에 '물산2'로 채록되었으나, 여기로 옮겨 함께 편집한다. 이상 갈라파의 물산인, 제비집, 해마, 그리고 자석에 관한 정보는 모두 『해국도지』에 인용된 『해도일지』에서 채록했다(『위원전집』, 5책, 526~527쪽). 혜강이 채록하지 않는 정보는 『해국도지역주』, 제5책, 366~369쪽을 참고하시오.

사계절 온갖 과실이 연달아 나 끊이지 않는데, 모두 맛이 푸젠과 광둥[閩廣]의 과실보다 좋으며, 채소의 값은 닭이나 오리 값의 배다. 이러한 연유로, 사람들은 텃밭에 힘을 다하지 않는다.

궁(宮): 집은 모두 정자 같고, 사방은 모두 창이며 의자나 침상이 없이, 땅에 자리를 깔고 앉는다. 땅에는 자리를 깔고 장막을 친다. 남녀는 가부좌를 하고 섞여 앉으며, 손님을 만나면 악수하는 것을 예로 여긴다.[196)]

기용(器用): ⓒ반탐[萬丹]에서는 가문초(佳文草)가 나는데, 그것을 짜서 '가문석(佳文席)'이라는 자리를 만든다. 햇수가 오래된 것이라도 자리 두 개의 용도에 족할 뿐이다. 벌레나 개미를 막아주어, 값이 40~50금이고, 그다음 품질은 20~30금이며, 가장 저질인 것은 1~2금이다.

ⓓ동남쪽의 맨발의 현지인[赤脚番]들은 모두 [독]약을 제조할 수 있는데, 궁벽하고 사람이 없는 산에서 독사나 흉악한 짐승[惡獸]의 기름을 약에 섞어 칼이나 창에 바른다. 제조한 지 오래될수록 그 독은 더 강해져 사람이나 금수에게 상처를 내, 피가 보이면 즉사하고, 즉시 썩어 문드러져 가죽과 뼈만 남는다.

ⓔ네덜란드[荷蘭]는 박물을 다 찾아보려 하여, 기이한 모양의 사물이 있다는 소리를 들으면, 비싼 비용을 아끼지 않고 반드시 펼쳐 놓고 기이한 광경을 드러내는데, 화주(火酒)를 유리[玻璃] 병에 채워 보관한다. 주방에는 괴이한 날짐승, 기이한 들짐승, 그리고 독사, 혐오스러운 물고기[惡魚] 없는 것이 없다.[197)]

---

196) 이상 의식(衣食)과 주거생활은 『영환지략』에 인용된 『해도일지』에서 채록한 내용이다(『영환지략교주』, 41쪽).

197) 이 조목은 '연혁' 뒤에(48b)에 채록되어 있으나, 두주에 이곳으로 옮기라는 지침에 따라 여기에 편집한다. ⓒ가문초(佳文草)에 관한 정보는 『해국도지』(권13)에 인용된 진륜형(陳倫炯)의 『해국문견록(海國聞見錄)』에서 채록했다(『위원전집』, 5책, 515쪽). 『해국문견록』(사고전서본, 권상, 27a)에는 "차반(茶盤) 섬은 꼰선[崑崙]의 남쪽, 만고루(萬古屢) 산 동쪽에 인접해 있다. 둘 다 남양의 전체 노선에서 물길이 나뉘는 곳이다. 섬의 주민[島番]들은 해산물을 잡아 생활한다. 가문초(佳文草)가 나는데, 끝이 가늘고 길어도, 한 해 자리 두 자리의 쓰임에 족할 뿐이다. 왕가(王家)에 들어가며, 벌레와 개미를 막아, 값이 40~50냥[金]이 나가고, 그다음 품질은 20~30냥, 또 그다음 품질은 10냥이 나간다. 값이 1~2냥짜리는 수놓은 비단과 베옷이나 갈옷의 차이와 같다(茶盤一島, 居崑崙之南, 毗於萬古屢山之東. 皆南洋總路水程分途處. 島番捕海爲生. 產佳文草, 頂細而

왕(王): 그들 왕은 '순란(巡欄)'이라 하고, 산속에 산다. 그곳은 '람내(覽內)'라고 한다.[198] 각 부락의 수장[渠]은 '술탄[史丹]'이라 한다. 왕의 관리에는 쌍병(雙柄), 가두(伽頭), 산해미색갈(山海美色葛), 내외담판공(內外淡板公), 배돌(杯突), 공발롱(公勃壠) 등 여러 명목이 있다.[199] 술탄[史丹]의 관속으로 파

長者, 年僅足二席之用. 入王家, 辟蟲蟻, 値價四·五十金, 次者二·三十金, 再次十金. 値一·二金者, 猶錦繡·布褐之相去也)"라고 기술했다. 여기의 '가문초(佳文草)' 『예해주진(藝海珠塵)』본에는 '가문석(佳文席)'으로 되어 있는데, '두 자리[二席]'이란 표현으로 보아 '가문석'이 선본일 것이다. 한편 혜강이 '가문초'의 산지를 만단(萬丹, 자바섬 반탐)으로 기록한 것은 무엇에 근거했는지 모르겠다. ⓓ와 ⓔ의 정보는 『해국도지』(권13)에 인용된 『해도일지』에서 재구성했다(『위원전집』, 5책, 528, 527쪽).

198) '람내(覽內)'에 관하여, 『해도일지교주』에서는 『갈라파기략습유(噶喇吧紀略拾遺)』을 인용하여 "자바[爪鴉]는 네덜란드[荷蘭]에 속했으나 그 사람들은 수십만 명이 넘었으며, 목두람에서[目兜覽內] 나라를 세웠다"라고 했는데, 여기 '목두람'은 바로 마크람(Makram)을 말하므로, 여기 '목두람내'의 '람내'만 취한 형태로 추정했다(16쪽). 억지스러운 추정이지만 다른 추정이 없으므로 우선은 언급해 둔다.

199) 이상 왕의 관리 명칭에 관하여, 송다촨은 『영환지략교주』에서 '쌍병(雙柄), 가두(伽頭), 산해(山海), 미색갈(美色葛), 내외담판(內外淡板), 공배돌(公杯突), 공발롱(公勃壠)'으로 구분했는데, 혜강은 아무런 표기를 하지 않고 그대로 붙여 썼다. 『해도일지』 영역본에는 '쌍병(雙柄), 가두(伽頭), 산해미색갈(山海美色葛), 내외담판공(內外淡板公), 배돌(杯突), 공발롱(公勃壠)'으로 구분했는데, 이를 따라야 할 것 같다. 순서대로 '쌍병'은 '상병(相柄)'으로 표기하고 '지방의회 의원(Members of Council)', '가두'는 회장(Directors), '산해미색갈'은 땅과 물 세수 담당관(Land and Water Fiscals), '내외담판공'은 안과 밖의 토몽공(Tomonggongs), 즉 판사(Magistrate), '배돌'은 대리인(Factors), '공발롱'은 사령관(Commandants)으로 번역했다(『The Chinaman abroad, or, A desultory account of the Malayan Archipelago, particularly of Java by Ong Tae Hae』, Shanghae, 1849, 3쪽). 『해도일지교주』에서는 이를 근거로, '쌍병' 또는 '상병'은 화교들이 말하는 두목(頭目)이라고 설명했고, '가두'는 국장이나 처장으로 풀이했다. '산해미색갈'은 영어본에 따랐다. '담판공(淡板公)'에 대해서는 벤다하라(Bendahara) 즉 재상에 바로 다음 서열로, 나라의 국방, 경비, 시장을 관장한다고 설명하고, 특히 자바에서는 주(州) 수장의 존칭으로 사용했다고 한다. 이어서 『갈라파기략(噶喇吧紀略)』을 인용하여, "도시 안팍의 세세한 일들을 처리하는 자를 담판공이라 부른다"라는 정보를 소개했다. '배돌'에 대해서는 네덜란드어로, 상관을 주관하는 자를 팍투르(Factoor)라고 하는데 이를 음차했다고 추정했다. 마지막 '공발롱'은 『갈라파기략』에서 "공반아률(公班衙律)은 큰 주를 다스리는 자다"라는 기술에 근거하여 '공반아률', 즉 '컴퍼니 로드(Compagnie Lord)'을 말하는 것 같다고 설명했다(『해도일지교주』, 15~16쪽).

지(把智), 담판공(淡板公), 파저(把低) 등의 명칭이 있다.[200] 옛날부터 남양(南洋)의 이름난 나라로 부근의 여러 이민족 섬[番島] 태반이 통할(統轄)에 들어왔다. 명나라 중엽 네덜란드[荷蘭]가 전선이 바람을 피해 자카르타[巴]의 땅에 들어왔다가 그 땅이 크고 넓은 것을 보고 성지(城池)를 세울만하여, 이내 반탐[萬丹]으로 들어와 겸손한 말로 후한 폐물을 주며, 해안의 작은 땅을 빌려 배를 수리한다고 하고, 또 목책(木柵)을 세워 안팎을 가리게 해달라고 청했다. 요아(繞阿)는 이익을 탐해 그에 따르니 마침내 만단을 습격하여 무너뜨리고 아울러 자카르타[巴]의 땅을 차지했다. 요아는 두려움에 떨며 감히 싸우려 하지 않자, 네덜란드[荷蘭]는 매년 은을 납세하겠다는 맹약을 맺었다. 그 연해 일대의 땅도 네덜란드의 관할에 돌아갔다. 자카르타[巴]의 왕은 이로부터 네덜란드의 통제를 받아 명을 내리면 따랐다. 왕이 죽자, 왕자는 네덜란드의 명이 아니면 즉위할 수도 없었고, 관직을 제수하는 것도 네덜란드의 명에 따랐다. 네덜란드는 대추(大酋)로 억누르며 바다 어귀에 성읍을 건설하고, 시장을 설치했으며, 거리를 사방으로 넓히자, 상품들이 가득해졌다. 푸젠과 광둥[閩廣]의 해선들과 대서양, 소서양의 협판(夾板)들이 매년 왕래함이 1,000을 헤아려[每歲往來以千計],[201] 마침내 남양의 제일 중심지[都會]가 되었다.[202]

---

200) 술탄의 관속 또한 『해도일지』에서 채록했다(권1, 2b). 이 관직들은 『영환지략교주』에서 '파지(把智), 담판(淡板), 파저(公把低)'로 끊어 읽었는데, 앞서 '담판공(淡板公)'이란 관직을 확인했으므로, '파지(把智), 담판공(淡板公), 파저(把低)'로 읽어야 할 것이다. 『해도일지』에는 '이파지(二把智), 담판공(淡板公), 파저(把低)'로 되어 있다. 『해도일지』 영역본에는 순서대로 '이파지'는 '아디파티(Adipatis)', '담판공'은 앞서 본 것처럼 '토몽공', '파저'는 '파티(Patis)'로 옮기고, 모두 자바 귀족들의 호칭이라고 주석을 달았다(『The Chinaman abroad, or, A desultory account of the Malayan Archipelago, particularly of Java by Ong Tae Hae』, Shanghae, 1849, 3~4쪽). '아디파티'는 '아디+파티'로 구성된 말레이어로, '아디'는 높다는 뜻이고, '파티'는 부통령을 의미한다. 따라서 '이파지(二把智)'는 이 '아디파티'의 음차일 것이다. '파저(把低)'는 '파지(把智)'의 또 다른 음차다. 그러므로 '파지(把智)'에서 '이(二)'자를 빠뜨린 것은 서계여의 큰 실수다.

201) 『영환지략』에는 "매년 왕래하는 선박이 천백을 헤아리니(每歲往來以千百計)"라고 하였는데, 혜강은 '천(千)'자 뒤의 '백(百)'을 빼고 문장을 구성했다. 정확한 문해력이다.

202) 『영환지략』에서 채록했다(『영환지략교주』, 39쪽). 자바의 관직에 대한 설명은 서계여가 왕대해(王大海)의 『해도일지』에서 인용했다(『해도일지』, 와세다대학 소장본, 권1, 2a).

관(官): ⓕ푸젠과 광둥[閩廣]의 사람 중에 떠돌며 이곳에 사는 자들이 수만 명을 헤아리자, 네덜란드는 그중 현명하고 유능한 자를 골라 카피텐[kapitein, 甲必丹]으로 유럽[歐羅巴]의 관직 명칭으로 중국 주현의 부류와 같다. 삼아, 중국인들의 소송을 전담하게 했다. 근래 중국인들이 시장을 독차지[把持]하자, 금령이 다시 중국인[唐人]에게 내려와 체류를 허락하지 않았다. 여러 서양의 이민족은 중국인을 '당인(唐人)'이라 불렀는데, 서북의 여러 부락이 '한인(漢人)'이라 부르는 것과 같다. ⓖ네덜란드[和蘭]에게는 머물러 지키는 관리가 있었는데, 그 관직은 '아만률(鵝蠻律)'[203]이라 했다. 또 팍투르[杯突], 대사(大寫), 재부(財副), 신요주련(新蟯咻嗹) 등의 관속이 있어 나뉘어 각종 일을 처리한다.[204] 중국인 중에 [갈라]파 안의 카피텐[甲必丹]이 된 자는 권력을 나누어 이익을 전횡하지 못한다. 스마랑[三寶壠]의 카피텐은 이권을 혼자 전횡하여, 바닷물을 끓여 소금을 만들고 밭을 헤아려 세금을 매겨 모두 카피텐이 차지했다. 그러므로 그 직을 맡은 자는 재산이 백만을 넘는다.[205]

풍속[俗]: 자카르타[巴國] 사람들은 바람을 귀신으로 여기며, 물을 약으로 여긴다. 감기와 풍열에는 강에서 목욕하면 치유된다. 강물은 감미롭고 시원하여 목욕하면 질병을 물리친다. 산모와 갓난아이가 천연두[痘]가 나면 모두 강에서 목욕한다. 아무리 더워도 부채 바람에 몸을 드러내지 않고, 반드시 밀실에 눕고 휘장을 치며, 조금이라도 바람을 쐬면 병이 발작한다. 창문에는 모두 유리[玻璃]를

---

203) '아만률(鵝蠻律)'은 『해도일지』, 스마랑[三寶壠] 기술에(권1, 5a) 보이는데, 영역본에서는 '총독(Governor)'로 옮겼는데, 의미상이나 음성적으로 정확하다(『The Chinaman abroad, or, A desultory account of the Malayan Archipelago, particularly of Java by Ong Tae Hae』, Shanghae, 1849, 8쪽).

204) 이상 네덜란드의 총독 이하 관직들을 읽으면서, 『영환지략교주』에서는 '배돌(杯突), 대사(大寫), 재부(財副), 신요(新蟯), 주련(咻嗹)'로 끊어 읽었는데, 영역본에서처럼 '돌농(杯突), 대사(大寫), 재부(財副), 신요주련(新蟯咻嗹)'로 읽어야 한다. 영역본에서는 '돌농'은 대리인(Factors), '대사'는 보좌관(Secretary), '재부'는 출납원(Cashier), '신요주련'은 경무관(Commissary)으로 옮겼다(앞의 책, 8쪽). 사실 마지막 '코미서리'는 '신요주련'에 해당하는 음과는 거리가 멀다. 고증을 기다린다.

205) ⓕ의 관직에 관한 기술은 『영환지략』에서 채록했고(『영환지략교주』, 39쪽), ⓖ의 정보는 서계여가 인용한 『해도일지』에서 가져왔다(앞의 책, 42쪽).

사용하는 이유는 바람은 막고 광채가 들어오기 때문이다. 자바[爪亞]의 풍습 자카르타[巴] 성은 지세가 평평하고 사람들이 조밀하게 살아, 감광(鑒光)[206]에서 성시(城市) 나오면 모두 과수원인데, 네덜란드[和蘭]의 원림(園林)과 서로 붙어 있어 수십 리로 이어진다. 그 안의 누각(樓閣), 정(亭)과 대(臺), 교량, 화원에 있는 활 쏘는 곳[花榭] 등이 정성스럽고 정교하다. 7일마다 한 번 예배당에 가서 예배하는데, 사시(巳時, 9~11시)에 예배당으로 들어가 높은 누대의 종소리는 축(丑, 1~3)과 미(未, 13~15)에는 한 번 치고, 12번을 치면 그친다. 축시와 미시 정각에는 두 번 치는데, 하루를 이틀로 여기기 때문이다. 이는 루손[呂宋]의 풍습과 같다. 아마도 서양에 이런 풍습이 있었을 것이다. 경을 읽고 기도문을 왼다. ⓗ손을 맞잡고 듣는 자는 머리를 숙이고 눈물을 흘리기도 하는데 능히 감동한 사람 같으며, 그렇지 않은 자는 대략 반 시간만에 흩어진다. 이날은 일을 처리하지 않고 원림에 들어가 노닐며 하루의 즐거움을 만끽한다(拱聽者或低首垂淚, 似能感發人, 否者約半時散去. 是日不理事, 入園林遊賞, 盡一日之歡).[207] 이상은 네덜란드[하란]의 제도와 풍습을 말한다.

형벌[刑]: 푸젠과 광둥[閩廣] 출신으로 체류하는 부상(富商)들은 얻는 이익이 무궁하여, 네덜란드[和蘭]에 뇌물을 들이고 천거를 요구하여 카피텐[甲必丹]이 된다. 중국인들의 다툼과 싸움[角口鬪毆]은 모두 카피텐에게 달려있다. 장읍(長揖)하며 무릎 꿇지 않고, 자신을 만생(晩生)으로 칭하며, 시비곡직 모두를 판단한다. 큰 죄를 범했거나, 시집가고 장가 가는 것, 그리고 나고 죽음

---

206) 『해도일지』 영역본에는 캄퐁(campongs)으로 옮겼는데, 바로 말레이어 캄퐁(kampong), 인도네시아어 캄풍(kampung)으로, 촌락에 해당하는 말이다.

207) ⓗ의 문장을 송다촨(宋大川) 씨는 자신의 저본인 1848년 복건 순무 아문 각본에 따라 다음과 같이 옮기고 구두했다. "손을 모아 듣는 자들은 머리를 숙이고 눈물을 흘리기도 했는데, 사람의 마음을 감동하게 할 수 있는 것 같다. 대략 반 시간이면 흩어져, 이 날은 일을 처리하지 않고 원림에 들어가 노닐며 하루의 기쁨을 만끽한다(拱聽者或低首垂淚, 似能感發人心也者. 約半時散去, 是日不理事, 入園林遊賞, 盡一日之歡)." 두 번째 문장이 혜강이 채록한 것과 다르다. 송씨의 저본에도 '부(不)'자로 되어 있어, 일본 1861년 대미각(對嵋閣) 본과 1866년 오대서씨(五臺徐氏)본, 1873년 섬운루(掞雲樓) 교간본에 따라 '심(心)'자로 교정했다고 밝히고 있다(『영환지략교주』, 41쪽). 서로 비교해 보면, 송다촨씨의 교감은 문맥이 어색하다. 그렇지만 왕대해의 『해도일지』(와세다대학 도서관 소장본, 권1, 3b)에도 송다촨씨의 교정과 일치한다. 혜강이 이 단락의 이해를 위해 문장을 조정한 것으로 추정한다.

모두 네덜란드에 일일이 보고한다. 가물 때 왕래하는 것은 모두 증빙서[文憑]를 발급하여 멋대로 출입하지 못하게 한다. 인명(人命)에는 증거[見證]만을 중시하는데, 증언은 반드시 닭을 잡아 맹세해야 하고, 최종 판결에 서명[手決]해야 한다. 사람을 죽이고도 종종 배상이 없는 이유는 감히 증인이 되지 못하기 때문이다.[208]

각부(各部): 치르본[井離汶]의 동남쪽은 프칼롱안[Pekalongan, 北膠浪]이고, 프갈롱간의 동북쪽에는 '스마랑[Semarang, 三寶壠]'이라는 큰 항구가 있어 상선들이 몰려드는 곳이나, 그 번성함은 자카르타[巴] 성에 미치지 못한다. 더 동쪽은 그레식[竭力石]이고, 동쪽 맨 끝 바닷가는 수라바야[Surabaya, 士里莫][209]이고 동북쪽 임해는 발람부앙[Balambouang, 外南旺][210]이다. [갈라]파 성 서쪽의 반탐[萬丹]은 옛날 사바국(闍婆國)으로, 네덜란드[荷蘭]가 그 바닷가 땅을 차지하고 부두를 건설해 번성함이 스마랑[三寶壠]에 버금갔다.[211]

연혁(沿革): ⓘ송나라, 원나라, 명나라 이래로 조와국(爪哇國)은 바로 갈라파 간혹 사신을 보내 조공을 들이기도 했다. 명나라 중엽에 이르러, 네덜란드[荷蘭]에 점령되었다. ⓙ가경(嘉慶) 연간(1796~1820)에 네덜란드 왕이 프랑스[佛郎西] 나폴레옹[拿破侖]에게 쫓겨 달아나 황야에서 죽으니, 나라는 프랑스에 합병되었다. 영국[英吉利]은 프랑스인들이 자카르타[巴] 땅을 점유할까 두려워했다. 가경 14년(1809) 해군[舟師]으로 자카르타[巴] 성을 압박하자, 네덜란드 추장은 견고하게 지켜내며 항복하지 않았다. 해를 넘겨 다시 가서, 천포

---

208) 『해도일지』(권1, 3a)에서 인명(人命)에 관하여 다음과 같이 기술했다. "다만 사람의 목숨은 이웃을 불문하고 증인[見證]를 중시한다. 증인은 반드시 심문하고 닭을 죽여 맹세해야 하고 감히 최종 심판에 수결해야 한다. 사람을 죽여 그를 길에 버리거나 구덩이나 도랑에 흘려보내도 모두 그대로 두며 묻지 않는 이유는 감히 증인이 되지 못하기 때문이다. 아! 인명이 지중한데, 과연 이처럼 어지러운 것인가(惟人命則不問鄰右, 而重見證, 見證必審訊, 斬鷄發誓, 方敢花押定案, 所以殺人, 或棄之道路, 或流之溝洫, 皆寘而不問者, 無敢作見證也. 嗟乎! 人命至重, 竟如此憒憒乎)"라고 하였다.

209) 『해도일지』(와세다대학 소장본, 권1, 1b)에는 '사리묘(四里猫)'로 표기되어 있다.

210) 『영환지략교주』에서는 '파나루칸(Panarukan)'으로 추정했는데(39쪽), 『해도일지』를 확인하지 않은 잘못이다.

211) 『영환지략』에서 채록했다(『영환지략교주』, 39~40쪽).

(天炮)로 포위 공격하자, 네덜란드 추장은 달아났고 땅은 결국 영국[英]의 소유가 되었다. 네덜란드의 가중한 법이 없어지자, 상인들은 편안해졌다. 몇 년 뒤에 나폴레옹이 패하자, 네덜란드는 나라를 재건하고, 왕은 겸칭과 후한 예물로 영국에 요청하여, 영국은 다시 자카르타[巴] 땅을 되돌려주었다. 그러나 영국 배들은 자카르타[巴] 땅을 '동도주(東道主)'로 여겼으나 네덜란드는 감히 거스르지 못했다.[212)]

자카르타에 속한 여러 섬[噶羅巴所屬諸島]

자카르타[噶羅巴]의 동쪽으로 여러 섬이 동남쪽에서 동북쪽으로 이어진다. 수라바야[Surabaya, 士里莫]의 동쪽이 롬복[Lombok, 洛莫]이고, 어떤 곳에는 륜박(淪泊)으로 되어 있다. 롬복[洛莫]의 동쪽이 발리[Bali, 麻里]다.[213)] 어떤 곳에는 파리(巴里)로, 또는 묘리(猫厘)로, 또는 마려(麻黎)로 되어 있다. 롬복이 조금 크고 발리는 그에 버금간다. 두 섬[롬복과 발리]은 토양이 비옥하여 벼에 적합하고, 평평한 밭고랑이 만 경(頃)으로 쌀 생산이 가장 많다. 마리의 동쪽이 숨바와[Sumbawa, 松墨窪]로, 섬의 형태가 삐뚤빼뚤[槎牙] 하고, 항오(港澳)가 굽이져 있으며 땅은 낙막보다 크다. 숨바와[松墨窪]의 어떤 곳에는 손파와(遜巴瓦)로 되어 있다. 동남쪽은 숨바[Sumba, 薩爾溫]으로, 단향서(檀香嶼)라고도 한다. 땅은 숨바와의 절반과 같다. 숨바[薩爾溫]의 동북쪽은 플로레스[Flores, 佛理嶼]로, 어떤 곳에는 불라력사(弗羅力士)로 되어 있다. 동서로 좁고 길며, 땅은 숨바[薩爾溫]의 배다. 플로레스[佛理嶼] 동쪽에는 여섯 개의 작은 섬이 연이어져 마주하고 있다. 여섯 개의 작은 섬 남쪽으로 티모르[Timor, 池問]라는 어떤 곳에는 지문(知汶), 또는 지문(地門), 또는 태묵이(胎墨爾)로 되어 있다. 큰 섬이 있다. '지문'은 동쪽이란 뜻으로, 땅은 플로레스[佛理嶼]보다 배나 크고 동쪽에는 포르투갈[葡萄牙]의 부두가 있고, 서쪽에는 네덜란드[荷蘭]의 쿠팡[Kupang, 古邦]이라는 부두가 있다. 이상의 여러 섬이 모두 자카르타와 동서로 늘어서 첩첩이 서로 바라본다. 티

---

212) ⓘ의 정보는 『영환지략』에 인용된 『천하군국리병서(天下郡國利病書)』를 혜강이 요약 정리한 내용으로 보인다. ⓙ는 『영환지략』에서 채록했다(『영환지략교주』, 43쪽).

213) 롬복과 발리섬은 순서가 바뀌었다. 수라바야 동쪽으로 발리-롬복-숨바와-숨바로 이어진다.

모르[池問] 북쪽으로 바다 건너편 수백 리에 있는 부루[Buru, 武羅]는 어떤 곳에서는 목로(木魯)로 되어 있다. 네덜란드[荷蘭]의 부두다. 땅은 티모르[池問]의 3분의 1과 같고 사람들은 매우 적으며 물산도 없다. 부루[武羅]의 동쪽은 스람[S(C)eram, 西蘭]으로, 어떤 곳에는 서이랑막(西爾郎莫)으로 되어 있다. 땅은 부루[武羅]의 배다. 원주민[野番]들은 농사를 지을 줄 몰라, 사곡미(沙穀米)를 사곡미는 곡물이 아니다. 이민족의 섬[番島]에는 이런 종의 나무가 있는데, 그 나무의 가지를 잘라 찧어 물에 담가 놓으면, 나무즙이 물 바닥에 응고되어 흰 가루가 된다. 그 가루를 햇볕에 말리면 미세한 가루가 된다. 물을 뿌리면 작은 구슬처럼 되는데, 모양이 기장쌀 같다. 죽으로 끓이면, 맛이 담백하고 매끄러워 창고에 들어 있는 기장쌀과 비슷하다. 남양의 섬 이민족 대부분이 이를 식량으로 삼는다. 먹는다. 부루[武羅], 스람[西蘭]의 바로 북쪽은 말루쿠[Maluku, 摩鹿加]라는 어떤 곳에는 토라락(土羅洛), 또는 소락(蘇洛), 또는 미락거(美洛居), 또는 마로고(馬路古)로 되어 있다. 큰 섬이 있는데, 네덜란드[荷蘭]에 속한 곳으로, 지형은 사람의 팔다리 같으며, 술라웨시[西里百]와 서로 비슷하고, 산물은 상당히 풍부하다. 말루쿠[摩鹿加]의 서남쪽은 암본[Ambon, Amboina, 安門][214]이라고 어떤 곳에는 안문(安汶)으로 되어 있다. 하는데, 네덜란드 대추(大酋)가 주둔하는 곳으로 군도를 통할하며, 바다 어귀에는 포대(砲臺)를 두었다. 동북쪽은 만타(萬他)라고 하는데,[215] 화산이 있고 지진이 잦다. 말루쿠[摩鹿加]의 서쪽에는 덕나(德拿)[216]라는 작은 섬이 있는데, 그곳 날씨는 온후하고 원림은 매우 아름답다. 딴 화산이 한 번 폭발하면 온 땅은 재로 뒤덮인다. 스람[西蘭]의 동남쪽에 케링 또는 케랑[Kering, Kelang, 吉寗], 폭폭(暴暴, Papua?) 등의 섬이 있다.[217] 말루쿠[摩鹿加]의 서남쪽

---

214) 원주처럼 일반적으로 '안문(安汶)'으로 표기한다. 『영환지략교주』에서는(44쪽) '우비도(歐比島)'로 추정했는데 어디인지 확인하지 못했다.

215) 이 정보는 『해국도지』, 권15에 인용된 『만국지리전도집(萬國地理全圖集)』에 보이는데, '만타부리지(萬他不離地)'로 읽었다(『위원전집』, 5책, 565쪽). '멀지 않은 땅[부리지]'은 뒤로 붙여 읽어야 할 것 같다. '만타'는 스람섬 남동쪽에 있는 반다(Banda) 군도를 음차한 것은 아닌지 모르겠다.

216) '덕나(德拿)'는 『영환지략교주』에(44쪽) '상기르(Sangir)'섬으로 추정했지만. 음성적으로 부합하지 않는다. 아마도 지롤로(Gilolo) 섬 서쪽에 있는 '테르나트(Ternate)' 섬을 지칭하는 것 같다.

217) 『영환지략교주』에서는(44쪽) 길녕(吉寗)을 '연덕나도(延德納島)'에, 폭폭(暴暴)을 '특

에 아루[Arru, 亞羅], 티모르[Timor, Tenimber, 地門律] 두 섬이 있는데, 모두 원주민[野番]이 사는 곳으로 네덜란드에 속하지 않았다. 대체로 롬복[Lombok, 洛莫]에서 티모르[池問]에 이르는 일대는 옛날 모두 자카르타[噶羅巴]에 속한 섬들이었다. 북쪽으로 이어지는 여러 섬 중에는 자카르타에 관할을 받는 섬들도 있다. 자카르타가 네덜란드의 통제를 받으면서 섬 대부분은 네덜란드 부두에 속했다.[218] 사람들은 모두 말라유[巫來由] 사람이나, 원주민[野番]도 있다. 원주민의 얼굴은 검고, 머리털이 소라처럼 말리기도 하여 야차(夜叉)처럼 추악하다. 또 눈은 깊숙하고 코는 높으며 입은 귀까지 벌어져 있다. 남녀는 모두 귀를 뚫고 그 구멍을 크게 하여 쐐기[杙]로 채운다[塡][219].

각각의 섬에서 나는 산물은 후추[胡椒], 제비집[燕窩], 해삼(海參), 물고기 지느러미[魚翅], 해채(海菜), 옥과(玉果), 등조(藤𧀼條), 소목(蘇木), 대모(玳瑁), 학정홍(鶴頂紅), 용연향(龍涎香), 정향(丁香), 목향(木香), 두구(豆蔻), 혈갈(血竭) 등이다.

랑건도(特琅乾島)'로 추정했다. 음성적으로도 부합하지 않는 이 두 섬이 어디를 말하는지 지도에서 찾지 못했다. 이 '길녕'과 '폭폭' 두 섬은 『해도일지』(와세다대학 소장본, 권3)에 기술되어 있는데, 먼저 '폭폭(暴暴)'을 기술하며 "암본[安汶]의 동쪽에 있다. 사람들 모습은 야차(夜叉)처럼 온몸이 칠흑이다(6b~a)"라고 하였다. 『해도일지』 영역본에서는 '폭폭'을 '파푸아(Papua)'로 옮겼는데(『The Chinaman abroad, or, A desultory account of the Malayan Archipelago, particularly of Java by Ong Tae Hae』, Shanghae, 1849, 35쪽), 음성적으로 지리적으로 상당히 부합하다. 『해도일지교주』에서는 스람 제도의 '바바르(Babar)'섬으로 추정했는데(70쪽), 19~20세기 이전 지도에서 확인하지 못했다. 구글 지도에서 '바바르'섬은 암본섬에서 남쪽으로 약 500km 떨어져 있다. '길녕(吉寧)'에 대해서는 "스람[西蘭]과 이웃하고 있다. 사람들의 모습은 칠흑 같고 왜소하며, 머리털은 곱슬하지는 않지만, 약간 구불구불하고, 풍속은 대략 폭폭(暴暴)과 같다(7a~b)"라고 기술했다. '길녕'은 케링(Kering) 또는 케랑(Kelang) 섬으로 일치된 추정을 보인다. 이로써 볼 때 '폭폭'은 데르펠든 판 힌더스타인(G.F. Baron von Derfelden van Hinderstein)의 「네덜란드 동인도 일반 지도(Ugemeene Kaart van Nederlandsch Oostindie)」(Den Haag, 1842)에서, 스람섬 북쪽으로 미술(Mijsol) 섬이 보이고, 더 북쪽으로 '포포(Popo)'로 표기된 작은 섬이 보인다. 바로 이 섬을 음차했을 것으로 추정한다. 이 '포포' 섬은 현재 코피아우(Kofiau) 섬으로 불린다.

218) 이상의 섬들은 Richard Andree, 「Siam, Malay Archipelago」(London, 1895)를 참고하여 추정했다.

219) 저본에는 '전(塡)'자가 '진(瑱)'자로 쓰여 있어, 『영환지략』에 따라 바로 잡는다.

서양인의 책에는 여러 섬 밖에 제독(提讀), 의라라(義羅羅), 파치안(巴治安)[220] 등의 섬이 더 보인다. 중국인들이 기록한 각 섬의 지명과 대부분 다르다. 바로 명나라 융경(隆慶) 연간(1567~1572) 포르투갈[葡萄牙] 배가 처음 말루쿠[摩鹿加]의 덕나서(德拿嶼, Ternate?)에 이르렀고, 에스파냐[西班牙] 배가 마주쳐 대치하며 이 군도를 놓고 서로 공격했다. 태창(泰昌) 연간(1620)에 네덜란드[荷蘭]가 전함으로 두 나라를 축출하고 마침내 마록가 군도의 이익을 독점했다. 그러나 수출한 정향(丁香), 두구(豆蔻) 등의 산물은 방어의 비용으로 충당하기에 부족했고, 가른 나라의 화물선 출입을 금지하고 항구로 들어오는 것을 허락하지 않았으므로 얻는 이익이 아주 미미했으며, 군도 또한 언제나 황량하고 외졌다.[221]

말루쿠[摩鹿加]의 동남쪽에는 파푸아[Papua, 巴布亞]라는 또 '나길니(那吉尼)'라고도 한다. 큰 섬이 있는데, 형태는 머리를 든 거북 같으며 면적은 보르네오[婆羅洲]에 버금간다. 이곳은 옛날부터 통하지 않는 별개의 땅으로, 초목이 무성하여 [숲이] 깊고 어두워 측량되지 않는다. 원주민[野番]들이 숲에서 뛰어나오는데, 검은 얼굴에 곱슬머리로, 사람을 만나면 잡아 찢어 그 살을 다투어 먹는다. 또 다른 한 종족은 말라유[巫來由]와 비슷한데, 약간 인성(人性)을 갖추었다. 도광(道光) 13년(1833) 네덜란드[荷蘭]인이 처음 항구를 개척하여 훈련된 군대로 방어하자, 우연히 이르는 상선들이 있었으나 산물은 자세하지 않다. 황폐함이 오스트레일리아[Australia, 澳大利亞]와 바로 신 네덜란드[新荷蘭], 근래 영국인들이 개간했다. 같다. 네덜란드는 오스트레일리아[澳大利亞]를 잃었다가, 다시 이 섬을 경영했는데, 부득이함에서 나왔으나 그다음을 생각해서일 것이다(出於不得已而思其次也).[222]

칠주양(七洲洋)에서 꼰선[昆侖(命)]을 지나 캄보디아[眞臘]의 란니미(爛泥

---

220) 이 세 섬은 어딘지 아무런 단서도 찾지 못했다. 『영환지략교주』에 따르면(45쪽), 제독(提督)은 '색아휴도(索阿休島)'로, 의라라(義羅羅)는 '고락락도(古洛洛島)'로 추정했다. 이 또한 어느 섬인지 확인하지 못했다.

221) 이 조목은 모두 『영환지략』에서 채록했다(『영환지략교주』, 43~45쪽).

222) 이 조목 또한 『영환지략』에서 채록했다(『영환지략교주』, 45쪽).

尾)[223]를 넘고, 시암[暹羅]의 안쪽 바다의 서쪽 해안을 따라간다. 지형은 다리 같으며, 서북쪽에서 동남쪽으로 펼쳐져 있고, 중간에 산이 등성마루처럼 이어져 있다. 산의 동쪽에 일곱 개의 작은 나라가 있는데, ⓐ북단 시암[暹羅]과 경계한 곳은 짜이야[Chaiya, 斜仔]라고 하고, 어떤 곳에는 적자(埗仔)[224]로 되어 있다. 남쪽은 나콘[Nakhon, 六坤]이며, 어떤 곳에는 육곤(六昆)으로 되어 있다. 더 남쪽은 송클라[Songkhla, 宋卡]이고, 어떤 곳에는 송각(宋脚)으로 되어 있다. 또 그 남쪽은 빠따니[Patani, 大哖]이며, 어떤 곳에는 대년(大年) 또는 대니(大呢)로 되어 있다. 또 그 남쪽은 끌란딴[Kelantan, 吉連丹]이고, 어떤 곳에는 길란단(吉蘭丹)으로 되어 있다. 또 그 남쪽은 뜨릉가누[Terengganu, 丁噶奴]인데, 어떤 곳에는 정가라(丁加羅)로 되어 있다. 모두 시암의 속국들이다. 남단은 파항[Pahang, 彭亨]으로 모두 소진서(小眞嶼)[225]에서 서쪽으로 나뉘어 간다. 샤먼[廈門]에서 물길로 150~160경으로 일정하지 않다.[226]

짜이야[斜仔]의 남자들은 짧은 윗옷을 입고 베로 만든 만(幔)을 하며, 맨발에 칼을 지니고 다닌다. 여자들은 꽃문양에 색깔이 있는 옷을 입으며 비단

---

223) 진륜형(陳倫炯)의 『해국문견록(海國聞見錄)』에 따르면(사고전서본, 권상, 25a), "캄보디아의 남쪽 바다 한쪽은 모두 란니(爛泥)에 속하므로 '란니미'라 한다(柬埔寨南面之海一片盡屬爛泥, 故名爛泥尾)"라고 하였다. '미(尾)'는 곶과 같은 의미다.

224) 이 '埗'자는 발음이 알려지지 않아, 소리 부분에 따라 편의상 읽었다. '사자(斜仔)'는 어디에 해당하는 음차인지 모르겠다. 다만 서계여의 기술대로라면, 시암과 경계하며, 나콘[六坤]의 북쪽으로 이어져 있다고 한다. 그렇다면 '짜이야(Chaiya)'일 것이다.

225) 진륜형의 『해국문견록』에 따르면(사고전서본, 권상, 25a), "샤먼(廈門)에서 섬라까지는 바닷길로 칠주양(七州洋)을 지나면 외라산(外羅山)이 나타나고, 남쪽으로 향하면 대모주(玳瑁洲), 압주(鴨洲)가 보이며, 곤륜(崑崙)이 나타난다. 서쪽으로 가면 대진서(大眞嶼)와 소진서(小眞嶼)가 보이고, 서북쪽으로 방향을 돌리면 필가산(筆架山)에 이르며, 북쪽으로 섬라 항구인 죽서(竹嶼)까지 188경이다. 항구에서 또 40경을 들어가니 물길로 총 228경이다. 동쪽으로는 캄보디아[柬埔寨]에 이어져 있는데, 바닷길로 113경일 뿐이다(廈門至暹羅, 水程過七州洋見外羅山, 向南見玳瑁洲·鴨洲, 見崑崙, 偏西見大眞嶼·小眞嶼, 轉西北取筆架山, 向北至暹羅港口竹嶼一百八十八更. 入港又四十更, 共水程二百二十八更. 而東聯柬埔寨, 僅水程一百十三更)"라고 했다.

226) ⓐ의 정보는 서계여가 진륜형(陳倫炯)의 『해국문견록(海國聞見錄)』(사고전서본, 권상, 25a)에서 채록했다. 진륜형은 "시암[暹羅]의 남쪽으로(由暹羅而南)"라고 시작한다.

만(幔)을 입고, [발에] 낮게 끌며, 가죽신을 끈다. 땅에서는 제비집[燕窩], 주석[番錫], 상아, 면화(綿花)가 난다. 샤먼에서 물길로 180경이다.

나콘[六坤]은 짜이야[斜仔]와 땅이 붙어 있어 풍속과 물산이 서로 같다.[227)]

송클라[宋卡]는 시암의 남쪽에서 육로로 17~18일 걸리고, 물길로는 동남의 순풍에 대엿새 항행하면 이를 수 있다. 강역은 수백 리고 토착민[土番]은 말라유[巫來由]라 한다. 땅은 넓지만, 사람들은 적다(地曠民稀). 사람들은 돼지를 먹지 않는데, 이슬람교도와 같다. 수염은 단지 아래턱에만 남겨 둔다. 출입에는 단도를 지니고 다니며 자신을 지킨다. 남자는 대부분 여자 집에서 데릴사위가 된다. 풍속에 딸을 낳으면 좋은 일로 여기는데, 데릴사위를 들여 노부모를 봉양할 수 있기 때문이다. 재산은 남녀가 각기 반씩 나눈다. 죽으면 관곽이 없이 야자수 아래 매장하고, 묘를 만들거나 제사를 지내지 않는다. 왕위를 전할 대는 반드시 적자(嫡子)로 하고, 서자는 즉위할 수 없다. 군신의 구분은 매우 엄격하여, 왕이 무도하더라도 감히 몰래 넘보는[覬覦] 자가 없다. 부인들은 윗옷과 바지를 입고, 남자들은 짧은 바지만 입고 상체를 드러낸다. 일이 있으면 폭이 넓은 베로 양쪽을 재봉질하여 오른쪽 어깨에 입는데 그것을 '사랑(沙郎)'이라 한다. 사람들이 왕과 장관을 만날 때면 엎드려 기어가고, 앞에 이르면, 웅크려 이마에 합장하고, 서서 말한다. 평등하게 서로 만나되 이마에 합장만 한다. 나머지는 섬라와 대략 같다(餘暹羅略同). 산에는 고목이 많고, 땅에서는 공작(孔雀), 비취(翡翠), 대모(玳瑁), 상아(象牙), 후추[胡椒], 빈랑(檳榔), 야자(椰子), 은(銀), 철(鐵), 침향(沈香), 강향(降香), 속향(速香), 가남향(伽楠香), 해삼(海參), 물고기 지느러미[魚翅]가 난다. 해마다 시암에 조공을 바친다.[228)]

---

227) 이상 사자(斜仔)와 나콘[六坤] 설명은 『영환지략』에 인용된 『문헌통고·사예문(四裔門)』에서 채록했다. 여기에는 '埭仔'로 되어 있다(『영환지략교주』, 46쪽).

228) 송클라[宋卡] 기술은 『영환지략』에 인용된 사청고(謝清高)의 『해록(海錄)』에서 채록했다(『영환지략교주』, 46쪽). 주목할 점은 밑줄 친 두 정보를 서계여는 채록하지 않았다. 이는 혜강이 직접 『해록』 원문을 확인하고 채록한 듯이 보이지만, 사실은 위원이

빠따니[大呢]는 송클라[宋卡]에서 대엿새 여정으로, 산으로 연이어 있다. 강역 또한 수백 리다. 풍속과 토산은 송클라와 대략 같다. 사람들은 적지만 성질은 흉포하다. 해선이 정박하는 곳을 일러 담수항(淡水港)이라 한다. 그곳 산에는 금이 많은데, 산꼭대기[山頂]에 금을 생산하는 곳을 '아라수(阿羅帥)'[229] 라고 한다. 담수항에서 이곳까지는 반드시 육로로 10여 일을 가야 하고, 끌란딴[吉蘭丹] 항구에서 들어가면 3~4일이면 이를 수 있으므로, 중국인들이 이곳에 와 금을 채질하며 배는 대부분 끌란딴 항구에 정박하는데, 왕래가 쉽기 때문이다. 나라는 시암[暹羅]에 속해 해마다 금 30근을 바친다.[230]

끌란딴[吉蘭丹]의 강역과 풍토 또한 빠따니[大呢]와 같다. 왕이 사는 곳은

『해국도지』, 권9에 재구성하여 채록한 텍스트에서(『위원전집』, 4책, 427~428쪽) 혜강이 다시 해괴한 내용을 빼고 재구성하여 옮겼다. 해당 원문은 펑청쥔[馮承鈞], 『해록주』, 6쪽을 보시오.

229) '아라수(阿羅帥)'에 관하여 펑청쥔은 "포르투갈어로 금을 '우로(ouro)'라고 하는데, 포르투갈어로 금광을 일컫는 말일 것이다"라고 설명했다(『해록주』, 8쪽). 포르투갈어로 '금'을 '우로'라고 하는데, '아라(阿羅)'의 남방 발음에 느슨하게 대응하는 것처럼 보인다. 그러나 금광은 '미나 데 우로(mina de ouro)'라고 하고, 고어로는 금광을 '아디사(adiça)'라고 하므로 '아라수'와 음성적으로 크게 부합하지 않는다. '아라(阿羅)'는 상부 또는 끝을 의미하는 말레이어 '우루(ulu)', '수(帥)'는 광동어로 '서이' 정도로 발음하는데 '사이(Sai)'의 음차 형태일 것이다. '사이강'은 바로 뜰루빈(Telubin) 강을 말한다. 이 지역은 금 산지로 잘 알려져 있다(Anker Tentse, 「A Historical Note on the Northeastern Malay State」, 『Journal ff The Malayan Branch The Royal Asiatic Society』, 20, 1947, 31쪽).

230) 『영환지략』, 권2(『영환지략교주』, 46~47쪽)와 『해국도지』, 권9(『위원전집』, 4책, 428쪽)에 인용된 사청고(謝淸高)의 『해록(海錄)』에서 재구성했다. 혜강이 재구성한 텍스트는 중요한 정보를 생략하여 오도하고 있다. 『해록』의 원문은 다음과 같다(『해록주』, 7쪽). "태니국(太泥國)은 송클라[Sonkla, 宋卡] 동남쪽에 있다. 송클라에서 육로로 5~6일, 물길로는 순풍에 대략 하루 남짓이면 도착할 수 있다. 산이 연접하여 서로 이어지고 강역 또한 수백 리다. 풍속, 토산은 송클라와 대략 같다. 사람들은 매우 드물지만, 성질이 매우 흉포하다. 해선들이 정박하는 곳을 '담수항(淡水港)'이라 부른다. 산에는 금이 많이 나는데, 정상 금이 나는 곳을 '아라수(阿羅帥)'라고 한다. 담수항(淡水港)에서 북쪽까지는 육로로 10여 일을 가야 하지만 끌란딴[咭蘭丹]에서 항구로 들어올 때는 3~4일이면 이를 수 있다. 그러므로 이곳에 와서 금을 채질하는 중국인들은 배를 대부분 끌란딴 항구 어귀[港門]에 정박시키는데, 그래야 왕래하기 쉽기 때문이다. 나라는 시암[暹羅]에 속하여 해마다 금 30근을 바친다(太呢國在宋卡東南. 由宋卡陸路五六日, 水路順風約日餘可到. 連山相屬, 疆域亦數百里. 風俗·土產均與宋卡畧同. 民稀少而性

부두[埔頭]에 있는데, '부두[埔頭]'란 관영시장[朝市]이 있는 곳이자 서양 선박들이 만(灣)에 배를 대는 곳이다. 주위에는 가시가 있는 대나무[竻竹]를 심어 성을 만들었고, 나무판자를 덧댄 대문 하나뿐이다. 사람들은 둘러친 대나무 밖에 산다. 왕과 장관은 모두 땅에 자리를 깔고 앉는다. 나체에 맨발이며 사는 평민과 다름이 없다. 나갈 때는 용맹하고 건장한 수십 명이 호위하여 가는데, 각기 표창을 든다. 보는 자는 모두 몸을 웅크리고 합장하며, 왕이 지나간 뒤에 일어난다. 왕은 매일 당에 앉으면, 추장들이 모두 입조(入朝)하여 둘러앉는다. 송사(訟事)가 있으면 소장을 사용하지 않고 다만 밀랍 [촉(燭)] 한 쌍을 들고 엎드려 받들고 나아가는데, 왕이 초를 보면 무슨 일이냐고 묻는다. 고소한 사람이 사정을 진술하면, 소송한 바를 밝혀 본질을 올리게 하여, 왕은 몇 마디로 결정하는데, 따르지 않는 자가 없다. 혹 시비를 가리기 어려우면 모두 잠수[沒水]하게 한다. 두 당사자[兩造]에게 밖으로 나가 길에 있는 어린아이를 한 명씩 잡아 물가로 오게 한다. 그곳 승려[番僧]를 불러 주문을 외면, 대나무 장대 하나를 두 아이가 각기 한쪽 끝을 잡게 하여 동시에 물속에 잠수하게 한다. [양쪽 끝을] 잡은 아이 중 하나가 먼저 뜬 자를 그릇되었다고 여기는데 감히 다시 논쟁하지 못한다. 아이의 부모들도 습관이 되어 이상하게 여기지도 않는다. 또 심한 경우 기름 솥을 더듬게 하는 법이 있으므로 기름을 솥에 가득 채우고 그곳 승려가 옆에서 주문을 외며 쇳덩어리 하나를 솥 안에 넣으면, 두 당사자[兩造]에게 더듬어 찾도록 하는데, 그른 자는 손이 문드러지고, 곧은 자는 손이 상하지 않는다. [그릇된 자는] 결국 [그 쇳덩이를] 잡을 수 없다. 스스로 반성하여 부끄러움이 없는 자가 아니면 처음 억지스러운 말을 했더라도 솥에 임해서는 복죄(服罪)하지 않음이 드물다. 소송에서 크게 억지를 부리는 일[堀强]이 없다. 왕이 죽으면 아들이 계승하기도 하고 아우가 잇기도 한다. 유언이 있더라도 민심이 돌아가기를 기다린 뒤에야 안정된다. 사람들이 병을 받들지 않고, 형이나 아우 또는 숙질 중에 백성들에게 추대받는 자가 있으면 그에게 [왕위를] 양보하고 그의 아래에 물러나 산다. 왕위에 있더라도 호령이 행해지지 않는다. 원주민[土番]들은 부두에 사는데 대부분 물고기를 잡아 생활한다. 매일 오전에 각기 작은 배를 조정하여 남풍을 타고 출항하여 오후면 북풍을 타고 배를 돌려 돌아온다. 남풍을 '출항풍(出港風)'이라 부르고, 북풍을 '입항풍(入港風)'이라 부른다. 날마다 이처럼 결코 바뀜이 없는 것은 바로 하늘이 이 백성을 보호해 주기 때문일 것이다. 그곳 산중에 사는 사람들은 혹 농사를 짓거나 혹 땔나무를 하거나 채집하기도 하는데, 위에는 옷을 입지 않고 아래는 잠방이[褌][231] 없이 다만 큰 나무껍질을 벗겨 하체를 두른다. 또한 집이 없이 굴에 살거나 나무 둥지에 산다. 원주민[土番]들은 모두 표창에 뛰어나 던져 수십 보 밖에 있는 사람을 죽일 수 있다. 틈만 나면 겁탈하고 깊숙한 숲[老林]에 피해 숨으므로, 산골과 외진 곳에는 행인이 거의 없다. 소송에 해결할 수 없는 사안은 항상 왕에게 자청하여 서로 표창으로 죽여 후회가 없도록 해 주기를 원하면, 왕도 그에 따른다. 다만 참작하여 이치가 곧은 자에게 먼저 표창을 던지게 하는데, [표창에] 맞아 죽으면 그쪽 집에 시신을 돌려주고, 적중하지 않으면 상대가 거꾸로 표창을 던지게 하는데, 명중하지 않는 일은 거의 없다. 제사나 의례의 물품을 바칠 때는 모두 구리 쟁반[銅盤]에 담아 머리에 이고서 올린다. 음식에는 젓가락을 사용하지 않고 대부분 오른손으로 집어 먹으므로 오른손을 중시하고 왼손을 가볍게 쓴다. 어떤 사람이 왼손으로 음식물을 집어 주면 화를 내며 아주 불경하게 여긴다. 땅에는 장려(瘴癘)가 많아 중국인들이 이곳에 이르면 반드시 개울에서 목욕하고 물을 정수리에 붓는데, 많게는 수십 통에 이른다. 머리의 열기가 올라 나올 때까지 하고 그친다. 매일 두세 차례 목욕하지 않으면 질병이 생긴다. 오래 살면 조금 줄일 수는 있으나 그래도 매일 씻어야 한다. 원주민[土番]들의 갓난아기가 병에 걸렸을 때, 풍열에 상한 것이면 대부분 물에 적시면, 즉시 나아 약물[藥石]을 쓸 필요가 없다. 무릇 남양의 여러 나라가 모두 그러하다. 그곳에는 쌍과(雙戈), 하라정(呀喇頂)이라는 곳이 있는데 모두 금이 난다.[232] 중국에서 매년 이곳에 이르는

兇暴. 海艘所泊處, 謂之淡水港. 其山多金, 山頂產金處名阿羅帥. 由淡水港至此, 須陸行十餘日, 由咕�丹港口入, 則三四日可至. 故中華人到此淘金者, 船多泊咕嚼丹港門, 以其易于往來也. 國屬暹羅, 歲貢金三十斤).”

231) 저본과 『해산선관총서(海山仙館叢書)』본 『해록』에는 모두 '곤(褌)'자로 되어 있고, 『해국도지』에는 '고(褲)'자로 되어 있다(『위원전집』, 제4책, 429쪽). 문맥으로 보면 '바지[褲]'의 의미로 쓰였을 것이다. 위원이 교정한 것인지, 잘못 읽은 것인지 확인되지 않는다.

232) '쌍과(雙戈)'는 끌란딴강의 지류인 '소코르(Sokor)'강을 음차한 형태로 보인다. 렌체(Anker Rentse)에 따르면, 강 유역의 정글에 옛 광산의 흔적이 남아있다고 한다(「History of Kelantan」, 『Journal of the Malayan Branch of the Royal Asiatic Society』, 12-2, 1934, 47쪽).

'하라정(呀喇頂)'에 관하여, 쿠쉬맨과 밀너는 갈라스-젠티안(Galas-Jentian)에 해당하는 음으로 추정했다. 이어서 이들 강이 서로 합류하므로 말레인들은 이렇게 합

자들이 수백 명이고, 민(閩) 사람들은 대부분 부두에 살며 상품을 팔거나 후추[胡椒]를 재배하며, 광둥(廣東) 사람들은 대부분 산꼭대기에 살며 채질하여 사금을 채취한다. 무릇 서양 선박이 각국에서 이르면, 왕가에서는 그 배의 크고 작음, 실은 것의 경중을 헤아려 그 세금을 확정한다. 배가 크고 실은 양이 많으면 양은(洋銀) 500~600개를 납세하고, 양이 적으면 200~300개로 일정하지 않은데, 그것을 '등두금(凳頭金)'이라 한다. 외지 상인이 처음 부두에 이르면 양은 1개를 납세하고, 한 해를 넘겨[浹歲] 살면 또 주민세[丁口]로 은 한 개를 납세한다. 끌란딴[吉蘭丹] 산꼭대기에 살며 금을 채질하여 중국으로 돌아가려는 자는 부두에 이르러 왕을 알현하고 황금 1냥을 납세한 뒤에 허락된다. 늙어 더는 돈을 벌 수 없는 사람은 반을 감해 주고, 만약 카피텐[甲必丹]이 중국인 두목. 그 가난함을 알고 그것을 청하면 면해 준다. 서양 선박은 배를 건조할 때 자금을 댄 사람을 '판주(板主)'라고 하고, 나침판[羅盤]을 보고 방향을 지시하는 사람을 '화장(夥長)'[233]이라 하며, 키를 살피는 자를 '태공(太工)'이라 하고, 은전(銀錢)의 출입을 관리하는 자를 '재고(財庫)'라고 하며, 선창 입구에서 화물을 수발하고 기록하는 자를 '청정(淸丁)'이라 하고, 자본을 내고 배를 임대하여 화물을 실어 무역하는 자를 '선주(船主)'라 하는데, 배에 탄 선원들은 모두 [그의] 지시를 따르므로 일이 있으면 선주에게만 책임을 묻는다[是問]. 술을 양조하거나 아편을 팔거나 도박장을 여는 자는 세금이 특별히 무겁다. 개인이 채무를 포탈하면 추장은 못 들은 듯이 내버려두기도 하지만, 도박

쳐 부른다고 설명했다(Jennifer W. Cushman and A.C. Milner, 「Eighteenth and Nineteenth Century Chinese Accounts of the Malay Peninsula」, 『Journal of the Malaysian Branch of the Royal Asiatic Society』, 52-I, 1979, 20쪽). 상당히 그럴법한 설명이다. 우루 끌란딴(Ulu Kelantan) 지역의 갈라스(Galas)와 젠티안(Jentian)강은 따봉(Dabong) 지역에서 합류하여, 동북쪽으로 흐르다가 르비르(Lebir)강과 합류하여 끌란딴강을 이룬다. 바로 갈라스와 젠티안 강이 만나는 지역 일대에 중국인 공동체 '풀라이(Pulai)'가 있는데 바로 사청고가 말한 금광 지역이다(Sharon A. Carstens, 「Pulai: Miners, Farmers and Rebels in the Malayan Hinterland」, 『남양학보(南洋學報)』, 53, 1998, 9쪽).

233) 유헌정(劉獻廷, 1648~1695)의 『광양잡기선(廣陽雜記選)』(대만문헌총간, 권1, 40쪽)에 "해선의 나침판을 주관하는 사람을 '화장'이라 한다(海舶上司羅盤者, 曰夥長)"라고 하였다. '화+장'의 구성으로, '화'는 음차로 보이지만 해당하는 음을 찾지 못했다. 나침판을 태국어로는 '켐티스(เข็มทิศ)'라고 하고, 말레이어로는 '꼼빠스'라고 한다. '화'자의 민남어 발음은 '헤 또는 후에'이고, 광둥 발음은 '포(fo)'다.

빛은 온 힘을 다해 쫓아가 추포한다. 각 나라가 대부분 이와 같다. 아편 연기를 흡입하는 일은 끌란딴[吉蘭丹]이 심하고, 외지 상인 중에도 따라 하지 않는 자가 거의 없다. 그곳 땅에서는 단지 빈랑, 후추[胡椒]가 대부분이고, 또한 황금 30근을 시암[暹羅]에 세공한다. 이 편의 말라유[巫來由] 토산은 매우 자세하므로, 기록하여 그로써 나머지를 예시했다.[234)]

뜨릉가누[丁噶奴]의 강역, 풍토는 위의 여러 나라들과 같으나 부강함이 제일이다. 각 나라는 모두 코끼리 기르기 좋아하여 산속에 야생 코끼리가 있다는 말을 들으면, 왕은 사람들에게 큰 나무를 베어 10리 밖 주위에 목책으로 두르고, 열흘마다 조금씩 이동시켜 전진하게 하는데, 이처럼 몇 차례 하면, 목책은 점차 좁아져, 코끼리가 먹이를 얻지 못하여 쇠약해지기를 기다렸다가, 다시 길들인 코끼리에게 싸워 복종시키게 하면, 길들인 코끼리를 따라 나오는데 그때부터는 상노(象奴)의 부림에 따른다. 땅에서는 후추[胡椒], 빈랑(檳榔), 야자(椰子), 사등(沙藤[籐]), 빙편(氷片), 제비집[燕窩], 물고기 지느러미[魚翅], 해삼(海參), 유어(油魚), 포어(鮑魚), 대자(帶子), 합(蛤) 종류로 강요주(江瑤珠)와 유사하다. 자채(紫菜), 공작(孔雀), 비취(翡翠), 속향(速香), 강향(降香), 가남향(伽楠香)이 나는데, 후추가 가장 우수하여 여러 번국 중에서 으뜸이다. 해마다 시암[暹羅], 베트남[安南], 그리고 자카르타[葛剌巴]에 진주하며 지키는 네덜란드[荷蘭]에 조공을 바친다.[235)]

---

234) 끌란딴[吉蘭丹] 기술은 『영환지략』보다는 『해국도지』, 권9에 인용된 사청고의 『해록』에서 재구성하여 채록했다(『위원전집』, 4책 429~430쪽). 마지막 문장은 혜강의 주석이다. 혜강이 빠뜨린 정보들은 『해록주』, 8~10쪽을 참고하시오. 위원은 여기에 다음과 같은 주석을 붙였다. "끌란딴[吉蘭丹]은 빠따니[大呢]의 항구도시[馬頭]다. 풍속은 빠따니와 모두 같다. 가정(嘉靖, 1522~1567) 말에 해적 잔당이 이곳으로 도망해 와, 주민이 2,000여 명에 달했다. 이들은 바다로 나가 약탈하며 상선들을 괴롭혔다. 혹자는 끌란딴이 퀼론[小葛蘭國]이라고 한다. 생각건대, '소갈란'은 코치[柯枝]와 접경한 곳이고, 끌란딴은 빠따니와 연접해 있으므로 쌍방의 거리는 매우 멀다. 다만, 빠따니와 끌란딴 모두 황금으로 주화를 만들고, 코치와 퀼론 또한 모두 금주화를 사용한다는 점이 같으므로, 이에 영향을 받아 생겨난 말이다. 잠시 이를 기록하여 의문을 풀어둔다"라고 하였다(『위원전집』, 4책, 430쪽). 혜강이 이 주석을 채록하지 않은 이유는 불필요한 혼동을 불러올 필요가 없었기 때문일 것이다.

235) 뜨릉가누[丁噶奴] 기술 또한 『영환지략』보다는 『해국도지』, 권9에서 위원이 인용한

파항[彭亨]의 강역, 풍속, 민정은 위의 여러 나라와 같다. 또한 금이 나는데, 마고(麻姑)[236]에서 나는 금이 최고다. 땅에서는 후추[胡椒], 빙편(氷片), 사곡미(沙穀米)가 난다. 후추 덩굴나무[藤木本]는 원래 처음 심었을 때 길이는 1척 남짓이고, 1년여 만에 길이가 수 척에 이르면 말려 동그라미를 이루는데, 다시 흙으로 덮어주어 다시 자라난 뒤에 꽃이 피고 열매를 맺는다. 10여 년이 지나면 덩굴이 점차 약해지면 그 옆의 오래된 흙이나 잡목의 잎이 안에서 썩은 흙을 비료로 주면 다시 무성해지는데, 다른 거름을 써서는 안 된다. 30여 년이 되면 더는 결실하지 않으므로 반드시 땅을 골라 다른 종자를 심어야 한다. 심었던 옛 땅은 100년 뒤에야 다시 심을 수 있다. 안남(安南)에서 마륜니(麻倫呢)[237] 등의 나라까지 모두 후추가 있지만, 다만 뜨릉가누[丁噶奴]에서 나는 후추가 최고다. 빙편(氷片)은 수액[木液]이다. 나무 안에서 흐르다가, 밤이면 나무 끝[樹杪]까지 올라가고, 날이 밝으면 나무뿌리로 내려간다. 원주민[土番]들은 나무에서 소리를 듣고, 그것이 위에 있는지 아래 있는지, 늙었는지, 어린지를 안다. 그 나무가 늙을 때까지 기다려, 4경[四鼓]에 몰래 가서 중국인들이 송진[松脂]을 채취하듯이 칼로 뿌리 여러 군데를 베어둔다. 날이 밝으면 그 수액이 흘러 베어 놓은 곳을 따라 땅으로 떨어져 조각을 이룬다. 늙지 않은 나무는 물만 나올 뿐이다. 팽형 동남쪽에서 약 하루 남짓을 가서, 다

『해록』에서(『위원전집』, 4책, 430~431쪽) 재구성하여 채록했다. 정확한 기술은 『해록주』, 12쪽을 참고하시오. 주목할 만한 점은 뜨릉가누를 사청고는 '정갈노(丁噶呶)', 위원은 '정가라(丁加羅)' 또는 '정갈노(丁葛奴)'로, 서계여는 '정가라(丁加羅)'로 표기했다. 혜강은 '정갈노(丁噶奴)'로 표기했는데 서계여가 주석으로 처리한 형태를 따랐다(『영환지략교주』, 47쪽).

236) '마고(麻姑)'는 『해국도지』 교주에 따르면(『위원전집』, 4책, 442쪽), 말레이시아 파항주에서 금이 나는 비교적 유명한 라우브(Raub)를 가리키거나 아니면 세망코(Semangko)의 약칭이라고 한다. 이 설명은 펑청쥔의 주석을 가져왔다(『해록주』, 14쪽). 사실 '라우브'나 세망코의 '망코' 모두 음성적으로 전혀 부합하지 않는다. 라우브 지역은 쿠알라룸푸르의 북쪽 내륙에 있는 곳이다. 말레이반도 동안 남쪽 울루 파항(Ulu Pahang), 쿠알라 파항(Kuala Pahang)의 금광이 더 많이 생산되었고 말라카로 팔려나갔다(「Further Notes upon A Study of Ancient Time in the Malay Peninsula」, 『Journal of The Malayan Branch of The Royal Asiatic Society』, XV(1937), 25~31쪽).

237) '마륜니(麻倫呢)'에 관하여 『해국도지』 교주는(『위원전집』, 4책, 442쪽) 역시 펑청쥔의 주석에 따라 인도 서안 고아(Goa), 서북쪽 해안의 '말르워너(Malvan)'으로 확신했다(『해록주』, 14쪽과 33쪽). 사청고는 말레이반도 파항 조목에서 후추를 기술하며, 갑작스럽게 인도 서안의 '말르워너'를 언급했다는 점이 좀 이상하다. 어쨌든 마륜니(麻倫呢)는 '말르워너'에 음성적으로 잘 부합하지만, 사청고의 '마륜니' 기술에 언급된 산물에는 '후추'가 들어 있지 않다(『해록주』, 33쪽).

시 서쪽으로 돌아 백석구(白石口)[238]로 들어가, 동남풍을 타고 약 하루 남짓을 가면 옛 조호르[舊柔佛]에 바로 식력(息力) 이른다.[239]

짜이야[斜仔]에서 파항[彭亨]에 이르기까지 하나의 산이 세로로 뻗어 있는데, 산의 동쪽에 일곱 나라가 늘어서 있고, 산의 서쪽에는 영국인의 세 부두가 있고, 가장 남쪽 땅이 다한 곳 깊숙하게 내항(內港)을 이루어 수마트라[蘇門答臘]와 서로 마주하고 있는데, **조호르[Johor, 息力]다.** 어떤 곳에는 실력(實力), 식랄(息辣)로 되어 있는데, 바로 유불(柔佛) 옛 도읍이므로, 또한 '구유불(舊柔佛)'이라고도 한다. 영국인들은 신가파(新嘉坡)라고 한다. 어떤 곳에는 생가파(生嘉坡)로, 또 신기파(新奇坡), 또 성격백아(星隔伯兒)로도 되어 있다. 가경(嘉慶) 연간(1796~1820) 영국[英吉利]이 이곳을 바닷길 사통팔달의 구역으로 삼아 땅을 개척하여 상인과 주민을 불러 모아 무역과 농경에 종사하게 하고 세금을 가볍게 했다. 몇 년이 지나자, 매년 오는 서양의 협판선(夾板船)[240]이 수백에 달했다. 서양에 장사하는 푸젠[閩越]의 배들, 남양 여러 나라의 배들도 수시로 이르렀다. 범선의 돛대가 숲처럼 서 있고,

---

238) '백석구(白石口)'에 관하여, 펑청쥔은 싱가포르 해협으로 확신했다(『해록주』, 14쪽). 또 『해국도지』의 교주에서도 펑 씨의 설명을 그대로 따르고 있을 뿐(『위원전집』, 4책, 442, 512쪽), 왜 그렇게 부르는지 설명하지 않았다. 싱가포르 해협에 대응하는 명칭은 '식력(息力)'으로 예정되어 있다. 말레이반도 동안 최남단에서 서쪽으로 돌아 들어가는 '백석'이라는 바다 어귀[口]를 말하는 것 같다. 추정컨대 『무비지·항해도』에서 싱가포르 해협[龍牙門] 서쪽에 그려진 '백초(白礁)'를 말하는 것 같다. 샹다의 설명에 따르면, 싱가포르 해협에 있는 '백초'는 백석구(白石口)라고도 하는데, 바로 페드라 브랑카(Pedra Branca)라고 하였다(向達, 『鄭和航海圖』, 중화서국, 1961, 15쪽). '페드라 브랑카'는 포르투갈어로 '흰 암석'이란 뜻이다. 『소방호재여지총초(小方壺齋輿地叢鈔)』에 수록된 안사종(顔斯綜)의 1842년 「남양려측(南洋蠡測)」에 따르면, "만리석당의 서쪽은 백석구다. 부근에는 있는 항구도시[埠]는 사방이 모두 섬으로 하나의 해협으로만 들어갈 수 있다(塘之西爲白石口, 附近有一埠, 四面皆山, 一峽通進)"라고 하였다. 만리석당이 파라셀 군도(Paracel Islands), 즉 난사군도라면 그 서쪽은 베트남 남부에 해당하므로 싱가포르 해협이 될 수 없다.

239) 파항[彭亨] 기술 또한 『해국도지』, 권9에서 위원이 인용한 『해록』에서(『위원전집』, 4책, 431쪽) 재구성하여 채록했다. 세 번째 산물인 '사곡미'에 대해서도 위원은 사청고의 자세한 설명을 인용했지만(『해록주』, 14쪽), 혜강은 이미 기술한 산물이었으므로, 채록하지 않았다. 마지막 '구유불(舊柔佛)'에 관한 부연 설명은 혜강의 주석이다.

240) '협판선(夾板船)'은 1730년 진륜형(陳倫炯)의 『해국문견록(海國聞見錄)』에는 여러 차

동서의 산물이 모두 모여 남양 서쪽 가장자리에 있는 제일 부두가 되었다.[241] 해마다 교역하는 산물의 값은 수천여만 원에 달했다. 영국인들은 누관(樓館)을 지어 살았으나 사는 사람은 많지 않았다. 푸젠과 광둥[閩廣] 출신으로 임시로 머무는 1만여 명, 말라유[巫來由] 토착민들, 그리고 부기스[Bugis, 蕪吉]와 체류자[客民]들은 바닷가에 산다.[242]

조호르[息力]에서 해안을 따라 서북쪽으로 대략 300여 리는 **말라카[Malacca, Melaka, 麻剌甲]**다. 바로 말라카[滿剌加]로, 어떤 책에는 마육갑(麻六甲)으로 되어 있다. 원래 시암[暹羅]의 속국이었다. 명나라 시기 포르투갈[葡萄牙]이 그곳을 차지했고, 곧바로 네덜란드[荷蘭]에 빼앗겼다. 가경(嘉慶) 연간(1796~1820)에 땅이 영국[英吉利]에 귀속되어, 부두를 세우니 번성함이 조호르[息力] 못지않았다. 말라카[麻剌甲] 서북쪽 해상에는 피낭[Penang, 檳榔]이라는 영국인들은 신포(新埔)[243]라고 불렀다. 섬이 있는데, 안에는 높은 산봉우리가 있

례 '합판(呷板)'으로 언급되었고, 1791년의 서문을 갖춘 왕대해(王大海)의 『해도일지(海島逸志)』에는 '갑판선(甲板船)'으로 나타난다. 호종헌(胡宗憲, 1512~1565)의 『주해도편(籌海圖編)』(사고전서본, 권13, 27b)에 '협판(夾板)'으로 언급된 이래, '협판'이란 표기가 가장 많이 보인다. '갑판(甲板)'의 사전적 의미는 위층과 아래층으로 나누는 선박의 판자 층을 말한다. 그러나 '협판'과 '합판'은 어떻게 의미를 찾기 곤란하다. '협(夾)', '합(呷)', '갑(甲)'의 남방 발음은 대체로 'gap(b)'에 해당한다. 메드허스트(Walter Henry Medhurst)는 『해도일지』를 역주하며, 말레이어로 함선을 의미하는 '까빨(kapal)'로 번역했다(『The Chinaman abroad, or, A desultory account of the Malayan Archipelago, particularly of Java by Ong Tae Hae』, Shanghae, 1849, 59쪽). 협판-합판-갑판이 이 '까빨'의 음차가 아니라면, 다른 설명을 찾기 어렵다. '까빨'은 판자나 철판으로 층이 나뉜 서양의 배들 지칭하는 용어로 이해하면 무리가 없을 것이다.

241) 저본에는 두주에(55b) "영화서원을 설립하고, 나라 안의 서적을 모두 판각(板刻)하고 번역했으며, 중국인을 초빙하여 그들 자세를 교육했다(設英華書院, 凡國中書籍皆鏤板翻譯, 延華人教其子弟)"라는 문장을 여기에 추가하라는 지침이 있다.

242) 『영환지략』에서 채록하고 재구성했다(『영환지략교주』, 48쪽).

243) '신포(新埔)'는 혜강의 저본인 『영환지략』에는 '신부(新埠)'로 되어 있다(『영환지략교주』, 48쪽). 『해록』에 "신부(新埠)는 바다 가운데 있는 도서로, '포로빈랑(布路檳榔, Pulo Penang)', 또는 '빈랑사(檳榔士)'라고도 하는데, 영국[嘆咭利]이 건륭(乾隆, 1736~1795) 연간에 개척한 곳이다(新埠, 海中島嶼也, 一名布路檳榔, 又名檳榔士, 嘆咭利于乾隆年間

고, 산수가 맑고 빼어나, 사는 사람이 5만 4,000명이었는데, 푸젠과 광동[閩廣] 사람이 5분의 1을 차지했다. 또한 영국[英吉利]의 관할로 귀속되었다. 영국의 대추(大酋, 총독)는 조호르[息力]에 주둔하며 세 부두[三埠]의 조호르[息力], 말라카[麻剌甲], 피낭섬[檳榔嶼]. 무역을 총괄한다. 세 부두에서 나는 산물은 금은, 납[鉛], 주석[錫], 코뿔소 뿔[犀角], 상아(象牙), 후추[胡椒], 옥과(玉果), 강향(降香), 소목(蘇木), 제비집[燕窩], 물총새 깃[翠毛], 가문석(佳文席) 등이다. 샤먼[廈門]에서 조호르[息力]까지는 물길로 173경이다. 조호르[息力]에서 말라카[麻剌甲]까지는 7경이다. 말라카[麻剌甲]에서 홍모천(紅毛淺)을 지나면 슬랑고르[Selangor, 沙剌我]라는 나라가 있는데, 또한 말라유[巫來由] 이민족 부락[番部]이다. 산중에는 모두 라(猓)인들로, 나체에 맨발이며 말라유[巫來由]인들과 서로 혼인하지 않는다. 슬랑고르[沙剌我]의 서북쪽은 끄다[Kedah, 吉德]다. 계달(計噠)이라고도 한다. 뒤로 산이 송클라[宋卡]와 연해 있으며 토산 또한 서로 비슷하다. 푸젠과 광둥[閩越]의 상선 중에 가끔 이곳에 이르러 무역하는 자들이 있다. 이곳을 지나면 미얀마[緬甸]의 남쪽 경계로, 인도 여러 부(部)와 연이어 있어 '소서양(小西洋)'이라 한다. 내륙[內地]의 배로는 갈 수 없다.[244]

조호르[息力]의 남쪽, 자카르타[噶羅巴]의 서쪽에는 서남 방향으로 가로로 뻗은 큰 섬이 있는데, 수마트라[Sumatra, 蘇門答臘]다. 길이는 대략 2,000여 리고, 가운데에 벙쿨루[Bengkulu, 萬古屢][245]라는 큰 산이 이어져 펼쳐져 있다. 동쪽 지대가 낮은 지역[[窪]에 이어지며, 바다 조류가 침식하고, 숲이 우거져 길이 잘 통하지 않는다. 서쪽으로 평탄해지면서 큰 강물이 둘러 흐른다. 땅

開闢)"라고 하였으므로(『해록주』, 18쪽), '신부(新埠)'로 교정해야 한다.

244) 말라카[麻剌甲]에 관한 기술 또한 『영환지략』에서 채록했다(『영환지략교주』, 48~49쪽).

245) '만고루(萬古屢)'는 『해국문견록(海國聞見錄)』에 보이는 표기다(사고전서본, 권상, 26a). 『해록』에는 '망고로(茫咕嚕)'로 되어 있다. 원주에는 '망(茫)'자를 '막(莫)'과 '랑(浪)'자의 반절로 읽으라는 설명이 딸려 있다. 펑청쥔은 말레이어 벙쿨루(Bengkulu)의 음역 표기로 추정했다(『해록주』, 42쪽). 『해국도지』, 권9에 인용된 『매월통기전(每月統紀傳)』에는 '만고루(萬古累)'로 표기했는데, 교주에는 역시 펑청쥔의 추정을 따랐다(『위원전집』, 4책, 443쪽).

에서는 사곡미(沙穀米), 사등(沙藤), 후추[胡椒], 빈랑(檳榔), 혈갈(血竭), 빙편(氷片), 안식향(安息香)이 나고, 산에서는 황금, 구리, 철, 유황(硫磺)이 나며, 강에서는 사금(沙金)이 나고, 바다에서는 용연향(龍涎香)이 난다. 짐승으로 수마(水馬), 비비(狒狒), 곰[熊], 호랑이가 많고, 나무로는 야자수가 곳곳에서 숲을 이룬다. 큰 부락(部落)으로 아체[Aceh, Atjeh, 大亞齊]가 있는데, 이 섬 북쪽의 서쪽 경계에 있다. 서양인들은 아첸[Achen, 亞珍]이라 부른다. 당나라와 송나라 이래로 중국에 조공하여 '소문답랍국(蘇門答臘國)'으로 봉한 곳이 바로 이 나라다. 아체[大亞齊]의 동쪽은 석리(錫里)[246]이고, 더 동쪽은 류리(霤里)[247]인데, 조호르[息力]와 바다를 사이에 두고 마주하고 있다. 아체[大亞齊]의 서

---

246) '석리(錫里)'는 『해록』에 기술된 '석리(錫哩)'로, "석리국은 류리(霤哩) 서북쪽에 있다. 강역과 풍속은 '류리'와 같다. '류리'에서 작은 배를 세내어 바다를 따라 약 4일 가면 이를 수 있다. 바다의 동북쪽은 말라카[麻六甲]다. 이곳에서 서북쪽으로 약 이틀 가서 홍모천(紅毛淺)을 지난다(錫哩國在霤哩西北, 疆域風俗與霤哩同. 由霤哩買小舟, 沿海行約四日可到. 海東北爲麻六甲, 由此又西北行約二日, 仍經紅毛淺)"라고 하였다(『해록주』, 38쪽). 이 자료를 주석한 펑청쥔은 기술된 방향에 따라 방칼리스(Bangkalis) 일대로 추측하며 위치를 특정하지 못했다. 『해국도지』, 권15에서 '동남양(東南洋)'을 기술하며 이 사청고의 기록을 채록했는데, 그 주에서 '시글리(Sigli)'와 펑청쥔의 '방칼리스'에 관한 두 가설을 소개했다(『위원전집』, 5책, 569~570쪽). 『고대남해지명회석』(810쪽)에서는 벵칼리스(Bengkalis)와 시악(Siak)에 있는 '시악 스리 인드라푸라(Siak Sri Inderapura)'의 약칭으로 추정하고, 그밖에 '델리(Deli)', '시글리(Sigli)'라는 설이 있다고 설명했다. 먼저 '방칼리스'는 방향적 측면에서 추정일뿐, 음성적으로 아무런 연관이 없고, '시글리'는 음성적으로 그럴법하지만, 사청고가 '대아제'로 표기한 아체 왕국이고 작은 배를 세내어 갈 여정은 아니다. 결국 '시악 스리 인드라푸라'일 가능성만 남는다. 음성적으로 그럴법하고, 시악강을 따라 들어가는 내륙이므로, 방향과 거리상으로 부합하지만, 하나의 추측으로 제시할 뿐이다.

247) '류리(霤里)' 또한 『해록』에 '류리(霤哩)'로 표기되어 기술되었는데, "류리국는 조호르[柔佛]의 서남쪽 해상에 있는데, 별도로 큰 섬을 이루고 있어 조호르와 서로 이어져 있지 않다. 조호르에서 바다를 건너 남쪽으로 약 하루 남짓을 가면 이를 수 있다(霤哩國在柔佛西南海中, 別峙一大山, 不與柔佛相連, 由柔佛渡海而南行約日餘可到)"라고 하였다(『해록주』, 37~38쪽). 여기 사청고가 기술대로 살펴보면, '류리'에 해당시킬 만한 섬은 리우(Riouw) 또는 리오(Rhio)라는 작은 섬밖에 없다. 에두아르 뒬로리에(Édouard Dulaurier)는 『자바의 역사(Histoire de Java)』를 저술한 학자 라플(Raffles)의 『파세이 왕들의 이야기(Récit des rois de Pasey)』에서 발취하여 「1475년 멸망할 시기 마자파힛 자바 제국에 속한 나라들 목록(Liste: Des pays qui relevaient de l'empire javanais de

쪽은 바다이고, 돌아서 섬의 남면에 이르면 라무리[Lamuri, 小亞齊]다.[248] 라무리[小亞齊]에서 비스듬하게 동쪽은 수수[Sou Sou, 蘇蘇][249]이고, 더 동쪽은 파당[Padang, 叭嚐]이며, 더 동쪽은 븡쿨루[茳古魯]다. 바로 만고루(萬古屢), 남발리(南勃利)로 된 곳도 있다. 븡쿨루[茳古魯]의 동쪽은 바다고, 돌아서 북쪽으로 해협[峽口]으로 들어간다. 해협의 두 해안은 '구항(舊港)'으로 원래는 삼불제(三佛齊)라 했다. 왕은 해협의 서쪽에 사는데, 이 동쪽 경계의 부락(部落) 중 가장 크다. 해협을 나와 서북쪽으로 섬의 북면에 이르면 바다 가운데 별도의 섬 하나가 있는데, 강갑(崗甲, Bangka)이라 한다. 더 서북쪽으로 다른 섬 하나가 있는데, 링가[Lingga, 龍牙]라고 하고, 링가[龍牙]의 서쪽은 바로 신유불(新柔佛)[250]

Madjapahit à l'époque de son destruction en 1475)」를 기고했는데, "리우(Riouw) 또는 리오(Rhio)는 빈탕(Bintang) 섬 남쪽에 있는 작은 섬으로 운하로 분리되어 싱가포르 남동쪽 60마일 지점에 있다"라고 설명하고 있다(『Journal Asiatique』, VII, 1846-1, 558쪽). 『해국도지』 교주에서는 '류리'를 '리아우(Riau) 군도'라는 막연한 추정을 했다(『위원전집』, 5책, 569쪽).

248) 여기에서 언급된 '대아제'와 '소아제'의 구분과 기술은 모두 『해록』에 보인다(『해록주』, 38쪽; 40쪽).

249) '소소(蘇蘇)' 또한 『해록』에 별도의 항목으로 기술되었는데, "소소국(蘇蘇國)은 라무리[小亞齊] 남쪽에 있다. 물길로 순풍에 이틀 가면 이른다. 강역, 풍토, 토산은 라무리와 같다"라고 하였다. 펑청쥔은 대응하는 음을 추정하지 못하고, "나이스[Nais, 呢是國] 조목에서 나이스[呢是]는 소소와 파당[叭當] 두 나라의 서쪽에 있다고 했으므로 '소소'는 시볼가(Sibolga) 일대에 있어야 한다"라고 추측했다(『해록주』, 40쪽). 이 사청고의 기술은 『해국도지』, 권15에서도 채록되었는데, 교주에 따르면, '소소'는 파당(Padang) 북쪽의 '사삭(Sasak)'으로 추정했다(『위원전집』, 5책, 570쪽). 이 사삭은 여기에 기술된 방향과 반대다. '소소'는 '시믈루(Simeuloe)'섬 맞은편 수마트라섬 해안에 있는 수수(Sou Sou, Soo Soo, Soe Soeh)로 표기된 곳이다. 조지 플랭클린 크램(George Franklin Cram, 1841~1928), 「수마트라와 자바, 인도네시아 두 지도(Two maps of Sumatra and Java, Indonesia)」(29x39cm, 1: 6,000,000, Chicago, 1899)의 지도를 참고하시오.

250) '신유불(新柔佛)'이란 명칭은 위원이 『해국도지』, 권15에서 사청고의 『해록』을 채록하면서 사용한 용어다. 사실 『해록』에는 '신유불'이란 말은 없고, '구유불'이란 명칭이 보인다. "'유불국(柔佛國)'은 구유불(舊柔佛) 맞은편 바다에 있는 해상의 다른 한 섬이다. 구유불의 원주민[番]들이 이곳에 이주해 왔다. 둘레는 수백 리다. 백석구(白石口)에서 남쪽으로 약 반나절 가면 이른다(柔佛國在舊柔佛對海, 海中別一島嶼也, 舊柔佛番徙居於此, 周圍數百里, 由白石口南行約半日卽到)"라고 하였다(『해록주』, 37쪽). 바

로 류리(霤里)와 또한 마주하고 있다. 여러 부락 모두 말라유[巫來由]의 이민족이고, 네덜란드[荷蘭]와 영국[英吉利]이 바다 어귀를 나누어 차지하고 각각 부두를 세웠다. 근래 영국이 이 섬의 부두를 말라카[麻剌甲]와 바꾸면서 온통 네덜란드에 귀속되었다. 그중 가장 큰 부두는 파당[Padang, 巴唐]이라 바로 팔당(叭噹) 하고, 동북쪽 경계에 있는 것을 팔렘방[Palembang, 巴鄰傍]이라 한다. 팔렘방[巴鄰傍]의 바로 구항(舊港)의 서 안이다. 동안은 자카르타[噶羅巴]의 서쪽 경계다. 해협은 폭이 수십 리에 불과한데, 순다[Sunda, 巽他]라고 한다. 유럽[歐羅巴]의 여러 나라가 동쪽으로 올 때 반드시 이쪽으로 길을 잡는데, 바로 남양 전체의 문이다. 말라카[麻剌甲], 조호르[息力]를 거쳐 꺾어 오는 길은 사잇길[間道]이다. 방카섬[崗甲嶼]은 '정기의(丁機宜)'[251]라고도 하는데, 납[鉛], 주석[錫]이 가장 많다. 네덜란드가 세관을 설치하고 세를 받았다[榷稅]. 서양에 장사하는 푸젠과 광둥[閩廣]의 배들이 수시로 와서 교역한다. 또 파당[巴唐]의 서남쪽에는 니아스[Nias, Nyas, 呢士]라는 어떤 곳에는 아니(亞尼)로 되어 있다. 작은 섬이 있는데, 또한 납[鉛]과 주석[錫]이 난다. 아체[大亞齊]의 서북쪽 바다에는 니코바르[Nicobar, 尼古巴拉]라는 작은 섬이 있는데, 원주민[野番]이 사는 곳으로 야자와 물고기를 먹으며 곡물은 먹지 않는다.[252]

대저 남양의 둘러 늘어서 있는 온 섬의 인종은 '말라유[巫來由]'라고 하는

로 여기 '유불국'을 위원이 혼동을 피하고자 '신유불'로 채록한 것이다. 『해록』 권상에 기록된 싱가포르[新嘉坡]에서 '구유불'이 언급되었는데, 펑청쥔은 이 '구유불'이 바로 싱가포르[新嘉坡]섬이라고 설명했다(『해록주』, 15쪽). 그러나 『해국도지』 교주에서는 '신유불'이 빈탄(Bintan)섬이라고 설명했는데(『위원전집』, 569쪽), 잘못이다. 나는 '구유불'은 조호르, '유불' 또는 '신유불'은 싱가포르섬으로 추정한다. 자세한 사항은 곧 출간된 『해록역주』에서 다룰 것이다.

251) '정기의(丁機宜)'라는 곳은 중국 남해 기술에서 두 곳으로 나뉜다. 여기서는 『명사』, 권325, 「외국·유불」과 「외국·정기의」의 기술에 근거한 것 같다. 「유불전」에서는 '정기의'와 이웃하고 있다고 하였고(8428쪽), 「정기의전」에서는 유불과 접양(接壤)하고 있다고 하였다(8439쪽). 여기의 '정기의'는 바로 뜨릉가누다. 다른 한 곳은 『해국문견록』에서 언급한 정기의로 진륜형의 지도에 따르면, 말루쿠 군도의 서남쪽에 그려져 있다. 이에 대한 자세한 고증은 곧 출간될 『해국문견록역주』에서 다루도록 한다.

252) 이상 수마트라[蘇門答臘] 기술은 모두 『영환지략』에서 채록했다(『영환지략교주』, 50~51쪽).

데, 검고 추하며 지혜가 없다. 중국과 통한 일은 한나라 때부터 시작되었고, 영남이 이민족의 세금을 독점한 것은 당나라에서 시작되었다. 명나라 중엽 이후 유럽[歐羅巴] 여러 나라가 항해하여 동쪽으로 올 때, 습격하여 빼앗을 전략을 세워 왔고, 이민족[番族]들은 어리석고 나약하여 더불어 상대할 수 없었으니, 루손[呂宋] 군도는 결국 에스파냐[西班牙]에 점령당했고, 수마트라[蘇門答臘] 동쪽의 크고 작은 수십 개의 섬들 곳곳에서 네덜란드[荷蘭]가 부두를 차지하게 되었다. 서양인이 남양군도를 차지하면서, 성지(城池)는 견고하고 성했으며, 누각은 화려하고 좋았으며, 시장 점포는 번성했고, 선박들은 정교하고 우수했다. 앞의 이러한 이민족[番族]의 조야함과는 기상이 근본 달랐다. 그리고 중국[中土]의 여러 사건도 결국 여기에서 맹아를 보였다. 영국[英吉利]의 여러 부두는 조호르[息力]의 서쪽에 있었으므로, 남양의 여러 섬은 그들의 소유가 아니었다. 그러나 국세가 강해지자, 에스파냐[西班牙]와 네덜란드[荷蘭]는 그들의 상대가 아니었고, 감히 거스르며 엿보지 못했다. 그들은 남양군도를 자기 것처럼 차지하고 있다고 보았다. 선박과 대포를 수리하고, 식량을 갖추면서 여러 섬이 모두 명령을 따랐으므로, 조호르[息力] 서쪽으로 건너갈 필요가 없었는데, 이후에도 처리하여 대응할 수 있었기 때문이다.[253]

남양의 해도에는 위험한 몇 곳이 있는데, 선원[舟師]들이 모두 잘 알고 있다. 가장 위험한 곳은 남오기(南澳氣)로, 옛날에는 '낙제(落漈)'라고 불렀는데, 남오(南澳)의 동남쪽에 있으며 물길로 7경 떨어져 있다. 섬은 작고 평형하며, 사방에 발처럼 달린 것들[挂脚]이 모두 어지러운 암석이고, 수초가 1장 남짓한 길이로 자라 며, 기세가 사방의 흐름을 빨아들여, 배가 이를 수 없는데, 이르면 유(溜)에 따라 빨려들어 좌초[吸閣][254]하여 돌아올 수 없다. 남오기의 북쪽은 빠져드는 모래사장[沙垠]으로 대략 200리다. 북쪽 끝에 두 섬[山]이 있는데, 동사상(東獅象)은 타이완의 사마기(沙馬崎)와 대치해 있고, 해수면에서 물길로 4경 떨어져 있는 곳은 '사마기두문(沙馬崎頭門)'이라 한다. 남오기의 남쪽은 모래사장이 이어지며 광둥[粵]의 바다에 이르는데, '장사두(長沙頭)'라

---

253) 『영환지략』의 서계여의 보충 설명을 재구성하여 채록했다(『영환지략교주』, 54~55쪽)

254) '각(閣)'자는 좌초한다는 의미의 '각(擱)'자일 것이다.

고 하며 남쪽으로 바다로 단절된 곳은 '장사문(長沙門)'이라 한다. 또 남쪽 머리에서 다시 모래사장이 생겨 경해(瓊海, 해남도) 만주(萬州)에 이르는데 '만리장사(萬里長沙)'라고 한다. 만리장사의 남쪽에는 다시 어지러운 암석이 생겨나 칠주양(七洲洋)에 이르는데, '천리석당(千里石塘)'으로, 모두 남양의 아주 위험한 지역이다. 해선들이 바람에 당해, 선원들이 길을 잃고 이곳 여러 험지에 들어가면 부서지지 않는 일이 드물다. 장사(長沙)의 한 갈래 길[一門]은 서북쪽으로 남오(南澳)와 서남쪽으로 평해(平海)의 대성(大星)과 딱 솥발의 형세를 이룬다. 장사문(長沙門)의 남북은 대략 폭이 5경이고, 광둥[粵]의 외국 선박[番船]과 상선 중에 동남양의 루손[呂宋], 브루나이[文萊], 술루[蘇祿]로 가서 무역하는 배들은 모두 장사문을 따라 나온다. 북풍에는 남오를 기준으로 하고, 남풍이면 대성을 기준으로 삼는다. 단지 장쑤[江], 저장[浙], 푸젠[閩] 등 삼성에서 동남양으로 가는 배들은 타이완 사마기두문(沙馬崎頭門)을 따라 지나서 루손[呂宋] 등의 나라에 이른다. 서양의 협판선(夾板船)들은 꼰선[昆侖], 칠주양의 동쪽 만리장사 밖에서 사마기두문을 지나서 푸젠[閩], 저장[浙], 일본(日本)에 이르러 직선 노선[弓弦]으로 바다로 나아간다. 중국에서 남양으로 가는 배는 만리장사 밖이 아득히 기준 삼을 바가 없으므로 모두 만리장사의 안쪽 베트남 바다[粵洋]를 따라서 지나 칠주양에 이른다. 드넓은 바다 가운데 이러한 한계가 생겨나니 또한 대해[溟渤]의 한계[戶閾]다.

칠주양의 남쪽에는 크고 작은 두 섬[山]이 우뚝 서서 파도가 부딪치는데, '꼰선[昆侖]'이라 곤둔(崑屯)으로도 되어 있다. 부른다. 남양에서 반드시 경유하는 길로, 섬[山]에서는 훌륭한 과실[佳果]이 나는데 깊고 적막하여 인적이 없다. 네덜란드[荷蘭]가 부두를 세우고 싶었으나, 꽝남(廣南, 베트남 남중부)의 해적들에게 겁탈, 살해당해, 그 지역을 계속 비워두었다. 꼰선[昆侖] 서남쪽에는 '티오만[Tioman, 茶盤]'이라는 작은 섬이 있는데 서남양(西南洋)의 길이 나뉘는 지점이다. 조호르[息力]로 가는 배는 서쪽을 따라 항행하고, 자카르타[噶羅巴]로 가는 배는 남쪽을 따라서 항행한다.[255)]

255) 이상은 『영환지략』에 인용된 『해국문견록』에서 채록하고 재구성했다(『영환지략교주』, 58~59쪽). 혜강이 재구성한 『해국문견록』의 기술은 진륜형이 별도의 조목으로 구성한 '남오기(南澳氣)'[사고전서본, 권상 38a~40b]와 '곤륜(崑崙)'[권상, 36a~37b]에 보

2-5. 동남 대양의 각 섬[東南大洋各島] 지도 31을 보시오.

오스트레일리아[Australia, 澳大利亞]는 뉴 네덜란드[Nieuw Holland, 新荷蘭]라고도 하는데, 아시아[亞細亞] 동남양 파푸아[Papua, 巴布亞]섬의 남쪽에 있다. 둘레는 대략 1만여 리다. 이 섬에서 대양을 항해하여 동쪽으로 가면 바로 남북 아메리카[America, 亞墨利加]의 서쪽 경계에 이른다. 이곳은 옛날부터 외진 지역[窮荒]이었고, 별개의 영토로 통하지 않았다. 명나라 때 에스파냐[西班牙]의 왕이 사신 마젤란[Magellan, 墨瓦蘭]을 보내 아메리카[亞墨利加]의 남서쪽을 거쳐 새로운 땅을 찾도록 했다. 몇 달을 항해하여 가자, 홀연히 대륙이 나타났다. 또 사신의 이름으로 그곳을 마젤라니카[Magellanica, 墨瓦蠟泥加][256]로 남쪽에서 빙해까지라는 설이 두드러진다. 뒤에는 이곳을 천하 오대주(五大洲) 중 하나로 여겼다(自南氷海說著顯, 後以此爲天下五大洲之一). 명명했다. 에스파냐[西班牙]인들은 이로써 항해의 능력을 뽐냈으나 그곳을 경영한 적은 없었다. 뒤에 네덜란드[荷蘭]인들이 동쪽으로 오면서 남양의 여러 섬에 기지를 세우고 점차 땅을 약탈하며 마침내 이 땅에 이르렀다. 바닷가에 부두를 건설하고 이름하여

인다. 『해국문견록』에 언급된 지명들은 곧 출간될 『해국문견록역주』에서 자세히 설명될 것이다.

256) 1602년 「곤여만국전도」에서 마테오 리치는 '묵와랍니가[mek-ŋwa-lɑp-niei-ka](墨瓦蠟泥加)'라는 표기만 사용했다. 1623년 『직방외기(職方外紀)』에도 같은 표기를 보여주지만, 여기 『곤여도설(坤輿圖說)』에는 다섯 대륙을 언급할 때는 '묵와랍니가'를 사용했지만, 대륙을 설명할 때는 '마열랄니가[ma-ɳʑiɛt-lɑt-niei-ka](瑪熱辣泥加)'로 두 차례 표기되었다. 1602년 북경본 「곤여만국전도」, 1603년 「양의현람도(兩儀玄覽圖)」 그리고 『곤여도설』의 지도를 통해 '묵와랍니' 또는 '마열랄니'는 마젤란(Fernand de Magellan, 1480~1521)의 음역 표기로 짐작해 볼 수 있다. 마젤란은 포르투갈어로는 '마가라이스(Magalhães)'로 'g'음이 들리지만, 스페인어로는 '마나랴네스(Magallanes)'에서 'g'는 비음화되어 거의 들리지 않는다. 아마도 '묵와랍니'는 스페인 발음을 옮긴 것으로 보인다. 반면 페르시스트의 '열(熱)'자는 민(閩) 방언으로 초성이 'z'이므로, 'g'음을 살린 형태일 것이다. '묵와랍니가'는 바로 마젤란의 땅을 의미하는 마겔라니카(Magellanica) 또는 마갈라니카(Magallanica)의 음역 표기라고 이해해야 할 것이다. 이곳은 당시 알려지지 않은 남방 대륙의 북단으로, 남방의 땅이라는 뜻인 '테라 아우스트랄리스(Terra Australis)'로 불렸다. 마젤란은 1520년 이곳을 지났기 때문에 그의 이름을 따서 마젤란 해협이라고 한다. 1602년 「곤여만국전도」의 설명에 "묵와랍니는 불랑기(포르투갈) 사

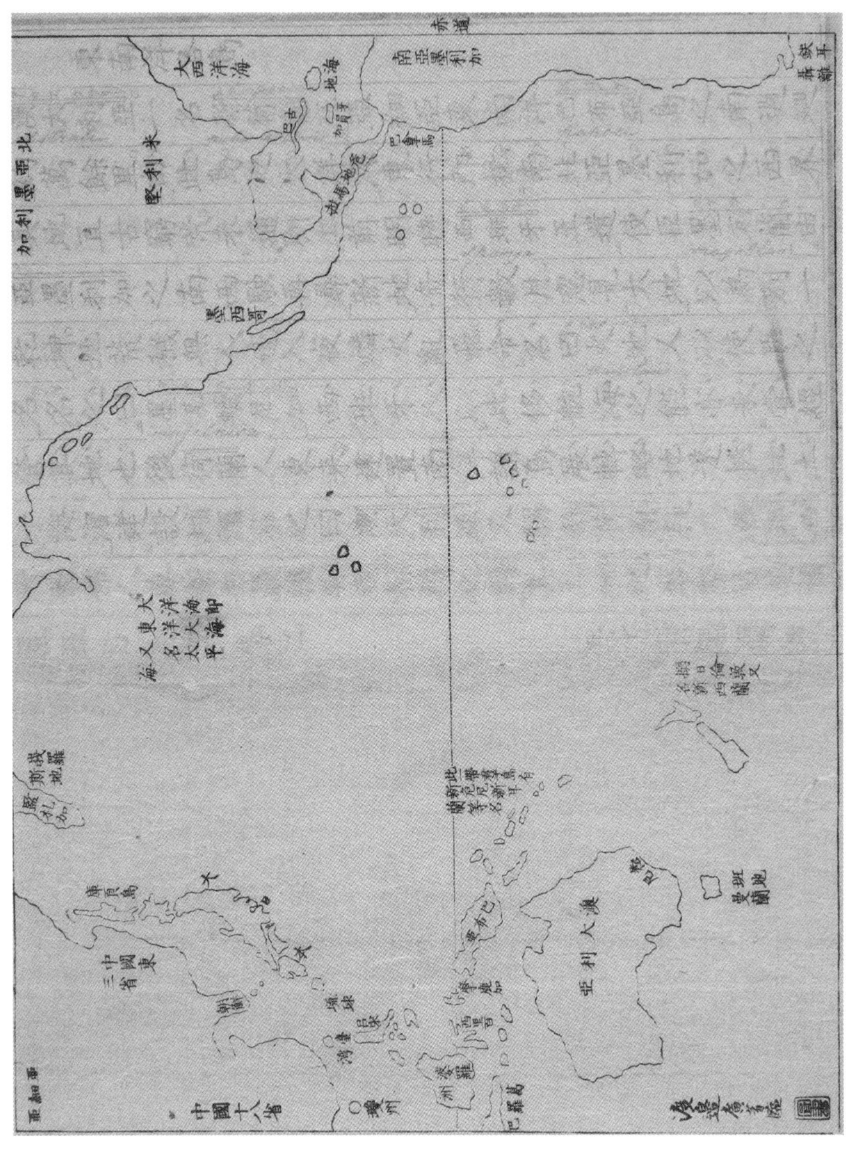

지도 31. 국립중앙도서관 소장본의 지도가 몹시 희미하여 『영환지략』(도시샤대학 소장본, 1861)에서 가져왔다. 국립중앙도서관 소장본에는 '동남대양각도도(東南大洋各島圖)'라는 지도 명이 있고, 경도와 적도 표기가 있다.

오스트레일리아[澳大利亞]로 불렀고, 또 뉴 네덜란드[新荷蘭]라고도 불렀다. 곧이어 프랑스[佛郎西]에 빼앗겼다. 프랑스 사람들은 곧이어 방기했고, 최후에는 영국[英吉利]이 그곳을 차지하였다. 그 땅이 넓었기 때문에, 개척하려는 굳은 의지로 먼저 그곳에 죄인들을 유배시켜 둔전(屯田)을 일굴 계획이었다. 본국에 직업이 없는 빈민 중에 그곳에 가서, 먹고 살고자 하는 자들도 실어 왔다. 다른 나라의 사람 중에 약간의 땅이라도 받기를 원하는 자들도 따라왔다. 땅은 적도의 남쪽에 있고, 날씨는 덥고 건조하며, 바닷가는 대부분 평평한 땅이다. 높은 산이라도 30장을 넘지 않는다. 강물이 아주 적고 잡목과 무성한 풀이 난 들[灌莽]이 끝이 없다. 날짐승과 들짐승의 모습은 기괴하고 다른 땅과 다르다. 원주민[土番]들은 검은 얼굴에 머리를 늘어뜨리고 나체이며 풀뿌리와 산 과일을 먹고 나무에 둥지를 지어 산다. 여지주(予之酒)는 한번 마시면 곧바로 취해 진흙에 누워 돼지처럼 진흙을 뒤집어쓴다. 남자는 여자를 가축처럼 부리며 화가 나면 곧바로 죽인다. 흘러들어 사는 영국인들은 바닷가 습지를 개간하여 밀[麥]이나 곡물을 심었다. 풀은 기름지고 무성하여 양을 목축하

람의 성명인데, 60년 [전] 처음 이 해협을 지나면서 이 땅에 이르렀다. 옛 유럽인들이 마젤란의 이름으로 해협, 바다, 땅을 명명했다(墨瓦蠟泥係拂郎機國人姓名, 則六十年過此峽, 并此地. 古歐邏巴士以其姓名, 名峽, 名海, 名地)"라고 설명했다.

장황(章潢)의 『도서편(圖書編)』(사고전서본, 권29, 44b~45b)에는 「지구도설(地球圖說)」이 실려 있는데, 그 내용은 바로 남회인(南懷仁)의 『곤여도설(坤輿圖說)』에 수록된 이마두(利瑪竇)의 서문이다. 이 서문은 풍응경(馮應京, 1555~1606)의 『월령광의(月令廣義)』(하버드대 소장본, 수권, 74a~75b)에도 거의 같은 내용으로 실려 있다. 이 『월령광의』에는 만력 임인년(1602) 고기원(顧起元)과 진구정(陳九鼎)의 서문이 있다. 마테오 리치가 쓴 이 서문은 늦어도 1602년 이전에 쓰였다는 말이다. 『사고전서총목제요』에 따르면, 장황의 문인 만상전(萬尙前)의 서문에 "이 책은 가정 임술년(1562)에 시작하여 만력 정축년(1577)에 완성되었다(是編肇於嘉靖壬戌, 成於萬曆丁丑)"라고 하였다. 이어서 그의 연보를 인용하여, "만력 13, 을유년(1585)에 『도서편』이 출간되어, 등원석(鄧元錫, 1529~1593)의 『함사(函史)』와 서로 검증했다(萬曆十三年乙酉出圖書編, 與鄧元錫函史相證)"라고 하였다. 결국 마테오 리치의 서문은 늦어도 1585년 이전에 작성되었어야 한다. 리치의 첫 번째 세계지도인 조경(肇慶)본 「여지산해전도」는 1584년에 완성되고 그가 조경에 도착한 시기는 1583년이다. 그런데 『도서편』이 완성된 시기는 1577년이다. 그렇다면 1577년과 1585년 사이에 장황이 추가해 넣은 것인가? 현재로서는 그렇게 추정할 수밖에 없다. 어쨌든 중국인의 자료에서 '묵와랍니가(墨瓦蠟泥加)'란 명칭은 『도서편』에 가장 빨리 언급되었다.

면 젖이 빨리 나온다. 털은 가늘고 부드러워 니융(呢絨)[257]을 짤 수 있다. 현재 사는 사람은 10만에 못 미치나, 매년 운송하는 양모는 은 200여 만 냥이다. 갖은 물건이 갖추어지지 않아 일용품들은 모두 다른 땅에서 운송해 간다. 영국인들은 동쪽 바다 어귀에 '시드니[Sydney, 悉尼]'라는 도심지[會城]를 건설했는데,[258] 사는 사람은 2만 명으로, 고래를 잡는 배들이 수시로 정박하며 무역이 매우 왕성하다. 그러나 유배된 사람들은 원래 나쁜 사람들로, 음주하고 도박하며 방탕함이 하나의 풍속이 되었다. 떠돌며 사는 선량한 사람들도 이러한 풍속에 물들어 갔다. 남쪽 경계는 '대남양(大南洋)' 가장자리로, 영국인이 사람들을 새롭게 이주시키면서 마을을 이루었다. 서쪽 경계도 시장을 설치했는데 강가에 있다. 북쪽 경계는 적도와 가까워 날씨가 몹시 덥고, 해삼(海參), 해채(海菜), 제비집[燕窩]이 난다. 영국인들은 육군을 파견하여 주둔시켜 침탈을 방비했다. 오스트레일리아[澳大利亞] 전체 땅을 계산하자면, 영국인들이 네 경계에서 경작하여 수확하는 바는 겨우 바닷가의 땅들로 100분의 2에 불과하다. 내지는 풀이 무성한 숲으로 깊고 어두워 측량되지 않는다. 원주민[土番]은 짐승 같고, 늙어 죽을 때까지 왕래하지 않는다. 풍토에 탐방하는 일이 없을 뿐만 아니라, 산천의 형세 또한 수레를 타고 돌아다닐 근거도 없다. 영국인들은 이곳 땅이 비록 황야지만, 100년 뒤에는 큰 나라가 될 것이라고 한다. 남해의 여러 이민족 섬은 부역에 따라야 하며 속국과 같다. 근래에는 남아세아(南亞細亞)라고 한다.

태즈마니아[Tasmania, 班地曼蘭島][259]는 어떤 곳에는 '지민(地閩)' 섬으로 되어 있다. 오스트레일리아[澳大利亞]의 동남쪽 모퉁이에 있고 서로 항구 하나를 사

257) '니(呢)'는 사전적 정의로, 프랑스어로 양털을 의미하는 '랜(laine)'을 음차한 표기라고 한다. 음성적으로 부합하는지 모르겠다. 다만 '련(嗹)'자는 확실히 '랜'의 음차임이 분명하다. '융(絨)'은 '융(狨)'자로도 표기하는 가는 동물털을 지칭했다. 따라서 '니융(呢絨)'는 울제품을 통칭하는 말로 이해하면 크게 어긋나지 않는다.

258) '실니(悉尼)'는 시드니(Sydney)를 음차한 표기로 보인다. 1788년 영국 제독 아서 필립(Arthur Phillip)이 시드니에 도착해 죄수식민지(penal colony)를 건설했다(George Mackaness, 『Admiral Arthur Phillip, founder of New South Wales, 1738-1814』, Sydney, 1937, 35쪽).

259) 반지만란도(班地曼蘭島)는 호주 태즈마니아(Tasmania) 섬을 말한다. 네덜란드 동인도

이에 두고 있으며 땅의 둘레는 대략 700~800리다. 토양은 비옥하여 오곡, 서우(薯芋),[260] 소채(蔬菜) 모두 심어 기를 수 있다. 영국인[英人]들의 개간이 이미 절반에 달하고, 사는 사람들은 농사에 힘쓰는 이외에 고래나 물고기잡이를 겸한다. 연해 항구가 매우 많아 무역이 왕성하다.

뉴질랜드[New Zealand, 搦日倫敦] 두 섬은 뉴 네덜란드[新荷蘭]라고도 하는데, 태즈마니아[班地曼蘭]의 동쪽에 있으며 면적은 배에 달한다. 하늘에 닿는 높은 산이 있는데, 정상에는 일년내내 눈이 있어 은처럼 찬란하고 희다. 눈 녹은 물이 계곡으로 나뉘어 흘러내려 관개할 수 있다. 원주민[土番]은 검고 추하며 대략 인사(人事)를 알며 추장이 있고, 흉 포하고 완고하며 살인을 좋아하여 원수를 잡으면 그 살을 저며 먹고 그 머리를 소장하며 무공을 과시한다. 그곳 땅은 아주 비옥하여 마(麻), 곡물, 소채(蔬菜)에 적합하다. 영국인들은 그 땅을 사서 사람들은 이주시켜 개간하여 농사짓게 하자, 점차 예수교로 토착민[土人]들을 교화시켰다. 고래를 잡는 배가 이따금 이르면 조창(鳥槍, 조총), 융전(絨氈)으로 식료품과 교역한다. 원주민[土番]은 건장하고 힘이 세서, 간혹 포경선에 고용되어 선원[水手]이 되기도 한다. 그러나 몇 사람에 지나지 않는다. 많으면 그들이 변란을 일으킬 우려가 있다. 일찍이 원주민 수십 명을 고용한 표경선이 있었는데 바다로 나가자, 원주민들이 갑자기 봉기하여 베의 사람들을 모두 살해하고, 그 살을 구워 먹은 적이 있다. 두 섬에는 별도로 프랑스[佛郎西]가 할거하는 영토가 있다.

동남양의 이민족이 사는 섬은 매우 많은데, 서양인들이 그 모습에 따라 임의대로 명명했다. 뉴기니[New Guinea, 新危尼],[261] 뉴아일랜드[New Ireland,

---

회사의 총독 안소니 반 디에멘(Anthony van Diemen, 1593~1645)의 '반 디에멘'의 음역 표기다. 당시 '반 디에멘의 땅'으로 불렸다.

260) '서우(薯芋)'는 서여(薯蕷)로 마속 뿌리 식물인, 참마 또는 토란 등을 가리키는데, 감자 또는 고구마를 지칭할 수도 있다.

261) '위(危)'자의 민남어 발음에는 'gui' 형태가 있으므로, 신위니(新危尼)는 '신+위니'로 구성되었다. '위니'는 현지어인 'gini'에 정확히 대응한다.

262) 『영환지략교주』에 따르면(62쪽), '희백(希伯)'은 뉴 헤브리데스(New Hebrides), 또는

新耳蘭], 솔로몬 제도[Solomon Islands, 新撒羅門], 희백(希伯)[262] 등의 명칭이 있다. 추장이 있어 부락을 이룬 곳도 있고, 미개인[野番]들이 흩어져 사는 곳도 있다. 미개인은 모두 검은 얼굴에 난쟁이 몸으로 짐승과 다름이 없다.[263]

오스트레일리아[澳大利亞]에서 동쪽과 북쪽 그리고 남북 아메리카[亞墨利加]의 서쪽 경계에 이르기까지를 '대양해(大洋海, 태평양)'라고 한다. 물길은 수만 리로, 도서가 아주 드물다. 간혹 수천 리 떨어진 곳에 하나가 있어도 그 섬은 사방 대부분이 반석이며, 산호가 자라고 있어 해선들이 가까이 가면 곧바로 좌초하므로, 지나 이를 수 없다. 각 섬은 날씨가 맑고 화창하며 물은 깊고 땅은 평탄하다. 야자(椰子), 우서(芋薯), 과일과 열매가 나서 채집하여 먹어도 충분하다. 원주민[土人]들은 풀을 엮어 옷을 만들어 몸을 가린다. 성격은 순종적이며 지혜롭고, 서쪽 섬 주민의 사나움과 다르다. 근래 예수교도가 이곳으로 들어와 권유하여[誘進], 믿음을 따르며 풍속을 고친 자들이 많다. 섬의 이름은 다 알 수 없다. 영국인들은 교회의 일[教事]로 명명하여 하나는 '일 드 라 소시에테[Îles de la Société, 會群島]'라고 하였다. 그들이 예수[耶蘇]의 모임[會]에 들어간다는 뜻 섬 중에 큰 것으로, '오타헤이트[Otaheite, 阿他害地]'[264]가 있는데, 부근 군도가 아주 많아 이 섬을 중심[綱領]으로 한다. 그곳의 산수는 수려하고 맑으며, 풍경은 사람에게 적합하다. 원주민[土人]들은 예수교를 신실하게 믿으며 두루 학교[學館]를 세우고 있다. 또 하와이[Hawaii, 阿歪希][265]라는 섬도 큰데, 부속 섬들이 아주 많고 국왕이 있다. 가경(嘉慶, 1796~1820) 연간에 온 나라가 예수교를 신봉하여 학교[學館]가 더욱 번성했다. 그 왕은 군비를 상당

바누아투(Vanuatu) 군도라고 추정했으나 음성적으로 너무 축약되어 있어, 단정하기는 어렵다.

263) 이상 오스트레일리아[澳大利亞] 기술은 모두 『영환지략』에서 채록했다(『영환지략교주』, 59~62쪽).

264) 프랑스령 폴리네시아 '타이티(Tahiti)'로 현지어로 'o Tahiti'라고 하는데, 이를 들은 제임스 쿡(James Cook, 1728~1779)이 '오타헤이트(Otaheite)'로 표기했다(『The three voyages of Captain James Cook round the world』, London, 1821, 25쪽 등등).

265) '아왜희(阿歪希)'은 하와이(Hawaii)의 음역 표기일 것이다. 마테오 리치의 「곤여만국전도」의 지명 표기에는 '아(阿)'자와 '하(河)'자 거의 구분 없이 사용되고, 라틴어에서

히 알고 있어 항상 군대와 배[師船]를 갖추어 바다를 순찰한다. 하나는 '우군도(友群島)'는 예수교도의 벗이라는 뜻 원주민[土人]들의 모습이 단정하고 지모[心計]가 있다. 예수교도들이 이따금 이곳에 와서 교화시킨다. '캐롤린[Caroline, 加羅林]'[266]이란 곳이 있는데 부속 섬이 가장 많다. 안에 사는 한 종족은 예술에 상당히 정통해 있다. 상선들이 우연히 그곳을 지나면, 정박하여 무역한다. 하나는 '적군도(賊群島)'는 선량하지 않은 무리임을 말한다.[267] 섬들 대부분 에스파냐[西班牙]가 점거하고 있다. 서양인들이 천주교로 권유했으나, 원주민[土人]들이 따르려 하지 않자 마침내 서로 공격하게 되어 다툼이 끊이지 않는다. 도광(道光) 22년(1842) 프랑스[佛郎西]가 새롭게 마르퀴즈[Marquises, 馬耳其殺][268] 군도를 개척했으나 풍토는 자세하지 않다. 이 밖에도 크고 작은 섬들이 여전히 많지만 다 기록하지 않는다. 토산으로 야자(椰子)뿐이며, 사람들은 매우 적으며 다른 나라와 왕래하지 않는다.

대양해(大洋海)의 풍랑은 가장 커서 태평해(太平海, 태평양)라고 한다. 망망 거대하게 펼쳐져 있고, 별다른 넓은 땅이 없으며, 도서 또한 드문드문하다. 서양 선박 중에서 지구를 일주한 배들은 동쪽 길[東道]를 거쳐 물길로 십여만

'h'음은 묵음으로 처리한다. 세 번째 글자 '희(希)'자 또한 광둥어로 'hi'로 발음되므로, 위의 현상에 부합한다.

266) '가라림(加羅林)'은 캐롤린(Caroline)의 음역 표기다. 이 군도는 16세기 전반 포르투갈 배가 표류해 오면서 처음 알려졌으며, 명칭은 17세기 후반 스페인의 샤를 2세를 기념하여 '라스 까롤리나스(Las Carolinas)'로 불렸다.

267) '우군도'와 '적군도'는 기독교에 편입된 도서와 편입되지 않은 도서를 의역한 표현들로, '우군도'는 통가(Tanga) 군도로 'Friendly Islands'를 의역한 표기다. 1773년 제임스 쿡 선장이 처음 찾았을 때 우호적으로 환영해 주었기 때문에 붙여진 명칭이라고 한다(『The three voyages of Captain James Cook round the world』, London, 1821, 25쪽). '적군도(賊群島)'는 『해국도지』 주석에 따르면, 마리아나 군도(Mariana Islands)를 가리킨다고 하였다(『위원전집』, 5책, 593쪽). 피가페타는 이 섬을 '도둑들의 군도[Islas de los Ladrones]'라고 기술한 점을 보면(Antonio Pigafetta, 『The first voyage around the world (1519-1522)』, New York, 1995, 151쪽). 그럴법한 추정이다.

268) 프랑스령 폴리네시아에서 2시 방향에 있는 '일 마르퀴즈(Îles Marquises)' 군도다. 서계여의 이 단락 설명은 『만국지리전도집(萬國地理全圖集)』에 근거하고 있는데, 여기에서는 '마이기사(馬耳其沙)'로 표기되어 있다(『위원전집』, 5책, 584쪽).

269) '철이섭리(鐵耳聶離) 해협[[峽]'의 '협'자는 혜강의 저본인 『영환지략』에 언급되지 않

리를 가고, 서쪽 길[西道]을 거쳐 남아메리카[南亞墨利加]의 철이섭리(鐵耳聶離) 해협[峽][269] 수로를 지나가야 하는데, 험난하고 멀며 또한 감행할 만한 이득도 없으므로 상선들은 이르는 배가 거의 없고, 다만 포경선들만 대양을 종횡무진하며 이르지 않는 곳이 없다.[270]

았다. '철이섭리'는 1520년 마젤란이 처음 발견하여 기념으로 부르는 '마젤란 해협'을 지칭한다. 『위원전집』본 『해국도지』을 표점 주석한 학자들은 이 '철이섭리'가 스페인어 '티에라 델 푸에고(Tierra del Fuego, 불의 섬이라는 뜻)'라고 추정했는데(4책, 621쪽), 이는 해협 남쪽에 있는 큰 섬 이름으로, 해협이 그 명칭으로 불리지는 않았다. 아메리카 원주민인 셀크남(Selknams) 족은 '아텔리리(Atelili)'라고 부른다는 기록이 있다(Mario Isidro Moreno, 『Toponimias del sur del mundo』, Punta Arenas, 10쪽). 이 '아텔리리'를 음차한 표기는 아닌지 모르겠다.

270) 이상 '대양해(大洋海, 태평양)'에 있는 섬들에 관한 기술은 『영환지략』, 「아시아 태평양의 군도[亞細亞大洋海群島]」에서 채록하고 재구성했다(『영환지략교주』, 62~63쪽).

『지구전요』 권, 혜강(惠岡) 최한기(崔漢綺) 편(編)[1]

3-1. 오인도(五印度) 지도 32와 33을 보시오.

강역(疆域): 미얀마[緬甸]의 서쪽, 전장과 후장[兩藏, 티베트 중서부]의 서남에 땅이 남해로 돌입하고, 형태는 키의 앞부분[箕舌] 같은 곳이 있는데 바로 인도다. 『한서』에서는 신독(身毒), 천축(天竺)이라 칭했고, 육조시대 이후 불교 경전에는 모두 인도라고 했다. 지금은 온도사탄(溫都斯坦)이라 하는데, 흔도(痕都), 흔도(忻都), 흥도(興都)라고도 한다. 신독(身毒), 인도(印度), 온도(溫都), 흔도(痕都), 흔도(忻都), 흥도(興都)는 원래 하나의 음으로, 중국어로 음역하였기 때문에, 사람마다 다르다. 무릇 외국 지명은 모두 이와 같다. 인도에는 다섯이 있는데, 지형(地形)이 바다로 들어가는 곳이 중인도와 남인도다. 동인도의 경계는 미얀마[緬甸]이고 북쪽은 후장(後藏)과 이어져 있다. 북인도 설산이 앉고 있으며, 동쪽은 후장(後藏)의 변방이고, 서쪽은 서역의 찰포(札布), 바로 부하라[Bukhara, 布哈爾]의 동남쪽 부락이다. 서인도는 인더스강[印度河] 건너, 서역의 아프가니스탄[Afghanistan, 阿富汗], 발루치스탄[Baluchistan, 俾路芝]과 땅을 접하고 있다. 동서로는 대략 5,000여 리고, 남북으로 대략 7,000여 리다.

산수(山水): 경내에는 두 강이 있는데, 동쪽은 갠지스[Ganges, 安額河]로 서북쪽에서 발원하여, 동남쪽으로 흘러 방글라데시[Bangladesh, 孟加拉]에 이르는데, 얄룽짱포강[Yarlung Zangbo, 雅魯藏布江]이 동북쪽에서 흘러와, 합류하여 바다로 들어간다. 인도인들은 성스러운 물[聖水]라고 하며, 불교 서적에서 말하는 갠지스[恒河]라는 강물이다. 서쪽은 인더스강[印度河]으로, 후장의 응아리[Ngari, 阿里]에서 발원하여 서쪽으로 설산의 뒤를 돌아 흘러 북인도의 서북쪽 경계에 이르러, 돌아 남쪽으로 흐르다가 북인도의 여러 강물과 합류하여, 신드[Sindhi, 信地]에 이르러 바다로 흘러든다. 이밖에 서쪽에는 역포타

---

1) 하버드 옌칭 도서관 소장본의 표기다. '권수'가 빠져 있고, 판심에는 '권3'으로 표기되어 있다. 혜강의 중심 텍스트인 『영환지략』 또한 '3권'의 시작이다. 주목할 만한 점은 『지구전요』의 권수 표기에서 유일하게 '호(號)'로 '패동'이 아닌 '혜강'을 사용했다. 나머지 권들과는 별도로 작업했을 가능성이 짙다.

지도 32. 국립중앙도서관 소장본의 지도가 몹시 희미하여 『영환지략』(도시샤대학 소장본, 1861)에서 가져왔다. 국립중앙도서관 소장본에는 '오인도도(五印度圖)'라는 지도 명이 있고, 경도와 적도 표기가 있다.

지도 33. 국립중앙도서관 소장본의 지도가 몹시 희미하여 『영환지략』(도시샤대학 소장본, 1861)에서 가져왔다. 국립중앙도서관 소장본에는 '오인도도(五印度圖)'라는 지도 명이 있고, 경도와 적도 표기가 있다.

(逆埔他, Nerbudda?), 타프티[Tapty, 答地] 등의 강이 있고, 남쪽에는 고다베리[Godavery, 莪他惟利], 길나(吉那, Kishnah?), 카우베리[Cauvery, 加惟利] 등의 강이 있다.[2] 북쪽 경계는 설산에 있고, 남쪽 연해에는 이어지는 산이 둘러싸고 있으며, 중간의 수 천리는 모두 평평한 땅이고, 서북 경계에는 사막이 있지만, 나머지는 대부분 비옥한 토양이다.

풍기(風氣): 이북은 추위와 더위가 적절하며, 이남은 적도에 가까워 폭염이 매우 심하다.

사람들[人民]: 사람들 대부분은 검은 얼굴에 푸른 입술이다. 이북은 조금 희지만, 이남은 검은 정도가 심하다. 흰 베로 머리를 싸매므로 광둥[粤東] 사람들은 '소백두국(小白頭國)'이라 부른다. 땅은 본디 이마에 문신하는[雕題][3] 인종들이지만, 귀인(貴人)들이 이마에 일광(日光)과 화훼(花卉)를 칠하거나 별처럼 얼굴에 찍기도 했고, 서민들은 이마에 문신을 새기고 가슴과 팔에는 괘(卦) 모양의 문신을 새겼는데, 모두 이마에 문신하는[雕題] 유풍이다.[4]

ⓐ눈은 깊숙하고 코는 높으며, 수염은 많고 눈동자는 검고 희며 유리(琉璃)처럼 빛난다. 얼굴색은 검고 입술을 푸르며, 언어는 새 울음과 비슷하여, 이슬람교도[回子]들도 분별할 수 없다. ⓑ원주민[土番]에는 여러 인종이 있는데, 하나는 방글라[Bengali, 明呀哩],[5] 하나는 하리(夏哩), 하나는 파람미(巴藍

---

2) 이상 인도의 강물 명칭은 애로우스미스(John Arrowsmith), 「인도(India)」(London, 1857)에 근거하여 복원했다.

3) '조제(雕題)'의 '제(題)'는 이마[額]라는 뜻으로, 이미 『사기』, 권43, 「조세가열전」에 보이는데, 대오(大吳)의 나라 풍습으로 기술하고 있다(1808쪽).

4) 강역, 산수, 기후에 관한 정보들은 모두 『영환지략』에서 채록했다(『영환지략교주』, 64~67쪽).

5) '명하리(明呀哩)'라는 표기 형태는 『해록』 명하라(明呀喇, 벵골) 조목에 언급되었는데(『해록주』, 25쪽), 벵갈리(Bengalis), 또는 '방갈리(Bangalee)'에 해당하는 음역 형태로, 벵골 사람들을 의미한다. 방갈라(Bangala)의 음차인 '명하라(明呀喇)'는 『해국문견록(海國聞見錄)』(사고전서본, 권상, 28a)에 '민하(民呀)'라고도 음역되었다. 이 '민하'란 형태는 방가(Banga)에 해당하는 음차일 것이다. 위원은 『해국도지』, 권21, 한 주석에서 "명하라(明呀喇)는 『해국문견록』에 '민하(珉呀)'라고 되어 있는데, 어떤 사람은 맹아랍(孟阿拉), 맹가랍(孟加臘)이라고도 하는데 실은 모두 같은 곳이다"라고 설명했다(『위원전집』, 5책, 710쪽). 『해도일지』에는 명교료(明絞膋)로 표기되었다(『해도일지교주』, 88~89쪽).

美)다. 방글라[明呀哩] 종족이 비교적 많고, 파람미 종족은 유난히 잘 산다.[6)]

물산(物産): 토양은 오곡(五穀)에 적합하다. 면화(棉花), 후추[胡椒], 빈랑(檳榔), 단향(檀香), 소목(蘇木), 당(糖), 양전(洋靛), 아초(牙硝), 견사(絹紗), 양모(羊毛), 찬석(鑽石), 금사(金沙), 묘아안석(貓兒眼石), 벽옥(碧玉), 수정(水晶), 보석(寶石), 은(銀), 철(鐵), 유황(硫黃), 비상(砒霜), 양삼(洋參), 납[鉛], 야자(椰子), 코끼리[象], 호랑이[虎], 지전(地毡), 말(襪), 단포(緞布), 강황(薑黃), 두구(荳蔻), 육계(肉桂), 아편(阿片)이 있다. 아편은 가장 큰 교역품이다.[7)]

ⓒ중국의 베[布]는 고래로 모두 마(麻)로 직조했다. 원나라 태조(太祖)가 인도를 정벌하며, 면화(棉花)의 면화(棉花)는 처음 '길패(吉貝)'라고 불렀다. 종자를 얻어와 중국에 유전시켰다. 지금에는 구주(九州)를 입고 덮였으니, 공은 상마(桑麻)의 위에 있으며, 그 혜택은 넓다. ⓓ아편(鴉片)은 오인도의 여러 부(部)에서 나는데, 두 종이 있다. 하나는 공반(公班)으로, 껍질이 검은색이고, 최상품이다. '팔제고라(叭第咕喇)'라고도 하는데, 껍질이 붉은색이고 조금 품질이 떨어진다. 이것이 중국인들이 말하는 '오토(烏土)'다. 방갈라[Bangala, 明呀喇]에 속한 읍에서 나는 데, 그곳은 파트나[Patna, 叭旦拏]라고 바로 팔나(八拿) 부른다. 마드라스[Madras, 曼噠喇薩]에서 나는 것도 두 종이 있다. 하나는 '금화홍(金花紅)'이라 하는데, 상등품이며, 하나는 '유홍(油紅)'이라 하는데 그다음 간

---

6) ⓐ와 ⓑ는, 두주에(1b), 아래에 채록된 '사람들[人民] 2'(15b~16a)를 여기에 옮기라는 지침이 보이므로, 여기에 옮겨 편집한다. ⓐ는 인도의 사람들 외모에 관한 기술은 『해국도지』 권21, 중인도 각국에서 인용된 『서역문견록(西域聞見錄)』에서 채록했다(『위원전집』, 제5책, 705쪽). ⓑ 원주민에 관한 설명은 『해록』, '명하라(明呀喇)' 조목에 보인다(『해록주』, 권상, 23쪽). 사청고의 설명에 따르면, "토번(土番)들은 여러 종족이 있는데, 하나는 명하리(明呀哩), 하나는 하리(夏哩), 하나는 파람미(吧藍美)다. 명하리 종족이 비교적 많고, 파람미 종족은 유난히 부유하다. '명하리'는 소를 먹지만, 돼지는 먹지 않고, '하리'는 돼지는 먹지만 소를 먹지 않으며, '파람미'는 모두 먹지 않는다(其土番有數種, 一明呀哩, 一夏哩, 一吧藍美. 明呀哩種較多, 而吧藍美種特富厚. 明呀哩食牛不食豬, 夏哩食豬不食牛, 吧藍美則俱不食)"라고 하였다. 이로써 볼 때, '명하리' 즉 벵골 사람들은 이슬람교도, '하리'는 소를 숭배하는 힌두교인, '파람미'는 육식하지 않는 파라문(婆羅門, Brahmans) 계층의 사람들을 말하는 것으로 보인다. 사실 '파람미(吧藍美)=브라만' 설은 펑청쥔이 제기했는데(『해록주』, 26쪽), 음성적으로 잘 부합하지는 않는다.

7) 『영환지략』에 보이는 인도 전체의 산물 기술을 채록했다(『영환지략교주』, 67쪽).

다. 마라타[Maratha, 馬拉他]과 얀지라[Janjira, 盎幾哩]에서 나는 것은 '압시홍(鴨屎紅)'이라 하는데, 모두 중국인들이 말하는 홍피(紅皮)다. 뭄바이[孟買]와 즉두(喞肚, Kathiawar?)에서 나는 것은 '백피(白皮)'라고 한다. ⓔ천남(川南), 전서(滇西)의 땅은 인도와 가까워 또한 앵속(鶯粟, 양귀비)을 재배하는 자들이 있다. 또한 '아편(鴉片)'이라고도 하는데, 나뉘어 두 종을 이룬다. 덩어리로 만드는 것은 '대토(大土)'라고 하는데, 그 값은 비싸고, 방글라[孟加拉]와 마드라스[麻打拉薩]에서 취합된다. 조각으로 만드는 것은 '소토(小土)'라고 하는데, 그 값은 저렴하고, 뭄바이[孟買]에서 취합된다. 오인도의 상품은 면화(棉花)와 아편(鴉片)이 가장 많다. ⓕ그 밖의 산물로, 연초(煙硝), 우황(牛黃), 백당(白糖), 해삼(海參), 대모(玳瑁), 가자(訶子), 단향(檀香)이 있다. ⓖ동인도에서는 니유(泥油), 등불을 켤 수 있다. 자경(紫景)이 인장의 색깔을 대신할 수 있다. 난다. ⓗ중인도에서는 코끼리로 경작하고 수레를 지워 멀리 가는 것 모두 코끼리에게 힘입는다. 소와 말은 있지만, 낙타[駝], 양, 노새[騾], 나귀[驢]는 없어 유목하는 일을 모른다. 메벼[粳] 찰벼[糯], 메벼[秔稻]와 과(瓜)류, 과일, 채소, 번식하지 않는 것이 없다. 빈랑(檳榔) 광랑(桄榔), 종려(椶櫚), 귤[橘] 유자[柚]가 곳곳에서 숲을 이루어 겨울에도 시들지 않는다. ⓘ그 나무는 영속(罌粟, 양귀비)과 비슷하고, 잎은 전청(靛青, Indigo)과 같으며, 열매는 가지[茄]와 같다. 뿌리마다 열매 2~3개가 열리는데, 익었을 때 밤에 칼로 껍질에 1푼 정도 상처를 내놓으면 진액이 흘러나오는데, 새벽에 수습한다. 물에 몇 시간 담가놓았다가 꺼내 기물(器物)에 담는다. 다시 그 잎을 채취하여 햇볕에 말려 가루로 만들어 그 속에 넣어 비빈다. 잎 가루가 얼마나 되는지를 살펴 그 순도[成色]를 결정한다. 잎 가루가 반이면 고(膏) 절반을 넣는다. 이후 반죽하여 덩어리로 만들고, 잎으로 싼다. 열매에서 진액이 다 나오면 그 뿌리를 뽑고, 다음 해 다시 심는다.[8)]

---

8) ⓒ, ⓓ, ⓔ, ⓕ, ⓖ, ⓗ는 15a~b에 채록되어 있고, ⓘ는 다른 면(17b)에 채록되어 있다. 두주에 '물산' 두 조목(2a; 15a~b; 17b)을 여기로 올리라는 지침이 있으므로 여기에 옮겨 편집한다. ⓒ의 면화(棉花)에 관한 정보는 『영환지략』, 서계여의 추가 기술에서 채록했다(『영환지략교주』, 80쪽). ⓓ의 아편에 관한 정보는 『영환지략』에 인용된 사청고의 『해록』에서 채록했다(『영환지략교주』, 82쪽; 『해록주』, 권상, 24~25쪽). ⓔ의 정보는 『영환지략』에서 아편의 최대 산지로 꼽은 마랄타(馬剌他, Maratha) 아래 서계여가 붙인 부가 정보다(『영환지략교주』, 80쪽). ⓕ의 기타 인도 산물들은 모두 『영환지략』에 인용된 사청고의

옷[衣]: ⓙ남자는 상체를 드러내고 귀에는 고리를 걸며, 아래는 두르는 치마를 입는다. 여자들은 상의를 입고, 귀와 코를 뚫어 금은의 고리를 하며 팔과 정강이에는 모두 팔찌와 발찌를 찬다. ⓚ벵골[明呀哩]은 소고기는 먹지만 돼지고기는 먹지 않고, 하리(夏哩)는 돼지고기는 먹지만 소를 먹지 않으며, 파람미(巴藍美)는 모두 먹지 않는다. 부자들의 의식과 거처는 영국[영길리]과 상당히 비슷하여, 화려하고 서로를 존중한다. 가난한 사람들은 집에서 나체로 살며, 폭이 몇 촌의 베로 거리를 두른다. 또 배꼽 아래부터 엉덩이 뒤까지 하체를 가리는데, 남녀 모두 그렇게 한다. 그것을 '수만(水幔)'이라 이는 말라유[巫來由] 풍속과 같다. 한다. 집을 나갈 때 두르는 베의 폭은 약간 더 넓다. 좋은 일이 있으면 소매가 좁은 긴 옷을 입는데 길어 땅에 끈다. 2장의 흰 베로 머리를 싸매고 기름으로 온몸을 바른다. 사는 집들은 모두 소똥을 바르고, 아내를 맞는 일은 모두 어릴 때부터 데려와 길러 혼인하는 방식이고[童養], 남편이 죽으면 아내는 재가하지 않고, 머리를 깎고 산다. 각 종족은 서로 혼인하지 않는다. 남

『해록』에서 채록했다(『영환지략교주』, 82쪽; 『해록주』, 권상, 24쪽). 여기에서 말하는 '연초(煙硝)'는 『해록』에 '아편연(鴉片煙)'과 '초(硝, 초석)'로 되어 있는데, 서계여가 잘못 채록한 것으로 보인다. ⓖ동인도 두 산물은 『해록』, 권상, 오토국(烏土國) 조목에 설명되어 있다(『해록주』, 권상, 20쪽). 이는 『영환지략』에 인용된 『해록』에는 보이지 않지만, 『해국도지』에 인용된 『해록』에는 인용되어 있다(『위원전집』, 5책, 708쪽). ⓗ는 『해국도지』, 권21에 인용된 『서역문견록(西域聞見錄)』에서 채록했다(『위원전집』, 5책, 705쪽). ⓘ는 ⓓ에 이어지는 『해록』의 정보로, 『영환지략』에는 채록되지 않았고, 『해국도지』 권21, 동인도 각국에서 인용되었다(『위원전집』, 제5책, 710쪽). 아편(鴉片)에 관한 설명이므로, 여기에 기술되어야 당연하다. 이 아편을 만드는 방법을 설명한 ⓘ는 위원이 채록하면서 약간의 정보를 삭제했다. 사청고의 설명은 다음과 같다. "그 나무는 영속(罌粟, 양귀비)과 비슷하고 잎은 전청(靛青)과 같으며, 씨는 가(茄)와 같은데 뿌리마다 열매 두세 개가 달릴 뿐이다. 익었을 때, 밤에 칼로 그 껍질을 1푼 정도 그어 놓으면 진액이 흘러내리는데, 새벽까지 받아, 몇 시간 물에 담가둔 뒤에 꺼내 그릇에 담는다. 다시 그 잎을 따서 햇볕에 말려 가루를 내, 그 안에 섞어 반죽하는데, 잎 가루의 많고 적음에 따라 그 순도를 결정한다. 잎 가루가 절반이면 고(膏) 절반을 넣은 뒤에 동그랗게 비벼 잎으로 싼다. 열매에서 진액이 다 나오면 그 뿌리를 뽑고, 다음 해 다시 심는다. 근래 푸젠과 광둥에도 전해진 종이 있는데, 악영향이 어디로 미칠지 모른다(其木似罌粟, 葉如靛青, 子如茄, 每根僅結子二三顆. 熟時, 夜以刀劃其皮分許, 膏液流出, 凌晨收之, 而浸諸水數刻, 然後取出, 以物盛之. 再取其葉曝乾末之, 雜揉其中, 視葉末多少, 以定其成色. 葉末半則得膏半, 然後捏爲團, 以葉裹之. 子出膏盡, 則拔其根, 次年再種. 邇年以來, 閩·粵亦有傳種者, 其流毒未知何所底也)."

자의 가슴에는 작은 인장을 여러 곳에 낙인찍고, 이마에는 문신을 새긴다. 여인들은 모두 코를 뚫어 고리를 단다.[9]

공예[工]: 사람들은 기술을 익혀 금칠(金漆)과 조루(雕鏤) 모두 만든 것들이 정교하고 뛰어나다. 옥기(玉器)는 매미 날개처럼 얇다.[10]

상업[商]: ①인도의 땅은 대서양에서 수만 리 떨어져 있다. 옛날부터 서로 통하지 않았다. 만력(萬曆) 22년(1594)에 네덜란드[荷蘭] 상선이 남해 오인도에 이르러, 후추[胡椒]를 사서 돌아가 큰 이익을 보았다. 이에 컴퍼니[公班衙]를 설치하고 겨우 양은(洋銀) 3만 원이 오래 쌓이면서 300만 원으로 증가하여, 그 일을 주관하는 곳이 65개 상관이었다. 태창(泰昌, 1620) 연간에 이르자 단 20년 만에 컴퍼니가 벌은 은은 이미 1,400만 원으로, 매년 큰 상선은 40척에 달했다. 곧이어 남해 자카르타 섬[葛留巴洲]을 차지하고 총괄하는 부두[總埠]를 건설했다. 순치(順治) 4년(1647) 결국 프랑스[佛蘭西]와 그 이익을 나누어 차지했다. 이에 네덜란드 컴퍼니[公班衙]는 크게 흥하여 동쪽으로 시암[暹羅], 일본과 통상했고, 또 타이완[臺灣]을 차지하고 남양의 여러 섬에 세력을 확장하여, 매년 문무(文武)에 들인 비용이 은 150만 원에 달했다. 뒤에 타이완을 잃었지만, 이내 시암 동남방 지역을 차지하며 각국과 통상했다. 강희 38년(1699) 다시 국왕에게 칙서를 내리도록 요청하여 세공(歲貢)으로 은 90만 원으로 확정하고, 매년 부의금 명목으로 은 15만 원을 별도로 헌상하게 했다. 컴퍼니[公班衙]는 바로 회사[公司]의 다른 명칭이다. 당시 네덜란드[荷蘭]가 남양에 컴퍼니를 세우자, 영국[英吉利]의 상인들이 그것을 부러워하며, 만력 27년(1599) 나라 사람들이 출자한 자금을 모아 국왕에게 회사 설립을 요청하고 본국 이외의 다른 상선이 남양에 가는 것을 엄격히 금지했다. 처음에 나라 사람들은 멀고 험해 꺼려 단지 15만 원을 출자했었는데, 이듬해에는 26만 원으로 늘리면서 이득이 모두 3배였고, 도중에 네덜란드[荷蘭]와 포르투갈[葡萄

9) ⓙ는 『영환지략』에서 채록했다(『영화지략교주』, 67쪽). ⓚ의 복식에 관한 정보는 두주에 아래 '의식(衣食)' 조목(16a)을 이곳에 옮기라는 지침이 보이므로, 여기에 옮겨 편집한다. 『해국도지』, 권21에 인용된 『해록』에서 채록했다(『위원전집』, 5책, 709~710쪽; 『해록주』, 권상, 23~24쪽).

10) 『영환지략』에서 채록했다(『영환지략교주』, 67쪽).

牙]의 상선들을 겁박하여 돌려보냈다. 이에 영국의 회사가 점차 흥성하며 네덜란드 컴퍼니와 이권을 다투었다. 영국은 승기를 타고 인도양 연해에 새로운 땅을 개척하고 상업 부두를 세웠다. 인도의 사람들은 외세를 가볍게 보았다. 당시 상선은 겨우 35척이었고, 자본도 겨우 35만 원이었다. 나라 사람들이 여러 차례 개별 회사의 부서를 요청하자, 국왕은 다른 상인이 인도 서쪽 뭄바이섬[孟買嶼]에 새로운 회사를 세우도록 하자, 두 회사가 서로 경쟁했다. 강희 40년(1701) 처음으로 두 회사를 하나로 합병하고 국왕의 공금인 은 1,000만 원을 빌려 매년 이자는 80만 원을 냈다. 그 뒤 다시 500만 원을 빌렸는데 그 이자를 면제받았다. 이에 영국의 남양 회사는 크게 흥성했다. 건륭 4년(1739) 동인도의 군대가 북인도의 침략을 받으면서 신하들이 서로 할거하며 네덜란드[荷蘭], 프랑스[佛郎西] 컴퍼니의 군대에 원조를 구했다. 이에 영국[英吉利] 회사의 군함들은 승기를 타고 인도양 남쪽 지역을 차지했다. 인도 국왕은 네덜란드와 프랑스의 원조를 받아 힘을 합쳐 영국의 군대를 물리쳤다. 건륭 24년(1759) 이후 영국은 다시 군대를 보내 싸웠다. 네덜란드와 프랑스는 연이은 원정 군대에 비용이 막대했고, 해마다 세금으로 400여 만을 받았지만, 수입이 지출을 충당하지 못했으며, 본국에 공헌하는 금액을 모두 체납하지 않으면 되레 나라의 공금 수백만 원을 빌려야 유지할 수 있었다. 건륭 50년(1785) 결국 영국에 패했다. 가경 16년(1811) 영국은 결국 컴퍼니의 땅을 차지했다. 프랑스 컴퍼니의 지부[散局]들은 각 나라들과 나누어 남인도에서 교역했고, 동인도와 중인도는 대부분 영국에 귀속되었다. 도광 13년(1833) 나라 안의 회사 무역에 이득이 없었고, 공금 부채가 막대하여 비로소 회사의 부서를 해산하고 개별 상인들이 운영하게 하자, 사람들이 모두 기뻐했다.

ⓜ영국[英吉利]의 인도 부두 중 방글라[孟加拉]가 가장 번성했고, 뭄바이[孟買]가 그다음을 차지했다. 마드라스[麻打拉薩]는 또 그다음을 차지했다. 영국의 본국 상선들과 유럽[歐羅巴] 여러 나라의 선박들은 매년 왕래한 숫자는 수천수백에 달했다. 그 세은(稅銀)은 매년 1,000여 만 원을 확보했고, 양병(養兵)은 너무 많아 비용 이외에 남은 것은 얼마 없었다.[11)]

11) ①은 저본 두주에 공(工), 상(商)[13a], 기용(器用)[16a], 관(官)[16b], 형(刑)[17a], 속(俗), 장(葬)[18a], 외도(外道)[18a~19a], 정도(程途)[19a~b] 모두 아래에 책록했는데, 앞의 순

기용(器用): 소라 껍데기 중 문양이 있는 것을 화폐[貨貝]로 삼아, 교역에는 모두 이것을 사용한다. 중인도에 옥산(玉山)이 있는데, 유독 백금(白金)이 적어, 값이 황금을 능가한다. 중국 자기를 가장 귀하게 여기는데, 가지고 이 나라에 가기라도 하면, 백옥 쟁반과 그릇으로 다투어 교역해 가며, 못 사지나 않을까 걱정한다. 대황(大黃)을 지고한 보물로 더욱 중시하여 황금 수백 배를 주고서라도 교환하는데, 아마도 이곳의 모든 질병과 궤양은 대황이 있으면 백발백중 낫기 때문일 것이다. 귀한 손님이 오거나 큰 잔치에는 모두 대황으로 차를 대신한다. 사람이 오래도록 대황을 복용하지 않으면 반드시 죽으므로 가난한 회교도[貧苦小回]라도, 반드시 반 냥의 대황을 가슴 앞, 주머니 속에 넣고 혀로 핥거나 코로 냄새를 맡는다. 사람들은 기술을 익혀, 금칠(金漆)을 하거나 조각하여 만든 것들은 정교하고 기이하다. 만든 옥그릇은 매미 날개처럼 얇고 문양이 터럭처럼 이루어져 있다. 금은으로 실을 뽑아 짠 주단(綢緞)과 전(氈), 베[布]는 서역의 각국과 각 이슬람 도시에 두루 팔린다.[12]

관(官): 영국[英吉利] 관군은 방글라[明呀喇]를 제압하고 이곳에서 다스렸다. 작은 성안에는 단지 관군만 거주했고, 상인과 주민들은 성 밖에 둘러싸고 살았다. 영국의 관리들과 부유한 상인 가족들은 모두 창랑거(漲浪居)에 살았다. '창랑거'란 성 밖에 있는 지명이다. 누각이 구름처럼 이어지고, 정원과 정자가 비단처럼 펼쳐져, 나라에서는 으뜸이다. 이곳에 사는 영국인은 만여 명과 서파병(叙跛兵)[13] 5~6만 명이 있는데 바로 방글라[明呀喇]의 원주민들이다. 총독[酋長]은 셋이 있는데, 그중 큰 자는 '즉유사제(卽攸士第)'라고 하고, 다음은 '니

서대로 여기에 옮기라는 설명이 보이므로, 이에 따라 편집한다. 『해국도지』, 권19에 인용된 『무역통지(貿易通志)』에 보이는 내용을 채록했다(『위원전집』, 제5책, 659~658쪽). ⓜ의 정보는 『영환지략』에서 서계여의 보충 설명을 채록했다(『영환지략교주』, 80쪽).

12) 이상 기물에 관한 기술은 『해국도지』 권21, 중인도 각국에서 인용된 『서역문견록(西域聞見錄)』에 보인다(『위원전집』, 제5책, 705쪽).

13) 어원사전 설명에 따르면, '세포이(Sepoy)'는 1717년 유럽 병사와 구분하여 포르투갈어로 '시파이(sipae)'에서 나왔고, 이 '시파이'는 우르드어와 페르시아어로 병사나 기병을 의미하는 '시파히(sipahi)'에 어원을 둔다. '서파(叙跛)'는 민남어로 시바이(sybai) 또는 시파이(sypai)로 발음되므로 상당히 정확한 음차다. 영국 동인도회사에서 고용한 현지인으로 구성한 군대를 말한다.

리(尼里)', 또 그다음은 '집경(集景)'이라 한다. 모두 그들 왕에게 명을 받으며 몇 년마다 교대한다. 나라에 큰일, 큰 소송, 큰 옥사가 있을 때면, 반드시 세 사람이 회의한다. 사소한 일은 속한 관리들의 처분에 따른다. 문무 관리를 총괄하고, 군량과 급료를 관리하는 한 사람을 '랄(辣)'이라 하는데 또한 몇 년마다 교대한다. 출입하는 의장은 세 총독[酋長]과 비교하여 특별히 심한데, 앞에는 기병 여섯 명, 뒤에는 네 명, 좌우에 각 한 명으로 모두 붉은색의 큰 옷을 입었고, 좌우 두 사람의 차림은 모두 랄(辣)과 같다. 다만 랄이 입은 옷은 가슴에 팔괘 문양이 수놓아져 있는 것이 다를 뿐이다.[14)]

형벌[刑]: 재판에는 상하가 모두 파란 옷을 입는다[凡鞫獄訟, 上下俱靑衣]. 다만 세 총독[추장]만 양쪽 어깨에 흰 융단이 있고, 머리에는 흰 모자를 쓴다. 총독들은 위에 앉고, 객장(客長) 10인은 옆에 앉는다. '객장'은 상인들의 수장이다. 매 심문에는 반드시 객장 10인을 초청하여 옆에 앉히는 이유는 대중들과 함께하기 위함이다. 투옥은 반드시 검사가 옳다고 한 뒤에 죄안(罪案)을 확정하고, 하나라도 부합하지 않으면 다시 심문하며, 두세 차례 해도 번거롭게 여기지 않는다. 그러나 사치스럽고[怙奢] 이익을 높이 사, 뇌물수수가 공공연히 행해지고 부질없이 문장 수식을 일삼아, 재산이 없으면 변호 받을 수 없다.[15)]

---

14) 이상 관제에 관한 기술은 『해국도지』 권21, 동인도 각국에서 인용된 『해록(海錄)』을 채록했다(『위원전집』, 제5책, 705쪽). 『해록』과 비교해 보면 거의 일치한다. 다만 '즉유사제(卽攸士第)'는 '즉유사제(喞有士第, Justice?)'로, 니리(尼里)는 '니리(呢哩)'로 표기된 것이 다르다(『해록주』, 권상, 명하라(明呀喇), 23쪽).

15) 형벌과 재판에 관한 정보는 『해국도지』 권21, 동인도 각국에서 인용된 『해록(海錄)』을 채록했다(『위원전집』, 제5책, 709쪽). 여기서 위원은 사청고의 기술을 재구성했다. 사청고의 진술은 다음과 같다(『해록주』, 23쪽). "옥사나 송사를 다룰 때는 상하가 모두 검은 옷을 입고, 세 추장만 양쪽 어깨에 흰 융단이 있고, 머리에는 흰 모자를 쓰는데, 흰 머리털을 짜서 만들어 모습이 방한모[風帽] 같다. 추장들이 위에 앉고 상인회장[客長] 열 명이 옆에 앉는다. '객장'은 상인들의 수장들이다. 심문할 때는 반드시 객장 10인을 초청하여 옆에 앉게 하는 것은 모두 대중과 함께해야 하기 때문이다. 투옥은 반드시 모두가 찬성한 뒤에 죄안(罪案)을 확정한다. 한 명이라도 합치하지 않으면 다시 심문하고, 여러 번 하더라도 번거롭게 여기지 않는다. 그러나 사치에 의지하고 이득을 높이 사, 뇌물이 공공연히 행해지며 부질없이 수식을 일삼으며, 재물이 없으면 변호 받을 수 없다(凡鞫獄訟, 上下俱穿黑衣, 唯三酋長兩肩有白絨, 緣頭戴白帽, 用白髮織成, 狀如風帽. 酋長

풍속[俗]: ⓝ그곳은 불교가 나온 곳이었으므로 옛날부터 유명하다. ⓞ이곳에서 공사간의 일과 모든 농공 상단의 교역하는 일은 모두 야간에 이루어진다. 해가 뜨면 들어간다. 나라는 부유하여, 풍속은 사치스럽다.[16)]

장례[葬]: 파람미(吧藍美)들은 사람이 죽으면 땅에 매장하고, 나머지는 모두 물에 버린다. 늙어 죽은 자는 자손과 친척들이 물가에서 전송하는데, 모여 통곡하며 각자 손으로 시신을 쓰다듬고 손바닥을 뒤집어 핥아 친애함을 표시한다. 돌아가며 다 하면, 물에 버리고 급히 달려 돌아가는데, 먼저 집에 도착한 자를 길하다고 여긴다. 방글라 사람[明呀哩]들 사이에는 화장하는 자들이 있고, 또 어떤 부부[伉儷] 사이가 돈독했던 자들은 남편이 죽으면 아내가 순장을 맹세한다. 먼저 들에 땔나무를 쌓아놓고 남편 시신을 불 위에 안치하면, 부인은 가지고 있던 금은, 진주, 보석, 노리개 등을 머리에 이고, 불을 돌며 통곡하는데 친척들도 따라 통곡한다. 슬픔이 극에 달하고 시신이 타게 되면, 부인은 여러 장신구를 [정이] 두터웠던 사람들에게 나누어 주고 불 속으로 뛰어든다. 사람들은 모두 감탄하며 부러워하다가, 화장이 끝나기를 기다렸다가 돌아간다.[17)]

이교도들[外道]: 인도는 불교가 나온 곳이다. 진(晉)나라 법현(法顯), 북위(北魏)의 혜생(惠生), 당나라의 원장(元奘, 현장) 모두 이곳을 편력하며 계율(戒律)과 대승 요전(要典)을 찾고 [그곳을] 아주 상세하게 기록했다. 여러 부처, 보살(菩薩), 나한(羅漢)을 그리거나 조각한 상들은 대부분 상체를 드러내거나 귀에 고리를 달거나 정강이에 발찌를 차고 있는데, 바로 인도의 원래 풍속으로 지금까지 바뀌지 않았다. 입은 가사(袈裟)는 바로 인도인들이 바깥에

上坐, 客長十人旁坐. 客長, 客商之長也. 每會鞫, 必延客長十人旁坐者, 皆與衆共之也. 其獄必僉曰是, 然後定讞. 有一不合, 則復鞫, 雖再三不以爲煩. 然怙奢尙利, 賄賂公行, 徒事文飾, 無財不可以爲說也).” 확실히 위원은 ‘검은 옷’을 ‘푸른 옷’으로 잘못 채록했다. 이는 혜강이 『해록』을 확인하지 못했음을 보여준다.

16) ⓝ은 『영환지략』에서 채록했다(『영환지략교주』, 67쪽). ⓞ는 17b의 두주에 위로 올리라는 지침이 있으므로, 여기에 옮겨 함께 편집한다. 이 풍속에 관한 기술은 『해국도지』 권21, 중인도 각국에서 인용된 『서역문견록(西域聞見錄)』에 보인다(『위원전집』, 제5책, 706쪽).

17) 이상 장례 풍속은 『영환지략』에 인용된 『해록』에서 채록했다(『영환지략교주』, 81쪽; 『해록주』, 24쪽). 『해국도지』에는 인용되지 않았다. 이는 서계여가 음차한 명칭들인 ‘파람미(吧藍美)’, ‘명하리(明呀哩)’로 확인할 수 있다.

입는 사랑(沙郎, 사롱)이다. 승려들이 예를 행할 때는 합장하고 모배(膜拜)를 하는데, 또한 모두 인도의 토속이다. 부처의 가르침은 후한(後漢) 시기부터 중국에 들어와, 남북조 시기에 이르러 달마(達摩)가 항해하여 동쪽으로 오면서 교외별전(教外別傳)이 스며들어 법사(法師)들이 중국에 많아졌다. 붉은 옷의 라마교(喇嘛教)는 위창[Ü-Tsang, 烏斯藏]에서 시작되었는데, 그곳은 원래 인도와 나란히 접해 있었다. 명나라 중엽에 이르러 종객파(宗喀巴, tsong kha pa)가 별도의 종파를 선언하며 황교(黃教)를 형성했다. 내외의 몽골과 오이라트[Oirats, Eluts, 瓦剌] 각 부(部)는 그 종풍(宗風)으로 쏠리며 그 종교가 번성했다고 할 만하다. 그러나 당나라 초 이슬람교[回教]가 일어나 메카[天方]를 거쳐 점차 동북쪽으로 전해졌는데, 옥문관 서쪽뿐만 아니라, 화문(花門, 위구르) 사람들에게 많아졌고, 불법이 가장 성했던 오인도 또한 태반이 석가모니를 버리고 파한(派罕)을 페이겜베르[Peighember, 派罕巴爾, 예언자]는 바로 무함마드[摩哈麥]로 이슬람교의 조(祖) 숭배했다. 원나라가 북방에서 흥기하면서 불교를 가장 존숭했다. 태조(太祖)와 헌종(憲宗)은 인도를 취하여 외번(外藩)으로 삼았는데, 그곳은 이미 절반이 이슬람교[回教]를 따르고 있어 개혁할 수 없었을 뿐만 아니라, 그곳에 살고 있던 몽골인들도 이슬람교로 개종했다. 아마도 송나라와 원나라 이후부터 오인도의 불교도는 이미 이슬람교도보다 많았을 것이다. 지금에도 인도 각국은 유럽[歐羅巴]의 동번(東藩)으로 갖추어졌고, 또 기독교[耶蘇教]가 들어와 불교는 더욱 쇠미해졌다.[18)]

가는 길[程途]: 중국에서 천축(天竺)으로 바로 인도(印度) 갈 때 두 갈래 길이 있다. 하나는 윈난 등월주(騰越州, 등충현)에서 남쪽으로 가서 미얀마[緬甸] 도성을 거쳐 서쪽으로 돌면 동천축에 이르는데, 3,500리고, 다시 중천축까지는 1,600리로, 총 5,100리다. 하나는 윈난 리장(麗江)에서 서쪽으로 티베트[藏]로 가서 동천축 북쪽 경계에 이르는데, 2,000리고 또 중천축까지는 1,200리므로 단지 3,200리로 남쪽 길에 비하면 1,900리 지름길이다. 땅으로 기준 삼아 보면, 윈난의 등월주는 바로 천축 동남쪽과 마주하고 있지만, 중간에 붉은 머리털의 원주민[野人]들이 있으므로, 하나는 남쪽으로 우회하여 1,700리를 가

---

18) 이교도[外道]에 관한 이상의 정보는 서계여의 추가 설명에서 재구성했다(『영환지략교주』, 84~85쪽).

면 미얀마[緬甸]에 이르렀다가, 다시 서쪽으로 돌려 동천축에 이르거나 아니면 서북쪽으로 돌려 중천축의 단나국(檀那國)에 이르는데, 총 3,800리다. 하나는 서쪽으로 우회하여 티베트[藏]로 들어가 남쪽으로 방향을 돌리면 또한 단나(檀那)에 이르는데, 총 3,200리다. 원주민[野人]의 서쪽으로 곧장 길을 취할 수 있다면, 미얀마나 티베트를 거치는 두 길에서 벗어나 등월주에서 천축까지는 불과 1,900리일 뿐이다. 야생 이민족[野夷]이 판도에 들어온다면 천축과는 접경하게 된다.[19]

각부(各部): 방글라[孟加拉]는 혹 방갈랄(旁葛剌), 또는 망가랍(網加拉), 또는 맹가랍(孟加臘)으로도 되어 있다. 인도의 가장 동쪽 지역으로 그 중심 도시는 콜카타[Calcutta, 加爾各搭]로 혹 갑곡타(甲谷他)로도 되어 있다. 갠지스강[安額河]의 지류가에 있다. 해자는 깊고 넓으며 성과 담장은 견고하다. 성안의 건물과 집들은 넓고 높으며, 길거리는 곧게 뻗어 있고, 높은 누대는 마주해 서 있다. 성 밖의 온갖 배와 물고기들 모여들고 온갖 상품이 모여 번성함이 오인도 중 최고다. 영국[英吉利]은 총독[大酋]을 두어 인도 전체를 통할(統轄)했는데, 이 성에 산다. 정규군[額兵]으로 영국군 3만, 현지인으로 구성한 군[土軍] 23만 명인데, 그들을 '서파병(叙跛兵)'이라 한다. 문관직은 모두 어린 나이로 영국에서 와서 현지어를 배웠고 직책은 거듭 승진하여 월급은 매우 많다.

콜카타의 동쪽에는 치타공[Chittagong, 勢他加][20]이 있는데 직공(織工)들이 몰려드는 곳으로, 베와 비단이 산적해 있으며, 옛날 방글라[孟加拉]의 총독[大酋]이 상주하며 공무를 보던 곳이다. 세 부(部)로 나뉘는데, 서북쪽은 바하르[Bahar, 巴哈爾], 어떤 곳에는 '팔나(八拿)'로 되어 있는데, 바로 미국 지도의 맥합이(麥哈爾)이다. 서남쪽은 군드와나[Gundwana, 岡都亞那], 바로 미국 지도의 공와납(工窪納)

19) 인도로 가는 지리 정보는 『해국도지』에 수록한 위원 자신이 쓴 『서장후기(西藏後記)』에서 채록했다(『위원전집』, 제5책, 712쪽).

20) '세타가(勢他加)'란 표기는 산스크리트어 형태인 '챠타카(Chataka)'을 옮긴 것으로 보인다. 치타공은 차티가온(Chatigaon), 차티감(Chatigam), 차타그라마(Chattagrama), 차타감(Chatagam), 차티간(Chatigan) 등등의 표기가 보인다. 자세한 사항은 가눙고(Suniti Bhushan Ganungo), 『치타공의 역사(A History of Chittagong)』(I, Chittagong, 1988), 13~19쪽을 참고하시오.

서남쪽 바닷가는 오리사[Orissa, 痾黎薩]다. 어떤 곳에는 '팔나력(八拿力)'으로 되어 있는데 바로 미국 지도의 아력색(阿力色) 인구[戶口]는 많으며, 사람들 대부분 초(硝)를 제조하고, 앵속(鶯粟, 양귀비)과 청전(靑靛)을 심고, 또 매괴(玫瑰)와 다미(醾醿)를 심어 향로(香露)를 제조한다. '오리사[痾黎薩]'는 불교가 가장 왕성한 곳이다.

아삼[Assam, 阿薩密]은 어떤 곳에는 아삼(阿三), 또는 아상(亞桑)으로 되어 있고, 또 '철지항(徹地缸)'이라고도 부른다. 방글라[孟加拉]의 동북쪽, 미얀마[緬甸]의 서북쪽, 전장(前藏)의 동남쪽에 있으며, 운남 변경에서 멀지 않다. 서북쪽은 포로극파(布魯克巴)[21]와 연이어 있다. 동서로 대략 1,100리, 남북으로 대략 500리며, 북쪽은 높은 산이 연이어 뻗어 있고, 이남은 평탄하고 기름지며, 얄룽짱포강[Yarlung Zangbo, 雅魯藏布]이 양장(兩藏)에서 출원하여 꺾여 남하하여 이곳을 지나 서쪽으로 흘러 방글라[孟加拉]로 흘러든다. 땅은 원래 원주민[土夷]의 부락으로 풍속은 불교를 숭배한다. 영국인이 방글라를 차지하고, 장강(藏江)을 거슬러 올라 개척하며 동진하여 마침내 이 땅을 차지하고 별부(別部)를 설치했다. 중심 도시는 약이합덕(若爾合德, Sylhet)이다. 토양은 차(茶)에 적합하여, 근래 영국인이 시험 삼아 심어, 매년 20여만 근을 수확한다. 성질은 차고 미흡하여 마시면 대부분 설사한다. 아삼은 오인도의 경계 안에 있지 않았으나 영국인이 동인도에서 빼앗아 관할했고 방글라 변방 부락과 이어져 있어 여기에 붙여 기술한다.

마드라스[Madras, 麻打拉薩]는 혹 마탑랄(麻搭剌), 또 만달라살(曼噠喇薩), 또는 마달랍사대(馬達拉斯大)로 되어 있다. 방글라[孟加拉]의 서남쪽에 있다. 성은 바닷가 모래 언덕 위에 세워져 있고, 파도가 부딪쳐 뭍에 오르기 가장 어렵다. 영국인들이 이곳에 중심 도시를 건설하여 전적으로 남방을 제어한다. 그곳 사람들의 면모는 대부분 새까맣고 몸은 민첩하며 온갖 예술에 뛰어나다. 부(部)의 명칭은 카르나틱[Carnatic, 加爾那的]이라 바로 미국 지도의 갈납적(噶納的) 하는데, 다섯 부(部)로 나뉘어, 이북은 노스 시르카르[North Circars, 北西爾加耳], 서쪽은 파랍가(巴拉加, Ballagaut?), 어떤 곳에는 벨라리[Bellary, 北剌利]로 되어 있다. 서남쪽

---

21) 위치 설명으로, 포로극파(布魯克巴)는 부탄(Bhutan)에 해당한다. '포로극파'는 티베트어 ''brug pa'를 음역 표기한 것으로 보인다.

은 코임바토르[Coimbatore, Coimbatoor, 哥英巴都爾], 어떤 곳에는 반아락(班牙樂)으로 되어 있다. 더 서쪽은 말라바르[Malabar, 馬拉巴爾], 어떤 곳에는 골타파(骨他巴)로 되어 있다. 더 서쪽 바닷가는 카나라[Canara, 加那拉]라 어떤 곳에는 골타라리(骨他羅利)로 되어 있다. 한다. '노스 시르카르[北西爾加耳]'[22]는 원래 인도의 대국으로, 군대를 모아 영국인을 축출하려 한 적이 있다. 영국인들이 진공하여, 그 나라를 3분의 1로 나누었다. 가경(嘉慶) 3년(1798) 다시 군대를 조직했으나 영국에서 멸망되었다. 파랍가(巴拉加)[23] 성은 산꼭대기에 세웠는데 길이 구불구불 하나의 실선으로 일부당관(一夫當關)이다. 코임바토르[哥英巴都爾]는 포대가 견고하고 거리가 반듯하고 넓으며 안에는 옛날 왕의 궁궐이 있었는데, 영국이 멸망시킨 곳이다. 속읍인 살렘[Salem, 撒林]의 사람들 대부분은 베를 짜고 초(硝)를 만든다. '말라바르[馬拉巴爾]'는 산맥이 험준하여 죄인들을 유배하는 곳이다. 카라나[加拉那]의 연해는 가는 선으로, 성안에는 온갖 건물이 정결하며 상당히 부유하다고 일컫는다. 마드라스[麻打拉薩]의 남쪽에는 퐁디셰리[Pondicherry, 本地治理] 성이 어떤 곳에는 분적지려(奔的支黎), 또는 분지리(笨支里)로 되어 있다. 있는데, 프랑스[佛郎西]의 부두로 땅을 개척할 수 없어 단지 이 성만 차지했을 뿐이다.

뭄바이[孟買]는 어떤 곳에는 망매(網買)으로 되어 있고, 광둥[粵東] 사람들은 항각(港脚)이라고 한다. 인도 서쪽 경계에 산을 따라 바다 옆에 있으며 지형은 좁고 길다. 그곳 사람들은 생계에 근면하고 태양과 불의 신을 받든다. 죽은 자는 매장하지 않고 까마귀나 솔개에게 먹인다. 명나라 초기 포르투갈[葡萄牙]이 처음 항구를 개척하고 부두를 건설했으나 강희(康熙) 초에 영국에게 빼앗겼다. 이곳에 나는 것으로, 면화(棉花), 후추[胡椒], 야자(椰子), 산호(珊瑚) 등이 있다. 상선들은 매우 커, 22,500 짐바리를 싣는 배도 있다. 광둥[粵東]의 가장 큰 선박은 모두 뭄바이[港脚]에 서 온다. '아우랑가바드[Aurangabad, 痾

22) 『영환지략교주』(69쪽)에서는 '안드라 프라데쉬(Andhra Pradesh)'로 추정했지만, 잘못이다.

23) '파랍가(巴拉加)'는 『영환지략교주』에 따르면(69쪽), 발라리(Ballari)로 추정했는데, 원주의 '북랄리(北剌利)'에 해당하는 음차다. 음성적으로 부합하지는 않는다. 이곳은 『해국도지』에 '북랍리(北拉利)'로 표기되었는데, 교주에서 '비라르(Berar)'로 추정한 것은 잘못이다(『위원전집』, 5책, 701쪽).

隆加巴]'라는 어떤 곳에는 아맥대파(亞麥大巴)로 되어 있다. 부락[部]은 옛날에 이슬람 지역[回部]의 큰 도시[城]로 주민이 10만 명을 넘었으나, 지진을 당해 파괴되어, 뭄바이[孟買]를 중심도시로 삼는다. 세 부락으로 나뉘는데, 동북은 칸데쉬[Khandesh, 根的士]이고, 바로 미국 지도의 감륵사(甘勒士) 서북은 고색랍덕[Gujarat, Guzarata, Goozerat, 古塞拉德], 남쪽은 비자푸르[Bijapur, 北日不爾][24] 라고 한다. 뭄바이의 북쪽 바닷가에는 옛날 소소성(蘇踈城)[25]이 있는데, 상인들이 운집했던 곳이다. 성안에는 날짐승과 들짐승의 정원이 있어, 쇠약해진 개나 소를 기른다. 장삿배들이 뭄바이로 옮겨 오면서 이 성은 더욱 쇠락했다. 칸데쉬[根的士] 경계 안에는 푸나르[Punar, 埔拏爾] 성이 있는데, 원래 마라타[Maratha, 馬拉他]의 미국 지도에는 마이와(馬爾窪, Malwa?)로 되어 있고, 어떤 곳에는 마로말(馬盧襪)로 되어 있다. 도성으로 가경(嘉慶, 1796~1820) 연간 영국에게 멸망되었다. 그곳에는 아편(阿片)이 가장 많이 난다. 비자푸르[北日不爾]의 남쪽 바닷가에는 고아[Goa, 痾襪][26]이라는 어떤 곳에는 아아(俄亞)[27]로 되어 있다. 곳이 있는데, 속칭 '소서양(小西洋)'이라 하고, 길이는 120리, 폭은 60리로, 명나라 정덕(正德) 5년(1510) 포르투갈[葡萄牙]이 차지하고 성과 요새를 건설하여 이웃 나라를 부렸다. 포르투갈이 쇠퇴하면서 그곳의 무역 또한 쇠퇴했다. 또 네덜란드[荷蘭]도 바닷가에 '코친[Cochin, 可陳]'이란 어떤 곳에는 고정(固貞)으로 되어 있다. 성을 소유했었는데 근래 영국인들에게 빼앗겼다.

아그라[Agra, 亞加拉]는 미국 지도에는 아이각랍(亞爾各拉)으로 되어 있고, 또는 액

24) '북일부이(北日不爾)'는 『영환지략교주』(70쪽)에서 '비매보이(比買普爾)'라고 추정했지만, 음성적으로 부합하지 않고, 지도에서 확인되지 않는다. 바로 비자푸르(Bijapur|Beejapoor)를 음차한 표기다. 애로우스미스(John Arrowsmith), 「인도(India)」(London, 1857)를 참고하시오.

25) '소소성(蘇踈城)'의 표기는 『영환지략』의 오기에서 비롯된 것 같다. 『해국도지』, 권20에서는 뭄바이를 '망매(網買)'로 표기하고 '소랍성(蘇拉城)'으로 기술했는데, '소랍'은 바로 뭄바이 북쪽 해안의 '수라트(Surat)'를 음차한 표기다.

26) 고아(Goa)를 '아말(痾襪)'로 표기한 것은 『지리비고(地理備考)』로, "아말(痾襪)은 또한 소서양(小西洋)이라 부른다"라는 기술이 보인다(『해산선관총서』본, 권7, 52a).

27) '아(俄)'자는 광둥어 방언에 '고(ŋɔ)'라는 발음이 보이는데 '고아(Goa)'를 음역 표기한 것이다.

납특가극(額納特珂克)이라고도 한다. 다섯 인도의 동서 딱 중간에 있다. 원나라 시기 몽골이 처음 인도 전역을 차지했을 때 이곳을 도성으로 삼았는데, 이른바 중인도다. 전각이 크고 단정하며 온갖 관청이 모두 갖추어져 있다. 성안에는 스투파[塔]가 있는데, 그 꼭대기에 오르면 90리를 두루 볼 수 있다. 성밖에는 몽골의 옛 왕들의 무덤이 있는데, 스투파 형태로 된 것도 있다. 둘레는 수십 장이고 공법이 아주 특이하고 아름답다. 사방에는 포대를 지었는데, 모두 경관[形勝]을 압도한다. 사람들은 모두 아랍인이고 불교를 숭상하지 않는다. 옛날에는 원래 대도시였으나 몽골 시기부터 쇠락하여 황폐한 지 오래되었다. 근래 사람들이 점차 많아지면서 무역도 다시 왕성해졌다. 도광(道光) 13년(1833) 영국인들이 이곳에 속국[藩部]을 세우고 '지내성(地內省)'이라 불렀다. 네 부락[部]으로 관할하는데, 동남은 알라하바드[Allahabad, 阿拉哈巴]라고 바로 미국 지도의 아랍합판특(阿拉哈板特) 하고 이북은 델리[Delhi, 德列]라 바로 미국 지도의 섭리(聶離) 하며, 가장 북쪽은 가르왈[Garhwal, 古爾瓦勒]이라 바로 미국 지도의 위료(威聊) 하고, 서쪽은 아즈미르[Ajmeer, Ajmere, 亞日迷爾]라고 어떤 곳에는 아북득희(亞北得希)로 되어 있다. 한다. 아즈미르[亞日迷爾]는 원래 아랍인들의 큰 부락이었는데, 명나라 가정(嘉靖) 5년(1526), 사마르칸트[撒馬兒罕]의 몽골 별부(別部)가 바로 무갈[Mughal, 莫臥爾] 그 땅을 차지하고 나라를 세운 지 230여 년이 되었다. 그들이 강성할 때 인도의 모든 나라가 모두 조공을 들였다. 뒤에 권신들이 국정을 전횡하며, 사방에서 내침했고, 국왕은 병약하여 자립할 수 없었다. 건륭(乾隆) 25년(1760) 영국에 구원을 청했다. 영국 군대가 이르기도 전에 왕은 이미 적에게 포로가 되어, 그의 눈은 뽑혀 안내하는 사람을 찾게 하는 것으로 웃음거리가 되었다. 영국인들은 강병으로 적을 격파하고 풀어주었다. 그러나 이때부터 그 땅은 영국 관할로 귀속되어, 왕은 겨우 궁전에 살면서 바치는 양식을 먹으며 종족(宗族)을 부양하는 것에 만족할 따름이었다.

오인도 각 나라의 부두는 여전히 여러 곳이 있었다. 프랑스[佛郎西]에 속한 것으로 퐁디셰리[Pondichéry, 本地治理] 이외에 카리칼[Karikal, 加黎架爾], 카르나틱[Carnatic, 加爾那的] 부락 안에 있다. 간잠[Ganjam, 牙那安], 노스 시르카르[North Circars, 北西爾加耳] 부락 안에 있다. 찬탄나가르[Chandannagar, 商德爾那哥耳], 방글라[孟加拉] 부락 안에 있다. 마헤[Mahé, 馬黑]가 말라바르[馬拉巴爾] 부락 안에 있다. 있다. 포르투갈[葡萄牙]에 속한 곳으로, 고아[Goa, 痾襪] 이외에 다마웅[Damaun, 達蒙],[28] 구자라트[古塞拉德] 부락 안에 있다. 디우[Diu, 的玉],[29] 분데르[Bunder, 奔達],[30] 가나가납(加那哥納), 비저령(比這靈), 살달리(薩達利), 비이응(比爾凝),[31] 아사덕랍가이(阿斯德拉加爾), 파려(巴黎), 영파이파승(英巴爾巴升), 순달랍와적(順達拉瓦的), 가가랄(加哥剌) 등이 있다. 모두 바닷가에 있는 작은 마을이다. 덴마크[嗹國]에 속한 것으로, 세람포르[Serampore, Serampoor, 西林不爾], 방글라[孟加拉] 부락 안에 있다. 트랑크바르[Tranquebar, 達郞給巴爾, Tharangambadi], 카르나틱[加爾那的] 부락 안에 있다. 대략 하나의 도시 또는 하나의 읍, 혹 바닷가의 한 지역으로, 이들을 근거로 떠도는 상인들이 거주하며 재물과 상품을 쌓아 놓았는데, 땅을 할양받지 않고 차지한 곳들이다.[32]

실론[Ceylon, 錫蘭]은 어떤 곳에는 석륜(錫倫), 서륜(西侖), 승가랄(僧伽剌), 릉가산(楞伽山), 보저(寶渚), 즉의란(則意蘭), 즉의랍(則意拉) 등으로도 되어 있다. 남인도의 동남쪽 바다에 있는 큰 섬이다. 둘레는 1,000여 리며 중간은 높은 산과 높은 언덕이 있으며, 바다에 가깝고, 움푹하고 낮다[窪下]. 땅에는 비가 많이 내리고 번

28) '달몽'은 『영환지략교주』(71쪽)에 따르면 '드와르카(Dwarka)'로 추정했는데 잘못이다. 다마웅은 수라트와 뭄바이 시이 서쪽 해안에 있다.

29) 인도 카티아와르(Kathiawar), 남단에 있는 포르투갈 요새다.

30) '분달(奔達)'은 『지리비고(地理備考)』(『해산선관총서』본, 권7, 52b)에 '붕달(崩達)'로 표기되었다. 또한 카티아와르 서쪽 해안에 있는 요새 분데르[Poor Bunder]를 음차한 표기다. 『해국도지』 교주에서는 우타르 프라데시의 '반다(Banda)'로 추정했는데(『위원전집』, 5책, 702쪽), 잘못이다.

31) '비이응(比爾凝)'은 『지리비고』(『해산선관총서』본, 권7, 52b)에 '북이저(北爾宔)'로 표기하고, 소재지[首府]는 '가살북(加撒北)'이라고 했다. 위원은 『해국도지』, 권20에서 '북이녕(北爾寧)'으로 채록했다(『위원전집』, 5책, 683쪽).

32) 이 단락은 『영환지략』에 추가된 서계여의 보충 설명에서 채록했다(『영환지략교주』, 71~72쪽). 밑줄 친 문장은 저본에 "이들을 근거로 떠도는 상인들이 거주하며 재물과 상품을 쌓아 놓았다. 그 땅을 할양하지 않고 차지한 곳들이다(藉以僑寓客商, 居積財貨, 非裂其壤壤而有之也)"라고 되어 있다. 하지만 『영환지략』에는 "이들을 근거로 떠도는 상인들이 거주하며 재물과 상품을 쌓아 놓았다. 그 땅을 할양받지 않고 차지한 곳들은 기록하기에 부족하다(藉以僑寓客商, 居積財貨, 非裂其壤壤而有之也, 則亦不足著錄矣)"라고 되어 있어, '양양(壤壤)'을 '양토(壤土)'로 고쳐 번역했다.

개가 많다. 산천은 신비롭고 빼어나며, 꽃과 나무는 무성하고 아름답고, 풍경은 족히 즐길만하다. 숲에는 코끼리가 많고, 원주민[土人]들은 그들을 소나 말처럼 활용한다. 주민들은 모두 불교를 숭상하며, 이 땅에서 부처가 태어났다고 한다. 사람들은 많고 곡물은 부족하여 인도 여러 부(部)에서 식량을 의존한다. 산에서는 보석이 나고, 바닷가에서는 밝은 진주[明珠]가 나며, 나는 계피(桂皮)는 가장 우수하여, 광시[粵西]보다 뛰어나다. 명나라 중엽 포르투갈[葡萄牙]이 실론[錫蘭] 바다 어귀를 차지하고 부두를 세웠으나 얼마 되지 않아 네덜란드[荷蘭]에 빼앗겼다. 가경(嘉慶) 원년(1796) 영국[英吉利]가 결국 네덜란드를 몰아내고 바닷가의 땅을 모두 차지했다. 당시 실론 추장[酋]은 잔학하여 민심을 잃었다. 그곳의 중심 도시[都城]는 콜롬보[Colombo, 可倫破]라고 했는데, 영국인들이 자주 진공하여 무너뜨려 멸망시키니, 전체 섬을 모두 영국이 차지했다. 영국은 총독[大酋]을 두어 지켰다. 상선들이 운집하는 곳을 트링코말리[Trincomalee, 停可馬里]라 부른다.

오인도의 동남쪽 여러 나라는 태반이 영국에게 정복되어 네 부(部)로 나뉘어 예속되었다. 여전히 10여 개국이 조공하고 속국을 칭하며 겨우 이름만 남아있었는데, 영국인들은 각기 총독[대추]을 파견하여 주둔하게 하고 나라의 행정을 대리시켰다.

데칸[Deccan, 德干]은 '니상(尼桑)'[33]이라고도 하는데, 어떤 곳에는 니산(尼散)으로 되어 있다. 미국의 지도에는 해특이랍만(海特爾拉蠻, Hyderabad?)으로 되어 있는데, 바로 중심 도시의 명칭, 또 미국 지도의 미륵이(彌勒爾)로 그곳의 속부(屬部) 남인도의 내지에 있으며, 둘레와 폭은 중부와 남부의 여러 부락[部] 중에서 최고 크다. 나라에는 행정이 없고 호전적이며 사람들 대부분이 앙심을 품고 배반하여 사방 이웃이 모두 침략하자, 영국인들이 군대로 도와 멸망을 면하고, 마침내 영국에 항복하여 속국이 되었다. 그곳은 날씨가 몹시 덥고 물산이 풍부하며 풍속은 음란함이 가장 심하다. 땅은 다섯 부(部)로 나뉘는데, 하이데라바드[Hyderabad, 海德拉巴]

---

33) 데칸고원의 중심인 하이데라바드(Hyderabad)의 통치자를 '니잠(Nizam)'이라 부르는데, 이를 음차한 표기로 보인다. 『지리비고』(『해산선관총서』본, 권7, 20a)에 '니상국'으로 표기했다.

는 미국 지도에는 해특이랍만(海特爾拉蠻)으로 되어 있다. 중심 도시다. 그리고 비데르[Beder, 比德爾], 비라르[Berar, 比拉爾], 미국 지도에는 미륵이(彌勒爾)로 되어 있다. 아우랑가바드[Aurangabad, 亞瓦郎加巴], 비자푸르[Bijapur, 北乍不爾] 등이다.

나구푸르[Nagpur, 那哥不爾]는 어떤 곳에는 납부방(納不邦)으로 되어 있다. 데칸[德干]의 동북쪽에 있으며 면적은 그 절반이다. 평소 도둑질을 관습으로 여기며 사방에서 출몰하여 여러 이웃들을 약탈한다. 영국인들이 무력으로 정벌하여 지금은 속국이 되었다. 중심 도시는 나라 이름과 같다. 속해 통상하는 곳으로, 파가이(罷架爾), 랑덕각(朗德各), 소포이(昭布爾), 루퉁푸르[Ruttunpur, 拉登不爾], 마합파(馬合罷), 라이푸르[Raipur, 列不爾], 콤타[Comtah, 古達],[34] 위라구르[Wyragur, 威拉合爾], 랄일부덕(剌日不德)[35] 바로 미국 지도의 이륵사포타랍(爾勒士布他拉) 등이다.

또 '오지(澳地)'라는 곳은 서인도에 있으며 면적은 넓다. 서쪽 경계는 사막이 많이 차지하고 있고, 동쪽 경계는 농토가 가장 비옥하며, 강물이 관개에 충분하다. 옛날에는 대국으로 일찍이 부요한 나라로 일컬어졌으나, 무력으로 상대가 되지 않아 영국에 항복했다. 땅은 아홉 부(部)로 나뉘는데, 제푸르[Jyepoor, Jeypore, 日宜不爾], 코타[Kotah, 哥達], 분디[Boondee, 奔的], 오데이푸르[Odeypoor, Oodeypore, 痾代不爾], 주드푸르[Joudpoor, Jhodpore, 入德不爾], 통크[Tonk, 當克], 아즈미르[Ajmeer, 日薩爾迷耳], 비카니르[Bikaneer, 比加尼爾], 파적(巴的, Bhutneer?) 등이다.[36]

마이소르[Mysore, 賣索爾]는 어떤 곳에는 매소(買素), 매소이(邁蘇耳) 등으로 되

34) '고달(古達)'에 관하여, 『해국도지』 교주에는 '쿠탁(Cuttack)'으로 추정했는데(『위원전집』, 5책, 700쪽), 음성적으로도 부합하지 않고, 오리사(Orissa) 지방에 속한다.

35) 이상 나구푸르[Nagpur, 那哥不爾]의 지명들은, 서계여가 모두 『지리비고(『해산선관총서』본, 권7, 20b)에서 채록했는데, 마지막 '랄일부덕(剌日不德)'은 갈이가이국(曷爾加耳國)의 북쪽 경계로 언급되었다. 서계여가 착각하고 잘못 채록한 것 같다. 바로 '라즈푸타나(Rajpootana)' 즉 라자스탄에 해당하는 음역 표기다. 여기 '갈이가이'는 말와(Malwa) 지역을 말하는데, 대응하는 음은 찾지 못했다. 이상의 추정한 지명들은 Heinrich Berghaus, 「General Karte von Vorderindien」(Gotha, 1836)을 참고했다.

36) '오지(澳地)'란 지역의 명칭들은 모두 『지리비고』(『해산선관총서』본, 권7, 21b~22a)에 채록되었는데, '라즈푸타나[Rajpootana, 剌日不德, 라자스탄]'의 부락들로 되어 있다. 따라서 '오지'는 오데이(Odey) 또는 우데이(Oodey)의 음차로 보인다.

어 있는데, 바로 미국 지도의 매약이(買若爾)다. 남인도의 남쪽 경계에 있으며, 원래는 강국(强國)으로 일컬어졌다. 땅은 대체로 비옥하여 농사에 매우 힘쓴다. 그곳 왕은 호전적이어서 사방 이웃을 침략하는데, 해마다 쉼이 없다. 영국인들이 힘껏 전투하여 그 땅을 차지하고, 그들 군대를 해산시키자 항복하여 속국이 되었다. 중심 도시는 나라 명칭과 같다. 속해 통상하는 지역으로, 방갈로르[Bangalore, 邦加羅爾], 기나파등(幾那巴登, Chinraipatam?), 치툴 드루그[Chitul(Chittle) Droog, 幾德爾德拉克], 세라[Serah, 塞拉], 콜라르[K(C)olar, 哥剌爾] 등이 있다.

우드[Oude, 烏德]는 미국 지도에는 오눌(烏訥)로 되어 있는데, 티베트[西藏]인들은 '분오자(盆烏子)'라고 부른다. 동인도의 북쪽 경계에, 네팔[Nepal, 尼泊爾]과 이웃하고 있다. 영국에 대적할 힘이 되지 못해 항복하여 속국이 되었다. 중심 도시는 러크나우[Lucknow, 盧各瑙]이고, 속하여 통상하는 곳으로, 비살파이(非薩巴爾, Fyzabad), 키라바드[Khyrabad, 幾拉巴], 바라이치[Baraitch, 巴來支], 단달(丹達) 등이 있다.

시르힌드[Sirhind, 西林德]는 북인도 융덕륵지(隆德勒至)[37] 강의 왼쪽에 있는데, 원래 시크스[Siks, 塞哥國]의 왼쪽 부락[部]이었는데, 영국에 항복하여 속국이 되었다. 땅은 네 부락으로 나뉘고 각기 추장이 있다. 파티알라[Patiala, Patialuh, 巴的亞拉], 타나수르[Thanasur, 達內薩爾], 루디아나[Loodiana, Ludheeana, 拉的亞納], 웅발라[Umbala, 翁巴拉]다.

분델쿤드[Bundelcund, 邦德爾干], 보파울[Bhopaul, 波保爾], 갈이가나(曷爾加那)는 모두 중인도와 서인도의 작은 나라들로, 신디아[Scindhia, 新的亞]와 개 이빨처럼 서로 맞물려 있다. 약소하여 자립하지 못하고 영국에 항복해 부속되었다.

'일과이(日瓜爾)'는 고의가와이(古宜加瓦爾, Guickwars)라고도 하는데,[38]

---

37) 서계여는 이 단락의 지명들 또한 『지리비고(地理備考)』에서 가져왔는데, '융덕륵지(隆德勒至)'의 '융(隆)'자는 '살(薩)'자로 되어 있다(『해산선관총서』본, 권7, 22a). '살덕륵지(薩德勒至)'는 수트루즈(Sutluj)강으로 음성적으로 잘 부합하므로, '살(薩)'자로 교정한다. 『해국도지』, 권20에 인용된 『지리비고』에서도 '살덕륵지'로 되어 있다(『위원전집』, 5책, 680쪽).

38) 이들 명칭도 『지리비고』(『해산선관총서』본, 권7, 21a~b)에 보이는데, 그에 따르면 "인도

서인도 서남쪽 모퉁이에 있으며 삼면이 바다다. 평소 노략질을 풍속처럼 행하여 인도인들은 도적 중 으뜸으로 일컬었다. 강적에게 압박당해 영국에 항복했다. 중심 도시는 바로다[Baroda, 巴羅達]다. 어떤 곳에는 파라타(巴羅他)로 되어 있다.

사타라[Sattarah, Satara, 薩達拉][39]는 영국의 속국으로 데칸[Deccan, 德干]의 서남쪽에 있으며, 중심 도시는 나라 이름과 같다. 속해 통상하는 곳으로 마하발레슈르[Mahabaleshwur, 馬合比里昔爾], 메리치[Meritch, Meeruj, 美黎至], 푼데르푸르[Punderpoor, 般德爾不耳], 합달니(合達尼) 등이 있다.

트라방코르[Travancore, 達拉王哥爾], 또한 영국의 속국으로, 남인도 맨 서쪽 바다 모퉁이에 있으며, 중심도시는 트리방드룸[Trivandrum, 的里彎德棱]이다. 속하여 통상하는 곳으로, 트라방코르[達拉王哥爾], 포르카[Porca, 波爾架], 퀼론[Quilon, Kollam, 固蘭], 안젠고[Anjengo, 安任加, Anchuthengu] 등이 있다.

철맹웅(哲孟雄)[40]은 어떤 곳에는 자목웅(者木雄)으로 되어 있다. 동인도의 북쪽 경계에 네팔[尼泊爾]과 브루그파[brug pa, 布魯克巴, 부탄] 사이에 있다. 북쪽으로 전장(前藏)과 연해 있고, 땅은 가장 좁으며, 인구는 5~6천에 불과하다. 영국에 항복하여 속국이 되었다. 이 밖에 중인도와 서인도에는 여러 작은 부락이 있는데, 모두 영국에 속했다.

브루그파[brug pa, 布魯克巴, 부탄]는 어떤 곳에는 '부단(不丹)'으로 되어 있다. 전장(前藏)의 정 남쪽에 있다. 그 북쪽 경계는 전장(前藏)의 파이(帕爾, Phari?,

---

의 서쪽에 있다. 동쪽으로 아미대파(亞美大巴, Ahmedabad) 부(府)와 경계하고, 서쪽, 남쪽, 북쪽 삼면은 모두 '아만(痾曼)' 해만(海灣)과 경계한다"라고 하였다. 이 설명대로라면, '일과이'와 '고의가와이'는 구자라트의 궉크와르(Guickwars) 사람들을 음차한 것으로 추정한다. 『영환지략교주』에서는 구자라트의 '카티와르(Kattywar)'로 옮겼는데, 음성적으로 부합하지 않는다. 한편 『지리비고』의 '아만(痾曼)'을 『해국도지』 교주에서는 '오만(Oman)'으로 옮겼는데(『위원전집』, 5책, 700쪽), 지리적으로 부합하지 않는다.

39) '살달랍(薩達拉)'을 『영환지략교주』(74쪽)에서는 고아(Goa)로 추정했는데 전혀 부합하지 않는다. 사타라는 고아와 뭄바이 중간 지점, 서부 고츠 동쪽에 있다.

40) 위치 설명으로 볼 때, '시킴(Sikim)'의 툼롱(Tumlong)을 음차한 것 같다. 이 지명은 허그(William Hughes, 「인도(India)」(London, 1864) 지도에서 확인할 수 있다. 한편 존 애로우스미스의 인도 지도에는 '모룽(Morung)' 지역을 표기하고 있는데, 서계여가 주석에서 말한 '자목웅(者木雄)'이 아닌지 모르겠다.

Paro?)와 연접해 있고, 동남 경계는 영국인들이 새로 개척한 아삼[Assam, 阿薩密], 서남 경계는 방글라[孟加拉], 서쪽 경계는 철맹웅(哲孟雄)과 방글라(벵골)다. 동서로 대략 1,500~1,600리, 남북으로 대략 600~700리다. 홍교(紅敎) 라마(喇嘛)가 총괄하는 지역으로 양장(兩藏)과 같이 황교(黃敎)를 받든다. 옛날에는 브루그[布魯克], 갈필(噶畢, Ngalop?) 두 종족으로 나뉘었다. 옹정(雍正) 연간(1723~1735)에 두 종족이 서로 원수처럼 살해하며 앞뒤로 티베트[藏]에 항복했다. 버일러[Beile, 貝勒] 폴라나이[Polhanai, 頗羅鼐, 1689~1747]가 화해시켜 각기 사신을 보내와 표문을 바치고 방물을 올렸다. 뒤에 갈필(噶畢)이 포로극(布魯克)에 합해져 한 나라가 되었다. 그곳의 계절은 온화하며 중국과 비슷하고 양장(兩藏)과는 매우 다르다. 농토는 비옥하고, 호수와 강물이 교차 관통하여 오곡, 채소, 과실 모두 적합하며, 인구는 매우 많다. 면화(棉花), 대황(大黃), 흑금(黑金), 문석(紋石)이 난다. 땅은 두 부(部)로 나뉘는데, 데브 라자[Deb Rajah, 德白拉乍]와 바로 포로극파 비스니[Bisnee, Bijnee, 比斯尼]이다. 바로 갈필(噶畢) 중심 도시는 데브 라자[德白拉乍]에 있는데, 타시수돈[Tassisudon, 達西蘇敦]이다. 『서장지(西藏志)』에는 찰십곡종(札什曲宗)으로 되어 있는데, 바로 국왕이 피서하는 곳이다. 국왕이 사는 곳은 평탕(坪湯)으로, 찰십곡종에서 200리 떨어져 있다. 티베트[西藏]의 라마(喇嘛)는 오인도를 왕래할 때는 모두 이 길을 취했다.[41)]

고르카[Ghorka, Gorkha, 廓爾喀]는 어떤 곳에는 고이잡(庫爾卡)으로 되어 있다. 원래 네팔[尼泊爾]이라 어떤 곳에는 니파이(尼巴爾), 또는 니박랍(尼博拉)으로 되어 있다. 불렀고, '파륵포(巴勒布)'라고도 어떤 곳에는 파이포(巴爾布)라고 되어 있다. 부르며, '백포(白布)'라고도 부른다. 고르카[廓爾喀]는 바로 별개 부락[部]의 도시 이름으로, 큰 길이 나 있어 무역이 번성했다. 그러므로 그 명칭을 유독 부각한 것은 서역 '코칸트[浩罕]'를 '안집연(安集延, Andijon)'이라 부르는 것과 같

41) 서계여는 『영환지략』에서 "생각건대, 포로극파는 곽이객(廓爾喀)의 동쪽에 있고, 중간에는 '철맹웅(哲孟雄)'이라는 작은 부(部)를 사이에 두고 있을 뿐이다. 서양인들의 지도에는 오인도에 딸려 보이는데, 그 도서들은 부단국(不丹國)이라 별도로 칭했지, 오인도의 여러 나라 속에 편입시키지 않았다. 아마도 지세가 동쪽에 치우쳐 있어 오인도의 경내에 있지 않았기 때문일 것이다. 지금 여기에 붙여 기록한다"라는 설명을 남겼으나 혜강은 채록하지 않았다.

다. 동인도의 북쪽 경계에 있는데, 동쪽, 서쪽, 남쪽 모두 영국인의 방글라[孟加拉], 아그라[亞加拉]의 속부(屬部)이고, 동쪽 경계는 철맹웅(哲孟雄)이며, 북쪽 경계는 후장(後藏)과 나란히 붙어 있다. 동서는 대략 1,600리고, 남북으로는 대략 400리다. 옛날에는 엽릉(葉楞), 포안(布顔), 고고목(庫庫木) 세 부락으로 나뉘었다. 옹정(雍正) 9년(1731)에 각기 표문을 올리고 방물을 바쳤다가, 뒤에 한 나라로 병합되었다. 건륭(乾隆) 56년(1791) 후장(後藏)을 침공하여 찰십륜포(札什倫布, Tashi Lhunpo)를 함락한 뒤 대거 약탈하고 돌아갔다. 상국(相國) 복문양공(福文襄公)[42]이 솔론[solon, 索倫] 강군을 거느리고 정벌하러 가서, 적진으로 깊숙이 들어가 여러 차례 대승을 거두며 그 도성을 압박했다. 이에 앞서 영국인들이 이미 방글라[孟加拉]를 멸망시켰고, 동인도의 여러 부가 모두 항복했으나, 유독 고르카[廓爾喀]만 혈전하며 경계를 지켜내 잠식당하지 않고 자주 영국의 속부(屬部)를 공격했다. 이에 영국인들은 중국이 진군한다는 소식을 듣고 군대를 보내 그 변경을 어지럽혔다. 고르카[廓爾喀]는 놀라고 두려워 대군을 보내 항복을 구걸하며 약탈한 바를 되돌려 바치고, 주범[首禍] 사마이파(沙馬爾巴)의 시신을 바쳤다. 조서로 귀부를 받아들이고 5년에 한 번 쓰촨을 거쳐 북상하여 조공하게 했다. 그 북쪽 경계는 설산(雪山)에 연이어 있는데, 높이 하늘에 닿고 일년내내 눈이 쌓여 있다. 토양은 비옥하여, 대맥과 소맥, 서직(黍稷), 각종 콩, 감자(甘蔗), 면화(棉花), 단삼(丹參), 육구(肉蔻)가 난다. 그곳 사람들은 단신(短身)이나, 매우 사납고 힘이 세며 인두는 대략 백여만이다. 이 나라 또한 이마에 문신하는[雕題] 인종으로 채색옷을 입고 이마에 바르는 것이 인도의 여러 부락과 같으며, 얼굴색은 그다지 검지는 않다. 풍속은 불교를 숭상하며, 붉고 누런 라마(喇嘛)들이 섞여 있으며, 대권(大權)을 쥘 수 없을 뿐이다. 나라는 아홉 부로 나뉜다. 네팔[尼泊爾]의 중심 도시는 카트만두[K(C)atmandoo, 加德滿都]로 어떤 곳에는 갑만토(甲曼土) 또는 양포(陽布)로 되어 있다. 그 나라의 수도다. 념사한(念四汗)의 중심 도시는 고르카[廓爾喀]다. 념이한(念二汗)의 중심 도시는 제이리(齊伊利)다. 마크왕푸르[Ma(u)kwanpur, 馬各王不爾]의 중심 도시는 같은 이름이다. 기랍덕사(幾拉德斯)는 여러 추장이 나누어 차지하고 있어 중심 도시가 하나가 아니다. 카탕[Khatang, 加當]의 중심

42) '문양'은 푹 앙간(Fuk'anggan, 福康安, 1748~1796)의 시호다.

도시는 희당(希當)이다. 차옌푸르[Chayenpur, 札言不爾]의 중심 도시는 이름이 같다. 살파대(薩巴帶)의 중심 도시는 나랄가리(那剌加利)다. 모룽[Moru(a)ng, 麼隆]의 중심 도시는 나랄가리이(那剌加利爾)[43]다.

영국[英吉利]이 방글라[孟加拉]을 무너뜨리면서 진군하여 석권하자, 여러 부는 속절없이 와해하였으나, 유독 고르카[廓爾喀]만이 음흉하고 악랄하게 지략이 많아 조금의 땅도 잃지 않았으니, 실로 인도의 여러 부 중에서 최강이었다. 고르카[廓爾喀] 이민족들은 영국인의 속부(屬部)를 피릉(披楞)으로 불렀고, 리저(里底)라고도 불렀다.[44]

시크[Siks, Sikhs, 塞哥][45]는 어떤 곳에는 실국(悉國), 또는 서각(西刻)으로 되어 있다. 북인도의 대국이다. 서역에서는 카슈미르[Kashmir, 克什米爾]라고 어떤 곳에는 가치미이(加治彌爾), 또는 가지미이(加支迷爾)로도 되어 있다. 부르는데, 바로 별도 부락의 이름이다. 이 나라는 옛날부터 이 부(部)를 나라 이름으로 삼았다. 『신당서』에서는 개실밀(箇失密), 또는 가습미라(迦濕彌羅)라고 불렀다. 『송사』에서는 가습미륵(迦濕彌勒)으로, 원나라 사람들은 걸석미이(乞石迷耳)라고 불렀는데, 모두 카슈미르[克什米爾]가 변화한 음들이다. 네팔[尼泊爾]의 고르카[廓爾喀], 코칸트[浩罕]의 안디잔[安集延]과 같다. 동북쪽은 설산이 둘러싸고 있고, 후장(後藏)의 서쪽 변방과 나란히 연이어 있으며, 서북쪽 모퉁이는 서역의 찰포(札布)와 접해 있고, 서쪽 경계는 아프가니스탄[阿富汗], 발루치스탄[俾路芝]이고, 서남쪽 경계는 신드[Sinde, Sindhi, 信地]다. 동서로는 대략 1,000리고, 남북으로는 대략 2,500리다. 이곳의 계절은 온화하고 산수는 맑으며, 사막이 많지만, 농토는 매우 비옥하며 농사에 매우 근면하

43) 서계여는 이상 네팔의 각 부락 명칭을 『지리비고』(『해산선관총서』본, 권7, 19a~b)에서 채록한 것으로 보이는데, 고르카는 '가이객(哥爾客)'으로 표기되었다. 마지막 모룽(Morung) 또는 모랑(Morang)의 중심도시는 '유유아부이(維稜亞不爾)'라고 하였는데, 서계여가 잘못 '나랄가리이(那剌加利爾)'로 잘못 옮겼다. '유유아부르'는 비자야푸르(Vijayapoor)의 음차일 것이다.

44) 이 단락의 정보는 『영환지략』에 추가한 서계여의 보충 설명을 채록했다(『영환지략교주』, 77쪽).

45) '새가(塞哥)'는 펀잡(Punjab) 지역에 사는 시크(Siks, Sikhs) 인종 명칭이다. 이로써 '펀잡'의 대칭으로 사용했다. 이 명칭은 『지리비고』(권7, 17b)에 보인다.

여 인구는 대략 300만 명이다. 장사꾼들은 장거리 교역에 능하여, 서역(西域), 회강(回疆), 후장(後藏) 등 곳곳에 있다. 나라는 옛날부터 좌우의 부락[部]으로 나뉘는데 수트루즈[Sutluj, 薩隆德勒至] 강을 경계로 한다. 강의 왼쪽은 시르힌드[Sirhind, 西林德] 부락으로, 영국[英吉利]에 항복하여 속국이 되었다. 나머지 여러 부는 모두 강의 오른쪽에 있는데, 각기 추장이 있고 서로 통제하지 않는다. 건륭(乾隆, 1736~1795) 말에 라호르[Lahore, 勞爾] 바로 라합(喇合)[46] 추장 임일성(林日星)이 강의 오른쪽을 병합하여 하나로 통일하고, 다시 인더스강[印度河]을 넘어 아프가니스탄[阿富汗]의 여러 성을 빼앗았다. 계승하여 즉위한 왕은 더욱 용맹하여, 유럽[歐羅巴] 사람을 장군으로 기용하여 전투마다 승리하여 빼앗으니, 사방이 두려워하며 복종했다. 도광(道光) 19년(1839) 왕이 죽고 종손이 계승했으나 아첨꾼들을 신임하며 대권을 잃고 국세가 갑자기 쇠퇴했다. 이에 앞서 영국[英吉利]은 방글라[孟加拉]를 공격하여 멸망시키고 승기를 타고 여러 부를 협박하고 항복시켰다. 그즈음 시크[塞哥]는 두 세대에 걸쳐 현명한 왕이 서서 나라는 다스려지고 군대는 강성하여, 영국인들은 전쟁을 멈추고 수호(修好)하여 염두에 두지 않았다. 이렇게 어두운 군주가 재위하는 틈을 타서 마침내 해마다 대거 침입하여 그 강역의 절반 이상을 침탈했다. 그렇게 잃은 부가 얼마나 되는지 아직 상세히 알려지지 않았다. 나라는 아홉 부(部)로 나뉜다. 첫 번째는 펀잡[Punjab, 本若]으로 중심 도시는 라비[Ravee, 拉維] 강기슭에 세워져 있다. 라호르[勞爾]는 어떤 곳에는 랄합(剌合)으로 되어 있다. 미국 지도에는 륵회(勒懷)로 되어 있다. 무역이 번성하며 나라들이 통하는 큰 도시다. 고의사단(固宜斯丹, Kohistan?)의 중심 도시는 랍덕여이(拉德如爾)다. 카슈미르[克什米爾]의 중심 도시는 이름이 같다. 착저(着這, Jetch?)의 중심 도시는 아토크[Attock, 亞德各]라 한다. 아살륵(亞薩勒, Hazara?), 북조위이(北朝威爾, Peshawar?), 기이가이부이(幾爾加爾不耳), 물탄[Mooltan, 木耳丹], 레이아[Leia, Lyas, 勒亞], 데라 이스마일 칸[Dera Ismail Khan, 德勒義斯馬伊爾汗], 데라 가지 칸[Dera Ghazee Khan, 德拉合西汗], 바하왈푸르[Bahawalpur, Bhawulpour,

---

46) '라합(喇合)'은 『영환지략』에 '랄합(剌合)'으로 되어 있는데, 모두 라호르(Lahore)의 축약 형태로 보인다. 단순히 'r' 발음에 해당하는 '이(爾)'자를 생략한 것인지, 아니면 '라호'라고도 불렀는지는 확인하기 어렵다.

巴合瓦爾不耳] 등의 중심 도시는 모두 이름이 같다.

신디아[Scindia, 新的亞]는 어떤 곳에는 신지아(新地亞)로 되어 있다. 중인도에 있는데, 지형이 굽이굽이 감돌아 있으며, 영국인의 속부(屬部)와 속번(屬蕃)이 뒤섞여 있다. 원래 약탈을 풍속으로 여겨 나는 듯이 말을 타고 출몰하여 자주 영국인들과 싸운다. 땅은 세 부(部)로 나뉘는데, 각기 추장이 있고, 서로 통제하지 않는다. 아그라[亞加拉]의 아그라의 옛 도성은 이미 영국에 속했으므로, 이곳은 아마도 그 서남쪽 부락일 것이다. 중심 도시는 괄리오르[Gwalior, 瓜利爾]인데, 왕의 도성이다. 칸데쉬[Khandesh, Candeish, 干德宜至]의 중심 도시는 부르하웅푸르[Boorhaunpoor, Burhanpur, 不郎不爾], 말와[Malwa, 馬盧襪]의 바로 미국 지도의 마이와(馬爾窪)로, 어떤 곳에는 '마랄타(馬剌他)'로 되어 있다. 그 도시는 이미 영국에 속했으므로, 이곳은 아마도 그 동북쪽 부락일 것이다. 중심 도시는 우제인[Oojein, 痾日音, Ujjain]이다. 말와[馬盧襪]는 아편이 모두 모이는 곳으로 매년 2만여 상자를 운반해 간다.

신드[Sinde, 信地]는 서인도의 맨 서남쪽 모퉁이에 있다. 북쪽 경계는 시크[塞哥, 펀잡]이고, 서쪽 경계는 발루치스탄[俾路芝]이고 남쪽으로는 인도양[印度海]에 임하고 있다. 인더스강[印度河]은 이곳에서 바다로 들어간다. 남북으로 대략 1,000리고, 동서로는 대략 500리다. 중심 도시는 하이드라바드[Hydrabad, 海德拉巴]다. 이 나라는 영국의 관할에 속하지 않는다. 브루그파[布魯克巴, 부탄], 고르카[廓爾喀], 신적아(新的亞) 세 나라는 영국에 멸망되지 않았다. 근래 시크[塞哥]는 경계의 땅 절반을 잃었다. 그러나 신적아는 영국 땅의 중심을 차지하고 있어 정세가 날로 위태로웠다. 전장(前藏)은 브루그파[布魯克巴]을, 후장(後藏)은 고르카[廓爾喀]를 가림막으로 삼았는데, 두 부락[部]의 울타리가 철거되자, 양장(兩藏)은 곧장 그들과 영토를 맞대게 되었다.[47)]

---

47) 이상 인도의 각 부락[各部]에 관한 기술은 전적으로 『영환지략』에 따라 채록하고 재구성했다(『영환지략교주』, 68~79쪽). 언급된 지명들은 애로우스미스(John Arrowsmith), 「인도(India)」(London, 1857); 허그(William Hughes), 「인도(India)」(London, 1864)를 참고하여 추정했다.

연혁(沿革)[48]: 후한(後漢)부터 중국과 통했다. 당나라 시기에 자주 조공을 들였다. 조송(趙宋) 시기 이슬람교도[回部]들에게 침탈되었다. 원나라가 북방에서 일어나 서남쪽으로 영토를 확장하며 태조(太祖, 칭기즈칸)가 서북 인도를 정복했다. 헌종(憲宗, 1251~1259년 재위)에 이르러 다시 중인도를 정복하여 종왕(宗王)과 부마(駙馬)들이 그곳을 나누어 다스렸고, 동남쪽 여러 부락은 모두 부역에 따랐다. 이로부터 오인도는 몽골의 별도 부락[別部]이 되었다. 원나라 말에 부마(駙馬) 티무르[帖木耳]가 사마르칸트[撒馬兒罕]을 통치할 때[49] 위엄을 서역에 떨쳐 오인도의 여러 부락은 모두 신속했다. 명나라 가정(嘉定, 1522~1566) 연간에 사마르칸트[撒馬兒罕]의 별부인 무굴[Mughal, 莫臥爾]이 중인도 땅을 공격하여 취하고 나라를 세우면서 세력이 확장되었고, 이슬람교[回教]를 숭상하며 불교를 내몰았다. 몽골 중 파미르[葱嶺] 서쪽에 사는 자들은 원나라 말에 이르면서 모두 이슬람교에 들어갔다. 여러 부락은 모두 조공을 바치며 속국이 되었다. 한참 뒤에 쇠미해지자 약육강식하며 수시로 전쟁이 일어났다. 이에 앞서 명나라 홍치(弘治) 8년(1485) 유럽[歐羅巴]의 포르투갈[葡萄牙]이 항해하여 인도 서남쪽 경계의 뭄바이[孟買]에 이르러 바다 항구를 개척하고, 성읍을 건설하면서 상성들이 통행하자 이로써 부유해졌다. 네덜란드[荷蘭]가 이를 시기하여 전쟁으로 서로 공격하여, 또 그곳을 물리치고 부두를 건설하고 컴퍼니[公班衙]를 설치하여 인도양[印度海]의 이권을 수십 년간 독점했다. 영국[英吉利]이 동쪽으로 오면서, 두 나라를 몰아내고 그곳을 차지했다. 프랑스[佛郎西]도 남인도의 동쪽 경계에 부두를 건설했다. 강희(康熙) 7년(1668)에 영국이 동인도의 방글라[孟加拉, 벵골]에 땅을 사서 상관을 설치하고, 포대를 건설하며 70개소의 건물을 세웠다. 선박들이 운집하자 온갖 상품이 유통되며 부두는 나날이 번성해졌다. 건륭(乾隆) 17년(1752) 방글라[孟加拉] 추장이 그들 거처를 부수고 사람을 가두자, 영국인들은 대군으로 그들을 공격하여 방글라를 멸망

48) 이 조목은 2b~3에 채록되어 있으나, 두주에 '각부(各部)' 아래로 내리라는 요청에 따라 여기에 편집한다.

49) 저본에 이 문장은 '부마 사마르칸트(駙馬撒馬兒罕)'로 되어 있어, 『영환지략(瀛環志略)』의 "부마 티무르기 사마르칸트를 다스리면서(駙馬帖木耳王撒馬兒罕)"로 고쳐 번역했다.

시키고 승기를 잡아 남인도와 중인도의 여러 부락를 병합시켰다. 여러 부락이 힘을 합쳐 방어했으나 심력(心力)이 일정하지 않아 번번이 패배했다. 영국에 멸망된 곳도 있고, 영국의 관리를 두고 빈 이름만 유지하는 곳이 있는가 하면, 부역을 당하며 속국이 된 곳도 있었다. 이로부터 오인도의 전체 땅은 열에 일곱은 영국의 통치에 귀속되었고, 서북쪽 몇몇 부락만 복종하지 않았다. 영국인들은 연해에 속국으로 다스리는 부락[藩部] 셋을 세웠는데, 방글라[孟加拉], 마드라스[麻打拉薩], 뭄바이[孟買]다. 내지에도 번부 하나를 세웠는데 아그라[Agra, 亞加拉]다. 영국인들이 간행한 「오인도도(五印度圖)」는 미국[米利堅]인이 출간한 오인도 지도와 비교하면, 옛 부락의 명칭에 갈림이 있고 고쳐진 곳이 있으며 지명의 복잡함과 간략함도 다르다. 땅이 이미 영국에 속했으므로 영국의 지도로 설명해야 할 것이다. 뒤에 미국[米利堅]의 지도를 붙여 이후 고증의 바탕으로 삼는다.[50]

---

50) 인도의 '연혁'은 모두 『영환지략』에서 채록하고 재구성했다(『영환지략교주』, 67~68쪽).

[『지구전요』, 권4, 패동 최한기 편집][51]

3-2. 인도의 서쪽 이슬람계의 네 나라[印度以西回部四國][52] 인도 이슬람 지역의 경계는 현재 인더스강[印度河]으로 정하는데, 그 사이 강역의 진퇴를 논할 필요는 없다.

[아부한(阿富汗, Afghan)][53]

강역(疆域): 아프간[Afghan 阿富汗]의 아프가니스탄[阿富汗尼士丹], 애오한(愛烏罕), 아부안니(阿付顔尼)로도 되어 있다. 북쪽 경계는 부하라[Bu(o)khara, βuxārak, 布哈爾], 동쪽 경계는 인도, 남쪽 경계는 발루치스탄[俾路芝], 서쪽 경계는 페르시아[波斯]다. 동서로는 2,000여 리고, 남북으로 1,000여 리다. 아홉 부락[部]으로 나뉘는데, 첫 번째 부는 카불[Kabul, Cabool, 喀布爾]로, 어떤 곳에는 '객분(喀奔)'으로 되어 있다. 그 중심 도시다. 땅은 평원을 차지하고 있고 인구는 조밀하며 경관은 번화하다. 칸다하르[Kandahar, 堪達哈爾]는 나라의 동북쪽 모퉁이에 있으며 사방이 모두 산이고, 또한대도시다. 가즈나[Ghazna, Ghuznee, 哈斯那]는 위의 두 부락을 포함하여 모두 상인들이 몰려드는 지역이다. 라각만(羅各曼, Logurh?), 제랄라바드[Jelalabad, 日剌拉巴], 시비[Sibi, Sebee, 西維維西],[54] 파라[Farah, Furrah, 發來], 두샤크[Dooshak, 都札克], 이융달이(伊隆達爾) 등이다.[55] 지도 34를 보시오.

---

51) 국립중앙도서관 소장본은 여기에서 분권했다. 저본에는 권수 표기의 흔적도 없다. 말하자면, 혜강은 '인도'에 이어 3권으로 의도한 것 같다.

52) 국립중앙도서관 소장본 권13, 지도집에는 '인도 서쪽의 네 이슬람 부락 지도'가 수록되어 있으나, 혜강은 참조 사항을 표기하지 않았다.

53) 이 표제어는 저본에 생략되어, 편의성과 일관성을 고려하여 '[]'에 넣어 추가했다.

54) 아프가니스탄의 아홉 부락의 명칭들은 서계여가 『지리비고(地理備考)』(『해산선관총서』본, 권7, 35a)에서 채록했는데, 여기 '유서(維西)'는 '서유(西維)'로 되어 있다. 이는 위원이 『해국도지』에 채록한 것으로 확인된다(『위원전집』, 5책, 721쪽). 따라서 '서유'로 바로 잡는다. 시비(Sibi, Sebee)의 음차로 발루치스탄 북부에 있다. 『해국도지』 교주에서는 '시비르간(Shibirgan)'으로 추정했는데(『위원전집』, 5책, 730쪽), 잘못이다.

55) 언급된 지명들은 콜튼(G.W. Colton), 「페르시아 아라비아(Persia Arabia)」(New York, 1856)를 참고하여 추정했다.

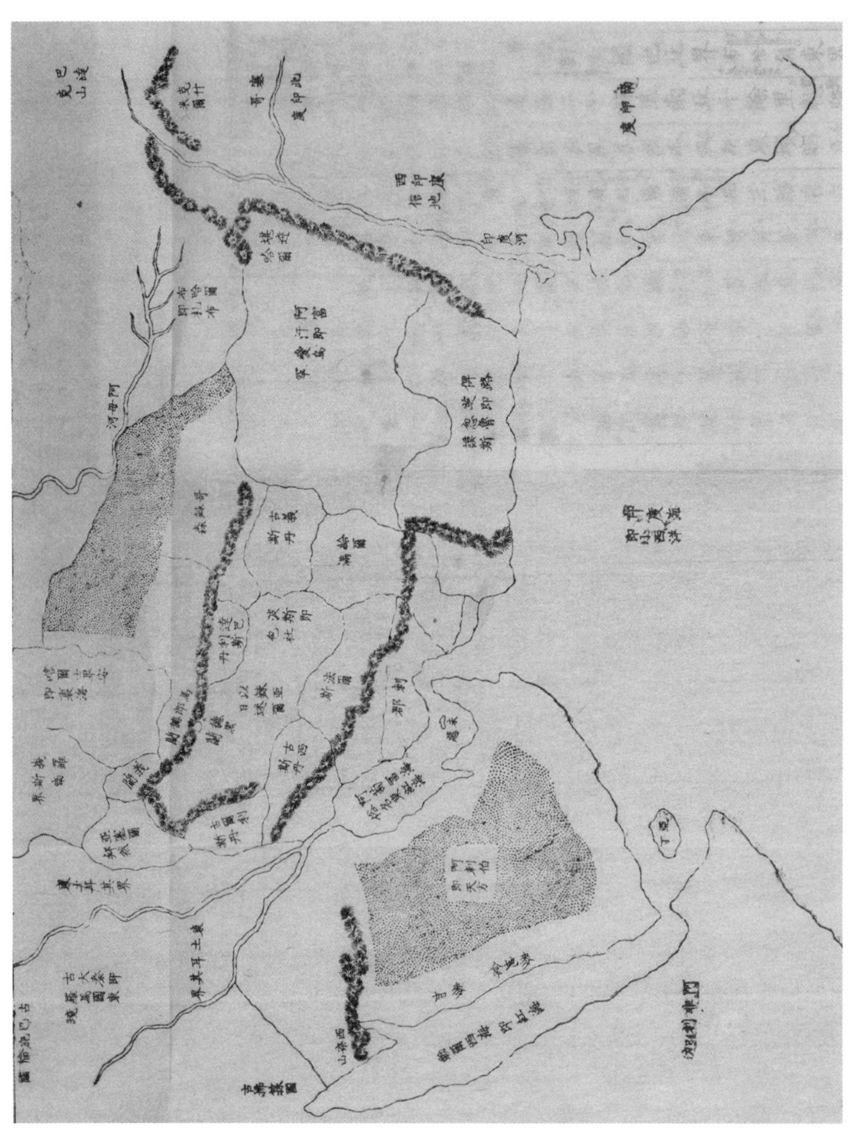

지도 34. 국립중앙도서관 소장본의 지도가 몹시 희미하여 『영환지략』(도시샤대학 소장본, 1861)에서 가져왔다. 국립중앙도서관 소장본에는 '인도이서회부사국도(印度以西回部四國圖)'라는 지도 명이 있고, 경도와 적도 표기가 있다.

기후[風氣]: 이 나라는 인도와 페르시아[波斯]의 사이에 있어 날씨가 몹시 덥고 비가 많이 내린다.[56)]

사람들[人民]: ⓐ인구는 많고, 정예 병력은 수만 명이다. ⓑ인종은 일정하지 않은데, 내륙의 이슬람교도[回子]와 비슷한 사람들이 있고, 안디잔[安集延]과 비슷한 사람들이 있는가 하면, 토르구트[Torghut, 土爾扈特]와 비슷한 사람들이 있고, 모발이 곱슬하고, 러시아[峩羅斯]와 비슷한 사람들이 있다. 또 어떤 인종은 또한 이슬람교도로 모자를 쓰고, 수염이 고슴도치처럼 뺨을 둘렀고 붉으며, 꼭두서니[茜]로 물을 들인다. 그들은 힘이 세고, 나무창[木矛]을 잘 다루어 서역인 대부분이 그들을 두려워한다. 또 어떤 인종은 둥근 옷깃에 큰 소매의 옷을 입고, 의관이 한나라나 당나라와 비슷하며, 용모는 조선인들처럼 깨끗하고 특이한데 이들이 후한(後漢)의 후예들이라고 한다.[57)]

물산(物産): 철(鐵), 주석[錫], 반염(礬鹽), 요사(硇砂), 유황(硫磺), 연엽(煙葉), 면화(棉花), 아위(阿魏), 청대(青黛), 단삼(丹參), 감자(甘蔗), 지담(地毯) 등이 난다.

농업[農]: 서쪽 경계에는 사막이 있고, 나머지는 모두 비옥한 토양이다. 사람들은 농사를 짓고, 유목은 없다.[58)]

도성[城]: 성지(城池)는 장려하다.

기용(器用): 군대 무기로는 조총[鳥鎗], 긴 창[長矛], 허리에 차는 칼[腰刀]을 사용하나, 활[弓矢]에는 익숙하지 않다.

풍속[俗]: 풍속은 페르시아[波斯]와 같다.[59)] 아래를 보시오.

---

56) 강역과 기후에 관한 기술은 모두 『영환지략』에서 채록 재구성했다(『영환지략교주』, 86~88쪽).

57) ⓐ는 『영환지략』에서 채록했다(『영환지략교주』, 88쪽). ⓑ의 정보는 『영환지략』에 인용된 『서역문견록(西域聞見錄)』에서 발췌했다(『영환지략교주』, 88쪽). 『서역문견록』에서 아프가니스탄은 '오한(敖罕)'으로 표기되었다. 오한[Auqan]은 동몽골 차하르 8부 중 하나로 알려져 있다.

58) 이상 '물산'과 '농(農)' 조목은 '성(城)' 아래에 채록되어 있으나 두주에 이곳으로 옮기라는 지침이 있으므로, 여기에 옮겨 편집한다. 두 조목의 설명은 『영환지략』에서 채록했다(『영환지략교주』, 88쪽).

59) '속(俗)' 조목은 '연혁' 뒤에(21b) 채록되어 있으나 두주에 이곳으로 옮기라는 지시에 따

연혁(沿革): 명나라 정덕(正德, 1506~1521)초에 바부르[Babur, 巴卑爾, 1483~1530]가 카불[喀布爾], 어떤 곳에는 객분(喀奔)으로 되어 있다. 칸다하르[堪達哈爾], 제사니(濟斯尼, Ghazni?) 등 세 도시를 빼앗아 자립하여[60] 나라를 세워 200여 년을 전했다. 강희(康熙, 1662~1722) 연간에 이르러 페르시아[波斯]가 쇠락하여 어지러워지자, 아프간[아부한]은 승세를 타고 그 전역을 차지했다. 17년이 지나 페르시아가 부흥하여, 나디르 샤[Nader Shah, 那的爾沙]가 나라를 되찾고, 「파사전(波斯傳)」에 상세하다. 예봉을 다하여[盡銳] 동쪽을 정벌하고 아프간을 멸망시켰다. 나디르 샤가 죽고 아프간 왕자 아미리사(亞美里沙, Adel Shah?)가 옛 영토를 수복하여 페르시아와 병립했다. 건륭 54년(1789), 왕 새만사(塞曼沙, Shahrokh Shah?)가 아우 마모(馬慕)에게 찬탈당하며 나라가 10여 년 아주 혼란했다. 북인도의 시크[塞哥, 펀잡]는 어떤 곳에는 '실국(悉國)'으로 되어 있다. 이미 오인도도설(五印度圖說)에서 상세히 보았다. 아프간[阿富汗]과 인더스강[印度河]을 사이에 두고 이웃하고 있었다. 아프간이 강성할 때는 인더스강을 건너 시크[塞哥]의 변경 땅을 차지한 적도 있다. 민간에서 전하기를 아프간[愛烏罕][61]이 힌두스탄[Hidustan, 溫都斯坦]을 멸한 것이 바로 이 일이라고 한다. 이러한 내홍으로, 시크[塞哥, 펀잡]의 라호르[Lahore, 勞爾] 부락 시크[塞哥]의 중심도시로, 어떤 곳에는 '륵회(勒懷)'로 되어 있다. 이미 오인도도설(五印度圖說)에서 상세히 보았다. 추장 임일성(林日星)이 인더스강 동쪽 땅을 수복하고 강을 건너 여러 도시를 빼앗으니, 아프간[阿富汗]은 이로부터 세를 떨치지 못했다. 근년 영국[英吉利]에 속한 인도 서

라 여기에 옮겨 편집했다. 이상 성(城), 기용(器用), 속(俗) 조목은 『영환지략』에서 채록했다(『영환지략교주』, 88쪽).

60) 이 정보에는 약간의 오류가 있는 것 같다. 홍균(洪鈞)은 『원사역문증보(元史譯文證補)』(총서집성본, 권26하, 355쪽)에서 "명나라 홍치(弘治) 13년, 서력 1500년 바부르[巴卑爾]는 우즈벡[謨思伯] 사람들에게 패했는데, 어찌 패한 뒤에 카불[噶布爾]에 건국할 수 있었겠는가. 우즈벡[謨思伯]은 주치[朮赤]의 후손으로, 원나라 시기 서북쪽을 분봉 받은 저명한 칸이다. 그의 부락 사람들이 뒤에 동쪽으로 옮겨갔는데, 바로 우즈벡으로 부족 명칭을 삼았다"라는 의문을 제기했다.

61) '애오한(愛烏罕)'은 『대청일통지』(사고전서본, 권193, 32b)에 바다흐샨[拔達克山] 부하라[布哈爾]의 서남쪽에 있다고 하였다. 위원은 『해국도지』, 권22에서 『황청사예고(皇淸四裔考)』를 인용하며, '애오한'은 '아프가니스탄'이라고도 하며 '카불'이라고도 한다고 설명했다(『위원전집』, 5책, 720쪽).

부와 수년 동안 전쟁하다가 강화를 맺고 그쳤다.[62]

[비로지(俾路芝, Baluchistan)]

강역(疆域): 발루치스탄[俾路芝]은 밀라기(密羅旣), 북라길(北羅吉), 홀로모사(忽魯謨斯), 사포(思布)[63] 아프간[阿富汗]의 남쪽에 있다. 또한 이슬람 부락[回部]이다. 동쪽으로 서인도, 서쪽으로 페르시아[波斯]에 접해 있고, 남쪽으로 인도양[印度海]에 임해 있다. 동서로 대략 1,700~1,800리고, 남북으로 대략 600~700리다. 언덕[岡阜]들이 중첩되어 있고, 사막이 광활하며 농토는 매우 척박하여 농사지어 먹고 살 만큼만 펼쳐져 있다. 기후와 계절은 온화하고 물산은 아프간[阿富汗]과 대략 같다. 나라에는 왕이 없고 여섯 부(部)로 나뉜다. 사라완[Sarawan, 薩拉彎], 쿠츠 군다와[Cutch-Gundaw(v)a, 加支干達瓦], 잘라완[Dhalawan, 倭拉彎], 루스[Lus, Lussa, 盧斯], 무크란[Mukran, 美加蘭], 코히스탄[Kohistan, 固宜斯丹] 등이다. 여섯 부에는 각기 추장이 있고, 나라는 작지만 강하며, 공성전에 익숙하여, 영국[英吉利]에 속한 인도 서부와 수시로 전쟁하며 서로 이기거나 지거나 한다. 이 나라의 건국에 관해서는 알려지지 않았다.[64]

[파사(波斯, Persia)]

강역(疆域): 페르시아[波斯]는 백서(白西), 포사(包社), 파사(巴社), 고사(高奢), 백이설(百爾設), 법이서(法耳西), 북이서아(北耳西亞), 파이제아(巴爾齊亞), 백이서아(伯爾西亞), 이란(伊蘭), 합렬(哈烈), 흑로(黑魯), 새극(塞克)이라고도 한다. 이슬람 대국으로 광둥[粵東]에서는 '대백두(大白頭)'라고 부르고, 인도를 '소백두(小白頭)'라고 부른다. 두 곳은 모두 흰 베로 머리를 싸매는 풍속이 있어 그러한 명칭이 생겨난 것이다. 동북쪽

---

62) 아프가니스탄의 연혁은 『영환지략』에서 채록했다(『영환지략교주』, 86~88쪽).

63) '홀로모사(忽魯謨斯)'는 페르시아만 호르무즈의 음역 표기로 잘 알려진 곳이다. 발루치스탄의 영역에 들어간다. '사포(思布)' 또한 발루치스탄 영역의 한 지방 또는 지역을 옮겼을 것으로 추정하지만, 어디에 해당하는 음인지 모르겠다.

64) 발루키스탄 기술은 모두 『영환지략』에서 채록하고 재구성했다(『영환지략교주』, 89쪽). 지명들은 유용한 지식 전파를 위한 협회(Society for the Diffusion of Useful Knowledge), 「부하라, 아프가니스탄, 발루치스탄 등등(Bokhara, Afghanistan, Beloochistan, &c)」(London, 1872)을 참고하여 추정했다.

은 사막에 접해 있고 부하라[布哈爾]와 경계하며, 동쪽은 아프간[阿富汗], 발루치[俾路芝]와 경계하고, 서쪽은 동투르키스탄[東土耳其]과 접해 있으며, 북쪽은 카스피안 해[裏海]를[65] 안고 러시아[峩羅斯]와 땅을 접하고 있고, 남쪽은 아라비아 해[阿勒富海]에 동홍해(東紅海)라고 속칭한다. 닿아 있다. 아라비아[阿剌伯]와 한쪽이 이어져 있다. 이 나라의 영토는 멀고 넓어, 길이는 대략 4,000여 리고, 폭은 대략 3,000리다. 크고 부유하며 보화가 많아 중국과의 교역이 가장 일렀는데, 소위 푸른 눈[碧眼]의 페르시아[波斯][66]다. 부락[部]은 열한 개로 나뉜다.

기후[風氣]: ⓐ겨울과 여름 온화하고 풍속은 담백하다. ⓑ토양은 비옥하고 기후는 따뜻한 날이 많고 비가 적다.[67]

사람들[인민]: ⓒ그곳 사람들은 강건하고, 남녀 대부분 용모가 아름답다. ⓓ누런색의 사람들이 많고 건장하지만 수려하지는 않다. 인구는 전문에 2억[二萬萬] 명이라고 하는데, 외지인으로 임시로 사는 사람들의 종류는 매우 많아, 나라 안의 언어는 하나가 아니며, 그리스[額力西],[68] 아덴[Aden, 阿丹], 로만[Roman, 羅汶], 튀르키예[都魯機] 사람들의 말이 있다.[69]

물산(物産): 쌀[米], 맥(麥), 소금[鹽], 사발(絲髮),[70] 양탄자[地氈], 양모(羊

---

65) 위원은 '가사비엄(加士比奄, Caspian)'으로 옮기고, "바로 리해(裏海)리다. 함해(鹹海)라고도 하고, 북고해(北高海)라고도 부른다"라는 주석을 붙였다(『위원전집』, 5책, 742쪽). 이로써 '리해(裏海)'는 바로 카스피안 해라고 추정한다.

66) 『영환지략』에는 '푸른 눈[碧眼]을 가진 파사호(波斯胡)'로 되어 있다(『영환지략교주』, 90쪽).

67) ⓐ의 정보는 『영환지략』과 『해국도지』에 인용된 『서역문견록』에서 채록했다(『영환지략교주』, 92쪽; 『위원전집』, 5책, 940쪽). ⓑ는 『영환지락』을 채록했다(『영환지략교주』, 90쪽).

68) 『위원전집』을 교주한 학자들에 따르면 기원전 16~12세기 건국한 '카시트(Kassite)' 왕조로 추정했으나(『위원전집』, 5책, 753쪽), 음성적으로 거리가 멀다. 또 권28, 튀르키[都魯機]를 기술하면서 위원은 액력서(額力西)가 "유럽[구라파] 대륙의 대국으로, '액륵찰(厄勒察)'로도 되어 있는데, 이탈리아[意大里]의 동쪽에 있으며 지금은 북(北) 튀르키[都魯機]에 병합되었다"라고 설명했다(『위원전집』, 5책, 826쪽).

69) ⓒ는 『영환지락』에서 채록했다(『영환지략교주』, 92쪽). ⓓ인구와 언어에 관한 정보는 『해국도지』에서 채록하고 재구성했다(『위원전집』, 5책, 743쪽).

70) '사발(絲髮)'에 관하여, 『해국도지』를 교주한 학자들은 뒤에 언급된 '지전(地氈)'을 붙

毛), 주단(綢緞), 자기(磁器), 종이[紙], 가죽[皮], 보석(寶石), 동(銅), 철(鐵) 등이 난다.

의식(衣食): 옷은 진주와 보석으로 장식하는데, 한 벌에 10여 만금에서 20~30만 금에 달하는 것도 있다. 봉호를 받은 부인[命婦]들의 옷은 모두 명주실로 짜며 도포는 넓고 소매는 크다. 머리를 가리지 않고는 문밖에 나가지 않는다. 얼굴빛은 쉬이 늙어 10년도 못 되어 노파의 모습이다. 음식으로 소박한 채소를 먹으며 물고기와 고기는 드물게 먹는다. 연회의 손님들은 과일만으로도 풍성하다고 여긴다.[71)]

궁성(宮城): 도성은 둘레가 14리고, 매우 공고하다. 왕궁은 돌을 쌓아 집을 만들었는데, 고대(高臺)처럼 평평하고 모나며, 들보[梁], 기둥[柱], 기와[瓦], 벽돌[甓]을 사용하지 않으며, 중간에는 빈 곳을 수십 칸 틔우고, 창문과 문들은 모두 꽃문양으로 조각하고 금벽(金碧)으로 그려 넓고 아름다움이 비할 데 없다. 별도로 있는 원림(園林)과 지소(池沼) 등은 더욱 그윽하고 특이하다.[72)]

문학[文]: 페르시아[巴社]는 원래 문묵(文墨)의 나라로 일컬어졌다. 옛날 시로 이름난 자들로, 하피즈[Ḥāfeẓ, 哈斐士]는 찬송에 뛰어났고, 사아디[Saadi, 沙底]는 풍속[風化]을 잘 논했으며, 법부서(法部西)[73)]는 서정에 뛰어났다. 유

여 '윤기 나며 부드럽고 가는 오색의 양탄자[絲髮五采地氈]'라고 하나의 산물로 이해한 것 같다(『위원전집』, 5책, 743쪽). 잘못된 해석이다. 위원의 이 정보는 임칙서(林則徐)의 『사주지(四洲志)』에서 채록한 것이다. 임칙서는 휴 머리(Hugh Murray)의 『The Encyclopædia of Geography』(Philadelphia, 1837)를 번역했는데, 여기 혜강이 『해국도지』에서 채록한 '사발(絲髮)'은 휴 머리의 책에서 페르시아 산물로 언급한 '숄(Shawl)'에 해당한다(II, 304쪽).

71) 이상 물산과 의식의 정보는 『영환지략』을 따르지 않고, 『해국도지』, 권23, 파사(巴社) 조목에서 채록하고 재구성했다(『위원전집』, 5책, 743쪽).

72) 궁성에 관한 정보는 『영환지략』에서 채록했다(『영환지략교주』, 90쪽). 밑줄 친 문장들은 『명사』, 권332, 「서역·합렬(哈烈)」(8611쪽)에 보인다. 번역문은 '중국정사외국전DB'를 참고하시오.

73) '법부서(法部西)'는 10세기 후반~11세기 전반에 활동한 페르시아 서정 시인 피르다우시(Firdawsi) 또는 페르도우시(Ferdowsi)를 옮긴 것 같다. 두 번째 음절이 좀 다른데, 아마도 위원의 실수일 것이다.

럽[歐羅巴]의 사람들이 번역하여 이들의 시를 읽었는데, 문장이 특이하고 흥미가 넘치며 각기 그 오묘함을 다했다. 그러나 고대의 문학은 일찍이 이지러졌다. 근래 왕이 문학을 중시하여 매일 반드시 시인들을 옆에 둔다고 한다. 일찍이 영국[英吉利]의 사신이 그들을 격찬한 적이 있는데, 매일 탈고하면 바로 원고료로 금전을 하사했다고 한다.[74)]

행정[政]: 국왕이 가장 존엄하다. 상벌은 임의로 행하며, 신하들[臣工]을 노복처럼 본다.[75)]

물산(物產): 양마(良馬), 홍조(紅棗), 백염(白鹽), 동(銅), 철(鐵), 금(金), 은(銀), 유리(琉璃), 산호(珊瑚), 호박(琥珀), 진주(珍珠), 취우(翠羽) 등이 난다. 또 사자(獅子)도 나는데, 사자는 아무르강[Amur, 阿木河]의 바로 아무하(阿毋河)로, 상류는 부하라[布哈爾] 경내에 있다.[76)] 갈대숲에서 태어나, 갓 태어나면 눈이 닫혀 있다가, 7일이 되어야 뜬다. 현지인[土人]들은 눈이 감겼을 때 잡아서 그 성질을 조련한다. 조금이라도 자라면 길들일 수 없다.[77)]

교육[教]: 의학, 천문, 산술 등의 관서들도 문학과 더불어 중시 받아, 각기 교수하고 전습(傳習)하는 사람이 있고, 매년 30~40만 녹봉이 들었다. 그래서 페르시아[巴社]의 사람들 대부분이 천문과 점술을 믿어야 치부할 수 있다고 한다. 유럽[歐羅巴]인들은 그것을 믿지 않는다.[78)]

군대[兵]: 명나라 만력(萬曆, 1573~1620) 이후로 군대가 정변을 일으켰다. 건륭(乾隆) 44년(1779) 환관 아가 무함마드[Agha Muhammed, 阿牙磨哈墨, 1742~1797]가 군대로 난을 진압했다. 가경(嘉慶) 원년(1796)에 비로소 파트-알리 샤[Fath-Ali Shah, 發底阿里沙, 1769~1834]를 왕으로 세워 힘써 다스리

---

74) 이상 페르시아 시인에 관한 정보는 위원의 『해국도지』에서 채록했다(『위원전집』, 5책, 743쪽).

75) 『영환지략』에서 채록했다(『영환지략교주』, 90쪽).

76) 『영환지략』의 서계여의 주석에는 "『한서』에서 규수(嬀水)라고 했다"라는 정보가 더 들어 있다. '규수'는 『전한서』, 권96상, 「서역전·안식국」(3889쪽)에 언급되었다. 서계여는 이 규수가 바로 아무르강이라고 추정했음을 알 수 있다.

77) 앞서 본 물산[1]은 『해국도지』에서 인용한 것이고, 여기 물산[2]은 『영환지략』에서 채록한 것이다(『영환지략교주』, 91쪽). 두주에 둘을 합치라는 설명이 없어 그대로 둔다.

78) 『해국도지』에서 채록했다(『위원전집』, 5책, 743쪽).

며[厲精圖治], 부흥시켜 페르시아[巴社]의 고질병이 점차 사라졌다. 러시아[俄羅斯]도 자주 침입하여 변경의 여러 부락[部]을 탈취했지만, 나라 안에는 탈이 없었다. 다만 잦은 병란을 당하면서 옛날의 전적들이 없어져 남아있지 않았다. 이슬람교로 개종하면서 왕을 높이고 신하를 낮추는 법이 동방 여러 나라에서 여전히 앞섰다. 각 부락의 두목은 직책을 세습하며 재부와 군사를 농단했고, 각기 한 지방을 다스렸으나 국왕은 간섭할 수 없었다. 각 두목이 강성함을 다투며 사람들은 승부의 거취를 정탐하여 저들이 이기면 저들에게 귀의하고, 이들이 이기면 이들에게 귀의했으므로 두목들은 다투어 민심을 모아 자강하려 했다. 국왕의 딸들은 성직자[敎師]에게 시집갈 뿐, 두목에게 시집 보내지 않았는데, 그가 군대를 장악하여 찬탈할까 두려워서였다.

국왕은 정규로 '왕복(王僕)'이라 부르는 호위군 3,000을 두었고, 보병 12,000명을 외부를 호위하도록 배치하고, 명목에 따라 밭을 지급하고 둔전을 경작하며 자활하도록 했다. 그 나머지 군대는 각 두목에 나뉘어 충당되었다가, 경보가 있으면 징발하는데 20여만 명에 달한다. 말을 타고 활을 잘 쏘며 힘든 고통을 잘 견디며 적의 군량과 마초를 차단하고 적의 수로를 끊는 것이 그들이 잘하는 바로, 일찍이 이로써 로만[Roman, 羅汶]을 어렵게 한 적이 있고, 뒤에 타타르 사람들[韃靼里], 아프가니스탄 사람들[阿富晏士]에게 패전하면서 군대의 위세를 떨치지 못했다. 근래 국왕이 유럽[歐羅巴]의 병법에 따라 군대를 훈련해 점차 옛 모습을 회복했다. 프랑스[佛郎西]의 왕은 일찍이 아정니(牙鼎尼)를 파견하여 페르시아[巴社]를 구원하면서 영국[英吉利]의 동쪽 변방 속국들을 공격하자, 영국은 곧바로 페르시아에 사신을 보내 이해(利害)를 설득하여 프랑스의 음모를 드러내자, 페르시아의 군대는 동진하지 않았다. 다시 영국 장관에게 와서 군대를 훈련해 주라고 요청하여 그들 기병이 민첩해지고 창검에 뛰어났으며, 또 창병, 포병, 보병 1만 명을 갖추었는데 모두 유럽[歐羅巴]식 법도에 부합했다. 그 뒤 페르시아가 튀르키예[都魯機]와 군대를 동원하자, 영국은 자기 군사들이 전쟁을 도와 문제를 일으킬지 두려워, 모두 본국으로 소환시켰다.

이곳은 평원(平遠)하고 중앙의 큰 산이 튀르키예[都魯機]의 아미파아(阿彌巴阿)에서 시작하여 남쪽 해안에 이른다. 깊은 산 큰 골짜기 동혈(洞穴)이 굽이굽이 통해 대부분 도적 소굴로, 평소 겁탈에 전념하며, 어떤 일에도 모병하여 선봉으로 삼았다. 북쪽은 러시아[峩羅斯]와 경계하여 종종 침탈의 우환이 있었으므로 근래 국왕은 남쪽으로 천도하고, 카스피안 해[加士比奄海]에 바로 리해(裏海). 함해(鹹海), 또는 북고해(北高海)라고도 한다. 수군을 설치하여 방위했다.[79)]

풍속[俗]: ⓔ풍속은 화려하고 복식을 잘 갖추어 입는다. 아첨에 뛰어나며, 예의를 숭상하고, 가식적이며 실이 드물다. 처음 만나면 친해지지만, 오래되면 비로소 그의 앎에 자기가 있지만 어떤 사람인지 모른다는 점을 알게 된다. 어머니는 아들을 귀하게 여기지만 적자나 서자를 따지지 않는다. 좋은 말을 무척 좋아하여 비싼 가격에도 아까워하지 않는다. ⓕ무공을 높이 사 전투하여 적을 죽이면 반드시 귀를 잘라 신표로 삼는다. ⓖ사람들은 이슬람교[回敎]를 신봉하여 알리[阿厘, Alī ibn Abī Ṭālib]를 종주로 삼는다. 알리는 무함마드 형의 아들이자 바로 그의 사위다. 알리의 가르침은 바로 무함마드가 전한 것이지만, 튀르키예, 아덴 등의 나라들 모두 무함마드를 종주로 삼는다. 어찌 각기 다름이 있어 서로 득실을 따지며 원수가 되었던가. 알리의 가르침이 무함마드에게 전수하였다고 하더라도 그를 해석함에 약간의 다름이 있어 각기 전수하며 마침내 하나만을 고집하게 되었다. 예를 들어 파사 사람들은 술을 마시지 않고 불의 신을 숭배하는 점이 다른 나라의 이슬람교[회교]와 다르다.[80)]

신(神): 상고시대 페르시아[波斯]와 천축(天竺)은 모두 불의 신을 섬겼다. 불름(拂菻)의 바로 유태(猶太) 서쪽은 천신(天神)을 섬겼다. 불의 신을 섬기는 자들은 태양에 절하거나 땔나무를 태워 그것에 예배한다. 사람들은 불의 조화가 아니면 태어나지 못하고, 태양[白日]이 아니면 우주에 볼 수 없으므로 두 곳의 이민족[夷]들에게는 고래로 이러한 풍속이 있었다. 의리로 만들어 근본에 보응하니[義起報本], 사악한 신은 아니다. 천신을 섬기는 것은 모세[摩西]에서 시작되었는데, 시기로는 상(商)나라 초다. 옥정(沃丁) 연간이다. 천신의 탁언(托言)

---

79) 페르시아의 군대[兵]에 관한 기술은 연혁 뒤에(26b~27b)에 채록되었으나, 두주에 이곳으로 옮기라는 지침에 따라 여기에 옮겨 편집한다. 『해국도지』에서 채록했다(『위원전집』, 5책, 742쪽).

80) ⓔ의 정보는 『해국도지』에서 채록했다(『위원전집』, 5책, 743쪽). ⓕ는 『영환지략』에서 채록했다(『영환지략교주』, 81쪽). ⓖ의 이슬람교 분기에 관해서는 『해국도지』에서 채록했다(『위원전집』, 5책, 743쪽).

이 시나이산[Sinai, 西柰山]으로 아라비아[阿剌伯] 경내에 있다. 내려와 십계(十戒)를 드리워 사람들을 가르쳤다. 7일 안식 예배는 바로 여기에서 시작되었다. 예수[耶蘇]의 탄생까지는 천수백 년 떨어져 있다. 천주교(天主教)에서 나온 바지만, 천주교는 아니다.

천축(天竺)은 원래는 불교가 흥성했으나 불에 제사하는 풍습으로 바뀌었다. 현 서역의 건축특(乾竺特, Hunza), 남인도의 뭄바이[孟買]에는 여전히 불을 숭배하는 풍습이 있는데, 그 명백한 증거다. 페르시아[波斯]는 당나라 이전에도 그대로였으나 나라가 이슬람 부락[回部]에 빼앗기면서 비로소 이슬람교로 개종했다. 그러나 지금도 여전히 불의 신에 예배를 겸한다. 그러므로 호르무즈섬[惡末嶼]에 태양과 화신의 옛 전각이 있는 것이다. 중국에는 오대(五代) 시기부터 현신(祆神)의 사원이 있었고, 또 호현사(胡祆祠), 화현사(火祆祠)가 있었으며, 당나라 시기에는 페르시아[波斯]의 경교(經教)[81]가 있었다. 천보(天寶) 4년(745)에 조서로 장안과 낙양의 파사사(波斯寺)를 대진사(大秦寺)로 고쳤다. 또 「경교유행중국비(景教流行中國碑)」가 있는데, 건중(建中) 2년(781) 대진사 승려 경정(景淨)이 '현(祆)'자를 '시(示)'와 '천(天)'을 따른다고 기술했으므로 바로 천신(天神)이다. 그 교리는 불름(拂菻)에서 바로 유태(猶太). 모세가 처음 이 나라를 세웠고, 예수[耶蘇]는 바로 그 후손이다. 시작되었는데, 원래 대진국(大秦國)의 대진(大秦)은 바로 이탈리아[意大里]의 로마국[羅馬國]이다. 한나라 사람들이 그곳 사람들이 크고 공평 정대한 모습이 중국과 비슷하여 '대진'이라 칭했다. 그 원래 나라에는 이러한 명칭이 전혀 없다. 동쪽 경계다. '호현(胡祆)'이란 바로 현신(祆神)이고, 현신은 바로 천신이니, '현(祆)'자는 원래 중국인이 만들어 낸 글자로, 서방에는 글이 다르니 어찌 이러한 글자가 있을 수 있겠는가. 대진에 귀속시키는 것이 그럴법하다. 불름(拂菻)은 한나라 초에 로마[羅馬]에 예속되었다가, 당나라 시기에 이르러 아라비아[阿剌伯]에 빼앗겼다. 이것이 바로 예수교의 효시다. 화신교(火神教)는 페르시아[波斯]에서 나왔으므로 대진(大秦)과 아무런 관련이 없다. 화현(火祆)이라고 하면, 화신을 천신에 혼합한 것이고, 파사교(波沙教)가 대진에서 나왔다고 한다면 또한 적서(嫡庶)를 다른 성으로 거슬러 올라가는 것이다. 「경교비」는 더욱 황당하다. 경교는 바로 화교(火教)로, 중간에 "별들이 상서로움을 알렸다(景宿告祥), 태양을 드리워 어

81) 경교(經教)는 '경교(景教)'의 오기일 것이다.

두운 곳을 부순다(懸景日以破暗府), 정오에 참의 세계로 올랐다(亭午昇眞)”라고 운운하였으니 모두 태양의 불을 지칭한다. 또 “십자가로 구별하여 사방을 정했다(判十字, 以定四方), 7일에 한 번 제사한다(七日一薦)”라고 운운하며 또한 천주교를 끌어 붙였다. 소위 삼위일체[三一妙身], 무원(無元)의 참된 주인 ‘아라하(阿羅訶)’란 자는 누구인지 모른다. 그러나 일체 말들이 또 석가모니[釋氏]의 교리를 번지르르하게 수식한 것으로, 불[火]도, 하늘[天]도, 석가모니도 아니니, 결국 어느 종교인지 말할 수 없다. 아마도 페르시아[波斯]가 불의 신에 제사하는 일은 본디 그들의 옛 풍속이고, 불교가 천축에서 행해진 일은 바로 그 동쪽 이웃이며, 천신교(天神教)가 대진에서 행해진 일은 바로 그 서쪽 이웃이다. 당나라 시기에 이르면서 대진의 천주교 또한 성행했다. 호승(胡僧) 중에서 교활한 자가 세 종교를 끌어다 붙여 경교(景教)라는 명칭을 지어내 스스로 높이고 특별하게 한 것이다. 중국 사람들이 그 본말[原委]을 모르고서 따라서 숭배하고 믿은 것이다.[82]

각부(各部): 땅은 열한 개의 부로 나뉜다. 가운데 땅의 부는 이랄아일미이(以辣亞日迷爾)다.[83] 어떤 곳에는 이랄(以辣)로 되어 있다. 땅에는 산과 언덕이 많으며, 중심 도시는 테헤란[Tehran, 德黑蘭]으로 북쪽 변경의 평원에 세워져 있다.

북방의 세 부로, 가장 서북쪽은 길란[Gilan, 義蘭],[84] 어떤 곳에는 이란(伊蘭), 또는 의란(倚蘭)으로 되어 있다. 조금 동쪽은 마잔다란[Māzandarān, 馬郎德蘭]으로, 어떤 곳에는 ‘마산지란(馬散地蘭)’으로 되어 있다. 두 부는 모두 카스피안 해[裏海]를 등지고 있으며 앞은 산맥에 막혀 큰 들[膴原]이 비옥하게 펼쳐져 있어, 숲에는

---

82) 이상 페르시아의 종교에 관한 기술은 ‘각부(各部)’ 뒤에(24b~26a) 채록되었으나 두주에 이곳으로 옮기라는 지침이 있으므로 여기에 편집한다. 내용은 모두 『영환지략』의 서계여가 붙인 보충 설명에서 채록했다(『영환지략교주』, 94~95쪽). 이 정보는 『해국도지』, 권27에서도 인용되었다(『위원전집』, 5책, 814~815쪽).

83) ‘이랄아일미이(以辣亞日迷爾)’는 『해국도지』에 ‘의랍아일미이(義拉亞日迷爾)’로 표기되었다. 서계여의 주에 어떤 곳에서는 ‘이랄(以辣)’로 되어 있다는 설명으로 보아, ‘이랄 또는 의랍+아일미아’로 구성된 형태로 추정된다. ‘아일미아’는 아랍어로 사령관이나 총독을 의미하는 ‘아미르(amīr)’를 옮긴 형태로 보인다. 이랄 또는 의랍은 이란 중부의 아락(Arâk) 또는 이라크(‘Irāq)의 음역 표기로 추정한다.

84) ‘의(義)’자의 민남어 발음은 ‘gi’다.

방초가 가득하며 강물로 족히 관개할 수 있어 농사와 목축에 모두 적합하다. 길란[義蘭]은 서역에서 가장 유명한 곳으로, 옛날에는 큰 성이 있고, 아주 사람이 많고 풍요로웠으나 지금은 부서졌다. 동남쪽은 타바리스탄[Tabaristan, 達巴利斯丹][85]으로 큰 성이 세워져 있어 상인들이 몰려드는 곳이다.

서방의 세 부로, 가장 북쪽은 아제르바이잔[Azerbaijan, 亞塞爾拜然], 남쪽은 쿠르디스탄[Kurdistan, 古爾利斯丹]이고, 어떤 곳에는 고이적사단파이삼(古爾的斯丹巴爾三)으로 되어 있다. 더 동남쪽은 후지스탄[Khuzistan, 古西斯丹, Khuzestan]이다. 이 세 부의 토양은 매우 비옥하고 수리관개(水利灌漑)가 충분하다. 다만 서쪽으로 튀르키예[土耳其]와 이웃하여, 수시로 노략질당해 사람들이 항상 굶주림에 시달린다.

남방의 두 부로, 파르스[Fārs, Pars, 法爾斯]는 이라크[以辣]의 남쪽에 있으며 산수가 가장 맑고 빼어나다. 그 동쪽은 케르만[Kerman, 給爾滿]인데, 어떤 곳에는 '극이만(克爾曼)'으로 되어 있다. 땅에는 사막이 많지만, 목장도 있어 양과 말이 잘 번식하여, 현지인[土人]들은 양모로 양탄자와 수건[氈帕]을 직조하는데 아주 정치하다. 파르스[法爾斯]의 동남쪽은 바다에 임해 있는데, 라리스탄[Laristān, 剌郡]으로, 법남(法南)이라고도 한다.[86] 땅이 편벽하고 사막이 많아 나는 것으로 홍조(紅棗)밖에 없다.

동방 두 부로, 북쪽 호라산[Khorasan, 哥剌森]은 북쪽으로 부하라[布哈爾], 동쪽으로 아프간[阿富汗]과 경계하고 있으며, 땅은 매우 비옥하나, 북방 유목하는 사람들은 수시로 침략당해 주민들이 편안히 생업에 임할 수 없다. 그 남쪽은 코히스탄[Kohistan, 古義斯丹]인데, 아프간[阿富汗], 발루치[俾路芝]와 이웃하고 있다. 파르스[法爾斯]의 서남쪽에는 부셰르[Bushehr, 亞不支爾][87]

---

85) '달파리사단(達巴利斯丹)'은 『지리비고(地理備考)』(『해산선관총서』본, 권7, 32a)에 보이는데, 『해국도지』에서는 '달파리'로만 잘못 옮겨 놓아(『위원전집』, 5책, 750쪽) 교주에서는 아무런 추정을 내놓지 못했다. 『영환지략교주』(91쪽)에서는 세므난(Semnan)으로 추정했다. 이곳은 기술한 설명과는 부합하지만, 표기는 음성적으로 전혀 부합하지 않는다. 마잔다란의 다른 명칭인 타바리스탄(Ṭabarestān)에 해당한다.

86) '랄군(剌郡)'은 '랄'은 라르(Lar)를 음차하고, '군(郡)' 땅을 의미하는 '스탄(stan)'을 의역한 것으로 추정한다. '법남(法南)'은 파르스[法爾斯]의 남쪽이라는 표기일 것이다.

87) '아부지이(亞不支爾)'는 '도시의 아버지'란 의미의 아부 샤르(Abū Šahr)라는 어원을 가

라는 항구가 있는데, 나라들과 통하는 큰 부두다. 동남쪽 모퉁이에는 호르무즈섬[Hormuz, Ormus, 惡末嶼]이 있는데, 옛날 상선들이 이곳에서 교역했으나 오래전에 이미 황폐해져, 깨진 기와 조각의 터에는 옛 전각이 있는데 태양과 화신(火神)의 사원이다.[88]

연혁(沿革): ⓗ건국은 하나라 초에 있었다. 춘추시대에 쿠루쉬[Kuruš, 居魯士]가 마태오[Matthew, 馬太]를 거치면서 기초를 열고 한 때 영웅을 칭했다. 이후 유럽[歐羅巴] 그리스[希臘]의 여러 부락[部]이 수시로 전쟁했다. 로마[羅馬]가 흥기하면서, 유데아[Iudaea, 猶太]의 서쪽은 들어가지 않은 곳이 없었으나 유독 페르시아[波斯]만 판도에 들어가지 않았다. 그들 풍속은 옛날부터 태양화교(太陽火教)를 옛날 내륙에는 화현사(火祆祠)가 있었는데 이로부터 나왔다. 신봉했는데, 당나라 초 이슬람교[回教]가 아라비아[阿剌伯]에서 일어나 파사는 그들 이웃 나라에 빼앗겼다. 이로부터 아랍[回回]의 대부락[大部]이 만들어졌다. 당나라와 송나라 두 왕조에 자주 방물을 바쳤다. 원나라 말 부마(駙馬) 티무르[帖木兒]가 사마르칸트[撒馬兒罕]를 차지하며 부강해져 상대가 없었다. 현 파미르[葱嶺] 서쪽, 카스피안 해[裏海] 동쪽의 여러 이슬람계 부락은[回部], 모두 사마르칸트[撒馬兒罕]에 속했다. 아들 샤 루흐[Shah Rukh, 沙魯哈]를 파견하여 페르시아[波斯]를 차지하고 헤라트[Herat, 哈烈] 왕국으로 불렀다. 명나라 영락(永樂, 1403~1424) 연간에 ⓘ조공을 들인 적이 있으며 서역 여러 부의 으뜸이었다. 뒤에 튀르키예[土耳其] 부락의 사람들에게 빼앗겨, 200여 년을 전하면서 쇠락하고 혼란해져, 폐위와 시해가 빈번히 이어지다가 곧 아프간[阿富汗]에 합병되었다. 강희(康熙) 33년(1694) 죽은 왕의 후에 타마스프[Tahmasp II, 達馬斯]가 군대를 모아 공략하여 옛 영토를 회복했다. 대장 나디르 샤[Nader Shah, 那的爾沙, 1736~1747년 재위]는 원래 대 도적이었는데 타마스프[達馬斯]는 그를 의지해 일을 처리했다. 노고에 상으로 보상받지 못하자 마침내 거병하여 달마사를 시해하고 그 자리를 차지하여 아프간[아부한]을 공격해 멸망시켰다. 건륭 12년(1747) 나디르 샤[那的爾沙]는 그의 수하에게 살해당하여 나라가 다

지는데, 이를 음역 표기한 것으로 보인다.

88) 이상 각 부락[各部]에 관한 정보는 모두 『영환지략』에서 채록했다(『영환지략교주』, 91쪽).

시 큰 혼란에 빠지자, 동쪽 경계가 다시 아프간에 점거되었다. 나디르 샤 부락의 장수 급령(給靈)이 서쪽 변경을 차지하고 건국하여 백성들을 아껴 현명한 군주로 칭송받았으나 재위 30년 만에 죽었다. 아우 사디크 칸[Sadiq Khan, 薩的, 1779~1781년 재위]이 계승한 왕을 독살하려 했으나 외척 알리무라드 칸[Alimurad Khan, 亞里木拉, 1781~1785년 재위]이 난을 토벌하고 명성을 얻어 군대를 일으켜 도성을 공략 함락시켰다. 사티크[薩的]를 죽이고 아울러 계승한 왕을 시해하고 왕위를 찬탈했다. 알리무라드[亞里木拉]가 죽고, 대추(大酋) 자파르 칸[Jafar Khan, 日非爾, 1785~1789년 재위]이 그를 대신했다. 환관 [아가] 무함마드[Agha Mohammad, 馬何美, 1789~1797년 재위]가 자파르[日非爾]를 공격해 멸하고 왕위를 차지했다. 무함마드[馬何美]가 죽고 조카인 파파새이달이(巴巴塞爾達耳, Fath-Ali Shah Qajar?)가 이어 섰다. 지금 나라를 차지한 자가 누구인지 모른다.[89)]

[아랄백(阿剌伯, Arabia)]

강역(疆域): 아라비아[阿剌伯]는 아랍피아(亞拉彼亞), 아랍비아(亞拉鼻亞), 아이랍밀아(阿爾拉密阿), 아랄파아(阿辣波亞), 아려미야(阿黎米也), 아단(阿丹, Aden), 아란(阿蘭), 천방(天方), 천당(天堂)이라고도 한다. 이슬람교[회교]가 처음 일어난 나라다. 북쪽은 동튀르키예[東土耳其], 동쪽은 페르시아[波斯]와 아라비아해[阿勒富海]에 경계하고, 남쪽으로 인도양[印度海]에 떨어져 있으며, 서쪽으로 로테스해[Rotes Meer, 勒爾西海, 홍해]에 속칭 홍해(紅海)라고 한다. 닿는다. 길이는 4,000여 리고, 폭은 3,000여 리다. 그곳 서남쪽 바닷가 일대에는 비옥한 토양이 있는데 중앙은 모두 사막[戈壁][90)]이다. 사막[沙磧] 상단은 반드시 대오를 지어 다니는데, 그렇지 않으면 도적에게 겁탈당할 염려가 있고 모래폭풍에 매몰될 우려가 있다.[91)]

---

89) 페르시아의 연혁 기술은 ⓗ(26a~b)와 ⓘ(27b~28b)로 나뉘어 채록되었다. 중간에는 군대[兵]에 관한 기술이 들어 있고, 두주에 위로 올리라는 지침이 있으므로, 결국 ⓗ와 ⓘ는 하나로 합쳐지게 되었다. 모두 『영환지략』에서 채록했다(『영환지략교주』, 90쪽).

90) '과벽(戈壁)'은 중국 서북부 고비사막의 '고비'를 음차한 표기로, 사막을 상징한다.

91) 『영환지략』에서 채록했다(『영환지략교주』, 96쪽).

산수(山水): 사막이 아닌 땅이 없고, 자갈이 아닌 산이 없으며, 샘물이 없어 오로지 산 계곡물에 힘입어 관개하는데, 사막을 만나면 곧바로 스며든다. 나라 전체에서 동쪽 모퉁이에 작은 항구가 하나 있을 뿐이다. 시나이(Sinai)산, 이아렬산(伊阿列山, Horeb?), 랑리산(郎里山)이 모두 가장 높고, 서해(西海)에 임해 있다. 메카[Mecca, 墨加], 메디나[Medina, 默德那]의 각 부족에게는 초목이 나지 않아, 옛날에는 모두 칭하여 '석아단(石阿丹, 암석의 아덴)'이라 했다. 그러나 메카의 땅은 다른 곳에 비교하여 그래도 비옥한 토양이라 할 수 있는데, 상등의 유향이 난다.[92]

사람들[人民]: 인구는 약 천만 명이다. 아랍[阿丹]의 사람들은 작고 야위었고, 얼굴은 누렇고 힘이 세며 지혜가 많다. 말을 타고 조총(鳥槍[鎗])을 잘 쏜다.[93]

물산(物産): 커피콩[加非豆], 유두(柳豆), 발삼 향[Balsam, 巴爾色馬香], 유향(乳香), 몰약(沒藥), 수교(樹膠), 침향(沈香), 말[馬], 낙타(駱駝)가 난다.[94] 또한 대추[棗]가 가장 많이 나는데, 사람과 가축 모두 그것을 먹는다. 명마를 기르는 사람들은 아이들처럼 즐겨 기르는데, 하루에 500~600리를 갈 수 있다. 낙타는 더욱 우량하여 짐을 지고 멀리 갈 때는 모두 이를 활용한다.[95]

의식(衣食): 사람들은 검소함을 좋아한다. 부자들은 이제야 쌀[稻米]을 먹는데, 모두 다른 나라에서 난다. 가난한 사람들은 겨우 본토의 밀[大麥]을 먹을 뿐이다. 커피콩[加非豆], 유두(柳豆, 비둘기콩)의 외피[殼]를 물에 담갔다가 마신다. 반찬과 밥은 모두 낙타 우유에 섞어 먹고 육식은 드물다. 부자들은 손님을 접대하며 단지 채소를 깨끗이 씻어 먹어도 사람들이 모두 무시하지 않는다. 의복은 허리와 상박을 각기 흰 베로 싸매 칼을 꽂기 편리하게 한다. 다만 베로 만든 모자는 추위나 더위를 막론하고, 두께가 10여 겹이며 금실로 글자

92) 여기 산수에 관한 기술은 『해국도지』, 권24, 아단국(阿丹國) 조목을 채록했다(『위원전집』, 5책, 757쪽). 밑줄 친 혜강의 기술은 저본에 "無地不沙, 無山不石, 石缺源泉"라고 되어 있다. 하지만 『해국도지』에는 "땅에는 모래와 돌이 많고 샘물이 없어(惟地多沙石, 缺源泉)"라고 하였으므로, 저본에서 '결(缺)'자 앞의 '석(石)'자를 빼야 문맥에 부합한다.

93) 인구에 관한 정보는 『해국도지』에서 채록했다(『위원전집』, 5책, 757, 758쪽).

94) 이상 산물들은 『해국도지』에 언급된 토산들이다(『위원전집』, 5책, 759쪽).

95) 산물에 관한 정보는 『영환지략』에서 채록했다(『영환지략교주』, 96쪽).

를 수놓고, 또 양쪽 어깨에 금은의 술을 드리운다.[96)]

문(文): 나라에는 경전 30책이 있는데, 3,600여 단(段)이다. 글은 옆으로 쓰며, 전서, 초서. 해서 등 세 서체를 겸(兼)했다. 서양 여러 나라는 모두 이를 사용한다. 나라의 서적은 근래 대부분 없어져, 이전 외지를 빼앗아 부락을 건설할 때, 저명한 서적을 먼저 실어가 비축했으나 땅을 잃으면서 서적도 사라졌다. 본국 사람들은 또한 종족, 원수, 공격, 유람, 여인을 논하거나 소설 등의 책을 저술했다.[97)]

역법[歷]: 기후는 항상 온화하고, 연에는 윤달을 두지 않는다. 시간을 정하는 법은 달을 기준으로 한다. 지금처럼 밤에 신월(新月)이 보이면 다음 날이 바로 월초[月朔]가 된다. 천문을 잘 추산하는 자가 있어 어떤 날을 봄의 시작으로 정하면 꽃과 나무가 피어나고, 어떤 날을 가을의 시작으로 정하면 풀과 잎이 시든다. 또 일월의 식(食), 풍우(風雨), 조석(潮汐) 모두 예측할 수 있다.[98)]

상업[商]: 국왕은 중국을 대단히 존중하여, 상품을 실은 배가 왔다는 소식을 들으면, 직접 부령(部領)들을 거느리고 영접하러 나온다. 나라에 들어와 조서 선포가 끝나면 아래 사람들에게 진귀한 보물을 내어와 교역하도록 유시한다. 영락 19년(1421) 중국의 '주(周)'씨가 가서 2전쯤 나가는 묘정(猫睛), 키가 2척 남짓 되는 산호수 몇 그루, 대주(大珠), 금박(金珀), 여러 색의 야쿠트[雅姑],[99)] 기린(麒麟), 사자(獅子), 화묘(花猫), 사슴[鹿], 금전표(金錢豹), 타계(駝雞), 백구(白鳩) 등을 사서 돌아왔는데, 다른 나라가 미치지 못하는 것들이었다. 나라 안의 시장에는 익힌 음식과 비단[綺帛], 서적을 파는데, 모두 중국의 시장과 같다.[100)]

궁실(宮室): 사람들의 집은 돌을 쌓아 벽을 만들고, 위는 벽돌이나 흙으로

---

96) 의복에 관한 기술은 『해국도지』에서 채록했다(『위원전집』, 5책, 758쪽).

97) 서적[文]에 관한 기술은 『해국도지』에서 채록했다(『위원전집』, 5책, 759쪽).

98) 기후와 역법에 관한 정보는 『해국도지』, 권24에 인용된 『명사(明史)』에서 채록했다(『위원전집』, 5책, 767쪽). 이 정보는 『명사』, 권326, 「아단국」(8450쪽)에 확인된다.

99) 저본에는 '아고(雅姑)' 두 글자가 빠져있어, 『해국도지』(『위원전집』, 5책, 767쪽)와 『명사』(8450쪽)에 따라 보충했다.

100) 『해국도지』, 권24에 인용된 『명사(明史)』에서 채록했다(『위원전집』, 5책, 767쪽). 이 정보는 『명사』, 권326, 「아단국」(8450쪽)에 확인된다.

덮는다. 높이는 4~5척에 이른다.[101)]

기용(器用): 금은으로 만든 그릇들은 아주 빼어난다. 순금[赤金]으로 만든 주화는 '푸루리[fulūlī, 哺嚕黎]'라고 한다. 무게는 1전이고, 표면에는 문(文)이 있다. 적동(赤銅)으로 만든 주화는 '푸루스[fulūs, 哺嚕厮]'라고 하는데, 시장 교역에서 그것을 사용한다.[102)]

풍속[俗]: 역사서와 경전(經典)은 이슬람교[회교]에 준거한다. 관직이 없고, 왕도 없이 종족으로 나눈다. 매 종족의 교두(敎頭)가 바로 부락의 장[部長]이다. 내륙에서는 목축하고, 해안에서는 대부분 장사하는데, 다만 변경 지역의 원주민[土蠻]들은 약탈을 일삼고 기개[慷慨]를 힘써 기른다. 행인들이 변경을 지날 때는 반드시 먼저 보호를 요청해야 한다. 단 한 끼 식사의 인연이 있으면 흔쾌히 승낙한다. 보호가 없으면 겁탈해도 되는 물건이라 한다. 같은 장소에서 의기가 투합하더라도 일단 광야에 이르면 모르는 사람에게 하듯이 겁탈하지 않음이 없다. 단 겁탈당한 사람 중 말단만이 군영에 이르렀을 때면, 그래도 가엽게 여기는 마음이 발동하여 모조리 죽이거나 해하지는 않는다.

집에서 음식을 먹을 때 행인이 있는 것을 보면 반드시 불러 같이 먹고, 사람들이 그가 가난하다고 여기지나 않을까 걱정한다. 교제를 좋아하고 예절이

---

101) 이 조목 또한 『해국도지』에 인용된 『명사』에서 채록했다(『위원전집』, 5책, 766쪽). 한편 이 정보는 『영애승람』 아덴 조목에서도 확인된다(『영애승람역주』, 하, 135쪽).

102) 혜강은 『해국도지』에 인용된 마환(馬歡)의 『영애승람(瀛涯勝覽)』의 내용을 채록했다(『위원전집』, 5책, 766쪽). 위원이 어떤 판본을 활용했는지, 얼마나 자신의 필치로 조정했는지 확인할 수는 없지만, 위원은 『영애승람』의 기술을 다음과 같이 인용했다. "명주실로 짠 수건, 금은으로 만든 그릇은 아주 뛰어나다. 순금[적금]으로 만든 주화는 '포로려(哺嚕黎)'라고 하는데, 무게는 1전이고 표면에는 문(文)이 있다. 홍동(紅銅)으로 만든 주화는 '포로사(哺嚕厮)'라고 하는데, 시장 교역에 그것을 사용한다(絲帨·金銀器皿絕勝. 赤金錢曰哺嚕黎, 重一錢, 面有文. 紅銅錢曰哺嚕厮, 市易用之)." 하지만 현전하는 『영애승람』에는 "왕은 적금(赤金)으로 동전을 주조하여 유통하는데, '보로리(甫嚕嚟)'라고 하며 각 동전은 중국 저울로 1전(錢)이 나가고, 배면에는 문양이 있다. 적동(赤銅)으로 '보로사(甫嚕斯)'라는 주화를 만들어 잔돈으로 사용한다(王用赤金鑄錢行使, 名甫嚕嚟, 每箇重官秤一錢, 底面有紋. 又用紅銅鑄錢, 名甫嚕斯, 零使)"라고 하였다(『영애승람역주』, 하, 129쪽). 이로부터 위원의 원문 인용에는 많은 조정이 있음을 알 수 있다.

많아, 잠깐 보더라도 손을 흔들어 예를 표하며 자상하고 은근하다. 존장(尊長)이 신분이 낮고 어린 사람을 만날 때도 그러하다. 어린이들은 예의를 익히지만, 모두 허례허식이다. 기량(器量)은 협소하고 사람들과 틈만 있으면 보복하지 않고는 쉬지 않는다. 잘못된 행동으로 범죄를 저질렀어도 반드시 보복한다. 단지 본인에게만 보복하는 것이 아니라 그 종족의 존귀한 사람을 죽인 뒤에야 그친다. 그러므로 나갈 때는 반드시 예리한 기구를 휴대하며 앉은 채로 새벽에 이르고, 밤새도록 자지 않는다. 오래된 습관으로 굳어져 깰 수 없다.

사람들은 아내와 첩이 많아 안과 밖에 따로 둔다. 일반 부인은 돌아다니기도 하는데, 부락의 여인으로 머리를 가리지 않으면 밖으로 나가지 못한다. 이를 튀르키예[都魯機]나 페르시아[巴社]와 비교해 보면, 규범을 더 엄격하게 지킨다.

성직자[教師]는 모두 유럽[歐羅巴]의 풍속에서처럼 세가(世家) 출신이므로, 성직자의 이름은 왕[南面]이라도 바꾸지 못한다. 나라 안에는 무함마드[Muhammad, 麻哈密] 후예의 백성들이 많아 민간에 섞여 사는데, 없는 곳이 없다. 그 존귀한 세가를 일컬어 전리미(煎里靡)라고 하며, 귀함과 녹봉을 뽐낸다[其冒貴祿].[103] 또 가리사(哥厘士) 열두 명[家]이 있는데, 오로지 종교에 관한 일을 전담하며 또한 녹색 관을 쓴다. 부락[部]의 사람들은 그들을 신명(神明)처럼 바라본다.[104]

이교도[外道]: 옛날부터 현지의 이민족[土夷]들이 흩어져 살았지만, 항상 파사(波斯)에 복속되어 있었다. 진(陳)나라 선제(宣帝, 569~582년 재위)의 태건(太建) 원년(569) 무함마드[Muhammad, 摩哈麥]란 혹 마합묵(摩哈黙), 또는 마합목특(瑪哈穆特)으로도 되어 있다. 자가 메카[Mecca, 麥加]에서 어떤 곳에는 묵가(黙伽), 또는 미가(美加)로 되어 있다. 태어났다. 어린 시절 장사를 하며 서방의 나라[西國]에

---

103) 『해국도지』(북경대 소장본, 권24, 3b)에는 “그들의 모자는 녹색을 귀하게 여긴다(其帽貴綠)”라고 되어 있는데, 이를 따라야 할 것 같다(『위원전집』, 5책, 758쪽).

104) ‘속(俗)’ 조목은 ‘외도(外道)’ 뒤에(31b~32a) 채록되어 있으나, 두주에 이곳으로 옮기라는 지침이 있으므로, 여기에 옮겨 편집한다. 이 풍속에 관한 정보는 『해국도지』, 권24에서 채록했다(『위원전집』, 5책, 758~759쪽).

왕래했다. 부상(富商)의 과부에게 장가들어 큰 부상이 되었다. 문자를 몰랐으나 성품이 총명하여 불교의 우상 숭배를 잘못으로 여겼다. 유럽[泰西]의 여러 나라에 예수교[耶蘇敎]가 이미 성행하고 있어, 별도의 교리를 세워 자신을 높이고 남다르게 하려 했다. 산에 들어가 수년 동안 독서하고 '꾸란[可蘭]'이란 책을 저술하여, 대중에게 선언하기를, 유일한 진주상제(眞主上帝, 참 주인 하느님)라고 하며 성인의 명을 받은 자가 세인들을 교화한다고 하였다. 처음 모세[摩西]에게 명하고, 다음 예수[耶蘇]에게 명했다. 두 사람의 교화가 행해졌지만, 두루 미치지는 못했다. 다시 무함마드[摩哈麥]에게 명하여 교리를 정립하고 그 결함을 보완하게 했다. 그 교리에 입문한 자들은 향을 피우고 예배하며 경전을 외며 돼지고기를 금식했다. 당나라 고조(高祖, 626~635년 재위) 무덕(武德) 4년(621) 메디나[Medina, 麥地拿]로 어떤 곳에는 묵덕나(默德那), 또는 미적납(美的納)으로 되어 있다. 피난했는데, 현지인[土人]들이 대거 그 교리를 따르면서, 바로 이 해를 기원으로 삼았다. 현재를 이슬람교도들은 '1천2백몇십 년'이라고 하는 것은 바로 여기에서 근거했다. 유럽[歐羅巴]는 예수의 생일을 원년으로 삼으므로 '1천8백몇십 년'이라 한다. 그 후 교도들이 나날이 많아졌고, 교에 들어오지 않은 자들은 모조리 공격했다. 군대가 패배하여 흩어졌다가 수습하여 다시 일어나 마침내 커다란 적들을 멸하고, 아라비아[阿剌伯] 전역을 차지하자, 그 교리가 사방에 퍼졌다. 이웃한 부락[部]들은 모두 그들을 두려워하며 따르니 이슬람교[回敎]는 마침내 서방 땅[西土]에 만연했다. 강성한 시기에 페르시아[波斯]를 멸하고 로마[羅馬]를 유데아[猶太] 소아시아[買諾] 등의 부락[部]들이다. 잠식했으며, 아프리카[Africa, 阿非]의 홍해(紅海), 지중해(地中海) 남안의 여러 부(部). 북쪽 경계를 차지하고, 유럽[歐羅]의 서쪽 변방을 에스파냐[西班牙], 포르투갈[葡萄牙] 빼앗으며 세 대륙[三土]을 아시아[亞細亞], 아프리카[阿非利加], 유럽[歐羅巴]. 종횡하니, 거의 상대가 없었다. 뒤에 튀르키예[土耳其]의 공격을 받아 속국을 모두 잃으며 점차 쇠락했다. 결국에는 튀르키예[土耳其]에 조공을 바치며 속국을 칭했다. 서역에서는 무함마드[摩哈麥]를 '페이겜베르[Peighember, 派罕巴爾]'라고 하는데, 중국어로 천사(天使)라는 의미다. 그 후예들을 '화탁목(和卓木)'[105]이라 하는데, 중국어로 '성스러운 후예[聖裔]'라는

105) '화탁(和卓)', 즉 페르시아어 '화자(khawāja)'의 위구르어 변형인 '호자므(Xojam)'의 음

뜻이다. 바다크샨[Badakhshan, 巴達克山], 타슈켄트[Tashkent, 塔什干] 모두 그들 지파이며, 호자 자한[xoja Jahan, 霍集占] 형제를 '대종(大宗)'이라 칭하는데, 이슬람계 사람들은[回部] 고귀한 종족으로 이르는 곳마다 받든다. 영악한 오랑캐[虜]는 그 이름을 빙자하여 이슬람 군중을 소집하여 자주 변경을 침범하니 서쪽 변방의 오랜 우환이 되었다고 한다. 메카[麥加], 메디나[麥地拿]는 모두 홍해의 바닷가에 있다. 무함마드[摩哈麥]는 메카에서 태어났다. 그곳에는 검은 돌이 있어 그 위에 대전을 지었는데 둘레가 1리쯤 된다. 메디나는 무함마드가 묻힌 곳으로, 쇠로 만든 관에 넣어 매년 여러 이슬람교도[回回]가 두 곳에 예배하러 온다. 남양(南洋), 서역(西域), 유럽[泰西], 아프리카[阿非利加] 등, 가까운 곳은 수천 리고, 먼 곳은 수만 리나 되는데 연이어 와서 절하는 사람이 수만에 달한다.[106)]

사신[使]: 명나라 시기에 여러 차례 조공했으나, 대부분 서역의 육로를 거쳐 왔다. 명나라 초에 정화(鄭和) 등이 해도를 따라 서양(西洋)에 사신으로 갔을 때, 메카[天方] 이북에 이르러 서양이 다한 곳이라고 했다. 그들은 아마도 인도양[印度海]을 거쳐 홍해로 들어갔으므로 바다가 여기에서 다한 것으로 이해했으나, '소서양(小西洋)' 밖에 또 소위 '대서양(大西洋)'이 있음을 몰랐다.[107)]

각부(各部): 땅은 여섯 부(部)로 나뉘는데, 으뜸 부락은 흑덕왜사(黑德倭斯, Hejaz?)[108)]로, 중심 도시는 메카[麥加]로 산골짜기 안에 건설되어 있다. 큰 집[廈屋]들이 구름에 연해 있고, 거리와 교차로는 넓고 곧으며, 해구(海口)는 매우 크다. 운송해 나가는 화물은 커피[加非]가 주를 이루는데 유럽[歐羅巴] 각 나라로 팔려 간다. 다음은 예멘[Yemen, 也門], 하드라마우트[Hadhramaut,

---

역 표기로 보인다. '우리의 화자'라는 의미로 존칭이다.

106) 이상 이슬람교에 관한 기술은 『영환지략』에서 채록했다(『영환지략교주』, 96~97쪽). 또한 『해국도지』에도 인용되어 있다(『위원전집』, 5책, 769~770쪽).

107) 이 '사(使)' 조목은 각 부락[各部] 뒤에 채록되어 있으나, 두주의 지침에 따라 여기에 편집한다. 내용은 『영환지략』에서 채록했다(『영환지략교주』, 98쪽).

108) 각 부락의 지명들은 모두 『지리비고』(『해산선관총서』본, 권7, 38a)에서 채록했는데, '흑덕왜사'의 '왜(倭)'자는 '유(倭)'자로 되어 있다.

亞達拉毛], 오만[Oman, 呵曼],[109] 랄사(剌沙),[110] 내덕야(內德惹, Najd, Nedjed?) 등이다. 그들 항구 중 서방에 있는 것으로, 제다[Je(i)ddah, 熱他]는 부상들이 모이는 곳이고, 동방에 있는 무스카트[Masq(c)at, 木甲]는 영국[英吉利], 미국[米利堅]과 통상 협정을 맺어 군함으로 바다를 순항하며 호위한다. 아덴[Aden, 亞丁]은 작은 섬으로 홍해(紅海) 어귀 밖에 있으며 지금은 영국 사람들에게 점거되었다.[111]

---

109) '가만(呵曼)'은 『지리비고』에 '아만(痾曼)'으로 되어 있다. 위원은 『해국도지』, 권24에서 '과만(科曼)'으로 옮겼는데(『위원전집』, 5책, 761쪽), 음성적으로 부합하지 않는다.

110) '랄사(剌沙)'는 『해국도지』 교주에서 '하사(Hasa)'로 추정했는데(『위원전집』, 5책, 773쪽), 어디인지 찾지 못했다. 추정컨대, 페르시아만 서쪽 해안 지역을 '엘 아사(El Ahsa)'라고 하는데, '엘아사'를 연음하여 음차한 것은 아닌지 모르겠다.

111) 이상 아라비아 각 부락에 관한 설명은 모두 『영환지략』에서 채록했다(『영환지략교주』, 97쪽). 이상 아라비아 지명들은 유용한 지식 전파를 위한 협회(Society for the Diffusion of Useful Knowledge), 「아라비아, 이집트, 누비아, 그리고 아비시니아(Arabia with Egypt, Nubia, and Abyssinia)」(London, 1872)에 근거하여 추정했다.

3-3. 서역의 각 이슬람 지역[西域各回部] 지도 35를 보시오.

서역(西域)은 광막하여 양한(兩漢) 이래로 여러 부락[部]이 약육강식하고 수시로 시분(時分)을 합하며 지명과 국호가 바뀐 것이 수천백 번에 달한다. 원나라가 북방에서 발흥하여 먼저 서역의 땅[西土]을 개척했다. 역대 사서에서 이른바 서역의 여러 부는 남김없이 거의 포괄되었다. 원나라가 쇠락하면서 여러 부는 분분히 할거했으나 안에는 대부분 몽골의 후예였고 이슬람계[回回]의 종족들도 있었다. 황조(皇朝, 청나라)가 들어선 뒤로 막북(漠北)을 청소하며 장군들에게 서정(西征)을 명하면서 때에 맞게 평정하여 만 리의 땅을 개척했다. 이에 천산(天山) 이북의 중가르[準] 부, 천산 이남의 이슬람계 부락[回部]에 두루 수자리와 둔전이 늘어 설치했다. 무릇 『한지(漢志)』에 이른바 서역의 여러 나라 중에서 판도에 예속된 것이 열 중에서 예닐곱이었다.

러시아[峩羅斯]는 원나라가 쇠퇴함에 따라 서북쪽에서 굴기했다. 그 나라는 유럽[歐羅巴]의 발트해[Baltic, 波羅的海] 모퉁이에 도읍하고 있었다. 점점 동남쪽으로 땅을 개척하여 아시아[亞細亞]의 흑해(黑海) 동안에 이르렀다. 다시 더 동남쪽으로 개척하여 아시아의 카스피안 해[裏海]의 북쪽과 서쪽에 이르렀다. 유럽[泰西]인이 그린 지도에는 신강(新疆), 회강(回疆), 후장(後藏)의 서쪽, 러시아[峩羅斯]의 남쪽과 동쪽, 페르시아[波斯], 아프간[阿富汗], 인도의 북쪽을 통칭하여 투르키스탄[Turkistan, 達爾給斯丹]이라 부르고, 또 타타리[Tartarie, Tartaria, 韃韃里]라고도 달달이(達達爾)라고도 되어 있는데, 바로 타타르[韃靼]가 변화한 음이다. 불렀다. 타타리[韃韃里]란 유목하는 나라로 성곽이나 집[室廬]이 없고, 유럽[歐羅巴] 사람들이 거의 이곳에 이르지 않았으므로 그 부락의 명칭들은 상세하지 않다.

그 대세를 종합하자면, 동쪽 파미르[葱嶺]에서 시작하여 서쪽으로 카스피안 해[裏海]에 유럽[泰西]인들은 객이사필안(喀爾士畢安)이라 칭하고, 어떤 곳에는 가사비약(加斯比約)으로 되어 있다. 이른다. 4~5천 리를 넘지 않는다. 남쪽으로 페르시아[波斯], 아프간[阿富汗], 인도에서 시작하여 북쪽 러시아[峩羅斯] 경계에 이르는데 또한 3~4천 리를 넘지 않는다. 그 사이의 부락 중에서 큰 부락은 불과 예닐곱에 지나지 않는다. 동북쪽에는 유목국[行國]이 대부분이고, 서남쪽에는 성곽을 갖춘 나라들이 대부분이다. 여러 책에서 두루 인용한 번잡한 명칭들은

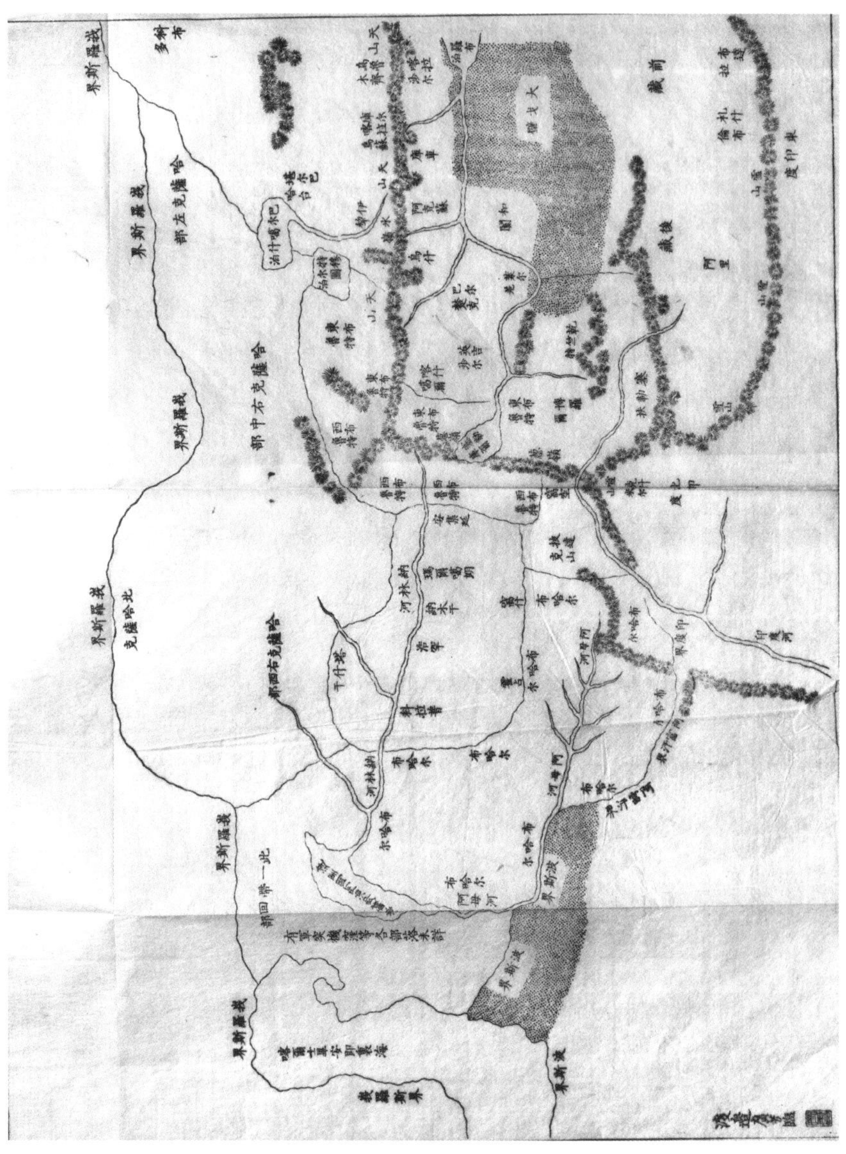

지도 35. 국립중앙도서관 소장본의 지도가 몹시 희미하여 『영환지략』(도시샤대학 소장본, 1861)에서 가져왔다. 국립중앙도서관 소장본에는 '서역각회부도(西域各回部圖)'라는 지도 명이 있고, 경도와 적도 표기가 있다.

태반이 잘못되어, 여기서는 근거할 만한 명칭만 언급한다. 유럽[泰西]인들이 기록한 군돌(軍突), 히바[Khiva, 機窪] 등의 명칭은 대략 아랄해[鹹海], 카스피안 해[裏海]의 사이에 있다. 그 경계 나라들의 세력은 상세하지 않아 전에 기록되지 않았다.[112]

카자크[Qazaq, 哈薩克]는 이슬람계 부락[回部] 중에서 큰 곳이다. 동북쪽은 허브드[Khovd, Ховд, 科布多]가 관할하는 우리앙하이[Uriankhai, 烏梁海][113], 이남은 타르바가타이[Tarbagatay, 塔爾巴哈臺], 동남쪽은 일리[Ili, 伊犁], 북쪽은 러시아[峩羅斯], 서남쪽은 타슈켄트[Tashkent, 塔什干], 코칸트[Kokand, 浩罕], 부루트[Burut, 布魯特] 여러 부락과 경계한다. 땅은 세 부락 나뉘는데, 좌부(左部, 동부)는 오르도스[Ordo(u)s, 鄂爾圖玉斯]로, 일리[伊犁]의 서북쪽에 있다. 오른쪽의 두 부락은 중부(中部)와 서부(西部)라고도 하는데, '중부'는 제제옥사(齊齊玉斯)이고, '서부'는 오랍옥사(烏拉玉斯)라고 한다. 두 부락[部]은 일리[伊犁]의 정서쪽에 있다. 건륭(乾隆) 20년(1755) 중가르[準] 부락 평정되자, 아무르사나[Amursana, 阿睦爾薩納, 1723~1757)가 반기를 들고 좌부(左部)로 달아나, 그곳 칸 아블라이[Ablai, 阿布賚, 1711~1781]를 부추겨 군대를 합쳐 항전했다. 황군(皇軍)[114]이 격파하자, 좌부는 결국 항복하여 중부와 서부의 두 부 또한 군문(軍門)에 이르러 귀부했다. 모두 왕공(王公), 타이지[臺吉] 등 세습하는 작위를 주었다. 3년에 한 번 조공하고 해마다 한 번 교역하며, 양마(羊馬)를 비단이나 베[緞布]와 교역하되 1할의 세를 바쳤다. 좌부는 옛날부터 유목국[行國]으로 수초를 따라 유목하며, 중가르[準] 부락의 몽골인들과 같은 풍속이었고, 이슬람교[回教]를 따랐다. 오른쪽 두 부에는 성곽이 있

---

112) 이상의 서역(西域)의 각 이슬람 부락[西域各回部] 개술은 모두 『영환지략』에서 채록했다(『영환지략교주』, 102~104쪽). 『영환지략』의 표제에는 '아시아 서역의 각 이슬람 부락[亞細亞西域各回部]'로 '서역'의 범위를 한정하고 있는데, 아래 기술하는 내용과 부합한다.

113) '오량해(烏梁海)'는 올량합(兀良哈), 알랑개(斡朗改) 등으로 표기되었다. 자세한 설명은 『추재 조수삼이 노래한 세계』를 참고하시오. 여기 우리앙카이는 바잉 울기와 허브드 주에 살았던 '알타이 우량카이'를 말하는 것 같다.

114) 혜강의 저본인 『영환지략』에는 '아군(我軍)'으로 되어 있으나, 이는 혜강이 객관적 자세로 채록했다는 하나의 흔적이다.

다. 두 부의 북쪽은 별도로 '북 카자크[北哈薩克]'라는 부락이 있는데, 노략질을 습속으로 여겨 수시로 러시아[峩羅斯] 변경을 침탈하자, 러시아는 군대를 배치하여 막았다.

부루트[Burut, 布魯特][115]는 동부와 서부로 나뉜다. 동부 다섯은 천산의 북쪽, 중가르[準] 부의 서남쪽에 있다. 옛날 테무르투 노르[Temurtu-nor, 特穆圖泊, 이식쿨] 주변에서 유목했고, 부장(部長)은 '오토크[otoq, 鄂拓克]'라 한다. 뒤에 중가르[準] 부의 압박을 받아 서쪽으로 옮겨가 안디잔[Andija(o)n, 安集延]에 살았다. 왕사(王師)가 일리[伊犂]를 평정하면서 곧바로 옛 땅을 회복했다. 건륭 23년(1758) 호구를 거느리고 귀부하여, 신강(新疆), 회강(回疆) 관문 밖에 흩어져 살았다. 서부 열다섯은 파미르[葱嶺] 서쪽에 있는데, 카자크[哈薩克], 코칸트[浩罕], 바다크샨[Badakhshan, 拔達克山]과 연이어 있다. 각 부락이 관할 하는 곳은 많게는 1,000여 곳, 적게는 200여 가구로 모두 20여 만 명이다. 액덕격납(額德格納, Fergana?) 부락을 으뜸으로 친다. 24년(1759) 귀부하여 각기 두목(頭目)의 품관을 제수하니, 무릇 2품에서 7품에 이르렀다. 조공과 교역은 카자크[哈薩克]의 예와 같았다. 두 부루트[布魯特] 모두 유목하는 나라로 이슬람교[回教]를 신봉하며 카자크 좌부와 같은 풍속이다. 성격은 사나워 노략질을 즐긴다.

바다크샨[Badakhshan, Badaxšān, 巴達克山]은 파미르[葱嶺] 서남쪽 성곽을 갖춘 회교국이다. 파미르의 오른쪽을 차지하고 야르칸트[Yarkand, Yarkent, 葉爾羌]에서 1,000여 리 떨어져 있다. 북쪽 구석에는 와한[Wakhan, 窩罕]이라는 성이 있는데, 그곳은 여러 산이 감싸고 있으며, 농토는 비옥하고 집을 지어 살며 밭을 갈아서 먹고 또한 유목과 수렵의 이점을 겸한다. 인구는 10여만 명이고 두목은 붉은 모직물[氈]로 짠 작은 모자를 쓰고 비단 수건[錦帕]로 묶고 비단과 모직으로 짠 옷을 입으며, 허리에는 흰 명주실 끈[絲縧]으로 매고 발에는

115) '포로특(布魯特)'이란 명칭은 프로이센 지도학자 아돌프 슈틸러(Adolf Stieler)의 「이란과 투란(Iran und Turan)」(Gotha 1831) 지도에 '부루트 카라 키르기센(Burut Kara Kirghisen)'로 이식쿨 호수 서쪽에 표기되었다. 정확히 여기에 기술된 설명과 부합한다.

검은 가죽신을 신는다. 여자들은 머리를 두 갈래로 늘어뜨리고, 나머지는 남자들과 같다. 사람들의 모자는 호로(葫盧) 같으며, 가장자리는 가죽으로 장식한다. 누런 갈옷을 입고 흰 명주실 끈으로 묶는다. 건륭(乾隆) 24년(1759) 반역한 회추(回酋) 호자 자한[xoja Jahan, 霍集占] 형제가 왕사(王師)에게 패해, 바다크샨[巴達克山]으로 달아나 군대를 풀어 약탈을 일삼았다. 그들 추장 술탄 샤[Sultan Shah, 素爾坦沙]가 부르한 알 딘[Burhan al-Din, 波羅尼都], 호자 자한[霍集占]을 사로잡아 가두었다. 왕사가 변경을 진압하고 격문을 보내자 곧바로 교수형 시켜 수급을 헌상했다. 부락의 10만여 명을 거느리고, 이웃 부락인 볼로르[Bolor, 博羅爾][116]와 함께 귀부했다. 받은 봉상(封賞)이 매우 두터웠다.

볼로르[Bolor, 博羅爾]는 바다크샨[巴達克山] 동쪽에 있고, 성곽을 갖춘 이슬람계 부락[回部]이다. 사방은 모두 산이고, 서북쪽에는 강이 있으며, 인구는 3만 명 남짓이다. 건륭(乾隆) 24년(1759) 바다크샨과 동시에 귀부했다. 그곳 사람들은 별개의 종족으로 집을 지어 살며, 촌락도 있다. 문자는 없어 여러 이슬람계 지역[回部]과 언어가 통하지 않으며 단지 의복과 모자는 안디잔[安集延]과 서로 비슷하다. 사람들 모두 눈이 깊고 코가 높으며 짙은 수염이 입 주변을 둘렀다. 남자는 많고 여자는 적어, 항상 형제 너덧 명이 한 명의 아내에게 장가든다. 자녀를 낳으면 순서대로 나누어 떠맡는다. 형제가 없는 자는 친척들과 공유한다. 토양의 태반은 소금기 있는 모래밭[沙鹵]이어서 그곳 사람들은 가난에 허덕인다. 땅에는 뽕나무가 많아 오디[葚]를 따서 햇볕에 말려 식량으로 삼는다. 산양의 젖[乳]을 마시고, 말의 젖[湩]으로 술을 빚는다. 그들

116) '박라이(博羅爾)'는 『대청일통지(大淸一統志)』, 권190, 4a)에 '박락이(博洛爾)'로 되어 있다. 『해국도지』, 권31에 인용된 『황청사예고(皇淸四裔考)』에는 '박라이'로 되어 있다(『위원전집』, 5책, 934쪽). 교주에는 현 파키스탄 북단과 카슈미르 서북부의 '볼로르(Bolor)'로 추정했다(앞의 책, 946쪽). 앞의 슈틸러 지도에는 '볼로르 타그(Bolor tag)'라는 파미르고원을 세로로 가르는 산맥이 보인다. 마르코 폴로는 바다샨(Badashan)의 큰 강을 기술하며, 파미르를 지나 동북쪽으로 벨로르(Belor), 즉 '볼로르' 지역을 언급하고 있다(김호동 역주. 『마르코 폴로의 동방견문록』, 162쪽). 이로써 볼 때, 파미르 산맥의 동쪽에 해당하는 지역을 가리킨다(Seven Hedin, 『Southern Tibet』, VII, Stockholm, 1916, 7~8쪽에 자세히 다루었다). 따라서 『영환지략교주』에서는 이곳을 현 신장 보러[博樂]현으로 추정했는데(105쪽), 잘못이다.

추장을 '비(比)'라고 부르며, 식구에 따라 세금을 부과한다. 자녀를 낳으면 그 절반을 헌납하여 각 이슬람계 도시[回城]에 노비로 파는데, 값은 상당히 비싸, 한 명당 50~90금을 기준으로 친다.[117)]

칸주트[Kanjut, Hunza, 乾竺特][118)]는 어떤 곳에는 퇴파특(退擺特)으로 되어 있다. 별도의 종족으로, 야르칸드[葉爾羌] 남쪽에 있으며 땅은 후장(後藏)과 서로 접해 있다. 성곽과 궁실이 없고, 산을 뚫어 만든 굴에서 산다. 미맥(米麥)을 심어서 먹고, 또한 유목하여 나는 것들을 먹기도 한다. 사람들은 머리를 길러 땋고, 귀에는 금고리를 단다. 그들 풍속은 불[火]을 경배하여, 매일 아침 땔나무로 불을 피워 그쪽으로 예배한다. 토양은 척박하여 부자들만 자급하며 가난한 사람들 대부분은 다른 나라에 품팔이한다. 그들 추장을 한(汗, Khan)이라 하는데, 칸 또한 매우 가난하여 단지 부에서 취한 자녀들을 여러 지역에 팔아, 그 값을 받아 사는데, 볼로르[博羅爾]와 비슷하다.[119)]

발티[Baltistan, 巴勒提]는 어떤 곳에는 파이체(巴爾替), 또는 합랍체간(哈拉替艮)으로 되어 있다. 볼로르[博羅爾]의 남쪽 산맥[山嶺]이 중첩된 가운데 있다. 인구는 작고 약하며, 6,000~7,000명에 불과하다. '합보륜(哈普倫)'이라는 속읍이 있다. 추

117) 이상 서계여의 『영환지략』에서 채록했다(『영환지략교주』, 105쪽). 한편 서계여는 『청사고(淸史稿)』, 권529, 「박라이전」(14722~3쪽)에서 채록했다. 서양 학자의 연구로는 Joseph Fletcher, 『Studies on Chinese and Islamic Inner Asia』, Variorum, 1995, 219~222쪽을 참고하시오.

118) '건축특(乾竺特)'은 영허즈번드(F. E. Younghusband)가 탐사한 칸주트(Kanjút)의 음차이다(『Report of Mission to Northern Frontier of Kashmir in 1889』, Calcutta, 1890, 57~76쪽). 『해국도지』 교주에서는 '길기트(Gilgit)'로 잘못 추정했다(『위원전집』, 5책, 947쪽). 『영환지략교주』에서 추정한 신장의 '테룽탄(鐵隆灘)'과는 아무런 연관성도 찾을 수 없다(105쪽). 이 칸주트는 토간(Ahmed Zeki Velidi Togan), 「튀르키스탄 지도(Türkili haritası)」(Istanbul, 1943)에서 'Kancut'로 표기되었다.

119) 『청사고』, 권453, 「장경(長庚)전」(12597쪽)에 따르면, "파미르[총령] 동쪽에는 감거제(坎巨提)가 있다. 건축특(乾竺特)이라고도 하는데, 그 도성은 혼잡(棍雜, Hunza)이다(葱嶺東有坎巨提者, 一名乾竺特, 其都城曰棍雜)"라고 하였다. 『영환지략』의 기술은 『청사고』, 권529, 「감거제전」(14726~7쪽)에 근거했다.

장을 '비(比)'라 한다. 풍속은 이슬람교[回教]를 따르며, 머리털을 기르지 않고 돼지고기를 먹지 않는다. 의복, 모자, 언어는 안디잔[安集延]과 같다. 유목을 생업으로 하며 겨울에는 몹시 추워 산속 평지[山坳]의 따뜻한 지역을 찾아, 갈대나 억새[蘆荻]로 집을 짓고 그 안에 사람과 가축이 함께 산다. 10월의 눈은 1장에 달하고, 3월에 눈이 비로소 녹기 시작한다. 땅에서는 단봉 낙타가 난다.[120]

코칸트[Kokand, Qo'qon, 浩罕]는 어떤 곳에는 오한(敖罕), 또는 호한(豪罕), 또는 곽한(霍罕)으로 되어 있다. 속칭 안디잔[Andijan, Andijon, 安集延]이라 하는데, 이슬람계 부락[回部]의 성곽을 갖춘 나라다. 땅은 파미르[총령] 서쪽에 있고, 네 개의 큰 도시[城]가 있는데 모두 평평한 육지에 있다. 가장 동쪽이 안디잔[安集延]이고 부루트[布魯特]와 나란히 연결되어 있다. 그곳 사람들은 속셈[心計]에 뛰어나 멀리 나가 장사하는 일을 좋아한다. 남북의 각 도시에는 곳곳에 그들이 있다. 그러므로 서역에서는 '안집연(安集延)'이라 칭송하여 지금은 코칸트[浩罕] 인종의 명칭이 되었다. 안디잔에서 서쪽으로 180리에는 마르길랑[Margilan, Marg'ilon, 瑪爾噶朗] 도시[城]가 있다. 또 서쪽으로 80리를 가면, 나망간[Namangan, 納木干] 어떤 곳에는 내만(奈曼)으로 되어 있다. 성이다. 또 서쪽으로 80리를 가면 코칸트 성으로 칸[汗]은 그곳에 산다. 네 개의 성은 모두 나린[Naryn, 那林][121]강 연안에 있다. 또한 속한 작은 성이 셋이 있다. 우슈[Ush, 窩什]는 동남쪽에 있고, 후잔트[Khujand, Khodjent, Chudzjand, 霍占]는 서남쪽에 있으며, 과랍보(科拉普)[122]는 서북쪽에 있다. 근래 타슈켄트[塔什干] 또한 부속되어 코칸트는 '팔성(八城)'이라고도 칭한다고 한다. 원나라 사람들이 설치한

---

120) 『영환지략교주』에서는 파륵제(巴勒提)를 우즈베키스탄 나망간[納曼干]으로 추정했다.

121) 『영환지략교주』에는 키르기스와 우즈베키스탄을 거쳐 흐르는 소흐(Sokh) 강으로 설명했다(106쪽). 아마도 키르기스 톈산산맥에서 발원해 우즈베키스탄으로 흐르는 우즈벡어로 노린(Norin), 바로 나린(Naryn)에 해당하는 음역이다. 아래 타슈켄트[塔什干]에서 언급한 '납림(納林)' 또한 같은 강이다.

122) '과랍보(科拉普)'의 위치에 관하여, 『해국도지』 교주에서는 '우라 튀베(Ura-Tyube)'로 추정했는데(『위원전집』, 5책, 947쪽), 바로 타지키스탄 이스타라브샨(Istaravshan)이다. 이 도시는 코칸트 서남쪽, 사마르칸트 사이에 있으므로, 위의 설명과 부합하지 않는다.

사마르칸트[撒馬兒罕] 성은 코칸트 성의 서쪽에 있는데, 지금은 폐허가 되었다. 코칸트의 풍속은 대략 남쪽의 여러 이슬람계 도시[回城]과 같으나 용맹함이 그들을 능가한다. 성격은 가장 음험하고 교활하여, 공략(攻掠)에 익숙하다. 서남쪽은 부하라[布哈爾]와 연이어 있는데, 세상에서 강건한 적이다. 건륭(乾隆) 24년(1759) 대군이 호자 자한[霍集占]을 추격하자, 호자 자한은 안디잔[安集延]으로 가려 했으나, 안디잔에서 받아주지 않고, 그곳 추장(술탄) 이르다나[Irdana, 額爾德尼]는 곧바로 표문을 올리고 말을 바쳤다. 그 후 호자 자한 형제는 바다크샨[巴達克山]에 섬멸되었고, 부르한 알 딘[Burhan al-Din, 波羅尼都]의 둘째 아들 사림사크[Sarimsaq, 薩木薩極]가 코칸트로 도망해 갔으므로 코칸트에는 역모한 추장의 서얼이 있다고 한다.[123]

대저 서역의 관문 밖에 있는 이슬람계 지역[回部] 중에서 유독 코칸트[浩罕]의 한 부락 사람들이 장사에 뛰어나고 속셈[心計]이 정밀하여 관문[卡] 안의 남북 각 성은 관문 밖의 이슬람계 지역의 각 나라 등 족적이 미치지 않는 지역이 없다. 성격은 탐욕스럽고 악독하며 교활하다. '호자[hoja, xoja, 和卓]'라는 화탁(和卓) 또는 곽탁(霍卓)이라 하는데, 중국어로 성인의 후예라는 뜻이다. 그들 조상은 무함마드[摩哈麥]로 이슬람교를 창립했다. 페이겜베르[Peighember, 派罕巴爾]란 명칭은 중국어로 천사라는 뜻이다. 그의 자손들이 서역에 분포하는데, 화탁목(和卓木)이라 일컬으며, 자신들이 교조의 후예라고 여겨 이슬람교도[回人]들이 모두 그들을 존경하고 신뢰한다. 이름을 빙자하여 집은 기이한 산물로 만든다. 근래 결국 반역한 후예, 자한기르[Jāhangīr, 張格爾][124]를 끼고 부루트[布魯特]를 유인하고 윽박질러 네 성을 함락시키고, 그들이 비축해 놓은 것을 모조리 실어 돌아갔으니, 변방의 우환으로 이것이 가장 절박했다.

---

123) '호자 자한[霍集占]'에 관한 설명은 호동 김(Hodong Kim), 『중국에서의 성전: 무슬림 반란(Holy War In China: The Muslim Rebellion)』(Stanford University Press, 2004, 21쪽)을 참고하시오. 이상 지명은 애로우스미스(John Arrowsmith), 「중앙아시아, 부하라, 카불, 페르시아, 인더스강 그리고 그 동쪽 나라들(Central Asia; comprising Bokhara, Cabool, Persia, the River Indus, & countries eastward of it)」(London, 1842)을 참고하여 추정했다.

124) 『청사고(清史稿)』, 권17, 「선종본기」(619쪽)에 따르면, 1820년 가을 살목살극(薩木薩極)의 아들 장격이(張格爾)가 난을 일으켰다는 기록이 보인다.

타슈켄트[塔什干] 또한 성곽을 갖춘 이슬람계 지역[回部]이다. 코칸트[浩罕]의 서북쪽에 있으며, 카자크[哈薩克] 우부(右部)와 연이어 있다. 땅은 평원에 있으며, 원림은 많고 과실나무가 풍요롭다. 토양은 오곡에 적합하고, 사는 사람들은 조밀하다. 옛날에 오른쪽 카자크에 속한 부였으나, 건륭(乾隆) 23년(1758) 사신을 보내 표문을 올리며 귀속을 청하고 곧바로 조공을 들였다. 뒤에 또 코칸트에 속한 성으로 귀속되었다. 아마도 그 나라는 카자크와 코칸트 사이에 끼어 있고, 약소하여 자립할 수 없었을 것이다. 그러므로 두 부(部, 카자크와 코칸트)가 모두 복속시켰다고 한다. 타슈켄트에서 시르다리야[錫爾河]를 넘어 다시 나린[納林]강을 건너면 사마르칸트[賽瑪爾堪] 바로 살마아한(撒馬兒罕)으로, 지금은 코칸트의 경내에 있다. 성이다. 또 서남쪽은 갈랍극측(噶拉克則, Karshi?) 성이고, 또 그 서쪽은 우르겐치[Urganch, 烏爾根齊] 두 성은 바로 부하라[布哈爾] 땅이다. 성이며, 또 그 서쪽은 달리강아박(達里岡阿泊, 아랄해)[125]에 바로 함해(鹹海) 임해 있다.

부하라[布哈爾]는 바로 포갈이(布噶爾), 찰포(札布), 분찰포(笨札布), 갑부(甲不), 포합랍(布哈拉), 목합랍(木哈臘), 흑랍덕(黑拉德)이다. 이슬람계 지역[回部]의 대국이다. 동쪽은 바다크샨[拔達克山] 여러 부이고, 동남쪽은 북인도의 카슈미르[克什米爾]에 연해 있으며, 남쪽은 아프간[阿富汗], 서남쪽은 페르시아[波斯]와 경계하고 있고, 북쪽 경계는 코칸트[浩罕]와 땅을 맞대고 있다. 코칸트의 서쪽 경계, 아랄해[鹹海]를 포괄하며 카스피안 해[裏海]에 이른다. 면적의 광활함은 여러 이슬람계 지역[回部]과 거의 비교하지 못한다. 동쪽 경계에는 산령(山嶺)이 많고 서쪽 경계에는 큰 사막[戈壁]이 사적(沙磧) 있다. 성곽이 있고 유목을 겸하며 인구는 많지 않다. 부락(部落)은 매우 많으며 속한 성에는 악륵추파(鄂勒推帕), 아마도 『서역문견록(西域聞見錄)』의 곽한(郭罕, Kokand?)일 것이다. 제잡극

125) 『영환지략』, 권1에서 아시아[亞細亞]의 호수로, 함해(鹹海)를 가장 먼저 들고, "사해(死海), 염해(鹽海)라고도 한다. 유럽인[泰西]들은 '아랍이(亞拉爾, 아랄)'라 하고, 서역인들은 달리강아박(達里岡阿泊)이라 부른다(一名死海, 又名鹽海, 泰西名亞拉爾, 西域稱爲達里岡阿泊)"라고 설명한 바 있다. '달리강아(達里岡阿)'는 '다리강가(Dariganga)'를 음차한 것으로 보이는데, 이들은 주로 몽골 수흐바타르 바룬우르트 지역에 사는 사람들을 지칭한다. 고증을 기다린다.

(濟雜克), 배이합(拜爾哈), 갈사니(噶斯呢, Ghazni?) 등의 명칭이 있는데,[126] 아무다리야[阿母河] 양안을 돌아 모두 부하라[布哈爾] 경내로, 원나라 사람들이 행성(行省)을 설치한 곳이다. 그곳의 기후는 상당히 덥고, 겨울에도 큰 눈이 내리지 않는다. 오곡, 과(瓜), 과일이 나고, 또 '골중양(骨重羊)'이 난다. 사람들은 말을 타고 활쏘기에 뛰어나고, 코칸트[浩罕]과 수시로 전쟁한다. 악륵추파(鄂勒推帕) 부락 산길이 단절되어 있고, 사람들이 강하고 사나워 코칸트 사람들이 더욱 꺼린다고 한다. 혹 이미 코칸트에 격파되었다고도 한다. 건륭(乾隆) 29년(1764) 바다크샨[巴達克山]이 귀부를 청했고, 도광(道光) 19년(1839) 러시아[峩羅斯]가 인도를 엿보면서 비밀리 두목[頭人]을 부하라에 파견하여, 영국[英吉利] 인도 속국과 전쟁하게 했다. 영국인들은 군대를 동원했으나 위험에 빠져 강화하고 그쳤다.[127]

126) 이 지명들은 『서역수도기(西域水道記)』(중화서국, 2005, 52쪽)에 보이는데, 부하라[布哈爾]에 속한 도시들로 악륵추파(鄂勒推帕)는 동쪽으로 7일 거리에 있다고 했으므로, 서계여는 이곳을 코칸트로 추정했던 것으로 보인다. 또한 제잡극(濟雜克)은 동쪽으로 3일 거리, 배이합(拜爾哈)은 동북쪽으로 3일 거리, 갈사니(噶斯呢)는 서남쪽으로 10일 거리, 칸다하르[坎達哈爾]는 서남쪽으로 20일 가는 거리에 있다고 하였다. 이로써 볼 때, '갈사니'는 가즈니에 해당하는 음차일 것이다.

127) 이상 아시아의 서역인 카자크[哈薩克], 부루트[布魯特], 바다크샨[巴達克山], 볼로르[博羅爾], 칸주트[乾竺特,], 발티스탄[巴勒提], 코칸트[浩罕], 타슈켄트[塔什干], 부하라[布哈爾] 등 아홉 나라에 관한 기술은 모두 『영환지략』에서 채록했다(『영환지략교주』, 104~108쪽). 서계여는 기술과 세부 지명들 대부분을 『서역수도기』, 권1(중화서국, 2005), 51~53쪽에서 채록하여 재구성했다.

『지구전요(地毬典要)』 권(卷)[1]

4. 유럽[歐羅巴] 지도 36을 보시오.

우라파(歐羅巴)의 혹 우라파(友羅巴)로 된 곳도 있다. 강역은 아시아[亞細亞]의 서북쪽 모퉁이에 있으며, 우랄산맥[烏拉大嶺]을 경계로 한다. 러시아[峩羅斯] 도설에 자세하다. 중국에서 말하는 대서양(大西洋)이다. 긴 것을 잘라 짧은 곳을 보충하면, 대략 아시아[亞細亞]의 ¼이 된다. 서쪽으로 대서양 바다를 두고 있어, 바닷물이 서북쪽으로 굽이져 둘러 대지로 흘러드는데, '발트해[Baltic, 波羅的海]'라고 어떤 곳에는 '팔득해(八得海)'로 되어 있고, '황해(黃海)'로 속칭한다. 한다. 동북쪽으로 흘러 두 갈래로 나뉘어 대략 3,000~4,000리다. 발트해의 남쪽에는 바닷물이 딱 서쪽에서 대지로 흘러드는데 바로 지중해(地中海)다. 유럽에서는 메디테라니언[Mediterranean, 墨力特爾勒尼安]이라 한다. 어떤 곳에는 미적덕랍학(美的德拉虐)으로 되어 있다. 서쪽에서 동쪽으로 대략 7,000여 리다. 다시 작은 갈래로 나뉘어 동북쪽으로 흘러들어 커다란 호수[浸]를 이루는데, 흑해(黑海)다. 둘레는 대략 2,000~3,000리다. 발트해를 돌아서 남쪽으로 지중해와 흑해의 북안(北岸)에서 다하는데, 유럽[友羅巴] 전역에 해당한다. 한나라 역사서에서 말하는 대진국(大秦國)이다.

각국(各國): 발트해[波羅的海]의 동안에는 페테르부르크[Saint Petersburg, 彼得羅堡]라는 어떤 곳에는 필특이사목이(必特爾士木爾)로 되어 있다. 대도시[大城]가 있는데, 러시아[峩羅斯]의 수도다. 발트해의 서안과 대서양 바다가 서로 안과 밖을 이루며 지형은 해바라기 부채 모양으로, 아래로 드리운 곳을 '스웨덴[瑞國]'이라 한다. 남안을 따라 팔처럼 돌출하여 발트해의 문턱까지 뻗어 스웨덴[瑞國]과 요철(凹凸)의 형세를 이루는 곳을 덴마크[嗹國]라고 한다. 덴마크의

1) 혜강은 권수를 밝히지 않았지만, 저본이었던 『영환지략』이 여기에서 '4권'이 시작되고, 지리적 측면에서도 별도로 기술되어야 하므로, 분권하려 했을 것이다. 국립중앙도서관 소장본은 이미 '인도의 서쪽 이슬람계의 네 나라[印度以西回部四國]'부터 '4권'으로 분권한 바 있다.

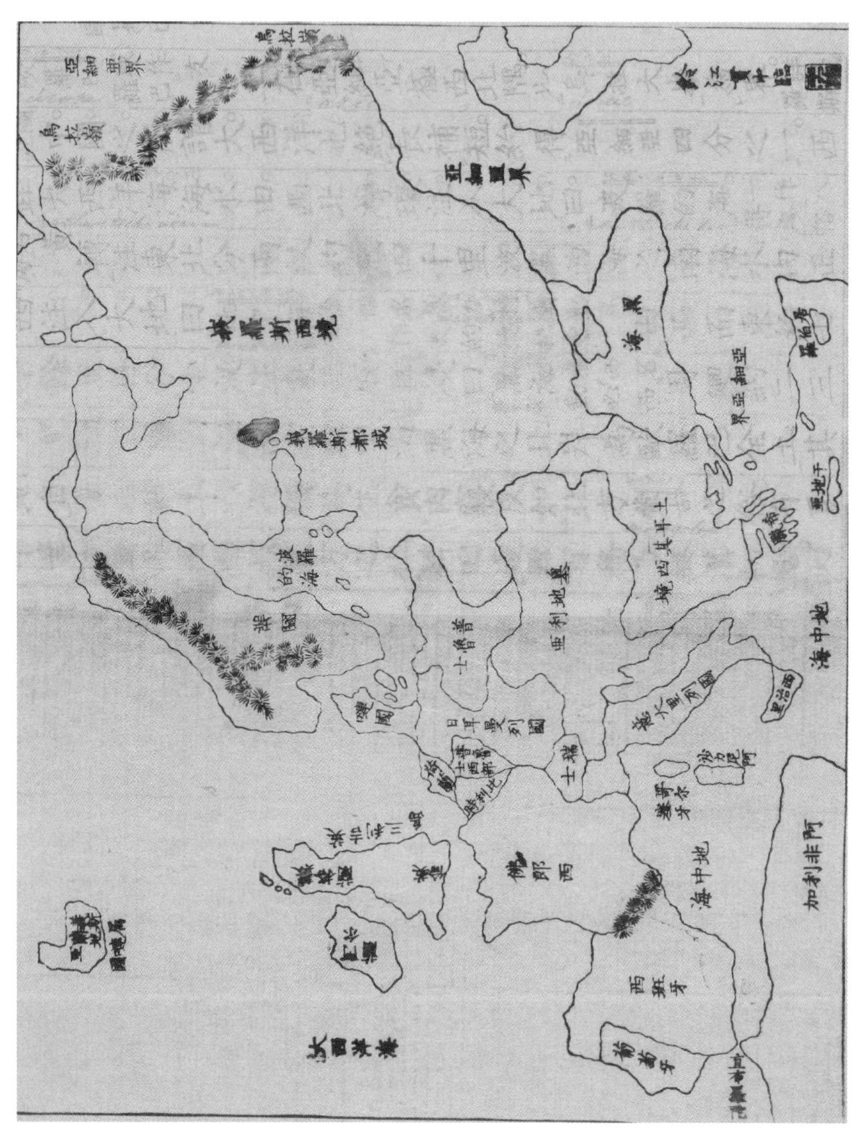

지도 36. 국립중앙도서관 소장본의 지도가 몹시 희미하여 『영환지략』(도시샤대학 소장본, 1861)에서 가져왔다. 국립중앙도서관 소장본에는 '우라파도(歐羅巴圖)'라는 지도 명이 있고, 경도와 적도 표기가 있다.

유럽 여러 나라의 판도를 비교한 표[友羅巴列國版圖表][2)]

<table>
<tr><th></th><th>면적
[地正
方里]</th><th>주민
[居民]
명</th><th>매년
들이는 국고
[每年
進帑]
원</th><th>은(銀)</th><th>부채
[欠項銀]</th><th>군사
[額兵]</th><th>전시
(戰時)</th><th>군함
[師船]</th></tr>
<tr><td>러시아</td><td>3,200,000</td><td>41,000,000</td><td>52,000,000</td><td rowspan="19">양은(洋銀)은 모두 원으로 계산한다. 무거운 것은 7전(錢) 2푼이고 가벼운 것은 4~6전으로 일정하지 않다.</td><td>200,000,000</td><td>600,000</td><td>1,000,000</td><td>36척</td></tr>
<tr><td>영국</td><td>300,000</td><td>22,000,000</td><td>228,000,000</td><td>3,500,000,000</td><td>90,000</td><td>370,000</td><td>600척</td></tr>
<tr><td>프랑스</td><td>630,000</td><td>32,000,000</td><td>150,000,000</td><td>480,000,000</td><td>280,000</td><td>320,000</td><td>350척</td></tr>
<tr><td>오스트리아</td><td>650,000</td><td>32,000,000</td><td>52,000,000</td><td>200,000,000</td><td>270,000</td><td>720,000</td><td>31척</td></tr>
<tr><td>프로이센</td><td>300,000</td><td>12,000,000</td><td>30,000,000</td><td>114,000,000</td><td>500,000</td><td>520,000</td><td>미상</td></tr>
<tr><td>에스파냐</td><td>410,000</td><td>13,000,000</td><td>26,000,000</td><td>230,000,000</td><td>46,000</td><td>170,000</td><td>없음</td></tr>
<tr><td>투르크</td><td>600,000</td><td>9,000,000여</td><td>11,000,000</td><td>36,000,000</td><td>80,000</td><td>200,000</td><td>100여 척</td></tr>
<tr><td>스웨덴</td><td>670,000</td><td>3,800,000</td><td>7,000,000</td><td>17,000,000</td><td>45,000</td><td>130,000</td><td>30척</td></tr>
<tr><td>덴마크</td><td>150,000</td><td>2,000,000</td><td>4,000,000</td><td>40,000,000</td><td>38,000</td><td>74,000</td><td>100척</td></tr>
<tr><td>포르투갈</td><td>18,000</td><td>3,700,000</td><td>8,700,000</td><td>24,000,000</td><td>40,000</td><td>70,000</td><td>23척</td></tr>
<tr><td>네덜란드</td><td>77,000</td><td>6,900,000여</td><td>12,000,000</td><td>178,000,000</td><td>43,000</td><td>69,000</td><td>100여 척</td></tr>
<tr><td>나폴리拿破里</td><td>120,000</td><td>7,400,000</td><td>12,000,000</td><td>84,000,000</td><td>28,000</td><td>60,000</td><td>12척</td></tr>
<tr><td>사르데냐
撒地尼3)</td><td>74,000</td><td>4,100,000</td><td>8,740,000</td><td>24,000,000</td><td>28,000</td><td>60,000</td><td>8척</td></tr>
<tr><td>스위스</td><td>33,000</td><td>2,000,000</td><td>25,000</td><td>빠짐</td><td>33,000</td><td>빠짐</td><td>빠짐</td></tr>
<tr><td>그리스</td><td>미상</td><td>미상</td><td>미상</td><td>미상</td><td>미상</td><td>미상</td><td>미상</td></tr>
<tr><td>바바리아
巴華里4)</td><td>90,000</td><td>4,000,000</td><td>14,000,000</td><td>44,000,000</td><td>53,000</td><td>71,000</td><td>빠짐</td></tr>
<tr><td>하노버
漢那華5)</td><td>42,000</td><td>1,500,000</td><td>4,680,000</td><td>12,000,000</td><td>12,000</td><td>26,000</td><td>빠짐</td></tr>
<tr><td>뷔르템
베르크
味耳典白6)</td><td>20,000</td><td>1,500,000</td><td>3,340,000</td><td>10,000,000</td><td>4,000</td><td>27,000</td><td>빠짐</td></tr>
<tr><td>작센撒遜</td><td>1,500</td><td>1,040,000</td><td>8,740,000</td><td>12,000,000</td><td>13,000</td><td>24,000</td><td>빠짐</td></tr>
</table>

2) 서계여가 『영환지략』에서 유럽인의 자료인 『유럽 열국 판도 설(歐羅巴列國版圖說)』을 인용한 내용을 혜강이 요약하여 보기 쉽게 작성한 표다.

3) '살지니(撒地尼)'는 남유럽에서 14세기부터 1861년 이탈리아로 통일된 '사르데냐(Sardegna)' 왕국을 말한다. 라틴어 '사르디니아이(Sardiniae)'에서 'ae'를 생략한 형태를 음차한 것으로 보인다.

4) 혜강은 이하 네 나라를 게르만[日耳曼] 계열의 왕국으로 설명했다. 파화리(巴華里)는 송다찬(宋大川)의 교주에 따르면, 바바리아(Bavaria)로 현 독일 동남부 지역으로 추정했다(『영환지략교주』, 116쪽). '바바리아'는 1806~1918년 존속한 왕국으로, 현 바이에

남쪽은 게르만[German, 日耳曼] 민족의 나라들로, 유럽[友羅巴]의 중원이다. 게르만[日耳曼]의 동북쪽으로 발트해에 임해 있는 곳을 '프로이센[Preußen, Prussia, 普魯士]'이라 한다. 게르만의 동남쪽은 오스트리아[奧地利亞]라고 한다. 오스트리아의 동남쪽으로 지중해와 임해 있는 곳을 튀르키예[土耳其]라고 튀르키예에는 세 지역이 있는데, 여기서는 서부 지역[西土]을 말한다. 중부와 동부 두 지역은 아시아[亞細亞] 경내에 있다. 한다. 튀르키예의 남쪽으로 지형이 사람 손바닥 같으며 지중해에 붙어 있는 곳을 그리스[希臘]라 한다. 게르만[日耳曼]의 남쪽은 스위스[瑞士]다. 더 남쪽으로 나막신을 신은 다리 모양으로, 지중해에 들어가는 곳이 이탈리아[意大里亞] 열국이다. 게르만의 서북쪽으로 바다에 임해 있는 곳을 네덜란드[荷蘭]라 한다. 네덜란드의 남쪽은 벨기에[比利時]이고, 벨기에 남쪽은 프랑스[佛郎西]다. 프랑스의 남쪽은 에스파냐[西班牙]이고, 에스파냐의 서쪽으로 대서양 바다에 임해 있는 곳이 포르투갈[葡萄牙]이다. 프랑스의 서북쪽으로 바다에 세 섬이 크게 대치하고 있는데, 바로 영국[英吉利]이다.

위의 표에서 면적[地方], 주민[居民], 국고[帑銀], 군사[兵額], 군함[師船] 등에 배열한 수치는 단지 짐작만 할 뿐이지 근거할 바가 아니다. 소위 '흠항은(欠項銀)'이란 바로 나라가 백성에게 진 빚이다. 서방 열국에 군대를 동원할 일이 있으면, 공회에 향신(鄕紳)들이 모여 계산하게 한다. 군비는 모두 부상(富商)이나 대상(大商)에게 빌려, 해마다 그 이자를 갚는 데, 쌓이면 쌓일수록

른(Bayern)에 해당한다. '파화리'는 '바바리아'의 접미사 'a'를 생략한 형태의 음역 형태로 볼 수 있다.

5) 게르만계 왕국인 '한나화(漢那華)'는 서계여의 설명에 따르면(『영환지략교주』, 116쪽), '한나와(漢挪瓦)', 또는 '아낙위이(亞諾威爾)'로도 표기된다고 한다. 『해국도지』, 권44, 알마니[耶馬尼] 조목에는, '합나와(哈那洼)'가 기술되어 있는데, 위원의 주석에, "동쪽으로 프로이센[普魯士], 서쪽으로 베스트팔렌[威塞華里阿], 북쪽으로 바다를 경계로 한다"라고 하였다(『위원전집』, 6책, 1244쪽). 이로써 볼 때, 한나화(漢那華)=합나와(哈那洼)로 '하노버[Hannover]'의 음역으로 추정한다.

6) '미이전백(味耳典白)'은 독일 남부 바바리아 왕국 서쪽에 붙은 '뷔르템베르크(Württemberg)' 왕국의 음역 표기다.

7) 이상의 정보는 『영환지략』에서 채록하고 재구성했다(『영환지략교주』, 111~117쪽). 특히

더 많아진다. 한 해의 수입을 정산해도 갚기에 부족하면 증세하여 채우기도 한다.[7]

기후[風氣]: 유럽 여러 나라 중에서 이남에 있는 나라는 북 황도(黃道)의 북쪽에 있어 더위와 추위가 대체로 중국과 비슷하다. 이남에 있는 나라들은 북 흑도(黑道)의 남쪽에 있어, 쌓인 눈은 대여섯 자에 이르고, 단단한 얼음은 두세 자에 이른다.

사람들[人民][8]: 유럽[歐羅巴] 사람들은 키가 크고 희며, 코는 높고, 눈은 깊으며 눈동자는 노랗다. 검은 눈동자도 있다. 수염이 많아 귀밑머리로 이어지고, 혹 뺨을 둘러싸기도 하며, 중국에서처럼 가닥이 곧은 자가 있는가 하면, 규염(虯髯)처럼 곱슬한 자도 있고, 완전히 깎은 사람도 있는가 하면 통째로 남겨둔 사람도 있으며 중국에서처럼 윗수염과 아랫수염을 별도로 기르는 자도 있는데, 젊으나 늙으나 상관하지 않는다. 머리털은 두세 치정도 남기고 길면 가위로 자른다. 수염과 머리털은 대체로 황적색이며, 명나라 시기 네덜란드[荷蘭]를 '홍모(紅毛)'라고 했고, 근래에는 영국[英吉利]을 '홍모'라고 하는데, 모두 그 수염과 머리털이 황적색이기 때문이다. 그러나 유럽인 모두 이와 같다. 유독 두 나라만 그런 것이 아니다. 간혹 검은색도 있다. 머리털이 검은 자는 눈동자도 검다. 여자들의 머리털과 눈동자도 마찬가지다. 혹 중국에 오래 살면 수염, 머리털 그리고 눈동자가 점차 검게 변한다고 한다. 그들 남녀의 면모가 중국인과 반쯤 비슷한 사람도 있다.[9]

물산(物産): ⓐ토양은 대부분 비옥하여 산물이 풍부하다. 오곡(五穀) 중에

서계여가 기술한 내용을 혜강이 분석하여 보기 쉽게 표를 만들어 보여주었다.

8) 이 '인민(人民)' 조목 위의 두주에는 "서양의 사적은 고쳐야 한다. 『해국도지』, 제10책, 25권, 포로아(布路牙, 포르투갈) 기술에서 『해록(海錄)』과 『오문기략(澳門紀略)』의 두 조목을 참고하시오"라고 하였다. 위의 유럽 여러 나라의 판도를 비교한 표[友羅巴列國版圖表]와 연관된 주석일 것이다. 이 두주는 혜강이 50권본 『해국도지』를 중심으로 작업하면서, 60권본을 얻고 그 정보를 이처럼 추가한 것으로 추정한다. 확실히 60권본 『해국도지』(1849년 간행본)에는 포르투갈 연혁[葡萄牙國沿革] 아래 "원본에는 없어 보충한다"라는 주석이 붙어 있다(권25, 3b).

9) 저본에 '인민(人民)' 조목은 '풍기(風氣)' 앞에 채록되었는데, 두주에 '풍기' 뒤로 넣으라는 지침에 따라 순서를 바꾸었다. 두 조목은 모두 『영환지략』에서 채록하고 재구성했다(『영환지략교주』, 117~118쪽).

서 쌀과 밀[米麥]을 중시하고, 과실이 번갈아 번성한다. 다섯 금속이 나는데, 금, 은, 그리고 구리[銅]로 주화를 주조하여 화폐로 삼는다. ⓑ맨 북쪽은 매우 추워 대부분 유맥(油麥, 귀리)을 심는다. 게르만[日耳曼] 이남은 소맥(小麥), 대맥(大麥), 교맥(蕎麥, 메밀)을 위주로 한다. 러시아[峩羅斯] 남쪽 경계와 튀르키예[土耳其]는 좁쌀[粟米], 기장쌀[黍米], 옥수수[高粱]을 중심으로 한다. 멥쌀[秔稻]을 파종하는 곳은 이탈리아[意大里], 에스파냐[西班]뿐인데, 땅이 너무 남쪽이기 때문이다. 과실로는 복숭아[桃], 살구[杏], 자두[李], 사과[柰], 레몬[檸檬], 감귤(柑橘), 포도(蒲萄), 앵도(櫻桃), 올리브[橄欖], 오디[桑葚], 무화과(無花果), 감자(甘蔗) 등 모두 있다.

러시아[峩羅斯]에서는 철이 가장 많이 난다. 여러 나라들 모두 여기에서 공급받는다. 은광은 옛날 게르만의 작센[Sachsen, 撒遜]에 의존했는데, 근래에는 남아메리카[南亞墨利加]에서 얻는다. 목재는 지역에 따라 숲을 이루고 있는데, 상수리나무[橡], 소나무[松], 노간주나무[檉], 느릅나무[楡], 자작나무[椵]가 많다. 문양이 정치하고 재질이 견고하다. 중국의 가축[牲畜] 모두 있는데, 소와 돼지는 매우 크다.[10)]

의복[衣]: ⓒ우단(羽緞)은 야크[旄牛]의 털을 사용하고,[11)] 대니(大呢)는 면양(綿羊)의 솜털을 사용한다.[12)] 면화(棉花)는 오인도, 아메리카[米利堅]에서

---

10) ⓐ의 정보는 『해국도지』에 인용된 『직방외기』에서 채록했다(『위원전집』, 6책, 1083쪽). 천기철, 『직방외기』, 132쪽을 참고하시오. ⓑ의 기술은 『영환지략』에서 채록하고 재구성했다(『영환지략교주』, 118~119쪽).

11) '우단'은 우리 국어사전에 '거죽에 곱고 짧은 털이 촘촘히 돋게 짠 비단'이라 정의하고 있고, 중국어 사전에는 '벨벳(velvet)'으로 설명했다. 다시 국어사전에서 벨벳을 찾아보면 '우단'과 같은 설명이다. 이 정의는 영어사전의 일반적인 설명을 따른 정의다. 벨벳은 라틴어로 머리털이 많다는 의미의 '빌루투스(villū·tus)'에서 나왔다. 영영사전에 따르면, 원래는 명주실을 사용했으나, 면이나 인조섬유로도 한 면이 두텁고 짧은 털이 나오도록 촘촘하게 짠 직물이라고 설명한다. 이로써 볼 때, 서계여의 설명이 잘못되었을 가능성이 크다. 왜냐하면 뒤이어 '대니(大呢)' 또는 '대년(大哖)'이 면양의 털, 즉 동물털로 짠 직물임을 언급하고 있고, 야크의 털로 짠 직물이 여기 유럽 개술에서 일반성을 띠는지도 확인되지 않으며, 서계여가 그 미세한 정도를 알아볼 수 있는 직공이 아니었기 때문이다. '우단'은 조류 깃털처럼 매끄럽고 부드러운 비단, 또는 그런 효과를 낸 직

사 온다. 증기기관[火機]을 이용하여 베를 짜는데, 일은 줄고 값은 싸다.

ⓓ잠사(蠶絲)에는 천아융(天鵝絨), 직금단(織金段) 등이 있다. 양융(羊絨)에는 담계(毯罽), 소합랄(鎖哈剌) 등이 있다. 또 저마(苧麻) 종류도 있는데, '렌[laine, 利諾]'이란 것은 베로 만들면, 아주 가늘고 질기며 가볍고 매끄러워 면포(棉布)보다 훨씬 뛰어나며, 헤지면 찧어 종이를 만드는데 아주 튼튼하고 질기다. 지금 서양 종이는 모두 이것들이다.

군신의 의복에는 각각 차등이 있는데, 서로 만날 때는 탈모[免冠]를 예로 여긴다. 남자는 스무 살 이상이면 대개 청색 옷을 입는데, 병사들도 마찬가지다. 여인들은 금이나 보석으로 장식하고, 옷으로 얇고 문양이 있는 비단[羅綺]을 좋아하고[御] 띠에는 여러 향을 찬다. 마흔 살이 되었거나 마흔 살이 채 되지 않은 과부는 모두 없애고 흰옷을 입는다.

ⓔ남자는 꼭대기가 평평한 모자를 쓰는데, 원통형에 창이 좁으며, 높이는 서너 치로, 모직[氈] 또는 비단[帛]으로 만든다. 모두 넓은 옷깃[頷領], 좁은 소매의 옷에 몸을 매는데, 길이는 겨우 배에 이르며, 바지 또한 다리에 매어 묶는다. 밖에 입는 옷은 대략 넓고 길이는 무릎 언저리에 이르며 앞가슴을 가린다. 이 옷의 안은 베를 사용하고 바깥은 '대니[呢]'를 사용한다. 겨울에는 갖옷을 입지 않고 여름에는 갈옷을 입지 않는다. 아울러 신발을 신는데, 가죽으로 만들었다. 여인들은 머리털을 기르며, 쪽으로 당기는 것은 대략 중국과 비슷하다. 옷은 또한 소매가 좁고, 몸에 달라붙으며 옷깃 없다. 앞으로 가슴과 어깨의 반을 드러내고, 뒤로는 등의 대략 대여섯 치정도 뒷덜미를 드러내고, 외출할 때는 넓은 옷깃의 옷을 입어 노출 부위를 가린다. 아래는 치마를 입는데, 길어 땅을 스친다. 허리는 모두 대략 대여섯 겹으로 주름을 접는다[襞積]. 남녀 모두 청결함을 선호하여 매일 욕조[浴盤]로 간다.[13]

물을 말할 것이다.

12) 『후한서』에 따르면, 대진국(大秦國)의 직물을 열거하며 "또한 세포(細布)가 나는데, 혹 수양(水羊)의 솜털로, 야생 누에가 만든 것이다(又有細布, 或言水羊毳, 野蠶繭所作也)"라고 했는데(권88, 「대진국」, 2919쪽), 위원은 이 정보를 대서양 여러 나라의 전체 연혁을 설명하며 이 문장을 인용하고, 이 세포(細布)가 바로 지금의 '대니(大呢)'라고 설명했다(『위원전집』, 6책, 1079쪽). '니(呢)'는 양털을 의미하는 프랑스어 '랜(laine)'의 음역 표기라는 설이 있다. 그렇다면 '대니'란 큰 폭의 양모천을 의미한다.

식(食): ⓕ번서(番薯)를 중시한다. 밀가루[麥麵]를 구워 빵[餠餌]을 만들어 먹고, 소, 양, 돼지 모두 불에 구워 소스[醯醢]에 적셔 먹는다. 먹을 때는 식도[刀匕]를 사용하며 젓가락을 쓰지 않는다. 음료는 커피[加非]를 마시는데, 끓여 크림[酥]과 설탕을 섞어 마신다. 기름은 올리브[橄欖]로 만드는데, 맑은 향이 참깨[胡麻]에 못지않다. ⓖ술은 포도(蒲萄)로 빚고 다른 물질을 섞지 않는다. 이 술은 수십 년까지 쌓아 두는데, 아들을 낳는 해에 술을 빚어, 아이가 서른 살이 되어 장가들 때 쓰면, 술맛이 더욱 훌륭하다. 종류가 다양하며 같지 않다. 포도가 없는 곳에서는 모맥(牟麥, 보리)으로 빚기도 한다. 기름 종류로 맛이 좋고 쓰임이 많은 기름은 올리브[阿利襪]다. 이 나무의 열매가 익으면 전체를 기름으로 만든다. 아주 번성하고 잘 자라, 평지나 산언덕 어디에나 씨를 심을 수 있다. 나라 사람들은 법으로 [재배를] 제한한다. 향과 맛이 가장 풍부하여 먹으면 턱에 침이 생긴다. '감람(橄欖)', 마금낭(馬金囊, Capparis masaika)보다 위다. 그 씨 또한 숯을 만들 수 있고, 찌꺼기는 덩어리 소금[鹻]을 만들 수 있으며, 잎은 소와 양에게 먹일 수 있다.[14)]

궁(宮): 궁실(宮室)에는 세 종류가 있다. 가장 좋은 집은 순전히 돌을 쌓아 지은 집이고, 그다음은 벽돌로 담장과 기둥을, 나무로 동량(棟梁)을 만든 집이며, 그 아래는 흙으로 담장을 만들고 나무로 들보와 기둥을 만든 집이다. 돌집과 벽돌집은 땅을 아주 깊숙이 다져, 위로 예닐곱 층을 쌓을 수 있는데, 높이는 10여 장에 달한다. 땅속에도 한 층이 있어 지하 저장고로 쓰거나 습기를 없앨 수도 있다. 기와는 납[鉛]을 사용하기도 하고, 가벼운 석판을 쓰기도 하며, 빚은 기와를 쓰기도 한다. 벽돌이나 돌로 지은 집 모두 천 년이 지나도 망가지지 않는다. 담[墻]은 두꺼워 사실상 바깥 공기가 통하기 어려워, 겨울에 춥지 않고 여름에 무덥지 않다.[15)]

문(文): ⓗ여러 나라에서 읽는 서적들은 모두 성현이 지은 책들로 옛날부

---

13) ⓒ의 정보는 『영환지략』에서 채록했다(『영환지략교주』, 119쪽). ⓓ는 『해국도지』에 인용된 『직방외기』에서 채록했다(『위원전집』, 6책, 1083쪽). 천기철, 『직방외기』, 133~134쪽을 참고하시오. ⓔ의 정보는 다시 『영환지략』에서 채록했다(『영환지략교주』, 118쪽).

14) ⓕ는 『영환지략』에서 채록했다(『영환지략교주』, 118쪽). ⓖ의 정보는 『해국도지』에 인용된 『직방외기』에서 채록했다(『위원전집』, 6책, 1083쪽). 천기철, 『직방외기』, 133~134쪽을 참고하시오.

터 전해졌다. 한결같이 천주(天主)의 경전을 근본[宗]으로 삼는다. 얼마 뒤의 현자들이 지은 책들도 있는데, 반드시 대도(大道)에 부합하고 인심에 보탬이 되어야 나라 안에서의 유통이 허락된다. 또한 전적으로 책을 검열하는 관리를 두고, 여러 도서를 자세히 읽고 꼼꼼히 확정하는 과정[詳定]을 거쳐, 서점에서 간행하도록 비준한다. 그러므로 도서관[書院]에 쌓인 책이 수십만 권에 달하지만, 인심을 미혹시키거나 풍속을 헤치는 한 글자도 용납하지 않는다. 땅이 넓은 도시에서는 모두 도서관을 세워 그곳에 책을 모아 둔다. 하루에 두 차례 문을 연다. 선비나 학생[士子]이 안으로 들어가 필사하거나 읽는 일은 허락되지만, 가지고 나오는 일은 허용하지 않는다.

ⓘ서양 여러 나라의 언어와 문자 중 서로 같은 곳으로, 프로이센[普魯士], 오스트리아[奧地利亞]와 러시아[峩羅斯]는 땅이 서로 붙어 있기 때문이다. 영국[英吉利]과 미국[米利堅], 에스파냐[西班牙]와 멕시코[墨西哥] 이남의 여러 부락[諸部], 그리고 포르투갈[葡萄牙]과 브라질[巴西]은 본래 세 나라가 나뉜 곳이기 때문이다. 나머지는 모두 서로 다르다.[16]

역법[曆]: ⓙ유럽에서 인쇄한 소식지[通書]에 따르면 윤달을 두지 않았다. 31일이 한 달이고, 30일, 29일이 한 달인 달도 있다. ⓚ4월, 6월, 9월, 10월이 그렇다. 단 2월만 28일인데, 모두 중국 동지 이후 10일을 원단으로 삼는다. 아마도 태양의 과궁(過宮)이 가장 낮게 운행하고, 가장 빠른 날을 취하여 차고 줄어듦[贏縮]으로 계산했기 때문일 것이다.[17]

상(商): 유럽의 여러 나라는 모두 자본 운용[權子母]에 뛰어나 상업을 생계로 삼는다. 관세는 있어도 농토에는 조세하지 않는다. 항해하여 돌아다니며

15) 이상 『해국도지』에 인용된 『직방외기』에서 채록했다(『위원전집』, 6책, 1083쪽). 천기철, 『직방외기』, 135쪽을 참고하시오. 다만 알레니는 유럽의 '가옥[屋]'이라 했지만, 혜강은 '궁실'로 읽은 점만 다르다.

16) 혜강은 '문(文)'과 관련된 정보를 두 곳으로 나누어 채록했다(9b; 13b). 두주에 합쳐 여기에 옮기라는 지침에 따라 편집한다. ⓗ는 『해국도지』에 인용된 『직방외기』에서 가져왔고(『위원전집』, 6책, 1084쪽), ⓘ는 『영환지략』에서 채록했다(『영환지략교주』, 121쪽).

17) '역(曆)' 조목은 '정도(程途)' 뒤에(13a) 채록되었으나, 두주의 지침에 따라 여기에 옮겨 편집한다. ⓙ의 정보는 『영환지략』에서 채록했다(『영환지략교주』, 121쪽). ⓚ의 기술은 혜강 자신의 추가 정보일 것이다.

험하고 먼 곳도 마다하지 않는다. 사해(死海)의 안에 두루 부두를 건설했다. 원래 그들이 조선(造船)에 뛰어나고, 또 나라의 대계가 온통 여기에 달렸으므로, 진력하여 그렇게 하지 않을 수 없었다.[18] 다만 러시아[峩羅斯]만 중국과 서북쪽 육로에서 교역했으나 바닷길은 통하지 않았다. 광둥[粵東]에 이르러 무역한 나라로, 영국[英吉利] 배가 가장 많았는데, 외국인 중 열에 여섯이 [그곳에] 살았다. 에스파냐[西班牙]의 배 태반은 루손[呂宋]에서 광둥[粵東]으로 왔는데, '대여송' 또는 '소여송'이라 부르지, 에스파냐[西班牙]로 칭하지 않았다. 그들 배는 영국보다 많았으나 서양 쌀[洋米] 외에 별다른 상품이 적었다. 이 외에 오스트리아[奧地利亞], 프로이센[普魯士]이 다음가고, 덴마크[嗹國], 네덜란드[荷蘭]가 또 그다음 가며, 스웨덴[瑞國] 또 그다음이다. 프랑스[佛郎西]의 화물선은 매년 광둥[粵]에 왔는데, 많아도 서너 척에 지나지 않았고, 적으면 한두 척에 불과했지만, 실어 온 상품은 대부분 니(呢), 우(羽),[19] 시계[鐘表] 등 진귀한 상품들이었다. 포르투갈[葡萄牙]은 바로 마카오에 있는 대서양의 [나라]로 그들 본국의 상선들은 거의 드물었다. 게르만[日耳曼]의 함부르크[Hamburg, 翰堡], 어떤 곳에는 앙부이액(昂不爾厄)으로 되어 있다. 브레멘[Bremen, 北民] 어떤 곳에는 부래매(不來梅)로 되어 있다. 두 부두에서 광둥[粵]으로 오는 화물선이 간간이 있었다. 벨기에[比利時]는 현재 통상을 요구하고 있으나 상선은 아직 오지 않았다. 이탈리아[意大里亞]는 근래 네 나라로 나뉘었는데, 상선은 오지 않았다. 튀르키예[土耳其]계 아랍[回回], 그리스[希臘]의 새로 건국한 작은 나라들은 아직 통상하지 않았다.[20]

공(工): ⓛ무릇 나라의 장인이라는 자들은 모두 시험으로 선발하여 고용한다. ⓜ그 사람들의 성정은 치밀[縝密]하여 구상[運思]에 뛰어나며 도구를 잘 제조한다. 쇠와 나무의 공업은 정교하고 불가사의하다. 불과 물의 운용은 더욱 기묘하다. 대포를 주조하는 기술[工]과 발포의 민첩성은 [거의 독보적이다(殆所獨擅)]. 수학에 부합하여 봉삭(篷索) 기구들은 정밀하지 않은 것이 없

18) 이상은 『영환지략』에서 채록했다(『영환지략교주』, 120쪽).

19) '니(呢)'는 울의 일종인 '대니(大呢)', '우(羽)'는 벨벳을 의미하는 '우단(羽緞)'의 약칭으로 생각한다.

20) 상(商)에 관한 기술은 『해국도지』, 권37에서 채록했다(『위원전집』, 6책, 1090쪽).

고, 바닷길을 측량하여 그 얕고 깊음을 기록함에 촌 치의 실수가 없다.[21)]

기용(器用): 음식은 금은, 유리[玻璃], 자기를 사용한다. 천하의 온 나라가 앉을 때는 모두 땅에 자리를 깔고 앉는데, 오직 중국과 유럽 등의 나라만 의자와 탁자를 사용할 줄 안다. 수레를 탈 때, 국왕은 여덟 필, 대신들은 여섯 필, 그다음은 네 필, 혹 두 필을 쓴다. 타고 짐을 실을 때는 노새, 말, 당나귀를 혼용한다. 전투하는 말은 모두 수컷을 쓰는데, 거세할 시기가 지나면 약해져 전투를 감당할 수 없다. 또 좋은 말은 보리[大麥]와 볏줄기[稈]만 먹이며 다른 풀과 콩을 섞지 않는다. 콩을 먹인 말은 다리가 무거워져 주행에 좋지 않다.[22)]

정(政): 각 도시나 마을[城邑]에 풍년이 들면 대부분 쌀과 밀[米麥]을 쌓아두었다가 기근이 드는 해에는 평소 가격으로 파는데, 이른바 상평창(常平倉)과 같은 것이다. 유럽의 여러 나라는 부과하는 세금이 10분의 1을 넘지 않고, 사람들은 모두 스스로 세금을 내므로, 견주어 징수하거나 독촉하는 일이 없다.

사는 곳에는 모두 빈민을 위한 빈민 재활원[貧院]이 있어, 온 지역의 홀아비, 과부, 고아, 혼자 사는 사람들을 전담하여 부양한다. 그 안에 사는 사람들은 또한 각기 직업이 있어, 장애인이라도 내쫓지 않는다. 눈이 먼 자가 손발을 움직이고, 마비된 자는 귀와 눈을 쓸 수 있다면, 각기 할당받는 일이 있어, 임무에 자신의 재주를 다하여 하늘과 땅의 폐물이 되지 않게 한다.

또 탁아소[幼院]가 있어 전적으로 어린아이를 양육한다. 가난해진 사람이 아이를 낳아 키울 여력이 없어 죽이면 죄가 되므로 특별히 이 탁아소를 만들어 다른 사람이 양육하여 아이의 생명을 보전하게 한다. 탁아소는 담장에 구멍을 내어 회전 바구니[轉盤]를 설치해 두고, 안과 밖을 띄워 서로 보지 못하게 한다. 아이를 보내는 자가 다른 사람이 보지 않는 틈을 타 바구니에 아이를 놓고 담을 두드리면, 탁아소에서 아이를 [바구니를] 돌려 [아이를] 들인다. 그 아이가 세례를 받았는지[領洗] 아닌지를 모두 아이의 가슴에 기록해 둔다. 혹

21) ①의 정보는 『해국도지』에 인용된 『직방외기』에서 채록했다(『위원전집』, 6책, 1083쪽). 천기철, 『직방외기』, 135쪽을 참고하시오. ⓜ은 『영환지략』에서 채록하고 재구성했다(『영환지략교주』, 117쪽). 그러나 상당 부분 혜강 자신이 이해한 대로 풀어 정리하면서, 빠뜨린 부분도 꽤 있다.

22) 『해국도지』에 인용된 『직방외기』에서 재구성했다(『위원전집』, 6책, 1083, 1084쪽).

날[異時] 부모가 다시 데려와 양육하려 할 때 입원한 연월을 대조해 보고 그 아이를 쉽게 알아보게 한다.

또 병원이 있는데, 대도시에는 많게는 수십에 이른다. 중하 계층의 병원이 있어 중하의 사람들을 처리하고, 상층민의 병원이 있어 높은 사람들을 처리한다. 높은 사람이 여행 중이거나 사신으로 질병에 걸렸다면, 이 병원에 들어가는데, 이 병원은 보통 집들보다 배로 훌륭하다. 소요되는 약물에는 모두 주관하는 사람이 담당하고, 유명한 의사를 미리 준비하여 매일 환자를 진찰한다. 또 옷이나 커튼 등을 조절하고 간호하며 지켜주는 사람이 있다. 병이 나아져야 떠난다. 가난한 사람에게는 여비를 헤아려 준다. 이러한 병원은 국왕이나 대신이 세우기도 하지만 도시의 사람들이 힘을 합쳐 이루기도 한다. 매달 한 명의 대인이나 귀인이 돌아가며 그 일을 총괄하며, 약물과 음식 모두 직접 시험해 보고 살핀다.[23)]

용인(用人): 무릇 학생[士]을 시험하는 방법으로, 스승[師儒]들은 위에 모여 앉고, 생도는 아래에서 북면한다. 한 스승이 어려운 문제를 묻고 끝나면, 또 다른 어떤 스승에게 돌아가는데, 유창하게 대답할 수 있어야 그 시험에 합격한다. 이 시험은 하루에 한두 사람에 그치고, 한 사람이 여러 스승의 질문에 두루 응답한다. 이러한 과정을 통과하면, 바로 일을 맡도록 허락한다. 도(道, 신학)를 배우는 자는 오로지 백성 교화에 힘쓰며, 나랏일에는 관여하지 않는다. 백성을 다스리는 자는[治民者, 법률을 다루는 자] 관직이 만기가 된 뒤에 국왕이 관리를 보내 그의 성과[政績]를 살피고, 백성들에게 탐문하게 한다. 이들이 하는 일은 송사를 듣고 심리[聽理]하고, 농상(農桑)을 권하고 과세하며, 이익을 늘리고 폐단을 혁파하고, 사람들을 양육하는 일 등인데, 모두 공과의 실상을 조사하여 왕에게 보고하면 그것으로 내쫓거나 승진시킨다. 무릇 네 과[四科] 관리의 녹봉은 모두 넉넉하여 청렴성을 기르기에 남음이 있으므로, 가난한 사람들에게 혜택을 넓힐 수 있다. 서로 뇌물을 주는 등의 사정은 전혀 없다.

학(學): 유럽의 여러 나라들은 모두 '문학(文學)'을 높이 사, 국왕들이 널

---

23) 이 조목은 '학(學)' 뒤에(8b~9b) 채록되어 있으나, 두주의 지시에 따라 여기에 옮겨 편집한다. 『해국도지』에 인용된 『직방외기』에서 채록하고 재구성했다(『위원전집』, 6책, 1085~6쪽).

리 학교를 세웠다. 한 나라는 군마다 대학(大學)과 중학(中學)이 있고, 한 고을 한 마을마다 소학(小學)이 있다. 학문하고 실천하는[學行] 선비를 뽑아 스승으로 삼는다. 중학과 대학도 학행이 가장 우수한 선비를 골라 스승으로 삼는다. 생도가 많은 곳은 수만 명에 달한다.

이들의 소학은 '문과(文科)'라고 하는데, 네 과목[四種]이 있다. 하나는 옛 현인들의 유명한 훈계이고, 하나는 각 나라의 역사서이며, 하나는 각종 시문(詩文)이며, 하나는 글쓰기[文章]와 토론[議論]이다. 배우는 자는 7~8세부터 17~18세까지 배움이 완성되면 본 학교의 스승들이 그를 시험하여, 우수한 자는 중학에 진학시킨다. 중학은 '이과(理科)'라고 하는데, 세 학문[三家]이 있다. 첫해에는 로지카[Logica, 落日加], 번역하자면 시비를 변론하는 법을 배우고, 둘째 해에는 피시카[Physica, 費西加], 번역하자면 성리(性理)를 살피는 이치를 배우며, 셋째 해에는 메타피시카[Metaphisica, 黙達費西加], 즉 번역하자면 성리 이상을 살피는 학문을 배운다. 이 전체를 필로소피아[Philosophia, 斐錄所費亞]라고 한다. 배움이 완성되면 본 학교의 스승들이 또 그들을 시험하여, 우수한 자를 대학에 진학시킨다. 대학은 네 과(科)로 나뉘는데, 듣는 사람이 스스로 하나를 선택한다. 하나는 의과(醫科)로 질병 치료를 위주로 한다. 하나는 치과(治科, 법과)로, 주로 나랏일을 익힌다. 하나는 교과(教科, 교육)로 교수법을 위주로 한다. 하나는 도과(道科, 신학)로, 교화 진흥을 주로 한다. 모두 수년을 배운 뒤에야 이루어진다. 배움이 완성되면 스승들이 엄격히 그를 시험한다.

네 과(科)의 대학 이외에, 수를 헤아리는 학문이 있는데, '마테마티카[Mathematica, 瑪得瑪第加]'라고 한다. 이 또한 필로소피아[斐錄所費亞] 과(科)에 속한다. 이 학문은 오로지 사물 형태의 도(度)와 수(數)를 연구한다. 입체[完]를 헤아리는 자는 얼마나 큰지를 생각하고, 그 평면[截]을 헤아리는 자는 얼마나 많은지를 생각한다. 입체와 평면 혹은 사물에서 벗어나 허공에서 논할 때, 셈하는 일은 계산법을 세우는 학이고, 재는 일은 계량법을 세우는 학이다. 혹 사물을 체득하여 함께 논하면 셈하는 일은 음(音)에서 서로 조화롭게 하는 음률[律呂]을 세우는 학이고, 재는 일은 천체의 운행을 시간으로, 역법을 세우는 학이다. 이러한 학문도 학교를 세우고 스승을 두지만, 선비를 뽑지는 않는다.[24]

예(禮): 국왕은 서로 혼인하여 대를 이어 서로 화목하다. 재물과 용품 온갖 물품을 갖추고 있으나 서로 융통하지 않고, 사사로이 영토를 확장[封殖]하지 않는다. 혼인에 있어서 남자는 대략 서른, 여자는 스무 살에 이르러 임시로 혼인을 약속하지만, 미리 폐백을 주고받지 않는다. 나라의 사람들 모두 일부일처로, 두 여자를 차지할 수 없다.[25)]

형(刑): 소송은 매우 간단하다. 작은 일은 마을 안에 유덕한 자가 스스로 화해하게 하고, 큰일은 관청에서 보고한다. 관청에서는 듣고 자신들의 뜻대로 결정하지 않는다. 재판에 근거하는 법률과 조례 모두 옛날부터 사물의 이치를 철저히 밝히는 왕이 세운 것들로, 지극히 상세하고 지극히 타당하다. 관청에서는 반드시 세 곳의 심의 기구[三堂]를 설치하여, 큰 소송은 먼저 세 번째 기구[第三堂]에 호소하고, 불복하면 두 번째 기구에 고소하며, 또 불복하면 첫 번째 기구에 고소한다. 최종에도 불복하면 중앙 기구[國堂]에 올리는데, 이곳에서 판결을 거친 뒤에 사람들은 이치를 받아들이지 않을 수 없다. 소송과 옥사는 모두 사실에 근거하고, 무고하면 고소한 자와 증언한 자는 고소한 죄에 걸린다. 만약 고소한 자와 호소한 자가 증인을 지목하여 말하면, 원수가 된다. 평생 행실이 없거나 술에 취해 산 적이 있으면 증언하는 말을 따르지 않는다. 관청에서 재판하는 일은 실제 범죄나 진짜 장물이 아니면 일에 앞서 형벌을 가하지 않고, 반드시 일이 명백해지기를 기다려 죄를 결정한다. 죄를 인정하고[招認] 진실로 승복한 뒤에 형을 내린다. 관리들도 시종일관 욕설을 하지 않는다. 말과 표정이 약간 치우침이 있으면, 소송하는 자 또한 집행하는 말을 받고도 복종하지 않고, 다른 관리에게 가서 판단을 맡긴다. 관리들이 받는 녹봉[餼廩]은 비록 송사에서 나오지만, 일이 크고 작음에 따라 많거나 적거나 한다. 바로 정해진 예가 있고, 관청 앞에 공표하여 많이 가져갈 수 없으므로, 관청에서 위세를 근거로 박탈할 수 없고, 관리들이 법률의 문장을 멋대로 해석하여 속이거나 해를 끼치지 못한다. 이것이 유럽의 형법 제도의 대략이다.

---

24) 이상 용인(用人), 학(學)에 관한 정보들은 『해국도지』에 인용된 『직방외기』에서 채록하고 재구성했다(『위원전집』, 6책, 1083~4쪽). '수학'에 관한 설명은 천기철, 『직방외기』, 136~140쪽 번역을 많이 참고하였다.

25) 이 조목은 '속(俗)' 뒤에(12a)에 채록되었으나 두주에 이곳으로 옮기라는 지시에 따라, 옮겨 여기 편집한다. 『해국도지』에 인용된 『직방외기』에서 채록했다(『위원전집』, 6책, 1083쪽).

사람들이 길에서 유실물 또는 가축 등을 보면, 대부분 그 주인을 찾아 돌려주지만, 주인을 찾지 못하면 기른다. 나라에는 매년 며칠 동안 공공장소를 정해 잃어버린 가축을 알아보게 하는데, 기르던 사람과 획득한 사람이 모두 와서 모인다. 원주인을 찾으면 데려가도록 하고, 주인을 찾지 못하면, 도살하여 고기로 쓰거나 돈을 받고 팔아 가난한 사람들에게 나누어 준다. 금은이나 보물을 습득하면 성당[天主堂] 문밖에 글로 써서, 사람들이 와서 알아보게 하는데, 먼저 그 물건의 모습을 미리 말하게 하여, 하나하나 부합하면, 곧바로 돌려주고, 주인을 찾지 못하면 또한 궁핍한 사람들에게 나누어 준다.[26]

법(法): 나라에는 천리당(天理堂, 장로회)이 있다. 덕이 많고 큰 인물 중 세상에서 찾을 수 없는 자를 선발하여 주관하게 한다. 국가에 대사(大事)가 있거나, 큰 정벌이 있을 때, 반드시 먼저 이 천리당에 그 일을 묻는데, 천리(天理)에 부합하는지를 묻고, 해도 되는지를 헤아리게 한 연후에 실행한다.[27]

병(兵): 나라 안에서는 전투가 없지만, 이단의 다른 나라가 힘을 믿고 침략하거나 무시하는, 타타르[韃而靼], 튀르키예[度爾格] 등처럼 덕으로는 길들일 수 없는 나라들이 있다. 본국(本國, 이탈리아)에는 평소 마련해 둔 군제 이외에 귀족들 가운데 현명하고 용감함을 겸비한 사람들 수천 명이 결합하여 만든 기사수도회[義會]도 있다. 대체로 한 사람이 열 명을 감당할 수 있는데, 모두 나라를 보호하고 백성을 지키는 뜻을 세웠다. 처음 그 모임에 가입하려는 자는 과연 여러 어려움을 꺼리지 않는지 시험하여 가입시킨다. 이 모임은 지중해 몰타[Malta, 馬兒達]섬에 있으며, 수장이 주관한다. 경보가 있으면 모여[鳩集] 군대를 꾸려 반드시 적을 섬멸하여 공을 세운다. 다른 나라에도 별도의 모임이 있는데, 모두 비슷하다. 국왕도 이 모임에 참여하는 자가 있다. 이것이 바로 유럽의 군비에 관한 대략이다.[28]

풍속[俗]: ⓝ유럽의 나라 사람들은 천주교를 신봉하는 일은 두 가지를 준

---

26) '형(刑)'은 '법(法)' 뒤에(10a~b)에 기술되었으나, 두주의 지침에 따라 여기에 옮겨 편집한다. 『해국도지』에 인용된 『직방외기』에서 채록했다(『위원전집』, 6책, 1086~7쪽).

27) 법(法)에 관한 기술 또한 『해국도지』에 인용된 『직방외기』에서 채록하고 재구성했다(『위원전집』, 6책, 1086쪽).

28) 병(兵)에 관한 기술은 '속(俗)' 뒤에(12b~13a) 채록되었으나, 두주에 따라 여기에 옮겨 편

수하는 데 있다. 하나는 천주를 만물의 최상으로 경애하는 일이고, 하나는 자신처럼 다른 사람을 사랑하는 일이다. 천주를 경애하는 이는 마음으로 믿음[信], 소망[望], 사랑[仁]이라는 세 덕목을 견실하게 하고, 몸은 축일 예배[瞻禮]와 공부를 성실하게 행한다. 예배하는[瞻禮] 전당은 수도에서 시골 마을에 이르기까지 곳곳에 건립되어 있다. 또 가르침을 주관하는 사람은 오로지 교회 일을 주관한다. 사람들은 모두 그를 신부라고 칭한다. 이들은 동정의 몸을 지키며, 세속의 인연을 물리치고 순수한 일념으로 천주를 경애하고 섬기며 세상 사람들을 교화하고 이끈다. 그들 전당의 필요한 모든 물품[供億]은 모두 국왕, 대신, 그리고 민간인들이 돌아가며 바쳐 끊이지 않는다. 나라 사람들은 무리 지어 그곳에 드나든다. 7일마다 공개 예배[瞻禮]를 하는데, '미사[missa, 彌撒]'라고 한다. 이날에는 온갖 장인들이 모두 일을 쉬고, 온 나라의 위아래 사람들이 그곳에 가서 가르침을 주관하는 자의 경전 강론을 듣는데, 권선징악을 강론한다. 부녀자들은 별도로 한자리에 모여 듣는데, 남녀의 분별이 있다. 남을 사랑함을 자기처럼 하는데, 첫째는 그의 영혼을 사랑하는 일로, 그에게 선한 일을 하게 하고 악을 없애 주어 하늘의 복을 다 누리며 살게 하는 일이다. 둘째는 그의 육체를 자기처럼 사랑하는 일로, 타인을 자애하지 않으면, 천주는 반드시 자기를 자애하지 않을 것이므로, 유럽인은 모두 기부하기 좋아한다.

그 교인들 가운데는 도(道)를 앙모함이 너무 깊어 세상의 복과 즐거움을 포기하고 산골짜기에 피해 살거나, 세운 교회에 들어가 세상을 마칠 때까지 닦고 [신념을] 지키는 자들도 있다. 교회에 들어갈 때는 반드시 세 가지 맹세를 하는데, 하나는 정절을 지켜 색욕을 끊는 일이고, 하나는 안빈(安貧)하며 재물욕을 끊는 일이며, 하나는 명을 따라 의욕[意]을 끊는 일이다.

유럽 여러 나라에서는 16~17세부터 교회에 들어가 동정의 몸을 지키기를 소원하는데, 국왕에서 대신, 종실 이하의 남녀들까지 이루다 기록할 수 없다. 여자가 교회에 들어간 뒤에는 오직 부모와 가까운 친척만이 가서 그를 만날 수 있고 나머지는 절대 서로 만날 수 없다. 교회 안의 집들은 원래 매우 크고 탁 트여 있어 [사람들은] 거리낌 없이 노닐며 쉰다. 남자가 교회에 들어가면 관례상 여러 경우가 있다. 오로지 자신을 닦으며 남을 교화하는 데 힘쓰지 않는 자가 있는가 하면, 교화에 힘쓰며, 원유(遠遊)하지 못하는 이도 있다. 또 남을 교화하며 온 세상 사람들에게 미치게 하려는 이도 있다. 이들은 본국을 떠나, 친구들을 버리고, 친척을 방기한 채로 먼 곳을 편력한다. 그들은 천하를 한 집안처럼 여기고, 세상 사람들을 하나의 몸처럼 여겨, 위험함과 고됨을 마다하지 않는다. 사람을 구워 먹는 사람들의 땅이라도 몸소 편력한다. 오로지 온 세상의 사람들이 모두 참된 주인[眞主]을 인식하도록 하고, 그들의 영혼을 구원하여 소명을 다하도록 기도한다.

ⓞ명나라 초 게르만[日耳曼] 사람 마틴 루터[Martin Luther, 路得]가 별도로 '예수교'를 설립했다. 이로부터 여러 나라가 천주교를 따르는 자와 예수교를 따르는 자가 반반을 이루었다. 군민(君民)들은 서로 원수처럼 살육하며 열국이 서로 정벌했는데, 태반이 종교 다툼에서 비롯되었다. 그러나 소위 '천주'란 바로 예수였고, 책은 같지만, 강해(講解)가 달랐다. 천주교는 십자가를 받들고, 예수상을 본받는다. 그러나 예수교에는 없다. 그 나머지 교리는 대체로 서로 같다. 이탈리아[意大里] 도설에 상세하다.[29]

여정[程途]: 유럽의 여러 나라는 광둥[粵東]으로 올 때, 모두 대서양에서부터 출항하여, 아프리카[阿非利加]의 서안을 따라서 남행하여 끄트머리의 급아온갈박(岌阿穩曷朴)에 어떤 곳에는 '호망(好望)'[30]으로 되어 있고, 민간에서는 대랑산(大浪山)이라 한다.[31] 이르러 동북쪽으로 방향을 돌린다. 항해는 이곳에 이르면 바람과 파도가 가장 심하여, 서방 현지인[西土人][32]들은 바다에 익숙하지만, 두려

집한다. 이 정보 또한 『해국도지』에 인용된 『직방외기』에서 채록했다(『위원전집』, 6책, 1087쪽).

29) ⓝ또한 『해국도지』에 인용된 『직방외기』에서 채록했다(『위원전집』, 6책, 1085~6쪽). 천기철, 『직방외기』, 141~146쪽을 참고하시오. ⓞ의 정보는 『영환지략』에서 채록했다(『영환지략교주』, 120쪽).

30) 혜강이 채록한 『영환지략』에는 '호망각(好望角)'으로 되어 있다. 필사 과정의 실수로 보인다. 포르투갈어 '카보 다 보아 에스페란사(Cabo da Boa Esperança)'를 의역한 표기다.

31) 원주에 따르면 확실히 이곳은 희망봉을 가리킨다. '갈박(曷朴)'은 포르투갈어 '카보(cabo)'의 음역일 것이다. '급아온'은 남아메리카 최남단 '케이프 혼(Cape Horn, Cabo de Hornos, Cap Horn)'을 음차한 것 같은데 분명하지 않다.

32) 『영환지략』에는 '저 현지인들[彼土人]'로 되어 있는데, 혜강이 문맥을 정확히 하기 위해 '서(西)'자로 바꾼 것으로 보인다.

워하지 않는 이가 없다. 이곳을 지나면 이마에 손을 대고 서로 축하한다. 인도양[印度海]에서 동북쪽으로 항행하여, 수마트라[Sumatra, 蘇門答臘], 자카르타[Jakarta, 噶羅巴]의 순다[Sunda, 巽他]해협으로 들어갔다가 다시 동북쪽을 향해 항행하여 광둥에 이르는데, 거리를 계산하자면 대략 7만여 리다. 민간에서는 올 때는 3개월, 갈 때는 5개월이라 하는데, 대서양에서 중국까지 오는 데 대략 3개월 여정이고, 돌아갈 때는 반드시 5개월이 걸리기 때문일 것이다. 같은 항로로 왕복하지만, 속도가 같지 않은 이유는 순풍이냐, 역풍이냐의 문제만이 아니라, 사실 지구가 도는 힘[地轉之勢]에 다름이 있기 때문이다.[33] 동쪽으로 향할 때는 '역(逆)'이고 서쪽으로 향할 때는 '순(順)'이라는 설은 상반된다. '내거(來去)' 두 글자는 바꿔 써야 한다[向東逆, 向西順之說相返, 來去字當換着].

33) 여정[程途]에 관한 정보는 『영환지략』에서 채록했다(『영환지략교주』, 119쪽). 밑줄 친 정보는 혜강이 서계여의 문장과는 확실히 다르게 기술했다. 『영환지략』에서는 왕래에 속도의 차이가 있는 이유에 관하여, "사해의 물은 모두 동쪽으로 흘러, 미려(尾閭)에서 대지로 들어가고, 또 온갖 맥과 원천에 따라 흐름이 나뉘어 나온다. 유럽에서 중국으로 올 때는 순방향 흐름이 되고, 중국에서 서쪽으로 돌아갈 때는 역방향 흐름이 되므로 속도의 다름이 있다"라고 하였다. 마지막 주석은 혜강이 붙인 설명으로 『영환지략』에 근거하지 않았다.

[『지구전요』, 권5, 패동 최한기 편집][34)]

4-1. 러시아[峩羅斯] 지도 37과 38을 보시오.

강역(疆域): 러시아[峩羅斯]는 아라사(俄羅斯), 악라사(鄂羅斯), 액라사(厄羅斯), 아라사(阿羅斯), 알로사(斡^斡魯思), 올로사(兀魯思), 나찰(羅刹), 나차(羅車), 갈륵사(葛勒斯), 박라답(縛羅答), 막가사미아(莫哥斯未亞), 로서아(魯西亞), 몰수배(沒壽啡) 등의 다른 표기가 있다. 아시아[亞細亞]와 유럽[歐羅巴] 두 땅의 북쪽 경계를 차지한다. 또 바다 너머 아메리카[亞墨利加]의 서북쪽 모퉁이를 차지하며, 고리처럼 북빙해를 끼고 있다. 길이는 대략 2만여 리고, 남북으로 6,000리다.[35)] 바깥 이민족[外夷] 중 제일의 대국이다. 그 서쪽 땅은 서쪽으로 스웨덴[瑞典)], 프로이센[普魯士], 오스트리아[奧地利亞]와 경계하고, 남쪽은 튀르키예[土耳其], 페르시아[波斯, 이란], 동쪽은 서역 이슬람계 부락[回部]들과 경계한다. 그 동쪽 땅은 남쪽으로 카자크[哈薩克] 이슬람계 부락, 칼카[Kalka, 喀爾喀], 몽골[蒙古], 흑룡강(黑龍江)과 경계한다. 전체 영토를 종합하자면, 아시아에 있는 나라는 열에 여섯이고, 유럽에 있는 것은 열에 넷이다. 그러나 신구(新舊)의 두 수도가 모두 유럽에 있다. 그들의 부유하고 번성한 부락, 웅장하고 화려한 도시[城邑]는 서쪽에 몰려있다. 동쪽 땅은 넓지만 황폐하고 추운 불모의 땅이다. 그들의 동맹과 정벌 또한 유럽의 여러 나라와 이어져 있다. 국세는 서쪽에 있지 동쪽에 있어 유럽에 들어간다. 이 나라는 대략 네 부락[部]으로 나뉘는데, 유럽 경내에 있는 발트해[波羅的海] 동부와 폴란드[波蘭] 부락, 아시아 경내에 있는 코카서스[Caucasus, 高加索] 새 식민지[藩部], 시베리아[Siberia, Сибúрь, 西伯利] 부락이다. 큰 네 부락으로 나뉘지만 대세는 동서의 두 땅이다. 시베리아는 그 동쪽 땅이고, [발트]해 동쪽과 폴란드, 새 식민지[藩部] 세 부락이 바로 서쪽 땅이

34) 저본에는 권수 표기는 없고, 판심에 '4권'으로 표기되어 있으나, 두주에 큰 글자로 '5'를 표기하고 있는데, '5권'으로 교정하려 했던 것 같다. 위의 분권 표기는 국립중앙도서관 소장본을 따른 것이다.

35) "남북으로 6,000리다"라는 문장을 빠뜨려, 두주에 추가되어 있어 옮겨 구성했다.

36) 『영환지략』에서 채록했다(『영환지략교주』, 121, 125, 132쪽). 밑줄 친 문장은 혜강이 채록하지 않았으나, 이해를 위해 넣어 번역했다.

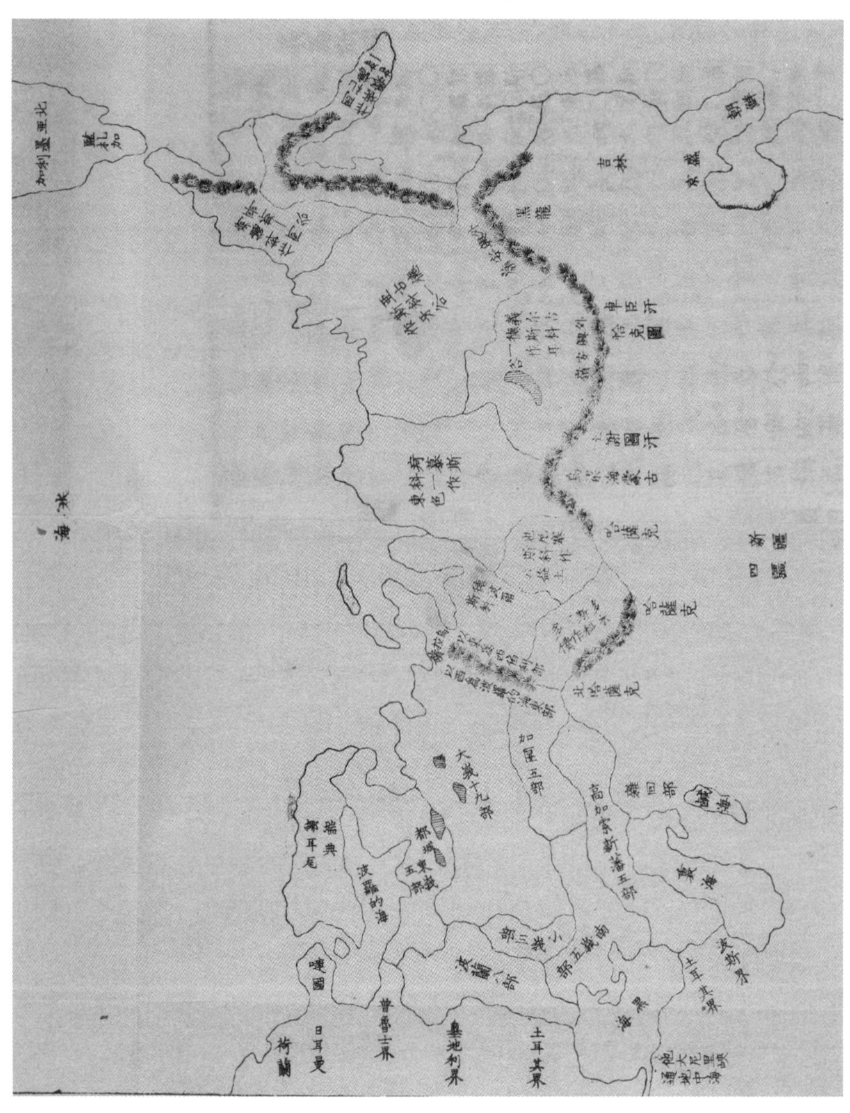

지도 37. 국립중앙도서관 소장본의 지도가 몹시 희미하여 『영환지략』(도시샤대학 소장본, 1861)에서 가져왔다. 국립중앙도서관 소장본에는 '아라사도(峩羅斯圖)'라는 지도 명이 있고, 경도와 적도 표기가 있다.

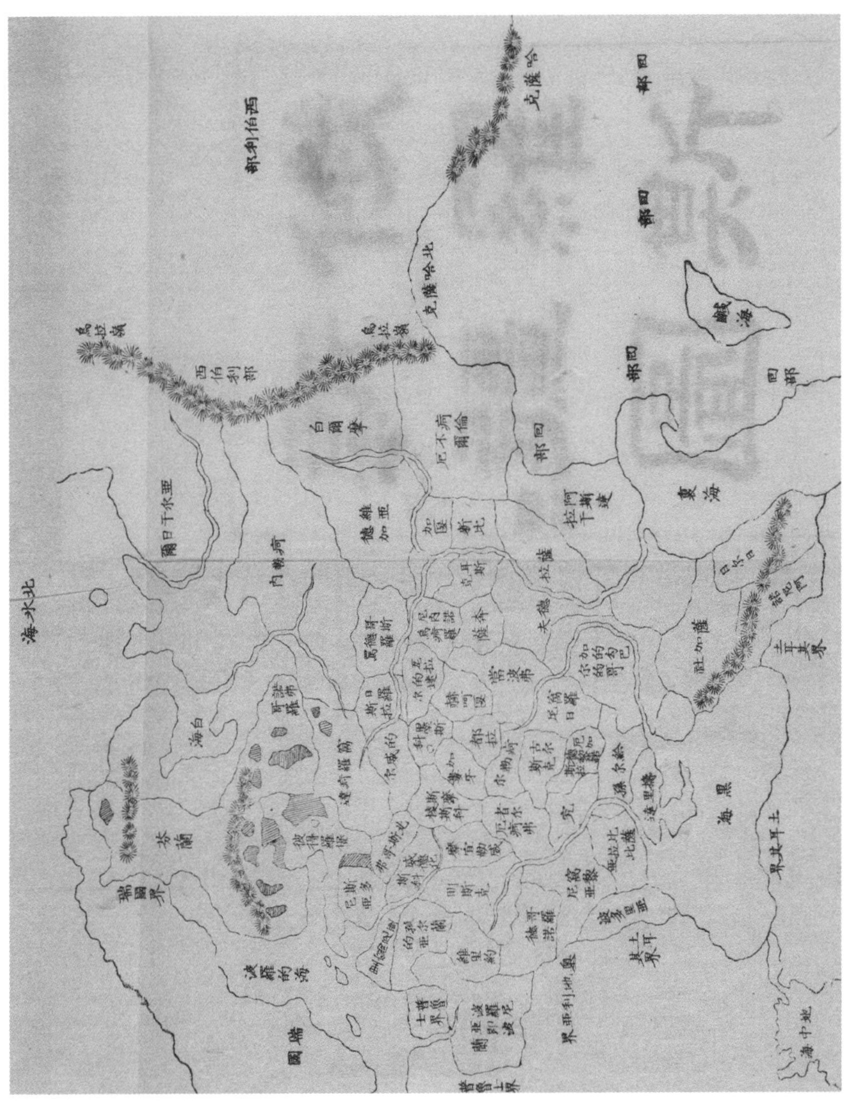

지도 38. 국립중앙도서관 소장본의 지도가 몹시 희미하여 『영환지략』(도시샤대학 소장본, 1861)에서 가져왔다. 국립중앙도서관 소장본에는 '아라사서경도(峩羅斯西境圖)'라는 지도 명이 있고, 경도와 적도 표기가 있다.

다.[36]

수(水): 동쪽 땅은 광막하여 끝이 없으며, 눈과 얼음이 쌓여 있는 세계[雪窖冰天]로, 옛날부터 불모의 땅이었다. 경내에는 레나[Lena, Лена, 勒拿], 예니세이[Yenisey, Енисе́й, 葉尼塞], 오비[ob, Обь, 阿比] 등의 큰 강이 있는데, 대부분 고비사막 북부[漠北]에서 발원하여 북빙해로 흘러든다. 큰 호수는 소미(蘇米)와 배반(排半)이다. 서쪽 땅 세 부락은 둘레가 1만여 리고, 절반이 모두 평지다. 들어선 나라는 북쪽 경내에 있지만, 비옥한 땅은 대부분 남방에 속한다. 가장 긴 강은 볼가[Volga, Во́лга, 窩瓦]로, 동남쪽으로 7,000여 리를 흘러 카스피해[裏海]로 들어간다. 드네프르[Dnieper, Днепр, 地尼伯]강은 남쪽으로 흘러 흑해(黑海)로 흘러든다. 돈강[Don, 頓]은 서남쪽으로 흘러 아스[As, 亞速] 바로 아속(阿速) 만으로 들어간다. [서] 드비나[Dvina, Двина́, 土士味拿][37] 강은 서북쪽 발트해[波羅的海]로 흘러 들어간다. 오네가[Onega, Оне́га, 阿尼牙]강은 북쪽으로 흘러 백해[White Sea, 白海]로 들어간다. 서북쪽에는 큰 호수가 많은데, 라도가[Ladoga, Ла́дожское, 剌多牙], 오네가[阿尼牙], 세고[Sego, 西峨][38] 등이다. 해구(海口) 중에서 배들이 드나들 수 있는 지역으로, 북방은 백해(白海)의 모퉁이인 쵸스카야[Choshskaya, Чёшская, 澤加牙]만이고, 서북쪽은 핀란디아[Finnia, Finlandia, 芬蘭利牙]의 만(灣)이며, 서남쪽은 아스[亞速]만이다. 분기하는 물줄기가 사방을 통하여 배로 다니기가 편리하다. 다만 땅 기온이 매우 추워 바닷물이 얼지 않는 시기는 해마다 6월과 7월이고 4월과 5월에도 배가 왕래할 수 없는 때도 있다. 남쪽 경계인 흑해는 다르다넬스[Dardanelles, 他大尼里] 해협에서 지중해와 하나로 연결되어 있다. 바닷길은 다른 나라들의 편리함만 못해 멀리 나아가기 어렵다.[39] 산은 많지만, 유명한 산은 파부림사과(帕付林斯科) 산으로 국경 동쪽 불락극(佛落克) 산줄기 서북

---

37) 『해국도지』에 인용된 『만국지리전도집(萬國地理全圖集)』에는 '토미나(土味那)'로 표기되어 있어(『위원전집』, 6책, 1459쪽), '토'자로 교정한다.

38) 『해국도지』 교주에서는 세그(Seg) 호수(о́зеро)로 추정했다(『위원전집』, 6책, 1475쪽). 바로 '세고(Sego)'에 해당하는 음차다.

39) 『영환지략』에서 채록했다(『영환지락교주』, 132쪽).

40) 『이역록(異域錄)』(사고전서본), 권하(2a)에 "베르호투르스크 볼라크(Верхотурск волок)

쪽에 있다.[40)]

기후[風氣]: 이곳은 밤이 길고 낮이 짧다. 겨울에는 낮이 두 시간뿐이다. 날씨는 매우 추워 눈이 내리면 단단히 얼어붙는다. 행인들이 마차를 타고 눈 속을 지날 때, 말은 번개처럼 빠르게 달린다. 집들은 대부분 화력으로 따뜻하게 한다. 눈 속을 다니는 사람들이 심한 추위에 입으면 혈관이 모두 얼어 얼음 바위처럼 굳어버린다. 갑자기 따뜻한 집 안으로 들어가면 귀나 코가 바로 바닥에 떨어진다. 바깥에서 오는 자들은 먼저 물에 몸을 담가 뻣뻣한 몸이 점차 녹기를 기다렸다가 따뜻한 집 안으로 들어가야 한다.[41)]

사람들[人民]: ⓐ사람들은 눈이 깊숙하고 코가 높으며 눈동자는 푸르고 머리털은 황적색이다. 남녀는 모두 머리를 기르는데, 남자는 머리털을 자주 아교 물을 발라 구불구불하게 하고, 여자는 머리털을 빗어 높이 쪽을 짓는다.[42)] ⓑ그 사람들은 여러 종족으로 나뉘는데, 하나는 슬라브[Slavs, 薩剌瓦]족으로, 서민들의 대부분을 차지한다. 레티[Lethi, Letthigalli, 力丁]족은 발트[波

산맥[費耶爾和土爾斯科佛落克嶺]"이라고 하였고, 『대청일통지(大淸一統志)』(사고전서본, 권199, 94a)에서는 '파부림사과(帕付林斯科)'라는 산을 언급하고 주석에 "국경 동쪽 불락극(佛落克) 재[嶺] 서북쪽에 있다(在國境東佛落克嶺西北…)"라고 하였으므로, 혜강은 『해국도지』에 인용된(『위원전집』, 6책, 1515쪽) 『대청일통지』를 채록했음을 알 수 있다. 한편, 『대청일통지』(권199, 95a~95b)에는 러시아의 강을 들어 설명하며, 케티[Ket, Кеть, 揭的]강은 "예니세이스크의 서북쪽 200여 리 지점은 마과사과(麻科斯科, Makovskoe?)라고 하는데, '불락극'이라는 산맥[嶺]이 있다. 이 산줄기를 따라 흘러가 서북쪽으로 2,500리 남짓 흘러가 나림[Narym, 那里穆]이르러 오비[鄂布]강으로 들어간다(伊聶榭柏興之西北二百五十餘里, 地名麻科斯科, 有嶺名佛落克. 水從嶺下流出, 西北流二千五百餘里, 至那里穆柏興, 入于鄂布河)"라고 하였다. 먼저 '백흥'은 "각 지방[省]의 성(城)이나 보(堡)를 '백흥'이라 한다(各處省城堡名曰柏興)"라고 하였다(권199, 91b). 『해국도지』 교주에 따르면, '령(嶺)'을 러시아어로 '불락극'이라 한다고 한다(『위원전집』, 6책, 1540쪽). 결국, '베르호투르스크[Verkhotursk, 費耶爾和土爾斯科]'가 『해국도지』와 『영환지략』에서 '파부림사과(帕付林斯科)'로 옮겨졌다. 여기 베르호투르스크는 '울루스(ulus)' 명칭으로, 현 페름 지방 스베르들롭스크주[Sverdlovsk oblast]에 해당한다(V. N. Chernetsov, 『Prehistory of western Siberia』, Montreal, 1974, 359, 363쪽) . 바로 동유럽 끝의 우랄산맥 시베리아 쪽 중북부 지역이다.

41) 『직방외기』, 권2, 모스크바[Moscovia, 莫斯哥未亞] 기술에서 채록했다(『직방외기교석』, 100쪽).

42) 『대청일통지』(사고전서본, 권199, 4a)에서 채록했다.

羅的] 연해에 거주한다. 핀[Finns, 芬]족은 바로 핀란드[芬蘭] 현지인 서북방에 산다. 타타르[撻撻里]족은 남방에서 유목하며 이슬람교를 신봉한다. 바로 서역 이슬람계 부락[回部] 사람들이다. 카자흐[Kazakhs, 甲孑]족 또한 유목하며 불교를 신봉한다. 몽골 사람들 게르만[日耳曼]족은 새로운 땅을 개간하여 경작한다. 유대[猶太]족은 흩어져 사는 민족으로 갖은 수공업에 힘쓴다. ⓒ사람들은 용맹 건장하고, 교만하며 이익을 탐한다. 평소에는 화목하며 해학을 좋아하여 다툼이 적다.[43)]

물산(物產): ⓓ나무로는 삼송(杉松), 마미송(馬尾松), 양(楊), 자작나무[樺], 총류(叢柳), 앵욱(櫻薁), 느릅나무[楡], 해당화[刺玫] 등이 난다. 곡물로는 보리[大麥], 밀[小麥], 메밀[蕎麥], 귀리[油麥]와 기장[稷]이 난다. 채소로는 무[蘿蔔], 순무[蔓菁], 배추[白菜], 왕과(王瓜), 고수[芫荽], 호박[倭瓜], 파[葱], 마늘[蒜]이 난다. 짐승과 가축으로는 낙타[駝], 말[馬], 소[牛], 곰[熊], 늑대[狼], 감달한(堪達韓), 멧돼지[野豬], 사슴[鹿], 노루[狍], 몽골양[黃羊], 여우[狐狸], 토끼[兎], 담비[貂鼠], 흰 족제비[銀鼠], 다람쥐[灰鼠], 바위 쥐[蹊鼠]가 난다. [혜서(蹊鼠)는] 땅속을 다니며 햇빛을 보면 즉사한다. 몸집은 커 만근이 나가는데, 뼈가 희고 윤기나, 상아와 비슷하며 가장 찬 성질이 있어 먹으면 번열(煩熱)을 없앨 수 있다. 뼈는 그릇으로 만들 수 있는데, 그들 사이에서는 '마문탁와(麻門橐洼)'라고 한다. 날짐승으로는 매[鷹], 붕(鵬), 요(鷂), 거위[鵝], 송골매[海靑], 까마귀[鴉], 오리[鴨], 닭[鷄]이 난다. 또 섭목심계(聶木沁鷄)가 있는데, 거위[鵝]처럼 크고, 다리는 길며 꼬리는 짧다. 검푸르며 꽃문양이 있은 종도 있고, 흰색에 파란 반점이 있는 종도 있다. 그 벼슬 색깔이 수시로 변하여 사람이 조금만 만져도, 울며 날갯짓하며 벼슬을 아래로 드리운다. 집을 엮어 기른다. ⓔ또 마(麻)와 가죽[皮布]이 많다. 마로는 돛의 베를 짜서 각 나라에 판다. 가죽은 중국에 돌려서 판다. 나무에는 상수리나무[橡], 느릅나무[楡], 소나무[松]가 많은데, 바닷길로 각 나라로 운송한다. 남방에는 말이 많고, 북방에는 소가 많다. 소의 기름과 가죽은 끝없이 수출된다. 동쪽 경계의 산에는 금(金), 은(銀), 동(銅), 철(鐵), 금강석(金剛石)이 난다. ⓕ나라 사람 중에는 도둑이 많아, 사람들은 맹견을 다투어 기르는데, 사람을 보면 물어, 낮에는 우리에

43) ⓐ의 정보는 『서역문견록(西域聞見錄)』(와세다대학 소장본, 권4, 1b)에서 채록했다. 『해

넣어 둔다. 밤에 종소리가 들리면, 비로소 풀어 두고 사람들은 급히 모습을 숨기고 문을 닫는다. 또 꿀 숲[蜜林]이 있는데, 그곳 나무에는 모두 벌집[蜂房]이 있어 나라 사람들이 각기 그 나무를 구분하여 자산으로 삼는다.[44)]

의식(衣食): ⓖ8월부터 4월까지는 모두 가죽 털옷을 입는다. 짐승의 가죽은 많지만, 여우[狐], 오소리[貉], 담비[貂鼠] 같은 종류는 가죽옷 하나에 천금에 달하기도 한다. 곰의 가죽은 늙는 깔개로 만드는데, 서캐와 이를 영원히 차단할 수 있다. 가죽이 나는 곳에서는 그것을 활용하여 세금을 충당하고 이웃 나라에 보내는데, 수십 수레에 달한다. ⓗ의복은 길어 발과 나란하고, 여름에는 마(麻)로 짠 베옷을 입고, 겨울에는 가죽 털옷을 입는데, 귀한 사람들의 옷은 모두 보석과 금강찬(金剛鑽)으로 장식한다. ⓘ남자는 몸을 묶듯이 온몸을 꽁꽁 둘러 입고, 여자는 치마, 적삼, 외투를 입는데, 모두 중국식 복장이지만 발과 귀를 싸매지 않는다. 속옷[褻]이 없어 치마가 길면서 두 벌이다. 식사는 밀면[麥麵]을 상식하며 물고기를 상품(上品)으로, 다음은 돼지로 친다. 대회(大茴)를 우수한 맛으로 여겨 사람들이 즐겨 먹는다. 곡미(穀[殺]米)는 가축의 여물 콩으로 쓸 뿐이다. 시고 매운 음식을 좋아하고 음주를 탐하며 말린 생선[薨鱻魚]을 먹고 거여(粔籹, 빵?)를 먹는다.[45)]

궁실(宮室): 다락집[樓居]을 좋아하여 4~5층짜리가 있다. 들보, 기둥, 마루, 벽 모두 나무를 사용하고 기름과 횟가루를 꼼꼼히 발라 기와나 '기(蘶)'가 필요 없다. 금가루로 조각하여 사람의 공을 다 들였다. 창문은 사방으로 내고 각색의 유리[玻璃]로 장식하며, 금은의 실로 수를 놓아 창문을 가린다. 다음으로 그 나라의 전피지(田皮紙)를 사용하는데, 모두 단정하여 볼 만하다. 나무

국도지』에도 인용되었다(『위원전집』, 6책, 1518쪽). ⓑ는 『영환지략』에서 채록했고(『영환지략교주』, 133쪽), ⓒ는 『대청일통지』(사고전서본, 199, 94a)에서 채록했다.

44) ⓓ의 산물에 관한 정보는 『해국도지』에 인용된 『황청사예고(皇淸四裔考)』에서 채록했다(『위원전집』, 6책, 1511쪽). ⓔ는 『영환지략』에서 채록했고(『영환지략교주』, 133쪽), ⓕ는 『직방외기』에서 채록했다(『직방외기교석』, 100, 101쪽).

45) ⓖ는 『직방외기』에서 채록했고(『직방외기교석』, 100쪽), ⓗ는 『해국도지』에서 채록했다(『위원전집』, 6책, 1458쪽). ⓘ는 『서역문견록』에서 채록했다(와세다대학 소장본, 권4, 1b, 2a, 3a). 『해국도지』에도 인용되었다(『위원전집』, 6책, 1518, 1519쪽). 밑줄 친 정보는 『서역견문록』에서 『서북역기(西北域記)』를 인용한 문장에 보인다.

집은 대체로 화재를 당하기 쉬워 화기를 가장 엄하게 금한다. 집 안에 있는 침상, 책상, 의자류는 남방과 흡사하다.[46)]

문자(文字): 글은 가로로 쓰되 왼쪽에서 오른쪽으로 쓴다. 동쪽은 라틴어[Latino, 拉提諾]에, 서쪽은 토도[Todo, Тодо, 托忒][47)], 오주극(烏珠克) 어와 부합하지만, 몽골어, 만주어, 한문으로 중역(重譯)되었다. 라틴어는 서양의 글자체이고, 토도[托忒]는 오이라트[Oirat, 厄魯特] 글자 형태이며, '오주극'는 탕구트[唐古特] 자형이다. 강희(康熙) 44년(1705) 러시아[峩羅斯] 무역 사신이 이르러, 상이 그들의 문자를 보고, 세 글씨체를 겸했다고 하였다.[48)]

역(歷): 초하루나 보름을 알지 못하고, 29일이나, 30일이나, 혹은 31일을 한 달로 치고, 12개월을 1년으로 친다.

농(農): 무역을 높이 사 농사에 힘쓰는 자는 적어 파종할 줄을 알지만 김맬 줄은 모르며, 소로 밭갈이를 하지 않는다.[49)]

상(商): ⓙ무역하려면 외국 상인이라고 사칭해야 나라 사람들의 신뢰를 받는다. 본토 사람이라고 말하면 되레 그들에게 속는다. ⓚ수출하는 상품은 목재[材木], 오곡(五穀), 대마 기름[麻油], 소 기름[牛油], 거친 돛[粗帆], 마포(麻布), 피혁 제품[皮貨], 동(銅), 철(鐵), 백랍(白蠟), 부레[魚肚]이고, 수입하는 상품은 서양의 여러 나라와 같다. 국도(國都)는 페테르부르크[彼得羅堡]라고 하는데, 무역이 가장 번성하다. 도광(道光) 10년(1830) 국도에 수입된 산물의 총액은 1억 원이고, 수출한 산물의 총액은 7,400만 원이며, 들어온 배는 1,238

---

46) 『서역문견록』에서 채록했다(와세다대학 소장본, 권4, 1b~2a). 『해국도지』에도 인용되었다(『위원전집』, 6책, 1518, 1519쪽).

47) 오이라트(Oirat) 서체로, 소위 '클리어 스크립트(Clear Script)'를 말한다. 몽골 서부, 오이라트, 칼미크인들의 서체로, 중가리아, 동투르키스탄에서 여전히 쓰이고 있다고 한다(Peter T. Daniels, William Bright, ed., 『The World's Writing Systems』, New York, 1996, 548쪽).

48) 이 '문자' 기술은 '상(商)' 뒤에(5a) 채록되었으나, 두주에 여기에 옮겨 편집하라는 요청이 있으므로, 그에 따랐다. 이 단락은 위원이 쓴 「중국과 러시아 동맹과 사신 교환에 관한 기록[國朝俄羅斯盟聘記]」에서 채록했다(『위원전집』, 6책, 1525쪽). 위원이 언급한 강희 44년의 일은 『황조문헌통고(皇朝文獻通考)』(사고전서본, 권300, 14a)에 보인다.

49) 이상 역(歷)과 농(農)의 정보는 『해국도지』에 인용된 『황청사예고(皇清四裔考)』에서 채록했다(『위원전집』, 6책, 1510쪽).

척이다. 남북의 다른 항구로 들어온 산물 총액은 3,300만 원이고 수출한 총액은 1,600만 원이다. 100여 년 전에는 오늘날의 10분의 1도 되지 않았는데, 나라의 굴기가 빨랐다고 할 수 있을 것이다. 중국과의 무역은 단지 몽골 지방에만 허가될 뿐, 남해에서는 허가되지 않았다.[50)]

전(錢): 은(銀)으로 주화를 만들어 글자와 그들 칸의 얼굴을 본떴는데, 무게는 7전 남짓이다. 그것을 '아랍사랑(阿拉斯朗)'이라 부른다.[51)]

기용(器用): ⓛ악기에는 종(鐘), 고(鼓), 나팔(喇叭), 목적(木笛), 수르나[嗩吶], 동현쟁(銅弦箏), 호금(胡琴)이 있다. ⓜ어떤 대종(大鐘)은 흔들어 울리지, 쳐서 울리지 않는다. 흔들 때는 30명이 아니면 불가능하다. 국주(國主)가 즉위하거나 그의 생일에만 울린다. 주조한 대포(大礮)는 그 길이가 3장 7척으로, 한 발에 화약 두 섬을 쓰며, 두 사람이 안으로 들어가 청소할 수 있다.[52)]

부(賦): ⓝ밭에는 열에 하나를 조세한다. 짐승을 잡는 자들에게는 담비[貂鼠], 여우[狐狸], 흰 족제비[銀鼠], 다람쥐[灰鼠]를 받는다. 짐승을 잡지 않는 사람들에게는 해마다 은전 200을 받는다. ⓞ매년 관세, 농지세[田賦], 잡세 등으로 모두 은 7,800만 냥을 거두어들인다.[53)]

왕(王): 그들 왕은 '차르[Tsar, царь, 察罕汗]'라 부른다. 풍속으로 군신의 의리를 가장 중시하여, 칸[汗]의 무도함이 극심하더라도 그이 옳고 그름을 감히 따질 자가 없다.[54)]

정(政): 재상(宰相)이 정사를 관리한다. 큰일이 있으면 왕이 귀족 120명을

50) ⓙ의 정보는 『직방외기』에서 채록했다(『직방외기교석』, 100쪽). ⓚ는 『해국도지』에 인용된 『무역통지(貿易通志)』에서 채록했다(『위원전집』, 6책, 1523쪽).

51) 『서역문견록』에서 채록했다(와세다대학 소장본, 권4, 1b). 『해국도지』에도 인용되었다(『위원전집』, 6책, 1518쪽).

52) ⓛ은 기오로 툴리센[Gioro Tulišen, 覺羅圖理琛, 1667~1740]이 1712~1715년 토르후드[Torɣud, 土爾扈特] 아유카 칸[Ayuka Khan, 阿玉奇, 1669~1724년 재위]에게 사신으로 다녀온 기록인 『이역록(異域錄)』에서 채록했다(사고전서본, 권1, 45a). 『해국도지』에서는 『황청사예고(皇淸四裔考)』에서 채록했다(『위원전집』, 6책, 1511쪽). ⓜ은 『직방외기』에서 채록했다(『직방외기교석』, 100쪽).

53) ⓝ은 『해국도지』에 인용된 『황청사예고(皇淸四裔考)』에서 채록했다(『위원전집』, 6책, 1510쪽). ⓞ는 『영환지략』에서 채록했다(『영환지략교주』, 133쪽).

54) 『서역문견록』에서 정리하고 채록했다(와세다대학 소장본, 권4, 3a).

불러 의회[公會]에서 의논한다. 그 부서로 여덟이 있는데, 대략 중국의 육부(六部)와 같으나, 더 종인(宗人)으로 이민족을 다스린다.[55)]

관(官): ⓟ대 스크[大斯科] 여덟이 있다. 그 일곱 관구[道]에는 갈갈림(噶噶林)을 두어 지키게 하고, 도성에는 대신 넷을 두어 여덟 관구의 통치를 총괄한다. '스크[-ск, 斯科]'란 중국의 성정부[省治]와 같다. 대 스크[大斯科] 하나에는 속한 소 스크[小斯科] 수십 개가 있는데, 중국의 부치(府治)와 같다. 백흥(柏興) 수백 개가 있는데 중국의 현치(縣治)와 같다.[56)] 대사과(大斯科)마다 '갈갈림(噶噶林)'이라 부르는 총관 1명을 두는데, 중국의 총독과 같다. 소사과(小斯科)와 백흥(柏興)에는 두목을 두었는데, 군수나 현령[守令]과 같다.[57)] ⓠ관리 제도[官制]로 문무 모두 칼을 달아 차고, 칼자루에는 옥, 금, 은, 동, 철의 구분이 있어, 관리의 품계나 등급은 칼자루를 보면 알 수 있다.

학(學): ⓡ강희(康熙, 1662~1722) 연간 처음으로 중국과 통교하며 준수한 사람들을 우리 국학에 보내 배우게 하고 『사자서(四子書)』를 받아 돌아갔다. ⓢ그 나라는 또 사람을 경사로 보내 입학시켜, 러시아[俄羅斯] 학관을 설치하여, 만주 조교(助敎) 1명, 한족 조교 1인을 파견하여 가르치게 했다. 옹정(雍正) 5년(1727) 러시아는 라마[喇嘛] 6인과 학생 4인을 수학하게 하고, 10년마다 한 번씩 바꾸기로 정했다.[58)]

형(刑): 반역하여 상(上)을 범한 자는 팔과 다리를 찢어 죽인다. 적을 만나 패주한 자는 참수한다. 겁탈하거나 사람을 죽인 자는 모두 참수한다. 사람

---

55) 『영환지략』에서 채록했다(『영환지략교주』, 133쪽).

56) '갈갈림(噶噶林)'과 '백흥(柏興)'은 무엇을 음차했는지 확인되지 않는다. 러시아 제국의 현급 행정구역은 '구베르니야(губе́рния)'라고 하고, 읍 단위는 '볼로스티(во́лость)'라고 부른다. 구베르니야의 행정관을 '구베르나토르(губернатор)'라고 부른다.

57) ⓟ의 정보는 위원이 쓴 「중국과 러시아 동맹과 사신 교환에 관한 기록[國朝俄羅斯盟聘記]」에서 채록했다(『위원전집』, 6책, 1518, 1525쪽). ⓠ는 '관2'으로 분류하여 별도로 기술하고 있는데(7a), 두주에 이곳으로 옮기라는 설명은 없지만, '1'과 '2'로 순서를 보여준다는 점에서 여기에 옮겨 편집한다. 이 ⓠ의 정보는 『서역문견록』에서 채록했다(와세다대학 소장본, 권4, 1b). 『해국도지』에도 인용되었다(『위원전집』, 6책, 1518쪽).

58) ⓡ은 『서역문견록』에 인용된 『서북역기(西北域記)』에서 채록했다(와세다대학 소장본, 권4, 3b). 『해국도지』에도 인용되었다(『위원전집』, 6책, 1519쪽). ⓢ는 『해국도지』에 인용된 『대청일통지』에서 채록했다(『위원전집』, 6책, 1513쪽).

을 상하게 한 자는 손을 자른다. 창고에서 공공 물품을 훔친 자는 장물의 많고 적음을 살펴 코나 귀를 자르기도 하고 불로 지져 유배 보내기도 한다. 사사로이 주화를 주조한 자는 구리를 녹여 입안에 부어 죽인다. 사사로이 담배나 술을 판 자는 그의 집안에 중하게 문책하고 유배 보낸다. 간통하여 본 남편을 죽인 자는 그가 본 부인이면 땅에 묻고 머리만 내어 죽이고, 간통한 상대는 나무에 매달아 죽인다. 간통한 경우, 본 부인은 이혼하지 못하도록 중히 문책하고 간통한 상대는 중히 문책하고 벌금으로 은을 관청에 낸다. 어린아이가 여자와 간음한 경우는 중히 문책하고 짝을 지어 부부가 되게 한다.

법(法): 16촌을 1척, 12냥을 1근, 1,000보를 1리로 한다. 뒤에 500보를 1리로 고쳤다. 박 씨[瓜種] 같은 크고 작은 은 주화를 사용하는데, 3문(文), 10문, 50문, 100문에 해당하는 것이 있고, 또 구리 주화가 있는데, 작은 은 주화와 함께 통용한다.

예(禮): 비천한 사람이 존귀한 사람을 보면 모자를 벗고 땅에 서서 인사하고, 존장은 모자를 벗지 않는다. 평등한 사람이 서로 만나면 모두 모자를 벗고 땅에 서서 인사한다. 남자가 부인을 만나면, 남자는 모자를 벗고 부인은 땅에 서서 인사한다. 혼인에는 중매를 통하고, 결혼하는 날에는 천주당(天主堂)에 가서 예배하고 송경(誦經)을 마치고 비로소 합방한다. 빈소와 염습에는 관이 있으며, 모두 천주당으로 보내 매장한다.[59]

속(俗): ⓣ천주교(天主教)를 숭상한다. 매년 사계절에 따라 40일 혹은 30여 일 네 차례의 성회[大齋]가 있고, 겨울 성회가 끝나는 날을 한 해의 시작으로 친다. 평소에는 일곱 재계를 행한다. 절검할 줄 알고, 전쟁을 싫어한다. 성격이 자랑하고 이득을 탐하며, 해학을 즐기고 소송을 좋아한다. 길일이 되면, 남자들은 서로 모여, 취하면 노래하고 춤을 추며, 부녀들은 손님을 피하지 않고, 다투어 서로 화려하게 장식하여 유희하며 대오를 이루어 길에서 노래하며 행진한다. ⓤ단지 천지(天地)와 일월(日月)만 경배하고, 귀신, 선(仙), 불(佛), 성인의 도가 있는 줄 모른다.[60]

---

59) 이상 형(刑), 법(法), 예(禮)에 관한 기술은 모두 『해국도지』에 인용된 『황청사예고(皇淸四裔考)』에서 채록했다(『위원전집』, 6책, 1510쪽).

60) ⓣ는 『해국도지』에 인용된 『황청사예고(皇淸四裔考)』에서 채록했다(『위원전집』, 6책,

병(兵): ⓥ군사(軍事)를 가장 경계한다. 그들의 말에 따르면, 천지가 사람을 낳아 동류가 아님이 없는데 어찌 사람이 다른 사람을 죽일 수 있으며, 스스로 동류를 해하는 이치가 있겠는가. 그러므로 나라가 부강하더라도 부근의 약한 나라를 침범하는 일이 있어서는 안 된다고 한다. 그러나 군대는 정예롭고, 조총[鳥鎗]은 200보에 미칠 수 있다. 적을 죽이는 일을 용감하다고 여기며, 패배하고 돌아온 자는 종신토록 사람 수에 들지 못한다. 그들 군대에는 입대하여 군량을 먹는 일이 없이, 들어가서는 농사를 짓고 나가서는 군사가 되며, 훈련은 모두 농한기에 한다. ⓦ세 장정 중 하나를, 다섯 장정 중 둘을 뽑아 군사로 삼고 군사는 각기 군영을 가진다. 16세부터 입영하여 말과 총기[器械]를 받으면, 집으로 돌아갈 수 없고, 아내를 둘 수도 없이, 매일 병영에서 학습하고 훈련한다. 전쟁을 벌일 일이 발생하면 그들의 장교를 따라간다. 월급은 '아랍사랑(阿拉斯朗)' 주화로 1원과 식량 1섬이며, 50세가 되면 군대에서 나온다. ⓧ풍속으로 노예 축적을 높이 사, 높은 관리나 부유한 상인들은 비축한 노예수가 한 사람당 수십에서 백 명에 이른다. 온 나라에 노예 수는 백만여 명으로 군사 수보다 많다. 군사[額兵]은 61만 명이고, 기병대[馬隊]가 우수하며, 총기 또한 훌륭하다. 해군의 큰 군함은 40척, 전함은 35척, 군함[兵船]은 28척, 작은 배는 300척이며 해군은 4만 명이다.[61)]

각 부락[各部]: 발트해[波羅的海] 동부는 서쪽으로 발트해에 이르고, 동쪽으로 우랄산맥[烏拉嶺]에 우랄산맥은 북쪽 북빙해에서 시작하여 남쪽 페름[Perm, Пермь, 白爾摩]에 이른다. 길이는 약 4,000리, 유럽[歐羅巴]과 아시아[亞細亞] 두 땅은 이 산맥을 경계로 한다. 이른다. 북쪽은 북빙해이고, 남쪽은 흑해로 끝난다. 남북으로 대략 7,000여 리고, 동서로 대략 5,000여 리다. 러시아[峩羅斯] 본국의 전체 영토다. 지형은 평탄하고 동쪽에서 산맥이 나타나기 시작하며 대세로 다섯 지역[五域[城]]으로 나누는데, 동 러시아[東峩], 대 러시아[大峩], 카잔 러시아[Казань, 加戛峩],

1510쪽). ⓤ는 『서역문견록』, 스웨덴[Götar, 控噶爾] 기술에서 채록했다(와세다대학 소장본, 권4, 5a). 『해국도지』에도 인용되었다(『위원전집』, 6책, 1520쪽).

61) ⓥ는 『서역문견록』, 스웨덴[Götar, 控噶爾] 기술에서 채록했다(와세다대학 소장본, 권4, 5a~5b). 『해국도지』에도 인용되었다(『위원전집』, 6책, 1520쪽). 밑줄 친 문장은 혜강이 채록하지 않았지만, 이해를 위해 번역해 두었다. ⓦ는 『서역문견록』에서 채록했다(와세

소 러시아[小峩], 남 러시아[南峩]다.

동 러시아[東峩]는 나라의 서북쪽 경계에 있다. 발트해[波羅的海] 동안을 차지하고 있어 '동러시아'라고 한다. 땅은 다섯 부락[部]으로 나뉘는데, 으뜸 부락은 페테르부르크[Saint Petersburg, 彼得羅堡]로, 그들의 옛 왕 페테르[Peter, 彼得羅]가 이곳에 새로운 도시를 건설하여 그렇게 부른다. 연해 일대의 평야는 넓고 소나무와 느릅나무가 무성하며 사이사이에 농토가 들어 있다. 기후는 매우 추워 겨울 날씨가 6개월간 지속된다. 도성은 네바강[Neva, Нева́, 尼瓦河] 어귀에 있어, 바다 항구와 매우 가깝다. 서풍이 불면, 물이 성으로 넘쳐 들어와 거리가 범람한다. 성안에는 넓고 걸출한 건물이 많고, 왕의 궁정은 길이가 45장이고 폭은 38장으로 황금 채색하여 눈이 부시다. 넓고 아름다움은 서양 나라에서 최고다. 유럽인[泰西人]이 지은 집들은 모두 층루에 골조를 겹쳐 회랑으로 돌리며, 밖에는 담장이나 뜰이 없다. 왕궁 또한 이와 같다. 주민은 42만 5,000명이고, 그중에 해군과 육군 병사가 5만 5,000명이며, 임시로 사는 사람이 2만 5,000명이다. 별도로 무기를 넣어두는 성이 있는데 '립면(立冕)'이라 한다. 페테르부르크[彼得羅堡] 서남쪽은 에스토니아[Estonia, 斯多尼亞] 부락이다. 그 서남쪽은 라트비아[Latvia, Lettonia, 里窩尼亞] 부락이다. 두 부락의 내항(內港)에는 리가[Rīga, 利牙]라는 큰 부두가 있어, 매년 출입하는 상선이 1,000여 척이다. 더 남쪽은 쿠를란디아[Curlandia, Kurland, 孤爾蘭的亞] 부락이다. 페테르부르크의 북쪽은 핀란드[芬蘭] 부락으로 원래 스웨덴[瑞典] 동북쪽 경계였으나, 러시아[峩]가 전쟁에 승리하여 할양받았다. 땅은 매우 광활하며 기후는 몹시 추워 인구가 적다.

대 러시아[大峩]는 러시아의 중원이다. 북쪽 영토와 나란하여 폭이 둥글고 광활하여 '대 러시아'라고 부른다. 땅은 19개 부락으로 나뉘는데, 으뜸은 모스크바[墨斯科] 어떤 곳에는 '목길(木吉)'로 되어 있다. 부락으로, 네 경계가 땅 중앙의 땅에 있는데, 러시아[峩]의 옛 도읍이다. 규모는 거대하고 화려하며 관리들의 집은 모두 금은으로 장식했다. 가경(嘉慶) 16년(1811) 프랑스[佛郎西]의 나폴레옹[拿破侖]이 새로 나라를 차지하고 세력을 사방으로 펼쳐 서방 땅

다대학 소장본, 권4, 2a~2b). 『해국도지』에도 인용되었다(『위원전집』, 6책, 1518쪽). ⓧ는 『영환지략』에서 채록했다(『영환지락교주』, 133쪽).

[西土]을 혼합하려, 대군을 동원하여 러시아[峩]를 공격하여 모스크바[墨斯科]를 포위했다. 성이 함락되려 하자 러시아인들은 그들이 차지할까 두려워 불을 지르고 달아났는데, 불이 열흘 동안 꺼지지 않았다. 프랑스 군대는 퇴각하자 다시 수복했다. 왕의 궁전은 폭이 77장이고, 길이는 210장이며, 안쪽 궁궐의 높고 큰 거의 비할 데 없었다. 모스크바[墨斯科]의 왼쪽은 블라디미르[Влади́мир, 瓦拉的迷爾] 부락, 니즈니노브고로드[Ни́жний Но́вгород, 尼內諾烏痾羅] 부락으로, 옛날에는 나라의 대도시였으나 지금은 쇠퇴했다. 그리고 카잔[Казань, 赫阿匽] 부락이다. 모스크바[墨斯科]의 오른쪽은 칼루가[Калуга, 加婁牙] 부락으로 온갖 장인들이 모여 있는 곳이다. 그리고 스몰렌스크[Смоленск, 斯摩棱斯科] 부락이다. 모스크바의 남쪽은 툴라[Ту́ла, 都拉] 부락으로 그 사람들은 철을 다루어 각종 기물을 주조한다. 그리고 탐보프[Тамбо́в, 唐波弗], 오룔[Орёл, 痾勒爾], 보로네시[Воро́неж, 窩羅尼], 쿠르스크[Курск, 古爾斯克] 부락들이다. 모스크바의 북쪽은 코스트로마[Кострома́, 哥斯德羅馬], 야로슬라블[Яросла́вль, 日羅斯拉], 트베르[Тверь, 的威爾], 프스코프[Псков, 北斯哥弗][62] 부락들이다. 더 북쪽은 올로네츠[Оло́нец, 痾勒內], 볼로그다[Во́логда, 窩羅痾達], 노브고로드[Великий Новгород, 諾弗哥羅] 부락들인데, 이 세 부락의 기후는 한랭하다. 북단은 북빙해에 임해 있는데, 아르칸젤[Арха́нгель, 亞爾干日爾] 부락으로 광막하기가 핀란드[芬蘭]의 배이며, 황폐하고 추워 농사를 지을 수 없어 인구가 극히 드물고 대부분 물고기잡이로 생활한다. 카잔[Казань, 加匽] 여러 부락의 곡물[粟]은 내륙의 강을 따라 수입된다. 북극 바닷가의 사람들은 모두 왜소하고, 개를 말로 사용하며 사슴을 소로 사용한다. 아르칸젤스크[Арха́нгельск, 天使頭城]는 백해(白海)의 내항(內港)가에 있다. 얼음이 녹는 시기에 상선들이 출입할 수 있다.

카잔 러시아[加匽峩]는 대 러시아[大峩]의 동쪽에 있는데, 원래 이슬람계 부락[回部]의 땅이다. 명나라 가정(嘉靖, 1522~1566) 연간에 러시아가 공격하여 차지했다. 땅은 다섯 부락으로 나눈다. 땅이 비옥하고 평탄하다. 농사에 적합하여 나는 곡물이 매우 많고, 또 목재(木材), 동(銅), 철(鐵), 현지 소금[番鹼]

62) 프스코프는 모스크바의 북쪽이 아니라 훨씬 서북쪽 상트페테르부르크 7시 방향에 있는 프스코프주의 주도다. 아마 잘못 언급되었을 것이다.

을 생산한다. 그 주민들은 가죽 무두질을 잘한다. 으뜸 부락은 카잔[Казань, 加匽]이다. 카잔의 남쪽은 심비르스크[Simbirsk, Симбирская, 新比耳斯克] 부락이다. 심비르스크의 서쪽은 펜자[Пенза, 奔薩] 부락이다. 카잔의 북쪽은 비아트카[Вя́тка, 維亞德加, 현 키로프] 부락이다. 더 동북쪽은 페름[Пермь, Permia, 白爾摩] 부락이다.

소 러시아[小峩]는 대 러시아의 서남쪽에 있는데, 옛날에는 원래 러시아 땅이었으나, 폴란드[波蘭] 이슬람계 부락[回部]의 침략으로 할양되었다가 곧바로 탈환했다. 이곳의 기후는 온화하고, 하천과 들은 맑고 넓으며, 푸른 버들과 수양버들이 서로 바라보아, 포도(葡萄)와 감귤(柑橘)이 많이 자란다. 그 주민들은 농사를 짓고, 피혁에 익숙하며, 현지 소금[番鹼]을 제조하는 등 각기 본업에 근면하다. 땅은 세 부락으로 나누는데, 키이우[Kyiv, 究], 예카테리노슬라프[Екатеринослав, 厄加德黎諾斯拉, 현 드니프로], 체르니고프[Чернигов, 者爾厄痾弗, 현 체르니히우] 부락이다.

남러시아[南峩]는 대 러시아와 소 러시아 남쪽에 있다. 토양은 비옥하여 곡물이 가장 많이 나, 여러 나라로 나누어 수출된다. 땅은 다섯 부락으로 나누는데, 가적구파이적가(加的勾巴爾的哥),[63] 헤르손[Херсон, 給爾孫], 베사라비야[Бессарабія, 比薩拉比亞] 부락들이다. 흑해(黑海)에 있는 타우리다[Taurida, Таврическая, 擣里達, 현 크림] 부락은 작은 산들이 중첩되어 수려하고 기후는 따스하여 낙토(樂土)라 일컫는다. 가적구파이적가의 동쪽은 사라토프[Саратов, 薩拉德夫] 부락인데, 그 인종은 하자르[Хазары, Xäzär, 可薩]로, 사납고 용감하여 전쟁에 능하다. 나는 듯이 말을 달린다. 러시아인들이 그들을 통해 적을 격파하여 강인한 군대로 일컬어진다. 시베리아[西伯利] 넓은 땅을 개척한 사람들은 모두 이 부락의 병력이다.[64] 시베리아[西伯利] 부락의 방위 병력 또한 이 부락의 사람들이다.

---

63) '가적구파이적가(加的勾巴爾的哥)'은 어떤 명칭을 음차했는지 모르겠다. 『영환지략교주』에 따르면, 로스토프(Росто́в)로 추정했다. 본문의 설명과 크게 어긋나지는 않지만, 음성적으로 거리는 멀다. 이 지역은 돈 코사크(Don Cossacks)로, 돈 카자크인들로 구성된 러시아 국경 경비대로 잘 알려진 곳이다.

64) 이상은 모두 『영환지략』에서 채록했다(『영환지략교주』, 125~127쪽). 이상의 지명들은 태너(Henry S. Tanner), 「유럽 러시아(Russia in Europe)」(Philadelphia, 1836); 앙드리보 구종(Eugène Andriveau-Goujon), 「유럽 러시아, 오스만 제국 그리고 그리스 지도(Carte de

폴란드 부락[波蘭部]

폴란드 부락[波蘭部]은 어떤 곳에는 파란(破蘭), 또는 파라니아(波羅泥亞), 또는 야록야야(惹鹿惹也)로 되어 있다. [발트]해 동쪽 여러 부락의 서남쪽에 있다. 이에 앞서 야기엘론[Jagiellon, 査遮爾倫] 왕국이 폴란드[波蘭]와 이웃하고 있었는데, 그 왕이 폴란드 여왕에게 데릴사위가 되어 결국 폴란드와 합방했다. 뒤에 러시아[峩羅斯]에게 빼앗겨 서러시아[西峩]로 불렸다. 그 사람들은 피부가 희어서, 흰 러시아[白峩]로 불렸다. 이후 폴란드가 약해지며, 러시아는 오스트리아[奧地利亞], 프로이센[普魯士]과 함께 나라를 나누어 가졌는데, 러시아가 3분의 2를 차지했다. 도광(道光) 12년(1832) 폴란드의 옛 신하들이 거병하여 러시아 군대와 싸웠으나 궤멸하여 달아났다. 그 땅은 결국 러시아에 귀속되어, 이전에 확보한 흰 러시아[白峩, 벨라루스] 땅을 합쳐 '폴란드 부락[波蘭部]'으로 통칭했다.

흰 러시아[白峩, 벨라루스]의 땅은 광활하고 평탄하여 초목이 무성하며, 땅은 비옥하여 농사와 목축에 적합하다. 주민들은 청결하고 가옥들은 단정하고 높다. 여섯 부락으로 나누는데, 비테브스크[Vitebsk, 威德比斯科], 마힐료프[Mogilev, Mahilyow, 摩宜勒威], 민스크[Minsk, 明斯克], 빌뉴스[Vilnius, Wilno, Vilna, 維里納], 흐로드노[Grodno, 哥羅德諾], 볼리니아[Volhynia, Волинь, 窩黎尼亞], 포돌리아[Podolia, Поділля, 波多里亞] 부락이다.

폴란드[波蘭]의 땅은 숫돌처럼 평탄하고, 초목이 무성하며 곡물과 과실 모두 풍부하다. 아울러 목재[材木], 석탄[煤炭], 꿀[蜂蜜]을 생산한다. 여덟 부락으로 나뉘는데, 마조프셰[Mazowsze, Mazovia, 馬索維亞], 크라코프[Kraków, Cracovia, 加拉哥維亞], 산도미에시[Sandomierz, Sandomiria, 三多迷爾, 카리슈[Kalisz, 加利斯], 루블린[Lublin, 魯伯林], 프워츠크[Płock, 波羅咯], 포들라키에[Podlaskie(a), 波達拉給亞)], 아우쿠스투프[Augustów, Augustowo, 亞烏斯多窩] 이다.[65] 여덟 부락의 경계는 원 지도에 구분되지 않았다.

---

l'Europe Orientale comprenant la Russie d'Europe, L'Empire Ottoman et la Grèce)」(Paris, 1860)를 참고하여 추정했다.

65) 폴란드 부락[波蘭部]에 관한 정보는 모두 『영환지략』에서 채록했다(『영환지락교주』, 127~128쪽). 이상의 지명들은 유용한 지식 전파를 위한 협회(Society for the Diffusion of

코카서스[Caucasus, Кавка́з, **高加索**]

코카서스[高加索] 어떤 곳에는 '고갑속(告甲俗)'으로 되어 있다. 신식민지[新藩部]는 [흑해] 동쪽 여러 부락의 동남쪽에 있다. 아시아[亞細亞]의 가장 서쪽 땅이다. 남쪽 경계에는 코카서스산맥[高加索山]이 있고, 서쪽으로는 흑해에 막혀 있다. 동쪽은 카스피해[裏海]에 이르며 굽이굽이 이어져 많은 산봉우리가 솟구쳐 있다. 그 북쪽 경계는 카스피해를 둘러싸고 있으며 지세는 평탄하고 넓어, 카잔[加匽]의 페름[Perm, Пермь, 白爾摩]에 이른다. 옛날에는 유목하는 이슬람계 부락이었으나 러시아[峩羅斯]가 군대를 동원하여 차지했다. 남쪽으로 코카서스산맥 남북에 사는 사람들은 모두 토착 민족[土番]으로 매우 사납고 거칠다. 옛날에는 튀르키예[土耳其], 폴란드[波蘭] 두 나라에 속했으나, 근래 모두 러시아의 관할로 되었다.

이 신식민지에는 다섯 개의 큰 부락을 설치했는데, 가장 북쪽에 있는 부락은 **오렌부르크**[Оренбу́рг, **痾倫不爾厄**] 어떤 곳에는 아린보(阿鄰堡)로 되어 있다. 부락으로 땅은 서역 이슬람계 부락에 접해 있고, 풀이 많은 평원이 펼쳐져 있다. 몽골 이슬람계 부락들은 이들과 거래하며 말, 소, 양으로 직물[布匹]과 교역한다.

오렌부르크[痾倫不爾厄]의 서남쪽은 **아스트라한**[Астрахань, **阿斯達拉干**]으로, 어떤 곳에는 '아대한(迓大罕穿)'으로 되어 있다. 다섯 식민 부락의 중심이다. 볼가강[窩瓦河]이 서북쪽에서 흘러와 이곳을 거쳐 카스피해[裏海]로 들어간다. 양안에는 초원이 풍부하고 아름다워 목축하는 사람들이 많다. 이 지역은 사통팔달로 서역 유목하는 각 부락의 장사꾼들이 길에 이어져, 풍요로움이 다섯 부락 중 으뜸이다. 여자들은 절색이어서 각 부락이 다투어 사서 비첩으로 삼아 값이 매우 비싸다. 그중 재능이 있는 자는 왕의 아내나 후궁이 되기도 한다. 카스피해에서는 철갑상어[鱣魚龍][66]가 나는데, 토착민들은 낚시하여 포획하는데 뛰어나 멀리까지 내다 판다.

Useful Knowledge), 「폴란드(Poland, Polska)」(London, 1831); 존슨(A.J. Johnson), 「러시아, 우크라이나(Russia, Ukraine)」(New York, 1865)를 참고하여 추정했다.

66) 『영환지략』에는 '선어룡(鱓魚龍)'으로 되어 있는데, '선'은 뱀장어를 뜻한다.

아스트라한의 남쪽은 **시르카시아[Circassia, 薩加社, 현 체르케스]**로 어떤 곳에는 색이각설(色爾各設), 또는 액륵아서(額勒阿西)로 되어 있다. 코카서스산맥[高加索山]의 북쪽에 있다. 사람들은 바위 계곡에 살면서 농사에 종사하지 않아 매우 가난하며 본성이 유난히 용맹하고 사나워 약탈에 익숙하다. 마을은 모두 흙으로 만든 보루로, 장정을 훈련하여 군사로 강한 명령과 봉기로 수시로 차지했다. 러시아 군대가 체포하려 했으니 자주 실패하고 겨우 기미하여 변경을 튼튼히 할 뿐, 그들을 길들일 수는 없었다.

시르카시아[薩加社]의 남쪽은 **락니아(諾尼阿)**로,[67] 어떤 곳에는 '고리[Gori, 額里]'로 되어 있다. 코카서스산맥 남쪽에 있다. 원래는 튀르키예[土耳其]에 속했으나, 뒤에 튀르키예에 군사 반란을 일으켜 러시아가 정복하고 식민지[藩部]로 삼았다. 그곳은 산맥이 험준하여, 인구는 많지만 가난하며 남녀를 노비로 판다. 민속의 사나움이 시르카시아보다 심하다.

'락니아'의 동쪽은 **조지아[Грузия, Georgia, Géorgie, 日爾日]** 어떤 곳에는 열아의(熱阿義)로 되어 있다. 부락으로, 동쪽엔 카스피해가 있고, 코카서스산맥의 남북으로 걸쳐있다. 원래는 페르시아[波斯]에 속했다가, 가경(嘉慶) 18년(1813) 러시아가 전쟁에 승리하여 할양받았다. 민속은 '락니아'와 같고, 남녀는 대체로 용모가 아름답다. 도성은 티플리스[Tiflis, 得勒, Tbilisi]로 매우 누추했으나 러시아인들이 장식하여 점차 경관이 바뀌었다. 살가사(薩加社), 낙니아(諾尼阿), 일이일(日爾日) 세 부락은 근래 다시 여덟 부락으로 나뉘었는데, 조지아[日爾日], 시르반[Shirvan, 是爾彎], 아르메니아[Armenia, 亞爾美尼亞], 이메레티아[Imeretia, 義米勒多], 민그레

---

67) 이 단락의 설명은 서계여가 『해국도지』, 권55의 기술(『위원전집』, 6책, 1496쪽)을 재구성하고 있는 것으로 보인다. 여기 '락니아(諾尼阿)'의 원음은 'Nonia' 또는 'Ronia'가 예상되지만, 해당하는 음을 찾기 어렵다. 『영환지략교주』(129쪽)에서는 '아르메니아'로 추정했으나, 음성적으로도 부합하지 않고, 지리적 설명과도 어긋난다. 『해국도지』 교주에서는 '락니아'를 조지아(Georgia)로 추정했는데(『위원전집』, 6책, 1497쪽), 또한 '락니아' 동쪽에 나오는 '일이일(日爾日)'과 중복되므로, 따를 수 없다. 위원은 '락니아'에 관하여, "동쪽으로 납희사단(納希斯丹), 남쪽으로 튀르키예[都魯機], 서쪽으로 흑해, 북쪽으로 시르카시아[薩加社]와 경계한다"라고 설명했다. 확실히 '락니아'와 '일이일'과 다른 지역임을 알 수 있다. 위원과 서계여의 설명으로 볼 때, 특히 서계여가 어떤 곳에서는 '고리(Gori)'라고도 한다는 주석을 놓고 볼 때, 이곳은 흑해 동쪽의 '이메레티(Imereti)', 현 조지아 서부에 해당한다. 추정하건대, '락니아'는 이 지역의 중심 강물인 '리오니(Rioni)'를 음차한 것은 아닌지 모르겠다.

리아[Mingrelia, 明哥勒里亞], 다우기스탄[Daughistan, 達日斯丹], 시르카시아[Circassia, 西爾加西亞], 아바시아[Abasia, 亞巴西亞] 등이다. 여덟 부락 외에 별도로 코카서스[高加索] 성(省)을 세웠으나 원 지도에는 모두 구분하지 않았다.[68]

시베리아[Сиби́рь, Seber, Siberia, 西伯利]

시베리아[西伯利] 어떤 곳에는 서비리아(西卑里亞) 또는 실비리(悉比釐)로 되어 있다. 부락은 아시아[亞細亞]의 북쪽 경계다. 서쪽은 우랄산맥[烏拉嶺]이 시작하고 동쪽은 대양해(大洋海)가 있고, 북쪽으로는 북빙해이며 남쪽으로 외흥안령(外興安嶺)에 이른다. 흑룡강(黑龍江), 솔론[Solon, 索倫], 칼카[Kalka, 喀爾喀], 우리앙하이[Uriankhai, 烏梁海], 몽골, 카자흐[哈薩克] 이슬람계 부락과 경계한다. 길이는 약 1만 3,000리고 폭은 대략 5,000여 리다. 땅은 북단 불모의 땅에 이르며 험준한 산맥과 높은 산들로 제한되어 옛날부터 수레가 이르지 못하여 역대의 유목 나라[行國]들이 살지 못한 곳으로 대륙에서 별도의 한 구역이 되었다. 그곳의 기후는 매우 춥고, 이남으로 초목이 보이지만, 이북으로는 싹들이 드물게 나, 단지 왜소한 소나무와 백양나무만 있다. 1년 중 얼음과 눈이 응결된 시기가 아홉 달 계속된다. 사는 인종은 각기 다르지만, 인구는 매우 드물어 유목하는 사람들이 간혹 이르기도 한다. 한랭하여 오래 머무를 수 없어 조정이나 군막이 기재되어 전하지 않는다. 원나라 시기에 막북(漠北)의 번왕(藩王)들이 그곳 산맥을 넘어 탐색하여 차지하려 했으나 위험하고 멀어 그만두었다. 명나라 중엽 러시아[峩羅斯]가 흥기하여, 얼음을 녹을 때 상선들이 시베리아 해안에 이르러 서양 물품을 피혁 제품과 교역하면서 점차 익숙해져 러시아의 부강함을 성대히 드러냈다. 그 두목 중에는 사람들을 데리고 러시아에 이른 자들은 그 나라의 도시, 시장, 궁전의 장려함을 목도하고 귀의하고 싶어 했으며, 각 부락이 서로 전파하면서 모두 방물을 바치며 귀속되었다. 러시아는 포대를 건설하고 오비강[烏彌河] 입구에서 요충지를 차지하

68) 이상 각 부락[各部]에 관한 기술은 모두 『영환지략』에서 채록했다(『영환지락교주』, 128~129쪽). 이상의 지명들은 애로우스미스(Aaron Jr. Arrowsmith), 「코카서스와 유프라테스 사이의 나라들(The countries between the Caucasus and Euphrates)」(London, 1828); 라피(Pierre M. Lapie), 「유럽 오스만 제국, 아시아, 그리고 아프리카 지도(Carte de l'Empire Ottoman en Europe, Asie et Afrique)」(Paris, 1828)를 참고하여 추정했다.

고 그들을 통제했다. 점차 죄인들을 이주시켜 인력을 제공토록 하여 성을 지어 지키게 했다. 이에 시베리아 여러 부락은 병력을 들이지 않고 모두 러시아의 소유가 되었다. 곧이어 다시 동쪽 경략에 전전하며 얼음과 눈에 막혔으나 유독 사라토프[Саратов, 薩拉德夫]의 병사들만 얼음을 밟고 전진할 수 있었다. 마침내 동방의 여러 부락을 정복하여 동해의 모퉁이에 이르렀다. 카트린[Catherine, Екатерина, 加他隣, 1729~1796] 황후는 이따금 사신을 보내 베링[Бе́ринг, 墨領] 동북쪽을 탐색하게 하여 아시아가 아메리카[亞墨利加] 대륙과 떨어져 있으며, 중간에 수십 리의 해협이 있음을 알았다. 마침내 그 해협을 '베링해협[墨領峽]'이라 부르고, 해협을 넘어 아메리카의 한 모퉁이를 차지했다. 시베리아의 땅 전체를 놓고 말하자면, 동쪽 부락에서 나는 산물이라고는 가죽뿐으로, 여우[狐狸], 토끼[兎], 담비[貂], 쥐[鼠], 수달[獺] 등이 모두 있어 전적으로 중국에 판다. 서쪽 부락의 산물은 금(金), 은(銀), 동(銅), 철(鐵), 각종 광물이다. 철은 더욱 많아 매년 1백만 짐바리를 생산하는데, 유럽[西泰]의 여러 나라는 모두 여기에서 공급받는다. 땅은 여덟 부락으로 나뉘는데, 토볼스크[Тобо́льск, 德波爾斯科], 톰스크[Томск, 多木斯科], 예니세이스크[Енисе́йск, 也尼塞斯科], 옴스크[Омск, 痾慕斯科], 이르쿠츠크[Ирку́тск, 義爾古德斯科], 야쿠츠크[Якутск, 亞古德斯科], 오호츠크[Охотск, 痾哥德斯科], 캄차카[Камчатка, 岡札德加]다.

토볼스크[Тобо́льск, 德波爾斯科]는 [카스피]해 동쪽 부락의 아르칸젤[Арха́нгель, 亞爾干日爾], 아륵내(痾勒內), 페름[Пермь, Permia, 白爾摩] 등의 부락과 서로 이어지며 우랄산맥[烏拉嶺]을 경계로 한다. 기후는 매우 한랭하며 금(金), 은(銀), 동(銅), 철(鐵) 등의 광물이 난다.

톰스크[Томск, 多木斯科]는 어떤 곳에는 '다복(多僕)'으로 되어 있다. 토볼스크[德波爾斯科]의 서남쪽에 있다. 카스피[해] 동쪽 부락인 페름[白爾摩], 오렌부르크[Оренбу́рг, 痾倫不爾厄] 등의 부락들과 붙어 있다. 그 남쪽은 서역의 카자흐[哈薩克] 이슬람계 부락과 나란히 이어져 있다. 유목하는 사람들이 수시로 침탈하여, 비록 수비대는 있지만 금할 수는 없었다. 러시아의 총독[大酋]이 이곳에 주둔하며 동방을 총괄하고 광산 업무를 감독한다.

예니세이스크[Енисе́йск, 也尼塞斯科]는 어떤 곳에는 '운익사(云益士)'라고 되어 있다. 토볼스크[德波爾斯科]의 남쪽, 톰스크[多木斯科]의 동쪽에 있다. 초원이 있고 각종 광물이 난다. 남쪽 경계는 카자흐와 연접하여 군대 4,000명이 주둔하며 침탈과 소요를 방비한다.

옴스크[Омск, 痾慕斯科]는 어떤 곳에는 '동색(東色)'으로 되어 있다. 예니세이스크[也尼塞斯科]의 동쪽에 있다. 땅은 상당히 풍요롭고 양조에 뛰어나 사람들은 대부분 술을 많이 마신다. 남쪽 경계는 외흥안령(外興安嶺)에 이르며 우리앙하이[Uriankhai, 烏梁海]와 접경하고 있다.

이르쿠츠크[Иркутск, 義爾古德斯科]는 어떤 곳에는 이곡(耳谷)으로 되어 있다. 옴스크[痾慕斯科]의 동쪽에 있다. 땅은 지극히 광대하고, 은(銀), 납[鉛] 등의 광물이 나고, 아울러 피혁 제품을 생산하여 매년 확보하는 납과 피혁이 아주 많아, 나라의 수요에 충당하고도 남는다. 그곳 사람들은 아름답고 풍만하며 상당히 문학을 논한다. 남쪽 경계는 외흥안령(外興安嶺)에 이르러, 칼카[Kalka, 喀爾喀], 몽골의 투시예드 칸[Түшээт хан, 土謝圖汗], 세첸 칸[Сэцэн хан, 車臣汗] 두 부락과 접경한다. 남쪽에는 캬흐타[Кяхта, 甲他城]가 있는데 바로 내지에서 말하는 캬흐트[Хиагт, 恰克圖]다. 중국은 러시아 사람들과 이곳에서 교역하는데, 고륜판사대신(庫倫辦事大臣, hüree amban noyan)이 이 일을 처리한다. 저들은 가죽을 가져오고 우리 측에서는 차를 가지고 간다.

야쿠츠크[Якутск, 亞古德斯科]는 어떤 곳에는 '아곡(牙谷)'으로 되어 있다. 이르쿠츠크[義爾古德斯科]의 동쪽에 있다. 남쪽 경계는 외흥안령(外興安嶺)에 닿고, 흑룡강(黑龍江)과 접경한다. 강희(康熙, 1622~1722) 연간에 경계를 논의하여 경계비를 세웠다. 그곳은 한랭함이 심하여 얼음과 눈이 녹는 시기는 한 해에 3~4개월에 지나지 않는다. 인구는 매우 적고 수렵 외에는 생계 수단이 없다. 러시아인들은 그곳에 얻은 가죽으로 조세를 충당한다.

오호츠크[Охотск, 痾哥德斯科]는 어떤 곳에는 '아곡(阿谷)'로 되어 있다. 야쿠츠크[亞古德斯科] 동북쪽에 있다. 땅은 아시아의 동북 모퉁이로 끝나며 한랭함은 야쿠츠크보다 심하다. 토착민[土人]은 역시 수렵으로 생활한다. 러시아는 관리를 두어 그들 가죽을 세금으로 받는다. 성은 바닷가에 건설하여, 바다 동쪽 여러 섬과 통상하므로 피혁 제품을 거두어들인다.

캄차카[Камчатка, 岡札德加]는 어떤 곳에는 '감찰가(堪察加)'로 되어 있다. 오호츠크[痾哥德斯科]의 동쪽에 있다. 동쪽 경계는 비스듬히 펼쳐져 바다로 들어가 형태가 큰 칼의 머리 같다. 그곳은 일년내내 한랭하여 초목이 극히 드물고, 바다의 새들이 파리나 모기처럼 몰려든다. 사는 사람들은 물고기를 잡아먹으며 땅에 굴을 파서 산다. 바로 동북성에서 말하는 어피달자(魚皮韃子)들이다. 러시아인들은 호구마다 가죽을 거두어들이고, 조정 신하 중에 중죄를 범한 자는 이곳에 유배한다.

아시아 동북단에서 아메리카[亞墨利加]에 이르는 바다의 섬들을 알류샨[Aleutian, Aleut, 亞律] 군도라고 부른다. 이남으로 일본의 여러 섬을, 쿠릴[Кури́ль, 古利] 군도라고 하는데, 모두 가죽을 생산한다. 러시아 선박들이 왕래하며 피혁을 거두어 중국에 판다.

북아메리카[北亞墨利加]의 서북쪽 모퉁이는 캄차카[堪察加]라고 하는데, 러시아인들은 오호츠크의 베링해협[墨領海峽]을 넘어가 그곳을 차지했다. 땅은 춥고 얼어붙어 나는 산물이 없고, 얻는 산물이라고는 가죽뿐이다.[69]

연혁(沿革): 당나라 이전부터 서북쪽의 흩어진 부락들은 흉노(匈奴)의 예속을 받았다. 당나라 의종(懿宗) 함통(咸通, 860~874) 연간에 추장 류리크[Rurik, 祿利哥]란 자가 종족들을 불러 모아 비로소 나라의 땅을 만들어 전했다. 오랄적(烏拉的), 미이아라사아(米爾訝羅斯訝)[70] 두 세대에 이르러 건국하니 비로소 규모를 갖추었다. 후주(後周) 세종(世宗) 현덕(顯德, 954~960) 연간에 왕후(王后)를 갖추고 나라를 다스리며, 그리스[希臘] 천주교를 숭상했다. 그를 계승한 열두 아들이 나라를 나누어 열두 부락으로 만들었다. 이로부터 형제들이 싸우며 서로를 공벌하여, 나날이 쇠락해 갔다. 송나라 이종(理宗, 1224~1264년 재위) 연간에 원나라 태조가 서정(西征)하여 러시아[阿羅思], 아스[亞速], 킵차크[Kipchaks, 欽察] 모두 지금의 러시아[峩羅斯] 땅 세 부락을 멸망시

69) 이상 시베리아[西伯利]에 관한 기술은 모두 『영환지략』에서 채록했다(『영환지략교주』, 129~132쪽).

70) 두 공작의 이름에 대해, 『영환지략교주』에서는 오랍적미이(烏拉的米爾)와 아라스아(訝羅斯訝)로 끊어 읽었다. 이는 『영환지략』, 1848년 간행본에 따른 표기다. '오랍적미이'는 류리크 왕조의 블라디미르(Влади́мир)에 부합해 보이지만 초성은 '오'와 'b'는 설명할 길이 없고 '아라스아' 또한 추측조차도 허락하지 않는다. 혜강이 표기한 대로 읽는다면, '오랍적(烏拉的)' 류리크가 자리를 물려준 올레크(Oreg)와 음성적으로 비슷해진다. 이 또한 뒤의 '미이아라사아'를 추정하지 못하면 무용지물이다. 고증을 기다린다.

키고, 장자인 주치[朮赤]를 칸[汗]으로 세웠다. 이로부터 몽골의 별부(別部)가 되었다. 원나라가 쇠퇴하자 러시아[峩羅斯]의 옛 왕 후예들이 점차 떨치고 일어났다. 명나라 가정(嘉靖, 1522~1566)초에 스웨덴[瑞典]의 군대를 빌려 몽골을 축출하고 그들 땅과 집을 수복했다. 뒤에 국왕 이반[Иван IV, 以萬, 1547~1584년 재위]이란 어떤 곳에는 이만(伊挽), 또는 의만(宜萬)으로 되어 있다. 자가 웅대한 계책으로 땅을 개척하여 나날이 넓어지며 동해의 모퉁이까지 이르렀다. 성품이 잔인하고 살생을 좋아하여, 신하와 백성 수만 명을 살육하자 이로부터 신하들이 이심(離心)했다. 전하여 보리스[Борис, 波利斯]에 이르며 국세는 약화하여 내홍이 사방에서 일어났다. 당시 폴란드[波蘭]이 강성하여 나날이 침탈당했다. 나라 사람들은 두려워하며 어진 군주가 나라를 안정시켜 줄 것으로 생각했다. 강희(康熙) 40년(1701) 표트르[Пётр, 彼得羅]가 어떤 곳에는 백다라(伯多羅), 또는 피달왕(彼達王)으로 되어 있는데, 바로 다른 책에서 말하는 차르가한[察罕汗]이다. 국왕이 되었다. 표트르는 어린 시절 그의 누이가 권력을 탐해 왕위를 차지하려 했다. 표트르는 화를 피해 사원에 피해 성직자[僧]가 되었다. 군중들의 추대를 받자, 겸손하게 뛰어난 인재들을 초빙하여 더불어 나랏일을 도모했다. 직접 병사들에게 말타기와 활쏘기를 가르쳤고, 아울러 총기[火器]을 익히게 하여 모두 강한 군대가 되었다. 이로부터 법을 새롭게 고치니 나라의 풍속이 일시에 변했다. 국내가 평안해지자, 이내 변경 지역을 순행하며 해구(海口)들을 개통시켰다. 이전 러시아인들은 배 운행에 뛰어나지 못했기 때문에, 이름을 바꾸고 네덜란드[荷蘭]로 달아나 해군에 들어가 제자가 되어 기술을 습득한 뒤에 돌아왔다. 훈련된 해군들이 스웨덴[瑞典]과 전쟁하여 승리하자, 스웨덴은 핀란드[芬蘭]를 할양하고 강화했다. 마침내 새로운 도시를 바닷가에 건설했는데, 바로 페테르부르크[彼得羅堡]다. 어떤 곳에는 필특이사목이(必特爾士木爾), 또는 비특혁(比特革), 또는 상비사덕이부이액(桑比斯德爾不爾扼)로 되어 있다. 발트해[波羅的海] 길이 열리며 바다와 육지 모두 형국을 제어하여, 승승장구 공격하여 빼앗으니, 강토는 더욱 개척되었다. 러시아가 근래 강대해진 실마리는 실로 표트르에게서 시작되었다. 표트르가 죽고 그 후손이 계승했는데, 그는 영민하고 권모술수가 있어 그가 임명한 대장들이 이웃 나라에 이름을 떨치면서 강토는 더욱 확장되었다. 건륭(乾隆) 20년(1755) 왕후 카트린[Catherine, Екатерина, 加他鄰]이 왕위를 이었는데, 음탕하고 애첩이 많았지만, 일 처리에 정통했다.

다른 나라의 장인들을 초빙하여 후한 봉급을 주며 나라 사람들에게 예술을 가르치게 했다. 문학이 널리 퍼졌고, 아울러 군비를 닦았다. 남쪽에 이웃한 이슬람계 부락의 대국인 튀르키예[土耳其]는 러시아와 수십 년 동안 전쟁했다. 이후 그들의 예봉이 꺾이면서 그 북쪽 땅을 관할했고, 또 폴란드[波蘭] 땅 3분의 2를 분할했다. 대를 이은 왕이 즉위했다가 시해당하고, 아들 알렉산드르[Александр, 亞勒山德黎]가 왕위를 이어, 프랑스[佛郞西]와 수년 동안 전쟁하다가 강화를 맺고 그쳤다. 아우 니콜라이[Nicholas, 尼歌拉士]가 어떤 곳에는 니가로(尼歌勞)로 되어 있다. 왕위를 이어 튀르키예를 정벌하여 대승을 거두었다. 페르시아[波斯]가 침공해 왔지만 격퇴하고, 조지아[日爾日] 등의 예속 부락들을 다스리며, 위엄과 명성을 두드러지게 한 자는 바로 지금 재위하고 있는 왕이다.[71]

71) 러시아[峩羅斯] 연혁에 관한 기술은 모두 『영환지략』에서 채록했다(『영환지략교주』, 121~125쪽).

4-2. 스웨덴[瑞國][72] 지도 39를 보시오.

강역(疆域): 스웨덴[瑞國]은 서전(瑞典), 소이천(蘇以天), 서정(瑞丁), 서서아(瑞西亞), 수림(綏林), 수역고(綏亦古), 서비야사과(西費耶斯科), 리도아니아(里都亞尼亞), 비마이가(匪馬爾加), 파적아(波的亞), 람기(藍旗) 등으로도 표기한다.[73] 유럽[歐羅巴] 서북단 경계에 있다. 옛날에는 스웨덴[瑞典]과 노르웨이[挪耳瓦] 어떤 곳에는 눌위(訥爲), 또는 낙로위하(諾魯威呀)로 되어 있다. 두 나라로 나뉘었으나, 지금은 하나의 나라로 합쳐졌다. 동남쪽에는 발트해[波羅的海], 서북쪽에는 대서양이 있고, 북쪽은 북빙해에 접해 있다. 남북으로 대략 3,000여 리고, 동서로 대략 1,000여 리다. 지형은 바나나 잎 모양의 부채[葵扇]처럼 아래로 드리워, 가운데에는 연이은 산맥이 일어나 있다. 스웨덴[瑞]은 산의 동쪽에 나라를 세웠고, 서쪽은 노르웨이[挪耳瓦]의 옛 땅이다. 땅은 아주 광막하고 황폐함과 추위가 유난히 심하며, 토양 또한 척박하여 사람들의 먹거리가 많이 없고 인구도 희소하다.

산수(山水): ⓐ나라에는 큰 산 셋이 있는데, 하나는 비고천아례화(庇高天牙禮華)로 3~4년이 지나면 광선이 비추는 하늘이 펼쳐지는데 멀리서 보면 연

---

72) 저본에는 덴마크[嗹國]가 먼저 기술되었다. 두주(頭註)에는 "마땅히 스웨덴[瑞國] 아래에 들어가야 한다(當在瑞國下)"라고 하였다. 또 '련국(嗹國)' 아래에는 "지도 40을 보라"는 주기 사항이 있고, '서국' 아래에는 "지도 39를 보라"는 참조 사항이 있으며, 『영환지략』의 순서를 고려하면, '스웨덴[瑞國]'이 먼저 기술되어야 할 것이다. 따라서 그에 따라 순서를 조정했다.

73) 서계여가 제시한 스웨덴의 다른 명칭이나 표기에서 '리도아니아(里都亞尼亞)'는 리투아니아(Lithuania)를 음차한 표기다. 위원은 『해국도지』, 권46에서 폴란드[波蘭]를 기술하면서 '리도아나(里都阿那)'로 언급했다. 이어서 이 '리도아나'에 관하여 『직방외기(職方外紀)』에 '리도아니(里都亞尼)'로 되어 있다는 주석을 붙였으나(『위원전집』, 6책, 1304쪽), 『직방외기』에 '리도아니'는 보이지 않는다. 위원의 실수다.

'비마이가(匪馬爾加)'는 혜강의 저본인 『영환지략』에 '비마이여(匪馬爾如)'로 되어 있다. '비마이여'든 '비마이가'든 어디에서 채록했는지 확인하지 못했다. 다만, 혜강의 '비마이가(匪馬爾加)'는 '비+마이가' 형태로 풀어볼 수 있다. '마이가'는 마르크(mark)의 음차로, '삼림 지역'이란 뜻이다. 재구성하자면 '페이+마르크' 즉 노르웨이 북부의 핀마르크(Finnmark)일 것이다. 그렇다면 혜강은 저본의 '비마이여'라는 저본의 오기를 바로잡았다는 말이다. 어쨌든 '비마이가'는 스웨덴의 다른 명칭이 될 수 없다.

'파적아(波的亞)'는 발트해를 지칭하는 음역 표기이므로, 스웨덴의 다른 명칭으로 적

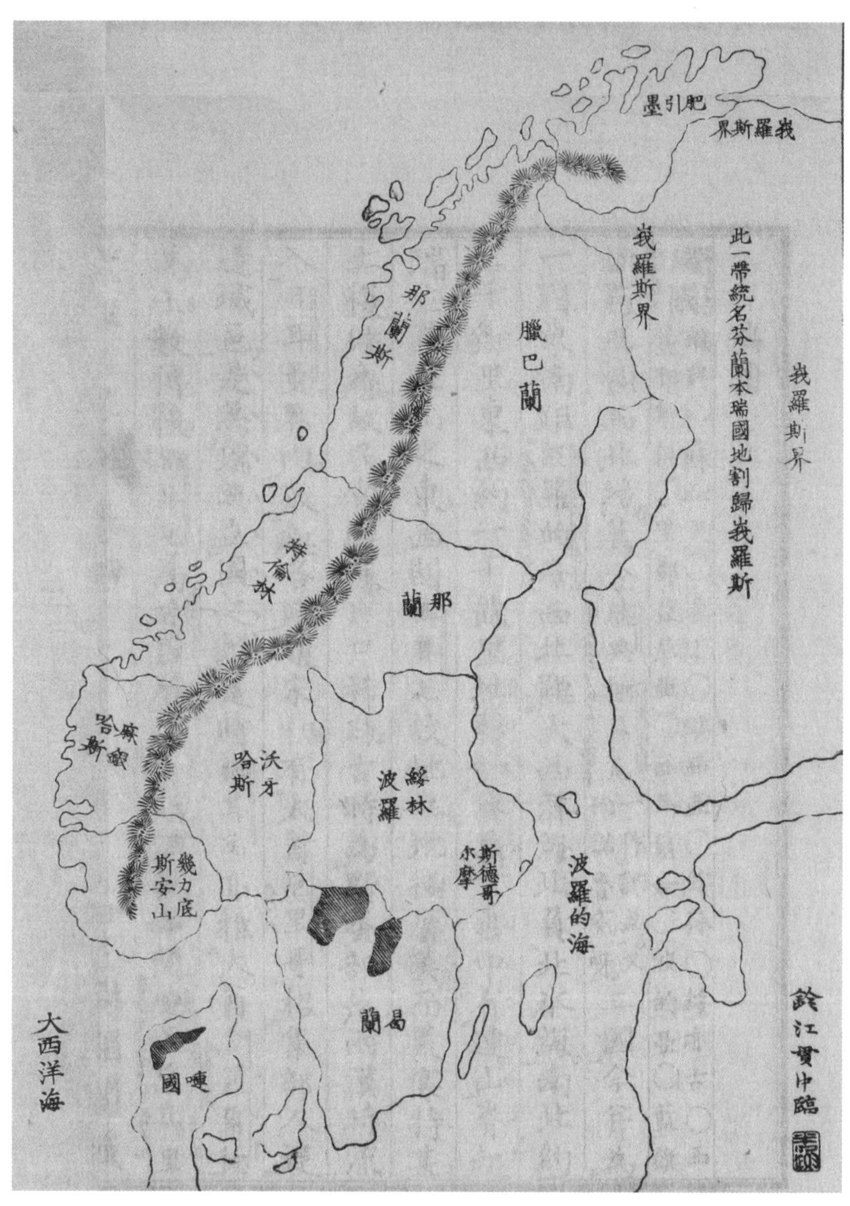

지도 39. 국립중앙도서관 소장본의 지도가 몹시 희미하여 『영환지략』(도시샤대학 소장본, 1861)에서 가져왔다. 국립중앙도서관 소장본에는 ‘서국도(瑞國圖)’라는 지도 명이 있고, 경도와 적도 표기가 있다.

기와 불처럼 보인다. 사방이 우뚝 솟구쳐, 절벽은 1,000인(仞)의 높이로 서 있어 인적이 이르지 못한다. 하나는 포농고파려(布農故巴黎)인데, 산기슭에서 꼭대기까지 모두 흰 모래의 민둥산으로, 풀이나 나무 하나도 없다. 하나는 화륜사고로화(化倫士高勞華)로 산에서는 구리[紅銅]가 나는데, 사람들이 채취하여 왕에게 바친다. 나라 안의 토지는 평탄하고 사방은 모두 대택(大澤)으로 넓고도 넓다. 나라 사람 중 흩어져 사는 사람들은 배를 타지 않으면 왕래할 수 없다.[74] ⓑ경내에는 작은 하천이 매우 많은데 모두 서쪽에서 동쪽으로 흘러 발트해[波羅的海]로 들어간다.[75]

기후[風氣]: ⓒ날씨는 매우 춥다. 이북으로는 사막으로 낮게 꺼져있으며 모두 불모의 땅이다. 남쪽 경내의 땅은 조금 비옥하지만, 바닷가에는 개흙이 많아 농사짓기 매우 어려워 항상 식량이 부족하다. ⓓ조금 남쪽에서는 여름엔 낮의 길이가 아홉 ⓔ시간이다. 겨울에는 밤의 길이가 아홉 시간이다. 북단에서는 겨울에 밤은 있고 낮이 없는데, 해가 나오지 않는 날은 75일이다. 여름에는 낮은 없고 밤은 있는데, 달이 뜨지 않는 날이 75일이다. 5월과 6월 두 달은 햇볕이 내리쬐고, 파리나 모기들이 모래 먼지처럼 많다. 이 시기를 지나면, 눈이 날리고 쌓여 온통 엄동의 날씨다.[76]

물산(物産): ⓕ목재[木料], 구리[銅], 철(鐵)이 나는데, 온 나라가 이것으로

합하지 않다. 마지막 '람기(藍旗)'란 사청고의 『해록』에 보이는데, 그는 스웨덴을 '수역고(綏亦咕)'로 표기하고, "광둥에 무역하러 올 때, 그들 배는 남색 바탕에 흰색 십자가를 그린 깃발을 사용한다(來廣貿易, 其船用藍旗畫白十字)"라고 하였다(『해록주』, 권하, 74쪽). 여기 '수역고'는 포르투갈어로 스웨덴 사람들을 지칭하는 '수에쿠(sueco)'을 음차한 형태일 것이다.

74) '화륜'은 유네스코 유산으로 등재된 구리 광산이 있는 '팔룬(Falun)'을 옮겼을 것으로 추정하지만, 나머지는 무엇을 음차했는지 확인하지 못했다. 이 산들은 『지리비고(地理備考)』에서도 언급되지 않았다.

75) ⓐ는 『해국도지』에 인용된 『황청사예고(皇清四裔考)』에서 채록했고(『위원전집』, 6책, 1580쪽), ⓑ는 『영환지략』에서 채록했다(『영환지락교주』, 138쪽).

76) ⓒ는 모두 『영환지략』에서 채록했다(『영환지락교주』, 138, 140쪽). 한편 ⓓ와 ⓔ의 정보는 이어지는 문장임에도 1(21b)과 2(23b)로 나뉘어 기술되어 있어, 여기에 한 조목으로 묶어 편집한다. ⓓ와 ⓔ는 『해국도지』에 인용된 『지리비고(地理備考)』에도 보인다(『위원전집』, 6책, 1577, 1578쪽).

생계를 유지한다. 또 은(銀), 납[鉛], 백반[礬] 등의 광물, 짐승 가죽, **밀[麥], 곡물[穀], 시계[鍾表], 가사포(袈裟布), 마포(麻布)**가 난다. 사슴 비슷한 야생 동물이 있는데, 굴레 지어 소나 말처럼 쓰는데, ⓕ타거나 짐을 실을 때 모두 활용한다. 죽으면 그 고기는 먹고 그 근육을 발라내 활을 만든다.[77)]

음식[食]: 부자들은 빵[餠]과 감자[薯]를 먹고 가난한 사람들은 나무껍질을 가루로 만들어 절인 물고기[腌魚]와 섞어 먹는다.[78)]

도성[都]: 왕이 사는 곳은 스톡홀름[Stockholm, 仕的哥盧]이고, 나라 사람들이 모이는 곳은 을돈파려(乙頓巴黎, Göteborg?)라고 하는데, 왕이 사는 도시에서 700여 리 떨어져 있다. [을돈파려는] 정박하려는 배들이 모여드는 곳이다.[79)]

상(商): ⓖ큰 장거리 마을[大市鎭]에는 나라 사람들이 교역하는 시기가 되면, 옛날 시장을 관리하는 관리[司市]와 같이 주관하는 관리[官司]들이 이르므로, 장거리 마을에는 모두 객사를 설치하고 숙박을 제공하고, 사무처[班衙]를 설치하여 사령을 제공한다. ⓗ지금 광둥[粵]에 오는 무역선에는 남색 깃발을 꽂았는데, 안에는 흰 십자가가 그려져 있다. ⓖ바닷길은 6만 여 리에 달한다.[80)]

속(俗): 풍속은 검소하다. 가톨릭[加特力]교를 준봉한다. 문학은 제네바

---

77) ⓕ의 정보 또한 이어지는 문장임에도 1(21b)과 2(23b)로 나뉘어 채록되었으나, 여기에 한 조목으로 묶어 편집한다. ⓕ는 『영환지략』에서 채록했다(『영환지락교주』, 138, 140쪽). 기울여 표시한 산물은 혜강이 착각하여 스위스[瑞士]의 산물을 잘못 채록했다. 『해국도지』, 권47, 스위스[瑞士國] 조목에서 확인할 수 있다(『위원전집』, 6책, 1310쪽).

78) 『영환지략』에서 채록했다(『영환지락교주』, 138쪽).

79) 『해국도지』에 인용된 『황청사예고(皇淸四裔考)』에서 채록했다(『위원전집』, 6책, 1580쪽). 밑줄 친 정보는 혜강이 채록하지 않았지만, 이해를 위해 번역해 넣었다.

80) ⓖ는 『해국도지』에 인용된 『황청사예고(皇淸四裔考)』에서 채록했다(『위원전집』, 6책, 1580쪽). 한편 『대청일통지』(사고전서본, 권200, 34b)에도 보이는데, "을돈파리(乙頓巴棃, 예테보리?)는 정박하려는 선박들이 모두 모이는 곳이다. 나라 사람들이 교역하는 시기가 되면, 옛날 '사시(司市)'와 같이 주관하는 관리[官司]들이 [이르므로], 장거리 마을에는 모두 객사를 설치하고 숙박을 제공하고, 사무처[班衙]를 설치하여 사령을 제공한다(乙頓巴棃蓋泊船總匯處也. 凡市鎭貿易之期, 則有官司, 若古司市者, 故市鎭皆設館舍以供駐宿, 置班衙以供使令)"라고 하였다. ⓗ는 『해국도지』에 인용된 『해록(海錄)』에서 채록했는데(『위원전집』, 6책, 1576쪽), 사청고(謝淸高)는 스웨덴을 '수역고(綏亦咕)'로 표기했다(『해록주』, 권하, 74쪽).

[仁尼洼]와 취리히[疏留赤] 두 부락이 최고다.[81]

각 부락[各部]: 옛날에는 네 개의 큰 부락으로 나누었다. 도성을 건설한 부락은 '수림파라(綏林波羅)'[82]였고, 도성은 스톡홀름[斯德哥爾摩]으로, 어떤 곳에는 사돌훈(士突訓)으로 되어 있다. 멜라렌[Mälaren, Malar, 美拉爾] 호숫가에 세웠다. 왕정[廟堂]은 휘황찬란하고 누각이 겹겹이며, 밖으로 항구와 통하여 통상하는 나라들의 큰 부두였다. 남쪽은 고틀란드[Gotland län, 葛蘭]로 삼면이 바다를 경계하고 있었다. 북쪽은 룰라[Lula, 羅蘭]이고, 더 북쪽은 라플란드[Lapland, 臘巴蘭]이었다. 어떤 곳에는 '륵필란(勒必蘭)'으로 되어 있다. 뒤에 다시 24개 부락으로 나뉘었다. 스톡홀름[斯德哥爾摩], 웁살라[Upsala, 烏布薩拉], 베스테로스[Västerås, 威士德來斯], 뉘셰핑[Nyköping, 尼哥兵], 외레브로[Örebro, 疴勒波羅], 칼스타드[Karlstad, 加爾羅斯達], 사덕랍가파이비(斯德拉哥巴爾卑),[83] 예플레보리[Gefleborg, 日非勒波爾],[84] 린셰핑[Linköping, 靈哥兵], 칼마

---

81) 이 정보도 『해국도지』, 권47, 스위스[瑞士國] 기술에서 잘못 채록했다(『위원전집』, 6책, 1309쪽).

82) '수림파라(綏林波羅)'는 서계여가 이 명칭을 어디에서 가져왔는지 확인하지 못했다. 『지리비고』와 『해국도지』에도 보이지 않는다. 스톡홀름은 주[län]와 중심도시의 이름이 같다. 억측이라도 해보자면, '수림파라'는 '수림+파라'로 구성된 합성어일 것이다. '수림'는 스웨덴어 명칭인 '스베리예(Sverige)'를 음차했을 것이다. 이 스베리예는 '스베+리예' 즉 '스웨덴 사람들의 영역'이란 의미다. '파라(波羅)'는 스웨덴어로 다리[bro]라는 뜻을 붙여 쓴 것으로 보인다. 말하자면 '스베리예'는 '스웨덴 사람들의 영역으로 가는 다리'라는 뜻이다. 콜튼(G.W. Colton)의 지도에는 스톡홀름 지방을 '스웨덴'으로 표기하고 있다(「Sweden and Norway」, New York, 1856).

83) 여기 스웨덴의 지명들은 모두 『지리비고(地理備考)』(1857년 간행본, 권5), 스웨덴[瑞西亞] 기술에서 채록했는데, '사덕랍가파이비(斯德拉哥巴爾卑)'는 '사덕랍가파이비이(斯德拉哥巴爾卑耳)'로 되어 있고, 이 부락의 중심도시는 발륜(發倫, Falun)이라고 했다(30b). 한편 위원도 『해국도지』, 권58(100권본, 21a)에서 이들 24개 부락을 옮기면서 '가파이비(哥巴爾卑)'라고 지명 전체를 다 채록하지 않았다. 『해국도지』 교주에서는 마지막에 '이(耳)'자를 추가하여 '가파이비이(哥巴爾卑耳)'로 교정하고, '코파르베리(Kopparberg)'로 추정했다(『위원전집』, 6책, 1583쪽). 이 교정을 따라야할 것 같다. '파룬'은 확실히 코파르베리 주에 있기 때문이다. 『지리비고』의 '사덕랍(斯德拉)'은 잘못 보태진 형태로 읽어야 할 것 같다.

84) '일비륵파이(日非勒波爾)'는 '일비륵[Gefle]+파이[borg]'로 구성된 형태다. 『해국도지』

르[Kalmar, 加爾馬耳], 옌세핑[Jönköping, 仍哥兵], 크로노베리[Kronoberg, 哥羅諾卑爾], 블레킹에[Blekinge, 波勒金日], 스카라보리[Skaraborg, 斯加拉波爾], 엘프스보리[Elfsborg, 厄爾弗斯波耳], 예테보리[Göteborg, 痾德波耳], 할름스타드[Halmstad, 亞爾慕斯達], 크리스티안스타드[Kristianstad, 基利斯的安斯達], 말뫼후스[Malmöhus, 馬爾摩呼斯], 고틀란드[Gottland, 痾德羅],[85] 노르보텐[Norrbotten, 諾爾波敦], 베스테르보텐[Västerbotten, 威斯德爾波敦], 베스테르노를란드[Västernorrland, 威斯德爾諾耳蘭], 옘틀란드[Jämtland, Jemtland, 仍德蘭][86]이다.[87] 24개 부락은 원 지도에 구분되지 않았다.

노르웨이[挪耳瓦]는 스웨덴[瑞國]의 큰 산을 등지고 있다. 지형은 띠처럼 좁고 길며, 북쪽은 빙해에 이르고, 서쪽은 대서양이다. 산기슭들이 들쭉날쭉 게의 다리처럼 바다로 들어가고, 파도가 세차게 치고 암초가 뾰족하여 바다 선박들이 잘못 닿으면 즉시 문드러진다. 남쪽 경계에는 비옥한 토양이 있어 농사를 지으면 40일 만에 익는다. 이북으로는 사막이 많고 엄동에 불모라서, 사람들은 대부분 물고기를 양식으로 삼는다. 옛날에는 여섯 부락으로 나뉘었다. 남단은 크리스티안산[Kristiansand, 幾力底斯安山]이고, 북동쪽은 아게르후스[Agerhus, 沃牙哈斯]이며, 서쪽은 베르겐후스[Bergenhus, 麻銀哈斯]이고, 더 북쪽은 트론헤임[Trondheim, 特倫林]이며, 더 북쪽은 놀란[Noland(s), 那蘭斯]이다. 동북단은 북빙해를 등지고 있는데, 핀마르크[Finmark, 肥引墨]라 했다. 이후 다시 17 부락으로 나뉘었다. 아게르후스[Agerhus, 亞日胡斯], 스말레

에는 '일비륵파(日非勒波)'로 채록했다(앞의 출처). 지도에 '예블레보리'란 표기는 보이지 않았다. 『지리비고』에서 보태진 형태일 것이다.

85) 『지리비고』에 따르면, '아덕라(痾德羅)'의 중심도시는 '오의사비(烏義斯比, Wisby)'라고 하였으므로, 고틀란드섬을 말한다. 『해국도지』 교주에서는 고틀란드 주[län]로 읽었는데(『위원전집』, 6책, 1583쪽), 오해다.

86) 『지리비고』에 '잉덕란(仍德蘭)'의 중심도시는 '아사덕이손(痾斯德爾孫, Ostersund)'라고 하였으므로(『해산선관총서』본, 권5, 31a) 옘틀란드의 음차가 맞다.

87) 이상의 지명들은 깁슨(John Gibson), 「스웨덴과 노르웨이(Sweden And Norway)」(London, 1758); 존스턴(Alexander Keith Johnston), 「스웨덴과 노르웨이(Sweden & Norway)」(Edinburgh, 1879)에 근거하여 추정했다.

네스[Smaalenenes, 斯馬勒難, 외스트폴], 리덕마이근(里德馬爾根, Hedmarken?), 크리스티안[Kristian, 基利斯的安], 부스케루[Buskerud, 不斯給盧], 브라츠베르그[Bratsberg, 巴拉德斯北爾], 네드네스[Nedenes, 內德尼斯], 만달[Mandal, 滿達爾], 스타방에르[Stavanger, 斯達完白爾], 잉이로사비이(仍爾盧斯卑爾), 남베르겐[South Bergen, 南卑爾仁], 북베르겐[North Bergen, 北卑爾仁], 롬스달[Romsdal, 羅慕斯達爾], 남트론헤임[South Tronhiem, 南德倫的音], 북트론헤임[North Tronhiem, 北德倫的音], 노를란[Norland, 諾爾蘭], 핀마르켄[Finmarken, 分馬爾根] 등이다.[88] 17 부락은 원 지도에 구분되지 않았다. 땅에서는 오금(五金)이 나는데 은(銀)이 많다. 또 꽃문양 돌[花紋石]이 난다. 사람들의 정서는 순박하고 상인들을 잘 대우한다.

발트해[波羅的海] 동안에는 넓은 땅이 있는데, **핀란드[芬蘭]**로, 라플란드[Lapland, 臘巴蘭], 핀마르크[Finmark, 肥引墨]와 서로 이어져 있다. 원래는 스웨덴[瑞典]의 동쪽 경계였으나, 강희(康熙, 1622~1722) 연간에 러시아[峩羅斯]에 나뉘어 귀속되었다. 스웨덴[瑞典]에는 '서비야(西費耶)'라는 명칭이 있는데, '비야'의 합친 음이 '분(芬)'으로,[89] 바로 핀란드[芬蘭]를 지칭한다.[90]

연혁(沿革): 옛날에는 야만족[野番]의 부락이었다. 양한(兩漢) 시기에 게르만[日耳曼] 경내로 유입되었다가 각 나라로 흩어져 살았다. 조(趙)의 송나라 초에 대추(大酋) 에리크[Erik, 厄里哥]가 부락 사람들은 소집하여, 성읍을 조성했는데, 이것이 스웨덴[瑞典] 건국의 시작이다. 이때 노르웨이[挪耳瓦] 또한 대추(大酋) 하랄드[Harald, 合羅爾德]를 왕으로 세우고 여러 세대를 전한 뒤에, 노르웨이는 덴마크[嗹國]에 겸병되었다. 명나라 홍무(洪武, 1368~1398) 연간에 덴마크 여왕 마르그레테[Margrete, 馬里加爾達]가 권모술수로 스웨덴

88) 이상의 지명들은 『세계 지리 새 지도집(Nouvel Atlas Illustre Geographie Universelle)』(Paris, 1892), 「스웨덴과 노르웨이(Suede et Norvege)」를 참고하여 추정했다.

89) 스웨덴의 다른 명칭인 '서비야(西費耶)'는 '스베리예(Sverige)'의 음차로, '스베+리예'의 합성어임을 위에서 설명한 바 있다. 여기에서 음절을 잘못 끊어 '서+베리예'로 이해한 것은 난센스다.

90) 이상 각 부락에 관한 기술은 모두 『영환지략』에서 채록했다(『영환지략교주』, 139~140쪽).

[瑞] 사람들을 유인하여 덴마크[大尼]에 바로 련국(嗹國) 예속시켜 한 나라가 되면서 덴마크[嗹國]는 이로부터 나날이 강성해졌다. 다시 왕위를 전하여 후손에 이르렀을 때, 잔인하게 살생을 좋아하여, 스웨덴 사람들이 대부분 원망하며 반역했다. 스웨덴에는 살와(撒瓦)[91]라는 어떤 곳에는 고사달와(古斯達臥)로 되어 있다. 왕손이 있었는데, 영특하고 과감함이 뛰어나 몰래 회복을 도모했다. 덴마크 사람들은 그를 잡아 투옥했으나 옷을 갈아입고 스웨덴 땅으로 날아나 돌아갔다. 덴마크는 사신을 보내 추포하려 하자 살와(撒瓦)는 북방 땅으로 달아나 수도원[僧舍]에 숨어 모면했다. 눈물을 흘리며 현지인[土人]들을 모아 복수를 맹세하고, 군대를 이끌고 덴마크를 정벌하여, 여러 전투에서 모두 승리하면서 옛땅을 전부 수복했다. 가정(嘉靖) 2년(1523) 살와가 왕으로 즉위하여 위엄과 은혜를 고루 베풀면서 스웨덴[瑞國]은 크게 치세를 이루었다. 왕이 죽고 세자가 왕위를 이었으나 황음무도하여 나라 사람들이 잡아 가두고 독살했다. 만력(萬曆) 38년(1610) 왕 아세답(俄世荅)[92]이 즉위했다. 이때 게르만[日耳曼] 바로 오스트리아[奧地利亞] 왕이 천주교를 숭상하여 예수교[耶蘇敎]를 따르는 여러 나라가 모두 공벌(攻伐)을 당했다. 스웨덴은 원래 예수교를 숭배하여, 왕이 같은 종교의 여러 나라에 구원을 받아 군대로 게르만을 정벌했는데, 중포(中礮)가 진영에서 망가졌으나, 그 대장은 끝내 승리하고 군대를 돌렸다. 여왕 크리스티나[Kristina, 基利斯的那, 1626~1689]가 즉위했으나, 문학을 유난히 사랑하고 군사[兵事]를 싫어하여 외척 카를[Karl X Gustav, 加爾祿斯]에게 양위하고, 로마[羅馬]에 유학을 떠나 돌아오지 않았다. 카를 12세[加爾祿斯]은 어떤 곳에는 '사리(查理)'로 되어 있다.[93] 강희(康熙) 38년(1699) 나이 18세에 왕위를 계승했다. 혈기가 왕성하고 전쟁에 뛰어나 군대를 이끌고 폴란드[波蘭]를 침

---

91) 혜강은 이 주석만 채록했지만, 『영환지략』에서 서계여의 이의 제기는 타당하다. "어떤 곳에는 '사리(查理)' 12세로 되어 있다. 가이록사(加爾祿斯)는 사리(查理)의 음역과 같지 않다"라고 하였다(『영환지략교주』, 138쪽).

92) '아세답(俄世荅)'은 구스타프 아돌프(Gustav II Adolf, 1594~1632)를 옮긴 형태로 보이는데, '아돌프'와 음성적으로 부합하지 않는다. 무엇을 음차한 것인지 확인하지 못했다.

93) 혜강은 이 주석만 채록했지만, 『영환지략』에서 서계여의 이의 제기는 타당하다. "어떤 곳에는 '사리(查理)' 12세로 되어 있다. 가이록사(加爾祿斯)는 사리(查理)의 음역과 같지 않다"라고 하였다(『영환지략교주』, 138쪽).

공하여 경계의 땅 절반을 할양받았다. 폴란드, 덴마크[大尼], 러시아[峩羅斯]가 연합하여 정벌했으나 왕은 이들을 물리치며 위엄과 명성이 일시에 진작되었다. 이후 다시 폴란드의 우크라이나[烏哥來納] 부락으로 진공했으나 전군이 모두 무너져, 직접 튀르키예[土耳其]에 구원을 청했다. 5년이 되어서 다시 요청할 수 없어 돌아왔다. 다시 군대를 이끌고 노르웨이[挪耳瓦]의 프레데릭샬드[Fredrikshald, 非德黎沙爾, Halden]를 공격했으나 성 아래에서 전사했다. 러시아[峩羅斯]는 이를 계기로, 대군으로 그들을 궁지로 몰았다. 뒤를 이은 왕은 여러 차례 전쟁에서 모두 패하여, 동쪽 경계의 핀란드[芬蘭]을 나누어 주고 강화를 맺자, 러시아 군대가 철수했다. 러시아 군대를 마주했을 때, 다급했지만, 여러 추장이 각자 거취를 생각하며 제멋대로 행동하여 왕이 그들을 마음에 두었다. 일이 진정된 뒤에 왕은 여러 큰 나라와 연맹하여 추장 중에서 따르지 않은 자들을 토벌하려 했다. 여러 추장은 두려워 왕을 시해하려 했다. 예배일에 군사를 숨겨 총기로 그를 살해했다. 뒤를 이은 왕자는 성질이 급하고 호전적이었으나, 군대가 자주 패하며 군량을 모으기 더욱 급해지자, 나라 사람들이 변고를 알리며 왕을 축출했다. 가경(嘉慶) 14년(1809)에 외척 카를[加爾祿斯]이 섭정했는데, 그의 양자인 베르나도트[Bernadotte, 伯爾拿多的, 1763~1844]는 프랑스[佛郎西] 사람으로 일찍이 대장을 지내, 지략이 출중하여 섭정왕은 그에게 정권을 위임했다. 군비를 갖추고, 동맹을 맺으며 용병에는 계획을 세워, 싸우니 가는 곳마다 승리했다. 섭정왕은 그에게 왕위를 전하자, 또한 카를[加爾祿斯]로 이름을 바꾸었는데, 바로 지금 재위한 왕이다.

서쪽 경계의 노르웨이[挪耳瓦]는 원래 덴마크[嗹國]에 속했으나, 가경(嘉慶) 20년(1815) 각국의 공사들이 비엔나[維也納]에서 회의하려 스웨덴 땅 부근 덴마크와 가까운 지역을 덴마크에 귀속시키고, 노르웨이[挪耳瓦]를 스웨덴에 귀속하기로 했다.[94]

94) 연혁(沿革)에 관한 모든 기술은 『영환지략』에서 채록했다(『영환지락교주』, 136~138쪽).

4-3. 덴마크[嗹國][95] 지도 40을 보시오.

강역(疆域): 덴마크[嗹國]는 련마(嗹馬), 령묵(領墨), 린인(吝因), 정말(丁抹), 대니(大尼), 단마이(丹麻爾), 대마이제(大馬爾齊), 설제아(雪際亞), 소액제(蘇厄祭), 영려마록가(盈黎馬祿加), 저납마이가(低納馬爾加), 황기(黃旗)라고도 한다.[96] 유럽[歐羅巴]의 작은 나라다. 그들 상선이 항상 노란 깃발을 달고 다니므로 광둥[粵東]에서 '황기국(黃旗國)'이라 불렀다. 지형은 게르만[日耳曼] 북쪽에서 나와 사람의 주먹처럼 바다로 뻗쳐 스웨덴[瑞典] 남쪽 경계를 서로 맞대고 있으며 요철(凹凸)의 형태를 이룬다. 북쪽, 서쪽, 동쪽 삼면은 모두 바다이고, 남쪽은 게르만 여러 나라와

95) 덴마크[嗹國]의 두주에 스웨덴[瑞國] 아래에 들어가야 한다는 지침에 따라 여기에 옮겨 편집한다.

96) '련국(嗹國)'이란 명칭은 『황조문헌통고(皇朝文獻通考)』(사고전서본, 권298, 38a)에 처음 언급된 것 같다. "련국의 영토는 서북방에 있으며, 바닷길로 6만여 리를 항해해야 광둥 경계에 이른다. 나라의 땅은 평탄하며, 산과 호수 중에 이름난 것은 없다. '사련(士嗹)'이라는 산(山, 섬)이 있는데, 나라 사람들은 모두 이곳으로 출입한다. 앞으로는 대해에 임해 있고, 좌우에는 포대를 설치했다. 왕성(王城)과는 50리 떨어져 있고, 왕이 사는 곳을 현지 말로 '전지묵(顛地墨)'이라 한다(嗹國地居西北方, 凡歷海洋六萬餘里, 始達廣東界. 國中土地平衍, 山澤少著名者. 有一山土名士嗹, 國人皆從此出入. 前臨大海, 左右設礮臺. 距王城五十里, 王所居土名顛地墨)"라고 하였다. 여기 '사련'은 수도 코펜하겐이 있는 셸란(Sjælland, Zealand)섬의 음차일 것이다. 이에 대해 위원은 "'령묵국(領墨國)'이란 명칭은 이로부터 나왔다. 혹 '정말국(丁抹國)'이라고도 하는데 바로 '령묵(領墨)'의 음이 변화한 형태다. 혹 '련국(嗹國)'이라고도 하는데, '령(領)'자와 '정(丁)'자가 변화된 형태다"라고 '련국'의 어원을 설명했다(『위원전집』, 6책, 1564쪽). 그러나 나는 이 설명은 동의할 수 없다. 추정하자면, '련국'은 도성이 있었던 '사련국(士嗹國)'의 약칭으로 읽어야 할 것 같다. '령묵'과 '정말'이란 형태는 '전지묵(顛地墨)'에서 와전된 표기일 것이다. 서계여가 다른 명칭으로 거명한, 련마(嗹馬), 령묵(領墨), 린인(吝因), 정말(丁抹) 등은 이로부터 나왔다. 또 대니(大尼), 단마이(丹麻爾), 대마이제(大馬爾齊) 등은 '덴마크'를 음차한 형태들이다.

'설제아(雪際亞)'는 『직방외기(職方外紀)』에서 덴마크[大泥亞] 등의 나라를 기술한 조목에서 유럽 서북부의 큰 네 나라 중 하나로 언급했다(『직방외기교주』, 96쪽). 그 네 나라는 덴마크, 노르웨이[諾而勿惹亞], 설제아, 악저아(鄂底亞)다. 여기 '설제아'는 바로 스웨덴의 라틴어 표기인 '수에시아(Suesia)'를 음차했다. 따라서 서계여가 '설제아'를 잘못 끌어들인 것이다. '영려마록가(盈黎馬祿加)'란 표기는 사청고의 『해록』에 보인다. 펑청쥔은 사청고가 스웨덴[綏亦咕]의 서북쪽에 있다고 했으므로, '영려마록가'의 '마록

지도 40. 국립중앙도서관 소장본의 지도가 몹시 희미하여 『영환지략』(도시샤대학 소장본, 1861)에서 가져왔다. 국립중앙도서관 소장본에는 '련국도(嗹國圖)'라는 지도 명이 있고, 경도와 적도 표기가 있다.

경계한다. 남북으로 약 1,000리고, 동서로 넓은 지역은 400~500리며 좁은 지역은 200~300리다.[97)]

수(水): ⓐ지세는 평탄하게 펼쳐져 있고, 낮고 움푹 들어가 있다. 높은 언덕이 물에서 불과 몇 척에 지나지 않으며, 태반이 호수와 백사장이다. 산물이 부족하고 적다. 옛날에는 물길이 없어 준설하여 배를 통하게 하여, 내지에서 나는 산물들이 비로소 바다로 나갈 수 있게 되었다. ⓑ대풍이 불면 날린 모래가 밭을 덮어 밭고랑이 다 죽어 버리므로, 자작나무[樺]를 [많이] 심어 그 모래를 굳게 한다.[98)]

물산(物産): ⓒ산물로는 오곡과 가축뿐이다. 매년 말 1만여 필, 소 7,000마리를 사 온다. 곡물은 남아 영국[英吉利]에 판다. ⓓ바닷물고기는 아주 많고 또 다른 나라와 크게 다르다.[99)]

가'를 노르웨이의 보크몰어 형태인 '노르게(Norge)'에 해당하는 포르투갈어 '노루에고'의 음차로 이해했다(『해록주』, 75쪽). 그러나 사청고의 마지막 정보인 광저우에 오는 그들의 배는 황색 깃발을 단다[卽來廣州黃旗船是也]고 하였으므로, 이 나라는 여기 덴마크[嗹國]다. '마록가'의 민남어 발음은 마록카(ma-lok-ka) 정도로 읽을 수 있는데, '노르게' 또는 '노루에고'와 음성적으로 어울리지 않는다. 또 노르웨이의 배가 광저우까지 진출했는지도 확인되지 않는다. '마록가'는 라틴어 '마르카(marca)' 즉 '마르크(mark)'의 음차에 더 가까우므로 덴마크로 이해해야 할 것 같다. 그러나 '덴'에 대응해야 하는 '영려'는 무엇에 근거했는지 밝혀지지 않았다.

서계여의 설명대로라면, '황기(黃旗)=린인(吝因)=련국(嗹國)'이다. 그러나 1730년 진륜형의 『해국문견록(海國聞見錄)』에는 황기(黃旗)와 린인(吝因, 덴마크)을 별도의 나라로 기술하고 있다. 진륜형의 기술에 따르면, '황기국'은 남쪽으로 로마[那嗎]와 민년신(民哖呻, 베니스?)이 있고, 동쪽으로 프로이센[普魯社]과 이웃하고 있다고 하였다(사고전서본, 33b). 이에 대해서는 근간 출간될 『해국문견록』을 참고해 주시오. 나머지 명칭들은 아래 본문에서 설명되었다.

97) 『영환지략』에서 채록했다(『영환지락교주』, 141~142쪽). 밑줄 친 정보는 혜강이 채록하지 않았지만, 이해를 위해 넣어 번역했다.

98) ⓐ는 『해국도지』에서 채록했다(『위원전집』, 6책, 1563, 1564쪽). 밑줄 친 정보는 혜강이 채록하지 않았지만, 약간의 오류가 있어 이해를 위해 넣어 번역했다. ⓑ는 『영환지략』에서 채록했다(『영환지락교주』, 142쪽).

99) ⓒ는 『영환지략』에서 채록했다(『영환지락교주』, 141~142쪽). 또한 비슷한 내용이 『해국도지』에 인용된 『매월통기전(每月統紀傳)』에 자세히 보인다(『위원전집』, 6책, 1566쪽). ⓓ의 정보는 『직방외기』에서 채록 조정한 것으로 보인다. 『직방외기』에서는 "가축과

기후[風氣]: 남부의 하지에는 낮 길이가 69각(刻)이고, 중부에서는 낮의 길이가 83각(刻)이며, 북부의 하지에는 태양이 지면을 가로로 지나가, 반년은 낮이고 반년은 밤이 된다.[100)]

사람들[人民]: ⓔ사는 사람들은 백만여 명이다. 대체로 마음이 고상하고 뜻이 커, 천하를 두루 돌아다니며, 돈을 벌어 저축한다. ⓕ나라의 땅은 척박하고 먹기에 부족하여 바닷가의 사람들 모두 물고기를 잡아 식량으로 삼는다. 배를 조정하여 바다로 나가는 법을 배우면서 점차 약탈하여 해적이 되자, 여러 나라가 우려했다. 옛날 원주민[土番] 부락으로, 성파라(性波羅), ⓖ비내새(非內塞) 등의 각 인종이 살았다. 뒤에는 고트[Goths, 峩特]족에게 점령되어, 스웨덴[瑞典], 노르웨이[挪耳瓦]와 합칭하여 스칸디나비아[Scandinavia, 斯干的挪瓦]라 하였다.[101)]

역(歷): 가까운 옛날 국사(國士[主]) 티코 브라헤[Tycho Brahe, 地谷白剌客] 마테마티카[Mathematica, 瑪得瑪第加]를 아주 좋아하여 높은 산꼭대기에 누대를 짓고 하늘의 현상을 궁구했다. 30여 년 동안 마음을 다하여, 조금의 오차도 없었다. 만든 하늘을 살피는 기구들은 지극히 요긴하고 정밀했다. 나라에 그의 학문이 전해져, 지금은 서방 역법의 조종이 되었다.[102)]

문(文): 나라의 도성에는 도서관 하나를 설립하여 도서 40만 부를 수장하고 있다. 이밖에도 큰 도서관 2,500개소와 아이를 가리키는 학교[蒙童館]가 3,000곳이 있다.[103)]

바닷물고기는 매우 커, 다른 나라와 다르다"라고 하였다(『직방외기교석』, 96쪽).

100) 이 '기후'에 관한 기술은 다음 면(17b)에 채록되어 있으나, 이곳으로 옮기라는 두주에 따랐다. 『직방외기』에서 채록했다(『직방외기교석』, 96쪽). 그러나 혜강은 원문을 상당히 조정하여 이해하기 쉽게 풀어썼다. 자세한 내용은 천기철 옮김, 『직방외기』, 187쪽을 참고하시오.

101) 여기 '인민'에 관한 기술은 다음 면(30b)와 '정(政)' 뒤에(30a), 이어지는 문장임에도 1과 2로 분리되어 채록되어 있다. 이곳으로 옮기라는 지침에 따라 함께 묶어 편집했다[ⓕ와 ⓖ]. ⓔ는 『해국도지』에 인용된 『매월통기전(每月統紀傳)』에서 채록했다(『위원전집』, 6책, 1566쪽). ⓕ와 ⓖ는 『영환지략』에서 채록했다(『영환지략교주』, 142쪽).

102) 『직방외기』에서 채록했다(『직방외기교석』, 96쪽). 『직방외기』, 『영환지략』, 우리의 저본에도 모두 '국주(國主)'로 되어 있는데, 『해국도지』에서만 '국사(國士)'로 채록되었다(『위원전집』, 6책, 1575쪽). 아마도 위원이 교정했을 것이다.

상(商): 그들 상선이 항상 노란 깃발을 달고 다니므로 광둥[粵東]에서 '황기국(黃旗國)'이라 불렀다.[104)]

재(財): 세금[錢糧]은 해마다 7~8백만 원을 징수한다.[105)]

정(政): 나랏일에는 정원으로 직관록[Duke, 職官祿] 1인, 카운드[Count, 加穩斯] 19인, 바론[Baron, 麻倫] 12인을 두었다. 큰 송사와 옥사는 왕이 직접 심리한다.[106)]

병(兵): 육군은 10만 명이고, 크고 작은 전함은 14척이다.[107)]

풍속[俗]: 온 나라가 그리스도교[耶蘇教]를 신봉한다. 이북으로 언어가 스웨덴[瑞典]과 가깝고, 이남으로는 게르만[日耳曼]과 가깝다.[108)]

각 부락[各部]: ⓗ땅은 다섯 부락으로 나뉜다. 서쪽의 네 부락은 게르만[日耳曼]과 연접해 있으며, 발트해[波羅的海]의 입구가 되어 문설주[棖]처럼 가로로 뻗어 있다. 사방의 연해는 아래로 꺼져있어, 긴 제방을 쌓아 해조(海潮)를 막았다. ⓘ항상 돌풍에 무너지기 때문에, 자작나무[樺樹]를 심어 그 모래를 단단하게 한다. ⓗ가장 북쪽은 윌란[Jylland, Jütland, 人德蘭]이라 하는데, 땅이 매우 광막하며 모래사장이 많고 큰 호수 일곱이 있다. 그 남쪽은 라우엔부르크[Lauenburg, 勞英不爾厄]이고, 더 남쪽은 홀슈타인[Holstein, 痾爾斯德音]이며, 더 남쪽은 슐레스비히[Slaswig, Schleswig, 石勒蘇益克]인데, 이후 두 부락은 게르만[日耳曼]과 이어져 있어 의회[公會]에서는 방어 병력 3,600명으로 대응한다. 게르만[日耳曼] 조목에 상세하다. 남쪽 경계에는 큰 부두가 있는데, 알

103) 『해국도지』에서 채록했다(『위원전집』, 6책, 1563, 1564쪽).

104) '상(商)' 조목은 '정(政)' 뒤에(18a) 채록되었으나, 이곳으로 옮기라는 두주에 따라 편집했다. 『영환지략』에서 채록했다(『영환지략교주』, 141쪽).

105) 이 조목 또한 '정(政)' 뒤에(18a) 채록되었으나, 이곳으로 옮기라는 두주에 따라 편집했다. 『해국도지』에서 채록했다(『위원전집』, 6책, 1563, 1564쪽).

106) 『해국도지』에서 채록했다(『위원전집』, 6책, 1563, 1564쪽).

107) 『해국도지』에서 채록했다(『위원전집』, 6책, 1563, 1564쪽).

108) '풍속'에 관한 기술은 '연혁' 뒤에(20a)에 채록되었으나 이곳으로 올리라는 두주의 지침에 따라 여기에 편집한다. 『지구전요』의 체제는 항상 연혁(沿革)이 맨 뒤에 기술되었다. 『영환지략』에서 채록했다(『영환지략교주』, 142쪽).

토나[Altona, 亞爾多納]로, 게르만의 함부르크[Hamburg, 昂不爾厄]와 가까워 수시로 다툼이 있다. 또 킬[Kiel, 基里]이라는 대학교[大書院]가 있다. 동북쪽에는 디나마르카[Dinamarca, 低納馬爾加][109] 또는 셸란[Sjælland, Zealand, 日倫]이라는 큰 섬이 있다. 도성은 이 섬의 동북쪽 모퉁이에 건설했는데, 코펜하겐[København, 哥卑納給]으로, 어떤 곳에는 가품합음(可品哈音)으로 되어 있다. 나라의 큰 부두다. 도선 안에는 거리들이 곧게 뻗어 있고, 집들은 훤칠하며 주민은 10만 명이다. 여러 나라의 화물선이 발트해[波羅的海]를 출입할 때는 반드시 이 항구를 거쳐야 한다. 해협의 입구는 카테가트[Kattegat, Kattegatt, 加的牙]라고 하는데, 폭은 겨우 몇 리에 지나지 않아, 덴마크[嗹]는 통행세를 매겨, 내지 않으면 막아버려 지나갈 수 없어, 여러 나라는 어찌할 도리없이 받아들였으니, 이 나라의 부강함은 이 때문이다. 셸란섬[日倫]의 남쪽에는 두 섬이 연이어 있고, 윌란[人德蘭]의 동남쪽에 퓐[Fyn, Fionia, 非俄尼亞]이라는 큰 섬이 있다. 서쪽 경계의 바다에는 작은 섬들이 많은데, 사람들은 생계가 부족하여 물고기를 식량으로 삼는다.

서북 대양에는 아이슬란드[Island, Islandia, 義斯蘭地亞]라는 어떤 곳에는 서애이란(西哀爾蘭)으로 되어 있다. 큰 섬이 있는데 덴마크에 속해 있다. 땅은 영국[英吉利] 세 섬의 북쪽으로 수천 리에 있고, 기후는 한랭하여, 스웨덴[瑞典]의 북쪽 경계와 같다. 헤클라[Hekla, 挨哥辣]란 화산이 있는데, 수시로 용암이 솟구쳐 흘러 집들을 불태운다. 지진이 가장 강렬하여 종종 산과 구릉이 무너져 구덩이가 된다. 그 주민들은 큰 고래잡이에 뛰어나 그 기름을 취하고, 물개[海犬]를 잡아 그 가죽을 벗겨 옷으로 만든다.[110]

연혁(沿革): 조(趙)의 송나라 초에 대추(大酋) '고름 가믈리[Gorm den Gamle, 哥爾摩]'란 자가 군중의 추대로 왕이 되어, 갑자기 병선(兵船)으로 영국[英吉利]을 공격했다. 영국인들이 놀라 피하자 결국 나라의 수도를 장악했

---

109) '저납마이가(低納馬爾加)'는 스페인, 포르투갈어로 디나(Dina)+마르카(marca, 표식이나 영토)를 옮긴 형태다. 바로 덴마크다.

110) ⓗ의 정보들은 모두 『영환지략』에서 채록했다(『영환지락교주』, 142~143쪽). ⓘ의 정보만, 『해국도지』에 인용된 『매월통기전(每月統紀傳)』에서 채록했다(『위원전집』, 6책, 1566쪽).

다. 영국인들은 후한 뇌물을 주며 병사들을 느슨하게 한 다음 곧바로 계획대로 무리를 섬멸했다. 덴마크[嗹]는 군대를 동원하여 복수하며, 해마다 침탈이 그치지 않았다. 영국은 세공(歲貢)을 허락하고 그들과 강화했다. 이때 여러 나라가 해적으로 이들을 지목하여, 열국(列國)에 들지 못했다. 뒤에 왕 크누트[Knud, 駕奴特]가 어떤 곳에는 가노도(加奴度)로 되어 있다. 나라를 잘 다스리며 상벌을 엄격하고 분명히 했다. 북쪽으로 노르웨이[挪耳瓦]를 정벌하고 멸망시켰다. 영국을 정벌하고 런던[倫敦]을 파괴하고 결국 영국 땅에 왕 노릇을 했다. 크누트[駕奴特]가 죽고 아들이 계승했으나 영국 북족(北族) 윌리엄[William, 威廉]에게 살해되면서 덴마크[嗹國]는 거의 위태로워졌다. 뒤에 다시 현명한 왕이 재위하며 사방의 경계가 안정되었다. 명나라 홍무(洪武) 10년(1377) 여왕 마르그레테[Margrete, Margarida, 馬里加爾達, 1387~1412년 재위]가 왕위를 이어 현명한 사람들을 부르고 안으로는 정사를 닦고, 밖으로는 나라들과 연합했다. 이에 스웨덴[瑞典]도 땅을 들이고 북쪽 속국[北藩]이 되며 나라의 위세를 크게 떨쳤다. 뒤를 이은 왕도 그의 법을 잘 지켜 영토를 확장하고 법령을 세우자, 사방이 모두 복종했다. 그의 아들이 이었는데, 성격이 잔혹하고 첩들이 많았으며, 총독[酋長] 90명을 살육했다. 다시 여러 총독의 집안을 모조리 멸망시키려 했으나 여러 총독이 회의를 소집하여 왕을 폐위하고, 대총독[大酋] 크리스티안[Cristian(o), 基利斯的亞奴]을 왕으로 세웠다. 당시 스웨덴[瑞典]에는 이미 옛 왕의 후손이 서, 두 나라는 수십년 전쟁하다가 그쳤다. 가경(嘉慶) 2년(1797) 영국의 군함이 발트해[波羅的海]에 이르자 덴마크는 위엄을 드러내려 거함(巨艦)과 대포를 배치하여 항구에서 막았다. 영국인들이 군함으로 공격하여 승리했지만, 배들이 많이 파손되어 강화를 맺고 물러났다. 가경(嘉慶) 9년(1804) 프랑스[佛郎西] 나폴레옹[拿破侖]이 대군으로 덴마크를 정벌하자 덴마크는 그들과 강화했다. 나폴레옹이 덴마크와 밀약을 맺고 해군으로 영국을 습격했다. 영국은 정탐하여 알고, 이내 대군으로 덴마크를 공격해 도성을 포위하고, 성 밖의 400채를 불 질렀다. 성이 함락되자 동맹을 구걸했다. 다시 6년을 전쟁했으나 나라는 약해져 지속할 수 없었다. 근래 교역이 상당히 번성해지며 원기를 점차 회복했다.[111]

111) 『영환지략』에서 채록했다(『영환지략교주』, 142쪽).

4-5. 오스트리아[奧地利亞國] 지도 41을 보시오.

강역(疆域): 오스트리아[奧地利亞]는 아사득리아(阿士得釐亞), 오사적리아(奧斯的里亞), 아사저랍(阿士氐拉), 우새특리아(毆塞特里阿), 막이대미아(莫爾大未亞), 동국(東國), 쌍응국(雙鷹國) 등으로 표기한다. 북쪽으로 프로이센[普魯士], 러시아[峩羅斯]와 경계하고, 남쪽으로 튀르키예[土耳其]와 경계하며 아드리아해[Adriatic Sea, 亞得亞海] 모퉁이, 이탈리아[意大里亞] 각 나라에 이르며, 서쪽은 스위스[瑞士]와 튀르키예 각 나라와 경계한다. 동서로 3,100여 리고, 남북으로 1,800여 리다.

산수(山水): 도나우강[Donau River, 多惱大河]이 있어 배들이 통행할 수 있다. 동북쪽은 산맥이 중첩되어 있다.[112)]

사람들[人民]: 호구는 3,213만 4,037명이다. 민족[番]은 둘이 있는데, 하나는 마자르인[Magyars, 麻亞]이고 하나는 가와니암사(加窩尼唵士)[113)]이다. 여러 가구가 하나의 촌락을 구성하며, 대체로 초가집에서 산다. 프로테스탄트[Protestantes, 波羅特士頓教]를 익힌 자가 5백만 명이고, 가톨릭[加特力教]에 젖은 자가 210만 명이며, 나머지는 모두 그리스 정교[額力教]를 배운다. 언어는 같지 않다. 농사를 지어 수확한 양의 8할은 자신이 가지고 1할은 교회[廟]에, 1할은 관에 귀속된다.[114)]

물산(物產): 수은(水銀), 주사(硃砂), 금(金), 은(銀), 동(銅), 철(鐵), 납[鉛], 소금[鹽], 석탄[煤], 사발(絲髮, 가발?), 밀랍(蜜蠟), 담배[烟], 저마(苧麻) 등이다. 목장[草場]이 풍부하고 넓어, 매년 나는 소, 말, 양이 억만 마리에 달한다.[115)]

---

112) 강역과 산수의 기술은 『영환지략』에서 채록했다(『영환지략교주』, 144쪽).

113) 『해국도지』 교주본에서는 앞에 '사(士)'자를 보충하여 '사가와니암사(士加窩尼唵士)', 즉 스클라보니언스(Sclavonians)의 음역으로 추정했다(『위원전집』, 6책, 1299쪽). '스클라보니언스'의 어원은 프로이센 지역에 있었던 스클라보니아(Sclavonia)이다. 그 지역 사람들을 라틴어로 '스클라보니(Sclavoni)'라고 부른다. 이들은 초기 슬라브계 민족이다. 따라서 초성인 'S'는 빠뜨릴 수 없는 중요한 요소이다. 게다가 복수형인 's'를 붙여 음차했을 가능성은 희박하다. 추측건대 오스트리아 슬라브계 민족을 부르는 별칭일 것이다.

114) 이 단락은 『해국도지』, 권46, 「헝가리 부록[寒牙里國附記]」에서 채록했다(『위원전집』, 6책, 1286쪽).

115) 『영환지략』, 권46, 「헝가리 부록[寒牙里國附記]」에서 채록했다(『영환지략교주』, 144

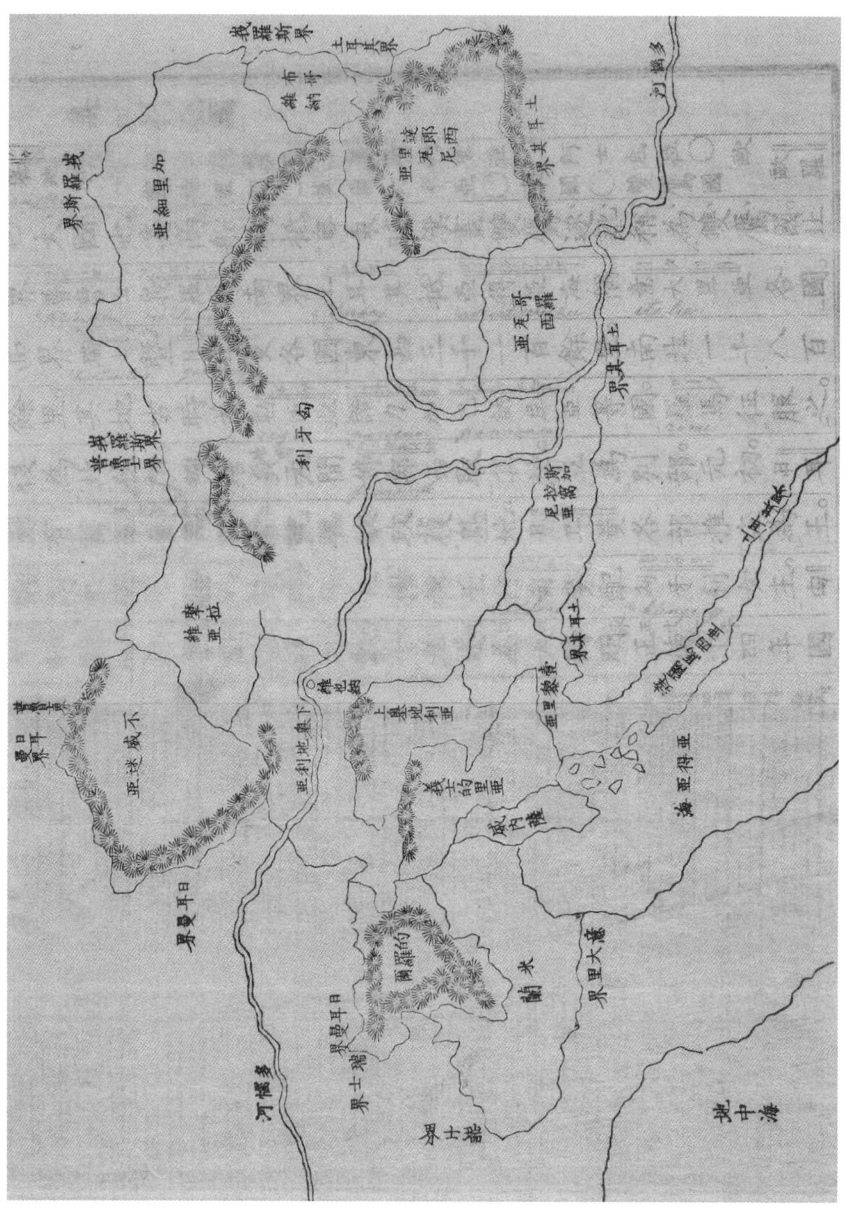

지도 41. 국립중앙도서관 소장본의 지도가 몹시 희미하여 『영환지략』(도시샤대학 소장본, 1861)에서 가져왔다. 국립중앙도서관 소장본에는 '오지리아국도(墺地利亞國圖)'라는 지도 명이 있고, 경도와 적도 표기가 있다.

의(衣): 의복 색깔로 남색을 좋아한다. 머리털을 자르지[薙] 않고, 머리카락을 땋아 묶는다. 머리에는 작고 둥근 모자를 쓰는데, 밖에서는 테두리가 넓은 모자를 쓴다.[116)]

상(商): ⓐ광둥에 오는 외국 선박[番舶] 중에는 흰 바탕에 머리가 둘인 새 한 마리를 그린 깃발을 꽂고 있으므로, '쌍응국(雙鷹國)'이라 한다. 단응국(單鷹國, 오스트리아)과 형제를 이루어, 환란에는 서로 돌아가며 구원한다. ⓑ매년 항구로 들어오는 상품 값은 2,000만 원이고, 나가는 상품 값은 900만 원이다.[117)]

재(財): 해마다 조세[錢糧]로 은 6,300만 원을 징수한다.[118)]

정(政): 나랏일은 하관(賀官) 4인을 두어 총괄한다. 조세[錢糧]와 송사에는 전담하는 관리가 없다. 고소하는 일이 생기면, 도읍에 사는 자는 도읍의 관리가 모두 판단하게 하고, 소 부락에 사는 자들은 각 지역의 존장과 선생이 모두 판단하게 했다.[119)]

관(官): 네 종류의 관리를 두었는데, 하나는 교사(敎師), 하나는 세작(世爵), 하나는 사관(事官), 하나는 각 부락의 관리다. 전례를 바꾸거나 왕을 세울 때, 세금을 추가하거나 군대를 늘일 때면, 네 종류의 하관(賀官)들이 일제히

쪽). 밑줄 친 산물들은 『해국도지』에서 보충했다(『위원전집』, 6책, 1286쪽).

116) 『해국도지』, 권46, 「헝가리 부록[寒牙里國附記]」에서 채록했다(『위원전집』, 6책, 1286쪽).

117) ⓐ는 『해국도지』에 인용된 『해록(海錄)』에서 채록했고(『위원전집』, 6책, 1287쪽), ⓑ는 『해국도지』에 인용된 『무역통지(貿易通志)』에서 가져왔다(앞의 출처). 『해록』의 기술은 다음과 같다(『해록주』, 72쪽). "쌍응국은 '일타련(一打輦, Italian?)'이라고도 하는데, 대고(祋古, Turkey) 항구의 서북쪽에 있다. 강역은 서양의 [나라들]과 같다. 또한 천주교를 신봉한다. 풍속은 대략 서양의 단응국(單鷹國, 오스트리아?)과 형제를 이루어, 환란에는 서로 돌아가며 구원한다. 풍속은 대략 서양의 나라들과 같다. 광둥에 오는 외국 선박[番舶] 중에는 흰 바탕에 머리가 둘인 새 한 마리를 그린 깃발을 꽂고 있는 배들이 있는데 바로 이 나라다(雙鷹國, 又名一打輦, 在祋古港口之西北. 疆域與西洋同. 與單鷹國爲兄弟, 患難相周恤. 亦奉天主教. 風俗大畧亦與西洋同. 番舶來廣東, 有白旗上畫一鳥雙頭者, 卽此國也)."

118) 이 조목은 '관(官)' 뒤에(27a) 채록되어 있으나, 이곳으로 올리라는 두주의 지침에 따라 편집한다. 『해국도지』에서 채록했다(『위원전집』, 6책, 1283쪽).

119) 『해국도지』에서 채록했다(『위원전집』, 6책, 1283쪽).

모여 회의한다.[120)]

병(兵): 보병은 18만 540명이고, 기병은 3만 6,400명이며, 대포수(大砲手)는 1만 7,800명이고, 장비[器械]를 수리하는 병사는 2,350명이며 출병할 때 길을 열고, 다리를 놓는 병사가 2만 600명이다.[121)]

속(俗): 풍속은 대략 서양(西洋)과 같다. 천주교(天主敎)를 힘써 숭상하고 예수교[耶蘇敎]를 원수로 여겨, 여러 세대에 걸친 전단(戰端)이 되었고, 잔혹한 살육의 액운을 열었다.[122)]

각 부락[各部]: 땅은 다섯 부락으로 나눈다. 오스트리아[壆地利亞]의 내륙은 두 부락으로 나뉘는데, 남쪽은 상부 오스트리아[Upper Austria, 上壆地利亞], 북쪽은 하부 오스트리아[Lower Austria, 下壆地利亞]다.[123)] 도성은 하부 오스트리아에 있는데, 비엔나[Vienna, 維也納]다. 어떤 곳에는 위아납(危阿納), 또는 미은(味隱)으로 되어 있다. 주민은 30만 명이고 왕국은 크고 화려하다. 왕은 몸소 몹시 검약함을 실천하고, 체통(體統)을 대수롭지 않게 여기며 백성들과 집안사람들처럼 왕래하여, 백성들도 그처럼 가깝게 여긴다. 풍속으로 방적(紡績)을 중시하여 생산하는 희귀한 비단[希帛][124)]이 가장 많다. 여자들은 용모가 아름답지만, 음란하여 규방의 규범이 없다. 부근에 기이성(其耳城)[125)]이 있는데, 주

---

120) 『해국도지』, 권46, 「헝가리 부록[寒牙里國附記]」에서 채록했다(『위원전집』, 6책, 1286쪽).

121) 『해국도지』에서 채록했다(『위원전집』, 6책, 1283쪽).

122) 이 단락은 어느 자료에서 채록했는지 명확하지 않다. 『해록(海錄)』(『해록주』, 권하, 72쪽)에는 '쌍응국(雙鷹國)'으로 표기하고 "풍속은 또한 대략 서양과 같다"라고 하였다. 오스트리아 역대 왕들이 예수교를 금지한 일에 관해서는 아래 연혁(沿革) 조목을 참고하시오.

123) 서계여의 이 구분은 『해국도지』의 오스트리아[奧地里加] 기술에서 채록한 것으로 보이는데(『위원전집』, 6책, 1284쪽), 여기에 적용한 '남·북'의 개념은 혼동의 여지가 다분하다. 기준은 바로 다뉴브강으로부터 '하·상'의 개념이다.

124) 1866년 오대서씨(五臺徐氏)본, 1873년 염운루(掞雲樓)본, 『영환지략』에는 '포백(布帛)'으로 되어 있다. 이에 따라 『영환지략교주』(146쪽)에서는 '포(布)'자로 바꾸었다.

125) '기이(其耳)'란 도시[城]는 『해국도지』, 권44, 알마니[耶馬尼] 기술에서 『만국지리전도집(萬國地理全圖集)』을 인용하여 게르만 동부의 한 도시로 언급했다(『위원전집』, 6

민은 3만 6,000명이다. 도서관[書院]에는 장서가 7만 책이다.

티롤[Tirol, 的羅爾]은 어떤 곳에는 지라리(地羅里)로 되어 있다. 두 오스트리아[壓地利] 서쪽에 있다. 온 땅이 모두 산이며, 중심도시[會城]는 인스부르크[Innsbruck, 音斯不羅各]다. 어떤 곳에는 은부(隱不)로 되어 있다. 사람들은 수렵으로 생활하고 짐꾼으로 사방에 다니기도 한다. 성격은 강직하고 힘이 세다. 프랑스[佛郞西]가 침입했을 때, 이들 토착민이 분투하여 격퇴하여 '의용(義勇)'으로 칭송되었다.

이스트리아[Istria, 義士的里亞][126]는 어떤 곳에는 이리아(以利亞)로 되어 있다. 상부 오스트리아[上壓地利]의 서남쪽에 있다. 중심도시[會城]는 그라츠[Graz, gradec, 加拉德斯]로, 어떤 곳에는 래팔(來八)로 되어 있다. 주민은 1만 1,000명이다. 산의 석실[洞穴]들은 정교하고, 바위 봉우리가 중복되어 있다. 사람들은 자기(磁器)를 만들고, 주단(綢緞)을 짜며 생활한다.

일리리아[Illyria, 壹黎里亞]는 이스트리아[義士的里亞]의 동남쪽에 있다.[127] 중심도시[會城]는 트리에스테[Trieste, 的里也斯德]로 어떤 곳에는 득리익(得利益)으로 되어 있다. 아드리아해[亞得亞海] 모퉁이에 있어 지중해의 큰 부두를 구성한다. 주민은 4만 명이다. 매년 출입하는 선박은 8,000척이다.

보헤미아[Bohemia, 不威迷亞]는 어떤 곳에는 백민(伯閔), 또는 파희미(波希米)로 되어 있다. 하부 오스트리아[下壓地利] 북쪽에 있다. 옛날에는 게르만[日耳曼]의 열국이었으나 오스트리아에 멸망했다. 지형은 솥단지 같으며, 그 바깥은 산맥으로 사이 안쪽으로 하천과 계곡이 깊고 농토는 비옥하여 오스트리아 땅 중

책, 1253~4쪽). 바로 서계여가 이 정보를 채록한 출처다. 『해국도지』 교주에 따르면, 이 '기이성'을 그라츠(Graz)로 추정했다(앞의 책, 1261쪽). 비엔나에서 그라츠는 서남쪽으로 대략 140여 킬로미터 떨어져 있고, 서계여는 이 그라츠를 아래에서 볼 '가랍덕사(加拉德斯)'로 옮겼다. 비엔나에서 9시 반 방향으로 60km 떨어져 있는 '크렘스(Krems)'를 옮긴 것은 아닌지 모르겠다.

126) 『영환지략교주』(147쪽)에서는 '의사적리아(義士的里亞)' 스티리아(Styria)'로 복원하려 했지만, '의(義)'에 해당하는 음을 찾기 어렵다.

127) 여기 '이스트리아[義士的里亞]'은 일리리아[Illyria, 壹黎里亞] 이전 명칭르로, 대략 같은 지역에 해당한다. 따라서 '동남쪽'이란 방향과 부합하지 않는다. 아마도 티롤[Tirol, 的羅爾]이 되어야 방향이 부합한다.

상등이다. 중심도시[會城]는 프라하[Praha, Prague, 巴拉加]다. 오곡(五穀), 가축[牲畜], 동(銅), 철(鐵), 마(麻)가 난다. 주민들은 유리[玻璃]그릇을 잘 만들어 사방에 유통하는데 수익을 헤아릴 수 없다. 그곳에는 대학[書院]이 있어 800여 명이 문예(文藝)를 배운다.

모라바[Morava, Moravia, 摩拉維亞]는 어떤 곳에는 묵린(墨隣)으로 되어 있다. 보헤미아[不威迷亞]의 동쪽에 있다. 땅이 편벽하고 작다. 산물은 마니포(麻呢布)[128]가 매우 많다. 중심도시[會城]는 아리목(阿里木)으로 매우 견고하다.[129]

이상의 각 부락은 모두 게르만[日耳曼] 연맹[同盟公會]에 들어가 94,800명을 출병해야 한다. 게르만[日耳曼] 열국 도설에 자세하다.

오스트리아[墺地利]의 이탈리아[意大里] 땅은 롬바르도-베네치아노[Lombardo-Venetiano, 倫巴爾多威尼西亞奴]라고 통칭하는데, 두 부락으로 나눈다.

밀라노[Milan, Milano, 米蘭]는 티롤[Tirol, 的羅爾] 남쪽에 있고, 동남쪽은 아드리아해[亞得亞海]에 이르러 면적이 비교적 넓다. 그곳은 산수가 빼어나다. 성당[天主廟]에는 초상이 거대하여, 폭은 27장이고 높이는 33장으로 서방[西土]에서는 이를 기이한 경관으로 여긴다. 중심도시[會城]의 주민은 15만 명이다. 관할하는 베르가모[Bergamo, 百義城]는 주민이 3만 명이다. 크레모나[Cremona, 額摩拿城]는 주민이 2만 6,000명이다. 만토바[Mantova, Mantua, 曼土士亞]는 견고한 성으로, 다른 나라의 공격을 받으며 오래 포위되어 있었지만, 함락시킬 수 없었다. 파비아[Pavia, 罷味亞城]는 주민이 2만 1,000명이다. 로디[Lodi, 羅地城]는 주민이 1만 8,000명이다. 모두 이탈리아[意大里]의 유명한 도시들이다.

---

128) '마니포'는 마포(麻布)와 니포(呢布), 즉 대니(大呢) 포로 읽어야 할 것 같다.

129) 모리바의 중심도시는 현 체코의 브르노(Brno)다. 여기 '아리목(阿里木)'의 형태는 어디를 지칭하는지 확인되지 않는다. 추정컨대, 올로모우츠(Olomouc)를 축약하여 음차한 것은 아닌지 모르겠다. 이곳은 브르노에서 2시 방향으로 직선거리로 63km 정도 떨어져 있다. 이상의 지명들은 Rand McNally and Company, 「Austria-Hungary」(Chicago, 1897)를 참고하여 추정했다.

베네치아[Venezia, Venice, 威內薩]는 어떤 곳에는 비닉(非匿)으로 되어 있다. 아드리아해[亞得亞海]에 임해 있어, 면적이 매우 작지만, 인구는 매우 많다. 옛날 지중해 최대 항구로, 수만 척의 배들이 운집해, 전체 바다의 이권을 장악한 지 천 년이 넘었다. 지금은 이미 쇠락하여 무역이 많지 않다. 주민은 그래도 10만 1,000명이다. 도성은 물에 건설하여 거리가 모두 작은 하천으로 나는 듯한 다리들이 가로지르지만, 배가 다니는 데는 지장이 없다. 속한 파도바[Padova, 巴士士亞]는 주민이 5만 명이다. 안에는 대학[書院]이 있어 300명이 학업을 닦는다. 베로나[Verona, 味羅拿]는 주민이 5만 5,000명이다. 비첸차[Vicenza, Vicensa, 味晉撒]는 주민이 3만 명이다. 우디네[Udine, 蕪地拿]는 주민이 1만 8,000명이다.[130)]

오스트리아[墺地利]의 헝가리[匈牙利] 어떤 곳에는 옹급리아(翁給里亞), 또는 한아리(寒牙里), 또는 보헤미아[Bohemia, 博厄美亞], 또는 판노니아[Pannonia, 班那里亞]로 되어 있다.[131)] 땅은 나라의 동쪽 경계에 있다. 옛날 흉노의 별도 부락으로 흘러 이곳으로 이주하여, 나로미(那盧彌)[132)] 땅을 공격하여 얻었다. 조(趙)의 송나라 함평

130) 이상 이탈리아 지명들은 마르촐라(Benedetto Marzolla), 「롬바르디아-베네토 왕국(Regno Lombardo-Veneto)」(Naples, 1854)을 근거로 추정했다.

131) 서계여가 거명한 헝가리의 이칭 중에서 '박액미아(博厄美亞)'는 보헤미아, 오늘날 체코를 말하므로, 빼야 한다. 보헤미아와 헝가리를 같은 나라로 잘못 인식한 사람은 바로 위원이다. 위원은 헝가리를 '한아리(寒牙里)'로 옮기고, '박액미액(博厄美厄)'이라고도 한다고 설명한 바 있다(『위원전집』, 6책, 1285쪽). 마지막 '반나리아(班那里亞)'는 로마제국의 속주 중 하나 판노니아(Pannonia)를 음차한 형태다. 헝가리의 서부 지역도 판노니아에 속했으므로 헝가리의 다른 명칭으로 볼 수도 있다.

132) '나로미(那盧彌)'란 곳은 『해국도지』, 권46, 헝가리[寒牙里] 부록에 '나로미'란 "원래 헝가리[寒牙里] 남쪽 모퉁이 각 지역에 대한 총칭으로 이탈리아와 접경하고 있다"라고 하였다. 이에 대해 『해국도지』 교주에서는 이 '나로미'를 '다뉴브강' 지구라고 설명했다(『위원전집』, 6책, 1299쪽). 다뉴브강과 아무런 음성적 관계도 보이지 않고, 막연한 설명이다. 18세기 프랑스인들이 그린 지도에 따르면(Nicolas de Fer, 「La Hongrie, La Transilvanie, La Valaquie, La Moldavie etc」, Paris, 1717), 헝가리는 다뉴브강을 경계로 동쪽은 '상' 서쪽은 '하'로 나누었다. 결국 나뉴브강을 기준으로 상·하로 나눈 점은 분명하지만, '나로미'에 해당하는 음은 무엇인지 모른다. 혹 로마제국의 속주로, 오늘날 오스트리아 대부분 지역을 차지하며 남쪽으로 이탈리아까지 펼쳐졌던 노리쿰(Noricum)

(咸平, 998~1003) 연간에 건국하여 일시에 강국으로 일컬어지다가 한참 뒤에 쇠퇴했다. 명나라 건문(建文, 1399~1402) 연간에 여왕[女主] 이리살마(伊利薩麻)가 왕위를 이어 오스트리아[墨] 왕 아이맥(阿爾麥)과 결혼하여 부부가 되었다.[133] 당시 헝가리는 폴란드[波蘭]의 공격을 받았고, 튀르키예[土耳其]는 여러 차례 남쪽 변경을 침략했지만, 모두 오스트리아[墨地利]의 군대에 힘입어 적을 물리치고 강역을 보전하여, 결국 나라를 들어 오스트리아와 합방했다.

땅의 면적은 오스트리아 본국에 배이고, 반은 산 반은 땅으로 다뉴브강[Danube River, 多惱河]이 그 사이를 가로질러 흐른다. 산에서는 금(金), 은(銀), 동(銅) 등의 광물이 나, 매년 금 1,000여 근, 은 4만여 근을 얻는다. 땅에서는 농토가 5만 경이고, 목장[草場]이 7만 5,000경, 임야 9만 경, 전원 6만 경을 확보하고 있다. 오곡(五穀), 가축[牲畜], 포도주(葡萄酒), 마(麻), 단삼(丹參), 꿀[蜜]이 난다. 사람들은 머리카락을 자르지 않고, 땋아 묶고 작고 둥근 모자를 쓰는데, 밖에서는 테두리가 넓은 모자를 쓴다. 의복 색깔은 남색을 선호하는데, 유럽 여러 나라와 상당히 다르다.

땅은 다섯 부락으로 나눈다. 헝가리[匈牙利]는 안으로 두 부락으로 나누는데, 하나로미(下那盧彌)와 상나로미(上那盧彌)로, 중심도시[會城]는 하나로미(下那盧彌)에 있는 부다페스트[Budapest, 伯堡]로, 헝가리[匈]의 옛 도읍이었다.[134] 다뉴브강[多惱河] 강가에 건설되어 있으며 주민은 4만 1,000명이다. 관할하는 페슈트[Pest, 伯息]는 주민이 6만 1,000명으로, 가축[牲畜]으로 교역

을 음차한 것은 아닌지 모르겠다. 이 또한 음성적 거리가 멀 뿐만 아니라, '노리쿰'을 기준으로 '상·하'로 나누었다면, 더욱 난해해 진다.

133) 이 시기 헝가리의 여왕은 엉주 마리어(Anjou Mária, 1382~1398년 재위)로, 남편은 지기스문트(Sigismund, 1368~1437)다. 두 사람 모두 음성적으로 정확히 부합하지는 않는다. 추정컨대, '이리살마'는 보헤미아의 엘리자베스(Elisabeth of Bohemia, 1358~1373)의 '엘리자베스'를 음차한 형태로 보이며, 그녀는 여덟 살(1366)에 오스트리아 듀크 알베르트(Albert III of Austria, 1349~1395)와 결혼한다. '아이맥'은 '알베르트'를 음차한 형태일 것이다.

134) '나로미(那盧彌)'는 어떤 지명을 음차했는지 확인되지 않는다. 『영환지략교주』에서는 '다뉴브'의 다른 표기로 추정했다. 사실 헝가리는 다뉴브강이 위에서 아래로 흐르므로, 상당히 그럴법한 추정이다. 그러나 다뉴브, 도나우와 음성적 거리는 멀다. 고증을 기다린다.

하는 땅이다. 부근의 부다[Buda, 補地城]는 주민이 3만 4,000명이다. 솀니츠[Schemnitz, 伸匿, Banská Štiavnica]는 주민이 1만 7,000명으로, 태반이 광물을 채굴하여 사는데 동(銅)이 유난히 많이 난다. 외덴부르크[Ödenburg, 阿丁堡, Sopron]는 주민이 술을 빚고 돼지를 길러 생활하는데 매년 돼지 8만 마리를 판다. 랄고성(剌固城)은 땅이 상당한 요충지로, 튀르키예[土耳其]의 잦은 공격을 받았다. 페치[Pécs, Quinque Basilicae, 五廟邑]는 옛날부터 문인 학자들이 모이는 지역이었다. 데브레센[Debrecen, Debrezin, 得伯新邑]은 교역하는 지구이다. 세게드[Szeged, Szegedin, Seghedin, 士額丁]은 주민이 3만 명으로 농사에 근면하며, 담배[煙草]를 생산한다.

트란실바니아[Transylvania, Erdély, 達郞西里瓦尼亞]는 '칠산(七山)'이라고도 부르는데, 헝가리의 동남쪽에 있다. 산맥이 높아 하늘에 닿으며, 금(金), 철(鐵) 광물이 난다. 중심도시는 헤르만스타드트[Hermannstadt, 黑曼, Sibiu]로 주민은 2만 명이다. 속한 원성(冤城)은 주민이 3만 명으로, 튀르키예[土耳其]와의 교역이 매우 번성하다. 대학[書院]에는 학업을 닦는 자가 1,200명이다.

크로아티아[Croatia, Hrvatska, 哥羅瓦西亞]는 어떤 곳에는 가랄(可剌)로 되어 있다. 헝가리의 남쪽, 트란실바니아[七山]의 서쪽에 있다. 중심도시는 아그람[Agram, 亞哥郞, Zagreb]이다. 주민들은 농사에 부지런하며 사납고 용감함이 다른 사람을 뛰어넘어 오스트리아 사람들이 모집하여 유격병[游兵]으로 삼는데 강적을 잘 물리친다. 오곡(五穀)과 연초(煙草)가 난다.

스클라보니아[Sclavonia, 斯加拉窩尼亞]는 크로아티아[哥羅瓦西亞]의 서쪽에 있다.[135] 중심도시는 오시예크[Osijek, Eszék, 挨塞各]다. 토속은 크로아티아와 같다. 이상 세 부락은 남쪽 경계가 모두 튀르키예[土耳其]와 이웃하고 있어 각기 농민을 훈련하여 향토 용사로 만들어, 튀르키예 사람들이 침입해 오면 힘을 합해 방어한다.

달마티아[Dalmatia, Dalmacija, 達爾馬西亞]는 어떤 곳에는 탑마(搭馬)로 되어 있다. 아드리아해[亞得亞海] 가에 있으며, 일리리아[Illyria, 壹黎里亞]와 서로 접해 있다. 지형은 좁고 길며 토양은 척박하여 농경에 부족하여, 사람들은 대부분 물고기를 잡거나 바다에서 도적질하기도 한다. 중심도시는 차라[Zara, 撒

---

135) 슬라보니아는 현 크로아티아로, '서쪽'이 아니라 동쪽에 있었다.

剌, Zadar]로 인구는 매우 드물다. 산에서는 약재가 나고 바위 사이에서는 야생 꿀[蜂蜜]이 난다. 속한 카타로[Cattaro, 加他羅]의 성은 벽이 견고하고 못이 깊어 '험고(險固)'하다고 한다.

오스트리아[墺地利]의 폴란드[波蘭] 땅은 갈리시아[Galicia, 加里細亞]라고 어떤 곳에는 아리서(牙里西)로 되어 있다. 한다. 땅은 평탄하고, 사막이 있어 대부분 덤불[林藪]로, 사고 있은 곰[熊]이나 이리[狼]는 사냥꾼들이 잡아 그 가죽을 바치면, 관에서는 그 값을 준다. 땅에는 소금기가 많아 소금을 졸여낼 수 있다. 사람들은 오로지 농사에 힘쓰며 방적할 줄 몰라 의식이 모두 조악하다. 중심도시[會城]는 렘베르크[Lembreg, 稜卑爾各, Lviv]로, 어떤 곳에는 린산(隣山)으로 되어 있다. 안에는 대학[書院]이 있다.

부코비나[Bokov(w)ina, 布哥維納]는 원래 튀르키예[土耳其]의 땅이었으나 오스트리아[墺]가 할양받았다. 갈리시아[Galicia, 加里細亞]와 연접해 있어 폴란드[波蘭] 부락에 딸려 있다. 영토는 수백 리고, 중심도시[會城]는 달이노파라(達爾奴波羅)[136]로, 주민은 9만 3,000명이다. 도시 안에는 예배당[廟宇]이 많아 성직자[僧尼]들이 매우 많다. 사람들은 무역에 뛰어나 비록 오스트리아에 예속되었지만, 자체로 추장을 두고 나랏일을 주관한다.[137]

연혁(沿革): 이곳은 옛날 러시아[勒西亞], 노리카[Noricum(a), 諾力加], 판노니아[Pannonia, 巴訥尼亞] 등의 나라다. 로마[羅馬]가 이들을 정복했고, 뒤에 북적(北狄)이 차지하게 되었다. 당나라 정원(貞元, 785~805) 연간에 프랑스[佛

---

136) 『지리비고(地理備考)』(『해산선관총서』본, 5a)에 부코비나의 중심도시로 언급된 '달이노파라(達爾奴波羅)'는 『해국도지』, 권46에 인용된 『지리비고』에는 보이지 않는다(『위원전집』, 6책, 1291쪽). 『지리비고』의 기술에 따르면, 갈리시아[Galicia, 加里細亞]와 부코비나[Bokov(w)ina, 布哥維納], 두 성(省)은 모두 '파라니아(波羅尼亞, Polonia)'라고 부른다고 했다. 이로써 추정하자자면, 현 우크라이나 서부 체르니우치(Чернівці), 독일어 체르노비츠(Tchernowitz)가 잘못 옮겨진 형태로 보인다.

137) 이상 각 부락에 관한 기록은 모두 『영환지략』에서 채록했다(『영환지락교주』, 146~150쪽). 이상 헝가리 각부(各部)의 명칭들은 대부분 『지리비고』(『해산선관총서』본, 권6, 3b~7b)에 보인다. 이들에 대한 추정은 리자르스(William Home Lizars), 「독일 : 오스트리아 영토(Germany: Austria dominions)」(Edinburgh, London, Dublin, 1841)를 참고했다.

郎西]가 그곳을 취해 별도의 부락[別部]으로 삼았다. 원나라 초에 게르만[日耳曼]의 추장 루돌프[Rudolf I, 羅爾德福]는 총명하고 영민함으로 일컬어졌는데, 오스트리아 땅을 공격하여 차지하자, 게르만 각 부락이 그를 왕으로 추대하여 '동국(東國, House of Habsburg)'으로 불렸다. 그러나 강역이 편협하여 대권은 없었다. 아이맥(阿爾麥)에게로 전해지면서, 헝가리[匈牙利]의 여왕과 결혼하며, 헝가리는 오스트리아에 합병되었기 때문에, 갑자기 강역이 수천 리로 넓어지며 대국을 형성했다. 명나라 정덕(正德) 14년(1519) 내란이 일어났다. 당시 에스파냐[西班牙] 왕 카를 5세[Karl V, Charles V, 查理第五]가 현명하고 유능하여 백성들이 기리자, 게르만 여러 부락이 그를 오스트리아로 불러, 게르만 왕으로 받들었다. 왕은 군대를 다스리고 법을 행하여 명성과 권위가 크게 드러났다. 프랑스[佛郎西]가 공격해 오자, 왕은 전투하여 물리치고 프랑스 왕을 사로잡아 에스파냐로 보냈다. 프랑스인들은 황금으로 속죄하자 풀어 돌려보냈다. 가정(嘉靖) 4년(1525) 다시 백민(伯閔)을 바로 보헤미아[不威迷亞] 차지하면서 강역은 더욱 넓어졌다. 카를 5세[查理第五]가 죽고, 그의 동생이 왕위를 이었는데 법률에 밝았고 청렴하고 유능한 사람을 선발 임용하여 치세를 이루었다. 당시 이탈리아[意大里]가 난으로 약해지자, 군대로 정벌하여 북쪽 경계를 빼앗았다. 로마[羅馬]를 일 년간 포위하여, 성이 함락될 즈음, 이탈리아 여러 부락이 모두 신하로 복종하니, 이로부터 게르만이 서방[西土]을 제패했다고 일컬어졌다. 만력(萬曆) 46년(1618) 페르디난트[Ferdinand II, 匪爾地難]가 즉위했다. 이에 앞서 카를 5세[查理第五]는 천주교를 높이고, 예수교[耶蘇教]를 금지했었다. 이에 이르러 신하와 백성들이 다시 예수교를 따르는 자들이 생겨났다. 왕은 힘써 금지하며 어기는 자는 형벌을 가했다. 신하와 백성들이 합쳐 왕을 공격하자, 왕은 그들을 몰살시켜, 마침내 온 나라가 천주교를 신봉하며 이교가 있을 수 없었다. 강희(康熙) 49년(1710) 카를 6세[查理第六]가 즉위하여 신하들에게 정치를 위임하고, 얼마 뒤에 아들 없이 죽으며 딸에게 왕위를 전했다. 그녀는 총명하고 영민하여 능히 국권을 쥐고, 군대를 엄격히 다스려 이웃 나라들이 침공할 수 없었다. 여왕이 죽고, 왕 요제프 2세[Joseph II, 約色弗第二]가 계승했다. 당시 난으로 폴란드[波蘭]가 약해지자, 왕은 러시아[峩羅斯], 프로이센[普魯士]과 함께 그 나라를 나누어 가졌다. 이로부터 광대한 강역은 결국 서방[西土]보다 넓어졌다. 왕은 예수교[耶蘇教]를 선호하여 천주교를 폐했다. 천주교도들이 난을 일으키려 했으나 왕은 걱정되어 죽여 버렸다. 가경(嘉慶, 1796~1820) 연간에 프랑스 나폴레옹[拿破侖]이 나라를 차지하고 군대로 사방을 정벌하자, 게르만 열국이 모두 귀부했고, 오스트리아는 벨기에[比利時]를 식민지로 삼았었으나 또한 침략당해 빼앗겼지만, 벨기에[比利時] 도설에 자세하다. 항복하지 않자, 프랑스도 어찌할 수 없었다. 나폴레옹이 패망하자, 가경(嘉慶) 20년(1815) 유럽[歐羅巴]의 여러 나라는 각기 공사를 비엔나[維也納]로 오스트리아[墺地利]의 수도 보내 회의를 열었다. 프랑스가 각 나라를 격파하여, 각 나라는 모두 국경을 다시 긋고 맹약을 엄중히 맺었다. 게르만 열국은 각기 옛 영토를 회복했으나 약해져 자립할 수 없어, 의논하여 연맹[公會]을 설립하고, 나라들을 연결했는데, 오스트리아는 연맹의 수장이 되었다. 게르만 열국의 왕들이 수시로 와서 국사를 의논했다. 오스트리아는 튀르키예[土耳其]와 30년 동안 전쟁하다가 강화를 맺고 그쳤다. 나라의 땅은 크게 다섯 부락으로 나눈다. 게르만[日耳曼] 땅은 오스트리아의 옛 영토였다. 이탈리아[意大里] 땅, 헝가리[匈牙利] 땅, 폴란드[波蘭] 땅은 이후 빼앗아 차지한 땅들이다.[138)]

138) 오스트리아[墺地利亞] 연혁은 『영환지략』에서 채록했다(『영환지략교주』, 144~146쪽).

4-6. 프로이센[Prūsa, Preußen, Prussia, 普魯士國] 지도 42를 보시오.

강역(疆域): 프로이센[普魯士國]은 보로사(普魯社), 포로사(蒲魯士), 부로서아(部魯西亞), 부로서아(部魯西亞), 포로사(埔魯寫), 파로사(破魯斯), 파로서(破魯西), 도리아(圖理雅), 비아이미아(比阿爾彌亞), 단응국(單鷹國)이라고도 한다.[139] 북쪽으로 발트해[波羅的海]가 있고, 동쪽은 러시아[峩羅斯]와 경계하며, 남쪽은 오스트리아[墨地利亞]와 경계하고, 서쪽은 게르만[日耳曼] 열국에 섞여, 네덜란드[荷蘭], 벨기에[比利時]와 경계한다. 동서로 대략 2,100여 리고, 남북으로 대략 1,100리다. 이 나라는

---

139) 프로이센 또는 프러시아의 다른 명칭으로 제시된 '도리아(圖理雅)'는 터키(Turky)의 스페인과 포르투갈어 '튀르키아(Turquia)'를 축약하여 음차한 것으로 추측한다. 위원은 『해국도지』, 권56, 「원나라 시기 북방 강역 고찰」 하편에서 "유럽인들의 기록에 따르면, 도리아(圖理雅)가 바로 프로이센[普魯士]이다"라고 한다고 하였다(『위원전집』, 6책, 1537쪽). '도리사=보로사'설은 위원의 오인에서 비롯되었다.

'비아이미아(比阿爾彌亞)'이란 음역 형태는 서계여가 어디에서 가져왔는지 추적하지 못했다. 『해국도지』, 권57, 프로이센[普魯社] 기술 주석에 "『직방외기』의 지도에 '아이미아(亞爾彌亞)'로 되어 있다"라고 한 설명이 보인다. 비교적 정확한 지도를 보여주는 총서집성본(1936년) 『직방외기』 지도에서는 이 명칭을 찾을 수 없었다. 서계여는 '비(比)'자를 앞에 붙인 것만 다르다. 의문의 '이아미아'가 아르메니아를 음차한 것이라면 서계여의 '비(比)'자는 '북(北)'자의 오기로 북아르메니아가 될 것이다. 어쨌든 프로이센의 다른 명칭으로 이해하기는 어렵다.

'단응국(單鷹國)'은 사청고의 『해록』을 주석한 펑청쥔의 설명에 따르면 '대련(帶輦)' 즉 덴마크로 추정했다(『해록주』, 권하, 72쪽). 그러나 '대련'과 덴(Den) 또는 단(Dane)과 음성적으로 부합하지 않고, 사청고 또한 "단응국은 '대련(帶輦)'이라고도 하는데 쌍응국 서북쪽에 있다. 강역과 풍속은 대략 같다. 광둥에 오는 외국 선박 중에 흰 바탕에 한 마리 매를 그린 깃발을 단 배가 이들이다(單鷹國, 又名帶輦, 在雙鷹西北. 疆域·風俗畧同. 番舶來廣東, 用白旗畫一鷹者是)"라고 했고 또 사청고는 프로이센[埔嚕寫] 기술에서 "포로사국은 '마서갈비(嗎西噶比)'라고도 하는데 단응(單鷹) 북쪽에 있다. 강역은 약간 크다. 풍속은 회회와 같다"라고 하였다. 사청고의 기술에 따르면, '단응'과 '포로사'는 다른 두 곳이다. 이점에 대하여 위원은 "[사청고는]단응과 포로사국을 둘로 생각했는데, 아마도 '포로사'는 그 나라의 도읍을 가리키고, 광둥에 무역하러 오는 '단응'은 바로 안디잔[安集延]의 우오한(于敖罕, 코칸트) 같은 그 나라의 속령일 것이다"라는 부연 설명을 붙였다(『위원전집』, 6책, 1548쪽). 이는 상당히 당황스러운 설명이다. 물론 사청고가 잘못 기술했을 가능성도 있지만, 단응국을 '오스트리아'로 보면 사청고의 방향 설정과 크게 배치되지 않을 것이다.

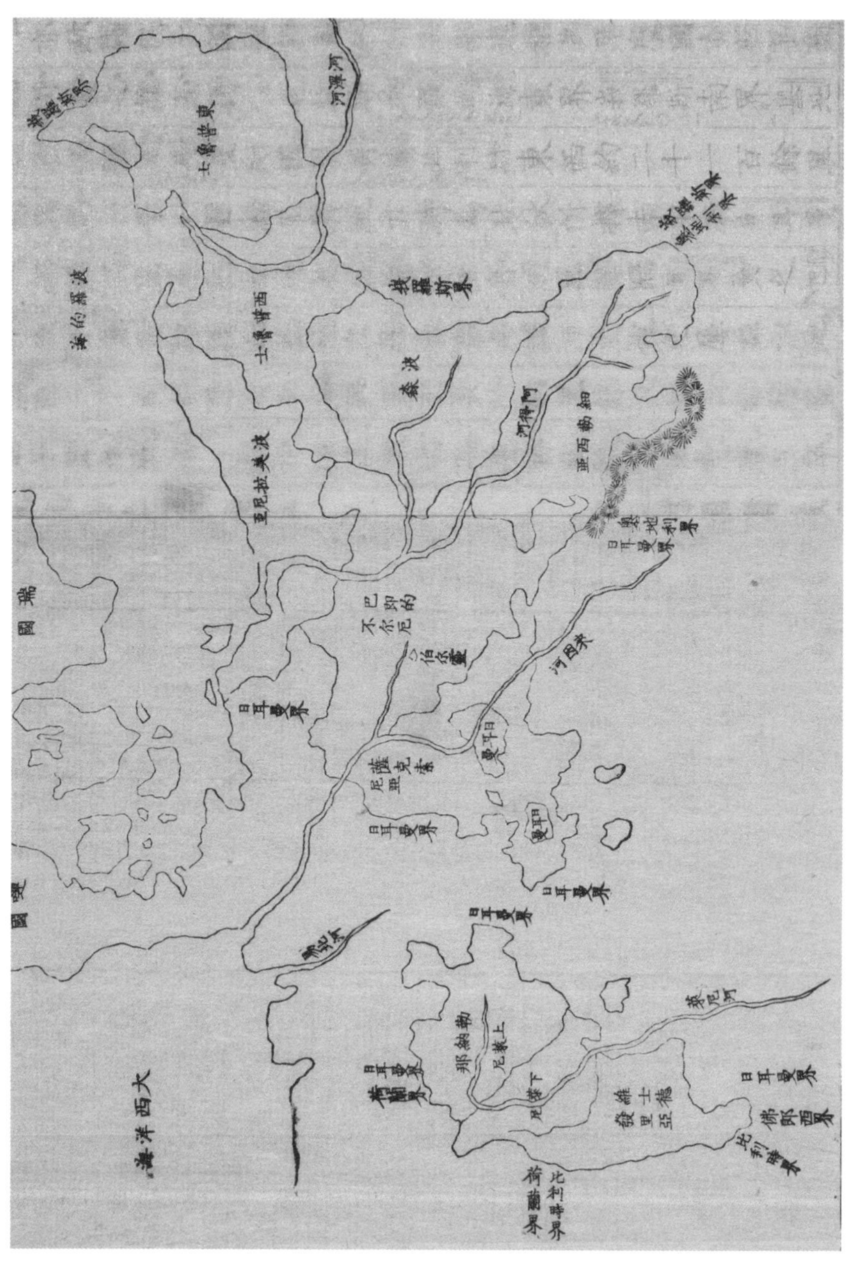

지도 42. 국립중앙도서관 소장본의 지도가 몹시 희미하여 『영환지략』(도시샤대학 소장본, 1861)에서 가져왔다. 국립중앙도서관 소장본에는 '보로사도(普魯士圖)'라는 지도 명이 있고, 경도와 적도 표기가 있다.

크게 동서 두 땅으로 나누며 총 여덟 부락이다. 게르만[日耳曼] 경내에 있는 부락들이 있고, 다른 나라를 침략하여 뺏은 부락들이 있다.[139]

기후[風氣]: 날씨는 매우 춥다.[140]

사람들[人民]: 호구는 1,384만 명이다.[141]

산물(產物): 담배[煙], 저마(苧麻), 니포(呢布), 목재[木], 사발(絲髮), 자기(磁器), 유리[玻璃], 납[鉛], 동(銅), 철(鐵), 비상(砒霜), 소금[鹽]이 나고, 소[牛], 양(羊)이 아주 많다.[142]

의(衣): 남녀 모두 가죽옷을 입는데, 중국에서 입는 흰색 깃털 옷[雪衣]과 흡사하고, 밤에는 해당하는 잠옷을 입는다[夜則以當被].[143]

상(商): ⓐ광둥[粵東]에 온 상선들은 흰 깃발에 한 마리 매를 그려 넣어 있어 '단응국(單鷹國)'이라 불렀다. ⓑ상선은 652척이고, 항구에 들어오는 외국 선박은 2,000척으로, 싣고 오는 물건은 서양의 나라들과 다르지 않다.[144]

---

139) 『영환지략』에서 채록했다(『영환지락교주』, 151쪽).

140) 이 조목은 '속(俗)' 뒤에(34a)에 채록되었으나, 여기로 올리라는 두주의 지침에 따라 편집한다. 이 정보는 어디에서 채록했는지 분명하지 않다.

141) 『해국도지』, 권57, 보로사(普魯社) 조목에서 채록했다(『위원전집』, 6책, 1546쪽).

142) 『해국도지』에서 채록했다(『위원전집』, 6책, 1546, 1547쪽).

143) '의(衣)'에 관한 기술은 '속(俗)' 다음에(51a) 채록되었으나, 이곳으로 올리라는 두주의 지침에 따라 여기에 편집한다. 『해국도지』에 인용된 『해록(海錄)』에서 채록했다(『위원전집』, 6책, 1548쪽). 『해록』에는 '포로사(埔魯寫)'로 표기하고 있다.

144) 이 '상(商)'에 관한 기술 또한 '속(俗)' 다음에(514a) 채록되었으나, 이곳으로 올리라는 두주의 지침에 따라 여기에 편집한다. ⓐ의 정보는 어디에서 채록했는지 분명하지 않다. 『해록』, 권하, '단응국(單鷹國)' 조목에서 "광둥에 오는 외국 선박 중에 흰 바탕에 한 마리 매를 그린 깃발을 단 배가 이들이다"라고 하였다(『해록주』, 권하, 72쪽). 위원은 『해국도지』, 권56에 추가한 「청나라와 러시아의 동맹과 사신 교환에 관한 기술[國朝俄羅斯盟聘記]」의 한 주석에 "광둥 사람들은 프로이센[普魯士]을 '단응(單鷹)'이라 부르는데, 상선의 돛에 달린 깃발에 그려진 이미지 때문에 그렇게 부른다"라고 하였다(『위원전집』, 6책, 1529쪽). 또 권57에서 '프로이센'을 『해국문견록』의 표기에 따라 '보로사(普魯社)'로 옮기고, "보로사국은 바로 광둥에 교역하러 오는 단응(單鷹)이다"라고 하였다(『위원전집』, 6책, 1545쪽). 그리고 『외국사략(外國史略)』을 인용하여 "피로사국[프로이센]은 중국인들은 '단응'이라 부르는데, 또한 그들 배의 깃발로 이름한 것이다(陂路斯國, 漢人謂之單鷹, 亦以其船之旗名之)"라고 하였다(앞의 책, 1552쪽; 『소

법(法): 그들 제도에, 나이가 된 백성 중에 장인[工]은 점포[肆]에 들어가고, 우수한 자는 학교에 들어간다. 그렇지 않으면 그 부모를 처벌한다. 나이 20세 이상의 장정은 모두 군대에 들어가 기예를 배우고, 3년 뒤에 돌아가게 한다. 매년 가을에는 훈련하고 검사하여 상을 주거나 벌한다. 그러므로 그 나라에는 군사가 많고 강하다.[145)]

병(兵): 군에는 세 종류가 있다. 하나는 상비군[standing army, 士丹定阿彌], 하나는 방위군[Landwehr, 蘭威阿], 하나는 예비군[Landsturm, 蘭士端]이다. 예비군[蘭士端]의 군대는 단지 수도만 호위하며 출정하지 않으며 그 숫자를 다 헤아리지 못한다. 상비군의 군대는 정규 주둔 방어군[駐防兵] 1만 7,900명, 보병 8만 2,938명, 기병 1만 9,647명, 포수 1만 3,500명으로 모두 14만 1,000명 남짓이다. 나이 30세 이상이 하나의 반(班)으로, 나이 40세 이상을 하나의 반(班)으로 한다. 방위군의 군대는 22만 7,000명을 하나의 반을, 18만 명을 하나의 반으로 만들어 모두 50만 명 남짓이다.[146)]

속(俗): ⓒ온 나라가 예수교[耶蘇教]를 숭상하지만, ⓓ부락마다 일정하지는 않다. 가톨릭[加特力]을, 프로테스탄트[波羅士特]를, 유대교[由斯教], 루터교[Lutheran, 魯低蘭]를 신봉하기도 한다.[147)]

각 부락[各部]: ⓔ프로이센[普魯士] 동부의 으뜸은 브란덴부르크[Brandenburg, 巴郎的不爾厄]로, 어떤 곳에는 반정보(班丁堡)로 되어 있다. 경내에는 오데르[Oder, 阿得河]강이 종횡으로 흘러 강을 따라 진펄을 이루었으며 초원[草場]이 풍부하여 목축에 편리하다. 나머지 땅은 평탄하고 사막이 많아 농경에는 부족하다. 소나무와 상수리나무가 곳곳에 품을 이루어 목재로는 손색이 없다. 수도는 베를린[百爾靈]으로, 어떤 곳에는 백령(伯靈), 또는 목이림(木爾林)으로 되

방호재여지총초재보편(小方壺齋輿地叢鈔再補編)』, 권11, 45a). 이상의 언급들은 모두 『해록』의 기술을 가리키고 있다. ⓑ의 정보는 『해국도지』에 인용된 『무역통지(貿易通志)』에서 채록했다(『위원전집』, 6책, 1548쪽).

145) 『영환지략』에서 채록했다(『영환지락교주』, 151쪽).

146) 『해국도지』에서 채록했다(『위원전집』, 6책, 1546쪽).

147) ⓒ는 『영환지략』에서 채록했고(『영환지락교주』, 153쪽), ⓓ는 『해국도지』에서 채록했다(『위원전집』, 6책, 1545~1546쪽).

어 있다. ⓕ둘레는 36리고 15개의 문, 22개의 시장이 있으며, 주민은 22만 명으로 모두 예수교[耶蘇教]를 신봉한다. 도성 안에는 고아원[孤子院]이 있어 고아들을 거두어 양육한다. 병원[醫院]이 있어 여행객이나 빈민 중에 질병에 걸린 사람들이 사는 곳이다. 무예원(武藝院)에서는 치고 찌르는 법을 가르친다. 문학원(文學院)에서는 학업을 닦는 자가 1,600여 명이다. 군기국(軍器局)에는 대포(大炮)가 들어 있다. 왕궁은 길이가 46장이고 폭은 27장이며, 높이는 10장으로, 규모가 매우 웅장하고, 관리들의 거처 또한 단정하고 청결하다. 온갖 장인들의 기술에는 각기 학원이 있다. 철기(鐵器)가 가장 정교하며, 장인들은 금은으로 만든 것처럼 세공한다. 자기(磁器)는 더욱 우수하여 견고하고 정교함이 중국산에 버금가도 값이 매우 저렴하다. ⓖ대니(大呢), 우단(羽緞), 포백(布帛)은 산적해 있어 먼 곳의 사람들이 모두 와서 교역하여 서방[西土] 대도시[大都會]로 일컬어진다. 속한 곡정(谷丁)은 견고한 성이다. 소읍(蘇邑), 품토로(禀土老)는 모두 속한 읍 중에서 풍요롭고 아름다운 곳이다.[148)]

포메라니아[Pomerania, 波美拉尼亞]는 어떤 곳에는 파묵린(破墨隣)으로 되어 있다. 브란덴부르크[巴郎的不爾戹]의 북쪽, 발트해[波羅的海]에 임해 있다. 남쪽 농토는 비옥하고, 북쪽은 바다와 가까워 움푹 꺼져있어, 모래 언덕이 많다. 호박(琥珀)이 많이 나, 현지인들은 채취하여 상감하여 보기(寶器)를 장식한다. 목재[木料], 마(麻), 오곡(五穀)이 난다. 중심도시[會城]는 슈테틴[Stettin, 斯德丁, Szczecin]으로, 어떤 곳에는 사득정(士得丁)으로 되어 있다. 오데르[阿得] 강가에 있다. 강물이 깊고 넓어 바다 선박들이 출입할 수 있어 장삿배들이 운집하여 무역이 번성하다. 교외에는 길고 큰 항구가 있는데, 스비네[Swine, 瑞隱] 해구[口]라고 불린다. 속한 슈트랄준트[Stralsund, 率他港城]는 발트해[波羅的海]가에 있다. 주민은 1만 5,000명이다. 밀[麥]은 면양(綿羊)의 털과 함께 이곳으로부터 운송되어 나간다. 성은 가장 견고하여 적이 여러 차례 공격했으나 함락시키지 못했다. 그 장수가 맹세하여, "천당에 이 성이 걸렸더라도 나는 반

---

148) 이 단락은 서계여가 기록한 정보들이 많다. ⓔ의 정보는 『지리비고(地理備考)』(『해산선관총서』본, 권6, 10a)를 참고한 것으로 보인다. 지역 명칭 표기들이 일치한다. ⓕ는 위원의 『해국도지』에 인용된 『만국지리전도집(萬國地理全圖集)』에서 채록하고 재구성했다(『위원전집』, 6책, 1548쪽). ⓖ의 정보는 어디에서 채록했는지 확인되지 않는다. 특히 언급된 지명들은 지도상에서 한 곳도 확인하지 못했다.

드시 얻고야 말리라"라고 했다고 한다. 그 뒤에도 결국 무너뜨리지 못했다. 코를린[Körlin, 額林城]에는 대학[書院]이 있는데 사방에서 초청한 유학자들이 있다. 콜베르크[Kolberg, 吉林城]는 바닷가에 있고 두루 통하는 거리와 큰 건물이 있으며 문사(文士)들이 산다. 슈라베[Schlawe, 薩牙, Sławno]는 주민이 7,000명이나 큰 건물들이 운집하고 있어 대읍(大邑)으로 일컬어진다. 피리츠[Pyritz, 北勒, Pyrzyce]는 주민이 4,000명이다. 성 밖에는 못이 있어 처음 예수교[耶蘇敎]에 입문한 자는 가서 세례를 받기 때문에, 서방[西土]에서 유명하다. 이곳은 토양이 매우 비옥하여 곡물이 남아 먼 지역으로 수출된다. 한비(罕比, Kammin?)는 바다와 가까워 작은 강물을 통해 성안으로 통행할 수 있으며, 주민들 대부분이 호박으로 기이한 용기를 제작한다.[149)]

실레시아[Silesia, 細勒西亞]는 어떤 곳에는 치륵(治勒)으로 되어 있다. 브란덴부르크[巴郞的不爾厄]의 동남쪽에 있다. 산맥이 서남쪽으로 가로질러있고, 오데르강[阿得河]이 이곳에서 발원한다. 이곳의 토양은 대부분 비옥하여 농사짓기 좋은 땅이 6만 9,000경이다. 그러나 항상 아픈 사람이 많아 곡식이 부족하여 다른 부락에서 파는 곡식에 의존한다. 나는 명주실[絲]은 가장 가늘어 8,000 베틀에 공급하고도 족하다. 면양의 털은 매우 풍족하여 영국[英吉利]에 판다. 산에서는 철이 나는데 매년 15만 석, 은 2,670근을 얻는다. 중심도시[會城]는 브레슬라우 [Breslau, 北勒斯勞]로, 어떤 곳에는 백로(伯老)로 되어 있다. 주민은 8만 6,000명이고, 온갖 장인들이 모두 모여 있고, 문인들이 몰려든다. 강가로 다섯 도시[城]가 펼쳐져 있는데, 서닉(瑞匿, Schweidnitz?), 리그니츠[Liegnitz, 勒匿, Legnica], 그라츠[Gratz, 額剌], 글로가우[Glogau, 峩告, Głogów], 나이쎄[Neisse, 匿士, Nysa] 등으로 모두 난공불락[金湯]의 형세다.[150)]

삭소니아[Saxonia, Saxony, 薩克索尼亞]는 어떤 곳에는 살보(薩普)로 되어 있다. 브란덴부르크[巴郞的不爾厄]의 서쪽에 게르만[日耳曼]의 각 부락과 맞물려 있다. 게르만의 작은 부락으로 경내에 들어 있는 지역도 있다. 땅에서는 오곡

149) 포메라니아[波美拉尼亞]의 지명들은 소어(Karl Sohr), 「포메라니아 지방(Provinz Pommern)」(Sohr-Berghaus Hand-Atlas, Glogau, 1888)을 참고하여 추정했다.

150) 이상 실레시아 지명들은 콜튼(G.W. Colton), 「프러시아와 삭소니(Prussia And Saxony)」(New York, 1856)를 근거로 추정했다.

(五穀)과 양모(羊毛)가 난다. 사람들은 온화하고 예의를 좋아하며 예수교[耶蘇教]를 독실하게 신봉한다. 중심도시[會城]은 마그데부르크[Macdeburg, 馬得不爾厄]로, 어떤 곳에는 린득보(隣得堡)로 되어 있다. 성루가 높고 해자가 깊어 여러 차례 큰 적을 막아냈다. 사는 사람은 3만 2,000명이다. 속한 할레[Halle, 哈勒]에는 대학[大書院]이 있는데, 1,000여 명이 학업을 닦는다. 별도로 넓은 건물이 있어 고독한 사람들을 거두어 양육한다. 크베들린부르크[Quedlinburg, 吉令堡]는 옛날 천주교 수녀[女尼]들이 차지하고 있었으나 지금은 주민들이 예수교를 신봉하여 그 사원은 허물어졌다.[151)]

프로이센 부락은 나라의 동북단에서 발트해[波羅的海]에 임하여 러시아[峩羅斯]와 경계를 잇고 있다. 나라는 이 부락으로 나라 이름을 삼았다. 땅은 동서 두 부락으로 나뉜다. [프로이센 동부의] 땅은 평탄하고 산이 없으며, 오곡을 생산하여 수출에 충분하다. 소나무와 상수리나무가 높다랗고 목재는 배를 통해 영국(英國)으로 태반이 팔려 간다. 중심도시[會城]는 쾨니히스베르크[Königsberg, 哥尼斯北爾, Kaliningrad]다. 어떤 곳에는 옥산(玉山)으로 되어 있다. 주민은 6만 3,000명이고, 도시의 둘레는 27리로, 넓어 지키기 어렵다. 속한 단지히[Danzig, 但澤城, Gdańsk]은 하택하(河澤河, Martwa Wisła?)와 서로 이어지는 해구에 있다. 주민은 6만 명으로 무역이 매우 번성하여, 매년 해구로 들어오는 배가 1,000여 척으로 다른 나라로 밀[麥]을 운송해 간다. 이 도시는 적에게 포위된 적이 있어 매우 많이 유실되었다. 북쪽 경계에는 메멜[Memel, 墨麥, Klaipėda]이라는 도시가 있는데 서쪽의 나라와 통상한다. 또 틸지트[Tilsit, 得實城, Sovetsk]는 매우 광대하여 가경(嘉慶) 11년(1806) 프랑스[佛郎西]와 이곳에서 강화했다. 엘빙[Elbing, 益平城, Elbląg]은 큰 항구와 연결되어 매년 해구로 들어오는 선박이 1,400척이다.

포센[Posen, 波森, Poznań]은 어떤 곳에는 파신(波新)으로 되어 있다. 브란덴부르크[巴郎的不爾厄]의 동쪽에 있는데, 원래는 폴란드[波蘭]의 땅이었으나 프로이센[普]이 러시아[峩], 오스트리아[墨] 두 나라와 함께 나누어 차지했다. 땅에서는 오곡이 나지만 다른 산물은 없다. 중심도시[會城]는 포센[波森]으로 거리와 시장이 넓고 크며, 주민은 2만 5,000명이다. 프로이센 사람들이 처음 이

151) 삭소니[현 독일 작센주]의 지명들은 위의 지도를 참고하시오.

땅을 차지했을 때, 사람들은 옛 나라를 그리워함이 많았다. 프로이센은 너그러운 정책으로 만족시키자, 사람들 모두가 기뻐했다. 그들 풍속은 천주교를 숭상한다.[152)]

프로이센 서부는 동부와 연결되지 않고 중간에 게르만[日耳曼]의 작은 나라들이 있다. 땅은 두 부락으로 나뉘는데, 남쪽은 베스트팔리아[Westphalia, Westfalen, 維土德發里亞]는 어떤 곳에는 서법리(西法里)로 되어 있다. 큰 못과 숲이 많으며, 주민들은 마 껍질을 벗겨 베를 만들어 생활한다. 햄[火腿]을 잘 만들어 서방[西土] 여러 나라에 두루 판다. 중심 도시[會城]는 뮌스터[Münster, 閔士得]이며, 풍속은 천주교를 숭상한다.

북쪽은 레난[Rhénane provinces, Rheinish, 勒那納]이라고 어떤 곳에는 여륵(如勒)으로 되어 있다. 하는데, 또한 상부 라인[Oberrhein, 上萊尼]와 하부 라인[Niederrhein, 下萊尼] 두 부락으로 나뉜다. 상부 라인은 강을 따라 산을 옆에 두고 있다. 중심도시는 콜로니아[Colonia, Köln, 哥羅尼亞]로, 라인강 강가에 있다. 주민은 5만 명이고 철기(鐵器) 제조에 뛰어나며, 주단(綢緞)이나 베를 짠다. 만드는 향수는 가장 우수하다. 강으로 왕래하는 상선들이 섬유조직 같다. 속한 본[Bonn, 木城]에는 대학교[大書院]가 있다. 엘버펠트[Elberfeld, 益百田][153)]는 인구가 많고 온갖 장인들이 모이는 곳이다. 뒤셀도르프[Düsseldorf, 突鄉]는 라인강 강가에 있으며 도시 안에는 거리가 넓게 트여 있고, 큰 건물과 유명한 정원이 많다.

하부 라인[下萊尼]은 상부 라인[上萊尼]의 서남쪽에 있으며, 베스트팔리아[維土德發里亞]와 연접해 있다. 산과 물은 수려하며 수시로 멀리서 사람들이 유람하러 온다. 포도주(葡萄酒)가 나지만, 오곡이 부족하다. 중심도시[會城]는 코블렌츠[Koblenz, 谷隣]로, 또한 라인강 강가에 있다. 속한 트레브[Trèves, Trier, 得味]는 주민이 1만 2,000명으로 그 성이 가장 오래되었다. 아

152) 프로이센 동부에 관한 지명들은 애로우스미스(John Arrowsmith), 「프러시아, 폴란드(Prussia, Poland)」(London, 1834)를 참고하여 추정했다.

153) '엘베르(elber)'는 강을 의미하고, '펠트(feld)'는 필드(field)이므로 음역과 의역으로 구성된 표기다.

헨[Aachen, Aix-la-Chapelle, 亞金]은 주민이 3만 2,000명이며 방적에 근면하다.[154]

프로이센 동서의 여덟 부락은 프로이센과 포센[波森] 두 부락을 제외하고, 나머지 여섯 부락은 모두 게르만 관세동맹[Deutscher Zollverein]에 가입하여, 군사 79,200명을 차출해야 했다.[155]

연혁(沿革): 이 지역은 옛날 북적(北狄)이 차지했다. 남송(南宋) 시기에 게르만[日耳曼]이 그들을 정벌하고 별도의 부락[別部]로 삼았다. 뒤에 폴란드[波蘭]에 병합되었다. 명나라 만력(萬曆, 1573~1620) 연간 게르만의 브란덴부르크[巴郞的不爾厄] 부락이 다시 이 땅을 차지하고 건국하여 성실히 조공의 직분을 받들자, 게르만 왕은 기뻐하며 여러 차례 영토를 늘려갔다. 강희(康熙) 39년(1700) 이 나라의 왕이 되었다. 이 왕은 전략이 뛰어나고 검소한 생활을 하여 재산이 넘쳐났다. 아들 프리드리히 2세[Friedrich II, 菲哩特第二]가 왕위를 이었는데, 그는 용감하고 큰 뜻을 품어 여러 차례 강적을 물리치니 영토는 더욱더 넓어졌다. 왕이 죽고 조카가 이었으나, 황음무도하고 술에 빠져 국세가 갑자기 쇠락했다. 그때 프랑스[佛郞西] 나폴레옹[拿破侖]이 나라를 차지하고 가경(嘉慶) 11년(1806) 대군으로 프로이센을 정벌했다. 프리드리히 빌헬름 3세[Friedrich Wilhelm III, 菲哩特威廉第三]가 왕위를 이었으나 막아낼 수 없었다. 프랑스 인들은 그 경계의 땅 절반을 빼앗자, 프로이센은 마침내 쇠약해졌다. 6년 뒤에 프로이센 사람들이 프랑스의 통치를 반기지 않으며 옛 왕을 그리워했다. 왕은 사람들이 프랑스를 원망하고 있었기 때문에, 여러 나라와 연합하여 프랑스를 공격하자, 프랑스 군대는 궤멸하고 땅을 방기하여 프로이센은 마침내 옛 영토를 수복했다. 왕은 곧바로 더욱 국정을 닦고 농업과 공업을 권장하며, 학교를 세우고 상단에 혜택을 주었다. 이로부터 백성들이 따르면

---

154) 이상 프로이센 서부에 관한 지명 추정은 미첼(Samuel Augustus Mitchell), 「프러시아(Prussia)」(Philadelphia, 1849)에 근거했다.

155) 이상 프로이센[普魯士]의 각 부락[各部] 기술은 모두 『영환지략』에서 채록했다(『영환지략교주』, 151~156쪽). 밑줄 친 정보는 혜강이 채록하지 않았지만, 이해를 위해 번역해 두었다.

서, 이웃 나라의 사람들까지 감탄하며 흠모하여, 마침내 서방[西土]의 두드러진 나라[顯國]가 되었다.[156]

156) 『영환지략』에서 채록했다(『영환지략교주』, 151쪽).

[『지구전요』, 권6, 패동 최한기 편집][1]

5-1. 게르만의 여러 나라[日耳曼列國][2] 지도 43을 보시오.

강역(疆域): 게르만[日耳曼]은 아륵만(阿勒曼), 아리만(阿理曼), 아리만(阿理曼), 점만니(占曼尼), 야마니(耶馬尼), 열이마니(熱爾麻尼), 아륵묵니아(亞勒墨尼亞) 등으로도 표기한다.[3] 바로 유럽[歐羅巴]의 딱 가운데 땅이다. 가로세로 모두 수천 리다. 북쪽으로는 발트해[波羅的海]에 막혀 있고, 남쪽으로 지중해에 이른다. 땅은 20여 부락으로 나뉘는데, 각기 자신들의 왕을 추대하여 통치한다.[4]

산수(山水): 경내의 가장 큰 강은 라인강[來因河]이다. 남쪽에서 북쪽으로 흘러, 서쪽으로 돌아 덴마크[嗹國] 경계에 이르러 바다로 들어간다. 강가는 토양이 비옥하여 나는 포도가 가장 우수하다. 강을 따라 명산과 옛 유적이 많고, 풍경이 수려하여, 수시로 멀리서 유람하러 온다. 다뉴브강[多惱河] 또한 큰 강물로 게르만[日] 경내에서 띠처럼 가로로 흐른다. 그 북방의 엘베강[Elbe, 易

1) 이 분권 표기는 국립중앙도서관 소장본에 따른 것이다. 저본에는 분권 표기는 없지만, 판심에 '권5'라고 표기하고 있고 두주에는 '육(六)'자가 크게 쓰여 있다. 혜강도 이곳에서 분권하려 했던 것 같다.

2) 표제어 위에는 "『해국도지』에 '야마니(耶馬尼)'로 되어 있다"라고 하였다. 『해국도지』에 '야마니(耶馬尼)'는 권45에 기술되었다(『위원전집』, 6책, 1241~1277쪽). '야마니'는 '알망(allemand)'에서 나온 불어 '알만(Allemagne)'을 음차했을 것이다. 한편 위원은 여기 게르만을 '야마니(耶馬尼)'로 음차하고, 다른 명칭으로 '아미리격(亞咩哩隔)'을 들었는데(『위원전집』, 6책, 1241쪽), 이는 아메리카를 음차한 표기로, 사청고의 『해록』에 보이는 형태다(『해록주』, 권중, 54쪽).

3) 서계여가 '게르만(German)'의 다른 표기로 든 명칭들은 대부분 프랑스어 알만(Allemagne), 영어의 저머니(Germany), 스페인어 알레마냐(Alemanha) 등을 음차했다. 마지막 '아륵묵니아(亞勒墨尼亞)'는 아르메니아를 음차한 형태일 수도 있지만, 스페인어 알마니아(Alemania)를 옮겼을 것이다.

4) 강역 설명은 주로 『영환지략』을 중심으로 채록했지만(『영환지략교주』, 156쪽), 혜강의 판단으로 기술되었다. 위원은 『해국도지』에서 게르만에 속한 나라가 총 25개 부락이라 했고(『위원전집』, 권6, 1242쪽), 서계여는 36개 부락이라고 하므로, 혜강은 '20여 부락'으로 뭉뚱그렸다.

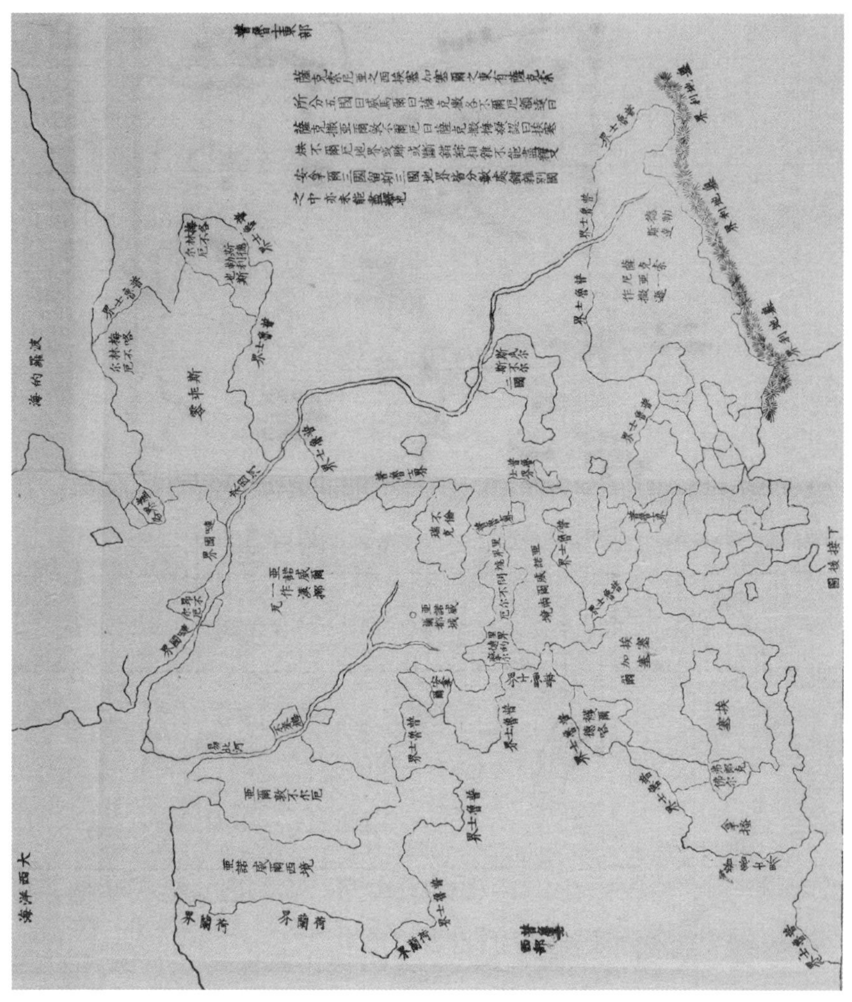

지도 43-1. 국립중앙도서관 소장본의 지도가 몹시 희미하여 『영환지략』(도시샤대학 소장본, 1861)에서 가져왔다. 국립중앙도서관 소장본에는 '일이만열국도(日耳曼列國圖)'라는 지도 명이 있고, 경도와 적도 표기가 있다. 이 프로이센 지도는 오른쪽으로 90도 돌려 보시오. 아래에는 두 번째 지도가 연결된다. 첫 번째 지도에는 다음과 같은 설명이 들어있다. "삭소니아[薩克索尼亞]의 서쪽, 헤스 카셀[挨塞加塞爾]의 동쪽에는 삭소니아에서 나뉜 다섯 나라가 있는데, 마이마르[威馬爾], 작센-코부르크 고타[薩克撒各不爾厄額達], 작센-알텐부르크[薩克撒亞爾敦不爾厄], 작센-마이닝겐[薩克撒梅凝認], 헤쓰-홈부르크[挨塞烘不爾厄]다. 경계가 연이어 있기도 하고 단절되어 뒤섞여 있어 다 풀어낼 수 없다. 또 안할트[安拿爾]의 세 나라와 로이스[留斯]의 세 나라의 경계도 여러 곳에 나뉘어있고, 다른 나라에 섞여 있어, 또한 다 풀어낼 수 없다."

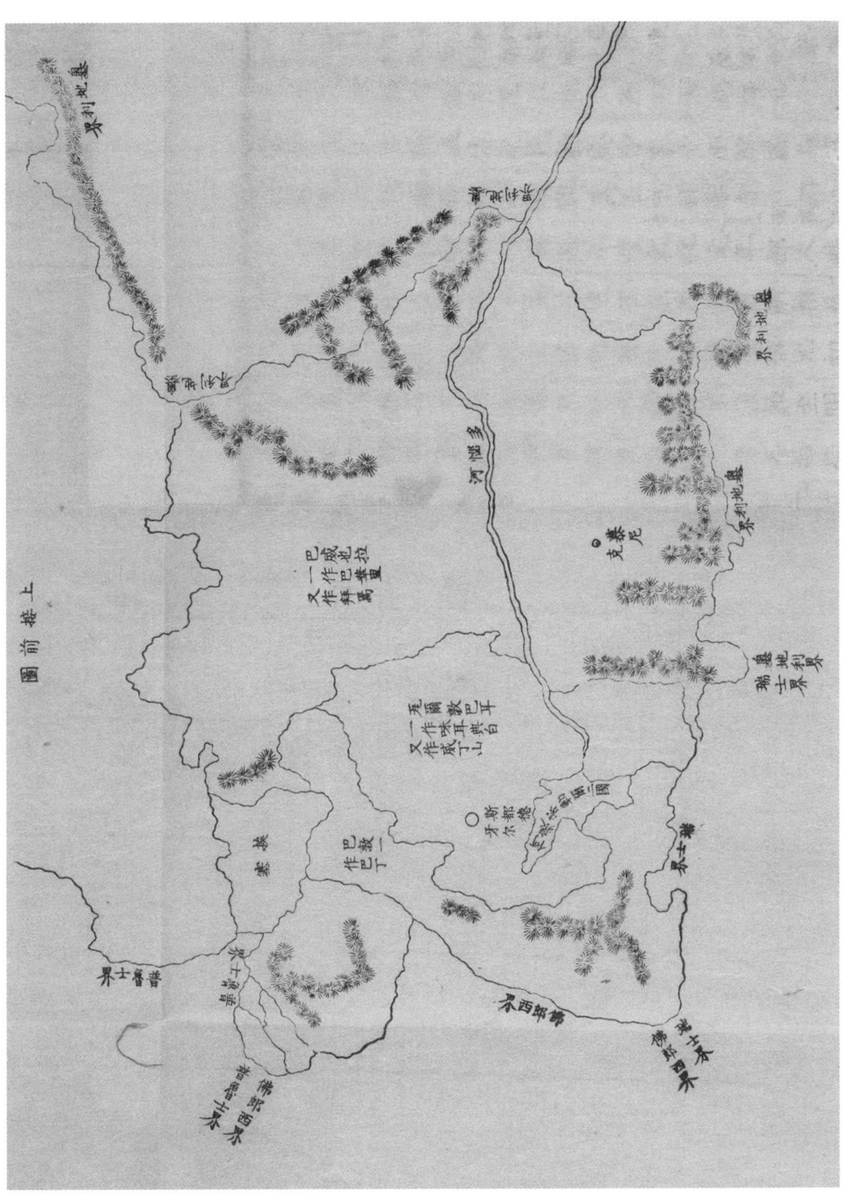

지도 43-2.

北河] 또한 이름난 강이다.[5]

기후[風氣]: 겨울에는 몹시 추워 사우나[暖室]를 잘 만드는데, 약한 불로 데워도 매우 따뜻하다.[6]

사람들[人民]: 나라의 북방에 사는 사람들은 대부분 강건하고, 성격은 순박하고 어질며, 기술 배우기 좋아한다. 남방 사람들의 풍속은 사치스럽고, 매일 음주와 포식하며 원대한 계획이 없다. 서남쪽 일대는 사람들이 대부분 근면하며 힘들게 생활하며, 일에 게으르지 않다.[7]

물산(物産): ⓐ비옥한 땅이 많아 오곡(五穀)과 온갖 과실에 모두 적합하고, 꽃과 풀 또한 무성하다. 금(金), 은(銀), 동(銅), 철(鐵), 주석[錫], 납[鉛], 보석(寶石), 옥석(玉石), 화석(花石), 자석(赭石), 활석(滑石), 자석(磁石), 양기석(陽起石), 흑반(黑礬), 백반(白礬), 초석[硝礦], 요사(硇砂), 자분(磁粉), ⓑ마(麻), 포도주(葡萄酒), 봉밀(蠭蜜), 가축[牲畜] 등이 난다. 시계[時辰表]를 잘 만든다.[8]

공(工): 그들의 공작은 아주 정교하여 만든 도구는 보통 사람들이 생각도 못 할 정도인데, 반지 안에 자명종을 넣을 수 있다.[9]

기용(器用): 땅에는 못이 많아, 얼음이 단단하게 얼면, 사람들은 대부분 얼음 위에서 일종의 나막신을 두 발에 신고, 한 발은 얼음 위에 놓고, 한 발은 뒤에서 밀어 미끄러움을 이용한다. 한 번에 몇 장을 치고 나가 그 이동이 매우

---

5) 『영환지략』에서 채록했했다(『영환지략교주』, 166쪽). 『해국도지』, 권44, 야마니(耶馬尼) 조목에도 비슷한 기술이 보이는데(『위원전집』, 권6, 1256쪽), 위원의 기술은 다음과 같다. 라인강은 "남쪽에서 북쪽으로 흐르며 게르만 국의 서쪽으로 흘러 네덜란드[荷蘭] 국에서 바다로 들어가는데, 중국인들의 황하와 같다. 강가는 토양이 비옥하여 나는 포도가 유명하다. 강을 따라 옛 유적과 기이한 봉우리들이 많아 유람객들이 모두 그림으로 그렸다. 또 다뉴브[多惱]강은 나라 중앙에서 띠처럼 가로로 흐른다. 그 북방은 엘베[Elbe, 易北] 등의 강이 있다."

6) 『직방외기』에서 채록했다(『직방외기교석』, 92쪽). 알레니는 게르만을 '아륵마니아(亞勒瑪尼亞)'로 표기했다.

7) 『영환지략』에서 채록했다(『영환지략교주』, 166~167쪽).

8) ⓐ의 정보는 『영환지략』에서 채록했고(『영환지략교주』, 159쪽), ⓑ 이하의 산물들은 각 나라 보이는 산물들을 혜강이 보충해 넣었다.

9) 『직방외기』에서 채록했다(『직방외기교석』, 93쪽).

빠르지만, 손에서 하던 일을 놓지 않는다. 또 큰 총기[大銃]는 아주 정교하게 만들었는데, 2각(刻) 사이에 40차례를 연속으로 쏠 수 있다.[10)]

왕(王): ⓒ국왕은 세습하지 않고, 여러 속국의 군주들이 공동으로 추대한다. 혹 본국의 신하나, 열국의 군주를 등용하기도 하는데, 반드시 교황(教皇)에게 요청하여 세운다. ⓓ경내의 열후(列侯)들은 땅은 작지만, 여러 대국과 알리앙스를 맺고 왕래하며 적에게도 예의를 갖춘다. 그들의 동맹, 길드[公會] 조약은 아주 견고하고 분명하지만, 땅의 분할이 많아지면서 사소한 다툼[蠻觸之爭]을 면치 못했다. 프랑스[佛郎西], 영국[英吉利]의 개조들은 모두 게르만[日耳曼] 사람들이다. 여러 나라가 상란(喪亂)을 당할 때마다, 자주 게르만 열후들이나 세자를 초빙하여 왕으로 삼았다. 영국 같은 대국들, 벨기에[比利時]나 그리스[希臘] 같은 소국들은 거의 서방[西土] 왕의 기운이 집중되는 곳이었다.[11)]

학(學): 문예를 널리 진흥하며, 두루 학교를 설립했다. 대학[公學院]에는 전수하는 학문[學理]에는 대여섯 과목이 있다. 학교에는 각기 교사와 교육부의 교수가 있어, 첫 번째는 정교(正教)를 훈시하고 하느님의 성서를 가르치는데, 예수[耶蘇]의 본원이 무엇인지, 어느 나라에서 태어났으며 어느 곳에서 시운을 만났는지를 분명히 하여 학생들에게 전심으로 이러한 신비롭고 훌륭한 가르침을 되풀이하여 음미하게 한다. 먼저 7~8년간 지방[府]의 학교에서 책을 읽는다. 뒤이어 대학[公學院]에 가서 3년을 마치고 고시를 치른다. 고시에서 수석하면 교사가 된다. 둘째는 법률학으로, 또한 3년을 채워 시험을 치는데, 합격하면, 각기 속세에서 잡직을 맡는다. 간행 물을 교정하는 일에서 총무[總職]로 승진한다. 셋째는 의학으로 병원에서 3년을 근무한 경험이 없거나, 고시를 치르지 않은 자는 끝내 의사가 될 수 없다. 넷째는 농사, 제련[金廠敞], 수리(水利), 제방[江防], 다리[橋], 선박[船], 군기(軍器), 각종 장인으로 각 나라의 자산으로 공급한다. 고시에 합격하면 각기 본분에 따라 취직하여 월급을 받는다. 혹 농민을 관장하거나 계획하고 경영하는 등 속하지 않은 곳이 없다.

---

10) 『직방외기』에서 채록했다(『직방외기교석』, 93쪽). '큰 총기'에 관한 정보는 로타린지아[Lotharingia, 羅得林日亞, Lorraine] 조목에서 기술하고 있다.

11) ⓒ는 『직방외기』에서 채록했고(『직방외기교석』, 93쪽), ⓓ는 『영환지략』에서 채록했다(『영환지략교주』, 167쪽).

다섯째는 잡학이다. 옛날에 전하는 천문(天文), 지리(地理), 산술(算術), 초목(草木), 금수(禽獸), 물고기와 곤충에 관한 학문, 금석(金石)에 관한 의론, 만물의 본질에 관한 학문 등으로, 시험에 합격한 자는 지방[府] 학교의 교사가 된다. 여러 나라의 역사에 관해서는 학생들이 반드시 알아야 한다. 대학[公學堂]에 들어가려면 먼저 대서양의 두세 나라 언어를 알아야 한다. 중국인 중에 번역에 능통한 자는 모두 그 안에 들어갈 수 있다. 아르만[阿理曼] 나라의 대학교[大公學院]에는 학생이 1,000명이고, 학정(學正) 30~40명이 있는데 모두 월급을 받으며 다른 관원과 다름이 없이, 각자에게 학문을 기술하고 책과 논문을 쓰게 한다. 각 대학[公學院]에는 천문대[靈臺], 천체의(天體儀), 적도의(赤道儀), 지평경의(地平經儀), 상한의(像限儀), 지평경위의(地平經緯儀), 기형무진의(璣衡撫辰儀), 해시계[圭表] 등의 천문의(天文儀)를 갖추고 있다. 별도로 의과대학[醫學院]에는 각 과의 기예(技藝)가 있다.[12)]

병(兵): 원주민[土人]들은 각 나라에 흩어져 살며 병사가 되는데 매우 충실하여 기용할 만하다. 죽어도 두 마음을 품지 않는다. 각 나라는 궁궐과 성을 호위하거나 다른 나라를 정벌할 때 호위병으로 모두 이 나라의 사람들로 충당하고 본국의 사람은 절반만 섞을 뿐이다.[13)]

풍속[俗]: ⓔ프랑코니[Franconie, Franken, 法蘭哥] 땅의 사람들은 솔직하고 잘 믿는다. 지나는 사람들에게 자주 욕을 해서 나그네가 대꾸하지 않으면 크게 기뻐하며 맞이하여 술과 음식을 대접하고, 간혹 완급을 헤아려 아직 아내가 없는 자에게는 장가를 보내 준다. 이 사람은 이미 시험해 보았으니 믿고 맡길만하다고 한다. 포도가 많아 술을 잘 빚는다. 다른 지방에서 온 사람들에게만 팔고 현지인들은 술을 적시되 마시지는 않고 물을 마실 뿐이다. 다른 나라가 술을 실어 보내려 해도 국경에 들이지 못하게 한다. 각 나라의 언어는 모두 같다. ⓕ예수교[耶蘇教]를 신봉하는 자도 있고, 그대로 천주교를 신봉하는 자가 있다. ⓖ명나라 시기에 루터[路得]라는 유명한 사람이 있었는데, 예수의 뜻을 잘 풀어 해석하여, 별도로 예수교란 명칭을 세워 천주교와 달리 했다. 이

12) 『해국도지』에 인용된 『매월통기전(每月統紀傳)』에서 채록했다(『위원전집』, 권6, 1253쪽).

13) 『직방외기』에서 채록했다(『직방외기교석』, 93쪽).

로부터 예수교가 성행하였고, 천주교의 권위가 떨어졌다.[14)]

각 부락[各部]: 바이에른[Bayern, Bavaria, 巴威也拉]은 어떤 곳에는 파화리(巴華里) 또는 배언(拜焉)으로 되어 있다. 게르만[日耳曼] 동남방에 있다. 남북으로 1,100여 리고, 동서로 800여 리다. 열국 중에서 면적이 가장 크고 작위는 왕을 칭했다. 인구는 407만 여 명이고 연맹[公會]에 출병한 수는 3만 5,600명이다. 옛날 프랑스[佛郎西]와 동맹을 맺어 게르만[日] 왕을 공격한 적이 있다. 도성은 뮤니크[Munich, 慕尼克, München]로 어떤 곳에는 문고(門古)로 되어 있다. 거리와 시장이 화려하고 청결하다. 사람들은 가는 가죽, 맑은 유리[淸玻璃], 시계[時辰表]들 잘 만드는데, 기술이 정교하고 빠르다. 명성이 사방에 퍼져 각 나라 모두 거래한다. 그들 제도에, 7,000명 중에 현명 통달한 유식한 한 사람을 선발하여 수도로 보내 일을 판단하는데, 그를 사주(事主)라고 한다. 큰일이 있으면 국왕은 여러 사주들을 모아 상의하여 결정한다. 처음에는 시계를 만드는 도시로 뉘른베르크[Nürnberg, 尼林山]이 있었으나, 레겐스부르크[Regensburg, 雨山]과 아우크스부르크[Augsburg, 澳堡] 두 도시가 더 있다. 지금은 쇠퇴했지만, 기계를 만드는 공인은 여전히 많다.[15)]

뷔르템베르크[Württemberg, 瓦爾敦巴爾]는 어떤 곳에는 위정산(威丁山) 또는 미이전백(味耳典白)으로 되어 있다. 바이에른[巴威也拉]의 서쪽에 있다. 남북으로 500리로 동서로는 360리다. 작위는 왕으로 불린다. 인구는 1,520만 명이고 연맹에 출병한 수는 1만 3,950명이다. 사방 경계에 산맥이 많고, 포도주(葡萄酒)와 각종 과실이 난다. 도성은 슈투트가르트[Stuttgart, 斯都德牙爾]다. 어떤 곳에는 돌갑(突甲)으로 되어 있다.

삭소니아[Saxonia, Saxony, 薩克索尼亞, Sachsen]는 어떤 곳에는 살손(撒遜) 또는 살손(撒孫)으로 되어 있다. 바이에른[巴威也拉]의 북쪽, 게르만[日耳曼]의 정중

---

14) ⓔ는 『직방외기』에서 채록했고(『직방외기교석』, 93쪽), ⓕ는 『영환지략』에서 채록했다(『영환지략교주』, 159쪽). 마지막 ⓖ는 아래 『영환지략』, 작센[薩克索尼亞]주 기술에도 보이고(160쪽), 영국[英吉利] 기술에서도 찾아볼 수 있다.

15) 이상 바이에른주의 지명들은 라이하르트(C.G. Reichard), 「바이에른, 뷔르템베르크, 바덴, 호엔촐레른(Bayern, Wurtemberg, Baden, Hohenzollern)」(Nürnberg, 1822)을 참고하시오.

앙 땅이다. 동서로는 500리고 남북으로 300리로 작위는 왕으로 불린다. 작위는 왕으로 불린다. 인구는 140만 명이고, 연맹에 출병한 수는 1만 2,000명이다. 나라의 남쪽 경계에는 이어져 뻗은 큰 산이 있는데, 오스트리아[壓地利], 바이에른[巴威也拉]과 나란하다. 산에는 은광(銀礦)이 가장 많고[多],[16] 채굴한 지 500년이 지났지만, 아직도 고갈되지 않았다. 옛날 서방[西國]의 은은 대부분 이곳에서 났다. 오곡은 부족하다. 주민들은 여름에 채굴하고, 겨울에는 남은 자산을 들고 사방을 떠돌며, 먹고 마시며 즐기다가 돈이 떨어지면 돌아온다. 도성은 드레스다[Dresda, 德勒斯達, Dresden]로, 어떤 곳에는 덕정(德停)으로 되어 있다. 왕궁과 예수교 교회가 매우 크고 아름답다. 주민들은 대부분 면양을 기르는데, 털이 가늘고 부드러워 대니(大呢)를 짜는 데 쓴다. 또한 도자기 제조도 매우 정교하여 중국산에 버금간다. 명나라 시기에 작센[撒]에는 루터[路得]라는 유명한 사람이 있었는데, 예수의 뜻을 잘 풀어 해석하여, 별도로 예수교란 명칭을 세워 천주교와 달리 했다. 이로부터 예수교가 성행하였고, 천주교의 권위가 떨어졌다. 나라에는 큰 도시[大邑]로, 라이프지히[Leipzig, Leibniz, 來責]는 매년 두 차례 시장을 설치하는데, 여러 나라의 장사들이 운집한다. 이곳에서 출간하는 서적들은 인쇄가 아주 정밀하고, 각 나라의 문자와 온갖 학자들의 저작을 모두 갖추고 있다. 매년 파는 책들은 무려 수만 억 책으로, 값은 수백만 원에 달한다.

하노베르[Hannober, 亞諾威爾, 하노버]는 어떤 곳에는 한나이(漢那耳), 또는 한나화(漢那華), 또는 한나와(漢挪瓦)로 되어 있다. 게르만[日耳曼]의 서북 경계, 덴마크[嗹國]와 접경하고 있다. 남북으로 870리고, 동서로는 540리다. 작위는 왕으로 불린다. 인구는 155만 명이고, 연맹에 출병한 수는 1만 3,050명이다. 경내는 평탄하고 모래사장이 절반을 차지한다. 강을 따라 비옥한 밭과 초원이 있고, 아울러 꿀[蠭蜜]을 생산한다. 강희(康熙) 52년(1713) 하노베르의 왕 게오르크[Georg, 若耳治]가 현덕하다고 칭송받았다. 마침 영국[英吉利]의 왕 윌리엄 3세[威廉第三]가 죽었으나, 아들이 없자, 영국의 신민들은 게오르크를 초빙하여 왕으로 모셨다. 자손들이 지금까지 승계하여, 하노베르는 별도로 차자[支子]를 세웠다. 그러므로 하노베르는 영국의 종주국으로 백여 년간 입술과

16) 『영환지략』에는 '왕(王)'자로 되어 있는데, 혜강이 '다(多)'자로 고친 것 같다.

이빨이 되었다. 도광(道光) 17년(1837) 하노베르에는 내란이 일어나 다른 성이 섰다. 도성은 나라 이름과 같다. 괴팅겐[Göttingen, 可寧延]이란 대학교[大書院]가 있는데, 학동[幼學]들을 받아 가르쳐, 명성이 가장 높다.[17]

바덴[Baden, 巴敦]은 어떤 곳에는 파정(巴丁)으로 되어 있다. 뷔르템베르크[Württemberg, 瓦爾敦巴爾] 서쪽에 있다. 남북으로 700리고, 동서로는 340리로 제후국 중에서 가장 크다. 산맥이 휘감아 있고, 봉우리들이 우뚝하여, 풍경의 맑고 아름다움이 게르만[日]의 으뜸이다. 작위는 상공(上公)과 같다. 인구는 113만 명으로 연맹에 출병하는 수는 1만 명이다. 도성은 카를스루에[Karlsruhe, 加爾斯盧合]다. 어떤 곳에는 갑리안(甲利安)으로 되어 있다. 땅에서는 마(麻), 콩[豆], 포도주(葡萄酒)가 난다.

헤쓰[Hesse, 挨塞, Hessen]는 어떤 곳에는 흑서(黑西)로 되어 있다. 하노베르[Hannober, 亞諾威爾]의 서남쪽에 있다. 길이는 320리고 폭은 200리다. 작위는 상공(上公)과 같다. 인구는 70만 명이고 연맹에 출병하는 수는 6,190명이다. 도성은 다름슈타트[Darmstadt, 達拉摩斯達]로, 어떤 곳에는 마인[Main, 馬因]으로 되어 있다. 높은 성벽이 가파르게 서 있고, 포문이 둘려 있으며, 바깥은 준설한 해자는 깊어 적이 공격할 수 없다. 마(麻), 담배[烟], 포도주(葡萄酒)가 난다.

헤쓰 카셀[Hessen-Kassel, 挨塞加塞爾]은 어떤 곳에는 흑서가색이(黑西加塞爾)로 되어 있다. 헤쓰[挨塞]와 연이어 있다. 길이는 400리고 폭은 250리다. 작위는 상공(上公)과 같다. 인구는 59만 2,000명이고, 연맹에 출병하는 수는 5,670명이다. 도성은 카쎌[加塞爾]이다. 그들 제도에 어린 군주는 일을 처리할 수 없으므로, 어머니나 가까운 친척이 섭정하다가, 나이 18세가 되면 정권을 돌려준다. 땅에는 산이 많고 은(銀), 동(銅), 철(鐵)의 광물이 난다.

---

17) 『영환지략』에는 혜강이 채록하지 않은 다음과 같은 쌍행 주석이 딸려 있다(『영환지략 교주』, 161쪽). "서쪽 경계에는 올덴부르크[Oldenburg, 亞爾敦不爾厄]가 있는데, 면적은 비교적 넓다. 열국 중에는 작센[Sachsen, 薩克撒], 올덴부르크가 있는데, 세 도시를 합쳐 나라를 구성했으니, 모두 합쳐도 면적이 100여 리에 불과하여 이 땅의 면적과 같지 않다. 이곳은 별도로 속한 바가 있거나 작센 땅일 것이니, 남겨 재고를 기다린다." 참고할 지도로는 존스턴(Alexander Keith Johnston), 「덴마크, 하노버, 부런스윅, 메클렌부르크, 올덴부르크(Denmark, Hanover, Brunswick, Mecklenburg, Oldenburg)」(Edinburgh, 1861)가 있다.

메클렌부르크[Mecklenburg, 梅咯稜不爾厄]에는 어떤 곳에는 묵림보(墨林堡)로 되어 있다. 두 나라가 있고, 북방에 있다. 하나는 사괴령(斯乖零)[18]으로, 길이는 400리고 폭은 280리다. 작위는 상공(上公)과 같다. 인구는 43만 1,000명으로 연맹에 출병하는 수는 3,580명이다. 주도는 나라 이름과 같다. 하나는 슈트렐리츠[Strelitz, 斯德勒利也斯]로 길이는 180리고, 폭은 100리다. 작위는 상공(上公)과 같다. 인구는 7,700명이다. 연맹에 출병하는 수는 717명이다. 도성은 아이돈부이(痾爾敦不爾, Altenburg?)다.[19] 두 나라의 땅은 평탄하고 가축이 풍부하다.

바이바르[Weimar, 威馬爾]는 어떤 곳에는 위밀(威密)로 되어 있다. 삭소니아[Saxonia, Saxony, 薩克索尼亞, Sachsen]의 분국이다. 옛날 삭소니아[薩克索] 왕이 나라의 서쪽 경계를 나누어 다섯 아들에게 봉했으므로, 다섯 아들은 각자 봉지를 지키며 삭소니아에 예속되지 않았다. 바이마르 땅은 이웃 나라 가운데 뒤섞여 있지만 서로 연락하지 않는다. 대략 면적은 300~400리에 달하며 작위는 상공(上公)과 같다. 인구는 22만 2,000명이고, 연맹에 출병하는 수는 2,100명이다. 사람들은 대부분 영민하고, 군주는 즐겨 문사들을 불러 모으므로, 학업이 번성했다고 한다. 도성은 나라 이름과 같다.

작센-코부르크 고타[Sachsen-Koburg und Gotha, 薩克撒各不爾厄額達] 어떤 곳에는 살가보(撒可堡)로 되어 있다. 또한 삭소니아[薩克索]의 분국이다. 땅은 열국 중간에 섞여 있으나, 서로 연락하지 않는다. 대략 면적은 300~400리고 작위는 공(公)과 같다. 인구는 14만 5,000명이고, 연맹에 출병하는 수는 1,390명이다. 땅에는 목장이 있고, 산에서는 금 등의 광물이 난다. 현재는 영국[英吉利] 여왕의 남편 박아나(博雅那)는 이 나라의 세자다.[20] 도성은 코부르크[Koburg,

18) 메클렌부르크-슈베린 대공국(Großherzogtum Mecklenburg-Schwerin)을 가리킴이 분명하다. 그러나 '사괴령(斯乖零)'의 '괴'자는 'b'음을 가지지 않는다.

19) 서계여는 다른 부락들과 마찬가지로 『지리비고』의 기술을 채록했다(『해산선관총서』본, 권5, 33b). 하지만 같은 자료에 근거하고 있는 위원은 주도 명칭을 채록하지 않았다(『위원전집』, 6책, 1265~6쪽). 도성은 슈베린처럼 나라 이름과 같아야 한다. '아이돈부이(痾爾敦不爾)'는 『지리비고』에 '아이돈부이액(痾爾敦不爾厄)'으로 되어 있는데, 정확히 알텐부르크(Altenburg)에 대응한다. 그러나 이 지역은 중부 튀링겐 지역이므로 맞지 않는다.

20) 19세기 중반 영국의 여왕은 빅토리아이고 남편은 확실히 센-코부르크 고타 출신의 프

各不爾厄]다.

작센-알텐부르크[Sachsen-Altenburg, 薩克撒亞爾敦不爾厄] 어떤 곳에는 살흑보옥(撒黑堡屋)으로 되어 있다. 또한 삭소니아[薩克索]의 분국이다. 알텐부르크[Altenburg, 亞爾敦不爾厄]와 론네부르크[Ronneburg, 羅內不爾厄], 아이센베르크[Eisenberg, 挨森比爾各] 세 도지를 합쳐 나라를 구성했다. 대략 면적은 100여 리고, 작위는 공(公)과 같다. 인구는 10만 7,000명이고 연맹에 출병하는 수는 1,020명이다. 도성은 알텐부르크[亞爾敦不爾厄]다.

작센-마이닝겐[Sachsen-Meiningen, 薩克撒梅凝認] 어떤 곳에는 살매응(撒買凝)으로 되어 있다. 또한 삭소니아[薩克索]의 분국이다. 길이는 500리고 폭은 120리다. 작위는 공(公)과 같다. 인구는 13만 명이고 연맹에 출병하는 수는 1,260명이다. 도성은 마이닝겐[梅凝認]이다. 이곳에서는 소금[鹽]이 난다.

헤쓰-홈부르크[Hesse-Homburg, 挨塞烘不爾厄] 어떤 곳에는 흑보(黑堡)로 되어 있다. 또한 삭소니아[薩克索]의 분국이다. 나라는 두 지역으로 나뉘는데, 하나는 홈부르크[烘不爾厄]이고 하나는 마이즌하임[Meisenheim, 美塞內英]이다. 합치면 대략 수십 리에 달하고 작위는 백(伯)과 같다. 인구는 2만 1,000명이고 연맹에 출병하는 수는 200명이다. 도성은 홈부르크다.

나싸우[Nassau, 拿搔]는 어떤 곳에는 나소(拿埽)로 되어 있다. 길이는 220리고 폭은 150리다. 작위는 공(公)과 같다. 인구는 33만 명이고 연맹에 출병하는 수는 3,020명이다. 옛날 네덜란드[荷蘭]에 합병되었었으나, 나라 사람들이 네덜란드 총독[酋]을 축출하고 다시 옛 왕을 세웠다. 도성은 비스바덴[Wiesbaden, 維斯巴敦]다. 땅에서는 포도주(葡萄酒)와 각종 과실이 나는데, 옛날부터 풍요롭다고 일컬어졌다.

부룬스위크[Brunswick, 不倫瑞克, Braunschweig]는 어떤 곳에는 보림수(保林帥)로 되어 있다. 땅이 서로 연결되어 있지 않고 프로이센[普魯士]의 경내에 들어 있는 지역도 있고, 하노베르[Hannober, 亞諾威爾, 하노버] 경내에 있는 지역도 있다. 대략 면적은 200~300리에 달한다. 작위는 공(公)과 같다. 인구는 24만 2,000명으로 연맹에 출병하는 수는 2,090명이다. 도성은 나라 명칭과 같다.

란츠 아우구스트 카를 알베르트 에마누엘(Franz August Karl Albert Emanuel, 1819~1861)이다. '박아나(博雅那)'에 해당하는 이름이 보이지 않는다.

안할트[Anhalt, 安拿爾]는 어떤 곳에는 안합(安合)으로 되어 있다. 세 나라로 나뉜다. 하나는 데싸우[Dessau, 德昭]로, 땅은 열국 가운데 섞여 있는데, 대략 100여 리에 달하며, 작위는 공(公)과 같다. 인구는 5만 6,000명이고 연맹에 출병하는 수는 520명이다. 도성은 나라 이름과 같다. 하나는 베른부르크[Bernburg, 伯爾尼不爾]로, 땅은 프로이센[普魯士]의 경내에 섞여 있으며 상하 두 지역으로 나뉜다. 대략 100여 리에 달하며, 작위는 공(公)과 같다. 인구는 3만 8,000명이고 연맹에 출병하는 수는 370명이다. 도성은 나라 이름과 같다. 하나는 쾨튼[Köthen, 咯敦]으로 땅은 네 지역으로 나뉘는데, 엘베강[Elbe, Heilba, 黑哩巴河]의 왼쪽에 둘이 있고, 강의 오른쪽에 둘이 있다. 대략 100여 리에 달하며, 작위는 공(公)과 같다. 인구는 3만 4,000명이고 연맹에 출병하는 수는 320명이다. 도성은 나라 이름과 같다. 세 나라의 땅은 작지만, 주민은 매우 오밀조밀하여 도시들이 서로 마주하고 있다. 산과 강은 매우 훌륭하여 유람하기에 족하다. 도성마다 정원과 정자가 있는데, 매우 그윽하고 고아하다.

로이스[Reuß, Reuss, 留斯]는 어떤 곳에는 책사(策士)로 되어 있다. 세 나라로 나뉜다. 하나는 그라이츠[Greiz, 咯勒斯]는 길이가 70리고 폭은 50리로 작위는 후[Fürstentum, 侯]와 같다. 인구는 2만 5,000명이고, 연맹에 출병하는 수는 200명이다. 도성은 나라 이름과 같다. 하나는 로이스-그라이츠[Reuß-Greiz, 意士給利斯][21]로, 면적은 대략 수십 리고 작위는 후(侯)와 같다. 인구는 3만 명이고, 연맹에 출병하는 수는 280명이다. 도성은 나라 이름과 같다. 하나는 로벤스타인[Robenstein, 羅奔斯的音]으로, 원래는 로이스-그라이츠[意士給利斯]와 하나의 나라였는데, 뒤레 둘로 쪼개졌다. 면적은 대략 수십 리고 작위는 후(侯)와 같다. 인구는 27,500명이고, 연맹에 출병하는 수는 260명이다. 도성은 나라 이름과 같다.[22]

---

21) '의사급리사(意士給利斯)'는 '의사+급리사'의 합성어로, '의사'는 로이스(Reuß)의 다른 표기다. 'R'에 해당하는 글자가 없어, 러시아를 '아라사(峩羅斯)'로 옮기듯이 처리한 것으로 보인다. 『해국도지』 교주에서는 '의(意)'자를 '류(留)'자로 교정하고 있다(『위원전집』, 6책, 1278쪽).

22) 로이스-그라이츠 후국의 지명들은 스트라이트(Friedrich Wilhelm Streit), 「슈바르츠부르크 공국과 로이스 공국(Die Furstenthumer Schwarzburg und Reuss)」(Berlin, 1837)에 근거해 추정했다.

슈바르츠부르크[Schwarzburg, 斯瓜爾斯不爾]는 두 나라로 나뉘어 모두 프로이센[普魯士]의 경내에 들어 있다. 루돌슈타트[Rudolstadt, 盧德耳斯達]로, 길이는 90리고, 폭은 70리며 작위는 후(侯)와 같다. 인구는 5만 7,000명이고 연맹에 출병하는 수는 530명이다. 도성은 나라 이름과 같다. 하나는 존더샤우젠[Sondershausen, 孫德耳砂森]으로, 길이는 120리고, 폭은 60리며 작위는 후(侯)와 같다. 인구는 4만 8,000명이고 연맹에 출병하는 수는 690명이다. 도성은 나라 이름과 같다.

리페[Lippe, 里卑]는 어떤 곳에는 립북(立北)으로 되어 있다. 두 나라로 나뉘어 하노베르[亞諾威爾, 하노버]의 남쪽에 있다. 하나는 데트몰트[Detmold, 德的摩爾]로, 길이는 120리고, 폭은 100리며 작위는 후(侯)와 같다. 인구는 7만 6,000명이고 연맹에 출병하는 수는 690명이다. 도성은 나라 이름과 같다. 하나는 슈발렌베르크[Schwalenberg, 燒門不爾厄]로, 길이는 80리고, 폭은 30리며 작위는 후(侯)와 같다. 인구는 2만 6,000명이고 연맹에 출병하는 수는 240명이다. 도성은 블롬베르크[Blomberg, 不給不爾厄]다.[23)]

발데크[Waldeck, 襪爾德咯]는 어떤 곳에는 와득(瓦得)으로 되어 있다. 길이가 120리고, 폭은 80리며 작위는 후(侯)와 같다. 인구는 5만 4,000명이고 연맹에 출병하는 수는 518명이다. 도성은 코르바흐[Korbach, 哥爾巴士]다.

호엔촐레른[Hohenzollern, 何痕索勒爾]은 어떤 곳에는 소림(素林)으로 되어 있다. 두 나라로 나뉘는데, 모두 프로이센[普魯士] 왕의 차자와 서자[支庶]다. 하나는 지크마링겐[Sigmaringen, 昔麻認]으로 길이는 120리고, 폭은 70리며 작위는 후(侯)와 같다. 인구는 3만 8,000명이고 연맹에 출병하는 수는 350명이다. 도성은 나라 이름과 같다. 하나는 헤힝엔[Hechingen, 挨深認]으로 길이는 80리고, 폭은 30리며 작위는 후(侯)와 같다. 인구는 1만 5,000명이고 연맹에 출병하는 수는 140명이다. 도성은 나라 이름과 같다.

---

23) 리페 후국의 도성은 블롬베르크가 맞다. 이를 음차한 '부급부이액(不給不爾厄)'의 '급(給)'이 잘못되었을 것이다. 이 잘못된 표기는 『지리비고(地理備考)』(『해산선관총서』본, 권5, 37b)에서 비롯되었을 것이다. 『해국도지』에 수도 지명은 채록하지 않았다(『위원전집』, 6책, 1267쪽). 지명들은 존스턴(Alexander Keith Johnston), 「덴마크, 하노버, 부런스윅, 메클렌부르크, 올덴부르크(Denmark, Hanover, Brunswick, Mecklenburg, Oldenburg)」(Edinburgh, 1861)를 참고하여 추정했다.

리히텐슈타인[Liechtenstein, 列支敦士敦]은 어떤 곳에는 광석(光石)으로 되어 있다. 길이가 60리고, 폭은 30리며 삭소니아[薩克塞]의 남쪽 산속에 있다. 작위는 후(侯)와 같다. 인구는 6,000명이고 연맹에 출병하는 수는 55명이다. 도성은 나라 이름과 같다.

이외에도 북쪽 경계에는 작은 나라 다섯이 더 있는데, 모두 상인들이 모이는 지역이다. 자체적으로 부호를 추대하여 관사(官司) 이사들 두고 왕이나 후(侯)에 속하지 않았다.

하나는 함부르크[Hamburg, 昂不爾厄]로 어떤 곳에는 한보(漢堡)로 되어 있다. 땅이 서로 이어져 있지 않다. 대략 면적은 40~50리다. 인구는 14만 8,000명이고 연맹에 출병하는 수는 290명이다. 중심도시[會城]는 엘베강[易北河] 하구에 있는데, 각 나라가 교역하는 지역이다. 이 나라의 배가 이따금 광둥[粵東]에 이른다.

하나는 브레멘[Bremen, 不來梅]로, 어떤 곳에는 북민(北閔)으로 되어 있다. 하노베르[亞諾威爾, 하노버]의 경내에 들어 있다. 대략 면적은 30리다. 인구는 5만 명이고 연맹에 출병하는 수는 480명이다. 통상은 베저강[Weser, 威悉河] 강가에서 이루어진다. 이 나라의 선박도 가끔 광둥[粵東]에 이른다.

하나는 프랑크푸르트[Frankfurt, 佛郞克佛爾]로, 어떤 곳에는 불랑도(佛郎渡)로 되어 있다. 땅은 연결되어 있지 않다. 대략 면적은 30~40리다. 인구는 5만 4,000명이고 연맹에 출병하는 수는 470명이다. 이곳 성은 강에 임해 있고, 옛날에 건설한 성이다. 각 나라의 공사들의 호위병들이 이 성에 주둔한다. 매년 한 차례 큰 교역 시장을 여는데, 먼 곳의 상인들과 수천 척의 배들이 몰려든다.

하나는 뤼벡[Lübeck, 盧卑咯]으로, 어떤 곳에는 리북(利北)으로 되어 있다. 땅은 서로 연결되어 있지 않다. 대략 면적은 30~40리다. 인구는 4만 6,000명이고 연맹에 출병하는 수는 400명이다.

하나는 니발심(尼發深)으로, 둘레가 몇 리에 불과하다.[24] 인구는 2,890명

---

24) 이 정보만으로는 '니발심'이 어디인지 추정하기 어렵다. 『영환지략』과 『해국도지』 모두 『지리비고』을 근거하고 있는데, 그에 따르면(『해산선관총서』본, 권5, 39b), "니발심국은 알텐부르크[亞爾敦不爾厄]로 둘러싸여 있다. 총면적은 대략 12리다. … "라고 하였다. 『해국도지』 교주에 따르면, '크니파우젠(Kniphausen)'으로 추정했지만(『위원전집』, 6책, 1279쪽), 네덜란드지명이고, 알텐부르크로 둘러싸여 있다는 기술과 상응하지 않으

이고 연맹에 출병하는 수는 28명이다.[25)]

연혁(沿革): 상고시대 오방(五方)의 민족이 섞여 살다가, 수십 개의 작은 부락으로 나뉘었다. 로마[羅馬] 전성기에 이들을 정복했으나 여전히 판도에는 들어오지 않았다. 프랑스[佛郎西]가 흥하면서, 왕 갑리태보(甲利泰甫)가 어떤 곳에는 카를루스 마그누스[Carolus Magnus, 加爾祿斯馬哥奴]로 되어 있다. 게르만[日耳曼] 여러 부락을 공멸시키고 땅이 100여 년 동안 프랑스 판도에 속했다. [후]양나라 건화(乾化) 원년(911) 부락 사람들이 프랑스에 반역하고, 다시 프랑코니아[Franconia, 佛郎哥尼亞] 추장 콘라드[Conrad II, 官拉多]를 추대하여 왕으로 삼았다.

왕은 세습하지 않고 대중들이 추대하기만 한다. 삭소니아[薩克索尼亞], 프랑코니아[佛郎哥尼亞], 소아유아(蘇亞維亞) 세 부락의 추장이 선후로 왕위를 차지했다. 원나라 초, 오스트리아[奧地利亞] 추장 루돌프[Rudolf I, 羅爾德福]가 왕이 되어 무리를 복속시킬 수 있었다. 이로부터 승계가 다시 추대되지 않았다. 명나라 초에 이르러, 나날이 강성해지면서 명성을 사방에 떨쳤는데, 거의 로마를 대신하여 흥성하는 듯했다. 강희(康熙) 39년(1700) 각 부락이 모두 스스로 그 나라의 왕이 되어 서로 예속되지 않았다. 오스트리아[奧地利亞]는 이에 더불어 강성해졌고, 프로이센[普魯士]도 땅을 개척하며 웅대함을 자랑했다. 두 나라가 모두 자체적으로 이름이 알려지며 더는 게르만[日耳曼]이라 불리지 않았다.

나머지 서쪽의 한 땅덩어리가 36개 부락으로 나뉘었고, 왕을 칭하는 자가 넷이었다. 나머지는 차례로 중국의 공(公), 후(侯), 백(伯)처럼 계승하며 전해졌다. 큰 부락은 1,000여 리, 작은 부락은 수십 리에 달했다. 동쪽으로는 오스

며, 'k'음의 탈락을 설명할 수 없다. 슈라이버(Johann George Schreiber), 「알텐부르크 지도(Charte von Altenburg so Gothaischer Hoheit)」(Leipzig, 1790)를 보면, 알텐부르크 경내에 둘러싸인 지역을 볼 수 있는데, 그곳은 티에르가르텐(Thiergarten), 니딩겐(Niedingen), 시겔하임(Ziegelheim) 지역이다. 이곳은 노비츠(Nobitz)에 해당한다. '니발심'은 니딩겐, 또는 노비츠에 해당하는 음일 것이다.

25) 이상 각 부락에 관한 기술은 모두 『영환지략』에서 채록했다(『영환지략교주』, 159~166쪽).

트리아[奧地利亞], 프로이센[普魯士]과 경계했고, 서쪽으로는 네덜란드[荷蘭], 프로이센, 프랑스[佛郎西]와 경계했다. 북쪽으로 덴마크[嗹國]와 발트해[波羅的海]를 경계로 삼았고, 남쪽으로는 스위스[瑞士], 이탈리아[意大里]와 경계했다. 남북으로는 대략 2,400리고, 동서로는 대략 2,200리다. 가경(嘉慶) 11년(1806) 프랑스의 나폴레옹[拿破侖]이 군대로 게르만 열국을 협박하자 모두 항복하여 부락 대부분이 바뀌었다. 8년 뒤에 나폴레옹이 패하면서 게르만의 열후(列侯)들은 각자 봉지를 수복했다. 가경 20년(1815) 각 나라의 공사들이 비엔나[維也納] 바로 오스트리아[壓地利]의 수도다. 에서 회담을 열고, 오스트리아, 프로이센은 게르만에서 나뉜 바지만, 덴마크[嗹國]와 네덜란드[荷蘭]는 게르만과 맞물려 있으므로, 네 나라를 게르만 열국에 합쳐, '동맹 40국'으로 불렸다. 오스트리아를 동맹의 중심으로 삼고, 각기 인구의 많고 적음에 따라 병사의 수를 정하되, 100명당 1명을 정규군으로 내고, 200명 당 한 명을 구원병으로 내어 모두 34만 4,000여 명에 달했다. 각국의 공사들은 모두 프랑크푸르트[佛郎渡]에 바로 푸랑크푸르트[佛郎克佛爾]다. 모여 큰일이 있을 때면 모여 회의했다. 방어 병력은 12개 부대로 나누어 구획하여 진영을 세웠다. 사령관[總帥]은 각국이 공동으로 천거한다. 그러나 사령관이 된 자는 대부분 오스트리아 사람이었고, 다른 나라 사람은 이 자리를 맡을 수 없었다.[26)]

---

26) 연혁은 모두 『영환지략』에서 채록했다(『영환지략교주』, 156~159쪽).

5-2. 스위스[Swiss, 瑞士國] 지도 44를 보시오.

강역(疆域): 스위스[Swiss, 瑞士]는 서정(瑞丁), 속색릉(束色楞), 수사란(綏沙蘭), 소익살(蘇益薩)이라고도 한다.[27] 게르만[日耳曼] 남쪽, 오스트리아[墨地利亞]의 서쪽, 프랑스[佛郎西]의 동쪽, 이탈리아[意大里]의 북쪽에 있다. 동서로는 대략 500~600리고, 남북으로 대략 300~400리로, 모두 22개 부락이다.[28]

산수(山水): 많은 산이 겹겹이 솟아 있고, 가운데 봉우리는 높아 하늘에 닿는다. 항상 얼음과 눈이 쌓여 있고, 유럽[歐羅巴]의 큰 강들은 대부분 이곳에서 발원한다. 이 나라의 산수는 맑고 기이함이 유럽 땅에서 으뜸이다. 서쪽 경계에는 콩스탄스[Constance, 官斯丹薩, Boden]라는 큰 호수가 있는데, 주변은 밀림이며, 맑은 계곡들이 감돌아 흘러 풍성한 방초가 깔려 있고, 사슴들이 무리 지어 노닐어, 더욱 그윽한 승경(勝景)을 이룬다.[29]

사람들[人民]: 주민들 태반이 목축으로 생활하여, 여름에는 소나 양을 몰고 산에 들어가고, 가을 겨울에는 돌아온다.[30]

물산(物産): 오곡(五穀)과 약재(藥材) 등이다.

식(食): 제조하는 연유[奶餌]는 달고 향기롭다.

풍속[俗]: 나라에는 가혹한 정치가 없고, 풍속은 검소하고 선량하며, 수백

---

27) '속색릉', '수사란'은 모두 'Switzerland'를 음차한 형태들이고, '소익살'은 스페인어 '수이사(Suiza)'를 옮긴 형태다. 하지만 서계여가 첫 번째로 든 '서정(瑞丁)'은 곤란하다. 위원은 '서사(瑞士)'로 옮기고, 아래 주석에 " 서사국(瑞士國)은 서정(瑞丁)과 함께 '서(瑞)'자로 칭할 수 있지만 완전히 다르다"라고 했다(『위원전집』, 6책, 1309쪽). 그러나 위원도 종종 두 나라를 혼동하기도 했다. '서정'은 바로 스웨덴을 음차한 표기다. 확실히 서계여는 스위스와 스웨덴을 혼동한 점은 분명하다. 왜냐하면 스위스 산물을 스웨덴 기술에 넣었었기 때문이다.

28) 『영환지략』에서 채록했다(『영환지략교주』, 167쪽).

29) 스위스 서쪽의 큰 호수는 당연히 레만(Léman), 또는 제네바(Geneva), 겐페르(Genfer) 호수 등으로 불린다. 어떤 다른 명칭도 여기 음차한 표기와 해당하지 않는다. 아마도 여기 '서(西)'는 '동(東)'의 오기일 것이다. 동쪽의 큰 호수는 콩스탄스(Constance) 호수에 대응시킬 수 있다. 호수의 설명 또한 콩스탄스, 또는 보덴(Boden) 호수에 더 부합한다. 『영환지략』에서 채록했다(『영환지략교주』, 167쪽).

30) 『영환지략』에서 채록했다(『영환지략교주』, 167쪽).

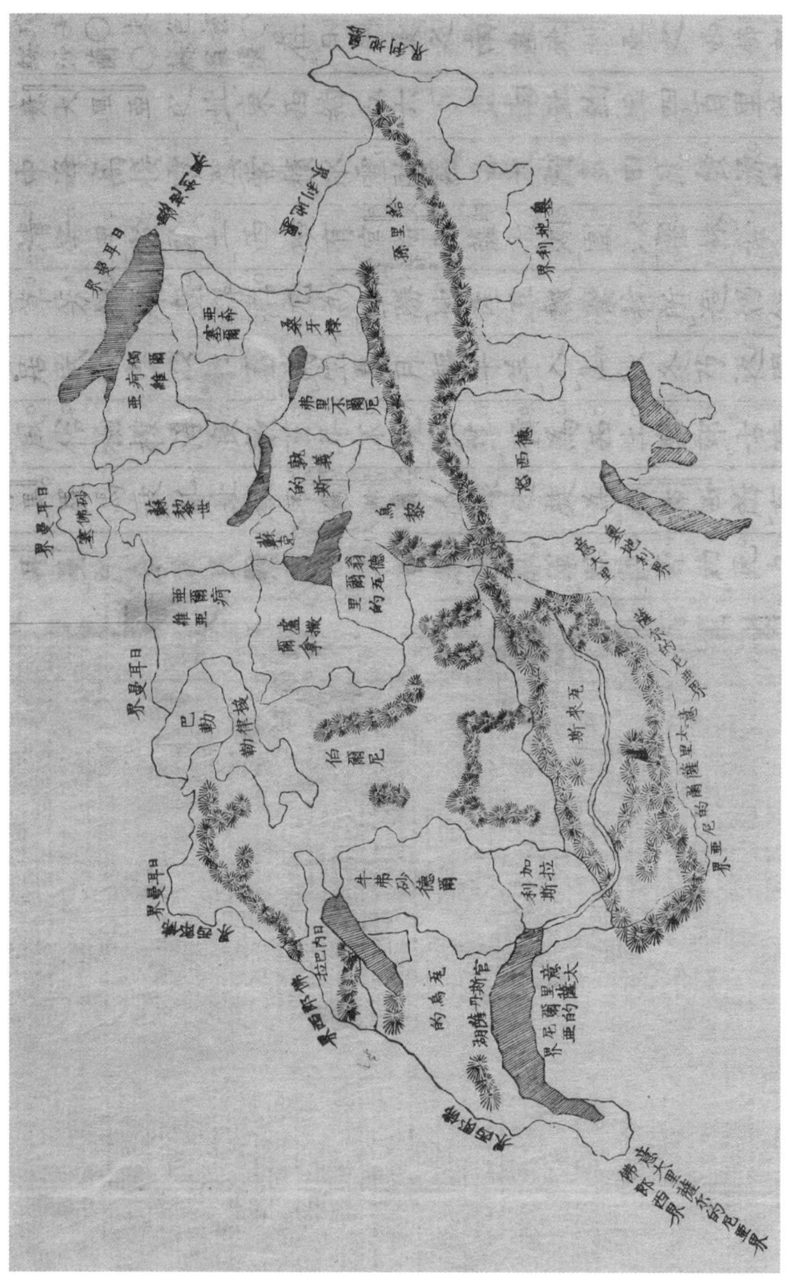

지도 44. 국립중앙도서관 소장본의 지도가 몹시 희미하여 『영환지략』(도시샤대학 소장본, 1861)에서 가져왔다. 국립중앙도서관 소장본에는 '서사도(瑞士圖)'라는 지도 명이 있고, 경도와 적도 표기가 있다.

년 동안 병란을 겪지 않아, 서방[西土]의 낙원[樂郊]으로 일컬어진다.[31)]

각 부락[各部]: 그리종[Grisons, 給里孫]은 동쪽에 있다. 길이는 350리고 폭은 180리다. 인구는 8만 8,000명이고, 공출하는 장정은 1,600명이다. 이곳은 세 도시[邑]로 나뉘는데 그리종[給里孫], 가덕(加德), 생모리츠[森給里至]다. 각기 향관(鄉官)과 수령[頭人]으로 다스린다.[32)]

베른[Bern, Berne, 伯爾尼]은 어떤 곳에는 북이니(北耳尼)로 되어 있다. 중부에 있다. 북쪽 경계는 북쪽 지방에 이른다. 길이는 300리고 폭은 200리다. 인구는 35만 명이고, 공출하는 장정은 5,620명이다. 호족과 부호들 태반이 여기에 산다. 향관(鄉官)은 290명이다.

발래[Valais, 瓦來斯]는 서남(西南北)쪽에 있다.[33)] 원래 오스트리아[墨地利]에 속했다가, 스위스[瑞]에 부속되었다. 길이는 300여 리고 폭은 100여 리다. 인구는 7만 명이고, 공출하는 장정은 280명이다. 향관(鄉官)은 76명이다.

보[Vaud, 瓦烏的]는 어떤 곳에는 열니와(熱尼瓦)로 되어 있다. 서쪽 끝에 있다. 길이는 180리고 폭은 150리다. 남쪽 경계는 콩스탄스[Constance, 官斯丹薩] 호수에 임해 있어 풍경이 그윽하고 빼어나다. 성은 호숫가에 세워졌다. 주민들은 시계[時辰表]를 만들어 매년 값으로 은 수백을 번다. 서양 선박이 중국에 팔러 온 상품들은 태반이 와오적 사람들이 만든 것이다.[34)] 인구는 17만 명이

---

31) 이상 인민(人民), 물산, 식(食), 속(俗)은 모두 『영환지략』에서 채록했다(『영환지략교주』, 167쪽).

32) 현 스위스 그리종, 또는 그라우뷘덴(Graubünden) 주의 지명에는 오류가 있음이 분명하다. 서계여가 근거한 『지리비고』에 따르면, 그리종의 으뜸 군(郡)은 일랑(壹郎, Ilanz), 가덕(加德)의 으뜸 군은 과려(瓜黎, Coire), 삼급리지(森給里至)의 으뜸 군은 달와사(達窩斯, Dabos)라고 하였다(『해산선관총서』본, 권5, 22b). 이로부터 가덕(加德)의 음은 복원할 수 없지만, 그곳은 쿠어 지역임을 알 수는 있다. 마지막으로 '삼급리지'의 주도가 다보스라고 하는 것을 보면, '생 모리츠(Saint-Moritz)'를 잘못 음역했거나 인쇄 과정의 오류일 것이다.

33) 『영환지략』에는 '서남(西南)'으로 되어 있다. 서계여의 저본인 『지리비고』(『해산선관총서』본, 권5, 22b)에는 '남방(南方)'으로 기술했으므로, '북'자를 '남'로 고친다.

34) 밑줄 친 정보는 서계여가 추가한 정보다. 『지리비고』에는 보이지 않는 기술이다. 서계여는 레만(Léman), 또는 제네바호를 동쪽의 '콩스탄스' 호수로 잘못 옮겼다. 결국 혜강은 『지리비고(地理備考)』를 직접 참고하지 않았음을 이로부터 확인할 수 있다.

고, 공출하는 장정은 1,280명이다. 향관(鄕官)은 180명이다.

테생|티치노[Tessin, Ticino, 德西怒]는 남방에 있다. 길이는 130리고 폭은 120리다. 인구는 10만 2,000명이고, 공출하는 장정은 7,800명이다. 향관(鄕官)은 76명이다.

생갈[Saint Gall(Gallen), 桑牙祿]은 동방에 있다. 길이는 150리고 폭은 110리다. 인구는 14만 4,000명이고, 공출하는 장정은 2,630명이다. 향관(鄕官)은 150명이다.

소려세(蘇黎世)는 북방에 있다.[35] 길이는 120리고 폭은 110리다. 인구는 21만 명이고, 공출하는 장정은 3,700명이다. 향관(鄕官)은 212명이다.

루체른[Lucerne, Luzern, Lucerna, 盧撒爾拿]는 중부에 있다. 길이는 120리고 폭은 100리다. 인구는 11만 6,000명이고, 공출하는 장정은 1,730명이다. 향관(鄕官)은 100명이다.

아르고비아[Argovia, Argovie, Aargau, 亞爾痾維亞]는 북방에 있다. 길이는 120리고 폭은 80리다. 인구는 15만 명이고, 공출하는 장정은 2,410명이다. 대향관(大鄕官)이 50명, 소향관이 13명이다.

프리부르|프라이부르크[Fribourg, Freiburg, 弗里不爾厄]는 중부에 있다. 길이는 120리고 폭은 70리다. 인구는 8만 4,000명이고, 공출하는 장정은 1,250명이다. 향관(鄕官)은 144명이다.

우리[Uri, 烏黎]는 중부에 있다. 길이는 130리고 폭은 60리다. 인구는 1만 3,000명이고, 공출하는 장정은 230명이다. 향관(鄕官)은 13명이다. 별도의 부관들이 있다[別有副].

슈비츠[Schwitz, 孰義的斯]는 중부에 있다. 길이는 90리고 폭은 60리다. 인구는 1만 3,000명이고, 공출하는 장정은 600명이다. 향관(鄕官)은 33명이다.

글라리스[Glaris, Glarus, 加拉利斯]는 서방에 있다. 길이는 90리고 폭은 50리다. 인구는 2만 8,000명이고, 공출하는 장정은 480명이다. 향관(鄕官)은 80명이다.

뇌샤텔[Neuchâtel, Neuenburg, 牛弗砂德爾]은 서방에 있다. 원래는 프로이

---

35) '소려세(蘇黎世)'는 『지리비고』에도 '소려세'로 되어 있는데, 아마도 취리히(Zürich, Zurich)의 음역 표기일 것이다. 'z'를 's'음으로 읽고, 'ch'를 'sh'음으로 읽은 것 같다.

센[普魯士]에 속했다가, 스위스에 부속되었다. 길이는 90리고 폭은 50리다. 인구는 5만 1,000명이고, 공출하는 장정은 960명이다. 프로이센 관원 45명과 향관(鄕官)은 30명이 모여 함께 일을 의논한다.

투르고비아[Turgovia, Thurgovie, Thurgau, 獨爾痾維亞]는 동북쪽에 있다. 길이는 100리고 폭은 80리다. 인구는 8만 1,000명이고, 공출하는 장정은 1,520명이다. 향관(鄕官)은 100명이다.

웅테르발드[Unterwald, Unterwalden, 翁德爾瓦里的]는 중부에 있다. 길이는 80리고 폭은 60리다. 인구는 2만 4,000명이고, 공출하는 장정은 380명이다. 땅은 상하 둘로 나누어, 향관을 추천하여 일을 처리한다.

솔레르[Soleure, Solothurn, 梭律勒]는 북방에 있다. 지형이 높고 가파르며, 절반은 베른[伯爾尼] 경계 안에 있다. 길이는 120리고 폭은 80리다. 인구는 5만 3,000명이고, 공출하는 장정은 900명이다. 자체로 향관을 추천하여 일을 처리한다.

발[Bâle, Basel, Basilea, 巴勒]은 어떤 곳에는 파실(巴悉)로 되어 있다. 북방에 있다. 길이는 80리고 폭은 55리다. 인구는 5만 4,000명이고, 공출하는 장정은 980명이다. 향관(鄕官)은 150명이다. 대학교[大書院]가 가장 유명하여, 문인들이 몰려들어, 예수교의 교지를 선포할 수 있었다.

아펜젤[Appenzell, 亞奔塞爾]은 동북쪽에 있다. 생갈[桑牙祿] 경내에 들어간다. 길이는 80리고 폭은 60리다. 인구는 5만 5,000명이고, 공출하는 장정은 970명이다. 안과 밖 두 도시[邑]로 나누어 각기 향관을 추천하여 일을 처리한다.

샤프하우젠[Schaffhausen, Schaffhouse, Sciaffusa, 砂佛塞]는 북방 끝에 게르만[日耳曼] 경내와 맞물려 있다. 길이는 70리고 폭은 40리다. 인구는 3만 명이고, 공출하는 장정은 460명이다. 향관(鄕官)은 74명이다.

지네브라[Ginevra, Geneva, Genève, 日內巴拉]는 서방에 있다. 원래 프로이센[普魯士]에 속했다가, 스위스에 부속되었다. 길이는 70리고 폭은 대략 30~40리다. 인구는 5만 2,500명이고, 공출하는 장정은 880명이다. 향관(鄕官)은 278명이다.

주그[Zug, Zugo, 蘇克]는 중부에 있다. 길이는 50리고 폭은 30리다. 인구는 1만 4,000명이고, 공출하는 장정은 250명이다. 자체로 향관을 추천하여 일

을 처리한다.[36)]

연혁(沿革): 옛날 땅은 로마[羅馬]에 속했는데, 로마가 쇠퇴하면서 북적(北狄) 부르고뉴[Bourgogne, 不爾給農]사람들이 그곳을 차지했다. 곧이어 프랑스[佛郞西]가 소유했다가, 뒤에 게르만[日耳曼]에게 빼앗겼다. 그 주민들은 용맹하여 게르만은 그들을 선발하여 친위군으로 삼았고, 전투에 임해서는 죽음을 무릅쓰며 전력으로 싸웠다. 원나라 대덕(大德, 1297~1307) 연간에 게르만 왕 알브레히트[[Albrecht I, 亞里伯爾多]가 가렴주구(苛斂誅求)에 문예를 없애고 가혹한 형벌을 더하자, 스위스[瑞士] 사람들은 감내할 수 없어, 게르만의 현지 관리를 몰아내고 각자 추장을 추대하여, 험지를 기준으로 강역을 구분하고 게르만과의 절교를 알렸다. 이들 땅은 단절되었고, 사람들이 힘써 싸워 게르만은 수복할 수 없어 결국 그들을 따랐다. 처음에는 세 부락으로 나누었으나 뒤에 13부락으로 나뉘었는데, 모두 향관(鄕官)들을 가려 뽑아 일을 처리하고 왕이나 후(侯)를 세우지 않았다. 이렇게 500여 년이 지나자, 땅에는 어지러운 소요가 없어져, 서방의 사람들이 모두 그들을 부러워했다. 가경(嘉慶) 3년(1798) 프랑스의 섭정왕 나폴레옹[拿破侖]은 당시 즉위하지 않았다. 군대를 동원하여 강제로 판도에 편입시켜, 19개의 작은 부락으로 고쳤다. 나폴레옹이 패전하자 각국의 공사들은 비엔나[維也納]에서 회담하며, 19부락 외에 맞물려 있는 제네바[日內巴拉], 뇌샤텔[牛弗砂德爾], 본래 프로이센[普魯士]에 속했다. 발래[瓦來斯] 원래 오스트리아[墺地利亞]에 속했다. 세 부락을 더하여 모두 22개 부락을 스위스[瑞士國]로 구성했다. 그들의 옛 풍속을 이어, 자체적으로 향관(鄕官)을 추천하여 일을 처리했다. 지형을 배려하고, 인구에 따라 장정을 선발하여 침입을 방비했는데, 여러 대국이 억눌러 통제할 수 없었다.[37)]

---

36) 이상 각 부락에 관한 기술은 모두 『영환지략』에서 채록했다(『영환지략교주』, 169~172쪽). 지명 추정은 앙드리보-구종(E. Andriveau-Goujon), 「연방 주정부와 새로운 주 지도에 따른 스위스(Suisse d'après l'État-Major Fédéral et les nouvelles cartes cantonales)」(Paris, 1860)를 근거하였다.

37) 연혁(沿革)에 관해서도 『영환지략』에서 채록했다(『영환지략교주』, 168~169쪽). 여기 스위스 기술은 전적으로 『영환지략』에 근거했다.

5-3. 튀르키예[土耳其國] 지도 45를 보시오.

강역(疆域): 튀르키예[土耳其]의 토이기(土耳幾), 토이기아(土耳基亞), 도이기(都耳基), 다이기(多爾其), 도로기(都魯機), 특이제(特爾濟), 두이격(杜爾格), 공갈이(控噶爾),[38] 아다마낙(痾多馬諾, Otomano), 아다만(阿多曼, Ottoman)으로도 표기한다. 땅은 서(西), 중(中), 동(東) 세 영토로 나눈다. 서쪽 영토는 유럽[歐羅巴] 경계 안에 있고, 중부와 동쪽 영토는 아시아[亞細亞] 땅의 경계가 유럽과 아시아를 넘나드는 나라는 러시아[峩羅斯]와 튀르키예뿐이다.[39] 경계 안에 있다. 세 영토는 모두 합쳐, 동서남북 대략 4,000~5,000리다.[40]

산수(山水): ⓐ물줄기는 루멜리아[Rumelia, 羅彌里阿]의 으뜸 부락 경내에서 분기하는데, 강물은 아홉이 있다. 마리차[Maritza, 馬列沙]강은 큰 산에

---

38) '공갈이'란 명칭은 기오로 툴리셴[Gioro Tulišen, 覺羅圖理琛, 1667~1740]이 1712~1715년 토르후드[Torɣud, 土爾扈特] 아유카 칸[Ayuka Khan, 阿玉奇, 1669~1724년 재위]에게 사신으로 다녀온 기록인 『이역록(異域錄)』에 도리야사과(圖里耶斯科)의 '공과이(空科爾)' 칸[汗]으로 나타난다(사고전서본, 권하 34a). 여기 '도리야사과(圖里耶斯科)'에 관하여, 위원은 "'사과(斯科)'란 부락을 지칭하는 말이다. 생각건대, 도리야(圖里耶)는 어떤 곳에 '보로사(普魯社)'로도 되어 있는데, 바로 러시아와 전쟁한 '공과이' 칸이다. 공과이는 어떤 곳에 '공갈이(控噶爾)'로 되어 있다"라고 하였다(『위원전집』, 6책, 1523쪽). 또 『해국도지』, 권56에서 위원이 쓴 「중국과 러시아 동맹과 사신 교환에 관한 기록[國朝俄羅斯盟聘記]」에서는 도리아국(圖理雅國)의 '공갈이한(控噶爾汗)'이라고 한 것(앞의 책, 1524쪽)으로 보아, 위원은 '공갈이'를 도리아(圖理雅) 즉 튀르키예의 '공갈이'라는 칸 이름으로 읽고 있다. 하지만 『서역문견록(西域聞見錄)』에 따르면, 러시아[鄂羅斯]의 서북쪽은 '공갈이(控噶爾)'와 이웃하고 있다고 했고(권1, 1a), 또 러시아는 원래 '공갈이'의 속국이라고 했는데(권4, 2b), 이는 '공갈이'가 나라 이름으로 사용되었음을 보여준다. 게다가 '공갈이' 항목을 별도로 두고, 그 기술에서 "공갈이는 서북방 이슬람교도[回子]들의 가장 큰 나라다"(3b)라고 하면서, '무로목(務魯木)'에 도성을 건설했다고 하였다[위원이 '모로목'을 로마로 추정한 것은 성급했다]. 여기 방향으로 지시하는 '공갈이'는 북유럽 쪽이다. 이 때문에 '공갈이'는 프로이센[普魯社]의 다른 명칭으로 언급되기도 했었다. 하지만 『서역문견록』에서 언급한 건륭 25년(1760) 러시아와의 전쟁은, 서계여가 '연혁'에서 언급한 18세기 러시아와의 전쟁, 19세기 러시아의 남침 등은 '공갈이'가 튀르키예임을 말해주고 있다. '공갈이'에 해당하는 음은 밝혀지지 않았다.

39) 이 주석은 혜강이 추가한 설명이다.

40) 『영환지략』에서 채록했다(『영환지략교주』, 173쪽).

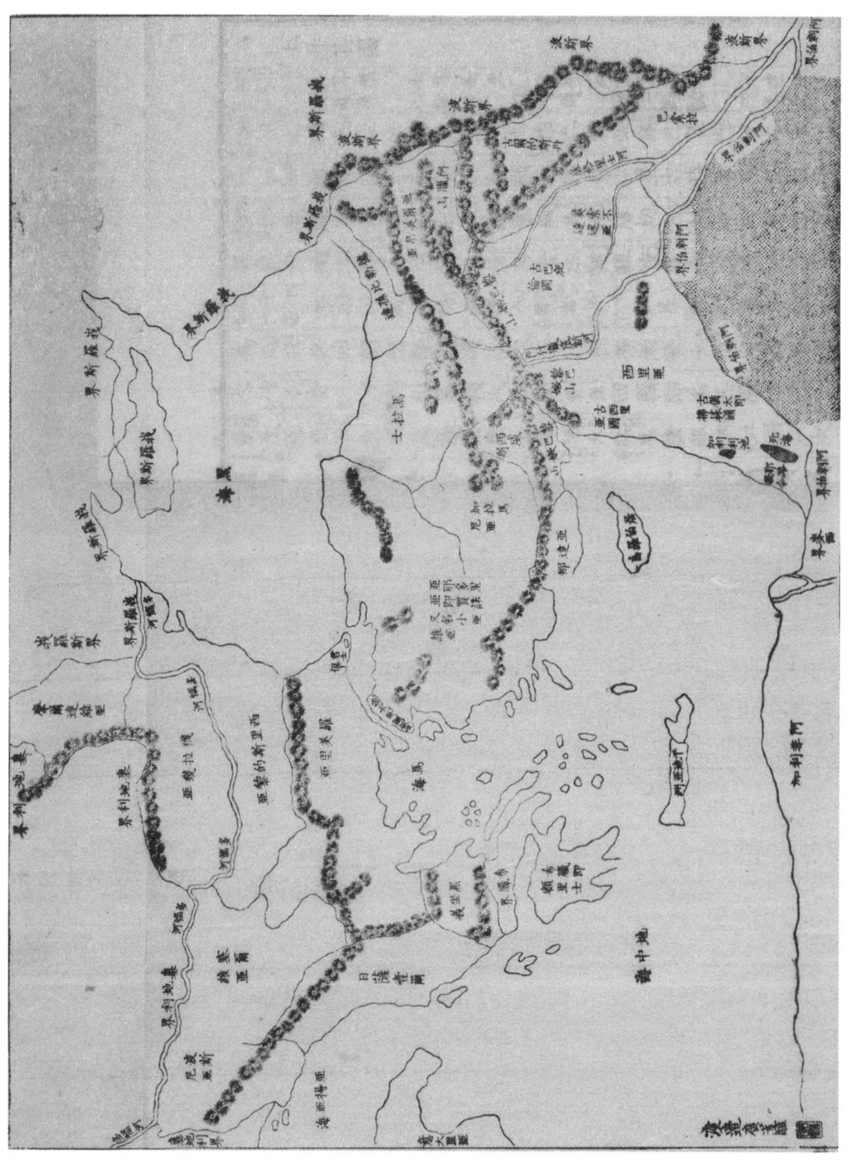

지도 45. 국립중앙도서관 소장본의 지도가 몹시 희미하여 『영환지략』(도시샤대학 소장본, 1861)에서 가져왔다. 국립중앙도서관 소장본에는 '토이기도(土耳其圖)'라는 지도 명이 있고, 경도와 적도 표기가 있다.

서 발원하여 툰자[Tundja, Tunca, 多尼箬]로 흘러, 에르케네[Erkene, 野機尼]강, 아르다[Arda, 阿達]강과 합류하여 남쪽으로 흘러 지중해로 빠져나간다. 바르다르[Vardar, 哇達]강은 체르나[Tcherna, 特沙那]강으로 흘러, 합류하여 바다로 나가며, 스트루마[Struma, 斯特多馬]강, 메스타[Mesta, 彌士多]강, 인제 카라사[Indje Karasa 唵治加那斯]강은 모두 남쪽으로 흘러 바다로 흘러든다. 몰다비아[Moldavia, Moldova, 摩爾達威阿] 부락에는 네 강이 있는데, 온도하(溫都河),[41] 세레스[Sereth, 西列]강, 비스트리차[Bistritza, 密士特列]강은 모두 큰 산에서 발원한다. 프루트[Pruth, 勃律]강은 오스트리아[歐塞特里阿]를 통과하여 네 강물이 합쳐져 함께 다뉴브강[拏那彌河]으로 들어가 불가리아[麻爾牙里]를 거쳐 흑해로 빠져나간다. 왈라키아[Walachia, 洼臘赤阿]에는 여덟 강물이 있다. 스칠[Schyl, Chyl, 斯載爾]강은 오스트리아[歐塞特里阿]에서 발원하고, 알루타[Alouta, 阿魯達]강은 큰 산에서 발원하여, 올테스[Oltex(z), 荷爾特斯]강, 텔리오르만[Teliorman, 底流門]강, 아르지쉬[Ardjich, Ardshish, 阿日士]강, 돈보비차[Donbovitx(z)a, 單摩威沙]강, 얄로미차[Jalomotza, Jalomnitxa, 惹林尼沙]강, 부세오[Buz(s)eo, 磨首]강 등의 강물이 교차하고 모여, 다뉴브강[那彌河]에서 흑해로 흘러든다. 불가리아[麻爾牙里阿] 부락에는 강물 일곱이 있는데, 다뉴브강[那彌河]은 오스트리아[歐塞特里阿]를 통과하여 티모크[Timok, 底莫]강,[42] 아킬리 캄치크[Akili Kamtchik, 額力甘芷]강,[43] 잔트라[Jantra, 贊特臘]강, 오스마[Osma, 珂斯馬]강, 이스케르[Isker, 依斯加]강, 다사하(多斯河, Touz?)[44]는 모두 다뉴브강[那彌河]로 들어가 여러 강물이 모여 흘러 흑해

41) '온도하(溫都河)'는 『해국도지』 교주에 따르면, 코길리크(Kogilnik), 또는 쿤두(Kundu)강이라고 추정했다(『위원전집』, 6책, 1338쪽). 코길리크 강은 쿤둑(Kunduk)으로도 불리는데, 여기 '온도'와 음성적으로 부합하는지 모르겠다. 게다가 이 코길리크강은 몰다비아 지역에 있지 않고, 베스아라비아(Bessarabia) 지역에 있다. 몰다비아 지역에 있는 큰 산에서 출원하는 강이라면, 트로투쉬(Trotush) 강이 있는데 이를 지칭하는 것은 아닌지 모르겠다.

42) 티모크강은 세르비아 지역이다.

43) 아킬리 캄치크는 '큰 캄치크 강'이란 의미로 다뉴브강에 합류하지 않고 독립적으로 불가리아 남부에서 흑해로 흘러든다.

44) '다사하(多斯河)'는 『해국도지』 교주에서 '투스(Touz)'로 복원했다(『위원전집』, 6책,

로 빠져나간다. 위사아(威沙阿)[45] 부락에는 강물 셋이 있는데, 이바르[Ibar, 依麻]강, 불가리언[Bulgare(an), 摩爾牙里奄]강은 모두 모라바[Morava, 摩臘洼]강으로 들어가 모여 다뉴브강[那彌河]으로 들어갔다가 지중해로 들어간다. 크로아티아[Croatia, 格羅底阿] 부락에는 네 강물이 있는데, 사브[Save, 沙威]강은 오스트리아[歐塞特里國]를 통과하여 베르비차[Verbitza, Webbas, 哇麻士]강, 보스나[Bosna, 摩士那]강, 드리나[Drina, 雷那]강, 세 강물이 모여 다뉴브강[那彌河]으로 들어가 지중해로 빠져나온다. 알바니아[Albania, 阿爾麻尼阿] 부락에는 세 강이 있는데, 드린[Drin, 特領]강, 스콤비[Scombi, 斯甘彌]강, 보주차[Bojoutza, Vojucza, 窩卒沙]강이 독립되어 흘러 지중해로 빠져나간다. 그리스[額力西] 부락에는 네 강물이 있는데, 마위하하(馬威荷河),[46] 살렘브리아[Slembria, 沙林墨里]강, 아스프로포타모스[Aspropotamos, 阿斯勒羅波達]강, 희나달하(希那達河)로,[47] 마위하하(馬威荷河)의 강물이 호수로 들어가고, 그 나머지는 모두 지중해로 나뉘어 들어간다.[48]

1339쪽). 음성적으로 그럴법한 추정이지만, 이 강이 다뉴브강으로 흘러드는지 확인하지 못했다.

45) 기술된 강물 명칭들로 보았을 때, '위사아(威沙阿)'는 '세르비아(Serbia, Srbija)'를 잘못 표기한 것으로 생각한다. '세르비아'는 『지리비고』(『해산선관총서』본, 권6, 51a)에서 '새이유아(塞爾維亞)'로 음역 표기되었다.

46) '마위하하(馬威荷河)'는 『해국도지』 교주에서 '케피수스(Cephissus)' 즉 마베오(Maveo)강이라고 복원했다(『위원전집』, 6책, 1339쪽). '마베오'라면 음성적으로 그럴법하다. 그러나 케피수스의 다른 명칭으로 '마베오'란 명칭을 확인할 수 없다. 아래 이 강물은 호수로 들어간다고 기술한 점에 근거해 추정하자면, '메그도바스(Megdovas)' 강이 아닌지 모르겠다. '마하위(馬荷威)'로 도치되었다면, 음성적으로도 좀 가깝고, 또 이 강물은 플라스티라스(Plastiras) 호수로 흘러든다.

47) '희나달하(希那達河)'는 『해국도지』 교주에서 '스페르키오스(Sperkhios)' 즉 헬라다(Hellada)강이라고 복원했다(『위원전집』, 6책, 1339쪽). 이 또한 스페르키오스강이 헬라다강이라는 근거가 무엇인지 모르겠다.

48) 이상 튀르키예 영토 내의 강물 명칭에 관해서는 E. Andriveau-Goujon, 「Carte de l'Europe Orientale comprenant la Russie d'Europe L'Empire Ottoman et la Grèce」(Paris, 1860); George Philip, 「Turkey in Europe. Roumania, Servia, Montenegro, Bulgaria, etc.」(London, 1910)를 참고하여 추정했다.

ⓑ서북[西北][49]쪽은 높은 산맥이 가로 뻗어 있고, 다뉴브강[多惱河]이 그 사이를 감돌아 흐른다. 땅에는 산이 많고, 평지는 적다. 남쪽 경계에는 해만(海灣)이 요철하고 도서가 어지럽게 펼쳐져 있다. 동쪽 영토의 동북쪽 일대는 큰 산들이 겹겹이 솟아있는데, 아주 높은 산들은 아라라트[Ararat, Ağrı Dağı, 阿臘], 레바논[Lebanon, 黎巴嫩][50]이다. 유프라테스[Euphrátēs, al-Furāt, Fırat, 阿付臘底斯]강은 어떤 곳에는 아륜득(阿倫得)로 되어 있고, 팔하(八河)라고도 부른다. 서북쪽에서 발원한다. 티그리스[Tigris, Dicle, 底格里士]강은 어떤 곳에는 지액하(地額河)로 되어 있다. 정북쪽에서 발원하여 서로 마주하며 동남쪽으로 흘러 바스라[Basra, al-Baṣrah, 巴索拉]에 이르러 합류하여 바다로 흘러든다. 서남쪽 모퉁이에는 데드 씨[Dead Sea, ים המלח, 死海]라는 큰 못이 있는데, 원래는 대도시[大城邑]였으나 천재지변을 당해(遭異災) 땅이 함몰하여 호수가 되었다. 그곳 물은 염분이 고약하여 주위가 모두 민둥산들이다. 데드 씨[死海]의 북쪽에는 갈릴리[Galilee, Γαλιλαιας, 加利利]란 호수가 있다.[51] ⓒ그 남쪽에는 '사해(沙海)'가 있는데 폭이 1,000여 리다(其南有沙海, 廣千餘里).[52] 모래가 물결처럼 태풍

---

49) 『영환지략』에는 '남북'으로 되어 있다(『영환지략교주』, 176쪽).

50) 『영환지략교주』에서는 현 '레바논' 산악지역으로 추정했다(179쪽). 음성적 부합성은 분명해 보인다. 그러나 튀르키예의 동북쪽 산악을 말하고 있으므로, 부합하지 않는다. 이곳은 트레브존 바로 남쪽의 리바네(Liwaneh), 또는 리바니아(Livania) 지역을 말하는 것은 아닌지 모르겠다. 팔그레이브(William Gifford Palgrave), 『율리시스(Ulysses)』(London, 1887), 70~71쪽을 참고하시오.

51) 이상의 지명들은 허그(William Hughes), 「아시아 튀르키, 러시아 아르메니아 그리고 코카서스의 나라들(Turkey in Asia with Russian Armenia and the countries on the Caucasus)」(London, 1864)을 참고하여 주정했다.

52) ⓐ는 『해국도지』에서 채록했고(『위원전집』, 6책, 1324~1325쪽), ⓑ는 『영환지략』에서 채록했다(『영환지략교주』, 176, 179쪽). ⓒ의 정보는 『직방외기』에서 채록했다(『직방외기교석』, 48~49쪽). 아래의 문장은 '풍속[俗]' 뒤에 추가되었는데(21b), 여기에서 이어 붙이라는 표시 '○'를 추가했다. 해당 면(21b)에서는 두주에 '산수 2'로 표기해 두었으므로, 혜강의 의도에 따라 여기에 붙여 해석한다. 『직방외기』에서는 투르키예를 '도이격(度爾格)'으로 음역 표기하고 있다. 본문에 원문을 병기한 문장 정보는 『직방외기』에서 "그 땅에는 사해(沙海)가 있는데 폭은 2,000리다(其地有沙海, 廣二千餘里)"라고 하였다. 이 『직방외기』의 문장은 위원도 『해국도지』, 권28에서 남튀르키예[南都魯機]로 음차하고, 『직방외기』를 채록하고 있는데(『위원전집』, 5책, 830쪽), 역시 혜강이 옮긴

을 타고 날아, 여행객이 그 바람을 만나면 모래 물결에 압사하고, 갑자기 솟아 구릉이나 산을 이룬다. 건너려는 사람들은 반드시 나침판[羅經]으로 방향을 정하고, 거리[道里]를 측정해야 하고, 또 반드시 양식과 열흘간의 물을 갖추고 낙타를 타야 한다. 낙타는 매우 빨라, 하루에 300~400리를 달릴 수 있고, 또 갈증을 잘 견뎌 한 번 물을 마시면 대엿새를 견딜 수 있다. 낙타의 배에는 물이 매우 많이 담고 있어, 혹 물이 모자라면 낙타를 잡아 그 배 속에 있는 물을 마시기도 한다.

사람들[人民]: ⓓ인성은 강하고 사나워 전투를 즐기며, 생사를 가볍게 여기고 약속을 중히 여긴다. 아편을 금하지 않아 사람들 대부분 야위었다. ⓔ현지민[土人]에는 세 민족이 있다. 그리스인[額力西], 유대인[由斯], 삼각모(三角帽)인[53] 등이나 그리스인이 그 절반을 차지한다. 유대인들은 중시를 받지 못하고 이르는 곳마다, 업신여김을 받으며, 모두 빵을 굽는 일을 생업으로 하며 다른 사람들이 하찮게 여기는 일을 해서 조금씩 판다. 삼각형의 모자를 쓰는 사람들은 영리하고 검소하며, 대부분 본국에서 무역하며 그다지 밖으로 나오지 않는다. 그리스인들은 비교적 솜씨가 뛰어나고, 언변이 있으며 교역을 잘해, 상품에 이중 가격[貳價]은 없다고 하늘에 맹세한다고 한다.[54]

의식(衣食): 의복은 긴 옷을 좋아하고, 모자[冠]로 귀천을 구분한다. 관원에서 기예인들에 이르기까지 모자에는 각기 정해진 방식이 있다. 음식은 매우 검소하며, 채소, 올리브[橄欖], 단 과자[糖果]들 뿐이다. 술은 이슬람교에서 금하는 바로, 국왕과 귀인들 대부분이 좋아하고, 나머지는 술을 마시지 않고, 각기 아편을 술로 대신한다. 흡연[食烟]하는 자가 많지만, 종종 40세에 이르지 못한다. 복식과 풍속은 사뭇 동방과 비슷하여, 옷은 헐렁하고 소매는 넓어 유

'남(南)'자는 '지(地)'자로 되어 있고, 또 '2,000리'로 되어 있다. 혜강은 '사해(死海)'와 '사해(沙海)'를 혼동했음이 분명하다.

53) 『해국도지』 교주에 따르면 이 삼각형의 모자를 쓰는 사람들이 아르메니아인이라고 추정했다(『위원전집』, 6책, 1337쪽). 그러나 이는 특정할 수 있는 사안이 아니다. 18세기 초부터 유럽 남자들은 이 삼각형의 모자를 썼기 때문이다.

54) ⓓ는 『영환지략』, 튀르키예 서쪽 땅을 기술한 문장에서 채록했고(『영환지략교주』, 176쪽), ⓔ는 『해국도지』, 권48, 북튀르키예[北土魯機國]에서 채록했다(『위원전집』, 6책, 1324쪽).

럽[歐羅巴]인들의 좁은 의복과 상반된다.[55)]

물산(物產): ⓕ땅에서는 양탄자[地毡], 양피(羊皮), 황랍(黃蠟), 밀당(蜜糖), 아편(鴉片), 면화(棉花), 사발(絲髮), 양포(洋布), 동(銅), ⓖ금(金), 수교(樹膠), 보석(寶石), 술[酒], 곡(穀), 밀[麥]이 난다.[56)]

문학(文學): 모든 문장과 변론은 사물의 이치를 궁리하지[格物窮理]도 못하면서, 되레 다른 나라가 만든 천리경(千里鏡), 현미경(顯微鏡), 육분의[量天尺], 자명종(自鳴鐘)을 비웃으며 사소한 기술이자 쓸모없는 도구라고 한다.[57)] [문자(文字)] ⓗ유대인들이 가장 [많이] 문학을 강설한다. 서역 각종 서적은 대부분 유대인이 해석한 것인데, 그 나라가 기재한 것이 유난히 상세하다. 유럽 문인 중에서 유학하는 자들은 그리스[希臘]가 아니라 유대[猶太]에서 유학하는데, 아마도 유럽[泰西]의 교육[絃誦]하는 지역이기 때문일 것이다. ⓘ시리아[西利亞] 문자는 여러 나라와 같지 않고, 청나라 문자와 매우 비슷하나, 단

55) 『해국도지』, 권48, 북튀르키예[北土魯機國]에서 채록했다(『위원전집』, 6책, 1325, 1324쪽).

56) ⓕ의 산물은 『해국도지』, 권48, 북튀르키예[北土魯機國]에서 채록했고(『위원전집』, 6책, 1324쪽), ⓖ의 산물들은 권28, 남튀르키예[南都魯機]에서 채록했다(『위원전집』, 5책, 829쪽). 여기 산물을 채록할 때, 이전과는 달리 『영환지략』을 채록하지 않았다. 그 이유는 모르겠지만, 서계여는 튀르키예 서쪽 지역의 산물로, "면화(棉花), 연초(煙草), 포도(葡萄), 남과(南果), 양모(羊毛)" 등을 들었고(『영화지략교주』, 176쪽), 중부의 산물로 "곡(穀), 맥(麥), 오금(五金)의 광물, 잠사(蠶絲), 건포도(乾葡萄), 남과(南果), 주(酒), 유(油), 밀(蜜), 향료(香料), 약재(藥材)"를 들었으며(178쪽), 동부 지역의 물산은 중부 지역과 같다고 하였다(180쪽).

57) 『해국도지』, 권48, 북튀르키예[北土魯機國]에서 채록했다(『위원전집』, 6책, 1325, 1324쪽). 밑줄 친 문장은 혜강이 채록하지 않았지만, 이해를 위해 넣어 번역했다. 또한 "되레 비웃는다"라는 문장 뒤에는 연혁(沿革) 뒤에 추가해 둔 '문자(文字) 2'(30a)를 여기에 붙여 읽으라고 두주에 표시하고 있어, 여기로 옮겨 해석한다. 이 추가 사항은 『영환지략』에서 채록했다(『영환지략교주』, 186, 184쪽). ⓗ는 서계여가 유럽인이 쓴 유대[猶太] 고사를 기록한 책에서 인용한 가운데 보이는데, 영국[英] 관리 이태곽(李太郭)이란 사람에게 들은 내용에 보인다. 밑줄 친 문장은 혜강이 채록하지 않았지만, 이해를 위해 넣어 번역했다. ⓘ는 서계여가 유럽인이 쓴 바빌론[巴庇倫]과 시라아[西利亞] 고사를 기록한 책을 인용한 문장에 보이는데, 또한 영국 관리 이태곽의 말이다(『영환지략교주』, 184쪽).

지 가로로 쓰고 순서대로 읽을 뿐이다.

역법(歷): 그들의 천문가들은 유럽[歐羅巴]의 역법이나 수학을 모르고 음양가의 선택을 믿어 길일이 아니면 감히 일을 하지 않는다.[58]

기용(器用): 만든 천리경(千里鏡), 현미경(顯微鏡), 육분의[量天尺], 자명종(自鳴鐘)은 교묘하지만, 그들의 집, 회화, 음악 등의 기예에는 전혀 교묘함이 없다.[59]

왕(王): 궁중의 첩들은 수백 명인데, 대부분 파샤[Pacha, 巴札]를 통해 각 속국이 다투어 헌상하여 은혜를 바란다. 왕에게는 결혼하는 예법이 없는데, 지존에게는 동등한 사람이 없기 때문이다. 단지 미인 중에서 골라 정식 아내 한 명과 첩 일곱을 세울 뿐이고, 나머지는 모두 하녀들이다. 정식 아내가 버려지면, 곧바로 옛날 살던 궁으로 들여보내고, 다른 한 사람을 세운다. 왕이 죽으면, 계승한 왕이 이전 왕의 아내들을 데려가 모두 궁중에 감금하고, 백인 내시가 바깥 문을 지키고, 흑인 내시가 안의 일을 이바지하는데, 그들의 못생기고 검은 용모가 금지한 바를 없앨 수 있기 때문이다.[60]

관(官): 그들이 둔 관직에서 그랜드 비지르[grand vizier, 額蘭威薩, 수상]은 도성 안 화물의 진위를 순찰하고, 정원 6인을 두는데, 파샤[Pacha, 巴渣官]을 돌려 임용한다. 카디아스케[kadıasker, ķāḍī'asker, 加尼阿斯加, 군법관]는 관군을 검열한다. 레이스 에펜디[reis efendi, reis ül-Küttab, 利依斯分尼]는 안팎의 사무를 관리하고, 테프달 에펜디[defterdar efendi, 特付那依分尼]는 국고를 총괄한다. 체레비 에펜디[tchelebi efendi, 直里彌依分尼]는 해군을 관리한다. 파샤[巴札]는 정부군[官兵]을 관할하고, 몰라[mollah, 磨爾那]는 이슬람교 사무를 관리하고, 서관(書館)에서 교수하는 일을 관장한다. 무프티[mufti, 麻富

58) 이 항목은 '기용(器用)' 다음에(19a) 기록되었으나 두주에서 앞으로 당기라는 취지에 따라 순서를 바꾸었다. 『해국도지』, 권48, 북튀르키예[北土魯機國]에서 채록했다(『위원전집』, 6책, 1325, 1324쪽).

59) 『해국도지』, 권48, 북튀르키예[北土魯機國]에서 채록했다(『위원전집』, 6책, 1325, 1324쪽). 그러나 앞의 '문학'과 배치되는 기술이다. 혜강이 의도적으로 바로 잡은 것인지, 단순한 오독인지는 판단하기 어렵다.

60) 『해국도지』, 권48, 북튀르키예[北土魯機國]에서 채록했다(『위원전집』, 6책, 1325, 1323쪽).

底]는 율법을 관장하고 처리하는데, 나라의 존귀한 사람으로, 왕 앞에서 검을 차고, 의전이 왕과 약간의 차이가 있다. 왕이 액그랜드 비지르[額蘭威薩]를 만날 때는 세 걸음을 가서 맞이하고, 무프티[麻富底]를 접견할 때는 일곱 걸음을 가서 맞이한다.[61)]

용인(用人): 나라의 고위 관리는 높은 건물에서 살며 항상 서서 모시는 사람이 있다. 시립하는 사람은 모두 기밀을 누설하지 않는 자를 골라 심복으로 삼는다. 일을 하려는 자는 대부분 거짓으로 성실하게 하므로 왜소한 농아를 최상으로 여긴다. 국고에 비축된 전체 수는 비밀로 알 수 없다.[62)]

형(刑): 제도와 법령은 모두 상의하여 결정한 바에 따른다. 간음죄를 지었을 때 이전에는 참수하는 벌은 없었다. 땅에 못으로 박아 죽이는 조항을 보탰으나 시행한 적은 없다. 범한 자는 단지 폐기할 뿐이다(制度法令, 悉由參定. 作奸犯科, 向無斬罪. 增用椎釘地置死之條, 未嘗施用. 如有犯者, 不過廢棄而已). 울레마[ulema, 玉里麻]가 공문서를 전담하고, 무프티[麻富底]를 거쳐 살펴서 이름을 올려 왕에게 보고하면 가부를 결정한다. 안건을 심판하는 데에는 대체로 뇌물이 있다.[63)]

병(兵): 세금을 징수하여, 병사들의 월급을 지급하는데, 매년 대략 390만 봉(棒)[64)]이다. 병사에는 두 종류가 있다. 하나는 토지를 가지는 병사[토프라클리, topraklı, 多孛那格里兵][65)]로 당시 오스만[Ottoman, 荷多曼] 왕이 엄선한 장

---

61) 이 조목은 '용인(用人)' 다음에(19b) 기록되었으나, 두주에 앞으로 올리라는 취지에 따라, 여기에 옮겨 번역한다.『해국도지』, 권48, 북튀르키예[北土魯機國]에서 채록했다(『위원전집』, 6책, 1325, 1322쪽). 이상의 관직 명칭은 Hugh Murray,『An Encyclopaedia of Geography』(London, 1844, 840쪽)에 따라 복원했다.

62)『해국도지』, 권48, 북튀르키예[北土魯機國]에서 채록했다(『위원전집』, 6책, 1325, 1323쪽). 국고에 관한 정보는 별개의 사안인데, 혜강이 잘못 채록해 넣은 것으로 보인다.

63)『해국도지』, 권48, 북튀르키예[北土魯機國]에서 채록했다(『위원전집』, 6책, 1325, 1323쪽).

64) '봉(棒)'은 튀르키예 화폐 단위를 옮긴 것으로 예상되지만, 정확히 무엇을 음차했는지 복원하지 못했다. 아마도 '파운드'에 해당할 것이다.

65) 바로 티말리 시파히(tımarlı sipahi)로 오스만 제국 당시 급료로 일정한 봉토를 받는 기사를 가리킨다.

병이다. 군대에 들어 가면 농지 300여 무를 받고 편제를 배정받는다. 둘째는 카피쿨리[Capiculi, 加畢居里] 병사로,[66] 수시로 시험을 치고 군대에 들어오는 자들로 한여름과 한겨울에 큰 사열이 있다. 옛날 군대는 유럽[歐羅巴] 각 나라 중에서 최고였다. 근래 예전보다는 훨씬 못하지만, 기병은 민첩하고 여전히 전투에 뛰어나며, 포대(礮臺)를 보유하고 지키며 힘과 정신이 매우 탄탄하다. 나라에 위급한 경보가 있으면, 백성을 불러 군사로 삼는데 회피하지 않는다. 다만 진영에서는 기강이 없어, 가는 곳마다 노략질한다. 전투에는 북으로 사기를 올리면, 신속하게 진군하여 적과 맞서고, 약해지면 조수(鳥獸)처럼 흩어져, 절도를 갖출 줄 모른다.[67]

속(俗): ⓙ유일한 풍속은 효도와 우애를 높이 사, 부모가 죽은 뒤에 유산은 자식들만 가질 수 있고 외부인은 관계하지 못한다. 혼례는 혼수품의 많고 적음을 의논한 다음 지위와 첩과 하인이 몇 명인지를 따진다. 첩의 소생도 적자와 같다. 출산하지 않으면 정실 아내라도 버릴 수 있는데, 모두 유럽[歐羅巴]과는 상반된다. 집에 들어갈 때는 신발을 벗어 밖에 두는 것을 예로 여긴다. 음식은 다리를 뻗고 앉아 손으로 집어 먹는다. 여인들은 깊은 규방에 거처하며 남자들과 서로 만나지 못하고, 안부를 묻지 못하는 등 안과 밖의 구분이 매우 엄격하다. 그들은 용감해 보이지만, 실은 겁이 많고, 선량해 보이지만 실은 사납고, 민첩해 보이지만 실은 게으르고, 엄숙해 보이지만 실은 음탕하고, 의협심이 많아 보이지만 사실은 인색하다. 나라 안에서는 모두 이슬람교를 따르고, 국왕을 교주로 삼아 스스로 자신들의 종교가 오묘하여 다른 종교에 없는 바라며 자랑한다. 엄격히 술을 금지하며 베풂을 좋아한다. 음악은 관청에서 배우고, 떠돌며 산다. 아편을 피우고, 주문이나 사술(邪術)을 믿어 금한 바를 저주하며 어기면 사형에 처한다. ⓚ남쪽 지역[南土]에서는 원래 그리스도교[克力士頓教]를 믿었으나 로만[Roman, 羅汶] 사람들이 일찍이 이곳에 이르

66) '궐문을 지키는 노예'라는 의미로, 민병대 또는 의용군을 말한다. 자세한 사항은, 생드니(Antoine Juchereau de Saint-Denys), 『1792~1844년 오스만 제국의 역사(Histoire de l'empire Ottoman depuis 1792 jusqu'en 1844)』(Paris, 1844, 380쪽을 참고하시오.

67) 『해국도지』, 권48, 북튀르키예[北土魯機國]에서 채록했다(『위원전집』, 6책, 1325, 1323쪽).

러, 가톨릭[加特力]에 익숙한 사람이 대략 2만 명이었다. 그리스도교의 목사[和尙]는 육식하지 못할 뿐 모두 결혼하므로, 가톨릭 신부[和尙]을 더 존중한다. 풍속(風俗), 정사(政事), 종교는 유대인[由斯]과 비슷하지만 인색하지 않다. 이슬람교를 신봉하는 일은 페르시아[巴社]와 대략 같지만, 음식 그릇은 자기 것이 아니면 사용하지 않는다. 자기의 죄과를 씻어내려면, 다른 종교의 사람을 자기 대신으로 죽여야 하지만, 튀르키예[都魯機] 사람들은 모두 사교(邪教)로 배척한다.[68)]

각 부락[各部]: 튀르키예[土耳其]의 서쪽 영토는 옛날 그리스[希臘] 12국의 땅이다. 그리스[希臘] 도설에 자세하다. 북쪽은 러시아[峩羅斯], 오스트리아[墨地利亞]와 경계하고, 남쪽으로는 지중해에 이른다. 지형은 바다로 들어가는 곳에서, 그리스[希臘]와 경계한다. 동쪽은 흑해와 경계하고, 동남쪽은 소아시아[Asia Minor, 買諾]와 해협을 하나 두고 있다. 폭은 불과 몇 리에 지나지 않지만, 흑해와 지중해는 이곳으로부터 통할 수 있다.[69)] 서쪽은 아드리아해[亞得亞海] 모퉁이에 이른다. 가로세로 각 2,000여 리다. 남북은 준령이 있고 남쪽은 해만(海灣)에 경계한다. 땅은 유럽[歐羅巴]이 처음 시작하는 땅으로, 튀르키예가 군대를 동원하여 강제로 빼앗았다. 그 민족은 원래 천주교를 익히며 이슬람교를 달갑게 여기지 않았다. 또 튀르키예의 가혹한 정치를 견디지 못하고 근래는 이미 사분오열의 형세가 되었다. 산물로는 면화(棉花), 담배[煙草], 포도(葡萄), 남과(南果), 양모(羊毛) 등이 있다. 땅은 여덟 부락으로 나뉜다.

도읍을 건설한 부락은 루메리아[Rumeria, 羅美里亞]다. 어떤 곳에는 로묵리

---

68) ⓙ의 정보는 『해국도지』, 권48, 북튀르키예[北土魯機國]에서 채록했고(『위원전집』, 6책, 1325, 1322쪽), ⓚ는 『해국도지』, 권28, 남튀르키예[南都魯機]에서 채록했다(『위원전집』, 5책, 829쪽, 828쪽).

69) 『영환지략』의 주석은 다음과 같다. "해협의 명칭은 다르다넬스[他大尼亞]다. 『후한서·대진전(大秦傳)』에 '수백 리의 날아갈 듯한 다리가 있어 바다 북쪽 여러 나라로 갈 수 있다'라고 하였는데, 바로 이 해협이다. 폭은 불과 몇 리에 지나지 않지만, 흑해와 지중해는 이곳으로부터 통할 수 있다. 춘추시대 페르시아[波斯] 왕 키루스[Cyrus, 澤耳士]가 그리스[希臘]을 정벌하고, 부교(浮橋)를 만들어 군대를 도하시켰다. 전하는 바에 따르면, 옛날에 돌다리[石橋]가 있었다고 하는데, 무너져 없어진 지 오래다." 혜강이 밑줄 친 정보만 채록한 점은 탁월하다.

(路黙利)로 되어 있다. 그 사람들 대부분이 튀르키예 종족으로 성격은 강하고 사나우며, 전투를 즐긴다.[70] 도성은 콘스탄틴[Constantine, 君士但丁, 이스탄불]로, 흑해 해협 입구의 서쪽 해안에 세워졌다. 원래 로마[羅馬]의 동쪽 도성이었으나 튀르키예가 동왕(東王)을 멸망시키고 이곳에 천도하여 '스탄불[stanbul, 士但不, 이스탄불]'로 고쳐 불렀다. 도성은 아주 크고, 안에 왕국이 있으며 궁궐들은 높고 넓다. 도성 밖에 있는 바다 항구는 깊고 넓어 상선들이 몰려든다. 해안을 둘러 온갖 건물들이 구름처럼 이어져 있고, 각국의 공사관이 그곳에 있다. 전염병[瘟疫]과 화재가 자주 난다. 관할하는 안드리아노플[Adrianople, 亞得安城, 에드리네]은 주위가 15리고 안에는 옛 궁전이 있는데 마을[閭閻]들은 쇠퇴했다. 칼리폴리스[Kallipolis, 加利城, 겔리볼루]는 멜라스[Melas, 馬海灣, 사로스만]에 있는데, 주민은 1만 7,000명이고 상인들이 교역하는 지역이다.

실리스트리아[Silistria, 西里斯的黎亞]는 어떤 곳에는 불아(不牙)로 되어 있다. 루메리아[羅美里亞]의 북쪽에 있다. 북쪽은 다뉴브강[多惱河]에 막혀 있고, 풍속과 언어는 러시아[峩羅斯]와 가깝다. 이곳 사람들은 부지런히 힘써 일가며 그리스교를 신봉한다. 중심도시[會城]는 소피아[Sofia, 所非]로, 주민은 5만 명이고, 육로로 통상하는 지역이다. 관할하는 슘라[Choumla, 順剌城, 슈멘]는 한 사람이 막아낼 수 있는 튀르키예[土國]의 북쪽 관문 요새로, 이에 힘입어 러시아 군대를 방어했다. 다뉴브강 일대는 성과 보루가 매우 많은데, 모두 러시아를 막기 위해 만든 것들이다.

보스니아[Bosnia, 波斯尼亞]는 어떤 곳에는 부니(不尼)로 되어 있다. 서북쪽 끝에 있다. 북쪽으로 다뉴브강이 있고, 초원이 풍부하고 넓다. 안에는 산이 있어 나는 철(鐵)이 매우 우수하여 주민들이 주조하여 칼이나 검을 만든다. 튀르키예의 가혹한 정치를 견디지 못하고 봉기[揭竿]한 일이 잦았다.

제사이르[Djezayrs, 日薩壹爾][71]는 어떤 곳에는 아랄만(亞剌萬)으로 되어 있다. 바

---

70) 사람들의 성격에 관해서는 '인민(人民)' 항목의 ⓓ를 참고하시오. 여기서는 앞서 채록하여 간략하게 생략했다.

71) '일살일이(日薩壹爾)'는 테살리(Thessaly) 서쪽 이오니아해의 군도로 이루어진 오스만 제국의 주[Eyalet] 명칭이다. 『지리비고(地理備考)』(『해산선관총서』본, 권6, 51a)에 중

닷가에 있다. 주민은 수렵으로 생활하며 강하고 용맹하여 전투를 잘한다. 적과 만났을 때 용감하여 서방[西土]의 정예병으로 일컬어진다. 중심도시[會城]는 이아니나[Ianina, 藥翰尼拿, 이오아니나]로 옛날 어떤 추장이 이 지역을 차지하고 반기를 들어 튀르키예 왕이 매년 정벌했으나 이기지 못했다.

테살리[Thessaly, 黑坐義, 테살리아]는 지형이 바다에 들어가 그리스[希臘]이 이웃하고 있다. 땅 대부분이 모두 산으로 주민들은 바위 계곡에 살며 어리석지만 사납고 용맹하여 노려보면[眦睚] 반드시 보복하고, 멀리서 손님이 오면 대접이 매우 두텁다.

세르비아[Servia, 塞爾維亞]는 어떤 곳에는 식미(息味)로 되어 있다. 실리스트리아[西里斯的黎亞]의 서쪽, 보스니아[波斯尼亞]의 동쪽에 있다. 북쪽은 다뉴브강[多惱河]이 있고, 중심도시[會城]는 점로덕사아(占盧德師亞)로 어떤 곳에는 별갑(別甲)으로 되어 있다. 매우 견고하다.[72] 그 사람들은 무예가 뛰어나고 호전적이며 그리스교[希臘教]를 신봉하며 이슬람교의 규율을 싫어한다. 별도로 추장을 추대하고 군사를 일으켜 튀르키예에 저항했다. 튀르키예는 정복하지 못하고 그들과 강화했다. 근래 자립하여 나라를 세우고 튀르키예에 공물을 바친다.

왈라키아[Walachia, 襪拉幾亞]는 어떤 곳에는 와랍기(瓦拉基)로 되어 있다. 실리스트리아[西里斯的黎亞]의 북쪽에 있다. 북쪽은 큰 산으로 막혀 있고, 남쪽은 다뉴브강[多惱河]이 있다. 세로로 1,800리고 가로로 450리다. 지형은 평탄하고 강물들이 교차하며 관통하여 토양은 비옥하고 맥(麥)에 적합하다. 초원이 풍성하여 목축에 번식이 잘 된다.그 사람들은 예수교[耶蘇教]를 신봉하며 근면하게 힘써 일하지만, 튀르키예의 가혹한 정치로 온갖 가렴주구를 다했

심도시[首府]는 '가려포리(加黎布里, Gallipoli)'라고 한다. 이 설명은 존 맥그리거(John Macgregor, 1797~1857)의 『상업 통계(Commercial statistics)』, II(London, 1850, 12쪽)에서 확인할 수 있다. 결국 『영환지략』과 『지리비고』의 주도 명칭은 엇갈린다.

72) '점로덕사아(占盧德師亞)'는 무엇을 음차한 표기인지 확인하지 못했다. 다만 주석에 '별갑(別甲)'이라고도 부른다는 점과, 『지리비고』에 속한 도시[邑]로 세멘드리아[Semendria, 塞門的里亞]를 언급하고 있는 점으로 보아(『해산선관총서』본, 권6, 51b), 벨그라드(Belgrade)를 가리킴에는 분명하다. 한편 『해국도지』, 권48에서는 『지리비고』의 기술에 근거하면서도 주도를 채록하지 않고, '제소바[Jessova, 日索襪]'와 다뉴브[Danubio, 達奴比約] 두 강이 만나는 지점에 도읍했다고 설명했다(『위원전집』, 6책, 1331쪽).

다. 그곳에는 대추(大酋)가 있어 열국의 작은 제후와 같다. 도성은 부카레스트[Bukarest, 不加勒斯多, 부쿠레슈티]이고, 주민은 8만 명으로 러시아[峩羅斯]가 그들을 옹호했다. 근래 나라를 세우고 튀르키예에 공물을 바친다.

몰다비아[Moldavia, 摩爾達維亞]는 어떤 곳에는 말대미(末大味)로 되어 있다. 왈라키아[襪拉幾亞]의 북쪽에 있다. 서쪽에는 산맥이 경계를 이루고 땅은 매우 광막하다. 주민은 5만 명이다. 오곡(五穀), 남과(南果), 포도(葡萄), 담배[煙], 밀랍(蜜蠟), 초염(硝鹽), 말[馬], 소[牛], 돼지[猪]가 난다. 매년 이웃 나라에 말[馬]을 파는데 1만 마리 정도다. 이곳에도 대추(大酋)가 있어 열후(列侯)와 같다. 도성은 야시[Jassy, 鬌西, Iași]로 어떤 곳에는 아서(牙西)로 되어 있다. 러시아[峩羅斯]의 비호를 받아, 튀르키예의 학정으로부터 도망쳤다. 근래 역시 나라를 세워 튀르키예에 공물을 바친다.

칸디아섬[Candia, 干地亞洲, 크레타]은 바다에 있다. 둘레는 1,500리고, 가운데는 높고 바깥은 평탄하여, 근해에는 좋은 밭이 많다. 또한 나는 올리브유[橄欖油]는 가장 우수하다. 그 사람들은 그리스교를 신봉한다. 튀르키예의 통치를 싫어하여 땅을 차지하고 반기를 들었다. 튀르키예가 정벌에 20여 년을 들였으나 정복할 수 없었다. 이 섬의 산수는 매우 수려하다. 해구 근처는 모래와 진펄로 배가 다니기에는 많은 장애가 있다.[73]

튀르키예 중부[土耳其中土]는 소아시아[Asia Minor, 買諾], 아시아[亞細亞] 가장 서쪽 지역으로, 흑해와 지중해가 삼면을 두르고 있다. 세로로는 약 1,000리고 가로로는 대략 2,000여 리다. 남북은 종(縱)이라 하고, 동서는 횡(橫)이라 한다. 뒤에 말하는 '종횡'은 모두 이와 비슷하다. 남북은 험준한 산맥이 솟아 있고, 가운데는 대부분 비옥한 토양이다. 튀르키예는 이 땅에서 흥기했으며 타타르[韃靼] 사람들이 흩어져 살고 있다. 그러므로 튀르키예는 중간에 쇠락했어도 여전히 분열되지 않았다. 산물로, 곡(穀), 맥(麥), 오금(五金)의 광물, 잠사(蠶絲), 건포도(乾葡萄), 남과(南果), 주(酒), 유(油), 밀(蜜), 향료(香料), 약재(藥材) 등이다.

---

73) 이상 각 튀르키예 서쪽 영토에 관한 정보는 모두 『영환지략』에서 채록했다(『영환지략교주』, 176~178쪽). 언급된 지명들은 Anthony Finley, 「Turkey In Europe」(Philadelphia, 1831)를 근거하여 추정했다.

땅은 여섯 부락으로 나뉜다.

아나톨리아[Anatolia, 亞那多里亞]는 소아시아[小亞細亞]라고도 부르는데, 삼면이 바다를 경계하고 서방[西土]의 루메리아[Rumeria, 羅美里]와 해협 하나를 사이에 두고 있다. 중심도시[會城]의 주민은 10만 명이고 부지런히 교역[懋遷]한다. 서방 나라들의 상인들이 운집하여 매년 출입하는 화물 값이 수백만 금을 밑돌지 않는다. 도성 안에 거리는 더러워 매번 전염병이 성행하여 전 지역으로 미친다. 속한 큰 도시[大城]는 브루사[Brusa, Brousse, 補撒]로 주민은 6만 명이다. 큰 도시[大邑]로는 카스타무니[Kastamuni, 加士他牟尼][74]가 있는데, 이슬람 사원이 많다.

카라마니아[Karamania, 加拉馬尼亞]는 아나톨리아[亞那多里亞]의 동쪽에 있다. 튀르키예 사람들이 처음 와서 이곳에 의탁해 살았다. 중심도시는 코니예[Koniyeh, 可尼]로, 튀르키예의 옛 도성이다.

아달리아[Adalia, 亞達那, Antalya]는 어떤 곳에는 아랄(峩剌)로 되어 있다. 카라마니아[加拉馬尼亞]의 서남쪽, 산을 넘어 바다에 임해 있다. 이 산의 양들은 털이 실처럼 가늘어 그것으로 베를 짜면 아주 따뜻하고 부드럽다.

시바스[Sivas, 西威斯]는 어떤 곳에는 서와(西瓦)로 되어 있다. 카라마니아[加拉馬尼亞]의 동남쪽으로, 바다에 임해 있다.75) 산에서는 구리 광물이 나, 주민들은 동기(銅器)를 잘 제조한다.

말라티아[Malathia, 馬拉士]는 어떤 곳에는 고지아(古地亞), 또는 로미아(路彌阿)로 되어 있다. 동쪽으로 동부 지역의 아르메니아[亞爾美尼亞]에 접해 있고, 서쪽은 카라마니아[加拉馬尼亞], 아나톨리아[亞那多里亞] 두 부락과 연이어 있으며,

---

74) 혜강의 저본인 『영환지략』에 정확히 '가사타(加士他)', '모니(牟尼)' 두 도시로 나뉘어 있다(『영환지략교주』, 178쪽). 그러나 여기서는 아나톨리아 북부에 있는 '카스타무니[Kastamuni, 加士他牟尼]'라는 하나의 도시로 읽어야 한다. 존 맥그리거(John Macgregor, 1797~1857)의 『Commercial statistics』, II(London, 1850, 12쪽)에서 확인할 수 있다. 지도로는 라피(Pierre M. Lapie), 「유럽 오스만 제국, 아시아, 그리고 아프리카 지도(Carte de l'Empire Ottoman en Europe, Asie et Afrique)」(Paris, 1828)를 참고하시오.

75) 『영환지략교주』(178쪽)에서는 이곳을 '錫噬咚故'라고 추정했는데, 어디인지도 모르겠고, 음성적으로도 부합하지 않는다. '서위사(西威斯)'는 시바스와 정확히 대응한다. 그렇다면 동남쪽과 바다에 임해 있다는 기술은 부합하지 않는다. 구리 광물이 많이 난다고 한 것으로 볼 때, 바로 서북쪽 산악지역임을 예상할 수 있다.

북쪽으로 흑해가 있다.

트레비존(손)드[Trebiz(s)ond, 德勒比孫達]는 어떤 곳에는 덕비손(德比遜)으로 되어 있다. 말라티아[馬拉士]의 동북쪽 모퉁이에 있다, 남쪽은 아르메니아[亞爾美尼亞]와 경계하고, 북쪽에는 흑해가 있다. 그 부두는 튀르키예가 러시아[峩羅斯]와 통상하는 지역이다.

소아시아[買諾] 부근에는 여러 섬이 있다. 키프로스 섬[Cyprus, 居伯羅島]은 토양이 비옥하여, 생산되는 포도주(葡萄酒)와 남과(南果)는 가장 우수하다. 주민들은 부유하며 여인들은 아름다워 옛날 낙토(樂土)라 일컬어졌다. 근래 튀르키예의 학정에 시달려 쇠락함이 심해졌다.

로데스[Rhodes, 羅得, 로도스] 섬은 기후풍토가 골라, 농사에 부지런하다. 옛날에는 원래 자립하여 소국을 이루었으나 뒤에 튀르키예에 겸병되었다.

키오[Chio, Scio, 治阿] 섬은 땅이 아주 풍요로워, 주민은 15만 명이며, 튀르키예의 정치와 종교를 따르지 않는다. 도광(道光) 4년(1824) 튀르키예가 해군으로 공격하여 도륙하고 황폐한 땅으로 만들어 버렸다.

미틸레니[Mityleni, Mytelene, 米地隣, 레스보스] 섬에서는 유(油)와 주(酒)가 난다.[76)]

튀르키예 동쪽 영토[土耳其東土]는 소아시아[買諾]의 동쪽, 또한 아시아[亞細亞] 땅이다. 북쪽으로 흑해를 등지고 있고 동북쪽 모퉁이는 러시아[峩羅斯]와 연접해 있으며, 동쪽은 페르시아[波斯]와 경계하고, 남쪽은 아라비아[阿剌伯], 이집트[麥西]에 이어지며, 서쪽은 지중해에 이른다. 세로로 대략 2,000여 리고, 가로로 대략 1,000여 리다. 동북쪽 일대는 큰 산들이 겹겹이 솟아 있는데, 아주 높은 산들은 아라라트[Ararat, Ağrı Dağı, 阿臘], 레바논[黎巴嫩]이다. 유프라테스[Euphrátēs, al-Furāt, Fırat, 阿付臘底斯]강은 어떤 곳에는 아륜득(阿倫得)로 되어 있고, 팔하(八河)라고도 부른다. 서북쪽에서 발원한다. 티그리스[Tigris,

---

76) 튀르키예 중부 또한 모두 『영환지략』에서 채록했다(『영환지략교주』, 178~179쪽). 언급된 지명들은 허그(William Hughes), 「아시아 튀르키, 러시아 아르메니아 그리고 코카서스의 나라들(Turkey in Asia with Russian Armenia and the countries on the Caucasus)」(London, 1864)을 근거하여 추정했다.

Dicle, 底格里士]강은 어떤 곳에는 지액하(地額河)로 되어 있다. 정북쪽에서 발원하여 서로 마주하며 동남쪽으로 흐른다. 위의 '산수(山水)'를 보시오. 그곳은 유럽[泰西] 여러 나라의 개조다. 큰 나라와 유명한 도시 수십 개가 번갈아 흥한 곳이다. 원래 이슬람계 부락들이 차지하면서 그들 민족은 각기 다르다. 해안과 섬에 있는 사람들은 모두 그리스[額力西]의 바로 희랍(希臘) 인종들로, 그들을 상등인(上等人)으로 부른다. 시리아[西利亞], 메소포타미아[美索不達迷亞]의 각 부락에 사는 사람들은 태반이 아랍[阿丹] 바로 아랍[阿剌伯] 인종으로, 수염이 아름답고 말을 잘 타며 경상(經商)에 뛰어나고 작위나 봉지가 없는 부자[素封]들이 많다. 동북쪽 산속에 사는 사람들은 과달만(戈達曼, 쿠르드?) 인종으로 유목을 생업으로 하고, 건장하고 용감하며 호전적으로 노략질을 즐겨 토속은 타타르[韃韃里]와 비슷하다. 서역의 유목 부락들을 말한다. 레바논[黎巴嫩] 산중에 사는 사람들은 마로나이트[Maronites, 馬羅奈底士], 드루즈[Druses, 特魯西士], 헤러시[Heresey, 黑爾西, 이단] 등의 인종으로 모두 이슬람계 민족들이다. 마로나이트스[馬羅奈底士]는 천주교의 유명한 신부인 마론[Maron, Maroun, 麻倫]이 죽은 곳으로 그 이름을 얻었다. 아랍[阿丹]이 군대로 위협하여 이슬람교로 들였다. 인구는 많고, 그 풍속은 검소하고 인색하다. 헤러시(特魯西)는 과감하고 삶을 가볍게 여기며 평지 전투에 능하지 않고 산악 전투에 뛰어나며, 조총[鳥鎗]은 높은 곳에서 쏘는데, 백발백중이다. 헤러시(黑爾西)는 전투에 가장 용맹하여 소수로 많은 적을 상대하며 시종 패하거나 좌절하지 않는다. 튀르키예가 러시아[峩羅斯]와 전투할 때, 이 두 인종을 중심으로 강인한 군대를 구성했다. 여러 부락의 땅 경계는 멀고 넓으며 수도와도 아주 멀다. 튀르키예가 중간에 쇠락해도, 땅을 지키는 추장은 대부분 땅을 차지하고 멋대로 움직이며, 부역을 제공하지 않았다. 백여 년 이래로 근근이 기미(羈縻)하며 멸절되지 않았을 뿐이다. 물산은 중부와 같다. 땅은 다섯 부락으로 나뉜다.

시리아[Syria, 西里亞]는 어떤 곳에는 서리아(叙里亞)로 되어 있다. 『당서』의 서녀국(西女國)이 바로 서리(西里)가 와전된 것이다. "사람들은 모두 여자로, 불름(拂菻)은 남자들을 보내 짝을 짓게 한다(種皆女子, 拂菻遣男子往配)"라고 하는 말은 중국인들이 억지로 끌어다 붙인 바로 황당하고 가소롭다.[77] 지중해 동쪽

77) 밑줄 친 정보에서 말하는 『당서』는 바로 『신당서』로 권221하, 「서역하」(6249쪽)에 보

해안에 있다. 동북쪽은 유프라테스[阿付臘底斯]강이 있고, 남쪽으로는 아라비아[阿剌伯]을 넘어 이집트[麥西]와 접경하고 있으며, 레바논[黎巴嫩]산이 그 북쪽 경계에 있으며 비스듬히[迤邐][78] 중부로 들어간다. 그곳은 대체로 두 지역으로 나눈다.

이북은 시리아[西里亞]로, 옛날 이름난 나라다. 항구[海口]는 트리폴리[Tripolis, 地破里]로 주민은 2만 5,000명이다. 바닷가에는 옛날 두 개의 큰 도시[大城]가 있었는데, 하나는 사라서돈(士羅西頓)으로,[79] 옛날 상인들이 모이는 곳이다. 부자들은 왕후에 버금갔으나, 지금은 폐허가 되었다. 하나는 다마스쿠스[Damascus, 大馬士革]으로, 그곳의 산천은 수려하고 전원은 탁 트여 있으며, 화훼가 유난히 많아 10리 밖에서도 향기를 맡을 수 있다.

이남은 유대[猶太]다. 유대는 옛날 유대, 사마리아[Samaria, 撒馬利亞, 이스라엘], 갈릴리[Galilee, Γαλιλαιας, 加利利] 등 세 부락으로 나뉘었는데, 진한(秦漢) 이전의 이름난 나라들이다. 도성은 예루살렘[Jerusalem, 耶路撒冷]으로 『당서』에서는 불름(拂菻)으로 일컬었다. 매우 광대하여, 도시 안에는 주민이 10만여 명이 넘는다. 원래는 로마[羅馬]의 속국이었으나 이후 쇠락하면서 로마가 대군으로 포위하여 도시를 파괴하고 도륙하여 부락민들이 뿔뿔이 흩어졌다. 이후 나라를 세웠으나 결국 튀르키예[土耳其]에 빼앗겼다. 그곳은 천주인 예수[耶蘇]가 태어나 자란 곳이므로 지금까지도 아름답게 일컬어진다. 도광(道光) 16년(1836) 이집트[麥西] 추장이 튀르키예[土] 왕에 반역하여, 군대를 동원하여 시리아[西利亞], 메소포타미아[美索不達迷亞] 두 부락을 차지했다. 20년(1840) 영국 사람들이 튀르키예[土耳其]를 원조하여 군대를 동원하자 이집트는 자기 땅으로 돌아갔다.

메소포타미아[美索不達迷亞]는 어떤 곳에는 마속린(磨俗隣)으로 되어 있는데, 바로 바빌로니아[巴必羅尼亞]다. 시리아의 동쪽에 있다. 북쪽은 레바논[黎巴嫩]에 기대

인다. 이를 혜강이 채록하지 않은 점은 탁월한 판단이다.

78) 혜강은 '리(邐)'자를 빠뜨렸다. 의도적인 생략인지는 알 수 없다.

79) '사라서돈(士羅西頓)'은 옛 지도에서 찾기 어렵다. 아마도 '사라'는 '토라(土羅)'의 오기로[이는 『해국도지』, 권26에서 확인할 수 있다(『위원전집』, 5책, 796쪽)], 티루스[Tyrus, Tyre, 土羅]와 시돈[Sidon, 西頓]을 말할 것이다.

어 있고, 두 강이 유프라테스[阿付臘底斯]와 티그리스[底格里士] 돌아 흘러 동쪽 영토의 중원을 이룬다. 당우(唐虞) 시기에 나보[Nabo, Nabu, 諾威]란 자가 이곳에 살면서, 유럽[泰西] 여러 나라의 시조가 되었다. 이곳은 반은 강이고 반은 못으로 농사에 부지런하다. 경내에는 바그다드[Baghdad, 八塔]가 있는데, 옛날 이슬람계 부락의 도성으로 아라비아[阿剌伯]가 동쪽 영토를 차지했을 때 속국[藩國]이었다. 지금은 폐허가 되었다. 또 바빌론[巴庇倫]은 어떤 곳에는 파필란(巴必鸞), 또는 파필라니아(巴必羅尼亞)로 되어 있다. 옛날 대국의 도성으로 파멸된 지 이미 2,000여 년이 지났지만, 기와와 벽돌이 여전히 언덕에 쌓여 있다.

쿠르디스탄[Kurdîstan, 古爾的斯丹, 남 쿠르디스탄]은 어떤 곳에는 과이력사단(科爾力士丹)으로 되어 있다. '야합마(野哈馬)'80)라고도 하는데, 메소포타미아의 동쪽에 있다. 땅에는 산이 많고 척박하고 좁아 경작이 어려워, 부락민 대부분이 타타리[韃韃里]에서 유목한다. 중심도시[會城]는 오르파[Orfa, 亞勒破, Urfa]로[81] 주민은 10만 명을 넘는다. 도광(道光) 2년(1822) 지진으로 무너져 서까래 하나도 남지 않았다. 이로부터 굶어 죽은 자들이 들에 가득했다.

아르메니아[Armenia, 亞爾美尼亞]는 어떤 곳에는 아맥니(亞麥尼)로 되어 있다. 쿠르디스탄[古爾的斯丹], 메소포타미아[美索不達迷亞] 두 부락의 북쪽에 있다. 아라라트[Ararat, 阿臘]산이 그 경내에 있는데, 봉우리와 협곡이 험준하며, 골짜기는 깊어, 물이 불어나면 큰 배가 봉우리에 정박한다. 어지러운 때에도 이곳은 병란이 아주 적었으므로 인구가 다른 부락에 비해 유난히 많았다. 그들 절반은 예수교[耶蘇教]를 신봉하며, 장사에 부지런하여 집마다 고정 자산[恒產]을 가지고 있다. 중심도시는 에르주룸[Erzurum, Erzirom, 黑爾斯倫]으로 어떤 곳에는 엽서륜(葉西倫)으로 되어 있다. 땅 기온이 매우 추워 7월에도 눈이 보인다.

---

80) '아합마'란 표기는 『해국도지』, 권26에 인용된 『만국지리전도집(萬國地理全圖集)』에 보이는데, "시리아[敘理亞]의 동쪽은 야합마(野哈馬) 대도시[大城]와 가깝고 유적이 곳곳에 있는데, 옛날 유력한 왕이 살던 곳이 있었다"라고 하였다(『위원전집』, 5책, 796쪽). 무엇을 음차했는지 고증을 기다린다.

81) 『해국도지』, 권28, 남튀르키예[南都魯機]에 인용된 『만국지리전도집(萬國地理全圖集)』에서는 '아륵파(亞勒坡)'로 표기하고 있는데, 교주에서는 시리아 할라브(Ḥalab), 즉 알레포(Aleppo)라고 추정했다(『위원전집』, 5책, 803쪽). 음성적으로는 그럴법하지만, 지리적 위치는 부합하지 않는다.

바야지드[Bayazid, 巴牙息]는 산기슭에 있는데, 주민들의 학교[學館]다.[82] 강에 가까운 평지는 디아르베크르[Diarbekr, 地里北客, Diyarbekir]라는 도시[城]로,[83] 이웃 나라들과 통상하며 산속에는 쿠르드[古耳得]족이 골짜기 사이에 보루를 세웠다. 본디 도적의 소굴이다.

바스라[巴索拉]는 어떤 곳에는 파소랄(巴所剌)로 되어 있다. 쿠르디스탄[古爾的斯丹], 메소포타미아[美索不達迷亞]의 동남쪽에 있는데, 유프라테스와 티그리스 두 강이 이곳에 이르러 합류하여 아라비아해[阿勒富海]로 들어가며 동남쪽의 큰 부두를 형성한다. 오인도의 상선들이 몰려든다. 이 도시의 가옥들은 비루하고 거리는 좁지만, 무역은 매우 성황이다.[84]

연혁(沿革): 옛날에는 모두 로마[羅馬]의 동쪽 경계였으나, 바로 대진국(大秦國)이다. 뒤에 로마가 동서로 나뉘면서 세 영토가 동로마의 영토가 되었다. 당나라 초 아라비아[阿剌伯]의 이슬람계 부락이 강성해지면서 동쪽 영토와 중부 두 땅을 차지하고 식민지[藩部]를 세웠다. 튀르키예[土耳其]는 원래 타타르[韃靼] 인종으로 옛날 파미르[葱嶺] 동쪽에서 바로 지금의 일리[伊犂] 일대 유목했다. 그들은 이슬람교를 신봉했다. 점차 서쪽으로 이주하여 소아시아[買諾]로 바로 튀르키예[土耳其]다. 중부 들어가, 카라마니아[Karamania, 加拉馬尼亞]에 살 때, 아라비아 이슬람 부락에 내몰려 산굴로 도피했다. 그 뒤 종족들이 점차 불어나 원나라 성종(成宗) 원정(元貞) 5년(1299) 두목 오스만[Ottoman, 阿多曼]이 어떤 곳에는 아다마낙(痾多馬諾, Otomano)으로 되어 있다. 종족들을 소집하여 소

82) 『해국도지』, 권28, 남튀르키예[南都魯機]에 인용된 『만국지리전도집(萬國地理全圖集)』에서는 '아르메니아[亞麥尼] 주민'이라고 기술하고 있다(『위원전집』, 5책, 831쪽).

83) 이 정보 또한 『해국도지』, 권28, 남튀르키예[南都魯機]에 인용된 『만국지리전도집(萬國地理全圖集)』에 보인다(『위원전집』, 5책, 831쪽). 『만국지리전도집』에서 '지리북객성(地里北客城)'는 '지아북객성(地亞北客城)'으로 표기되었다.

84) 이상 튀르키예 동쪽 영토에 관한 기술은 모두 『영환지략』에서 채록했다(『영환지략교주』, 179~181쪽). 언급된 지명들은 칼 스푸르너(Karl Spruner von Merz), 「소아시아, 시리아, 키프러스, 크레타 그리고 에게해 군도(Asia Minor, Syria, Cyprus, Creta & Insulae maris Aegaei)」; 「아르메니아, 메소포타미아, 바빌로니아 그리고 아시리아, 인접 지역(Armenia, Mesopotamia, Babylonia et Assyria, cum adiacentibus regionibus)」(Gotha, 1855)를 참고하여 추정했다.

아시아의 이슬람 국가들을 공격하여 뺏고 그 나라를 오스만이라 하였다. 손자인 무라드[Murad I, 黙拉德]에 이르면서 나날이 강성해져, 동쪽 영토의 유대[猶太], 시리아[叙里] 바로 튀르키예의 동쪽 영토 등의 부락을 차례로 잠식하여 강토가 더욱 넓어졌다. 프랑스[佛郎西], 게르만[日耳曼]이 일찍이 6만 명의 군대로 공략했으나 모두 손해만 보고 돌아갔다. 원나라 순제(順帝) 지원(至元, 1335~1340) 연간 튀르키예 왕이 해협을 건너 동로마를 정벌하며 대적하여 승리했다. 적 장수의 상처가 심하여 전장에서 눕고, 왕에게 직접 참전을 요청하고 죽음에 한을 남기지 않았다. 왕이 나아가자, 적장이 갑자기 도약하여 단도로 왕을 찔렀는데, 심장에 적중하여 죽었다. 그의 아들 바예지드[Bayezid I, 巴牙屑]가 어떤 곳에는 파야서득(巴也西得)으로 되어 있다. 바다를 건너 복수하고 1만 명을 포로로 잡아 모두 죽여버렸다. 마침 몽골이 침략해 와 바로 원나라가 책봉한 사마르칸트[撒馬兒罕] 바예지드가 방어했으나 패하여 포로가 되었다. 뒤에 무라드[Murad II, 摩拉多]가 다시 일어나 동로마 경내의 땅 절반 이상을 빼앗았다. 아들 모하메드[Mohamed, 馬何美德]는 더욱 용맹하여, 명나라 경태(景泰) 3년(1452) 콘스탄티노플[Constantinople, 君士但丁城]을 취하여 나라의 도성으로 삼았다. 바로 튀르키예의 서쪽 영토다. 콘스탄틴[Constantin, 君士但丁]은 어떤 곳에는 강사탄태낙격이(康思坦胎諾格爾)로 되어 있다. 『서역문견록(西域聞見錄)』에는 공갈이(控噶爾)로 일컬었다. 세 영토가 마침내 온전히 통할(統轄)되었다. 홍해, 지중해 남쪽의 여러 나라들, 옛날 아라비아에 속한 나라들은 영토를 바치거나 속국[藩]을 칭했다. 아라비아도 귀부하여 속국이 되었다. 다시 동쪽으로 페르시아[波斯]를 취하고 큰 속국[大藩]을 건설했다. 면적의 넓이는 거의 로마 전역에 비견되었다. 그들의 용병(用兵)은 도륙이 매우 참혹하여 전투마다 수급을 벤 수가 1만 급에 달했다. 법 적용에는 형벌을 엄격히 하였고, 조세는 더욱 빈번했고 가혹했다. 가정(嘉靖, 1522~1566) 이후 대를 이은 왕들이 우매하고 황음무도하여 골육을 살해하니 이로써 찬탈과 시해가 빈번해져 '난국(亂國)'으로 불렸다. 후궁은 항상 500~600명이었고, 처음 낳은 아들이 후계자가 되었다. 이슬람 교주가 국권을 가지고 위압과 복덕을 행했다. 영토를 지키는 대추(大酋)들은 고혈을 짜서 자신을 살찌웠다. 주머니가 가득 차면, 왕은 비단을 내려 스스로 목메게 하고 그 집안의 복록을 줄였다. 아마도 서방 나라 중에서 어리석고 포학하며 무정(無政)함은 튀르키예보다 심한 나라는 없었다. 처음 튀르키예가 세 영토를 차지하고, 각기 부락으로 나누어 파샤[pacha, 巴札]라 부르는 대추(大酋)에게 다스리게 했다. 땅은 넓고 권한은 막중하여 점차 꼬리가 커지게 되어, 특히 동쪽 영토는 멀어 통제하기에 어려웠다. 강희(康熙, 1622~1722) 연간에 그들 왕 달합하마(達哈荷麻)가 유약하고 기강이 없어, 파샤들이 한 지역을 전횡하며 비록 신하를 칭했지만 조세는 대부분 명에 따르지 않았다. 동쪽에 치우쳐 있는 아르메니아[亞爾美尼亞], 쿠르디스탄[古爾的斯丹]은 모두 조세로 먹고살며 왕실에 이바지하지 않았다. 바빌로니아[巴必羅尼亞] 바로 메소포타미아[美索不達迷亞] 부락이다. 부락의 파샤 아묵(阿墨, Ahmed?)[85]이 땅을 차지하고 반란을 일으켜 튀르키예 왕 나달사(那達沙, Nadir Shah?)가 정벌했으나 여러 해가 지나도 이룰 수 없었다. 셀림[Selim III, 塞黎慕]이 계승하며 비로소 가경(嘉慶) 8년(1803)에 전쟁에 승리하며 수복했다. 2년이 되자마자 바로 파샤를 두었으나 다시 반란을 일으켜,[86] 셀림이 직접 정벌에 나섰으나 중도에 화살을 맞아 죽었다. 유데아[如德亞]의 바로 유대[猶太]다. 파샤 또한 발호하여 명을 따르지 않았으나, 튀르키예는 어찌할 수 없었다. 중부의 소아시아 여러 부락은 튀르키예가 흥한 터전으로, 부락민 대부분이 타타르[韃靼] 인종이었는데, 여전히 부역을 성실하게 바쳤다. 그러나 서쪽 영토의 여러 부락은 도성과 가까웠으나 군대를 농단하는 자들이 연이어 일어났다. 남쪽 경계의 그리스[希臘]는 이미 땅을 갈라 적국이 되었고, 별도의 설명이 있다. 근래 자립하여 소국을 이룬 곳도 세 부락이 있었다. 이 밖의 속국[藩國] 중에서 페르시아[波斯]는 일찍이 성을 바꾸었고, 천방(天方) 바로 아라비아[阿剌伯]다. 또한 단절되었다. 아프리카[阿非利加] 북쪽 경내에 있는 알제리[阿爾及耳]는 이미 프랑스[佛郞西]에 멸망되었다. 단지 튀니지[突尼斯], 트리폴리[的黎波里]는 여전히 조공이 이루어졌다. 이집트[麥西]는 지중해 남쪽 상부의 땅으로 옛날 파샤[巴札]를 설치했었다. 근래 파샤가 튀르키예에 반란을 일으키고 동쪽 영토의 여러 부락을 공략해 빼앗으

85) 『해국도지』, 권28, 남튀르키예[南都魯機]에서는 '아흑(阿黑)'으로 되어 있다(『위원전집』, 5책, 827쪽). '아묵'은 아흐메드의 음차로 추정되며, 그는 바그다드의 파샤였다. 더 자세한 추정은 예정하고 있는 『사주지(四洲志)』 역주에서 다루기로 한다.

86) 이 반란은 보수파 무스타파(Kabakçı Mustafa)가 예니체리(yeniçeri, 보병 군단)를 이끌고 1807~1808년에 일으킨 쿠데타를 말한다.

며, 세력이 점차 안쪽을 침범해 왔다. 영국[英吉利], 프랑스[佛郎西]가 진군을 막으며 강화를 권하여 이내 땅을 나누어 외번(外藩)을 칭했다. 네 나라는 아프리카[阿非利加] 도설에 자세하다. 그들 왕 셀림[Selim III, 塞黎慕]이 동쪽 정벌에도 수복하지 못하자, 나라 사람들은 무스타파[Mustafa IV, 慕斯德發]을 세웠다. 일 년도 못 되어 폐위되었다. 가경(嘉慶) 13년(1808) 마흐무드[Mahmud II, 馬痾美德]가 서서 오랫동안 재위했으나 세력은 점차 미미해졌다. 아마도 나라가 쇠미한지 이미 100여 년이 되었고, 지금은 위태롭게 망조가 들었다. 부질없이 대를 이은 신하들이 보좌했고, 영국과 프랑스 등의 대국과 합종연횡했으므로, 그래도 구차하게 세월을 연명할 수 있었을 뿐이다. 북쪽 이웃인 러시아[峩羅斯]는 대국으로, 튀르키예와 중간에 흑해를 두고 있으며, 동서로 땅이 접해 있다. 건륭(乾隆, 1736~1795) 연간에 튀르키예는 러시아와 전후로 수십 년 전쟁했는데,[87] 처음에는 승부가 비슷했으나 전투가 계속되면서 여러 차례 패주했다. 건륭(乾隆) 54년(1789) 튀르키예 왕 셀림은 러시아에 패하여 땅을 할양하고 강화했다. 뒤에 러시아가 대거 정벌에 나서 프랑스가 튀르키예를 구원하여 정벌을 면했다. 이로부터 다뉴브강[多惱河] 일대는 경보가 잦았고 다급하지 않은 적이 없었다. 도광(道光) 6년(1826) 튀르키예 사람들이 러시아의 남쪽 경계를 침범하여 전쟁했으나 패배했다. 러시아는 대군으로 도성을 포위하여 나라가 거의 망할 뻔했다. 영국과 프랑스가 강화하게 하여 러시아 군대가 철수했다.[88]

---

87) 『영환지략』에는 “『서역문견록(西域聞見錄)』에서 말한 러시아[峩羅斯]와 전쟁한 공갈이(控噶爾)는 바로 튀르키예[土耳其]다. 이미 러시아 도설에서 자세히 설명했다”라는 주석이 보인다(『영환지략교주』, 176쪽). 혜강을 이를 채록하지 않았다. 왜냐하면 이미 언급된 바 있기 때문이다.

88) 이상 연혁(沿革)은 『영환지략』에서 채록했다(『영환지략교주』, 173~176쪽).

5-4. 그리스[希臘國] 지도 46을 보시오.

강역(疆域): 그리스[希臘, Ελλάς]는 액리사(額里士), 액력서(額力西), 액륵제(厄勒祭), 액륵서아(額肋西亞, Grecia)라고도 표기한다. 옛날 유명한 나라다. 지금은 튀르키예[土耳其] 남쪽 경계에 새롭게 건국했다. 지형은 팔[臂]과 같으며, 지중해로 들어간다. 다하는 곳에는 사람 손바닥처럼 들쭉날쭉한데, 이곳이 바로 그리스[希臘國]다. 세로는 약 500리고, 가로로는 약 550리다. 강토는 작고, 해만(海灣)이 굽이지며, 항구가 사방으로 통하고 도서(島嶼)가 별처럼 펼쳐져 있다.

산(山): 이 나라는 관새와 산악이 멀리 두르고 굽이굽이 감돌아 싸고 있으며, 뭇 봉우리가 다투듯 솟아있어 멀리서 보면 펼쳐진 병풍 같아 명승으로는 서방[西土]에서 으뜸이다.[89)]

사람들[人民]: 신사 숙녀의 모습은 대체로 수려하고, 남자들은 화려한 모자와 옷을 입는다. 여자들의 머리카락은 아름답고, 쪽을 진 모습은 예쁘고 앳되며 방식이 다양하다.

물산(物産): 면화(棉花), 남과(南果), 양모(羊毛), 건포도[葡萄乾], 올리브유[橄欖油], 오곡(五穀), 담배[煙草]가 난다.[90)]

문(文): 장서(藏書)의 풍부함은 서방[西土]에 으뜸이다. 대부분 사람이 박람(博覽)하고, 각기 문필[鉛槧]을 다루어 일을 기록하고 설을 세운다. 그곳의 궁전과 고적은 유럽[泰西] 사람들이 집을 짓는 기초 방식이 되었다.

왕(王): 현재 국왕의 이름은 오톤[Όθων, 阿多]이다. 원래는 게르만[日耳曼] 열후의 세자였다가, 그리스 사람들이 추대하여 왕이 되었다. 왕은 현명하고 나랏일에 근면하여, 나라는 비록 작지만, 흥함이 그치지 않는다고 한다.[91)]

---

89) 이 조목은 '연혁' 뒤에(35a) 채록되어 있는데, 이곳으로 올리라는 두주에 따라 여기에 옮겨 편집한다.

90) '물산(物産)'에 관한 기술 또한 '각부(各部)' 뒤에(32b) 보이는데, 이곳으로 올리라는 두주에 따라 여기에 옮겨 편집한다.

91) 이상 강역(疆域), 산(山), 인민(人民), 물산(物産), 문(文), 왕(王) 등은 모두 『영환지략』에서 채록했다(『영환지략교주』, 186~187쪽).

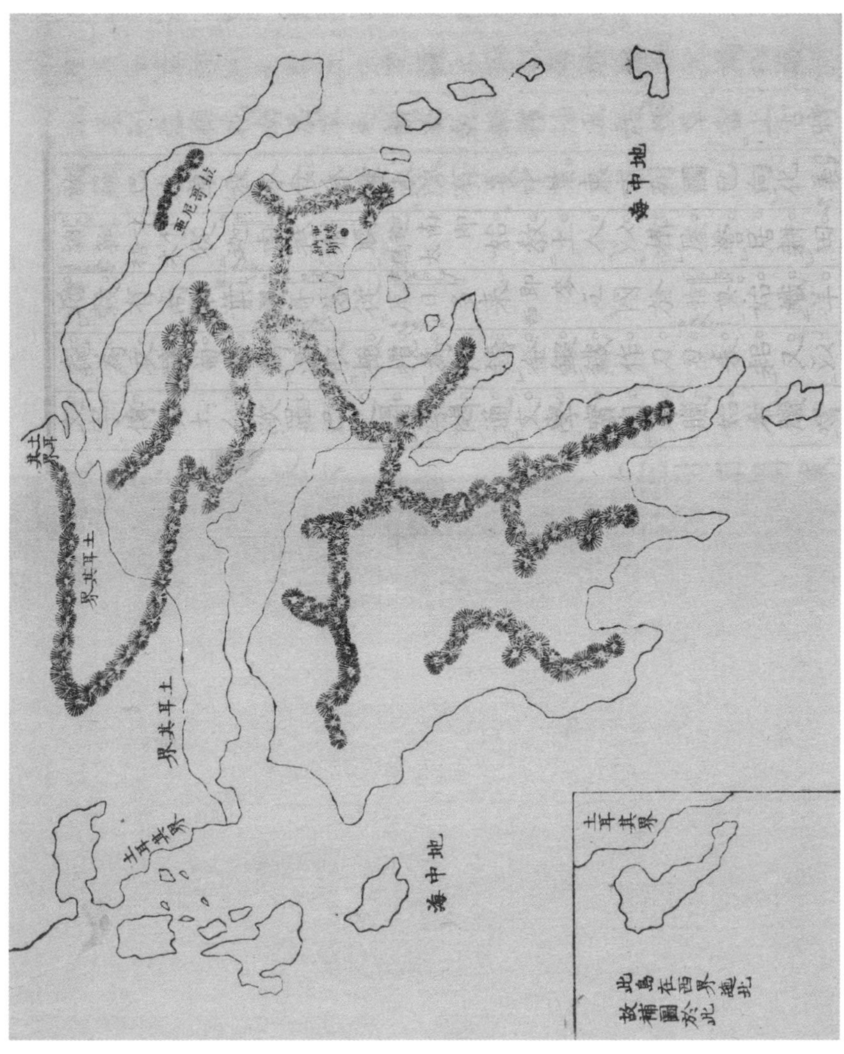

지도 46. 국립중앙도서관 소장본의 지도가 몹시 희미하여 『영환지략』(도시샤대학 소장본, 1861)에서 가져왔다. 국립중앙도서관 소장본에는 '희랍도(希臘圖)'라는 지도 명이 있고, 경도와 적도 표기가 있다. 왼쪽에는 "이 섬은 서쪽 경계 이북에 있으므로 여기에 지도를 보충했다"라는 설명이 보인다.

각 부락[各部]: 새롭게 10개 부락으로 나누었다. 으뜸 부락[首部]은 아테네[Αθήνα, Athens, 雅典]로 어떤 곳에는 아적가(亞的架)로 되어 있다. 도성은 해만(海灣)에 있는데, 아테네[Ἀθῆναι, Atenas, 亞德納斯]다. 옛날부터 문물로 이름난 땅으로, 지금의 시가[市井]는 요락하여 풍경이 쓸쓸하다.

아르골리다[Αργολίδα, Ἀργολίς, 亞爾哥黎大]의 어떤 곳에는 나파리(拿破里)로 되어 있다. 도성은 해구에 있는 나우플리오[Ναύπλιο, Náuplia, 腦比里亞]로, 통상하는 큰 부두다.

아하이아[Αχαΐα, Achaia, 亞加亞]의 도성은 해구에 있는 파트라스[Πάτραι, Patras, 巴達辣斯]로, 어떤 곳에는 파답(巴答)으로 되어 있다. 또한 통상하는 부두다. 거리가 더러워 상인들이 싫어한다.

메세니아[Μεσσηνία, Messenia, 美塞尼亞]의 어떤 곳에는 묵소룡의(墨所龍義)로 되어 있다. 으뜸 도시[首邑]는 아르카디아[Ἀρκαδία, Arcadia, 亞爾加的亞]로,[92] 그리스[希]의 견고한 성이다. 튀르키예 사람들이 여러 차례 공략했지만, 함락시킬 수 없었다.

아르카디아[亞爾加的亞]의 으뜸 도시는 트리폴리스[Τρίπολις, Trípolis, 的黎波里薩]로, 어떤 곳에는 득파륵살(得破勒撒)로 되어 있다. 또한 그리스의 경고한 성이다. 옛날 튀르키예의 공격을 받아 3,000명이 도륙되었다. 그리스인들이 수복한 뒤에 사는 튀르키예 사람들을 모두 죽였다.

라코니아[Λακωνία, Laconia, 拉哥尼亞]는 바다에 있는 큰 섬이다. 으뜸 도시는 미스트라스[Μιστρᾶς, Mistras, 迷斯達拉]로, 어떤 곳에는 희달(希達)로 되어 있다. 주민은 6만 명이고, 토양이 척박하여 농사를 매우 열심히 짓고, 수공업과 상업을 겸하여, 항상 자급자족한다.

아카르나니아[Ἀκαρνανία, Acarnania, 亞加爾拿尼亞]의 어떤 곳에는 이가지(爾加地)로 되어 있다. 으뜸 도시는 브라쇼리[Βραχώρι, Vrachori, 瓦拉說黎, Agrinio(n)]로, 서쪽 경계 바닷가에 있다.

로크리다[Λοκρίδα, Locris, 羅哥黎大]의 으뜸 도시는 살로나[Σάλωνα, 薩羅大, Amfissa]로 어떤 곳에는 테살로니카[Θεσσαλονίκη, Thessalonica, 座撒羅尼加]로 되어 있다. 주민

92) 메세니아[美塞尼亞]의 으뜸 도시는 별도의 부락인 아르카디아[亞爾加的亞]가 될 수 없다. 아마도 '안다니아(Andania)'의 오기일 것이다.

은 6만 명이고, 부지런히 농사를 지어 면화(棉花), 담배[煙]를 생산한다.

에비아[Εὔβοια, Euboa, 憂卑亞]는 서쪽 경계에 있는 섬으로, 으뜸 도시는 할키스[Χαλκίς, Chalcis, 哥羅奔多][93]다. 어떤 곳에는 네그로폰트[尼鄂奔多]로 되어 있다.

키클라데스[Κυκλάδες, Cyclades, 昔加拉大]의 으뜸 도시는 헤르모우폴리스[Ἑρμούπολις, Hermoupolis, 黑爾摩波利斯, Ermoupoli]로, 어떤 곳에는 마력아(摩力亞)로 되어 있다. 가운데는 산맥이 있어 유목민이 모이는 곳으로 원래는 도적의 소굴이라 불렸다. 열 부락의 경계는 원 지도에서 구분되지 않았다. 부속된 섬들로, 파트모스[Πάτμος, 八摩]는 옛날 예수[耶蘇] 제자 요한[約翰]이 이곳에 유배되었기 때문에 유명하다. 해만(海灣)에는 매우 많은데, 동쪽에는 콘테사[Contessa, 君得撒, Strymonian Gulf],[94] 살로니카[Salonica, 撒羅尼加, Thessaloniki], 남쪽에는 에기나[Αίγινα, 益義拿, Aegina], 나폴리[Napoli, 拿破里, Argolic Gulf], 코론[Coron, 可倫, Koroni], 서쪽에는 아르카디아[Ἀρκαδία, Arcadia, 爾加地],[95] 레판토[Lepanto, 勒頒多, Corinthian Gulf]가 있다.

그리스[希臘]의 서쪽에는 군도가 있는데, 코르푸[Corfù, 各府, Kerkyra], 잔테[Zante, 散他, Zakynthos], 마우라[St. Maura, Leucas, 藐刺, Lefkada], 티아키[Thiaki, Teaki, 地亞其, Ithaca], 케팔로니아[Κεφαλληνία, Kephallenia, 客花羅尼], 케리고[Cérigo, Κύθηρα, 息利峩, Kythira],[96] 잔테[散他] 등으로, 이오니다 제도[Ióνια νησιά, Ionian Islands, 以阿尼島]로 총칭한다. 주민은 모두 19만 명이다. 올리브유[橄欖油], 건포도[葡萄乾], 술[酒], 밀(蜜), 남과(南果)를 생산한

93) '가라분다(哥羅奔多)'는 '검은 다리'란 의미의 '네그리폰트(Negroponte)'에서 첫음절 'ne'를 탈락시키고 잘못 옮긴 것으로 보인다.

94) 홀랜드(John Holland), 『고대 지리 스케치(A sketch of ancient geography)』(London, 1857), 54쪽.

95) 아르카디아만은 앞서 본 '메세니아[Μεσσηνία, Messenia, 美塞尼亞]'에 있는 만으로, 옛날에는 '키파리사(Cyparissa)'만으로 불렸다고 한다(F. C. Pouqueville ed., Anne Plumptre trans, 『Travels in the Morea, Albania, and other parts of the Ottoman empire』, London, 35쪽).

96) 이오니아 반도에 있는 이 '케리고' 섬은 리만(Othon Riemann), 『이오니아 군도의 고고학 연구(Recherches archéologiques sur les îles Ioniennes)』(Paris, 1880, 2~45쪽)에서 자세히 연구되었다.

다. 각 섬에는 두목이 있어 행정을 관장하며 영국[英吉利]에 속해 있다.[97]

연혁(沿革): 먼 옛날 유럽[歐羅巴]인들은 풀 옷을 입고 나무 열매를 먹으며 무지하고 미개하여 사람과 짐승이 섞여 살았다. 유우씨(有虞氏) 초에 아시아[亞細亞] 두 강의 사이에 처음으로 바빌론[巴庇倫]이란 튀르키예 기술에 자세하다. 나라를 세웠다. 하후씨(夏后氏) 초에 아프리카[阿非利加]의 북쪽에 처음으로 이집트[厄日多]란 나라를 세웠다. 뒤에 나보[Nabo, Nabu, 諾威]의 후예인 일만(日彎)이 소아시아[買諾]에 바로 튀르키예 중부[中土]다. 나라를 세웠다. 그 나라 사람들이 점차 해협을 다르다넬스[他大尼里] 해협이다. 건너 서쪽으로 가면서 비로소 헬라[希臘]의 넓은 영토가 알려졌다. 건국하자마자 흩어짐이 반복되었다.[98] 상왕(商王) 외임(外任) 21년[祀]에 이집트[厄日多]의 쇄적사(灑的斯) 사람 쇄가락(灑哥落, Cecrops?)이 그 마을 사람들을 거느리고 아테네[雅典]로 이주하여 아테나[Ἀθῆναι, Atenas, 亞德納斯]란 어떤 곳에는 아지나(亞地拿)로 되어 있다. 나라를 세우고, 처음으로 기술과 농업을 진흥하고, 법제를 세우고, 사물의 이치를 분별하고, 문자를 만들었다. 상왕(商王) 옥갑(沃甲) 13년[祀]에 아테나[亞德納斯] 왕 앙비적안(昻飛的安, Pandion II?)이 왕위를 이었다. 이때 헬레는 12개 나라로 나뉘어, 이따금 비난하며 다투었다. 그러나 동방의 여러 나라는 이미 전쟁의 실마리를 조성했다. 앙비적안은 여러 나라가 자신을 공격할지

---

97) 이상 그리스의 각 부락에 관한 기술은 『영환지략』에서 채록했다(『영환지략교주』, 187~190쪽). 언급된 지명들은 브뤼(Adrien Hubert Brue), 「고대 그리스, 지리적 근거(Graeciae antiquae, specimen geographicum)」(Paris, 1762); 핀리(Anthony Finley), 「그리스(Greece)」(Philadelphia, 1827); 셰다(Joseph von Scheda), 「Ubersichtsblatt fur die Zusammenstellung der Blatter」(Vienna, 1869) 등의 지도를 참고하여 추정했다.

98) 이 기술은 혜강이 『영환지략』의 내용을 요약한 문장이다. 『영환지략』에는 "하후(夏后) 소강(少康) 26세에, 백랄사일(伯辣斯日)이란 소아시아 사람이 처음으로 헬라의 북쪽 경계에 나라를 세우고 서서은(西西恩)이라 했다. 90여 세가 넘어 이집트[厄日多] 사람들이 헬라로 이주해 와 그곳을 '적단(的丹)'이라 불렀다. 건국이 이루어지기도 전에 사람들은 옛 왕을 그리워하며 흩어져 버렸다. 하후 공갑(孔甲) 21세에 가나안[Canaan, 迦南] 사람 의납고(義納孤)가 헬라의 남쪽 경계에 이르자 비로소 사람들이 몰려들어 궁실을 짓는 법, 곡물 심는 법을 가르쳐 몽매함이 점차 트였다"라고 하였다(『영환지략교주』, 190쪽).

걱정하며, 물심양면에서 불안정했으나 대적을 막아낼 방법이 없어, 이내 11개 나라에 사신을 보내 동맹을 결성하고, 테르모필레스[Θερμοπύλες, 德爾摩比勒]에서 연맹[公會]을 수립했다. 각 나라는 2명의 사신을 보냈고, 1년에 두 번 모여 약속을 확인하고, 호오(好惡)를 조정하며, 이해[利弊]를 강구하면 각기 따랐다. 또 자본을 각출하여 덕이불사당(德爾佛斯堂)에 모아 군비로 비축하여 각 나라의 두 사람이 관장하게 했다. 이로부터 사방이 화목하고 12개국이 하나의 나라처럼 바깥 우환이 생기지 않고 안락하고 풍요로웠다. 배를 타고 지중해로 나가 교역하지 않음이 없으면서, 세력은 더 강해졌다. 이때, 12개국 중에서 아테나[亞德納斯]는 스파르타[Σπάρτη, 斯巴爾達, Sparta]와 함께 가장 컸다. 소국들의 제도는 모두 이 나라를 본받아 만들었다. [아테나의] 왕 테세우스[Theseus, 德修]가 상왕(商王) 름신(廩辛) 6년[祀]에 왕위를 이어, 나라 사람들은 작신(爵紳), 백공(百工), 농민(農民) 세 등급으로 나누었다. 작신들은 대부분 백성 착취를 자행하여 상공인과 농민이 궁핍해지면서 나라는 쇠약해졌다. 테세우스[德修]는 이를 우려하여 관사(官司)를 없애고, 서사(署舍)를 줄였으며, 부귀한 자들을 억제하고 직접 정권을 쥐고, 백성들에게 혜택을 더하고, 상인들을 불러오니, 먼 곳에서 귀부하는 백성들이 성시를 이루었다. 온갖 장인들의 기술이 날로 정밀해지고 잉여분[奇贏]을 조정하자, 봉작 없는 부자[素封]가 많아졌다. 농부는 창고에 쌓이며 나날이 넉넉해지니, [아테나는] 마침내 서방 나라의 대도시[大都會]가 되었다. 아들 가덕락사(哥德落斯, Demophon?)가 왕위를 이어 그가 만든 법을 지키고, 더욱 상공인과 농민에 혜택을 베풀자, 작신(爵紳)들은 권력이 없어지고 서민들의 힘이 무거워졌다. 가덕락사가 죽자, 서민들이 사사로이 의논하며 “현명한 왕은 다시 얻을 수 없고, 전해져 탐욕스럽고 잔인해지면 백성들은 더욱 어려워질 것이다”라고 하였다. 이내 “유피테르[Iuppiter, Jupiter, 入必德爾]를 군주로 삼을 수 있는 일은 천명에 따라야 한다”라고 소리쳤다. 유피테르[入必德爾]는 서방에서 조종으로 신봉하는 신이다. 이때부터 국왕을 세우지 않고 장관 한 사람이 일을 처리했다. 그 장관을 아르콘[ἄρχων, 阿爾干]이라 부른다. 가덕락사(哥德落斯)의 자손으로 아르콘을 세워 왕처럼 계승했으나 권한과 체모가 왕에 비해 못했다. 330여 년이 지나자, 주나라 평왕(平王) 36년이다. 나라 사람들이 다시 불편해하며, 아르콘을 3년마다 바꾸기로 결정했다. 얼마 되지 않아, 아르콘을 폐지하고 아홉 관리[九官]

를 두어 나랏일을 다스렸다. 아홉 관리는 대중들이 선출했고, 3년의 만기로 하여, 현명하면 유임하고, 그렇지 않으면 바꾸었다. 이로부터 권한이 뒤섞이며, 악당[奸宄]들이 많아져 나라 사람들이 이를 우려했다. 드라코[Draco, Dracon, 達拉固]란 자는 재주와 학문으로 일컬어졌는데, 사람들이 추천하여 형법 책을 펴냈다. 드라코는 성품이 엄격하여, 조에는 크고 작음을 가리지 않고 모두 사형을 부여하자, 당시 사람들이 그를 '피로 만든 책[血書]'이라고 불렀다. 행한 지 수십 년이 되자, 나라 사람들은 꼼짝도 못 했지만, 범법자는 더욱 많아졌다. 주나라 영왕(靈王, 기원전 6세기) 시기에 선출된 솔론[Σόλων, 梭倫]이 법제를 다시 정했다. 솔론[梭倫]은 명문 귀족의 영재로, 원래 덕으로 사람을 감복시킬 수 있는 자였다. 드라코의 가혹한 법을 삭제하고, 사정을 고려하여 처벌하여 공정함을 되찾자, 나라 사람들이 크게 기뻐했다. 또 의사청(議事廳) 하나, 법제사(法制司) 하나를 설치하고, 재물의 많고 적음에 따라, 백성들을 네 등급으로 고르게 나누었는데, 각 등급은 100명이었다. 개혁할 일이 있으면, 의사청에서 회의를 소집했다. 법제사에는 품계가 있는 관리들을 두되 인원을 정했으며, 재주와 덕망이 출중한 자를 선발하여 다스리게 했다. 명령을 내리고, 형벌과 상을 결정하는 일은 모두 법제사에서 이루어졌으며 구분이 정밀하고 상세하여 여론이 만족스러웠다.

스파르타[斯巴爾達] 어떤 곳에는 사파대(士帕大)로 되어 있다. 또한 크고, 륵리사(勒里斯)가 개국한 이래로 400여 년을 전했는데, 주나라 성왕(成王) 11년[기원전 11세기 중반]에 이르러, 에우리스테네스[Εὐρυσθένης, 幽里寺德那斯], 헤라클레스[Ἡρακλῆς, 伯羅刻黎斯]라는 자는 형제였는데, 동시에 왕위에 올랐다. 이로부터 나라에는 두 왕이 있어, 같은 왕조에서 나랏일을 다스렸는데, 이 제도가 800여 년 전해지며 바뀌지 않았다. 이는 서방에 전하는 기이한 일로, 이 제도를 본받는 나라도 없었다. 말에 클레오메네스[Κλεομένης, 噶黎厄美尼斯]에 이르러 비로소 하나의 왕으로 고쳤다.[99]

---

99) 이상 연혁 기술은 『영환지략』에서 서계여가 인용한, 유럽인[泰西人]이 기술한 그리스 역사서에 채록했다(『영환지략교주』, 190~192쪽). 복잡한 내용을 혜강이 일목 요연하게 재구성했다. 밑줄 친 부분은 혜강이 채록하지 않았으나, 이해를 위해 넣어 번역했다. 혜강이 생략한 부분은 꽤 많지만, 여기서는 모두 번역하지는 않는다. 또한 『해국도지』에도 서계여가 인용한 정보들이 빠짐없이 채록되었다(『위원전집』, 6책, 1348~1350쪽).

주나라 경왕(敬王) 연간에 페르시아[波斯]가 대군으로 헬라[希臘]를 공격했다. 헬라의 각 나라는 연합하여 막아내자, 페르시아는 대패하여 달아났다. 뒤에 헬라에는 마케도니아[馬基頓] 왕 알렉산더[亞勒散得]가 있었는데, 열국의 군대를 합쳐 페르시아를 정벌하고, 승기를 타고 곧장 인도에 이르렀다. 왕이 군영에서 죽자, 부장(部將)들은 획득한 땅을 나누어 각기 스스로 왕이 되었다. 이로부터 헬라의 언어와 문자가 서방에 전해졌다. 서한(西漢) 시기에 이탈리아[意大里亞]의 로마[羅馬]가 강성해지면서 사방을 정복했다. 헬라의 각 나라도 판도에 귀속되었다. 뒤에 로마가 동서로 분리되면서, 헬라의 옛 땅은 동쪽 영토[東土]에 속했다가, 아라비아[阿剌伯] 이슬람계 부락에 침공을 받아 나날이 쇠약해졌다. 튀르키예[土耳其]가 강성해지면서 로마의 동왕(東王)을 멸하고, 군대로 헬라의 전 영토를 차지하여, 땅은 400년 튀르키예에 속했다. 최근 튀르키예[土]가 가혹한 정치를 펴자, 아테네[雅典] 사람들이 견뎌내지 못하고, 가경(嘉慶) 25년(1820)에 튀르키예 추장[酋商]을 몰아냈다. 튀르키예인들은 군대로 공격했으나 아테나 사람들이 견고하게 지켜 함락되지 않았다. 영국[英吉利], 프랑스[佛郎西], 러시아[峩羅斯] 삼국이 그리스[希] 사람들을 가상하게 여겨, 각기 군대로 그들을 옹호했다. 튀르키예는 어찌할 수 없이 그들이 자립하여 나라를 구성하도록 했다. 이것이 바로 지금의 그리스[希臘國]다.[100)]

100) 마지막 이 단락은 『영환지략』에서 채록했다(『영환지략교주』, 187쪽).

[『지구전요』, 권7, 패동 최한기 편집][1)]

6-1. 이탈리아의 여러 나라[意大里亞列國] 지도 47을 보시오.

강역(疆域): ⓐ이탈리아[意大里亞]는 이타리(以他里), 이타리(以他利), 이달리(伊達利), 라문(羅問), 라문(羅汶), 나마(那嗎) 등으로 표기한다. 옛날 유럽[歐羅巴]의 하나로 통일된 나라다. 『한서(漢書)』에서 말하는 대진국(大秦國)이다. 동북쪽은 오스트리아[墺地利亞], 북쪽은 스위스[瑞士], 서북쪽은 프랑스[佛郞西]와 경계한다. 그 나머지 전 영역은 사람의 다리가 신발을 신고 있는 듯이 지중해로 비스듬히 펼쳐져 있다. ⓑ남북의 도수(度數)는 38도에서 46도에 이르며, 동서의 도수는 29에서 43까지 이른다. 둘레는 1만 5,000리다.[2)]

산수(山水): ⓒ삼면은 지중해가 두르고 있고, 한 면은 알프스[牙而白]라는 높은 산에 임해 있다. 또 아펜니노 산맥[Appennino, 亞伯尼諾山]이 등줄기처럼[如脊] 이어져 뻗어 있다. ⓓ강물[河道]은 셋이다. 테베레강[Tevere, Tiberis, 底瑪河]은 아펜니노[Appennino, Appennini, 阿比尼山]에서 발원하여, 리사적(里渣赤)에 이르러 바다로 빠져나는데, 길이는 150리다.[3)] 포강[Po, 波河]은

1) 이 분권 표기는 국립중앙도서관 소장본에 따랐다. 저본에는 분권 표기가 없다. 다만 판심에 '권6'으로 되어 있고, 두주에 '칠(七)'자가 보이는 것으로 보아, 혜강이 이후 '권수'를 조정한 것으로 보인다.

2) ⓐ의 정보는 『영환지략』에서 채록했고(『영환지략교주』, 194쪽), ⓑ는 『직방외기(職方外紀)』에서 가져왔다(『직방외기교석』, 83쪽).

3) '저마(底瑪)'라는 강은 그 흐름을 볼 때 이탈리아 3대 강 중 첫 번째인 테베레, 티버, 티베리스를 말한다. '마(瑪)'자의 샤먼 발음은 '베(bé)'이므로, 음성적으로는 적합하다. 문제는 이 강이 바다로 빠져나가는 곳은 '리사적(里渣赤)'이라 하는데, 해당하는 음을 찾기 어렵다. 이 명칭은 위원의 『해국도지』, 권43 이탈리아[意大里] 기술에서 보이는데, 위원은 이탈리아 아홉 부락 중에서 첫 번째로 이 '리사적'을 들고 이전 로마 부락이라고 설명했다(『위원전집』, 6책, 1218쪽). 서계여도 아홉 부락으로 설명하면서 첫 번째로 로마를 들고, 교종국(敎宗國), 즉 '교황의 나라'라고도 부른다고 하였다. 또 『지리비고』(『해산선관총서』본, 권6, 21b)에서는 여덟 번째 부락으로 '교종국'을 들고 '로마국[羅馬國]'이라고도 한다고 하였다. 이로부터, '리사적=로마=교종국'임을 알 수 있다. 『해국도지』 교주에서는 이 당연한 설명을 반복했을 뿐 '리사적'에 대응하는 음을 제시하지 못했다. 가정하자면, '리사적'은 바로 라티움(Latium), 즉 라치오(Lazio) 주를 느슨하게 잘못 음차했을 것이다. 이

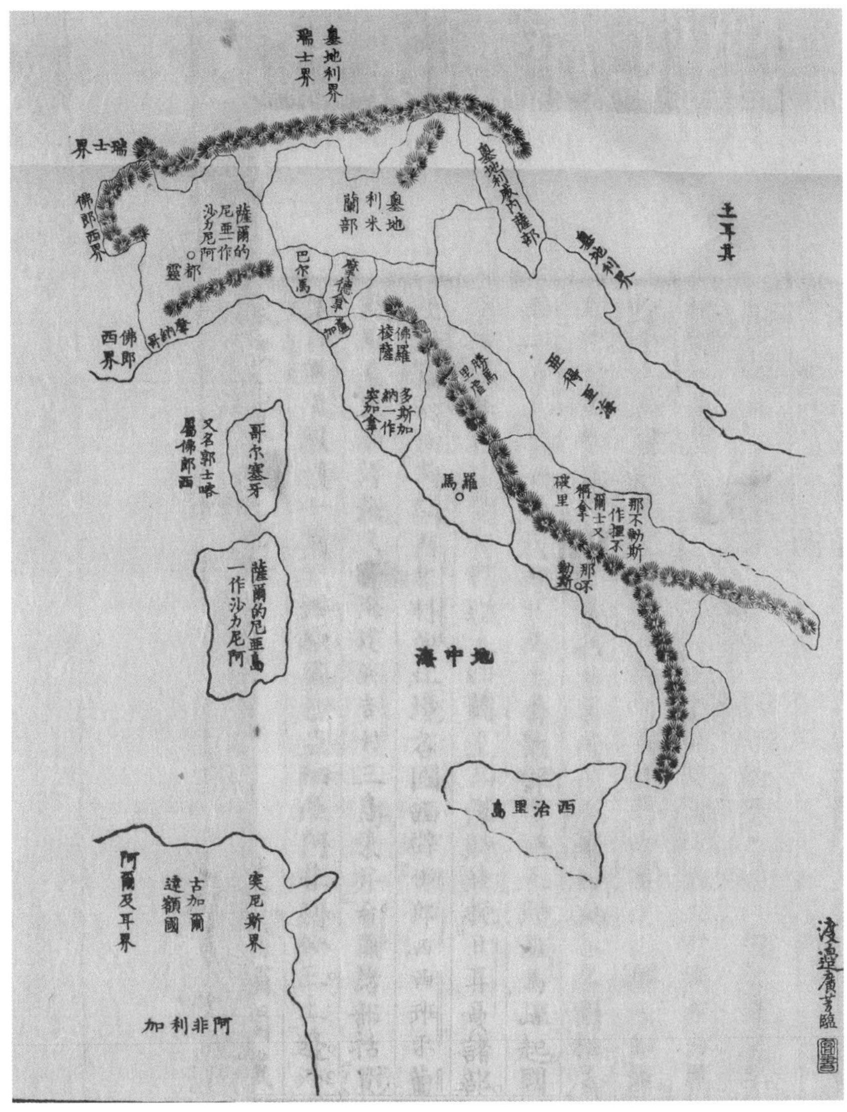

지도 47. 국립중앙도서관 소장본의 지도가 몹시 희미하여 『영환지략』(도시샤대학 소장본, 1861)에서 가져왔다. 국립중앙도서관 소장본에는 '의대리아열국도(意大里亞列國圖)'라는 지도 명이 있고, 경도와 적도 표기가 있다.

갈저암아리(葛底唵阿利)[4] 대산(大山)에서 발원하고, 아디제강[Adige, 阿底赤河]은 조○아(租○阿) 대산의 골짜기에서 발원하는데,[5] 두 강물은 모두 밀란[Milan, 彌蘭]에 이르러 합류하여, 같이 바다로 들어간다.[6] 길이는 각기 400여 리다.[7]

기후[風氣]: 날씨는 온화하고 고르다. 토양은 비옥하여 곡물[穀麥]이 무성하고, 꽃과 나무가 향기롭고, 그윽한 계곡과 이름난 정원이 연이어 있어, 서방[西土]에서는 낙토(樂土)라 불린다.[8]

사람들[人]: ⓔ중국에서 저명한 사람으로, 마테오 리치[Matteo Ricci, 利瑪竇], 니콜로 롱고바르도[Nicolò Longobardo, 龍華民], 프란체스코 삼비아시[Francesco Sambiasi, 畢方濟], 줄리오 알레니[Giulio Aleni, 艾如略]는 모두 이탈리아[意大里亞] 사람들이다. 그 나라 사람들이 가장 지혜롭고, 담론을 즐겨,

---

밖에는 다른 추정이 현재로서는 불가능해 보인다.

4) '갈저암아리(葛底唵阿利)' 대산은 『해국도지』 교주에 따르면, 코티안 알프스(Cottian Alps)로 추정한다(『위원전집』, 6책, 1236쪽). 포강은 몬테 비소(Monte Viso)에서 발원하는데, 바로 '코티안' 알프스의 가장 높은 봉우리다. 따라서 '갈저암'은 지리적, 음성적 측면에서 부합하지만, '아리(阿利)'가 '알프스'에 대응하는지는 의문이다.

5) 저본에 '조○아(租○阿)'는 『해국도지』에 '조리아(租利阿)'로 되어 있다(『위원전집』, 6책, 1218쪽). '조리아'를 『해국도지』 교주는 '율리안(줄리안) 알프스(Julian Alps)'의 '줄리안'에 해당하는 표기로 추정했다. 이곳이 19세기 중반에 소위 '줄리안 알프스'로 불렸는지도 의문이다. 혜강은 왜 어렵지도 않은 '리(利)'자를 비워둔 것일까? 아디제강은 레셴 파스(Reschen Pass)에서 발원한다고 알려져 있다. 이 레셴 파스는 이탈리아어로 '파소 디 레지아(Passo di Resia)'다. 즉 레지아 협곡이라는 의미다. 따라서 『해국도지』의 '조리아'는 '리조아(利租阿)'로 재구성해야 할 것으로 제안한다.

6) '미란(彌蘭)'은 이탈리아 밀란, 밀라노의 음역 표기임이 분명하다. 그러나 포강와 아디제강은 절대로 합류하지 않는다. 따라서 밀란에서 합류한다는 정보는 잘못되었다고 읽을 수밖에 없다.

7) ⓒ의 정보는 『직방외기(職方外紀)』에서 채록했고(『직방외기교석』, 83~84쪽), ⓓ는 『해국도지』에서 채록했다(『위원전집』, 6책, 1218쪽). 이상 이탈리아 세 강에 관한 지도는 발라르디(Francesco Vallardi), 「이탈리아 북부 지형과 수로 지도(Carta orografica ed idrografica dell'Italia Settentrionale)」(Milan, 1895)를 참고하시오.

8) 『영환지략』에서 채록했다(『영환지략교주』, 194쪽). 마지막 문장은 혜강이 조금 조정했는데, 『영환지략』에는 "서방에서는 '축복받은 땅[福土]'이라며 부러워한다"라고 하였다.

서방에서는 '세 혀를 가진 사람[三舌人]'이라 부른다. ⓕ말한 그 나라의 풍토와 인물에는 과장되고 허황한 점이 많지만, 천문과 수학은 가장 뛰어나다. ⓖ사람들의 신체는 섬약하여 겉은 관대하고 부드럽지만, 속은 음험하고 잔인하여 종종 어두운 밤에 원수를 찔러 죽인다. 담론과 오락[游戲]을 좋아하고, 노래[謳歌]를 즐긴다.[9)]

물산(物産): 물산은 풍요로운 데다가 잠상(蠶桑)의 이점이 있어, 해마다 생산하는 사면(絲綿)은 값이 3천여 만 원에 달한다. 포도주(葡萄酒), 올리브유[橄欖油], 등자나무[橙], 감(柑), 레몬[檬], 조[粟]가 나고, 여러 과실도 모두 많고 크다.[10)]

궁(宮): 파도바[Padova, Padua, 把都亞]라는 성(城)안에는 공무를 보는 곳[公堂]이 있는데, 세로는 200보이고, 가로는 60보다. 위는 누대로 만들어 납으로 만든 기와로 덮었으며 중간에는 하나의 기둥도 세우지 않았다. 또 파르마[Parma, 把兒瑪]에 있는 한 공당(公堂)은 넓어 말을 달릴 수 있는데, 또한 하나의 기둥도 없다. 다만 '인(人)'자와 같은 대들보를 서로 기대어 두었는데, 몇 장에서 한 자에 이르는 것 모두 그러하다. 위에서 누르는 힘이 무거우면, 아래서 밀어 버티는 힘도 더 강해진다.[11)]

---

9) ⓔ는 『명사』, 권326, 이탈리아[意大里亞傳](8461쪽)를 근거로, 마테오 리치를 추가하여 재구성한 문장으로 보인다. 물론 이 『명사』의 단락은 『해국도지』에 인용되어 있다. ⓕ는 『직방외기(職方外紀)』를 근거하여(『직방외기교석』, 87쪽) 썼지만, 알레니는 이 정보를 시칠리아[西齊里亞] 사람들로 기술했다. ⓖ는 다른 면(2a) 두주에 '사람들 두 번째[人民二]'로 표기한 내용이다, 앞면(1b), 두주에서는 '일(一)'로 표기하고 있고 문장이 '기(其)'자로 끊어져 있으므로, 혜강의 의도대로 여기에 붙여 편집 번역한다. 『영환지략』에서 채록했다(『영환지략교주』, 196쪽).

10) 이 물산(物産) 조목은 다음 면(2a)에 기술되어 있고, 두주에 위로 올리라는 지침이 보이므로, 혜강의 의도에 따라 여기에 편집하고 번역한다. 이 정보는 『영환지략』에서 채록했다(『영환지략교주』, 196쪽).

11) 이 궁(宮)에 관한 기술은 다른 면(3a)에 채록되었는데, 두주에는 위로 올리라는 표기가 있고, 해당 면 두주에도 '궁(宮)'이 들어갈 위치를 지정하고 있으므로, 혜강의 의도에 따라, 앞으로 당겨 편집하고 번역한다. 이 정보는 『직방외기(職方外紀)』에서 가져왔다(『직방외기교석』, 86쪽). 『사고전서』본 『직방외기』에는 '파도아'의 '파(把)'자가 '파(巴)'자로 되어 있다. 이로써 볼 때, 혜강은 『해국도지』에 인용된 『직방외기』를(『위원전집』, 6책, 1221쪽) 채록하고 있음을 알 수 있다.

상(商): 각 나라와 통상한다. 서북쪽에는 '제노아[Genoa, Genova, 額那亞]'라는 큰 부두가 있는데, 수출하는 산물로는 올리브유[橄欖油], 미곡(米穀), 감(柑), 남과(南果), 철사(鐵絲), 종이[紙], 전융(剪絨), 대채단(大采緞) 등이고, 수입하는 산물은 각 나라와 같은데, 모두 대략 8백만 원에 달한다. 서쪽에는 '리보르나[Livorna, 里窩耳那]'라는 시장과 부두가 있는데, 매년 들어오고 나가는 산물의 값이 1,000여 만 원에 달하고 배는 1,913척이다. 또한 나폴리[Napoli, 那破里] 부두가 있는데, 나라의 별도(別都)다. 인구는 매우 많지만, 사람들이 놀고 게을러 무역이 왕성하지 않다. 매년 들어 들어오는 산물도 몇백만 원에 불과하다. 또 남쪽 시칠리아섬[Sicilia, Sicily, 西齊里洲]의 부두에는 물산이 산적해 있고 행정[政令]이 좋지 못해 화물이 적체되어 줄지 않는다.[12)]

공(工): '덕대록(德大祿)'이란 훌륭한 장인은 온갖 새를 만들었는데, 저절로 날 수 있었고, 파리나 벌레 같은 작은 것들도 날 수 있었다.[13)]

기용(器用): 아르키메데스[Archimedes, Αρχιμήδης, 亞爾幾墨得]라는 천문 스승이 있었는데, 세 가지에 뛰어났다[三絶]. 적국이 수백 척의 배를 타고 이 섬에 온 적이 있는데, 나라 사람들이 벗어날 길이 없었다. 얼마 뒤에 그가 거대한 거울을 주조하여, 태양에 반사하여 적의 배에 비추어 쏘자, 비추는 배에는 불이 나, 수백 척의 배가 일시에 불타버렸다. 또, 그의 왕이 항해하는 거대한 배를 건조하게 했는데, 배가 완성되어 배를 바다에 내리려 할 때, 온 나라의 인력을 들이고, 수많은 소, 말, 낙타를 동원하고도 배를 움직일 수 없었다. 아르키메데스[幾墨得]가 움직이게 하는 묘한 방법을 알고, 역학으로 무거운 것을 드는 방법[力藝擧重之法]이다. 왕에게 손을 한 번 들게만 했을 뿐인데, 산더미 같던 배가 움직이며 얼마 되지 않아 바다로 내려갔다. 또, 저절로 움직이는 혼천의(渾天儀)를 만들었는데, 12겹으로, 층마다 떨어져 있었다, 태양계[七政]에는 각기 본래의 움직임이 있지만, 해와 달 그리고 오성(五星)과 별자리[列宿]의

12) 상(商)에 관한 기술 또한 다른 면(3a~b)에 채록되었는데, 두주에 위로 올리라는 표기가 있고, 해당 면 두주에도 '상(商)'이 들어갈 위치를 지정하고 있으므로, 혜강의 의도에 따라, 앞으로 당겨 편집하고 번역한다. 이 정보는 『해국도지』, 권43, 이탈리아 조목에 인용된 『무역통지(貿易通志)』에서 채록했다(『위원전집』, 6책, 1218쪽).

13) 『직방외기(職方外紀)』에서 가져왔다(『직방외기교석』, 87쪽).

늦고 빠름이 하나하나 하늘과 차이가 없었다. 그 혼천의는 유리[玻璃]로 만들었는데 층마다 투시할 수 있었다.[14]

왕(王): 천주교는 동한(東漢) 시기부터 서방으로 전파되어, 로마[羅馬]인들이 매우 독실하게 신봉한다. 옛 나라가 이미 적(狄)에게 바로 북적(北狄)인 고트[峩特]족이 그 땅을 차지했다. 점거되었지만, 천주교 교도들은 틈만 나면 유인하여 무리가 나날이 번성하여 대권을 장악하게 되었다. 프랑스[佛郞西]는 이미 고트족[峩特族]을 멸하고, 마침내 그 땅을 천주교 신부들에게 귀속시키고 '교왕(教王)'이라 불렀다. 교왕이 죽으면, 각 교주(教主)를 모아 함께 상의하고, 노련한 한 사람을 추대하여 왕위를 이었는데, 대체로 전장(前藏)과 후장(後藏)의 라마(喇嘛)들이 승계하는 풍속과 같다. 이 종교는 각 나라에 전해졌는데, 따르지 않는 자가 있으면 군대를 보내 쳐서 없애거나 백성들에게 주인을 배반하게 했다. 프랑스가 주도를 시작했으므로, 교왕은 그들에게 왕관을 받았다. 영국[英吉利]의 북방 민족이 군대를 일으켜 교왕에게 명을 청하자, 교왕은 영국 땅에 봉했으니 그 권한이 이와 같았다. 명나라 시기에 이르러, 게르만[日耳曼] 사람 루터[路得]가 별도로 예수교[耶蘇教]를 세우고, '정교'라 칭하며, 천주교를 이단의 사설이라고 배척했다. 이에 여러 나라 절반이 예수교에 귀의하여, 교왕의 권위가 갑자기 약해졌다. 차지했던 로마[羅馬] 도성에는 옛 유적이 가장 많다. 천주 교당은 아주 높고 웅장하여 광채가 눈부셨다. 교당에 들어선 신도들은 개미처럼 많았고, 각기 교왕이 주는 양식[俸糈]을 먹었다. 다른 나라의 사제[祭司]들, 예배를 주관하는 사람들이다. 먼 곳의 신도[信士] 중에서 향을 피우고 예배하는 자들이 이어졌다. 천주 이외에 신봉하는 자는 예수[耶蘇]의 어머니 마리아[馬氏]로 '천후(天后)'라 부르며 기도를 더욱 경건히 한다. 그 사람들은 농사에 게으르며 들에는 광야가 많다. 산속에는 흉악한 도둑들이 많은데, 잡히거나 위급할 때 천주 교당으로 달아나 들어가면, 더는 따져 묻지 못한다.[15]

풍속[俗尚]: 한나라 애제(哀帝) 5년(기원전 2), 예수[耶蘇] 그리스도[基督]

---

14) 『직방외기』에서 채록했다(『직방외기교석』, 87쪽). 중간의 원주는 혜강이 붙인 것이다. 혜강의 『기측체의(氣測體義)』, 권4(15b)에서 "움직이기 어려운 무엇을 역학[力藝之學]으로 움직이게 한다(動其所難動者, 以力藝之學)"라고 하였다.

15) 『영환지략』에서 채록했다(『영환지략교주』, 196~197쪽).

는 기독은 중국의 신령과 같다. 유데아[猶太國]의 베들레헴[Bethlehem, Bēṯ Leḥem, 伯利恒]에서 태어났다. 아버지는 요셉[Joseph, יוסף, 約色弗]이고 어머니는 마리아[馬利亞]다. 예수가 성장하여 도를 들은 사람 요한[約翰]에게 나아가 세례(洗禮)를 몸을 씻고 업(業)을 받는다는 뜻이다. 받았다. 요한은 예수가 성인[至人]임을 알고, 선배로 자처하지 않으며 계시를 받은 스승[使師]은 예수라고 두루 사람들에게 알렸다. 이로부터 예수는 교리[教法]를 선양하고 전하며, 살(殺), 음(淫), 도(盜), 무증(誣證)을 경계했다. 그의 말에 따르면, 하늘이 아버지로 자기가 하늘의 유일한 아들로, 태어나 세상 사람들을 구제한다고 한다. 또, 사람이 태어나면 영혼이 중하고 육신은 가볍다. 육신은 때가 되면 망가지지만, 영혼은 영원히 없어지지 않는다. 도를 닦는 사람은 영혼이 천국으로 올라가는데, 하늘과는 무극(無極)이라고 한다. 업(業)을 받은 열두 제자 중에서 가장 유명한 사람은 시몬 베드로[Simon Pietro, 西門彼得羅], 야곱[耶哥伯], 마태오[馬太]다. 예수는 신술로 사람을 잘 치료하여, 이질[痢], 학질[瘧], 중풍[癱]을 앓는 자, 앞이 보이지 않는 자, 가위눌린[魘] 자들을 손으로 문지르면 즉시 치유되었다. 이르는 곳마다 남녀 수천 명이 그를 따르며, 예수가 유데아[猶太]의 왕이라고 선전했다. 제사(祭司) 장[元魁] 예배를 주관하는 사람이다. 카야파[Καϊάφας, 該亞法]가 사람들과 모의하여 사로잡아 죽이려 했다. 문인 중 유다스['Ιούδας, 猶大士]란 자가 뇌물을 받고 스승을 팔아 몰래 사람들을 안내하여 스승을 잡으러 갔다. 예수는 결국 못 박혀 죽었다. 그 뒤로 제자들이 각 나라를 왕래하면서 그의 교리를 전파했다. 예수를 믿는 신도들은 다른 신에 제사하지 않고, 조상에 공양하지 않으며, 예수를 구세주로 삼아 몸과 운명을 예수에 의지했다.

교왕이 권력을 휘두른 이후로 여러 나라의 왕후(王侯)들은 지시[頤指]를 따랐다. 따르지 않는 자들이 있으면, 나라는 곧바로 병란을 당했고, 군주는 곧바로 시해되어 수백 년 동안 감히 거스르지 못했다. 그 종교를 천주교라 한다. 명나라 초 게르만[日耳曼] 사람 루터[路得]가 일어나 그 설을 공격하며 천주교에서 예수를 해설한 책들은 모두 오류이며, 형벌과 살육으로 사람을 강제로 교에 끌어들이는 일은 바로 이단이자 사악한 설로 예수의 본의가 아니라고 하였다. 이에 예수의 책을 다시 번역 풀이하여 별도의 교리를 세워 예수를 구세주로 칭했는데, 그 종교를 '예수교[耶蘇教]'라 한다. 여러 나라의 천주교를 신봉하는 자들은 대부분 분연히 그를 따랐다. 교왕은 크게 노하여 여러 왕에게 예수교도들을 체포하도록 했다. 그러나 그 교가 이미 성행하여 막을 수 없었다. 이로부터 군민(君民)이 종교가 나뉘어 서로 죽였고, 나라와 나라도 종교가 나뉘어 서로 공격하자, 수백 년 이래로, 서방의 사람 중 장거리나 조정에서 죽임을 당하고 광야에서 죽어간 자들이 부지기수였으니, 모두 종교 다툼으로 벌어진 일이었다. 지금 유럽[歐羅巴]에서 천주교를 따르는 나라는 이탈리아[意大里亞], 프랑스[佛郎西], 벨기에[比利時], 에스파냐[西班牙], 포르투갈[葡萄牙]이다. 예수교를 따르는 나라는 영국[英吉利], 네덜란드[荷蘭], 덴마크[嗹國], 스웨덴[西國], 프로이센[普魯士], 미국[米利堅]이다. 이밖에 두 종교가 섞여 있는 나라는 오스트리아[墨地利], 게르만[日耳曼] 열국이다. 천주교 규칙으로, 십자가를 세우고, 예수가 못에 박혀 수난을 당하는 모습을 그린 구리 인형을 만든다. 옆에는 예수의 어머니인 마리아를 본뜬 여인상이 있다. 예수교는 십자가를 세우지 않고 형상을 본뜨지 않는다. 그 나머지 7일 예배하고 안식하는 등은 따르는 바가 같다. 또한 별개의 그리스교[希臘教]가 있다. 역시 천주교와는 별개의 종파로, 그리스[額里士], 러시아[峩羅斯]가 신봉하는데, 두 교의 교리도 다르다. 근래 유럽인[泰西人]들은 천주교를 '공교(公教)'라고 하고 루터 등의 종교를 '수교(修教)'라 부른다.[16]

각 부락[各部]: 로마[羅馬]는 원래 교의 종주국[教宗國]으로 불리며, 옛날 로마의 도읍이다. 전성기에, 문물과 명성은 서양 제일의 대도시[大都會]였다. 유송(劉宋) 시기 북적(北狄) 고트[峩特]족에게 점거되어 옛 왕궁들 태반이 훼손되었고, 서책과 전적들도 소실되어 남은 것이 없다. 이로부터 이민족의 풍속으로 바뀌어 옛 모습이 아니다. 아홉 부락이 근래 각기 자주적으로 나뉘어 아홉 나라를 구성했다.

토스카나[Toscana, 多爾加納]는 어떤 곳에는 돌가나(突加拿)로 되어 있다. 로마[羅

---

16) 이상 속상(俗尚)으로 기술한 천주교와 루터교에 관한 정보는 『영환지략』에서 서계여의 설명을 채록했다(『영환지략교주』, 204~206쪽). 혜강은 성실한 독서와 이해로 요점만 추려 재구성했다. 채록하지 않은 문장들이 많다. 밑줄로 표기한 정보는 혜강이 채록하지 않았지만, 이해를 위해 넣어 번역했다.

馬]의 서쪽에 있다. 동북쪽은 로마와 경계하고 있고, 서남쪽은 바다에 임해 있다. 땅은 비옥하여 물산이 풍부하다. 도성인 플로렌스[Florence, Firenze, 佛羅稜薩]는 거리가 반듯하고 청결하며, 많은 건물이 나는 듯이 높다. 속한 고성(古城)으로 피사[Pisa, 北撒]는 옛날 번성한 도시로 일컬어졌으나 지금은 이미 쇠락했다. 항구에는 리보르노[Livorno, 里窩那] 성이 있는데, 장삿배들이 몰려드는 곳으로, 무역이 매우 왕성하다.

사르디니아[Sardinia, 薩爾的尼亞, Sardegna]는 어떤 곳에는 사력니아(沙力尼亞), 또는 살지니(撒地尼), 또는 살정(撒丁)으로 되어 있다. 원래는 이탈리아[意大里]의 큰 섬이었다. 이 나라는 이 섬에서 유래했으며, 이탈리아 서북쪽 변경을 차지하여 마침내 섬의 이름으로 국명을 삼았다. 땅은 토스카나[多爾加納]의 서북쪽에 있으며, 스웨덴[瑞典], 프랑스[佛郎西]와 접경하고 있다. 나라[國]는 피에몽[Piedmont, 辟門, 피에몬테], 제노아[Genoa, 熱那亞], 사보이[Savoy, 撒歪], 사르데냐섬[Sardigna, 撒丁島], 네 부락으로 나뉜다. 고성은 사보이[撒歪]의 투린[Turin, 都靈]이다. 전당(殿堂)은 크고 아름다워 서방 사람들이 아름답게 여긴다. 피에몽[辟門]에서는 산이 많아 경작할 농토가 부족하여, 사람들 대부분이 다른 나라로 달아나 생계를 모색한다. 제노아[熱那亞]는 바다 모퉁이에 있는데, 옛날 지중해의 널리 알려진 시장[公市]으로 수많은 선박이 운집하여 대도시[大都會]로 일컬어진다. 이탈리아의 전함들은 모두 여기에 정박했었으나, 지금은 쇠락한 지 오래되어, 지금은 각 부서의 관청만 겨우 남아있다. 사르데냐[Sardegna, 撒丁]섬의 땅은 매우 광막하지만, 숲 덤불이 절반을 차지한다. 주민들은 양피를 입고, 날카로운 칼을 차고 수풀이 무성한 곳에서 유목하는데, 성격이 사나워 통제하기 어렵다.

나폴레스[Nápoles, 那不勒斯, 나폴리]는 어떤 곳에는 나파리(拿破利), 또는 나파리(拿破里), 또는 날부이사(揑不爾士土)로 되어 있다. 로마의 남쪽에 있다. 동쪽, 서쪽, 남쪽 세 면은 모두 바다로, 지형은 신발 같은 곳으로, 이탈리아의 남쪽 경계다. '시칠리[Sicily, 西治里]'라는 어떤 곳에는 십사력(什士力), 또는 서기리(西基利), 또는 서서리아(西西里亞)로 되어 있다. 큰 섬이 있는데, 나폴레스[那不勒斯]와 합쳐 하나의 나라를 구성했다. 도성은 나라 이름과 같다. 집들은 높고 크며 전각과 교회[殿廟]는 단정하고 엄숙하다. 교외에는 온갖 산봉우리가 둘러 높이 구름에 꽂혀 있다. 안에는 깊은 협곡과 오랜 골짜기가 많다. 이 밖에도 화산[火峰]이 있는데, 봉우리 끝에는 항상 연기가 피어나고 어떤 때는 화석(火石)이 공중에 날려 수십 리 밖에 떨어진다. 혹 날린 재가 서리처럼 내려 몇 자나 쌓여 농토와 집들을 짓누른다. 용암[火漿]이 물처럼 흘러내려, 이르는 곳마다 초목이 모두 불에 탄다. 인근 산에는 두 고성(古城)이 있는데, 재에 파묻힌 지 이미 천여 년 되었다. 문득 현지인[土人]들이 파보니, 성의 담과 성가퀴가 의연하여 기이한 일로 전해 진다. 지진이 매우 강렬하여 주민들은 해마다 재난을 겪는다. 그러나 농토는 비옥하여, 물산은 풍요로워 인구가 번성하고, 피해 달아나는 자들은 없다. 시칠리[西治里]섬은 가로세로 모두 400~500리로 토양은 더 비옥하여 오곡과 좋은 술이 많다. 섬 안에는 또한 화산이 있어 마을 사람들이 자주 화재를 당한다. 관리들의 가혹한 정치가 많고, 교주가 멋대로 권한을 행사하여, 일찍이 비옥한 토양이지만 주민들은 항상 빈곤하다고 일컬어졌다. 그곳의 중심도시[會城]는 팔레르모[Palermo, 巴勒摩]이고, 부두는 메시나[Messina, 墨西拿]다.

파르마[Parma, 巴爾馬]는 어떤 곳에는 '파마(巴馬)'로 되어 있다. 사르디니아[薩爾的尼亞]의 동쪽, 모데나[Modena, 摩德拿]의 서쪽에 있다. 북쪽으로는 포강[波河]에 이른다. 가로세로 모두 200리며 인구는 40만여 명이다. 옛날 오스트리아[墨地利] 왕의 딸을 봉한 땅으로, 프랑스[佛郎西] 나폴레옹[拿破侖]의 후비다. 나폴레옹이 패하자, 그 후비는 재혼하여 그대로 그 땅을 차지했다.

모데나[Modena, 摩德拿]는 동쪽으로 로마[羅馬], 서쪽으로 파르마[巴爾馬]와 이어져 있다. 길이는 300리고, 폭은 140리다. 인구는 38만 명이다.

루카[Lucca, 盧加]는 동쪽으로 토스카나[多爾加納]와 이어져 있고, 서쪽으로 지중해에 이른다. 길이는 90리고 폭은 50리다. 인구는 14만 명이다.

모나코[Monaco, 摩納哥]는 사르디니아[薩爾的尼亞]의 경내에 있다. 길이는 35리고, 폭은 20리다. 인구는 6,500명이다.

산 마리노[San Marino, 勝馬里虛]는 로마의 경내에 있다. 면적은 대략 50리고, 인구는 4,000여 명으로, 자체로 추장을 추대하여 일을 처리하며, 교황에 예속되지 않았다.

이탈리아[意大里亞] 서남쪽에 있는 몰타섬[Malta, 馬里他島]의 땅에는 반석이 많아 주민들은 흙을 쌓아 밭을 만들어 경작한다. 그들의 풍속은 검약하며 부지런하다. 인구는 매우 많다. 옛날 예수의 사도 바오로[Paolo, 保羅]가 바다에서 표류해, 헤엄쳐 이 섬에 올랐다. 사람들에게 치료받고 신기한 현상이 나타났으므로, 이 섬의 이름이 서방에 전해졌다. 당시 이슬람계 부락이 강성하여, 군대로 이 섬을 협박했다. 섬의 추장은 날랜 병사들을 거느리고 저항하여, 이슬람계 부락은 결국 이 섬을 얻을 수 없었다. 가경(嘉慶, 1796~1820) 연간에 프랑스[佛郞西]가 그들 추장을 항복하도록 이끌었으나 곧이어 영국[英吉利]에 빼앗겼다. 영국은 군대로 지켰는데, 지중해에 전함을 정박시킬 수 있는 곳이었기 때문이다.[17]

연혁(沿革): ⓗ주나라 이전부터 토착민[土番]의 흩어져 사는 부락이었다. 주나라 유왕(幽王) 시기에 로마[羅馬]가 굴기했다. ⓘ다섯 땅의 형편으로 구별하여 백성들을 농사짓게 교화하고, 무기[戟弩]를 제조하여 전투를 익혔다. 누마[Numa Pompilius Marcius, 駑馬]가 어떤 곳에는 우마(又馬)로 되어 있다. 왕위를 이으며, 처음으로 율법을 설정하고 백성들을 아끼고 양육하여 신분과 지위를 나누고, 귀천을 구별하여 경내를 크게 다스렸다. 일곱 세대를 전하여 타르퀴니우스 수페르부스[Lucius Tarquinius Superbus, 達爾癸虐蘇比爾伯, 기원전 495년 죽음]는 황음무도하여 백성들이 왕을 폐위하고 현자 두 사람을 뽑아 집정관[consul, 高爵]에 앉히고, 민회[公會]를 세워 다스리게 했다. 집정관[高爵]은 매년 한 번 바뀌었다. 이로부터 나라에 왕이 없어지면서 세력이 나날이 강성해졌다. ⓙ서한(西漢) 시대에 이르러 북쪽으로 게르만[日耳曼]의 여러 부락을 개척하고 발트해[波羅的海]에 이르렀다. 남쪽으로 아프리카[阿非利加] 북부의 나라들을 정복했고, 서쪽으로 프랑스[佛郞西], 에스파냐[西班牙], 포르투갈[葡萄牙]을 물리치며 대서양에 이르렀으며, 또 바다를 건너 영국[英吉利]의 세 섬을 건설했다. 동쪽으로 그리스[希臘]의 여러 부락을 병합하고, 소아시아[買諾], 시리아[叙里亞]를 넣었다. 가로세로 1만 리로, 유럽[歐羅巴], 아시아[亞細亞], 아프리카[阿非利加] 세 대륙에 이르렀다. 변경 밖의 약소한 여러 부락이 모두 조공을 닦으며 신하와 첩이 되어, 커다란 대통일의 형세를 이루었다.

17) 이상 이탈리아의 각 부락은 모두 『영환지략』에서 채록했다(『영환지략교주』, 196~198쪽). 지명 추정은 애로우스미스(Aaron Jr. Arrowsmith), 「북부 이탈리아(Northern Italy)」; 「중부 이탈리아(Central Italy)」; 「남부 이탈리아(South Italy)」(London, 1828)를 근거하였다.

로마에 도읍을 세우자 여러 나라들이 주나라의 경사처럼 동경했다. 『서역문견록(西域聞見錄)』에 이르는 공갈이(控噶爾) 도성인 무로목(務魯木)은 바로 로마[羅馬]의 와전된 음이다. 동진(東晉) 시기에 또 흑해의 해협에 동도(東都)를 건설하고 콘스탄틴[君士但丁, 이스탄불]이라 어떤 곳에는 공담정(公膽廷), 또는 강사탄태낙격이(康思坦胎諾格爾)로 되어 있고, 『서역문견록』에는 공갈이(控噶爾)로 되어 있다. 불렀다. 그 후 세대를 오래 전하여 왕위에 오른 왕들은 대체로 음란하거나 편벽되어 법도를 망쳐, 내란이 번갈아 발생하며 폐위와 즉위가 자주 나타났다. 서북쪽 여러 부락은 모두 땅을 차지하고 스스로 왕을 칭하며 더는 신하를 칭하지 않았다. 동진(東晉) 효무제(孝武帝) 22년(394) 나라는 둘로 분리되어, 로마는 '서왕(西王)'으로, 콘스탄티노플[君士但丁]은 '동왕(東王)'으로 불렸다. 동왕은 명나라 경태(景泰, 1450~1457) 연간에 이르러 비로소 튀르키예[土耳其]에 멸망했다. 서왕은 이탈리아[意大里] 옛 땅을 차지했다가, 유송(劉宋) 시기 북적(北狄) 고트[峩特]족에게 멸망했다. 고트족이 나라를 세우고 300여 년 뒤에 프랑스[佛郎西] 차지하여, 로마의 도성을 교왕으로 봉했으나 뒤에 다시 분열되었다. 베렌가리우스[Berengarius I, 伯棱日爾]란 자가 여러 부락을 통일했지만, 가혹한 정치로 나라 사람들에게 폐위당했다. 오스트리아[墺地利亞]가 이들을 정복하고 북쪽 경내의 밀란[米蘭], 베네치아[Venezia, Venice, 威內薩] 두 부락을 빼앗았다. 그 뒤로 여러 부락이 수시로 합방하거나 분열하며, 나날이 전쟁이 벌어지며 소요가 극심했다. 가경(嘉慶) 10년(1805) 프랑스의 나폴레옹[拿破侖]이 영토를 정복하여 프랑스의 속령[藩部]이 되었다. 나폴레옹이 패하자, 여러 나라 공사가 비엔나[維也納]에서 회의하여 그곳을 아홉으로 나누었다. 큰 나라는 로마[羅馬], 토스카나[多斯加納], 사르디니아[薩爾的尼亞], 나폴레스[那不勒斯]였고, 작은 나라로는 파르마[巴爾馬], 모데나[摩德拿], 루카[盧加], 모나코[摩納哥], 산 마리노[勝馬里虐]인데, 이들을 이탈리아[意大里亞]로 통칭했다.[18]

18) 이상 연혁은 『영환지략』에서 채록했다(『영환지략교주』, ⓗ194쪽; ⓘ199쪽; ⓙ194~196쪽).

6-2. 네덜란드[Nederland, Netherlands, Holland, 荷蘭國] 지도 48을 보시오.

강역(疆域): 네덜란드[荷蘭]는 화란(和蘭), 하란(賀蘭), 법란득사(法蘭得斯)라고도 한다.[19] 유럽[歐羅巴]의 작은 나라다. 동쪽으로 게르만[日耳曼], 남쪽으로 벨기에[比利時]와 경계하고, 서북쪽은 대서양을 두고 있다. 세로로 약 650리고, 가로로 약 350리다. 땅덩어리는 작지만 평탄하고 산이 없다. 유럽의 지형 중에서 이곳이 가장 낮게 내려가 있다. 해조가 침식하여 구획은 섬과 못으로 이루어지며, 항로가 종횡으로 교차하여 지난다. 이곳의 땅은 진펄[沮洳]로 낮고 습하여 토양이 가장 비옥하다.[20]

산(山): ⓐ나라에는 '나란산(那蘭山)'이라는 큰 산이 있고, 그 산기슭에 나란성(那蘭城)을 건설했다.[21]

사람들[人民]: 사람들은 눈이 깊고 코가 길며, 수염, 눈썹, 머리털 모두 붉다[赤]. 또한 '홍모번(紅毛番)'이라고도 하는데, 다리 길이는 1척 2촌으로, 훤칠함이 보통 사람의 배다. ⓑ성격은 강하고 사나우며 승부 다툼을 좋아한다.[22]

물산(物産): ⓒ지형은 평평하며 강은 있지만 산은 없다. 동쪽에만 구릉이나 언덕이 있을 뿐이며 또한 매우 드물다. 북쪽 경계에서는 연맥(燕麥)이 중국

---

19) '하란'과 '화란'은 홀란드(Holland)를 음차한 형태다. 마지막 '법란득사(法蘭得斯)'는 네덜란드어로 플란데런(Vlaanderen), 프랑스어로 플랑드르(Flandre)라고 표기하는 영어의 '플란더스(Flanders)'를 음차한 형태로 보인다. 현 벨기에 북부에서 네덜란드어의 방언인 플람스어를 사용하는 지역이다. 현재는 벨기에에 속하고 네덜란드의 남부에 해당할 뿐이므로 전체를 담기에는 부족한 표기다.

20) 『영환지략』에서 채록했다(『영환지략교주』, 206쪽).

21) 『해국도지』, 권40에 인용된 『황청사예고(皇淸四裔考)』에서 채록했다(『위원전집』, 6책, 1153쪽). 교주에 따르면, 나란산(那蘭山)은 아르덴 산맥(Ardennes Mts)이라고 하였고, 성(城)은 '나무르(Namur)'로 추정했다(앞의 책, 1169쪽). 아르덴 산맥은 벨기에, 룩상부르, 독일 프랑스에 펼쳐진 숲이다. 음성적으로도 부합하지 않는다. '나란성'은 산명칭에서 비롯되었으므로, 같은 명칭이어야 한다. '나무르' 또한 음성적으로 거리가 멀다. 고증을 기다린다.

22) ⓐ는 『해국도지』에 인용된 『명사』에서 채록했다. 『명사』, 권325, 「화란전(和蘭傳)」(8434쪽)에서 찾아볼 수 있다. ⓑ는 역시 『해국도지』에 인용된 『황청사예고(皇淸四裔考)』에서 채록했다(『위원전집』, 6책, 1154쪽).

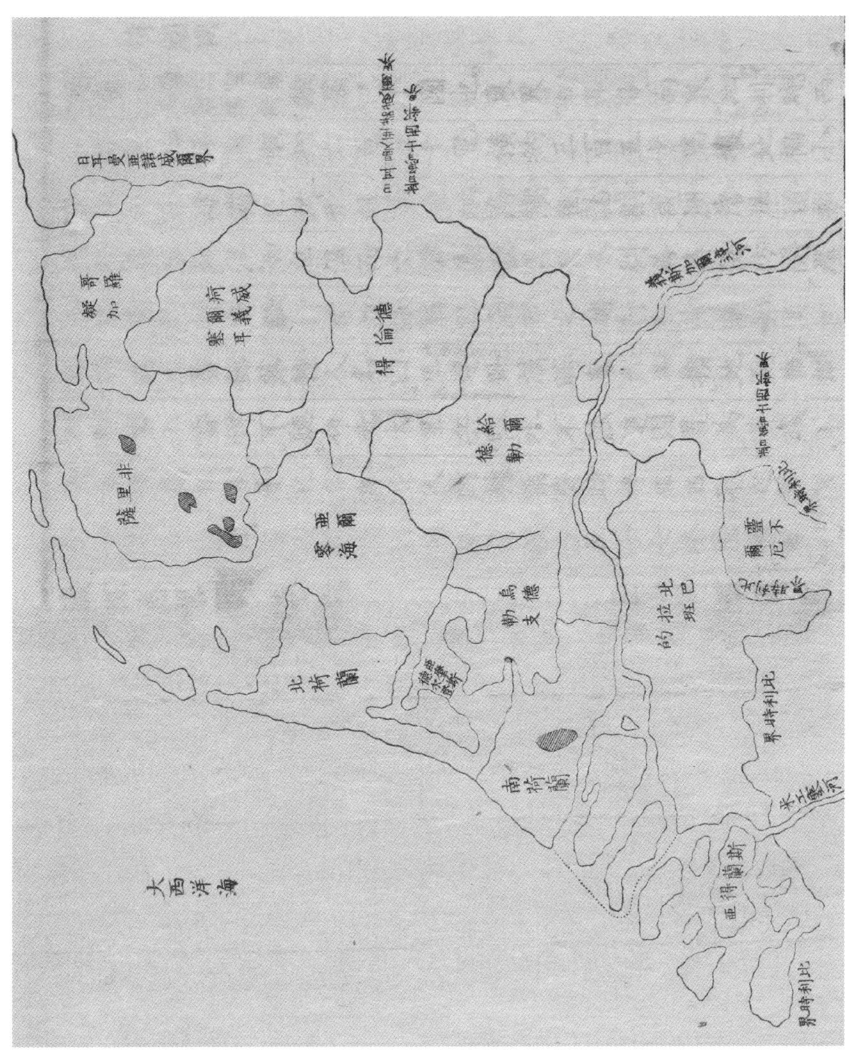

지도 48. 국립중앙도서관 소장본의 지도가 몹시 희미하여 『영환지략』(도시샤대학 소장본, 1861)에서 가져왔다. 국립중앙도서관 소장본에는 '하란도(荷蘭圖)'라는 지도 명이 있고, 경도와 적도 표기가 있다.

에서는 귀리[油麥]라고 한다. 나고 또 호마(胡麻)가 모양은 벽슬(壁蝨, 진드기) 같고, 자흑색(紫黑色)이며 기름을 짤 수 있다. 산서성 북쪽에 있다. 깨[脂麻]는 아니다. 난다. 서북쪽 경계에서는 보리[大麥]가 나고, 중부에서는 마(麻)와 안료가 나며, 남쪽 경계에서는 밀[小麥]이 난다. 풍속으로 사연(絲烟)을 즐겨 피워, 담배[烟草]를 심는 사람들이 많다. 초원이 풍부하고 넓어 방목에 유리하다. 제조하는 우유빵[奶餠]은 가장 우수하고, 또 위스키[火酒] 양조에 뛰어난데, 이 두 가지는 각 나라에 유통된다. 깃털로 짠 비단[所織羽毛緞]은 가장 뛰어나 중국 사람들이 귀하게 여긴다. ⓓ유리(琉璃)는 여러 나라에서 으뜸이다. ⓔ또 금(金), 은(銀), 동(銅), 철(鐵), 호박(琥珀), 마노(瑪瑙)가 난다.[23)]

문학(文學): 에라스뮈스[Erasmus, 依臘斯毋士], 그로티우스[Grotius, 俄羅是阿斯, 흐로트]를 최고로 친다. 촌락마다 공학교[義學]를 두었다[設議].

상(商): 나라가 부유하여, 중국 산물 중 마음에 드는 것이 있으면, 넉넉히 돈을 아끼지 않으므로 중국인들이 즐겨 그들과 교역한다.[24)]

시포(市埔): 유럽[歐羅巴]의 여러 나라는 모두 즐겨 항해하여 부두를 세운다. 멀리 있는 곳은 수만 리나 되는데, 먼 곳만 공략하는 것은 아니다. 원래 장사에 힘써, 한 부두를 확보하면, 그곳의 이권을 독점한 다음 자기 나라로 돌아가는데[歸於我], 네덜란드[荷蘭]는 더욱 이에 전념한다. 그들이 항해하여 동쪽으로 올 때, 아프리카[阿非利加], 인도, 말라카[麻喇甲], 수마트라[蘇門答臘]는 이미 두루 부두를 설치해 두었고, 자카르타[噶羅巴] 바로 자바[爪哇]다. 한 섬은 대서양, 소서양에서 중국으로 들어오는 입구로 풍성함이 두 대양보다 월등하여 여러 섬나라 중 으뜸[綱領]이다. 네덜란드는 속여 그 해구를 차지하려

23) ⓒ는 『영환지략』에서 채록했고(『영환지략교주』, 206쪽), ⓓ의 정보는 『해국도지』에 인용된 『해록(海錄)』에서 채록했다(『위원전집』, 6책, 1155쪽). 『해록』에 따르면, "우사(羽紗)와 유리는 여러 나라에서 으뜸이다(羽紗·琉璃甲于諸國)"라고 기술했다(『해록주』, 70쪽). 혜강은 '우사(羽紗)'를 빠뜨렸다. ⓔ는 역시 『해국도지』에 인용된 『지리비고(地理備考)』, 대여송국(大呂宋國)에서 채록했다(『위원전집』, 6책, 1155쪽). '대여송'은 에스파냐 즉 스페인을 지칭한다. 이들 또한 '홍모번(紅毛番)'으로 알려졌으므로, 호박과 마노를 혜강이 잘못 가져온 것은 아닌지 모르겠다. 나머지 금, 은, 철, 동은 『해록』에도 언급되어 있다.

24) 이 조목은 '공(工)' 뒤에 채록되어 있으나 두주에 앞으로 당기라는 지시에 따라 옮겨 번역한다. 이 정보는 『해국도지』에서 채록했다(『위원전집』, 6책, 1153쪽).

고 성과 마을을 건설하고 온갖 상품을 유통했다. 이로부터 동쪽과 북쪽의 여러 섬나라, 예를 들어 보르네오[婆羅洲], 반니아(蟠尼阿)라고도 부른다. 술라웨시[Sulawesi, Celebes, 西里百], 실륵밀사(失勒密士)라고도 부른다. 말루쿠[摩鹿加], 실라락(失羅洛)으로도 부른다. 파푸아[巴布亞] 나길니(那吉尼)라고도 부른다. 등 크고 작은 부두가 수십 곳으로, 남양(南洋) 기술을 보시오. 모두 말라유[巫來由], 자바[繞阿], 부기[Bugi, 武吃] 이민족[番族]들이다. 네덜란드는 차례로 항구 해안을 차지하고 부두를 세웠는데, 그 땅을 임대한 곳도 있고 협박하여 차지한 지역도 있다. 대략 근래 소서양의 여러 섬나라는 영국[英吉利]을 주인으로 여겼고, 루손[呂宋]을 제외한 동남양의 여러 섬나라는 에스파냐에 속했으며, 나머지는 모두 네덜란드를 주인으로 여겼다. 땅은 원래 탄알만 했으나 판도의 나라들은 7만 리 밖까지 달했다. 수백 년을 지나면서도 바뀌지 않았으니 또한 전략[運籌]에 뛰었다고 말할 수 있을 것이다.[25)]

공(工): 이 나라의 풍속이 근검하고 기예에 뛰어나며 회화를 잘한다. 거지를 만나면 공방으로 보내 출장 보내고, 공작할 수 없는 자는 논밭에 물을 대도록 한다. 부랑민도 없고 도적도 적다.[26)]

기용(器用): ⓕ의지하는 것으로는 큰 배와 대포(大砲)뿐이다. ⓖ배는 길이가 30장이고, 폭은 6장이며 두께는 2척 남짓이다. 다섯 돛대를 세우며 뒤에는 3층의 누각을 만들었다. 옆에는 작은 창을 내어 구리 대포를 설치했다. 돛대 아래에는 2척 길이의 거대한 철로 만든 포를 설치하여, 발포하면 석성을 뚫어 부술 수 있고, 진동이 수십 리에 이르는데, 이것이 세상에 전하는 홍이포(紅夷砲)의 격식이다. 그러나 배가 커서 돌리기 어렵다. 얕은 사장을 만나면 움직일 수 없다. 키 뒤에는 바다를 비추는 거울을 설치했는데, 큰 지름은 수 척에 달해 백 리를 비출 수 있다. ⓗ나라에서 사용하는 은 주화[ducat]는 사람 모습으로 말을 타고, 검을 들고 있는데, 그것을 '검전(劍錢)'이라 한다. 지폐[紙鈔]도

---

25) 시포(市埔)에 관한 기술은 '속(俗)' 다음에(11b)에 채록되어 있는데, 이곳으로 옮기라는 두주의 표시가 있으므로, 여기에 옮겨 편집하고 번역한다. 이 정보는 『영환지략』에서 채록했다(『영환지략교주』, 211쪽).

26) 『해국도지』에서 채록했다(『위원전집』, 6책, 1149쪽).

사용한다.[27)]

재(財): 강역(疆域), 인물(人物), 의복(衣服)은 모두 서양과 같다. 다만 부자가 죽으려 하면, 소유한 재산을 누구에게 무엇을 줄지, 먼저 관장(官長)에게 글로 써 올려 밝히고, 죽은 뒤에는 올린 문서대로 나누어 줘야 한다. 친척, 친구에게 주더라도 또한 그렇게 한다. 만약 미리 문서를 올리지 않으면, 반드시 자산을 몰수당하는데, 자손이라도 지킬 수 없다.[28)]

관(官): ⓘ국왕의 후사가 끊어지면, 군신들은 왕의 딸을 받들어 주인으로 삼는데, 세상에 이 때문에 딸 승계가 생겨났다. 지금은 끊어져, 나라에서는 더는 왕을 세우지 않고, 다만 네 대신이 나랏일을 처리한다. 죽는 자가 있으면, 중국처럼 다음 사람을 제수한다. 자격에 따라 순서대로 옮기며, 세습하지 않는다. ⓙ국도(國都)에는 스타트[State, 色特底司][29)] 의회[衙門] 하나, 헤네랄[Generaal, 仁尼臘爾] 의회[衙門] 하나를 설치했다. 스타트의 봉직은 종신직으로 바뀌지 않고, 헤네랄의 봉직은 3년마다 한 번 바뀌는데, 기한은 3년에 한 사람씩 바꾸어, 능숙한 사람이 이을 때까지 기다린다.[30)]

속(俗): 민속은 소박 진실하고 노동을 잘 견디며, 옷과 음식을 절약하여, 생활은 가장 부지런하다. 떠돌아다니는 사람이 없고, 도적도 없다. 이익이 있는 곳이라면, 천만리도 멀다고 하지 않는다. 성격은 청결함을 좋아하여 집을 수시로 청소한다. 거리에 오물이 있으면 반드시 쓸고 씻어내어 깨끗하게 한다. 조세는 상당이 무겁지만, 신사(紳士)의 판단에 따르며 왕도 전횡할 수 없다.[31)]

---

27) ⓕ는 『해국도지』에 인용된 『황청사예고(皇淸四裔考)』에서(『위원전집』, 6책, 1154쪽), ⓖ는 『해국도지』에서 채록했다(『위원전집』, 6책, 1153쪽). ⓗ는 『해국도지』에 인용된 『해록(海錄)』에서 채록했다(『위원전집』, 6책, 1155쪽; 『해록주』, 70쪽).

28) 『해국도지』에 인용된 『해록(海錄)』에서 채록했다(『위원전집』, 6책, 1154~1155쪽). 혜강은 '강역'을 빠뜨렸다(『해록주』, 69쪽).

29) '색특저사(色特底司)'의 '사(司)'자는 덧붙여진 글자로 보인다. 『해국도지』 교주에 따르면, '사(司)'자를 복수형 's'의 음역 표기로 읽었는데(『위원전집』, 6책, 1167쪽), 네덜란드어에서 복수형은 '-n' 또는 '-en'이므로, 그럴법하지 않다.

30) ⓘ는 『해국도지』에 인용된 『해록(海錄)』에서(『위원전집』, 6책, 1155쪽; 『해록주』, 69쪽), ⓙ는 『해국도지』에서 채록했다(『위원전집』, 6책, 1148쪽).

31) 『영환지략』에서 채록했다(『영환지략교주』, 209쪽).

각 부락[各部]: 땅은 열한 개 부락으로 나뉜다. 북네덜란드[North Holland, 北荷蘭]는 서쪽으로 대서양을 두고 있고, 동쪽은 하를럼해[Haarlem Mere, 亞爾零內海]를 두르고 있다. 도성은 암스테르담[Amsterdam, 亞摩斯德爾登]으로 이(Y) 강[義河][32] 강가에 건설되었다. 물속에 나무를 가설하여 위에 누각을 세워, 물길로 거리를 내었다. 주민은 20만 명이며, 무역이 번성하여 유럽[歐羅巴]의 대도시[大都會]로 일컬어진다. 또 별도(別都)는 합기(合其, Alkinaar?)라고 하는데, 바닷가에 있다. 국왕이 사는 궁전의 규모는 상당히 낮고 좁지만, 주민들은 매우 정결하다. 라이덴[Leyden, 來丁], 나르던[Naarden, 鳥特] 두 도시[城]에는 대학교[大書院]가 있어 문사들이 모이는 곳이다.

남네덜란드[South Holland, 南荷蘭]는 북네덜란드의 남쪽에 있다. 서쪽은 대해이고, 남쪽에는 내항(內港)이 경계하고 있어, 떨어져 두 섬[洲]을 이루었다. 중심도시[會城]는 헤이그[Hague, 海牙]다. 속한 로테르담[Rotterdam, 鹿特堤]은 도시 안으로 배가 드나들 수 있어 부상들이 몰려들어 거리는 화려하고 청결하다.

셀란디아[S(Z)elandia, 斯蘭德亞, Zeeland]는 남네덜란드의 남쪽에 있다. 서쪽은 대해이고 내항(內港)이 종횡으로 나 있으며, 그들을 경계로 하여 여섯 섬[洲]을 이룬다. 중심도시는 미델뷔르흐[Middelburg, 米德爾不爾厄]다.

북브라반트[North Brabant, 北巴拉班的]는 셀란디아[斯蘭德亞]의 동쪽에 있다. 면적은 상당히 넓어, 남쪽은 벨기에[比利時]와 접경하고 있다. 중심도시는 보아 르 뒤크[Bois Le Duc, 不亞勒獨各, 스헤르토헨보스('s-Hertogenbosch)]다.

위트레흐트[Utrecht, 烏德勒支]는 남북 네덜란드의 동쪽에 있다. 중심도시는 부락 명칭과 같다.

헬데르란트[Gelderland, 給爾德勒]는 위트레흐트[Utrecht]의 동북쪽에 있다. 서쪽으로 하를럼해[亞爾零內海], 동쪽으로는 게르만[日耳曼]과 경계한다. 중심도시는 아른하임[Arnheim, 亞爾凝]이다.

드렌테[Drenthe, 德倫得]는 헬데르란트[給爾德勒]의 북쪽에 있다. 서쪽으로 내해(內海), 동쪽으로는 게르만[日耳曼]과 경계한다. 중심도시는 아선

---

32) '의하(義河)'는 헤트 이(het Y), 즉 '이'라는 호수를 지칭할 것이다. 강은 암스텔(Amstel)이다. John Dower, 「Holland」(Edinburgh, 1832)를 참고하시오.

[Assen, 亞森]이다.

오버레이설[Overyssel, Oaveriessel, 疴威爾義塞耳]은 드렌테[德倫得]의 북쪽에 있다. 동쪽으로는 게르만[日耳曼]과 경계한다. 중심도시는 즈볼러[Zwolle, 索爾]다.[33)]

프리슬란트[Friesland, 非里薩]는 오버레이설[疴威爾義塞耳]의 서쪽에 있다.[34)] 삼면이 내해(內海)를 두고 있다. 중심도시는 레이와르던[Leeuwarden, 留瓦爾敦]이다.

그로닝겐[Groningen, 哥羅凝加]은 오버레이설[疴威爾義塞耳]의 북쪽에 있으며[35)] 네덜란드 북단 경계다. 동쪽으로는 게르만[日耳曼]과 경계한다. 중심도시는 부락 명칭과 같다.

림뷔르흐[Limburg, 靈不爾厄]는 북브라반트[北巴拉班的]의 동남쪽 모퉁이에 있다. 게르만[日耳曼]과 접경하고 있다. 중심도시는 마스트리흐트[Maastricht, 賣士的里至]다.

열한 개 부락 이외에 별도의 한 부락이 있는데 룩셈부르크[Luxemburg, 盧森不爾厄]로 게르만[日耳曼] 경계 안에 있다. 길이는 250리고 폭은 200리다. 중심도시는 부락 명칭과 같다. 인구는 29만 명이다. 게르만 연맹[公會]에 가입하여 출병하는 수는 2만 5,550명이다. 이 부락은 지도에 그려지지 않았으나 게르만 지도에는 분명히 들어 있다.[36)]

연혁(沿革): 이곳은 옛날 토착민[土番] 부락들이었고, 인종은 반달[Vandal, 巴達臥]족이다. 한나라 시기에 이탈리아[意大里]가 영토를 확장하여

---

33) '오버레이설[疴威爾義塞耳]' 주의 지리 기술은 방향이 틀렸다. 오버레이설은 헬데르란트[Gelderland, 給爾德勒]와 드렌테[Drenthe, 德倫得] 사이에 있다. 즉 드렌테의 '북쪽'이 아니라 남쪽에 있다.

34) 앞의 주석대로 고치면, 드렌테의 서쪽에 있다고 해야 정확하다.

35) 여기서도 오버레이설은 드렌테로 고쳐야 한다.

36) 이상 네덜란드[荷蘭]의 각 부락에 관한 기술은 모두 『영환지략』에서 채록했다(『영환지략교주』, 209~210쪽). 관련 지명들은 애로우스미스(John Arrowsmith), 「홀란드, 벨지움(Holland, Belgium)」(London, 1832); 콜튼(G.W. Colton), 「홀란드와 벨지움(Holland and Belgium)」(New York 1856)을 참고하여 추정하였다.

프랑스[佛郎西]에 이르렀을 때, 네덜란드 토착민들이 사납고 명에 따르지 않았다. 이탈리아 군대는 물에 막혀 전진할 수 없이 황무지에 놓여 더는 싸우지 못했다. 뒤에 게르만[日耳曼]의 프랑코[Franco, 弗郎哥] 사람들에게 점령되었다. 남제[蕭齊, 479~502] 시기에 프랑스가 차지하고 추장을 두고 그들을 나누어 다스렸다. 프랑스에 내란이 일어나자, 여러 추장은 땅을 차지하고 독자적으로 행동하며 17개의 작은 나라로 나뉘었다. 뒤에 부르군디아[Burgundia, 不爾痾尼亞, 부르고뉴] 추장[酋長]이 다시 여러 부락을 병합 통일하여 후국(侯國)으로 자립했다. 북송 시기, 바닷물이 제방 넘어 수백 리까지 들어와 주민들이 모두 빠져 죽고 도성은 거의 잠겼다. 바닷물이 빠지고 난 뒤에 바닷물이 모여 거대한 호수를 형성했는데 바로 하를렘해[亞爾零海]다. 수십 년을 경영하여 인구가 불어나고 상인들이 통행하며 완전하고 부유함이 옛날을 넘어섰다. 명나라 초, 후작 샤를[查理]이 프랑스를 침략하여 도성을 포위하고 위용을 빛내고 돌아왔다. 당시 네덜란드는 사람들이 부유하여 대부분 재산을 믿고 법률을 위반하자 후작은 준엄한 법으로 바로잡았는데, 형벌이 너무 지나쳐 사람들이 원망하고 분노하다가 반역의 뜻을 품었다. 프랑스가 승세를 타고 정벌에 나서자, 후작은 두려워 떨다가 뇌물을 주고 맹약을 청했고, 이내 프랑스 군대는 물러났다. 네덜란드가 옛날에는 남부와 북부로 나뉘었는데, 후작들의 정치가 가혹하여, 남부는 바로 벨기에[比利時]다. 강하다고 생각하고 명에 따르지 않았다. 후작은 전투했으나 대패하여 구덩이에 빠져 죽었다. 정덕(正德, 1506~1521) 연간에 에스파냐[西班牙] 왕 샤를 5세[查理第五]가 새롭게 게르만[日耳曼]에 추대되어 대권을 차지하고 프랑스를 공격하여, 왕을 사로잡자, 서방의 여러 나라가 질서를 거스르려는 자가 없었다. 마침내 명을 내려 네덜란드 왕을 겸하게 하자, 네덜란드는 감히 저항하지 못했다. 당시 네덜란드는 매우 부유하여, 왕은 세금을 줄이고 사람들을 기쁘게 하여 모두 천주교로 들어오게 했다. 예수교[耶蘇教]를 따르는 자들은 화형시켰다. 얼마 뒤에 샤를 5세가 아들인 에스파냐 왕 펠리페 2세[Felipe II, 非立第二]를 네덜란드 왕을 겸하게 하면서 예수교 금령은 더욱 급박해졌다. 남부는 원래 천주교를 믿어 고집할 바가 없었지만, 북부는 일찍이 예수교를 숭상하여 버티며 고치지 않으려 했다. 필립 2세는 준엄한 법으로 바로잡으며 수천 명을 죽였다. 네덜란드 사람들의 분노는 심해졌다. 오라녜[Oranje, 阿蘭治]란 자는 지혜와 용기가 비범하여 사람들이 추대하여 군주가 되었는데, 군대를 일으켜 에스파냐에 저항했다. 에스파냐는 대군으로 공격하자 네덜란드 사람들 모두 죽을 각오로 싸웠으며 잦은 패전에도 기세가 꺾이지 않았다. 프랑스, 영국[英吉利]이 군대를 보내 구원하자 얼마 뒤에 퇴각했다. 오라녜는 감격하여 군중에게 “에스파냐[西] 사람들은 우리를 박해[刀俎]했으니 간과 뇌가 흙에 범벅이 되도록 결사 항전해야 한다. 다행히 승리하면 나라의 복이요, 이기지 못하면 바다 제방을 터서 처자(妻責子)를 데리고 파도에 떠도는 신하[波臣]가 되리라. 죽고 싶지 않은 자는 배를 타고 만 리 밖으로 달아나 백성이 되지 않기를 서원하라”라고 하자, 군중들이 “예”라고 대답했다. 마침내 군대를 이끌고 홀로 전진하여 에스파냐와 수십 년을 싸우며, 여러 차례 에스파냐 군대를 물리치자, 에스파냐는 자객을 보내 그를 살해했다. 아들이 계승하여 군중을 통솔하니 용맹함이 아비를 넘어섰다. 힘을 다해 에스파냐 군대를 공격하여 대파시켰다. 에스파냐는 이내 군대를 거두고 강화했다. 이로부터 네덜란드는 다시 나라를 세우고 태평성대가 200여 년 이어졌다. 명나라 중엽에 이르러 네덜란드는 항해하여 동쪽으로 와, 중국의 동남양에 이르면서 자바[爪哇] 바로 갈라파(噶羅巴)다. 항구를 차지했고, 더 동쪽, 더 북쪽에 있는 섬나라마다 모두 부두를 건설하니, 동서로 7만 리의 바다 시장[海市]을 열었다. 옛날 나라는 작지만, 부유함은 서방에서 으뜸이었다. 명나라 말, 군함으로 푸젠과 저장[閩浙]에 소요를 일으키며 타이완[臺灣]을 간절히 원하여 차지하게 한 적이 있다. 이후 정씨(鄭氏, 정성공)에게 쫓겨났고, 소서양의 각 부두도 영국과 프랑스 등의 나라에 상당히 잠식되었으나, 남양(南洋)의 여러 큰 섬은 여전히 네덜란드가 차지하고 있었다. 강희(康熙) 27년(1688) 왕 빌럼 3세[Willem III van Oranje, 威廉第三]가 웅대한 지략으로, 영국인들이 그를 바다를 건너오도록 모셔 왕으로 세우면서, [네덜란드는] 거의 서방의 패권을 차지했다. 가경(嘉慶, 1796~1820)초, 프랑스 나폴레옹[拿破侖]이 네 나라를 침략하고, 군대가 네덜란드에 들어왔다. 네덜란드 왕은 달아나 황야에서 죽었고, 땅은 프랑스로 귀속되었다. 영국은 네덜란드가 어지러운 틈을 타고, 그들의 자바[爪哇] 부두를 빼앗았다. 나폴레옹이 패전하고, 네덜란드가 다시 옛 왕의 후손을 세우자, 영국은 그 부두를 돌려 주었다. 이에 앞서 네덜란드 남부는 북부와 서로 원수가 되었다. 당시 북부는 에스파냐와 전쟁하고 있었으나 남부는 에스파냐에 부속되어 도와주지 않았다. 가경 19년(1814), 남부는 네덜란드와 합쳐졌다. 도광(道光) 11년(1833) 남부는 다시 네덜란드와 단교하고 다른 종족을 왕으로 세우고 '벨기에[比利時國]'라고 불렀다.[37]

37) 이상 네덜란드[荷蘭]의 연혁은 『영환지략』에서 채록했다(『영환지략교주』, 208~209쪽).

6-3. 벨기에[比利時國] 지도 49를 보시오.

강역(疆域): 벨기에[比利時]는 비륵치(比勒治), 유리의(惟理儀), 북의(北義), 북이일가(北爾日加), 비이백객(比爾百喀), 밀이윤(密爾閏), 미이니임(彌爾尼壬), 비리윤(比利閏)이라고도 표기한다.[38] 유럽[歐羅巴]의 작은 나라다. 북쪽은 네덜란드[荷蘭]와 경계하고, 서북쪽은 대서양을 두고 있고, 서남쪽과 남쪽은 모두 프랑스[佛郎西]와 경계하며, 동쪽은 프로이센[普魯士] 서부와 닿아 있다. 세로로는 약 500리고, 가로로는 약 300리다. 땅은 아홉 부락으로 나눈다.[39]

수(水): ⓐ경내에는 큰 강 둘이 있다. 에스칼다[Escalda, Escaut, 義斯加爾達, 스헬더(Schelde)]와 뮤즈[Meuse, 米于干塞, 마스(Maas)]인데, 하류 모두 네덜란드[荷蘭] 경내에 있어, 화물선들이 이 강들로 운송해 간다. 네덜란드와 관계가 단절되었고, 네덜란드는 이 항구를 막고 통할 수 없게 했다. 이내 철로[轣轆路]를 돌을 길에 깔고, 쇠를 녹인 물을 부어 숫돌처럼 평평하게 만들어 증기기관차[火輪車]가 다니기 좋게 만들었다. 유럽[歐羅巴]의 각 나라에는 모두 가지고 있다. 조성하여 증기

---

38) '비리시(比利時)'는 기술된 설명을 통해 벨기에로 추정할 뿐 '비리시'가 어떤 표기를 음차한 형태인지는 밝혀지지 않았다. 60권본 『해국도지』, 권26에는 벨기에를 '북의(北義)'라고 표기하고 '미이니임(彌爾尼壬)'이라고 하였다(1849년 간행본, 27b). 1847년 간행본 『지리비고』에는 '북이일가(北爾日加)'로 표기했다(권6, 14). 사실 '비리시'란 명칭은 여기 『영환지략』에 처음 보인다. 벨기에의 다른 명칭들은 대체로 Belgia, Belgica, Belgium, Belgien, België, Belgique 등으로 첫음절을 '에' 모음을 가진다. 이로써 볼 때, 『영환지략』의 '비(比)'자는 '북(北)'자의 오기일 가능성이 크다. 밀이윤(密爾閏), 미이니임(彌爾尼壬), 비리윤(比利閏) 등은 '벨지움(Belgium)'을 음차한 형태들로 보인다. 유리의(惟理儀), 북의(北義)는 '벨기에(België)'에 근거했고, 북이일가(北爾日加)는 '벨지카(Belgica)'를 음차했다. 벨지카를 음차한 형태로 보이는 '비이백객(比爾百喀)'의 '백(百)'자는 오기일 것이다. 이처럼 '비리시'와 그의 다른 형태로 보이는 '비륵치(比勒治)'는 해당하는 음을 복원하지 못했음에도, 『청사고』에서는 '비리시(比利時)'로 통일되었다. 마지막으로 100권본 『해국도지』, 권40에는 네덜란드[荷蘭]에 붙여 벨지움[彌爾尼]을 기술했는데, 위원은 주석에서 '이선(伊宣)'이라고도 한다고 설명했다(『위원전집』, 6책, 1147쪽). 위원이 언급한 '이선(伊宣)'은 사청고의 『해록』에 기술된 나라로, "이선국은 네덜란드[荷蘭] 북쪽에 있다"라고 진술했으므로(『해록주』, 권하, 70쪽), '이선'이 벨기에의 다른 명칭이 될 수 없다.

39) 『영환지략』에서 채록했다(『영환지략교주』, 212쪽).

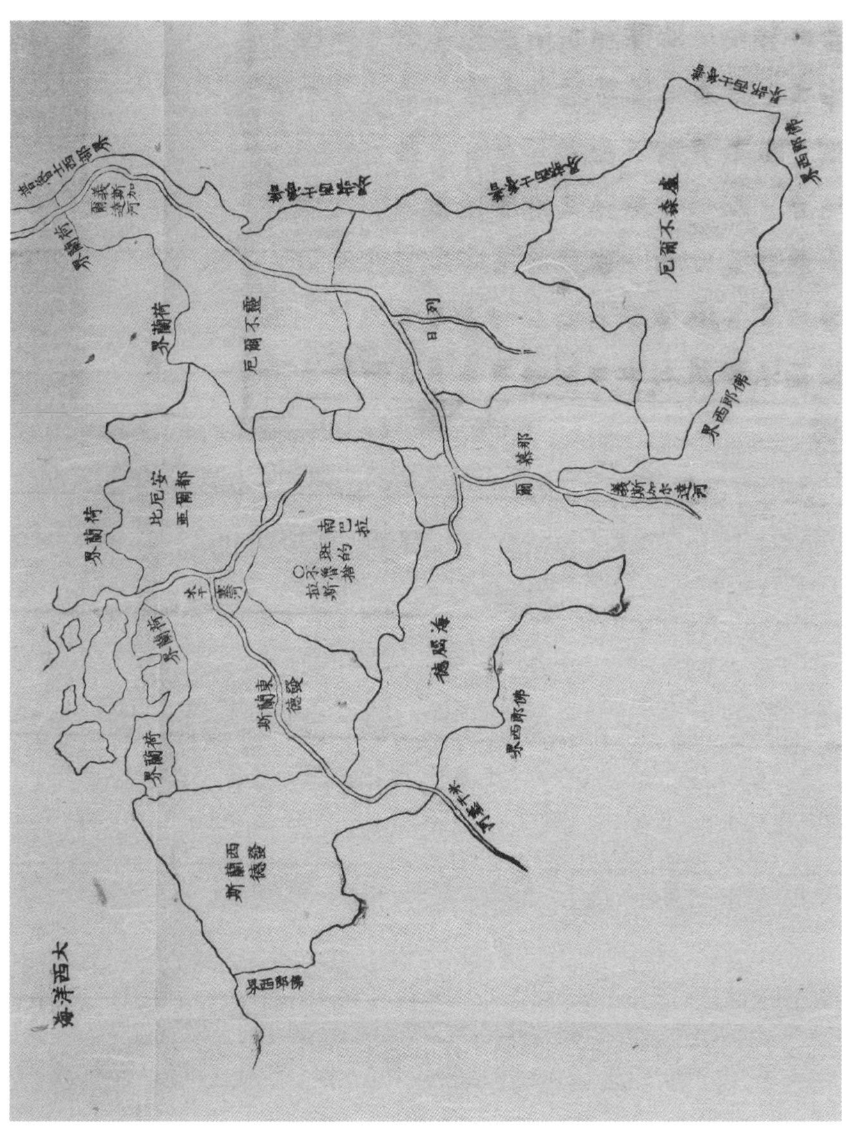

지도 49. 국립중앙도서관 소장본의 지도가 몹시 희미하여 『영환지략』(도시샤대학 소장본, 1861)에서 가져왔다. 국립중앙도서관 소장본에는 '비리시도(比利時圖)'라는 지도 명이 있고, 경도와 적도 표기가 있다.

기관차[火輪車]로 육로로 화물을 운송하여 바다에 이르렀다. ⓑ대체로 벨기에[比利時]와 네덜란드[荷蘭] 두 나라는 각기 경계 지역[甌脫]의 땅을 잘라 하나의 모퉁이를 이루고 있어, 개의 이빨처럼 서로 맞물려 들쭉날쭉 가지런하지 않다. 양국의 땅은 물 반 땅 반이며, 유럽 대륙[歐羅巴洲]의 남북 중앙을 차지하여 무역 산물이 집합하는 부두를 이룬다. 벨기에의 지세는 평평하고 무성하며 높은 언덕이 많아 조수의 우환이 없고, 내륙 강물의 범람 우려도 없다. 다만 네덜란드는 움푹 꺼진 지역에 있고 사방이 바닷가로, 조수가 이르면 지면 위로 높이 오르기 때문에 제방을 쌓아 막는다.[40)]

산(山): 평원은 평탄하고 광활하며 남쪽 경계에만 언덕과 구릉이 보일 뿐이다.

기후[氣]: 기후는 평온하고 토양은 기름지다.

산물[産]: 곡물[穀], 과실[果], 담뱃잎[烟葉]에 적합하다. 초원이 많아 목축에 유리하다. 아울러 석탄[煤]과 철을 생산한다.[41)]

상(商): 벨기에는 수백 년 전 광둥[粤]에 오는 무역이 끊어진 지 여러 해 되었다. 프랑스[佛郞西]는 그들과 알리앙스를 맺은 이웃으로, 근래 다시 통상을 요청해 와, 조정에서 허락했다.[42)]

관(官): 나라 도성에는 세나트[Senate, 西那底] 관청을 두었는데, 봉직자는 8년에 한 번 바뀐다. 르프레장땅[Représentant, 厘勃力新撻底] 의회[衙門] 봉직자는 4년에 한 번 바뀐다.[43)]

---

40) ⓐ는 『영환지략』에서 채록했다(『영환지략교주』, 212쪽). ⓑ는 『해국도지』, 권40, 벨기에[彌爾尼壬] 기술을 근거로 혜강이 재구성한 문장들이다(『위원전집』, 6책, 1147쪽). 위원은 벨기에를 '미이니임(彌爾尼壬)'으로 음역 표기하고 있음에 주목하시오.

41) 이상 산(山), 기(氣), 산(産)에 관한 정보는 모두 『영환지략』에서 채록했다(『영환지략교주』, 212쪽).

42) '상(商)'에 관한 기술은 '관(官)' 기술 뒤에(16b) 채록되어 있지만, 두주에 앞으로 올리라고 표시하고 있는 만큼 그에 따라 옮겨 편집하고 번역한다. 이 통상에 관한 정보는 혜강이 『영환지략』을 근거로 재구성했다(『영환지략교주』, 215쪽). 『영환지략』에서는 "벨기에[比利時]는 국초(國初)에 광둥[粤]에 무역하러 온 적이 있으나 발길이 끊어진 지 여러 해 되었다. 프랑스[佛郞西]는 그들과 알리앙스를 맺은 이웃으로, 근래 다시 통상을 요청해 와, 조정에서 허락했다"라고 기록하고 있다.

43) 『해국도지』의 벨기에 기술을 근거로 재구성했다(『위원전집』, 6책, 1148쪽).

각 부락[各部]: 남브라반트[South Brabant, 南巴拉班的]는 여덟 부락의 정중앙 땅에 있다. 도성은 브뤼셀[Bruxelles, Brussel, 不魯舍拉斯]로, 어떤 곳에는 목란락사이사(木蘭洛士爾士), 또는 비율실(比律悉)로 되어 있다. 센강[Seine, 塞內河] 강가에 건설되어 있다. 궁궐은 높고 크며 청결하지만 화려하지는 않다. 사람들은 방적에 능하여, 짠 니포(呢布)는 모두 정교하고 우수하다. 도시[城] 안팎으로 아름다운 나무를 많이 심어 정원으로 삼아, 사람들의 유람할 거리를 제공한다.

안트베르피아[Antverpia, 安都厄爾比亞, 안트베르펜]는 남브라반트[南巴拉班的]의 북쪽에, 네덜란드[荷蘭]와 접경하고 있다. 중심도시는 부락 명칭과 같다. 옛날 수로 운송의 큰 부두였다. 근래 항구가 네덜란드에 봉쇄되어 배들이 다니지 않는다.

동플랑드르[East Flanders, Flandre, 東發蘭德斯]는 남브라반트[南巴拉班的]의 서쪽에 있다. 중심도시는 겐트[Ghent, Gand, Gent, 干的]로 직공들이 모이는 곳이다. 니포(呢布)는 이곳으로부터 수출된다.

서플랑드르[西發蘭德斯]는 동플랑드르[東發蘭德斯]의 서쪽에 있다. 서쪽은 대해를 두고 있고 남쪽은 프랑스[佛郎西]와 경계한다. 중심도시는 브뤼허[Bruges, Brugge, 不魯日]로 수로 운송의 항구다.

하이나우트[Hainaut, Hainault, 海腦德]는 남브라반트[南巴拉班的]의 서남쪽에, 프랑스와 접경하고 있다. 중심도시는 몽스[Mons, 蒙肆]로, 내륙의 부두다.

나무르[Namur, 那慕爾]는 하이나우트[海腦德]의 동쪽에 있다. 남쪽은 프랑스와 경계한다. 중심도시는 부락 명칭과 같다.

리에주[Liege, 列日]는 나무르[那慕爾]의 동쪽에, 게르만[日耳曼]과 접경하고 있다. 중심도시는 부락 명칭과 같다.

렝부르그[Limbourg, 靈不爾厄]는 리에주[列日]의 북쪽에, 동쪽으로 프로이센[普魯士], 북쪽으로 네덜란드와 경계하고 있다. 중심도시는 마스트리흐트[Maastricht, 賣士的里至]다. 이곳은 네덜란드의 림뷔르흐와 서로 연결되어 중심도시 또한 같다. 한 구역을 두 땅으로 나누었을 것이다.

뤽상부르그[Luxemburg, 盧森不爾厄]는 리에주[列日]의 남쪽에, 동쪽으로 프로이센[普魯士], 남쪽으로 프랑스와 경계하고 있다. 중심도시는 아를롱[Arlon, 亞爾倫]이다. 이곳은 네덜란드가 차지한 룩셈부르크와 같은 명칭이지만, 중심도시가

다르고, 땅의 경계도 서로 가깝다.[44)]

연혁(沿革): 땅은 원래 네덜란드[荷蘭] 남부였다. 명나라 초 네덜란드 후작 샤를[査理]이 전쟁을 좋아하여 징수하는 세금에 고통을 겪은 벨기에[比利時]는 명을 따르지 않았다. 샤를은 군대를 끌고 경내로 돌입하여, 몰래 800명을 살해했다. 벨기에는 대군을 결성하여 원수를 갚자, 샤를은 패하여 죽었다. 뒤에 에스파냐[西班牙] 펠리페 2세가 네덜란드 두 부락의 왕을 겸했다. 네덜란드의 오라녜[Oranje, 阿蘭治]는 군대를 일으켜 항전하여 서로 수십 년을 대치했는데, 벨기에는 에스파냐에 예속되어 도울 수 없었다. 강희(康熙) 53년(1714) 에스파냐는 벨기에를 오스트리아[墺地利亞]에 돌려주어, [벨기에는] 70여 년 오스티아의 속령이 되었다. 가경(嘉慶, 1796~1820)초에 프랑스 나폴레옹[拿破侖]이 여러 나라를 겸병하면서 먼저 벨기에를 취하고 네덜란드를 다음으로 정벌했다. 나폴레옹이 패전하자 네덜란드는 다시 나라를 세웠다. 가경 19년(1814) 벨기에는 다시 네덜란드와 합해졌다. 이에 앞서 네덜란드는 예수교[耶蘇教]를 숭상하였기 때문에, 에스파냐와 수십 년 전쟁을 벌여 결국 승리하여 나라를 수복했으나, 벨기에는 프랑스와 가까워 프랑스가 풍속으로 천주교를 좋아했으므로 그에 따를 수밖에 없었다. 또 일찍이 에스파냐, 오스트리아[墺地利]에 예속되었을 때도 모두 천주교 국가였다. 네덜란드와 합해지자, 네덜란드의 풍속을 따르지 않으려 했다. 두 부락의 사람들은 서로 용인할 수 없어 수시로 분란을 일으켰다. 도광(道光) 11년(1831) 네덜란드의 지방 관리들을 축출했다. 네덜란드가 정벌하자, 벨기에는 여러 부락의 힘을 합쳐 항전하여 수개월 지속되면서 시체가 들에 만연했다. 프랑스가 거병하여 벨기에를 돕자, 네덜란드는 병력을 철수하여 물러났다. 벨기에 사람들은 마침내 게르만[日耳曼]의 작센-코부르크[Sachsen-Coburg, 薩克撒各不爾厄]의 공작 레오폴트[Leopold I, 留波爾多]를 모셔 와 왕으로 세우고 자체적으로 나라를 세웠다.[45)]

---

44) 이상 벨기에의 각 부락은 모두 『영환지략』에서 채록했다(『영환지략교주』, 214~215쪽). 지명들은 콜튼(G.W. Colton), 「홀랜드와 벨지움(Holland and Belgium)」(New York 1856)을 참고하여 추정하였다.

45) 『영환지략』에서 채록했다(『영환지략교주』, 212~214쪽).

6-4. 프랑스[佛郎西國] 지도 50을 보시오.

강역(疆域): 프랑스[佛郎西]는 불란서(佛蘭西), 법란서(法蘭西), 불랑기(佛郎機), 불랑기(佛朗機), 불랑제(拂朗祭), 하란서(荷蘭西) 등으로 표기한다.[46] 유럽[歐羅巴]의 강대한 나라다. 동북쪽은 벨기에[比利時]와 경계하고, 서북쪽으로는 영국[英吉利]와 해협[海港]을 두고 서로 마주하고 있다. 동쪽은 게르만[日耳曼], 스위스[瑞士], 동남쪽으로 이탈리아[意大里亞]와 지중해에 경계하고, 서쪽으로 대서양에 이르며, 서남쪽은 에스파냐[西班牙]와 경계한다. 세로로는 약 2,250리고, 가로로는 약 2,060리다.[47]

산수(山水): 지형은 평탄하게 펼쳐져 있고, 동쪽 경계는 여러 나라와 접경한 지역으로 연이은 산들이 끊어졌다 이어졌다 한다. 남쪽 경계는 에스파냐와 피레네우스[Pireneus, 比里牛斯, 피레네] 대산을 두고 있고 나머지는 모두 평평한 땅이다. 경내에는 강물이 종횡으로 흐르는데, 유명한 강으로 22개가 있다. 가장 큰 강물로 론[Rhône, 羅尼]은 북쪽에서 남쪽으로 흘러 지중해로 들어간다. 센[Seine, 塞納], 루아르[Loire, 羅亞爾], 지롱드[Gironde, Gironda, 日倫大]는 모두 동쪽에서 서쪽으로 흘러 대서양으로 들어간다. 프랑스인들 대부분이 지류를 개척하여 수로를 만들어, 프랑스인들은 수리(水利)에 매우 정통하여 그 나라에는 이를 전문으로 하는 학문이 있다. 곳곳에 배를 통하게 했다. 또한 도랑이나 해자를 개척하여 물을 저장하고 준설하는 바탕으로 삼아, 토양의 비옥함이 서방에서 으뜸이다. 농토는 여섯, 원림은 둘, 목장은 하나를 둔다.

풍기(風氣): 서북쪽 기후는 상당히 춥다.[48]

사람들[人民]: ⓐ사람들은 장신에 코가 높고, 눈동자는 고양이, 입은 매와

---

46) 서계여가 든 프랑스의 다른 표기들은 프랑스(France), 프렌치(French), 프란키아(Francia, '프랑크인들의 영역')를 음차한 형태들이다. 마지막 '하란서(荷蘭西)'는 '하(荷)'자의 오기를 상정하지 않는 한, 잘못이다. 『해도일지』(권3, 3a)에는 프랑스를 '화란서(和蘭西)'로 옮긴 예가 있다. 여기 '화(和)'자는 객가어 발음인 'fo'에 근거한 것 같다. 따라서 '하란서'는 '화란서'의 오기일 것이다.

47) 『영환지략』에서 채록했다(『영환지략교주』, 216쪽).

48) 산수(山水)와 풍기(風氣) 정보는 모두 『영환지략』에서 채록했다(『영환지략교주』, 219쪽).

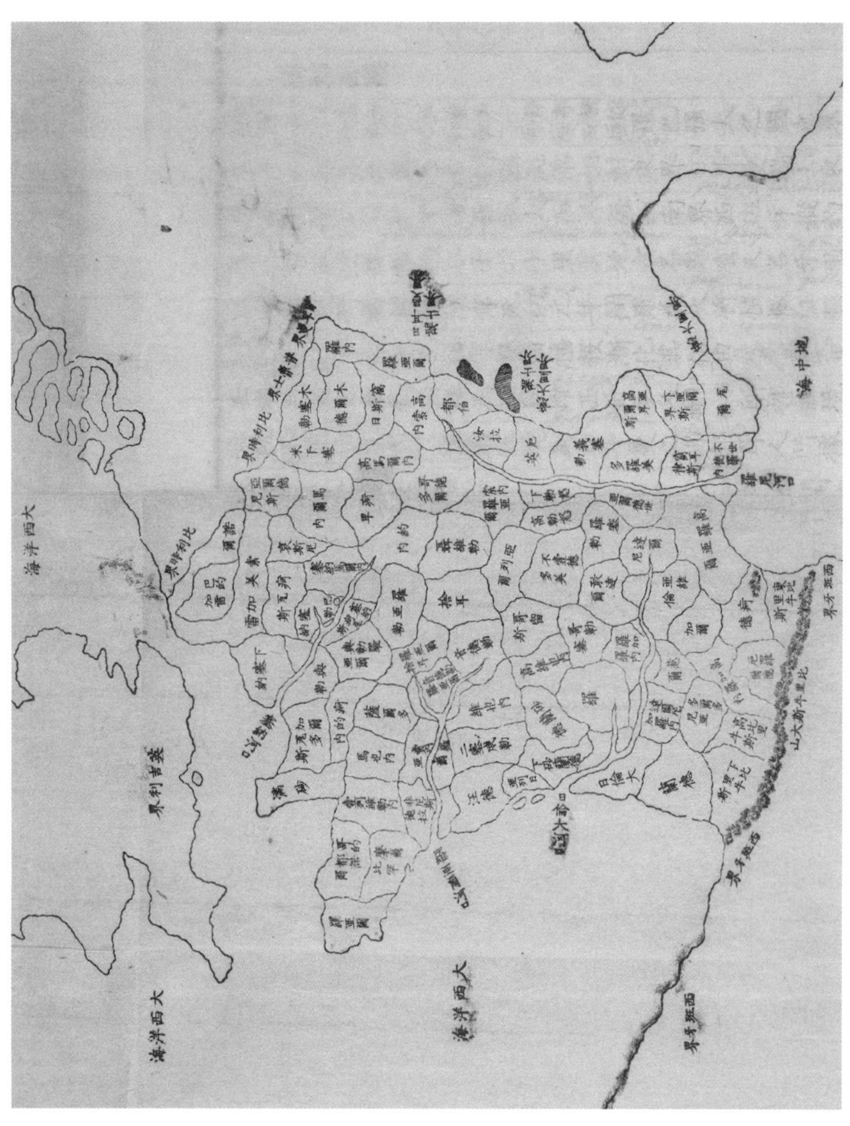

지도 50. 국립중앙도서관 소장본의 지도가 몹시 희미하여 『영환지략』(도시샤대학 소장본, 1861)에서 가져왔다. 국립중앙도서관 소장본에는 '불랑서도(佛郎西圖)'라는 지도 명이 있고, 경도와 적도 표기가 있다.

같으며, 머리털은 곱슬머리이고 수염은 붉다. 통상을 좋아하여 강함을 믿고 여러 나라를 업신여기며 가지 않는 곳이 없다. ⓑ인구는 3,250만 명이다.[49)]

물산(物産): ⓒ땅은 저습하여 농사와 과실에 적합하다. 동남쪽은 따뜻하고 건조하여, 초목이 많아 포도(葡萄)에 적합하다. 물산 중에서 가장 풍부한 산물은 포도주다. ⓓ또, 우모(羽毛), 사(紗), 시계[鍾表], 사니(紗呢), 융전(絨氈), 지전(地氈), 하포(夏布), 면포(棉布), 당(糖), 면화(棉花), 염(鹽), 잠(蠶), 철(鐵), 주석[錫], 은(銀), 납[鉛], 동(銅), 백반(白礬), 석탄[煤], 화석(火石), 수정(水晶), 유리[玻璃], 도기(陶器) 등이 난다.[50)]

의(衣): 직조하는 대니(大呢), 우단(羽緞)은 모두 정치하다. 또 꽃문양을 넣은 사단(絲緞)을 잘 짠다. 본국에서는 매년 잠사(蠶絲) 10만 마리를 생산하지만, 직조 수요에 부족하여 이탈리아[意大里亞]에서 사 와 보탠다.

식(食): 남방의 사람들은 대부분 양조를 업으로 삼는다. 맛은 아주 순수하여[醇], 색깔은 담황색으로 약간 붉으며, 매우 맑고, 맛은 중국 북방에서 기장쌀[黍米]로 양조한 술과 비슷하며 따르면 기포가 인다. 한 병에 양은(洋銀) 수십 원에 달하는 술도 있다. 서방의 좋은 술은 모두 프랑스에서 공급하는데, 매년 은 6,000만여 원에 달한다. 또한 꼬냑[熱酒]을 양조하는데, 매년 300만 원에 달한다. 생산하는 올리브유[橄欖油]는 매우 많다. 무[萊菔]를 재배하여 당을 만드는데 맛이 사탕수수[蔗]와 같다.[51)]

문자(文字): 문을 숭상하고 학문을 좋아한다. 도성에서 간행하는 서적이 많아 아주 명성이 높다.[52)]

농(農): 전하는 농토는 몇 무(畝)에 불과하지만, 농사에 가장 힘을 들여, 인구가 많아도 항시 먹고도 남는다.[53)]

---

49) ⓐ와 ⓑ는 모두 『해국도지』, 권41, 프랑스[佛蘭西] 기술에서 채록했다(『위원전집』, 6책, 1184쪽). ⓑ는 위원이 인용한 『매월통기전(每月統紀傳)』에 보인다(앞의 책, 1185쪽).

50) ⓒ의 정보는 『영환지략』에서 채록했고(『영환지략교주』, 219쪽), ⓓ의 산물들은 『해국도지』, 권41, 프랑스[佛蘭西] 기술에서 가져왔다(『위원전집』, 6책, 1174쪽).

51) 의(衣)와 식(食)은 모두 『영환지략』에서 채록했다(『영환지략교주』, 220, 219쪽).

52) 『해국도지』에 인용된 『직방외기』에서 채록했다(『위원전집』, 6책, 1181쪽). 『직방외기』에서 프랑스는 '불랑찰(拂郎察)'로 음역 표기되었다(『직방외기교석』, 82~83쪽).

53) 『영환지략』에서 채록했다(『영환지략교주』, 219쪽).

상(商): 유럽[歐羅巴] 각 나라는 모두 해상 무역[販海]을 업으로 삼는다. 예를 들어 영국[英吉利], 미국[米利堅], 루손[呂宋] 등은 매년 상선을 중국으로 보내는데, 많으면 100여 척이고 적어도 30~40척에 달한다. 판매하는 상품은 면화(棉花), 양포(洋布), 투박한 물건이 많다. 들여오는 양미(洋米), 후추[胡椒], 소목(蘇木), 해삼(海參) 등은 모두 동남양(東南洋)에서 사서 되파는 산물로 서양산이 아니다. 유독 프랑스 상선만 가장 적은데, 많으면 서너 척이고 적으면 한두 척뿐이다. 항구로 들어오는 상품은 모두 우모(羽毛), 대니(大呢), 시계[鍾表] 등 진귀한 물건들이다. 아마도 그 나라의 산물이 풍부하고 제조가 정교하여, 포도주, 대니, 주단(綢緞) 등을 유럽 각 나라에 팔면, 이익이 열 배에 달해 수만 리 멀리 건너와 도모할 필요가 없기 때문일 것이다. 그들이 항해하여 동쪽으로 오는 이유는 명성을 날리는 데 있으므로 돈벌이[權子母]에 전일하지 않는다. 의도가 아주 다르므로, 그들의 정세를 헤아려 알 수 있다.[54)]

교시(交市): 교역은 단지 손가락을 펴서 숫자를 표시하고, 천금이 달려있다고 해도 약속하지 않고, 일이 있어야 상호 어기지 않을 것을 하늘에 맹세한다.[55)]

공(工): 그 사람들의 생각은 세심하고 영민하여, 기구 제작에 뛰어나다. 자동총[自來火之鎗], 증기기관의 기차와 배[火輪之車船], 대부분 이들이 고안해 낸 것이다. 도성에는 시계[鍾表]를 만드는 장인이 2,000명이 있어, 매년 시계[時辰表] 4만 개, 자명종 1만 8,000개를 제작하는데, 제작법이 수시로 바뀐다. 기이한 마술[奇幻]은 사람의 의표를 드러낸다.[56)]

조세[賦]: 매년 각 항목의 세금으로 거두는 은(銀)은 약 1억 2,900만 냥이

---

54) 프랑스의 상업에 관한 설명은 누구의 설을 채록했는지 판단하기 어렵다. 같은 내용이 『해국도지』(『위원전집』, 6책, 1209쪽)와 『영환지략』에도 보이기 때문이다(『영환지략교주』, 227쪽). 분명 누군가는 표절하고 있다. 두 사람이 모두 다른 책을 채록한 것이라면, 자신의 설처럼 '안(按)'자로 위장한 행위는 비학문적이다.

55) 이 '교시(交市)' 설명은 다른 면(22b)에 채록되었으나, 두주에 앞으로 당겨 편집하도록 표기했으므로, 해당 순서에 따라 여기에 넣어 편집하고 번역했다. 이 정보는 『해국도지』에 인용된 『명사』에서 채록했다(『위원전집』, 6책, 1184쪽). 『명사』, 권325, 「불랑기전(佛郞機傳)」(8434쪽)에서 찾아볼 수 있다.

56) 『영환지략』에서 채록했다(『영환지략교주』, 220쪽).

다.[57)]

왕(王): 프랑스[佛郎西]는 유럽 여러 나라 가운데 있으며, 대를 전한 지 가장 오래되었다. 클로비스[Clovis, 哥羅味]가 터전을 열고 지금까지 이미 1,000여 년에 이른다. 중간에 번갈아 변고를 겪었지만, 왕위를 이는 자들 모두 친족들로, 다른 종족이 더해지지 않았고, 여왕도 세우지 않았다. 지키는 법이 준엄하여, 현명한 군주의 부흥이 예닐곱 차례 있어, 위기에도 망하지 않은 것은 이러한 이유 때문이다.[58)]

관(官): ⓖ나랏일과 관련하여 '점마아부(占馬阿富)'라는 의회[衙門] 1개소를 두었는데,[59)] 관원은 430명이다. 각 부락에서 서로 보충하는데, 영국(英國)의 커먼 하우스[House of Commons 甘文好司, 하원]의 체재와 같다. 심문하는 관청은 360개소로, 관원은 3,000명이다. 옛날 관직은 모두 세습하며, 조세를 차지하고, 인구를 조절하는 등 정사에 문란함이 많았으나, 뒤에 결국 세습직을 혁신했다. ⓗ독서를 상당히 중시하여 학문이 우수한 자는 발탁하여 요직의 관리[美官]로 삼는다. 그 제도에 따르면, 재상은 1명으로 다섯 작위의 사무처[公所]를 별도로 두고, 또 신사(紳士) 중에서 459명을 뽑아, 사무국[公局]을 둔다. 나라에 큰 정사, 예를 들어 형벌이나 포상, 정벌 등의 일이 있으면 사무처에서 계획하고 상의토록 한다. 세무에 관한 일은 사무국에서 계획하고 실행하게 한다. 둘 다 권한은 없고 왕의 명령을 전할 뿐이다.[60)]

학(學): 도성 안에는 대학교[大書院]가 있는데, 소장한 간행 서적이 36만

---

57) 『영환지략』에서 채록했다(『영환지략교주』, 220쪽). 『해국도지』에 인용된 『만국지리전도집(萬國地理全圖集)』에도 비슷한 언급이 보이는데, 훨씬 자세한 경제 상황을 기록하고 있다(『위원전집』, 6책, 1189쪽).

58) 『해국도지』에서 채록했다(『위원전집』, 6책, 1208쪽).

59) '점마아부(占馬阿富)'는 프랑스 양원제의 상원[Sénat], 하원[Chambre des Communes]을 말하는 것 같다. 그러나 실제 '점마아부'가 무엇을 음역 표기한 것인지 모르겠다. '샹부르(Chambre)'를 잘못 음차한 것일까? 『해국도지』 교주에 따르면, 'Chamber of Deputies'라고 설명했으나(『위원전집』, 6책, 1191쪽), 음성적으로 전혀 부합하지 않고 의미상으로도 어울리지 않는다. 아마도 '챔버오브'만 음차한 형태일 것이다.

60) ⓖ는 『해국도지』에서 채록했다(『위원전집』, 6책, 1173쪽), ⓗ는 『영환지략』에서 채록했다(『영환지략교주』, 226쪽).

책이고, 필사본 서적이 7만 책이다. 유학하는 사람들은 대학교에 머물면서 빌려 읽을 수 있다. 또 병원[醫院] 14개소를 두고, 명의를 선발하여 그곳에 살게 했다. 매년 치료하는 환자 수가 1만 4,000명이다. 나라마다 의술을 배우는 사람들은 모두 양식을 싸서 파리[Paris, 巴勒]로 도성의 명칭이다. 가서, 3년 또는 5년, 학업이 완성된 뒤에 돌아간다. 또 잡다한 예술을 배우는 학교[繁術院]가 있는데, 각 분야의 예술 선생들이 산다. 예를 들어 병법을 배우고, 하천 관리, 기물 제작 등으로 학생들은 각기 원하는 바로 나아가, 그곳에서 모여 살면서 배우고 익힌다.[61)]

예(禮): ⓔ의복은 화려하고 깨끗하다. 귀한 자는 모자[冠]을 쓰고 낮은 사람은 갓[笠]을 쓴다. 지위가 높거나 연장자를 보면 바로 벗는다. ⓕ성정은 온화하고 시원시원하며, 예절에 빈틈이 없다.[62)]

병(兵): 나라에는 정규군[額兵] 30만 명, 크고 작은 전함 290척, 해군 5만 명이 있다. 큰 배에는 대포 72문에서 120문까지 탑재한다. 또한 증기선[火輪船] 수십 척이 있는데, 지중해를 순시한다. 그들 풍속에, 사람들은 무훈(武勳)을 좋아하여 군대가 흥하면 의기가 양양해지고 얼굴에는 자부하는 표정을 띠며, 전투에 임해서는 곧장 달려 나가고, 의(義)는 돌아보지 않는다. 앞 부대의 늘어진 시체가 난잡해도 뒷 부대는 그대로 진군을 멈추지 않는다. 승리를 거두면 거국적으로 환호하고, 상해를 입거나 죽은 천만 사람을 구호하지 않아도 나라위 위엄을 높이고 나라의 체면을 온전히 한 것을 다행으로 여긴다. 그들 추장은 집요하고 전략을 잘 짜고, 군대를 아는 자들이 많아, 수전과 육전의 병법을 연구하지 않는 바가 없다. 또 종횡의 전술을 잘 활용하여 여러 나라와 교전하면, 열 번 출정하여 아홉 번 승리한다.[63)]

속상(俗尙): ⓘ민속은 호협(豪俠)하고 스스로 즐기며[自喜], 기운이 우렁

---

61) 『영환지략』, 파리[巴勒] 기술에서 채록했다(『영환지략교주』, 220쪽).

62) 이 기술은 다른 면(22b)에 채록되어 있으나, 두주에 이곳으로 옮기라는 지침에 따라, 여기에 편집하여 번역한다. ⓔ는 『해국도지』에 인용된 『명사』에서 채록했고(『위원전집』, 6책, 1184쪽), ⓕ도 같은 책에 인용된 『직방외기』에서 채록했다(앞의 책, 1181쪽; 『직방외기교석』, 83쪽).

63) 『영환지략』에서 채록했다(『영환지략교주』, 226쪽).

차, 종일 노래하고 춤춰도 지친 모습이 없다. 귀천을 가리지 않고 사람들의 옷은 모두 아름다운데, 비용을 아끼지 않는다. 교제를 즐기며 먼 곳에 있는 사람과의 만남을 좋아한다. ⓙ또한 종교 믿음이 매우 독실하여, 천주(天主)에 예배하고 강설하는 크고 작은 전당(殿堂)들이 10만을 밑돌지 않는다. ⓚ처음에는 불교(佛教)를 믿었으나 뒤에는 천주교를 신봉했다.[64)]

각 부락[各部]: 나라는 옛날 33 부락으로 나누었는데, 그 넓고 좁음이 고르지 않았기 때문에, 근래에는 86부(府, 데파트망)로 고쳤다. 일 드 프랑스[Île de France, Ilha de França, 壹里亞德佛蘭薩] 부락은 북쪽 경계의 동쪽과 서쪽 딱 중간의 땅에 있으며, 다섯 부(府)로 나눈다. 으뜸 도시[首邑]는 센[Seine, 塞納]으로 도성은 그 중간에 있는데, 파리[巴勒]다. 어떤 곳에는 파이륵사(帕爾勒士), 또는 파려사(巴黎斯)라고도 한다. 센강[塞納河] 양안에 건설되어 있다. 성과 담장은 사각으로 넓으며 주민은 90만여 명이다. 왕이 사는 궁궐이 우뚝 솟아 있고, 층층의 누(樓)와 겹친 각(閣)들이 서로 마주하며 문채가 정교하고 아름다워 서방에서 거의 비길 데가 없다. 성밖에는 별도의 궁과 정원이 있는데, 역대로 계속 수리하고 지어 수십 곳이다. 그곳의 거리는 구불구불 둘러 있고, 늘어선 점포들이 벌집처럼 빽빽하여, 왕래하는 사람들은 수레가 충돌하고 어깨가 닿을 정도로 밤낮 끊이지 않는다. 매년 수도에서 거두는 세은(稅銀)은 900만 냥에 달한다. 유럽[歐羅巴] 도시의 번성함으로는 최고로 친다. 다음은 와즈[Oise, 痾瓦斯]로 센[塞納]의 북쪽에 있으며, 으뜸 도시[首邑]는 보배[Beauvais, 波威]다. 엔[Aisne, 哀斯尼]는 와즈[痾瓦斯]의 동쪽에 있으며 으뜸 도시는 랑[Laon, 拉安]이다. 센-와즈[Seine et Oise, 塞納痾瓦斯]는 센[塞納]의 남쪽에 있으며 으뜸 도시는 베르사이유[Versailles, 威爾塞列斯]다. 센-마른[Seine et Marne, 塞納馬爾內]은 센[塞納]의 동쪽에 있으며 으뜸 도시는 믈렁[Melun, 美倫]이다.

플랑드르[Flandre, 法蘭德勒] 부락은 북단 경계로 벨기에[比利時]와 접

64) ⓘ는 『영환지략』에서 채록했고(『영환지략교주』, 226쪽), ⓙ는 『해국도지』에 인용된 『직방외기』에서 채록했다(앞의 책, 1184쪽; 『직방외기교석』, 82쪽). 여기에서 혜강은 '천주(天主)'라는 두 글자를 빠뜨린 점에 주목하시오. ⓚ는 『해국도지』에 인용된 『명사』에서 채록했다(『위원전집』, 6책, 1184쪽; 『명사』, 권325, 「불랑기전(佛郎機傳)」, 8434쪽).

해 있다. 하나의 부(府)로 고쳐 릴[Lille, 諾爾]이라고 부른다. 으뜸 도시는 릴[Lille, 列黎]이다.

아르투아[Artois, 亞爾多亞] 부락은 릴[諾爾]의 남쪽에 있다. 하나의 부(府)로 고쳐 파 드 칼레[Pas de Calais, 巴的加雷]라고 부른다. 으뜸 도시는 아라스[Arras, 亞拉斯]다.

피카르디[Picardi, 比加爾的亞] 부락은 파 드 칼레[巴的加雷]의 서남쪽에 있으며, 서쪽은 바다에 임해, 영국[英吉利] 남쪽 경계와 마주하고 있다. 하나의 부(府)로 고쳐 솜[Somme, 索美]라고 부른다. 으뜸 도시는 아미엥[Amiens, 亞眠]이다.

노르망디[Normandie, Normandia, 諾爾滿的亞] 부락은 북쪽 경계로 바다에 임해 있으며, 영국[英吉利]의 남쪽 경계와 마주하고 있다. 다섯 부(府)로 고쳤다. 센 하류[Seine-Inférieure, 下塞納]은 북쪽이 바다에 임해 있으며, 으뜸 도시는 루앙[Rouen, 盧昻]이다. 칼바도스[Calvados, 加爾瓦多斯]는 북쪽이 바다에 임해 있으며 으뜸 도시는 캉[Caen, 加英]이다. 망슈[Manche, 滿砂]는 서쪽과 북쪽 두 면이 바다에 임해 있으며, 으뜸 도시는 생 로[St. Lo, 森的羅]다. 오른[Orne, 痾爾內]은 칼바도스[加爾瓦多斯]의 남쪽에 있으며 으뜸 도시는 알랑송[Alençon, 亞靈孫]이다. 외르[Eure, 如勒]는 센 하류[下塞納]의 남쪽에 있으며, 으뜸 도시는 에브뢰[Évreux, 厄危律]다. 이상 여섯 부(府)는 영국과 내해(內海)를 내해를 망슈[滿砂]라 부른다. 사이에 두고 있을 뿐이다. 멀게는 100여 리고 가깝게는 50~60리다. 청명한 날이면 양쪽 해안에서 서로 바라볼 수 있다. 항구[海口]로 불로뉴[Boulogne, 補羅義], 칼래[Calais, 加來]가 있고, 큰 항구는 동말(東末, Dunkerque?)로 프랑스인들이 수년에 걸쳐 영국을 정벌할 때 모두 이 항구에서 나갔다. 세 항구는 형세가 뛰어난 땅을 차지하고 있고, 포대가 촘촘히 있으며, 매우 삼엄하게 방어하여 적의 배들이 접근할 수 없다.

샹파뉴[Champagne, Campania, 賞巴尼亞] 부락은 일 드 프랑스[壹里亞德佛蘭薩] 동쪽에 있다. 네 부(府)로 고쳤다. 아르덴[Ardennes, 亞爾德內斯]는 북쪽으로 벨기에[比利時]와 경계하며, 으뜸 도시는 메지에르[Mézières, 美西也爾]다. 마른[Marne, 馬爾內]의 으뜸 도시는 샬롱[Châlons, 砂龍]이다. 오브[Aube, 痾卑]의 으뜸 도시는 트루아[Troyes, 德羅業]다. 상부 마른[Haute Marne, 高馬爾內]의 으뜸 도시는 쇼몽[Chaumont, 說蒙]이다.

로렌[Lorraine, 羅勒內] 부락은 샹파뉴[賞巴尼亞] 부락의 동쪽에 있다. 네 부(府)로 고쳤다. 뫼즈[Meuse, 米于⁼塞]의 으뜸 도시는 바르 르 뒤크[Bar le Duc, 巴爾勒都]다. 모젤[Moselle, 木塞勒]은 북쪽으로 게르만[日耳曼]과 경계하며, 으뜸 도시는 메스[Metz, 美的]다. 뫼르트[Meurthe, 木爾德]의 으뜸 도시는 낭시[Nancy, 囊西]다. 보주[Vosges, 窩斯日]의 으뜸 도시는 에피날[Épinal, 厄比納爾]이다.

멘[Maine, 賣內] 부락은 노르망디[諾爾滿的亞] 부락의 남쪽에 있다. 두 부(府)로 고쳤다. 마옌[Mayenne, 馬也內]의 으뜸 도시는 라발[Laval, 拉瓦爾]이다. 사르트[Sarthe, 薩爾多]의 으뜸 도시는 르망[Leman, 勒忙]이다.

앙주[Anjou, 安如] 부락은 멘[Maine, 賣內]의 남쪽에 있다. 하나의 부(府)로 고쳤다. 멘-루아르[Maine et Loire, 賣內羅亞爾]의 으뜸 도시는 앙제[Angers, 安惹爾]다.

브르타뉴[Bretagne, Britannia, 北勒達尼亞] 부락은 멘[賣內]의 서쪽에 있다. 지형은 팔처럼 뻗어 대서양으로 들어간다. 다섯 부(府)로 고쳤다. 일-빌렌[Ille et Vilaine, 壹列維勒內]은 북쪽의 절반은 바다를 두고 있으며, 으뜸 도시는 렌[Rennes, 勒內]이다. 코트 뒤 노르[Côte du Nord, 哥的都諾爾]는 북쪽에 바다를 두고 있으며, 으뜸 도시는 생 브리외[Saint-Brieuc, 森德比勒與各]다. 피니스테르[Finistère, 非尼斯德拉]는 서남쪽으로 바다를 두고 있고, 항구가 있어 큰 강으로 통한다. 으뜸 도시는 캥페르[Quimper, 固英卑爾]다. 모르비앙[Morbihan, 摩爾比罕]은 남쪽으로 바다를 두고 있다. 으뜸 도시는 반[Vannes, 臥內]다. 루아르[Loire, 羅亞爾]는 남쪽, 북쪽, 서쪽 삼면에 바다를 두고 있다. 으뜸 도시는 낭트[Nante, 難得斯]다.

폴리투[Politou, 波亞都] 부락은 브르타뉴[北勒達尼亞]의 동남쪽에 있다. 세 부(府)로 고쳤다. 방데[Vendée, 枉德]는 서쪽으로 대서양을 두고 있다. 으뜸 도시는 부르봉-방데[Bourbon-Vendée, 不爾奔枉德, La Roche sur Yon]다. 되세브르[Deux-Sèvres, 二塞威勒]의 으뜸 도시는 니오르[Niort, 虐爾]다. 비엔[Vienne, 維也內]의 으뜸 도시는 푸아티에[Poitiers, 波亞疊]다.

오니[Aunis, 痾尼] 부락은 되세브르[二塞威勒] 부(府)의 남쪽에 있다. 하나의 부(府)로 고쳤다. 샤랑트 하부[Charente-Inférieure, 下砂蘭德, Charente-Maritime]은 남쪽 경계에 항구가 있어 큰 강으로 통한다. 으뜸 도시는 로셸

[Rochelle, 羅舍勒, La Rochelle]이다.

생통주-앙구무아[Saintonge-Angoumois, 森當日昂姑木亞] 부락은 샤랑트 하부[下砂蘭德]의 동쪽에 있다. 하나의 부(府)로 고쳤다. 샤랑트[砂蘭德]의 으뜸 도시는 앙굴렘[Angoulême, 昂姑勒美]이다.

오를레아네[Orléanais, 耳里亞內斯] 부락은 일 드 프랑스[壹里亞德佛蘭薩]의 서남쪽에 있다. 세 부(府)로 고쳤다. 외르-루아르[Eure-Loir, 與勒羅亞爾]의 으뜸 도시는 샤르트르[Chartres, 砂爾德勒]다. 루아레[Loiret, 羅亞勒]의 으뜸 도시는 오를레앙[Orléan, 疴爾良]이다. 루아르-셰르[Loir et Cher, 羅亞爾舍耳]의 으뜸 도시는 블루아[Blois, 波羅瓦]다.

투렌[Touraine, 都勒內] 부락은 루아르-셰르[羅亞爾舍耳] 부(府)의 서남쪽에 있다. 하나의 부(府)로 고쳤다. 앵드르-루아르[Indre et Loire, 音德勒羅亞爾]의 으뜸 도시는 투르[Tours, 都爾]다.

베리[Berry, 北里] 부락은 오를레아네[耳里亞內斯]의 남쪽에 있다. 두 부(府)로 고쳤다. 셰르[Cher, 舍耳]의 으뜸 도시는 부르주[Bourges, 不爾日]다. 앵드르[Indre, 音德勒]의 으뜸 도시는 샤토루[Châteauroux, 砂多盧]다. 이상 세 부락 여섯 데파트망[府]은 프랑스의 가운데 땅에 있어 인구는 아주 많고 마을도 풍요롭고 알차다. 모두 프랑스의 팔다리에 해당하는 군(郡)들이다.

니베르네[Nivernais 尼威威尼爾內] 부락은 셰르[舍耳] 부(府)의 동쪽에 있다. 하나의 부(府)로 고쳤다. 니에브르[Nièvre, 聶維勒]의 으뜸 도시는 느베르[Nevers, 內維爾]다.

부르보네[Bourbonnais, 不爾波內] 부락은 니에브르[聶維勒] 부(府)의 남쪽에 있다. 하나의 부(府)로 고쳤다. 알리에[Allier, 亞列爾]의 으뜸 도시는 물랭[Moulins, 木靈]이다.

마르셰[Marche, 馬爾世] 부락은 베리[Berry, 北里] 부락의 남쪽에 있다. 하나의 부(府)로 고쳤다. 크뢰즈[Creuse, 哥留斯]의 으뜸 도시는 게레[Guéret, 疴勒]다.

리무쟁[Limousin, 黎木性] 부락은 게레[疴勒] 부(府)의 서남쪽에 있다. 두 부(府)로 고쳤다. 상부 비엔[Haute Vienne, 高維也內]의 으뜸 도시는 리모주[Limoges, 里摩日]다. 코레즈[Corrèze, 哥勒塞]의 으뜸 도시는 튈[Tulle, 的與勒]이다.

오베르뉴[Auvergne, 痾威爾內] 부락은 알리에[亞列爾] 부(府)의 남쪽에 있다. 두 부(府)로 고쳤다. 퓌 드 돔[Puy de Dôme, 不壹德多美]의 으뜸 도시는 클레르몽[Clermont, 哥勒爾蒙, Clermont-Ferrand]이다. 캉탈[Cantal, 敢達爾]의 으뜸 도시는 오리야크[Aurillac, 痾里拉]다.

알자스[Alsace, Alsasia, 亞爾撒斯亞] 부락은 퓌 드 돔[不壹德多美] 부(府)의 동쪽에 있다.[65] 두 부(府)로 고쳤다. 하부 라인[Bas Rhin, Reno, 下勒怒]의 으뜸 부락은 스트라스부르[Strasbourg, Estrasburgo, 義斯達拉斯內不爾厄]다. 상부 라인[Haut Rhin, 高勒怒]의 으뜸 도시는 콜마르[Colmar, 加爾馬耳]다.

프랑슈-콩테[Franche-Comté, 法郎師官德] 부락은 동쪽 경계 보주[Vosges, 窩斯日] 부(府)의 남쪽에 있다. 세 부(府)로 고쳤다. 오트 손[Haute-Saône, 高索內]의 으뜸 도시는 브줄[Vesoul, 威蘇爾]다. 두[Doubs, 道伯]는 동쪽으로 스위스[瑞士]와 경계한다. 으뜸 도시는 브장송[Besançon, 北三孫]다. 쥐라[Jura, 汝拉]는 동남쪽 모퉁이가 스위스와 경계한다. 으뜸 도시는 롱스 르 소니에[Lons le Saunie, 龍勒索爾聶耳]다.

부르고뉴[Bourgogne, Burgundia, 不爾痾尼亞] 부락은 프랑슈-콩테[法郎師官德] 부락의 서쪽에 있다. 네 부(府)로 고쳤다. 욘[Yonne, 約內]의 으뜸 도시는 오세르[Auxerre, 痾舍勒]다. 코트 도르[Côte-d'Or, 哥德多爾]의 으뜸 도시는 디종[Dijon, 的仍]이다. 손-루아르[Saône et Loire, 索內羅亞爾]의 으뜸 도시는 오툉[Autun, 痾敦]이다. 앵[Ain, 厄英]의 으뜸 도시는 부르[Bourg, 不爾厄, Bourg-en-Bresse]다.

리요내[Lyonnais, 里痾內] 부락은 가장 동북쪽[66] 모퉁이에 게르만[日耳曼]과 접해 있다. 두 부(府)로 고쳤다. 론[Rhône, 羅內]의 으뜸 도시는 리옹[Lyon, 利昂]이다. 루아르[Loire, 羅亞爾]의 으뜸 도시는 몽브리종[Montbrison, 蒙比里孫]이다.

도피네[Dauphiné, 德爾非內] 부락은 앵[Ain, 厄英] 부(府)의 동남쪽, 이탈리아[意大里亞]의 사르디니아[Sardinia, 薩爾的尼亞, Sardegna]와 접해 있다. 세

65) 퓌 드 돔을 기준으로 보면, 알자스 지방은 북동쪽에 있다.

66) '가장 동북쪽 모퉁이[極東北隅]'라는 위치 설명은 '리요네 프로방스의' 가장 동북쪽 모퉁이로 읽어야 할 것이다.

부(府)로 고쳤다. 이제르[Isère, 義塞勒]의 으뜸 도시는 그르노블[Grenoble, 哥肋諾伯勒]이다. 드롬[Drôme, 多羅美]의 으뜸 도시는 발랑스[Valence, 瓦棱薩]다. 오트 잘프스[Hautes-Alpes, 高亞爾卑斯]의 으뜸 도시는 가프[Gap, 甲]다.

프로방스[Provence, 오크Provença, 不羅溫薩] 부락은 동쪽으로 사르디니아[薩爾的尼亞]와 접해 있고, 남쪽 경계에는 지중해가 있다. 네 부(府)로 고쳤다. 보클뤼즈[Vaucluse, 窩哥律斯]의 으뜸 도시는 아비뇽[Avignon, 亞威農]이다. 바스 잘프스[Basses Alpes, 下亞爾卑斯, Alpes de Haute Provence]의 으뜸 도시는 딘[Digne, 的聶, Digne les Bains]이다. 부슈 뒤 론[Bouches du Rhône, 不世德羅內]의 남쪽 경계는 바다를 두고 있고, 으뜸 도시는 마르세유[Marseille, 프Marselha, 라Massilia, 馬耳塞里亞]다. 바르[Var, 瓦爾]의 동남쪽 경계에는 바다를 두고 있고, 으뜸 도시는 드라기냥[Draguignan, 達拉給娘]이다.

랑그도크[Languedoc, 郎給德, Languedoc-Roussillon] 부락은 프로방스[不羅溫薩] 부락의 서쪽에 있으며, 면적은 매우 넓다. 여덟 부(府)로 고쳤다. 오트 루아르[Haute-Loire, 高羅亞爾]의 남쪽 경계는 지중해를 두고 있고, 으뜸 도시는 퓌[Puy, 不壹, Le Puy en Velay]다. 로제르[Lozère, 羅塞勒]의 으뜸 도시는 망드[Mende, 漫德]다. 아르데슈[Ardèche, 亞爾德世]의 으뜸 도시는 프리바[Privas, 比里瓦]다. 가르[Gard, 加爾]의 으뜸 도시는 님[Nîmes, 尼美斯]이다. 에로[Hérault, 厄羅爾德]의 으뜸 도시는 몽펠리에[Montpellier, 蒙德不列爾]다. 오드[Aude, 痾德]는 동쪽 경계에 지중해를 두고 있고, 으뜸 도시는 카르카손[Carcassonne, 加爾加索內]이다. 타른[Tarn, 達爾尼]의 으뜸 도시는 알비[Albi, 亞爾比]다. 오트 가론[Haute-Garonne, 高加羅內]의 으뜸 도시는 툴루즈[Toulouse, 都羅塞]다. 이상 두 부락은 지중해 북쪽 해안에 막혀 있고, 마르세유[馬耳塞里亞]는 남쪽 경계에 있는 제일의 큰 부두다. 또한 툴롱[Toulon, 土侖]이란 항구는 전함을 고치고 만드는 곳이다.

푸아[Foix, 佛亞] 부락은 서쪽 경계 샤랑트 하부[Charente-Inférieure, 下砂蘭德, Charente-Maritime] 부(府)의 서쪽, 바다에 임해 있다.[67] 하나의 부(府)로 고쳤다. 아리에주[Ariège, 亞列日]로 으뜸 도시는 푸아[佛亞]다.

67) "사랑트 하부의 서쪽에 있다"는 지리 정보는 완전히 잘못되었다. 오드[Aude, 痾德]의 서쪽이 되어야 한다.

루시용[Roussillon, 盧西隆] 부락은 남쪽 경계에 있다. 동쪽으로 지중해를 두고 있고, 남쪽으로 피레네우스[Pireneus, 比里牛斯, 피레네]를 등지고, 에스파냐[西班牙]와 접경하고 있다. 하나의 부(府)로 고쳤다. 피레네 오리앙[Pyrénées Orient, 東比里牛斯]으로, 으뜸 도시는 페르피냥[Perpignan, 北爾比娘]이다.

마야납(馬也納)[68] 부락은 남쪽 경계 랑그도크[郎給德] 부락의 서쪽에 있다. 면적은 더 넓다. 아홉 부(府)로 고쳤다. 지롱드[Gironde, 日倫大]는 서쪽으로 대서양을 두고 있고, 으뜸 도시는 보르도[Bordeaux, 波耳多]다. 바다 항구가 깊게 통하고, 위로는 내륙 강과 연결되어 포도주는 이곳으로부터 운송되는데, 서쪽 경계에서 제일의 큰 부두다. 도르도뉴[Dordogne, Dordonha, 多爾多尼亞]의 으뜸 도시는 페리괴[Périgueux, 卑里句]다. 로 테 가론[Lot et Garonne, 羅加羅內]의 으뜸 도시는 아쟁[Agen, 亞仁]이다. 로[Lot, 羅]의 으뜸 도시는 카오르[Cahors, 加爾]다. 아베롱[Aveyron, 亞維倫]의 으뜸 도시는 로데스[Rodez, 羅德斯]다. 타른 에 가론[Tarn et Garonne, 達爾尼加羅內]의 으뜸 도시는 몽토방[Montauban, 蒙德邦]이다. 제르[Gers, 惹爾]의 으뜸 도시는 오슈[Auch, 痾世]다. 랑드[Landes, 蘭德]는 서쪽으로 대서양을 두고 있고, 으뜸 도시는 몽 드 마르상[Mont de Marsan, 蒙德馬爾三]이다. 오트 피레네[Hautes-Pyrénées, 高比里牛斯]는 남쪽으로 에스파냐[西班牙]와 경계하며, 으뜸 도시는 타르브[Tarbes, 達爾卑]다.

베아른[伯爾內] 부락은 서남쪽 모퉁이에서 서쪽으로 대해를 두고 있으며, 남쪽으로 에스파냐[西班牙]와 경계하고 있다. 하나의 부(府)로 고쳤다. 바스피레네[Basses-Pyrénées, 下比里牛斯]로 으뜸 도시는 포[Pau, 波]다.

코르시카[Corsica, Corse, 哥爾塞牙] 어떤 곳에는 가이서가(可耳西加), 또는 갈이서아(噶爾西阿), 또는 곽사객(郭士喀)으로 되어 있다. 부락은 나라의 동남쪽에 있는 지중해의 큰 섬이다. 사르디니아[薩爾的尼亞] 섬의 북쪽에 있다. 옛날에는 이탈리

---

68) '마야납(馬也納)'은 기술한 데파트망과 도시의 명칭으로 볼 때, 프랑스 서남부 기옌(Guyenne) 또는 포르투갈어 귀에나(Guiena)를 옮긴 표기일 것이다. 따라서 첫 번째 글자 '마(馬)'자는 오기일 것이다. 이 지역은 1792년까지 더 서남쪽의 가스코뉴(Gascogne)와 통합되었다. 이는 아래 부속 설명과 부합한다.

아[意大里]에 속했으나 프랑스인들이 빼앗았다. 지금은 하나의 부(府)로 고쳤다. 나폴레옹[拿破侖] 왕을 폐위한 것은 바로 이 섬사람들이다. 지도에는 이탈리아[意大里亞]에 부속되어 있다.[69)]

프랑스의 속령은 다른 땅에도 여러 곳이 있다. 예를 들어 남인도의 퐁디셰리[本地治理], 남아메리카[南亞墨利加]의 왜아나(歪阿那, 기아나?), 아프리카[阿非利加]의 알제리[阿爾及耳], 인도양의 부르봉[不爾奔] 등이다. 차지하고는 잘 경영하지 못했고, 방치하고도 그다지 아까워하지 않았다. 아마도 이들을 중하게 여기지 않았을 것이다.[70)]

연혁(沿革): 땅은 옛날 골[Gaule, 槩盧]이라고 불렸고, 갈리아[Gallia, 牙里亞]라고도 불렸는데, 켈트[Celt, 프Celtas, 塞爾達] 야만족[野番]의 부락이었다. 한나라 효원(孝元) 초원(初元元初) 연간(기원전 48~기원전 44)에 로마[羅馬]의 대장 카이사르[Caesar, 愷撒]가 어떤 곳에는 인략새살이(人略塞薩爾)로 되어 있다. 정복하고, 대신에게 지키며, 농토를 개간하고 곡식을 파종하여 그 풍속을 점차 바꾸도록 했다. 이로부터 이탈리아[意大里亞]의 서쪽 경계가 되었다. 뒤에 로마가 쇠락하며 혼란해지자, 남쪽 경계는 북적(北狄) 비시고트[Visigoths, 維西哥多] 바로 고트족[峩特族] 들이 차지했고, 서쪽 경계는 북적인 부이급농(不爾給農, Burgondes?) 사람들이 차지했으며, 동북쪽 경계는 게르만[日耳曼]의 프랑코[佛郎哥]인들이 차지했다. 제나라 고제(高帝) 건원(乾元) 3년(481) 프랑코 추장 클로비스[Clovis I, 哥羅味]가 웅대한 지략이 있어 비로소 북적을 몰아내고 그 전체 땅을 차지하고, 국호를 프랑스[佛郎西]로 고쳤다. 이것이 프랑스 사람들이 건국한 시초다. 300여 년을 전하여 킬페리크[Chilperic II, 672~721, 給

69) 이상 프랑스의 각 부락에 관한 기술은 모두 『영환지략』에서 채록했다(『영환지략교주』, 219~226쪽). 지명 추정은 엘웨(Jan Barend Elwe), 「모든 프로방스와 그 인수 지역으로 나눈 프랑스 왕국의 새로운 지도(Carte nouvelle du Royaume de France divisé en toutes ses provinces et ses acquisitions)」(Amsterdam, 1792); 페로(A.M. Perrot), 「프랑스 해양 지도(Carte Pittoresque et Maritime de la France Indiquant)」(Paris, 1857); 앙드리보-구종(Eugène Andriveau-Goujon), 「프랑스(France)」(Paris, 1881) 등을 참고하였다.

70) 『영환지략』에서 채록했다(『영환지략교주』, 226쪽). 밑줄 친 부분은 혜강이 채록하지 않았지만, 이해를 위해 넣어 번역했다.

爾北里哥]가 나라 사람들에게 폐위되었다. 당나라 천보(天寶) 11년(752) 재상 피피누스[Pippinus III Brevis, 北比諾]를 어떤 곳에는 추(鎚)로 되어 있다. 왕으로 세웠다. 피피누스는 총명하고 학문을 좋아하여 떨치고 일어나 국정을 돌보자, 프랑스는 강녕해졌다. 그의 손자 카롤루스 그란데[포Carlos, o Grande, Carolus Magnus, 甲利泰甫]는 어떤 곳에는 가이록사마가노(加爾祿斯馬哥奴)로 되어 있다. 문무를 두루 갖추어 당나라 덕종(德宗) 6년(785)에 왕위를 이었다. 당시 동방의 게르만[日耳曼]의 작센[撒遜] 부락이 자주 변경을 침입하여 카롤루스 대제[泰甫]가 그들을 정벌하여 그들 왕을 사로잡고 4,500명을 참수하여, 게르만 여러 부락을 공략 평정하고 로마를 겸병했다. 로마 교왕이 왕관을 올려주자, 당시 천주교왕이 대권을 가지고 있어 왕관을 올려준 자는 패왕으로 세운다는 뜻이다. 로마 동왕이 윗자리를 내어주었다. 대제는 객사와 저택을 열어 문인들을 초빙하고, 성읍, 궁실, 도로를 건설하고 크게 정리하니 규모가 일시에 성대해졌다. 대제 몇 세대 뒤에 후손들이 권력을 다투자, 각 부락도 군대를 멋대로 움직여 서로 공격하자, 나라도 약해지며 혼란해졌다. 송나라 태종(太宗) 옹희(雍熙) 4년(987) 나라 사람들이 대추(大酋) 위그 카페[Hugues Capet, Hugo Capeto, 武額加頒多]를 왕으로 세웠다. 수세대를 전하여, 다시 발루아[Valois, 瓦羅義斯]를 왕으로 세웠다. 송나라 이종(理宗) 2년(1226) 왕 루이[Louis, 路易]가 어떤 곳에는 로의사(盧義斯)로 되어 있다. 왕위를 계승했다. 그는 관리를 잘 다루는 방법[吏術]에 뛰어났고, 이름난 법률에 더욱 정통하였고, 군대를 이끌고 이집트[麥西]를 정벌하기도 했다. 전쟁에 승리하자 전군이 전염병에 걸려 기동할 수 없게 되자, 전군에 대한 보상을 받고 돌아와 국정을 더 닦았다. 현명하고 능력 있는 자들을 선발 임용하여 중흥으로 일컬어진다. 나라는 영국[英吉利]과 해협[海港] 하나를 사이에 두고 대대로 혼인을 맺었다. 당시 프랑스 왕의 후사가 끊어졌을 때, 영국왕 에두아르[Édouard, Eduardo, 義都亞爾多]는 어떤 곳에는 화의도 3세[華義都第三]로 되어 있다. 프랑스 옛 왕의 생질로 마땅히 땅을 나누어 받아야 했는데, 프랑스인들이 주지 않자, 영국이 결국 군대를 일으켜 공격하면서 두 나라는 이로부터 분란에 얽히며, 수년 또는 수십 년을 간격으로 자주 서로 다투며 강적[勍敵]으로 불렀다. 원나라 순제(順帝, 1333~1370년 재위) 연간에 나라는 영국에게 멸망했다. 16세의 어린 딸이 살아남은 사람들에게 호소하여 영국군을 격퇴하고 경내의 땅을 회복했다. 명나라 만력(萬曆) 25년(1597) 왕 앙리[Henri, 顯理]가 어떤 곳에는 영려급(英黎給)으로 되어 있다. 시해되었다. 앙리 4세가 어떤 곳에는 영려급(英黎給) 4세[第四]로 되어 있다. 방계로 왕위를 이어 분발하여 자신을 닦고 어진 정치를 베풀어 백성들은 그에게 귀의했다. 당시 천주교의 우두머리가 자기와 달리하는 자들을 죽여 없애려 했으나 왕이 따르지 않았다. 우두머리는 화가나 왕을 시해하기로 모의했다. 만력 37년(1609) 왕이 자객에게 당해 죽자, 백성들은 아비를 잃은 듯이 슬퍼했다. 이은 아들은 어리석고 나약하여, 소인들을 등용하는 바람에 국정은 어지러워졌다. 전하여 루이[路易] 14세에 어떤 곳에는 로의사(盧義斯) 제14[第十四]로 되어 있다. 이르러, 그는 호전적이며 군대를 좋아했는데, 여러 나라에서 오는 사신들을 오만하게 능멸하면서 모두 원망하며 배반했다. 건륭(乾隆) 38년(1773) 왕 루이 16세가 어떤 곳에는 로의사(盧義斯) 제16[第十六]로 되어 있다. 계승하여 올랐다. 당시 워싱턴[George Washington, 華盛頓]이 아메리카[亞墨利加]를 차지하고 군대를 일으키자, 영국이 공격했으나 이기지 못했다. 프랑스인들은 전군으로 워싱턴을 돕자, 영국은 지탱할 수 없어 결국 워싱턴과 강화를 맺었고, 프랑스도 이를 계기로 약해졌다. 왕이 여색을 좋아하자, 내부의 총애받는 사람들이 권한을 농단하여 백성에게 폐를 끼치자, 백성들은 견뎌낼 수 없었다. 건륭 54년(1789) 나라는 크게 어지러워졌고, 곧바로 왕을 폐하고 시해했으며, 영사관(領事官) 세 사람을 두어 왕정을 섭정하게 했는데, 나폴레옹[拿破侖]를 어떤 곳에는 나파리옹(拿破利翁), 또는 나파량(那波良)으로 되어 있다. 우두머리로 삼았다. 나폴레옹은 프랑스의 조숙한 장수로, 용병술이 귀신 같아, 이집트[麥西]를 정벌할 때 큰 공을 세웠다. 왕이 그를 시기하여 한가한 지역에 배치했다. 나라 사람들이 왕을 시해하자, 나폴레옹은 기세를 타고 대중을 부추겨 대권을 차지했다. 가경(嘉慶) 8년(1803) 나라 사람들이 추대하여 왕위에 올랐다. 그는 자신의 무략(武略)을 믿고 온 천하를 뒤섞으려 로마의 궤적을 이었다. 네덜란드[荷蘭]를 멸망시켰고, 에스파냐[西班牙]를 폐했으며, 포르투갈[葡萄牙]를 차지하고, 이탈리아[意大里], 스위스[瑞士], 게르만[日耳曼]의 여러 작은 부락을 병합했으며, 프로이센[普魯士]의 절반을 빼앗았고, 오스트리아[墺地利亞]의 속령을 차지했으며, 덴마크[嗹國]를 침략하여 도성을 포위했다. 전쟁에서 이기면 또 공격하여 취하여, 가는 곳마다 상대가 없었으며, 여러 나라들이 호랑이처럼 그를 두려워했다. 가경 16년(1811) 대군으로 러시아[峩羅斯]를 정벌하면서 옛 도성인 모스크바[墨斯科]를 포위하자, 러시아인들은 불을 지르고 달아났다. 프랑스가 개선하려 했으나 날씨가 갑자기 추워지며, 얼어 죽은 군사가 열에 일곱 여덟이나 되었다. 여러 나라는 그 틈을 타고 협력하여 그를 공격하자, 프랑스 군대는 크게 궤멸하여 차지했던 전역을 잃었다. 가경 20년(1815) 각 나라가 공사를 비엔나[維也納]로 오스트리아[墺地利亞]의 수도 보내, 회의하여 나폴레옹에게 침략당한 땅을 모두 옛 왕들에게 돌려주었다. 그러는 사이 나뉜 지역도 있고 합병된 지역도 있었지만, 맹약을 맺고 서로 침범하지 않기로 했다. 나폴레옹은 패전하여 부끄러워하며 자리를 회피하며, 옛 왕의 후손 루이[路易]를 어떤 곳에는 로이사(盧義斯)로 되어 있다. 다시 세웠으나 여전히 병권을 장악하고 있었다. 가경 21년(1816) 영국과 북쪽 변경에서 전쟁할 때, 군대가 패하여 사로잡혔다. 영국인들은 그를 황폐한 섬에 유배시켰다. 도광(道光) 2년(1822)에 죽었다. 루이가 즉위하고 몇 년 뒤에 죽자, 동생 샤를[Charles X, 査理]이 어떤 곳에는 가이록사(加爾祿斯)로 되어 있다. 섰으나, 어리석어 일을 맡지 못했다. 재위 9년에 나라 사람들이 그를 폐위하고 후손 중에 현명한 루이 필리프[Louis-Philippe I, 路易非立]를 어떤 곳에는 로의사비리비(盧義斯非里卑)로 되어 있다. 세웠는데, 바로 현재 재위하고 있는 왕이다. 도광(道光) 9년(1829)에 왕위를 이었는데, 성품이 관대하고 어질어, 충언을 잘 받아들여 현명하다는 명성이 있었다.[71)]

---

71) 프랑스[佛郎西]의 연혁(沿革)에 관해서는 모두 『영환지략』에서 채록했다(『영환지략교주』, 216~219쪽).

6-5. 에스파냐[西班牙國] 지도 51을 보시오.

강역(疆域): 에스파냐[España, 西班牙] 시반아(是班牙), 실반아(實班牙), 사편아(斯扁亞), 사편(士便), 간사랍(干絲臘), 의사파니아(義斯巴尼亞), 이서파니아(以西把尼亞), 대여송(大呂宋) 등으로도 표기한다.[72] 또한 유럽[歐羅巴]의 대국이다. 동북쪽은 프랑스[佛郞西]와 접경하고 있고, 동남쪽에는 지중해를 두었다. 서쪽은 포르투갈[葡萄牙]과 경계하고, 북쪽에는 대서양을 두고 있다. 서남쪽에서 동북쪽까지 약 2,450리고, 동남쪽에서 서북쪽까지는 약 2,080리다.[73]

산수(山水): ⓐ나라에는 큰 산들이 수 겹으로, 모두 동쪽에서 서쪽으로 담장처럼 가로 뻗어, 세 영토로 구분된다. 북쪽 영토[北土]는 산맥이 뒤섞여 계곡들이 교차해 흐르며 중간은 대체로 비옥한 땅으로 농사에 적합하다. 중앙 영토[中土]는 지대가 높고 넓으며, 날씨가 덥고 건조하여, 빗물을 얻기 어려워 주민들은 대부분 양을 길러 생활한다. 남쪽 영토[南土]는 산천이 빼어나, 풍경이 맑고 아름답다. ⓑ큰 강물은 12개가 있는데, 더 유명한 강으로, 미뉴[Minho, 米虐], 두로[Douro, 斗羅], 타호[Tajo, 德人], 과달키비르[Guadalquivir,

---

72) 스페인의 이칭으로 서계여가 제시한 표기들은 대부분 España, Spain, Espanha, Hispânia 등을 음차하고 있다. '간사랍(干絲臘)'이란 형태는 『해국문견록』(사고전서본, 권상, 14b)에 보이는데, "루손[呂宋]의 대산은 북쪽 재우갱(宰牛坑)에서 동남쪽을 굽이굽이 이어지는데, 옛날 대서양의 카스틸라 에스파냐(Castila España)가 차지한 곳이다(呂宋大山, 北從宰牛坑延繞東南, 昔爲大西洋干絲臘是班呀所據)"라고 하였다. '카스틸라'의 라틴어 형태는 '카스텔라이(Castellae)'다. '간사랍'에는 't'에 대응하는 음가가 없다. 또한 『동서양고(東西洋考)』(사고전서본, 권5, 1a~b)에서 "불랑기(佛朗機)가 있는데, 자신들을 '간계랍(干系蠟)'의 나라라고 하면서, 대서[양]에서 와서 여송(呂宋)과 교역한다고 한다(有佛郞機者, 自稱干系蠟國, 從大西來, 亦與呂宋互市)"라고 하였다. 여기 '간계랍'에서도 't' 음가는 존재하지 않는다. 한편 마테오 리치의 「곤여만국전도(坤與萬國全圖)」(1603), 남아메리카 파나마 지역에는 '금가서랍(金加西臘)'이 표기되어 있다. 이 음역 표기는 『직방외기』와 『곤여도설』에도 일치한다. 디에고 리베로(Diego Ribero)가 그린 1527년 세계지도에는 이 지역을 '카스틸라 델 오로(Castila del Oro)'라고 명명했다. '오로'는 스페인어로 황금을 뜻한다. 해석하면 '황금이 나는 카스틸라' 정도일 것이다. 이로써 '간사랍' 또는 '간계랍'이 '카스틸라'의 음차임을 확인할 수 있다. 마지막 '대여송'은 루손섬을 차지한 스페인 본국을 말하는 명칭으로 동남아시아에 중심을 두고 있다.

73) 『영환지략』에서 채록했다(『영환지략교주』, 230쪽).

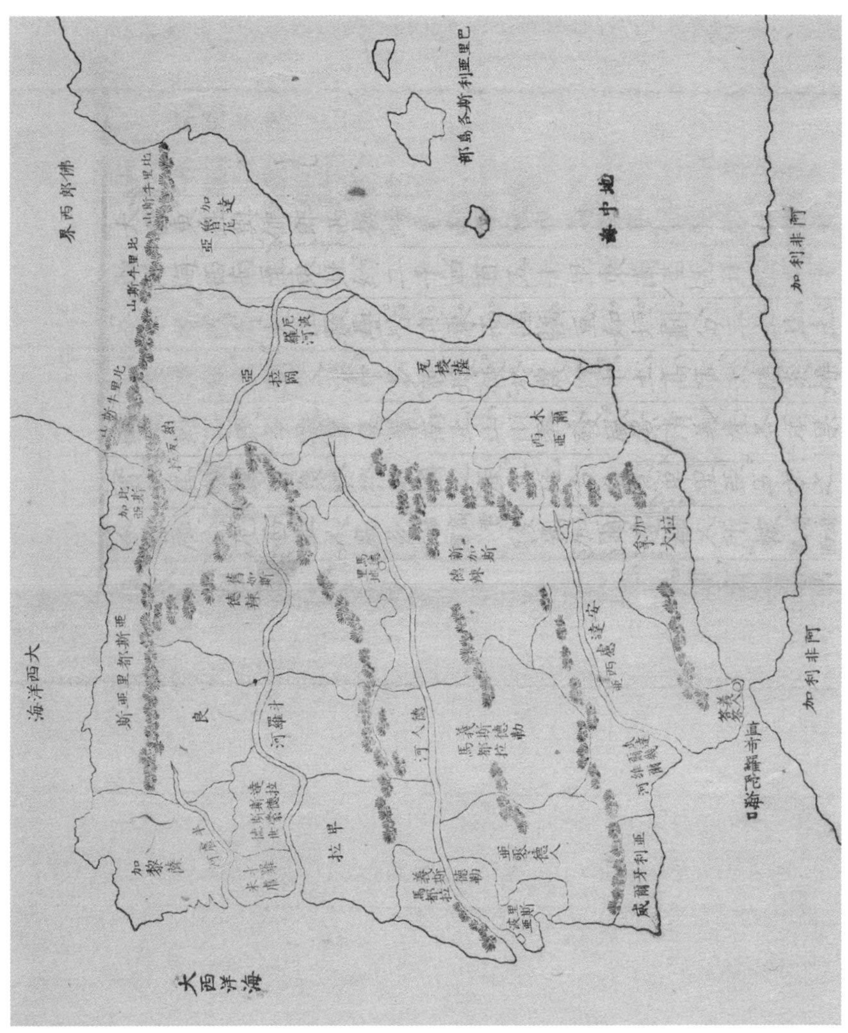

지도 51. 국립중앙도서관 소장본의 지도가 몹시 희미하여 『영환지략』(도시샤대학 소장본, 1861)에서 가져왔다. 국립중앙도서관 소장본에는 '서반아포도아합도(西班牙葡萄牙合圖)'라는 지도 명이 있고, 경도와 적도 표기가 있다.

瓜達爾幾維爾]가 있는데, 모두 대서양으로 흘러든다. 에브로[Ebro, 厄波羅]는 지중해로 흘러든다.[74)]

풍기(風氣): 북쪽 경계는 피레네[比里牛斯] 대산을 등지고 있어 땅 기온이 상당히 낮다. 남쪽 경계는 지중해에 임해 있어, 여름철에는 무척 더워, 해풍으로 더운 기운을 씻어낸다. 중부 지역은 해발 144장으로 유럽[歐羅巴]의 가장 높은 지대다. 사계절 바람이 많고 한겨울에도 불을 때지 않는다.

사람들[人民]: ⓒ인구는 124만 8,000명이다. ⓓ그들 풍속은 담력이 거칠고 강해, 보복에 전념하며, 안일함을 좋아하여 노동을 꺼려 농사에 게으르다. 아침밥을 먹은 뒤에 반드시 낮잠을 자므로, 이 고을 사람들은 대부분 말랐고 태반이 오두막에 산다. 풍속은 검소하고 인색하며 술잔에 열매 하나 외에는 다른 것을 구하지 않는다. 남녀들은 모두 기타를 치고 춤을 즐긴다. 또 투우 놀이를 좋아하여, 모여 관람하는 자들이 담장 같다. 간혹 미친 소가 광장에서 날뛰더라도 용감한 사람이 칼을 들고 치고 찔러, 이기면 천만 명이 환호하며 축하한다.[75)]

물산(物産): ⓔ토양은 대체로 비옥하여, 오곡의 종자를 모두 갖추고 있다. 나무에는 상수리나무[橡]가 많고, 과실에는 포도가 많다. 산에는 각종 광물이 나는데, 금은은 이미 고갈되었고, 구리[銅], 주석[錫], 납[鉛]은 여전히 있다. 다만 철(鐵)과 석탄[煤]은 채취해도 고갈되지 않는다. 또 찬석(鑽石), 보석(寶石), 오색옥(五色玉), 마노(瑪瑙), 수정(水晶), ⓕ철(鐵), 사발(絲髮), 전모(氈毛), 니포(呢布), 호박(琥珀), ⓖ준마(駿馬), 오금(五金), 사면(絲綿), 세융(細絨), 백당(白糖) 등이 난다. ⓗ양(羊), 말[馬], 나귀[驢], 노새[騾] 모두 우수하다.[76)]

---

74) ⓐ와 ⓑ는 모두 『영환지략』에서 채록했다(『영환지략교주』, 230, 232쪽).

75) ⓒ는 『해국도지』, 권39, 대여송국(大呂宋國) 기술에서 채록했고(『위원전집』, 6책, 1131쪽), ⓓ의 정보는 『영환지략』, 에스파냐 북부 기술에서 채록했다(『영환지략교주』, 232쪽).

76) ⓔ의 산물은 『영환지략』에서(『영환지략교주』, 230, 232쪽), ⓕ의 산물은 『해국도지』에서(『위원전집』, 6책, 1131쪽), ⓖ는 『해국도지』에 인용된 『직방외기』에서 채록했다(『위원전집』, 6책, 1132쪽). ⓗ의 정보는 『해국도지』에 인용된 『만국지리전도집(萬國地理全圖集)』을 참고한 것으로 보인다(앞의 책, 1135쪽). 그에 따르면, "남방은 맑고 온화하여 나는 과실[果], 오이류[瓜]와 기르는 양, 말, 나귀, 노새는 다른 나라보다 뛰어나다[甲]"

문(文): 옛날 유명한 현자 다사달독(多斯達篤)은 비사파(俾斯玻)의 자리에 있으면서 저술한 책이 가장 많았는데, 수명은 겨우 52세였으나, 저술한 책은 태어나서 죽었을 때까지를 계산하면 매일 36장(章)에 달한다. 각 장은 2,000여 단어로 이루어졌으며, 모두 오묘한 이치[奧理]에 속했다. 후세 사람들이 그의 초상을 그렸는데, 두 손에는 각각 붓을 한 자루 쥐고 있는데, 그의 부지런함을 드러낸 것이다.[77]

역(歷): 또 알퐁수[Alfonso X, 亞豊肅]라는 한 왕이 천문, 역법을 좋아하여 여러 하늘의 운행과 별들의 궤도를 정밀하게 연구하여 『역학전서[曆學全書, Tabulae Alphonsinae]』라는 책을 짓게 했다. 세상에 전하는 세차(歲差)의 원인은 모두 그가 고증하여 정하고, 일정한 도형으로 제작했는데, 지금 역술가들이 많이 사용하고 있다.[78]

기용(器用): ⓘ톨레도[Toledo, 多勒多]라는 한 도시[城]는 산꼭대기에 있어, 산 아래의 물을 길어 산 위로 공급해야 하는데, 물을 운송하는 일이 매우 어려웠다(一名多勒多城, 在山之巔, 取山下之水以供山上, 其運水甚艱).[79] 대략 백 년 전에 한 기술자가 인력을 쓰지 않고 물을 돌려 곧바로 산성으로 이르게 할 수 있는 수기(水器)를 제작했다. 그 기계는 밤낮으로 자동 돌아갈 수 있었다. 혼천상(渾天象)이 있었는데 집채만큼 컸다. 사람이 직접 그 안으로 들어

라고 하였다.

77) 『해국도지』에 인용된 『직방외기』에서 채록했다(『위원전집』, 6책, 1132쪽). 『직방외기』에는 에스파냐를 '이서파니아(以西把尼亞)'로 음역 표기했다. 이 책을 교주한 셰팡에 따르면, '비사파'가 비숍(bishop, 주교)의 라틴어 형태를 음역 표기한 형태로 추정했으나, 음성적으로 썩 부합하는 설은 아니다(『직방외기교석』, 76쪽). 스페인어로 주교는 '오비스포(obispo)'라 하는데, 'o' 발음이 탈락했다면, '비스포'는 '비사파(俾斯玻)'로 충분히 표기될 수 있을 것이다.

78) 『해국도지』에 인용된 『직방외기』에서 채록했다(『위원전집』, 6책, 1132쪽; 『직방외기교석』, 76쪽).

79) 이상의 문장을 채록하면서 『해국도지』의 위원은 "한 톨레도라는 도시[城]는 산꼭대기에 있는데, 샘이 없어, 산을 내려가 물을 긷기가 매우 힘들었다(一名多勒多城, 在山巔, 無泉, 下山取水甚艱)"라고 하였다. 위원이 어떤 판본을 참고했는지, 아니면 문장을 자신이 조정했는지는 확인하기 어렵지만, 적어도 여기서만큼은 혜강 최한기는 『해국도지』에 인용된 『직방외기』를 따르지 않고, 직접 『직방외기』로부터 채록했음이 분명하다.

가 각 중천(重天)의 운행을 살필 수 있었는데, 그 도수(度數)는 모두 하늘과 부합했다. 전하는 바에 따르면, 이 상(象)을 제작한 사람은 17년을 생각하여 3년 동안 제작하며, 하나의 바퀴[輪]도 중복되게 하지 않았다고 한다. ⓙ중국에서 사용하는 외국 은[番銀]은 모두 에스파냐[西班牙]에서 주조한 것으로, 각 나라가 이를 사용한다. 사용하는 은 주화[銀錢]는 삼각형 또는 사각형인데, 중간에 십자 문양이 있다.[80)]

부(賦): 무역은 번성하여 바닷가에 있는 각 부두에서 해마다 세금[稅餉]으로 1,800만 냥을 거두어들인다.[81)]

정(政): 이름이 알퐁수[Alfonso X, 亞豊肅]라는 왕은 나라의 전적(典籍)을 분야[門]로 나누고 종류를 정하여 일곱 개의 큰 부(部)로 만들었는데, 방법과 틀[紀]이 매우 잘 갖추어 있다. 또 옛날부터 내려오는 자국의 역사서를 지었다. 직접 나랏일을 다스리면서, 한편으로 저술에까지 미쳐, 여러 가지 일들이 이와 같으니, 세상 사람들이 그를 현명한 왕이라 일컫는다.[82)]

학(學): 나라 사람들은 학문을 좋아하여, 공학(共學)으로는 액물랍(厄物臘)과 가응발(哥應拔)이라는 두 곳이 있다. 그곳에서 학문을 강의하는 명현(名賢)들은 국왕이 초빙한 자들로, 강의하지 않아도 죽을 때까지 급여를 끊지 않는다. 유럽[歐羅巴]의 학자[高士] 대부분이 이들 학교를 나왔다.[83)]

---

80) 여기 '기용(器用)'은 다음 면(33a)에 채록되어 있으나, 두주에 위로 올리라는 지시가 있으므로, 여기에 옮겨 편집하고 번역한다. ⓘ는 『직방외기』에서 채록했고(『직방외기교석』, 76~77쪽), ⓙ는 『해국도지』에 인용된 『해록(海錄)』에서 채록했다(『위원전집』, 6책, 1134쪽). 『해록』에는 '서반아(西班牙)'가 '여송(呂宋)'으로 표기되었는데(『해록주』, 68쪽), 혜강이 '루손'과 혼동을 피하려고 고친 형태로 보인다. 마지막으로 은 주화[銀錢]에 관한 정보는 '프랑스[佛蘭西]'라고도 부르는 불랑기(佛朗機)에 관한 기술이다(『해록주』, 69쪽). 위원이 대여송[에스파냐]과 불랑기를 같은 스페인으로 오인하고, 별도의 『해록』의 정보를 뒤섞어 채록했다. 이를 혜강이 잘못 따른 셈이다.

81) 조세에 관한 정보 또한 다른 면(33a)에 채록되어 있으나, 두주에 이곳으로 옮기라는 지시가 있으므로, 여기에 옮겨 편집하고 번역한다. 이 정보는 『영환지략』, 에스파냐 북부 지역 기술에서 채록했다(『영환지략교주』, 232쪽).

82) 『직방외기』에서 채록했다(『직방외기교석』, 77쪽).

83) 『직방외기』에서 채록했다(『직방외기교석』, 78쪽). 하지만 '액물랍(厄物臘)'이란 표기는 『사고전서』본 『직방외기』에는(권2, 13b) '액물랄(阨物辣)'로 되어 있으므로, 여기에서

법(法): 곳곳에 세운 자선회[仁會]가 있어 고아나 과부, 독거인을 구호하는데, 옷과 음식을 제공하거나, 물품을 보조해 주거나, 집을 보호해 주거나, 죽은 이를 장례해 주기도 한다. 상선이 왔을 때, 죽었으나 선주가 없는 경우에는 그의 짐을 수습하여 친척을 찾아 돌려준다. 각종 자선 사업은 다른 나라에도 모임이 있지만 이 나라처럼 왕성하지는 않다. 이 밖에 국왕은 곳곳에 관리를 파견하여 고아들을 전적으로 구호하고, 가산을 정리하여, 생계를 확충해 주게 하는데, 장성하면 가지고 있던 재산을 더 보태 돌려준다.[84)]

정도(程道): ⓚ유럽[歐羅巴]이 처음으로 바닷길을 개척하며, 아프리카[利未亞]를 따라 돌아 희망봉[大浪山]을 지나, 인도양[小西洋]에 이르러, 중국으로 와 장사하는 사람들은 이 나라에서 시작한다. ⓛ게다가 해상 원유(遠遊)에 뛰어나 일찍이 지구[大地]를 한 바퀴 돈 자도 있었다.[85)]

속(俗): 온 나라가 천주교를 신봉하며, 신부[教師]가 대권을 가지고 있어, 어기는 자들은 화형에 처한다.

병(兵): 양성하는 병사들은 너무 많아 군대를 일으킬 때는 비용이 부족하여 항상 부자들에게 빌려서 그 이자를 갚는다. 근래 계산을 담당한 사람 대부분이 신용을 저버리고 갚지 않아 부자들은 고민하여 빌려주지 않으려 한다. 적의 군대가 변경을 압박하면 종종 군비가 모자라 굴복하거나 패한다.[86)]

각 부락[各部]: 나라는 옛날 13개 부락으로 나뉘었으나, 근래는 49개 두

혜강은 『해국도지』에 인용된 『직방외기』를 따랐다(『위원전집』, 6책, 1134쪽). 중국의 셰팡[謝方]은 교주에서 '액물랄'은 '에보라(Évora)'에, '가응발'은 쿠임브라(Coimbra)에 대응시켰다(『직방외기교석』, 81쪽). 음성적으로 그럴법한 추정이다. 그러나 이 두 곳은 모두 포르투갈의 도시다. 에보라는 1559년 개교했고, 쿠임브라는 1290년 리스본에 있었으나 1537년 쿠임브라로 옮겼다. 『직방외기』는 1623년 이전 자료다. 설명과 부합하지 않는다. 천기철 씨의 역주본도 이를 그대로 따랐다(159쪽).

84) 『직방외기』에서 채록했다(『직방외기교석』, 78쪽).

85) ⓚ와 ⓛ의 정보 모두 『직방외기』에서 채록했다(『직방외기교석』, 78, 76쪽). ⓛ의 '해상(海上)'은 『해국도지』에 '해외(海外)'로 인용되어 있는데, 이는 혜강이 원문을 확인했다는 또 다른 근거다.

86) 이상 풍속과 군대에 관한 정보는 모두 『영환지략』, 북부 기술에서 채록했다(『영환지략교주』, 232쪽).

섬을 포함한다. 부락으로 고치고, 상·중·하 셋으로 구분한다.

신 카스티야[Castilla Nueva, 新加斯德辣]는 중부[中土]에 있어, 사방 경계가 딱 중앙에 있는 땅이다. 세로는 약 600리고, 가로는 약 750리다. 지대는 높고 건조하고, 사막이 많아 초목이 번성하지 않는다. 현재 다섯 부락으로 고쳤다. 마드리드[Madrid, 馬德里地]는 어떤 곳에는 막주이륵득(莫珠爾勒得) 또는 마특(馬特)으로 되어 있다. 상등에 속하며 도성은 부락 명칭과 같은데, 만사나레스강[Manzanares, 萬薩那勒斯河] 왼쪽에 건설되었다. 왕의 궁정은 매우 크고 아름다우며, 토목 비용은 천만 금이다. 안에는 학교[學], 관공서[署], 의원(醫院), 천문대[觀星臺], 군기 창고[軍功廠], 골동 창고[古玩庫], 약초밭[藥草圃], 가축 치료소[療畜館]가 있다. 주민은 약 20만 명이다. 니포[呢], 우(羽), 주단(綢緞), 지담(地毯), 꽃문양으로 날염한 서양포[印花洋布], 자기(磁器)가 난다. 과달라하라[Guadalajara, 瓜達拉砂辣]은 하등에 속한다. 옛날 유명한 사람이 많았다. 나는 니포[呢], 우(羽), 주단(綢緞)이 상당히 유명하다. 톨레도[Toledo, 多勒多]는 중등에 속한다. 옛날 이슬람 부락[回部]이 에스파냐[西班牙]를 차지하고 이곳을 도성으로 삼았는데, 궁전이 아직 남아있다. 여름에는 몹시 덥고 샘물이 부족하여 현지인들은 대부분 구덩이에 고인 빗물을 마신다. 쿠엥카[Cuenca, 固盈加]는 하등에 속한다. 밀랍(蜜蠟), 가축이 난다. 시우다드 레알[Ciudad Real, 虛達里亞耳]은 하등에 속한다. 수은(水銀)이 난다.

구 카스티야[Castilla Vienja, 舊加斯德辣]는 신 카스티야[Castilla Nueva, 新加斯德辣]의 북쪽에 있다. 세로로 약 460리고 가로로는 약 770리로, 산과 언덕이 평원과 서로 섞여 있다. 지금은 여섯 부락으로 나눈다. 부르고스[Burgos, 不爾厄斯]는 하등에 속한다. 농토는 비옥하고 기후는 온화하여 오곡과 온갖 과실이 난다. 로그로뇨[Logrono, 羅哥羅虐]는 하등에 속한다. 땅은 상당히 맑고 빼어나고, 곡물과 과실이 나, 상인들이 몰려든다. 산탄데르[Santander, 三當德爾]는 하등에 속한다. 중심도시[會城]는 비스카야[Vizcaya, Bizkaia, 比斯加亞] 항구에 건설되어, 장삿배들이 운집하는 북쪽 경계의 큰 부두다. 땅에서는 곡물과 과실, 황마(黃麻), 가축[牲畜] 석탄갱이 많다. 소리아[Soria, 索里亞]는 하등에 속한다. 도시[城]는 산골짜기에 건설했다. 양모(羊毛)가 난다. 세고비아[Segovia, 塞額維亞]는 하등에 속한다. 땅 기온이 낮다. 니포[呢], 우(羽), 유리[玻璃], 종잇장[紙箚]이 난다. 아빌라[Ávila, 亞維亞]는 하등에 속한다. 그곳에는 학교[書院]

가 있다. 양포(洋布)가 난다.

레온[León, 良]은 구 카스티야[Castilla Vienja, 舊加斯德辣]의 서쪽에 있다. 세로로는 약 700리고 가로는 약 450리다. 땅 기온이 고르고 좋아 물산이 풍부하다. 현재는 다섯 부락으로 고쳤다. 레온[良]은 하등에 속한다. 중심도시의 집들은 높고 크며, 교외의 풍경은 맑고 그윽하다. 백옥(白玉)이 난다. 팔렌시아[Palencia, 巴棱西亞]는 하등에 속한다. 곡물과 과실이 매우 풍부하게 난다. 바야돌리드[Valladolid, 瓦里亞多黎]는 중등에 속한다. 농토는 가장 비옥하여 나는 곡물과 과실이 다른 부락의 몇 배다. 또 나는 목재는 아주 견고하여 선박의 재료로 쓰이는데, 이곳에서 공급받는다. 아울러 니포[呢], 우(羽), 면사(綿紗), 자기(磁器)가 난다. 살라망카[Salamanca, 薩拉蒙加]는 하등에 속한다.[87] 옛날 서양[西國]의 대도시[大都會]로, 대대로 유명한 사람이 있었다. 전쟁 이후에 몹시 쇠락했다. 사모라[Zamora, 薩馬拉]는 하등에 속한다. 포도주(葡萄酒), 황마(黃麻), 양모(羊毛)가 난다.

갈리시아[Galicia, 加黎薩]는 레온[León, 良] 서북쪽에 있다. 남쪽으로 포르투갈[葡萄牙]과 경계하고, 서북쪽은 대서양을 두고 있으며, 미뉴강[Minho, 米虐河] 하류에 있다. 세로로 약 500리고 가로로는 약 450리다. 바다가 가까워 낮고 습하며, 초원이 무성하여 목축에 적합하다. 현재는 네 부락으로 나눈다. 코루냐[Coruña, 哥魯尼亞, La Coruña]는 상등에 속한다. 도시[城]은 바다 모퉁이에 건설했고, 정박하기 가장 적합하여 상인들이 몰려드는 서북 경계의 큰 부두다. 항구에는 큰 포대(礮臺)가 있는데 아주 견고하다. 루고[Lugo, 顱額]는 하등에 속한다. 그곳에는 로마[羅馬]의 옛 성이 있다. 마포(麻布)가 난다. 오렌세[Orense, 痾稜塞]는 하등에 속한다. 햄[火腿], 포도주(葡萄酒)가 난다. 폰테베드라[Pontevedra, 奔德威達拉]는 하등에 속한다. 전융(剪絨), 동기(銅器)가 난다.

그라나다[Granada, 加拉拿大]는 남단, 지중해에 임해 있다. 세로로 대략 200여 리고, 가로로 대략 800여 리다. 땅은 적도에 가까워 날씨가 무덥지만,

---

87) 살라망카는 『직방외기』에 '살랄만가(撒辣蔓加)'로 표기하고 있다. 또 마드리드 근처의 알칼라[Alcala, 亞而加辣]와 함께, "두 곳에 대학이 있어서 주위에서 배우려는 사람들이 모여든다. 그리하여 뛰어난 인재들이 나오고 저술 활동이 매우 활발한데, 신학과 천문학은 특별히 자세하다"라고 기술했다(천기철 역주, 『직방외기』, 152쪽).

물과 땅은 고르고 우량하다. 현재는 세 부락으로 나눈다. 그라나다[加拉拿大]는 상등에 속한다. 중심도시는 옛날 이슬람 부락의 왕도였다. 인구는 8만 명이다. 물산이 상당히 풍부하여 남방의 대도시[大都會]로 일컬어진다. 알메리아[Almeria, 亞爾美里亞]는 하등에 속한다. 항구는 매우 깊고 넓어 배를 정박할 수 있다. 산에는 옥석(玉石)과 마노(瑪瑙)가 난다. 말라가[Malaga, 馬拉牙]는 상등에 속한다. 도시[城]는 바닷가에 건설했고, 정박에 아주 적합하고 무역이 매우 번성하여, 남쪽 경계의 큰 부두를 이룬다.

발렌시아[Valencia, 瓦棱薩]는 동남쪽 모퉁이, 지중해에 임해 있다. 세로로 약 700리고, 가로로는 약 200리다. 땅 기온은 매우 따스하여 얼음을 보기 어렵다. 지금은 세 부락으로 나눈다. 발렌시아[瓦棱薩]는 상등에 속한다. 도시[城]는 평원에 건설했다. 주민은 6만 명이다. 많은 건물이 가지런하고 청결하며 무역이 매우 번성하다. 곡물, 과실, 유(油), 주(酒), 주단(綢緞), 대니(大呢)가 난다. 알리칸테[Alicante, 亞利干的]는 중등에 속한다. 도시[城]는 바닷가에 건설했는데, 거리는 넓고 곧으며 항로[港道]가 넓고 편안하여 동남쪽 경계의 큰 부두를 이룬다. 나가는 산물은 와택(窩宅), 또한 납[鉛] 종류 흑연(黑鉛), 백반(白礬), 은(銀), 주(硃), 남정(藍靛), 각종 과실[百果], 포도주(葡萄酒), 건포도[葡萄乾] 등이다. 카스테욘 데 라 플라나[Castellón de la Plana, 加斯德倫得拉不辣納]는 하등에 속한다. 도시[城]는 바닷가에 건설했다. 산물 교역은 알리칸테[亞利干的]와 같지만, 부유하고 왕성함은 크게 미치지 못한다.

무르시아[Murcia, 木爾西亞]는 발렌시아[Valencia, 瓦棱薩]의 서남쪽에 있으며, 동남쪽으로 지중해에 임해 있다. 세로는 대략 200여 리고, 가로로는 대략 300여 리다. 지금은 두 부락으로 나눈다. 무르시아[木爾西亞]는 중등에 속한다. 도시[城]는 산골짜기에 건설했다. 인구는 36만 명이다. 땅 기온은 온후하여 물산이 차고 넘친다. 곡물, 과실, 마(麻), 술[酒] 모두 풍부하며, 또한 구리[銅], 주석[錫], 유황(硫磺), 백반(白礬)이 난다. 소금못[鹽池]이 있는데, 그곳에서 나는 소금은 최고다. 알바세테[Albacete, 亞爾巴塞爾]는 하등에 속한다. 포필(布匹), 가축[牲畜], 철기(鐵器)가 난다.

아라곤[Aragon, 亞拉岡]은 구 카스티야[舊加斯德辣]의 동쪽에 있다. 세로로 약 720리고 가로로 약 480리다. 산맥이 중첩되어 있고 더위와 추위가 현격히 다르다. 맥(麥), 마(麻), 각종 과실[百果], 주(酒), 유(油), 밀랍(蜜蠟), 가축[牲

畜]이 나고, 구리[銅], 철(鐵), 주석[錫], 백반[礬], 불회목(不灰木)이 난다. 지금은 세 부락으로 나눈다. 사라고사[Zaragoza, 薩拉厄撒]는 하등에 속한다. 옛날에는 번성했지만, 병란을 당해 무너지고 쇠락했다. 우에스카[Huesca, 烏厄斯加]는 하등에 속한다. 토양은 비옥하고, 흉년이 적다. 테루엘[Teruel, 德魯厄爾]은 하등에 속한다. 땅 기온은 매우 낮아 사람들은 질병에 걸리지 않는다. 석탄[烏煤]이 난다.

나바라[Navarra, 納瓦拉]는 아라곤[Aragon, 亞拉岡]의 서북쪽, 프랑스[佛郎西]와 접경하고 있다. 세로로는 약 300리고, 가로로는 대략 200여 리다. 맥(麥), 기장[稷], 대맥(大麥), 유맥(油麥), 콩[豆], 밤[栗]이 나고, 산에서는 목재[木料]와 오금(五金)의 광물이 난다. 지금도 하나의 부락을 구성하는데 하등에 속한다.

아스투리아스[Asturias, 亞斯都里亞斯]는 구 카스티야[舊加斯德辣]와 레온[León, 良] 두 부락의 북쪽으로, 북쪽 경계는 대서양을 두고 있다. 세로로 약 150리고, 가로로는 약 460리다. 남쪽 경계는 큰 산을 등지고 있으며, 주민들은 바위 골짜기에 사는데, 농사에 매우 부지런하다. 밤[栗子], 불수(佛手)가 나고, 산에서는 구리[銅], 철(鐵), 주석[錫], 납[鉛], 백반(白礬), 수정(水晶)이 나며, 또 준마(駿馬)가 난다. 지금도 하나의 부락을 이루는데, 오비에도[Oviedo, 痾維夜多]는 중등에 속한다.

카탈루냐[Cataluña, Catalonia, 加達魯尼亞]는 아라곤[Aragon, 亞拉岡]의 동쪽에 있다. 동남쪽은 지중해에 임해 있고, 북쪽은 피레네[比里牛斯]산맥을 등지고 있으며, 프랑스와 접경하고 있다. 세로로 약 500리고 가로로는 약 700리다. 산에 기대어 바닷가에 있어 물산이 차고 넘친다. 땅 기온이 고르고 좋아 인구가 가장 많다. 직조하는 니(呢)와 우(羽) 모두 정밀하고 우수하다. 무역이 번성하여 통상하는 나라들을 능가한다. 산에서는 목재[材木], 오금(五金), 수정(水晶), 백옥(白玉), 남색 보석[藍寶石], 백반(白礬)과 흑반(黑礬), 요사(磠砂)가 난다. 지금은 네 부락으로 나눈다. 바르셀로나[Barcelona, 巴爾塞羅內]는 상등에 속한다. 도시[城]는 산기슭에 건설하여, 난공불락의 형세를 갖추었으나 나라의 변고에 여러 차례 병란을 입어 나날이 형세가 쇠락했다.

비스카야[Vizcaya, Basque, 比斯加亞]는 나바라[Navarra, 納瓦拉]와 아스투리아스[Asturias, 亞斯都里亞斯] 사이에 있는데, 북쪽으로 대서양을 두고 있으며 가로세로 모두 200여 리다. 나는 목재가 매우 풍부하여 선창은 모두 여기에서 취급한다. 지금은 세 부락으로 나눈다. 비스카야[比斯加亞]는 하등에 속한다. 중심도시는 상당히 번성한데, 양모(羊毛)가 총집결하는 곳이다. 기푸스코아[Guipúzcoa, 給不斯孤]는 하등에 속한다. 도시[城]는 산기슭에 지어 북쪽 경계의 요새를 이룬다. 가경(嘉慶) 18년(1813) 프랑스가 침입하여, 가옥과 포대 모두 잿더미가 되었다. 일이 결정된 뒤에 다시 처음처럼 재건했다. 아랍말(亞拉襪, Álava?)은 하등에 속한다.

에스트레마두라[Es(x)tremadura, 義斯德勒馬都拉]는 신 카스티야[Castilla Nueva, 新加斯德辣]의 서쪽에 있다. 서쪽으로 포르투갈[葡萄牙]과 접경하며, 세로로 약 660리고, 가로로는 약 460리다. 토양은 비옥하고, 기후는 매우 덥다. 지금은 두 부락으로 나눈다. 바다호스[Badajoz, 巴達熱斯]는 하등에 속한다. 도시[城]는 과디아나강[Guadiana, 瓜的牙納河] 오른쪽에 건설했고, 아주 견고하다. 돌다리[石橋]는 길이가 1,800보이고 폭은 200보이며 다리 구멍은 28개다. 곡물, 과실, 콩[菽], 주(酒), 가축[牲畜]이 난다. 달새륵사(達塞勒斯, Cáceres?)는 하등에 속하며 소와 양이 난다.

안달루시아[Andalucia, 安達盧西亞]는 신 카스티야[新加斯德辣]의 서남쪽에 있다. 서쪽으로 포르투갈[葡萄牙]와 경계하고 서남쪽은 바다에 임해 있다. 세로로 약 500리고 가로로는 약 1,150리다. 산 구릉과 평원이 서로 섞여 있는데, 산에는 양과 목동이 있다[有毛有童]. 곡물, 과실, 사(絲), 면(綿), 밀(蜜), 주(酒), 유(油), 염(鹽), 감자(甘蔗), 가축[牲畜]이 나고, 동(銅), 철(鐵), 와택(窩宅), 수은(水銀), 요사(硇砂)가 난다. 여름이 길고 무척 더워 현지인들은 대부분 밤에 일하고 낮에 쉰다. 지금은 다섯 부락으로 나눈다. 세비야[Sevilla, 塞維里亞]는 상등에 속한다. 도시[城]는 바다 곶에 세워 크고 견고함이 서방에서 유명하다. 주민은 5만 3,000명이다. 무역은 옛날 매우 왕성했으나 지금은 점차 시들었다. 코르도바[Cordoba, 哥爾多瓦]는 중등에 속한다. 도시[城]는 과달키비르강[Guadalquivir, 瓜達爾幾維爾河]의 오른쪽에 건설했는데, 헌걸찬 구조가 구름에 이어지고, 누대는 겹겹이나, 거리는 좁고 더럽다. 주민은 5만 7,000명이다. 하엔[Jaén, 熱音]은 하등에 속한다. 토양은 매우 비옥하나 농사에 부지런하지 않다.

발레아레스[Baleares, 巴里亞利斯]는 에스파냐[西班牙] 동남쪽 지중해 안에 있다. 다섯 섬으로 하나의 부락을 구성하는데, 하등에 속한다. 마요르카[Mallorca, Majorca, 馬惹爾架], 메노르카[Menorca, Minorca, 米諾爾架] 두 섬이 비교적 커, 인구는 약 20만 명이다. 남과(南果)가 아주 많이 난다. 이비사[Ibiza, 壹維薩], 포르멘테라[Formentera, 佛爾門德辣], 카브레라[Cabrera, 加卑勒拉]다.

카나리아[Canarias, 加拿列斯]는 아프리카[阿非利加] 서쪽, 대서양 가운데 있다. 크고 작은 섬 20개를 하나의 부락으로 구성했다. 테네리페섬[Tenerife, 德內黎非島]을 으뜸으로 치는데 하등에 속한다. 안달루시아[Andalucia, 安達盧西亞]의 남쪽 경계는 아프리카의 북쪽 경계와 서로 마주하며 해협을 이루는데, '히브랄타르[Gibraltar, 日巴拉爾大]'라고 어떤 곳에는 직포라타(直布羅陀)로 되어 있다. 부른다. 길이는 약 80리고 폭은 약 50리로, 좁은 곳은 10여 리에 불과하여, 지중해의 문을 이룬다. 영국[英吉利]가 북쪽 해안 반석 위에 '의인답답(義人荅荅)'이라는 견고한 성을 축조하고, 포대(礮臺)를 둘러 대군[重兵]으로 지킨 지 이미 100여 년이 되었다. 프랑스[佛郞西], 에스파냐[西班牙]가 여러 차례 공략했으나 차지할 수 없었다.[88]

연혁(沿革): 이곳은 옛날 이베리아[Iberia, 義卑里亞]로 불렸고, 오방(五方)의 사람들이 섞여 살았는데 페니키아[Phœnicia, 非尼西亞] 옛날 상인들의 나라다. 사람이 많이 살았다. 뒤에 카르타고[Carthago, 加爾達額]인들이 또한 페니키아 사람들이 세운 나라로 지중해 남안에 있다. 차지했다. 한나라 초 이탈리아[意大里] 대장 분표(奔彪)[89]가 어떤 곳에는 반패(潘沛)로 되어 있다. 군대를 이끌고 정벌하여 마침내 로마[羅馬]의 서쪽 변경이 되었다. 600여 년 지나 로마가 쇠퇴하자, 서쪽 변경은 반달족[Vandals, Vândalos, 汪德羅], 수에비족[Suevi, Suevos, 隋窩], 알란

88) 이상 에스파냐의 각 부락에 관한 기술은 모두 『영환지략』에서 채록했다(『영환지략 교주』, 232~238쪽). 지명들은 엘웨(Jan Barend Elwe), 「스페인과 포르투갈 왕국들(Les Royaumes d'Espagne et de Portugal)」(Amsterdam, 1792); 데실베르(Roberto Desilver), 「스페인과 포르투갈(España y Portugal)」(Philadelphia, 1827); 로페스(Facundo Canada Lopez), 「스페인의 군대와 해양(Espana Military y Maritima)」(Madrid, 1880)을 참고하여 추정했다.

89) '분표'는 퀸투스 파비우스 막시무스(Quintus Fabius Maximus)의 '파비우스', 포르투갈어로는 '파비오(Fábio)'을 옮긴 표기로 추정한다.

인[Alans, Alanos, 亞拉奴] 모두 북적(北狄) 인종들이다. 세 부락의 사람들이 차지했다. 동진(東晉) 안제(安帝) 13년(409) 고트[峩特] 어떤 곳에는 가도(哥度), 또는 유서가다(維西哥多), 또는 액도(厄都)라고도 되어 있다. 북적(北狄)의 다른 인종이다. 추장 류유즉적약(留維卽的約)이 대군을 이끌고 동방으로부터 쳐들어왔다.[90] 로마의 지방관은 막아낼 수 없어 영토를 버리고 달아나, 동쪽 땅은 결국 고트족의 차지가 되었다. 곧이어 서쪽 변경의 여러 부락을 없애고, 수문제(隋文帝) 개황(開皇) 말년(600)에 나라를 세웠다. 100여 년을 전하여, 성격이 포악했던 로데리크[Roderic, Rodrigo, 羅德黎哥]에 이르렀다. 그의 신하 중에 인량(人良)이란 자가 로데리크에게 굴욕을 받았다. 당시 아라비아[阿剌伯] 이슬람 부락이 아프리카[阿非利加]의 북쪽 경계를 차지하고 있었는데, 바로 모로코[摩洛哥], 알제리[阿利額]의 여러 이슬람이다. 부락 군대가 강했다. 당나라 예종(睿宗) 태극(太極) 원년(712) 인량(人良)이 이슬람 부락 사람들을 이끌고 노략질하자 히스파냐[西班牙]는 속절없이 붕괴하여 왕은 북쪽 변경으로 달아났다. 나라는 이슬람 부락의 차지가 되었고 단지 아스투리아스[Asturias, 亞斯都里亞斯], 비스카야[Vizcaya, 比斯加亞], 나바라[Navarra, 納瓦拉] 세 부락 남았으나, 항복하여 후국(侯國)이 되었다. 700여 년이 지나 아라비아가 쇠약해지자, 땅을 지켰던 이슬람 추장들이 가기 땅을 나누어 차지하면서 나날이 전쟁이 잦았다. 아스투리아스[亞斯都里亞斯]의 후작 백랍납(伯拉納)[91]은 군중에게 맹세하고 군대를 일으켜 이슬람 부락을 공격하여 대승을 거두자, 사람들이 그를 왕으로 추대했다. 곧이어 카스티야[加斯德辣] 땅을 공격하여 얻고 카스티야의 왕으로 일컬었다. 고트족 스스로 그 땅에서 싸우게 하여 얻으면 그를 봉했다. 이슬람 부락은 항복하거나 달아나, 옛 땅 모두를 수복했다. 얼마 뒤에 여럿으로 나뉘었지만, 혼인 관계로 연결되어 있어 분쟁은 없었다. 카스티야는 여왕 이사벨[Isabel I, 依撒伯爾]에 이르러, 아라곤[亞拉岡]의 후작 페르난도[Fernando II, 非爾難多]와

90) 이 시기 히스파니아로 진출한 고트족은 바로 서고트(Visigoth)였고, 당시 서고트의 왕은 알라리쿠스 1세(Alaricus I)다. '류유즉적약'의 원음은 재구성하지 못했다. 고증을 기다린다.

91) '백랍납(伯拉納)'의 '납'자는 '약(約)'자의 오기일 것이다. 바로 펠라요(Pelayo), 또는 펠라기우스(Pelagius)를 말하는 것 같다.

혼인했다. 명나라 성화(成化) 15년(1497) 두 부락이 하나로 합쳤는데, 바로 에스파냐[西班牙] 재건의 시작이다. 이사벨은 총명함이 남달라 국정을 잘 수행하여 대해의 서쪽에 넓은 땅이 있을 것이고 생각하고, 홍치(弘治, 1488~1505) 초 콜럼버스[可倫]에게 어떤 곳에는 각룡(閣龍), 또는 가융파(哥隆波)로 되어 있다. 큰 배에 양식을 싣고 나가 찾게 했는데, 과연 아메리카[亞墨利加]의 콜롬비아[可倫比亞]에 이르렀다. 원주민[土番]들을 몰아내고 나라 사람들을 이주시켜 그 땅을 채웠다. 점차 개척하여 남북으로, 멕시코[墨西哥], 페루[秘魯], 칠레[智利], 라플라타[拉巴拉他, La Plata] 등의 부락은 아메리카[亞墨利加] 도설에 자세하다. 모두 예속에 따랐다. 여러 부락에는 은광이 아주 많아 매년 수백만 근을 얻으면서, 에스파냐는 이로써 부유해지자. 서방에서 '금혈(金穴)'이라 불렀다. 가정(嘉靖, 1522~1566) 연간 다시 신하 마젤란[米牙蘭]을 동쪽으로 항해하게 하여 아시아[亞細亞] 동남양(東南洋)의 루손[呂宋]에 이르러 항구를 확보하고 부두를 건설했다. 배들이 몰려들며 온갖 상품이 유동되면서 더욱 부강해졌다. 이 때문에, 모두 '대여송', '소여송'이라 하는데, 에스파냐[西班牙]의 이름을 돌려 숨겼다[轉隱].[92] 이에 앞서 정덕(正德) 14년(1519) 게르만[日耳曼]에 내란이 발생했다. 당시 에스파냐 왕 카를로스 5세[Carlos V, 査理第五]가 어질다는 명성이 있어, 게르만 각 부락은 그를 왕으로 삼았다. 에스파냐는 세자인 펠리페 2세[Felipe II, 非立第二]를 세워, 두 나라는 순치(脣齒)로 연결되었다. 아들 카를로스[加爾羅斯]로 전해지며 나라는 더 부강해졌다.[93] 서쪽에 이웃한 포르투갈[葡萄牙]은 원래 에스파냐의 서쪽 부락이었는데, 조씨(趙氏) 송나라 시기에 이슬람 부락을 몰아내고 별도로 나라를 세웠다. 만력(萬曆, 1573~1620) 연간에 포르투갈 왕이 적에게 포위되어 아들 없이 죽자, 에스파냐는 마침내 그 땅을 수복했다. 60년이 지나서, 다시 분열되었다. 포르투갈[葡萄牙] 도설에 자세하다. 당시 에스파냐는 옛 영토를 회복했으나 이슬람 주민 중 달아나지 않는 자들은 모두 귀부하여 백성으로 편입되거나, 아프리카[阿非利加] 북쪽 경계로 이주해 들어갔다. 바로 알제리[阿利額] 등의 이슬람 부락이다. 생업을 잃은 사람들이 먹고살기 위해 약탈하니, 지중해는 이로부터 도적들이 많아졌다. 그러나 에스파냐 인구는

92) 이 주석은 혜강이 붙인 자신의 설이다. 중국 자료에 보이지 않는다.

93) '카를로스[加爾羅斯]'가 아니라, 펠리페 3세[Felipe III, 非立第三]가 되어야 한다.

갑자기 감소했고, 무역은 점차 약해지며, 나날이 더 부족해지자, 의론하는 자들은 그들이 실책을 범했다고 상당히 조롱했다. 강희(康熙) 39년(1700) 에스파냐 왕 카를로스[Carlos II, 査理]가 아들 없이 죽자, 오스트리아[壘地利] 왕은 바로 게르만[日耳曼] 왕이다. 당시 게르만 열국은 모두 이미 왕으로 칭했으므로, 오스트리아[壘地利]는 더는 게르만 왕이라 부르지 않았다. 자기 아들을, 프랑스[佛郎西] 왕은 자기 손자를 세우려 하며 수년간 전쟁을 벌여 결국 프랑스 왕의 손자 필리프 5세[Philippe|Felipe V, 非立第五]가 에스파냐 왕이 되었다. 왕은 재주가 뛰어나고 과감하여, 능히 국정을 바로 세우고, 국력을 회복시키고 인구를 늘려 에스파냐[西國]는 다시 강성해졌다. 건륭(乾隆) 말년(1795)에 프랑스에 내란이 일어나자, 에스파냐는 프랑스를 공격하기 시작했다. 뒤에 프랑스와 알리앙스를 맺고 영국[英吉利]을 공격했으나, 전선이 태풍을 만나 태반이 침몰했다. 얼마 뒤 프랑스의 나폴레옹[拿破侖]이 즉위할 당시, 에스파냐 왕 카를로스[Carlos IV, 加爾羅斯]는 세자들과 화목하지 못했다. 가경(嘉慶) 12년(1807) 나폴레옹은 그들 부자와 타협하자고 하면서 마야납(馬也納, Bayona)에서 만나기로 약속했다. 장소에 이르자 그들의 죄목을 들어 두 사람을 가두고, 자기 동생을 에스파냐 왕으로 세웠다. 에스파냐 사람들은 복종하지 않고, 영국 군대를 불러 공격했다. 5년을 싸운 끝에 나폴레옹의 동생을 축출하고 옛 왕세자 페르난도[Fernando VII, 非爾難多]를 다시 세웠다. 이로부터 내홍이 네 차례 일어나며 나날이 쇠하며 어지러워졌다. 왕이 아들 없이 죽자 어린 딸 이사벨[Isabel II, 依撒伯爾]을 세우고, 모후가 전권을 행사했다. 왕의 동생은 이슬람 부락의 유민들을 부추겨 난을 일으켰으니, 급급히 망해가는 형세였다. 아메리카[亞墨利加]의 여러 속국 모두 배반하여 겨우 쿠바[古巴] 아메리카[亞墨利加] 해만(海灣)의 군도 도설에 자세하다. 땅 한 조각과 루손[呂宋] 부두뿐이었다.[94]

---

94) 이상 에스파냐[西班牙]의 연혁 기술은 모두 모두 『영환지략』에서 채록했다(『영환지략 교주』, 230~232쪽).

[『지구전요』, 권8, 패동 최한기 편집][1]

7-1. 포르투갈[葡萄牙國] 지도 51을 보시오.

강역(疆域): 포르투갈[葡萄牙]은 포도가(葡萄駕), 포도고이(葡萄庫耳), 포로아(布路亞), 파이도기(波耳都欺), 박이도갈아(博爾都噶亞), 대서양(大西洋) 등으로 불린다.[2] 유럽[歐羅巴]의 소국이다. 지형은 좁고 길어, 세로로는 약 1,300리고, 가로로는 약 500리다. 동쪽과 북쪽 두 면은 에스파냐[西班牙]와 경계하고, 서쪽과 남쪽 두

---

1) 이 분권 표기는 국립중앙도서관 소장본에 따른 것이다. 저본에는 분권 표기는 보이지 않고, 판심에 '권7'로 표기했지만, 두주에는 '팔(八)'자를 표기하여 분권하려는 뜻을 내비쳤다.

2) 포도아(葡萄牙), 포도가(葡萄駕), 포도고이(葡萄庫耳), 포로아(布路亞) 등은 모두 '포르투갈(Portugal)'을 음차한 형태들이다. 'g' 음가의 유무가 차이라면 차이일 것이다. 『해국도지』에서는 '포로아'를 선택했는데, 반드시 있어야 할, 왜냐하면 '항구'라는 의미의 '포르투(Porto)'가 어근이므로, 't' 음이 빠져 가장 느슨한 형태를 보여준다. 그러나 이상하게도 위원이 60권 본에 이 나라의 연혁을 보충할 때는 '포도아(葡萄亞)'라고 표기했다(1849년 간행본, 권25, 3b). '파이도기(波耳都欺)'란 형태는 '파이도'는 정확히 '포르투'에 대응하지만, '기(欺)'자는 오기를 상정하지 않는 한 대응하는 음을 찾을 수 없다. '박이도갈아(博爾都噶亞)'는 라틴어 형태인 포르투갈리아(Portugallia)를 음차했을 것이다. 마지막 포르투갈을 '대서양(大西洋)'이라고도 불렀다는 정보는 위원의 주석에서 확인할 수 있는데, "명나라 이래로 소위 대서양국(大西洋國)이라 부르는 나라다"라고 하였다(『위원전집』, 6책, 1109쪽). 이는 무엇을 근거했는지 확인되지 않지만, '대서양국'이란 표기가 보이는 문건으로, 황충(黃衷, 1474~1553)의 『해어(海語)』에 술인지, 꽃인지는 모르지만 '도미(酴醿)'가 대서양국에서 많이 난다고 하였는데(사고전서본, 권2, 13b), 대서양국을 포르투갈로 볼 아무런 근거가 없다. 당시 해양 국가 포르투갈이 동방 진출의 선두 주자였으므로 대표적으로 부른 명칭이었을 것이다. 청나라 시기에는 포르투갈을 '대서양국'으로 부른 대표적인 예는 사청고의 『해록』일 것이다. 『해록』에 따르면, "대서양국은 '포로기사(布路叽士)'라고도 부른다"라고 했는데, 펑청쥔(馮承鈞)은 이곳을 포르투갈로 이해했다(『해록주』, 권하, 63쪽). 위원은 『해국도지』에서 『해록』을 채록하며, '포로기사'를 '포로아사(布路亞士)'로 읽고(『위원전집』, 6책, 1112쪽), 마지막 '사(士)'자는 복수형으로 보아 '포로아(布路亞)'로 표기했을 것이다. 마지막으로 위원이 많이 채록하고 있는 『지리비고』(권5, 1a)에도 포르투갈을 '대서양국'으로 지칭하며, '백이도가리(伯爾都加里)'로 정확히 음차했다.

면은 대서양을 두고 있다. 이곳은 옛날 루시타니아[Lusitania, 盧西達尼亞][3]로 불린 에스파냐의 서쪽 경계였다.

산수(山水): 경내에는 수많은 산이 굽이굽이 돌아, 평원이 아주 적다. 큰 강물은 셋으로, 미뉴[Minho, 米虐], 두로[Douro, 斗羅], 타호[Tajo, 德人], 모두 에스파냐[西班牙]에서 발원하여 포르투갈을 거쳐 바다로 들어간다.

풍기(風氣): 서북쪽의 기후는 상당히 춥고, 동남쪽은 여름처럼 몹시 무덥다.[4]

사람들[人民]: 사람됨이 교만하고 게으르며, 거짓되어 진실이 드물다. 흰색을 높이 치고, 청결함을 좋아하며, 부유한 사람은 귀하게, 가난한 사람은 천하게 여긴다.[5]

물산(物産): 곡물로는 밀[小麥], 메밀[蕎], 기장[黍]이 중심이며, 보리[大麥], 귀리[油麥], 옥수수[高粱], 좁쌀[粟米], 메벼[粳稻], 누에콩[蠶豆], 완두(豌豆) 등도 모두 있다. 농토는 가장 비옥하지만, 농사에는 게으르다. 나무는 소나무[松], 측백[柏], 밤나무[栗], 상수리나무[橡], 홰나무[槐], 버드나무[楊], 단풍나무[楓], 자작나무[椴]가 많다. 과실로는 배[梨黎], 귤[橘], 복숭아[桃], 매실[梅], 앵두[櫻桃], 호두[核桃], 살구[杏仁], 파라(波羅), 불수(佛手), 레몬[檸檬], 무화과(無花果), 아리말(阿利襪) 바로 올리브[橄欖]로, 그 씨로 기름을 짤 수 있다. 등이 있는데, 가장 많은 것은 포도로, 그것으로 빚은 술은 색은 붉고 맛은 달콤하며, 안에 앵두가 섞인 것도 있다. 아주 감미로워, 서방에 두루 판매된다. 또 양잠할 줄 알지만, 나는 명주실은 많지 않다. 산에서는 홍색, 남색의 보석, 수정(水晶), 오금의 각 종 광물, 흑반(黑礬), 유황(硫磺), 자석(磁石)이 난다. 염전(鹽田)은 바다를 따라 모두 있어 채취해도 고갈되지 않는다.[6]

의(衣): 남자는 짧은 상의와 좁은 바지를 입는데, 겨우 몸을 가리는 정도

---

3) 브리에(Philippe Briet), 『신구 지리의 유사성(Parallela Geographiae Veteris et Novae)』, I(Paris, 1649), 「Hispania Vetus」, 260쪽.

4) 이상 강역(疆域), 산수(山水), 풍기(風氣)는 모두 『영환지략』에서 채록했다(『영환지략교주』, 236쪽).

5) 『해국도지』, 권38, 포르투갈[布路亞國] 기술에서 채록했다(『위원전집』, 6책, 1110쪽).

6) 『영환지략』에서 채록했다(『영환지략교주』, 239~240쪽).

이며, 일이 있으면 옷 하나를 더 입는데, 앞은 짧고 뒤는 길어 마치 매미 날개 모습이다. 관장(官長)은 양어깨에 호로병 같은 모양을 끼워 넣는데, 금색이 높고, 은색은 그다음 서열이다. 모자는 둥글고 테두리는 곧으며 위는 평평한데, 주변에는 테두리가 있다. 여인의 상의 또한 짧고 꼭 끼며, 아래는 바지를 입지 않고 치마를 두르는데 8~9겹에 달한다. 나이가 어리면 가슴을 드러내고 나이가 들면 가린다. 나갈 때는 반드시 폭이 넓고 긴 수건을 머리에 덮어 두 무릎까지 늘어뜨린다. 부자는 또 검은 망사[黑紗]로 얼굴을 가리는데, 그 망사는 가늘고 촘촘하여, 멀리서 보면 안개와 같다. 값이 20금이 나가는 것도 있다. 손에는 만지작거리는 구슬꿰미를 많이 드는데[手中多弄串珠], 부자들은 진주 또는 다이아몬드[鑽石]로 만든다. 남녀 모두 가죽신을 신는다.

궁(宮): 사람들의 색깔은 희고 청결함을 좋아하여, 반드시 층 있는 집에서 살며, 기물과 용기는 아주 정교하고, 색깔은 흰색을 높이 친다. 담장과 집은 모두 회(灰)를 발라 장식하는데, 조금이라도 바래면 다시 칠한다. 여자들도 피부가 흰 사람을 귀하게 여긴다.[7]

상(商): 이에 앞서, 유럽 여러 나라가 개벽하여 원나라 시기에 이르도록 자기들끼리 왕래했으나 다른 땅과의 통상은 드물었다. 포르투갈 사람들은 산술에 정통하고, 천문을 익혀, 기구로 태양의 출입과 행성의 도수를 측량하여, 육지와 바다의 방향과 원근을 알았다. 명나라 초에 그 나라 왕은 배를 잘 조정하는 사람에게 큰 배를 타고 남쪽으로 항해하게 했는데, 아프리카[阿非利加] 서쪽 경계를 거쳐서, 방향을 동쪽으로 돌려, 아프리카의 동쪽 경계를 지나 오인도의 서쪽 경계에 이르렀다. 다시 방향을 동쪽으로 돌려 말라카[麻剌甲]에 이르렀다. 또 수마트라[蘇門答臘], 자카르타[噶羅巴]의 해협에서 동남양 여러 섬나라를 편력했다. 이르는 지역마다 포르투갈 사람들을 체류시켜, 부두를 건설했다. 융경(隆慶, 1567~1572) 초에 광둥[粤東] 향산현(香山縣)의 호경(濠鏡)에 바로 마카오[澳門]다. 이르렀다. 틈새 땅에 집을 짓기를 청하여 해마다 세은(稅銀) 500냥을 들이게 했다. 지방관 임부(林富)가 허락하도록 청하여, 포르투

7) 의(衣)와 궁(宮)은 모두 『해국도지』, 권38, 포르투갈[布路亞國] 기술에 인용된 『해록(海錄)』에서 채록했다(『위원전집』, 6책, 1113쪽). '의'는 『해록주』, 권하, 64쪽, '궁'은 63쪽에서 확인할 수 있다.

갈 사람들은 마침내 마카오에 부두를 세우게 되었다. 이것이 유럽 여러 나라가 광둥[粤東]과 통상하게 된 시초다. 그 뒤에 에스파냐[西班牙], 네덜란드[荷蘭] 등이 연이어 동쪽으로 왔고, 프랑스[佛郎西], 영국[英吉利]이 뒤를 이었다. 포르투갈이 소서양(小西洋), 동남양(東南洋)에 세운 부두 들은 모두 침탈당하고, 단지 남은 마카오 한 곳만 여러 나라가 동쪽으로 가는 기항지[逆旅]가 되었다.[8)]

관(官): 왕을 '헤이[rei, 理]', 세자를 '려번다(黎番爹)', 왕자를 프린시피[príncipe, 必林西比], 공주[王女]를 '프린세자[princesa, 必林梭使]', 재상을 '간다(干爹, conde?)', 장군을 '마라아사(馬喇亞乍, marquês?)'라고 한다. 문관에는 다섯 등급이, 무관에는 아홉 등급이 있다. 속한 해외 부두를 지키는 현지 관리[土官]는 그곳에 이주해 사는 부호로 임명하는데, 또한 네 등급이 있다. 하나는 민간의 잡일을, 하나는 사람들의 다툼을 처리하고, 하나는 식량과 세금을, 하나는 출입하는 선박을 관장한다. 본국에서는 해마다 한 명의 문관과 무관이 그들 관할지로 보낸다. 강역이 큰 곳은 서너 명을 보내기도 하여, 큰일이 있으면 여섯 명이 합의하고, 보낸 관리가 식솔을 데리고 있지 않으면, 현지 관리 네 사람이 숙의한 바를 기다려, 주민의 정서와 풍토에 맞게 한 뒤에 시행하며, 파견 관리가 마음대로 할 수 없다. 모두 가족이 있으면 파견된 관리가 주도하게 하고, 현지 관리 대부분 더불어 다투지 않는데, 그들이 어려운 환경에서 서로 긴밀하게 협조하기 때문이라고 한다[謂其患難相共也].[9)]

---

8) 『영환지략』에서 채록했다(『영환지략교주』, 239쪽).

9) 『해국도지』에 인용된 『해록(海錄)』에서 채록하고 재구성했다(『위원전집』, 6책, 1113쪽). 『해록』의 기술은 매우 자세하다(『해록주』, 권하, 64쪽). "'왕'을 리(哩, rei)라고 하고, 황태자를 려번다(黎番爹), 왕자를 필림서피(咇林西彼, príncipe), 공주를 필림사사(咇林梭使, princesa), 재상을 '간다(干爹, conde)', 장군을 '마라기사(嗎喇叽乍, marquês)'라고 한다. 문관에는 다섯 등급이 있는데, 첫째는 선시리(善施哩, Chanceler), 둘째는 명니시로(明你是路, Ministro), 셋째는 신이우제(信伊于第), 넷째는 동갈리다(東噶哩爹), 다섯째는 진마리갈치(秦嗎哩噶哆)다. 무관에는 아홉 등급이 있는데 첫째는 과라니니(果囉你呢, Coronel), 둘째는 다령제과라니니(爹領第果囉你呢, Tenente-coronel), 셋째는 살라생제마라(薩喇生第摹喇), 넷째는 만약(蠻喲, major), 다섯째 합필단(呷咇丹, capitão), 여섯째 다령제(爹領第, Tenente), 일곱째 아리사쇠(阿哩梭衰, alferes?), 여덟째 갈다(噶爹), 아홉째 파달만리(波噠蠻哩)다. 해군관[水師官]에도 다섯 등급이 있는데, 첫째는 색회쇠(色晦衰), 둘째는 합필

형(刑): 부녀가 간음 등 각종 죄를 저지르고 잘못을 뉘우치는 자는 교회[廟]에 가서 신부[僧]에게 참회를 청한다. 신부가 작은 감실에 앉아 있고 옆으로 작은 창을 열어두면, 부녀가 창 아래에 무릎을 꿇고 신부에게 귓속말로 자신의 사정을 말하는데, 신부가 설법하여 죄를 풀어주고, 신부가 다른 사람들에게 그 사실을 알리면, 사람들은 신부의 잘못이라고 여겨 교살형에 처한다. 남녀가 범법하여 그 남편[家主]이 그들을 처벌할까 두려운 자는 교회로 가서 신부에게 부탁하는데, 신부가 용납하고 해명하여 서신으로 그 남편에게 알리

단마라야라(呷咇丹嗎喇惹喇, capitão marinha?), 셋째는 합필단다령제달주(呷咇丹爹領第噠主), 넷째는 합필단다령제(呷咇丹爹領第, capitão tenente), 다섯째는 다령제마라(爹領第嗎喇, tenente marinha?)다. 해외 부두[埔頭]에 속해 지키는 현지 관리[土官]는 그곳에 이주해 사는 부호로 임명하는데, 또한 네 등급이 있다. 하나는 위이치(威伊哆, prefeito?)로, 민간의 잡일을 처리하고, 하나는 유의사(油衣使, juiz)로 사람들의 다툼을 처리하며, 하나는 다좌리로(爹佐理路)로 식량과 세금을, 하나는 유의사아리내(油衣使亞哩乃)로 출입하는 선박을 관장한다. 본국에서는 해마다 한 명의 문관과 무관이 그들 관할지로 보내는데, 강역이 큰 곳은 서너 명을 보내기도 한다. 큰일이 있으면 여섯 명이 합의하고, 보낸 관리가 식솔을 데리고 있지 않으면, 현지 관리 네 사람이 숙의한 바를 기다려, 주민의 정서와 풍토에 맞게 한 뒤에 시행하며, 파견 관리가 마음대로 할 수 없다. 모두 가족이 있으면 파견된 관리가 주모하게 하고, 현지 관리 대부분 더불어 다투지 않는데, 그들이 어려운 환경에서 서로 긴밀하게 협조하기 때문이라고 한다(稱王曰哩, 王太子曰黎番爹, 王子曰咇林西彼, 王女曰咇林梭使, 相國爲干爹, 將軍爲嗎喇叽乍. 文官有五等, 一善施哩, 二明你是路, 三信伊于第, 四東噶哩爹, 五秦嗎哩噶哆. 武官有九等, 一果囉你呢, 二爹領第果囉你呢, 三薩喇生第摹喇, 四蠻喲, 五呷咇丹, 六爹領第, 七阿哩梭衰, 八噶爹, 九波噠蠻哩. 水師官亦有五等, 一色晦衰, 二呷咇丹嗎喇惹喇, 三呷咇丹爹領第噠主, 四呷咇丹爹領第, 五爹領第嗎喇. 其鎭守所屬外洋埔頭各官, 卽取移居彼處之富戶爲之, 亦分四等, 一威伊哆, 掌理民間雜事, 一油衣使, 掌理鬪爭, 一爹佐哩路, 掌理糧稅, 一油衣使亞哩乃, 掌理出入船艘. 本國每歲別差一文一武到彼管轄疆, 域大者, 或差三四人. 每有大事, 則六人合議, 若所差官未攜眷屬, 則必俟威伊哆等四人熟議, 與彼處民情土風相宜, 然後施行, 差官不得自專. 若均有室家, 則聽差官主謀, 土官多不與爭, 謂其患難相共也).” 이처럼 위원은 추정할 수 없는 명칭들을 채록하지 않았고 혜강은 위원이 재구성한 문장을 그대로 따랐다. 『해록』에는 왕을 ‘리(哩)’로, ‘세자’를 ‘태자(太子)’로, ‘필(必)’자는 ‘필(咇)’자로, ‘마라아사(馬喇亞乍)’는 ‘마라기사(嗎喇叽乍)’로 되어 있는데, 혜강은 이들을 그대로 따르고 있으므로, 『해록』을 직접 채록하지 않았음을 알 수 있다. 음가가 같으므로 크게 문제되지는 않지만, 다만 ‘기(叽)’자를 ‘아(亞)’로 읽은 것은 음을 복원하는 데 저해가 된다. ‘마라기사’는 후작을 의미하는 ‘마르케스(marquês)’의 음차로 보이기 때문이다.

면, 남편은 화가 나더라도 더는 벌 주지 못한다.[10)]

속(俗): ⓐ온 나라 사람들이 모두 천주교를 신봉하여 재산[財貨]의 절반은 신부[教師]에게 귀속되어, 백성들은 항상 궁핍하다. ⓑ국왕이 즉위하면 연호를 바꾸지 않고, 천주교를 믿으므로 그 해로 계산한다. 서양의 각 나라가 대략 이와 같다.[11)]

각 부락[各部]: 나라는 옛날 다섯 부락으로 나누었는데, 뒤에 여덟 부락으로 나누고 각기 관할하는 작은 부락을 두었다.

이스트레마두라[Estremadura, 義斯德勒馬都拉]는 남북의 딱 중간 땅에, 서쪽으로 대서양을 두고 있다. 세로로는 약 600리고, 가로로는 약 250리다. 관할하는 11개의 작은 부락이 있다. 리스보아[Lisboa, 里斯玻亞, 리스본]는 어떤 곳에는 력사문(力士門) 또는 륵문(勒門)으로 되어 있다. 포르투갈의 도성이다. 타호[Tajo, 德人]강 오른쪽에 건설했고, 산을 넘고 물에 임했으며, 누대가 겹겹이 서 있다. 안에는 학교와 관청, 도서관[書庫], 천문대[觀星臺], 군기창[軍功廠]이 있으며 규모가 매우 크고 아름답다. 교외에는 내항(內港)이 넓고 깊으며, 아래로는 항구[海口]에 닿아 정박에 적합하여, 무역이 매우 왕성하다. 강가에는 포대(礮臺)가 둘러싸, 엄밀하게 수호한다. 건륭(乾隆) 20년(1755) 지진을 당해 왕궁과 민간 집들이 서까래 하나 남지 않았고, 사상자가 산더미처럼 쌓였다. 여러 해를 거쳐 재건하여 옛 모습을 되찾았다. 토리즈 베드라시[Torres Vedras, 德黎威德辣]는 포도를 생산하고 임시 궁전[行宮]이 매우 아름답다. 가사덕내랄(加斯德內辣)[12)]은 항구에 배를 정박할 수 있다. 알렝게르[Alenquer, 亞零給爾]는 온천이 있어 병을 치유할 수 있다. 레이리아[Leiria, 勒黎亞]는 물산이 매

10) 이 정보 또한 『해국도지』에 인용된 『해록(海錄)』에서 채록했다(『위원전집』, 6책, 1113쪽; 『해록주』, 권하, 65쪽).

11) ⓐ는 『영환지략』에서 채록했고(『영환지략교주』, 240쪽), ⓑ는 『해국도지』에 인용된 『해록(海錄)』에서 채록했다(『위원전집』, 6책, 1114쪽; 『해록주』, 권하, 65쪽). 주석 사항은 혜강의 설명이다.

12) '가사덕내랄(加斯德內辣)'은 『지리비고(『해산선관총서』본, 권5 2b)에 '가사덕랄(加斯德辣)'로 되어 있고, 이를 채록한 『해국도지』, 권38에서도 확인된다(『위원전집』, 6책, 1121쪽). '가사덕랄'은 바로 카스틸라(Castila)를 음차한 형태다.

우 풍부하다. 유리 공장[玻璃廠]이 있어 온 나라의 수요에 넉넉하다. 알코바사[Alcobaça, 亞爾哥巴薩]는 면포(棉布)를 생산한다. 토마르[Tomar, 多麻爾]는 기름[油], 술[酒], 곡물[穀]을 생산하고 과실이 매우 많아 무역이 상당히 왕성하다. 오우렘[Ourém, 歐靈], 상적구서(商的勾西) 두 부락의 땅은 높은 구릉에 있어 토양이 매우 척박하다. 산타렘[Santarem, 三達零]은 타호[Tajo, 德人]강 오른쪽에 있어 토양이 비옥하고 산물이 풍부하여 번화함으로는 전체 나라에서 최고다. 겨울 수렵에 대비하여 임시 궁전이 있다. 세투발[Setúbal, 塞獨巴爾][13]은 사두강[Sado, 薩都河] 오른쪽에 있는데 큰 배가 정박할 수 있고, 나는 소금은 최고다.

베이라[Beira, 卑辣]는 이스트레마두라[Estremadura, 義斯德勒馬都辣]의 북쪽에 있다. 동쪽으로 에스파냐[西班牙] 서쪽으로 대서양을 두고 있다. 세로는 약 600리고, 가로로는 약 300리로, 근래 상 베이라[Beira Alto, 卑拉亞爾達]와 하 베이라[Beira Baixo, 卑拉拜砂] 두 부락으로 나누었다. 모두 열한 개의 작은 부락을 거느린다. 코임브라[Coimbra, 固英巴拉]는 옛날 베이라[卑辣]의 중심도시[會城]로, 대학교[大書院]가 있어 포르투갈[葡國]의 유명한 사람들은 모두 이 학교 출신이다. 땅에서는 자기(磁器), 마포(麻布)가 난다. 아이가니이(亞爾加尼耳)는 지역이 깊숙하고 어두워 사는 사람이 극히 드물다. 아베이루[Aveiro, 亞威羅]는 보가강[Vouga, 窩烏牙河] 어귀에 있는데, 부두가 매우 크지만 물과 땅은 상당히 열악하다. 어(魚), 염(鹽), 자기(磁器), 홍귤(紅橘)이 난다. 페이라[Feira, 非辣]는 농토가 매우 비옥하고 강에는 물고기가 많다. 비제우[Viseu, 維修]는 상 베이라[Beira Alto, 卑拉亞爾達]의 중심도시로, 큰 시장이 있다. 면포(棉布)가 나며 금은의 그릇을 잘 만든다. 라메고[Lamego, 拉美厄]는 담뱃잎[烟葉]을 생산하고 돼지를 많이 기른다. 피넬[Pinhel, 比聶爾]은 에스파냐와 접경하고 있어 성은 매우 견고하다. 트랑코조[Trancoso, 達郎哥索]는 도시[城]에 문 일곱, 탑 열다섯 개가 있고, 포대(砲臺)가 빼곡히 둘러 있다. 구아르다[Guarda, 瓜爾達]는 땅 기온이 매우 낮다. 면포(棉布), 양융(洋絨), 신선한 과실[鮮果]이 난다. 려니아리사(黎尼亞利斯)는 땅이 황폐하고 외져, 인구가 적

---

13) 서계여는 『영환지략』에 이곳이 바로 새도파이(塞圖巴爾) 구(區)라는 주석을 붙였으나(『영환지략교주』, 240쪽), 혜강은 채록하지 않았다.

다. 카스텔로 브랑쿠[Castelo Branco, 加斯德羅巴郎古]는 하 베이라[卑拉拜砂]의 중심도시다. 성과 담장은 가지런하고 높으며, 거리는 훤하고 청결하다. 물산 또한 넉넉하다.

알렝테주[Alentejo, 亞零德人]는 이스트레마두라[義斯德勒馬都拉]의 동쪽, 베이라[Beira, 卑辣]의 남쪽에 있다. 동쪽으로 에스파냐[西班牙]와 경계하고, 서남쪽 모퉁이는 대서양에 임해 있다. 세로로 약 500리, 가로로는 약 290리다. 부유함은 여러 부락 중에서 으뜸이다. 곡물[穀], 과실[果], 양모(羊毛), 우유빵[奶餅], 기름[油], 술[酒], 밀랍(蜜蠟)이 난다. 여덟 개의 작은 부락을 거느린다. 중심도시는 에보라[Évora, 厄窩拉]로, 성과 시장이 화려하고 가지런하다. 자기(磁器), 도기(陶器)가 난다. 베자[Beja, 卑惹]는 토양이 비옥하고 기후가 청명하여 민물이 안락하고 부유하다. 도시[城]밖에는 40개의 탑이 있고, 또 사방에 높은 포대(礮臺)가 있어 수백 리에서도 볼 수 있다. 오우리크[Ourique, 窩黎給]는 옛날 알퐁수 엔리크[Afonso Henriques, 亞豐蘇英黎給]가 이곳에서 이슬람 부락을 크게 격파하여, 후세인들이 패방과 사당[坊廟]을 세워 무공을 기린다. 빌라 비소사[Vila Viçosa, 維拉威索薩]는 도시[城]에는 매우 크고 화려한 저택이 있는데, 고관대작들이 산다. 또 주위가 40리인 큰 동산[囿]이 있는데 안에는 수려한 나무와 맑은 샘물이 있으며, 사슴과 토끼가 가득하다. 니리말사(呢里襪斯)[14]는 포르투갈 제일의 견고한 성이다. 인구는 많고 상인들이 북적인다. 포르탈레그르[Portalegre, 玻爾達勒給劣]는 물산이 풍부하고 봉작이 없는 부호들이 많다. 크라투[Crato, 加拉多]는 인구가 요락(寥落)하다. 아비스[Aviz, 亞維斯]에는 임시 궁궐이 있다.

알가르브[Algarve, 亞利牙爾威]는 서남쪽으로 바다에 임해 있고, 북쪽은 알렝테주[Alentejo, 亞零德人], 동쪽은 에스파냐[西班牙]와 경계한다. 세로로 약 100리고 가로로는 약 340리다. 사람들은 건장하고 호전적이며, 대부분 물고기를 잡아 생활한다. 배를 모는데 아주 뛰어나다. 옛날에는 작은 나라였으나 포르

14) '니리말사'는 휴 머리(Hugh Murray)의 『The Encyclopædia of Geography』(Philadelphia, 1837)에 따르면(III, 595쪽), "스페인과의 국경 바다호스(Badajos)와 마주한 엘바스(Elvas)는 포르투갈에서 가장 강력한 요새로 왕국의 방호벽으로 설계되었다"라고 하였으므로, '니리말사'는 엘바스의 첫음절이 잘못 음차된 형태일 것이다.

투갈이 이슬람 부락을 없애고, 그 땅을 차지했다. 세 개의 작은 부락이 속해 있다. 중심도시는 파루[Faro, 發羅]로, 평원에 풍요로워 인구가 많으며, 사람들은 대부분 어로를 익힌다. 타비라[Tavira, 達維拉]는 포도가 들에 가득하고 그물이 강물을 덮었다. 산에는 은(銀)과 동(銅)이 난다. 라고스[Lagos, 拉各斯]는 도시[城]를 바다 모퉁이에 건설했고, 항구가 깊고 넓어 큰 배를 정박할 수 있다. 부속 도시[邑]인 살급륵사(薩給勒斯)에는 학교[書院]가 있는데, 알퐁수 엔리크[亞豊蘇英黎給]가 세운 곳이다.

두로-미뉴[Douro e Minho, 斗羅米慮]는 동북쪽으로 에스파냐, 동쪽으로 베이라[Beira, 卑辣]와 경계하고, 서쪽으로는 대서양에 임해 있다. 세로로 약 250리고, 가로로는 약 150리다. 이곳에 수목은 숲을 이루어, 가축들이 잘 번식한다. 근래 미뉴[Minho, 米慮]와 두로[Douro, 斗羅] 두 부락으로 나뉘었다. 모두 일곱 개의 작은 부락을 거느린다. 브라가[Braga, 巴拉加]는 미뉴[米慮]의 중심도시다. 인구가 많고, 우뚝한 집들이 많다. 군기(軍器), 철기(鐵器), 마포(麻布), 금은의 그릇을 생산하는데, 값이 매우 저렴하다. 포르투[Porto, Oporto, 伯爾多]는 두로[斗羅]의 중심도시다. 물산이 풍부하고 무역이 왕성하여 리스보아[里斯玻亞]에 포르투갈의 수도 버금간다. 페나피엘[Penafiel, 北那非野爾]은 인구가 희소하다. 기마랑이스[Guimarães, 幾馬拉英斯]는 옛날 건국한 왕 알퐁수 엔리크[亞豊蘇英黎給]가 태어난 곳으로, 궁전의 터가 아직 남아있다. 철기(鐵器)와 우피(牛皮)를 생산한다. 비아나[Viana, 維牙納]는 도시[城]를 리마강[Lima, 黎馬河] 하구에 건설했는데, 배를 정박하기 매우 적합하다. 토산물은 매우 풍부하다. 파이새라사(巴爾塞羅斯)는 또한 땅이 풍요롭고 햄[火腿]을 생산한다. 발렌사[Valença, 瓦連薩]는 성이 아주 견고하다.

트라스-우즈-몽티쉬[Trás-os-Montes, 達拉斯德斯蒙德世]는 동북쪽으로 에스파냐, 서쪽으로 두로-미뉴[Douro e Minho, 斗羅米慮]와 경계한다. 세로로 약 220리고 가로로는 약 330리다. 바위 계곡이 둘러 있고, 가축은 번성하며 포도나무와 뽕나무가 들과 산에 가득하다. 작은 네 개 부락을 거느린다. 중심도시는 브라강사[Bragança, 巴拉安薩]로, 산 구릉의 위에 건설되어 있다. 인구는 많지 않다. 토양을 비옥하고 물은 소금기가 적다. 주단(綢緞)과 실 제품[絲貨]을 생산한다. 미란다[Miranda, 迷蘭達]는 옛날 유명한 도시[城]이었으나 퇴락한지 오래되어 사람들은 매우 적다. 몽코르부[Torre de Moncorvo, 蒙哥爾窩]에는 실 제품을 짜는 직조소[機房]가 있어 무역이 매우 왕성하다. 포도주와 좋은 술이 난다. 빌라 레알[Vila Real, 威拉里亞爾]은 땅이 매우 풍요로워 인구가 가장 많다. 속한 도시[邑]인 페주 다 레과[Peso da Régua, 北蘇的勒瓜]에서 빚는 포도주가 가장 우수하여, 상인들이 줄을 잇는다. 매년 술값으로 약 오륙백만 금을 번다.

포르투갈의 서쪽, 대서양에는 군도(群島)가 있는데, 포르투갈 경내에서 대략 2,000여 리 떨어져 있다. 포르투갈 사람들이 그곳을 발견하고 개간하여 바깥 부락으로 삼았다. 전체 명칭은 아소르스[Açores, Azores, 亞索利亞]로 번역하자면 매의 섬[鷹島]이다. 큰 섬으로는 아홉이 있다. **남쪽에는 산타마리아[Santa Maria, 三達馬利亞], 상 미구엘[São Miguel, 三迷給爾] 두 섬이 있다. 중앙에는 테르세이라[Terceira, 德爾塞辣],**[15] 상 조르즈[São Jorge, 三惹爾日], 그라시오자[Graciosa, 加拉西約薩], 파이알[Faial, 發牙爾], 피쿠[Pico, 北哥] 등 다섯 섬이 있다. 북쪽에는 플로르스[Flores, 佛羅利斯], 코르부[Corvo, 哥爾窩] 두 섬이 있다. 각 섬은 날씨가 맑고 화창하며, 물과 토양이 고르고 좋아 오곡(五穀), 남과(南果)가 아주 많다. 풍년이 든 해에는 50척의 배에 실어 갈 수 있다. 근래 간행된 『지리비고(地理備考)』는 대서양 사람 마길사(馬吉士)가 번역한 책으로 에스파냐와 포르투갈 두 나라에 대해서는 기록이 유난히 자세하다. 포르투갈은 그의 본국(本國)이고, 에스파냐는 그의 조국(祖國)이다. 이에 채록했다.[16]

---

15) 여기 굵게 표시한 문장의 원문은 "南方二, 曰三達馬利亞, 曰三迷給爾. 中央五, 曰德爾塞辣"로 총 22자다. 이 22자는 혜강이 종이에 다시 써서 붙였는데, 아래 설명에는 "'큰 섬으로 아홉이 있다(大者有九)'라는 문장 아래 이 22자가 빠졌다"라고 하였다. 혜강은 채록이 끝난 뒤에 이 빠진 사실을 알았던 것 같다. 별지에 써서 원문을 고치고, 빠진 면도 함께 편집했다. 따라서 '6b'는 두 면이 되었다. 그러나 이 교정 사항이 혜강 자신의 것인지는 확인되지 않는다. 서체가 꽤 다르다. 하지만 이 또한 다른 사람이 교정했다는 근거는 될 수 없다. 혜강 자신이 나중에 다른 붓으로 정자로 썼을 가능성도 여전히 남아 있기 때문이다. 사실 혜강 본인이 아니라면, 이 빠진 정보를 발견할 수 있는 동시대 학자는 없었을 것이다. 따라서 나는 혜강 자신의 교정으로 추정한다.

16) 이상 각 부락에 관한 기술은 모두 『영환지략』에서 채록했다(『영환지략교주』, 240~242쪽). 해당하는 지명들은 애로우스미스(John Arrowsmith), 「스페인 포르투갈(Spain, Portugal)」(London, 1832); 알바레스(Emilio Valverde Alvarez), 「이베리아 반도의 지리 지도(Atlas geografico descriptivo de la peninsula iberica)」(Madrid, 1880)를 참고하여 추정했다.

연혁(沿革): 당나라 이전의 연혁은 에스파냐[西班牙]와 같다. 에스파냐가 옛 영토를 회복했을 때, 엔리크[Henrique, 英黎給]라는 신하가 있었는데, 프랑스[佛郎西]의 왕손이었다. 군대를 잘 거느려 전공이 가장 많다. 카스티야[加斯德辣] 왕 바로 에스파냐의 왕이다. 당시 옛 영토가 완전히 수복되지 않았고, 하나로 귀속되지 않았으므로 '에스파냐 왕'이라 부르지 않는다. 알퐁수[Alfonso, 亞豊蘇]가 그의 딸을 아내로 들이고, 정복한 루시타니아[Lusitania, 盧西達尼亞]의 여러 도시[城]을 봉했는데, 작위는 백작이었다. 그의 아들 알퐁수 엔리크[亞豊蘇英黎給]가 왕위를 이어 이슬람 부락을 정벌하여 크게 무찌르면서 넓은 땅이 더 넓어졌다. 송나라 철종(哲宗) 소성(紹聖) 원년(1094) 나라 사람들이 왕으로 받들었는데, 이 사람이 포르투갈 건국의 시조다. 그 뒤로 계속하여 이슬람 부락을 정복하여 루시타니아의 땅 전체를 차지하여, 마침내 에스파냐와 병립했다. 명나라 가정(嘉靖, 1522~1566) 연간에 마누엘[Manuel I, 以馬努以利]이라는 현명한 왕이 잘 제어하고 막아 나라는 아주 치세를 이루었다. 아들 후앙 3세[João|John III, 約翰第三]가 계승하여, 에스파냐보다 더 힘써, 사방이 안정되고 창고는 충실했다. 아들 엔리크[Henrique I, 英黎吉]가 왕위를 이었을 때, 아프리카[阿非利加]의 이슬람 부락이 침입해 와, 출전하여 싸우다, 아들 없이 죽자, 에스파냐는 그 틈을 타고 나라를 병합했다. 이로부터 60년간 에스파냐에 예속되었다. 에스파냐가 탐욕스럽고 잔인하게 다스리자, 포르투갈인들은 뒤집으려 했다倒懸]. 숭정(崇禎) 13년(1640) 군대를 일으켜 에스파냐 지방관들을 축출하고, 다시 옛 왕의 후손 후앙 4세[約翰第四]를 세웠다. 에스파냐가 여러 차례 침략하면서, 20여 년 동안 전쟁했다. 포르투갈 왕이 영국[英吉利]과 우호 관계를 맺자, 영국은 병력으로 도와주면서, 수시로 옹호하여, 멸망을 면했다. 가경(嘉慶, 1796~1820)초에 프랑스 나폴레옹[拿破侖]이 사방을 침략할 때 군대가 포르투갈까지 이르렀다. 포르투갈은 방어할 수 없어, 왕은 나라를 버리고 항해하여 브라질[巴西]로 어떤 곳에는 파랍서리(巴拉西利)로 되어 있다. 도피했다. 브라질[巴西]은 남아메리카[南亞墨利加]의 넓은 땅으로, 포르투갈 사람이 명나라 중엽 그곳을 탐험하여 차지하고 식민지[藩部]를 건설한 곳이다. 아메리카[亞墨利加] 도설에 자세하다. 얼마 뒤에 나폴레옹이 영국에 잡히자, 왕은 그제야 귀국했다. 곧이어 죽자, 세자가 브라질에 머물면서 포르투갈의 왕을 겸했다. 브라질 사람들은 왕이 두 곳의 왕을 탐낸다고 하며 따르려 하지 않았다. 왕은 부

득이 브라질의 왕이 되고 어린 딸을 포르투갈의 왕으로 보냈다. 그때는 이미 왕의 동생이 왕위에 올라 왕위를 내어주지 않으려 했다. 왕은 브라질에 살아 그들 풍속을 잘 알지 못했다. 나라 사람들은 왕이 자리에 오를 것을 압박하자, 어찌할 수 없이 귀국하여, 딸과 군대를 합쳐 동생을 공격했다. 영국이 군대로 원조하여 왕의 동생을 죽이고 왕의 딸이 자리를 차지했다. 곧이어 결혼하여 게르만[日耳曼] 세자가 남편이 되었고, 남편이 죽자 다시 결혼했다. 여왕은 자애롭고 백성을 아껴, 나라 사람들이 만족해했다.[17]

17) 이상 포르투갈[葡萄牙]의 연혁은 모두 『영환지략』에서 채록했다(『영환지략교주』, 238~239쪽).

7-2. 영국[英吉利國] 지도 52, 53, 54, 55를 보시오.

강역(疆域): 영국[英吉利]은 영규려(英圭黎), 응흘려(膺吃黎), 암액리(諳厄利), 영륜적(英倫的), 그레이트 브리튼[Great Britain, 及列的不列顚] 등으로 불린다.[17] 유럽[歐羅巴]의 강대한 나라다. 땅은 원래 세 개의 섬으로, 대서양 바다 가운데 외롭게 걸려있다. 동쪽으로 두 섬은 서로 연결되어 남쪽 섬은 잉글랜드[England, Englalonde, 英倫], 어떤 곳에는 영란(英蘭)으로 되어 있다. 북쪽 섬은 스코틀랜드[Scotland, 蘇格蘭]라 어떤 곳에는 사가서아(斯哥西亞), 또는 사고태(師古泰)로 되어 있다. 한다. 두 섬은 남북으로 대략 2,000여 리고, 동서로 넓은 곳은 500~600리, 좁은 곳은 300~400리다. 서쪽으로 별도의 섬 하나가 있는데 아일랜드[阿爾蘭]라 어떤 곳에는 이란(耳蘭), 또는 일이란대(壹爾蘭大)로 되어 있다. 한다. 남북으로 대략 700~800리고, 동서로는 대략 500~600리다. 잉글랜드[英倫]의 남쪽 경계는 네덜란드[荷蘭], 프랑스[佛郎西]와 서로 가까워, 배로 반나절이면 이를 수 있다. 프랑스에서의 거리는 더 가까워, 해협[海港]의 좁은 곳은 불과 60~70리로, 양쪽 해안에서 서로를 바라볼 수 있다.[18]

산수(山水): ⓐ잉글랜드[英倫] 서쪽 경계로 산맥이 조금 보이지만 평지가 많고, 10여 개의 강물 모두 길지 않고 농토는 비옥하여 유럽의 상급 토양이다. ⓑ스코틀랜드[蘇格蘭] 이남은 농토가 비옥하고 이북은 자갈돌과 소금기로 척박하다. ⓒ아일랜드[阿爾蘭]의 땅에는 저수지와 못이 많고, 하천은 매우 짧아 토양도 자갈이 많고 척박하다.[19]

---

17) '잉글랜드'는 엉글라랜드(Englaland), 즉 앵글 사람들(Angles)의 땅이란 말에서 나왔다. '앵글'의 라틴어 형태는 앙글리(Anglii)로, 영길리(英吉利), 영규려(英圭黎), 응흘려(膺吃黎) 등은 모두 이를 음차한 형태들이다. 지봉 이수광은 '영결리(永結利)'로 표기하기도 했다. '암액리(諳厄利)'는 『직방외기』에서 라틴어 앙글리아(Anglia)를 음차한 '암액리아(諳厄利亞)'의 접미사 '아'자를 뺀 형태다(『직방외기교석』, 103쪽). 이밖의 다른 표기에 관해서는 『지봉 이수광이 바라본 세계』, 497쪽을 참고하시오.

18) 영국[英吉利] 기술의 시작은 두 면이다. 두 번째 면은 '강역'과 '영길리'가 빠진, 교정 전의 원문이다. 혜강은 다시 써서 붙였다(9a). 이 정보는 『영환지략』에서 채록했다(『영환지략교주』, 244쪽).

19) 모두 『영환지략』에서 재구성하여 채록했다(『영환지략교주』, ⓐ255; ⓑ255; ⓒ266쪽).

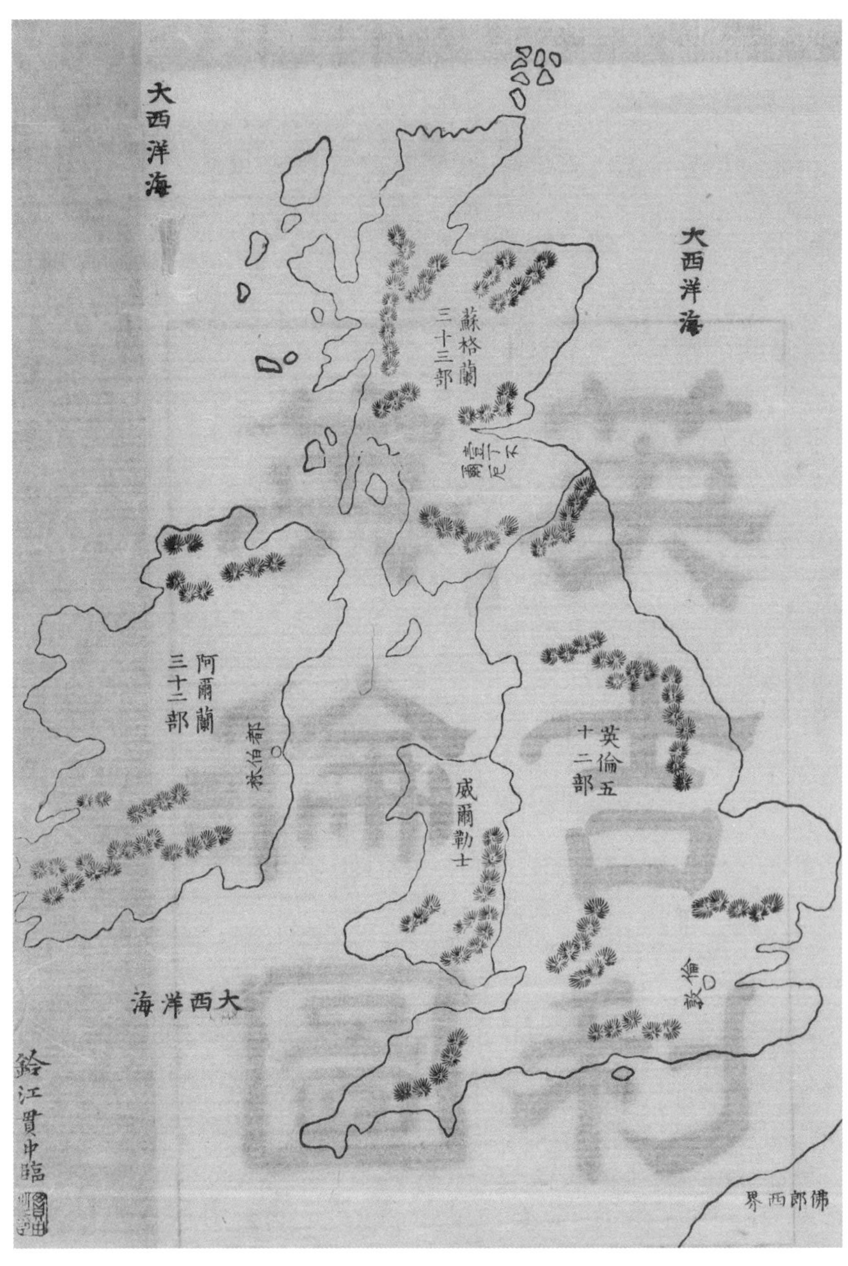

지도 52. 국립중앙도서관 소장본의 지도가 몹시 희미하여 『영환지략』(도시샤대학 소장본, 1861)에서 가져왔다. 국립중앙도서관 소장본에는 '영길리삼도총도(英吉利三島總圖)'라는 지도 명이 있다.

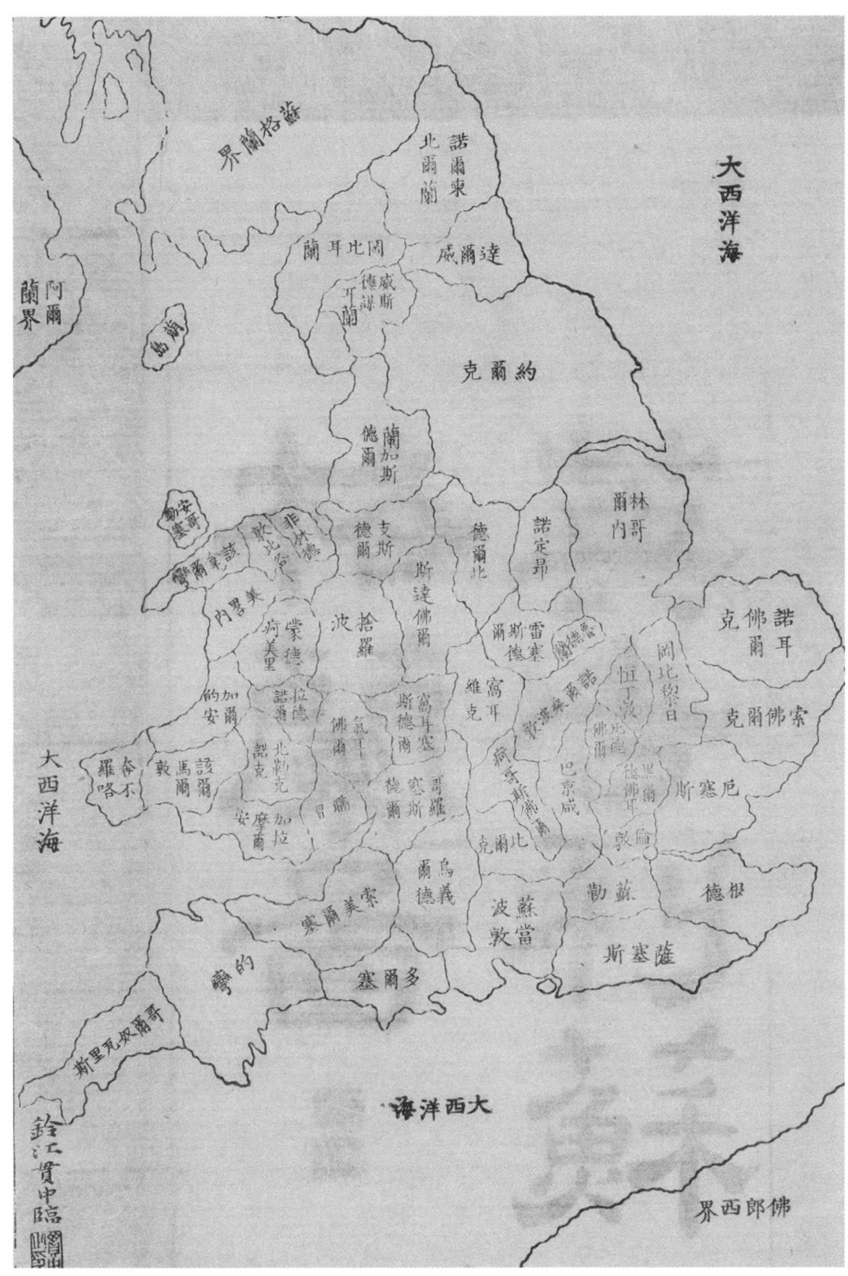

지도 53. 국립중앙도서관 소장본의 지도가 몹시 희미하여 『영환지략』(도시샤대학 소장본, 1861)에서 가져왔다. 국립중앙도서관 소장본에는 '영길리영륜도(英吉利英倫圖)'라는 지도명이 있다.

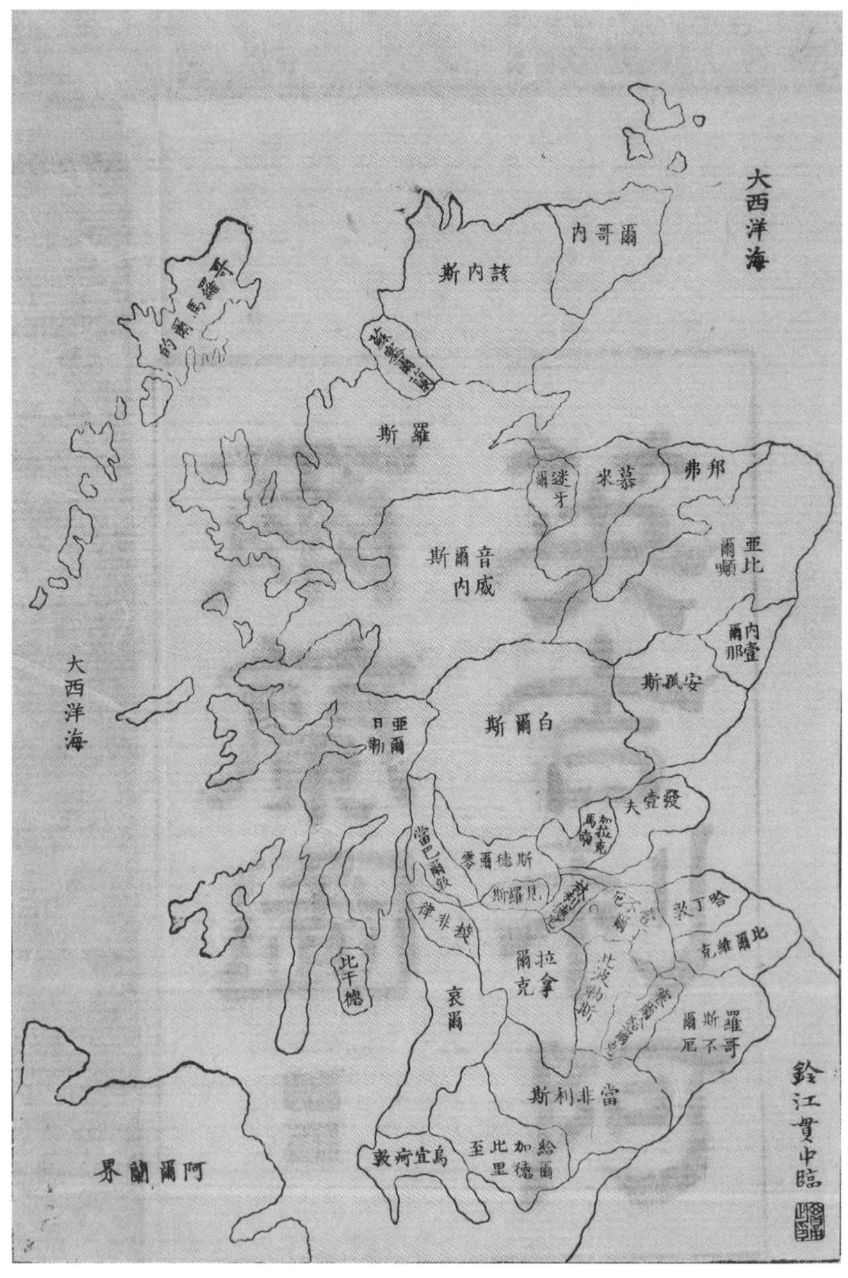

지도 54. 국립중앙도서관 소장본의 지도가 몹시 희미하여 『영환지략』(도시샤대학 소장본, 1861)에서 가져왔다. 국립중앙도서관 소장본에는 '영길리소격란도(英吉利蘇格蘭圖)'라는 지도 명이 있다.

지도 55. 국립중앙도서관 소장본의 지도가 몹시 희미하여 『영환지략』(도시샤대학 소장본, 1861)에서 가져왔다. 국립중앙도서관 소장본에는 '영길리아이란도(英吉利阿爾蘭圖)'라는 지도 명이 있다.

풍기(風氣): 나라는 북해와 가까워 매우 춥다. 날씨는 일정하지 않고, 오늘은 맑게 갰다가 내일은 구름이 낀다. 여름은 덥지만 무덥지는 않다.[20)]

사람들[人民]: ⓓ신체[身材]는 장대하고 희다. ⓔ머리털은 노란색, 흰색, 붉은색, 검은색, 각 색이 모두 있고, 그중에는 붉은색이 많아 '홍모(红毛)'라 부른다. 머리털은 짧게 한다. 그들 눈동자는 남색, 갈색[棕], 혹은 검은색이다. 여인들은 미모가 사방에 소문났다. ⓕ잉글랜드[英倫]와 스코틀랜드[蘇格蘭] 두 섬의 인구는 1,500만 명이고 아일랜드[阿爾蘭]의 인구는 700만 명이다. 그 나머지 다른 대륙에 할거하고 있는 속령[藩屬國]의 인구는 너무 많다. 예를 들어 지중해섬에는 14만 명, 아프리카[阿非利加] 바닷가의 새로 개척한 땅에는 25만 3,000명, 오인도의 각 속령에는 8,004만 명, 북아메리카[北亞墨利加] 미국[花旗國]과 접한 땅에는 250만 명이 있고, 아울러 그 대륙 동쪽 군도의 흑백 주민은 82만 명이다. 별도로 신-네덜란드[新荷蘭]섬은 바로 오스트레일리아[澳大利亞]다. 중국 남양에서 1만여 리 떨어져 있는데, 인구가 해마다 증가한다. 이들 속국은 서로 멀리 떨어져 육로로는 다닐 수 없고 단지 배로만 연결된다. 본국의 백성들은 많아, 해마다 수만 명이 떠나 새로 개척한 땅을 개간하고 도시를 건설하며 배를 만들고 있으므로 그 사람들은 천하에 분포하고 있다. 어떤 부두를 막론하고 무역하는 영국 상인이 있다.[21)]

물산(物産): ⓖ석탄(石炭), 동(銅), 철(鐵), 주석[錫], 납[鉛], 와택(窩宅), 요사(硇砂)가 난다. 말[馬], 소[牛], 양(羊)이 가장 많다. 토양은 대맥과 소맥에 적합하여 수확량이 매우 풍부하다. ⓗ등(藤), 치라융(哆囉絨), 필기(嗶嘰),[22)] 우사(羽紗),[23)] 종표(鍾表), 유리[玻璃], 아란미주(牙蘭米酒)[24)]가 나지만, 호랑이, 표

20) 『해국도지』, 권51에 기술된 영국 조목에서 인용한 싱가포르 사람이 지었다는 『영국론략(英國論略)』에서 채록했다(『위원전집』, 6책, 1384쪽).

21) ⓓ의 문장은 『영환지략』에서 채록했다(『영환지략교주』, 262쪽). ⓔ와 ⓕ는 『해국도지』, 권51에 기술된 영국 조목에서 인용한 싱가포르 사람이 지었다는 『영국론략(英國論略)』에서 채록했다(『위원전집』, 6책, 1384, 1383쪽).

22) '필기(嗶嘰)'는 광둥 발음으로 '밧게이(bat-gei)'로, 그 원형은 프랑스어 '베주(beige)'일 것이다. '베주'는 염색하거나 표백하지 않은 원래 그대로의 양털로 짠 직물이다. 바로 소모직물[worsted cloth]인 서지(serge)를 말한다.

23) 우사(羽紗)란 사전적 설명에 따르면, 면(棉)과 모(毛) 또는 비단을 혼합하여 짠 얇은 직

범, 사슴류[麋鹿]는 없다.[25)]

의(衣): ⓘ관원 평상복의 모자[冠]는 둥근 원통에 꼭대기는 평평하고 테두리[簷]는 좁다. 집에서는 대부분 부드러운 속을 테두리에 붙이는데, 대략 중국의 여의건(如意巾)과 같다. 예복의 모자는 검은 융단으로 만드는데, 손가락 하나만큼 두껍다. 꼭대기는 도끼날 같고, 앞뒤로 나와 길이는 2척에 가까워, 대략 중국의 비올 때 쓰는 모자와 비슷하나, 무더울 때도 이 모자를 착용한다. 그러나 문에 들어서면 모자를 벗는데, 오래 쓰고 있을 수 없기 때문이다. 무관직 중에 무공이 있는 자는 꼭대기에 수십 개의 흰 깃을 달고, 몸에 달라붙은 옷에는 혁대를 차며, 외투의 길이는 무릎을 넘는다. 천청니(天靑呢, 어두운 갈색?)를 사용하며 소매는 좁고, 앞가슴은 열어둔다. 문관직의 깃과 소매 그리고 바지 모두 은색 선으로 꽃문양을 두르고, 무관직은 양어깨에 구리로 만든 짐승의 얼굴을 다는데, 높은 사람은 금을 사용하고, 낮은 사람은 금색 선으로 묶

물을 말한다고 한다. 『향조필기(香祖筆記)』(사고전서본, 권1, 4b)에 "우사(羽紗)와 우단(羽緞)은 해외 네덜란드[荷蘭], 시암[暹羅] 등의 나라에서 난다"라고 하였다. 영어 중국어 사전에서는 낙타 또는 앙고라 양의 털로 짠 얇은 평직물인 '캠릿(camlet)'으로 번역하고 있다. 이를 근거한 것인지는 모르겠지만, 바이두 백과사전에서는 성글고 가는 제품을 '우사', 두텁고 조밀한 것을 '우단'이라 한다고 설명했다. 분명 네덜란드의 산물에는 '깃털로 짠 비단[所織羽毛緞]'이 보이는데 바로 '우단(羽緞)'을 말하고, 이 직물은 벨벳으로 번역되므로, 백과사전의 설명은 따를 만하다.

24) '아란미주(牙蘭米酒)'는 『해록』에 '하란미주(呀㘓米酒)'로 표기되어 있다. 사청고는 이 술을 북아메리카[咩哩干國]의 산물로 '하란미양주(呀㘓米洋酒)'로 언급했다(『해록주』, 75쪽). 샤먼 방언사전에 따르면, 연지벌레에서 추출하는 진홍색 색소인 코치닐(Cochineal)은 '기아-란-비(呀㘓米)'에 대응시켰고(John Macgowan, 『English and Chinese dictionary of the Amoy dialect』, London, 1883, 69쪽), 또 존 찰머스의 사전에는 코치닐을 '아-란-마이(牙蘭米)'로 그 발음을 표기했다(John Chalmers, 『English and Cantonese Dictionary』, Hongkong, 1907, 46쪽). 마지막으로 막문창(莫文暢, 1865~1917)의 『당자음영어(唐字音英語)』에서 '기아-란(呀㘓)'은 크림슨(crimson)으로 설명했다. 이로부터 아란(牙蘭) 또는 하란(呀㘓)은 '미(米)'자를 붙여 표기도 하는 형태들과 마찬가지로, '코치닐'이라는 붉은 색소를 가리킨다. 따라서 '하란미주'란 진홍색 술을, '하란미양주'는 진홍색 양주를 의미하는 것 같다.

25) ⓖ의 산물은 『영환지략』에서(『영환지략교주』, 257쪽), ⓗ의 정보는 『해국도지』, 권51에 기술된 영국 조목에서 인용한 『해록(海錄)』에서 채록했다(『위원전집』, 6책, 1384, 1411쪽; 『해록주』, 74쪽).

어 잇는다. 관직이 높은 자는 짐승 얼굴 아래 몇 척의 금줄을 늘어뜨리고 짐승 얼굴에 돌려 묶는다. 관직이 낮은 자는 한쪽 어깨에 짐승 얼굴을 달 뿐이다. 문관직은 검을 차고, 무관직은 칼을 찬다. 칼집[鞘]은 모두 백철을 사용하고 금구슬과 상아로 장식하는데, 새긴 방법이 아주 정교하다. 칼날은 수은을 바른 것처럼, 하얗게 빛나고 유연하여 허리에 두를 수도 있는데, 펴면 곧아진다. 예복용 칼[刀劍]은 모두 날[鋩]이 없는데, 태평도(太平刀)라 부른다. 무관의 가죽신은 뒤꿈치 뒤에 1촌 정도 되는 위로 구부러진 구리 못이 있다. ⓙ남녀의 복제로, 남자는 **삼각모를 쓰고**, 사계절 니포(呢布)로 만든 옷을 입고, 전(氈)으로 만든 모자를 쓰며, 안에는 속옷을 입는데, 조끼와 짧은 적삼을 착용하고 안과 밖으로 두 개의 바지를 입는다. 겨울에는 외투로 긴 도포를 입고, 발에는 가죽신을 신는다. 여자들은 주단(綢緞)과 각종 서양포를 사용하는데, 풍속에 따라, 유행[時式]에 맞추어 여러 모양과 방식이 있다. 머리에는 커다란 모자를 쓰고 얼굴에는 얇은 수건[帕]을 달고, 몸에는 서너 겹의 긴 적삼을 입는다. 청결함을 가장 좋아한다. 머리는 진주와 보석으로 장식하는데 값을 헤아릴 수 없다. 돌아갈 때는 반드시 각 나라의 진주를 사서, 여자 혼수[女奩]로 준다. ⓚ나라에는 매춘부[娼妓]가 많은데, 간음하여 아이를 낳았더라도, 반드시 길러야 한다. 남녀의 결혼 예복[吉服]은 홍색, 녹색, 흰색을 사용하고 상복으로는 검은 옷을 입는다.[26)]

식(食): ⓛ사람들은 하루 세 끼를 먹는데, 아침에는 차나 커피[加非]와 식빵, 케익[餅餌], 크림[牛乳油]을 머는다. 오후에는 성대하게, 소고기, 양고기, 닭고기, 생선, 채소를 먹는다. 다만 네덜란드[荷蘭]의 감자[薯]는 각 나라에서 으뜸으로 친다. ⓜ밥은 밀가루 빵이다. 배가 부른 뒤에 술을 마시고, 과일[水

26) ⓘ의 정보는 『영환지략』에서 채록했다(『영환지략교주』, 262쪽). ⓙ는 『해국도지』에 인용된 『영국론략(英國論略)』에서 채록했다(『위원전집』, 6책, 1383쪽). 그러나 굵게 표시한 "삼각모를 쓴다"라는 정보는 어디에서 가져왔는지 확인되지 않는다. 아마도 혜강이 추가했을 것이다. ⓚ는 『해국도지』에 인용된 『해록(海錄)』에 근거하여 재구성한 문장으로 보인다(『위원전집』, 6책, 1384, 1410쪽). 『해록』에는 "나라에 창기가 많다. 간음하여 아이를 낳았더라도 반드시 길러야 한다. 남녀는 모두 흰옷을 입고 흉복으로 검은색을 착용하고 무관은 모두 붉은색을 입는다(國多娼妓, 雖姦生子必育之. 男女俱穿白衣, 凶服則用黑, 武官俱穿紅)"라고 하였다(『해록주』, 74쪽).

果]을 먹는다. 젓가락을 사용하지 않고 칼과 포크[叉匙]를 사용하는데 금이나 은 그리고 유리[玻璃]로 만든 제품을 최상으로 여긴다.[27)]

궁(宮): 사는 집은 흰 돌로 담장과 벽을 만들고, 들보와 마룻대는 나무로 만든다. 높이 5~6층을 쌓아 적을 피하고, 다음에는 벽돌을 사용하며, 아래는 흙을 사용한다. 흰 횟가루로 벽을 칠해 매우 환하게 한다[28)]

문자(文字): 언어는 중국어[漢語]와 매우 다르다. 프랑스[佛郞西], 게르만[日耳曼]어를 섞어 쓴다. 그들의 말은 길고, 끊어지는 다음절[切字]이 많고, 단음절[正字]은 적다. 26개의 자모를 사용할 뿐이다. 프랑스는 24개 자모를 사용하는데, 영국은 2개를 더 했다. 나머지 24개의 자모는 프랑스와 같다. 혹 두세 글자를 하나의 음으로 만들기도 하는데 한자로 그것을 번역하면 끊어져 맞게 할 수 없다. 이 때문에 독서가 쉽고 며칠이면 배울 수 있다. 그러므로 이를 배운 자는 역사, 천문, 지리, 산술 같은 문예에 통하지 않음이 없지만, 모르는 자는 사람 축에 들지 못한다.[29)] 영국[英吉利]의 서체는 옆으로 위를 기울여 쓰는데, 전하는 바에 따르면, 마라가(馬邏可)에게 물려받은 것이라고 한다. 26개 자모를 해성(諧聲)에 따라 끌어다 붙여 만들었는데, 그것을 라틴[拉丁] 글자라 부르고, '라티나[Latina, 拉體納]'라고도 한다. 현재 흠천감(欽天監)에는 라티나[拉體納] 글자를 쓰는 사람이 있는데, 광둥[粤] 해관에서 선발해 보낸 사람이다. 대체로 각 나라는 대략 같다. 그러나 영국이 광둥에서 통상이 오래되면서, 중화의 풍속을 흠모하며 따라 대부분 한문에 능통하고 한자를 썼다. 순치(順治, 1644~1661) 이래로, 흠천감에서는 서양의 역법을 사용했는데, 서방의 탕약망(湯若望, Johann Adam Schall von Bell), 남회인(南懷仁, Ferdinand Verbiest) 같은 사람은 모두 중국[中華]에서 벼슬을 지냈는데, 백 수십 년에 걸쳐 점차 동문(同文)의 치세에 물들었기 때문일 것이다. 말라카[麻六甲]는 바로 『명사』에서 말하

27) ①은 『해국도지』에 인용된 『영국론략(英國論略)』에서 채록했고(『위원전집』, 6책, 1384쪽), ⓜ은 『해국되지』에 인용된 섭종진(葉鍾進)의 『영길리국이정기략(英吉利國夷情記略)』에서 채록했다(앞의 책, 1412쪽).

28) 『해국도지』에 인용된 섭종진(葉鍾進)의 『영길리국이정기략(英吉利國夷情記略)』에서 채록했다(앞의 책, 1412쪽).

29) 이상은 『영환지략』의 기술과 『해국도지』에 인용된 『영국론략(英國論略)』을 저본으로 재구성했다(『영환지략교주』, 262쪽; 『위원전집』, 6책, 1386쪽)

는 만랄가(滿剌加)다. 어느 해에 영·중 학교[英華書院]를 건설했는지 모르지만, 영국인 중에서 한자를 배우는 사람들이 그곳에 살았다. 또 싱가포르[新嘉坡]에서는 미·중 학교[堅夏書院]을 세웠는데, 미국[彌利堅] 사람 중에 한자를 배우는 사람들이 그곳에 살았다. 경(經), 사(史), 자(子), 집(集)의 책을 갖추고 수재로 합격한 자들을 입학시켜 학업을 닦게 했는데, 푸젠과 광둥의 사람을 교사로 삼았다. 『매월통기전(每月統紀傳)』이라는 일종의 월간지는 고문을 쓰기도 하면서, 이웃 식민지를 기록하거나 새로운 소식을 기술하거나, 천도(天度)와 지구를 논했는데, 그 말을 이해하기 쉽지는 않았다. 그러나 매월 시장 가격을 다루는 편이 있어, 나가고 들어오는 각종 산물을 등급에 따라 구분하여 그 가격 목록을 자세히 실었다.[30)]

농(農): 농업은 농사를 최상으로 치고, 과목(果木)과 목축을 다음으로 친다. 토지는 모두 왕에게 속해 있고, 황무지는 관에 바치면, 대장에 기입하고 가서 개간하는데, 30년을 기한으로 한다. 만기가 되면 관에 귀속되고 입찰에 부치는데, 각자 원하는 가격을 써서 봉해 두었다가, 일정한 시기에 개봉하여, 가격이 많은 자가 얻게 된다. 가격을 납부해야 비로소 그에 따라 농사를 짓는다. 기한이 차지 않아도 돌려 입찰하게 하고, 만기가 되었어도 입찰에 부치도록 한다. 그래서 토지세가 없다.

업(業): 본국에서는 자선[仁]으로 재물을 모아 구빈원(救貧院), 고아원[幼院], 병원을 설립하여, 공정한 사람을 뽑아 관리 감독하게 한다. 그러므로 온 섬에 자녀를 파는 자가 없다. 또한 노비를 두는 일을 금지했다. 사(士), 농(農), 공(工), 상(商)이 각기 그 업을 세습한다. 국도에는 대학(大學), 군(郡)에는 중학(中學), 향(鄕)에서는 소학(小學)을 세우고, 교사를 초빙해 교육한다. 글자는 가로로 쓰며 곧지 않으며, 붓은 납 송곳을 사용한다. 과를 나누어 글을 익히고 의술을 배운다. 학생들은 각기 자(字)가 있어 피차가 서로 알지 못한다. 상인의 자녀는 모두 글쓰기와 산술을 익힌다. 벼슬에는 토지와 세습 녹봉이 있고, 장자에게 전한다.[31)]

---

30) 『해국도지』, 권53에 인용된, 도광(道光) 12년(1832) 소령유(蕭令裕)의 『기영길리(記英吉利)』에서 채록했다(『위원전집』, 6책, 1430~1431쪽).

31) 이상 농(農)과 업(業)에 관한 기술은 모두 『해국도지』, 권52에 인용된 섭종진(葉鍾進)의 『영길리국이정기략(英吉利國夷情記略)』에서 채록했다(앞의 책, 1412쪽).

상(商): 영국 사람들은 장사에 능하여 지극히 사소한 것에도 다투는데, 왕의 녹봉과 경비는 모두 여기에서 마련하므로 특히 유념하는 것이다. 다른 나라의 통상은 모두 배를 타고 다니는 상인들의 자유인데, 유독 영국은 공사(公司)라는 대반(大班)의 통제를 받는다. 나라의 부호들은 모두 화물을 들여놓고 수매하는데, 왕도 그렇게 한다. 연말에 회계하여 남는 부분을 거두어들인다. 공사는 30년으로 제한하며 만기가 되면 30년을 다시 할 수 있다. 근래 듣자니, 광둥[粵]의 대반(大班)들이 몰수한 양이 많아 나라 사람들 모두의 원망을 사, 임기가 차면 공사를 해임하기로 했다고 한다.[32]

광주부(廣州府)에 들어오는 화물은 해채(海菜), 사혈갈(沙血蝎), 양사(洋蜡), 빈랑(檳榔), 해삼(海參), 연와(燕窩), 빙편(氷片), 혈박(血珀), 아위(阿魏), 식향(息香), 우황(牛黃), 오목(烏木), 홍동(紅銅), 산호(珊瑚), 마노(瑪瑙), 면화(綿花), 면사(綿紗), 아다(兒茶), 청석(靑石), 화석(火石), 상아(象牙), 서각(犀角), 백미(白米), 어시(魚翅), 어두(魚肚), 빈랑고(檳榔膏), 유리그릇[玻璃器], 석(錫), 연(鉛), 철(鐵), 강(鋼), 몰약(沒藥), 유향(乳香), 후추[胡椒], 소목(蘇木), 목향(木香), 홍목(紅木), 단향(檀香), 사등(沙藤), 자명종(自鳴鐘), 시진표(時辰表), 대니(大呢), 우단(羽緞), 필기(嗶嘰), 소융(小絨), 양포(洋布), 화포(花布), 수건(手巾) 등이었다. 나가는 물품은 찻잎[茶葉], 호사(湖絲), 주단(綢緞), 수건(手巾), 자화포(紫花布), 하포(夏布), 전융(剪絨), 추사(縐紗), 문포(紋布), 화만(花幔), 사견(絲絹), 수견(繡絹), 아기(牙器), 은기(銀器), 칠기(漆器), 운모(雲母), 초석(草席), 자기(磁器), 백반(白礬), 생죽(笙竹), 붕사(硼砂), 장뇌(樟腦), 계피(桂皮), 계유(桂油), 계자(桂子), 경반두(硬飯頭), 동박(銅箔), 웅황(雄黃), 우교(牛膠), 등황(藤黃), 징가(澄茄), 종이[紙], 먹[墨], 연분(鉛粉), 사향(麝香), 대황(大黃), 백당(白糖), 빙당(氷糖), 당과(糖果), 강황(薑黃), 은주(銀硃) 등이다. 1년간 출입하는 화물은 그 값으로 은 2,200만 원을 밑돌지 않으며, 아편은 이 수치에 들어가지 않았다.[33]

서양의 상인들은 항상 말하기를, 천하에 부유하기로 중국만 한 곳이 없

---

32) 『해국도지』, 권53에 인용된, 도광(道光) 12년(1832) 소령유(蕭令裕)의 『기영길리(記英吉利)』에서 채록했다(『위원전집』, 6책, 1431쪽).

33) 『해국도지』에 인용된 『영국론략(英國論略)』에서 채록했다(『위원전집』, 6책, 1385쪽).

다. 여러 나라에서 오는 배가 많아도 많은 줄 모르고, 오는 배가 적어도 그 적음을 모른다. 팔아도 다 팔지 못하는 물건이 없고, 또 사도 이곳의 물건을 다 살 수 없으니, 해내(海內)의 제일이라 한다. 이것이 천하에 중국보다 큰 곳이 또 없다는 말이다.[34] 그러나 영국의 무역은 한 나라, 한 섬에 그치지 않고 천하의 만국과 통상한다.[35]

영국에는 농토에 세금을 징수하지 않는다. 인구가 많은 곳은 우선적으로 장사에 힘쓰며, 세금은 특히 무겁다. 그들은 깊이 계획하고 멀리 생각하며, 큰 것을 좋아하고 공을 자랑한다. 명령은 매우 엄격하여 관용이란 없다. 용병은 기민하다. 나라에 사람이 적어도 대부분 다른 나라의 여러 이민족을 모집하여 본국의 무관으로 감독하게 한다. 사졸들을 아껴 어려움을 알면 즉시 퇴각한다. 상선의 선주가 내리는 명은 매우 엄격하여 군법을 방불케 한다. 선원들이 죄를 범하면 두목과 때릴 매의 수를 의논하여 입안(立案)하는데, 생사는 고려하지 않는다. 그들 풍속에 다른 사람의 땅을 뺏으려 할 때, 반드시 국왕의 의사에서 나오지는 않는다. 소위 항구[港脚]는 긍·가·나(殑·迦·拏) 세 곳 지방에 그치지 않는다. 해외에 흩어져 있는 곳에는 모두 크고 작은 군함이 있어 수시로 순찰하고 왕래하며 정탐한다. 두목들은 대부분 가족을 데리고 다닌다. 3~5명의 부호가 무리 지어 살며 어떤 나라의 어떤 땅을 점거하려고 모의하면, 국왕에게 알리고, 가서 돈과 식량을 모아 각 지역의 군함들을 뽑아, 가서 공격해 얻게 한다. 전투에서 이기면 그 땅을 차지하고 그곳의 이익은 국왕과 출자한 사람들이 고르게 나누는데, 자체적인 규정이 있다.[36]

항구나 부두에 이익이 나는 땅은 모두 쟁취하려 한다. 이에 함포를 잘 수리하여 가는 곳마다, 군대를 보낸다. 극서의 아메리카[墨利加]의 해변 땅은 프랑스[佛郎西]와 수년 동안 전쟁하여 얻어냈다. 서남양(西南洋)의 인도와 남양(南洋)의 연해에 있는 여러 시장과 부두, 그리고 남해(南海)의 도서는 옛날 서

34) 『해국도지』, 권52에 인용된 안사종(顔斯綜)의 『해방여론(海防餘論)』에서 채록했다(『위원전집』, 6책, 1418쪽).

35) 『해국도지』에 인용된 『영국론략(英國論略)』에서 채록했다(『위원전집』, 6책, 1385쪽).

36) 『해국도지』, 권52에 인용된 안사종(顔斯綜)의 『해방여론(海防餘論)』에서 채록했다(『위원전집』, 6책, 1418쪽).

양 각 나라가 차지한 곳이었으나 영국[英夷]이 모두 군대로 쟁취하여 그 이권을 나눠 가졌다. 건륭(乾隆, 1736~1795) 말에 이미 해외를 제패했고, 가경(嘉慶, 1796~1820) 연간에는 더욱 강대해졌다.[37]

아마도 중국은 농업으로 나라를 세웠고, 서양은 상업으로 나라를 세웠기 때문에, 속셈의 공은 가격보다 3배다. 그 나라가 만든 제도로[故心計之工, 如賈三倍. 其國所立規制], 상하를 이롭게 하는 것은 첫째 은표(銀表), 둘째 은관(銀館), 셋째 만은표(挽銀票), 넷째 담보회(擔保會)다. 앞의 둘[은표와 은관]은 국왕이 상인과 함께 나누어 세운 것이고, 뒤의 둘[만은표와 담보회]은 상인들이 자체적으로 설립한 것이다. 은표(銀表)는 중국의 지폐[楮幣]처럼 국왕이 발행하여 수시로 수납하는데, 순환에 신용을 잃지 않으므로, 밖으로 상업에 편리하며 나라에 득이 된다. 은관(銀館)은 중국의 은점(銀店)처럼 은을 받아 대신하여 이자를 불리는데, 다만 그것은[但彼則] 국왕 자신이 설립하여, 은은 맡겨두거나, 빌리거나, 어음을 떼거나 한다. 공신력에 속임이 없으므로, 각 나라의 상회[商旅]들은 모두 그곳에 은을 두고 싶어 하며, 믿고 걱정하지 않고, 조세의 출납 모두 은관에 맡긴다. 서양의 여러 나라가 저마다 이를 가지고 있는데, 네덜란드[荷蘭], 프랑스[佛郎西], 영국[英吉利], 미국[彌利堅] 은관이 가장 크며, 수도에만 있지 않고, 각 도시의 통상에는 개인 은관[私館] 또한 많다. 그러므로 은관은 사람들의 창고이자 나라의 화폐[幣]이며, 상인들의 원천이다. 상인이 의지할 데가 없을 때, 재산을 맡긴 바가 있으면, 그 경영을 면제해 준다. 가난한 상인에게는 곧바로 돈을 빌려주어 운영을 돕는다. 만은표(挽銀票)는 중국의 환어음[會票]과 같다. 서양 본국의 상인들이 광둥에 무역하러 갈 때, 거액을 들고 위험하고 먼 곳으로 가는 일은 매우 어렵다. 다만 어음을 발행하여 광둥에 주재하는 상인에게 주고 상응하는 은으로 바꾼다. 또 예를 들어 영국의 상인이 미국[花旗] 상인에게 물건을 살 때 은이 없으면 또한 물건을 살 아무개에게 은에 해당하는 어음을 발행하고, 미국 상인 중에 영국 물건을 사려고 하는 자는 즉시 아무개에게 그 은으로 태환한다. 이 세 가지는 중국에도 이러한 사례가 모두 있는데, 다만 담보회(擔保會)는 중국에 없다. 담보회

37) 『해국도지』, 권53에 인용된, 도광(道光) 12년(1832) 소령유(蕭令裕)의 『기영길리(記英吉利)』에서 채록했다(『위원전집』, 6책, 1429~1430쪽).

에는 세 가지가 있는데, 하나는 선담보(船擔保)로, 배가 대양을 항해 할 때 침몰과 전복을 보장하기 어렵다. 가령 선박값이 2만 원이고, 실은 물건이 5만 원으로 바다에 나가 매달 담보회에 100냥 당 한두 전(錢)을 납부한다. 배가 석 달 만에 도착하여 무사히 손실이 없으면 납부한 은은 담보회에 두어 공적 비용으로 삼고, 만약 배의 화물에 손실이 있으면, 예를 들어 부러진 돛대나 젖은 상품 등 그 손실의 수치를 살펴, 담보회에서 그 수에 따라 보상한다. 혹 배가 완전히 침몰했을 때는 담보회는 그 절반을 보상한다. 다만 실증으로 사실대로 보고해야 하며, 재력을 모아 재난을 구제함에 책임을 회피하는 일은 없었다. 영국의 수도에는 21개의 담보회가 있는데, 자본인 은이 8만, 혹은 5~6만, 혹은 3~4만 원으로 같지 않지만, 화복을 같이 하고 이해를 함께하여, 연말 회계 때, 이익이 발생하면 고루 나누고, 손해가 있으면 나누어 부담하니, 요컨대 이익은 많고 손해는 적다. 두 번째는 택담보(宅擔保)로, 도시가 조밀하여 화재가 우려된다. 가령 원래 집값이 은 2,000이면, 매년 담보회에 은 20원을 납부하면, 불행하게 화재를 당해도 담보회에서 값의 절반을 물어준다. 세 번째는 명담보(命擔保)로, 가령 늙은 아내와 어린 자식이 자신이 죽고 난 뒤에 생계가 없을까 걱정이면, 매년 담보회에 50원을 납부하면 사후에 후계가 이루어진 대로, 구제할 필요가 없으면 그만이지만, 가난하여 자존할 수 없으면 담보회에서 그 집에 매년 1,000원으로 부양한다. 이 네 가지가 모두 서양 나라에서 상인을 구호하는 정책이다. 그러나 더욱 요긴한 것은, 병선(兵船)으로 상선을 보호하는 법이다. 만약 상선이 바다에서 적국이나 해적을 만나 공격받았을 때, 나라의 해군 선박이 신속히 달려와서, 그 앞을 호위하거나 뒤를 안정시킨다. 상선이 각기 가려던 항구로 들어가면, 해군의 선박들이 진을 펼쳐 교전하여 적을 물리친다. 교전할 때 상선들은 일절 출항할 수 없다. 만약 멋대로 움직여 위험을 일으키면 담보회에서 그 손실을 보상하지 않는다. 각 부두에서 무역하는 은은 모두 해군선을 통해 부쳐 보내므로 해군의 선박들에 임무를 맡긴 일은 완전무결한 전략이다.[38]

공(工): ⓝ나라에서는 남녀를 막론하고 모두 문예를 익혀, 시화(詩畵)에

38) 『해국도지』, 권83에 인용된 『무역통지(貿易通志)』에서 채록했다(『위원전집』, 7책, 1977~1978쪽).

능하며 자수(刺繡)에 뛰어나다. ⓞ공(工)은 기예를, 목(木), 석(石), 소(塑), 화(畵)로 나누어 분야의 침범을 허락하지 않는다. 하나의 기이한 물건을 내놓으면 30년 이익을 독점할 수 있으며 다른 사람이 모방하여 만드는 일은 금지되어 있다. ⓟ베를 짜는 사람은 49만 여 명으로 그 베틀은 철로 만들어 증기기관[火輪]으로 당기고 꼬고 하는데 자동으로 움직이므로, 공이 줄어들고 값이 저렴하다. 매년 면화(棉花) 40여만 짐바리를 사용하는 데, 모두 오인도와 미국[米利堅]에서 운송해 온다. 대니(大呢), 우단(羽緞), 필기(嗶嘰) 직조가 가장 많고, 또 사단(絲緞)을 직조하는데 프랑스[佛郞西]에 버금간다. 명주실은 중국과 이탈리아[意大里]에서 사들여 온다. 총포(鎗炮), 도검(刀劍), 종표(鍾表), 그리고 일용하는 각 항목의 그릇을 만드는 장인은 약 30만 명이다. 매년 각 항목의 물건값은 대략 1억여 냥에 달한다. 상선이 사해의 여러 나라에 돌아다니며 무역하므로 큰 이득은 상인에게 돌아가고, 공인들은 가난하다. 화가[畫師]들은 산수(山水), 임천(林泉), 그리고 소상(塑像)을 그리는데 모두 실물에 가까운 그림을 귀하게 여긴다. 중국의 백묘(白描)로 마음을 묘사하는 것과 달리 허구가 많고 사실은 적다.[39]

기용(器用): ⓠ척(尺)은 '마(碼)'라 하는데,[40] '마'는 약 중국의 2척 4~5촌으로 나라마다 일정하지 않다. 근(斤)은 파운드[磅]라 하는데, 약 12냥 남짓이다. 몸에 필기구와 수첩을 지니고 다니며 기이한 소식이나 일을 기록한다. 승낙에는 악수하여 결정하며 또한 수첩에 기록하여 잊지 않도록 하고 번복이나 후회를 없앤다. 교역할 때는 주조한 은을 돈으로 사용하는데, 크기가 일정하지 않지만, 거래에 편리하다. ⓡ바다 어귀에 '라륜(懶倫)'이란 부두는 어귀에서 배를 타고 100여 리 들어가는데, 지역 명칭은 '란륜(蘭倫)'이다.[41] 나라

---

39) ⓝ은 『해국도지』에 인용된 『영국론략(英國論略)』에서(『위원전집』, 6책, 1384쪽), ⓞ는 『해국도지』, 권52에 인용된 섭종진(葉鍾進)의 『영길리국이정기략(英吉利國夷情記略)』에서(앞의 책, 1412쪽), ⓟ는 『영환지략』에서 채록했다(『영환지략교주』, 258쪽). 마지막 주석은 다시 『해국도지』에 인용된 『영국론략(英國論略)』에서(『위원전집』, 6책, 1384쪽) 가져왔다.

40) 여기의 '마(碼)'는 마일(mile)의 음역 표기로 보인다. 척(尺)에 해당하는 영국 단위는 야드(yard)다.

41) 여기 '라륜(懶倫)'과 '란륜(蘭倫)'은 같은 곳으로, 런던의 음역 표기일 것이다. 『해록(海錄)』에 '란륜(蘭倫)'은 '론륜(論倫)'으로 표기되어 있다. 평청쥔 씨는 사청고(謝淸高)의 구

에서 제일 큰 도시다. 주민들은 많아 수도에 필적하며 대리(大吏)가 그곳을 다스린다. 물은 매우 맑고 감미롭다. 강에는 세 개의 다리가 있는데, '삼화교(三花橋)'라 부른다.[42] 다리는 각기 법륜(法輪, 펌프?)을 만들어, 물을 위로 솟구치게 한 다음, 커다란 주석으로 만든 관을 달아 흘러가게 하여 거리나 골목 등의 길가에 모아 둔다. 가정집에서 물을 쓸 때는 모두 번거롭게 메어 나르지 않고, 각자 작은 구리관을 길가 주석관에 연결하여 담장 사이에 저장했다가, 별도로 작은 법륜으로 끌어올려 용기에 나오게 한다. 왕은 인구를 계산하여 그 물세를 거둔다. 세 다리는 주로 세 지역으로 나누어, 매일 한 지역에서 돌아가며 운전하여, 그 지역 주민들에게 두루 다니며 각기 취수하라고 알리게 한다. 가정집에서는 각자 구리관과 작은 법륜(法輪)을 돌리면 물이 저절로 용기에 주입되게 하고, 사흘간의 용수에 충족되면 관을 닫는다. 한 지역이 두루 돌면 그 법륜(法輪)을 정지시키는데, 물은 즉시 말라버린다. 다음날 별도로 다른 지역을 돌린다. 사흘에 걸쳐 두루 돌면, 주기적으로 다시 시작한다. 그 금령은 매우 엄격하여 몰래 취수하는 자가 없다.[43]

포(礮): ⓢ서양의 포(砲)는 구리로 만들기도 하는데 쇠로 만든 포[鐵砲]보다 훨씬 못하다. 그들 철포(鐵砲)는 주물을 정밀하게 응고시켜 안과 밖이 매끄럽고 윤기가 나며 형태는 투박해도 [포신이] 짧다. 3,000근짜리도 길이는 겨우 5척 정도일 뿐이다. 포대[砲架]에는 바퀴를 사용하지 않고 상하 두 원반에 쇠가지[鐵條] 넣고, 앞뒤 좌우로 움직일 때는 밧줄로 끌어 아주 편리하다. 포탄은 매우 동그랗고 매끄러운데, 수시로 기름으로 닦아, 녹슬거나 습기를 방지한다. 포 1문당 병사 여섯이 담당한다. ⓣ발사할 때는 총으로 거리를 재거나, 망원경

술을 듣고 쓰는 사람이 잘못 두 지역으로 받아 적었을 것으로 추측했다(『해록주』, 94쪽).

42) 런던의 이 세 다리에 관하여 『해국도지』 교주에서는 서더크(Southwark), 웨스트민스터(Westminster), 블랙프라이어(Blackfairs)로 추정했다(『위원전집』, 6책, 1426쪽).

43) ⓠ의 정보는 『해국도지』, 권52에 인용된 섭종진(葉鍾進)의 『영길리국이정기략(英吉利國夷情記略)』에서 채록했다(앞의 책, 1412쪽). ⓡ은 『해국도지』에 인용된 『해록(海錄)』에서 채록했다(『위원전집』, 6책, 1410쪽; 『해록주』, 73~74쪽). 밑줄 친 문장은 혜강이 잘못 채록하여 재구성했다. 『해록』에 따르면(『해록주』, 74쪽), "그들의 금령은 매우 엄격하여 도둑질하는 자가 없으니, 바다 밖의 기이한 광경이다(其禁令甚嚴, 無敢盜取者, 亦海外奇觀也)"라고 하였으므로, 취수와는 아무런 관련이 없다.

으로 측정하여 쏘는데 백발백중이다. 조총(鳥銃)은 장총(長鎗)이 있고 단총(短鎗)이 있는데, 연달아 돌아가는 탄창이 있어 발사할 때 '자동으로 나오는 불[自來火]'을 사용한다. 자래화(自來火)에는 별도의 제조법이 있다.[44] 나라[중국을 말함]에는 원래 화약[牙硝]이 나며, 또 일본 유황[倭磺]도 있는데, 광동 사람들은 그것을 '축황(竺黃)'이라 부른다. 자루로 만들어, 사등(沙藤) 재를 섞으면, 신속하고 편리하며 강력하여 약력(藥力)이 배가 된다. ⓢ별도로 길이가 한 자 남짓한 예리한 칼은 칼집에 넣어 허리에 꽂는데, 적이 가까이 와 총을 쏠 수 없을 때 총끝에 칼을 장착하여 창처럼 찌른다.[45]

선(船): ⓤ본국[영국]의 병선(兵船)으로, 아주 큰 배에는 포 120문, 다음 큰 배는 100문, 다음은 90문, 다음은 74문, 다음은 60문을 안장한다. 중급의 배는 40문, 다음은 36문, 다음은 28문을 안장하며, 작은 배에는 20문, 다음은 10문, 다음은 6문을 안장한다. 큰 배에는 길이가 15~16장인 세 개의 돛이 있고, 다음가는 배에는 길이가 약 10장인 두 개의 돛이 있다. 배의 형태는 평평하고 곧으며 두 피(舭)는 높이가 7~7척이고, 물에 들어가는 선복(船腹)은 깊게는 3장 남짓이고, 얕게는 2장 남짓이며 작은 배는 1장 남짓이다. 두께가 1~2푼짜리 구리 조각으로 싸서, 굴[蠔]이나 벌레의 침식을 막는다. 배 바닥에는 세 개의 용골(龍骨)이 있는데, 가운데 용골은 높이가 3척 정도로, 평평하고 곧으며, 양쪽 옆은 1척 남짓 떨어져 있으며 가운데 용골보다 1척 정도 낮다. 배 바닥은 두께가 약 7~8촌으로, 두 층으로 싸서 그것을 '협판(夾板)'이라 한다. 못은 아주 촘촘한데, 구리로 만들었으며 길이는 1척 정도다. 키[舵]는 매우 작아 가운데 용골 끝에 있으며 길이는 가운데 용골과 같다. 돛대 세 마디로, 뿌리 부분은 둘레가 약 3척 남짓이고 길이는 약 10장이며, 선복(船腹)에 들어가는 부분은 3장 남짓으로 곧장 용골에 닿는다. 밖에 있는 것은 7장 남짓으로, 가운뎃마디의 둘레는 1척 남짓이고 길이는 2~3장이다. 맨 위의 마디는 둘레

---

44) "'자래화(自來火)'란 콩 크기의 작은 돌로, 함(函) 밖에 쇠를 넣어, 화약이 마찰하며 불이 나와 총이 발사된다"라고 설명하고 있다(『위원전집』, 6책, 1432쪽).

45) ⓢ는 『영환지략』에서 채록했다(『영환지략교주』, 261쪽). ⓣ의 정보는 『해국도지』, 권53에 인용된, 도광(道光) 12년(1832) 소령유(蕭令裕)의 『기영길리(記英吉利)』에서 채록했다(『위원전집』, 6책, 1432쪽). 『기영길리』의 저자는 해당 정보를 『오문기략(澳門紀略)』에서 채록했다고 밝히고 있으므로, 말하는 '국중(國中)'은 중국을 지칭할 것이다.

가 1척에 못 미치고 길이는 1장 남짓이다. 매 마디가 붙은 곳에는 몇 명이 앉을 수 있는 나무 선반이 있어, 기구를 가지고 방향을 살피고, 또 포를 걸어 먼 곳을 공격할 수 있다. ⓥ돛대의 앞뒤와 좌우에는 모두 가로지르는 돛대가 있어 돛을 건다. 돛은 흰 베를 사용하며, 위는 높고 아래는 기울어 멀리서 보면 하늘에 드리운 구름 같다. 바람에 따라 한 돛씩 늘이거나 줄이는데, 하나의 돛에는 무려 천 백여 가닥의 밧줄이 있어, 뱃사람들이 다루는 데에는 모두 두서가 있다. 앞의 두 돛을 펼쳐, 바람을 앞에서 들어오게 하여 뒤에 있는 돛에 닿으면 바람이 꺾여 나아간다[前轉]. 역풍이라도 버티며 몰아갈 수 있다. ⓤ선수에 있는 돛대는 길이가 2~3장으로 그 언저리[勢]를 비스듬하게 세워서, 돛을 펴, 바람을 받는데, 그것을 '두비(頭鼻)'라고 부른다. ⓥ세 마디 돛대의 돛[帆]은 세 폭으로 베로 만들었다. 마디마다 가로지르는 난간이 있어, 돛은 난간 아래에 거는데, 많으면 아홉, 적게는 네 개의 돛이 있어, ⓤ펼치면 매우 빠르다. 밧줄은 거미줄처럼 많고, 돛대 양쪽과 배의 좌우에는 모두 밧줄 사다리가 있어 그것으로 오르내릴 수 있다. ⓥ선창은 갑판에서 사다리로 내려가는데, 선창 하나에 사다리 하나로, 큰 배는 선창이 셋이고, 다음은 둘, 작은 배는 하나다. 선창은 모두 창문을 대포 눈[礮眼]으로 만들어 평상시에는 유리를 박아 둔다. 선창이 셋인 배는 대포 80여 문을 안장한다. 아래 두 선창에는 포탄 등의 물품과 소, 양, 담수를 저장한다. ⓤ배를 만든 자재는 모두 외국 나무[番木]으로 황색이 있는가 하면 적흑색도 있는데, 모두 단단하고 질기다[韌紉]. 배의 안과 밖은 수시로 닦고 세척하여, 모두 광택이 난다. 밧줄은 기름을 발라 부드럽고 질기게 하는데, 며칠 지나면 다시 바른다. 증기선[火輪船]의 별도의 도설이 있다. 제조는 45년 전 처음으로 만들어졌다. 이에 앞서 유럽[歐羅巴] 여러 나라는 베를 짤 때 대부분 증기[火輪] 방직기를 사용했다. 유능한 자가 그 방법을 확충하여 마침내 증기선을 만들어 내게 되었다. 근래 미국[米利堅]도 그 방법을 확충하여 증기 기차[火輪車]를 제조했는데, 쇠를 녹여 길을 만들어, 운행을 빠르게 했다.[46]

46) ⓤ의 정보들은 『영환지략』에서 채록했고(『영환지략교주』, 261~262쪽), ⓥ는 『해국도지』, 권53에 인용된, 도광(道光) 12년(1832) 소령유(蕭令裕)의 『기영길리(記英吉利)』에서 채록했다(『위원전집』, 6책, 1430~1431쪽).

재(財): 나라 안에서 유통하는 돈은 금으로, 금 3냥은 은 값어치로 22개로 나누고, 그 은은 다시 구리 주화로 다시 나누며 은표(銀票)와 함께 사용한다. 주화나 지폐는 금은과 값이 같다. 매년 세향(稅餉)과 농토세[田賦]로 농지세는 바깥 땅에서의 수입이다. 나라에 들어오는 돈은 모두 은 111억 냥이고, 나라에서 쓴 돈을 제외하면 그 나머지는 100만 냥에 못 미친다. 만약 이 수치를 넘어서면 세향(稅餉)을 줄인다. 나라의 차관은 모두 은 236억7,000만 냥 남짓으로 매년 이자가 8,824만 냥 남짓이다. 민간에 베풀어 주는 돈은 매년 은 2,500만 냥이다. 이자와 구호비 두 항목은 모두 근래의 사정이 아니라 믿기 어렵다. 그 은은 각 집주인과 양민이 바친 돈이다. 또 신부[教師]는 나라 재산 중 10분의 1을 떼어 가는데, 매년 은 4억 냥이다.[47]

부(賦): 농지(農地)는 모두 왕에 귀속되나, 토지세가 없다. 집에는 세금이 있는데, 골조[架]를 세액으로 하며, 높이나 넓이는 따지지 않고 창문이 밖으로 나 있어도 세금을 매긴다. 세금은 넷으로 쓰이는데, 하나는 왕에게 귀속되고, 하나는 순라병이 구역을 나누어 횃불로 지키는 데 쓰고, 하나는 시각장애인이나 폐질을 앓는 사람을 부양하고, [하나는] 군대의 2차 군비[再賦]로 쓴다. 남녀마다 각기 부엌일을 하는 한 사람을 고용할 수 있는데, 일하는 사람의 세금은 내지 않지만, 다른 나라 사람을 고용하면 세금이 배가 된다. 군비세[兵餉]는 매우 무거워, 예배가 끝나고 하루 관급마다[每於禮拜下日關領], 한 사람당 양전(洋錢) 10원, 8원으로 일정하지 않은데, 한 달 20여 냥이 필요로 한다. 아마도 자체적으로 인두세가 있어 그 대장[酋]에게 주기 때문일 것이다[兵餉極厚, 每於禮拜下日關領, 一人需洋錢十元·八元不等, 計一月人需銀二十餘兩. 蓋自有身賦與其酋也].[48]

정(政): ⓦ수도[都城]에는 의회[公會所]가 있는데, 안에는 두 곳으로 나뉘는데, 하나는 작방(爵房, 상의원)이고, 하나는 향신방(鄉紳房, 하의원)이다. '작방'에는 작위를 가진 귀인과 예수교[耶蘇教] 신부들이 있고, 향신방에는 서민

47) 『해국도지』에 인용된 『영국론략(英國論略)』에서 가져왔다(『위원전집』, 6책, 1385~1386쪽).

48) 『해국도지』, 권52에 인용된 섭종진(葉鍾進)의 『영길리국이정기략(英吉利國夷情記略)』에서 채록했다(『위원전집』, 6책, 1412쪽).

들이 뽑은 재능과 지식, 학술을 갖춘 자들이 있다. 나라에 큰일이 있으면 왕은 재상에게 유시하고, 재상은 작방에 알리면, 공의를 모아 조례를 참조하여 가부를 결정한다. 다시 향신방에 그 결정을 전달하는데, 향신(鄕紳) 대중의 허락한 뒤에 행해야 하고, 허락받지 못하면 그 일을 중단하고 거론하지 않는다. 민간에 이해가 있어 진흥하거나 없애려면, 먼저 향신방에 진술하면, 향신들이 사실을 따져, 작방으로 올린다. 작방은 논의하여 행할 만하면, 재상에게 올려 왕에게 보고하게 한다. 그렇지 않으면 보고하지 않는다. ⓧ만약 신사(紳士)들이 사견을 고집하면 잠시 의회를 해산하고, 별도로 현명한 신사를 뽑는다. 만약 시기를 고려한 변통할 일이 있으면, 서민들이 필요한 사람을 뽑아 다섯 작위와 향신의 의회에 상신하여 가부를 따른다. ⓦ만약 민간에 고소할 자가 있으면 또한 향신방에 소장을 갖추어 올리는데, 향신들이 짐작하고 판단하여 작방에 올려 검토 결정하게 한다. 향신들에게 죄가 있으면 향신들에게 논의하여 처리하게 하는데, 서민들과 같이 구금하지는 않는다. 대체로 상벌, 정벌, 조례 등의 일은 작위 있는 자들이 주관하여 의논한다. 조세의 증감, 금고와 비용 처리[籌辦帑餉]는 전적으로 향신들이 주관하여 의논한다. 이러한 제도는 유럽[歐羅巴] 여러 나라들 모두 따르는 제도로, 영국[英吉利]만이 그런 것이 아니다.[49)]

왕(王): 왕의 성명은 세계(世系)가 먼 자들은 상고할 수 없다. 가까운 자는 불씨경아치(弗氏京亞治)로, 아들 석근경아치(昔斤京亞治)에 전하고, 손자 비립경아치(非立京亞治)에게 전했는데, 바로 지금의 왕이다. 『황청사예고(皇淸四裔考)』에 실린 바다.[50)]

도광(道光) 20년(1841) 가을 절강 영파부(寧波府)에서 흰 외국인[白夷] 앤

49) ⓦ는 『영환지략』에서 채록했고(『영환지략교주』, 261~262쪽), ⓧ는 『해국도지』에 인용된 『영국론략(英國論略)』에서 가져왔다(『위원전집』, 6책, 1386쪽).

50) '경아치(京亞治)'는 '조지(George)'의 음역 표기로 보인다. 『황청사예고』에서 언급한 세 왕은 순서대로 George I(George Louis); George II(George Augustus); George III(George William Frederick)일 것이다. 그러나 언급된 이름인 '불씨', '석근', '비립'은 음성적으로 전혀 부합하지 않는다. 이 정보는 혜강의 주석대로, 『해국도지』에 인용된 『황청사예고』에 보인다(『위원전집』, 6책, 1409쪽). '『황청사예고』'란 바로 『흠정황조문헌통고(欽定皇朝文獻通考)』 또는 『청조문헌통고(淸朝文獻通考)』(총 300권, 1787년 완성)의 마지막 293~300권까지 총 8권에 수록된 「사예고(四裔考)」를 함께 칭한 문헌이다.

스투르더[Philip Anstruther, 安突德]가 바친 물품을 받았다. 현재 국왕은 빅토리아[Alexandrina Victoria, 域多喇]라는 여왕으로, 나이는 21세로, 즉위 2년 만에 전남편을 잃었기 때문에, 지난겨울 속국의 둘째 왕자와 결혼했다. 그 나라는 바다에 있으며, 영국[英吉利] 수도에서 500리 떨어진 사밀(乍密)로,[51] 왕자의 이름은 아나박(雅那博, Albert?)이며 나이는 여왕과 같았다. 좌우의 시종은 모두 궁녀들로 남자는 없었다. 조정에서 청정할 때마다 왕자는 여왕의 뒤에 앉았고, 나라의 종실과 대신들 모두 앉아 정사를 논했다. 국왕이 조정에 임할 때는 손에 금으로 상감한 상아 지팡이를 들고, 군신들은 나아가 알현할 때는 한쪽 무릎을 굽히고 손으로 국왕의 손을 잡고 손에 입맞춤을 하는데[嗅之], 이것이 나라의 왕을 알현할 때 하는 가장 존경하는 예법이다. 이전 윌리엄[William Henry, 烏連] 왕이 죽은 뒤 아들은 없었고, 조카가 있었으나 조카딸의 재능에 미치지 못해, 나라를 조카딸에게 전하도록 유언했다. 훗날 여왕에게 아들이 있으면 아들에게 전하고, 딸이 있으면 딸에게 전했는데, 아들이나 딸이 모두 없으면 대신들이 친족 중에서 재능있는 자를 골라 왕위를 이었다. 여왕의 생모가 살아 있었다. 궁중의 여관(女官)에는 제1급은 8명인데, 마좌니사(麻左尼士, Mistress?)가 셋, 카운터스[Countess, 加隱底士]가 다섯으로, 모두 하나의 큰 지역[大部落]의 일을 받들어 행한다.[52]

관(官): 상의원[House of Lords, 律好司] 관청은 각 부서의 사무를 관리하고, 큰 송사를 심리한다. 정원으로, 대공[Royal Dukes, 羅壓爾錄司] 4인, 대주교[Archbishops, 阨治彌索司] 2명, 아일랜드 대주교[Ireland Archbishops, 愛倫阨治彌索司] 1인, 공[Dukes, 錄司] 21인, 후작[Marquesses, 馬詭色司] 19인, 백작[Earls, 耳彌司] 109인, 자작[Viscounts, 委爾高文司] 18인, 주교[Bishops, 彌索司] 24인, 아일랜드 주교[Ireland Bishops, 愛倫彌索司] 3인, 남작[Baron, 馬倫司] 181인, 스코틀랜드 귀족[Scotland Peers, 斯葛蘭比阿司] 16인인데, 스코틀랜드 부락 소속으로 선출하며 3년마다 바뀐다. 아일랜드 귀족[Ireland Peers, 愛倫

51) '사밀(乍密)'은 작센-코부르크 고타 공국(Sachsen-Koburg und Gotha)일 것이다. '사밀'은 작센을 음역 표기한형태로 추정되는데, '밀(密)'자는 '새(塞)'자의 오기가 아닌지 모르겠다.

52) 『해국도지』에 집록된 위원이 도광(道光) 21년(1841)에 쓴 『영길리소기(英吉利小記)』의 내용을(『위원전집』, 6책, 1442쪽) 혜강이 재구성했다.

比阿司]은 28인인데, 아일랜드 부락 소속으로 선출한다. 모두 428명이다. 어떤 일로 직을 그만둘 때는 한 사람을 추천하여 대신하게 할 수 있다. 상의원[律好司]의 가족이 범법했을 때, 사형죄가 아니라면 대체로 구금을 면제받는다.

국회[Parliament, 巴厘滿] 관청은, 정원으로, 예산 위원[Committee of Supply, 甘彌底阿付撒布來] 1인은 전적으로 해군과 육군을 관할한다. 세입 위원[Committee of Ways and Means, 甘彌底阿付委士庵棉士] 1인은 조세를 담당한다. 나라에 어떤 일이 나면 하원[House of Commons, 甘文好司]이 이곳에서 회의한다. 하원은 각 부락의 일을 처리하고 국회[巴厘滿衙門]로 달려가 정사를 회의한다. 잉글랜드 의회는 총 471명으로, 안에는 큰 부락을 관리하는 143명, 작은 부락을 관리하는 324명, 교육과 각종 기예 시설을 관리하는 4명이 있다. 웨일스[Wales, 委爾士] 의회는 53명으로 안으로 큰 부락을 관리하는 30명, 작은 부락을 관리하는 23명이 있다. 아일랜드[愛倫] 의회는 105명으로 안으로 큰 부락을 관리하는 64명, 작은 부락을 관리하는 39명이 있다. 총 658명으로 각기 각 부락 의회에서 성실하고 노련한 자를 추천받아 충원한다. 나라에 어떤 일이 있으면 부락 사람들이 도성 의회[巴厘滿]에 와서 논의한다. 이후 각 부락 사람들이 다 올 수 없었으므로 부락마다 한두 명의 신사 대표가 국회에 와서 회의하는데, 일이 끝나면 각자 돌아간다. 뒤에 다시 회의하여 정한 공동으로 추천한 사람은 하원[House of Commons, 甘文好司]에 상주하며 일을 처리하는데, 나라에서도 땔감과 물을 제공한다.[53]

교(敎): 교사(敎士)의 수장은 오작(五爵)과 같고, 아래는 중국의 선생[塾師]과 같다. 반드시 서너 개국의 언어를 학습하고, 경문(經文)에 능통하고, 역법에 정통하고, 천문의 측량, 검증, 추론에 밝아야 교인(敎人)이 될 수 있다.[54]

예(禮): ⓨ혼인은 반드시 남녀가 서로 원하면 부모들에게 알리고 중매인은 필요 없다. ⓩ기약한 날이 되면 친족들이 파저행(巴底行, Father, Son?) 교회[廟]로 들어가 남녀가 모두 신 앞에 무릎을 꿇으면 신부[僧]가 성경을 읽어준다. 남자와 여자에게 원하는지 묻는데, 모두 원한다고 대답하면, 두 개의 촛불을 준다. 각자 하나씩 들고 있다가 남자는 여자에게 주고 여자는 남자에게 주

53) 『해국도지』, 권50, 영국[英吉利] 총설에서 채록했다(『위원전집』, 6책, 1358쪽).

54) 『해국도지』에 인용된 『영국론략(英國論略)』에서 가져왔다(『위원전집』, 6책, 1384쪽).

어 불어 끄게 한다. 다시 읽어주는 성경을 듣고 끝나면 돌아간다. 나라에서는 여자의 권한이 남자보다 세다. 부귀하건 빈천하건 한 명의 아내만 있고 첩은 없다. 아내가 죽으면 다시 장가들 수 있지만, 국왕이라도 한 명의 왕비에 그친다. 여관(女官) 중에 임신한 자가 아들을 낳으면 정실부인에게 귀속되며, '비합법적 행운[私幸]'이라 말할 뿐, 빈(嬪)이나 첩의 명칭을 가질 수 없고, 그 아들도 서모(庶母)라고 부를 수 없다. ⓨ그들 풍속에 이혼할 수도 없다. 남자 중에 종신토록 장가들지 않고, 여자 중에 종신토록 시집가지 않는 사람들이 많다. 부모의 재산은 남녀가 고루 나누며 남자는 많게 여자는 적게 할 수 없다. 시집가면 남편은 그이 지참금[貲]을 받는다. 법을 어기고 두 여인을 얻는 자는 유배형에 처한다.[55]

상을 당하면 당일로 출관 매장한다. 가까이 지낸 사람들이 묘지로 가서, 서로 흙을 덮고 돌아간다. 남녀는 문을 닫고 소리 내어 울지만, 신위를 설치하거나 불을 피우지 않는다. 가까운 사람들이 보내준 음식은 먹는다. 7일 뒤에야 문을 열고 불을 켠다(人有喪, 卽日營殯葬. 所親送葬, 相與掩土而歸, 男女閉户號泣, 不設位, 斷烟火. 所親饋之食, 則食. 七日後, 始開門擧火矣).[56]

영국[英] 풍속에, 손님과 주인이 서로 만나면 모자를 벗어 공손함[恭]을 표하고, 각기 오른손을 뻗어 서로 악수하며 인사[禮]한다. 하느님[天帝]이나 구세주에게 하는 궤배(跪拜) 이외에 군왕을 만나도 고두(叩頭)하는 예법이 없다. 존비(尊卑)가 뒤섞여 앉고 상하좌우의 구분이 없다. 연회마다 합석하여 먼저 일어나 잔을 들고 군왕의 장수를 축하하고 좋은 말로 칭송한 뒤에 한 번에 다 마시고 그런 다음 돌아가며 서로 감사의 예[敬]를 갖춘다. 이 사람에게 감사를 표하면, 이 사람은 마시지 않는다. 안에 있는 어떤 사람이 좋은 말로 칭송하며 축하하면 합석한 사람들이 박자를 맞추어 찬양한다. 찬양이 끝나면 자리한 사람들이 모두 술을 마신다.[57]

---

55) ⓨ는 『해국도지』에 인용된 『영국론략(英國論略)』에서 채록한 정보다(『위원전집』, 6책, 1384쪽). ⓩ는 『해국도지』에 집록된 위원이 도광(道光) 21년(1841)에 쓴 『영길리소기(英吉利小記)』의 내용을(『위원전집』, 6책, 1441~2쪽) 혜강이 재구성했다.

56) 혜강이 주로 채록한 『영환지략』과 『해국도지』에는 장례에 관한 정보가 전혀 없다. 혜강은 놀랍게도 이 정보를 『황조문헌통고(皇朝文獻通考)』(사고전서본, 권298, 25b)에서 찾아 채록했다. 이로써 혜강의 문해력은 충분히 입증되고도 남음이 있다.

형(刑): ㉠공식 언어[官話]가 있어 온 섬의 지역에 쓰인다. 노비가 없으므로 때리거나 욕할 일도 없고, 태형이나 장형도 없다. 죄를 범하면 손발에 족쇄와 쇠고랑을 채워 어두운 방에 가두어 두고 정기적으로 경중을 살피고, 만기가 되면 석방한다. 부자들은 재물로 죄를 면죄받지만, 무거운 자는 황무지로 유배 보내 땅을 개간하게 한다. 사형죄에는 밧줄로 목을 걸어 죽인다. 대역의 부도덕한 자는 안에 날카로운 칼이 들어 있는 북처럼 생긴 기구에 사람을 넣어 큰길에 두고 지나가는 사람들이 차고 굴리게 하는데, 이것이 극형이다. ㉡영국(英國)에서 소송을 심리하는 법은 증거가 있으면 붙잡아 관청으로 호송한다. 심문은 먼저 평민 중에서 명망 있는 여섯 사람을 뽑아 보낸다. 범죄자도 여섯 사람을 선택하게 한다. 이 열두 사람이 같이 모여 심문하여 옳고 그름을 가린다. 그런 다음 관청에 보고하면, 관청에서 심문하여 법을 집행한다. ㉠깊은 원한을 풀지 못한 자는 각기 증인을 요청하여, 광장에 가서, 조총을 어깨에 메고 대략 화력이 미치는 곳에서 등지고 섰다가 불을 붙여 서로 쏘는데, 맞든 안 맞든 모두 종식된다.[58]

법(法): 소환은 대나무 장대를 부절(符節)로 쓰는데, 이르면 즉시 실행해야 한다.[59]

병(兵): ㉢민간인 15세 이상은 왕에게 복역하고, 60세가 되면 군역에서 면제된다. 다른 나라 사람으로 양성한 군대는 인도가 최강이다. 군대의 법제는 다섯 사람이 조[伍]를 구성하고, 조[伍]에는 각기 조장이 있고, 20인이 한 부대가 된다. 전함은 100척이 넘고 정예 병력은 10여만 명이며, 명령은 매우 엄격하다. ㉣본국의 정규군은 9만 명이고 인도의 영국군은 3만 명이며 현지 병력은 23만 명으로, 그 군대를 '서파병(敍跛兵)'이라 부른다. 크고 작은 병선(兵船)은 600여 척이고, 증기선[火輪船]은 100여 척이다. 해군은 파란 옷을 입고, 육군은 붉은 옷을 입는데, 해군을 중시하고 육군을 경시한다. 오로지 총

57) 『영환지략』에서 채록했다(『영환지략교주』, 262~263쪽).

58) ㉠의 정보는 『해국도지』, 권52에 인용된 섭종진(葉鍾進)의 『영길리국이정기략(英吉利國夷情記略)』에서 채록했다(『위원전집』, 6책, 1412~3쪽). ㉡은 『영환지략』에서 채록했다(『영환지략교주』, 258쪽).

59) 『해국도지』, 권52에 인용된 『영길리국이정기략』에서 채록했다(『위원전집』, 6책, 1413쪽)

포[鎗炮]만 믿고, 각개전투에는 능하지 못하며 칼이나 검 이외에 별다른 도구[械]가 없다.[60]

속(俗): ⓜ죽을 때는 반드시 장부에 재산을 기록하여, 자선회[仁會]에 기부하거나, 사교모임[交游], 친척(親戚), 자녀들에게 나눠주기도 하는데, 모두 다툼이 없다. 사흘이면 상복을 벗고 제사를 모른다. 향국(鄕國)에서는 자선회의 자금으로 구빈소[貧院], 고아원[幼院], 병원(病院)을 설립하여 공정한 사람을 뽑아 관리 감독하게 하므로, 온 나라에 자녀를 파는 사람이 없다. 또한 노비를 둘 수 없다. 부유한 집에는 모두 정원이 있어, 봄과 가을 좋은 날이나, 예배하는 날에는 남녀가 노닐게 한다. 밤에는 거리에 기름 등불을 거는데, 보행자들이 부담하지 않고 자선회에서 그 비용을 낸다. 해학적인 각종 연극이 있는데 밤이 되어야 공연하고 낮에는 일에 방해되기 때문에, 금지한다. ⓗ그들 풍속에 천주교를 신봉하며 7일에 한 번 예배하고 찬송한다(其俗信奉天主每, 七日一禮拜誦經).[61]

각 부락[各部]: 영국[英吉利]의 세 섬은 잉글랜드[英倫]를 중심으로 하는데, 나라를 세운 본토이기 때문이다. 남북으로 약 1,000리고 동서로는 넓고 좁음이 일정하지 않다. 땅은 52개 부락으로 나눈다.

동방의 여섯 부락 중 으뜸은 미들섹스[Middlesex, 迷德勒塞斯]로, 탬스강[Thames, 達迷塞河] 강가에 건설되었는데, 이름은 런던[London, 倫敦]이다. 어떤 곳에는 란숙(蘭塾)으로 되어 있다. 동서남북 모두 70리로, 성곽은 없고, 주민은 140만여 명이다. 궁궐은 우뚝하고 규모는 거대하다. 별궁과 별도 정원이 길게 뻗어 연결되어 있다. 문무백관의 관공서가 각 방향에 있다. 거리는 사

---

60) 이 군대 정보는 다음 면(24a~b)에 채록되었는데, 두주에 이곳에 옮기라는 설명이 있으므로, 그의 의도에 따라 여기에 편집하고 번역한다. ⓒ은 『해국도지』, 권53에 인용된, 도광(道光) 12년(1832) 소령유(蕭令裕)의 『기영길리(記英吉利)』에서 채록했다(『위원전집』, 6책, 1431쪽). 밑줄 친 정보는 『해록』에 보인다(『해록주』, 73쪽과 74쪽). ⓔ은 『영환지략』에서 채록했다(『영환지략교주』, 260쪽).

61) ⓜ의 정보는 『해국도지』, 권52에 인용된 섭종진(葉鍾進)의 『영길리국이정기략(英吉利國夷情記略)』에서 채록했다(『위원전집』, 6책, 1411~2쪽; 1414쪽). ⓗ은 『영환지략』과 『해국도지』에 보이지 않는 정보로 혜강이 『황조문헌통고(皇朝文獻通考)』(사고전서본, 권298, 24b)에서 찾아 채록했다.

방으로 나 있고, 온갖 물품이 산적해 있으며 풍경이 번화하며 인구가 조밀하여 서방 나라 중 제일의 대도시다. 도시 안에는 바울[保羅] 예수[耶蘇]의 제자다. 대성당[殿堂]이 있고, 또 서쪽 성당[殿]에서는 예수교[耶蘇教]의 유명한 사람들[名師]을 기린다. 두 성당의 구조는 가장 독특하다. 옥도(屋度, Oxford?)[62]라는 대학교[大書院]가 있는데 문인들이 모이는 곳이다. 북명한(北明翰)[63]이라는 큰 몰[肆]이 있는데 철공(鐵工)들이 모이는 곳이다. 도시[城] 바깥의 내항(內港)은 바다 어귀로 통하는데, 부두가 가장 커, 매년 다른 나라의 상선들이 1,000여 척이 들어오고, 출입하는 본국의 배는 3,000여 척이다. 다음은 노퍽[Norfolk, 諾耳佛爾克], 서퍽[Suffolk, 索佛爾克], 하트퍼드[Hertford, 黑爾德佛爾], 에식스[Essex, 厄塞斯], 케임브리지[Cambridge, 岡比黎日] 등이다. 노퍽은 니포(呢布)를 직조하는 지역이다. 케임브리지[岡比黎日][64]에는 대학교[大書院]가 있다.

남방(南方) 지역은 기후가 비교적 따뜻하며 구릉과 언덕이 굽이져 있으며 맑은 강물을 두르고 있다. 무성한 나무들이 그늘을 드리웠고 봄가을로 숲의 꽃들이 아름다워 풍경이 매우 청명하다. 10개 부락으로 나뉜다. 켄트[Kent, 根德], 서식스[Sussex, 薩塞斯], 서레이[Surrey, 蘇勒], 버크셔[Berkshire, Berksh, 北爾克], 소당파돈(蘇當波敦),[65] 윌트셔[Wiltshire, 烏義爾德], 서머싯[Somerset,

62) 『해국도지』, 교주에 따르면(『위원전집』, 6책, 1402쪽), '옥도(屋度)'는 '옥스퍼드'로 추정했다. 음성적으로 가장 근접하지만, 여기서 기술하고 있는 미들섹스 지역이 아니라 옥스퍼드 지역에 있다.

63 『영환지략교주』에서는 '북명한'을 추정하며 잉글랜드 중부의 버밍엄(Birmingham)으로 추정했다. 음성적으로 그럴법하지만, 런던 지역을 기술하면서 버밍엄 도시를 언급한 점과는 부합하지 않는다.

64) 혜강은 두주에서 케임브리지[岡比黎日]의 '일(日)'자가 부연이라고 추정했으나, '일(日)'자는 '-ge'에 음성적으로 정확히 대응한다.

65) 『영환지략교주』에 따르면(252쪽), '소당파돈(蘇當波敦)'을 사우샘프턴(Southampton)으로 추정했다. 여기에 언급된 잉글랜드 남부 지역에서 햄프셔(Hampshire)주가 빠진 것은 틀림없다. 따라서 햄프셔를 '소당파돈'에 비정할 수밖에 없다. 그러나 다른 지역과는 달리 햄프셔도 아닌 주도인 사우햄프턴을 옮겼을 것이라는 점에서 부합하지 않고, 두 지명과 음성적 연관성을 조금도 찾기 어렵다. 서계여의 저본인 『지리비고(地理備考)』(『해산선관총서』본, 권6, 38a) 저자의 오류를 상정하지 않을 수 없다.

索美爾塞], 도싯[Dorset, 多爾塞], 데번[Devon, 的彎], 콘월[Cornwall, Kernow, 哥爾奴瓦里斯]이다. 켄트는 대주교[大敎師]가 있는 곳으로 성당[殿堂]은 매우 크다. 속한 별도의 작은 도시[邑]인 록위(綠威)[66]는 군사나 선원 중 상해를 입거나 연로한 자들을 봉양하는 도시다. 또 풍소이(風素耳, Windsor)[67]란 곳은 별궁[別館]이 있는데 매우 그윽하고 아정하여 왕족 중에서 은일하면서 조용히 지내려는 자들이 산다. 남쪽 경계에는 항구가 있는데, 매우 넓고 커, 군함과 상선 모두 이곳에서 수리되고 건조된다. 세운 담장이 숲과 같다.

북방 지형은 점차 좁아지면, 별도의 한 구역을 이루어 여섯 부락으로 나뉜다. 제일 큰 부락은 요크[York , 約爾克]로, 속한 도시[邑]인 맨체스터[Manchester, 曼識特]는 양포(洋布)가 모두 모이는 지역이다. 밖으로 항구 리버풀[Liverpool, 里味池]과 통하며, 인구는 20만 명으로 미국[米利堅]의 면화를 판매하는 배들이 모두 이 항구로 들어온다. 영국 부두 중에서 두 번째다. 서북쪽은 다섯 부락이 늘어서 있는데, 란카셔[Lancashire, 蘭加斯德爾], 웨스트모럴랜드[Westmorland, 威斯德謀爾蘭], 컴벌랜드[Cumberland, 罔比爾蘭], 더럼[Durham, 達爾威], 노섬벌랜드[Northumberland, 諾爾東北爾蘭]다. 노섬벌랜드 북쪽 경계에는 뉴캐슬[Newcastle, 新堡]이라는 곳이 있는데, 석탄(石炭)이 바로 중국의 매(煤)다. 집결하는 곳이다.

중앙의 18개 부락은 대부분 평판하고 기름진 땅이다. 체셔[Cheshire, Chestershire, 支斯德爾], 더비[Derby, 德爾比], 노팅엄[Nottingham, 諾定昴], 링컨[Lincoln, 林哥爾内], 슈롭셔[Shropshire, 舍羅波], 스태퍼드[Stafford, 斯達佛爾], 레스트[Leicester, 雷塞斯德爾], 러틀랜드[Rutland, 魯德蘭], 하트퍼드[Hertford, 氣耳佛爾], 우스터[Worcester, 窩耳塞斯德爾], 워릭[Warwick, 窩爾維克], 노샘프턴[Northampton, 諾爾桑波敦], 헌팅턴[Huntingdon, 恒丁敦], 만창(瞞昌, Monmouth?), 글로스터셔[Gloucestershire, 哥羅塞斯德爾], 옥스퍼드[Oxford, 痾哥斯佛爾], 버킹검[Buckingham, 巴京咸], 베드퍼드[Bedford, 比德佛爾]다.

---

66) 『영환지략교주』에 따르면(252쪽), '록위(綠威)'을 그리니치(Greenwich)로 추정했으나, 지역적으로 음성적으로 거리가 멀다. 내 생각으로, '록위'는 캔터베리(Canterbury)의 옛 명칭인 '도로베르니아(Dorobernia)'를 잘못 옮겼을 가능성이 크다.

67) 『영환지략교주』의 추정처럼(252쪽), 풍소이는 윈저(Windsor)의 의역+음역 형태로 보인다. 그러나 윈저는 버크셔[Berkshire, Berksh, 北爾克] 주에 속한다.

서부 지형은 바다로 들어가며, 별도의 한 구역을 이루는데, 웨일스[Wales, 威爾勒士]라고 어떤 곳에는 와륵(瓦勒)으로 되어 있다. 통칭한다. 이곳은 산맥이 중첩되어 있고 잉글랜드[英倫]의 뒷문[後戶]이다. 주민들은 모두 옛날 현지인[土番]의 후예들로 잉글랜드와 언어가 다르며, 대부분 양을 길러 생활한다. 사람들은 흩어져 살며 성읍(城邑)은 매우 적고, 땅에서는 석탄이 난다. 12개 부락으로 나뉘는데, 플린트[Flint, 非林德], 덴바이[Denbigh, 敦比各], 카나번[Caernarf(v)on, 該拿爾彎], 앵글시[Anglesey, 安哥勒塞], 메리오네스[Merioneth, 美略內], 몽고메리[Montgomery, 蒙德疴美里], 라드너[Radnor, 拉德諾爾], 카디건[Cardigan, 加爾的安], 펨부로크[Pembroke, 奔不羅咯], 카마던[Carmarthen, 該爾馬敦], 브레크녹[Brecknock, 北勒各諾克], 글러모건[Glamorgan, 加拉摩爾安]이다.

스코틀랜드[Scotland, 蘇格蘭]는 어떤 곳에는 사가서아(斯哥西亞), 또는 사고태(師古泰)로 되어 있다. 잉글랜드[英倫]의 북쪽에 있다. 남북은 대략 800여 리고, 동서는 좁고 넓음이 일정하지 않다. 옛날에는 별도의 한 나라를 구성했으나, 만력(萬曆) 31년(1603) 영국과 한 나라로 합해졌다. 남쪽으로 가면서 땅은 비옥하고 북쪽으로 가면서 척박하고 소금기가 많다. 사람들은 부지런하고 어려움을 견디며 생활을 잘 꾸려 나간다. 풍속은 검소하고 인색하며 낭비하지 않는다. 사방 바다에 두루 장사하러 다녀 축적된 자본은 대체로 수만 리 밖에 있으므로, 땅이 비록 춥고 척박해도 작위 없는 부호들이 많다. 석탄이 가장 많이 나, 매년 석탄에 매긴 세금으로 100여만 원을 거두어들인다. 땅은 33개의 부락으로 나눈다.

남방 13개 부락으로, 에든버러[Edinburgh, 壹丁不爾厄]는 어떤 곳에는 이정보(以丁堡)로 되어 있다. 스코틀랜드의 옛 도읍이다. 지금은 중심도시[會城]로 내해(內海)의 남쪽 해안에 있다. 거리는 가지런하고 깨끗하며 온갖 건물이 운집해 이어지는 북방의 대도시[大都會]다. 린리스고[Linlithgow, 林列德厄], 해딩튼[Haddington, 合丁敦], 베릭[Berwick, 北爾維克], 릉비률(稜非律), 애어[Ayr, 哀爾], 위그타운[Wigtown, Wigton, 烏宜疴敦], 라나크[Lanark, 拉拿爾克], 피블스[Peebles, 比波勒斯], 셀커크[Selkirk, 塞爾給爾克], 록스버[Roxburgh, 羅哥斯不爾厄], 덤프리스[Dumfries, 當非利斯], 커크쿠드브라이트[Kirkcudbright, 給爾

加德比里至]다.

중앙 14개 부락은 아가일[Argyll, Argyle, 亞爾日勒], 뷰트[Bute, 比于干德], 네언[Nairn, 內壹爾那], 모레이[Moray, 慕來], 밴프[Banff, 邦弗], 애버딘[Aberdeen, 亞北爾嚬], 마르[Marr, 迷牙爾], 앵거스[Angus, 安孤斯], 퍼스[Perth, 白爾斯], 포퍼[Forfar, 發壹夫], 킨로스[Kinross, 見羅斯], 클래크매넌[Clackmannan, 加拉克馬南], 스털링[Stirling, 斯德爾零], 던바턴[Dunbarton, 當巴爾敦]이다. 클래크매넌 남쪽은 양포(洋布)가 모이는 지역으로 다른 나라로 운송되는데, 매년 1,000여만 원을 번다.

북방은 여섯 부락으로 오크니[Orkney, 爾哥內], 케이스네스[Caithness, 該內斯], 서덜랜드[Sutherland, 蘇塞爾蘭], 로스[Ross, 羅斯], 크로마티[Cromarty, 哥羅馬爾的], 인버네스[Inverness, 音威爾內斯]다.

아일랜드[Ireland, 阿爾蘭]는 어떤 곳에는 이란(耳蘭) 또는 일이란(壹爾蘭)으로 되어 있다. 잉글랜드[英倫], 스코틀랜드[蘇格蘭]의 서쪽에 있다. 해협[海港]을 사이에 두고 있으며 별도의 한 섬을 구성한다. 남북으로 대략 700여 리고, 동서로 대략 400~500리다. 옛날 현지인[土番]의 부락이었는데, 잉글랜드 사람들이 남송(南宋) 시기에 정복했다. 땅에는 저수지와 늪지가 많고, 강물은 매우 짧으며, 토양 또한 척박하다. 석탄이 가장 많이 나고, 또한 납[鉛], 주석[錫], 구리[銅], 철(鐵)이 난다. 사람들은 거치로 호방하며 에너지 넘치고 호쾌하여 음주와 환락하며 원대한 계획이 없다. 잉글랜드 사람이 그들을 모집하여 군대를 구성하는데, 싸움에는 용감하게 돌진하며 물러서거나 움추림을 부끄럽게 여긴다. 그러므로 잉글랜드 해군과 육군의 장군들은 절반이 모두 아일랜드 사람들이다. 풍속은 천주교를 숭상하고 예수교[耶蘇教]를 따르려 하지 않아, 잉글랜드 사람들이 그들을 싫어했지만, 그들을 개종시킬 수는 없었다. 땅은 32개 부락으로 나눈다.

동부는 12개 부락으로, 더블린[Dublin, 都伯林]은 어떤 곳에는 토북림(土北林)으로 되어 있다. 이곳의 중심도시다. 단사강(但士江)[68] 강가에 건설했으며, 아래

68) '단사강(但士江)'은 무엇을 음역했는지 확인되지 않는다. 더블린을 끼고 흐르는 강은 리피(Liffey)다. 프톨레마이오스가 오보카(Οβοκα)라고 명명한 강이다.

는 바다 어귀에 접해 있는데, 물이 깊어 정박에 편리하다. 도시[城] 안팎으로 주민은 10만여 명이고 무역은 번성하고 풍경은 매우 호화스럽다. 루스[Routh, 勞斯], 이스트 미스[East Meath, 壹斯德迷], 위클로[Wicklow, 烏宜哥婁], 웩스퍼드[Wexford, 威哥斯佛爾], 킬케니[Kilkenny, 幾爾給尼], 카로우[Carlow, 加爾婁], 킬데얼[Kildare, 幾爾德壹耳], 퀸스 카운티[Queen's County, 固音斯高翁的, Laois], 킹스 카운티[King's County, 京斯高翁的, Offaly], 웨스트 미스[West Meath, 威斯德迷], 롱퍼드[Longford, 朗佛爾] 등이 있다.

서부 다섯 부락은 리트림[Litrim, 勒德靈], 슬라이고[Sligo, 斯黎各], 로스커먼[Roscommon, 羅斯哥滿], 메이오[馬約], 골웨이[Galway, 加爾威]다.

남부의 여섯 부락은 클레어[Clare, 哥雷宜爾], 리머릭[Limerick, 里摩黎克], 케리[Kerry, 給黎], 코크[Cork, 哥爾克], 워터퍼드[Waterford, 窩德爾佛耳], 티퍼레리[Tipperary, 的俾拉黎]다.

북부의 아홉 부락은 앤트림[Antrim, 安德靈], 다운[Down, 度尼], 아마[Armagh, 亞爾罵疴], 티론[Tyrone, 的倫], 런던데리[Londonderry, 倫敦德黎], 도네갈[Donegal, 德內加爾], 퍼매나[Fermanagh, 非爾馬那疴], 카반[Cavan, 加彎], 모너핸[Monaghan, 摩那安]이다.

영국 부근의 섬들은 매우 많다. 남쪽에서 가장 큰 섬은 위지(威地)로, 풍경이 매우 깨끗하다. 프랑스[佛郎西] 가까운 바다에 저지[Jersey, 額西]와 건지[Guernsey, 額耳西]라는 두 섬이 있다. 서쪽에 있는 섬은 맨섬[Isle of Man, 萌島]이다. 스코틀랜드[蘇格蘭] 부근에 있는 셰틀랜드 제도[Shetland Islands, 撒多島]는 기후가 매우 추워 곡(穀)과 맥(麥)이 자라지 않는다. 북쪽에 있는 군도는 더 추워, 얼음과 눈이 쌓이는 날이 한 해의 절반을 차지한다. 사람들은 물고기를 잡아서 먹는다.

영국(英國) 속령의 부두는 모두 수천 리 밖에 있다. 북아메리카[北亞墨利加] 대륙은 영국 사람들이 명나라 만력(萬曆, 1573~1620) 연간에 탐험하여 차지하고 인구를 늘려 개간하여 경영한 지 200여 년이 되었다. 뒤에 남쪽 경계는 와싱턴[Washington, 華盛頓]에게 빼앗기면서 겨우 북쪽 경계의 여섯 부락만 남게 되었다. 아메리카[亞墨利加] 도설에 자세하다. 건륭(乾隆, 1736~1795) 초에 또 오인도의 수천 리에 달하는 비옥한 땅을 차지했다. 오인도 도설에 자세하다. 인도양[印度海]의 동안에서 점차 개척하여 남쪽으로 항해, 미얀마[緬甸]의 서쪽 경계에 아라칸

[Arakan, 阿喀喇] 등의 부두를 차지했다. 더 남쪽은 말라카[麻喇甲]이고, 더 동남쪽은 조호르[息力]다. 모두 남양(南洋) 도설에 자세하다. 또 미얀마의 서북쪽으로 아쌈[Assam, 阿薩密] 부락을 개척했다. 남양(南洋)의 동남쪽 끝에는 오스트레일리아[澳大利亞]라는 신하란(新荷蘭, Nouvelle Hollande)이라고도 한다. 큰 섬과 뉴질랜드[New Zealand, 搦日倫敦]라는 신서란(新西蘭)이라고도 한다. 두 섬이 있는데, 모두 영국인들이 새로 개척한 땅이다. 별도의 도설이 있다. 이밖에 아프리카[阿非利加]의 서쪽 경계에 시에라리온[Sierra Leone, 獅山] 등의 땅이 있다. 아프리카[阿非利加] 도설에 자세하다. 남아메리카[南亞墨利加]에는 데미라라[Demerara, Demerary, 特墨拉拉][69] 등의 땅이 있다. 그 나머지 속한 작은 섬들은 헤아릴 수 없이 많다.[70]

연혁(沿革): 이곳은 옛날 켈트[塞爾達] 토착민[土番]의 부락으로, 뒤에 북적(北狄) 고트족[峩特]이 차지했다. 한나라 선제(宣帝) 오봉(五鳳) 3년(256) 로마[羅馬] 대장 카이사르[Caesar, 愷撒]가 어떤 곳에는 인략새살이(人略塞薩爾)로 되어 있다. 서북의 여러 이민족을 정복하고, 바다를 건너 잉글랜드[英倫]를 평정하고 별도의 부락[別部]을 세웠다. 이탈리아[意大里]를 수백 년 동안 예속시켜 지금도 로마에는 성궐(城闕)의 유적이 남아있다. 오대(五代) 시기에 로마가 쇠약해지자, 고트족, 브리튼족[Britons, 卑勒敦]이 잉글랜드[英倫]를 차지했다가, 뒤에 스코틀랜드[蘇格蘭]의 스코트[Scots, 斯各多], 픽트[Picts, 比德斯] 두 부락의 공격을 받아 고립되고 약해져 자립할 수 없어 앵글족[Engle, 安各羅]에게 구원을 받았다. 앵글족 역시 고트 인종으로 색슨|작센[Saxones, Sachsen, 撒遜],

---

69) '특묵랍랍(特墨拉拉)'은 『해국도지』에 '지미랄랄(地米剌剌)'로 음역 표기되었다(『위원전집』, 6책, 1401쪽). 18세기 후반 네덜란드 서인도 회사의 식민지로, 지금의 기아나(Guiana) 조지타운(Georgetown) 지역을 가리킨다.

70) 이상 잉글랜드, 스코틀랜드, 아일랜드의 각 부락에 관한 정보는 모두 『영환지략』에서 채록했다(『영환지략교주』, 253~259쪽). 언급된 지명들은 애로우스미스(Aaron Arrowsmith), 「아일랜드(Ireland)」(London, 1811); 스톡달(John Stockdale), 「최근 조사에 따른 스코틀랜드 지도(Composite: I - XII Map Of Scotland From The Latest Surveys)」(London, 1806); 애로우스미스(John Arrowsmith), 「내륙 항해, 철로, 지리, 그리고 영국과 웨일스의 광물(The inland navigation, rail roads, geology, and minerlas of England & Wale)s」(London, 1842); 크루클리(G. F. Cruchley), 「크루클리의 새 런던 지도(Crutchley's New Plan of London)」(London, 1833)를 참고하여 추정했다.

벨기에[比利時] 경내에 살았는데, 군대가 원래 강했으나 좁아 나라를 세울 땅이 없었다. 브리튼족의 요청을 받고, 크게 기뻐하며 모두 바다를 건너가 스코틀랜드 두 부락을 격파하고, 브리튼족을 협박하여 항복시켰다. 진(陳)나라 후주(後主) 원년(582) 잉글랜드를 차지하고 나라를 세웠다. 뒤에 열국의 소후(小侯)처럼 일곱 부락으로 나뉘어 수시로 서로 공벌했다. 에쥐프리트[Ecgfrith, 厄伯德]는 프랑스[佛郞西] 왕의 딸과 결혼했다. 그 딸은 천주교를 신봉하여 신부[教師]들을 그 나라로 초빙하여 예제를 세운 뒤로 나라는 점차 강해졌다.

당나라 덕종(德宗) 정원(貞元) 16년(800) 여섯 부락을 멸하고 하나로 통일했다. 이때 덴마크[大泥國]가 바로 련국(嗹國)이다. 바다에서 약탈하다가 전선(戰船)으로 갑자기 잉글랜드를 공격하여 도성을 점거했다. 잉글랜드 사람들은 후한 뇌물을 주고 군대를 느슨하게 한 다음 계략을 짜 그들의 배를 불태워 버렸다. 이로부터 덴마크의 약탈은 그치지 않아, 주민들은 달아나 숨게 되면서 농토와 들은 황폐해졌다. 왕자 중에 알프레드[Alfred, 亞腓烈]란 자는 지략이 비범했다. 어릴 때 두 차례나 로마에 가서 문인들과 교유한 적이 있었다. 왕위를 계승했을 때, 덴마크가 대규모로 공격해 왔다. 왕은 거짓으로 악공이 되어 금(琴)을 들고 적의 진영으로 들어가 기예와 술을 올리도록 청하여 허실을 염탐할 수 있었다. 이로써 진군 결전하여 그들의 늘어선 진영을 격파했다. 이때 프랑스가 이미 북쪽 땅을 함락했고, 덴마크가 번갈아 침략하여 왕은 창을 베고 갑옷 위에 자며 50여 년을 싸워 외환(外患)이 평정되었다. 이내 농지를 개간하고 농사를 권장했으며, 상인들을 불러오고, 학교를 열어 다른 글을 번역했으며, 보호조약을 세워 도적들을 달래, 경내를 잘 다스렸다. 이 왕이 죽고 당나라 소종(昭宗, 901~904년 재위) 연간에 계승한 왕이 유약하여 대업이 결국 시들었다. 이에 앞서 잉글랜드는 천주를 숭상하도록 진흥했으나, 한참 뒤에 신부[教師]들이 대권을 차지했다. 왕이 아내를 얻은 뒤로 신부들은 같은 침실을 쓰지 못하게 하자, 왕이 따르지 않았다. 신부들은 겁박한 뒤에 쇠로 그녀의 얼굴을 낙인찍어 훼손하고 죽여버렸으나 왕은 아무 말도 못 하고 보복할 수 없었다. 이로부터 왕은 전대에 이루어 놓은 법을 지킬 뿐, 국세를 떨치지 못했다. 덴마크가 다시 침략해 오자 해마다 선물로 주기로 허락했다. 처음에는 은 1만 7,000근을 주었다가 뒤에는 2만 4,000근까지 늘렸으나 병란은 그치지 않았다.

송나라 진종(眞宗) 19년(1016) 덴마크가 대거 침략해 와 도성 런던[倫敦]을 파괴하고 마침내 잉글랜드를 겸병했다. 그들 왕 크누트[Knud, 駕奴特]의 다스림이 대략 조리가 있어, 잉글랜드 사람들을 편안하게 했다. 그의 아들이 즉위하면서 가렴주구 하며 전쟁을 좋아했다. 이에 앞서 잉글랜드 북부 영륜(英倫) 북부다. 종족 중에 윌리엄[威廉]이라는 추장은 항상 프랑스에 벼슬하며 서북쪽의 큰 군(郡)을 수호했다. 덴마크가 이미 잉글랜드를 멸하자, 윌리엄은 부흥시키고자 로마의 교왕에게 청하자, 교왕은 잉글랜드 땅을 그에게 봉했다. 송나라 영종(英宗) 치평(治平, 1064~1067) 연간에 윌리엄이 수군을 이끌고 잉글랜드를 공격했다. 덴마크 왕은 그를 막았으나 군대가 패하여 살해되었다. 윌리엄은 진공하여 런던을 차지하고 잉글랜드의 왕이 되었다. 북부 민족들은 잉글랜드 사람들을 멸시하자, 잉글랜드 사람들 대부분이 배반했다. 왕은 화가 나, 10만여 잉글랜드 사람들을 숲으로 내몰아 모두 얼어 죽게 하고, 그들의 농토와 집을 북부 민족에게 주었다. 얼마 뒤에 후회하며 죽고, 헨리 1세[顯理第一]가 이었다. 송나라 고종(高宗) 27년(1153) 헨리 2세가 즉위했는데, 지략을 갖추었다. 당시 천주교의 우두머리가 국사에 참여했는데, 왕이 발탁할 권한을 차지하자 교의 수장이 그를 막아섰다. 군신들은 화가 나 교의 수장을 살해했다. 왕은 교왕에게 벌을 받을지 두려워 스스로 재계하며 그의 묘를 참배하면서 사그라들었다. 부근에 이림(伊琳)이라는 바로 아일랜드[阿爾蘭]다. 큰 섬이 있었는데, 왕이 그곳을 정복했다. 용맹하고 호전적인 그의 세자는 유데아[猶太]에 살고 있는 이슬람 부족을 정벌하려 했다. 먼저 가서 우호 관계를 맺고 돌아가는 길에 다른 나라에 포로가 되어, 금을 주고 풀려나 돌아왔으나, 뒤에 전투에서 죽었다. 그의 동생 존[John, 約翰]이 계승했는데, 그는 성격이 강하고 교활하며 수렵을 좋아해 백성들의 미움을 샀다. 또 천주교 신부를 능욕하여 로마 교왕이 화가 나, 잉글랜드 백성을 버리고, 예배하지 못하게 하고, 성당[殿堂]을 폐쇄했으며, 혼례와 장례를 폐하고, 음주, 육식, 그리고 수염을 깎지 못하게 금하자, 사람들 모두 왕의 허물을 원망하고 애통해하자, 왕은 어쩔 수 없이 교왕에게 공납했다. 이로부터 권력이 점차 아래로 옮겨가 백성들이 자체적으로 신사를 천거하여 정사를 의논하도록 하고, 더는 보고하지 않았다. 왕은 분노하여 신사들을 죽이려 하자, 신사들은 프랑스 세자를 모셔 와 왕으로 삼았다. 마침 왕이 죽자, 에드워드 3세[Edward III, 華義都第三]가 어떤 곳에는 의도아이다

(義都亞爾多)로 되어 있다. 왕위를 이었는데, 그는 임기응변의 책략을 갖추고 내란을 평정하고, 프랑스와 수년간 전쟁하며 서로 이기고 지고 했다. 그의 아들이 왕위를 이으면서 권력은 다시 신사와 백성들에게 침탈되었다. 잉글랜드 별부(別部)의 한 추장이 갑자기 군대를 일으켜 왕을 공격하고 그 자리를 빼앗았다.

명나라 건문제(建文帝) 원년(1399) 나라 사람들이 헨리 4세를 세우고 군대를 모집하여 회복하고 왕위를 찬탈한 자를 없애자, 나라는 비로소 안정되었다. 헨리 5세가 즉위하여 프랑스를 공략해 승리했다. 헨리 6세가 즉위했는데, 나이가 어려 대신들의 섭정을 받았다. 당시 왕의 종실은 두 파로 나뉘었는데, 하나는 붉은 장미파[Red Rose of Lancaster]이고 하나는 흰 장미파[White Rose of York]였다. 처음 나뉠 때 저택에 이 두 종류의 꽃을 심었기 때문에 붙여진 이름이다. 두 종실이 왕위를 차지하려 싸우면서 서로 죽이고 공격하여 나라가 큰 혼란에 빠진 지 수십 년이 되자, 속국[藩國]들이 모두 이반했다. 명나라 헌종(憲宗) 성화(成化, 1465~1487) 연간에 헨리 7세가 즉위하여 내란을 평정하자 사방도 평안해졌다. 왕의 성품이 기민하고, 관리들을 잘 다스려 현명한 군주로 일컬어졌다. 헨리 8세가 즉위했는데, 그는 성품이 강하고 오만하며, 호화스러움을 좋아하여 기뻐함과 노함이 일정하지 않았다. 에스파냐[西班牙]의 공주를 아내로 들여, 에스파냐의 도움을 받아 프랑스를 정벌했다. 이후 아들이 없자, 그녀를 내보내고 다시 젊은 여인을 들였다. 얼마 뒤에 총애를 잃자, 살해했다. 다시 장가들었다가 다시 살해했다. 왕은 아첨하는 신하에게 대권을 맡기고 거스르는 자가 있으면 곧바로 죽여버렸다. 충언과 좋은 계책에는 귀를 막아, 사방의 나라 모두 무도한 왕이라 일컬었다. 이에 앞서 게르만[日耳曼]의 루터[路得]란 자가 예수의 뜻을 번역 해설한 책을 지어, 많은 사람이 그를 믿었다. 왕은 그렇지 않다고 하며 친필로 편지를 써서 그를 반박하고 힐난했다. 왕이 죽고 뒤를 이은 왕은 예수교[耶蘇教]를 숭배하며, 은혜를 베풀고 백성을 사랑하며, 신사들에게 법도를 갖추게 하니, 온 나라에 명성이 자자했다. 즉위한 지 얼마 되지 않아 죽고 여동생 마리(馬利)가 어떤 곳에는 마리(馬理)로 되어 있다. 왕위를 이었다. 에스파냐의 왕자를 남편으로 맞고, 예수교를 금하자, 나라 사람들이 좋아하지 않았다. 명나라 가정(嘉靖) 36년(1557) 여왕 엘리자베스[Elizabeth I, 以利撒畢]가 즉위했는데, 그녀는 현명하고 대체를 알았으며 정치에 성실하여, 잉글랜드 사람들이 그녀를 칭송했다. 이때 네덜란드[荷蘭]가 천주교를 따르려 하지 않자, 에스파냐의 공격을 받았다. 잉글랜드 여왕은 군대를 보내 네덜란드를 돕자, 에스파냐는 군대를 이동시켜 잉글랜들을 정벌하려 했다. 수군의 배가 잉글랜드 항구에 정박하자, 갑자기 태풍이 불어 배들이 암초에 부딪혀 태반이 침몰하거나 망가졌다. 잉글랜드 사람들은 작은 배로 포위하고 섬멸하여, 한 조각의 배도 돌아가는 자가 없었다. 이에 국세는 더욱 진작되었다.

이에 앞서 스코틀랜드[斯哥西亞]는 어떤 곳에는 사고태(師古泰)로 되어 있는데, 바로 스코틀랜드[蘇格蘭] 땅이다. 별도의 한 나라였는데, 원나라 초 잉글랜드 사람들이 그곳을 차지했다. 명나라 중엽 스코틀랜드 사람 브루스[Briuis, 布魯斯]가 다시 자립하여 나라를 세웠다. 그에게는 마리(馬理)라는 딸이 있었는데, 절세의 미인으로 처음에는 프랑스 왕에게 시집갔다가 프랑스 왕이 죽자, 마리는 다시 친정으로 돌아왔다. 아버지가 죽자, 왕위를 계승하고 신하 중에서 잘생긴 남자를 뽑아 남편으로 삼았다. 남편에게는 별도로 총애하는 여인이 있어 마리는 그를 질투하며 밤에 자객을 보내 남편을 살해하고 궁을 불 질러 흔적을 없애고, 남편을 죽인 자를 남편으로 삼았다. 당시 나라 사람들은 다투어 예수교를 신봉했으나 마리는 여전히 천주교를 고집했고, 남편을 죽이는 잘못된 행동이 있었으므로, 나라 사람들은 마리를 포위하여 감옥에 가두려 하자, 성을 넘어 달아나 군대를 모아 결전했지만, 군대는 패하여 잉글랜드에 항복했다. 잉글랜드의 여왕은 마리가 인륜을 어기고 난을 일으켰다고 하며 감옥에 가두었다. 마리는 18년 감옥에 있으며 다시 옥리(獄吏)와 간통하여 달아났다. 잉글랜드 사람들은 그녀를 체포하여 저잣거리에서 참수했다.

만력(萬曆) 31년(1603) 잉글랜드 여왕이 죽었는데, 아들이 없었다. 스코틀랜드[斯哥西亞] 왕 제임스[James, 熱給斯]가 어떤 곳에는 야미사(惹米士)로 되어 있다. 여왕의 인척이었으므로, 잉글랜드 사람들은 그를 받들어 왕위를 이으면서, 스코틀랜드는 다시 잉글랜드와 합해져 하나의 나라가 되었다. 제임스[熱給斯]는 언변의 재주가 있어 예법 강론을 좋아했다. 당시 천주교도들이 무리 지어 모반하여 의회[公會] 전당 아래 구덩이를 파고 화약을 숨겨 놓고 왕이 오기를 기다렸다가 터트려 살해하려 했다. 그러나 발각되어 모두 주살되었다. 만력 42년(1614) 찰스 1세[Charles I, 查理第一]가 즉위했는데, 그의 성격은 괴팍하여 유희를 즐기며 백성의 고통[民隱]을 돌보지 않았다. 이로부터 신사들과 백성들은 원망하며 배반하고, 의회[公會]는 해산하여, 세금이 나올 곳이 없었다. 왕은 프랑스와 전쟁하려 했으나 전쟁에 응하는 자가 없어 수군이 싸워보지도 못하고 퇴각했다. 순치(順治) 4년(1647)에 왕은 군사를 모아 명령을 따르지 않는 자들을 주살했다. 나라 사람들이 왕과 싸워 왕을 잡아 죽여버렸다. 당시 대신(大紳) 중에 재주와 명망이 있는 사람이 있어 왕정을 섭정하며 나라를 안정시켰다. 스스로 '보호왕'이라 칭하며 법제를 명백히 펼치고 임시변통을 섞어 행하자, 잉글랜드 사람들이 편안하다 일컬었다. 에스파냐, 네덜란드와의 전쟁에서 모두 승리했다. 섭정 수년 만에 창고가 충실해지자, 선왕의 세자를 왕위에 올렸는데, 바로 찰스 2세다. 성격이 음탕하고 사치하여 총애하는 사람이 많아 정사에는 게을렀다. 일찍이 네덜란드와 전쟁할 때, 군대를 통솔하는 자가 나라의 명장으로 네덜란드 내항(內港)으로 들어가 그들의 전선을 무너뜨린 적이 있었기 때문에, 왕은 더욱 교만해졌다. 갑자기 런던[倫敦]에 큰불이 나면서, 궁실과 민가가 모두 타 버렸다. 얼마 뒤에 전염병이 돌아 죽은 자가 서로를 베고 깔리면서 국세는 갑자기 쇠락했다. 그의 동생이 왕위를 이었는데, 평소 천주교를 믿어 억지로 백성들을 따르게 했다. 백성들은 예수교를 믿은 지 오래되었기 때문에, 바꾸려 하지 않았다. 왕과의 논쟁을 우려하여 바다 건너 네덜란드 왕을 모셔 왕으로 삼았다. 네덜란드 왕은 군대를 이끌고 오자, 왕은 프랑스로 달아났다.

강희(康熙) 27년(1688) 네덜란드 왕이 런던에 들어와 즉위하여, 윌리엄 3세[威廉第三]로 불렸다. 용맹함에 원대한 책략이 있었으며, 법도가 엄하고 투명하여, 모든 관리가 직책을 맡으면 산처럼 곡물이 쌓였고, 군비를 모으고 조사하여 모두 강군으로 만들었다. 이로부터 위엄과 명성이 크게 진작되었다. 바야흐로 서방[西土]을 석권하려 할 때, 질병에 걸려 아들 없이 죽었다. 당시 게르만[日耳曼]의 하노버[漢挪瓦] 왕 조지 1세[George I, 惹耳治第一]가 현명하다는 명성이 있어, 강희 52년(1713) 나라 사람들이 조지 1세를 불러와 왕으로 받들었다. 왕이 처음 잉글랜드로 왔을 때, 그들의 풍속을 몰랐다. 부인이 잉글랜드 옛 왕의 딸이어서 잉글랜드의 일을 잘 알아, 서로 도우며 조화를 이루니 백성들이 크게 평화로웠다. 이전 왕의 두 종실 후예가 여전히 남아서 군대를 일으켜 회복하려 했으나 왕이 평정하여 제거했다. 이때 잉글랜드의 상선들은 사해를 통행하게 되면서 나날이 부강해졌다. 프랑스와 전쟁하면서 여러 차례 승리했다. 왕이 죽고 조지 2세가 즉위하여, 법도를 고치고, 등위(等威)를 달리했으며, 친소(親疏)를 정하고 소송을 공평하게 하며 나라는 치세를 이루었다. 에스파냐를 정벌하여 전승하였고, 또 프랑스를 정벌하여 그들의 속령 중 아메리카[亞墨利加]에 있는 땅을 빼앗았다. 건륭(乾隆) 23년(1758) 조지 3세가 즉위했는데, 행동거지는 예법을 잘 따라 또한 현명한 군주로 일컬어졌다. 이에 앞서 명나라 중엽, 잉글랜드 사람들이 바다를 건너 신대륙을 찾으면서, 북아메리카[北亞墨利加]의 기름진 땅을 얻어, 나라 사람들을 이주시키고 그 땅을 차지하게 하자, 나날이 개척되어 마침내 비옥한 땅을 이루니, 잉글랜드 사람들은 의지하며 바깥 조정[外府]으로 삼았다. 뒤에 영국(英國)은 해마다 군대를 일으켜, 아메리카[亞墨利加]에서 징수하는 세금이 평소 액수보다 곱절이 되자, 아메리카 사람들이 감당할 수 없었다. '[조지] 워싱턴[Washington, 華盛頓]'이란 어떤 곳에는 올흥등(兀興騰), 또는 와승돈(瓦乘敦)으로 되어 있다. 자가 땅을 차지하고 군대를 일으켰다. 잉글랜드 사람들은 대거 그들을 공격했으나 8년이나 되어도 이기지 못했다. 프랑스는 잉글랜드와 대대로 원수였으므로, 온 나라의 군대를 동원하여 워싱턴을 돕자, 잉글랜드는 버틸 수 없었다. 건륭 47년(1782) 워싱턴과 화의를 맺고 그들이 자립하여 미합중국[米利堅國]을 아메리카[亞墨利加]의 와전된 음으로 바로 화기국(花旗國)이다. 세우도록 따랐다. 비옥한 땅은 모두 미합중국[米利堅國]의 차지가 되었고, 겨우 북쪽 경계의 황폐하고 추운 땅만 남게 되었다. 영국(英國)은 이로부터 그곳을 방기했다. 얼마 뒤에 오인도 무역이 나날이 왕성해져 영국은 부유함이 옛날을 넘어섰다. 오인도는 '힌두스탄[溫都斯坦]'이라고도 부른다. 건륭(1736~1795) 중반에 동인도(東印度)의 방글라[孟加拉]가 영국 상인들을 가두고 학대하자 영국은 대군으로 그들을 공격하여 방글라를 멸하고, 승기를 타고 동인도, 중인도, 남인도의 여러 부락을 위협하여 항복시켜 네 개의 큰 부락을 설치했다. 방글라[孟加拉], 마드라스[麻打拉薩], 뭄바이[孟買], 아르칸[亞加拉]이다. 말라카[麻喇甲], 조호르[息力] 등 여러 이민족[番族]은 모두 귀속되어 통치받았다. 영국이 두루 부두를 건설하면서 배들이 운집했고 온갖 상품이 유통되어, 부유함이 서방 나라 중에서 최고가 되었다. 가경(嘉慶, 1796~1820) 연간에 프랑스의 나폴레옹[拿破侖]이 나라를 차지하고 사방 이웃 나라를 침략했다. 에스파냐 왕을 폐하고 그의 아우를 에스파냐 왕으로 세웠다. 옛 국왕이 영국에 구원을 요청하여, 영국이 군대를 일으켜 프랑스를 정벌하면서 피의 전투가 여러 해 지속되었다. 가경 21년(1816) 해협에서 프랑스 해군을 격파하고, 9만 명이 상륙하여 진격했다. 나폴레옹은 10만의 군대로 워

털루[Waterloo, 窩德爾祿]에서 막았다. 대략 그 전투는 새벽부터 저녁까지 총포의 소리가 천지를 뒤흔들었고, 수십 리에 연기가 자욱했다. 프랑스 군대가 대패하자, 영국 사람들은 승기를 몰아 북쪽으로 추격하며 2만여 수급을 베었고, 나폴레옹을 사로잡아 황폐한 섬으로 유배시켰고, 에스파냐 왕이 옛 나라를 수복하면서, 영국의 명성은 서방을 뒤흔들었다. 왕은 만년에 광증(狂症)을 앓아 세자가 섭정했다. 왕이 죽고, 세자가 왕위를 이었는데, 현명한 명성이 있었으나 일찍 죽었다. 도광(道光) 9년(1829) 그의 아우가 왕위를 이으니 윌리엄 4세다. 처음에는 해군의 총통이 되어 두터운 덕으로 휘하를 통솔하여 명예를 사지 않았다. 즉위해서는 민중을 안락하게 하며 전쟁을 즐기지 않았다. 논하는 자들은 재능은 보통 사람을 넘지 못했으나 덕량(德量)은 남음이 있었다고 한다. 도광 18년(1838) 4월에 아들 없이 죽었다. 총명하지 못한 딸이 있었지만, 유언으로 형의 딸 빅토리아[維多里亞]를 왕으로 세우게 했는데, 바로 지금 재위하는 여왕이다. 즉위했을 때는 나이 18세로 게르만[日耳曼] 작센-코부르크[Sachsen-Koburg, 撒可堡]의 공국 세자 박아나(博雅那)를 남편으로 맞았다.[71]

71) 이상 영국[英吉利]의 연혁(沿革)은 모두 『영환지략』에서 채록했다(『영환지략교주』, 244~252쪽).

『지구전요』, 권9,[1] 패동 최한기 편집

8. 아프리카[阿非利加] 어떤 곳에는 리미아(利未亞) 또는 아비리가(亞非里加)로 되어 있다. 지도 56과 57을 보시오.

강역(疆域): 아프리카[阿非利加] 대륙은 아시아[亞細亞]의 서남쪽, 유럽[歐羅巴]의 남쪽에 있다. 그 땅은 매우 넓어 대략 아시아의 3분의 1에 해당한다. 남북으로는 1만 8,000리고, 동서로 넓은 곳은 1만 6,000리다. 가장 남쪽은 남극 출지(出地) 35도고, 북단은 북극 출지 35도며, 동서의 도수는 78도다. 동쪽으로 인도양[印度海], 서쪽으로 대서양[大西洋海]이 있고, 남쪽은 대남해(大南海)에 닿고, 동북쪽으로 홍해(紅海)를 두고 있으며, 북쪽 지면에는 지중해가 있다. 중간 육지에 선(綫)이 있는데, 그곳은 '수에즈[蘇爾士]'라고 하는데, 어떤 곳에는 '소엽(蘇葉)'으로 되어 있다. 맥서(麦西, 이집트) 이슬람계 지역[回部]의 땅이다. 아시아 이슬람계 지역과 서로 연결된다. 땅은 넓지만 사막이 절반을 차지한다. 유럽인들의 지도에 아프리카[亞非里加]는 단지 북쪽 경계의 여러 나라만 있고, 나머지는 모두 빠져 있었다. 아마도 그곳 기후가 열악하여 유럽[歐羅巴]인들도 편력할 수 없어 부락 명칭 대부분이 전하는 바에서 취했다. 각 부락 경계의 넓고 좁음도 대략 계산한 것이지 정확하다 할 수 없다.[2]

산과 물[山水]: ⓐ아프리카[亞非里加]의 산세는 동쪽 유데아해협[如德亞峽]에서 시작하여 남쪽 이집트[麥西]와 아비시니아[Abyssinia, 阿北西尼亞]를 둘러 남아프리카에 이르러, 이후 서쪽으로 꺾였다가 북동쪽으로 돌아서 다시 이집트[麥西]에 이른다. 둘레는 1만여 리다. 그 안의 여러 강물이 나일강[泥祿河]으로 모여 서쪽에서 시작하여 동북쪽으로 8,000~9,000리를 흘러 지중해로 들어가므로 중앙아프리카 각국은 사방이 산으로 둘러싸여 해국(海國)들과

---

1) 판심에는 '8권'으로 되어 있다. 두주에 권수를 조정한 '구(九)'자는 보이지 않는다. 국립중앙도서관 소장본에는 위와 같이 표기되어 있다. 이 권부터 혜강은 '10', '20', '30'면을 표기하고 있는데 정확히 일치하는 점과 아프리카 대륙 기술인 점으로 볼 때, '9권'이 분명하다. 주목할 부분은 이전 분권 표기에는 '혜강'이란 호를 사용했지만 여기에는 '패동(浿東)'이라고 한 점도 눈여겨볼 부분이다.

2) 이상의 강역 기술은 『영환지략』에서 채록했다(『영환지략교주』, 264~367쪽).

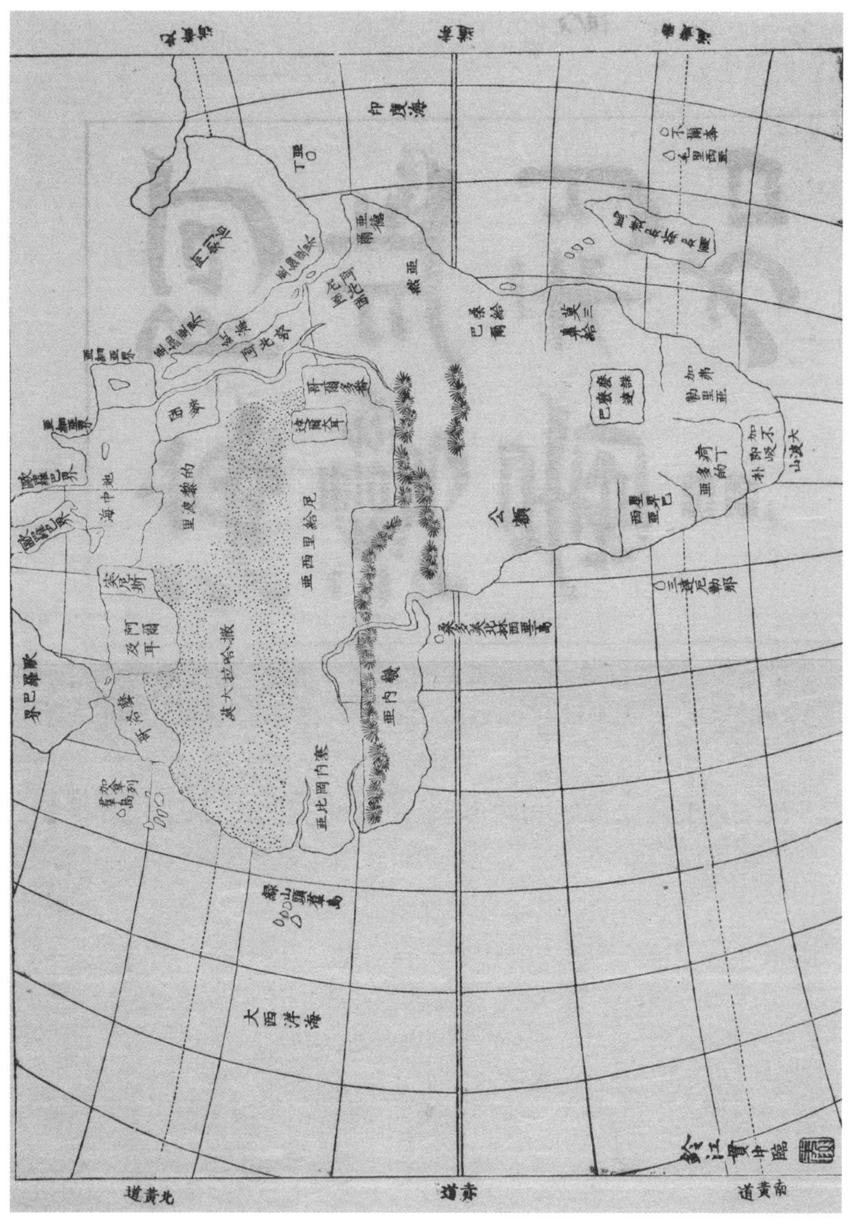

지도 56. 국립중앙도서관 소장본의 지도가 몹시 희미하여 『영환지략』(도시샤대학 소장본, 1861)에서 가져왔다. 국립중앙도서관 소장본에는 '아비리가도(阿非利加圖)'라는 지도 명이 있고, 경도와 적도가 표기되어 있다.

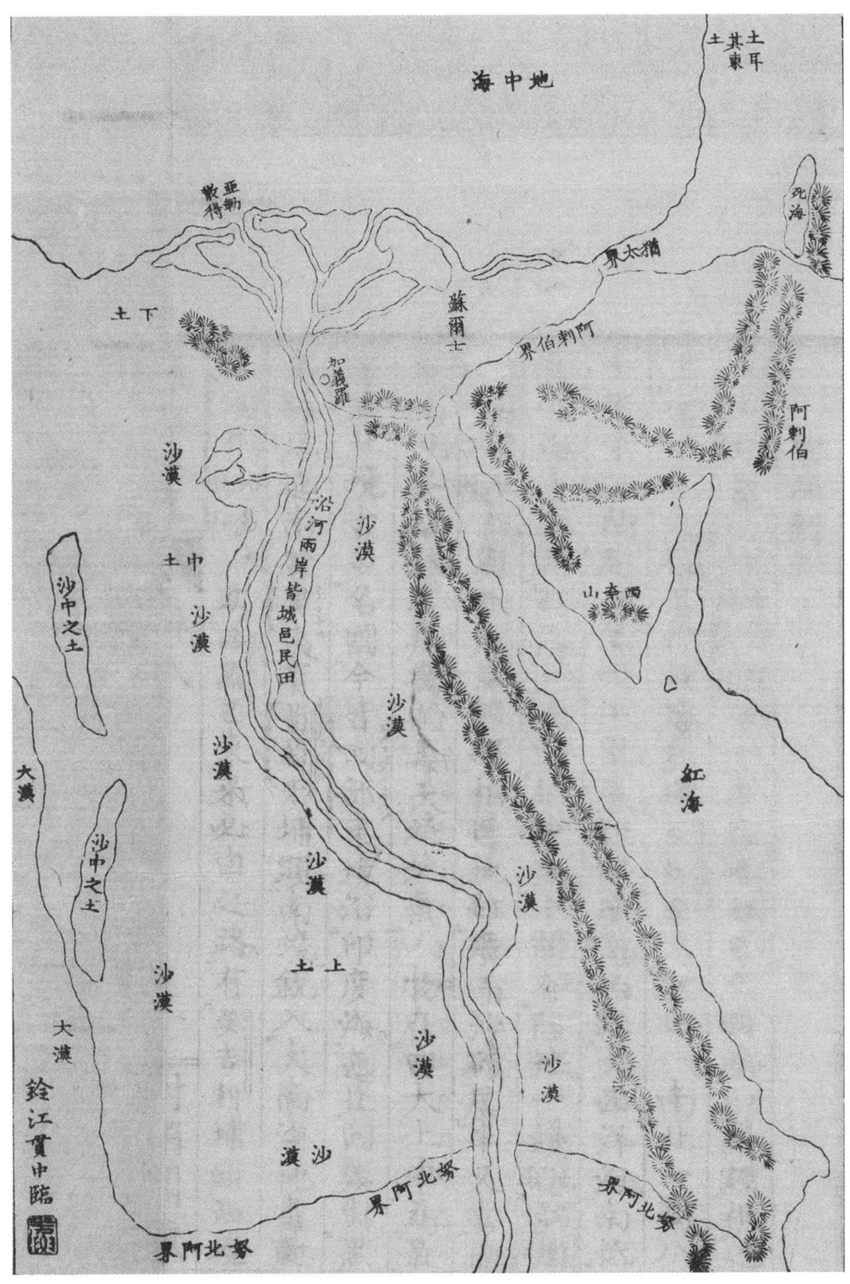

지도 57. 국립중앙도서관 소장본의 지도가 몹시 희미하여 『영환지략』(도시샤대학 소장본, 1861)에서 가져왔다. 국립중앙도서관 소장본에는 '맥서도(麥西圖)'라는 지도 명이 있고, 경도와 적도가 표기되어 있다.

왕래하지 않고 서양 상선이 통상하는 곳은 모두 그 산을 등진 네 모퉁이의 땅이다. ⓑ경내의 유명한 산으로 아틀라스[亞大蠟]가 서북쪽에 있는데, 천하에서 이 산이 가장 높다. 비바람, 이슬과 우레 모두 산 중턱에 있고 산꼭대기에는 옛날부터 청명하여 해와 별이 아주 크게 보인다. 나라 사람들은 '하늘의 기둥[天柱]'이라고 부른다. 남쪽 경계는 예리하게 대남해(大南海)로 들어가는데, 땅이 다한 곳에는 대랑산(大浪山)이 원래 명칭은 급박(岌朴)이다.[3] 있다. 그 아래는 해풍이 빠르고 급해 이는 파도가 크다. 유럽[歐羅巴] 상선들이 동쪽으로 올 때는 반드시 경유하는 길로, 이 만에 이르러 많이 난파하는데, 그곳을 지나면 매우 기뻐하므로, '희망봉(喜望峯)'이라 부른다. ⓒ영국[英吉利]의 부두가 있다. ⓑ이 산 동쪽으로 암초가 있는데, 온통 산호류로 강한 것은 날카롭기가 칼끝과 같아 선박들이 두려워하며 피해 간다.[4]

기후[風氣]: 적도 남북을 정확히 마주하고 있어 폭염이 매우 심하고 열병[瘴癘]이 매우 독하다. 날씨[天時], 땅의 기운[土氣], 사람과 사물이 네 대륙 중에서 가장 열악하다.[5]

사람들[人民]: ⓓ북쪽 이슬람 민족 대부분은 모두 아시아에서 이주해 왔다. 이남은 모두 토착민[土番]으로, 그 인종들을 니그로[Negro, 尼刻羅], 혹은 합정돌(合丁突),[6] 어떤 곳에는 호텐토트[痾丁多的]로 되어 있다. 혹은 성비파사(星卑巴斯)[7]라고 부른다. 그 사람들은 검고 몽매하여 여러 나라가 그들을 사서 노

---

3) '급박'에 관해서는 앞의 유럽[歐羅巴] 총설의 여정 조목을 참고하시오. '급(岌)'에 관한 설명은 권1에서 태평양을 개술할 때 '급(岋)'자로 언급한 바 있다. 『영환지략』에는 "현지인들은 산 또는 섬의 땅끝을 '급(岌)'이라 한다"라는 설명이 여기에도 보인다(『영환지략교주』, 285쪽). 『영환지략』에 '박(朴)'자는 '박(樸)'자로 되어 있다.

4) ⓐ는 『해국도지』를 근거로 채록하고 재구성했다(『위원전집』, 5책, 969~970쪽). ⓑ는 『직방외기』에서 채록했다(『직방외기교석』, 107쪽). ⓒ는 『영환지략』에 근거했다(『영환지략교주』, 264쪽).

5) 『영환지략』에서 채록했다(『영환지략교주』, 264쪽).

6) '합정돌(合丁突)'은 원주에서 언급한 '호텐토트[痾丁多的]'의 약칭일 것이다. 호텐토트(Hottentot)는 유럽인들이 코이코이(Khoe khoe) 유목민을 지칭하던 명칭이었다(Hahn Theophilus, 『Tsuni-goam: The Supreme Being of The Khoi-khoi』, London, 1881, 2~3쪽). '합정돌'은 '휘텐튀트(Hüttentüt)'에 가깝다.

7) 션허(沈和)의 「『영환지략』의 국명 역어 고증(《瀛寰志略》中的国名译词考析)」에 따르면

예로 삼는다. ⓔ그들은 온몸이 칠을 한 듯 새까맣고 유난히 입술은 붉고, 이빨은 희다. 이들을 흑노(黑奴)라고 한다. 당나라 시기 그들을 '곤륜노(崑崙奴)'라 불렀다. 물에 들어가 눈을 감지 않고, 힘은 아주 세, 수백 근을 질 수 있다. 바다 밖 여러 섬에 살며, 처음 왔을 때, 그들에서 며칠 화식을 주었더니 설사하여 그것을 '환장(換腸)'이라 불렀다. 혹 병들어 죽었는데, 죽지 않으면 오래 기를 수 있다. 점차 언어를 하게 되었다. 수염과 머리털은 모두 곱슬하며 누렇다. ⓕ마카오[澳]에 있는 자들은 수염과 머리털을 기르지 않는다. 여자들에게도 흑백 두 인종이 있다.[8]

물산(物産): 땅에서는 기이한 짐승들이 난다. 그곳 광야에는 수원이 매우 적어 물이 괸 곳에는 온갖 짐승들이 몰려든다. 게다가 다른 짐승들이 서로 교배하여 종종 기이한 모습을 한 짐승들을 낳는다. 말[馬]이 가장 잘 달리고 사나워, 호랑이와 싸울 수 있다[馬最善走又猛, 能與虎鬪].[9] 용연(龍涎)은 땅속에서 나는데, 처음 흘러나오면 기름 같다가, 바다에 이르면 점차 응고되어 덩어리가 된다. 크게는 1,000근이 나가는 것도 있다. 바닷물고기가 그것을 먹으면, 배를 갈라 꺼낸다. 짐승의 배 속에서 나는 산물이 아니다. 또 땅에는 독사가 많다.[10]

농(農): 이북은 바다와 가까워 여러 나라가 아주 풍요롭다. 오곡은 한 해에 두 번 익는다. 한 말[斗]을 파종하면 10섬[石]을 수확한다. 곡물이 익을 때면, 외국의 온갖 새들이 모두 이곳에 이르러 추위를 피하고, 겨울을 나고 돌아

(『或問』, 42호, 2022, 76쪽), '성비파서아(星卑巴西亞)'를 짐바브웨(Zimbabwe)로 추정했다. 그러나 『해국도지』에 인용된 『지리비고(地理備考)』에 따르면 콩고[公額] 남쪽으로 '성비파서아'가 접해 있다고 하였다(『위원전집』, 5책, 1048쪽). 이에 따른다면 '성비파서아'는 지도상 잠비아(Zambia)에 해당한다.

8) ⓓ는 『영환지략』에서 채록했다(『영환지략교주』, 267쪽). ⓔ의 정보는 『황청직공도(皇淸職貢圖)』(사고전서본, 권1, 41a)에 보인다. ⓕ는 『해국도지』, 권38에 인용된 『오문기략(澳門紀略)』에서 채록했다(『위원전집』, 6책, 1116쪽).

9) 이 문장을 위원은 "사자는 사납다(獅猛)"라고 교정했다(『위원전집』, 5책, 971쪽). 혜강은 확실히 『직방외기』를 따라 채록했다. '말[馬]'은 '사자[獅]'로 고치는 편이 이어지는 정보와 부합한다.

10) 이 물산에 관한 설명은 『직방외기』에서 채록했다(『직방외기교석』, 105~106쪽).

간다. 땅은 드넓은 들이지만, 사람들은 정주하지 않고, 파종하여 익으면 다른 곳으로 옮겨가 살기도 한다.[11)]

시장과 부두[市埔]: 북쪽은 큰 사막이 가로로 뻗어 있고, 남쪽은 바다에 연해 있다. 영국[英], 프랑스[佛], 미국[米], 포르투갈[葡], 네덜란드[荷], 덴마크[嗹] 등의 부두가 있다.[12)]

8-1. 아프리카 북부[阿非利加北土] I 이하 다섯 지역에는 총설(總說)이 있고, 또 각국의 해설이 있는데, 각 땅의 총설이 뒤에 붙어 있다.[13)]

아프리카 북부는 홍해(紅海)의 남안(南岸)에 있다. 지형은 서북쪽에서 동남쪽으로 세 나라로 나뉜다. 이집트[麥西], 누비아[努北阿],[14)] 아비시니아[阿北西尼亞]다.

이집트[Miṣr, 麥西]

강역(疆域): 이집트[Miṣr, 麥西]는 액일다(厄日多), 액입다(扼入多), 액일도(厄日度), 애급다(埃及多), 이지비다(以至比多), 이지비다(迤志比多), 이즙(伊揖), 이제부탁(伊齊不托) 등으로 표기한다.[15)] 홍해와 지중해 사이에 있다. 북쪽으로 지중해, 동쪽으로 홍해에 임해 있다. 동북쪽 한 모퉁이는 아시아의 유데아[猶太], 아라비아[阿剌伯]와 서로 이어져 있고, 서북쪽은 트리폴리[的黎波里]에, 서남쪽은 사막에 접해 있다. 남쪽은 누비아[努北阿]와 경계하며, 가로세로 총 1,700여 리다. 땅은 원래 사막이다.

---

11) 이 조목 또한 『직방외기』에서 채록했다(『직방외기교석』, 105쪽).

12) 이 정보는 『영환지략』에서 채록했다(『영환지략교주』, 264쪽).

13) 이는 『영환지략』을 두고 하는 말이다. 서계여는 북부[北土], 중부[中土], 동부[東土], 서부[西土], 남부[南土], 그리고 군도(群島)로 분류하고, 다시 북부는 홍해를 끼고 있는 서쪽 지역과 이집트 서쪽이면서 지중해 남쪽에 있는 지역의 나라로 나누었다. 이를 혜강이 중복되었다고 착각한 것으로 보인다. 편의상 북부는 'I'과 'II'로 구분하여 표기한다.

14) 누비아(Nubia), 현 이집트와 수단에 속한 고대 왕국이다.

15) '맥서(麥西)'는 이집트의 아랍어 형태인 메스르 또는 마스르(Miṣr)의 음차다. '이즙(伊揖)'만 영어 '이집트(Egypt)'를 옮겼고, 나머지 형태들은 모두 고대 그리스어 '아이깁토스(Αἴγυπτος)', 라틴어 '아이깁투스(Aegyptus)'를 음차한 표기들이다.

수(水): 나라에는 나일강[泥祿河]이라는 큰 강이 있다. 어떤 곳에는 '니라하(尼羅河)'라고 되어 있다. 남쪽에서 발원하여 홍해의 서안(西岸)을 따라 흘러 북쪽에서 지중해로 흘러든다. 양안은 진흙으로 덮여 있고, 삼각주는 좋은 밭을 이룬다.[16] 강물은 매년 한 번 불어나는데[發], 오월부터 시작하여 점차 불어난다. 토착민들은 불어나는 물이 많고 적음을 보고 풍흉의 징후로 삼는다. 가장 클 때는 2장 1척을 넘지 않고, 가장 작을 때는 1장 5척을 넘지 않는다. 1장 5척이면 흉년이 들고[歉收], 2장 1척이면 크게 풍년이 든다[有年]. 불어난 물은 40일을 넘기지 않으며 그 물에는 비옥한 성분이 있어, 물이 이르는 곳마다 그 비옥한 성분이 땅속에 붙어 진창을 이루지 않으므로 땅은 매우 기름지고 풍요로워 온갖 곡물과 초목이 모두 무성하다. 물이 성할 때면, 성곽이 대부분 잠기게 된다. 나라 사람들은 물이 불어나기 전, 미리 문을 닫아걸고 배로 집을 옮겨 피한다.[17]

풍기(風氣): 땅에는 비가 적게 내리고, 사막은 타는 듯하여[薰灼], 폭염이 사람을 압박한다.[18]

사람들[人民]: ⓖ용모는 풍만하고, 안색은 누렇고 검으며, 눈은 동그랗고 밝다. 코는 높고 곧으며, 입술은 투박하고 머리털은 검다. 교역을 좋아한다. 겉으로는 순박하고 온화한 듯하지만, 실속 있고 욕심이 많으며 교활하다. 만나면 친구 같지만, 아첨하여 속인다. 나라 사람 중에 아랍[阿丹][19] 사람들 대부분은 농사를 짓고, 튀르키예[都魯機] 사람들은 벼슬살이하며, 그리스[額力西] 사람들과 유대인[由教人]들은 대체로 무역에 종사한다. 또 유럽인, 아프리카[亞非里加] 사람들이 있는데, 각기 하나의 종교를 가지고 한 지역에 섞여 사는데 호월(胡越)처럼 명백하다. 파찰력(巴札力)이 문교(文教)를 일으킨 이래로, 책

16) 이상은 『영환지략』에서 채록했다(『영환지략교주』, 267쪽).

17) 이집트[麥西]의 강역과 수(水)는 『직방외기』에서 채록했다(『직방외기교석』, 109~110쪽). 『직방외기』에 이집트는 '액입다(阨入多)'로 표기되었다.

18) 『영환지략』에서 채록했다(『영환지략교주』, 267쪽)

19) 아프리카 기술에서 말하는 '아덴[阿丹]'은 아라비아 또는 '아랍'을 지칭한다. 이는 임칙서가 휴 머리(Hugh Murray)의 『The Encyclopædia of Geography』(Philadelphia, 1837)를 옮길 때 아덴과 구분 없이 음차했기 때문이다. 이에 대해서는 『사주지(四洲志)』 역주에서 자세히 다루겠다.

을 인쇄하는 기관을 설치하자 재능있는 사람들이 나날이 나타났다. ⓗ주민은 250만 명이고, 도성에 사는 자들은 30만 명이다.[20]

물산(物産): ⓘ도(稻), 곡(穀), 맥(麥), 면화(棉花), 양전(洋靛, Prussian blue), 소[牛], 나귀[驢], 낙타, 벌꿀[蠭蜜], 약재 등이 있다. ⓙ그 나라 여인들은 항상 서너 명의 자식을 한꺼번에 기른다[一乳生三四子]. 세상의 노새[騾]는 새끼를 낳지 못하지만, 유독 여기 노새는 종을 전할 수 있다.[21]

문자(文字): 옛날 이집트[麥西國]의 사람들은 현자를 장려하고 인재를 길렀으며, 문장에 능한 사람들이 책을 썼는데, 한라라 사람들의 예서(隸書)와 크게 다르지 않다.

역(歷): 그곳 성직자와 학자 등은[其僧儒等][22] 여름철이 되면 별들의 거리, 일월이 교식(交食), 합삭(合朔)과 초하루와 보름[弦望], 절기마다 교체하는 별자리를 측량하고, 시기마다 바람, 구름, 우레, 기류, 별의 현상, 절기 등을 기록하여, 사실대로 측량하고 조사한다.[23]

---

20) ⓖ의 정보는 『해국도지』에 인용된 『외국사략(外國史略)』에서 채록했다(『위원전집』, 5책, 981쪽). 『외국사략』은 로버트 모리슨(馬禮遜, Robert Morrison, 1782~1834)이 지은 책으로, 1897년에 쓴 서문이 있다. 1권으로 이루어진 이 책은 왕석기(王錫祺, 1855~1913)가 편집한 『소방호재여지총초(小方壺齋輿地叢鈔)』(再補編, 12) 총서에 수록되어 간행되었다. 아쉽게도 원문을 확인하지는 못했다. ⓗ인민(人民)에 관한 정보는 『영환지략』에서 채록했다(『영환지략교주』, 268쪽).

21) ⓘ산물에 관한 정보는 『해국도지』에 인용된 『외국사략(外國史略)』에서 채록했다(『위원전집』, 5책, 981쪽). 그러나 꿀[蠭蜜], 약재는 보이지 않는다. 『영환지략』의 이집트[麥西] 기술에는 봉밀(蜂蜜)과 약재가 보인다(『영환지략교주』, 268쪽). ⓙ의 정보는 '의식(衣食)' 뒤에(4a)에 '물산 2'로 채록되어 있으나, 이어지는 문장이므로 여기에 붙여 편집한다. 이 정보는 『직방외기』에서 채록했다(『직방외기교석』, 110쪽).

22) 역법[歷] 항목을 시작하는 '그곳 성직자와 학자 등은[其僧儒等]'이 네 글자는 앞의 '문자' 항목 끝에 잘못 채록되어 바로 잡는다.

23) 이상 문자(文字)와 역(歷)에 관한 정보는 『해국도지』, 권33에 인용된 『매월통기전(每月統紀傳)에서 채록했다(『위원전집』, 5책, 983쪽). '매월통기전'은 『동서양고매월통기전(東西洋考每月統紀傳)』(Eastern Western Monthly Magazine)이라는 프로이센 개신교 전도사 카를 귀츨라프(Karl Friedrich August Gützlaff)가 1833년 8월 1일 광저우에서 창간한 최초의 외국인 한문 월간 잡지다. 1838년에 정간되었다. 하버드 옌칭 연구소에 1833, 1834, 1835, 1837, 1838년 합집본이 소장되어 있다. 위원이 인용한 원문은 찾지 못했다.

기용(器用): 옛날 어떤 국왕이 가뭄과 홍수를 구제하는 방법에 전념하다가, 아르키메데스[亞爾幾墨得]라는 지혜롭고 재주 많은 학자를 찾았다. 그는 물 기계[水器]를 만들도록 했는데, 때에 따라 물을 대거나 빼기도 하는 기계로, 바로 지금의 용미거(龍尾車)다.[24)]

조세[賦]: 나라의 세금에는 세 종류가 있는데, 하나는 농토[田地], 호구[丁口], 조세[稅餉]다. 매년 현지의 전량은(錢糧銀) 240만 원, 정구은(丁口銀) 32만 원, 세향은(歲餉銀) 50만 원, 모두 331만 원을 징수한다. 매년 콘스탄티노플[觀士頓丁羅布爾]로 보내는 액수 이외에 나머지 은은 남겨 두었다가 지출에 대비한다.[25)]

정치[政]: 옛날부터 풍속을 어지럽힐까 고집스럽게 외국인들과 접촉하지 않았다. 왕 한 사람이 국정을 관장하는데, 일찍 일어나 각 부서의 문서를 열람하고 마치면, 사당[廟]에 나가 수도회장의 가르침과 간언을 듣는다. 연회의 음식은 매우 담백하고, 사치스러움을 엄격히 금한다. 형제자매끼리 서로 혼인한다. 승려[僧]가 나라의 큰 스승이 되는데, 각 관서의 관리들은 그를 공경한다. 그 승려는 윤회의 불도(佛道)를 전파하고, 인도국에 전했다. 멀리는 중국과 일본국에 이르렀다.[26)]

관(官): 이 [땅에] 사는 아랍[阿丹] 사람들은 관청을 설치하고 나누어 다스린다. 그러나 또한 반드시 이집트 파샤(Pasha, 주지사)의 결재를 거쳐야 하고, 전량(錢糧)과 정장(丁壯)의 세금을 바치는데, 사관(司官)의 중재를 거친다.[27)]

병(兵): 군대는 옛날 강성했지만, 기율을 익히지 못했다. 근래 유럽의 훈련법을 터득하여 군대는 동방에서 으뜸이다. 군사는 모두 7만 4,000명이다. 근래 또 무비(武備) 관청을 설치하고, 유럽의 교사를 초빙해, 여분의 소년 장병 1만 4,000명을 훈련하고, 매월 경비로 은 6,000원을 지출했다. 아울러 대포

---

24) 『직방외기』에서 채록했다(『직방외기교석』, 110쪽).

25) 조세에 관한 정보는 『해국도지』, 권33에 인용된 『외국사략(外國史略)』에서 채록했다(『위원전집』, 5책, 978쪽).

26) 이 조목은 『해국도지』, 권33에 인용된 『매월통기전(每月統紀傳)에서 채록했다(『위원전집』, 5책, 983쪽).

27) 관(官)에 관한 정보는 『해국도지』, 권33에 인용된 『외국사략(外國史略)』에서 채록했다(『위원전집』, 5책, 978쪽).

제조국[鑄炮局], 기계국(器械局), 화약국을 설치했다. 큰 전선 9척, 중간급 전선 7척, 작은 전선 30척을 보유했다.[28)]

학(學): 나라 사람들의 성품은 매우 기지가 넘치고, 사물의 이치를 궁리하는 학문을 좋아한다.[29)]

법(法): 의술의 각 분야에는 정해진 규정이 있어, 법규에 따라 병을 치료한다. 법에 근거하지 않고 오진한 사람은 사형에 처한다.[30)]

풍속[俗]: 이집트[麥西國] 사람들은 살생하지 않고, 음양을 숭상하며, 의지하는 종교[旁教]가 있어, 태양에 절하거나 불에 예배한다. 또 그 나라에는 별도의 이교[旁門外道]가 있다. 장례에 귀한 사람들은 향 기름을 바르고, 고약으로 염한다. 효자는 시신을 안치하는 집을 만드는 데 가산을 다 들인다. 나라 사람들은 시신을 매장할 때, 먼저 관원에게 선세(先世)의 음덕[陰騭]을 살피고 두루 탐방하게 한다. 그 사람이 악행을 했으면, 즉시 출상(出喪)을 허락하지 않고, 선인(先人)의 묘혈[窀穸]에 합장하는 것도 허락하지 않고 욕보여 버리게 한다.[31)]

이교도[外道]: 옛 풍속에는 사신(邪神)에게 즐겨 제사했다. 즉 사람들에게 금수와 초목의 이익을 주는 사람이나, 예를 들어 경작을 맡아주는 소, 짐을 져 주는 말, 새벽을 맡은 닭, 심지어 채소 중 파와 부추 같은 부류 모두 귀신처럼 공경하여 제사 지내며 감히 먹지 않으니, 그 터무니없음이 이와 같다. 천주인 예수

---

28) 군대[兵]는 『해국도지』, 권33에 인용된 『외국사략(外國史略)』에서 채록했다(『위원전집』, 5책, 978~9쪽). 『해국도지』에 따르면, 군사가 7만 4,000명이었던 시기는 도광(道光) 14년(1834)으로 기록하고 있지만, 혜강은 채록하지 않았다.

29) 이 기술은 『직방외기』에서 채록했다(『직방외기교석』, 110쪽).

30) 이 '법(法)' 조목은 다음 면(6a)에 채록되었으나 이곳으로 올리라는 두주의 지침에 따라 여기에 편집한다. 이 정보는 『해국도지』, 권33에 인용된 『매월통기전(每月統紀傳)에서 채록했다(『위원전집』, 5책, 983쪽).

31) 풍속에 관한 정보는 '외도(外道)' 다음에(5b~6a) 채록되었으나 두주에 이곳으로 옮길 것을 요청하고 있으므로, 그에 따른다. 이 정보는 『해국도지』, 권33에 인용된 『매월통기전(每月統紀傳)에서 채록했다(『위원전집』, 5책, 983쪽). 밑줄 친 문장 뒤에는 천년을 보존할 수 있다[可存千年]는 정보가 더 보이지만, 이 미라를 만드는 방법에 관해서 혜강은 채록하지 않았다.

[耶蘇]가 강림하여, 소싯적에 이 땅에 이르러, 참회하고 교화한 자들이 많다.[32)]

각 부락[各部]: 땅은 상중하 세 영토로 나뉜다. 상중 두 영토는 홍해에 임하여, 해안을 두른 양쪽 언덕이 낀 골목[夾巷]처럼 이어져 뻗어 있다. 아래 영토는 지중해에 임하여, 평탄하고 기름지며, 지류가 교차하여, 이집트[麥]의 상등 토양을 이룬다. 모두 25개 부락[部]이 있다. 카이로[加義羅, Cairo]는 그곳 수도다. 칼유브[Qalyūb, 給里烏波], 빌베이스[Bilbeis, 北爾卑義斯], 테바이[Thebes(?), 師卑], 미트 가므르[Mit Ghamr, 米加馬爾], 만수라[Mansoura, 芒蘇辣], 다미에타[Damietta, Dumyāṭ, 達迷也大], 텔 엘 케비르[Tell El Kebir, 給比爾], 탄타[Tanta, 當達], 밀리그[Milig, Milīj, 美黎], 미누프[Menouf, Minuf, 美奴], 네길레[Negyleh, 內日勒][33)], 푸와[Fuwwah, Fouah, Fuwa, 福阿], 다만후르[Damanhur, Damanhūr, 達馬奴爾], 알렉산드리아[Alexandria, 亞勒散得黎亞], 기자[Giza, Djizeh, 德基塞], 아트피[Atfih, Aṭfīḥ, 亞德非], 베니 수에프[Beni Suef, Baniswēf, 白尼隋弗], 파이윰[Faiyum, 發雍], 미니아[Minya, 迷尼亞], 만팔루트[Manfalut, 蒙發祿], 아시우트[Asyut, 西于德][34)], 기르가[Girga, Girge, Djirdjeh, 齊爾日], 키나[Qena, Qinā, 給內], 에스나[Esna, 挨斯內] 등이다. 부두 중에서 가장 큰 부두는 알렉산드리아[亞勒散得]로, 마케도니아[馬基頓]왕 알렉산더[亞勒散得]가 건설했다. 옛날 지중해 제일 부두였고, 지금에도 유명한 항구다.[35)]

---

32) 이 조목은 『직방외기』를 중심으로 재구성했다(『직방외기교석』, 110쪽).

33) 네길레[Negyleh, 內日勒]는 알라망(Lucas Alamán), 『세계 역사 및 지리 사전(Diccionario universal de historia y de geografía)』, III, 1853, 165쪽에 하부 이집트의 한 주로 언급되어 있다.

34) 저본과 『영환지략』에는 모두 '서간덕(西干德)'으로 되어 있다. 『해국도지』에는 '서어덕(西於德)'으로 되어 있고(『위원전집』, 5책, 986쪽), '서어덕'은 곱트어 형태인 '시우트(Siōwt)'에 대응하므로, '간'자를 '우'자로 교정한다.

35) 이상 『영환지략』에서 채록했다(『영환지략교주』, 268쪽). 서계여는 『지리비고(地理備考)』를 채록했다. 이 『지리비고』는 『해국도지』, 권33, 이집트[厄日度國] 조목에 인용되어 있다. 이 지명들의 고증은 『위원전집』의 교주를 많이 참고하였다(5책, 977~978쪽; 985~986쪽 주석).

연혁(沿革): 나라를 세운 지는 하(夏)나라 초지만, 당시 유럽[歐羅]과 아프리카[阿非] 두 대륙은 개벽 미개 상태였지만, 이집트[麥西]만 유독 두드러져다. 서방[西土]의 제도와 문물은 모두 그들이 만든 바로 이웃 여러 나라는 모두 신하로 복종했다. 상나라 중엽에 그리스[希臘] 여러 나라가 일어나 이집트와 패권을 나누었다. 주(周)나라 말 페르시아[波斯]에 멸망되었다가 이후 그리스 마케도니아[馬基頓]에 점거되었다. 서한(西漢) 시기 이탈리아[意大里]의 로마[羅馬]가 일어나 이집트는 그들에 귀속되어 수백 년 동안 속국이 되었다. 당나라 초, 아라비아[阿剌伯]가 그 땅을 차지하면서부터 이슬람계 부락이 되었다. 명나라 초, 튀르키예[土耳其]가 차지하며 별부(別部)가 되어, 총독[大酋]으로 다스려졌다. 가경(嘉慶) 3년(1798) 프랑스[佛郎西] 대장 나폴레옹[拿破侖]에 정복되었다. 3년 뒤에 다시 그 땅은 튀르키예에 귀속되었다. 근래 이집트는 튀르키예[土] 왕에게 반기를 들고 자립하여 건국했다. 튀르키예 왕은 사람을 동원하여 정벌했으나 여러 해 전쟁에도 이길 수 없었다. 이집트는 튀르키예 동쪽 영토의 여러 부락을 공격하여 모두 아래에 두었다. 튀르키예 왕은 여러 이웃 나라에 급보를 날리자, 페르시아[波斯]가 튀르키예를 도우려 했으나, 협박으로 이집트의 속국[藩部]이 되었다. 러시아[峩羅斯]는 대군으로 튀르키예 경내로 들어가며 튀르키예를 구원한다는 명분으로 은연중에 도모하려 했다. 영국[英吉利], 프랑스[佛郎西]가 모두 개입하여 화친을 권하자, 이내 침탈한 땅을 돌려주고, 다시 튀르키예와 통상하며 바깥 울타리[外藩]으로 삼았다.[36)]

누비아[Nubia, 努北阿]

강역(疆域): 누비아[努北阿]는 노비아(努比阿), 노북(怒北), 뉴필아(紐必阿). 이집트[麥西] 남쪽에 있다. 동쪽으로 홍해를 면해 있고, 남쪽으로 아비시니아[Abyssinia, Ethiopia, 阿北西尼亞], 쿠르두판[Kurdufān, 哥爾多番]에 접해 있으며, 서쪽으로 니제리아[Nigeria, 尼給里西亞]에[37)] 이어진다. 길이는 3,000리고,

---

36) 이상 이집트[麥西]의 연혁은 『영환지략』에서 채록했다(『영환지략교주』, 267~268쪽).

37) '니급리서아(尼給里西亞)'는 『지리비고(地理備考)』(『해산선관총서』본, 권8, 18a)의 형태다. 위원은 『해국도지』에서 '니급리서(尼給里西)'로 '아(亞)'자를 빠뜨리고 읽었다(『위원전집』, 5책, 1047쪽). 이로써 볼 때, '서'자를 교정한 형태인 '아(亞)'자가 함께 들어간

폭은 2,000리다.

산수(山水): 동남쪽으로 험준한 산맥이 중첩되어 있고, 하천과 계곡이 사이에 있으며 서북쪽은 사막이 멀리 떨어져 있다. 나일강[尼羅河]의 여러 물줄기가 굽이굽이 돌아 흘러든다. 강가에는 비옥한 땅이 많지만, 나머지는 모두 불모다.

풍기(風氣): 땅의 열기가 매우 더운데, 이집트[麥西]보다 심하다.

사람들[人民]: 주민들은 모두 아랍[回回]인이고, 별도로 미개민족[野番]이 있는데 노략질을 생업으로 삼아, 다니는 자들을 수시로 약탈[剽劍]한다. 또 누비아[努北]의 자녀를 꾀어[誘略] 이집트에 파는데, 이집트 우두머리[酋]는 통제[鈐制]할 수 없었다.

물산(物產): 마(麻), 담배[烟], 쌀, 술, 대맥과 소맥, 사탕수수[甘蔗], 면화(棉花), 단향(檀香), 오목(烏木), 상아(象牙), 금사(金砂) 등이 있다. 낙타와 말[駝馬]은 아주 우수하다.

각 부락[各部]: 땅은 네 부락으로 나뉘며, 각기 관장(官長)[38]이 있다. 누비아[努北阿], 동골라[Dongola, Dunqulā, 當哥辣], 센나르[Sennar, Sannār, 塞那爾], 찰일신(札日新)[39]이다.

연혁(沿革): 옛날에는 이집트 남쪽 경계에 있으나, 이슬람 부락[回部]에 점거된 후 흩어져 여러 작은 부락으로 나뉘었다. 도광(道光) 2년(1822) 이집트의 관할로 귀속되었다.[40]

아비시니아[Abyssinia, 阿北西尼亞]

강역(疆域): 아비시니아[阿北西尼亞]는 아팔사니아(阿八思尼阿), 합북(哈北), 아매

형태로 보인다. 따라서 '서(西)'자를 빼야 '니제리아'에 정확히 부응한다.

38) 혜강의 저본인 『영환지략』에는 '추장(酋長)'으로 되어 있다.

39) '찰일신'은 음성적으로 누비아 남단, 아비시니아와 경계 지역에 있는 '기에심(Giesim)'에 대응시킬 수 있겠다. 한편 서계여가 채록한 자료로 보이는 『지리비고(地理備考)』(『해산선관총서』본, 권8, 15a)에는 '북일사(北日斯)'로 되어 있는데, '찰일신'과 자형이 매우 비슷하다. 『위원전집』 교주본 『해국도지』에는 '베자(Bedja, Beja)'로 복원했다(『위원전집』, 5책, 997쪽). 더 정확한 고증을 기다린다.

40) 이상 누비아에 관한 기술은 모두 『영환지략』에서 채록했다(『영환지략교주』, 270쪽).

사니(阿邁斯尼), 아비심역(亞毗心域), 마팔아(馬八兒)라고도 표기한다.[41] 누비아[努北阿]의 남쪽에 있다. 동쪽으로 홍해를 베고 있고, 남쪽으로 아달[Adal, Adel, Adaiel, 亞德爾]과 경계하고 있다. 길이는 2,300리 남짓이고, 폭은 2,000여 리다.[42]

산수(山水): ⓚ산맥이 휘감아 있고, 언덕과 구릉이 뒤섞여 있다. ⓛ나라의 남쪽에 있는 시미엔 산맥[Simien, Semain, Samen, 沙滿山]이 가장 높고, 기복이 중첩되어 험난하게 이어져 있음이 다른 나라보다 으뜸이다. 나라의 산맥은 오목하고 평탄하며 사방에 돌이 쌓여 천연의 요새 같고, 그 절벽은 두절되어 사다리가 아니면 오를 수 없다. 나라가 병화를 입을 때면, 왕가의 종족 대부분 이곳으로 피난한다. 산의 남쪽 라말몬[Lamalmon, 臘馬爾藴山]이 유럽 상선들이 홍해로부터 들어오는 길이 된다. 강으로는 나일강[奈爾河]이 하류는 나일강[尼祿河]으로 흘러든다. 가장 큰데, 시미엔 산맥[沙滿山]에서 출원한다. 그 상류는 란비아호(蘭比阿湖)라고 한다. 사방이 온통 큰 산들로, 호수는 네 산의 계곡물을 받아들여, 동쪽으로 물길을 여는데, 바르 엘 아즈렉[Bahr el Azrek, Bahr el Azraq, Blue Nile, 北依爾阿厘河]이라고 한다. 굽이굽이 북쪽으로 흘러 곧장 누비아[盧比阿] 광야로 이르러, 비로소 나일강[奈爾河]이 된다. 또 서남쪽 여러 산의 계곡물이 그곳으로 흘러들어, 북쪽으로 이집트[伊揖] 국도에 이르러 일곱 갈래로 나뉘어 지중해로 흘러든다.[43]

풍기(風氣): 농토는 비옥하고, 땅의 기는 평온하다. 단지 홍해 일대는 폭염이 심하고, 갑작스러운 번개[迅雷]가 많고 비가 많이 내린다. 5월에서 10월

---

41) '아매사니(阿邁斯尼)'는 『해국도지』에는 '아매사니(阿邁司尼)'로 표기되었는데(『위원전집』, 5책, 988쪽), 아비씨니(Abyssinie)를 음차한 형태다. '아비심역(亞毗心域)'은 『직방외기』에 보이는 표기로(『직방외기교석』, 113쪽), 역시 '아비시니'에 근거하고 있다. 마지막 '마팔아(馬八兒)'는 인도의 '마아바르(Ma'abar)'를 지칭하는 표기인데, 아비시니아의 다른 명칭으로 여기에 언급된 이유는 위원이 『해국도지』, 권33에서 아비씨니[阿邁司尼]를 기술하며(『위원전집』, 5책, 994~996쪽), 『원사』, 권219의 「마팔아전」을 대부분 채록했기 때문이다. 이는 심각한 위원의 오류다.

42) 『영환지략』에서 채록했다(『영환지략교주』, 270쪽).

43) ⓚ의 정보는 『영환지략』에서 채록했다(『영환지략교주』, 270쪽). ⓛ는 『해국도지』, 권33에서 채록했다(『위원전집』, 5책, 990쪽).

까지는 장맛비가 반을 차지하여 여행하는 사람들이 다니기 어렵다.[44)]

사람들[人民]: ⓜ사람들은 모두 검은색인데, 북쪽에는 약간 흰색의 사람들이 있고, 남쪽으로 점차 검어진다. 심한 자는 칠한 듯한 색이고 눈만 아주 희다. ⓝ'산아랍(山牙臘)'이란 인종은 얼굴은 검고 곱슬머리로, 바르 엘 아비아드[Bahr-el-Abiad, nīl al-'abyaḍ, White Nile, 北依爾阿彌河] 강가에 산다. 산간은 무덥고 초목이 무성한데, 토착민[土蠻]들이 그 속에 섞여 산다. 맑은 날에는 나무 그늘에 덮이고, 비는 바위 동굴에 갇혀 있다. 짐승의 고기를 말려 건포(乾脯)를 만든다. 그곳은 본국 각 두목의 수렵장으로, 가을과 겨울 사냥은 짐승을 잡는 데 있지 않고 '산아랍'을 사로잡아 노예로 만드는 데 있다. 그러나 항상 죽을 각오로 적에 맞서 싸운다.[45)]

물산(物產): ⓞ대맥과 소맥, 속(粟), 미(米), 마(麻), 밀당(蜜糖), 면화(棉花), 목재[木料], ⓟ금(金), 수정(水晶), 창(鎗), 칼[刀], 상아(象牙), 말[馬], 사자[獅], 표범[豹], 들개[山狗], 각종 향료, ⓠ초[燭]는 순수하게 밀랍[蠟]으로 만들며 기름을 사용할 줄 모른다.[46)]

의식(衣食): ⓡ소매는 크고 허리띠를 맨다. 서민은 희고 둥근 모자를 쓰고, 귀한 자는 앞이 뾰족한 각이 있는 모자를 쓰는데 별도의 차등이 있다. 연회에서는 생고기를 즐겨 먹는다. 유목민이 굶주리면, 가축의 살을 베어 허기를 채우고 곧바로 그 상처에 흙을 발라주면 예전처럼 달린다고 한다. ⓢ다른 토착민[野番]은 땅에 굴을 파고 살며, 벌레를 잡아먹는다. 들짐승을 잡아 그 고기는 먹

---

44) 『영환지략』에서 채록했다(『영환지략교주』, 270쪽).

45) ⓜ의 정보는 『직방외기』에서 채록했다(『직방외기교석』, 113쪽). ⓝ은 『해국도지』, 권33에서 채록했다(『위원전집』, 5책, 990쪽). 『해국도지』에는 밑줄 친 문장 앞에, "그러나 '산아랍'에게는 전마나 화기가 없지만(然山牙臘雖無戰馬火器)"이라는 정보다 더 들어 있다.

46) ⓞ의 산물은 『영환지략』에서 채록했고(『영환지략교주』, 270~271쪽), ⓟ의 산물은 『해국도지』에서 보충했다(『위원전집』, 5책, 990쪽). 사자[獅], 표범[豹], 들개[山狗]는 『영환지략』에도 언급되었다. 위원의 '족금(足金, 순금)'을 혜강은 '금'으로만 채록했고, 위원의 산물 중 '통포(桶布)'를 빠뜨렸다. 아마도 어떤 직물인지 몰라서였을 것이다. ⓠ의 정보는 『직방외기』에서 채록했다(『직방외기교석』, 113쪽).

고, 몸에 창자를 얽어매거나 발바닥을 매다는 것을 보기 좋다고 여긴다.47)

궁실(宮室): 집들은 모두 거적으로 덮고, 소나무 기둥과 굽은 들보는 가공하지 않는데, 사당[廟宇] 또한 그러하다. 대체로 산꼭대기에 집을 지어 나라의 한 풍경을 이룬다. 단 그리는 일을 즐겨, 궁전(宮殿), 사당, 관청, 초가집 등 그림을 걸지 않는 곳이 없고, 금빛과 푸른 빛이 찬란하다.48)

문자(文字): 문자와 언어는 대략 아랍[阿丹]과 비슷하다. 문자는 암하라[唵哈]49) 부락을 중심으로 삼지만, 각 부락의 언어는 다르며 어지럽고 복잡하여 배우기 가장 어렵다. 그들 서적에는 『이전 현인들의 행록[前賢行實]』 한 책만 있는데, 바로 이집트[伊揖] 편년사다. 아비시니아 또한 본국의 언어를 사용한다.50)

왕(王): 이 나라는 만나(萬那)51)에 도읍한다. 역대로 하나의 성씨가 독점하며, 정사는 모두 왕이 전적으로 제정한다. 근래 서남쪽 아언국(阿匽國)52)의

---

47) ⓡ의 정보는 『해국도지』, 권33에서 채록했고(『위원전집』, 5책, 989쪽), ⓢ는 『영환지략』에서 가져왔다(『영환지략교주』, 270쪽),

48) 『해국도지』, 권33에서 채록했다(『위원전집』, 5책, 989쪽).

49) '암합(唵哈)'은 '암하라(Amhara)'의 '암하'를 음역한 것으로 보인다. 그들의 언어 암하릭(Amharic), 현지어로 '아마리냐(Amarəñña)'를 에티오피아 공식 언어로 한다.

50) 『해국도지』, 권33에서 채록했다(『위원전집』, 5책, 989쪽).

51) 『위원전집』 주석에 따르면(『위원전집』, 5책, 997쪽), '만나(萬那)'는 17~18세기 에티오피아 수도였던 '곤다르(Gondar)'로 추정했지만, 음성적으로 거리가 멀다. 뒤에 보겠지만, 서계여는 『지리비고(地理備考)』를 채록하며 곤다르를 '공달이(公達爾)'를 정확히 표기하고 있다. '만나'라는 곳은 타나 호수 동쪽 '엠프라스(Emfras)'가 와전되었거나 타나 호수 서쪽의 미나(Mina)를 옮겼을 수도 있다. 고증을 기다린다.

52) '아언국(阿匽國)'은 어디일까? 아비시니아 서남쪽에 있다고 했고, 토착민 '갈라'를 언급하고 있으므로, 서부 갈라족을 의미하는 '보렌 갈라(Boren Galla)'가 연상되는데, '아언'은 '보렌'을 잘못 옮긴 것은 아닌지 모르겠다. 고증을 기다린다. 혜강이 채록하지 않은 『해국도지』의 갈라족 기술에 따르면, "갈라 토착민은 신장이 작고 얼굴은 피부는 자주색이었으나 오래 평지에 살면서 되레 검게 변했다. 그 토착민들은 또한 여러 종족으로 나뉘는데, 가장 강한 종족은 보렌 갈라족이고, 다음이 아작(阿卓) 갈라족이다(其牙爾臘蠻夷, 身短面紫, 若久居平地, 反變爲黑. 其蠻又分數種, 最強者曰波蘭牙爾臘, 次則阿卓牙爾臘)"라고 하였다. '파란아이랍'은 정확히 보렌 갈라(Boren Galla) 정확히 대응한다. '아작'은 무엇을 음차한 것일까? 『위원전집』 교주에 따르면, 아주르 칼라(Adjour Galla)라고 추정했는데, 무엇에 근거한 것인지 확인하지 못했다. 아마도 '에주 갈라(Edjow Galla)'

토착민[土蠻] 갈라[Galla, 牙爾臘]가 각 부락을 침범하여, 이내 병권을 주어 각자 정벌에 전념하게 했는데, 이로 말미암아, 대권을 잃어, 신하들의 참살(斬殺)이 자유로워지고, 내부에서 분쟁이 일어났고, 내란이 그치지 않았다. 골육이 왕위를 다투지 않으면 권신들이 시해하여 탈취했다. 다행스럽게도 온 나라의 사람들은 단지 왕가에만 복종하며 다른 성씨를 몰랐으므로, 강성한 신하가 국운을 농단해도 감히 왕위를 찬탈하지 못하고, 반드시 왕가의 옛 후예를 받들어, 이전의 법을 유지하며 대리했다. 최근에는 영토 태반이 갈라[牙爾臘]에 침탈되어, 부락의 추장[部酋]들이 모두 갈라[牙爾臘] 인종이다.

예(禮): 혼인은 남녀가 서로 좋아하면 여자의 부모에게 허락을 청하는데, 일단 승낙하면, 팔짱을 끼고 돌아갈 수 있다. 수개월이 지난 뒤에 비로소 같이 예배당에 들어가 예배한다. 부귀한 자들은 혼인 예법을 잘 안다. 부인은 일을 처리함에 남편을 단속할 수는 있으나, 결혼은 어렵지 않고, 이혼 또한 쉬우므로 부부가 해로하는 일은 드물다.

병(兵): 어쩌다 싸우게 되면, 남녀노소를 불문하고 생포하거나 살생을 다한 뒤에 그친다. 물에 잘 뜨고, 고통을 잘 견딘다. 도구에는 쇠가 없이 단순히 날카로운 나무를 불에 굽고 기름을 발라 단련시키는데, 그 끝이 매우 날카롭다. 돌진할 때마다 땅이 울리게 함성을 지르는데, 강한 상대가 아니면, 떨 수밖에 없다. 그 첫 예봉을 대적할 수 있으면, 그들이 지친 틈을 타면 역시 곧바로 패주한다.

형(刑): 나라 사람이 죽을죄를 지으면 관리가 직접 참살하여 다른 사람의 손을 빌리지 않으니 매우 참혹하지만 난색함이 없다. 여러 차례 내란을 당하여 매년 전투했으므로, 살생을 즐기는 일이 성품이 되었다.[53)]

풍속[俗]: ⓣ신봉하는 그리스도[克力士頓]교는 이집트[伊揖] 수도의 대주교[大僧師]를 종주로 삼는다. 언어의 차이가 있어 배운 바가 절대 투철하지 않다. 게다가 유대[由斯, Jews]의 법규가 있어 자고 먹음을 경계하고, 아이는 포경을 잘라낸다. 이로부터 유대교[由斯教]가 이슬람교[回教]임을 알 수 있다. 또한 로만

를 잘못 옮긴 것 같다. 바로 베르투마 갈라(Bertuma Galla), 즉 '동부 갈라'를 지칭한다.

53) 이상 왕(王), 예(禮), 병(兵), 형(刑)은 『해국도지』, 권33에서 재구성하여 채록했다(『위원전집』, 5책, 988~989쪽).

[Roman, 羅汶] 가톨릭[加特力]교의 법규가 섞여 기재된 이전 성인[前賢]들이 태어난 기일이 매우 많아, 예배당에 들어가 경축하는데, 거의 비는 날이 없다. 예배당에는 각기 이전 성인의 도상을 걸어놓고, 진흙이나 나무로 상을 만들지는 않는다. 이를 근거로 가톨릭[加特力]교는 프로테스탄트[波羅士特] 교와 다르다. 나라에는 또한 도관(道觀, 수도원)이 있는데, 계율의 엄격함이 유럽[歐羅巴]과 같다. 도사가 도관에 들어간 뒤로는 세상사에 관여할 수 없다. 교도의 예배당이 없으면, 큰 나무[穹樹]에 절하거나 별 또는 달에 절하기도 한다. ⓤ또 천주(天主)를 잘 숭배한다. 수도하는 사람들은 손에 십자가를 쥐고 있거나 가슴 앞에 매달아 두니 지극히 공경함을 알 수 있다. 서방[西土]의 토마스[Θωμς, 篤默] 성인이 전도하면서 이곳에서부터 시작했다.[54)]

사신 교환[使聘]: 원나라 세조 때, 광동 초토사(招討司) 다루가치[達魯花赤] 양정벽(楊庭璧)을 보내 구람(俱藍)과 마팔이(馬八爾)를 소환하자, 두 나라는 사신을 보내 조공을 들였다. 이것이 아프리카[亞非里加]가 중국과 통교한 시작이다.[55)]

가는 길[程途]: 서인도에서 서쪽으로 가면 아덴[亞丁]이라는 작은 섬이 있는데, 영국[英吉利]가 차지한 곳이다. 이곳에서 홍해로 들어가 서북쪽으로 4,000리 가면 항구가 다하고 이집트[麥西]의 수에즈[蘇爾士]에 이른다. 육로로 170리를 가면 지중해의 동남쪽 모퉁이에 이른다. 다시 배를 타고 7,000리를 가면 지브롤터[直布羅陀] 해협[海口]이 나오는데, 바로 대서양[大西洋海]이다. 남쪽으로 아프리카의 서쪽 경계를 우회하여 남단의 희망봉[岌朴]에 이르러 비로소 키를 돌려 동북쪽으로 가는 거리와 비교해 보면, 대략 2만 리, 약

---

54) ⓣ의 정보는 『해국도지』, 권33에서 채록하고 재구성했다(『위원전집』, 5책, 989쪽과 990쪽). ⓤ는 『직방외기』에서 가져왔다(『직방외기교석』, 113~114쪽).

55) 이 정보는 『해국도지』와 『영환지략』에 모두 언급되어 있다(『영환지략교주』, 271쪽). 다만 『해국도지』의 기술이 더 자세한데, 위원은 『원사』에 근거하여 지원(至元) 16년(1279) 12월으로 연대를 정확히 밝혔다(『위원전집』, 5책, 995쪽). 하지만 여기 '구람'은 인도의 남서안 퀼론(Quilon), 즉 콜람을 지칭하고, '마팔이(馬八爾)'는 바로 '마팔아(馬八兒)' 또한 남인도를 가리키고 있다. 혜강이 이 오류를 걸러내지 못하고 그대로 채록한 점은 아쉽다. 이 두 나라에 관해서는 『도이지략역주』, 『영애승람역주』, 『성사승람역주』를 참고하시오.

한 달에 가깝다. 다만 수에즈가 육로 170리로 차지하고 있어 배는 통행할 수 없다. 서양인들이 “칼로 절단할 수 없어 한스럽게 여겼다[恨不用刀截斷]”라는 곳이 바로 여기다. 근래 영국[英吉利]이 증기선[火輪船]을 건조하여 문서를 전송했는데, 인도양[印度海]에서 아덴[亞丁]에 이르러 홍해로 들어가 수에즈에 이르러 육로로 지중해 동남쪽 모퉁이에 이르렀다. 그곳에는 증기선이 번갈아 이르러, 서쪽으로 지브롤터 해협으로 나갔다. 증기선의 항속은 매우 빨랐고, 풍랑에도 끄떡없었다. 거리를 계산하면 2만 리 가까웠으므로 50일이면 영국[英倫] 수도에 이를 수 있었다. 명나라 이전부터 유럽[歐羅巴]은 중국과 통상할 때, 모두 이 길을 경유했다.[56)]

각 부락[各部]: 나라는 일곱 부락으로 나뉘는데, 각기 추장이 있다. 티그르[Tigre, 的給勒], 곤다르[Gondar, 公達爾], 앙코베르[Ankober, 昻哥卑爾], 앙하라[Amhara, 昻合拉], 앙고트[Angot, 昻哥], 나륵아(那勒亞), 삼하라[Samhara, 薩馬拉] 등이다.[57)]

연혁(沿革): 위의 나라[上國]와 통교하지 않아 연혁은 고증할 수 없다.[58)]

아프리카 북부[亞非里加北土] II

강역(疆域): ⓐ아프리카 북부[亞非里加北土]는 지중해의 남쪽 해안에 있

---

56) 이상의 정보는 『해국도지』와 『영환지략』에 모두 같은 문장으로 기술되어 있다(『영환지략교주』, 271쪽). 위원은 『영환지략』을 인용했으므로, 이 설명은 서계여의 텍스트로 읽어야 한다. 최한기도 『영환지략』을 직접 채록했을 것이다. 왜냐하면, 『해국도지』에는 수에즈[蘇爾士] 아래, “또한 소엽(蘇葉)이라고도 한다(又作蘇葉)”라는 위원의 주석이 보이는데(『위원전집』, 5책, 974쪽), 혜강이 채록하지 않았기 때문이다. 밑줄 친 문장은 『해국문견록(海國聞見錄)』에서 채록했음을 두 지리서에서 밝히고 있지만, 혜강은 이를 채록하지 않았다. 『해국문견록』(사고전서본, 권상, 32b~33a)에 따르면, “중국으로 오는 서양인들은 지중해[中海]의 아려미야(阿黎米也, 아라비아)의 땅이 서쪽으로 오귀(烏鬼, 아프리카 이집트)의 육지와 연결되어 있는데, 칼로 잘라낼 수 없음을 한탄한다(西洋人來中國者, 謂中海阿黎米也之地, 西聯烏鬼陸地處, 恨不能用刀截斷)”라고 하였다.

57) 이 정보는 『영환지략』에서 채록했다(『영환지략교주』, 270쪽). 또 서계여는 이 정보를 『지리비고(地理備考)』에서 취했다.

58) 이 정보 또한 『영환지략』에서 채록했다(『영환지략교주』, 270쪽).

다. 동서의 길이는 대략 1만 리다. 남쪽은 사하라[撒哈剌] 큰 사막을 경계로 하는데, 사막이 띠처럼 이어지다가, 동쪽으로는 사막이 많고, 서쪽으로는 산맥이 얽혀 있다. 남북의 폭은 5,000~6,000리에서 100여 리에 이른다[南北廣自五六千里以至百餘里]. 땅은 네 나라로 나뉜다. 동쪽으로 이집트[麥西]와 연접한 나라로, 트리폴리[Tripoli, 的黎波里], 서쪽으로 튀니지[Tūnis, Tunisia, 突尼斯]는 모두 튀르키예[土耳其]의 속국이다. 더 서쪽으로 알제리[al-Jazā'ir, Algeria, 阿爾及耳]는 옛날 튀르키예에 속했으나, 지금은 프랑스[佛郞西]에 귀속되었다. 가장 서쪽은 지중해 해구(海口)에 있는 나라 모로코[Morocco, 摩洛哥]는 '홍모회회(紅帽回回)'로 튀르키예에 속하지 않는다.

ⓑ아랍특사산(阿臘特斯山)[59]이 있는데, 동쪽에서 서쪽으로의 길이는 바르바리[Barbary, Berbery, Barbarie, 麻馬里]와 같다. 최고봉은 1,300장이고 그 나머지 작은 봉우리들은 400~500장으로 모두 바르바리 경내에 있고, 산림이 짙지만, 일년내내 눈이 쌓여 있다.

ⓐ옛날 메디테라니오[Mediterranean, Mediterráneo, 美的德拉虐]로 총칭했다. ⓑ토착민들은 모두 마심(麻審, 바르바르)[60] 인종으로, 용모와 풍속은 네 나라가 모두 같다. 국세가 성할 때는 문교(文教)가 그리스[額力西]와 대등했고, 무력은 이탈리아[意大里]와 다투었다. 게다가 스페인[大呂宋]의 시실리섬[西棲島]을 차지하며, 상인들이 운집하여 부강하여 해국[海邦]으로 유명했다. 어찌 성쇠가 무상하리오. 네 나라는 모두 이탈리아[意大里亞]에 소멸되었다. 게다가 이슬람교 아랍[阿丹]에 침탈당해, 칼리프[加里甫]의 통치를 받으며 카이르완[Qayrawān, Kairwan, 加爾灣]의 주둔군이 모두 이슬람교인 무함마드 교[馬哈墨教]로 개종시키고, 그들 서적을 훼손하여 그들의 이목을 우매하게 하고 다른 나라와 분리하여 왕래하지 못하도록 한 지 200여 년이 되었다. 교화[聲教]가 없어지자 결국 야만이 되었다. 이후 아랍이 쇠약해짐에 따라 각 나라

59) 아랍특사산(阿臘特斯山)에 관한 설명은 『해국도지』에서 채록했다(『위원전집』, 5책, 1007쪽). 바로 아틀라스(Aṭlas)를 옮긴 음차한 형태로, '아특랍사(阿特臘斯)'로 교정해야 한다. 『영환지략』에서 아프리카 북부의 이 산은 '아덕랍사(亞德拉斯)'로 표기되었다(『영환지략교주』, 272쪽).

60) '마심(麻審)'은 혜강이 채록한 『해국도지』에 '마밀(麻密)'로 되어 있는데, '마밀'은 바로 바르바르(Barbars, Berbers)에 해당하므로, '마밀'로 교정해야 한다.

Rigobert Bonne(1727~1794), 「Carte des côtes de Barbarie, ou, les Royaumes de Maroc, de Fez, d'Alger, de Tunis et de Tripoli」, Paris, 1791, 약 1:8,600,000.

가 스스로 주인이 되기 시작했다. 곧이어 튀르키예[土耳其]의 속국이 되었다. 당시 현지인[土人]은 세 인종으로 나뉘었다. 무어인[Moors, 摩羅]은 바로 튀르키예[土耳其] 사람이고, 아랍인은 바로 이슬람교도이며, 토착민[土番]은 바로 산골짜기의 옛 토착민이다. 무어인들은 성읍을 차지하고 아편(鴉片)을 좋아한다. 본토에서 나는 마(麻)를 채취하여 제조법에 따라 조제하여 '아편'이라고도 부른다. 아덴인들은 유목하며 떠돌아다니며 모직 천막[氈帳]을 집으로 여긴다. 본토의 토착민[土番]은 대부분 아틀라스[阿特臘斯] 산에 사는데, 암석이나 굴에서 살고, 총으로 수렵하며 생활한다. 그러나 튀르키예[土耳其] 군대가 모두 무례하고 멋대로 굴며, 툭하면 관리를 죽이고, 도둑질과 약탈이 사방에서 출몰하여 주민들이 모두 피해를 걱정했다. 다만 모로코[摩羅果] 한 부락만 침탈당하지 않고 겨우 강역을 지켜냈는데, 그들 왕도 자강(自强)에 부지런히 힘썼다. 튀르키예[土耳其]의 사람들은 유럽[歐羅巴] 각국의 상선을 약탈하는 데 전념했다. 미국[彌利堅]과 영국[英吉利] 두 나라의 배들에만 실패했다. 또다시 프랑스[佛郞西]의 상선을 약탈하자, 프랑스는 마침내 군대를 동원하여 그들 소굴을 소탕하고, 군대를 배치하여 나누어 지켰으나, 그들 모두가 적이었고, 더불어 살기 매우 어려웠으므로, 프랑스의 군대는 가까이 해구(海口)로 물러나 살았다.[61]

트리폴리[Tripoli, Ṭarābulus, Τρίπολις, 的黎波里]

강역(疆域): ⓒ트리폴리[的黎波里]는 적려부리(的黎不里), 특리파리(特利破里), 직파리(直波里)라고도 한다.[62] 이집트[麥西]의 서쪽에 있으며, 튀르키예[土耳其] 속국이다. 길이는 4,000리고, 폭은 2,500리다. ⓓ평탄하고 산이 없으며, 모로코[摩洛哥]의 동남쪽에 있다. 동남쪽은 이집트[伊揖]와 경계하고, 남쪽은 사막, 북쪽은 지중해와 경계한다.[63]

강[水]: '티네[Tine, 的內]'라는 큰 강이 있는데, 강안(江岸)을 둘러 상당히 비옥한 토양이 있다. 나머지는 모두 사막이다.

기후[風氣]: 땅의 열기는 매우 뜨거워, 낮은 무덥고 밤은 춥다. 흉년이 많이 든다.[64]

사람들[人民]: ⓔ유목한다. 그중에는 건장한 낙타를 타고 사방에 출몰 노략질하여, 이웃의 우환이 된다. ⓕ그 사람들의 선조들은 아랍[阿丹]의 이슬람교에 우롱당했고, 후세들은 튀르키예[土耳其]의 주둔군에게 학대받았다. 합미

61) ⓐ의 정보는 『영환지략』에서 채록했다(『영환지략교주』, 272쪽). ⓑ는 『해국도지』, 권34, 북아프리카 4개국[北阿利未加洲四國]에서 채록했다(『위원전집』, 5책, 1007쪽). 하지만 혜강은 상당 부분 문장을 재조정하였고, 이해가 어려운 문장은 뺐다. 특히 위원의 '튀르키예[都魯機]'를 '토이기(土耳其)'로 바꾼 조정이 눈에 띈다.

62) '직파리(直波里)'라는 음역 표기는 어디에 근거했을까? 서계여가 『해국도지』, 권26, 「서인도의 유데아 왕국 연혁」에서 인용한 『만국지리전도집(萬國地理全圖集)』의 '지파리(地破里)'를[『위원전집』, 5책, 796쪽] 잘못 채록한 것으로 보인다. '지파리'는 그 설명과 음성적으로 충분히 트리폴리에 대응시킬 수 있다.

63) ⓒ의 정보는 『영환지략』에서 채록했고(『영환지략교주』, 272쪽), ⓓ는 『해국도지』, 권34에서 채록했다(『위원전집』, 5책, 1009쪽).

64) 이상 강과 기후에 관한 정보는 『영환지략』에서 채록했다(『영환지략교주』, 272쪽).

(哈彌)[65]라는 파샤[pacha, 巴札]가 꾀를 내어 연회를 베풀며 군대 간부[兵目] 300명을 초청하여 음주할 때, 장병들을 매복시켜 사로잡아 묶어 주살하게 하고, 아울러 그 군사들을 모조리 도살한 다음 곧바로 자립하여 왕이 되어, 트리폴리[的黎波里]에 도읍했다. 튀르키예가 약해지면서 정벌할 수 없자, 이로부터 튀르키예에게 예속되지 않았다. 합미는 군사들에게 학대를 없애고 곤경을 해소하기로 약속하고, 유럽의 기예 있는 사람들을 초빙하여 토착민[土番]을 교육했다. 근래의 왕은 관대하고 검소하여 각 나라와 통상 우호하고, 밖으로는 사신들을 끌어안고, 안으로는 우매함을 교화하여 모로코[摩洛哥] 등의 나라와 비교하여, 정사가 더욱 질서 정연했다. 호구는 100만 명이다.[66]

물산(物産): 가죽[皮], 깃털[羽], 밀랍[蠟], 면화(棉花), 유황(硫磺), 활석(滑石), 단삼(丹參), 금사(金砂) 등이다.67)

각 부락[各部]: 땅은 넷으로 나뉜다. 트리폴리[的黎波里]는 그 나라 수도로 해안에 건설되었다. 바르카[Barca, 巴爾加], 페잔[Fezzan, Fazzān, 非三], 가두메[Gadume, Ghadume, Gadamis, 亞達美] 등이다.[68]

튀니지[Tunisie, Tunis, Tunisia, 突尼斯]

강역(疆域): ⓖ튀니지[突尼斯]는 도니사(都尼斯), 토닉(土匿)라고도 한다.[69] 트리폴리[的黎波里]의 서쪽에 있으며, 또한 튀르키예[土耳其]의 속국이다. 지형은

---

65) '합미(哈彌)'는 카라만리 왕조 건국자인 아흐메드 카라만리(Ahmed Karamanli, 1686~1745)의 '아흐메드'를 음역한 형태로 추정한다.

66) ⓔ는 『영환지략』에서 채록했고(『영환지략교주』, 272쪽), ⓕ는 『해국도지』, 권34에서 채록했다(『위원전집』, 5책, 1009~1010쪽). 서계여는 ⓔ를 "이슬람들은 그 안에서 유목한다(回族游牧其中)"라고 기술했는데, 헤강은 '회족'을 생략했다.

67) 이 물산 항목은 두주에 '각부(各部)' 앞으로 올리라는 언급이 있으므로, 여기에 옮겨 편집하고 번역한다. 이 기술은 『영환지략』에서 채록했다(『영환지략교주』, 272쪽).

68) 트리폴리[的黎波里] 각 부락에 관한 정보는 『영환지략』에서 채록했다(『영환지략교주』, 272쪽).

69) '토닉(土匿)'이란 음역 형태는 『해국도지』, 권34에 인용된 『만국지리전도집(萬國地理全圖集)』에 보인다(『위원전집』, 5책, 1011쪽). 카르타고의 여신 '타니스(Tanith)'는 '투니트(Tunit)'라고도 하는데, 이 '투니트'를 음차한 형태는 아닌지 모르겠다.

북쪽이 돌출했고, 동쪽과 북쪽 양면은 모두 지중해에 임해 있다. 길이는 1,500리고, 폭은 800리다. ⓗ남쪽은 사막, 서쪽은 알제리[阿爾及耳], 북쪽은 지중해와 경계한다. 지세는 평탄하여, 파종에 적합하다. 또 북쪽 모퉁이 연해에는 작은 섬 100여 개가 있다.[70)]

산수(山水): 사막이 대부분을 차지한다. 강가에 있는 땅은 매우 비옥하고, 바닷가의 땅은 염분이 많고 척박하며, 담수가 모자란다.[71)]

기후[風氣]: 땅의 열기가 습하고 덥다.[72)]

사람들[人民]: 호구는 2백만 명으로, 모두 안거(安居)하며 무역한다. 약탈이나 도둑질하는 풍습이 없어 이슬람계 부락[回部] 중에서 좋은 나라로 일컬어진다.[73)]

물산(物産): ⓘ곡(穀), 맥(麥), 올리브기름[橄欖油], 은(銀), 동(銅), 주석[錫], 밀랍[蠟], 수은(水銀), 요사(硇砂, 염화암모늄) 등이다. 짐승에는 사자[獅], 원숭이[猴], 노루[獐], 들개[山狗]가 많다. ⓙ융주(絨綢, 비단 같은 모직품), 필기(嗶嘰, serge) 등이다.[74)]

통상[商]: 유럽[歐羅巴] 각 나라가 모두 이들과 통상한다.

왕(王): 왕은 세습하지 않고, 민중이 천거하여 튀르키예[土耳其]에 명을 청한다.[75)]

법(法): 토착민[土番]이 우매하여 두루 재주와 지혜로운 자를 채용한다.

---

70) ⓖ는 『영환지략』에서 채록했고(『영환지략교주』, 272쪽), ⓗ는 『해국도지』, 권34에서 채록했다(『위원전집』, 5책, 1009쪽). 『해국도지』에는 '도니사(都尼司)'로 표기했다.

71) 이 조목은 '왕(王)' 뒤에(14a) 채록되어 있으나 두주에 '풍기(風氣)' 앞으로 올리라는 언급이 있으므로, 그의 의도에 따라 여기에 옮겨 편집한다. 이 정보는 『영환지략』에서 채록했다(『영환지략교주』, 272쪽).

72) 『영환지략』에서 채록했다(『영환지략교주』, 272쪽).

73) 『영환지략』에서 채록했다(『영환지략교주』, 272쪽). 『영환지략』에서 인구는 '3백만'이라고 했는데, 혜강은 『해국도지』의 '2백만'을 따랐다(『위원전집』, 5책, 1009쪽).

74) ⓘ의 산물은 대부분 『영환지략』에서 채록했고(『영환지략교주』, 272쪽), ⓙ의 산물은 『해국도지』, 권34에서 채록했다(『위원전집』, 5책, 1009쪽).

75) 이상 '상(商)'과 '왕(王)'에 관한 기술은 『영환지략』에서 채록했다(『영환지략교주』, 272쪽).

유럽[歐羅巴] 사람 중에서 조금이라도 재주와 지식이 있는 자라면, 미천하더라도 더해 임용한다. 법규를 세워, 옳고 그름을 판결하고, 원주민들을 단속하여 법도가 볼만하다.[76)]

각 부락[各部]: ⓚ땅은 둘로 나뉘는데, 적리기아(的里幾亞), 달랍기사(達拉幾斯)다. 도성은 파가사(波加斯) 호숫가의 높은 언덕 위에 건설했는데, ⓛ국명과 같다. 주민은 10만 명으로 대부분 베를 짜서 생활한다.[77)]

연혁(沿革): 옛날에는 카르타고[Carthāgō, Carthage, Qarṭāj, Cartagine, 加尼達]에 도읍했는데, 유럽[歐羅巴]의 남쪽 연안과 가까워 교역이 매우 성해, 이탈리아[意大里]에 버금갔다. 이후 아덴[阿丹國]에 나라를 빼앗겼다. 군대가 카이르완[Kairouan, 加爾灣]과 튀니스[都尼司] 두 부락에 주둔하며 이슬람교[回教]로 개종시켜 옛 풍속을 잃고, 미개하고 무지해졌다. 명나라 만력(萬曆) 28년(1600)에 또 튀르키예[都魯機]가 점령하여, 두루 관리를 두고 정사를 처리할 때, 군사들은 횡포했고, 관리들이 억압하여 백성들이 고통에 시달렸다. 근래 추장이 결국 튀르키예[都魯機]를 배신하고 자립했다. 튀니스[都尼司]로 수도를 옮기고, 학정(虐政)을 없앴으며, 사람들과 더불어 혁신했다.[78)]

알제리[Algérie, Alger, Algeria, 阿爾及耳]

강역(疆域): 알제리[阿爾及耳]는 아이일이(亞爾日耳), 아리액(阿利額)이라고도 표기한

---

76) 『해국도지』, 권34에서 채록했다(『위원전집』, 5책, 1009쪽).

77) ⓚ의 튀니지 두 지명인 '적리기아'와 '달랍기사'는 모두 『해국도지』, 권34에 인용된 『지리비고(地理備考)』에도 보인다(『위원전집』, 5책, 1012쪽). 역시 호세 마르티노 마르케스(José Martinho Marques, 1810~1867, 瑪吉士)가 편집하여 번역한 『외국지리비고(外國地理備考)』(『해산선관총서』본, 1847년 간행), 권8, 11a에서 찾아볼 수 있다. 하지만 해당하는 음을 복원하지 못했다. 한편 우리가 '튀니스' 호수로 알고 있는 호수 명칭은 '파가사(波加斯)'와 음성적으로 전혀 다르다. 이탈리아 지도학자 마르졸라(Benedetto Marzolla, 1801~1858), 「Stato di Tunisi」(『Atlante Geografico』, Napoli, 1856)에는 이 튀니스 호수를 '보가즈(Boghaz)'라고 명명하고 있는데, 이를 '파가사'로 음역했음을 확인할 수 있다. ⓛ의 정보는 『영환지략』에서 채록했다(『영환지략교주』, 272쪽).

78) 『해국도지』, 권34에서 채록했다(『위원전집』, 5책, 1009쪽). 밑줄 친 문장은 중요한 정보임에도 혜강이 채록하지 않아 번역에 넣었다.

다.[79] 튀니지[突尼斯]의 서쪽에 있다. 옛날에는 튀르키예[土耳其]의 속국이었는데, 지금은 프랑스[佛郎西]의 식민지[藩部]가 되었다. 길이는 2,100여 리고, 폭은 1,800리다.

산수(山水): 산의 암석들이 깎아지른 듯하고 언덕들이 두르고 있다. 동남쪽 봉우리들은 하늘에 꽂힌 듯하고, 항상 얼음과 눈이 쌓여 있다. 연해의 산비탈도 가팔라 오르기 쉽지 않다. 경내에는 사막이 많지만 토양은 가장 비옥하다.

기후[風氣]: 기후는 온난하고 지진이 자주 일어난다.

사람들[人民]: 호구는 300만 명이다.[80]

물산(物産): ⓜ오곡(五穀), 과실(果實), 금(金), 은(銀), 철(鐵), 주석[錫], 명반[礬], 초석[硝], 산호(珊瑚) 등이다. ⓝ양피(羊皮), 향료(香料), 밀랍(蜜蠟[臘]), 사니(紗呢) 등이다.[81]

농(農): 이슬람계 민족들이 할거한 이후 농사를 게을리하여 농토가 대부분 황무지가 되었다.[82]

각 부락[各部]: 옛날에는 여섯 부락[部]으로 나누었다. 알제리[阿爾及耳]는 그들의 수도로, 산비탈에 건설되었다. 콘스탄틴[Constantine, Qsentina, 岡士丹的納], 마스카라[Mascara, Mʿaskar, 馬斯加拉], 지젤리[Djidjelli, 的德利], 세티프[Sétif, Ṣṭif, 薩布], 필리프빌[Philippeville, Skikda, 卑爾北耳]이다.[83]

연혁(沿革): 이에 앞서 아라비아[阿剌伯] 이슬람계 민족들이 에스파냐[西班牙]를 700여 년 차지하여, 백성들은 수백만 명을 넘어섰다. 명나라 초 에스

---

79) '아리액(阿利額)'이란 음차 형태는 『해국도지』, 권34에 인용된 『만국지리전도집(萬國地理全圖集)』에 '아리액(亞利額)'으로 보인다(『위원전집』, 5책, 1010쪽). 알제리아를 음차한 형태일 것이다.

80) 이상 강역(疆域), 산수(山水), 풍기(風氣), 인민(人民)은 모두 『영환지략』에서 채록했다(『영환지략교주』, 272~3쪽).

81) ⓜ는 『영환지략』에서 채록했고 ⓝ의 산물들은 『해국도지』에서 채록했다(『위원전집』, 5책, 1009쪽).

82) 『영환지략』에서 채록했다(『영환지략교주』, 273쪽).

83) 이 조목은 '연혁' 뒤에(16a)에 채록되었으나, 두주에서 이곳으로 옮기라는 지시에 따라 여기로 당겨 편집하고 번역한다. 이 정보는 『영환지략』에서 채록했다(『영환지략교주』, 273쪽).

파냐 북부에서 군대를 일으켜 수복하자, 이슬람계 민족들은 대부분 알제리[阿爾及耳]로 달아났다. 이후 에스파냐가 다시 이슬람 100만여 명을 국경 밖으로 내몰아 태반이 알제리로 이주해 왔다. 이슬람계 사람들은 생업을 잃고 떠돌며 훔치거나 약탈하며 근근이 살아갔는데, 이것이 몸에 젖어 도둑질하는 습속이 생겼다. 육지에는 나는 듯이 치달려 가 여행객들을 약탈했고, 바다에서는 빠른 배를 타고 출몰하여 상선들을 차단하고 약탈했다. 수백 년이 지나면서 지중해의 큰 우환이 되었다. 프랑스[佛郎西], 영국[英吉利], 미국[米利堅]이 해군을 모아 소탕하기로 하고, 상륙하여 공략하여 그들을 살육했으나 재물을 빼앗지는 않았다. 이슬람계 민족들은 두려움에 떨며 수십 년 자취를 감추었다가 얼마 뒤에 다시 자행했다. 도광(道光, 1821~1850) 초, 프랑스[佛郎西]가 대군을 동원하여 정벌하고, 그들 수도를 파괴하자, 이슬람계 민족들은 사막과 들로 달아났다. 프랑스[佛]는 총독[大酋]를 두고 백성들을 프랑스[佛]의 법으로 다스려 도적들이 다소 수그러들었다. 이슬람계 민족 중 사막과 들에 살았던 자들은 수시로 말을 타고 와 약탈하여, 프랑스[佛]가 중무장 병력으로 방어했지만, 비용이 막대하게 들었다. 근래 이슬람들이 다시 대중을 모아 공격해 와 부흥을 시도했으나 프랑스[佛]는 이들 물리치고 그들 우두머리를 죽였다.[84)]

모로코[Morocco, al-Maġrib, Marrocos, 摩洛哥]

강역(疆域): 모로코[摩洛哥]는 마라각(馬羅各), 마락가(馬落可), 마락가(馬落可)라고도 한다. 알제리[阿爾及耳]의 서쪽에 있다. 북쪽은 지중해를 베고 있고, 서쪽으로 대서양[大西洋海]이 있으며, 남쪽으로 사하라[撒哈拉] 사막에 닿아 있다. 지세는 동북쪽에서 서남쪽이며, 길이는 2,500리고, 폭은 1,500리다.

산(山): 아틀라스[亞德拉斯]라는 큰 산이 있는데, 나라 가운데 가로로 뻗어 있다. 사막이 둘러싸고 있어 농토는 적지만 기름지다.

기후[風氣]: 여름철[夏季令]에는 매우 덥지만, 바닷바람이 해소해 준다. 사막의 찌는 기운은 높다란 산맥이 가려준다. 그러므로 땅 기운은 온난하여 사람들에게 질병이 적다.

사람들[人民]: 주민 600만 명은 모두 에스파냐 이슬람 사람들[紅帽回回]

84) 『영환지략』에서 채록했다(『영환지략교주』, 273쪽).

이다.[85)]

물산(物産): ⓞ[토양은] 곡물과 과실에 모두 적합하다. 낙타와 말[駝馬] 또한 많다. ⓟ살구씨[杏仁], 양피(羊皮), 상아(象牙), 밀당(蜜糖), 황랍(黃蠟[臘]), 수교(樹膠), 대니(大呢), 지전(地氈), 주사(綢紗), 전모(氈帽), ⓠ동(銅), 주석[錫], 약재(藥材), 면화(棉花), 목재[木料] 등이다.[86)]

의복(衣服): 베로 몸을 두르고, 위는 띠로 묶으며, 수건으로 머리를 싸맨다. 붉은 모자를 쓰고 각종 유색의 신발을 신는다. 허리에는 칼이나 검을 꽂고 조총[鳥鎗]을 가지고 다닌다. 말을 달리며 겨루기를 좋아하고, 익힌 활 쏘는 솜씨는 상당히 뛰어나다. 부녀의 단속[關[87)]]은 매우 엄격하여 나달 때는 수건[帕]으로 전신을 가리고 두 눈만 드러낸다. 돼지고기를 먹지 못하고 음주를 금한다. 흡연을 즐기는데, 연초는 대마[麻] 잎으로 만든다.[88)]

조세[賦]: ⓡ농지세는 10에 1을 징수하고, 목축에는 20에 1을 징수한다. 매년 세향(稅餉)으로 은 500만 원을 거둔다. ⓢ통상은 그다지 넓지 않다.[89)]

법(法): 행하는 율법은 여전히 이슬람교 계율을 사용하지만, 일을 따지는 관리를 두지 않고, 일이 닥치면 순식간에 판결하는데, 옛 헌장이 전혀 없다. 골육들이 이따금 찬탈을 꾀하므로 역모가 번갈아 나타난다. 호위병 5,000명과 방위하는 군대에는 모두 기강이 없다.[90)]

각 부락[各部]: 땅은 여섯 부락으로 나뉜다. 모로코[Marooco, 摩洛哥], 페스[Fès, Fās, 非斯], 수세[Suse, 蘇斯], 드라하[Draha, 達拉哈], 타필레[Tafillet, 達

---

85) 이상 강역, 산, 풍기, 인민 등은 모두 『영환지략』에서 채록했다(『영환지략교주』, 273쪽).

86) ⓞ의 정보는 『영환지략』에서 채록했다(『영환지략교주』, 273쪽). ⓟ의 산물들은 『해국도지』에서 채록했고(『위원전집』, 5책, 1008쪽), 다시 ⓠ의 산물들은 『영환지략』에서 채록했다(『영환지략교주』, 273쪽). 위원은 '황랍(黃蠟)'이라고 하지만, 서계여는 '백랍(白蠟)'이라고 하였다.

87) 혜강은 '한(閑)'자로 이해했다. 이 단락은 전적으로 『영환지략』을 채록하고 있으므로, '관(關)'자를 채택한다.

88) 『영환지략』에서 채록했다(『영환지략교주』, 274쪽).

89) ⓡ의 정보는 『해국도지』에서 채록했고(『위원전집』, 5책, 1008쪽), ⓢ는 『영환지략』에서 채록했다(『영환지략교주』, 274쪽).

90) 『해국도지』, 권34에서 채록했다(『위원전집』, 5책, 1008쪽).

非勒], 시질마사[Sijilmasa, Segelmesa, 西日爾美塞]다. 수도는 모로코[摩洛哥]에 있었는데, 근래 페스 부락의 메크네스[Meknes, Mequinez, Maknās, 美幾內斯]로 옮겼다.

연혁(沿革): 옛날에는 아라비아[阿剌伯]의 속국이었는데, 튀르키예[土耳其]가 흥성하여 지중해 남쪽 부락[部]들을 남김없이 석권했으나 유독 모로코[摩洛哥]만 아득히 멀어 온전했다. 그러나 아라비아의 쇠락이 심해져 더는 기미(羈縻)하지 못하자, 마침내 홀로 지중해 서쪽의 이슬람국가가 되었다. 풍속은 노략질과 약탈을 즐겨 다른 나라의 사람들을 노획하여 이슬람교를 강제하고 따르면 풀어주고 그렇지 않으면 가두고 노예로 삼았다. 근래 영국[英]과 프랑스[佛] 두 나라의 사람 중에 붙잡혀 구금된 자가 수천에 달했다. 두 나라는 군함으로 공격하여 그들 수도를 포위했다. 그들 왕은 두려움에 떨다가 잡은 사람들은 모두 풀어주었다. 이때부터 조금씩 자취를 감추었다.[91]

8-2. 아프리카 중부[阿非利加中土]

강역(疆域): 아프리카 중부[阿非利加中土]는 북쪽으로 사막이 가로로 뻗어 있는데 사하라[撒哈拉]라고 마목이리(麻木爾釐)[92]라고도 한다. 부른다. 동서로 9,000리고 남북으로 3,000리다.[93]

산수(山水): 산 중에 가장 높은 산은 민산(悶山, Moon Mountains)으로, 동쪽에서 서쪽으로 울룩불룩 이어져 뻗어 주(洲)의 경계와 같다. 봉우리들이 겹겹이고, 바위 절벽이 매우 높아, 무너져 내린 포대(砲臺) 같은 봉이 있는가 하면, 뾰족한 스투파[浮圖] 같은 봉도 있어 형세가 한둘이 아니다. 높은 봉우리는 2,000~3,000장으로 높이 솟구쳐 있고 사이사이 평탄한 땅이 있어, 산 안쪽에는 면(棉), 곡식[粟]을 심을 수 있다. 게다가 성과 성벽이 산을 따라 세워져

91) 이상 모로코[摩洛哥]의 각부와 연혁은 『영환지략』에서 채록하고 재구성했다(『영환지략교주』, 273~4쪽).

92) '사하라'의 다른 명칭으로, 알 쿠브라(al-Kubrā), 베르베르어 티니리(Tiniri) 또는 테네레(Tenere)라고 한다. '마목이리'와 비슷한 발음의 이칭은 찾지 못했다. 고증을 기다린다.

93) 『영환지략』에서 채록했다(『영환지략교주』, 276쪽).

있다. 날씨는 뜨겁고 땅은 건조하지만, 밭고랑에는 수택(水澤)이 모자라지 않는데, 민산(悶山)의 관개에 힘입기 때문이다.

강줄기는 넷이 있는데, 니제르강[Niger, 尼阨河], 고로니하(孤盧尼河),[94] 쿠비강[Cubbie, 菰彌河],[95] 콰르라마강[Quarrama, 瓜臘馬河][96]이다. 모두 민산(悶山)에서 출원하는데, 니제르강[尼阨河]이 가장 크고, 수원이 멀고 줄기가 길어, 3,000여 리로, 여러 강물의 물을 받아 킬리[Kirri, Kirree, 機里]를 거쳐 바다로 나간다. 여러 나라가 강줄기를 따라 건국했다. 호수는 샤드[Shad, Tchad, Zad, 査湖]가 가장 넓어, 보르누[Bornou, 磨爾農]와 경계를 이어,[97] 길이는 대략 600리고 폭은 대략 400리다. 그 물은 맑기가 천하의 으뜸이다. 호수 중간에는 작은 섬들이 있는데 각기 사람이 살고, 초목이 무성하며 날짐승과 들짐승이 못에 모여든다. 다음은 니미호(尼彌湖)[98]로, 샤드 호[査湖]의 크기에 미치지 못하지만 한눈에 다 볼 수 없다. 이밖에는 모두 작은 호수일 뿐이다. 면적은 요원하고 안에는 작은 나라들이 많으며, 해안에서 멀리 떨어져 있어 해

94) '고로니(孤盧尼)' 강은 『해국도지』 교주에서, '쿠두니아(Coodoonia)'로 추정했다(『위원전집』, 5책, 1066쪽). Eugene Andriveau-Goujon(1832~1897)의 1862년 아프리카 지도에는 '쿠도니아(Coudonia)'로 표기하고 있고, 윌리엄 허그(William Hughes, 1818~1876)의 『지리 개요(Outlines of Physical Geography)』(Oxford, 1849)에는 니제르의 강으로 '쿠도니아'를 들었다. 그렇다면 두 번째 글자인 '로(盧)'자와 음성적으로 부합하지 않는다. '도(度)'자의 오기일 수도 있다.

95) 제임스 맥퀸(James Macqueen, 1778~1870)의 『아프리카 지리 조사(A geographical survey of Africa)』, London, 1840, 117쪽 언급되어 있다. 지명 표기에 있어서 'b'와 'm'의 혼용은 흔하다.

96) '과랍마(瓜臘馬)'란 강은 『해국도지』 교주에서, '콰라마(Quarama'로 추정했다(『위원전집』, 5책, 1066쪽). 음성적으로 상당히 근접하다. 제임스 맥퀸의 『아프리카 지리 조사(A geographical survey of Africa)』(117쪽)에는 니제르강의 지류로 '콰르라마(Quarrama)'를 언급했다.

97) 제임스 맥퀸의 『A geographical survey of Africa』, 161쪽.

98) '니미(尼彌)' 호수는 어디일까? 샤드 호수 다음으로 크다면, 현 말리에 있는 데보(Débo, Dhébo) 또는 디비(Dibbie) 호수일 것이다. 이에 맞추려면, 최소한 '니(尼)'자의 오기를 상정해야 한다. 고증을 기다린다.

양 국가들과 통상 왕래하지 않은 지 근 40년이다.[99]

기후[風氣]: 바람이 불면 천지가 어두워지고, 모래가 가는 곳마다 쌓여 구릉을 이룬다. 날씨는 매우 뜨겁고, 빗방울도 없고 한 가지의 그늘도 없다. 길을 가는 사람들이 종종 숨이 막혀 죽거나 모래바람에 질식해 죽기도 한다. 사막을 갈 때는 모두 낙타를 활용하고 갈증이 심해도 마실 수 없으면 낙타를 죽여 그 피를 마시거나 위에 남아있는 물을 마신다. 중간에 우연히 작은 땅을 만나면, 바다 가운데 섬처럼 샘과 초목이 있어, 여행자들은 그에 힘입어 살아 건넌다.[100]

사람들[人民]: ⓐ사람들 대부분 검은 이민족[黑番]으로 바로 소위 '오귀(烏鬼)'다. ⓑ아덴[阿丹] 사람들과 섞여 산다.[101]

물산(物産): 조[粟], 쌀[米], 면화(棉花), 양전(洋靛), 여섯 가축[六畜], 사자[獅], 코끼리[象], 표범[豹], 봉밀(蜂蜜), 상아(象牙), 금사(金沙), 양람포(洋藍布) 등이다.[102]

상(商): 각 부두의 화물 운송에는 수레가 전혀 없이 온전히 등에 지거나 머리에 이고 다닌다. 이곳에서 장사하는 자들은 모두 아랍[阿丹] 사람들이다. 아프리카[阿非利加] 북부를 거쳐 수초도 없고 도적이 많은 사막을 넘어서 온다. 근래 비로소 낙타에 짐을 싣는 법을 알아 갑절 이상 일이 줄었다. 운송해 오는 물품은 사(絲), 주(綢), 니(呢),[103] 지(紙), 주(珠), 은그릇[銀器] 등으로, 이익은 모두 수배가 된다. 운송해 나가는 물품은 황금(黃金), 상아(象牙), 노예

---

99) 이상 산과 강에 관한 정보는 『해국도지』, 군36에서 채록했다(『위원전집』, 5책, 1057~8쪽). 밑줄 친 문장은 혜강의 오독이다. 아프리카 중부 전체를 설명하는 정보다. 『해국도지』에서 위원은 "면적은 요원하고 안에는 작은 나라들이 많으며, 해안에서 멀리 떨어져 있어 해양 국가들과 통상 왕래하지 않았다. 근래 40년간 처음으로 이 지역에 모험하여 대략 정황을 알았지만, 역사서에 기록이 전혀 없어 본말을 거슬러 올라가기 어렵다(幅員遼闊, 內多小國, 距海岸遠, 不與海國通往來. 近四十年, 始有冒險至其地, 略悉情形, 究無史書, 難溯源委)"라고 기술하였다.

100) 『영환지략』에서 채록했다(『영환지략교주』, 276쪽).

101) ⓐ의 정보는 『해국도지』, 권36, 중아프리카[中阿利未加] 개술에서 "토착민의 면모는 모두 검은데, 바로 소위 '오귀국'이라고 한다(土番面皆黑, 即所謂烏鬼國云)"라고 하였다(『위원전집』, 5책, 1057쪽). ⓑ는 앞의 책1059쪽에 보인다.

102) 『해국도지』에서 채록했다(『위원전집』, 5책, 1059쪽).

103) '니(呢)'는 모직류 천인 '대니(大呢)'일 것이다.

[奴僕] 등으로 노예가 대부분을 차지한다. ⓒ노예들은 모두 남쪽 산[南山]에서 잡아 오는데, 도적들뿐만 아니다. 바로 국왕이나 높은 관리들이 결혼하면 사람들을 포로로 잡아 와 혼례를 축하한다.[104)]

왕(王): 관리들이 왕을 만날 때는 대전 앞에 포복하여 머리를 땅에 조아린다. 각 나라의 왕이 죽으면 사람을 죽여 제사한다. 서아프리카 아샨티[Ashanti, 阿寒氐], 나화미(那和彌)에 미치지는 못하지만, 제례에 쓰이는 사람는 또한 빠뜨릴 수 없다. 왕이 귀하게 여기는 바는 궁실과 제도에 있지 않고, 처첩과 재물에 있다. 그러므로 국왕의 궁실은 겨우 일반인들과 같으며, 종종 거적 지붕에 먼지가 쌓여 어린 제비들이 날아든다. 아이들은 벌거벗고 다니며 소박하고 윤리가 없지만, 처첩이 많은 경우는 수를 헤아리기 어렵다. 각 궁을 감시하고 부역에 이르기까지 모두 처첩들이다.[105)]

관(官): 부락의 장관들 모두 민간에서 추대하여 뽑고, 세금에는 정해진 액수가 없다.

병(兵): 군대에는 기강이 없다. 장창(長鎗), 등나무 방패[藤牌]를 잘 다루고, 행렬에는 사각과 원형으로 진을 구성하고, 전투에 임해서는 단지 짐승 가죽으로 싸매고 화살에 방어한다. 각 나라는 모두 화총(火銃)에 익숙하지 않고, 아랍[阿丹] 상인들에게만 화기(火器)가 있어 두 나라가 전투할 때는 항상 이것으로 포위를 푼다.

속(俗): 경내에는 웅덩이나 도랑이 없고 큰길도 적다. 궁벽한 광야로 발가는 대로 넘어 다닌다. 쓰러진 나무가 가로로 막고 있거나 빗물이 범람하기도 하여 여행자들은 주저한다. 토착민들은 아랍[阿丹] 사람들과 섞여 살지만,

---

104) 『해국도지』에서 채록했다(『위원전집』, 5책, 1059쪽). ⓒ의 문장은 "노예들은 모두 남쪽 산[南山]에서 잡아 오는데, 도적들뿐만 아니라, 국왕이나 높은 관리들도 그렇게 한다. 보르누[Bornou, 莫爾農]의 왕이 만다라[Madara, 曼那臘] 왕의 딸과 혼인하면, 만나서 무스고우[Musgow, 麻斯俄]로 가서 인구 3,000명을 포로로 잡아 와 혼례를 축하한다(奴仆多自南山虜掠而來, 非但賊盜, 即國王貴官亦然. 如莫爾農之王與曼那臘王之女爲婚, 曾會赴麻斯俄, 虜掠人口三千以賀嘉禮)"라고 하였다. 이 문장은 혜강이 얼마나 지혜롭게 채록했는지 잘 보여준다.

105) 『해국도지』에서 채록했다(『위원전집』, 5책, 1058쪽). 밑줄 친 문장은 혜강이 채록하지 않았지만, 이해를 위해 넣어 번역했다.

기예와 일을 배울 뿐 이슬람의 문자를 익히지 않는다. 땅은 야만이지만, 전체 지역[通洲]에 비하면 그래도 예의가 있고, 교제를 좋아한다. 다만 약탈을 좋아하여, 다른 지방에서는 가난한 자가 부자를 겁탈하는데 여기에서는 부자가 가난한 사람을 겁탈해도 관습상 부끄럽게 여기지 않는다. 성격상 가무를 좋아하여 존귀한 사람이라도 무대에 올라 연기하고 노래하며 득의양양하다.[106]

각 부락[各部]: 동쪽으로 치우친 사막에는 두 이슬람 부락[回部]가 있는데, 코르도판[Kordofan, Kurdufān, 哥爾多番]과 다르푸르[Darfur, Dār Fūr, 達爾夫耳]다. 더 남쪽으로 가서 사막이 다하는 곳에 다시 토양이 나타나는데, 하천과 계곡물이 있어, 초목이 무성하다. 사람들 모두 검은 이민족[黑番]이고 또한 이슬람교를 따른다. 부락은 매우 많아, '니제리아[Nigeria, 尼給里西亞]'로 총칭한다.[107]

코르도판[Kordofan, 哥爾多番]

강역(疆域): 코르도판[哥爾多番]은 누비아[努北阿] 서남쪽에 있다. 길이는 대략 1,500리고, 폭은 대략 1,200리다. 북쪽 경계는 사막이 둘러싸고 있고, 남쪽 경계는 산과 구릉이 뒤얽혀 있다.

수(水): 나라 가운데를 관통하는 바르 엘 아비아드[Bahr el Abiad, White Nile, 巴勒拉比亞]라는 강이 있다. 양안에는 비옥한 농토가 많아, 서직(黍稷)을 심기 적합하다.

기후[風氣]: 화산 봉우리가 이따금 연기와 화염을 토해내, 땅 기운이 무덥다[炎熱].

사람들[人民]: 주민들은 모두 이슬람교를 신봉한다. 나라에 왕은 없고 수령[頭人]으로 다스리는데[鈐], 이집트[麥西]에게 예속되었다.

물산(物產): 면화(棉花)와 철기(鐵器)가 난다.

성(城): 중심도시[會城]는 오베이드[Obeid, Obeydha, Obeydh, 疴卑德]다.

106) 이상 관(官), 병(兵), 속(俗) 모두 『해국도지』에서 채록하고 재구성했다(『위원전집』, 5책, 1058~1059쪽). 밑줄 친 문장은 혜강이 채록하지 않았지만, 이해를 위해 넣어 번역했다.

107) 『영환지략』에서 채록했다(『영환지략교주』, 276쪽).

별도로 파랍[Bara, 巴拉]이라는 도시가 있는데,[108] 상인들이 몰려드는 곳이다.[109]

다르푸르[Darfur, Dār Fūr, 達爾夫耳]

강역(疆域): 다르푸르[達爾夫耳]는 어떤 곳에는 타불(他弗)로 되어 있다. 코르도판[哥爾多番]의 서쪽에 있다. 길이는 대략 1,250리고, 폭은 대략 800리다. 북쪽 경계는 사막이 많이 차지하고 있고, 남쪽 경계에는 비옥한 토양이 있어 수목이 숲을 이룬다.

기후[風氣]: 땅 기온이 뜨겁다. 토양은 서직(黍稷)에 적합하다.

사람들[人民]: 주민들은 모두 아랍인[回回]들이다.

도성(都城): 수도는 코비[Cobbe, Kobbe, Cobbie, 哥卑]이고, 국왕은 엘파쉐르[El Fasher, 爾發捨耳][110]에 산다.[111]

물산(物産): 황마(黃麻), 후추[胡椒], 담뱃잎[烟葉], 상아(象牙), 목재(木材), 향료(香料), 옥문석(玉門石), 초(硝), 요사(硇砂) 등이다.

농(農): 사람들은 농사의 공을 중시하여, 매년 국왕이 추장들을 거느리고 직접 농사를 지으며 권농한다[勸歡農事]. 왕정(王政)이 모두 같음을 알 수 있다[可見王政皆同].[112]

상(商): 교역이 상당히 성하다. 변경에는 강도[暴客]들이 많아, 상단은 모

---

108) 바일란트(Carl Ferdinand Weiland), 「북동부 아프리카, 또는 이집트, 누비아, 하베시, 코르도판, 다르푸르(Das Nordoestliche Africa oder Aegypten, Nubien, Habesch, Kordofan und Darfur)」(Weimar, 1847)를 참고하시오.

109) 이상 현 수단 코르도판에 관한 설명은 모두 『영환지략』에서 채록했다(『영환지략교주』, 276~7쪽).

110) 엘파쉐르[El Fasher, 爾發捨耳]의 위치는 바일란트(Carl Ferdinand Weiland), 「북동부 아프리카, 또는 이집트, 누비아, 하베시, 코르도판, 다르푸르(Das Nordoestliche Africa oder Aegypten, Nubien, Habesch, Kordofan und Darfur)」(Weimar, 1847)를 참고하시오.

111) 이 '도성' 조목은 상(商) 다음에(20b)에 채록되었으나, 두주에 이곳으로 옮기라는 지침에 따라 여기에 편집하여 번역한다.

112) 이 단락을 채록한 『영환지략』에는 "이러한 예(禮)는 이곳에서 보이는데, 또한 기이한 일이다(此禮乃見於此地, 亦異事也)"라고 하였다.

두 대오를 이루어 다니는데, 매 상단은 1,000여 명이고, 낙타도 수천 행렬을 이루어 군영처럼 숙박한다.[113)]

니제리아[Nigeria, Nigérie, 尼給里西亞]

강역(疆域): 니제리아[尼給里西亞]는 수단[Sudan, 蘇丹]이라고도 한다.[114)] 사하라[撒哈拉] 대 사막 남쪽에 있다. 남쪽은 악산(岳山)[115)]에 접해 있다. 아프리카[亞非里加]의 중원이다. 길이는 대략 6,000리고, 폭은 대략 4,200여 리다. 지형은 평탄하고 넓으며, 호수와 강이 사막 사이사이에 있다.

기후[風氣]: 땅이 적도와 가까워, 무더운 기운이 열병[瘴癘]이 된다. 독충과 해로운 벌레가 많아, 다른 나라 사람들이 오면 자주 병에 걸려 죽는다.

사람들[人民]: 토착민[土番]은 모두 검은 면모고 이슬람교를 신봉한다. 남자들은 아주 안일하고 농사와 교역은 모두 여인들이 한다. 여러 아내를 맞는 일을 치부(致富)로 생각하여 관장(官長)들에게는 부인이 수백 명이다.

물산(物産): 강가의 농토는 대체로 비옥하고, 곡물로는 벼와 기장에 적합하다. 목재, 과실, 채소 모두 갖추고 있다. 또 대마[麻], 면(棉), 담배[烟], 전(靛), 상아(象牙), 금사(金沙), 피혁(皮革) 등이 난다.[116)]

가는 길[程途]: 옛날부터 통하지 않았다. 영국[英吉利]이 사람을 보내 탐

---

113) 이상 다르푸르[達爾夫耳]에 관한 정보는 모두 『영환지략』에서 채록했다(『영환지략교주』, 277쪽).

114) '니급리서아(尼給里西亞)'란 음역 표기는 『지리비고』(『해산선관총서』본, 권8, 18a)를 따른 형태다. '서(西)'자는 '아(亞)'자로 교정한 내용이 잘못 판각된 것 같다. 이 『지리비고』의 기술은 『해국도지』, 권35에서도 채록되었는데, 교주에서는 '서(西)'자를 '아(亞)'자로 교정하는 했다(『위원전집』, 5책, 1047쪽). 현재 니제르와 수단은 중부 아프리카 동서를 나누고 있는데, 적어도 20세기 초까지는 두 나라는 수단 또는 '니제리아'로 통칭되었다.

115) 니제리아 남쪽에 경계를 이루는 '악산(岳山)'은 어디일까? 음역인지 의역인지 모르겠다. 다만, 남부에서 서쪽은 콩(Kong) 산이, 동쪽으로는 더 길게 달의 산(Djebel el Kumri)이 가로로 뻗어 있다(L. Vivien de St Martin, 「Carte d'une Partie de L'Afrique Septentrionale」, Paris, 1826년). '악'자를 '월(月)'자의 오기로 읽기도 자형이 너무 명확하다.

116) 이상 니제리아의 강역, 풍기, 인민, 산물은 모두 모두 『영환지략』에서 채록했다(『영환지략교주』, 277~8쪽).

문하기도 했으나, 열병에 걸려 죽거나 토착민[土番]들에게 살해당해, 실마리를 얻지 못했다. 증기선[火輪船]을 활용하여 니제르강[尼日爾河]을 따라 하류로 들어갔으나, 선원[水手]들이 중도에 사망하여 높은 봉우리들이 가로로 뻗어 있는 사실만 확인하고[惟遇見高峰橫亘], 견문 없이 돌아왔다.[117]

각 부락[各部]: 땅은 22개 부락으로 나뉜다. 보르누[Bornou, 波爾奴], 바게르메[Baghermé, Bagirmi, 巴也爾美], 베르구[Bergou, 北爾古], 상카라[Sankara, 桑加拉], 부레[Bouré, 不勒], 강간(岡干)[118], 와나소륵(窩那蘇勒),[119] 상부 방바라[Bambara, 上邦巴拉], 하부 방바라[下邦巴拉], 마시나[Masina, 馬昔那], 바난[Banan, 巴難], 적륵남(的勒南), 툼부크투[Tumbuctou, 丁不各都], 야우리[Yauri, 牙烏利], 니페이[Nyffei, 尼非], 보르구[Borgu, 波爾古], 야리바[Yarriba, 牙黎巴], 베냉[Benin, Bénin, Benen, 北凝], 구아리[Guari, 瓜], 콩[Kong, 公], 가랍나(加拉那),[120] 달공파(達公巴)[121] 등이다.[122] 여러 부락에 각기 추장이 있고 서로 통할(統轄)하지 않고 수시로 서로 공격하여 포로를 잡아 노예로 삼는다.[123] 『해국도지』는 26개 나라로 나누었으나, 여기서는 최근 『영환지략』에 따라 채록했다.

---

117) 이 정보는 『해국도지』에 인용된 『지리비고』에서 채록했다(『위원전집』, 5책, 973쪽). 밑줄 친 문장은 혜강이 채록하지 않았지만, 이해를 위해 넣어 번역했다.

118) 『영환지략』에는 '강천(岡千)'으로 되어 있다. 어디인지 복원하지 못했다. '강도(Gangdo)'라는 지역이 보이지만, 음성적으로 부합하지 않는다.

119) 와나소륵(窩那蘇勒)는 '와쏠로(Wassolo)'를 옮긴 것처럼 보이지만, '나(那)'에 해당하는 발음이 없다.

120) '가랍나(加拉那)', 'Karana' 정도로 복원이 예상되지만, 해당하는 지역을 찾지 못했다. 샤드 또는 챠드 호수 서쪽으로 '카슈나(Kashna)'를 잘못 옮긴 것은 아닌지 모르겠다. 고증을 기다린다.

121) '달공파(達公巴)'는 'T(D)agonba' 정도로 예상되지만, 또한 해당 지명을 찾지 못했다.

122) 이상의 22개 지명은 모두 『지리비고』에서 채록했다(『해산선관총서』본, 권8, 19a). 지명 복원은 생 마르탱(L. Vivien de St Martin), 「아프리카 북부 부분 지도(Carte d'une Partie de L'Afrique Septentrionale)」(Paris, 1826); 바일란트(Carl Ferdinand Weiland), 「중서부 아프리카(Westliches Mittel-Africa)」(Weimar, 1840); 르베세르(E. Levasseur), 「세네감비아, 수단, 기니 지도(Carte de la Senegambie, du Soudan et de la Guinee)」(Paris, 1875) 등의 지도를 참고하였다.

123) 『영환지략』에서 채록했다(『영환지략교주』, 277쪽).

8-3. 아프리카 동부[阿非利加東土]

강역(疆域): 아프리카 동부[阿非利加東土]는 인도양[印度海]의 서쪽 해안, 홍해 입구의 밖에 있다. 지형은 동북쪽에서 서남쪽으로 비스듬하게 깎여 있다. 길이는 대략 9,000리다. 『해국도지』에서는 폭[寬]이 약 500~600리로 일정하지 않다.[124)]

산수(山水): 루파타[Lupata, 路巴達, 탄자니아] 대산이 종횡으로 기복하여 길게 해안에서 끝난다. 강은 둘로, 로비니하(路非尼河)[125)]는 모잠비크[Mozambique, 摩新彌葵]에서 나와 바다로 빠져나간다. 잠베지[Zambezi, Zambesi, 匽彌西河]는 하류에서 넷으로 나뉘어 바다로 들어간다. 상선들은 켈리마니[Quelimane, Kalimani, 歸爾厘麻尼] 하구를 가장 크게 여긴다.[126)]

사람들[人民]: 북쪽으로는 이슬람계 사람들이 검은 이민족[黑番]들과 섞여 살고, 남쪽으로는 모두 검은 이민족들이다.

물산(物産): 땅에는 금사(金沙), 약재(藥材)가 많아 토착민[土番]들이 채취하여 돈으로 여긴다.[127)]

가는 길[程途]: 명나라 홍치(弘治) 13년(1500) 포르투갈[葡萄牙] 사람이 희망[Good Hope, 兀賀][128)] 곶[峽]을 거쳐, 이곳에 이르러 남쪽 모퉁이 해안을

---

124) 『영환지략』에서 채록했다(『영환지략교주』, 278쪽). 서계여가 폭[寬]을 언급하지 않았으므로 혜강이 『해국도지』에서 보충하여(『위원전집』, 5책, 1001쪽) 주석으로 처리했다.

125) '로비니(路非尼)'란 강은 탄자니아에서 가장 긴 루피지(Rufiji) 강으로 추정되지만, '니' 자는 'ji'와 정확히 대응하지 않는다. 『해국도지』 교주에도 '루피지'로 추정했다(『위원전집』, 5책, 1004쪽).

126) 『해국도지』에서 채록했다(『위원전집』, 5책, 1001).

127) 이상 물산과 인민에 관한 정보는 『영환지략』에서 채록했다(『영환지략교주』, 278쪽).

128) '올(兀)'자의 민남 발음은 '구트(gut)'이고, '하(賀)'자는 '호(hɔ)'로 발음하므로 그럴법하다. 『지리비고』(『해산선관총서』본, 권8, 32a~b)에서는 아프리카 영국이 차지한 지역에 관하여 기술하며 "호망(好望) 곶[海角]은 영국이 차지한 지역 중에서 요처로, 아프리카의 가장 남쪽에 있다. 위도는 남에서 10도에서 시작하여 30도에 이른다…"라고 하였는데, 100권본 『해국도지』(1852년 간행본, 권34, 33a~b)에서는 "아프리카에서 영국이 차지한 곳 중 하나는 호망(好望) 곶[海角]으로 **바로 '하올협(賀兀峽)'이다. '대랑산(大浪山)'이라고도 하는데,** 바로 아프리카[本州]의 요해처다. 아프리카의 가장 남쪽으로, 위도는 남에서 10도에서 시작하여 30도에 이른다…"라고 하였다. 굵게 표시

개척하여 외부인의 출입을 막았으므로, 그 안의 부락이 얼마이고, 추장이 몇 인지, 갑은 어느 땅을 관할하며, 을은 어느 땅을 관할하는지, 면적과 인구, 정치나 종교 모두 자세히 알려지지 않았다.[129]

각 부락[各部]: 가장 동북쪽은 아델[Adel, 亞德爾], 그 남쪽은 아잔[Ajan, 亞然],[130] 더 남쪽은 잔지바르[Zangibar, Zanguebar, 桑給巴爾], 또 더 남쪽은 모잠비크[Mozambique, 莫三鼻給], 그 서남쪽은 모노모타파[Monomotapa, 麼諾麼達巴]다.[131]

아델[Adel, 亞德爾]

강역(疆域): 아델[亞德爾]은 어떤 곳에서는 아점(亞占)으로 되어 있다.[132] 북부 아비시니아[阿北西尼亞]의 동남쪽, 홍해와 마주한 인도양[印度海] 모퉁이에 있다. 상선들이 드물게 이르므로 강역의 넓고 좁음은 상세히 알려지지 않았다.

산수(山水): 서남쪽은 겹겹의 구릉이 솟아 있고, 동북쪽은 평원이 광활하다. 하천이 교차하며 흐르고 농토들이 비옥하고 풍요로우며, 곡물로는 서직

한 정보는 위원 자신의 풀이로 잘못 인쇄되었을 것으로 추정한다. 여기의 '하올'이 바로 위원이 자주 언급하는 '올하'의 도치된 형태다. 따라서 '올하'란 표기는 위원에게서 비롯되었을 것이다.

129) 『해국도지』, 권34에서 채록했다(『위원전집』, 5책, 1001). 1498년 바스쿠 다가마가 희망봉을 돌아 인도양으로 나갔고, 포르투갈이 모잠비크에 첫 식민지를 설립한 해는 1505년으로 초대 총독은 페드로 다 나야(Pero da Nhaya)다.

130) '아연(亞然)'을 추정하면서, 송다환은 『영환지략교주』에서 '케냐'로 추정했지만(278쪽), 음성적으로 맞지도 않고, 케냐는 잔지바르 지역에 해당한다. 『해국도지』에서 이곳은 '아언(阿匽)'으로 표기되었다(『위원전집』, 5책, 1001쪽). 위원과 서계여 모두 『지리비고』(『해산선관총서』본, 권8, 24b)의 표기와 설명을 근거했다. 그에 따르면, 북위 ~11도, 동경 48도에서 시작하며, 동쪽으로 인도양에 접해 있다고 하였다. 북쪽과 남쪽의 지역 명칭은 『영환지략』의 기술과 일치한다. 바로 본문에서 기술한 대로 '잔지바르' 북쪽은 아잔(Ajan) 지역이다. 이 '아잔'을 '아연(亞然)'로 옮겼을 것이다. 『해국도지』의 '언(匽)'자는 '연(然)'자와 통용해 쓴다. 「곤여만국전도」에 이 지역은 '다아랄(多亞剌)'로 표기되었다. 호세 마르티노 마르케스(José Martinho Marques, 1810~1867, 瑪吉士)가 '아연(亞然)'으로 고쳐 설명한 것으로 보인다.

131) 『영환지략』에서 채록했다(『영환지략교주』, 278쪽).

132) 여기의 '아점(亞占)'은 뒤에 다음 나오는 '아잔(Ajan)'과 혼동한 경우다.

(黍稷)이 적합하다.

기후[風氣]: 땅 기온은 무덥고 비가 많이 내리지 않는다.

사람들[人民]: 주민들 모두 토착민[土番]으로 이슬람교를 신봉한다.

물산(物産): 금사(金沙), 유향(乳香), 후추[胡椒], 상아(象牙) 등이다.

각 부락[各部]: 땅은 여러 부락으로 나뉘며 각기 추장이 있다. 아비시니아[阿北西尼亞]와 이따금 전쟁한다.[133)]

아잔[Ajan, 亞然]

강역(疆域): 아잔[亞然]은 어떤 곳에는 '연귀파(然貴巴)'로 되어 있다. 아델[亞德爾]의 남쪽에 있다. 길이는 약 1,900리고, 폭은 알려지지 않았다.

산(山): 북쪽 경계에는 산이 많고, 동쪽 경계는 척박하고 사막이 많다. 서남쪽은 인적이 드물다.

사람들[人民]: 연해에 사는 사람들은 모두 아라비아[阿剌伯] 이슬람들로, 교역을 생업으로 한다. 면모는 약간 희다. 내지에는 대부분 검은 이민족[黑番]이며 유목과 수렵을 생업으로 한다.

물산(物産): 향료가 많다.

성(城): 도성은 바닷가에 세웠으며, 깊은 부두[澳]가 있어 정박에 편리하여, 무역이 상당히 번성하다.

각 부락[各部]: 나라는 10여 부락으로 나뉘며 각기 추장이 있지만 통할(統轄)하지는 않는다. 가장 큰 부락은 바라와[Barawa, Brava, Baraxah, 巴拉瓦][134)]다.[135)]

---

133) 이상 아델[亞德爾]에 관한 기술은 모두 『영환지략』에서 채록했다(『영환지략교주』, 278쪽).

134) 슈틸러(Adolf Stieler), 「중북부 아프리카(Mittel - und Nord-Afrika)」(Gotha, 1851)를 참고하시오. 이곳은 『성사승람』에서 '복랄와(卜剌哇)', 『명사』에서 '부랄와(不剌哇)'로 표기된 곳으로 모두 '브라와(Brava)'을 음역한 형태들이다. 자세한 설명은 『성사승람역주』, 422~424쪽을 참고하시오.

135) 이상 아잔[亞然]에 관한 기술은 모두 『영환지략』에서 채록했다(『영환지략교주』, 278쪽). 밑줄 친 정보는 혜강이 채록하지 않았으나, 이해를 위해 번역해 두었다.

잔지바르[Zangibar, 桑給巴爾]

강역(疆域): 잔지바르[桑給巴爾]는 아잔[亞然]의 남쪽에 있다. 길이는 대략 4,000리고, 폭은 약 700리다.

산수(山水): 내륙 산맥에는 전답에 적합하지만, 서남쪽 일대는 더 솟구쳐 있다. 강과 하천이 감돌아 흘러 땅과 전답의 비옥함과 척박함이 일정하지 않다.

기후[風氣]: 땅 기온이 매우 뜨겁고 열병[瘴癘]이 많다.

사람들[人民]: 사는 사람들 모두 검은 이민족[黑番]으로 이슬람교를 신봉한다.

물산(物產): 곡물[穀], 과(果), 금(金), 은(銀), 동(銅), 철(鐵), 당(糖), 밀랍[蠟], 면화(棉花), 상아(象牙), 새 깃[鳥羽], 목재[木料], 약재(藥材) 등이다. 무역이 상당이 왕성하다. 연해 웅덩이 옆으로 숲이 무성하여 야생 코끼리가 무리를 이루고, 괴이한 날짐승과 들짐승이 많다.

각 부락[各部]: 땅은 수십 부락으로 나뉘지만 서로 통섭(統攝)하지 않는다. 큰 부락으로 킬와[Kilwa, 幾羅阿], 몸바사[Mombasa, 蒙巴薩], 바로 『당서』의 노발살(老勃薩)이다. 말린디[Malindi, 美林德], 어떤 곳에는 '묵림타(墨林他)'로 되어 있는데, 바로 『당서』의 마린(磨隣)[136]이다. 모가디슈[Mogadishu, Muqdisho, Mogadiscio, 馬加多朔][137]가 있다. 나머지는 모두 잡다한 소 부락들이다.[138]

모잠비크[Mozambique, Moçambique, Mozambiki, Muzambhiki, 莫三鼻給]

강역(疆域): 모잠비크[莫三鼻給]는 마산북(摩散北), 마산밀(磨山密)이라고도 표기한다. 잔

---

136) 몸바사와 말린디 두 도시에 관한 원주는 서계여의 설명으로, 혜강이 검토 없이 채록했다. 주에서 말하는 『당서』는 『신당서』로, 권221하, 「불름(拂菻)」(6261쪽)에, "불름에서 서남쪽으로 사막을 지나 2,000리를 가면 마린(磨鄰), 노발살(老勃薩)이란 나라가 있다(自拂菻西南度磧二千里, 有國曰磨鄰, 曰老勃薩)"라고 한 문장을 말한다. 방향과 거리도 맞지 않고, 음성적으로도 거리가 멀다. 억지로 옛 전적에서 끌어다 붙였다. 이점을 혜강이 걸러내지 못한 점은 상당히 아쉽다.

137) 모가디슈는 소말리아 지역, 즉 아잔[亞然]에 있는 항구도시다. 이 오류는 호세 마르티노 마르케스의 『지리비고』에서부터 비롯되었다(『해산선관총서』본, 26a). 모가디슈에 관해서는 『성사승람역주』, 목골도속(木骨都束), 405~412쪽을 참고하시오.

138) 이상 잔지바르[桑給巴爾]에 관한 기술은 모두 『영환지략』에서 채록했다(『영환지략 교주』, 279쪽).

지바르[桑給巴爾]의 남쪽에 있다. 길이는 대략 4,400리고, 폭은 약 1,000리다.

산(山): 언덕과 구릉이 중첩되어 있고, 수림이 둘러싸고 있다.

기후[風氣]: 땅에는 열병[瘴癘]이 많아 살기에 편하지 않다.

사람들[人民]: 주민들 모두 검은 이민족[黑番]으로 이슬람교를 신봉한다. 흑인[黑口]들을 판매하는 일에만 종사한다. 마카오[澳門]의 각 이민족 상관에서 쓰는 검은 노예[黑奴]들은 모두 이 땅에서 팔려 왔다.

물산(物產): 코끼리가 소나 말처럼 많다. 금광(金鑛)의 금사(金沙)는 채취해도 고갈되지 않는다. 농토는 비옥하여 곡물과 과실이 풍부하고 크다.

각 부락[各部]: 그들 부락에는 마쿠아[Macua, 馬古阿], 몽여목(蒙如木),[139] 셈베[Chembe, 新卑] 등의 명칭이 있고, 번다하게 흩어져 있으며 통섭(統攝)하지 않는다. 안에는 포르투갈[葡萄牙]이 개척한 땅 일곱 지역이 있는데, 모잠비크[莫三鼻給]에 있는 총독[大酋]이 여러 지역을 총괄한다. 고른베[Gornbe, 給林卑], 켈리마네[Quelimane, 幾里馬內], 세나[Sena, 塞內], 소팔라[Sofala, 索發拉], 어떤 곳에는 소복랄(所服剌)로 되어 있다. 이냠바네[Inhambane, 義能巴內], 로렌스 마르케즈[Laurens Marguez, 羅林索馬爾給斯] 등이다.[140] 근래 포르투갈[葡]의 힘이 약해져 무역은 많지 않다.[141]

모노모타파[Monomotapa, 麼諾麼達巴]

강역(疆域): 모노모타파[麼諾麼達巴]는 모잠비크[莫三鼻給]의 서남쪽에 있다. 길이와 폭은 대략 1,000리다.

---

139) 서계여가 언급한 모잠비크의 지역 명칭들은 모두 『지리비고(地理備考)』에서 채록했다. 송다찬은 『영환지략교주』에서 마고(馬古), 아몽(阿蒙), 여목(如木), 신비(新卑) 등 네 지역으로 읽었으나, 마고아(馬古阿), 몽여목(蒙如木), 신비(新卑) 등 세 지역으로 읽어야 할 것이다. '몽여목'은 '몽갈로(Mongallo)'의 와전된 표기일 것이다. 이 지명들은 생 마르탱(L. Vivien de St Martin), 「남아프리카 일반 지도(Carte Generale de L'Afrique Meridionale)」(Paris, 1826)를 보시오.

140) 본(R. Bonne), 「모잠비크의 운하 지도(Carte du Canal de Mosambique)」(Geneva, 1780)를 참고하시오.

141) 이상 모잠비크[莫三鼻給]에 관한 기술은 모두 『영환지략』에서 채록했다(『영환지략교주』, 279쪽).

산수(山水): 산맥이 휘감아 있고, 강과 하천이 감돌아, 강을 따라 비옥한 토양이 많다.

기후[風氣]: 땅 기온이 무더워 살기에 적합하지 않다.

사람들[人民]: 옛날에는 원래 검은 이민족[黑番]의 큰 부락에는 이민족 왕[番王]이 있어 전체를 다스렸다.

물산(物産): 금(金), 철(鐵), 상아(象牙), 수교(樹膠) 등이다. 곡물과 과실은 많고 크며, 초목이 무성하다.

각 부락[各部]: 침략을 당한 이후로 흩어져 여러 소부락을 형성했는데, 모카랑가[Mokaranga, 麼加郎瓜][142] 한 부락만 가장 강성했다.[143]

8-4. 아프리카 서부[阿非利加西土]

강역(疆域): ⓐ아프리카 서부는 지중해 입구 밖으로 나오면서 지형이 꺾여 남쪽으로 내려가며 대서양과 접하여 수천 리의 사막에 닿는다. 이곳을 지나면, 지형이 들어가 꺾이며 동쪽으로 향했다가 다시 돌아 남쪽으로 점점 비스듬히 깎여 남부[南土]에 이른다. 아프리카 서부는 북쪽으로 사막의 땅으로, 광막히 인적이 없다. ⓑ어쩌다가 높은 언덕이 있어도, 모두 바다로 비켜 나간다. 명산과 큰 산은 가운데에서 다한다. 가로로 수백 리며, 세로로 길이는 대략 4,000리다.[144]

산수(山水): 산은 콩[Kong, 公] 산이 가장 거대하여, 세네감비아[Senegambia, Senegambie, Senegàmbiy, 色黎安彌阿][145]에서 바로 새내강비아(塞內

142) 반투족 중심 도시로 포르투칼 사람들이 부른 명칭이다. 틸(Geoge Mccall Theal), 『동남아프리카 기록(Record of South Eastern Africa)』(London, 1903), 424쪽.

143) 이상 모노모타파[麼諾麼達巴]에 관한 기술은 모두 『영환지략』에서 채록했다(『영환지략교주』, 279쪽).

144) ⓐ의 정보는 『영환지략』에서 채록했다(『영환지략교주』, 280쪽). 밑줄 친 정보는 혜강이 채록하지 않았으나, 이해를 위해 번역해 두었다. ⓑ는 『해국도지』, 권35, 「서아프리카 각 나라[西阿利未加洲各國]」에서 채록했다(『위원전집』, 5책, 1039쪽).

145) 생 마르탱(L. Vivien de St Martin), 「아프리카 북부 부분 지도(Carte d'une Partie de L'Afrique Septentrionale)」(Paris, 1826)를 참고하시오.

岡比亞)다. 동아프리카[東阿未里加]의 민산(悶山, 달의 산)에 이르며 구불구불 서로 이어진다. 경내의 물줄기는 모두 여기에서 발원한다. 유럽인들이 강역을 구획하면서 단지 강물로만 경계를 나누었으나 겨우 바닷가만 알았고 내륙은 살펴보지 못했다. 아랍[阿丹]의 지리서에 실린바 또한 억측이 많다.[146]

기후[風氣]: 이남은 적도를 남북에서 마주하고 있다. 땅은 넓고 두터우며, 못과 웅덩이가 두르고 있어 무성한 풀이 아득하며[轇轕], 총림(叢林)의 그늘이 짙다. 독한 증기[霧蒸]가 열병[瘴氣]을 일으키고 새벽부터 밤까지 어둑어둑하다. 다른 나라 사람들이 오래 살면, 자주 병에 걸려 죽거나 고질병이 되기도 한다.[147]

사람들[人民]: ⓒ토착민[土人]들은 면모가 들인 듯이 검고, 광대뼈는 튀어나왔고 코는 납작하며, 입술은 두껍다. 머리털은 가늘고 곱슬하여 '골중양(骨重羊)'의 털과 비슷하다. 혼돈(混沌) 무지하여 금수에 가깝다. 옷은 화려한 채색을 좋아하고 태반이 알몸으로 성기도 가리지 않는다. 황금 구슬[金珠], 상아(象牙)를 온몸에 달아매는 것을 아름답다고 생각한다. 서로 모이면 빙빙 돌며[婆娑] 춤을 추고, 남녀는 원하는 대로 뒤섞여 짝이 되어 종족의 구분이 없다. 농사를 짓는 사람은 적고 토란이나 감자[芋薯] 같은 풀뿌리를 채취하여 먹는다. 토양은 비옥하여 저절로 생장한다. 초가집에 살거나 큰 나무에 둥지를 얽어 산다. 풀방석을 깔고 용기는 질그릇과 병을 사용한다. 기근이 닥치면, 종족자기끼리 서로 공격 약탈하여 산 사람[生口]을 잡아 노예로 판다. 각 나라의 선박들이 왕래하며 사 가는데, 한 배에 종종 200~300명 정도로 돼지나 가축 같은 상품들이다. 여러 나라에서 쓰는 검은 노예[黑奴]들은 모두 이곳 토착민들이다. 공손하고 순박하며 검고 추한 자들을 잡으면, 수퇘지의 사고력도 없다. 아메리카[亞墨利加]로 팔려 가는 자들이 더 많다. 정원에 물을 주거나, 밭을 갈거나, 커피[加非]를 심거나 설탕[白糖]을 만드는 데 쓰는데, 소나 말처럼 그렇게 부린다. 평생토록 일을 시켜도 원망하거나 달아나지 않는다. ⓓ듣건대, 그들의 인구는 모두 2,100여 만 명이며, 기예나 학식[文學]이 없고 다만 전

146) 『해국도지』에서 채록했다(『위원전집』, 5책, 1039~1040쪽). 『해국도지』에는 강에 관한 기술이 있지만, 혜강은 채록하지 않았다.

147) 『영환지략』에서 채록했다(『영환지략교주』, 280쪽).

투할 때만 사납고, 평소에는 순박하다.[148)]

물산(物產): ⓔ상(橡), 장(樟), 양류(楊柳), 포도주(葡萄酒), 계피(桂皮), 무화과(無花果), 사탕수수[甘蔗], 오디[桑椹], 서(薯), 마늘[蒜], 밤기름[栗油], 부석(浮石), 야자(椰子), 송백수(松栢樹), 용혈수(龍血樹), 영몽(檸檬), 감(柑), 도리(桃李), 바나나[蕉菓], 수박[西瓜], 오이[黃瓜], 쌀[米], 조[粟], 면화(棉花), 당(糖), 석(席), 목재[材木], 금(金), 은(銀), 동(銅), 철(鐵), 상아(象牙) 등이다. ⓕ또 현지의 비누[番鹼]를 만들 수 있는 수지[樹油]가 있다. 몽(獴), 궤(獚), 원(猿), 노(猱), 호랑이[虎], 표범[豹], 사자[獅], 뱀[蛇]은 더욱 많다.[149)]

의식(衣食): 남녀 모두 팔찌, 반지 차기를 좋아하고, 금이나 상아를 많이

148) ⓒ의 기술은 『영환지략』에서 채록했고(『영환지략교주』, 280쪽), ⓓ는 『해국도지』에서 채록했다(『위원전집』, 5책, 1039쪽). 특히 인구에 관한 설명은 '물산' 다음에 채록되어, 혜강은 두주에서 이들을 하나로 합쳐 편집하도록 했다. 밑줄 친 문장들은 혜강이 채록하지 않았지만, 이해를 위해 붙여 번역했다. 다음은 위원이 『해국도지』, 권35에서 아프리카 서부의 사람들을 기술한 내용이다(『위원전집』, 5책, 1040쪽). "평소는 순박하다. 교리를 익히지 않고, 오로지 비저저(匪底褀)를 제사하는 신으로 큰 나무[大樹], 큰 바위[大石], 혹은 상아(象牙), 개 송곳니[狗牙], 호랑이 송곳니[虎牙], 양의 머리[羊頭], 물고기 뼈[魚骨], 나뭇가지[樹枝], 매듭[繩束] 등이 있는데, 마음대로 지정하여 바로 비저저(匪底褀)의 신으로 삼는다. 집에서 모시는 것이 있는가 하면, 마을에서 세워 둔 것이 있으며, 감실을 세워 제사를 지내며 일이 있을 때마다 기도한다. 사람이 죽으면 대체로 돈과 비단을 태우는데 명복(冥福)을 빈다고 한다. 주재하는 사람이 제물을 만들어 선령(先靈)에게 흠향한다. 음악을 좋아하고 가무를 즐긴다. 처첩을 많이 두는데, 보통 사람은 대부분 10~20[一二十]명이고, 왕은 백 수십[百十] 명에 달한다." 여기 '비저저'는 영어 페티시(fetish)에 해당하는 표기일 것이다. 그 어원을 추적해 보면, 프랑스어 페티쉬(fétiche)에서, 또 이 '페티쉬'는 포르투갈어 페이치수(feitiço)에서, 이 '페이치수'는 라틴어 팍티키우스(factīcius)에서 나왔다. 원래는 '우상'을 의미했으나, 특정한 사물을 숭배하는 행위 또는 그 대상을 의미하게 되었다. 어쨌든 이 단어를 중국에 가장 먼저 소개한 사람은 위원일 것이다. 혜강도 분명 이 단락을 봤을 것인데, 왜 채록하지 않았을까? 아마도 이 단어에 대한 정보가 전무했기 때문일 것이다.

149) ⓔ의 산물은 『해국도지』에서 채록했고(『위원전집』, 5책, 1040쪽), ⓕ는 『영환지략』에서 정리했다(『영환지략교주』, 280쪽). 『영환지략』에서는 "숲에는 몽(獴), 궤(獚), 원(猿), 노(猱), 확확(玃玃)이 왕래하며 뛰어 오르고[跳擲], 호랑이[虎], 표범[豹], 사자[獅], 코끼리[象]을 수시로 만날 수 있다. 뱀[蛇]은 더욱 많아, 큰 놈은 커다란 통(桶) 같아 사람이나 가축을 삼킬 수 있다"라고 하였다. 혜강이 빠뜨린 정보가 꽤 많다.

차는 것을 아름답게 여긴다. 몹시 가난한 사람도 쇠 팔찌를 찬다. 얼굴에는 붉고 흰색으로 그리고, 몸에 문신한다. 손으로 음식을 쥐고 먹으며, 음료는 여러 사람이 함께 먹는다.

궁실(宮室): 백성이 사는 집은 낮고 작아 문의 높이는 3척으로 몸을 구부려 들어간다. 부인 하나에 문 하나이며, 밖은 담으로 두르는데, 상하가 모두 그러하다. 다만 궁실과 관공서는 비교적 높고 트였으며, 사이에 채색 장식하는데, 등급에 따라 다르다.[150)]

시포(市埔): 유럽 여러 나라가 이 땅을 마음에 두었으나 열병[瘴癘]이 두려워 깊이 들어가지 못하고 겨우 바닷가에 부두를 세우고 점차 개척되기를 기대했다. 그곳에서 나는 산물로 지명을 붙여, 그레인 코스트[Grain Coast, 穀邊], 아이보리 코스트[Ivory Coast, 象邊], 골드 코스트[Gold Coast, 金邊], 슬레이브 코스트[Slave Coast, 奴邊] 등의 이름이 있다.

재(財): 은 주화가 없어 물물교역한다.

학(學): 옛날 공악국(工鄂國)[151)]은 또한 풍요롭고 상당히 도리[義理]를 이해할 줄 알았다. 서양 사람[西客]들과 왕래하면서 대부분 진교(眞教)[152)]를 신봉했다. 그들 왕은 아들을 유럽으로 보내 문자를 익혀, 격물치지의 학문을 설명하도록 했다.[153)]

---

150) 이상 의식(衣食)과 궁실(宮室)에 관한 정보는 『해국도지』에서 채록했다(『위원전집』, 5책, 1040쪽).

151) 공악국(工鄂國)은 어느 나라일까? '공악'의 광둥 발음은 '콩-옥(koŋ-ŋɔk)'이다. 셰팡 씨의 주석 설명에 따르면, 앞으로 보게 될 콩고[Congo, 公額]라고 한다(『직방외기교석』, 116쪽). 민남어 발음으로 '악(鄂)'과 '액(額)'에는 'gia', 'gai'가 보이는데, 콩고어로는 'Kongo'이고 어근은 '함께'라는 의미의 'konga'이므로, 그럴법하다. 포르투갈 탐험가 디오고 캉(Diogo Cão)이 1485년 은자디(Nzadi) 즉 콩고강에 관해 기술하면서 처음 알려졌으므로(Richard Burton, 『Two trips to gorilla land and the cataracts of the Congo』, London, 1876, 150쪽), 연대적으로도 문제가 되지 않는다. 한편 「곤여만국전도」에는 '마니공가(馬泥工哥)'로 표기되어 있다.

152) '진교(眞教)'는 『사고전서』본 『직방외기』에는 '천주(天主)'라고 했으므로, '천주교(구교)'를 지칭한다. 당시 프로테스탄트의 신교도 있었으므로, '진(眞)'자로 표기했을 것으로 추측한다.

153) '시포(市埔)'와 '재(財)' 항목은 '속(俗)' 뒤에(26b)에 채록되어 있으나 두주에 이곳으로

각 부락[各部]: 검은 이민족[黑番]의 부락이 매우 많은데, 대체로 세 지역으로 나눈다. 세네강비아[Senegambia, 塞內岡比亞], 기니[Guinea, Guinée, 幾內亞], 콩고[Congo, Kongo, 公額]다.[154)]

세네강비아[Senegambia, 塞內岡比亞]

강역(疆域): 세네강비아[塞內岡比亞]는 사하라[撒哈拉] 사막의 남쪽에 있다. 서쪽에는 대서양이 있고 남쪽은 기니[幾內亞], 동쪽은 니제리아[尼給里西亞]와 경계한다. 길이는 대략 2,700여 리고, 폭은 대략 2,000리다.

수(水): 경내에는 큰 강물 둘이 있는데 모두 서쪽으로 흘러 대서양으로 들어간다. 북쪽의 강은 세네갈[Sénégal, 塞內加爾] 이고, 어떤 곳에는 서니갑(西尼甲)으로 되어 있다. 남쪽의 강은 감비아[Gambia, 岡比亞]다. 어떤 곳에는 감비아(感比亞)로 되어 있다. 두 강을 합하여 그곳의 명칭으로 삼았다. 평탄하고 산이 없으며, 언덕과 땅이 사막 사이사이에 있고, 농토는 기름져 곡식과 과실 모두 적합하다.

기후[風氣]: 땅이 적도와 가까워 매우 덥고 열병[瘴癘]이 많다. 5월에서 8월까지는 장맛비가 이어져 무더운 기온이 조금 낮아진다.[155)]

사람들[人民]: 토착민은 세 종족이 있다. 첫째는 월로프[Wolof, 野羅甫][156)]로, 면모가 검고 방직을 생업으로 하며, 말을 타고 활을 잘 쏜다. 수를 계산할 때 5를 10으로 치며, 문자는 없다. 둘째는 풀라스[Fulas, 付臘司] 종족으로 키가 크고, 코는 납작하며, 입술이 두껍고 얼굴은 올리브[橄欖] 같다. 풍속으로 무함마드[馬哈墨] 이슬람교를 신봉하고 성격은 화평함을 높이 사, 노약자, 병

옮길 것을 요청하고 있으므로, 여기에 편집하고 번역한다. 『해국도지』에 인용된 『매월통기전(每月統紀傳)』에서 채록했다(『위원전집』, 5책, 1045쪽). 한편 이들 정보는 『직방외기』에 가장 일찍 보인다(사고전서본, 권3, 9b).

154) 이상 재(財), 시포(市埔), 각부(各部)에 관한 정보는 『영환지략』에서 채록했다(『영환지략교주』, 280~1쪽).

155) 이상 강역, 강물, 기후는 모두 『영환지략』에서 채록했다(『영환지략교주』, 281쪽).

156) '야라보'는 월로프(Wolof)족이다. 이 종족의 이칭은 매우 많아 20여 가지에 달한다. 여기 '야라보'는 얄로프(Yaloff) 또는 욜로프(Yolof)를 음역한 표기다. 감비아의 인종에 관해서는 톰킨슨(Michael Tomkinson), 『감비아(Gambia)』(Michael Tomkinson Publishing, 2001), 46쪽을 참고하시오.

자, 그리고 바깥에서 온 궁한 사람을 두루 구제한다. 정해진 거처가 없이 유목하며 생활하며, 천막에 따라 옮겨 다닌다. 셋째는 만딩카[Mandinka, Mandingo, 曼領峨]로 면모가 검고, 물고기잡이를 생업으로 하며, 새 소식을 듣기 좋아하고, 가무를 즐긴다. 처첩을 많이 취하는데, 아내에게 잘못이 있으면, 시장에서 그녀를 매질하여 경계로 삼는다.[157)]

물산(物産): 금(金), 은(銀), 동(銅), 소금[鹽], 호박(琥珀), 문석(紋石), 상아(象牙) 등이다.[158)]

상(商): 아프리카[亞非里加] 해변에는 이전에 강도들이 있어 배에 총포를 실어, 좋은 술과 노리개를 흑인 노예들에게 파는데, 이로써 유인하여 사람들을 판다. 또 열국의 이익을 탐하는 이민족[夷目]들이 주변 지역을 침범하여 포로를 잡아 바다 어귀로 가서 판다. 노예 300~400명을 아래 선창에 몰아넣고, 차꼬와 쇠고랑을 채워 엮어 놓는데, 갑갑하게 바람이 통하지 않고 악취는 병을 유발하여, 죽는 자가 헤아릴 수없이 많았다. 영국[英吉利] 의회는 법을 만들어 엄격히 금하고, 순시선으로 곳곳을 탐색하여, 노예를 싫은 배를 발견하면 즉시 잡아 호송하여 사형죄로 다스렸다. 작년 10월 군함이 바다를 순시하다가 노예를 파는 배가 바다 모퉁이에 정박해 있는 것을 발견하고, 먼저 포를 쏴 항복하게 했으나 투항하려 하지 않아, 결국 돌격 기습했는데, 한 사람이 전사하고 여섯 사람이 상해를 입은 끝에 그 배를 빼앗았다. 포르투갈[葡萄牙] 부두로 갔을 때, 그 도시를 지키고 있던 관리가 그 노예를 파는 배를 강제로 수색하려 했다. 영국군이 허락하지 않자, 포르투갈은 대포를 요란하게 쐈다. 영국 해군은 분노하여 돌아가 본국의 장군들에게 보고하여, 군함을 데리고 그곳에 가서 설욕했다.[159)]

---

157) 인종에 관한 정보는 『해국도지』에서 채록했다(『위원전집』, 5책, 1041쪽). 위원은 '세네갈비아'를 안미아(安彌阿, Gambia)로 표기하고 그들 종족에 관하여 월로프, 풀라스, 만딩카 세 종족의 명칭을 들고, 그들의 특징을 구분하지 않고 전체적으로 설명했지만, 혜강은 나누어 특징을 설명했는데, 무엇에 근거한 것인지 확인되지 않는다.

158) 이 '물산' 조목은 '각부' 뒤에(28b)에 채록되었으나, 두주에 이곳으로 올리라는 지침에 따라, 여기에 옮겨 편집하고 번역한다. 이 정보는 『영환지략』에서 채록했다(『영환지략교주』, 281쪽).

159) 『해국도지』, 권35에 인용된 『매월통기전(每月統紀傳)』에서 채록했다(『위원전집』, 5

시포(市埔): 세네갈[塞內加爾] 강어귀에는 프랑스[佛郎西]가 개척한 지역 세 곳이 있다. 생 루이스[Saint Louis, 甚盧義斯島], 고레[Gorée, Goreia, 哥勒亞島], 우알로[Oualo, 烏阿羅]다. 프랑스인들은 포대(砲臺)를 건설하고 부두를 세워 검은 이민족[黑番]들과 교역하면서 직물[布匹]로 금사(金沙), 수교(樹膠)와 바꾸었는데, 매년 화물선은 대략 30척이었다. 프랑스 선박이 아시아[亞細亞]로 갈 때는 반드시 가륵아(哥勒亞)에 이르러 정박했다. 감비아강[岡比亞] 어귀에는 영국의 부두가 있는데, 상관을 세우고 어음을 보장하고 운송을 책임지며, 군함으로 해구를 순시하며 흑인 노예를 파는 자들을 잡고 단속했다.

각 부락[各部]: 땅은 20개의 작은 나라로 나눈다. 추장은 세습하기도 하고 선출하기도 하지만, 통섭(統攝)하지는 않는다. 푸타 토로[Futa Toro, 弗達多羅], 푸타잘롱[Fouta-Djallon, 弗達日羅], 풀라두[Fouladou, 弗拉都], 카쏭[Kasson, 加孫], 봉두[Bondou, 奔都], 은야니[Nyani, 牙尼], 불의니(弗義尼),[160] 울리[Ouli, 烏黎], 덴틸리아[Dentilia, 登的里亞], 분달(分達),[161] 카아르타[Kaarta, 加疴爾達], 밤부크[Bambouk, 邦不各], 살융(薩隆),[162] 가부[Gabou, 加不], 잘로프[Dja(o)loff, 日約羅弗], 신[Sin, Sine, 新], 우알로[Oualo, 烏阿羅], 바르[Bar, 巴爾], 카요르[Cayor, 加約爾], 살룸[Saloum, 薩倫]이다.[163]

기니[Guinea, Guinée, 幾內亞]

책, 1045쪽).

160) 어디를 음차한 명칭인지 확인하지 못했다. '페를로(Ferlo)'의 오기인지도 모르겠다.

161) '분달(分達)'은 'Fanda' 또는 'Fonta'가 예상되는데, 찾지 못했다. '텐다(Tenda)'의 잘못 옮긴 것은 아닐지 모르겠다.

162) 뒤에 보이는 살룸과 같은 지역을 중복되게 음차한 것으로 보인다.

163) 이상 시포(市埔)와 연혁에 관한 정보는 『영환지략』에서 채록했다(『영환지략교주』, 281쪽). 이상의 지명들은 다음 세 지도를 참고하여 추정했다. 애로우스미스(John Arrowsmith, 1790~1873), 「기디, 영국령 시에라리온, 감비아, 황금 해안, 세네갈, 감비아와 코와라강 유역의 나라들로 구성된 아프리카 서해안 지도(Map of the West coast of Africa comprising Guinea, and the British possessions at Sierra Leone, on the Gambia and the Gold Coast, together with the countries within the courses of the rivers Senegal, Gambia & Kowara)」(London, 1858); 베르가우스(Heinrich, Berghaus, 1797~1884), 「세네감비아, 수단 그리고 기니(Senegambien, Sudan und Guinea)」(Glogau, 1859); 펠레(Paul Pelet, 1849~1927), 「세네갈과 수단(Sénégal et Soudan)」(Paris, 1889).

강역(疆域): 기니[幾內亞]는 세네강비아[塞內岡比亞]의 남쪽에 있다. 서남쪽으로 대서양이 있고, 동쪽으로 에티오피아[Ethiopia, 義的約比亞][164] 사막에 이른다. 동북쪽은 니제리아[尼給里西亞]와 경계한다. 길이는 대략 8,000리고, 폭은 약 3,000리다. 바닷가 지형은 움푹하게 꺼져[窪下], 장기(瘴氣)가 매우 독하다.[165]

산수(山水): 니제르[Niger, 尼日爾]라는 큰 강이 니제리아에서 발원하여 기니 남쪽 경계에 이르러 바다로 들어간다. 북쪽 경계에는 큰 산이 뻗어 있어 세네강비아와 경계를 이룬다. 또 콩산[公山]이 있는데, 니제리아와 세네강비아가 경계를 이루는 땅이다.

기후[風氣]: 땅이 적도의 북쪽에 해당하여 정오처럼 폭염으로 돌이 쇳물처럼 녹아, 다니는 사람들이 종종 더위를 먹고 죽는다. 다행히 5월에서 9월까지 수시로 장맛비가 내린다. 그렇지 않으면 남아나는 생물이 없을 것이다.

사람들[人民]: 검은 이민족[黑番]들은 무지몽매[混沌]하여 금수를 신으로 여겨 숭배한다. 세네강비아와 비교하면 더욱 황당하고 비루하다. 남자들은 방일하고 여자들은 수고롭다. 힘든 일들은 모두 여자들이 한다. 다만 물고기잡이만 남자들이 할 뿐이고, 사람을 잡아 파는 일에 종사할 뿐이다.

물산(物産): 토양이 비옥하여 초목이 무성하고 곡식과 과실 모두 적합하다. 또 황금(黃金), 산호(珊瑚), 호박(琥珀), 문석(紋石), 사탕수수[甘蔗], 담뱃잎[煙葉], 향료(香料) 등이 난다.[166]

시포(市埔): 서북쪽 경계에는 영국[英吉利]이 새롭게 개척한 땅이 감비아[岡比亞]강 남쪽에 있는데, 시에라 리온[Sierra Leone, 塞拉勒窩內]이라고 하고, 어떤 곳에는 '서이랍리아니(西爾拉鼇阿尼)'로 되어 있다. '사산(獅山, 사자의 산)'이라고도 한다. 구릉과 언덕이 중첩되어 있고, 숲이 무성하게 그늘을 드리웠으며,

---

164) 이 정보는 서계여가 『지리비고』(『해선선관총서』본, 권8, 21b)에서 채록했다. 『해국도지』에서 위원은 사막 명칭을 빠뜨렸다(『위원전집』, 5책, 1047쪽).

165) 『영환지략』에서 채록했다(『영환지략교주』, 281쪽). 『지리비고』(『해선선관총서』본, 권8, 22a)에는 "바닷가는 [지형이] 꺼져있어, 피어나는 장기(瘴氣)가 사람을 해친다(海濱低陷, 煙瘴觸人)"라고 하였다.

166) 강역, 산수, 풍기, 인민, 물산 모두 『영환지략』에서 채록했다(『영환지략교주』, 281쪽).

장기(瘴氣)가 있다. 상아(象牙), 유피(油皮), 밀랍[蠟], 목재[木料], 수교(樹膠) 등이 나, 무역이 상당히 왕성하다. 또한 학교[學館]를 열어 예수교로 검은 이민족[黑番]들을 개화시켰다. 남쪽으로 미국[米利堅]이 새롭게 개척한 땅은 혁니(奕尼)[167]라고 어떤 곳에는 위니(危尼), '리베리아[里卑利亞]'라고 되어 있다. 하는데, 메술라도[Mesul(r)ado, 門蘇拉多] 강가에 있다. 팔려 온 검은 노예[黑奴]를 되사서 그들에게 농사를 가르쳤다. [해안을] 돌아서 동남쪽에는 영국이 새로 개척한 땅이 있는데, 코스타 두로[Costa de Ouro, 哥斯達建斗羅) 또는 '골드 코스트[金邊]'라고도 한다. 사금이 아주 많다. 또 면화(棉花), 남전(藍靛), 수교(樹膠), 백랍(白蠟), 피혁(皮革) 등이 나, 무역이 상당히 왕성하다. 다만 땅 기온이 너무 무더워, 사람이 견뎌낼 수 없다. 이밖에 네덜란드[荷蘭] 부두가 있는데, 델 미나[厄爾迷那][168]다. 또 덴마크[嗹國]의 부두인 크리스티안보르크[Christiansborg, 給里斯的巴爾各]다. 땅이 모두 좁은 땅[彈丸]으로 각각에 여러 작은 성이 속해 있다.[169]

형(刑): 토착민[土番]들은 성미가 거칠고 급하여 즐겨 소송한다. 집들은 넓고, 단정하다. 촌락마다 회의하는 장소를 만들어 두고 나이 많은 사람이 관장하며, 송사를 심리하는데, 부자들은 대부분 소송으로 파산한다.[170]

각 부락[各部]: 땅은 수십 개의 부락으로 나뉘는데, 비교적 유명한 부락으로, 티마니[Timani(a), 的馬尼亞], 쿠랑코[Kuranko, 古郎哥], 술리마나

---

167) '혁니(奕尼)'는 원주의 설명대로 '리베리아(Liberia)'를 말하는데, 무엇을 음차한 것인지 모르겠다. '기니(Guinea, Guinée)'를 잘못 옮긴 것은 아닌지 모르겠다. 고증을 기다린다.

168) 이곳은 『해국도지』, 권35, '애아리(埃阿里)'란 나라 기술에서 '의이미나(依爾彌那)'로 표기한 곳으로, 『위원전집』 교주에 따르면, '엘 미나(El Mina)'라고 추정했으나(『위원전집』, 5책, 1043쪽), 이곳은 어디인지 지도에서 확인하기 어렵다. 아마도 지역은 소위 '골드 코스트' 중간에 있는 '생 조르주 델 미나(S. Georges del Mina)' 항구를 말할 것으로 추정한다.

169) 이 조목은 '각부' 다음에(29b~30a) 채록되었으나, 두주에 '형(刑)' 앞으로 옮기라는 지침에 따라, 여기에 옮겨 편집하고 번역한다. 정보는 『영환지략』에서 채록했다(『영환지략교주』, 282쪽).

170) 『해국도지』, 권35에서 채록했다(『위원전집』, 5책, 1043쪽). 위원은 '애아리(埃阿里)'란 나라의 기술에 보인다. 혜강이 애아리=기니[幾內亞]로 이해한 것일까?

[Sulimana, 蘇黎馬那], 카프 몽트[Cap Monte, 加不蒙德], 상귄[Sanguin, 桑固音], 가와리(加瓦利),[171] 아샨티[Aschanti(a), 亞千𢆉的亞], 다호메[Dahome(y), 達痾美], 아르드라[Ardra(h), Allada, 亞爾達拉], 파달급리(巴達給里), 라고스[Lagos, 拉各斯] 등이 있고, 나머지는 자잘한 작은 부락들이다.[172]

콩고[Congo, Kongo, 公額]

강역(疆域): 콩고[公額]는 어떤 곳에는 공아(公我)로 되어 있다. 기니[幾內亞]의 남쪽에 있으며, 하부 기니[Lower Guinea, 下幾內亞]라고도 한다. 서쪽으로 대서양이 있고, 남쪽은 심베바시아[Cimbebasia, Cimbebas, 星卑巴西亞][173]와 경계하고, 동쪽은 자가[Jaga, 日牙加][174]에 이른다. 길이는 약 3,800리고 폭은 약 1,400리다.

산수(山水): 동쪽 경계는 산봉우리가 겹겹으로, 온갖 물줄기가 발원한다. 가장 큰 강물은 콩고[公額]인데, 이로써 부락의 이름을 삼았다. 콩고강은 굽이 흘러 사방으로 감돌아 흘러 농토는 그 때문에 비옥하다.

기후[風氣]: 땅이 적도의 남쪽에 해당하여 무더위가 기니[幾內亞]와 같다.

---

171) '가와리'가 어디인지 비정하지 못했다. 아마로 '아웨리(Awerri)'의 오기이거나, 카일리(Kaylie)를 느슨하게 옮겼을 것이다. 고증을 기다린다.

172) 『영환지략』에서 채록했다(『영환지략교주』, 282쪽). 이상의 지명들은 모냉(C. V. Monin), 「사하라, 수단, 세네감비아 그리고 기니를 포함한 서아프리카(Afrique Occidentale comprenant Le Sahara, La Soudan, La Senegambie et La Guinee)」(Paris, 1837); 안드레(Richard Andree), 「세네감비아, 황금 해안 그리고 케이프랜드(Senegambien. Goldkuste und Kapland)」(Leipzig, 1881)를 중심으로 추정했다.

173) 페이지(Thomas Page, 1704~1762), 「서양(The Western Ocean)」(London, 1766); 루이 브리옹(Louis Brion de La Tour, 1743~1803), 「적도 너머의 아프리카(Partie De L'Afrique audela de l'Equateur)」(Paris, 1786).

174) 『해국도지』 교주에서, '자가(Jaga)'라고 추측했다(『위원전집』, 5책, 1043쪽). '자가'에 대응시킬 수밖에 없을 것 같다. 다만 자가는 콩고 부족 중 가장 야만성이 강한 종족으로 알려져 있다. 종족 명칭이 아니라, 그들이 중심이 된 자가 카쌍기(Jaga Cassange)를 말할 것이다. 샤틀렌(Henri Chatelain, 1684~1743), 「콩고, 모모노타파 그리고 카프리 왕국 지도(Carte Du Royaume De Congo, Du Monomotapa et de la Cafrerie)」(Amsterdam, 1719)를 참고하시오.

사람[人民]: 검은 이민족[黑番]들이다. 풍속 또한 기니[幾內亞]와 같다.

산물[物産]: 구리[銅], 주석[錫], 사탕수수[甘蔗], 후추[胡椒], 서분(薯粉, 감자녹말로 추정), 상아가 난다.

시장[市埔]: 서쪽 경계에는 포르투갈[葡萄牙]이 개국한 땅이 있다. 두 부락[部]이 있는데, 북쪽은 앙골라[昻痾拉]라 하고, 남쪽을 방겔라[Benguella, 奔給拉]라고 한다. 각 광산에는 다섯 가지 금이 난다. 상선들이 왕래하며 오로지 흑인 노예[黑口] 매매만 일삼는다.[175)]

부락[各部]: 땅은 21개의 작은 나라로 나뉜다. 로앙고[Loango, 羅昻額], 콩고[Congo, 公額], 펨바[Pemba, 奔巴], 살라[Sala, 薩拉], 말루아스[Malua(s), 莫盧阿斯], 후메[Hume, 虎美], 카쌍지[Cassange(ji), 加三日], 강겔라[Ganghella, 罔各白拉], 호[Ho, 何], 호로-호[Holo-Ho, 何羅和], 징가[G(J)inga, 日仍加], 기쿠아[Quicua, 幾蘇阿],[176)] 쿠타토[Cutato, 古達多], 쿠닝가[Cunhinga, 古凝加], 탕바[Tamba, 當巴], 리볼로[Li(u)bolo, 里巴羅], 기사마[Quisama, 畿薩罵], 셀라[Sela, 塞拉], 바이룬도[Bailundo(u), 白倫多], 나노[Nano, 難諾], 비헤[Bihe, 比黑] 등이다.[177)]

8-5. 아프리카 남부[阿非利加南土]

강역(疆域): 아프리카 남부[阿非利加南土]는 삼면이 바닷가로, 동쪽과 서쪽에서 점차 죽순[筍]처럼 깎여 남단에 이르러 가지런해지는데, 지형은 동서의 형세를 이룬다.[178)]

---

175) '시포(市埔)' 조목은 '각부' 뒤에(30b)에 채록되었으나, 두주에 이곳으로 옮길 것을 요청하고 있어, 여기에 편집하고 번역했다.

176) 호세 마르티노 마르케스(José Martinho Marques, 1810~1867, 瑪吉士)가 기쿠아(Quicua)의 'c'를 'ç'로 읽었던 것 같다.

177) 이상 콩고[公額]에 관한 모든 정보는 『영환지략』에서 채록했다(『영환지략교주』, 283쪽). 이상의 지명들은 모두 호세 마르티노 마르케스의 『지리비고』(『해산선관총서』본, 권8, 22b)에서 채록했다. 지명 대부분 Carl Ferdinand Weiland(1782~1847), 「Nieder-Guinea」(Weimar, 1840)의 지도에서 확인할 수 있다.

178) 『영환지략』에서 채록했다(『영환지략교주』, 284쪽).

산수(山水): 북쪽 면은 스네이우 베르겐[Sneeuw Bergen, 斯溜墨爾, 설산]을 경계로 하는데, 중국말로 설산(雪山)을 뜻한다. 산은 서쪽에서 동쪽으로 해안과 나란히 길고, 최고봉은 1,000인(仞)으로, 사계절 눈이 쌓여 있다. 아프리카 남부의 여러 산은 그 서쪽[右]에서 나오지 않지만, 강물은 모두 스네이우 베르겐[斯溜墨爾山]에서 발원한다. 그 남쪽은 감투스[Gamtoos, 岡都斯] 강으로, 남쪽으로 흘러 소가(蘇加)[179] 부락을 거쳐 바다로 나간다. 동쪽은 그레이트 피쉬[Great Fish(Visch), 額利霏矢] 강으로, 동남쪽으로 흘러 마합이사(麻哈爾斯)[180]를 거쳐 바다로 나간다. 북쪽은 오랑제[Orange, 阿蘭治] 강으로 산기슭을 둘러, 서쪽 광야를 굽이 돌아 바다로 흘러든다. 그 카프라리아[Kaffraria, 加富臘厘阿]의 땅에도 여러 강이 있는데, 어디에서 출원하여 어디로 흘러 나가는지 자세히 알려지지 않았다.[181]

기후[風氣]: 기후는 매우 무덥다.

사람들[人民]: 대부분 우매하다. 코끼리 고기를 즐겨 먹는다. 생으로 먹으므로, 이빨들이 모두 뾰족하고 날카로워 마치 개의 송곳니 모습이다. 달아날 때는 말을 달리는 것보다 빠르다. 알몸에 기름을 바르는데 노린내가 심하다. 성격이 순박하고 진실하며 참을성이 있어 좋은 일을 하라고 가르쳐 주면 또한 힘을 다해 행한다. 남의 노예가 되었을 때는 매우 충직하고 힘을 다하는데, 죽음을 돌아가는 것처럼 여긴다. 코 앞에 적을 만나도 피하거나 두려워하지 않는다. 물에 잘 헤엄쳐, 다른 나라에서 그들을 '바다귀신[海鬼]'이라 부른다.[182]

---

179) 이 단락은 『해국도지』에서 채록하고 있는데, 교주에 따르면(『위원전집』, 5책, 1033쪽), 지금의 '포텐지(Potensie)'라고 추정했는데, 'Potentji'가 바른 표기다. 어쨌든 '소가(蘇加)'와 음성적, 의미적 측면에서 부합하지 않는다. 추측건대, 아마도 '쿠가(Kouga)'를 잘못 옮긴 것은 아닌지 모르겠다. 고증을 기다린다.

180) '마합이사(麻哈爾斯)'는 복원하지 못했다. 『해국도지』 교주에 따르면(『위원전집』, 5책, 1033쪽), '바투르스트(Bathurst)'로 추측했다. 음성적으로 잘 부합하지 않는다. 그렇다고 하더라도 그레이트 피쉬 강물 흐름과 어떻게 연결될지 의문스럽다.

181) 이상의 산과 강물에 관한 명칭들은 홀(Sidney Hall), 「남아프리카(Southern Africa)」(London, 1828); 존스턴(Alexander Keith Johnston, 1804~1871), 「남아프리카, 케이프 콜로니, 나탈 등등(Southern Africa, comprising Cape Colony, Natal, &c)」(Edinburgh; London, 1861)을 참고하여 추정했다.

182) 풍기(風氣)와 인민(人民)에 관한 정보는 『직방외기(職方外紀)』에서 채록했다(『직방외

물산(物産): 오목(烏木)과 황금(黃金)이 가장 많아도, 땅에서는 조금의 철(鐵)이 나지 않는다. 베와 비단은 붉은색이나 알록달록한 색[斑班色]의 [베나 비단], 그리고 유리그릇을 좋아한다. 나는 닭 또한 모두 검다. 유독 돼지고기 맛을 세상에서 최고로 친다. 병자가 그 고기를 먹어도 해가 없다. 나는 코끼리는 아주 커, 송곳니 하나에 200근 나가는 것도 있다.

문자(文字): 원래 문자가 없었다. 유럽 사람들이 처음 이곳에 도착했을 때, 흑인들은 경전을 읽고 강론하는 것을 보고 서로 놀라며, 어떻게 책 속에 말이 있어 전달할 수 있는지 의아해했다.

기용(器用): 그곳에는 병장기나 칼이 없고, 단지 나무로 표창을 만드는데, 끝부분을 불에 구우면 매우 예리해진다.

풍속[俗]: 풍속에 노략질하지 않고, 마귀나 우상을 숭배하지 않는다. 또한 천지에 주인이 있음을 알지만, 그들의 왕을 신령처럼 보고, 또 천지의 주인으로 여겨, 흐리거나, 맑거나, 가물거나 홍수가 났을 때는 모두 그에게 가서 기도한다.[183)]

각 부락[各部]: 동쪽으로 인도양[印度海]과 면하고 있는 나라는 카프라리아[加弗勒里亞]다. 서쪽으로 대서양에 면해 있는 나라는 싱베바시아[Cimbebasia, Cimbebas, 星卑巴西亞], 호텐토티아[Hottentotie(a), 痾丁多的亞]이고, 남단 땅이 다하는 곳은 대남해(大南海)에서 떨어져 있는 카프[Cap, Cape, 加不]다.[184)]

카프라리아[Kaffraria, 加弗勒里亞]

강역(疆域): 카프라리아[加弗勒里亞]는 어떤 곳에는 객사열리(喀士列里)로 되어

기교석』, 114~115쪽). 밑줄 친 문장은 혜강이 조정했다. 『직방외기』에 따르면, “코끼리 고기를 즐겨 먹고, 또한 사람도 먹는다. 시장에 사람 고기를 파는 곳도 있다. 모두 생으로 먹으므로, 이빨이 뾰족하고 날카로워 마치 개 송곳니 모습이다”라고 하였다. 혜강은 그들이 인육을 먹는다는 말을 채록하지 않았다.

183) 물산, 문자, 기용, 풍속에 관한 정보 모두 『직방외기』에서 채록했다(『직방외기교석』, 114~115쪽). 이 정보들은 모두 아프리카 남부의 모노모타파[Monomotapa, 馬拿莫大巴]의 기술에 들어 있다. 그러나 혜강은 모노모타파에 관한 기술을 별도로 하지 않았다.

184) 『영환지략』에서 채록했다(『영환지략교주』, 284쪽).

있다. 동쪽 땅은 모잠비크[莫三鼻給]의 남쪽에 있다. 동쪽에는 인도양이 있고, 서쪽으로 호텐토티아[痆丁多的亞]와 연해 있으며, 서남쪽으로 카프[加不]와 접해 있다. 길이는 대략 4,000리고, 폭은 1,000리다.

산수(山水): 서쪽으로 사막이 많이 차지하고 있어 수원이 부족하다. 동쪽은 봉우리들이 중첩되어 있는데, 산골짜기 안의 토양은 비옥하여 숲이 무성하다.

사람들[人民]: 검은 이민족[黑番]들로 키가 크고 힘이 세며 농사에만 힘쓴다.

물산(物產): 금(金), 은(銀), 동(銅), 철(鐵), 산호(珊瑚), 호박(琥珀) 등이 있다. 짐승으로 사자[獅], 코끼리[象], 곰[熊], 표범[豹], 영양(羚羊), 물소[水牛]가 많고, 조류로는 매[鷹], 독수리[鷲]가 많으며, 바다에는 악어[鼉鱷], 해마(海馬)가 많다.[185]

싱베바시아[Cimbebasia, Cimbebas, 星卑巴西亞]

강역(疆域): 싱베바시아[星卑巴西亞]는 서쪽 땅 콩고[公額]의 남쪽에 있다. 서쪽에는 대서양이 있고, 남쪽은 호텐토티아[痆丁多的亞]와 경계를 이룬다. 길이는 약 2,700리지만, 폭은 알려지지 않았다. 지형은 평탄하고 넓으며, 사막 중간에는 약간의 땅이 있으나 역시 매우 척박하다.

사람들[人民]: 짐승은 많고 사람은 적다. 검은 이민족[黑番]들이 무시로 옮겨 다녀 부락을 형성하지 못했다. 아프리카 땅 중에서 가장 황폐하고 척박하여, 땅에서는 나는 산물이 없다. 그들 종족을 '싱베바스[Cimbebas, 星卑巴西]'라고 한다.[186]

호텐토티아[Hottentotie(a), 痆丁多的亞]

강역(疆域): 호텐토티아[痆丁多的亞]는 어떤 곳에는 합정돌(合丁突)로 되어 있다.

185) 이상 카프라리아[加弗勒里亞]의 모든 정보는 『영환지략』에서 채록했다(『영환지략교주』, 284쪽).

186) 이상 싱베바시아[星卑巴西亞]의 모든 정보는 『영환지략』에서 채록했다(『영환지략교주』, 284쪽).

싱베바시아[星卑巴西亞]의 남쪽에 있다. 서쪽에는 대서양이 있고, 동쪽은 카프라리아[加弗勒里亞]에 이르며, 남쪽으로 카프[加不]와 접해 있다. 길이는 대략 2,500리고, 폭은 2,200리다.

산수(山水): 남쪽과 북쪽에는 산맥이 많고, 중간에는 사막이 가로로 뻗어 있으며, 땅은 거의 없다. 바닷가는 움푹 꺼져 토양이 비옥하다.

기후[風氣]: 땅 기온이 평온하여 북쪽의 혹한 더위와는 다르다. 다만 돌풍이 수시로 일어나는데, 맹렬함이 평소와 다르다. 날짐승[羽毛]들은 사납고, 벌레와 뱀[蟲蛇]들은 악독하여 다른 나라 사람들이 감히 발을 들인 적이 없다.

사람들[人民]: 검은 이민족[黑番]들은 '호텐토트[痾丁多的]'라고 부르는데, 대부분 목축을 생업으로 하며 농사에는 게으르다.

물산(物產): 물산은 상당히 풍부하다.

각 부락[各部]: 부락은 상당히 많고, 각기 우두머리가 있으며 서로 통섭(統攝)하지 않는다. 비교적 뚜렷한 부락은 코라나[Korana(s), 哥拉那], 나마쿠아[Namaqua, 那馬瓜], 다마라[Damara(s), 達馬拉], 베슈아나[Bechuana, 不書阿那], 보시에르만[Bosjierman(s), 波支斯曼] 등이다.[187)]

카프[Cap, Cape, 加不]

강역(疆域): 카프[加不]는 케이프[Cape, 岌朴]라고도 하는데, 어떤 곳에는 급아온갈박(岌阿穩曷朴), 호망해각(好望海角)으로 되어 있다. 아프리카 남단 땅이 다하는 지역에 있으며, 동서로 가지런하고 평탄하다. 동쪽은 인도양이고, 서쪽은 대서양이며, 남쪽은 대남양(大南洋)이다. 길이는 약 2,000리고, 폭은 약 1,000리다.[188)]

산수(山水): ⓐ산이 바다로 돌출하여 수시로 회오리바람이 불어, 배가 다니기에 위험하다. 원래는 케이프[峽] 케이프 템페스트[Cape of Tempest, 阿付丹北司]라 불렀는데, 중국말로 '폭풍의 산'이다. 뒤에 유럽인들이 케이프[峽]

187) 호텐토티아[痾丁多的亞]의 모든 정보는 『영환지략』에서 채록했다(『영환지략교주』, 284쪽). 이상의 지명들은 라드펠트(Carl Christian Franz Radefeld, 1788~1874), 「남아프리카 최신 지도(Neueste Karte von Südafrica)」(Hildburghausen, 1846)에 따라 추정했다.

188) 『영환지략』에서 채록했다(『영환지략교주』, 285쪽).

굿 호프[Good Hope, 兀賀]라고 고쳐 불렀는데, 지협[山峽]의 경치가 볼만함을 말한다. 케이프[峽]의 길이는 580리고, 폭은 200여 리다. 무성한 잡초 들판에 모래와 돌이 반반이며, 푸른 풀은 없다. 산을 등진 바닷가에 좁은 해안은 숲이 무성하며, 큰 농토엔 농사를 많이 짓는다. ⓑ도시[城]를 타펠[Tafel, Table, 達勒]과 라이언 헤드[Lion's Head, 良] 두 산의 기슭에 세웠는데[케이프타운], 속칭 '대랑산(大浪山)'[189]이라 한다.[190]

기후[風氣]: 사계절이 온화하고, 꽃과 나무가 번성하다. 이북은 절반이 사막이라, 바람이 불 때마다 구름이 합쳐져 검은 기운이 자욱하다.[191]

사람들[人民]: ⓒ토착민[土人]은 몸이 작고 면모는 검으며 땅에 굴을 파고 산다. 야생 짐승을 잡으면 그 고기를 생으로 먹는다. ⓓ빠르게 달리며 활을 잘 쏴 달아나는 짐승들을 추격할 수 있다. 가죽을 벗겨 자리를 짜고, 활을 만들고 칼을 주조하는 일을 한다. 가무를 즐기고 종교를 믿지 않는다. 호구는 15만 명이다.[192]

물산(物産): 목장이 넓어 소와 양이 번성하며, 곡(穀)과 맥(麥)은 내다 팔 정도다. 포도를 심어 빚은 술은 매우 감미롭다. 침향(沈香), 사자[獅], 코끼리[象], 표범[豹], 암 외뿔소[兕], 사슴[鹿], 노루[麂], 하마(河馬) 하마에는 뿔이 있는데,

---

189) '대랑(大浪)'은 글자 그대로 폭풍우에 따른 큰 파도를 의미하고, '산(山)'은 섬이란 뜻이다. 포르투갈 후앙 2세(1455~1495)의 뜻에 따라 아프리카 탐사에 나선 바르톨로뮤 디아스(Bartolomeu Dias, 1450~1500)가 1488년 아프리카 남동해안을 폭풍우 속에 지나다가 우연히 발견하게 된 남단의 곶을 그는 '폭풍의 곶(Cabo das Tormentas, 또는 Cabo Tormentoso)'라고 불렀는데, 대랑산은 바로 이를 의미상 번역한 말이다. '폭풍의 곶'은 이후 후앙 2세에 의해 소위 '희망봉(cabo da Boa Esperança)'으로 고쳐 불렸다. 중국 자료에서 '대랑산', 즉 희망봉에 관한 정보는 마테오 리치의 '세계전도'에서 가장 빠르게 언급되었다. 기록상으로 중국인들은 마테오 리치 이전 희망봉을 알지 못했다고 말할 수 있다.

190) ⓐ의 기술은 『해국도지』, 권34에서 채록했고(『위원전집』, 5책, 1022쪽), ⓑ는 『영환지략』에서 채록했다(『영환지략교주』, 284쪽). 『해국도지』에서 위원은 희망봉이 있는 지역을 '콜로니[Colony, 果羅里]'라고 옮겼다.

191) 『영환지략』에서 채록했다(『영환지략교주』, 285쪽).

192) ⓒ는 『영환지략』에서 채록했고(『영환지략교주』, 285쪽), ⓓ는 『해국도지』, 권34에서 가져왔다(『위원전집』, 5책, 1023쪽).

칼자루를 만들 수 있다. 등이 난다. 또 목이 긴 사슴과 타조(駝鳥)가 타조는 투계와 비슷하나 키가 크며, 두 다리가 낙타와 비슷하다. 바로 『한서』에서 말하는 대마작(大馬爵)[193]으로 파사(波斯), 인도(印度), 천방(天方) 일대에 모두 있어, 이곳에서만 나는 산물이 아니다. 난다.[194]

시포(市埔): 명나라 때, 포르투갈[葡萄牙]이 배를 타고 동쪽으로 오면서 처음 이곳을 알았다.[195] 뒤이어 네덜란드[荷蘭]가 이르러 부두를 건설하고 자국민을 이주시켜 경작하도록 하며, 토착민들을 잡아 노예로 삼았다. 유럽[歐羅巴] 여러 나라의 상선들이 동쪽으로 올 때는 반드시 이곳에 정박했다. 떠돌아다니며 사는 사람들은 모두 네덜란드 사람들로, 태반은 목축을 생업으로 했다. 내륙 계곡이나 강가에는 또한 마을[聚落]이 있지만 사막으로 둘러싸여 왕래하려면 매우 멀었다. 송아지 수레를 타고 사막을 가다 보면 종종 중도에 갈증으로 죽으므로, 땅의 경계로 수천 리를 우회한다. 호구는 많지 않다. 가경(嘉慶) 10년(1805), 영국[英吉利]이 군함으로 그곳을 탈취하여 바닷가에 별도로 부두를 열었다. 종전에 대서양 상선들이 동쪽으로 올 때, 케이프[岌朴]에 이르면, 반드시 닻을 내리고 기항했다. 물이나 쌀이 모자라면, 반드시 원조받아야 하므로 네덜란드와 영국은 그 요충지를 다투었다. 근래 유럽 여러 나라가 바닷길에 더욱 익숙해 지면서 항해가 빨라져 케이프[岌朴]에 이르러 돛을 올리고 곧장 지나가고, 정박해 오는 배는 열에 둘 셋도 없었으니 또한 경중과는 무관했다.[196]

---

193) 『전한서』, 권96상, 「안식국(安息國)」(3889쪽)에 보인다. 안사고(顔師古)는 『광지(廣志)』를 다음과 같이 인용했다. "대작(大爵)은 목이 가슴과 몸통에 미치며, 발굽은 낙타와 비슷하고, 색은 푸르다. 머리를 들면 높이가 8~9척이며 편 날개는 1장 남짓으로 밀[대맥]을 먹는다(大爵, 頸及膺身, 蹄似橐駝, 色蒼. 擧頭高八九尺, 張翅丈餘, 食大麥)"라고 하였다.

194) 침향(沈香)만 『해국도지』에서 채록했고(『위원전집』, 5책, 1022쪽), 나머지는 모두 『영환지략』에서 채록했다(『영환지략교주』, 284쪽).

195) 바르톨로무 디아스(Bartolomeu Dias)가 1488년 3월 12일 이곳을 폭풍의 곶[Cabo das Tormentas]으로 명명했다.

196) 『영환지략』에서 채록했다(『영환지략교주』, 285쪽). 밑줄 친 정보는 혜강이 채록하지 않았으나 이해를 위해 넣어 해석했다.

8-6. 아프리카 군도[阿非利加群島]

마싸와[Massawa, Massaua, Maçuá, 馬蘇阿] 섬은 홍해에 있다. 북부의 아비시니아[阿北西尼亞] 부근으로, 튀르키예[土耳其]에 속한 섬이다. 사는 사람들은 많이 없으나 정박에 편리하여, 무역이 상당히 왕성하다.

킬로아[Keewla, Quiloa, 幾羅阿], 몽피아[Monfeea, Monfia, Mafia, 蒙非亞], 잔지바르[Zanzibar, 桑西巴爾], 펨바[Pemba, 奔巴], 소코트라[Socotra, 索哥德拉] 등의 섬은 홍해 밖 인도양[印度海]에 있는데, 폭과 길이가 200~300리로 균일하지 않다. 모두 아라비아[阿剌伯]에 속해 있다. 향료(香料), 상담(象膽), 주사(硃砂)가 난다.[197]

마다가스카르[Madagascar, Madagasikara, 馬達加斯加爾]

강역(疆域): 마다가스카르[馬達加斯加爾] 어떤 곳에는 마대압갑(馬大狎甲), 묵륵아사객(墨勒阿士土喀), 성로좌릉대도(聖老佐楞大島)라고 되어 있다. 큰 섬은 인도양[印度海] 동남방에 있다. 동부의 모잠비크[莫三鼻給]와 가깝다. 길이는 약 2,800리고, 폭은 약 700~800리다.

산수(山水): 높은 산이 등줄기처럼 뻗어 이어져 있고 군산[萬笏]이 어지러이 늘어서 있고, 날리며 흐르는 폭포는 수백 인(仞)이다. 가장 높은 북쪽 봉우리는 유가가랍(維加哥拉),[198] 남쪽 봉우리는 암보이티스메네[Amboitismene, 昂巴的美內]다.[199] 산의 동쪽은 평원으로 드넓고, 계곡물이 얽혀 흐르며, 농토

197) 이상 섬들에 관한 설명은 모두 『영환지략』에서 채록했다(『영환지략교주』, 286쪽). 언급된 지명들은 John Nicaragua Dower, 「Africa」(London, 1844)를 참고하여 추정했다.

198) 여기 봉우리 명칭들은 『지리비고』(권8, 29a)에 보이는데, ‘유가가랍(維加哥拉)’의 ‘랍(拉)’자는 ‘랄(辣)’자로 되어 있다. 발음상 차이는 없지만, 어느 봉우리를 음차했는지 지도에서 찾지 못했다. 앙리 바레르(Henry Barrère)의 「마다가스카르 지도(Carte de Madagascar)」(Paris, 1895)에는 1870m의 ‘베자보나(Bezavona)’ 산을 표히가고 있는데, 이를 음차한 것인지 모르겠다.

199) 당두오(André Dandouau)는 마다가스카르의 최고봉은 자라타나나(Tsaratanana) 산으로 2,880m이고, 다음은 지아파자보나(Tsiafajavona) 산은 2,644m라고 기록했다

가 비옥하여 곡물과 과실이 풍부하고 크다. 깨끗하고 빼어남이 아프리카[阿非] 땅에서 최고다.

기후[風氣]: 땅 기온은 무더워 바닷가 웅덩이나 못에 태반이 산다. 열병[瘴癘]에 걸리면 다른 나라 사람들은 견딜 수 없다.

사람들[人民]: 주민들은 모두 검은 이민족[黑番]으로 이슬람교를 따른다. 옛날부터 별도의 한 나라가 되어 예속되지 않았다. 프랑스[佛郞西]가 그곳을 차지하려고 여러 차례 시도했으나 얻지 못했다.

물산(物産): 명주실[絲], 마(麻), 밀랍(蜜蠟), 대나무[竹], 소목(蘇木), 사탕수수[甘蔗], 수교(樹膠), 청대(靑黛), 담뱃잎[烟葉], 흰 후추[白胡椒], 사곡미(沙穀米, Sago) 등이 난다. 산에서는 은(銀), 동(銅), 철(鐵), 주석[錫], 흑연(黑鉛), 수은(水銀)과 각종 광물이 모두 있고, 보석(寶石), 수정(水晶)도 있는 곳이 많다. 토착민[土番]들은 채취할 줄 모르고, 다만 철만 다룰 수 있을 뿐이다.

각 부락[各部]: 땅은 수십 부락으로 나뉘어 있고 서로 통섭(統攝)하지 않는다. 큰 부락은 호바스[Hovas, 痾瓦斯], 사칼라바[Sakalva(s), Sekilave, 塞哥拉瓦斯], 안타바르츠[Antavarts, 安達瓦爾斯], 베트실로[Betsilo, Betsileo, 卑定薩拉], 베타니메네[Betanimene, 卑達尼美內], 안타시메[Antaxime, 安達西美美西][200] 등이 있고 나머지는 자잘하여 이름을 다 들지 않는다.[201]

모리셔스[Mauritius, Maurícia, Maurice, Moris, 毛里西亞]섬은 어떤 곳에는 모

(『Géographie de Madagascar』, Paris, 1922, 28~31쪽). 이들 명칭은 음역된 표기와 전혀 부합하지 않는다.

200) 저본의 '안달미서(安達美西)'라는 잘못된 형태는 당연히 『영환지략』에서 비롯되었다. 서계여는 『지리비고』(『해산선관총서』본, 권8, 29b)의 '안달서미(安達西美)'를 잘못 옮겼다.

201) 이상 마다가스카르[馬達加斯加爾]에 관한 정보는 모두 『영환지략』에서 채록했다(『영환지략교주』, 286쪽). 여기 서계여가 언급한 지명들은 모두 『지리비고』(『해산선관총서』, 권8, 29a~b)에서 채록했다. 지명들은 바일란트Carl Ferdinand Weiland, 1782~1847), 「마다가스카르, 코모로, 세셀, 아미란테, 마스카렌 제도를 포함한 남아프리카 동부 해안(Die Ostküste Süd-Africa's nebst der Insel Madagascar, den Comoren, Sechellen, Amiranten und Mascarenischen Inseln)」(Weimar, 1827); 애로우스미스(John Arrowsmith, 1790~1873), 「원본 그림, 스케치, 일기 및 구술 정보에 따른 마다가스카르(Madagascar, from original drawings, sketches, diaries & oral information)」(London, 1850)에 근거하여 추정했다.

륵돌(冒勒突), 또는 '묘리사(妙哩士)'로 되어 있다. 마다가스카르[馬達加斯加爾]의 동쪽에 있다. 둘레는 약 500리다. 기후는 무덥지만 그래도 거주할 만하다. 땅은 영국[英吉利]가 개척하여 총독[大酋]를 주둔시켰다. 부근의 40여 작은 섬들 모두 예속되어 있다. 땅에서는 설탕[白糖]이 난다.[202)]

부르봉[Bourbon, Réunion, 不爾奔]섬은 어떤 곳에는 포이본(捕耳本)으로 되어 있다. 모리셔스[毛里西亞]의 동쪽에 있다.[203)] 길이는 180리고, 폭은 130리다. 주민은 9만여 명으로 프랑스[佛郞西]가 개척한 섬이다. 토양은 비옥하고 땅 기온은 평온하고 좋다. 섬 안에는 화산이 있어 밤낮으로 화염을 끊임없이 토해낸다. 땅에서는 곡물[穀], 과실[果], 커피[加非], 설탕[白糖], 면화(棉花), 담뱃잎[烟葉], 정향(丁香), 계피(桂皮), 목재[材木], 흑금(黑金), 산호(珊瑚) 등이 난다. 연해에는 항구[港澳]가 없어 상선들이 정박할 때 종종 바람을 만나 파손된다. 그러나 프랑스[佛國]의 상선들은 매년 왕래하며 포기하려 하지 않았다.[204)]

세인트 헬레나[Saint Helena, Santa Helena, 三達厄勒那] 섬은 대서양 바다에 있으며 [아프리카] 남부의 싱베바시아[星卑巴西亞]와 가깝다. 길이는 45리고, 폭은 25리다. 영국[英吉利]이 개척한 섬으로 총독[大酋官]을 주둔시켜 부근의 여러 섬을 모두 예속시켰다. 땅 기온은 평온하여 살 만하다. 가경(嘉慶, 1796~1820) 연간에 프랑스[佛郞西]의 폐위된 왕 나폴레옹[拿破侖]이 영국에 잡혀 이 섬에 유배되었다가 도광(道光) 3년(1823)에 병들어 죽었다.[205)]

상 투메[São Tomé, 桑多美] 섬은 둘레가 400리다. 프린시페[Príncipe, 北林西卑]섬은 길이가 80리고, 폭은 60리다. 두 섬은 대서양 기니[Quinea]만에 있

202) 『영환지략』에서 채록했다(『영환지략교주』, 286쪽).

203) 여기의 '동(東)'은 '서(西)'의 오기일 것이다. 아니면 마다가스카르[馬達加斯加爾]의 동쪽이 되어야 한다.

204) 『영환지략』에서 채록했다(『영환지략교주』, 287쪽).

205) 『영환지략』에서 채록했다(『영환지략교주』, 287쪽). 교주에서는 이 세인트 헬레나 섬이 바로 상 토메(São Tomé) 섬이라고 추정했으나, 상 토메 섬은 바로 다음 '상다미(桑多美)' 섬으로 기술하고 있다.

다. 포르투갈[葡萄牙]이 개척한 섬들이다. 옛날에는 대부분 숲이 울창했으나 포르투갈 사람들이 숲을 불태워 그 땅을 개간하고 포도를 심었는데, [그 포도로] 빚은 술은 매우 맛이 좋아, 해마다 운송해 가니, 값이 30만 원에 달했다.[206)]

페뇽 데 벨레스[Peñón de Vélez, 北农的威勒斯], 알 부세마스[Al bucemas, 亞盧塞馬斯], 메릴라[Melilla, 美黎辣], 이 섬들은 '녹산두(綠山頭, Cabo Verde) 군도'라고 통칭하는데, 세네강비아[塞内岡比亞]의 서쪽에 있다.[207)] 땅은 대부분 척박한 불모이며, 바닷가에서는 소금을 생산하는데 주민들은 그로써 생활한다. 또 카나리스[Canaries, Canarias, 加拿列斯] 군도가 있는데 총 20여 개의 섬으로 모로코[摩洛哥]의 서쪽에 있다. 땅 기온은 습하고 덥다. 술[酒], 과실[果], 설탕[糖], 꿀[蜜], 기장[黍], 맥(麥), 콩[豆], 서(薯), 명주실[絲] 등이 난다. 이상의 섬들은 모두 에스파냐[西班牙]가 개척한 섬들이다. 카나리[Canary, 加拿列] 군도에는 테네리페[Tenerife, 德内黎非]라는 큰 산이 있는데, 높이는 120장으로, 상선들이 왕래할 때 보고 기준으로 삼는다. 또 란사로테[Lanzarote, 蘭塞羅德]섬에는 화산이 있어 수시로 연기와 화염을 토해낸다.[208)]

세우타[Ceuta, Sabtah, 修達] 섬은 지중해 지브롤터[直布羅陀] 해협 안에 있다. 모로코[摩洛哥]와 가까우며, 견고한 성채가 세워져 있다. 또한 에스파냐[西班牙]에 속한 섬이다.[209)]

---

206) 『영환지략』에서 채록했다(『영환지략교주』, 287쪽).

207) 여기에는 서계여의 착오가 있다. '녹산두(綠山頭)'는 포르투갈어 '카보 베르데(Cabo Verde)'의 의역 명칭이다. 이 군도는 세네갈의 서쪽에 있다. 그러나 페뇽 데 벨레스[Peñón de Vélez, 北农的威勒斯], 알 부세마스[Al bucemas, 亞盧塞馬斯], 메릴라[Melilla, 美黎辣], 이 세 섬은 은 지중해 남안에 붙은 스페인령 항구들이다. 『지리비고』에 따르면, 대여송(大呂宋), 즉 스페인이 관할하는 아프리카 북부의 땅으로, 세우타[修達], 페뇽 데 벨레스, 알 부세마스, 메릴라를 들었고, 이어서 카나리아스[Canarias, 加那里亞斯] 군도를 들었다(『해산선관총서』본, 권8, 35a). 서계여가 이 정보를 채록하면서 세네강비아 서쪽에 있는 '카보 베르데' 군도에 잘못 끌어다 붙였다.

208) 『영환지략』에서 채록했다(『영환지략교주』, 287쪽).

209) 『영환지략』에서 채록했다(『영환지략교주』, 287쪽).

가는 길[程途]: 아프리카 북부는 아시아[亞細亞]와 연접해 있고, 동쪽과 서쪽은 내륙해[內海]로 홍해(紅海)와 지중해(地中海)다. 곳곳에서 정박할 수 있다. 그러므로 땅에는 사막이 많지만, 동방의 이민족[夷族]들이 일찍이 땅을 골라 살았다. 그 동쪽, 서쪽 그리고 남쪽 삼면은 한 덩어리로 평탄하며 땅은 바다와 나란하여, 울퉁불퉁 굽이져 도는 형세가 없으므로, 깊은 정박지[澳]가 없다. 대양을 항해하는 배들은 깊고 편한 항구[港澳]가 없어 닻을 내리고 기항할 수 없다. 그러므로 여러 나라의 선박들은 수시로 지나가며 지나는 곳마다 상륙할 이유가 없었다. 그곳의 땅을 개척할 수 없었던 이유는 실로 이 때문이다. 북방에서 육로[旱路]를 따라 가면, 펼쳐진 사막이 수천 리로, 바다로 건너는 것과 비교하면 훨씬 힘들다. 남방의 열병[瘴癘]은, 우매하고 미개한 탓이지, 반드시 지세가 유독 열악해서만은 아니다.[210]

210) 여기 아프리카로 가는 여정은 『영환지략』에서 채록했다(『영환지략교주』, 288쪽). 왜 아프리카 지역이 개발되지 않았는지에 대한 서계여의 생각이 들어 있다.

지구전요 권○ 패동 최한기 편집(地球典要卷 浿東 崔漢綺 編輯)[1]

9. 아메리카[America, 亞墨利加] 지도 58을 보시오.

강역(疆域): ⓐ아메리카[亞墨利加] 어떤 곳에는 아묵리가(亞墨理駕)로 되어 있다. 대륙은 세 대륙과 서로 연결되어 있지 않다. 땅은 남북 두 땅으로 나뉘는데, 북쪽 땅은 형태가 나는 물고기 같고, 남북이 마치 사람의 다리에 넓은 바지를 입고 가운데에는 가는 허리로 연결된 것 같다. 북쪽으로 북빙해(北氷海)를 두고 있고, 남쪽은 남빙해(氷海)에 가까워, 총길이는 2만 8,000여 리다. 동쪽으로 대서양을 두고 있고, 유럽[歐羅巴], 아프리카[阿非利加] 두 대륙과 마주하고 있으며, 물길로 약 1만 리다. 서쪽으로 태평양[大洋海]을 두고 있는데, 아시아[亞細亞]로 곧장 이르며 별다른 땅이 없다. 서북쪽 끝 한 모퉁이는 아시아의 동북쪽 끝 모퉁이와 하나의 해협[海港]을 두고 있다. ⓑ대세로 남북으로 나누는데, 가운데에는 하나의 지협으로 연결되어 있다. 지협의 남쪽을 남아메리카[南亞墨利加]라고 한다. 남쪽 끝은 해협으로[極南海峽], 남극에서 출지(出地)는 52도이고, 북쪽 끝의 북극에서 출지는 10·5도다. 서쪽으로 286도에서 시작하여 동쪽으로 355도에 이른다. 지협의 북쪽은 북아메리카[北亞墨利加]라고 한다. 남쪽 끝의 남극에서 출지는 10·5도이고 북쪽으로 빙해(氷海)에 이르는데, 북극에서의 출지 도수는 알려지지 않았다. 서쪽 180도에서 시작하여 동쪽 복도(福島) 360도에서 끝난다.[2]

산수(山水): 북아메리카 서북쪽 경계에는 로키[Rocky, 落機]라는 높은 산이 서북쪽에서 동남쪽으로 이어져 뻗어 있다. 동쪽으로 치우쳐 애팔래치아[Appalachian, 押罷拉旣俺]라는 산이 동북쪽에서 서남쪽으로 있고, 나머지는

---

1) 이 분권 표기가 있는 것으로 판단할 때, 혜강은 여기에서 분권하고 싶었을 것이다. 왜냐하면 아프리카 대륙과 아메리카 대륙을 한 권에 채록하는 것은 매우 어색했기 때문이다. 자신의 저본인 『영환지략』도 분명하게 별도의 권[9권]으로 나누고 있다. 판심에 '권수'의 표기도 없고, 두주에도 어떠한 언급도 보이지 않는다. 국립중앙도서관 소장본은 여기에서 10권으로 분권했다.

2) ⓐ는 『영환지략』에서 채록했고(『영환지략교주』, 289쪽), ⓑ의 정보는 『직방외기』를 참고하여 재구성했다(『직방외기교석』, 119쪽).

지도 58. 국립중앙도서관 소장본의 지도가 몹시 희미하여 『영환지략』(도시샤대학 소장본, 1861)에서 가져왔다. 국립중앙도서관 소장본에는 '남북아묵리가총도(南北亞墨利加總圖)'라는 지도 명이 있고, 경도와 적도 표기가 있다.

대부분 평평한 땅이다. 미시시피[Mississippi, 密士失大必]라는 큰 강이 서북쪽에서 발원하여 동남쪽으로 흘러 바다로 들어가는데, 크고 넓은 모습이 중국의 황하(黃河)와 같다. 이밖에 매켄지[Mackenzie, 馬更些], 세인트로렌스[Saint Lawrence, 桑羅棱索], 델라웨어[Delaware, 德拉瓦勒], 포토맥[Potomac, 波多馬哥], 북하(北河) 등의 강물이 평지의 중앙부를 굽이 돌아 관통하여 흐른다. 그러므로 1만 리를 굽이 돌아 토양이 대체로 비옥하다. 남아메리카[南亞墨利加] 서쪽 경계에는 안데스[Andes, 安達斯]라는 큰 산이 등줄기처럼 북쪽에서 남쪽으로 뻗어 있는데, 길이는 1만 7,000리다. 이 산에서는 은과 광물이 나기 때문에, '금혈(金穴)'이라 부르며, 화산이 많다. 산의 동쪽은 평원으로 넓고 평탄하며, 아마존[Amazon, Amazonas, 亞馬孫]이라는 큰 강이 있는데, 그 크기가 중국의 장강(長江)과 같다. 오리노코[Orinoco, 痾勒諾哥], 토칸칭스[Tocantins, 多干定], 상프란시스쿠[São Francisco, 桑方濟各], 마그달레나[Magdalena, 馬達勒那], 라플라타강[La Plata, 銀河]은 모두 남부의 이름난 강들이다.[3)]

풍기(風氣): 북아메리카의 북쪽 경계는 한랭하고 불모로 아시아[亞細亞]의 북쪽 경계와 같다. 남쪽으로 점차 따뜻해진다. 미국[米利堅]의 각 부락은 북황도의 북쪽에 있으며 중국과 기후와 절기가 서로 비슷하다. 더 남쪽으로 콜럼비아[可侖比亞] 일대에 이르면서 딱 적도 아래에 있어 더위가 무척 심하지만, 아프리카[阿非利加]의 불볕더위와는 다르며 열병[瘴氣]이 없어 임시 머무는 사람 중에 요절하는 사람이 없다. 남쪽으로 가면서 점점 평온해지다가, 더 남쪽 파타고니아[Patagonia, 巴他拿戩][4)]에 이르면, 한랭함은 북아메리카의 북쪽 경계와 같다. 남단에 있는 티에라 델 푸에고[Tierra del Fuego, 鐵耳聶離依休勾]에 이르면 이미 남흑도(南黑道)와 가까워져, 얼음과 눈이 항상 쌓여 있고 사람이나 가축이 없다. 바로 남극과 북극이 모두 빙해라는 그 말이 믿을 수 있고 근거가 있음을 알 수 있다.[5)]

---

3) 『영환지략』에서 채록했다(『영환지략교주』, 292~293쪽).

4) '파타나아(巴他拿戩)'란 형태는 『해국도지』, 권61에 '파타아나(巴他戩拿)'로 되어 있는데(『위원전집』, 6책, 1656쪽), 파타고니아를 음역 표기한 형태라면, '파타아나'로 되어야 한다.

5) 『영환지략』에서 채록했다(『영환지략교주』, 293쪽).

사람들[人民]: ⓒ오관(五官)과 사지(四肢)는 중국인과 비슷하나, 얼굴색이 자줏빛으로 붉어 홍동(紅銅)처럼 갈색이다. 머리카락은 잘라 몇 촌 정도 남겨두고 정수리로 보내 함께 묶는데 흩어진 꽃처럼 난잡하다. 북아메리카의 북단 경계에는 일 년 내내 한랭하여 물고기를 잡아먹는다. 조금 남쪽은 수렵하여 살며 그 가죽을 입는데, 대략 막북(漠北)의 몽골 풍습과 같다. 더 남쪽은 모두 여러 종족[各種][6]이 흩어져 산다. ⓓ주민들은 네 인종으로 나뉘는데, 토착민[土人]은 얼굴이 자주색으로 바로 아메리카 토착민이다. 백인(白人)은 모두 유럽[歐羅巴] 각 나라의 사람들로 임시 거주하는 사람들이다. 흑인(黑人)은 모두 아프리카[阿非利加]에서 팔려 온 노예들이다. 잡인(雜人)은 세 인종으로 나뉘는데 토착민 어머니와 백인 아버지, 또는 흑인 어머니와 백인 아버지, 또는 흑인 어머니와 토착민 아버지에서 태어난 사람들로 세 인종의 기색은 각기 다르다. 그 토착민들도 종족이 각기 다르다.[7]

물산(物産): 이곳에는 옛날 소, 양, 돼지, 개, 고양이가 없었는데, 에스파냐[西班牙] 사람들이 처음 이르렀을 때, 말을 타고 상륙하자, 해안에 있던 사람들이 멀리서 보고 말과 사람을 하나로 생각하고 모두 놀라 달아나 피했다고 한다. 지금은 발굽과 뿔이 있는 짐승들이 들에 널려있다. 오곡(五穀)에는 옛날 기장[黍稷]뿐이었으나 지금은 각종 곡물이 모두 있다. 사탕수수[甘蔗], 포도(葡萄), 오렌지[橙柑], 커피[加非], 후추[胡椒], 감자나 고구마[芋薯] 등은 모두 유럽[歐羅巴]에서 이식된 것들로, 또한 모두 잘 자라며 크다. 담뱃잎[煙葉]과 면화(棉花)는 큰 소득을 가져다준다[大利]. 근래에는 또 양잠하는 법을 진흥했다. 나무로는 소나무[松], 백(柏), 상(橡), 율(栗), 유(楡), 피나무[椴], 괴(槐), 양(楊)이 많고, 약재, 안료, 향료는 아주 많다. 오금(五金) 이외에 다이아몬드[鑽石], 보석(寶石), 수은(水銀)이 나고, 석탄[煤]과 소금[鹽]은 곳곳에서 난다.[8]

---

6) '각종(各種)'은 『영환지략』에 '야번(野番)'으로 되어 있는데, 혜강이 '야만족'이라는 의미의 단어를 의도적으로 피한 것으로 보인다.

7) ⓒ와 ⓓ 모두 『영환지략』에서 채록했다(『영환지략교주』, 289쪽; 293쪽). 다만 ⓓ는 북아메리카에 한정된 설명임에 주의하시오.

8) 『영환지략』에서 채록했다(『영환지략교주』, 293쪽).

연혁(沿革): ⓔ옛날 국토를 나눌 대는 성읍(城邑)이 있었고, 이 땅에 이른 해외 다른 땅의 사람들은 없었다. ⓕ명나라 홍치(弘治, 1488~1505) 연간 에스파냐의 신하 중에 콜럼버스[可侖]라는 어떤 곳에는 각룡(閣龍), 또는 개륜(個倫), 또는 가륜파(可倫坡)로 되어 있다. 자는 평소 격물궁리(格物窮理)의 학문에 심취했으며, 평생 항해하는 법을 강습했는데, 지구는 공처럼 둥글므로 필시 세 대륙 밖으로 땅이 없을 수 없다고 생각했다. 또 해외에 나라가 있더라도 성교(聲教)가 이르지 못해, 나쁜 습속에 빠져있으리니 멀리 나가 찾아내 널리 교화해야 한다고 생각했다. ⓖ국왕에게 아뢰어 배를 타고 가도록 요청했으나 국왕은 허락하지 않았다. 다시 포르투갈[葡萄牙] 국왕에게 요청했으나 역시 허락받지 못했다. 다시 에스파냐 국왕에게 연이어 아뢰자, 국왕은 8년을 미루어 온 끝에 비로소 허락해 주었다. 큰 배 1척, 작은 배 2척, 모두 100여 명으로 홍치(弘治) 5년(1492) 8월 초에 서쪽을 향해 출발했다. 20여 일 동안 해안은 나타나지 않았고 같이 배를 탄 선원들은 비축한 식량이 떨어지자 모두 배를 돌리려 했다. 콜럼버스[可侖]는 재삼 권면했다. 그 뒤로 점차 공중에 나는 새들이 보이며 멀리 해안이 나타나, 망원경[千里鏡]으로 멀리서 살펴보니 잠깐 인적이 보여 노를 저어 나갔다. 해안에 이르러 사람들 모두 이곳에서 붙어 살며 겨울을 보냈다. 다음 해 배를 돌려 귀국했다. 처음으로 아메리카의 넓은 땅이 있음을 알았다. 홍치 10년(1497) 선주(船主) 가륜비아(可倫比亞)가 이곳에 이르러 오래 살았기 때문에, 후세 사람들이 그 사람 이름으로 그곳을 부르게 되었다. ⓔ정덕(正德) 14년(1519) 에스파냐 사람 코르테스[Hernán Cortés, 哥爾德斯]가 멕시코[墨西哥]가 풍요롭다고 탐문하고 군대를 이끌고 정벌하여 그 나라를 빼앗았다. 더 남쪽으로 개척하여 남아메리카 서쪽에 치우친 각 나라를 차례로 잠식했다. 에스파냐 사람들은 점차 퍼져 섞여 살며 산속 은광을 발굴하면서 갑자기 부유해졌다. 이때 태풍을 만나 남아메리카의 브라질[巴西]에 표류한 포르투갈[葡萄牙] 배가 있었는데 그 땅이 넓고 비어 있음을 알고, 나라 사람들을 이주시켜 개간하여 농사짓게 했다. 프랑스[佛郞西], 영국[英吉利]이 그 소식을 듣고 큰 배를 타고 서쪽 탐험에 나서 북아메리카에 이르렀다. 프랑스가 그 남북을 차지하고 영국이 그 중간을 차지했다. 네덜란드[荷蘭], 덴마크[嗹國], 스웨덴[瑞國]의 사람들도 연이어 서쪽으로 와, 각기 개척을 일삼았다. 뒤에 프랑스와 여러 나라가 얻은 땅은 대부분 영국에 병합되었다. 농토가 구름처럼 이

어지고, 도시[城邑]들이 서로 바라보며 더욱 풍요로워졌다. 이로부터 아메리카 두 땅은 에스파냐와 포르투갈이 그 남쪽을 차지하고, 영국은 그 북쪽을 차지하여, 해외 정부[外府]로 삼은 지 수백 년이 되었다. 건륭(乾隆, 1736~1795) 연간에 미국[米利堅]이 영국에 반기를 들자, 영국 사람들은 수복할 수 없이 기름진 토양을 모두 잃고, 겨우 북쪽 경계의 황폐하고 추운 땅만 남게 되었다. 가경(嘉慶, 1796~1820) 연간에 에스파냐 왕이 프랑스 나폴레옹[拿破侖]에게 폐위되자, 나라는 큰 혼란에 빠졌고, 멕시코[墨西哥] 이남의 여러 부락이 모두 반기를 들었다. 포르투갈은 나폴레옹의 압박을 받고 브라질[巴西]로 도피했다가 아들을 남겨 그곳의 왕으로 삼았는데, 브라질 사람들이 그를 축출했다. 이때 남북아메리카는 겨우 영국 사람들만 북방의 작은 땅을 차지하고 있었을 뿐, 나머지는 모두 땅을 차지하고 멋대로 움직이며 유럽[歐羅巴]에 구속되지 않았다.[9)]

9-1. 북아메리카 빙토[北亞墨利加氷疆]

풍기(風氣): 북아메리카[北亞墨利加]의 북단은 북빙해가 고리[玦]처럼 두르고 있으며, 땅은 흑도(黑道) 아래에 해당하여 어둠과 추위가 매우 심하다. 여름에도 눈이 보이고 가을이 되기도 전에 언다. 호수와 바다는 모두 얼음으로, 은산(銀山)이 만 겹으로 펼쳐진 것처럼 높디높다. 겨울 두 달은 태양이 비추지 않고 별만 뚜렷하여 사람과 가축 모두 칩거한다. 오뉴월 두 달은 낮이 길고 밤이 없으며, 바다 얼음이 모두 구릉처럼 해수면에 떠다녀, 배에 닿으면 곧바로 가루가 된다.

---

9) ⓔ는 『영환지략』에서 채록한 정보들이다(『영환지략교주』, 289쪽과 292쪽). ⓕ는 『직방외기』의 기술을 재구성했고(『직방외기교주』, 119쪽), ⓖ의 정보는 『해국도지』에 인용된 『미리가국지략(美里哥國志略)』이란 책에서 채록하고 재구성했다(『위원전집』, 6책, 1589쪽). 『미리가국지략』는 바로 『미리가합성국지략(美理哥合省國志略)』(하버드 옌칭 도서관 소장본, 27권)으로 도광(道光) 18년(1838)의 서문을 갖추고 있다. "홍치 10년(1497) 선주(船主) 가륜비아(可倫比亞)"는 "홍치 10년 선주 아미리가(亞美理哥)"로 되어 있다. 아미리가, 즉 '아메리카'가 되어야 문맥상 맞다. 아마도 콜럼버스[可侖]와 '콜롬비아[可倫比亞]'의 혼동에서 비롯된 것으로 추측한다.

사람들[人民]: 원주민[土人]은 매우 드물지만, 물고기를 잡아 식량으로 삼으며, 물개[海犬]의 가죽을 입고, 땅에 굴을 파서 산다. 겨울에는 밤이 길어 물고기 기름을 태워 불을 켠다. 신체[肢體]가 매우 작으며, 검고 추하지만, 사람의 모습을 갖추고 있다. 잡은 들짐승 가죽을 팔아 산다. 담비[貂鼠], 해달[海虎]이 많다.

업(業): 그 바다에서는 고래[鯨魚]가 나는데, 유럽[歐羅巴] 여러 나라에는 포경선[釣船] 백여 척이 있다. 영국[英吉利], 네덜란드[荷蘭]에 많다. 이 배들은 겨울 결빙되었을 때는 멈춰있다가 여름에 얼음이 풀리면, 바다를 왕래한다. 고래를 잡으면 그림과 뼈는 모두 비싼 값을 받는다. 물개[海犬], 바다코끼리[海馬]를 잡으면 그 고기는 먹고 그 기름을 채취한다. 고래를 잡는 일은 매우 위험하다. 얼음에 닿으면 배가 부서지기도 하고, 큰 고래가 미끼를 삼키고 배를 끌어 심연으로 빠뜨리기도 한다. 그러나 이익이 있으므로 고려할 여유가 없다.

각 부락[各部]: 땅은 셋으로 나뉘는데, 노스 데본[North Devon, 北德温], 노스 조지아[North Georgia, 北日爾日亞], 배핀스 베이[Baffins Bay, 巴非英巴利]다. 서북쪽 끝의 한 모퉁이는 캄차카[Kamchatka, Камчатка, 監札加]라고 어떤 곳에는 감사갑(甘査甲)으로 되어 있다. 하는데, 아시아[亞細亞]의 동북쪽 끝 모퉁이와 50여 리의 해협[海港]을 두고 있다. 러시아[峩羅斯]인들이 이 땅으로 넘어와 차지했다.[10]

---

10) 이상 북아메리카 빙토에 관한 정보는 모두 『영환지략』에서 채록했다(『영환지략교주』, 294쪽). 지명들은 태너(Henry S. Tanner), 「북아메리카(Composite: North America)」(Philadelphia, 1833)에 근거하여 추정했다.

9-2. 북아메리카 영국령[北亞墨利加英吉利屬部] 지도 59를 보시오.

강역(疆域): 북아메리카 영국령[北亞墨利加英吉利屬部]은 북쪽으로 빙해 지역[氷疆], 남쪽으로 미국[米利堅]과 경계하고 있고, 동쪽으로 대서양, 서쪽으로 태평양[大洋海]를 두고 있다. 이곳은 태반이 평탄하고 강물들이 뒤섞여 흐른다.

수(水): ⓗ가장 긴 강은 세인트로렌스강[Saint Lawrence, 桑羅棱索河]이고, 어떤 곳에는 선라륜사(鮮羅倫士)로 되어 있다. ⓘ다음은 오타와강[Ottawa, 荷多洼河]으로, 모두 1,000여 리다. 이밖에 사그네강[Saguenay, 薩歸尼河], 그레이트[Great, 額利刊河], 세인트 모리스강[Saint-Maurice, 先毛里斯河] 등의 강은 모두 위에 언급한 두 강의 먼 원류에는 미치지 못한다. 호수로는 미합중국[United States, 育奈士迭國] 경계에는 슈피리어호[Lake Superior, 蘇比里阿湖], 이리호[Lake Erie, 伊里湖], 휴런호[Lake Huron, 休倫湖]가 있고, 경내에 있는 호수로는 소특리호(召特里湖),[11] 온타리오호[Lake Ontario, 安達厘荷湖], 심코호[Lake Simcoe, 深戈湖], 그랑호[Lake Grand, 額蘭湖]가 있으나 여러 호수 중에 온타리오호가 가장 커서 둘레가 3만 5,000장(丈)에 달한다.[12]

풍기(風氣): 땅의 기후는 매우 추워 대략 중국의 새북(塞北) 지역과 같다.[13]

사람들[人民]: ⓙ이곳에 사는 사람들은 얼굴이 길고 색은 검푸르며, 코는 높고 입술은 두꺼우며, 눈동자는 검고 동작은 민첩하다. ⓚ주민은 대략 120만여 명이고 영국[英吉利] 세 섬의 사람들이 해마다 서쪽으로 건너와 살길을 찾는 사람들이 있다.[14]

---

11) 『해국도지』 교주에서 '쇼디에르 호수(Chaudière Lake)'로 추정했다(『위원전집』, 7책, 1729쪽). 음성적으로는 그럴법해 보이지만, '쇼디에르'는 강 이름이지 호수가 아니다.

12) ⓗ는 『영환지략』에서 채록했고(『영환지략교주』, 294~295쪽), ⓘ는 『해국도지』, 권65에 인용된 『지구도설』에서 채록했다(『위원전집』, 7책, 1723쪽). 이 위원이 인용한 『지구도설』에 ⓗ의 세인트로렌스강은 '선라륜사(鮮羅倫士)'로 표기되었다. 『총서집성』본 『지구도설』에 이러한 기술은 전혀 들어 있지 않다.

13) 『영환지략』에서 채록했다(『영환지략교주』, 295쪽).

14) ⓙ는 『해국도지』, 권65에 인용된 『지구도설』에서 채록했다(『위원전집』, 7책, 1723쪽).

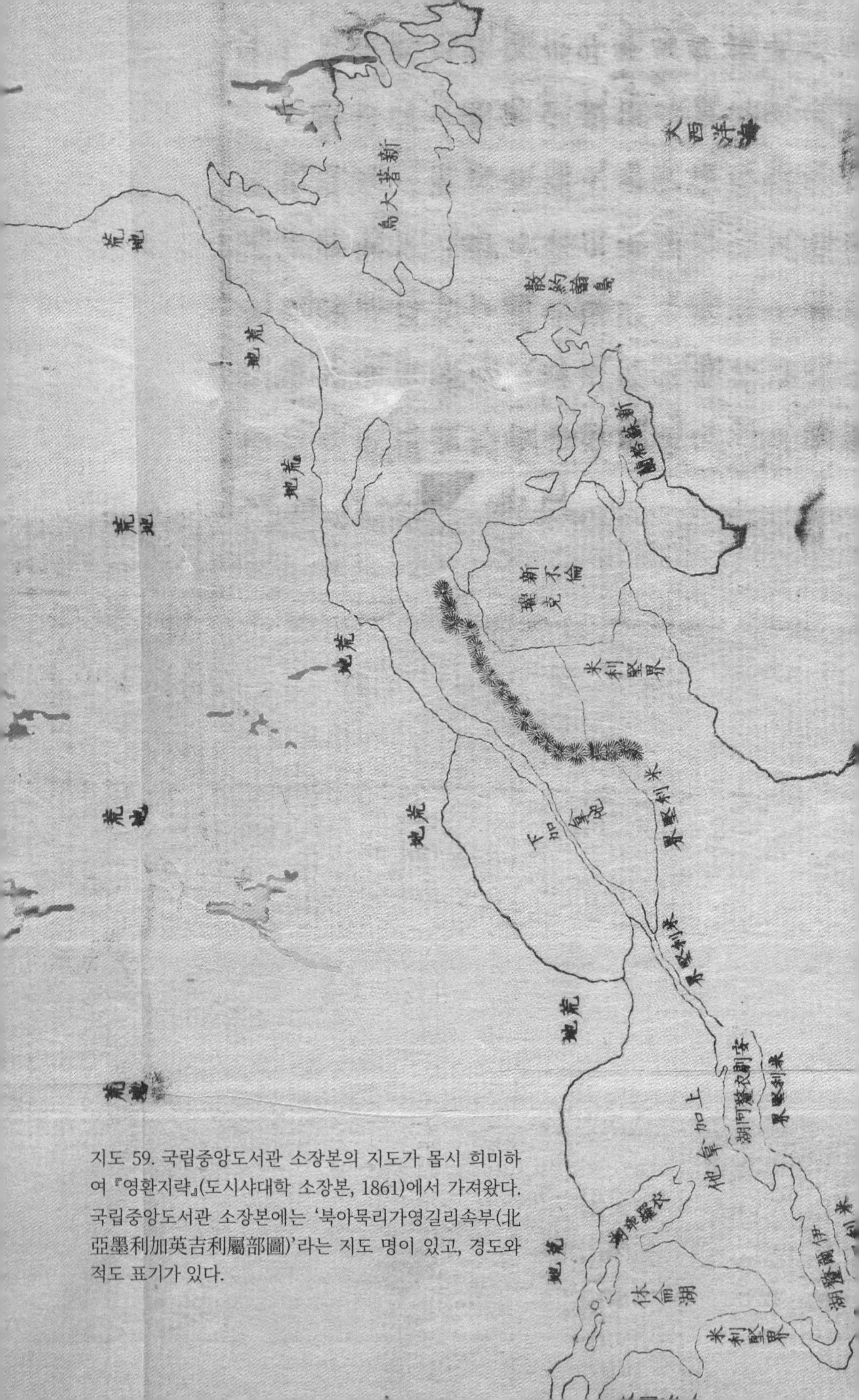

지도 59. 국립중앙도서관 소장본의 지도가 몹시 희미하여 『영환지략』(도시샤대학 소장본, 1861)에서 가져왔다. 국립중앙도서관 소장본에는 '북아묵리가영길리속부(北亞墨利加英吉利屬部圖)'라는 지도 명이 있고, 경도와 적도 표기가 있다.

물산(物産): 오곡(五穀), 피장(皮張), 목재[木料], 동(銅), 철(鐵), 납[鉛], 석탄[煤], 수은(水銀), 담뱃잎[煙葉], 가축[牲畜] 등이다.[15)]

의식(衣食): ⓛ옷과 신발은 영국[英吉利]과 같다. 음식에는 돼지고기가 많고, 재계할 때는 생선과 채소로 소식한다. 술과 차를 좋아한다. ⓜ토착민[土人]들은 술을 마시면 곧잘 심취하는데, 종종 장이 썩어 죽는다. ⓛ차가 없으면 커피콩[加飛豆]을 끓여 대신한다.[16)]

궁(宮): 가옥은 소박하다. 진흙을 나무에 발라 담장을 만들고 회칠한다. 지붕에는 나무판자를 덮고 다시 석판을 깐다. 층수는 단층으로 높은 집은 없다. 일 년 내내 물을 뿌리고 쓸지 않으므로 먼지가 쌓여 더럽다. 최근이 되어서야 유럽[歐羅巴]의 청결함을 배워 그림과 꽃을 걸어 장식한다.[17)]

업(業): 서북쪽 황무지는 멀어 아득하고 끝이 없어 아직도 개척되지 않았다. 숲의 나무들이 넓게 펼쳐져 있고, 짐승들이 서식한다. 영국 사람들이 위험을 무릅쓰고 아주 깊이 들어가 야생 짐승을 잡아 그 가죽을 채취하는데, 담비[貂鼠], 소서(騷鼠), 양회서(洋灰鼠), 해달[海龍], 해타(海駝, 해마?) 등이다. 러시아[峩羅斯]를 거쳐 중국에 판다. 큰 소득은 임목(林木)에 달렸는데, 영국인들은 부대를 조직하여 숲에 들어가, 벌목하여 강에 던지면, 강물 흐름에 따라 항구[海港]에 이른다. 간혹 바닷가에서 배를 만들기도 하고, 영국(英國), 뉴펀들랜드[Newfoundland, 新著島] 일대에 팔기도 한다. 바다에는 물고기가 많은데, 여름철이면 더 많아 여러 나라의 어선들이 몰려들어 물고기를 잡아 절여, 천주교의 각 나라로 가서 판다. 천주교 각 나라에서는 재계할 때 절인 물고기를 먹는다. 매년 오곡(五穀), 목재[木料], 가죽[皮張], 절인 물고기를 계산해 보면, 각 품목의 가격은 은으로 수백만 냥에 달한다.[18)]

부(賦): 조세는 교역 세를 정식 세금으로 받고, 농토 세는 매우 적다. 세

ⓚ는 『영환지략』에서 채록했다(『영환지략교주』, 295쪽).

15) 『영환지략』에서 채록했다(『영환지략교주』, 295쪽).

16) ⓛ는 『해국도지』, 권65에 인용된 『지구도설』에서 채록했고(『위원전집』, 7책, 1723쪽), ⓜ은 『영환지략』에서 채록했다(『영환지략교주』, 295쪽).

17) 『해국도지』, 권65에 인용된 『지구도설』에서 채록했다(『위원전집』, 7책, 1723쪽).

18) 『영환지략』에서 채록했다(『영환지략교주』, 295쪽).

인트로렌스강[桑羅棱索河]의 농토는 이전 프랑스[佛郎西]에 속해 있을 때는 각 관리들에게 나누어 주고, 경작하여 이익을 거두게 했다. 최근 영국[英吉利]은 다시 토착민에게 돌려주고 경작하게 했다. 각 부락은 매년 세금으로 거두는 은의 총계는 매년 지출하는 비용 전체로, 일이 없으면 넉넉하고, 일이 없으면 모자란다. 도광(道光) 14년(1834) 영국[英吉利] 왕이 두 캐나다[加那達][19] 부락에 문사(文事) 비용으로 은 3만 원, 무사(武事) 비용으로 은 120만 6,000원을 보조하고, 각 부락에는 문사 비용으로 은 3만 원, 무사 비용으로 은 26만 원을 보조했다.[20]

관(官): 정치는 미합중국[United States, 育奈士迭逸國]과 대략 같다. 큰 부락마다 총독[總領] 1인, 영사관[Consulate, 罔色爾] 1개소를 두었는데, 모두 국왕이 제수한다. 의회[Common House, 甘文好司] 1개소는 미합중국의 이른바 하원[House of Representatives, 里勃里先好司]이다. 그 관리들도 미합중국의 전례를 사용하는데, 추천으로 뽑아 선임하며 4년마다 교체한다. 추천하여 선임하는 법은 부락 사람으로 해마다 납세하여 절기 40에 이른 자, 또는 임시 체류자[客民]로 세금 5봉(棒)을 낸 자, 또는 조세 수입이 10봉(棒)에 이른 자들 모두 천거될 수 있다. 상부 캐나다[Upper Canada, 上加那達]에는 이전에 총독 1인 영사관[罔色爾] 관리 34인, 의회[甘文好司] 집사 88인을 두었었고, 하부 캐나다[Lower Canada, 下加那達]에서는 이전에 부총독 1인, 영사관 관리 17일, 의회에 50인을 두었었다.[21] 모든 일은 의회와 영사관 회의를 거쳐야 하고, 다시 총독의 비준을 거쳐 시행한다. 또한 반드시 국왕의 비준을 거쳐야 하는 일

---

19) 두 캐나다 부락[지역]은 하부 캐나다[Lower Canada]와 상부 캐나다[Upper Canada]를 말한다. 퍼거슨(Adam Fergusson), 「1833년 영국령 북아메리카 지방과 인근 주 지도(Map Of The British North American Provinces and Adjoining States 1833)」(Edinburgh, 1833)를 참고하시오.

20) 『해국도지』, 권65에 인용된 『지구도설』에서 채록했다(『위원전집』, 7책, 1722~1723쪽).

21) '상부 캐나다[Upper Canada, 上加那達]'와 '하부 캐나다[Lower Canada, 下加那達]'의 위치가 바뀌었다. 『해국도지』, 권65에 인용된 『지구도설』에 따르면, 하부 캐나다는 '라아가나달(羅阿加那達)'로 정확히 '로우 캐나다'에 대응하고 있고, 상부 캐나다는 '아파가나달(阿巴加那達)'로 '어퍼 캐나다'를 음역 표기하고 있다. 물론 거꾸로 혼동하기는 했지만, 혜강은 '상하'의 개념을 알고 있었던 것은 분명하다. 하지만 혜강은 아래에서도 두 개념을 거꾸로 쓰고 있다.

도 있고, 또한 반드시 본국의 의회[Parliament, 巴厘滿] 각 관의 비준이 있어야 하는 일도 있다.[22]

법률(法律): 상부 캐나다[Upper Canada, 上加那達]에서 행하는 법률은 여섯 가지다. 하나는 영국 의회[Parliament, 巴厘滿]가 비준하여 반포 시행하는 법, 하나는 이전에 정한 구법, 하나는 캐나다가 계승한 옛 규율, 하나는 프랑스 왕국이 옛날 반포하여 유시한 조항[條款]과 로만 왕국[羅汶國, 로마]의 법률, 하나는 영국[英吉利]가 제정한 법, 하나는 총독이 영사들과 함께 제정한 법, 하나는 해당 부락 내의 영사와 의회가 정한 법 등이다. 큰 옥사가 있으면 담당관[主理官]이 영국과 프랑스 두 나라의 법률을 참작하여 행한다. 일상적인 일은 담당관이 반드시 있어야 하는 것은 아니다. 담당하는 사람은 영국인과 프랑스인 각각 반씩 두어 공평함을 밝힌다. 하부 캐나다[Upper Canada, 下上加那達]는 전적으로 영국의 법률을 사용한다. 이 밖에도 바다 모퉁이에 외롭게 떠 있는 마몽륵사도(馬蒙勒士島)는 죄인들을 유배 보내는 곳일 뿐이다.[23]

속(俗): 예모(禮貌)를 중시하여, 농부와 노예가 길에서 서로 만나더라도 모자를 벗고 예를 갖추지 않음이 없다. 이전부터 이곳 개간지에는 대부분 프랑스 귀족, 관리나 병졸의 후예가 많아 순하고 돈독하여 상전을 범하고 난리를 일으키는 습속은 없다. 가톨릭[加特力]교를 신봉하는 자들이 많고, 프로테스탄트[波羅特士頓]는 적다. 그러므로 부락마다 두 종교의 교회를 건립했으며 예배당[尼庵]도 있다.[24]

각 부락[各部]: 땅은 여섯 부락으로 나눈다. 상부 캐나다[上加那達], 하부 캐나다[下加那達], 뉴브런즈윅[New Brunswick, 新不倫瑞克], 뉴스코틀랜드[New Scotland, Nova Scotia, 新蘇格蘭], 세인트존스 섬[St. John's Island, 散約翰島], 뉴펀들랜드[Newfoundland, 新著大島]다. 여섯 부락의 전체 명칭은 뉴브리타니아[New Britannia, 新北勒達尼亞]로, 부근의 작은 섬들이 모두 부속되어

---

22) 『해국도지』, 권65에 인용된 『지구도설』에서 채록했다(『위원전집』, 7책, 1722쪽).

23) 『해국도지』, 권65에 인용된 『지구도설』에서 채록했다(『위원전집』, 7책, 1722쪽). 여기에서도 '상하'의 캐나다를 거꾸로 사용하고 있으며, 저본에는 '상부 캐나다'만 두 차례 잘못 언급되어 하나는 '하(下)'로 고쳤다.

24) 『해국도지』, 권65에 인용된 『지구도설』에서 채록했다(『위원전집』, 7책, 1723쪽).

있다. 총독[大酋]이 상주하며 여섯 부락의 일을 총괄한다.

상부 캐나다[Upper Canada, 上加那達]

강역(疆域): 상부 캐나다는 세인트로렌스[桑羅棱索]강의 상류, 이리[Erie, 伊爾盞] 두 호수의 북쪽에 있다. 길이는 대략 1,000여 리다.

수(水): 계곡과 호수의 물이 몰려 그 물살이 매우 빠르며, 작은 모래톱들이 즐비하고 폭포는 90장(丈) 높이에서 떨어진다.

성(城): 중심도시[會城]는 퀘벡[Québec, 給卑克]이다.[25)]

농(農): 영국(英國)의 직업이 없고 가난한 백성들은 이곳으로 와 황무지를 개간하고 농사를 지었다. 부지런한 자들은 종종 부자가 되었고, 게으른 자들은 힘들어 굶어 죽었다.

하부 캐나다[Lower Canada, 下加那達]

강역(疆域): 하부 캐나다는 상부 캐나다의 동쪽에 있으며 길이는 약 1,000리다.

사람들[人民]: 주민들 태반이 프랑스 사람들로, 천주교를 따르며, 밥벌이에 부지런하지 않아 고정 자산이 많지 않다. 또 영국 관리에 불복한 사람들이 수시로 들고 일어나 영국인들이 군대로 진압한다. 현지 여인[土女]들은 얼굴이 자줏빛으로 눈썹과 눈이 단정하고 예쁘지만, 목욕을 모른다. 영국인들은 그들의 불결함을 싫어하여 아내로 얻는 자가 적다.

성(城): 중심도시는 토론토[多倫多]다.

뉴브런즈윅[New Brunswick, 新不倫瑞克]

강역(疆域): 뉴브런즈윅[新不倫瑞克]은 어떤 곳에는 신본사위(新本士威)로 되어 있다. 하부 캐나다 동쪽 경계의 남쪽에 있다. 남북으로 약 800리고, 동서로 약

25) 이 항목은 같은 면 '농(農)' 항목 뒤에 채록했지만, 두주에 이곳으로 옮기라는 지시가 있으므로, 여기에 옮겨 번역한다. 앞서 언급했듯이, 혜강은 '상하'의 개념을 거꾸로 이해하고 있는데, 이는 그의 저본인 『영환지략』에서 비롯되었다. 상부 캐나다의 중심도시는 토론토[多倫多]가 되어야 하고, 하부 캐나다의 중심도시는 퀘벡[給卑克]이 되어야 한다.

600리다.

수(水): 동쪽으로 대해에 임해 있고, 남북으로 내항(內港)이 있다. 항구는 매우 깊어 바다 선박들이 들어가는데, 얕은 사장이 없다.

사람들[人民]: 영국 세 섬에서 직업이 없고 가난한 사람들이 매년 약 6,000명이 이주해 온다. 그러나 땅은 여전히 텅 비어, 수백 년이 되어 사람들이 가득 차게 될 일을 걱정할 필요가 없다.[26)]

업(業): 농토는 가장 비옥하지만 주민 중에 농사에 힘쓰는 자가 적고, 모두 부대를 결성하여 숲에 들어가 벌목한다. 봄물이 불으면 목재[木料]는 물결을 따라 항구[海港]에 이르는데, 그것을 팔면 좋은 값을 받는다. 술을 사고팔기 좋아하여, 매일 취향(醉鄕)에서 산다. 돈이 다 떨어지면 산림으로 돌아가 이전 일을 한다.

성(城): 대도시는 모두 물가에 있다. 중심도시는 프레더릭턴[Fredericton, 弗勒德里克]으로, 큰 부두다. 영국 상선들이 왕래하며 목재를 사고판다.

뉴스코틀랜드[New Scotland, Nova Scotia, 新蘇格蘭]

강역(疆域): 뉴스코틀랜드[新蘇格蘭]는 뉴브런즈윅[新不倫瑞克]의 남쪽에 있다. 삼면이 모두 바다에 걸려있고, 한쪽 모퉁이만 뉴브런즈윅과 연결되어 있다. 동서로 약 1,000리고, 남북으로 약 350리다.

풍기(風氣): 날씨가 매우 추워 10월에서 3월까지 쌓인 눈이 녹지 않는다.

사람들[人民]: 주민들은 생계에 부지런하며 가장 안분(安分)한다.

물산(物産): 동(銅), 철(鐵), 석탄[煤]이 나고, 바다에는 물고기가 많다.

성(城): 중심도시는 핼리팩스[Halifax, 哈勒法]로, 큰 부두다. 바닷가에는 큰 항구가 여전히 많지만, 인구가 많지 않아 도시[城邑]들이 건설되지 않았다. 그러므로 상선들이 정박하기에는 부족하다.

섬[島]: 세인트존스 섬[St. John's Island, 散約翰島]은 뉴스코틀랜드[新蘇格蘭]의 동북쪽에 있다. 길이는 약 300리고 폭은 약 100리다. 늙은 병사들이 이주해 사는 곳이다. 전적으로 농사에 힘써, 오곡(五穀)과 맥(麥)이 많이 나 이

26) 이 정보는 다음 면에 채록되어 있으나 두주에 이곳에 옮기라는 지시가 있으므로, 그에 따라 옮겨 번역한다.

웃 부락에 판다. 중심도시는 샬럿타운[Charlottetown, 加爾羅德]이다.[27)]

섬[島]: 뉴펀들랜드[Newfoundland, 新著大島]는 뉴스코틀랜드[新蘇格蘭]의 동북쪽 끝에 있다. 길이는 약 1,300리고, 폭은 약 900리다. 바다에서는 물고기가 가장 많이 나, 주민들은 모두 물고기를 잡아 생활한다. 여름철에는 개미 떼처럼 배를 타고 물고기를 잡는데, 해수면이 그물로 덮여 있다. 토양은 비옥하지만, 농사에 힘쓰지 않고, 네덜란드[荷蘭]의 감자[薯]와 채소를 경작할 뿐, 오곡과 맥(麥) 모두 이웃 나라에서 사 온다. 중심도시는 세인트존[Saint John, 桑若漢]이다.[28)]

연혁(沿革): ⓝ명나라 홍치(弘治) 10년(1479) 프랑스[佛蘭西] 사람들이 세인트로렌스강[Saint Lawrence, 桑羅棱索河]을 따라 곧장 각 지역에 이르러, 땅을 개척하고 둔전을 세웠다. 100여 년을 경영하여 신프랑스[新佛蘭西]라는 부락을 처음 건설하고 통상을 위한 부두를 세웠다. 또 100년을 경영하면서 땅은 개척되고 주민은 조밀해졌다. 강희(康熙) 39년(1700) 영국[英吉利]가 미국[米利堅] 땅을 차지하고 군대로 그 북쪽 땅을 다투면서 프랑스와 8년을 교전한 끝에, 프랑스는 그 땅을 포기하자, 영국 사람들은 그곳을 모두 차지했다. ⓞ건륭(乾隆) 말년(1795)에 워싱턴[華盛頓]이 땅을 차지하고 군대를 일으켜, 미국의 여러 부락을 모두 워싱턴에게 빼앗겼다. 다만 북쪽 지역만 프랑스 법제에 따라 세금이 매우 가벼워, 그 주민들이 배반하지 않았기 때문에, 계속 영국 관할에 속해 있었을 뿐이다.[29)]

---

27) 이 섬은 중심도시의 명칭으로 볼 때, 프린스 에드워드 섬[Prince Edward Island]으로 세인트존스 섬은 이전 명칭이다. 따라서 지도 59에 표시된 곳은 케이프 브리튼 섬(Cape Breton Island)이다.

28) 이상 북아메리카 영국령 각 부락에 관한 정보들은 모두 『영환지략』에서 채록했다(『영환지략교주』, 295~298쪽). 관련 지명들은 홀(Sidney Hall), 「영국령 북아메리카(British N. America)」(London, 1829); 퍼거슨(Adam Fergusson), 「1833년 영국령 북아메리카 지방과 인근 주 지도(Map Of The British North American Provinces and Adjoining States 1833)」(Edinburgh, 1833)를 참고하여 추정했다.

29) ⓝ의 역사 정보는 『해국도지』, 권65에 인용된 『지구도설』에서 재구성했고(『위원전집』, 7책, 1722쪽), ⓞ는 『영환지략』에서 채록했다(『영환지략교주』, 284쪽).

9-3. 북아메리카 미합중국[北亞墨利加米利堅合衆國][30) 지도 60을 보시오.

강역(疆域): 미국[米利堅]은 '미(米)'자는 어떤 곳에 '미(彌)'자로 되어 있다. 바로 아메리카[亞墨利加]의 변화한 음이다. 미리가(美利哥)라고도 하고, 아묵리가합중국(亞墨理駕合衆國)이라고도 하며, 겸섭방국(兼攝邦國), 연방국(聯邦國)이라고도 부른다. 서방 언어로는 유나이티드 스테이트[奈育士迭]이라 한다.[31) 아메리카의 대국이다. 그들 배가 꽃 깃발을 달고 다니므로 광둥[粤東] 사람들은 '화기국(花旗國)'이라 부른다. 북쪽으로 영국령, 남쪽으로 멕시코[墨西哥], 텍사스[得撒]와 경계하고, 동쪽으로 대서양, 서쪽으로 태평양[大洋海]를 두고 있다. 동서로는 약 1만 리고 남북으로 넓은 곳은 5,000~6,000리, 좁은 곳은 3,000~4,000리다. 중국 앞뒤와 서로 대조해 보면 면적과 도수 또한 대략 같다.[32)

산수(山水): 가장 잘 알려진 산은 애팔래치아[Appalachian, 押罷拉旣俺]산맥이 그 동쪽을, 로키[Rocky, 落機]산맥이 그 서쪽을 두르고 있고, 그 중간의 땅은 수천 리로, 대체로 평탄하다. 강은 미시시피[密士失必]강이 중심을 이루어 그 원류가 매우 멀고, 굽이굽이 1만여 리를 흘러 미주리[Missouri, 密蘇爾釐]강과 합쳐 남쪽으로 흘러가 바다로 들어간다. 이 밖에 이름난 강으로, 컬럼비아[Columbia, 哥隆比亞], 애펄래치코울러[Apalachicola, 阿巴拉濟哥剌], 모바일[Mobile, 麼比勒],[33) 델라웨어[Delaware, 德拉瓦勒] 등이 있다. 북쪽 경계에서 서쪽으로 큰 호수가 있는데, 이로쿼이[Iroquois, 衣羅乖], 어떤 곳에는 '흡대라(翕大羅)'로 되어 있다. 휴런[Huron, 休侖], 어떤 곳에는 호륜(胡侖)으로 되어 있다. 슈피리어[Superior, 蘇必力爾], 미시간[Michigan, 密執安] 등 넷으로 나뉜다. 동쪽으로 또 두 호수가 연이어 있는데, 이리[Erie, 伊爾釐], 어떤 곳에는 이리(以利)로 되어 있

---

30) 국립중앙도서관 소장본에는 여기부터 '『지구전요』, 권10, 패동 최한기 편집'으로 분권되어 있다.

31) 유나이티드 스테이트[奈育士迭]의 '내육'은 '육내'로 고쳐야 한다. 혜강의 저본인 『영환지략』을 그대로 따랐기 때문이다.

32) 이 주석은 『영환지략』이나 『해국도지』에 보이지 않는 혜강의 설명이다. 혜강은 중국과 미국의 판도를 처음 비교한 사람이다.

33) 모바일 강은 바로 앨라배마강의 하류 명칭이다. 상류는 쿠사(Coosa)강이다.

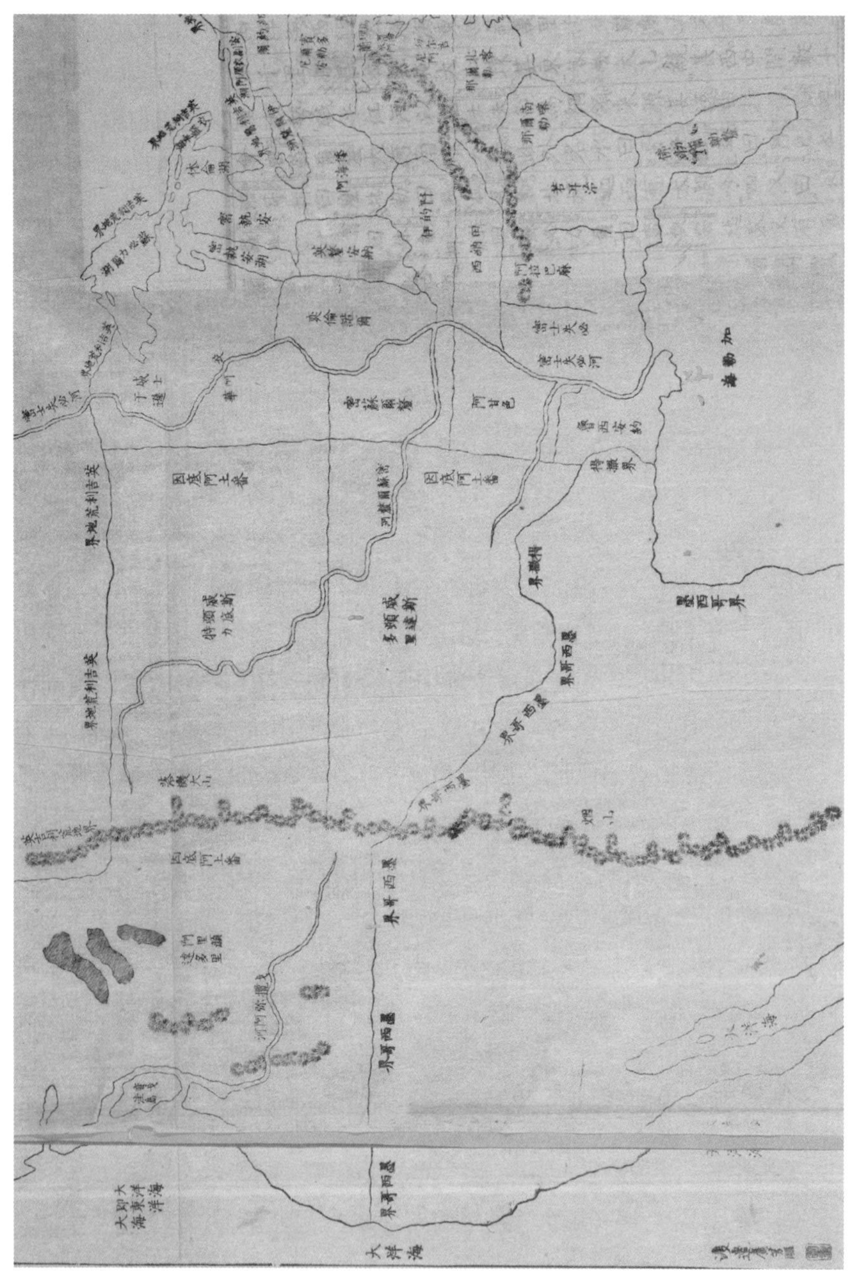

지도 60. 국립중앙도서관 소장본의 지도가 몹시 희미하여 『영환지략』(도시샤대학 소장본, 1861)에서 가져왔다. 국립중앙도서관 소장본에는 '북아묵리가미리견합중국도(北亞墨利加米利堅合衆國圖)'라는 지도 명이 있고, 경도와 적도 표기가 있다.

다. 온타리오[Ontario, 安剔衣釐阿]다. 여러 호수가 경계를 나누는 지역으로 북쪽은 영국령이고 남쪽은 미국[米利堅] 땅이다.[34)]

풍속(風俗): 남북의 추위와 더위는 같지 않다. 북방은 매우 춥고 남쪽으로 내려가면 갈수록 더워지고, 남쪽에서 북쪽으로 가면서 열기 또한 점차 줄어든다. 농토 또한 그렇다. 북쪽 땅은 시기에 따라 경작할 수 있고, 남쪽 땅은 물이 가까워 항시 홍수의 우려가 있다. 북쪽 변경에서 북극은 불과 35도 높이 있고, 나라의 남쪽 경계에서 북극은 65도다[北邊界北極高不過三十五度, 國之南界北極高六十五度].[35)] 나라의 남쪽 경계에서 남쪽의 적도 중앙까지는 25도이므로, 나라 안 남북의 땅은 30도임을 알 수 있다. 30도를 삼등분하면, 북극에 가까운 1분은 매년 4~5월에도 얼음과 눈이고, 중앙 1분은 매년 눈과 서리가 점차 적어지며, 남방의 1분에 가까우면 온난하고 청명하며 가끔 더위를 피해야 한다. 1년의 사계절은 다르고, 매월 추위와 더위 또한 다르므로 만물의 생산이 본디 고르지 않은데, 이것이 그 대강이다. 땅의 좋고 나쁨을 알고자 한다면 먼저 추위와 더위, 바람과 비의 기후를 알아야 하므로, 하나의 추위와 더위를 재는 침(針)을 놓고 연, 월, 일로 비교하면 그 추위와 더위를 알 수 있다. 바람이 부는 시기나 방향을 알고자 한다면, 먼저 연, 월, 일로 기록하면 그 대략을 알 수 있다. 예를 들어, 매사추세츠[Massachusetts, 馬沙諸些] 주[部]의 보스턴[波士頓] 시[城]는 매년 북풍이 30일, 서풍은 40일, 서북풍은 64일, 동북풍은 43일, 동풍은 32일, 동남풍은 16일, 남풍은 37일, 서남풍은 88일 분다. 워싱턴[華盛頓]

---

34) 이상 강역과 산수의 정보는 모두 『영환지략』에서 채록했다(『영환지략교주』, 298~300쪽). 고유 명칭들은 뷰르와 콜튼(David H. Burr|J. H. Colton), 「미국(United States)」(New York, 1833)을 참고하여 추정했다.

35) "북쪽 변경에서 북극은 불과 35도 높이 있고, 나라의 남쪽 경계에서 북극은 65도다[北邊界北極高不過三十五度, 國之南界北極高六十五度]." 이는 『해국도지』, 권59에 인용된 『미리가국지략(美里哥國志略)』을 토대로 재구성한 문장이다(『위원전집』, 6책, 1607쪽). 원문에는 "북쪽 변경은 북극과 불과 35도 떨어져 있고, 북극에서 나라의 남쪽 경계까지는 65도 떨어져 있으므로(由北邊界與北極相去不過三十五度, 若在北極至國之南界, 則相去六十五度)"라고 하였다. 혜강의 문해력을 잘 보여주는 대목이다. 혜강이 재구성한 문장에서 한 가지 주목할 점은 '북변계'의 '북'자 옆에 '남(南)'자를 병기해 놓았고, 다음 구의 '남계'에서 '남'자 옆에는 '북'자를 병기해 놓았다. 원 글자를 지우지 않은 점으로 보아, 거꾸로 남극에서 보아도 같다는 말로 읽힌다.

시에서, 북풍은 56일, 서북풍은 87일, 동북풍은 35일, 동풍은 16일, 동남풍은 24일, 남풍은 40일, 서남풍은 55일, 서풍은 56일 분다. 루이지애나[Louisiana, 累斯安] 주[部]의 배턴루지[Baton Rouge, 巴頓而碌] 시[城]는 열두 달에 북풍은 39일, 서풍은 7일, 동북풍은 11일, 동풍은 59일, 동남풍은 16일, 남풍은 71일, 서남풍은 15일, 서풍은 146일 불어, 토지의 좋고 나쁨을 또한 알 수 있을 것이다. 강우량의 많고 적음을 알고자 한다면 지난해의 매월일 하늘의 별자리와 운무를 기록해야 검증하여 알 수 있다. 매사추세츠주[省]의 보스턴시는 매년 대략 224일 맑고, 84일은 구름이 끼며, 35일 비가 내리고, 22일 눈이 내린다. 워싱턴시에서는 매년 맑은 날씨는 222일이고, 흐린 날은 58일이며, 비 오는 날은 72일이고, 눈이 내리는 날은 13일이다. 루이지애나주의 배턴루지시에서는 11개월 중 맑은 날은 162일이고, 흐린 날은 76일이며, 비 오는 날은 97일이고, 눈 내리는 날은 없다.[36)]

사람들[人民]: ⓐ나라 안의 사람들은 대부분 임시로 사는 사람들로, 아시아의 중국, 일본, 시암, 월남 등 각 나라의 사람들은 오지 않고, 다만 유럽[歐羅巴]의 영국[英吉利], 네덜란드[荷蘭], 프랑스[佛蘭西], 에스파냐[西班牙], 스웨덴[瑞典] 등의 나라 사람들 뿐으로, 이들 나라 사람도 1년을 채 넘기지 못하고 오고 간다. 같은 곳에 오래 머무는 사람은 유독 영국 사람이 많아, 새 나라[新國]의 인물, 규모, 언어, 문자는 모두 영국과 다름이 없다. 영국인의 수는 해마다 더 늘어나, 도광(道光) 20년(1840)에는 1,716만여 명[丁]이었다. 결국에는 사람이 많아 땅이 좁음을 우려했다. ⓑ나라의 흑인들은 6분의 1을 차지하는데, 그중에는 흑인 같지만 흑인이 아닌 사람, 백인 같지만, 백인이 아닌 사람도 있어, 인종이 이미 뒤섞여, 구분하기 어렵다. 각 부락은 흑인들의 정사 참여를 허락하지 않는다. ⓒ토착민[土番]들은 각기 구획된 땅에서 밭을 받으면 버리고 옮겨갈 수 없고, 무역하며 돌아다니는 일은 모두 백인들이다. 이들은 순종적이며 온후하여 고집부리거나 사나운 기질이 없으며 생계에도 가장 성실하여 상선들이 사해를 두루 다닌다.[37)]

---

36) 이상 날씨 정보는 『해국도지』, 권59에 인용된 『미리가국지략(美里哥國志略)』에서 채록하고 재구성했다(『위원전집』, 6책, 1607~8쪽).

37) ⓐ는 『해국도지』, 권59에 인용된 『미리가국지략(美里哥國志略)』에서 재구성했고(『위

산물(產物): 토양이 비옥하여 물산이 풍부하다. 1834년 바다에서는 건어(乾魚), 절인 물고기[醃魚], 어유(魚油), 추어골(鰍魚骨)[38] 등의 물건이 났는데, 대략 은으로 270만여 원에 달했다. 산에서는 모피[皮毛], 양삼(洋參), 목판(木板), 돛대[船桅], 수피(樹皮), 자작나무[樺樹]는 크고 우람하여 껍질로 상자나 바구니를 만들고, 또는 기와를 대신하여 지붕을 덮거나 배[舫]로 만들어 강을 건너기도 한다. 목재[木料], 단풍나무[楓樹]는 키가 크고 무성한데, 그 즙이 달콤하여 졸여 당을 만든다.[39] 송향(松香) 등의 물건이 나는데, 대략 은으로 445만 7,977원에 달했다. 농토와 집에서 나는 소, 양, 말, 돼지, 맥(麥), 면(麵), 건병(乾餅), 감자[薯], 곡물[穀], 쌀[米], 귀리[粗麥(麥)], 사과[蘋果], 담뱃잎[煙葉], 면화(棉花), 콩[豆], 당(糖), 양전(洋靛) 등이 났는데, 대략 은으로 6,738만여 원에 달했다. 공작하여 만드는 것들로, 향감(香覸)[40], 납촉(蠟燭), 피혜(皮鞋), 양랍(洋蠟), 주(酒), 비연(鼻煙), 권엽연(捲葉烟), 연석기(鉛錫器), 승삭(繩索), 돛대[桅], 닻줄[纜], 철기(鐵器), 화약(和約), 약재(藥材), 포필(布匹), 면사(棉紗), 하포(夏布), 칼집[栺], 우산(雨傘), 우피(牛皮), 경피(麖皮), 마차(馬車), 말안장[馬鞍], 수차(水車), 악기(樂器), 서적(書籍), 도화(圖畫), 유칠(油漆), 지찰(紙札), 필묵(筆墨), 항와(缸瓦), 유리[玻璃], 양철(洋鐵), 석판(石板), 금엽(金葉), 금기(金器), 은기(銀器), 금전(金錢), 은전(銀錢), 목상(木箱), 전(磚),

---

원전집』, 6책, 1606~7쪽), ⓑ는 『해국도지』, 권60, 「미국 총술 중(彌利堅國總記中)」에서 채록했다(『위원전집』, 6책, 1635쪽). ⓒ는 『영환지략』에서 채록했다(『영환지략교주』, 319쪽).

38) 미국 산물로 언급된 '추어골(鰍魚骨)'은 임칙서의 『사주지』(소방호재총초본, 43a)의 표기에 따른 것이다. 휴 머리(Hugh Murray)의 『The Encyclopædia of Geography』(Philadelphia, 1837)에는 '고래수염(Whalebone)'으로 되어있는데(III, 443쪽), '추(鰍)'자는 '경(鯨)'자의 오기일 것이다.

39) 이상 두 주석 정보는 『해국도지』, 권59에 인용된 『미리가국지략(美里哥國志略)』에 보인다(『위원전집』, 6책, 1609쪽).

40) '{鹵+見}'자는 자전에 보이지 않는 글자이다. 가장 근접한 글자로 '감(鹼)'자를 들 수 있는데, '{鹵+見}'의 소리 부분인 '견(見)'자와 발음이 일치한다. '감'자는 사전적 정의에 따르면, 수산기[氢氧根]를 함유한 화합물의 총칭으로, 지금은 '감(碱, 소다)'이라고 한다. 또 순수 '소다'를 전칭하기도 하는데, 일반적으로 세제로 사용하거나 발효된 반죽의 신맛을 중화하는 데 사용한다고 한다. 따라서 '비누'를 지칭하는 말임을 알 수 있다. '향감(香鹼)'은 향기 나는 비누를 말할 것이다.

회(灰), 염(鹽) 등으로, 대략 은으로 664만 원에 달한다.[41]

의(衣): 모자의 높이는 7~8촌으로 같지 않고, 검거나 회색 융단[絨]으로 만든다. 낮은 것은 원형, 또는 6각, 또는 8각으로 모자 앞에 한 조각 가죽 챙이 있어 태양을 차단하는데, 항상 모자를 띠로 묶는다. 겨울에 추우면 법란인전(法蘭仁氈)[42]으로 속옷을 만드는데, 짧고 작으며 깃이 없다. 바깥에는 셔츠로 몸을 감싸는데, 그다지 폭이 넓지는 않다. 그 깃은 높아 목 아래에 이르며 항상 목수건[頸巾]을 쓴다. 그 바깥으로 조끼[背心]을 입는데, 앞은 좁고 뒤는 홑겹이며 높이는 목덜미 앞부분까지 이른다. 엉덩이뼈[髈髆] 아래는 법란인전(法蘭仁氈)으로 짧고 작은 바지를 입고 바깥은 커다란 바지를 입는다. 안에 입는 내의에는 앞뒤로 두 개의 단추가 있어 십자로 교차하여 엉덩이뼈 고리에 건다. 외투를 입어 몸 사방에 두르는데, 윤택이 나고 매끄러우며 문양이 없고, 소매는 길어 손에 이르며, 깃은 머리 뒤를 감싼다. 앞은 조끼 길이이고, 뒤는 엉덩이까지 이른다. 양모 전(氈)으로 양말을 신는데 길이는 무릎을 넘지 않는다. 신발은 소가죽으로 만들었는데, 바닥도 모두 소가죽이다. 그러나 바닥의 두께는 다섯 겹을 넘지 않고, 얇은 것은 한 겹이며, 띠로 묶는다. 부츠[靴] 또한 길이는 무릎을 넘지 않는데, 바닥이 두꺼운 부츠가 많은데, 위아래 모두 소가죽을 사용한다. 신을 때는 바지 다리를 넣는다. 의복에 있는 단추는 모두 정면에서 열고, 좌우 없이 연다.

식(食): 음식은 매일 세끼 먹는다. 아침 식사로는 밥이나 면(麵) 그리고 고기이고, 또 우유, 달걀, 버터[牛油], 차(茶), 커피[架非]가 커피는 푸른 콩을 볶아 가루로 만들어 물에 달이거나 끓는 물을 붓고 찌꺼기를 걸러낸다. 7시부터 10시까지 각기 편의에 따르는데, 다만 많이 먹지 않는다. 이를 조찬이라 한다. 1시와 5시 이후의 식사는 닭, 돼지, 생선, 오리, 소, 양으로 대부분 불에 구워 각자가 잘라서 먹고, 과일, 과자[糖果], 우유, 달걀 등을 곁들이고, 차를 마시거나 술을 마시기도 한다.

---

41) 『해국도지』, 권60, 「미국 총술 중(彌利堅國總記中)」에서 채록했다(『위원전집』, 6책, 1636~7쪽). 마지막 은으로 환산한 값은 '6,648,393원'으로 되어 있는데, 혜강이 줄여 표기하였다.

42) '법란인전(法蘭仁氈)'은 '법란+인전'으로 구성된 합성어로 보이는데, '법란'은 프랑스에 해당함이 분명하고, '인전'은 양모를 뜻하는 '랜(laine)'과 그 의미를 '전(氈)'자로 표기한 형태일 것 같다.

온 식구가 한 식탁에 앉는데, 식탁 면에는 천을 깔고 그 위에 각종 물품을 놓는다. 남녀는 각기 한 번씩 한 접시에 음식물을 담으며 젓가락을 사용하지 않고, 칼, 포크, 숟가락[調羹] 등을 사용하여, 원하는 만큼 배불리 먹으므로, '대찬(大餐)'이라 한다. 저녁 여섯 시 반에서 아홉 시로 일정하지 않으며, 먹는 것은 아침 식사와 같다.[43]

업(業): 합중국의 정규군은 1만 명을 넘지 않고, 포대와 요새에 나누어 배치되어 있다. 나머지 문인, 의사, 천문가를 제외하고, 20세 이상에서 40세 이하의 농민, 수공업자, 상인들은 대개 관의 징발에 따라 쓰임에 따라 호패를 지급하고 민병이 되는데, 식량과 장비는 대가 각자 구비한다. 일이 없을 때는 각자 본업에 종사하고, 일이 있으면 군대로 들어간다. 또 대장, 지휘관 등의 관직을 두는데, 모두 직무는 있어도 봉급은 없다. 매년 농한기에는 소집하여 훈련한다. 그 백성들은 대략 170만여 명으로, 옛사람들이 농장에 군대를 배치하는 법과 대략 일치한다.[44]

상(商): ⓓ그들 배에 꽃 깃발[花旗]을 그들 깃발은 네모난 폭에 붉은색과 흰색이 섞어, 오른쪽 모퉁이에는 하나의 작고 검은색 사각형이 있고, 위에는 흰 점으로 북두성 모양을 그려놓았다. 달고 다니므로 광둥[粵東] 사람들은 '화기국(花旗國)'이라 부른다. 밖으로 나가 장사하는 사람들이 점차 많아지면서 이르지 않은 곳이 없었다. ⓔ나라로 들어오는 상품으로는 찻잎[茶葉], 커피콩[架非豆], 홍당(紅糖), 야자(椰子), 살구[杏仁], 건보리자(乾菩提子), 무화과(無花果), 후추[胡椒], 향료(香料), 계피(桂皮), 두구(荳蔲), 쌀[米], 술[酒], 빙당(氷糖), 등유(燈油), 사발(絲髮), 필두(疋頭), 금실[金線] 등이다. 각 나라가 수출하는 상품은 면포(棉布), 하포(夏布), 모피[皮毛], 염료(染料), 안료[顏色], 동(銅), 철(鐵), 금은 그릇[器皿], 종이[紙札], 서적(書籍) 등이 있다. 도광(道光) 14년(1834) 각 나라에서 들어온 상품은 은으로 총 1,252만여 원이고, 각 나라로 운송해 간 상품은 은으로 총 433만 9,900여 원이었다.[45]

---

43) 이상 의(衣)와 식(食)은 모두 『해국도지』, 권59에 인용된 『미리가국지략(美里哥國志略)』에서 채록했다(『위원전집』, 6책, 1618~1619쪽).

44) 『영환지략』에서 채록했다(『영환지략교주』, 319쪽).

45) ⓓ는 『영환지략』에서 채록했고(『영환지략교주』, 319쪽), ⓔ는 『해국도지』, 권60, 「미국

공(工): ⓕ나라 안의 운하는 길이가 3,500리로, 드문드문 준설하다가 20년 만에 완공했다. 물길이 통하지 않는 곳은 자동차[火煙車]로 화물을 운송하여서 한 시간이면 200~300리를 갈 수 있다. 찻길[車路]은 산맥을 뚫고 깎아 평탄한 길을 만드는데, 지금까지도 완성되지 않았다. 날씨가 추워 강이 얼게 되면 기차로는 언 지면을 몰아갈 수 있으며, 배가 미치지 못하는 곳이라도 궁극적으로 인력을 줄였다. 가경(嘉慶) 20년(1815) 나라 사람들의 지식이 나날이 넓어져, 만든 기계는 더욱 정교해졌다. 지역마다 방적기[機車] 수십 대를 놓고 인력을 사용하지 않고 수력으로 운전하여 수십 수레의 면화를 방적하는데, 한 여인이 살필 뿐이다. 방직은 지역마다 방직기 수십 대를 놓고, 인력을 사용하지 않고 수력으로 돌려, 수십 베틀의 베도 단 한 명의 소녀가 공정을 살필 뿐이다. 그러므로 면포는 나날이 증가하여 하나의 방직소가 있으면, 안에는 면화를 잣는 방적기가 1만 5,000대가 있어 매일 4,000장(丈)의 베를 짤 수 있다. 또 증기 방직기[火輪機]가 있는데, 화력으로 베를 짠다. 증기기관[火輪]은 땔나무로는 화력이 약해 사용할 수 없고 반드시 석탄을 사용해야 힘이 나온다. 크고 작은 니포(呢布)를 만드는 것은 원료가 양모에서 나므로, 양을 기르는 자들이 적지 않다. ⓖ매년 봄이면 반드시 그 털을 깎아 사고파는데, 그해 값이 비싸면 반드시 그 새끼를 많이 길러 그 털을 깎아야 하고, 그해 값이 낮으면 반드시 그 양을 많이 잡아 고기를 팔아야 한다. 그러나 결국 그 시원은 영국에서 들여와, 그 뒤로 나라 사람들이 만드는 법을 익혔다. 다만 영국의 정교함만 못하다.[46)]

기용(器用): ⓗ강을 다닐 때는 대부분 증기선[火輪船]을 사용한다. 배의 안과 밖에는 모두 차축을 이용하고, 가운데는 화로를 놓는데, 불이 성하면 바퀴에 부딪혀, 바퀴가 돌면서 물을 밀어, 인력을 들이지 않고 배가 저절로 간다. 그 제작법이 교묘하여 엿볼 수 없다. 인도양[小西洋]의 여러 나라가 근래 대부

총술 중(彌利堅國總記中)」을 채록하고 재구성했다(『위원전집』, 6책, 1637쪽).

46) ⓕ는 『해국도지』, 권60, 「미국 총술 중(彌利堅國總記中)」(『위원전집』, 6책, 1638쪽)과 『해국도지』, 권59에 인용된 『미리가국지략(美里哥國志略)』에서 재구성했다(『위원전집』, 6책, 1609~1610쪽). 주석은 『영환지략』를 저본으로 재구성했다(『영환지략교주』, 318쪽). ⓖ는 어느 자료에서 근거했는지, 모르겠다. 앞의 『해국도지』에 "이 물건은 영국에서 비롯되었는데, 나라 사람들이 따라 했지만, 결국 영국의 정교함만 못하다(此物始自英吉利, 而國人效之, 究不如英吉利之精)"라고 한 정보만 확인된다.

분 이를 모방하여 운행한다. 별도의 도설(圖說)이 있다. ⓘ유리[玻璃] 원료는 같지만, 그 제조법은 다르다. 예를 들어 망원경[千里鏡], 유리 주전자[玻璃罐], 안경(眼鏡)과 창문이 그러하다. ⓙ자기(磁器)는 나라 안에 점토가 있지만, 중국에서처럼 정교하게 제작할 수 없어 지금에 들어서 대충 갖추고 있다. 책판[書板]은 매우 많은데, 모두 각판(刻版)이 아니라 납으로 만든 글자로 된 활판(活版)을 사용하므로, 글자를 주조하고, 종이를 만들며, 인쇄하는 세 직종의 사람들이 매우 많다[三等人甚多]. ⓚ뉴잉글랜드[新國]의 기계는 중국과 다르다. 화포(火砲)는 탄알 수십 근을 사용하고, 권총[手鎗]의 입구에는 작은 검이 있지만, 활과 화살, 긴 창, 등나무 방패는 없다. 악기[를 연주하는 사람], 화공(畫工), 조각하는 사람 그리고 아름다운 집을 짓고, 높은 다리를 건설하는 등의 사람들은 능력이 출중하고 기술이 뛰어나다. 새로 창안하여 만든 물건은 지방관들이 장려한다[作新撰之物, 則地方官獎勵之]. 증기선[火輪船]은 반드시 석탄을 사용하는데, 땔나무는 힘이 약해 사용할 수 없다. 영국[英吉利]의 증기기관[火輪]과 석탄은 모두 스코틀랜드[蘇格蘭]에서 가져온 것들이다.[47]

부(賦): 합중국의 세입은 약 4,000만 원이다. 문관의 월급은 476만 원이고, 육군 장교와 병사 월급은 430만 원이며, 해군의 장교와 사병 월급은 457만 원이다. 잡비용은 380만 원이고 토지를 개간하는 비용은 1,300만 원이다. 대통령[總領]이 재정과 세금을 총괄하지만, 월급 1만 원 외에 조금도 사사로이 사용할 수 없다. 합중국은 옛날부터 차관이 있었는데, 도광(道光) 17년

---

47) ⓗ의 정보는 『해국도지』, 권60에 인용된 『해록(海錄)』에서 재구성하여 채록했다(『위원전집』, 6책, 1642쪽). 사청고의 기술은 다음과 같다(『해록주』, 권하, 75쪽). **"이 나라 사람들이 출입할 때는** 증기선[火船]을 사용한다. 배의 안과 밖에는 모두 차축을 이용하고, 가운데는 화로를 놓는데, 불이 성하면 바퀴에 부딪혀, 바퀴가 돌면서 물을 밀어, 인력을 들이지 않고 배가 저절로 간다. 그 제작법이 교묘하지만 엿볼 수 없다. 인도양[小西洋]의 여러 나라도 근래 대부분 이를 모방하여 운행한다(其國出入, 多用火船. 船內外俱用輪軸, 中置火盆, 火盛沖輪, 輪轉撥水, 無煩人力, 而船行自駛. 其製巧妙, 莫可得窺. 小西洋諸國亦多效之矣)." ⓘ는 출처를 확인하지 못했다. ⓙ는 『해국도지』, 권59에 인용된 『미리가국지략(美里哥國志略)』에서 재구성했다(『위원전집』, 6책, 1610쪽). 마지막 밑줄 그은 문장은 혜강이 빠뜨리고 채록하지 않아 보충했다. ⓚ 또한 『해국도지』, 권59에 인용된 『미리가국지략(美里哥國志略)』에서 재구성했다(『위원전집』, 6책, 1617쪽). 마지막 주석은 『영환지략』에서 채록했다(『영환지략교주』, 318쪽).

(1837) 일괄 상환하고 백성들에게 더는 차관을 내지 않았다. 그러나 이 때문에, 공사(公私)의 은행들이 대부분 폐업했으나, 나라에 예상치 못한 비용이 있으면 제공받지 않을 수 없었고, 상당히 누적되었다고도 한다.[48)]

각 부락[各部]: 미국[米利堅] 전역은 동쪽으로 대서양, 서쪽으로 태평양[大洋海]을 두고 있으며 합중국은 모두 동쪽 경계에 있다. 워싱턴[華盛頓]이 처음 나라를 세울 때 10여 개국에 불과했다. 이후 부근 여러 나라가 연이어 귀부해 오기도 하고 떨어져 나간 나라도 있지만 모두 26개국을 이루었다. 서쪽 경계는 미개척의 땅으로 모두 토착민[土番]들이다. 개간한 새로운 땅은 먼저 사냥꾼들이 곰, 사슴, 들소를 잡았고, 직업이 없는 사람들에게 황무지를 개간하도록 맡겼다. 주민이 4만 명에 이르자 도시[城邑]를 건설하고 하나의 부락[部]으로 부르며 합중국의 뒤에 부속되었다. 현재 합중국 이외에 이미 세 부락이 더해졌다. 대통령[總統領]이 사는 워싱턴[華盛頓] 수도는 어떤 나라나 어떤 부락 수에 들지 않는다. 나라는 모두 26개, 3개 부락이다.

정(政): ①뉴잉글랜드[新國]의 가난 극복은 그 가난을 예방할 정도로 가난하지 않았고, 가난했다면 더 가난해지지 않도록 막았다. 예를 들어 화재 예방은 대부분 벽돌을 쌓아 짓고, 수차(水車), 수통(水筒)을 설치하여 예기치 못한 상황에 대비했다. 낙뢰 피해를 예방하려고, 문에 피뢰침을 세워 막았는데, 전기가 피뢰침을 만나면 꼭대기에서 선회하여 피뢰침 아래로 사라졌다. ⓜ수재(水災) 예방으로, 토대와 울타리를 튼튼하게 쌓았고, 도적들이 날뛸지 우려하여 군대를 두고 바다를 순찰했으며, 도박이 민간에 유행하면 진실을 근거로 그 속임수를 알렸다. 혹 뜻하지 않게 대책도 없이 갑자기 어려워졌으나 친족이나 친구들이 구제할 수 없거나 구호하려 하지 않으면 해당 현(縣)에서 비용을 내 그들을 구호한다. ①또 가난한 사람을 일꾼으로 채용하는 사람도 있다. 채용하려는 사람이 없으면 해당 현(縣)에서 빈민을 구제하는 시설[濟貧院]을 세워 살도록 하고, 각자에게 일을 나누어 주고 벌어들인 항목들은 전액 현의 관청에 들인다. 자녀를 낳으면, 해당 현은 즉시 교사를 불러 가르치는데, 부(府)나 성(省) 또한 그러하다. 중심도시의 동네 사람[村族] 중에 걸식하며 떠돌아다니는 사람이 있도록 해서는 안 되었다. ①또 자선회[仁會]를 세워 감옥에

48) 『영환지략』에서 채록했다(『영환지략교주』, 318~319쪽).

있는 범죄자를 구제한다. 감옥의 폐단은 너무 많고, 감옥에서 나온 범죄자는 이전보다 더 열악해지므로, 모임에서는 궁극적으로 각 감옥의 법규를 개정하여 26개 각 부락의 감옥 안에서 선악 둘로 나누어, 선한 자는 넓은 곳에서 살도록 하고, 악한 자는 낮고 좁은 곳에서 살게 하여 서로 만날 수 없게 했다. 이전 수감자들에게는 일이 없었는데, 지금은 온종일 한가하게 보내지 않고, 반드시 일을 하여 삶을 꾸리게 하므로, 매년 지출하는 비용을 제외하고도 여유자금이 생겼다. 그가 출옥한 뒤에는 이전 잘못을 뉘우친다. 또, 못 듣는 사람, 못 보는 사람, 말을 못 하는 사람들은 원래 쓸모가 없었으나, 지금 나라 안에서 자선회를 세워 훈련하는 기관을 설립했다. 못 듣는 사람과 말을 못 하는 사람들도 손으로 음을 조절하도록 가르쳤고, 못 보는 사람은 글자가 볼록한 책을 만들어 그들이 손으로 더듬어 읽게 했다. 어려서 부양자를 잃은 사람들에게도 육아원이 있었다. 술에 취하여 성정이 어지러운 사람은 강제로 금하기 어려우므로 음주를 절제하는 회관을 설치하고, 안에는 장부를 두고 음주를 금할 자의 성명을 적었는데, 금주를 원하는지 원하지 않는지 각자의 편의에 따랐다. 금주하는 회관에 들어간 뒤에는 다시 술을 마실 수 없다. 양조하는 가게들은 다른 항목으로 바꾸어 무역하는 자들이 4,000~5,000개 소로 많아졌고, 다른 방도를 찾는 자들도 적지 않았다.[49)]

왕(王): ⓝ미국[米利堅]은 마침내 부강한 나라가 되어, 국가의 흥기를 족히 드러낸 것은 전적으로 부락 사람들의 근면 분투에 비롯되었다. ⓞ워싱턴[華盛頓]이 만 리의 강토를 열고 작위나 명호를 참칭하지 않고, 자손에게도 전하지 않았으며, 추천하는 제도를 만들었다. ⓝ다만 대통령[總領]을 두고 국정과 여론을 장악하고, 말한 바를 반드시 실행했다. 국왕을 세우지는 않았지만, 일은 간소하게, 정치는 신속히 하고, 금지를 실행토록 하여 현명한 군주가 다스리는 바와 다를 것이 없었다. 이 또한 [봉건] 관청의 국면을 바꾸어 독자적

49) 이 항목은 두주에 '왕(王)' 앞으로 옮기도록 지시하고 있으므로, 여기에 편집하고 번역한다. 『해국도지』, 권59에 인용된 『미리가국지략(美里哥國志略)』에서 채록하고 재구성했다(『위원전집』, 6책, 1616쪽과 1617쪽). ⓜ은 어느 자료에 근거했는지 확인하지 못했다.

인 세계를 이룬 바다.[50)]

관(官): ⓟ건륭(乾隆) 54년(1789) 의회는 미국[米利堅國]을 세우고 콜롬비아[弋攬彌阿]의 워싱턴[窪申頓]을 수도로 삼았다. 국왕이 없으므로 대통령[President, 勃列西領] 한 사람을 두어 전국의 군대, 형법, 조세, 관리들의 임용과 파면을 총괄했으나, 군대와 국가의 중대사, 외국과의 관계, 전쟁과 평화에 관한 일들은 반드시 상원[Senate, 西業]과 논의한 뒤에 행했다. 견해가 다른 경우는 다수의 의견을 따랐다. 문무 큰 관리의 승진은 법과 조례에 따라 결정하되 반드시 자문과 상의를 통해 의견을 일치시켰다. 정한 법례로 대통령은 4년을 임기로 하고, 만기가 되면 교체하는데, 총리가 허락하고 온 나라가 만족하면 재임하기도 하지만, 종신토록 세습하는 일은 없다. 선출하는 법례로, 먼저 각 부락 사람 중에서 선거인[elector, 依力多]을 뽑으면, 각 부락의 관청을 거쳐 세밀히 결정하여, 의회[Congress, 袞額里士] 관청에 보내 사람 수를 심의 결정하면, 상원[Senate, 西業]의 의원[Senator, 西那多]들, 하원 의원[Representative, 里勃里先特底甫]들과 정원이 서로 같게 한다. 각자 지지하는 한 사람을 뽑아 비밀리 써서 봉해 공공장소에 두었다가 일제히 열어 본 뒤에 가장 많이 추천받은 자를 뽑는다. 관에서 추천한 사람은 있고 민간에서 추천한 사람이 없거나 민간에서 추천한 사람은 있고, 관에서 추천한 사람이 없어 서로 다투면, 즉시 하원에서 추천한 사람 중에 가장 많은 추천을 받은 세 사람을 뽑으면, 선거인들이 셋 중에서 한 사람을 골라 중임을 맡긴다. 추천된 사람은 우선 미국[米利堅國]에서 태어나고, 수도에서 산 지가 10년 이상이며, 35세를 넘은 사람이어야 법례에 부합하고, 그렇지 않으면 피선되지 못한다.

ⓟ각 부락은 자체적으로 부통령[小總領] 한 사람을 세워 부락의 일을 관리하고 부락마다 의사당[議事公所]이 있다. 그 의사당도 두 등급으로 나뉘는데, 하나는 상원[西業]이고 하나는 하원[里勃里先特底甫]이다. 바로 해당 부락에서 한 사람을 뽑아 부락의 일을 관리하게 하고, 작은 일에는 조례를 두어 지방의 제도에 맞게 하고, 조세의 증감, 병마의 소집, 전선의 건조, 주조국 설립, 다른 부락과의 분쟁이나 협약 등의 큰일은 나라의 법례에 따르며 함부로 할

---

50) ⓝ은 『해국도지』, 권60, 「미국 총술 중(彌利堅國總記中)」에서 채록하고 재구성했다(『위원전집』, 6책, 1635쪽). ⓞ는 혜강 자신의 설명으로 보인다.

수 없다. 집사를 뽑는 사람들은 몇 달마다 한 번씩 교체한다. 군사에 관한 일의 분관, 규정 수립, 면허증 발급, 은행 설립, 무역에 관한 일, 교회의 빈민 구제 그리고 천문관, 지리관, 박물관, 공학교[義學館]의 설립, 도로와 교량 수리, 하천 준설 모두 이 의회에서 이러한 일들을 관장한다. 그들의 법률은 대체로 유럽[歐羅巴]의 법률에 따라 빼고 고쳐 만들었다. 조세 징수는 나라의 경비 출입을 짐작하여 의회에서 액수를 결정하며 많이 거둘 수 없다.

ⓠ최근 미국[米利堅]의 정치는 가장 간결하고, 매기는 세금도 가벼우며, 인구는 10년에 한 번 편성한다. 2년마다 47,700명 중에서 재능과 학식이 출중한 한 사람을 뽑아 수도에 살면서 국정에 참여하여 의논한다. 대통령[總統領]은 수도에 거주하며 여러 나라들은 의회[公會]를 두고, 각기 현명한 두 사람을 선발하여 의회에 살면서 동맹, 전쟁과 방어, 통상과 조세 등과 같은 대사를 결정하게 하게 하는데, 6년을 임기로 한다. 각 나라는 법관[刑官] 6인을 두고 옥사를 주관하게 하는데, 또한 추천 선발하여 보충한다. 편파적이고 불공정한 사람은 중의에 따라 파면한다.[51)]

학(學): 마을[鄕]마다 학교[學館] 하나를 설치하여, 마을의 부자들이 돈을 내고 교사를 초청하여 온 고을의 학생들을 가르친다. 마을에 부자가 없으면 중심도시의 관원들에게 도움을 받는다. 취학한 아동은 매일 저녁 집으로 돌아간다. 남녀 모두 교사가 될 수 있다. 여교사의 경우 받는 돈은 매달 6~10원에 불과하고 여자아이들에게 책을 읽는 법 외에 자수를 겸하여 가르친다. 남자 교사는 20~30원으로 고르지 않으며 한 가정의 전담 교사도 있다. 현(縣)의 중학교는 있고 없고 많고 적음이 일정하지 않다. 학교 안의 조례는 몇 사람을 골라 그 일을 맡긴 뒤에 같은 학교에 두루 통지한다. 학생들은 일 년에 한 번 시험을 보는데, 전례에 따라 시기가 되면 사사(司事)들이 일제히 모여 시험을 기다려 합격한 자는 학교에 들여 4년을 배운다. 합격하지 못한 자는 돌아가 학업을 닦아 내년에 다시 시험을 치는데, 중국의 수재(秀才)와 같다. 학교 안에서 학습하는 자는 4년을 예로 하며 계율을 따르지 않으면 4년을 기다리지 않고도 쫓아낼 수 있다. 4년을 학습하면 중국의 거인(擧人)처럼 된다. 학교를 나

51) ⓟ는 『해국도지』, 권60, 「미국 총술 중(彌利堅國總記中)」에서 채록했고(『위원전집』, 6책, 1625~6쪽; 1629~1630쪽), ⓠ는 『영환지략』에서 채록했다(『영환지략교주』, 318쪽).

온 뒤에 관리, 병사, 농민, 공인, 상인이 되어 각자의 일을 담당한다. 별도로 대학교[大學館]가 있는데, 단지 거인이 된 자들만 진학이 허락된다. 배우는 분야는 셋이 있는데, 경전, 의료, 법률 조례다. 두 분야는 겸할 수 없으며 3년을 기한으로, 만기가 되면 중국의 진사(進士)와 같아진다. 중심 도시의 학교는 부락마다 한두 개소에서 서너 개소로 고르지 않고, 다만 부락을 통틀어 임시 학교까지 계산하면 약 80~90개소다. 학교마다 초빙한 교수는 5~30명으로 일정하지 않으며, 평균적으로 학교마다 약 10명이다. 그 교수는 매년 받는 돈은 1,000~3,000여 원으로 같지 않으며, 수업받는 자는 매년 한 사람당 내는 학비는 100~200원으로 같지 않다.[52)]

예(禮): 부부의 예는 한 여인을 베필로 하는데, 역대로 전하며 다름이 없다. 다만 첩을 둘 수 없고 어린 나이에 약혼하는 예는 없다. 나이 15세 이상이면 숙녀를 찾는데, 친족간의 정분이 아니면 관청에 가서 부형(父兄)을 뵙고, 결연을 하여 3~5년을 왕래하며 양측의 사람들이 모두 알면, 직접 만나 날짜를 결정하거나 부모에게 알리는데, 전안(奠鴈), 아륜(迓輪), 그리고 약혼하는 예는 전혀 없다. 장가드는 날 남녀가 당에 올라 손을 잡으면 관리나 친족 중 유덕한 사람이 두 사람의 이름을 써서 직인과 인장을 찍은 뒤에 호적에 알리고, 안에는 부부의 성명을 나열하면 이후로 반드시 종신토록 해로해야 한다.

나라의 26개 부락에는 군신의 이름은 없고 상하의 구분, 나라의 수장[國領], 부락의 수장[部領], 부(府)의 수장[府領], 현의 수장[縣領]이 있어, 같지 않다. 각 수장의 거처, 음식, 의복 또한 평민과 다름이 없고, 일의 권한만 그에게 속해, 사람들이 모두 존경하는 것뿐이다. 형제, 부자, 친구간의 윤리는 중국과 대략 같다.

상사(喪事)로, 죽으면 한 사람이 목욕시키고, 하나의 속옷만 입히고 손을 모아 관 안에 안치했다가, 3~5일이 지나면 매장한다. 산지(山地)에 돌이나 쇠, 또는 주석으로 두르고 난 뒤에 관을 넣는다. 친척과 친구들이 장송하며, 소복은 흰색을 사용하지 않고 검은색을 쓴다. 무덤 위아래에 모두 돌비석이 있는데, 비석 위에는 망자의 생년과 몰년을 기록하고 돌난간으로 둘러 소와 양이

52) 『해국도지』, 권59에 인용된 『미리가국지략(美里哥國志略)』에서 채록하고 재구성했다(『위원전집』, 6책, 1616~1617쪽).

밟지 못하게 한다.[53)]

형(刑): 나라의 감찰원[察院]은 셋으로, 도성을 관리하는 자를 경찰원(京察院), 두세 개의 부락을 관리하는 자를 순안찰원(巡按察院), 한 부락이나, 그 절반을 관리하는 자를 분순찰원(分巡察院)이라 한다. 순안찰원이 부정한 심사를 하면, 경찰원에 이관하게 한다. 원고나 피고 중에 우둔한 자가 있으면 다른 사람이 문서를 대신하고, 법정에서 소송을 대신한다. 사람의 범죄가 맞으면 찰원(察院)은 고른 현지의 배심원[衿耆]과 함께 심문을 돕는다. 배심원은 적으면 12명이고 많게는 24명이다. 범인의 친척, 친구, 형제를 제외하고 이 사건을 먼저 알고 있던 자도 참여할 수 없다. 심문 뒤에는 나와 회의하여 옳고 그름을 결정한다. 배심원들이 사건의 내용을 명확히 써서 찰원에 보내고 물러난다. 찰원은 그 시비를 살펴, 벌을 결정한다. 현(縣)에도 치안 담당관[地保] 몇 명이 있어 작은 일에 화해를 권면한다. 나라 안에는 법학원[律例院]이 있는데, 교사가 법률을 훈련해, 사람들에게 알려 준수하게 한다.

형(刑)에는 셋이 있는데, 교수형[絞死], 수감형[監禁], 벌금형[罰贖]이다. 효수(梟首)나 군인으로 충당시키는 벌, 고문하거나 때리는 등의 형벌은 없다. 반란, 해적은 모두 교수형에 처하고, 살인, 강간, 겁탈[强劫], 방화 등도 그와 같게 하는데, 영구 수감하기도 한다. 그 나머지는 수감형이나 벌금형으로 경중에 따른다. 각 성(省)과 부(府)에는 모두 감옥이 있다. 감옥 안은 좌우상하 모두 큰 돌로 만들어 여러 사람을 한 방에 넣거나 한 사람을 한 방에 넣기도 하는데, 모두 매우 청결하며, 또 작은 창문이 있어 통풍한다. 건물 밖은 사방에 난간이 있고, 나머지 땅은 산보할 수 있다. 관리 감독하는 관리는 그들의 의식을 직접 구호하고, 좋은 말로 타이르고, 일로 단속한다. 도광(道光) 15년(1835) 마사세(馬沙些, 매사추세츠, 馬沙諸些) 감옥 안의 범인들이 일한 돈은 관리 감독하는 관리, 교사, 문을 지키는 장병 등의 급료와 각 범인의 의식에 드는 비용을 제외하고 은 7,000여 원이 남아 모두 공금으로 충당했다.[54)]

---

53) 『해국도지』, 권59에 인용된 『미리가국지략』에서 채록하고 재구성했다(『위원전집』, 6책, 1618쪽; 1619쪽).

54) 『해국도지』, 권59에 인용된 『미리가국지략』에서 채록하고 재구성했다(『위원전집』, 6책, 1615쪽; 1616쪽).

법(法): 뉴잉글랜드의 법례는 다섯이 있다. 첫째는 국법[國例]으로 26개 부락에서 통행된다. 둘째는 부락법[部落例]으로, 부락마다 달라, 각기 소속 부락의 법에 따를 뿐이다. 셋째는 부(府)의 법[府例]으로 부마다 달라, 그곳에서 태어난 사람만 이 법에 따른다. 넷째는 현의 법[縣例]으로 현마다 그들 법규를 자체적으로 세우는데 각 주민은 그 법에 자발적으로 따른다. 다섯째는 부서법[司例]으로 부서에서 자체적으로 세운 법으로 소속된 자만 따른다. 이 다섯 중에서 작은 법은 큰 법을 침범할 수 없다. 예를 들어 부서법은 현의 법을 범할 수 없고, 부락의 법은 국법을 범할 수 없다. 국법은 도성 의사당에서 회의하여 각 부락으로 보낸다. 각 대전(大典)을 여기 아래에 열거한다.

1. 매년 징수한 세금은 각 항목에 지출할 바가 있으므로 모두 세비 내에서 교부한다.
2. 나라의 자산이 충분하지 않으면 반드시 회의하여 미리 조달해야 일시적 곤란을 면한다.
3. 각 나라와의 무역과 각 부락 간의 교통은 본토의 만인(蠻人)들 모두 일체로 같아야 한다.
4. 유민은 사는 곳에 따라 입적하여 일정한 곳을 잃지 않게 한다.
5. 국(局)을 설치하여 은을 주조하되 반드시 경중 과다를 저울질하여 그림을 하나로 하며 외국은으로 위조를 엄금한다.
6. 역(驛)을 설치하여 공문과 서신을 전송하며 수시로 철길을 놓아 왕래를 편하게 한다.
7. 사람들에게 육예(六藝)를 가르치고, 유능함이 출중한 자는 장려하는 상을 주고, 각 기물의 쓰임에 새로운 방식을 창조하고 이전 사람이 미치지 못한 바를 개척하여 지금 사람들이 즐겨 본받게 하는 자들도 장려하여 상을 준다.
8. 각 부락에는 찰원(察院)을 세워 민간의 일을 심판한다. 세 부락에 하나 또는 두 부락에 하나를 세우되, 부락 면적의 크고 작음을 살펴 적당히 의논한다.
9. 해적들의 약탈을 방비해야 한다. 포획하면 본국이든 타국이든 반드시 법에 따라 죄를 다스려야 한다. 혹 반역을 모의하고 외국에서 일을 꾸몄을 때는 특히 법에 따라 엄단해야 한다.

10. 외국의 침략을 받으면, 대통령[統領]은 반드시 먼저 만민에게 알리고, 강화가 곤란하면, 전쟁을 벌이되, 반드시 열렬히 전진해야 한다. 쌍방이 동맹이면 즉시 군대를 모을 수 있다.
11. 세금으로 백성을 불러 육군과 해군으로 삼되, 엄격히 그 기술과 용기를 조사해야 한다.
12. 해군과 육군의 사병은 제한을 준수해야 하며 소란 피울 수 없다.
13. 나라에 큰 전쟁이 있으면 국민은 모두 뛰어나와 힘을 보태야 한다. 국민이 나라를 위해 힘을 내려는 자는 의논하여 식량을 지급한다.
14. 전적으로 법규를 설정하여 도성을 다스리되, 각 바깥 부락을 다스리는 법과 달리 해야 한다.[55]

병(兵): 군사[弁兵]는 총 1만 2,000명이고, 씩씩한 민병대[壯民]는 26만명이다. 큰 전함은 12척, 작은 병선은 17척, 작은 배 7척이다.[56]

속(俗): ⓡ풍속으로 종교는 각자 좋아하는 바에 따르는데, 대체로 프로테스탄트[波羅特士頓]가 많다. 빈민 구호소[濟貧館], 고아원[育孤館], 병원[醫館], 정신병원[瘋顛館] 등이 있다. 또 각 부락에는 공학교[義學館]를 세워 문학, 지리, 산술을 가르쳤다. 노복(奴僕)에 관한 법례로, 중죄자는 처음부터 관방에서 다스리고 작은 죄는 주인이 자체적으로 다스리지만, 사사로이 사업할 수 없다. 문자를 배우거나 교회에 가서 예배하는 일은 반드시 백인이 데리고 가야 한다. 인디언[因底阿] 중 시중드는 사람은 그렇지도 않은데, 예배일이 되면 노예마다 곡식 18~24봉(棒), 감자[薯] 64봉, 생선과 고기를 나누어 준다. 거울과 여름의 베옷을 노예의 자녀들에게 준다. 2년마다 사람들에게 양전(洋氈)을 주고, 어린 사람에게는 두 사람당 전(氈) 하나를 준다. 병에 걸리면 의약 시설이 있다. 그들 경내를 찾아가 그 노예들을 만나보면 모두 일을 멈추지 않고 노래를 흥얼거리며 자득했다. 예배일이 되면 대체로 일을 멈춘다. 공역(工役)에는 3일에 한 번 파견되어 같은 날 일을 마칠 수 있는 사람은 남은 날은 각자

55) 이상 『해국도지』, 권59에 인용된 『미리가국지략』에서 채록하고 재구성했다(『위원전집』, 6책, 1612~3쪽).

56) 『해국도지』, 권60에 인용된 『매월통기전(每月統紀傳)』에서 채록했다(『위원전집』, 6책, 1641쪽).

자기 일을 하거나 놀아도 금지하지 않는다. 노예를 돕는 사업은 여러 부락에 갖춰지지 않았다. ⓢ나라에서 먼 길을 가는 사람은 한 수레당 말 한 필에서 네 필로 일정하지 않다. 매년 월중에 절기는 전혀 없고 일마다 길흉도 없으며, 7일에 한 번 예배할 뿐이다. 나머지는 중국과 다름이 없다.[57)]

각 부락[各部]: 미국[米利堅]의 전역은 동쪽으로 대서양, 서쪽으로 태평양[大洋海]을 두고 있고, 합중국(合衆國)은 모두 동쪽 경내에 있다. 워싱턴[華盛頓]이 처음 건국할 때, 10개국에 지나지 않았으나 이후 부근의 여러 나라가 귀부해 오거나, 갈라진 나라도 있는데 모두 26개국을 이루었다. 서쪽 경계의 미개척 땅은 모두 토착민[土番]들이다. 새 땅을 개척할 때는 먼저 사냥꾼들이 곰, 사슴, 들소를 수렵하면, 직업이 없는 사람들에게 그곳 황무지를 개간하게 했다. 주민이 4만 명이 되면 도시[城邑]를 건설하고 하나의 부락으로 부르며 여러 나라의 뒤에 부속되었다. 현 합중국 외에 세 부락이 더해졌다. 대통령[總統領]이 사는 곳은 워싱턴 수도로, 여러 나라나 여러 부락에 들어가지 않는다. 나라는 총 26개, 부락은 셋이다.

콜롬비아[District of Columbia, 哥倫米阿]

강역(疆域): 콜롬비아[哥倫米阿]는 어떤 곳에는 익람미아(弋攬彌阿), 또는 력사륵과륵미아(力士勒果勒彌阿)로 되어 있다. 메릴랜드[Maryland, 馬理蘭] 내항의 서쪽 갈래 끝, 버지니아[Virginia, 勿爾吉尼阿]의 서북쪽에 있다. ⓣ땅은 두 나라 너머에 있고, 둘레는 40리며 합중국의 수도다. 땅은 건조하고 습함이 일정하지 않고, 명승이 상당히 많다.[58)] 물길은 사통팔달로 배가 크든 작든 상관없이 모두 도성에 이를 수 있어 무역이 가장 번성하다. 주민은 4만 3,000명이다. 바로 26개 부락 밖에 있다.

---

57) ⓡ은 『해국도지』, 권60, 「미국 총술 중(彌利堅國總記中)」에서 채록하고 재구성했다(『위원전집』, 6책, 1635쪽; 1636쪽). ⓢ는 『해국도지』, 권59에 인용된 『미리가국지략』에서 채록했다(『위원전집』, 6책, 1619쪽).

58) ⓣ는 『해국도지』, 권62, 미국 동부 20주[彌利堅東路二十部]에서 채록했다(『위원전집』, 7책, 1661쪽).

도성(都城): 초기 워싱턴[華盛頓]이 영국에 승리하고 콜롬비아[哥倫米阿]에 살면서 대통령[總統領]의 치소로 정했다. 합중국의 신사와 덕망 있는 사람들은 모두 여기에 모여 국정을 논의했다. 도시[城]은 워싱턴이 건설한 곳으로 바로 합중국이 탄생 시조이므로 그곳을 워싱턴이라 부른다. 대통령의 부서, 의사당, 문무 관청이 있다. 서쪽으로 별도의 도시가 하나 있는데 조지타운[Georgetown, 査治當]으로, 대학교[書院]가 있고 대포를 제조하는 곳이 있다. 맞은 편 해안에는 알렉산드리아[Alexandria, 阿力山特釐阿]라는 또 다른 도시가 있는데, 대포 만드는 곳, 육아원이 있다. 미국[米利堅] 각 나라에는 성(城)이 없고 도회지의 마을을 도시[城]라 하는데, 실제로 담장이나 성가퀴가 없다.[59)]

메인 주[State of Maine, 緬國]

강역(疆域): 메인[緬國]은 어떤 곳에는 락(洛), 또는 매내(賣內)로 되어 있다. 합중국의 동단 동북쪽 모퉁이에, 영국[英吉利] 속령과 접해 있다. 서쪽으로 뉴햄프셔[New Hampshire, 紐罕什爾], 남쪽으로 바다와 경계한다. 면적은 중국의 저장성[浙江省]과 같다.[60)] ⓤ남쪽 경계는 적도 43도 5분에 있고, 북쪽 경계는 적도 48도에 있으므로 남에서 북으로는 4도 55분이다. 서쪽 경계는 바로 중선(中線)에 중선(中線)은 수도의 자오선이다. 동쪽으로 치우친 6도 3분이고, 동쪽 경계는 중선에서 동쪽으로 치우친 10도 3분이므로 서에서 동으로는 4도다. 그 땅은 들쭉날쭉 네모나 원을 이루지 않는다.[61)]

산수(山水): 강역 내에는 산이 많은데, 이름난 산은 커타딘산[Katahdin, 加達領山]으로 높이가 500여 장이다. 메인 주[緬部]의 북쪽에는 알라개시강[Allagash, 阿爾臘牙時河], 왈루스투크강[Walloostook, 窪爾魯士多河, Maine St. John], 아루스투크강[Aroostook, 阿魯士多河] 세 강은 모두 영국[英吉利] 속령

59) 이상 ⓣ를 제외한 모든 기술은 『영환지략』에서 채록했다(『영환지략교주』, 301~302쪽).

60) 『영환지략』에서 채록했다(『영환지략교주』, 302쪽).

61) ⓤ는 다음 면에 ‘강역 2’로 채록되어 있으나, 두주에 여기에 옮길 것을 지시하여, 여기에 편집하여 번역한다. 『해국도지』, 권62, 미국 동부 20주[彌利堅東路二十部]에 인용된 『미리가국지략』에서 채록했다(『위원전집』, 7책, 1662~3쪽). 중선(中線) 설명은 혜강의 것이다.

의 세인트 존강[St. John, 贊河]에서 발원하여 메인 땅으로 흘러든다. 메인 남쪽에 있는 강은 페놉스코트강[Penobscot, 北納士葛河], 케네벡강[Kennebec, 根尼碧河]으로, 각기 길이는 350리고, 뱅고어[Bangor, 曼峩]를 거쳐 대서양 바다[Atlantic Ocean, 阿蘭底海]로 바로 대서양(大西洋)이다. 빠져나간다. 무스헤드 호수[Moosehead, 模士迄湖]는 길이가 50리고 폭은 몇 리에서 15리로 일정하지 않다. 메인 땅에 강은 많고 호수는 넓어 물이 6분의 1을 차지한다.[62)]

풍기(風氣): 남쪽 경계는 해조(海潮)가 항상 2~3장에 이르러 겨울철 추운 날씨에도 쉽사리 결빙하지 않는다. 북쪽 경계는 추위에 얼어붙고, 눈의 깊이는 4~5척으로 수개월 동안 녹지 않고 수면이 단단히 얼어 사람과 말이 건널 수 있다. 여름에는 또 무더워 겨울과 여름은 질병에 걸리기 십상이다. 경계 남쪽 약 50~60리에 대서양이 있는데, 모래와 자갈의 진창이다.[63)]

사람들[人民]: 도광(道光) 10년(1830), 주민은 총 39만 9,000여 명으로, 주된 생업은 농사, 물고기잡이, 장사로 거부는 없지만 극빈자도 없이 모두 따뜻한 옷에 족히 먹고 산다.[64)]

물산(物産): ⓥ오곡(五穀), 면화(棉花), 종이[紙], 숙피(熟皮), 납촉(蠟燭), 철(鐵), ⓦ말[馬], 소[牛], 양(羊), 돼지[豕]가 난다. ⓥ목재[材木]가 가장 많아, 서양 선박의 목재는 모두 여기에서 마련한다.[65)]

상(商): 매년 수출하는 물건값은 대략 800만여 원으로 합중국의 무역에서 메인은 10분의 3을 차지한다.[66)]

관(官): 전체 부락은 중부락 10개, 소부락 300개로 나누는데, 케네벡강[Kennebec, 基尼伯河]에 기대어 오거스타[Augusta, 奧吉士大]라는 중심 도시

---

62) 『해국도지』, 권62, 미국 동부 20주[彌利堅東路二十部]에서 채록했다(『위원전집』, 7책, 1662쪽).

63) 『해국도지』, 권62, 미국 동부 20주[彌利堅東路二十部]에 인용된 『미리가국지략』에서 채록했다(『위원전집』, 7책, 1663쪽).

64) 앞의 출처.

65) ⓥ의 산물과 정보는 『영환지략』에서 채록했고(『영환지략교주』, 302쪽), ⓦ의 산물은 『해국도지』, 권62, 미국 동부 20주[彌利堅東路二十部]에 인용된 『미리가국지략』에서 채록했다(『위원전집』, 7책, 1663쪽).

66) 『영환지략』에서 채록했다(『영환지략교주』, 302쪽).

를 새롭게 건설했다. 그곳의 관리는 네 부류으로, 수령(首領) 1인, 부수령 7인, 순안찰원(巡按察院) 12인, 찬의(贊議) 수십 명이다. 수령[總制], 순안찰원(巡按察院), 찬의(贊議)는 모두 30세를 전례로 삼아 민간에서 선출한다. 각 관리는 모두 매년 1월 첫 주의 세 번째 날에 회의한다. 부수령[副總制] 7인은 순안찰원과 찬의들이 선출한다. 수령은 매년 월급으로 은 1,500원을 받고, 자리가 비면 순안찰원 중 수장이 서리한다. 부수령을 제외하고 한 명의 좋은 서기가 그를 돕는다. 군무(軍務)는 사령관[總兵官]이 강역을 지킨다. 매년 수령은 순안찰원, 찬의와 함께 성(省)의 법률을 논의한다.[67]

학(學): 학교[書院] 두 곳이 있고, 별도로 대학과 공당(公堂)이 있는데, 문인들이 열심히 경전을 공부하는 곳이다. 향(鄕)에는 총 30개소의 학교가 있고, 이 밖에 어린아이 학교가 곳곳에 모두 있어, 한 사람당 해마다 은 2전 8푼을 내, 수사(首事)에 보낼 뿐이다. 별도로 교회[聖教會所]가 총 500여 개소가 있는데, 개소마다 약 6~10명으로 일정하지 않다. 한 교사가 예배일마다 당에 올라가 가르침을 선양하는데, 매년 받는 돈는 600~1,000원으로 일정하지 않다. 별도로 자선회[仁會]가 여러 곳에 있어 홀아비, 과부, 고아, 질병에 걸린 사람들을 구호한다.[68]

연혁(沿革): 명나라 천계(天啓) 6년(1626) 영국[英吉利]인 몇 사람이 처음 케네벡강[Kennebec, 基尼伯河] 강가에 이르러 한 마을을 세웠다. 뒤에 점차 인구가 불어나 매사추세츠[麻沙朱色士]와 합해졌다. 가경(嘉慶) 25년(1820) 합중국에 귀속되었다. 도광(道光) 원년(1821) 별도로 메인 주[緬國]가 되었다.

뉴햄프셔주[State of New Hampshire, 紐罕什爾國]

강역(疆域): ⓧ뉴햄프셔주[紐罕什爾國]는 어떤 곳에는 뉴한시이(紐韓詩爾), 또는 뉴함사(紐含社), 또는 신한새(新韓賽), 또는 신항서륵(新杭西勒)으로 되어 있다. 뉴(紐)는 번역하면 신(新)이다. 메인 주[緬國]의 서쪽에 있다. 북쪽으로 영국령[英土], 서쪽으로 버몬트[Vermont, 窪滿的], 남쪽으로 매사추세츠[麻沙朱色士]와 경계한다. ⓨ

67) 『해국도지』, 권62, 미국 동부 20주[彌利堅東路二十部]에 인용된 『미리가국지략』에서 채록했다(『위원전집』, 7책, 1663쪽).

68) 앞의 출처.

남쪽 경계는 남극에서 출지(出地) 42도 41분이고, 북쪽 경계는 북극에서 출지 45도 11분이며, 서쪽 경계는 중선(中線)에서 동쪽으로 치우친 4도 30분이고, 동쪽 경계는 중선에서 동쪽으로 치우친 6도다. 이곳은 남북 기울기가 바르지 않고, ⓧ폭은 메인(Maine)주 3분의 1이다.[69]

산수(山水): 북쪽에서 남쪽으로 뭇 봉우리가 우뚝하고, 산길은 구불구불하다. 북쪽 산 중에서 가장 높은 산은 600~700장이고, 남쪽의 산은 그다음으로 또한 200~300장이다. 다만 북쪽 가장 높은 봉우리만 쌓인 눈이 사계절 모두 희어 백산(白山, White Mountain)이라 부른다. 산은 험준함이 주에서 으뜸이다. 북쪽 가까이 작은 호수가 있는데, 남쪽 코네티컷강[Connecticut, 干尼底吉大河]으로 흘러들어 버몬트 주[State of Vermont, 華滿部]와 경계를 이룬다. 또 큰 호수가 있는데[Winnpesaukee], 메리맥강[Merrimack, 美理麥大河]을 통과하여 동쪽 바다로 돌아 들어간다.[70]

풍기(風氣): 날씨는 대체로 메인 주보다 따뜻하고, 땅 기운도 청화(淸和)하여 장수하는 사람들이 많다.[71]

사람들[人民]: 도광(道光) 20년(1830) 인구는 26만 9,000여 명으로, 100년 전에는 1만 2,000여 명에 불과했다.[72]

물산(物産): ⓩ산에는 큰 나무가 많은데, 키는 20장이고 두께는 7척이나 되며 둘레는 2장이다. ㉠또, 양삼(洋參), 빙당(氷糖), 구리[銅], 철(鐵), 납[鉛]이 난다. 『합성국지(合省國志)』에 “또 인삼이 많다(且多人參)”라고 했으므로, 양삼(洋參)은 바로 인삼이다.[73]

---

69) ⓧ의 정보는 『영환지략』에서 채록했고(『영환지략교주』, 302~303쪽), ⓨ는 『해국도지』, 권62, 미국 동부 20주[彌利堅東路二十部]에 인용된 『미리가국지략』에서 채록했다(『위원전집』, 7책, 1664쪽).

70) 『해국도지』, 권62, 미국 동부 20주[彌利堅東路二十部]에 인용된 『미리가국지략』에서 채록했다(『위원전집』, 7책, 1664쪽). 여기에 뉴햄프셔는 ‘신한새(新韓賽)’로 음역 표기되었다.

71) 앞의 책(1664~5쪽)에서 채록했다.

72) 앞 행에 연이어 쓰였으나, 행 옆에 별도 항목으로 처리하라는 지시에 있어 그에 따랐다. 앞의 책(1665쪽)에서 채록했다.

73) ⓩ는 『해국도지』, 권62, 미국 동부 20주[彌利堅東路二十部]에 인용된 『미리가국지략』

성(城): 땅은 8개 부락, 220개 작은 부락으로 나뉜다. 동남쪽 모퉁이에 있는 포츠머스[Portsmouth, 波子某]란 도시[府城] 부근은 동양의 해선들이 모이는 곳으로, 항구는 20개 부락 중에서 으뜸이다. 한겨울에도 얼지 않고 파도가 위험하지 않아 아주 큰 해양선들 모두 들어올 수 있으므로, 나라의 병선들이 이곳 만에 정박한다. 별도로 배를 건조하는 한 곳과 포대(砲臺)가 두 곳이 있다. 중심도시는 메리맥강[Merrimack, 美理麥大河] 강가에 있는데, 콩코드[Concord, 公哥奕]로, 인구는 4,000명이고, 대학교[大書院]가 있다.[74)]

농(農): 농민들은 모두 농회를 세워, 서로 도와 넓게 경작한다.[75)]

상(商): 무역은 다른 나라와 거래가 드물고, 본도(本都)에서만 장사한다.[76)]

공(工): 공인과 장인은 헤아릴 수 없다. 방직하는 곳은 약 60개소이고, 니포(呢布)와 융(絨)을 짜는 곳은 32개소다. 또한 인력과 수력(獸力)을 이용하여 오곡을 빻는 공방이 총 609개소이고, 물레방아[水輪]로 나무를 톱질하는 공방은 마(磨)와 거(鋸)의 도설은 「기기도설(奇器圖說)」을 보시오. 총 952개소로, 개소당 한두 사람이 관장하는데, 수력은 100명을 감당할 수 있다.[77)]

정(政): 관제(官制), 학제(學制)는 메인 주[State of Maine, 緬國]와 같고, 인원수만 조금 적다.[78)]

연혁(沿革): ㉡명나라 만력(萬曆) 43년(1615) 영국[英吉利]이 처음 뉴햄프셔[新韓賽]의 땅을 차지했는데, 천계(天啓) 3년(1623)에 자립하여 다스렸다. 수십 년 뒤에 토착민[土人]들이 모두 그 땅을 매사추세츠[麻沙朱色士]와 합쳐

에서 재구성했고(『위원전집』, 7책, 1665쪽), ㉠은 『영환지략』에서 채록했다(『영환지략교주』, 303쪽). 주석은 혜강의 것으로, '합성국지(合省國志)'란 바로 『미리가국지략(美里哥國志略)』을 말한다.

74) 이 항목은 두주에 '농(農)' 앞으로 옮기라는 지침이 있으므로, 여기에 편집하고 번역한다. 『해국도지』, 권62, 미국 동부 20주[彌利堅東路二十部]에 인용된 『미리가국지략』에서 채록했다(『위원전집』, 7책, 1665쪽).

75) 앞의 책에서 채록했다.

76) 이 항목은 두주에 '공(工)' 앞으로 옮기라는 지시에 따라 여기에 편집 번역한다. 내용은 앞의 책에서 채록했다.

77) 앞의 책에서 채록했다. 주석은 혜강의 것이다.

78) 앞의 책에서 재구성했다.

하나의 부락이 되었으나 자립하지 못하고, ⓒ건륭(乾隆) 6년(1741)에 별도로 뉴햄프셔주[紐罕什爾部]로 되었다가 뒤에 합중국(合衆國)에 귀속되었다.[79]

버몬트주[State of Vermont, 窪滿的國]

강역(疆域): 버몬트주[窪滿的國]는 어떤 곳에는 옥만적(屋滿的), 또는 와문(窪門), 또는 화만(華滿), 또는 법이만(法爾滿), 또는 위이몽(委爾蒙)으로 되어 있다. 뉴햄프셔[紐罕什爾]의 서쪽에 있다. 북쪽으로 영국령[英土], 서쪽으로 뉴욕[New York, 紐約爾], 남쪽으로 매사추세츠[麻沙朱色士]와 경계하고, 면적은 뉴햄프셔와 비슷하다.[80]

산수(山水): ⓓ경내에는 맨스필드[Mansfield] 대산이 있는데, 높이는 400여 장이다. ⓔ남쪽 산은 북쪽으로 봉우리를 이어가며 중심도시에 이르러 둘로 나뉘어 좌우에서 감싸고 있다. 산 안에는 삼나무가 많고, 잎이 지기도 전에 새 잎이 나와, 당시 사람들은 '버몬트[華滿]'라 불렀는데, 번역하면 녹산(綠山)이다.[81] 안쪽 폭포 물줄기가 코네티컷강[Connecticut, 干尼底吉大河]으로 흘러드는데, 서쪽의 챔플레인[Champlain, 汕砒連] 큰 호수로 들어가는 물줄기도 있다. 이 호수는 남북으로 길이가 400~500리고, 동서로는 폭이 몇십 리로, 바다 선박 수십 척이 운행할 수 있고, 또 삼나무를 이어 뗏목을 만들어 다른 마을에 가서 판다. 다만 겨울에는 추워 호수가 얼어 배는 왕래할 수 없다. 북쪽 경계에는 멤프리마곡[Memphremagog, 緬法喇美哥]이라는 호수가 있는데, 길이는 100리고 폭은 10리다. 또 100리 밖에도 작은 호수가 있는데 물이 그곳으로 들어간다. 가경(嘉慶, 1796~1820) 연간에 크고 작은 호수 사이에 사는 어떤 사람이 면방(麵房)을 세우고 물길을 내 밀을 빻으려 했는데, 물이 갑자기 범람하여

79) ⓑ은 『해국도지』, 권62, 미국 동부 20주[彌利堅東路二十部]에 인용된 『미리가국지략』에서 채록했고(『위원전집』, 7책, 1664쪽), ⓒ은 『영환지략』에서 재구성했다(『영환지략교주』, 303쪽).

80) 『영환지략』에서 채록했다(『영환지략교주』, 303쪽).

81) "당시 사람들은 '버몬트[華滿]'라 불렀는데, 번역하면 녹산(綠山)이다"라는 이 문장은 혜강이 참고한 『해국도지』에 "時人呼曰綠山, 譯名華滿也"라고 하였다. 즉 혜강이 '녹산'과 '화만'의 위치를 바꾸었는데, 그의 문해력이 놀랍다.

100리 내의 집들이 모두 잠겼고, 호수도 남아있지 않다.[82)]

풍기(風氣): 날씨, 토산, 민속은 모두 뉴햄프셔[新韓賽]와 같다. 단지 산 위에 겨울과 봄엔 언제나 눈이 쌓여 있다.[83)]

사람들[人民]: 주민은 28만 679명이다.[84)]

물산(物産): 포필(布匹), 면사(棉紗), 조니(粗呢), 가축[牲畜], 납[鉛], 동(銅), 철(鐵), 주석[錫]이 나지만, 철이 유난히 많다[旺]. 또 조반(皂礬)이 아주 많이 난다.[85)]

성(城): 중심도시는 부락의 중앙에 있는데 몬트필리어[Montpelier, 滿砒理]다. 수령, 부수령, 형집행관 각 1명, 어사(御史, 순안찰원) 13명이 있다. 학교[書院] 교회 등은 모두 뉴햄프셔[新韓賽]와 같다. 각 관리의 회기는 1월이 아니라 10월이다.[86)]

연혁(沿革): 만력(萬曆) 원년(1573)에 프랑스[佛郎西] 사람들이 캐나다[加拿他]에서 이곳으로 이주해 왔다. 옹정(雍正) 원년(1723) 영국[英吉利] 사람들이 매사추세츠[麻沙朱色士]에서 점차 이 땅을 개척했다. 건륭(乾隆, 1736~1795) 연간에 별도의 한 부락을 이루었다가, 건륭 56년(1791) 합중국에 귀속되었다.[87)]

---

82) ㉣은 『영환지략』에서 채록했고(『영환지략교주』, 303쪽), ㉤은 『해국도지』, 권62, 미국 동부 20주[彌利堅東路二十部]에 인용된 『미리가국지략』에서 채록했다(『위원전집』, 7책, 1666쪽). 이 자료에는 '화만(華滿)'으로, 위원은 '와문(洼門)'으로 음역 표기했다.

83) 『해국도지』, 권62, 미국 동부 20주[彌利堅東路二十部]에 인용된 『미리가국지략』에서 채록했다(『위원전집』, 7책, 1666쪽).

84) 앞의 책(1665쪽)에서 채록했는데 그곳의 정보는 다음과 같다. "호구는 28만 650명이다(戶二十八萬六百五十口)." 수치가 조금 다르다. 혜강이 본 『해국도지』의 판본상 문제일 것이다. 『영환지략』에서는 29만 명 남짓이라고 했다(『영환지략교주』, 303쪽).

85) 『영환지략』에서 채록했다(『영환지략교주』, 303쪽).

86) 『해국도지』, 권62, 미국 동부 20주[彌利堅東路二十部]에 인용된 『미리가국지략』에서 채록했다(『위원전집』, 7책, 1666쪽).

87) 『영환지략』에서 채록했다(『영환지략교주』, 303쪽). 다만 혜강은 영국인들이 매사추세츠에서 점차 이 땅으로 들어온 시기를 '옹정(雍正) 원년(1723)'으로 채록했는데, 『영환지략』에는 정확히 '2년(1724)'으로 되어 있고, 해국도지』, 권62, 미국 동부 20주[彌利堅東路二十部]에 인용된 『미리가국지략』에도 '2년'으로 기록하고 있으므로(『위원전집』,

매사추세츠주[The Commonwealth of Massachusetts, 麻沙朱色士國]

강역(疆域): 매사추세츠주[麻沙朱色士國]는 어떤 곳에는 마살제색사(馬薩諸色士), 또는 마사주석사(馬沙朱碩斯), 또는 마사제사(馬沙諸些), 또는 마살주실(馬撒主悉), 또는 마살제새(馬薩諸塞)로 되어 있다. 뉴햄프셔[紐罕什爾], 버몬트[華滿]의 남쪽에 있다. 서쪽으로 뉴욕[紐約爾], 남쪽으로 코네티컷[干捏底吉], 로드아일랜드[Rhode Island, 洛哀倫]와 경계하고, 동쪽으로 대서양을 두고 있다. 면적은 버몬트[洼滿的]와 어떤 곳에는 '와(洼)'가 '화(華)'로 되어 있다. 비슷하다.[88)]

산수(山水): ㉥바다 가까운 땅은 비탈져 있고 약간 평평하다. 서쪽으로 가면서 높은 산과 준엄한 산맥이다. ㉦코네티컷강[干捏底吉河]이 이곳에서 발원하여 나라를 관통하여 가로로 흐른다. ㉥서쪽 경계에 겨우 주거지 중 하나이고, 동쪽 경계는 그들 거주지 중 둘이다. 동북쪽 곶[角]에는 메리맥강[Merrimack, 美理麥河]과 사방으로 흐르는 작은 강이 있고 뱃길[港汊]이 분기한다. 도서(島嶼) 또한 많은데, 큰 섬은 난터켓섬[Nantucket, 南得吉島]이다.[89)]

풍기(風氣): 날씨는 상당히 온화하다. 이곳은 북쪽에 멀고 점차 적도와 가까워지기 때문이다. 매년 봄과 여름에 눈이 내리기 시작하므로[每年春夏之際始雪], 4월 봄이 화창해져, 눈이 녹으면 만물이 비로소 번성한다. 땅 기온은 중국의 장저[江浙]와 비슷하여 사람들에게 유행병이 드물다.[90)]

사람들[人民]: 주민은 83만 명 남짓이다. 정통령(正統領) 1인, 부통령 2인을 두었다.[91)]

물산(物産): ◎납[鉛], 주석[錫], 백반(白礬), 매탄(煤炭[灰]), 대니(大呢), 포필

7책, 1666쪽), '원년'은 '2년'으로 바로잡아야 한다.

88) 『영환지략』에서 채록했다(『영환지략교주』, 303~304쪽). 마지막 주의 면적을 채록하면서 버몬트를 '와만적(洼滿的)'으로 음역 표기했는데, 『영환지략』에서는 '와만적(窪滿的)'으로 되어 있다.

89) ㉥은 『해국도지』, 권62, 미국 동부 20주[彌利堅東路二十部]에 인용된 『미리가국지략』에서 채록했고(『위원전집』, 7책, 1667쪽), ㉦은 『영환지략』에서 채록했다(『영환지략교주』, 304쪽).

90) 『해국도지』, 권62, 미국 동부 20주[彌利堅東路二十部]에 인용된 『미리가국지략』에서 채록했다(『위원전집』, 7책, 1667쪽).

91) 『영환지략』에서 채록했다(『영환지략교주』, 304쪽).

(布匹), 어유(魚油), ㉧초목(草木), 오곡(五穀), 과실(菓實), 금수(禽獸)가 난다.[92)]

성(城): ㉨중심 도시는 동쪽에 있는 보스톤[Boston, 波士頓]으로, ㉩합중국의 대도시[大都會]다. ㉨도시 안의 건물과 집은 벽돌 또는 돌로 지었고 높이가 4~5층짜리도 있다. 의사당이 있는데 높이는 20장이고 가운데에는 워싱턴[華盛頓] 석조상이 있다. 여관이 매우 많다. 또 그곳 시장은 26개 부락 중에서 으뜸이다. 이름난 시장은 파뉼 홀[Faneuil Hall, 法内離阿]로, 안과 밖 사방이 모두 통하여 온갖 상품이 가득하여 원하는 것 모두 있다. 도시 안에는 항상 여유의 땅을 남겨 두었는데, 폭은 100무(畝)로 난간을 두르고 밖으로는 수목을 둘러 소나 말이 밟지 못하게 했다. ㉩그러므로 땅 기운이 소통하여 사람들에게 질병이 적다.[93)]

농(農): 농사와 목축에 종사하는 자는 주민 중 일곱 여덟으로 26개 부락 중 최고다. 근래 뽕나무를 심어 양잠하는 일이 가장 성하다[最盛].[94)]

업(業): 어선은 총 1,160척이다. 물고기를 잡으면 그 살을 발라 기름을 채취하는데, 매년 수백만 원을 밑돌지 않는다. 무역 또한 많다.[95)]

공(工): 공작소는 250개소로, 베[布], 니(呢), 융(絨)을 짜는 곳, 유리 용기[玻璃器]와 납[鉛], 구리[銅], 철(鐵)의 용기를 만드는 곳들이다.[96)]

문(文): 도시[城]에서는 문학이 가장 왕성하다. 대학교[大書院]는 총 6개소로, 모두 도서관[書樓]을 갖추고 있는데, 한 층의 장서는 2만 5,000권[本]이

---

92) ㉧의 산물은 『영환지략』에서(『영환지략교주』, 304쪽), ㉧은 『해국도지』, 권62, 미국 동부 20주[彌利堅東路二十部]에 인용된 『미리가국지략』에서 채록했다(『위원전집』, 7책, 1667쪽).

93) 이 항목은 두주에 '농(農)' 앞으로 옮기라는 지시에 따라 여기에 편집하여 번역한다. ㉨은 『해국도지』, 권62, 미국 동부 20주[彌利堅東路二十部]에 인용된 『미리가국지략』에서 채록했다(『위원전집』, 7책, 1667쪽, 1668쪽). ㉩은 『영환지략』에서 채록했다(『영환지략교주』, 304쪽).

94) 『해국도지』, 권62, 미국 동부 20주[彌利堅東路二十部]에 인용된 『미리가국지략』에서 채록했다(『위원전집』, 7책, 1667쪽). 주목할 만한 점은 마지막 '최성(最盛)'이란 표현은 원문에 '나날이 성해지고 있다(日盛)'라고 되어 있다.

95) 이 정보는 두주에 '공(工)' 앞으로 올리라는 지침에 따라 여기에 편집하여 번역한다. 내용은 앞의 책, 같은 곳에서 채록했다.

96) 앞의 책, 같은 곳.

고, 층마다 대략 7~8만 건[本]을 소장하고 있어, 관리, 또는 선생[士]과 학생들이 모두 뽑아 볼 수 있지만, 가지고 돌아갈 수만 없다.[97)]

정도(程途): ㉢도시[城] 밖은 가까이 바다 항구에 임해 있는데, 합중국의 부두 중에서 두 번째다. 그들 상선과 증기선[火輪船]은 이르지 않는 곳이 없다. 육지에는 철길[鐵路]이 있고, 마차와 기차[火輪車]를 함께 쓴다. 기차[火輪車]는 화력으로 매우 빨리 달리는데, 하루에 300~400리를 갈 수 있다. ㉣육지의 수레는 말 네 필, 또는 대여섯 필, 또는 한두 필을 사용하는데, 하루에 600~700리를 간다.[98)]

연혁(沿革): 명나라 정덕(正德, 1506~1521) 연간에 영국[英吉利]이 천주교를 바로 프로테스탄트[波羅特士頓] 교다. 숭상하여, 나라 사람 중에 예수교[耶蘇教]를 숭상하는 사람들이 바다를 항해하여 이곳에 이르러 뉴잉글랜드[新英吉利]으로 부르며, 땅을 개간하여 마을을 구성하면서 인구가 점차 불어났다. 강희(康熙) 31년(1692) 영국의 관할로 다시 돌아갔다. 건륭(乾隆, 1736~1795) 연간에 합중국에 귀속되었다.[99)]

로드아일랜드[Rhode Island, 洛哀倫國]

강역(疆域): 로드아일랜드[洛哀倫國]는 어떤 곳에는 률애륜(律愛倫), 또는 이라애륜(爾羅嗳倫), 또는 라덕도(羅德島), 또는 라저도(羅底島)로 되어 있다. 매사추세츠[麻沙朱色士]의 남쪽에 있다. 서쪽으로 코네티컷[干捏底吉]과 경계하고 있고, 동남쪽으로 대서양을 두고 있다. 면적은 겨우 중국의 중급 현(縣)으로, 26개 부락 중에서 가장 작다.[100)]

산수(山水): 평원으로 높은 산이 없고 폭포(瀑布)도 없다.[101)]

---

97) 앞의 책, 같은 곳에서 재구성했다. 특히 '7~8만여 건의 공문서'란 언급은 혜강의 기록에서만 보인다.

98) ㉢은 『영환지략』에서 채록했고(『영환지략교주』, 304쪽), ㉣은 『해국도지』, 권62, 미국 동부 20주[彌利堅東路二十部]에 인용된 『미리가국지략』에서 채록했다(『위원전집』, 7책, 1667쪽).

99) 앞의 책, 같은 곳.

100) 『영환지략』에서 채록했다(『영환지략교주』, 304쪽).

101) 『해국도지』, 권62, 미국 동부 20주[彌利堅東路二十部]에 인용된 『미리가국지략』에서

사람들[人民]: 주민은 10만 8,000명 남짓이며, 정·부(正·副) 통령(統領) 한 사람씩 두었다.[102]

물산(物産): 철(鐵), 석탄[煤], 석판(石板)이 난다.[103]

공(工): ㉭땅은 평탄하여 물레방아[水磨]의 힘을 빌릴 수 없어, 매번 바닷가 넓은 땅에 높이가 6~7장인 누대를 짓고 위에 풍차를 설치하여, 바람의 힘으로 바퀴를 돌려 곡물을 빻는다. ㉮또 무역과 공업은 매사추세츠[麻沙朱色士]와 비슷한데, 다만 면포(棉布)가 더욱 뛰어나다.[104]

관(官): 그 경내가 이미 작아, 각 관리가 왕래하며 회의하기에 어렵지 않아 매년 서너 차례 회의하는데, 일정하지 않다.[105]

도(島): ㉯중심도시는 프로비던스[Providence, 波羅威士頓]다. 도시[城] 밖에는 신항[Newport, 新灣]이라는 바다 항구가 있고, 항구 안에는 작은 섬이 있는데, 이 나라를 이 섬으로 불렀다. '애륜(哀倫)'은 번역하면 섬이란 뜻이므로, 락애륜(洛哀倫)은 '섬 부락[島部]'이란 뜻이다. ㉰섬에는 높이가 10여 장인 누대를 세우고, 누대 위에는 사방을 유리[玻璃]로 두른 작은 방이 있는데, 매일 밤 등불 수십 개를 피운다. 빛이 물에 반사되어, 밤에 항해하는 바다 선박들이 섬에 잠긴 암초에 걸리지 않게 한다. 이 모든 것은 나라의 수령과 부호들이 돈을 내 설치한 것으로 ㉯부락마다 바닷가에 따라 하지 않은 곳이 없다.[106]

채록했다(『위원전집』, 7책, 1669쪽).

102) 『영환지략』에서 채록했다(『영환지략교주』, 304쪽).

103) 앞의 책, 같은 곳에서 채록했고, 석판은 『해국도지』, 권62, 미국 동부 20주[彌利堅東路二十部]에서 보충했다(『위원전집』, 7책, 1668쪽).

104) ㉭은 『해국도지』, 권62, 미국 동부 20주[彌利堅東路二十部]에 인용된 『미리가국지략』에서 채록했고(『위원전집』, 7책, 1669쪽), ㉮는 『영환지략』에서 재구성했다(『영환지략교주』, 304쪽).

105) 『해국도지』, 권62, 미국 동부 20주[彌利堅東路二十部]에 인용된 『미리가국지략』에서 채록했다(『위원전집』, 7책, 1669쪽).

106) 이 '도(島)'로 구분된 이 항목은 저본에 '공(工)' 앞에 기술되어 있으나, 두주에서 '관(官)' 아래로 내리라는 지시가 있으므로 여기에 편집하여 번역한다. ㉯는 『영환지략』에서 채록했다(『영환지략교주』, 304쪽). ㉰는 『해국도지』, 권62, 미국 동부 20주[彌利堅東路二十部]에 인용된 『미리가국지략』에서 채록했다(『위원전집』, 7책, 1669쪽).

연혁(沿革): 명나라 숭정(崇禎) 9년(1636) 매사추세츠[麻沙朱色士] 사람 로저 윌리엄스[Roger Williams, 羅查威廉]가 이곳에 유배되어 사람들을 모아 개척한 끝에 작은 부락을 일구었다. 강희(康熙) 2년(1663) 영국[英吉利]에 귀속되었다가, 뒤에 합중국에 귀속되었다.[107)]

코네티컷주[State of Connecticut, 干捏底吉國]

강역(疆域): 코네티컷주[干捏底吉國]는 어떤 곳에는 간니저길(干尼底吉), 또는 가내적길(哥內的吉古), 또는 곤특저격(袞特底格), 또는 날적격이(捏的格爾)로 되어 있다. 로드아일랜드[洛哀倫]의 서쪽에 있다. 북쪽으로 매사추세츠[麻沙朱色士], 서쪽으로 뉴욕[紐約爾]과 경계하고, 남쪽으로 바다 항구를 두고 있다. 면적은 로드아일랜드보다 세 배다.[108)]

산수(山水): ㉣경내에는 다섯 산이 있는데, 높은 산이 70여 장이고, 나머지는 대부분 평지다. 강은 곳곳에 모두 있는데, ㉤가장 큰 강은 코네티컷강[干捏底吉河]으로, 메인주[緬國]에서 발원하여 두 부락을[버몬트와 매사추세츠] 거쳐 이곳에 흘러 와, 바다로 들어간다. 그러므로 강이름을 나라 명칭으로 삼은 것이다. ㉣남쪽에는 큰 항구가 있는데, 물에 파도가 일지 않고, 또 빙 둘러 서쪽으로 흘러들어 지옥문(地獄門)을 이곳은 좁아 강물이 소용돌이치는데, 작은 배들이 건너기 어려우므로 현지인[土人]들이 지옥문이라 부른다. 거쳐 뉴욕[新約基]으로 나간다. 연안의 땅은 비옥하다.[109)]

풍기(風氣): 기후는 온화하다.

사람들[人民]: 주민은 39만 명 남짓이고 정·부(正·副) 통령(統領) 한 사람씩 두었다.[110)]

물산(物產): ㉥소[牛], 말[馬], 노새[騾], 양(羊), 동(銅), 철(鐵) 등 ㉦온갖

107) 『영환지략』에서 채록했다(『영환지략교주』, 304쪽).

108) 『영환지략』에서 채록했다(『영환지략교주』, 305쪽).

109) ㉣는 『해국도지』, 권62, 미국 동부 20주[彌利堅東路二十部]에 인용된 『미리가국지략』에서 채록했고(『위원전집』, 7책, 1669쪽, 1670쪽), ㉤는 『영환지략』에서 재구성했다(『영환지략교주』, 305쪽). 밑줄 친 정보는 혜강이 채록하지 않았지만, 이해를 위해 넣어 번역했다.

110) 이상 기후와 사람들은 모두 『영환지략』에서 가져왔다(『영환지략교주』, 305쪽).

산물이 모두 있지만, 유독 인삼만 없다.[111)]

성(城): ㉮중심도시는 둘이다. 하나는 하트퍼드[Hartford, 哈得富耳]로, 바닷가에 있으며, 하나는 뉴런던[New London, 紐倫敦]으로 ㉯바닷가에 있는 신항(新港)이다. 전체 교회는 400~500개소로 교회마다 예배일에는 약 천수백 명이 당에 들어가 설교를 듣는다.[112)]

농(農): ㉰땅은 비옥하여 특별이 유의하여 농사를 짓는다. ㉱근래에는 이미 양잠의 이로움을 진흥하고 있다.[113)]

공(工): 공작하고 제조하는 물품으로, 포(布), 면(棉), 마(麻), 포필(布匹), 대니(大呢), 소니(小呢), 지(紙), 철기(鐵器) 등이 있다. 또 매년 나무 시계[時辰鍾] 3만 건을 제작하는데, 한 개의 값은 대략 은 6~10원으로 일정하지 않다. 나머지 물건은 파는 양이 많지 않으므로 바다 선박들도 적다.[114)]

학(學): ㉲학교[學館]는 26개 부락 중에서 최고다. 신항(新港, 뉴런던) 중심도시 안에는 대학교 네 곳이 있는데, 그중 하나는 4년을 배운 뒤에 원하는 대로 세 대학에서 배운다. 세 대학에서는 경전[聖文], 의술[醫道], 나라의 법률[律例規條]를 배운다. 네 대학의 선생[師]은 총 20명이고 수학자는 400~500명이다. ㉳또 별도의 시설[別院]이 있어 말을 못 하는 사람과 못 듣는 사람들을 가르치는데, 손가락으로 말을 대신하는데, 여러 나라가 모두 이를 따라 한다.[115)]

---

111) ㉥의 산물은 『영환지략』에서 가져왔다(『영환지략교주』, 305쪽). 이들 산물 외에도 면(棉), 마(麻), 포필(布匹), 대니(大呢), 소니(小呢), 종이[紙], 철기(鐵器)가 더 보이지만, 혜강은 채록하지 않았다. ㉦는 『해국도지』, 권62, 미국 동부 20주[彌利堅東路二十部]에 인용된 『미리가국지략』에서 보충했다(『위원전집』, 7책, 1670쪽).

112) 이 항목은 두주에 '농(農)' 앞으로 올릴 것을 지지하고 있으므로, 여기에 편집하고 번역한다. ㉮는 『영환지략』에서(『영환지략교주』, 305쪽), ㉯는 『해국도지』, 권62, 미국 동부 20주[彌利堅東路二十部]에 인용된 『미리가국지략』에서 채록하고 재구성했다(『위원전집』, 7책, 1670쪽).

113) ㉰는 『해국도지』, 권62, 미국 동부 20주[彌利堅東路二十部]에 인용된 『미리가국지략』에서(『위원전집』, 7책, 1670쪽), ㉱는 『영환지략』에서 가져왔다(『영환지략교주』, 305쪽).

114) 『해국도지』, 권62, 미국 동부 20주[彌利堅東路二十部]에 인용된 『미리가국지략』에서 채록했다(『위원전집』, 7책, 1670쪽).

115) ㉲는 『해국도지』, 권62, 미국 동부 20주[彌利堅東路二十部]에 인용된 『미리가국지략』

연혁(沿革): 명나라 숭정(崇禎) 6년(1633) 매사추세츠[麻沙朱色士] 사람들이 처음으로 이 땅을 개척하고 '적활(赤活)'이라 불렀다.[116] 뒤에 영국[英吉利] 사람들이 항구를 개척하고 차지한 땅을 뉴런던[紐倫敦]이라 불렀다. 강희(康熙) 원년(1662) 코네티컷[干捏底吉] 부락에 합쳐졌다가 영국 관할로 귀속되었다. 가경(嘉慶) 23년 합중국에 귀속되었다.[117]

뉴욕주[State of New York, 紐約爾國]

강역(疆域): 뉴욕주[紐約爾國]는 어떤 곳에는 뉴약극(紐約克), 또는 뉴육(紐育), 또는 신약(新約), 또는 신약기(新約基)로 되어 있다. 미국[米利堅]의 큰 나라다. 지형은 삼각형으로 면적은 중국의 푸젠성[福建省]과 같다. 동쪽으로 버몬트[洼滿的], 매사추세츠[麻沙朱色士], 코네티컷[干捏底吉]과 경계하고, 동남쪽 한 모퉁이는 바다 항구에 임해 있으며, 남쪽으로 뉴저지[New Jersey, 紐折爾西], 펜실베이니아[Pennsylvania, 賓夕爾勒尼安]와 경계하고, 서북쪽 모퉁이에 온타리오[Ontario, 安剔衣釐阿], 이리[Erie, 伊爾釐] 두 호수를 두고 있으며, 동북쪽으로 영국령[英土]과 경계한다.[118]

산수(山水): ①토지의 높낮이는 일정하지 않지만, 동쪽에는 험준한 산맥이 많다. ②큰 산은 애팔래치아[Appalachian, 亞罷拉旣俺]다. 강은 헤아릴 수없이 많은데, 큰 강은 허드슨[Hudson, 活得遜]강으로, 북쪽에서 남쪽으로 1,000여 리를 흐르며, 폭은 30~40리로, 바다 선박이 강물을 수백 리 거슬러 올라갈 수 있다. 북쪽으로 점차 추워져 매 겨울과 봄철에는 얼음이 단단하여 수레가 다닐 수 있다. 중간에 축치(畜治)라는 호수가 있다. 이곳은 사람들이 많고 번화함이 26개국 중에서 최고다.[119]

에서(『위원전집』, 7책, 1670쪽), ㉻는 『영환지략』에서 가져왔다(『영환지략교주』, 305쪽).

116) '적활(赤活)'이 하트퍼드(Hartford)를 지칭함에는 분명해 보인다. 하지만 음성적으로 상당히 거리가 멀다. 당시 네덜란드인들은 이곳을 '희망의 요새(Fort Hoop)'라고 불렀다. 이를 의역한 표현은 아닌지 모르겠다.

117) 『영환지략』에서 채록했다(『영환지략교주』, 305쪽).

118) 앞의 책, 같은 곳.

119) ①은 『해국도지』, 권62, 미국 동부 20주[彌利堅東路二十部]에 인용된 『미리가국지략』(『위원전집』, 7책, 1671쪽)에서, ②는 『영환지략』에서 채록했다(『영환지략교주』,

사람들[人民]: 주민은 242만 8,000명인데, 중심도시에 사는 사람은 27만 명이다. 관제(官制)는 대략 메인주[緬國]와 같지만, 인원수는 비교적 많다.[120]

물산(物產): 동(銅), 철(鐵), 납[鉛], 소금[鹽], 소[牛], 말[馬], 양(羊), 돼지[豕], 면포(棉布), 필기(嗶嘰), 숙피(熟皮), 백지(白紙), 유리[玻璃] 등이 난다.[121]

성(城): 중심도시는 뉴욕[新約基]으로, 동남쪽 허드슨[活得遜] 강어귀 동쪽에 있으며, 26개 부락의 도시[城池] 형세 중에서 이곳을 으뜸으로 친다. 도시의 남쪽 항구는 바다 선박을 수용할 수 있어, 매월 수백 척이 모두 도시 아래에 이른다. 성 밖에도 여러 시장 마을이 있는데, 강너머 북쪽으로 수백 리에 올버니[Albany, 阿爾巴尼]라는 시장 마을이 있고, 트로이[Troy, 推來]라는 시장 마을이 있다.[122]

농(農): 주민 중 농사를 짓는 사람은 4분의 3을 차지하고, 땅을 밭으로 만든 것은 4분의 1을 차지한다. 부락의 수령(首領)이 사람들에게 농포회(農圃會)를 세우기를 원하여 부락마다 하나의 모임을 만들었는데, 수령은 매년 은 1만 원을 보내 준다.[123]

상(商): 매년 입항하는 화물선은 1,500척이다. 운송해 오는 물건은 3,800만 원에 달한다.[124]

공(工): 각종 공작하는 곳은 약 200개소로 매년 매출하는 면포(棉布)는 300만 원, 필기(嗶嘰)는 약 300만원, 철기(鐵器)는 450만 원, 모자[帽]는 약 300만 원, 숙피(熟皮)는 약 300만 원, 만드는 가죽신은 약 500만 원, 만드는 백지(白紙)는 약 50만 원, 유리[玻璃]는 약 200만 원이다. 화물 운송은 강에는 증기선[火輪船]이 있고, 육지에는 기차[火輪車]가 있다. 빨리 가면 한 시간에

305~306쪽).

120) 『영환지략』에서 채록했다(『영환지략교주』, 306쪽).

121) 앞의 책, 같은 곳.

122) 이 항목은 2면 뒤에 채록되었으나, 두주에 이곳으로 올리라는 표기가 보이므로, 그에 따라 여기에 옮겨 번역한다. 『해국도지』, 권62, 미국 동부 20주[彌利堅東路二十部]에 인용된 『미리가국지략』에서 채록했다(『위원전집』, 7책, 1672쪽).

123) 앞의 책, 1671쪽.

124) 이 항목은 두주에서 이곳으로 올리라는 지시에 따라 여기에 편집하여 번역한다. 『영환지략』에서 채록했다(『영환지략교주』, 306쪽).

50~60리를 갈 수 있고, 천천히 가면, 한 시간에 30~40리를 갈 수 있다.[125)]

학(學): ③온 나라에 대학[書院]과 학교[學館]가 매우 많은데, 그 비용은 매년 100만~200만 원이다. 별도로 무관학교[演武館]가 있다. ④성(省) 안쪽, 허드슨강[活得遜河] 옆의 지명은 웨스트포인트[West Point, 西角]인데, 안에는 선생[師] 30명이 있고, 학생은 250여 명으로, 칼, 총[鎗], 대포[砲械], 군장비[軍器]를 배운다.[126)]

연혁(沿革): 명나라 중엽, 네덜란드[荷蘭] 사람들이 해로운 땅을 찾아 나서, 처음으로 이곳을 개척하고, 뉴네덜란드[新荷蘭]로 불렀다. 가정(嘉靖, 1522~1566) 연간에 이탈리아[意大里] 유민들이 몰려 들어 네덜란드 사람들에게 고용되었다.[127)] 만력(萬曆, 1573~1620) 연간에 영국[英吉利]인들도 이곳에 이르러 경영하며 개간하여, 나날이 부유하고 성해졌다. 순치(順治, 1644~1661) 연간에 영국 왕이 형제 '약(約)'이란 자에게 맡도록 하자, 군대로 네덜란드[荷蘭]를 축출하고 그 땅을 모두 차지하여 뉴욕[紐約爾]이라 불렀다. 건륭(乾隆) 40년(1775) 워싱턴[華盛頓]이 거병하여 영국에 반기를 들고 뉴욕[紐約爾]를 제일 먼저 부속시켰다. 영국 사람들은 그곳의 풍요로움을 아까워하여 여러 차례 대군을 들여 공격했으나 잡힌 병사가 매우 많았다.[128)]

뉴저지주[State of New Jersey, 紐折爾西]

강역(疆域): 뉴저지주[紐折爾西]는 어떤 곳에는 뉴약이사(紐約爾些), 또는 뉴야서(紐惹西), 또는 신차사(新遮些), 또는 신일이새(新日爾塞)로 되어 있다. 북쪽으로 뉴욕[紐約爾], 서쪽으로 펜실베이니아[賓夕爾勒尼安], 남쪽으로 델라웨어[Delaware, 特爾拉華]와 경계하고 있고, 동쪽으로 대서양에 면해 있다. 면적은 매사추세츠

125) 『해국도지』, 권62, 미국 동부 20주[彌利堅東路二十部]에 인용된 『미리가국지략』에서 채록했다(『위원전집』, 7책, 1671~2쪽).

126) ③은 『영환지략』에서(『영환지략교주』, 306쪽), ④는 『해국도지』, 권62, 미국 동부 20주[彌利堅東路二十部]에 인용된 『미리가국지략』에서 채록했다(『위원전집』, 7책, 1672쪽).

127) 『해국도지』, 권62, 미국 동부 20주[彌利堅東路二十部]에 인용된 『미리가국지략』에서는 '가정 24년(1545)'으로 정확히 밝혔다.

128) 『영환지략』에서 채록했다(『영환지략교주』, 306쪽).

[麻沙朱色士]와 비슷하다.

산수(山水): 북쪽 경내에는 큰 산이 있고, 평원은 대부분 넓고 비옥하다. 파세익강[Passaic, 巴沙益河]은 여러 물줄기를 받아들여 깊고, 맑게 물결치며 두루 적셔, 사람들이 즐겨 유람한다.

사람들[人民]: 주민은 38만 명 남짓이다.[129)]

물산(物産): 철(鐵), 백연(白鉛), 석판(石板), 필두(疋頭) 등이 난다.[130)]

관(官): 중심도시는 트렌턴[Trenton, 特連頓]이다. 총령(總領), 입법하는 영사[Consul, 岡色爾], 총회 관공서 한 곳은 모두 민간인들이 선출한다. 송사를 심판하는 자는 총령 등이 뽑는데, 높은 자는 7년에 한 번, 다음 높은 사람은 5년에 한 번 바꾼다. 나라 사람 중에 나이 20세가 넘고, 세금을 납부한 적이 있는 자들은 서신으로 다른 사람을 추천할 수 있는데, 부인, 흑인은 모두 참여할 수 없다.

속(俗): 풍속으로 가톨릭교와 프로테스탄트를 신봉한다. 인신매매를 금지한다. 근래 문학도 활기를 띠고 있다. 차로(車路) 또한 철을 제련하여 만든다.[131)]

연혁(沿革): 명나라 천계(天啓) 4년(1624) 덴마크[嗹國] 사람들이 처음 이곳에 살았다. 뒤에 스웨덴[瑞典] 사람들이 그 남쪽을 개간했고, 네덜란드[荷蘭] 사람들이 그 동북쪽을 개간했다. 강희(康熙) 42년(1703) 처음으로 영국에 귀속되었다가, 뒤에 합중국에 편입되었다.[132)]

펜실베이니아주[Commonwealth of Pennsylvania, 賓夕爾勒尼安國]

강역(疆域): 펜실베이니아주[賓夕爾勒尼安國]는 어떤 곳에는 변서이위니아(邊西爾威尼阿), 또는 빈서와니아(賓西洼尼阿), 또는 변서이문(邊西耳文), 또는 분서이와니(奔西爾瓦尼), 또는 품림(品林)으로 되어 있다. 뉴저지[紐折爾西]의 서쪽에 있다. 북쪽으로 뉴

129) 이상 강역, 산수, 인민 모두 『영환지략』에서 채록했다(『영환지략교주』, 306쪽).

130) 『해국도지』, 권62, 미국 동부 20주[彌利堅東路二十部]에서 가져왔다(『위원전집』, 7책, 1673쪽).

131) 이상 관(官)과 속(俗)은 『해국도지』, 권62, 미국 동부 20주[彌利堅東路二十部]에 인용된 『미리가국지략』에서 채록했다(『위원전집』, 7책, 1672~3쪽).

132) 『영환지략』에서 채록했다(『영환지략교주』, 306~307쪽).

욕[紐約爾]과 경계하고, 서북쪽 모퉁이는 이리[伊爾鼇] 호수에 이어져 있다. 서쪽으로 오하이오[Ohio, 倭海阿], 남쪽으로 버지니아[Virginia, 勿爾吉尼阿], 메릴랜드주[Maryland, 馬理蘭], 델라웨어[Delaware, 特爾拉華]와 경계한다. 면적은 뉴욕주[紐約爾]와 비슷하다.

산수(山水): 애팔래치아[押罷拉既俺] 산이 동북쪽에서 서남쪽으로 있으며, 폭은 수천 리고 높이는 300~400장이다. 도시[城]는 바닷가가 있지 않지만, 서북쪽에 이리[伊里]라는 큰 호수가 있으며, 동쪽으로 뉴저지[新遮些]와 경계하는 델라웨어강[底拉華河]이 있다. 이 강물이 아래로 흐르다가 중심도시[省城]의 델라웨어만[底拉華大灣]에 이르기 때문에, 바다 선박이 항상 도시 밖에 이른다. 또 애팔래치아산에는 습포(濕布), 하소(下蘇), 귀합나(貴哈那) 등의 강이 있다[有濕布·下蘇·貴哈那等河].[133]

풍기(風氣): 단지 성 밖의 험준한 산맥엔 추위가 비교적 심하다. 그러나 이곳을 넘어가서 서쪽에 이르면 따뜻해진다. 토지의 비옥함과 척박함은 동쪽이 서쪽보다 심하다.[134]

사람들[人民]: 주민은 182만 명 남짓이다. 관제(官制)는 뉴욕주[紐約爾]와 대략 같다.[135]

물산(物産): ⑤석탄[煤], 철(鐵), 염(鹽), 니포(呢布), 저마(苧麻), 자기(磁器), 유리[玻璃]가 난다. ⑥애팔래치아 산에는 수목과 조수(鳥獸)가 많고 석탄[煤]은 더욱 많아 여러 부락 중에서 으뜸이다. 토착민[土人]들은 항상 땅을 40~50장 파서, 물을 길어 소금을 만든다. 또 물 중에는 약이 되는 것도 있다.

---

133) 『해국도지』, 권62, 미국 동부 20주[彌利堅東路二十部]에 인용된 『미리가국지략』에서 채록했다(『위원전집』, 7책, 1674쪽). 마지막 강물 정보에 관한 기술은 혜강의 오독으로 보인다. 채록한 저본에 "또 애팔래치아 산에는 습포(濕布)가 있어 '소귀합나'라는 큰 강으로 흘러드는데, 이곳에서 남쪽으로 흘러 메릴랜드 부락 동쪽 경계로 들어간다(又押罷拉既俺山有濕布下蘇貴哈那大河, 由此而南注馬理蘭部境東)"라고 하였다. 앞의 『해국도지』 교주에 따르면, 여기 '습포(濕布)'가 선버리(Sunbury)의 음역 표기로 추정했지만(1685쪽), 선버리는 지명이므로 난센스다. 『영환지략』에 '습포'는 '폭포(瀑布)'로 되어 있다. 이 폭포가 수스케한나[Susquehanna, 蘇貴哈那] 강으로 흘러든다는 말이다. 따라서 '습포'는 '폭포'로 교정해야 할 것 같다.

134) 앞의 책, 같은 곳.

135) 『영환지략』에서 재구성했다(『영환지략교주』, 307쪽).

경작에 주의를 기울이지 않는데, 그 땅이 너무 넓기 때문이다. 오곡(五穀)은 맥(麥)이 많고, 과실로는 복숭아[桃], 배[梨], 사과[蘋果]가 많다.[136]

상(商): 도시 밖은 바다 항구와 통하여, 바다 선박이 도시 아래로 곧장 들어올 수 있다. 합중국의 세 번째 부두다. 매년 들어오는 화물은 1,100만여 원에 달한다.[137]

공(工): ⑦경내에는 철로가 있어 이웃 나라로 갈 수 있는데, 기차[火輪車]와 증기선[火輪船]의 연통[烟櫃]이 대부분 이곳에서 제조된다. ⑧모두 수증기의 힘으로 돌려 간다. 도시[城]는 델라웨어만[底拉華灣]과 델라웨어강 사이에 있는데, 필라델피아[Philadelphia, 費拉地費]로, 중심도시 이름이다. 어떤 곳에는 비륵특이비이(非勒特爾非爾), 또는 형제애(兄弟愛)로 되어 있다. 바다까지 약 400~500리다. 도시는 사방이 모두 9리고 10리 평방이다. 거리의 폭은 5~11장으로 굽이진 길이나 작은 골목이 없다. 성(省)의 서쪽으로 작은 강이 있는데, 강의 40리 밖 상류는 폭포처럼 맑다. 여기에 수차(水車)가 있어 그 물을 건너면 작은 산에 이른다. 산 위에는 못이 있는데, 못 밖으로 큰 납관[鉛管]이 못을 뚫고 들어가 그 물이 관을 통해 나온다. 납관이 아래로 비스듬하게 도시 지하로 들어가는데, 중국의 하수도와 같다. 이로써 각 가정 지하에는 모두 납관이 있어 물을 끌어 오고, 각 거리 지하에도 납관이 나뉘어 흐른다. 또 거리의 각 가정은 관을 수직으로 세워 그 수관을 잘라 관에 수준기(水準器)를 다는데, 물을 뽑으려면 그 수준기를 틀어 열고, 물을 멈추려면 수준기를 틀어 닫는다. 그러므로 무더운 여름에 거리에 물을 뿌리고, 집안의 용수 모두 이 관에서 나온다. 이 관은 납이나 질흙을 구워 만드는데, 견주지 못하여 지하는 반드시 납으로 만든다.[138]

학(學): 성(省)에는 박물관[博物院] 하나가 있는데, 천하에서 뛰어난 사람

---

136) ⑤의 산물은 『영환지략』에서 가져왔고(『영환지략교주』, 307쪽), ⑥의 정보는 『해국도지』, 권62, 미국 동부 20주[彌利堅東路二十部]에 인용된 『미리가국지략』에서 채록했다(『위원전집』, 7책, 1674쪽).

137) 이 항목은 두주에 '공(工)' 앞으로 올리라는 지시가 있으므로, 여기에 편집하여 번역한다. 『영환지략』에서 채록했다(『영환지략교주』, 307쪽).

138) ⑦는 『영환지략』에서 채록했고(『영환지략교주』, 307쪽), ⑧은 『해국도지』, 권62, 미국 동부 20주[彌利堅東路二十部]에 인용된 『미리가국지략』에서 채록했다(『위원전집』, 7책, 1674쪽).

들이 두루 몰려있다. 대학교[大書院], 향학(鄕學), 교회는 모두 여러 부락과 같다.[139]

연혁(沿革): 처음 이 땅을 개척한 것은 스웨덴[瑞典] 사람들이다. 강희(康熙) 21년(1681) 영국[英吉利] 장군 윌리엄 펜[William Penn, 威廉賓]이 점거하고, 토착민[土番]을 매수 개척하여 큰 부락을 이루었으므로, 그의 이름으로 이곳을 불러, 펜실베이니아[賓夕爾勒尼安]라 부른다. 번역하면 펜[Penn, 賓]의 임야라는 뜻이다. 건륭(乾隆, 1736~1795) 연간에 합중국에 귀속되었다.[140]

델라웨어주[State of Delaware, 特爾拉華國]

강역(疆域): 델라웨어주[特爾拉華國]는 어떤 곳에는 저랍화(底拉華), 또는 지나와(地那洼), 또는 덕랍위이(德拉委爾), 또는 렬륵위이(列勒威爾)로 되어 있다. 펜실베이니아[賓夕爾勒尼安]의 동남쪽에 있다. 서남쪽은 메릴랜드[Maryland, 馬理蘭]와 경계하고 있고 동쪽은 바다 항구에 임해 있는데, 델라웨어강 하류이므로 강 이름으로 국명을 삼았다. 면적은 로드아일랜드[Rhode Island, 洛哀倫]와 비슷하여, 26개 나라에서 가장 작다.[141]

산수(山水): 강물은 대체로 바다와 통하여 델라웨어만[底拉華灣]으로 나가며, 몇몇 작은 강물이 교차하며 합류한다. 운하의 길이는 60리고 폭은 10장, 깊이는 1장이다. 산들은 높지 않다. 땅도 서북쪽은 좋고, 동남쪽은 범람의 우려가 있다.[142]

사람들[人民]: 주민은 8만 8,000명 남짓이다. 총령(總領) 1인을 두었다.[143]

업(業): 토양이 좋지 않아 농사짓는 사람은 드물다. 공작과 무역 또한 그

139) 『해국도지』, 권62, 미국 동부 20주[彌利堅東路二十部]에 인용된 『미리가국지략』에서 재구성했다(『위원전집』, 7책, 1674쪽). 여기서 말하는 '성(省)'은 채록한 저본에 '중심도시[省城]'로 되어 있다. '주도'라고 읽어야 할 것 같다.

140) 앞의 책, 같은 곳.

141) 『영환지략』에서 채록했다(『영환지략교주』, 307쪽).

142) 『해국도지』, 권62, 미국 동부 20주[彌利堅東路二十部]에 인용된 『미리가국지략』에서 재구성했다(『위원전집』, 7책, 1675쪽).

143) 『영환지략』에서 채록했다(『영환지략교주』, 307쪽).

러하다.[144)]

연혁(沿革): ⑨명나라 만력(萬曆, 1573~1620) 연간에 스웨덴[瑞典] 왕이 사신을 보냈는데, 바다를 건너 뉴스웨덴[新瑞典] 땅에 이르렀다. 이후 순치(順治) 9년(1652) 네덜란드[荷蘭] 사람들에게 빼앗겼다가, ⑩강희(康熙) 3년(1664) 영국[英吉利]에 귀속되었는데, 처음에는 펜실베이니아[賓夕爾勒尼安]에 부속되었다가 뒤에 작은 부락으로 갈라졌다. 도광(道光) 10년(1830) 비로소 합중국에 편입되었다. 중심도시는 도버[Dover, 多發]다. 관원(官員), 학교[學館], 교회 모두 펜실베이니아와 다름이 없다.[145)]

메릴랜드주[State of Maryland, 馬理蘭國]

강역(疆域): 메릴랜드주[馬理蘭國]는 어떤 곳에는 마리란(馬理蘭), 또는 마려랑(馬黎郞), 또는 맥이리란(麥爾釐蘭)으로 되어 있다. 동쪽으로 델라웨어[特爾拉華], 북쪽으로 펜실베이니아[賓夕爾勒尼安], 서남쪽으로 버지니아[Virginia, 勿爾吉尼阿]와 경계하고, 가운데는 체서피크[Chesapeake, 遮士畢] 바다 항구가 뚫려 있어,[146)] 땅을 두 쪽으로 나뉜다. 면적은 뉴저지[紐折爾西]와 비슷하다.[147)]

산(山): 서북쪽 험준한 산맥은 높이가 300장이다.[148)]

사람들[人民]: 주민은 48만 명이다. 관제(官制)는 여러 나라와 같다.[149)]

물산(物産): ⑪바닷가는 매우 덥고 인근 산은 매우 춥다. 동남쪽 토양은

144) 『해국도지』, 권62, 미국 동부 20주[彌利堅東路二十部]에 인용된 『미리가국지략』에서 재구성했다(『위원전집』, 7책, 1675쪽).

145) ⑨는 『해국도지』, 권62, 미국 동부 20주[彌利堅東路二十部]에 인용된 『미리가국지략』에서(『위원전집』, 7책, 1675쪽), ⑩은 『영환지략』에서 재구성했다(『영환지략교주』, 307쪽).

146) '차사필(遮士畢) 바다 항구'란 바로 체서피크만을 말한다. '차사필'은 『해국도지』, 권62, 미국 동부 20주[彌利堅東路二十部]에 인용된 『미리가국지략』에, 차사벽(遮士壁)으로 음역 표기되었다(『위원전집』, 7책, 1675쪽).

147) 『영환지략』에서 채록했다(『영환지략교주』, 307쪽).

148) 『해국도지』, 권62, 미국 동부 20주[彌利堅東路二十部]에 인용된 『미리가국지략』에서 채록했다(『위원전집』, 7책, 1676쪽).

149) 『영환지략』에서 채록했다(『영환지략교주』, 308쪽).

오곡(五穀)에 적합하다. ⑫온갖 과실[百果], 동(銅), 철(鐵), 자기(磁器), 석판(石板), 어유(魚油), 절인 물고기[鹹魚], 대니(大呢), 포필(布匹)가 있다.[150)]

성(城): 중심도시는 아나폴리스[Annapolis, 阿那波里]다. 대학[書院]이 있다.[151)]

연혁(沿革): ⑬명나라 가정(嘉靖, 1522~1566) 연간 영국[英吉利]의 볼티모어[Cecil Calvert, 2nd Baron Baltimore, 麻爾底磨]라는 법관이 200명을 데리고 와 이 땅을 개간하고, 부자로 승계하다가, 숭정(崇禎) 6년(1633)에 완공했다. 처음 개척할 때, 영국 여왕 마리[Marie, Maria, 찰스 왕의 부인, 馬理]가 재위하고 있었으므로, 메릴랜드[馬理蘭]로 불렀다. '마리'는 번역하면 왕후(王后)이고, '란'은 땅이란 뜻이다. 나중에 합중국에 귀속되었다. ⑭초기 도성이 서지 않았을 때, 영국[英吉利]와 전쟁하여 워싱턴[華盛頓]이 승리하였으므로, 그의 이름을 수도 명칭으로 불렀다. 지금은 26개 부락의 공유 지역[公地]이므로 각 관리도 공동으로 이곳에서 일을 처리한다.[152)]

버지니아주[Commonwealth of Virginia, 勿爾吉尼阿國]

강역(疆域): 버지니아주[勿爾吉尼阿國]는 어떤 곳에는 비이치니아(費爾治尼阿), 또는 위이제니아(委爾濟尼阿), 또는 와치니아(洼治尼阿), 또는 비치미아(費治彌亞), 또는 위액이나(威額爾拿)로 되어 있다. 메릴랜드[馬理蘭]의 서남쪽에 있다. 서북쪽은 펜실베이니아[賓夕爾勒尼安], 오하이오[倭海阿], 서쪽으로 켄터키[Kentucky, 阡的

150) ⑪은 『해국도지』, 권62, 미국 동부 20주[彌利堅東路二十部]에 인용된 『미리가국지략』에서 채록했고(『위원전집』, 7책, 1676쪽), ⑫의 산물들은 위원의 기술에서 재구성했다. 위원이 선물로 든 '자기(磁器)'는 자신이 인용한 『미리가국지략(美里哥國志略)』에는 보이지 않고, '아기(牙器)'가 들어 있는데, 이 '아기'는 『영환지략』에서도 확인된다. 『지구전요』에서 산물에 관한 정보는 대체로 『영환지략』을 반영했다. 그러나 여기는 혜강의 실수인지는 모르지만 전혀 채록하지 않았다. 『영환지략』의 산물은 "니포(呢布), 철기(鐵器), 아기(牙器), 유리[玻璃], 종이[紙料]"다. '아기'는 당연히 상아로 만든 그릇을 뜻한다.

151) 『영환지략』에서 채록했다(『영환지략교주』, 308쪽).

152) ⑬은 『영환지략』에서(『영환지략교주』, 308쪽), ⑭는 『해국도지』, 권62, 미국 동부 20주[彌利堅東路二十部]에 인용된 『미리가국지략』에서 채록했다(『위원전집』, 7책, 1676쪽).

伊], 서남쪽으로 테네시[Tennessee, 田納西], 남쪽으로 노스캐롤라이나[North Carolina, 北喀爾勒那]와 경계하고 있고, 동쪽으로 바다 항구를 두고 있다. 면적은 26개국에서 최고다.[153)]

산수(山水): 성(省)의 북쪽에는 애팔래치아[押罷拉既俺] 산이 가로로 펜실베이니아[賓夕爾勒尼安] 부락으로 뻗어 비스듬하게 서남쪽으로 이른다. 로어노크강[Roanoke, 羅晏屋河], 제임스강[James, 占士河], 포토맥강[Potomac, 頗多麥河], 커노어강[Kanawha, 呵嘻阿沙河]이 있고, 이밖에도 여러 작은 강이 있다. 하늘이 만든 석교(石橋)가 있는데[天作石橋], 사람 힘으로 만든 것이 아니다. 다리 아래 물과 20장 떨어져 있고, 다리의 폭은 몇 장이며, 옆에는 많은 나무가 있어 그림자를 드리운다. 또 동굴[石洞]이 있는데 입구는 사람만 들어갈 수 있고, 깊이는 1리 남짓인데, 안에는 돌로 만든 사람[石人]이 있는데 어느 시기에 만들어졌는지 모르고, 당시 사람들은 용의 굴[龍洞]이라 불렀다[Grand Caverns].[154)]

사람들[人民]: 주민은 123만 명 남짓이다. 합중국의 총명한 영걸들은 대부분 이곳에 모여 있다. 관제(官制)는 대체로 여러 대국과 같다.[155)]

물산(物産): 땅이 넓고, 농사에 힘써 오곡(五穀), 과실이 많고, 무역 또한 번성하다.[156)]

성(城): 중심도시는 동쪽 경계의 바닷가에 있는 리치먼드[Richmond, 里是滿]다. 대학교[大書院]가 있다.[157)]

연혁(沿革): ⑮명나라 만력(萬曆) 34년(1606) ⑯영국[英吉利]의 제임스[James VI and I, 占士] 왕 헨리[顯理] 몇 세인지 모른다. 시기에 영국인이 이 땅을 개간하여 이곳을 제임스[占士]로 불렀다. 만력 초에 완성되었는데, 여왕

153) 『영환지략』에서 채록했다(『영환지략교주』, 308쪽).

154) 『해국도지』, 권62, 미국 동부 20주[彌利堅東路二十部]에 인용된 『미리가국지략』에서 채록했다(『위원전집』, 7책, 1677쪽).

155) 『영환지략』에서 채록했다(『영환지략교주』, 308쪽).

156) 『해국도지』, 권62, 미국 동부 20주[彌利堅東路二十部]에 인용된 『미리가국지략』에서 재구성했다(『위원전집』, 7책, 1677쪽).

157) 『영환지략』에서 채록했다(『영환지략교주』, 308쪽).

엘리자베스[Elizabeth I, 以利撒畢]가 재위하면서 버지니아[勿爾吉尼阿]로 바꾸었는데, 번역하면 '정녀(貞女)'라는 의미로, 이로써 여왕을 찬양했다. 건륭(乾隆) 41년(1776) 합중국에 귀속되었다.[158]

노스캐롤라이나주[State of North Carolina, 北喀爾勒那國]

강역(疆域): 노스캐롤라이나주[北喀爾勒那國]는 어떤 곳에는 나불객이륵나(那弗三喀爾勒那)로 되어 있는데,' 나불(那弗)'은 번역하면 '북(北)'이란 뜻이다. 또한 북격라래납(北格羅來納), 또는 북갑라리나(北甲羅里那), 또는 북과라리(北戈羅里), 또는 북가라련(北駕羅連), 또는 북가락린(北加洛粦)으로 되어 있다. 버지니아[勿爾吉尼阿]의 남쪽에 있다. 서쪽으로 테네시[Tennessee, 田納西], 남쪽으로 사우스캐롤라이나[South Carolina, 南喀爾勒那]와 경계하고, 동쪽으로 바다를 두고 있다. 면적은 버지니아와 비슷하다.[159]

산수(山水): ⑰경내 서북쪽에는 산이 많은데, 묵로산(墨魯山)이 가장 높다.[160] ⑱이 밖에도 큰 산들이 많고 숲의 나무들이 무성하다. 강 항구[河港]가 분기하는데, 가장 긴 강은 로어노크강[Roanoke, 羅阿蕠河]으로, 버지니아[洼治尼阿]에서 발원하며 400리다.[161]

풍기(風氣): 땅의 기온은 서쪽만 좋고, 동쪽에는 악성 말라리아[烟瘴]가 많다.[162]

---

158) ⑮의 연도는 『해국도지』, 권62, 미국 동부 20주[彌利堅東路二十部]에 인용된 『미리가국지략』에서 가져왔고(『위원전집』, 7책, 1677쪽), ⑯은 『영환지략』에서 재구성했다(『영환지략교주』, 308쪽). 두 정보가 섞이면서 시간적 기술이 어색하다. '만력 34년(1606)'은 『영환지략』에 명나라 중엽으로 되어 있다. 혜강이 급하게 처리하면서 발생한 실수일 것이다.

159) 『영환지략』에서 채록했다(『영환지략교주』, 308~309쪽).

160) '묵로산(墨魯山)'에 관해 『영환지략교주』는 블루리지(Blue Ridge)산맥으로 추정했다. 문맥상 산맥이 될 수 없고, 최고봉인 미첼산(Mount Mitchell)의 느슨한 음역 표기일 것이다.

161) ⑰은 『영환지략』에서 채록했고(『영환지략교주』, 309쪽), ⑱은 『해국도지』, 권62, 미국 동부 20주[彌利堅東路二十部]에서 채록했다(『위원전집』, 7책, 1678쪽). 『해국도지』에 노스캐롤라이나는 '북과라리아(北戈羅里阿)'로 음역 표기되었다.

162) 『해국도지』, 권62, 미국 동부 20주[彌利堅東路二十部]에 인용된 『미리가국지략』에서

사람들[人民]: 주민은 80만 3,000명 남짓이다. 농사는 아프리카[阿非] 흑인 노예들이 한다. 풍속은 사치스럽고, 파티[宴飮]를 좋아한다.[163)]

물산(物産): 땅에서는 황금이 나, 땅을 파서 모래를 채질하는 사람이 2만여 명이다. 매년 금값을 환산하면 대략 은 500여만 원에 달한다. 나무에는 소나무가 많아, 주민들은 송진[松香]을 기름으로 삼는다. 농사는 매우 적고, 식물로는 속미(粟米, 옥수수)가 가장 많고, 밀[麥], 면(棉), 담뱃잎[煙葉]이 다음으로 많으며, 인삼은 간간이 있다.[164)]

성(城): ⑲중심도시는 뉴스강[Neuse, 奈士河]을 따라 있는 롤리[Raleigh, 喇理]다. ⑳정통령(正統領) 1인, ⑲참변(參辦) 7인, 의처(議處) 십수 명이다. 대학[書院]은 한 곳뿐이다.[165)]

연혁(沿革): 처음, 영국[英吉利] 법관 격랍령돈(格拉領頓, Earl of Clarendon)이, 얼그랜빌(衣爾額蘭威爾里) 등과 와서 이 땅을 개간하고, 국왕의 이름으로 이곳을 찰스턴[Charleston, Charlestown, 査爾士頓]이라 찰리[査理] 몇 세인지 자세하지 않다. 했다. 뒤에 또 롤리[Sir Walter Raleigh, 臘里]란 자도 와서 개간했다. 두 땅이 나란히 완성된 뒤에 캐롤라이나[喀爾勒那]로 총칭했다. 옹정(雍正) 7년(1729)에 남북 두 부락으로 나뉘었는데, 북쪽 부락은 바로 롤리[臘里]가 개간한 땅이다. 건륭(乾隆) 55년(1790) 합중국에 귀속되었다.[166)]

사우스캐롤라이나주[State of South Carolina, 南喀爾勒那國]

강역(疆域): 사우스캐롤라이나주[南喀爾勒那國]는 어떤 곳에는 수사객이륵나(搜士喀爾勒那)로 되어 있는데, '수사(搜士)'는 번역하면 남(南)이란 뜻이다, 나머지는 노스캐롤

채록했다(『위원전집』, 7책, 1679쪽).

163) 『영환지략』에서 채록했다(『영환지략교주』, 309쪽).

164) 『해국도지』, 권62, 미국 동부 20주[彌利堅東路二十部]에 인용된 『미리가국지략』에서 채록했다(『위원전집』, 7책, 1679쪽). "송향을 기름으로 삼는다"라는 정보는 『영환지략』에 "나무에는 소나무가 많아, 송진[松脂]로 초를 대신한다"라고 하였다.

165) ⑲는 『해국도지』, 권62, 미국 동부 20주[彌利堅東路二十部]에 인용된 『미리가국지략』에서 채록했고(『위원전집』, 7책, 1679쪽), ⑳은 『영환지략』을 참고했다(『영환지략교주』, 309쪽).

166) 『영환지략』에서 채록했다(『영환지략교주』, 309쪽).

라이나 표기와 같다. 노스캐롤라이나[北喀爾勒那]의 남쪽에 있다. 서남쪽은 조지아[Georgia, 若耳治]와 경계하고 동남쪽으로 바다를 두고 있다. 면적은 노스캐롤라이나 3분의 2다.[167)]

산수(山水): ㉑경내 묵로산(墨魯山, 미첼산?)은 높이가 400여 장이고, 나머지는 모두 부속된 봉우리[部嶁]들이다. ㉒동남쪽에서 서북쪽으로는 지대가 점차 높아져, 북쪽에는 피 디[Pee Dee, 玭底, Great Pee Dee]라는 큰 강이 경내를 관통하여 남쪽 바다에 이르고, 또 산티[Santee, 散底]라는 강이 경내를 관통하여 남쪽 바다로 이른다. 서북쪽 경계에는 사바나[Savannah, 卸番亞]라는 강이 비스듬히 서쪽으로 흘러들어 남쪽 바다로 들어간다. 바다 동쪽에서 서쪽으로 섬이 많은데, 하늘을 찌르는 목재가 헤아릴 수없이 많다. 그러므로 성(省)의 증기선[火輪船]은 모두 섬 안으로 왕래하여 바깥 바다의 풍랑을 만나지 않는다.[168)]

풍기(風氣): 동남쪽에는 악성 말라리아[烟瘴]가 많고, 연중 항상 무더운데, 겨울이 되어서야 며칠간 조금 추워 서리나 눈이 떨어져도 곧바로 녹는다. 서북쪽으로 지대가 점점 높아져, 날씨 또한 점차 적절해진다.[169)]

사람들[人民]: 주민은 55만 5,000명 남짓이다. 관제(官制) 북쪽 부락[노스캐롤라이나]과 같지만, 남부에는 부통령(副統領)이 있다.

물산(物産): 옥수수[粟], 쌀[稻], 면화(棉花), 저마(苧麻), 금(金), 철(鐵)이 난다. 나무에는 소나무와 등자나무[橙]가 많다.[170)]

성(城): ㉓중심도시는 컬럼비아[Columbia, 個倫比亞]다. 대학교[大書院] 두 곳이 있다. ㉔교회는 대략 200~300개다.[171)]

---

167) 『영환지략』에서 채록했다(『영환지략교주』, 309쪽).

168) ㉑은 『영환지략』에서 채록했고(『영환지략교주』, 309쪽), ㉒는 『해국도지』, 권62, 미국 동부 20주[彌利堅東路二十部]에 인용된 『미리가국지략』에서 채록했다(『위원전집』, 7책, 1678쪽).

169) 『해국도지』, 권62, 미국 동부 20주[彌利堅東路二十部]에 인용된 『미리가국지략』에서 채록했다(『위원전집』, 7책, 1678쪽).

170) 이상 '인민'과 물산은 『영환지략』에서 재구성했다(『영환지략교주』, 309쪽).

171) ㉓은 『영환지략』에서 채록했고(『영환지략교주』, 309쪽), ㉔는 『해국도지』, 권62, 미국 동부 20주[彌利堅東路二十部]에 인용된 『미리가국지략』에서 보충했다(『위원전집』,

연혁(沿革): 처음에 노스캐롤라이나[北喀爾勒那]와 하나의 부락이었으나 뒤에 둘로 나뉘었다가, 노스캐롤라이나와 함께 합중국에 귀속되었다.[172)]

조지아주[State of Georgia, 若耳治國]

강역(疆域): 조지아주[若耳治國]는 어떤 곳에는 약이열(若爾熱), 또는 약치아(若治阿), 또는 열가가(熱可加), 차치아(磋治阿), 또는 야이일아(惹爾日亞)로 되어 있다. 사우스캐롤라이나[南喀爾勒那]의 서쪽에 있다. 서쪽으로 앨라배마[Alabama, 阿拉巴麻], 남쪽으로 플로리다[Florida, 佛勒爾勒釐]와 경계한다. 면적은 중국의 직례성(直隷省)과 같다.[173)]

산수(山水): 북쪽의 애팔래치아[押罷拉旣俺] 산이 이곳에 이르러 끝난다. 또 몇 강물이 비스듬히 동쪽으로 흘러 남쪽 바다로 흐른다. 북쪽 사바나[Savannah, 卸番亞] 강이 있고, 도시[城] 부근에 오기치[Ogeechee, 阿結治] 강이 있는데 모두 남쪽 바다로 흘러 들어간다. 땅의 기후가 모두 사우스캐롤라이나[駕羅連南] 부락과 다르지 않다. 북쪽에는 바위 동굴[石洞]이 있는데, 그 동굴 입구는 높이가 몇 장이고, 아래에는 물이 있어 이따금 사람들이 매번 작은 배를 타고 들어간다. 15리 깊숙이 들어가면 나는 듯 떨어지는 폭포가 있는데 그 수원이 어디서 시작되는지 몰라 더는 나아갈 수 없다.[174)]

사람들[人民]: 주민은 65만 1,000명 남짓이다. 관제(官制)는 여러 부락과 대략 같다.

물산(物産): 기후, 토속, 물산은 사우스캐롤라이나[南喀爾勒那]와 같다. 면화(棉花)로 큰 이익을 본다.[175)]

교(敎): 중심도시는 중앙에 건설했는데, 밀리지빌[Milledgeville, 靡理治] 이다. 교회는 300여 개소, 대학교[大書院] 한 곳이 있으며, 각 마을[鄕]에는 작

7책, 1678쪽).

172) 『영환지략』에서 채록했다(『영환지략교주』, 309쪽).

173) 앞의 책, 같은 곳.

174) 『해국도지』, 권62, 미국 동부 20주[彌利堅東路二十部]에 인용된 『미리가국지략』에서 채록했다(『위원전집』, 7책, 1680쪽).

175) '인민'과 '물산'은 모두 『영환지략』에서 채록했다(『영환지략교주』, 310쪽).

은 학교[學館] 100개소가 있다. 토착민[土人]은 두 종족이 있다. 처음에는 공작, 농경, 정치를 몰랐으나, 지금은 선생[師]을 불러 가서 가르치게 했는데, 글을 쓰는 사람들이 많다.[176)]

연혁(沿革): 옹정(雍正) 10년(1732) 처음 100여 명의 영국[英吉利] 사람이 이곳에 살면서 사바나[Savannah, 卸番亞] 강변에 도시[城]를 세우자, 직업이 없는 가난한 사람들이 쟁기를 지고 다투어 와 경작했다. 뒤에 네덜란드[荷蘭], 스웨덴[瑞典] 사람들도 와서 황무지를 개간하면서 점차 마을이 형성되었다. 당시 남쪽 경계의 플로리다[佛勒爾勒釐]를 에스파냐[西班牙]가 차지하면서 군대로 이 땅을 다투어, 수년이 되어서야 끝났다. 건륭(乾隆) 18년(1753) 영국이 처음으로 하나의 부락으로 만들었다. 당시 영국 왕이 조지 2세[若耳治第二]였으므로 이곳을 조지아[若耳治]로 불렀다. 가경(嘉慶) 3년(1798) 합중국에 귀속되었다.[177)]

오하이오주[State of Ohio, 倭海阿國]

강역(疆域): 오하이오주[倭海阿國]는 어떤 곳에는 가해가(呵海呵), 또는 가희가(呵希呵), 또는 아희가(阿喜呵), 또는 가의약(呵宜約)으로 되어 있다. 펜실베이니아[賓夕爾勒尼安]의 서쪽에 있다. 북쪽으로 이리호[伊爾釐湖]를 두고 있고, 서북쪽으로 미시간[Michigan, 密執安], 서쪽으로 인디애나[Indiana, 英釐安納], 남쪽으로 켄터키[阡的伊], 버지니아[勿爾吉尼阿]와 경계한다. 면적은 펜실베이니아와 비슷하다.[178)]

산수(山水): ㉕높은 언덕으로 큰 산은 적으며, ㉖하천[河渠]이 뒤섞여 둘러 있는데, ㉕가장 긴 강은 머스킹엄[Muskingum, 模士經岩]이지만, 200리도 미치지 못한다. 수로가 있어 항구에 이를 수 있으며, 육지에는 철로[鐵車路]가

---

176) 이 항목은 두주에 '연혁' 앞으로 올리도록 지시하고 있으므로, 여기에 편집하여 번역한다. 『해국도지』, 권62, 미국 동부 20주[彌利堅東路二十部]에 인용된 『미리가국지략』에서 채록했다(『위원전집』, 7책, 1680쪽).

177) 『영환지략』에서 채록했다(『영환지략교주』, 310쪽).

178) 앞의 책, 같은 곳.

있어 이웃 나라와 통한다.[179]

사람들[人民]: 주민은 156만 명 남짓이다. 여러 나라와 같은 관리를 두었다.[180]

물산(物産): 철(鐵), 석탄[煤], 염(鹽), 속도(粟稻), 담뱃잎[烟葉], 저마(苧麻), 면화(棉花), 유리[玻璃], 석판(石板)이 난다.[181]

성(城): ㉗중심도시는 콜럼버스[Columbus, 戈攬模士]다. ㉘대학[書院] 20개소가 있는데 경비는 공동 농토에서 뽑는다.[182]

연혁(沿革): 건륭(乾隆) 35년(1770) 유럽[歐羅巴] 사람들이 서북쪽에서 내려와, 미시간[密執安] 등의 부락이다. 처음으로 황무지를 개간했다. 가경(嘉慶) 5년(1800) 완성되어 영국인들이 처음으로 관리를 두었다. 7년(1802) 합중국에 귀속되었다.[183]

미시간주[State of Michigan, 密執安國]

강역(疆域): 미시간주[密執安國]는 어떤 곳에는 미시간(米詩干), 또는 미치안(彌治顔), 또는 미시안(迷詩安)으로 되어 있다. 동북쪽으로 휴런호[休侖湖], 동쪽으로 이리호[伊爾釐湖], 서쪽으로 미시간호[密執安湖]를 두고 있고, 남쪽으로 오하이오[倭海阿], 인디애나[英釐安納]와 경계한다. 면적은 대략 오하이오에 못하다.

수(水): 삼면을 호수가 둘러싸고 있고, 모래 섞인 흙이 넓게 퍼져있어 곳곳에서 경작할 수 있다.

사람들[人民]: 주민은 21만 2,000명 남짓이다. 여느 나라처럼 관리를 두었다.

---

179) ㉕는 『해국도지』, 권62, 미국 동부 20주[彌利堅東路二十部]에서 채록했고(『위원전집』, 7책, 1681쪽), ㉖는 『영환지략』에서 채록했다(『영환지략교주』, 310쪽).

180) 『영환지략』에서 채록했다(『영환지략교주』, 310쪽).

181) 『영환지략』에서 채록했다(『영환지략교주』, 310쪽). 마지막 '석판'만 『해국도지』, 권62, 미국 동부 20주[彌利堅東路二十部]에서 보충했다(『위원전집』, 7책, 1681쪽).

182) ㉗은 『영환지략』에서(『영환지략교주』, 310쪽). ㉘은 『해국도지』, 권62, 미국 동부 20주[彌利堅東路二十部]에서 채록했다(『위원전집』, 7책, 1681쪽).

183) 『영환지략』에서 채록했다(『영환지략교주』, 310쪽).

물산(物産): 미상이다.[184)]

성(城): 중심도시는 디트로이트[Detroit, 底特律]다. 철로가 있어 이웃 나라들로 통한다.

연혁(沿革): 강희(康熙) 39년(1700) 프랑스[佛郎西] 사람들이 처음 이 땅을 개간했다. 건륭(乾隆) 28년(1763) 영국[英吉利]에 빼앗겼다. 도광(道光) 15년(1835) 비로소 합중국에 귀속되었다.[185)]

켄터키주[Commonwealth of Kentucky, 阡的伊國]

강역(疆域): 켄터키주[阡的伊國]는 어떤 곳에는 건덕기(建德基), 또는 건대기(建大基), 근특기(根特機), 또는 근도기(根都機)로 되어 있다. 버지니아[勿爾吉尼阿]의 서쪽에 있다. 북쪽으로 오하이오[倭海阿], 인디애나[英釐安納], 서쪽으로 일리노이[Illinois, 奕倫諾爾], 남쪽으로 테네시[田納西]와 경계한다. 면적은 중국의 저장성[浙江省]과 같다.[186)]

산수(山水): ㉙동쪽 경계에는 애팔래치아[押罷拉旣俺]산맥이 이어져 있는데, 바람이 부는 굴[風穴]이 있어 연간 상반기는 바람이 밖에서 들어오고, 하반기는 안에서 바람이 나온다. ㉚도대체 바람이 어디에서 오는지, 또 굴의 깊이가 얼마인지 모른다. 일찍이 토착민[土人]이 상반기에 창문으로 그 바람을 가리고, 횃불을 들고 들어가 그 넓이를 살펴본 적이 있는데, 높이는 일정하지 않고 하루 종일 들어가 50리를 갔어도 다다르지 못하고 돌아왔다. 하루가 걸려 나와서야 그 굴 안의 넓이를 알 수 있었다고 한다. ㉙경내의 각 강물이 종횡으로 뚫고 흐른다.[187)]

풍기(風氣): 땅은 26개국의 중앙을 차지하고 있어 추위와 더위가 고르다.

---

184) 『해국도지』, 권62, 미국 동부 20주[彌利堅東路二十部]에는 미시간을 '미치안(彌治顔)'으로 음역 표기하고 『영환지략』 기술보다 자세히 기록하고 있지만, 산물에 관한 정보는 없이 미상(未詳)이라고만 하였다(『위원전집』, 7책, 1681쪽).

185) 이상 미시간주에 관한 모든 정보는 『영환지략』에서 채록했다(『영환지략교주』, 310쪽).

186) 『영환지략』에서 채록했다(『영환지략교주』, 311쪽).

187) ㉙는 『영환지략』에서(『영환지략교주』, 311쪽), ㉚은 『해국도지』, 권62, 미국 동부 20주[彌利堅東路二十部]에 인용된 『미리가국지략』에서 채록했다(『위원전집』, 7책, 1683쪽).

사람들[人民]: 주민은 78만 9,000명 남짓이다. 관제(官制)는 여러 나라와 대략 같지만, 인원수가 상당히 많다.[188)]

물산(物産): ㉛농토는 비옥하여, 오곡(五穀), 온갖 과실[百果]은 많아 다 먹을 수 없다. ㉜소맥이 많은데, 여러 나라 중에 으뜸이다. 또 담뱃잎[煙葉], 철(鐵), 납[鉛], 석탄[煤]가 난다.[189)]

성(城): ㉝중심도시는 프랭크퍼트[Frankfort, 法蘭富耳]다. 대학교[大學堂] 다섯이 있다. ㉞교회 또한 많다.[190)]

상(商): ㉟물길엔 바다 선박이 통행할 수 없어 화물을 밖으로 운송해 나가기 어렵다. ㊱단지 증기선[火輪船]을 사용하여 국내 교역만 한다.[191)]

병(兵): ㊲도시[城]의 장거리 마을과 부두는 루이빌[Louisville, 累士鎭]이 크고, 렉싱턴[Lexington, 歷星頓鎭]이 그다음이다. 병사는 강인하고 장수는 용감하여 ㊳미루어 생각건대 여러 나라 중 강군일 것이다.[192)]

연혁(沿革): 이 지역은 옛날 버지니아[勿爾吉尼阿]에 속했다. 건륭(乾隆) 33년(1768) 대니얼 분[Daniel Boone, 單耶利蓬]이란 자가 이곳에 이주해 왔다. 38년(1773)에 오는 사람들이 점차 많아져 해러즈버그[Harrodsburg, 暇律士]라는 도시[邑]를 세웠다. 44년(1779) 별도의 한 부락이 되었다가, 46년(1781) 합중국에 귀속되었다.[193)]

---

188) 『영환지략』에서 채록했다(『영환지략교주』, 311쪽).

189) ㉛의 정보는 『해국도지』, 권62, 미국 동부 20주[彌利堅東路二十部]에 인용된 『미리가국지략』에서 재구성했고(『위원전집』, 7책, 1683쪽), ㉜는 『영환지략』에서 채록했다(『영환지략교주』, 311쪽).

190) ㉝은 『영환지략』에서 채록했고(『영환지략교주』, 311쪽), ㉞의 정보는 『해국도지』, 권62, 미국 동부 20주[彌利堅東路二十部]에 인용된 『미리가국지략』에서 "교회는 대략 400~500개"라고 한 문장을 재구성했다(『위원전집』, 7책, 1683쪽).

191) ㉟는 『해국도지』, 권62, 미국 동부 20주[彌利堅東路二十部]에 인용된 『미리가국지략』에서(『위원전집』, 7책, 1683쪽), ㊱은 『영환지략』에서 재구성했다(『영환지략교주』, 311쪽).

192) ㊲은 『해국도지』, 권62, 미국 동부 20주[彌利堅東路二十部]에 인용된 『미리가국지략』에서 재구성했고(『위원전집』, 7책, 1683쪽), ㊳은 『영환지략』에서 채록했다(『영환지략교주』, 311쪽).

193) 『영환지략』에서 채록했다(『영환지략교주』, 311쪽).

플로리다주[State of Florida, 佛勒爾勒釐部]

강역(疆域): 플로리다주[佛勒爾勒釐部]는 어떤 곳에는 불라리득(佛囉理得), 또는 불라리달(佛羅里達), 또는 박리타(縛利他), 또는 비라리대(費羅里大)로 되어 있다. 합중국의 극동 남쪽 경계에 있다. 지형은 엄지손가락처럼 비스듬히 뻗어 바다로 들어간다. 북쪽으로 조지아[若耳治], 앨라배마[阿拉巴麻]와 경계하고 나머지는 모두 바다를 두고 있다. 면적은 미시간[密執安]과 비슷하다.[194]

산수(山水): 평탄하고, 높은 산이 적다. 토양은 모래흙을 끼고 있고 낮고 습하며 이상하다. 선찬사하(仙贊士河, St. Lucie?)가 경내에서 발원하여 대서양[阿蘭底海]으로 들어가는데, 길이는 200리다.[195]

사람들[人民]: 주민은 5만 3,000명 남짓이다. 의사당[議事處] 한 곳만 두고 있고, 통령(統領) 등의 관직은 아직 두지 않았으므로 나라에 편입되지 않는다.[196]

물산(物産): ㊴대모(玳瑁), 밀랍(蜜蠟), 대추[棗子], 당귤[橙], 석류(石榴), 무화과(無花果), 사탕수수[甘蔗], 면화(棉花). 파리스 블루[洋藍], ㊵소[牛], 말[馬], 돼지[豕]가 난다. 또 리부화목(里付和木)이 나는데 가장 견고하고 오래간다.[197]

성(城): 중심도시는 탤러해시[Tallahassee, 達那哈]다.[198]

연혁(沿革): 명나라 정덕(正德) 7년(1512) 에스파냐[西班牙]인 후안 폰세 데 레온[Juan Ponce de León般士底里晏]이 처음으로 이 땅을 개척했다. 가정(嘉靖) 34년(1555) 영국[英吉利]에 빼앗겼다. 20년이 지나 에스파냐가 다시 탈환했다. 가경(嘉慶, 1796~1820) 연간 에스파냐가 다른 나라와 전쟁하고 있을 때, 미국[米利堅]의 화물선이 에스파냐 군에게 약탈당했다. 미국은 곧바로 군

194) 『영환지략』에서 채록했다(『영환지략교주』, 311쪽).

195) 『해국도지』, 권62, 미국 동부 20주[彌利堅東路二十部]에서 채록했다(『위원전집』, 7책, 1683쪽).

196) 『영환지략』에서 채록했다(『영환지략교주』, 312쪽).

197) ㊴의 산물은 『영환지략』에서(『영환지략교주』, 312쪽), ㊵의 정보는 『해국도지』, 권62, 미국 동부 20주[彌利堅東路二十部]에서 채록했다(『위원전집』, 7책, 1683쪽).

198) 『영환지략』에서 채록했다(『영환지략교주』, 312쪽).

대를 보내 보상을 요구하자, 에스파냐는 잘못이 자기 측에 있음을 알았으나 미국 화물선의 물건이 이미 없어졌으므로 이 플로리다 땅으로 배상했는데, 그때 가경(嘉慶) 25년(1820)이다. 에스파냐 사람들은 모두 다른 곳으로 이주하고 다만 어민과 농부들만 남았다. 근래 떠도는 무리를 불러 모아 인구가 점차 많아졌다. 바닷가의 토착민[土番]들은 완전히 복속되지 않아 이따금 주민들과 싸움을 벌였다.[199)]

이상 총 18개국과 1개 부락은 미국[米利堅]의 동부[東路]다.[200)]

테네시주[State of Tennessee, 田納西國]

강역(疆域): 테네시주[田納西國]는 어떤 곳에는 전날서(典揑西), 또는 지니서(地尼西), 또는 덕내서(德內西)로 되어 있다. 켄터키[阡的伊]의 남쪽에 있다. 동북쪽은 버지니아[勿爾吉尼阿], 동쪽으로 노스캐롤라이나[北喀爾勒那], 남쪽으로 조지아[若耳治], 앨라배마[阿拉巴麻], 미시시피[Mississippi, 密士失必], 서쪽으로 아칸소[Arkansas, 阿甘色]와 경계한다. 면적은 중국의 저장성[浙江省]과 같다.

산수(山水): 동쪽 경계에는 험준한 산맥이 북쪽에서 남쪽으로 수백 리 뻗어 애팔래치아[押罷拉旣俺]산맥과 서로 이어진다. 절기는 온화하고 평균적이고, 토양은 비옥하며 하천이 교차하며 뚫고 지나, 오곡(五穀)과 온갖 과실[百果] 모두 적합하다. 켄터키와 함께 미국[米利堅]의 중원을 구성하여, 중국의 하락(河雒) 지방과 같다.

사람들[人民]: 주민은 82만 9,000명 남짓이다. 관제(官制)는 여러 나라와 같다. 수공업과 농사 병행하여 집집이 풍족하다.

물산(物産): 철기(鐵器), 면포(棉布), 하포(夏布)가 난다.[201)]

성(城): ㊶중심도시는 내슈빌[Nashville, 那賓] 이다. ㊷교회는 200~300개이고 대학[書院]은 세 곳이 있다.[202)]

---

199) 앞의 책, 311~312쪽.

200) 이 또한 서계여의 설명이다(『영환지략교주』, 312쪽).

201) 이상 강역, 산수, 인민, 물산 모두 『영환지략』에서 채록했다(『영환지략교주』, 312쪽).

202) ㊶은 『영환지략』에서(『영환지략교주』, 312쪽), ㊷의 정보는 『해국도지』, 권63, 미국 서부 11주[彌利堅東路二十部]에 인용된 『미리가국지략(美里哥國志略)』에서 가져왔다

연혁(沿革): 이 지역은 버지니아[勿爾吉尼阿], 노스캐롤라이나[北喀爾勒那] 사람들이 개간한 곳이다. 가경(嘉慶) 원년(1796), 나라를 수립했다가 합중국에 귀속되었다.[203]

앨라배마주[State of Alabama, 阿拉巴麻國]

강역(疆域): 앨라배마주[阿拉巴麻國]는 어떤 곳에는 아라파마(阿喇巴麻), 또는 파리특마(巴里特摩), 또는 아나마마(阿那麻馬), 아라파마(阿喇巴麻)로 되어 있다. 조지아[若耳治]의 서쪽에 있다. 북쪽으로 테네시[田納西], 서쪽으로 미시시피[密士失必]과 경계하고, 서남쪽 모퉁이에는 바다를 두고 있으며, 남쪽으로 플로리다[佛勒爾勒釐]와 경계한다. 면적은 조지아에 조금 못미친다.[204]

산수(山水): 북쪽에는 애팔래치아[押罷拉旣俺]산맥이 있는데, 높이는 대략 100여 장이다. 또한 여러 강이 있는데, 큰 강은 앨라배마[阿拉巴麻]로, 이로써 나라 이름을 삼은 것이다. 모두 모바일만[Mobile Bay, 磨庇理灣]으로 흘러들어 바다로 나간다.[205]

풍기(風氣): 남쪽에서 북쪽으로 5도 떨어져 있으므로 남방은 여름처럼 덥고, 북쪽은 약간의 눈과 서리가 있지만 그다지 춥지는 않으므로 금수들은 둥지나 굴에 살지 않는다. 땅에서는 도곡(稻穀)과 과실은 모두 3월에 꽃이 피고 사오월엔 익는다. 경내가 무더우면 토착민[土人]들은 항상 산에 들어가 더위를 피한다. 나는 소나무는 모두 약하고 작으며 도곡(稻穀)에는 결실이 적다.[206]

인민(人民): ㊸주민은 59만 명 남짓이다. 정·부(正·副) 통령(統領) 한 사람씩, ㊹의사당 관리[議處官]는 많으면 50인, 적으면 25명을 둔다.[207]

(『위원전집』, 7책, 1691쪽). 테네시는 『해국도지』에 '지니서(地尼西)'로, 『미리가국지략』에서는 전니서(典尼西)로 음역 표기되었다.

203) 『영환지략』에서 채록했다(『영환지략교주』, 312쪽).

204) 『영환지략』에서 채록했다(『영환지략교주』, 312쪽).

205) 『해국도지』, 권63, 미국 서부 11주[彌利堅東路二十部]에 인용된 『미리가국지략(美里哥國志略)』에서 가져왔다(『위원전집』, 7책, 1687쪽). 이 자료에서 앨라배마는 '아라파마(亞喇罷麻)'로 음역 표기되었다.

206) 앞의 책, 1687~8쪽.

207) ㊸은 『영환지략』에서(『영환지략교주』, 312쪽), ㊹ 『해국도지』, 권63, 미국 서부 11주

물산(物産): 산이 가깝거나 바다가 가까운 땅은 대체로 비옥하고, 땅은 넓고 사람이 드물어, 금수의 발자국이 들에 이리저리 나 있다. 금(金), 철(鐵), 도(稻), 곡(穀), 과실(果實), 감자(甘蔗, 사탕수수), 담뱃잎[烟葉], 면화(棉花), 양감(楊鑑)이 나는데, 면화가 가장 많다.[208)]

성(城): 도성은 모바일[Mobile, 磨庇理灣]로 바다 어귀에 건설했는데,[209)] 남방의 큰 부두다. 면화(棉花), 밀가루[麥粉]가 실려 나가며, 교역이 매우 왕성하다. 대학교[大書院]가 있다.[210)]

상(商): 상업에 종사하는 자가 많고 험하고 먼 곳까지 갈 수 있다. 만든 쾌속선[快船]은 주행이 매우 빠르며, 내륙에는 철로 또한 사방으로 나 있다.

연혁(沿革): 이 지역은 옛날 절반은 조지아[若耳治]에, 절반은 플로리다[佛勒爾勒釐]에 속했다. 도광(道光) 원년(1821), 별도의 한 부락을 세웠다가 합중국에 귀속되었다.[211)]

미시시피주[State of Mississippi, 密士失必國]

강역(疆域): 미시시피주[密士失必國]는 어떤 곳에는 미서세비(米西細比), 또는 미사서북(彌斯栖北), 또는 미사세비(美士細比), 또는 미서서비(米西西比)로 되어 있다. 앨라배마[阿拉巴麻]의 서쪽에 있다. 북쪽으로 테네시[田納西], 서북쪽으로 강을 사이에 두고 아칸소[阿甘色], 서남쪽으로 강을 끼고 루이지애나[Louisiana, 魯西安納]와 경계하고, 동남쪽으로 바다를 두고 있다. 면적은 앨라배마와 비슷하다.

산수(山水): 미시시피는 미국[米利堅]의 큰 강으로 내원이 아주 멀어 대체로 중국의 황하와 같다. 이 강은 이 지역 서쪽 경계에서 바다로 들어가므로 이로써 나라 이름을 삼았다. 애팔래치아[押罷拉旣俺]산맥은 이곳에 이르러 다한

[彌利堅東路二十部]에 인용된 『미리가국지략(美里哥國志略)』에서 가져왔다(『위원전집』, 7책, 1688쪽).

208) 『영환지략』에서 채록했다(『영환지략교주』, 312쪽).

209) 여기 '마비리만'은 바로 모바일만(Mobile Bay)이다. 따라서 '만(灣)'자는 덧붙여졌다.

210) 이 항목은 두주에 '상(商)' 앞으로 옮기라는 지시에 따라 여기에 편집하고 번역한다. 내용은 『영환지략』에서 채록했다(『영환지략교주』, 312~313쪽).

211) 이상 상(商)과 연혁 정보는 모두 『영환지략』에서 채록했다(『영환지략교주』, 313쪽).

다. 농토는 비옥하다. 미루어 생각건대 남방 상등의 토양일 것이다. 단, 서쪽 경계에 아직 제방이 세워지지 않아 상당히 수재의 위협을 받는다.

풍기(風氣): 땅 기온은 앨라배마[阿拉巴麻]와 같고, 말라리아[瘴氣]가 있어 여름에는 전염병에 많이 걸린다.

사람들[人民]: 주민은 136,800명 남짓이다. 관제(官制)는 여러 나라와 같다.

물산(物產): 옛날에는 담뱃잎[煙葉], 파리스 블루[洋藍]가 났으나, 근래는 면화가 가장 왕성하다.

성(城): 중심도시는 잭슨[Jackson, 查基遜]이다. 미시시피강 어귀에는 밖으로 통하는 바다 항구에 있는 나길사(那吉士)라는 도시[城]는 뉴올리언스[New Orleans 新阿爾蘭]라고도 부르는데,[212] 바다 선박들이 모이는 곳으로, 서남쪽 큰 부두다.

연혁(沿革): 강희(康熙) 54년(1715) 프랑스[佛郞西] 사람들이 처음 정착했고, 이어 에스파냐[西班牙] 사람들이 들어오면서 서로 다투다가 공동 지역이 되었다. 건륭(乾隆) 27년(1762) 영국[英吉利]이 이곳을 차지했다. 가경(嘉慶) 2년(1797) ㊺합중국에 귀속되었다. 22년(1817) ㊻하나의 나라로 건국했다.[213]

루이지애나주[State of Louisiana, 魯西安納國]

강역(疆域): 루이지애나주[魯西安納國]는 어떤 곳에는 루서안납(累西安納), 또는 뢰서아나(雷栖阿那), 로의서안(盧宜西安), 또는 루사안(累斯安)으로 되어 있다. 미시시피[密士失必]의 서남쪽에 강을 사이에 두고 경계한다. 북쪽으로 아칸소[阿甘色], 서쪽으로 텍사스[得撒]와 경계하고, 남쪽으로 바다를 두고 있다. 면적은 중국의 직례성(直隷城)과 같다.[214]

212) 먼저 '나길사(那吉士)'는 뉴올리언스의 별칭인 '빅 이지(Big Easy)'를 음차한 것으로 보인다. '신아이란(新阿爾蘭)'은 뉴아일랜드의 음역 표기로 예상되지만, 여기서는 '뉴올리언스'를 말하는 것 같다. 뉴올리언스는 뷰르와 콜튼(David H. Burr|J. H. Colton), 「미국(United States)」(New York, 1833)에 따르면, 루이지애나주에 들어가 있다.

213) 미시시피주는 1817년 20번째 주로 합중국에 편입되었으므로 ㊺와 ㊻의 정보는 바뀌어야 한다. 혜강은 저본에 따라 채록했을 뿐이다. 이상 미시시피에 관한 기술은 모두 『영환지략』에서 채록했다(『영환지략교주』, 313쪽).

214) 『영환지략』에서 채록했다(『영환지략교주』, 313쪽).

산수(山水): 동남쪽 땅은 평탄하고, 서북쪽 봉우리들은 작고 험준하지 않으며, 큰 강이 많다. 미시시피강은 항상 범람하여 중심도시까지 미치고, 남방 또한 홍수가 있다.

풍기(風氣): 땅 기온이 무더워 간간이 악성 말라리아[煙瘴]가 있다.[215)]

사람들[人民]: 주민은 21만 5,500명 남짓이다. 관제(官制)는 여러 나라와 같다.[216)]

물산(物産): 사탕수수[甘蔗], 면화(棉花)의 성함은 여러 부락 중 으뜸이다. 농부 한 명이 사탕수수 15무(畝)를 경작할 수 있는데, 얻는 당(糖)은 5,000근이다. 면화의 값은 싸다.[217)]

성(城): 중심도시는 뉴올리언스[New Orleans, 紐合連]다.[218)]

상(商): 무역의 왕성함은 미시시피강의 어귀에 있는데, 상류에 있는 여러 나라의 화물이 모두 이곳에 모인다. 내륙에는 철로도 있다.

기용(器用): 풀무식 탈곡기[風櫃]가 있는데, 목화의 씨를 제거하여 면화를 얻을 수 있다. 탈곡기 하나는 수백 명의 공인을 감당할 수 있다.[219)]

연혁(沿革): 이곳은 프랑스[佛郎西] 사람들이 개간한 땅으로 건륭(乾隆) 28년(1763) 에스파냐[西班牙]에 빼앗겼다. 가경(嘉慶) 5년(1800) 프랑스가 다시 탈환했다. 8년(1803) 합중국이 현지 은[番銀] 1,500만 원에 [프랑스로부터] 매입했다. 가경 23년(1818) 하나의 국(國)으로 세웠다.[220)]

---

215) 이상 '산수(山水)'와 '풍기(風氣)'에 관한 정보는 『해국도지』, 권63, 미국 서부 11주[彌利堅東路二十部]에 인용된 『미리가국지략(美里哥國志略)』에서 채록했다(『위원전집』, 7책, 1689쪽).

216) 『영환지략』에서 채록했다(『영환지략교주』, 313~314쪽).

217) 『해국도지』, 권63, 미국 서부 11주[彌利堅東路二十部]에 인용된 『미리가국지략(美里哥國志略)』에서 재구성했다(『위원전집』, 7책, 1690쪽).

218) 이 항목은 다음 면에 기술되었으나, 두주에 '상(商)' 앞으로 옮기라는 지시에 따라 여기에 편집하여 번역했다. 이 정보는 『영환지략』에서 채록했다(『영환지략교주』, 313쪽).

219) 『해국도지』, 권63, 미국 서부 11주[彌利堅東路二十部]에 인용된 『미리가국지략』에서 재구성했다(『위원전집』, 7책, 1690쪽).

220) 『영환지략』에서 채록했다(『영환지략교주』, 313쪽).

인디애나주[State of Indiana, 英釐安納國]

강역(疆域): 인디애나주[英釐安納國]는 어떤 곳에는 인저안납(引底安納), 또는 인지아나(因地阿那), 또는 음적아나(音的亞那)로 되어 있다. 북쪽으로 미시간[密執安]과 경계하고, 서북쪽으로 미시간호를 두고 있으며, 서쪽으로 일리노이[奕倫諾爾], 남쪽으로 켄터키[阡的伊], 동쪽으로 오하이오[倭海阿]와 경계한다. 면적은 미시간과 비슷하다.[221)]

산수(山水): ㊼토양은 비옥하고, 산맥에도 충분히 파종할 수 있으며, 수목이 유난히 무성하다. ㊽와바시강[Wabash, 洼麻時河]은 길이가 370리다.[222)]

사람들[人民]: 주민은 67만 5,000명 남짓이다. 관제는 여러 나라와 같다.

물산(物産): 석탄[煤], 철(鐵), 속미(粟米), 저마(苧麻), 담뱃잎[煙葉], 양삼(洋參), 밀랍(蜜蠟)이 난다.

성(城): 중심도시는 인디애나폴리스[Indianapolis, 英釐安納波里]다. 철로가 있어 이웃 나라와 통한다.

연혁(沿革): 강희(康熙) 39년(1700) 프랑스[佛郎西] 사람들이 처음 이 땅을 개척했다. 건륭(乾隆) 28년(1763) 영국[英吉利]에 빼앗겼다가, 뒤에 합중국에 귀속되었다.[223)]

일리노이주[State of Illinois, 奕倫諾爾國]

강역(疆域): 일리노이주[奕倫諾爾國]는 어떤 곳에는 이리내사(伊理柰士), 또는 의리내사(依里內士), 또는 의려내(意黎乃)로 되어 있다. 인디애나[英釐安納]의 서쪽에 있다. 북쪽으로 아이오와[Iowa, 衣呵華]라는 새로운 부락, 서쪽으로 미주리[Missouri, 密蘇爾釐], 남쪽으로 테네시[田納西]와 경계하고 있다. 면적은 루이지애나[魯西安納]와 비슷하다.[224)]

사람들[人民]: ㊾주민은 47만 6,000명 남짓이다. ㊿정·부(正·副) 통령(統

221) 『영환지략』에서 채록했다(『영환지략교주』, 314쪽).

222) ㊼은 『영환지략』에서(『영환지략교주』, 314쪽), ㊽은 『해국도지』, 권63, 미국 서부 11주[彌利堅東路二十部]에서 채록했다(『위원전집』, 7책, 1690쪽).

223) 이상 인민, 물산, 성(城), 연혁 모두 『영환지략』에서 채록했다(『영환지략교주』, 314쪽).

224) 『영환지략』에서 채록했다(『영환지략교주』, 314쪽).

領)은 각 나라와 같다.[225)]

물산(物產): 땅은 평탄하고, 무성한 숲이 많으며 풀이 풍부하여 목축에 적합하다. 토산은 인디애나[英釐安納]와 같다.

성(城): 중심도시는 반달리아[Vandalia, 灣達里阿]다.[226)]

연혁(沿革): 초기에는 인디애나[英釐安納]와 하나의 부락으로, 모두 프랑스[佛郎西]가 개간한 곳이다. 뒤에 영국[英吉利]에 빼앗겼다. 가경(嘉慶) 14년(1809) 나뉘어 일리노이[奕倫諾爾] 부락이 되었다가 뒤에 합중국에 편입되었다.[227)]

아칸소주[State of Arkansas, 阿甘色國]

강역(疆域): 아칸소주[阿甘色國]는 어떤 곳에는 아간살사(阿干薩士), 또는 아이간살(阿爾干薩)로 되어 있다. 루이지애나[魯西安納]의 북쪽에 있다. 동쪽으로 미시시피강[密士失必大河]을 사이에 두고 있고, 미시시피[密士失必], 테네시[田納西]와 강을 끼고 경계하고 있으며, 서쪽으로 인디언 원주민[土番], 북쪽으로 미주리[密蘇爾釐]와 경계한다. 면적은 루이지애나보다 크다.[228)]

산수(山水): 경내 서쪽에는 오자크[Ozark, 阿薩], 마살니(麻薩尼)라는 큰 산맥이 있는데, 수치는 알려지지 않았다. 미시시피강[彌斯西北河]은 경내 400리를 흐른다.[229)]

사람들[人民]: 주민은 9만 9,000명 남짓이다.

물산(物產): 물산과 토속은 루이지애나[魯西安納]와 대략 같다.

---

225) ㊾는 『영환지략』에서 채록했고(『영환지략교주』, 314쪽), ㊿은 『해국도지』, 권63, 미국 서부 11주[彌利堅東路二十部]에서 재구성했다(『위원전집』, 7책, 1690쪽).

226) 이 항목은 두주의 지시에 따라 여기에 편집하여 번역했다.

227) 이상 물산과 성(城), 연혁에 관한 정보는 모두 『영환지략』에서 채록했다(『영환지략교주』, 314쪽).

228) 『영환지략』에서 채록했다(『영환지략교주』, 314쪽).

229) 『해국도지』, 권63, 미국 서부 11주[彌利堅東路二十部]에서 재구성했다(『위원전집』, 7책, 1691쪽). 이 자료에 아칸소는 '아간살사(阿干薩士)'로 음역 표기되었다. '마살니(麻薩尼)'라는 산맥은 『해국도지』 교주에 마세른(Masserne) 산맥으로 추정했으나, 지도상에서 확인하지 못했다. Appleton, D. & Co., 「Map of Arkansas」(New York, 1891)를 참고하시오.

성(城): 중심도시는 리틀록[Little Rock, 力特爾洛]이다.[230]

관(官): 총령(總領)과 의회 상원[Senate, 西業]을 두었는데, 모두 4년에 한 번 바뀌고, 하원[representative, 里勃里先特底甫]은 2년에 한 번 바뀐다. 심판하는 사람은 총령 관공서에서 선발하여 파견하는데, 최고위는 8년에 한 번, 다음 순위는 4년에 한 번 바뀐다. 추천하는 제도는 모두 명백하다고 여기지만, 반드시 몰래 써서 추천할 필요는 없는데 이점이 각 부락과 다른 점이다.

형(刑): 도박판과 도박 도구를 엄격히 금지한다. 노예에게 죄가 있으면 백인의 예에 따라 치죄하되 치우치는 바는 없다.[231]

연혁(沿革): 옛날에는 원래 미주리[密蘇爾釐]와 하나의 부락이었는데, 모두 프랑스[佛郎西] 사람들이 개간한 곳이다. 가경(嘉慶) 24년(1819) 처음으로 하나의 부락이 되었다. 도광(道光) 16년(1836) 합중국에 편입되었다.[232]

미주리주[State of Missouri, 密蘇爾釐國]

강역(疆域): 미주리주[密蘇爾釐國]는 어떤 곳에는 밀소리(密蘇里), 또는 미사리(彌梭里), 또는 미소리(迷蘇利)로 되어 있다. 아칸소[阿甘色]의 북쪽에 있다. 동쪽으로 일리노이[奕倫諾爾]와 미시시피강[密士失必河]을 사이에 두고 경계하고, 서쪽으로 원주민[土番]과 경계한다. 면적은 아칸소[阿甘色]와 비슷하다.[233]

산수(山水): 경내엔 큰 산이 적고, 수목이 무성하다. 미주리강[密蘇爾釐河]이 이 강이름을 국명으로 삼았다. 경내로 500리를 흘러 배들이 다닌다.[234]

사람들[人民]: ㊀주민은 23만 3,000명 남짓이다. 두 인종으로 나뉘는데, 하나는 격랍색사(格臘色士)로, 바로 프랑스[佛郎西] 사람들의 후예들이고, 하나는 아모사(牙模士)로 바로 프랑스인들이 인디언 원주민[土番]과 혼인하여

---

230) 이상 인민, 물산, 성(城)은 모두 『영환지략』에서 채록했다(『영환지략교주』, 314쪽).

231) 이상 관(官)과 형(刑)에 관한 정보는 『해국도지』, 권63, 미국 서부 11주[彌利堅東路二十部]에서 채록했다(『위원전집』, 7책, 1691쪽).

232) 『영환지략』에서 채록했다(『영환지략교주』, 314쪽).

233) 앞의 책, 315쪽.

234) 『해국도지』, 권63, 미국 서부 11주[彌利堅東路二十部]에서 재구성했다(『위원전집』, 7책, 1692쪽). 이 자료에서 미주리는 '미사리(彌梭里)'로 음역 표기되었다.

낳은 사람들이다. ㊁흑백이 분명하지 않은 사람들이다. 하는 일은 민첩하고, 특히 잘 몰두하지 않는다[特鮮專心].[235)]

물산(物産): 토양은 조[粟], 소맥, 벼에 적합하다. 흑연(黑鉛), 비석(砒石), 석탄[煤], 철(鐵), 염(鹽), 면화(棉花), 소가죽[牛皮]이 난다.

성(城): ㊂중심도시는 제퍼슨시티[Jefferson City, 渣法甸]이다. ㊃학교[學館]가 있어 문학(文學)을 가르친다. ㊂관제(官制)는 여러 나라와 같다.[236)]

형(刑): 노예를 너그럽게 구호하고, 몸이나 생명을 해친 자가 있으면 처벌받는다.[237)]

연혁(沿革): 강희(康熙) 39년(1700) 프랑스[佛郎西] 사람들이 처음 이 땅을 개간하고, 아칸소[阿甘色]와 하나의 부락으로 만들었다. 가경(嘉慶) 24년(1819)에 비로소 두 부락으로 나뉘었다. 도광(道光) 2년(1822) 합중국에 편입되었다.[238)]

위스콘신주[State of Wisconsin, 威士干遜部]|아이오와주[State of Iowa, 衣呵華部]

강역(疆域): 위스콘신주[威士干遜部]와 어떤 곳에는 위사곤신달다리(威斯滾申達多里)로 되어 있다. 아이오와주[衣呵華部]는 어떤 곳에는 의아위사(依阿威士)로 되어 있다. 슈피리어호[蘇必力湖] 남쪽, 미시간호[密執安湖], 일리노이[奕倫諾爾]의 북쪽, 미시시피강[密士失必大河]을 넘어 좌우에 있다. 지계는 멀고 광활하여 대략 여러 큰 나라의 네 배다. 경영을 처음 시작할 무렵으로 통령(統領) 등의 관

---

235) ㊀은 『영환지략』에서(『영환지략교주』, 315쪽), ㊁는 『해국도지』, 권63, 미국 서부 11주[彌利堅東路二十部]에서 보충했다(『위원전집』, 7책, 1692쪽). '격랍색사(格臘色士)'는 『해국도지』에 '격랍포사(格臘包士)'로 되어 있다. 아마도 프랑스인과 원주민 사이에서 태어난 사람을 지칭하는 '크레올(créole)'을 음역한 표기로 추측한다. '아모사(牙模士)'는 케이즌(cajuns)을 음차한 것은 아닌지 모르겠다. 고증을 기다린다.

236) ㊂은 『영환지략』에서(『영환지략교주』, 315쪽), ㊃는 『해국도지』, 권63, 미국 서부 11주[彌利堅東路二十部]에서 보충했다(『위원전집』, 7책, 1692쪽).

237) 『해국도지』, 권63, 미국 서부 11주[彌利堅東路二十部]에서 채록했다(『위원전집』, 7책, 1692쪽).

238) 『영환지략』에서 채록했다(『영환지략교주』, 315쪽).

직을 아직 두지 않아 나라를 구성하지 못한다.[239)]

산수(山水): 구릉과 언덕은 많고 큰 산은 적으며 토양이 풍요로워 농사에 수월하다. 북쪽 모퉁이에는 호수가 많은데, 그곳의 임방벽호(稔邦碧湖)는 미시시피강[彌斯西比河]이 발원한 곳이다. 미주리강[彌梭里河]은 서쪽 모퉁이 변경에서 굽이굽이 돌아 경내 1,300리를 흐른다. 이 밖에도 여러 갈래의 작은 물줄기가 배가 통행할 수 있다.[240)]

연혁(沿革): ㊄원래 인디언 원주민[土番]이 사는 곳인데, 도광(道光) 10년(1830) 처음으로 미시간[彌治顔] 백인들이 옮겨가 살았다. 미시시피강[彌斯西比河] 동쪽에 사는 사람들은 위스콘신[威斯滾申]을 요충지로 알고, 부락과 포대(炮臺)를 건설했지만, 여전히 관리를 두어 다스리지 못했다. 동쪽으로 그린베이 마을[Green Bay, 厄領比村], 나바리노 마을[Navarino, 那洼厘阿村]이 있고, 남쪽으로 밀워키 마을[Milwaukee, 彌爾彎機村]이 있는데, 각기 포대를 건설하고 주민들은 수공업에 종사했다. 프레리 두 신 마을[Prairie du Chien, 勃拉伊里都珍村]에 이르면서 프랑스[佛郎西]와 무역하는 사람들이 많은데, 대략 500~600명다. 미시시피강[彌斯西比河] 서쪽 또한 비옥한 토양으로 일컬어진다. 납[鉛], 철(鐵)이 나는데, 석탄[煤炭]이 더욱 풍부하다. 그러므로 미국[米利堅] 사람들이 도광(道光) 12년(1832)에 원주민들을 규합하여 그 지역을 차지하고, 강가에 있는 더뷰크[Dubuque, 都模格]에 부락을 세웠는데, 주민은 1,200명이었다. ㊅근래 인구가 점차 불어나 두 부락으로 나뉘었다. 북쪽은 위스콘신[威士干遜]으로, 주민은 3만 명 남짓이고, 남쪽은 아이오와[衣呵華]로, 주민은 4만 3,000명 남짓이다.[241)]

---

239) 앞의 책, 같은 곳.

240) 이 정보는 『해국도지』, 권63, 미국 서부 11주[彌利堅東路二十部]에서, 인디언 원주민[因底阿土番]의 네 부락[四部] 중 위스콘신[威斯滾申] 준주[territory, 達多里] 부락 기술에서 채록했다(『위원전집』, 7책, 1693쪽). 교주에 따르면, '임방벽호(稔邦碧湖)'를 '온나벽호(穩那碧湖)'로 교정하고, '온나벽호'를 캐나다 위니펙(Winnipeg) 호수로 추정했다.

241) ㊄는 『해국도지』, 권63, 미국 서부 11주[彌利堅東路二十部]에서, 인디언 원주민[因底阿土番]의 네 부락[四部] 중 위스콘신[威斯滾申] 준주[territory, 達多里] 부락 기술에서 채록했다(『위원전집』, 7책, 1693쪽). ㊅는 『영환지략』에서 채록했다(『영환지략교

이상 여덟 나라와 두 부락[部]은 미국[米利堅] 서부[西路]다.

[북서부 세 부락][242)]

강역(疆域): 합중국의 서쪽은 대서양에 닿지만, 아직 황무지 수천 리가 남아있다. 북쪽으로 영국[英吉利] 속령, 남쪽으로 멕시코[墨西哥]와 경계한다. 가운데는 로키산맥[落機大山]이 있는데, 여러 강물 대부분이 이 산에서 발원한다.[243)]

사람들[人民]: ㉦원주민[土番]은 인디언[因底阿]으로 총칭하는데, 종족이 아주 많고, 키가 크고 힘이 세다. 이목구비가 뚜렷하여 중국인과 비슷하다. 얼굴색은 붉은 자줏빛이며 머리카락과 눈동자는 모두 검다. ㉧두발은 길고 굵으며 마음은 맑고 신념이 있다.

의식(衣食): ㉦농사, 직조, 밥을 짓거나 물을 긷는 것도 모르고, 짐승을 생식하거나, 과실이나 채소를 먹기도 한다. 풀과 나무로 초가집을 지어 비바람을 가린다. 여름에는 상체는 벗고 허리에 짐승 가죽을 두른다. ㉧추운 겨울에는 온몸에 가죽과 털을 입는다. 또 얼굴에는 오색을 칠하고, 머리에는 새 깃을 꽂아 의도적으로 다른 사람에게 드러내 위협한다.[244)]

병(兵): 도광(道光) 원년(1821) 새로 세운 나라[新國] 사람들이 이곳에 와, 규정을 정하여 문인, 농민, 공인, 상인의 일을 인도하면서 풍속이 점차 바뀌었다. 영국[英吉利]이 13개 부락을 차지했을 때, 토착민[土蠻]들이 간간이 내지에서 소란을 일으켰다. 신국(新國)과 싸우면서 영국은 토착민[土人]을 모집하여 전방에 세워 신국(新國)을 공격하려 했으나 언어가 통하지 않아, 토착민들은 그렇게 쓰이지 않았다. 그러나 신국(新國)의 서쪽 변경 주민 중에는 토착민과 친한 사람들이 많았다. 이로써 토착민을 매수 모집하고, 무기를 주어 군대

주』, 315쪽).

242) 표제어가 달리지 않아, 편의상 붙였다.

243) 『영환지략』에서 채록했다(『영환지략교주』, 315쪽).

244) 이상 인민과 의식에 관한 정보에 관하여, ㉦은 『영환지략』에서 채록했고(『영환지략교주』, 315쪽), ㉧의 정보는 『해국도지』, 권63, 미국 서부 11주[彌利堅東路二十部]에서, 인디언 원주민[因底阿土番]의 네 부락[四部] 기술에 인용된 『미리가국지략(美里哥國志略)』에서 보충했다(『위원전집』, 7책, 1692~3쪽).

로 훈련했다. 이어 별도의 군대를 조직하여 군대의 선봉을 거들게 했다. 토착민들은 뛰쳐나가 사력을 다해 영국 군대를 물리쳤으므로, 신국(新國)이 영국에 승리한 데에는 토착민들의 도움이 많았다.[245)]

속(俗): ㊈생업은 어로와 수렵뿐으로, 문자는 모른다. 병에는 처방하는 약이 없고 단지 주술 하는 사람을 찾아가, 꾸짖어 낫게 해달라고 한다. 그들은 맑고 신념이 있으며, 노인을 공경할 줄 안다. 전투에 임해서 전진은 있어도 후퇴는 없다. 단 억울한 일이라도 있으면 곧장 함께 하늘을 이고 살지 않을 듯이 한다. 다른 사람에게 속임이나 배신을 당하면 자리에서 화를 내고 말하지 않으며 한참 동안 숙고한 뒤에 일어나서는 물불을 가리지 않고 반드시 설욕한다. 만약 적에게 잡히기라도 하면, 손이 묶여 죽임을 당해도 결단코 무릎을 꿇고 구걸하지 않는다. 나머지 일은 모두 부인에게 맡긴다. ㊉근래 미국 사람들이 점차 서쪽으로 이주하면서, 원주민[土番]들과 섞여 살며 농사를 가르쳐 풍속[風氣]이 점점 개화되었다.[246)]

각 부락[各部]: 미시간호[密執安湖]의 서쪽에는 이미 위스콘신[威士干遜]과 아이오와[衣阿華] 두 부락이 세워졌다. 이 두 부락 서쪽에도 원주민[土番] 지역이다. 미국[米] 사람들은 대략 그 지역을 세 부락으로 나누었는데, 서부 준주[Western Territory, 威斯頓達多里], 서부 지구[Western District, 威斯頓底特力], 오리건 준주[Oregon Territory, 阿里顏達多里]다.[247)]

서부 준주[Western Territory, 威斯頓達多里]

강역(疆域): 서부 준주[威斯頓達多里]는 아칸소[阿甘色], 미주리[密蘇爾釐]의 서쪽에 있다. 남쪽으로 텍사스[得撒], 멕시코[墨西哥]와 경계하고, 서쪽

245) 이 군대에 관한 정보는 다음 면에 기술되어 있으나, 두주에 '속(俗)' 앞으로 옮길 것을 요청하고 있으므로, 여기에 편집하여 번역한다. 내용은 『해국도지』, 권63, 미국 서부 11주[彌利堅東路二十部]에서, 인디언 원주민[因底阿土番]의 네 부락[四部] 기술에 인용된 『미리가국지략(美里哥國志略)』에서 재구성했다(『위원전집』, 7책, 1693쪽).

246) ㊈는 『해국도지』, 권63, 미국 서부 11주[彌利堅東路二十部]에서, 인디언 원주민[因底阿土番]의 네 부락[四部] 기술에 인용된 『미리가국지략(美里哥國志略)』에서 재구성했다(『위원전집』, 7책, 1692~3쪽). ㊉는 『영환지략』에서 채록했다(『영환지략교주』, 316쪽).

247) 『영환지략』에서 채록했다(『영환지략교주』, 316쪽).

으로 로키산맥[落機大山]에 이르며, 북쪽으로 서부 지구 서부 지구[Western District, 威斯頓底特力]와 경계하여 지역이 아득히 멀고 넓다.[248)]

산수(山水): 경내에 있는 로키산맥[落機大山]은 제임스 피크[Jame's Peak, 占士峯]로, 높이는 대략 1,000장이다. 그 북쪽 모퉁이에도 아주 높은 봉우리가 있는데 아직 측량되지 않았다. 아칸소강[阿干薩士河]은 로키산맥에서 발원하여 아칸소[阿干薩士] 부락에 이르는데, 길이는 1,500리다. 이 강물은 깊고 넓으며, 렬하(烈河), 소과하(搔夥河) 그리고 여러 강물을 이룬다.[249)]

사람들[人民]: 원주민[土番]의 종족은 매우 많아, 토착민도 있고, 외래인들도 있다. 도광(道光) 16년(1836) 미국 사람들이 그곳 인구를 조사하면서, 19 종족으로 나누었다.[250)]

촉토[Choctaws, 作島斯] 종족은 1만 5,000명으로, 사는 땅은 아칸소[阿干薩士]의 서쪽이다. 농사로 살아가며, 면화(棉花), 옥수수(粟米)를 생산하고, 가축 또한 상당히 풍족하다. 몇천의 돈을 내 장사하며 소금을 팔거나 수공업을 한다. 점차 문자를 알아가며, 자체적으로 두목 세 사람을 세우고 일을 처리하되 4년에 한 번씩 바꾸었다. 또 입법하는 영사[岡塞爾] 30인을 두어 1년마다 바꾸었는데 모두 민간에서 추천한 사람들이다. 술을 팔러 경내에 들어오지 못하도록 엄격히 금했다. 미국(米國)에서 세운 교회[廟宇] 여섯 곳에는 교사(教師) 13명이 있었고, 우렬하(于列河) 강안에는 포대(炮臺) 한 곳이 있다. 근래 교화[聲教] 되어 집들이 화려하고 정제되었다.[251)]

---

248) 앞의 책, 같은 곳.

249) 『해국도지』, 권63, 미국 서부 11주[彌利堅東路二十部]에서, 인디언 원주민[因底阿土番]의 네 부락[四部] 기술에 서 재구성했다(『위원전집』, 7책, 1694쪽). '소과하(搔夥河)'는 『해국도지』 교주에 따르면, '네수케톤가(Nesuketonga)' 강으로 추정했는데(앞의 책, 1699쪽), 음성적으로 거리가 멀고 어디에 근거했는지 모른다. 마지막 아칸소강에 관하여 『해국도지』의 기술에 따르면, "이 강의 깊이와 넓이는 렬하(烈河), 소과하(搔夥河), 캐나디언강[Candian, 加那底唵河], 나과하(那夥河), 러닝 워터강[Running Water, 蘭寧洼撻河], 오시지[Osage, 阿些治河], 캔자스강[Kanzas, 干薩士河]이 미치지 못한다"라고 한 바를 참고하시오.

250) 『영환지략』에서 채록했다(『영환지략교주』, 316쪽).

251) 여기부터 혜강은 한 글자 내려 인용문 같은 체제를 보여준다. 서계여는 『영환지략』에서 19 종족만 거명했지만, 혜강은 위원이 '토번(土番) 14 종족'으로 각 종족에 대한 짤

크리크[Creeks, Muscogee, 格力士] 종족은 3만 6,000명으로 촉토[Choctaws, 作島斯]의 북쪽에 산다. 토양은 비옥하여 경작이 쉬우며 그들의 농토는 나무로 둘렀다. 속미(粟米), 소맥[麥], 벼[稻], 채소가 난다. 가옥은 화려하지는 않지만, 넓고 크다. 자체적으로 총영사[總岡色爾]를 두어 일을 처리하며, 심판관과 법을 집행하는 관리를 두었다. 미국인들은 이곳에도 교회[廟宇]를 세우고 교사를 두었다.

체로키[Cherokees, 支羅機士] 종족은 6,000명으로 크리크[Creeks, 格力士] 종족 동북쪽에 산다. 사람들은 대부분 경작하며, 가축[牲畜], 의복[服色], 그릇[氣血]이 난다. 가옥은 [크리크족과] 대략 같다. 두목, 법관, 포대, 교회[廟宇], 교사도 크리크족과 같다. 서판(書板, 현판?)을 간행한다.[252]

오시지[Osages, 阿些治士] 종족은 5,500명으로 미주리[彌棱里]의 서쪽에 산다. 원래는 사는 토착민 절반이 이미 귀화하여, 가옥을 짓고 농사와 목축에 종사하지만, 귀화하지 않은 사람들은 떠돌려 살며 주위에는 대나무를 꽂고 소가죽으로 막았는데 바로 그들의 집이다. 순박하고 부지런하다.

콰포우[Quapaws, 瓜包士] 종족은 450명으로 미주리[彌棱里]의 서쪽에 산다. 오시지 사람들과 비교하면 대체로 더 교화되어 읽을 수도 있는데 교사들의 가르침이 없는 점이 아쉽다.

쇼니[Shawanees, 沙洼尼士] 종족은 1,250명으로, 미주리[彌棱里]의 서쪽에 산다. 인디언 중에서 가장 교화된 자들이다. 가옥이 있고 농사나 목축하며, 서적과 문자가 있다. 교회[廟宇]를 지어 교사를 두고, 서판(書板)을 간행한다.

칸자스[Kansas, 干薩士] 종족은 또한 코조스[Kauzaus, 高搔士]라고도 하는데, 1,470명으로, 쇼니[Shawanees, 沙洼尼士]의 북쪽에 산다. 토착민들은 가난하여 사는 곳은 대나무[籬]로 담장을 만들었고, 위는 목판을 덮고 바깥은 진흙을 발랐다.

막한 기술을 채록하거나 재구성했다. 들여쓰기로 표시한 이 단락의 기술은 모두 『해국도지』, 권63, 미국 서부 11주[彌利堅東路二十部]에 보이는 내용들이므로(『위원전집』, 7책, 1694~1698쪽), 별도의 출처 주석은 밝히지 않는다.

252) 여기서 말하는 '서판(書板)'은 『해국도지』 교주본처럼(『위원전집』, 7책, 1695쪽), '서보(書報, 신문 또는 잡지)'가 되어야 할 것 같다.

델라웨어[Delawares, 地那洼士] 종족은 826명으로, 칸자스[Kansas, 干薩士]의 북쪽에 산다. 풍속은 쇼니족[沙洼尼士]과 같다. 아직 미국인들이 교회나 교사를 두지 않은 곳이다.

키카푸[Kickapoos, 機加布士] 종족은 588명으로, 델라웨어족[Delawares, 地那洼士]의 북쪽에 산다. 어떤 두목이 종교[教門文]를 만들었는데 능히 미래의 일을 알 수 있었다. 그 종교의 계율로 악한 일을 저질러 죄를 용서받으려면, 진한 술을 마시지 않고, 모발을 깎지 않은 채 주일마다 모여 경읽기를 네 차례 행하면, 참회할 수 있다고 한다. 추종하여 종교에 들어간 자는 400명에 지나지 않는다. 미국의 교회와 교사가 있고 포대 한 곳이 있다.

포니[Pawnees, 布尼士] 종족은 약 1만 명, 오마하[Omaha, 呵麻哈] 종족은 1,400명이다. 오토[Otoes, 呵多士] 종족과 미주리[彌梭里士] 종족은 모두 1,600명, 세네카[Senecas, 西尼加士] 종족은 250명, 위아[Weas, 委士] 종족은 220명, 비안기소사(比晏機搔士) 종족은 610명이다. 피오리아[Peorias, 比呵里阿士] 종족, 카스카스키아[Kaskaskias, 加士機阿士] 종족은 모두 132명, 오타와[Ottawas, 阿島士] 종족은 200명, 포타와토미[Potawatomis, 波達洼彌士] 종족은 441명이다. 이상 14 종족은 모두 이미 교화되었고, 이 밖의 종족들은 곳곳에 흩어져 정해진 지역이 없으며 모두 교화 밖에 살며 수렵을 생업으로 한다. 미개하고[獉狉] 무지하다. 도광(道光) 15년(1835) 미국[米利堅]이 군대를 보내 토벌하여 비로소 상호 침탈하지 않도록 거듭 단속했다.

물산(物産): 토지는 비옥함과 척박함이 같지 않다. 비옥한 땅에서는 오곡(五穀), 채소가 나며, 양을 길러 털을 채취해 우모(羽毛)를 짜는 용도로 쓴다. 척박한 곳은 황량하고 척박한 불모로, 겨울철에도 땔나무로 불을 피우지 못하고 겨우 겨울 풀로 불을 피울 뿐이다.

교(教): 이 지역은 미국(米國)이 인디언 원주민들에게 수렵과 목축을 하도록 준 땅이다. 학교[書院]와 교회[廟宇]를 세워주고 만드는 도구를 주어 점차 교화되기를 바랐다.[253)]

---

253) 이상 물산과 교(教)에 관한 기술은 『해국도지』, 권63, 미국 서부 11주[彌利堅東路二十部]에서 채록했다(『위원전집』, 7책, 1694쪽).

서부 지구[Western District, 威斯頓底特力]

강역(疆域): 서부 지구[威斯頓底特力]는 서부 준주[Western Territory, 威斯頓達多里]의 북쪽에 있다. 동쪽으로 새로 생긴 두 부락인 위스콘신[威士干遜]과 아이오와[衣呵華], 북쪽으로 영국[英吉利] 속령과 경계하고, 서쪽으로 로키산맥[落機大山]에 이른다. 땅의 경계가 아득히 멀고 넓으며, 산길을 구불구불하여 미국인들이 이곳에 거의 오지 않아 자세히 알려지지 않았다.[254]

사람들[人民]: 가경(嘉慶) 10년(1805) 가을 선장[船戶] 루이스[Meriwether Lewis, 里威士]가 미주리강[彌梭里河]을 거슬러 올라가 그 수원이 로키산맥[落機大山]임을 알아냈다. 강 상단에 사는 사람들은 만단족[Mandans, 曼丹士], 미네타리족[Minnetarees, 敏尼達里士], 묵랍불(墨臘弗, Blackfoot?) 등의 종족이고, 하단에 사는 자들은 테턴족[Tetons, 底頓士], 연돈사(然頓士), 시우스족[Sioux, 西阿士] 등의 종족이다. 도광(道光) 15년(1835) 미국 사람들에게 저항하는 사람 중 이 지구 사람이 많았다.[255]

물산(物産): 산양(山羊), 사슴[鹿], 각종 모피가 난다.[256]

오리건 준주[Oregon Territory, 阿里顏達多里]

강역(疆域): 오리건 준주[阿里顏達多里]는 과람미아달다리(戈攬彌阿達多里)라고도 부른다. 로키산맥[落機大山] 서쪽에 있다. 북쪽으로는 영국[英吉利] 속령, 남쪽으로는 멕시코[墨西哥]와 경계하고, 서쪽으로 태평양[大洋海]을 바로 중국의 동양대해(東洋大海)로, 태평해(太平海)라고도 한다. 두고 있다. 땅의 경계가 아득히 멀어 수치도 알려지지 않았다.[257]

산수(山水): Ⓐ경내의 강으로 오리건강[Origon, 呵里顏河]은 로키산맥에서 발원하는데, 길이는 600리다. 위사하(威士河, Lewis?)의 길이는 1,000리다.

---

254) 『영환지략』에서 채록했다(『영환지략교주』, 316쪽).

255) 『해국도지』, 권63, 미국 서부 11주[彌利堅東路二十部]에서 재구성했다(『위원전집』, 7책, 1696~7쪽).

256) 앞의 책, 같은 곳.

257) 『영환지략』에서 채록했다(『영환지략교주』, 316~317쪽).

Ⓑ서쪽 경계에는 산맥이 여러 겹이고, 동쪽 경계엔 로키산맥이 있다.[258)]

사람들[人民]: 토속으로 보생(甫生, Boonacks?)의 남녀는 물건으로 머리를 묶어 정수리와 코를 반듯하게 하고 기름으로 꾸미는데, 그것을 아름답게 여긴다. 간혹 곰 발톱, 구리 팔찌[銅鐲], 초록 구슬, 흰 구슬을 달기도 한다. 아내나 딸을 팔아 많이 교역하는데, 다른 사람에게 조롱당해도 개의치 않는다. 동쪽 모퉁이에 사는 원주민[番種]은 자식을 낳으면 물건으로 머리를 눌러 납작해지도록 몇 년이 지나야 제거하므로, '편두(扁頭)'라고도 부른다. 단 동남쪽 토착민들은 콜롬비아강[戈攬彌阿河] 어귀의 종족들과 달리, 토속과 언어로 볼 때, 부근에 있는 미시시피강[彌斯西比河]에서 옮겨 온 것 같다.

물산(物産): 목재[木料], 모피(毛皮)가 난다. '파수(擺樹)'라는 나무는 높이가 대략 20~30장이고 둘레는 대략 4~5장으로 둥치가 곧고 마디가 없으며, 나무 끝에서 가지와 잎이 나뉘어 멀리서 보면 우산 같다. 또 어떤 종은 수지가 당(糖)과 같아 가을에 그 열매를 수확하여 병(餠)을 만들면 매우 맛있는데, 원주민들 대부분 베어 땔나무로 쓰기 아까워한다.

업(業): 콜롬비아강[戈攬彌阿河] 어귀의 원주민들은 농사나 수공업을 생업으로 하지 않고 물고기잡이가 아니면 수렵한다. 나무를 파 배를 만드는데 40~50명이 탈 수 있다. 수렵한 짐승의 가죽을 싣고 콜롬비아강 어귀에 이르러 유럽[歐羅巴]인들의 망가진 포(炮), 쇠솥[鐵鍋], 흰 구슬[白珠], 초록 구슬[藍珠], 담뱃잎[煙葉], 쇠칼[鐵刀] 등의 물건과 바꾼다.

도(島): 콜롬비아강[戈攬彌阿河] 북안(北岸)은 바로 밴쿠버섬[Vancouver, 彎戈洼島]으로, 가로세로 150리다. 숲의 나무들이 울창하고, 모래와 돌이 많다. 파도가 부딪치면 그 소리가 우레와 같다. 이곳에 사는 사람들은 바닷물고기를 먹고 짐승 가죽을 입는다. 유럽인 중에 미어스[John Meares, 彌里士]란 자가 이곳에 이르러 그들 두목의 집을 본 적이 있는데, 800명이 들어갈 수 있었고, 음식을 먹는 사람, 앉거나 누운 사람이 있었다고 하며, 몸치장은 거칠어

---

258) Ⓐ는 『해국도지』, 권63, 미국 서부 11주[彌利堅東路二十部]에서 채록했다(『위원전집』, 7책, 1697쪽). Ⓑ는 『영환지략』에서 가져왔는데(『영환지략교주』, 316~317쪽), 마지막 문장은 약간 다르다. 혜강은 동쪽 경계엔 로키산맥이 있다고 했지만, 『영환지략』에는 "동쪽 경계의 로키산맥이 크다"라고 하였다.

인골로 꾸몄고, 창고에는 진귀한 보물을 넣어 두었다고 한다. 가장 큰 두목이 관할하는 사람은 1만 3,000명에 지나지 않고, 용모는 근본 나쁘지 않지만, 붉은 흙과 검은 모래를 얼굴에 발라 사람들이 보고 경악하게 한다. 먹는 것은 물고기뿐이다. 사람을 먹기까지 하므로 시장에서 사고파는 물건 중에 사람의 팔다리가 많다. 이밖에도 작은 섬들이 있는데, 섬마다 한 종족이 살며 각기 두목이 있다.

이상 세 부락은 미국[米利堅] 인디언 원주민[土番] 지역이다.[259)]

연혁(沿革): 처음, 영국[英吉利]이 북아메리카[北亞墨利加]의 땅을 차지했을 때, 원주민[土番]들을 몰아내고 그들의 비옥한 땅을 차지하여 [영국] 세 섬의 사람들을 이주시켜 그 땅을 채웠다. 영국인들은 분분히 그곳으로 갔다. 프랑스[佛郎西], 네덜란드[荷蘭], 덴마크[嗹國], 스웨덴[瑞國]의 직업 없는 사람들도 항해하여 그곳으로 가면서 나날이 개간되어 마침내 비옥한 땅을 이루었다. 영국의 총독[大臣]이 살면서 연해에는 두루 도시[城邑]들을 세웠다. 관세를 거두어 나라의 비용에 보태면서 무역은 나날이 번성해짐으로써 졸지에 부강하게 되었다. 건륭(乾隆, 1736~1795) 연간에 영국은 프랑스와 전쟁을 벌였으나 해를 거듭하며 해결되지 않자, 백방으로 비용을 마련하면서 세금은 배로 증가했다. 옛 법례상, 찻잎을 파는 사람만 세금을 냈지만, 영국의 명으로 사는 사람에게도 세금을 물리자, 미국[米利堅] 사람들은 감당할 수 없었다. 건륭 40년(1775) 신사들과 연장자들이 공회에 모여 상주하는 총독[大酋]과 의논하려 했으나, 총독은 그들을 쫓아내고 더 다급하게 징수를 독촉했다. 사람들이 모두 화가 나서 배 안에 있는 찻잎을 바다에 던지고 거병하여 영국에 대항하려 했다. 워싱턴[華盛頓]이란 어떤 곳에는 올흥등(兀興騰), 또는 와승돈(瓦乘敦)으로 되어 있다. 자는 미국 별부(別部) 사람으로, 옹정(雍正) 9년(1731)에 태어나, 10세에 아버지를 잃고,

259) 이상 인민, 물산, 업(業), 섬에 관한 정보는 『해국도지』, 권63, 미국 서부 11주[彌利堅東路二十部]에서 채록하고 재구성했다(『위원전집』, 7책, 1697쪽). 미국의 각 부락의 지명과 인종에 관한 명칭들은 뷰르와 콜튼(David H. Burr|J. H. Colton), 「미국(United States)」(New York, 1833); 엣우드, 브릿지맨, 파닝 타이어(J.M. Atwood|Bridgman & Fanning Thayer), 「미국 지도와 그 영토, 멕시코 그리고 서인도(Map Of The United States, With Its Territories; Also Mexico and the West Indies)」(New York, 1854)를 참고하여 추정했다.

어머니의 교육을 받았다. 어려서부터 큰 뜻을 품고 문무를 겸비하여 굳세고 열렬함[雄烈]이 남달라, 영국의 무관을 지낸 적이 있었다. 당시 프랑스와 전쟁하고 있을 때, 토착민[土蠻]들이 남쪽 변경을 약탈하자, 워싱턴은 군대를 거느리고 그들을 막았는데, 가는 곳마다 승리했으나, 영국 장수는 그의 무공을 없애고 기록하지 않았다. 고을 사람들이 워싱턴을 추장으로 추대하려 했지만, 워싱턴은 병을 핑계로 돌아가 두문불출했다. 사람들이 영국에 반발하며 억지로 워싱턴을 장수로 추대했다. 갑자기 이루어진 일이라, 군 장비, 화약, 양식과 건초 모두 없었으나 워싱턴은 호기롭게 그들을 격려했다. 부서가 정해지자, 대도시[大城]로 다가갔다. 당시 영국은 해군을 성 밖에 주둔시켰는데 갑자기 태풍이 불어 배들이 모두 날려 흩어졌다. 워싱턴은 그 틈을 타고 도시를 차지했다. 이후 영국이 대규모로 군대를 모아 전투하며 진격하자 워싱턴 군대는 패배했고, 사람들은 겁을 먹고 흩어졌다. 워싱턴의 의기는 예전과 같아 사람들을 모아 군대를 만들어, 다시 싸워 승리했다. 이로부터 8년의 혈전을 거치면서 쓰러지면 다시 일어나, 워싱턴의 의지는 시들지 않았으나, 영국 군대는 지쳐갔다. 프랑스가 온 나라의 군대를 동원하여 건너와 워싱턴과 함께 영국 군대를 협공했다. 에스파냐, 네덜란드 또한 군대로 압박하며 화의를 권했다. 영국군은 버틸 수 없어 워싱턴과 동맹을 맺고 경계를 나누어 이웃 나라가 되었다. 그 북쪽 황폐하고 추운 땅은 계속 영국에 속했고, 남쪽의 비옥한 땅은 모두 워싱턴에게 돌아갔다. 이때가 건륭 47년(1782)이다.

워싱턴은 나라를 안정시키고 군권을 사임하고 전원으로 돌아가려 하자, 사람들이 놔 주지 않고 강력하게 국왕[國主]으로 추대했다. 워싱턴은 사람들과 의논하며 이르기를 "나라를 차지하고 자손에게 전하는 것은 사심이다. 백성을 기르는 임무는 유덕한 자를 뽑아 맡겨야 한다"라고 하며, 각 부락을 예전대로 나누어 나라를 세웠다. 각 나라에는 정통령(正統領) 1인을 두고 부통령(副統領)이 부통령은 1인도 있고 여러 사람인 경우도 있다. 보좌하게 했다. 4년을 임기로, 1년에 한 번, 또는 2년에 한 번 바뀌는 경우도 있다. 부락 사람들을 모아 회의하여, 사람들이 현명하다고 하면 4년을 재임했다. 8년 뒤에는 재임할 수 없다. 그렇지 않으면 부통령을 추대하여 정통령으로 삼았다. 부통령이 사람들의 바람에 부응하지 못하면 별도로 추천하여 뽑는다. 향읍(鄕邑)의 장은 각기 추천하는 사람의 성명을 써서, 함에 넣었다가 끝나면 함을 열어 추천을 많이 받은 사람을 세웠는데, 관리든 서민이든 자격에 구애되지 않았다. 퇴위한 통령(統領)도 그대로 백성과 같아지는데, 다른 바가 없다. 각 나라의 정통령 중에서 또 한 명의 총통령(總統領)을 추대하는데, 그는 동맹과 전쟁의 일을 주관하며 각 나라는 모두 그 명령에 따른다. 그를 추천하고 뽑는 방법은 각국에서 통령을 뽑는 법과 같고, 또한 4년을 임기로 하되 재임하면 8년이다. 워싱턴부터 지금까지, 워싱턴은 가경(嘉慶) 3년(1798) 병으로 죽었다. 건국 60여 년 동안 총통령은 아홉 명이 있었다. 지금 재위한 총통령은 버지니아주[勿爾吉尼阿國]에서 추천한 사람이다.

처음 워싱턴이 영국인들과 평화를 찾자, 군대를 해산하고 종전했다. 오로지 농업과 상업에 힘쓰며, "지금부터 각 총령은 다른 나라의 부두를 탐내거나, 백성들의 고혈을 착취하거나[朘削], 군대를 일으켜 원망을 사는 자는 모든 이에게 주살하게 할 것이다"라고 명했다. 전함은 20척, 정규군은 1만 명뿐이었다. 그러나 강토는 매우 넓고 비축한 산물이 풍요로워, 각 부락은 한마음으로 호령이 착착 들어맞았으므로, 여러 큰 나라가 그들과 화목하며 감히 능멸하는 자가 없었다. 영국인들과 동맹을 맺고 지금까지 이미 60여 년이 되었으나 병란의 일이 없었다. 그의 초상화[畫像]가 중국에 들어왔는데, 기개 있는 모습과 씩씩하고 강인함이 절륜했다니, 천하의 사람들이 높이 살 만하다.[260)]

260) 미합중국의 연혁은 모두 『영환지략』에서 채록했다(『영환지략교주』, 300~301쪽). 마지막 워싱턴의 초상화 기술은 서계여의 진술로, 그가 직접 그의 초상화를 보고 느낌을 기록한 말이다.

[『지구전요』, 권11, 패동 최한기 편집][1]

10-1. 북아메리카 남쪽 경계의 각 나라[北亞墨利加南境各國] 지도 61을 보시오.

멕시코[Mexico, 墨西哥]

강역(疆域): 멕시코[墨西哥]는 어떤 곳에는 미시가(美時哥), 또는 묵시가(墨是可), 또는 묵서과(墨西科), 또는 묵서과(墨西果), 또는 맥실가(麥悉哥), 또는 묵서가(墨西哥)로 되어 있다. 북아메리카[北亞墨利加]의 서쪽 경계다. 북쪽으로 미국[米利堅] 황무지, 동쪽으로 미국 텍사스[得撒]와 경계하여 대서양을 두고 있고 서쪽으로 태평양[大洋海]을 두고 있으며, 남쪽으로 과테말라[Guatemala, 危地馬拉]와 경계한다. 지형은 점차 깎여 서북쪽에서 동남쪽으로 돌아드는데, 길이는 대략 1만 리고, 북단에서 폭은 대략 3,000리며 남단은 400~500리밖에 되지 않는다.

산수(山水): 연산(烟山)은 서북쪽에서 나와 이 산은 미국[米利堅] 서쪽 경계에 있는 로키산맥[落機大山]인데, 멕시코에서는 '연산'이라 부른다. 화산 봉우리가 가장 많기 때문이다. 과테말라[危地馬拉] 이남부터 남아메리카의 남쪽 경계까지는 모두 안데스산맥[安達斯大山]이라 부르는데, 사실 하나의 산맥이 연결된 것으로, 길이는 대략 2만여 리다. 나라 중앙을 등뼈처럼 관통한다. 화산 봉우리가 매우 많은데, 큰 봉우리는 넷으로, 연기와 불꽃이 항상 하늘을 찌른다. 지진이 매우 강렬하여 구릉과 골짜기가 수시로 모양이 바뀐다. 강 중에서 가장 긴 강으로, 브라보[Bravo, 巴拉窩, 리오그란데], 콜로라도[Colorado, 哥羅拉多], 소노라[Sonora, 索諾拉], 사비나[Sabinas, 薩比那]다.

풍기(風氣): 북쪽으로 가면서 상당히 춥고, 남쪽 바닷가 일대로는 비정상적으로 무덥지만, 내륙으로 점차 높아지면서 열기도 점차 줄어든다. 높이가 400~500장에 이르면 중원처럼 온화하다.

사람들[人民]: 그 사람들은 세 종류로 나뉜다. 하나는 서양 사람으로 모두

---

1) 저본에 권수는 명시하지 않았다. 단지 판심에 소제목을 표시하면서 '10권'으로 표기했다. 이는 혜강이 분권하려는 명백한 의도다. 앞서 이 권수는 두주에 별도로 한 권이 많게 교정을 해 왔고, 국립중앙도서관 소장본 또한 여기에서 '11권'으로 나누었다.

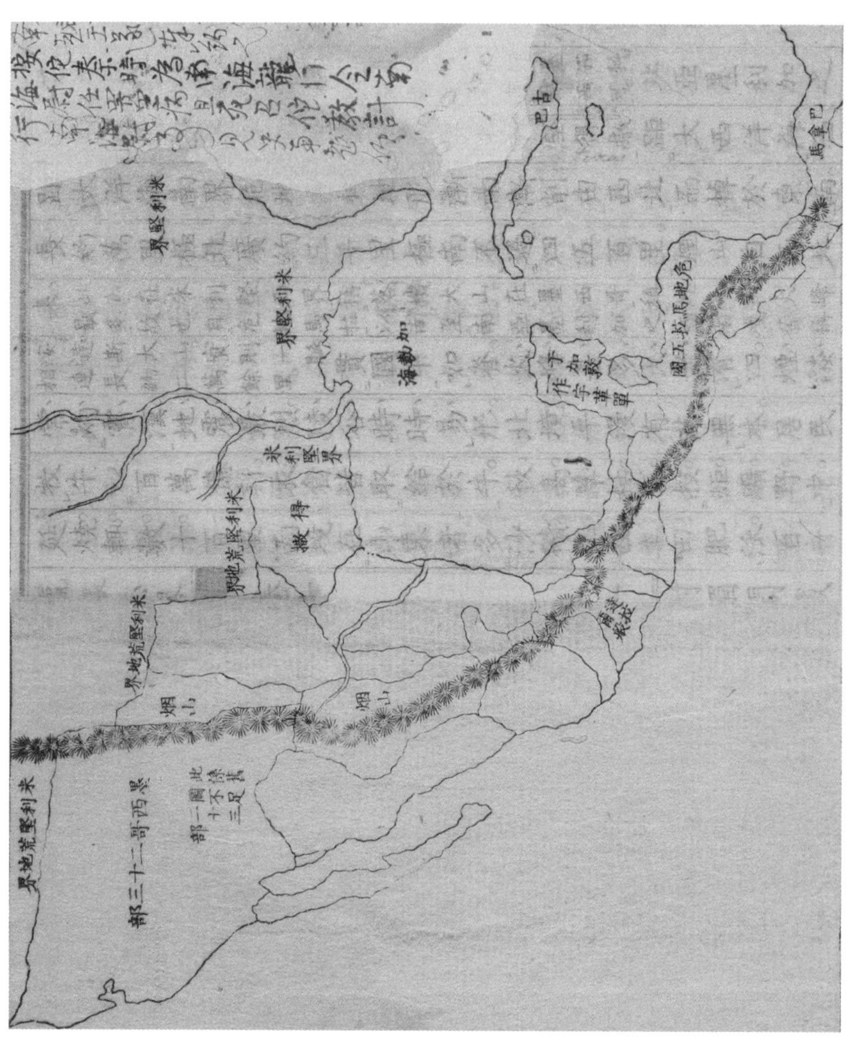

지도 61. 국립중앙도서관 소장본의 지도가 몹시 희미하여 『영환지략』(도시샤대학 소장본, 1861)에서 가져왔다. 국립중앙도서관 소장본에는 '북아묵리가각국도(北亞墨利加各國圖)'라는 지도 명이 있고, 경도와 적도 표기가 있다.

에스파냐[西班牙] 이주민들로 사실상 지주이며 대부분 부유하다. 풍속은 사치스러워 수놓은 비단옷에 준마를 타고 도시를 돌아다닌다. 하나는 토착민[土人]으로 얼굴색은 자줏빛이고 납작한 코에 기골이 크다. 농경을 생업으로 하고 채소를 팔아 사는데, 집들은 대부분 가난하며, 술을 마시지 않는 자들은 항상 장수한다. 서양 사람들은 사람마다 모두 세금을 매기고, 더불어 왕래하지 않는다. 하나는 혼혈인으로 백인과 흑인 사이에서 태어난 사람들이다. 주민은 총 800만 명이다.

물산(物産): 북쪽 경계는 평탄하여 풀은 있으나 나무는 없다. 주민들은 소를 기르는데 수백만 마리에 달하여 의식은 모두 소에게서 공급받는다. 가을에 풀이 시들면 횃불을 광야에 던지자마자 수십에서 백 리를 태운다. 남쪽 경계에 있는 산의 동쪽에는 사막이 많고, 산의 서쪽은 토양이 비옥하여 온갖 화훼가 번성하여 서방 나라의 과실들이 모두 있다. 또 오목(烏木), 홍목(紅木), 아란미(牙蘭米), 향료가 나지만, 크게 돈을 버는 산물은 은이다. 그들 산에는 나는 광물이 매우 왕성한데, 광산을 판 곳이 3,000여 개소다. 각 나라에서 사용하는 외국 은[番銀]은 멕시코에서 나는 것으로, 대략 3분의 2를 차지한다.

문자(文字): 땅이 원래 에스파냐[西班牙]가 고쳐 세운 곳이므로 언어와 문자는 에스파냐와 같다.

상(商): 과달라하라[Guadalajara, 瓜達拉沙喇] 도시[城] 부근 은산(銀山)은 광부들이 모이는 곳으로, 주민은 7만 명이다. 영국과 프랑스 여러 나라의 부상들이 대부분 돈을 내 광산을 개발했다. 그러나 비용은 많이 들어도 이익은 얼마 없었다. 아카풀코[Acapulco, 亞加補羅可]는 서쪽 땅의 큰 항구로 옛날 에스파냐가 매년 상선을 보내와 무역했던 곳으로, 남아메리카의 티에라 델 푸에고[Tierra del Fuego, 鐵耳聶離]의 남쪽으로 이르는 길은 파도가 심하여 매우 위험했다. 에스파냐가 그 땅을 방기한 이후로 배들이 끊기고 활기를 잃었다. 베라크루즈[Veracruz, 眞十字架]는 동쪽 땅의 큰 부두로, 모래사장에 건설했는데, 드넓어 배를 댈만한 곳이 없었다. 바다 선박들이 정박하면 종종 바람에 얕은 곳으로 좌초했으나 무역은 매우 번성했다.

법(法): 그 제도는 대략 미국[米利堅]을 본받았으나 영토 경계가 확정되지 않았고 법제가 세워지지 않아 여러 부락이 내홍을 면치 못하여 미국과는 치란

(治亂)의 나뉨이 있었다.[2)]

속(俗): 풍속은 천주교를 신봉한다.

각 부락[各部]: 큰 부락은 19개다. 으뜸은 멕시코[墨西哥]로, 남쪽 경계, 산맥의 동서에 걸쳐있다. 도성은 그 안 트랄판[Tlalpan, 達拉爾般, Tlalnepantla de Baz]이다. 큰 건물이 연이어 있고, 성당[殿堂]은 엄숙하다. 주민은 12만 명이다. 그곳의 산천은 뛰어나고, 꽃과 나무가 무성하여 풍경이 대단히 맑다. 단 지형이 낮게 꺼져 호수와 저수지의 범람으로 항시 수재의 우려가 있다.

다음은 케레타로[Querétaro, 給勒打羅], 과나후아토[Guanaxuato, 瓜那叔阿多]로 중심도시는 모두 같은 명칭이다. 미초아칸[Michoacán, 迷刷干]의 중심도시는 발라돌리드[Valladolid, Morelia, 瓦拉多黎]다. 할리스코[Jalisco, 沙黎斯哥]의 중심도시는 과달라하라[Guadalajara, 瓜達拉沙喇]다. 사카테카스[Zacatecas, 薩加德架]의 중심도시는 같은 이름이다. 소노라[Sonora, 索諾拉]의 중심도시는 비야 델 푸에르테[Villa del Fuerte, 維拉德佛爾的]다.[3)] 치와와[Chihuahua, 濟華花], 두랑고[Durango, 都郎額]의 중심도시는 부락 명칭과 같다. 코아우일라[Coahuila, 卓哈回拉]의 중심도시는 몽클로바[Monclova, 蒙哥羅瓦]다. 누에보레온[Nuevo León, 新良]의 중심도시는 몬테레이[Monterrey, 蒙德勒]다. 타마울리파스[Tamaulipas, 達毛黎巴]의 중심도시는 아과요[Aguayo, 阿瓜約]다.[4)] 상루이포토시[San Luis Potosí, 桑盧意斯波多塞], 베라크루스[Veracruz, 委拉古盧斯], 푸에블라[Puebla, 布委巴拉], 오아하카[Oaxaca, 華沙加] 등의 중심도시는 부락 명칭과 같다. 치아파스[Chiapas, 濟阿巴]의 중심도시는 로달륵아이(盧達勒阿爾)다.[5)] 파달사가(巴達斯哥)의 중심도시는 삼적아

2) 이 항목은 '상(商)' 앞에 채록되었으나, 두주에 뒤로 옮기라는 지시가 보이므로 여기에 옮겨 번역한다.

3) 비야 델 푸에르테의 위치는 Aaron Arrowsmith, 「A New Map of Mexico and Adjacent Provinces Compiled from Original Documents」(London, 1820)를 참고하시오.

4) 타마울리파스의 주도는 시우다드빅토리아(Ciudad Victoria)다. 이 도시는 아과요 산타 마리아 비야(Villa de Santa María de Aguayo)로 건설되었기 때문에, '아과요'로 부른 것으로 보인다. 아과요는 시우다드빅토리아 북쪽에 있는 도시다.

5) 현 치아파스의 주도는 툭스틀라구티에레스(Tuxtla Gutiérrez)다. Aaron Arrowsmith, 「A New Map of Mexico and Adjacent Provinces Compiled from Original Documents」(London,

각(三的阿各)이다.[6] 유카탄[Yucatán, 于加敦]의 어떤 곳에는 우각단(于各單), 또는 우화단(宇華單)으로 되어 있다. 중심도시는 메리다[Mérida, 美里達]다.

작은 부락은 넷이다. 캘리포니아[California, 加里佛爾尼亞]의 중심도시는 산카를로스 몬터레이[San Carlos Monterey, 桑加爾蒙德雷]다. 뉴멕시코[新墨西哥]의 중심도시는 산타페[三達非]다. 틀락스칼라[Tlaxcala, 達拉斯加拉], 콜리마[Colima, 哥黎麻]의 중심도시는 부락 명칭과 같다.[7]

연혁(沿革): 초기 북아메리카 대륙은 미국[米利堅] 이북에서 모두 원주민[野番]이 뒤섞여 살며 부락을 이루지 못했다. 단 멕시코[墨西哥]는 일찍이 나라를 건설하여, 도시[城邑], 제단과 사당[壇廟], 왕, 관리, 사물을 본떠 만든 글자, 법률이 있었다. 이곳에는 아주 큰 황폐해진 성(城)이 있는데 1,000여 년 전의 고적이라고 하는데, 어느 시대 어떤 이름이었는지 모른다. 명나라 홍치(弘治, 1488~1505) 초 에스파냐는 콜럼버스[可侖]를 보내 새로운 땅을 찾게 하여 멕시코가 금혈(金穴)임을 알았다. 또 그 나라에 방비가 없음을 알고서는 정덕(正德) 14년(1519) 장군 코르테스[Cortés, 哥爾德斯]에게 군대를 거느리고 가 공격하게 하자, 대포 소리가 뒤흔들었다. 멕시코는 대패했고 나라는 에스파냐의 차지가 되었다. 서양 사람들이 연이어 서쪽으로 와, 산에 들어가 광물을 채굴할 때 두루 퍼져 섞여 살면서 인구가 나날이 번성해졌다. 매년 외국은[番銀] 천수백만 원을 벌어가, 에스파냐는 이로써 졸지에 부유해졌다. 건륭(乾隆) 말년(1795)에 워싱턴[華盛頓]이 영국[英吉利]에 반기를 들고 자립하여 미국[米利堅國]을 세웠다. 멕시코는 부러워하다가, 가경(嘉慶) 15년(1810) 에스파냐

1820)에 따르면, '고통의 성모 마리아(Nuestra Señora de los Dolores)'라고 표기한 곳이 보이는데, '로스 돌로레스'가 여기 '로달륵아이'에 해당하는 것 같다.

6) '파달사가(巴達斯哥)'는 '달파사가(達巴斯哥)'의 앞 두 글자가 도치된 형태로, 타바스코(Tabasco) 주의 음차일 것이다. 이 주의 주도는 '비야에르모스(Villahermosa)'로 '삼적아각(三的阿各)'과 음성적으로 부합하지 않는다. 예상되는 원음은 '산 디에고(St. Diego)'지만 해당 주에서 찾지 못했다. 고증을 기다린다.

7) 이상 각 부락의 지명들은 애로우스미스(Aaron Arrowsmith), 「원자료에서 편집한 멕시코와 인근 지방 지도(A New Map of Mexico and Adjacent Provinces Compiled from Original Documents)」(London, 1820); 엣우드, 브릿지맨, 파닝 타이어(J.M. Atwood|Bridgman & Fanning Thayer), 「미국 지도와 그 영토, 멕시코 그리고 서인도(Map Of The United States, With Its Territories; Also Mexico and the West Indies)」(New York, 1854)를 참고하여 추정했다.

에 반기를 들었으나 에스파냐가 9년 만에 정벌하고 수복했다. 1년이 되자마자 다시 반기를 들고 부락 사람 이투르비데[Agustín de Iturbide, 義都爾比達]을 왕으로 세웠다. 도광 3년(1823) 국왕을 폐위하고 15개 부락으로 나누어 각기 관리들을 추천하여 뽑아 일을 처리했다. 근래 또 23개 부락으로 나뉘었다.[8)]

텍사스[Texa, Tejas, 得撒]

강역(疆域): 텍사스[得撒]는 어떤 곳에는 덕사(德沙), 또는 특겁(特极)으로 되어 있다. 프레도니아[Fredonia, 費勒多尼亞]라고도 부르는데, 멕시코[墨西哥]의 동쪽, 미국[米利堅]의 서남쪽에 있으며, 남쪽으로 바다를 두고 있다. 가로세로 모두 약 1,000리다.

수(水): 브라보[Bravo, 巴拉窩, 리오그란데]가 이곳을 거쳐 바다로 들어간다.

풍기(風氣): 땅 기온은 온화하여 살 만하다. 잡초와 수풀에는 말라리아[瘴氣]가 있다.

사람들[人民]: 사는 사람들이 여전히 드물다.

물산(物産): 땅은 숫돌처럼 평탄하고, 농토는 매우 비옥하여 초목이 무성하며, 곡물과 과실 모두 적합하지만, 목재[木料]를 위주로 한다.[9)]

농(農): 간혹 땅이 완전히 모래여서 오곡이 자라지 않는다. 원주민[土人]들은 물고기를 잡았을 때는 수만의 머리를 떼어 모래에 촘촘히 넣고, 머리 하나에 곡식 한두 알을 심으면 뒤에 물고기가 부패하여 땅이 비옥해져, 곡식이 무성해지는데, 그 수확은 보통 땅보다 배가 된다.[10)]

---

8) 이상 멕시코에 관한 모든 정보는 『영환지략』에서만 채록하고 재구성했다(『영환지략교주』, 320~324쪽).

9) 이상 강역, 수(水), 인민(人民), 물산(物産)에 관한 정보는 모두 『영환지략』에서 채록하고 재구성했다(『영환지략교주』, 324~325쪽).

10) 이 정보는 『해국도지』, 권64, 북아메리카 서남쪽 네 나라[北墨利加洲西南四國]에 인용된 『직방외기(職方外紀)』에서 채록했다(『위원전집』, 7책, 1710). 『직방외기』, 권4에는 북아메리카 서남쪽 네 나라, 화지(花地), 신불랑찰(新拂郎察), 발혁로(拔革老), 농지(農地)를 기술했는데, 바로 '발혁로'라는 나라 기술에 보인다(『직방외기교석』, 134쪽). 셰팡 씨는 세인트로렌스만 일대로 추정했는데, 방향이 전혀 맞지 않다. 심지어 천기철 씨는 한

각 부락[各部]: 땅은 27개 작은 부락으로 나누는데, 알라바마[Alabama, 阿拉巴麻],[11] 브라조리아[Brazoria, 巴剌塞里亞], 콜로라도[Colorado, 哥羅拉多], 코만치[Comanche, 古曼治], 가리아(哥里牙, Coryell?), 곤잘레스[Gonzales, 公薩勒], 아려사부리(阿黎斯不里), 휴스턴[Houston, 厚斯敦], 왜사비이(倭斯卑爾, Ochiltree?), 제퍼슨[Jefferson, 日非勒孫], 라바카[Lavaca, 剌巴加], 리버티[Liberty, 黎卑爾的], 마타고르다[Matagorda, 麻的痾爾達], 미랑(迷郎, Midland?), 밀럼[Milam, 迷蘭], 미나드[Menard, Mina, 米那], 나코그도치스[Nacogdoches, 那哥多士], 륵려위이(勒黎委爾), 러푸지오[Refugio, 勒夫日約], 사빈[Sabine, 薩比那], 샌오구스틴[San Augustine, 三達古斯的音], 샌안토니오[San Antonio, Bexar, 三當多尼亞], 샌펠리페[San Felipe, Austin, 桑非里卑], 샌파트리시오[San Patricio, 桑巴的黎西約], 달나합(達那哈), 달랍위(達拉委, Travis?), 와싱턴[Washington, 瓦盛敦]이다. 수도는 오스틴[Austin, 奧斯的音]으로 브라보[Bravo, 리오그란데, 巴拉索河][12] 강가에 건설하여 무역이 상당히 왕성하다.[13]

연혁(沿革): 옛날 멕시코[墨西哥]의 넓은 땅으로, 강희(康熙) 26년(1687) 프랑스[佛郞西] 사람들이 이 지역을 개척하려 했으나 이루지 못했다. 강희 32년(1693) 에스파냐[西班牙] 사람들이 차지했고, 미국[米利堅]의 무직 유민들도 속속 이르렀다. 이후 멕시코가 에스파냐에 반기를 들었는데, 텍사스[得撒]도 이에 따라 멕시코의 코아우일라[Coahuila, 卓哈回拉] 부락에 부속되었다. 도광(道光) 9년(1829) 멕시코에 반기를 들었다. 멕시코는 6년 동안 정벌했으나 이루지 못하고, 자립하여 나라를 세우게 했다. 국왕은 없고, 관리를 추천 선

걸음 더 나가 뉴펀들랜드로 추정했다(『직방외기교주』, 270쪽). 북아메리카 서남쪽이라고 했으므로, 위원은 이곳을 텍사스로 이해하고 멕시코 다음에 넣어 채록했다. 혜강의 판단 또한 위원과 같았을 것이다. 어쨌든 이곳이 텍사스라는 근거는 없다.

11) '아랍파마(阿拉巴麻)'는 미국 앨라배마주의 음역 명칭으로 사용되었다. 『영환지략교주』(324쪽)에서는 이 앨라배마라고 추정했지만, 이곳은 텍사스의 '알라바마'다.

12) 수도로 기술한 오스틴은 리오그란데강이 아니라 콜로라도강 강가에 있다.

13) 지명들은 브뤼(A.H. Brue), 「멕시코의 새로운 지도, 중앙아메리카 연합 주(Nouvelle Carte du Mexique, et D'Une Partie Des Provinces Unies de L'Amerique Centrale」)(Paris, 1837); 뒤푸르(Auguste-Henri Dufour), 「북아메리카(Amerique du Nord)」(Paris, 1848)를 참고하여 추정했다.

발하여 일을 처리한다.[14)]

과테말라[Guatemala, 危地馬拉]

강역(疆域): 과테말라[危地馬拉]는 멕시코[墨西哥]의 동남쪽에 있다. 지형은 점차 좁아져 두 바다 사이에 서북쪽에서 동남쪽으로 뻗어 있다. 길이는 약 3,600리고 폭이 넓은 곳은 약 1,000리다.

산(山): 안데스산맥[安達斯山]이 등뼈처럼 관통하고 화산 봉우리가 매우 많아, 주야로 꺼지지 않는 화산도 있고 갑자기 토해내다가 문득 꺼지는 것도 있다.

풍기(風氣): 서쪽 경계는 무더워 학질을 앓는 사람들이 많다. 동쪽 경계는 평온하여 살 만하지만, 지진이 매우 잦아, 항시 집이 무너질 우려가 있다.

물산(物産): 땅은 모두 비옥하여 오곡과 과실이 풍부하고 크다. 금(金), 은(銀), 진주(珍珠), 호박(琥珀), 운모(雲母), 목재[木料], 안료(顔料), 향료(香料), 약재(藥材), 소가죽[牛皮]이 난다. 또 바닷가 여러 산에서 나는 목재들은 아주 견고하고 정치하여 값이 매우 비싸다. 영국인들은 부대를 결성하여 산에 들어와 채벌하는 양이 매우 많다.

각 부락[各部]: 다섯 나라로 나뉜다. 과테말라[危地馬拉國]는 길이가 약 1,000리고, 폭은 약 400리다. 중심도시는 누에바 과테말라[Nueva Guatemala, 新危地馬拉]다. 산살바도르[San Salvador, 桑薩爾瓦多爾國]는 지형이 굴곡져 거리를 계산하기 어렵다. 중심도시는 나라 이름과 같다. 온두라스[Honduras, 哄都拉斯國]는 폭이 약 500리고, 중심도시는 코마야과[Comayagua, 哥麻牙瓜]다. 니카라과[Nicaragua, 尼加拉瓜國]는 길이와 폭이 모두 180리로, 중심도시는 레온[León, 良]이다. 코스타리카[Costa Rica, 哥斯德爾黎加國]는 동서로 약 600리, 남북으로 약 400리로, 중심도시는 산호세[San José, 桑若塞]다.

다섯 나라의 동남쪽은 남북 아메리카가 연결되는 지점으로 파나마[Panama, 巴拿馬]다. 땅은 콜롬비아[可侖比亞]에 속한다. 하나의 선으로 두 바다를 두었는데, 겨우 60리에 지나지 않는다. 유럽인[泰西人]들은 이 땅을 열어 바닷길로 만들면 동서의 두 바다가 하나로 되어, 돛을 걸고 서쪽으로 가면 곧

14) 이상 각부(各部)와 연혁은 모두 『영환지략』에서 채록했다(『영환지략교주』, 324~325쪽).

바로 중국의 동쪽 경계에 이르니 매우 편리하고 빠를 것이라고 한다. 그러나 땅은 단단하고 산맥이 있어 뚫기가 쉽지 않아 유럽인들에게도 이러한 말만 남았을 뿐, 대 역사를 일으킬 수는 없었다.

연혁(沿革): 땅은 원래 에스파냐[西班牙]에 속했는데, 멕시코가 에스파냐에 반기를 들면서 과테말라는 멕시코에 부속되었다. 뒤에 멕시코가 국왕을 없애자, 과테말라는 도광(道光) 4년(1824) 자립하여 나라를 세워 멕시코에서 벗어났다. 각기 관리를 추천하여 일을 처리하며 국왕을 세우지 않았다.[15)]

---

15) 과테말라, 온두라스, 산살바도르, 니카라과, 코스타리카에 관한 정보는 모두 『영환지략』에서 채록하고 재구성했다(『영환지략교주』, 325~326쪽). 지명들은 엣우드, 브릿지맨, 파닝 타이어(J.M. Atwood|Bridgman & Fanning Thayer), 「미국 지도와 그 영토, 멕시코 그리고 서인도(Map Of The United States, With Its Territories; Also Mexico and the West Indies)」(New York, 1854)를 참고하여 추정했다.

10-2. 남아메리카 각 나라[南亞墨利加各國] 지도 62를 보시오.

콜롬비아[Colombia, 可侖比亞]

강역(疆域): 콜롬비아[可侖比亞]는 어떤 곳에는 가륜파(可侖巴), 또는 금가서랍(金加西蠟)으로 되어 있다. 남아메리카[南亞墨利加] 북쪽 경계다. 서북쪽으로 파나마[巴拿馬]에 이르고, 과테말라[危地馬拉]와 접경하고 있으며, 북쪽으로 대서양, 서쪽으로 태평양[大洋海]을 두었고, 동쪽으로 영국[英吉利] 속령[新地], 동남쪽으로 브라질[巴西], 서남쪽으로 페루[秘魯]와 경계한다. 가로세로 약 5,000리다.

산수(山水): 서쪽 경계는 안데스산맥[安達斯大山]이 겹겹이 솟아 있는데, 높은 봉우리는 2,000여 장이다. 또 화산 봉우리가 있어 수시로 화염을 토해낸다. 동쪽 경계는 넓고 평탄한 평원이며 강줄기들이 종횡으로 흐르는데, 오리노코[Orinoco, 阿利諾]와 마그달네나[Magdalena, 馬加他]가 가장 크다.

풍기(風氣): 바닷가는 몹시 무덥고, 기후풍토[水土]는 온순하지 않다. 내륙으로 점차 높아지며, 평온하여 살 만하다.

사람들[人民]: 인구는 많지 않다. 절반은 모두 에스파냐의 거주민들이다. 풍속은 도둑질하고 게으르며 도박을 좋아하여, 밭과 집을 탕진하고도 후회하지 않는다. 남녀의 옷은 모두 희고, 부부들은 가장 돈독하다. 부녀들은 다른 사람에게 얼굴을 드러낼 수 없다. 훔쳐보면 칼을 품고 원수가 된다. 원주민[土人]들은 별개 종족으로 성격이 사납고 음험하며 악랄하다[陰狠].[16]

물산(物産): ⓐ이곳에서 나는 금과 은은 천하의 으뜸으로 일컬어진다. 네 곳의 광산이 있는데 깊은 곳은 모두 200장이다. 원주민[土人]들은 소가죽으로 부드러운 사다리를 만들어 내려간다. 일하는 사람들은 항시 3만 명이다. 그들이 채취한 금과 은은 국왕이 10분의 1[8]을 가지는데, 일주일이면 대략 은 3만 냥을 거둬들일 수 있다. 그 산기슭에는 '은성(銀城)'이라는 도시가 있다. 백화가 모두 비싸지만 유독 은만 아주 싸다. 교역에는 은 주화 다섯 가지를 사용하는데, 큰 주화는 8전이고 작은 것은 5푼이다. 금 주화는 네 가지인데, 큰 것은 10냥이고 작은 것은 1냥이다. 유럽[歐羅巴] 사람들이 길을 연 뒤로 매년 교역

16) 이상 『영환지략』에서 채록하고 재구성했다(『영환지략교주』, 327쪽).

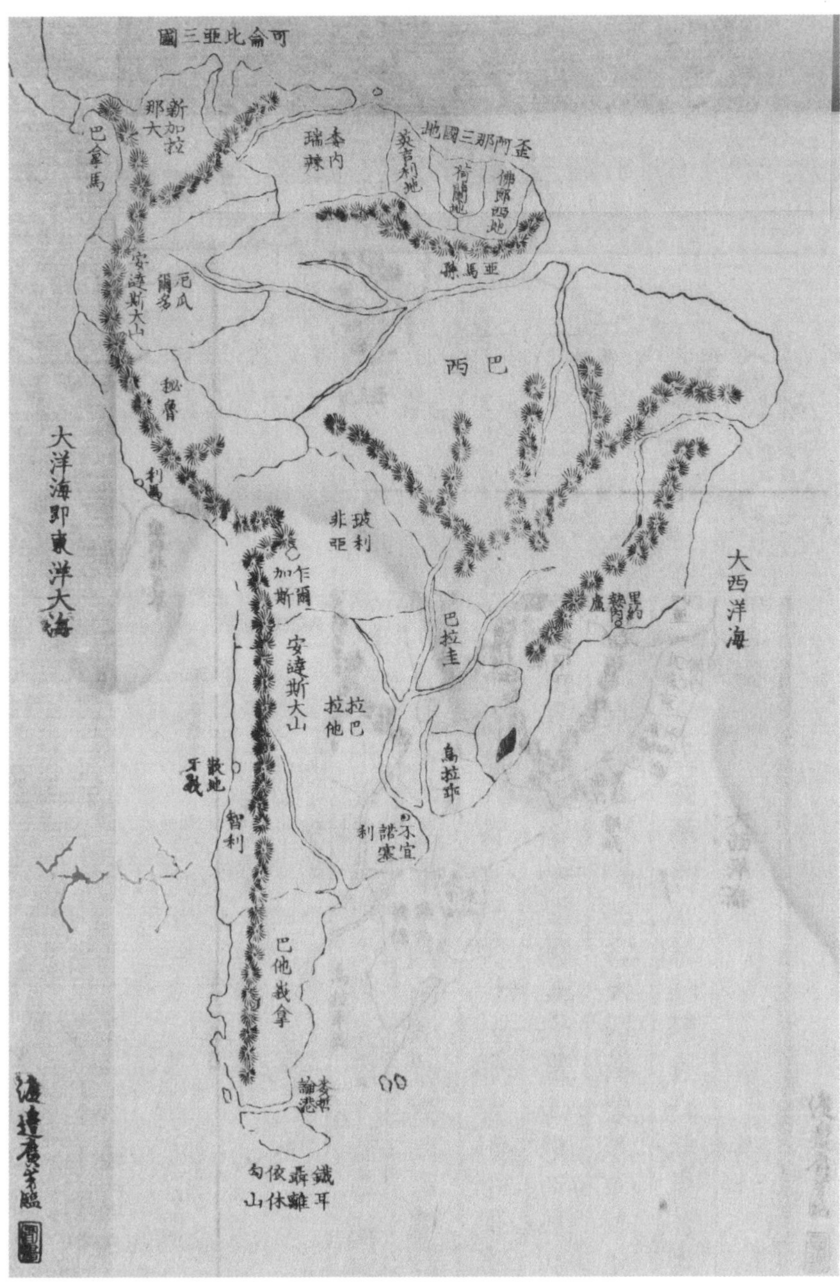

지도 62. 국립중앙도서관 소장본의 지도가 몹시 희미하여 『영환지략』(도시샤대학 소장본, 1861)에서 가져왔다. 국립중앙도서관 소장본에는 '남아묵리가각국도(南亞墨利加各國圖)'라는 지도 명이 있고, 경도와 적도 표기가 있다.

에 사용하는 금과 은이 매우 많아져, 서방[西土]의 금과 은은 점차 싸졌지만, 미곡(米穀)과 용품들은 점차 비싸졌다. 식자들은 훗날 금이 많아진 폐해를 반드시 받을 것으로 생각했다. 그러나 벌어들이는 이득이 많은 이상, 알고도 끊을 수 없었다. ⓑ강에서는 사금(沙金), 진주(珍珠), 보석(寶石) 나고, 땅에서는 커피[加非], 백당(白糖), 담뱃잎[煙葉], 파리스 블루 덩어리[靛餠]가 난다.[17)]

각 부락[各部]: 땅은 세 나라로 나뉜다. 뉴그라나다[New Granada, 新加拉那大國]는 서북쪽 경계에 있으며 파나마[巴拿馬]에서 한 선상에서 북아메리카와 서로 이어져 있다. 길이는 약 3,000리고 폭은 약 2,500리다. 땅 기온은 습하고 더운데 북쪽 지역은 더 심하다. 농토는 비옥하여 물산은 풍부하다. 땅은 18개 부락으로 나눈다. 보고타[Bogota, 波哥大]의 도성은 평원에 건설되어 있는데 명칭은 부락 이름과 같다. 안티오키아[Antioquia, 安的育基亞]의 중심도시는 메데인[Medellín, 墨德零]이다. 네이바[Neiva, 內巴]의 중심도시는 명칭이 같다. 마리키타[Mariquita, 馬黎濟大]의 중심도시는 온다[Honda, 紅大]다. 포파얀[Popayán, 波巴焉], 파스토[Pasto, 巴斯多] 두 곳의 중심도시는 같은 명칭이다. 부에나벤투라[Buenaventura, 不哀那溫都拉]의 중심도시는 이스쿠안데[Yscuande, 義斯官德]다.[18)] 초코[Chocó, 說各]의 중심도시는 키브도[Quibdó, 基波多]다. 파나마[巴拿馬]의 중심도시는 명칭이 같다. 베라과스[Veraguas, 委拉瓜]의 중심도시는 산티아고데베라과스[Santiago de Veraguas, 三的亞哥委拉瓜]다. 카르타헤나[Cartagena, 加爾達日那], 몸폭스[Mompox, 蒙波士], 산타마르타[Santa Marta, 三達麻爾大], 리오아차[Riohacha, 里約合拉], 퉁하[Tunja, 冬日], 팜플로나[Pamplona, 邦不羅那], 소코로[Socorro, 索各羅] 등의 중심도시는

17) ⓐ는 『해국도지』, 권67, 남아메리카의 카스티야국[南墨利加洲內金加西蠟國]에 인용된 『직방외기』에서 채록했다. 이 자료에서 콜롬비아는 금가서랍(金加西蠟)으로 표기되었다. 서계여의 설명에 따르면, '금가서랍'은 뉴그라나다[新加拉那大]의 와전된 음이라고 한다. 아래를 참고하시오. ⓑ는 『영환지략』에서 채록했다(『영환지략교주』, 324~325쪽).

18) 부에나벤투라 주의 주도는 부에나벤투라다. 여기 '의사관덕(義斯官德)'은 서계여가 빠뜨린 바르바코아스(Barbacoas) 주의 도시인 이스쿠안데(Yscuande)의 음역 표기다. 추측건대, 서계여가 채록하면서 '바르바코아스'를 빠뜨린 것은 아닌지 모르겠다. 콜튼(G.W. Colton), 「베네수엘라, 뉴그라나다 그리고 에콰도르(Venezuela, New Granada and Ecuador)」(New York, 1856)의 지도를 참고하시오.

모두 같은 명칭이다. 카사나레[Casanare, 加薩那勒]의 중심도시는 포레[Pore, Moreno, 波勒]다.

에콰도르[Ecuador, 厄瓜爾多]는 뉴그라나다[新加拉那大]의 남쪽에 있다. 남쪽으로 페루[秘魯], 동쪽으로 브라질[巴西]과 경계하며 가로세로 모두 약 3,000리다. 서쪽 경계는 산이 이어져 있고 나머지 땅은 대체로 평탄하다. 땅의 기온은 평온하고 농토는 비옥하여 무역이 왕성하다. 땅은 여덟 부락으로 나눈다. 피친차[Pichincha, 比晉乍]의 도성은 산골짜기에 세웠는데, 키토[Quito, 基多]다. 침보라소[Chimborazo, 井波拉索]의 중심도시는 리오밤바[Riobamba, 約里邦巴]다.[19] 임바부라[Imbabura, 英巴賦拉]의 중심도시는 이바라[Ibarra, 義巴拉]다. 과야킬[Guayaquil, 瓜亞基爾]의 중심도시는 명칭이 같다. 마나비[Manabí, 馬那比]의 중심도시는 포르토비에호[Portoviejo, 波爾多維也若]다. 쿠엥카[Cuenca, 官加], 로하[Loxa, 羅沙], 하엔[Jaén, 倭音] 등의 중심도시는 모두 같은 명칭이다.

베네수엘라[Venezuela, 委內瑞辣]는 두 나라의 동쪽에 있다. 남쪽으로 브라질[巴西]와 경계한다. 길이는 약 3,500리고 폭은 약 2,500리다. 큰 강이 나라 가운데를 가로로 흐르는데, 강북은 대체로 평원이며 더위가 아주 심하다. 강남은 산이 많고 온화하여 살 만하다. 농토는 비옥하여 산물이 아주 풍부하다. 땅은 12개 부락으로 나눈다. 카라카스[Caracas, 加拉架]는 도성을 산골짜기에 세웠는데, 부락 이름과 같다. 카라보보[Carabobo, 加拉波波[沱]]의 중심도시는 발렌시아[Valencia, 瓦棱西亞]다. 마라카이보[Maracai(y)bo, 馬拉該波], 코로[Coro, 哥羅], 트루히요[Truj(x)illo, 都盧詩羅], 메리다[Merida, 美黎達], 바리나스[Varinas, 瓦黎那] 등의 중심도시는 모두 같은 명칭이다. 아푸레[Apure, 亞不勒]의 중심도시는 아차과스[Achaguas, 亞沙瓜]다. 과야나[Guayana, 瓜牙那]의 중심도시는 앙고스투라[Angostura, St. Thome, 昂哥斯都拉]다. 쿠마나[Cumana, 古麻那], 바르셀로나[Barcelona, 巴爾塞羅那] 등의 중심도시는 모두 명칭이 같다. 마르가리타섬[Margarita, Margaretta, 馬爾加黎大]의 중심도시는 라아순시온[La Asunción, 亞松桑]이다.

---

19) 『영환지략』의 '약리방파(約里邦巴)' 앞 두 글자는 도치되었다. '리약방파(里約邦巴)'가 되어야 할 것이다.

연혁(沿革): 명나라 홍치(弘治) 15년(1502), 에스파냐[西班牙]가 신하 콜럼버스[可侖]를 보내 새로운 땅을 찾게 했는데, 먼저 이 땅에 이르러 뉴그라나다[新加拉那大], 금가서랍(金加西臘)은 바로 신가랍나대(新加拉那大)의 와전된 음이다. 카라카스[Caracas, 加拉架], 키토[Quito, 基多] 등 세 부락을 세우고 각기 총독[大酋]을 두어 다스리게 했다. 가경(嘉慶) 15년(1810) 부락 사람 볼리바르[Bolívar, 波里瓦爾, 1783~1830]가 군중을 이끌고 에스파냐 세 부락의 총독들을 몰아내며 8년 동안 전쟁했다. 에스파냐는 회복할 수 없게 되자, 결국 자립하여 콜롬비아[可侖比亞國]가 되었다. 도광(道光) 11년(1831) 옛날 세 부락을 뉴그라나다[新加拉那大], 에콰도르[厄瓜爾多], 베네수엘라[委內瑞辣] 세 나라로 나누고 각기 추장을 두어 서로 통속(統屬)하지 않았다.[20]

페루[Peru, 秘魯]

강역(疆域): ⓐ페루[秘魯]는 비로(庀它魯)로 쓰기도 한다. 어떤 곳에는 패로(孛露), 또는 백로(佰路), 또는 북로(北盧)로 되어 있다. 옛날 볼리비아[Bolivia, 玻利非亞]와 합쳐진 하나의 나라였는데, 지금은 나뉘어 둘로 되었다. 북쪽은 콜롬비아[可侖比亞], 동쪽은 브라질[巴西], 남쪽은 볼리비아[玻利非亞]와 경계하고, 서쪽으로는 태평양[大洋海]을 두고 있다. 길이는 약 5,300리고, 폭은 대략 2,600여 리다. ⓑ적도 이북 3도에서 시작하여 적도 이남 41도에 이른다.[21]

산(山): 안데스산맥[安達斯大山]이 서북쪽에서부터 나라의 서쪽 경계를 띠처럼 둘렀다. 산의 서쪽은 모래흙에 바다의 침식으로, 척박하고, 불모다. 산의 동쪽은 가로 뻗은 산맥이 뒤얽혀 개척한 땅은 평원이지만, 어떤 지역은 평지보다 100여 장 높다. 따라서 산 아래는 무덥지만, 산 위는 항시 얼음과 눈이 쌓여 있다. 그 사이의 비옥한 땅은 채소나 곡식 모두 적합하다.

사람들[人民]: 주민들은 모두 서양 사람의 후예들로, 멀리서 온 사람들을

---

20) 각 부락에 관한 정보들은 모두 『영환지략』에서 채록했다(『영환지략교주』, 327~332쪽). 해당 지명들은 홀(Sidney Hall), 「콜롬비아(Colombia)」(London, 1828)를 참고하여 추정했다.

21) ⓐ는 『영환지략』에서 채록, 재구성했고(『영환지략교주』, 327~332쪽), ⓑ의 정보는 『해국도지』, 권67. 페루(孛魯國) 기술에 인용된 『직방외기』에서 채록했다(『위원전집』, 7책, 1744쪽). 『직방외기』에 페루는 '패로(孛露)'로 음역 표기되었다(『직방외기교석』, 122쪽).

잘 대접하고, 온화하고 붙임성 있으나, 안일하고 도박을 좋아하는데 콜롬비아[可侖比亞]와 같다. 무역 등 여러 일은 다른 나라 사람들에게 부탁한다. 원주민[土人]들은 서양 사람들에 제약받아 의식에 어려움이 있다. 술을 빚을 줄 알아 하루 종일 취해 있다.[22)]

물산(物産): ⓒ땅에서는 금과 은이 나, 온 나라가 광산을 파 살고, 농사는 전혀 짓지 않아 항상 기근에 시달린다. 또 구리[銅], 납[鉛], 수은(水銀), 후추[胡椒], 사탕수수[甘蔗], 면화(棉花), 약재(藥材), 수교(樹膠), 안료(顏料), 향료(香料) 등이 난다. ⓓ날짐승과 들짐승이 많은데, 털과 깃은 화려하고, 소리의 아름다움 또한 천하의 제일이다. 금광석을 채굴할 때 금과 흙을 채질하여 가려보면 금이 흙보다 많다.[23)]

의(衣): 면화가 아주 많이 나, 또한 짜서 베를 만드는데, 즐겨 사용하지 않고, 오로지 대서양의 베나 비단 그리고 '리락포(利諾布)'와 교역하거나, 말 털을 깎아 짜, 옷을 만들기도 한다.

기용(器用): 국왕의 궁전은 모두 황금을 판자로 만들어 장식한다. 유독 철이 나지 않아 병장기는 모두 나무를 그을리거나 돌을 갈아 사용한다. 지금은 무역이 통하면서 점차 쇠를 사용할 줄 알지만 아주 비싸다. 그 나머지 기물은 모두 금, 은 구리 세 종류로 만든다. 산술은 작은 돌을 사용하는데 또한 정화하고 빠르다.[24)]

관(官): 장관을 추천하여 뽑아 일을 처리하고, 국왕은 세우지 않는다.

각 부락[各部]: 땅은 일곱 부락으로 나뉜다. 리마[Lima, 利馬]는 도성을 리마강 강가에 세웠는데, 명칭은 부락 이름과 같다. 아레키파[Arequipa, 阿勒基巴], 푸노[Puno, 不諾], 쿠스코[Cuzco, 古斯各] 등의 중심도시는 모두 같은 명칭이다. 아야쿠초[Ayacucho, 阿牙古說]의 중심도시는 과망가[Guamanga, Huamanga, 瓜忙加]다. 후닌[Junín, 入凝]의 중심도시는 우아누코[Huánuco, 華

22) 산과 사람들은 『영환지략』에서 채록, 재구성했다(『영환지략교주』, 332쪽).

23) ⓒ는 『영환지략』에서 채록했고(『영환지략교주』, 332쪽), ⓓ의 정보는 『해국도지』, 권67. 페루(孛魯國) 기술에 인용된 『직방외기』에서 가져왔다(『위원전집』, 7책, 1744쪽).

24) 이상 의(衣)와 기용(器用)은 『해국도지』, 권67. 페루(孛魯國) 기술에 인용된 『직방외기』에서 채록했다(『위원전집』, 7책, 1744쪽; 『직방외기교석』, 123쪽).

奴哥]다. 리베르타드[La Libertad, 利卑爾達]의 중심도시는 트루히요[Truj(x)illo, 都盧詩羅]다.

연혁(沿革): 옛날부터 원주민[土人]들이 나라를 세웠다. 풍속은 멕시코[墨西哥], 콜롬비아[可侖比亞]와 같다. 에스파냐[西班牙]가 콜롬비아를 차지하고는 페루[秘魯]에 은광이 더 많다는 소식을 듣고, 가정(嘉靖) 3년(1524) 피사로[Francisco Pizarro González, 比薩羅], 알마그로[Diego de Almagro, 阿爾馬哥羅] 등에게 군대를 거느리고 깊이 들어가게 했다. 군사들은 겹겹의 절벽에서 떨어지기도 하고, 길을 잃고 굶어 죽기도 했으나 큰 이익이 있은 곳이므로 굳세게 포기하려 하지 않았다. 얼마 뒤에 그 나라 도읍에 이르자, 그곳 왕[番王]은 전투를 몰라, 포화에 겁을 먹고 숨어 들어가 감히 싸우지도 못했다. 결국 나라는 에스파냐에 점령되었다. 서양 사람들이 무리를 지어 와 광물을 채굴하면서 사람과 마을이 날로 번성하여, 총독[大酋]을 두어 다스렸다. 매년 금은을 수확하여 나라의 비용에 보탰는데, 소득이 멕시코보다 많았다. 가경(嘉慶) 13년(1808) 에스파냐는 프랑스[佛郎西]에 곤경을 겪으며, 속령들이 대부분 이반했다. 페루는 이반하고 싶었으나 에스파냐의 많은 군사에 두려워 미루며 결정하지 못했다. 도광(道光) 원년(1821) 칠레[智利]와 군대를 합쳐 에스파냐 관리들을 몰아내고 마침내 자립하여 나라를 세웠다.[25)]

볼리비아[Bolivia, 玻利非亞]

강역(疆域): 볼리비아[玻利非亞]는 어떤 곳에는 마리위나(摩里威那), 또는 파리유아(波里維亞)로 되어 있다. '어퍼 페루[Upper Peru, 高秘魯]'라고도 부르는데, 페루[秘魯]의 동남쪽에 있다. 동북쪽으로는 브라질[巴西], 동남쪽 모퉁이는 파라구아이[Paraguay, 巴拉圭], 남쪽으로는 라플라타[Laplata, 拉巴拉他], 서남쪽 모퉁이는 칠레[智利]와 경계하고, 서쪽으로 태평양[大洋海]를 두고 있다. 가로세로 모두 대략 3,000리다. 이곳은 페루에서 나뉘어, 민간에서는 어퍼 페루[高秘魯]라고 하고, 페루를 로우 페루[Lower Peru, 下秘魯]라고 부른다. 도광(道光) 5년

---

25) 관(官), 각부(各部), 연혁(沿革)은 모두 『영환지략』에서 채록했다(『영환지략교주』, 332쪽). 연관 지명들은 미첼(Samuel Augustus Mitchell), 「페루와 볼리비아(Peru and Bolivia)」(Pennsylvania, 1857)를 참고하여 추정했다.

(1825) 별도로 독립하여 볼리비아로 되었다.

산(山): 안데스산맥[安達斯山]의 큰 줄기가 서쪽 경계로 뻗어 있고, 별도로 분기하여 동쪽 경계로 들어간다. 서쪽 경계에 있는 화산 봉우리는 쉼이 없고, 동쪽 경계에 있는 산들은 깎아지른 듯 하늘을 찔러 항상 얼음과 눈이 쌓여 있다. 토양은 서쪽이 척박하고 동쪽은 비옥하다.

풍기(風氣): 땅의 기온, 풍속, 물산은 페루와 같다.

관(官): 장관을 추천하여 뽑고, 국왕을 세우지 않는다.

각 부락[各部]: 땅은 여섯 부락으로 나뉜다. 추키사카[Chuquisaca, 朱基薩加]의 도성은 평원에 세웠는데, 차르카스[Charcas, 乍爾加斯]다.[26] 파스[Paz, 巴斯]의 중심도시는 파스 데 아야쿠초[La Paz de Ayacucho, 巴斯達牙古叔]다. 오루로[Oruro, 痾魯羅], 포토시[Potosi, 波多西], 코차밤바[Cochabamba, 哥沙邦巴], 산타크루스[Santa Cruz 三達古盧斯] 등의 중심도시는 모두 같은 명칭이다. 포토시[波多西]는 은광이 가장 많아, 서양 사람들이 처음부터 지금까지 은 7억 2,000만원 남짓이다.[27]

칠레[Chile, 智利]

강역(疆域): 칠레[智利]는 어떤 곳에는 제리(濟利), 또는 치리(治里)로 되어 있다. 볼리비아[玻利非亞]의 서남쪽에 있다. 동쪽은 안데스산맥[安達斯大山]에 막혀, 라플라타[拉巴拉他]와 이웃하며, 서쪽으로 태평양[大洋海]을 두고 있고, 동남쪽으로 파타고니아[巴他峩拿]에 접해 있다. 지형은 띠처럼 좁고 길며, 남북으로 약 4,500리고, 동서로는 대략 400여 리다.

산수(山水): ⓐ동쪽으로 준령들이 높이 가로지르는데, 높은 곳에는 항상 얼음과 눈이 쌓여 있다. 화산 봉우리 여러 곳에는 지진이 잦아 해안의 높낮이는 수시로 모양이 바뀐다. ⓑ강줄기는 짧고 좁다. 단 마울레강[Rio Maule, 毛

26) 주인 차르카스(Charcas)와 수도인 추키사카(Chuquisaca), 즉 라플라타(Laplata)가 서로 바뀌었다. 차르카스 주의 추키사카다. 앞의 지도를 참고하시오.

27) 볼리비아에 관한 정보들은 모두 『영환지략』에서 채록했다(『영환지략교주』, 333~334쪽). 관련 지명들은 태너(Henry S. Tanner), 「페루와 볼리비아(Peru and Bolivia)」(Philadelphia, 1836)를 참고하여 추정했다.

里河], 비오비오강[Rio Biobío, 彌荷河]이 비교적 큰데, 원류는 역시 그다지 길거나 멀지 않다. 가장 높은 산은 안데스산맥[奄底士山嶺]이다.[28]

사람들[人民]: 약 150만 명이다. 풍속은 에스파냐[大呂宋] 사람들과 달라, 고지식하고 조심스러우며 온후하다. 예로써 서로 교제하고, 유람을 좋아하며 전투에는 용감하다. 여자들에게는 자태가 있고, 책을 읽지는 못해도 글자를 알아 상당히 총명하다. 남자들을 보좌할 수 있어 나라를 일으키고 자강할 수 있었다.[29]

물산(物産): ⓒ금(金), 은(銀), 동(銅), 맥(麥), 주(酒), 도기(陶器)가 난다. ⓓ산의 서쪽 연해 일대는 농토가 비옥하여 오곡(五穀), 채소[蔬菜], 과실 모두 적합하다.[30]

문자(文字): 각 나라가 어지럽지 않은 이전, 나라에는 서적이 없었는데, 근래[近日ㄹ] 산티아고[Santiago, 山底阿俄] 부락에는 도서관 1개소를 설치했는데, 장서 수천 권은 참판(槧板)으로 인쇄했다. 공부하는 학생들은 400명이고, 문물의 발전은 빠르다.[31]

재(財): ⓔ매년 은 80만여 냥을 벌어들이는데, 황금은 은 50만여 냥에 달한다. ⓕ현재 서양의 여러 나라가 사용하는 외국은[番銀] 중에서 순도가 높은 은은 유럽[歐羅巴], 인도에서 주조한다. 평소 유통하는 은은 네 종류로 나누는데, 멕시코[墨西哥], 페루[秘魯], 볼리비아[玻利非亞], 칠레[智利]의 은이다. 순

28) ⓐ는 『영환지략』에서(『영환지략교주』, 334쪽), ⓑ는 『해국도지』, 권69, 칠레[智利國]에 인용된 『만국지리전도집(萬國地理全圖集)』에서 채록했다(『위원전집』, 7책, 1763쪽). 마지막 주석 설명은 의아스럽다. 안데스산맥은 앞서 '안달사(安達斯)'로 언급하고, 다시 다른 산처럼 '엄저사(奄底士)'로 설명하고 있기 때문이다. 『만국지리전도집』을 채록하면서 발생한 실수일 것이다.

29) 이 기술은 주로 『해국도지』, 권69, 칠레[智利國]에 인용된 『만국지리전도집(萬國地理全圖集)』(『위원전집』, 7책, 1763쪽)과 『영환지략』의 설명을 참고하여(『영환지략교주』, 334쪽), 재구성했다.

30) ⓒ의 산물은 『해국도지』, 권69, 칠레[智利國]에 인용된 『만국지리전도집(萬國地理全圖集)』에서(『위원전집』, 7책, 1763쪽), ⓓ의 정보는 『영환지략』에서 채록했다(『영환지략교주』, 334쪽).

31) 『해국도지』, 권69, 칠레[智利國]에 인용된 『만국지리전도집(萬國地理全圖集)』에서 채록했다(『위원전집』, 7책, 1763쪽).

도의 높낮이는 다르지만, 광둥[粵東] 사람들은 분별할 수 있지만, 푸젠 사람들은 구분하지 못한다. 단지 '여송번(呂宋番)' 또는 '응자번(鷹仔番)'이라고 부른다고 한다.[32)]

속(俗): ⓖ옛날에는 가톨릭교를 신봉했으나, 근래 대부분 프로테스탄트[波羅特士頓教]로 개종했다. 음악을 좋아하지만, 가무(歌舞)를 익히는 여자는 적다. 가난한 사람들은 대나무와 마(麻)로 담장을 만들고 나뭇가지로 지붕을 덮어 바람과 태양을 막고 가린다. 부자들이 사는 집의 내부는 잘 꾸미고, 바깥은 벽을 칠한다. 법률은 관대하고 간결하며, 노예는 적고, 있어도 한둘인데 자식을 낳은 뒤에는 독자적으로 살 수 있다. ⓗ사람들 대부분이 광물을 채취하지만, 농공(農功)을 중시하므로 일찍이 넉넉했다고 일컬어졌으니 페루 사람들이 근본을 버리고 말류를 좇는다는 것과 다르다.[33)]

각 부락[各部]: 땅은 여덟 부락으로 나뉜다. 산티아고[Santiago, 散地牙峩] 도성은 토포칼마[Topocalma, 多波加爾馬] 강 연안 깊은 숲속에 세웠는데,[34)] 부락의 명칭과 같다. 아콩카과[Aconcagua, 阿公加瓜]의 중심도시는 산펠리페[San Felipe, 桑非里卑]다. 코킴보[Coguimbo, 哥固英波]의 중심도시는 명칭이 같다. 콜차과[Colchagua, 哥爾乍瓜]의 중심도시는 쿠리코[Curico, 古黎各]다. 마울레[Maule, 卯勒]의 중심도시는 카우케네스[Cauquenes, 高給尼斯]다. 콘셉시온[Concepción, 公塞桑], 발디비아[Valdivia, 瓦爾的維亞] 등의 중심도시는

32) ⓔ는 『영환지략』에서 채록했다(『영환지략교주』, 334쪽). 그러나 이는 금, 은, 구리 같은 광물로 벌어들이는 수익을 말한다. ⓕ도 『영환지략』, 서계여의 추가 설명에서 가져왔다(『영환지략교주』, 335쪽). 하지만 이 ⓕ설명은 『해국도지』, 권69, 칠레[智利國] 기술에도 보이는데, 위원의 설명으로 되어 있다(『위원전집』, 7책, 1765쪽).

33) ⓖ는 『해국도지』, 권69, 칠레[智利國]에 인용된 『만국지리전도집(萬國地理全圖集)』에서 채록했고(『위원전집』, 7책, 1763쪽), ⓗ는 『영환지략』에서 가져왔다(『영환지략교주』, 334쪽).

34) '다파가이마(多波加爾馬)'라는 강은 『지리비고(地理備考)』에서 언급되었다. '다마가이마'는 칠레의 수도 '산티아고'에서 8시 방향 해변에 있는 토포칼마(Topocalma)에 정확히 대응하는 표기다. 그러나 이 지역에는 이렇다 할 물줄기가 확인되지 않고, 산티아고를 관통하여 흐르는 강은 마이포(Maipo)강이다. 『지리비고』의 착오일 것이다. 『해국도지』 교주에서 토포칼마강이 바로 마포초(Mapocho) 강이라는 설명은 잘못이다(『위원전집』, 7책, 1766쪽).

모두 부락 명칭과 같다. 칠로에[Chloe, 濟盧哀]의 중심도시는 산카를로스[San Carlos, 桑加爾盧斯]다.

연혁(沿革): 처음, 에스파냐[西班牙]가 페루[秘魯]를 차지하고, 가정(嘉靖) 15년 (1536) 알마그로[Diego de Almagro, 阿爾馬哥羅]에게 칠레[智利]로 진공토록 하자, 원주민들은 저항하며 항복하지 않으려 했다. 4년을 넘겨, 다시 발디비아[Pedro de Valdivia, 瓦爾的維亞]를 진공하게 했지만, 얻은 땅이 얼마 없었다. 가정 30년(1551) 발디비아는 아라우카나[Araucana, 阿老干] 사람에게 살해당하자, 에스파냐는 그들이 얻은 땅을 페루에 부속시켰다. 아라우카나[阿老干]는 칠레 별부(別部) 중 최강이었다. 건륭(乾隆) 38년(1773) 에스파냐는 비로소 칠레를 멸망시키고 전역을 차지하자, 아로간 한 부락만 시종 부속되지 않았다. 면적은 작아 페루의 여러 나라에 비할 바가 아니었다. 그러나 땅이 비옥하고 광물이 풍부하여, 에스파냐는 유독 그곳을 탐냈다. 가경(嘉慶) 15년 (1810) 에스파냐는 프랑스[佛郎西]에 곤란해지면서 아메리카[亞墨利加]의 속령들이 모두 이반했는데, 칠레도 경계를 닫고 따르지 않았다. 뒤에 에스파냐가 대군으로 정벌하자, 칠레 군대는 패하여 라플라타[拉巴拉他]에 구원을 요청했다. 라플라타가 병력을 원조하자 에스파냐는 마침내 퇴각했다.[35)]

라플라타[La Plata, 拉巴拉他]

강역(疆域): 라플라타[拉巴拉他]는 어떤 곳에는 패랍달(孛臘達), 또는 파랍대하(巴拉大河), 또는 유내적박랍문사사(由乃的樸拉文士士)로 되어 있다. 칠레[智利]의 동쪽에 있다. 안데스산맥[安達斯山]을 두고 있고, 북쪽으로 볼리비아[玻利非亞], 동쪽으로 파라구아이[巴拉圭], 우루과이[烏拉乖]와 경계하며, 동남쪽으로 대서양을 두고 있고, 서남쪽으로 파타고니아[巴他峩拿]와 경계한다. 길이는 약 4,500리고, 폭은 약 3,000리다.[36)]

---

35) 칠레의 각 부락과 연혁에 관한 기술은 모두 『영환지략』에서 채록했다(『영환지략교주』, 334~335쪽). 언급된 지명들은 콜튼(G.W. Colton), 「아르헨티나 공화국, 칠레, 우루과이, 파라과이(Argentine Republic, Chili, Uruguay & Paraguay)」(New York, 1856)를 참고하여 추정했다.

36) 『영환지략』에서 채록했다(『영환지략교주』, 335~336쪽).

산수(山水): 경내에는 큰 강이 있는데 나라 이름과 같다. 필코마요[Pilcomayo, 北里可馬若], 베르메호[B(V)ermejo, 佰黙若] 두 강이 흘러들어, 동남쪽 대서양으로 들어가는데, 해구(海口)의 넓이는 약 90리다. 서북쪽으로 산맥이 있고 나머지는 모두 숫돌처럼 평탄하다.

각 부락[各部]: 땅은 14개 부락으로 나뉜다. 부에노스아이레스[Buenos Aires, 不宜諾塞利]의 어떤 곳에는 포낙애륵(捕諾愛勒)으로 되어 있다. 도성은 라플라타강[巴拉大河] 강가에 세웠는데, 부락 명칭과 같다. 엔트레리오스[Entre Ríos, 音德勒里約斯]의 중심도시는 바하다[Bajada, Paraná, 巴沙大]다. 코리엔테스[Corrientes, 哥連德], 산타페[Santa Fe, 三達非], 코르도바[Cordova, 哥爾多瓦], 산티아고델에스테로[Santiago del Estero, 三的牙哥尼斯德羅], 투쿠만[Tucuman, 都古曼], 살타[Salta, 薩爾達], 후후이[Jujuy, 如鋭], 카타마르카[Catamarca, 加達馬爾架], 리오하[Rioja, 里約倭], 산후안[San Juan, 桑若漢], 산루이스[San Luis, 桑盧意斯], 멘도사[Mendoza, 門多薩] 등의 중심도시는 모두 부락 명칭과 같다.

연혁(沿革): 옛날에는 원주민[土人] 부락이었다가, 명나라 정덕(正德) 4년(1509) 에스파냐[西班牙]는 솔리스[Juan Diaz de Solis, 索利斯]에게 공격하게 하여 총독[大酋]을 두어 다스렸다. 이곳은 끝없는 황무지로 가시나무들만 숲을 이루고 있었다. 에스파냐인들이 처음 이곳에 이르러 암수 수십 마리 소를 들에 풀었는데, 해가 오래되면서 번식하여 몇천만 마리나 되는지 모른다. 사방 경내 모두 들소들이고, 주민은 70만 명이다. 경작하는 사람들은 적고, 단지 소를 잡아 생활하는데, 고기는 먹고, 가죽은 침구로 썼으며 그 뼈로는 용기를 만들었다. 땅에는 말도 있는데, 말을 타고 풀숲으로 달려가 소몰이한다. 바다 어귀에서의 통상 범위는 매우 넓어, 출입하는 물건값이 매년 몇천만 원에 달하는데, 모두 소가죽으로 교역하는 것들이다. 가경(嘉慶) 13년(1808) 부락 사람들이 에스파냐 관리들을 몰아내고 자립하여 나라를 세웠는데, 미국[米利堅]의 추천으로 총령을 뽑는 제도를 모방하여 남아메리카합중국[Provincias Unidas de Sudamérica, 兼攝亞墨利加國]으로 불렀다. 그러나 법제는 세우지 않았고, 규모는 대강 만들어 미개하고 황량함으로 끝났을 뿐이다.[37]

37) 이상 라플라타에 관한 정보들은 모두 『영환지략』에서 채록했다(『영환지략교주』, 336~337쪽). 관련 지명들은 애로우스미스(Aaron Arrowsmith), 「라 플라타(La Plata)

파라과이[Paraguay, 巴拉圭]

강역(疆域): 파라과이[巴拉圭]는 어떤 곳에는 파랍괴(巴拉乖), 또는 파랍오애(巴拉五愛)로 되어 있다. 남아메리카의 작은 나라로, 브라질[巴西], 라플라타[拉巴拉他]의 사이에 있다. 길이는 대략 1,700~1,800리고 폭은 약 800리다. 지형은 끊기었고, 내륙은 평지를 개척했고, 호수와 강으로 관개하여 토양은 대체로 비옥하다.

물산(物産): 아란미(牙蘭米), 사탕수수[甘蔗], 면화(棉花), 파리스 블루[藍靛], 담뱃잎[煙葉], 봉밀(蠭蜜), 대황(大黃), 혈갈(血竭), 계피(桂皮) 등이 나고, 또 토다(土茶)를 생산하는데 마시면 사람을 취하게 할 수 있다.

각 부락[各部]: 땅은 20개 작은 부락으로 나뉘는데, 그 명칭은 자세히 알려지지 않았다.

연혁(沿革): 명나라 가정(嘉靖) 5년(1526) 이탈리아[意大里] 사람 세바스티앙 카보[塞巴斯德央加波, Sebastian Cabot]가 처음 이곳을 개척했다. 9년이 지나 에스파냐[西班牙]에 빼앗겨, 천주교 신부[天主教師]를 두어 관리했으나 관직을 두지는 않았다. 건륭(乾隆) 34년(1769) 천주교 신부들을 몰아내고 라플라타[拉巴拉他]에 예속되었다. 라플라타가 에스파냐에 반기를 들면서, 파라과이[巴拉圭]도 자립하여 나라를 세웠다. 당시 유럽[歐羅巴]의 문인이 파라과이에 살았는데, 파라과이 사람들이 그를 추장으로 추대했다. 그 사람은 음흉하고 사나웠고, 임기응변의 지략을 갖추어, 폭력을 금지하고, 간음을 없애, 원주민들이 경외하며 복종했다. 나라는 비록 작지만 잘 과장하여 이웃들이 감히 침범하지 못했다.[38]

우루과이[Uruguay, 烏拉乖]

강역(疆域): 우루과이[烏拉乖]는 파라과이[巴拉圭]의 남쪽에 있다. 동쪽으로 브라질[巴西]과 경계하고, 남쪽으로 대서양을 두고 있으며, 서북 두 면은 라플라타[拉巴拉他]와 경계한다. 길이는 1,250리고 폭은 1,300리다.

산수(山水): 남방은 산과 언덕들이 빙 둘러 있고, 북방은 평원으로 평탄

」(Boston, 1812); 콜튼(G.W. Colton), 「아르헨티나 공화국, 칠레, 우루과이, 파라과이(Argentine Republic, Chili, Uruguay & Paraguay)」(New York, 1856)를 참고하여 추정했다.

38) 파라과이에 관한 모든 정보는 『영환지략』에서 채록했다(『영환지략교주』, 337쪽).

하고 광활하다. 네그로[Negro, 內哥羅], 세볼라티[Cebollati, 塞波拉的], 파라도[Parado, 巴拉大], 우루과이[烏拉乖] 등의 강이 교차하며 흘러 농토는 비옥하고 물산은 아주 풍부하다.

각 부락[各部]: 땅은 아홉 부락으로 나뉜다. 몽테비데오[Montevideo, 蒙德維罷]는 이곳의 도성이다. 말도나도[Maldonado, 馬爾多那多], 카넬로네스[Canelones, 加內羅內斯], 산호세[San Jose, 桑若塞], 콜로니아[Colonia, 哥羅尼亞], 소리아노[Soriano, 索黎亞奴], 파이산두[Paisandu, 白三都], 도랍각노(都拉各奴, Durazno?), 세로 라르고[Cerro Largo, 塞盧拉爾痾]다.

연혁(沿革): 옛날에는 라플라타[拉巴拉他]의 땅이었는데, 뒤에 브라질[巴西]에 빼앗겨, 시스플라티나[Cisplatina, Banda Oriental, 昔斯巴拉的那]로 불렸다. 도광(道光) 6년(1826) 부락 사람들이 브라질에 반기를 들고 자립하여 나라를 세우고, 추천하여 관리를 뽑아 일을 처리했다.[39]

브라질[Brazil, 巴西][40]

강역(疆域): 브라질[巴西]은 어떤 곳에는 파실(巴悉), 또는 백이서(伯爾西), 또는 파랍서리(巴拉西利)로 되어 있다. 포랍열이(布拉熱爾)라고도 부른다. 남아메리카의 대국이다. 땅은 남아메리카 대륙의 절반을 차지하고, 북쪽과 동쪽은 대서양을 두고 있으며, 서북쪽은 콜롬비아[可侖比亞], 서쪽은 페루[秘魯], 볼리비아[玻利非亞], 서남쪽은 파라과이[巴拉圭], 우루과이[烏拉乖]와 경계한다. 가로세로 모두 약 9,000리다. 지도 63을 보시오.

산수(山水): 지세는 평탄하고 넓으며, 간간이 산맥이 두르고 있는데, 그다지 높지는 않다. 강과 하천은 많고 긴 데, 가장 큰 강은 아마존[亞馬孫]으로, 서쪽에서 동쪽으로 흐르며 어귀는 바다와 비슷하다. 상프란시스쿠[São Francisco, 凡悉]는 남쪽에서 북쪽으로 흐른다. 우루과이[烏路愚愛]는 북쪽에

---

39) 이상 우루과이에 관한 모든 기술은 『영환지략』에서 채록했다(『영환지략교주』, 337~338쪽). 언급된 지명들은 애로우스미스(John Arrowsmith), 「브라질(Brazil)」(London, 1832); 랜드 맥널리 컴퍼니(Rand McNally and Company), 「아르헨티나, 칠레, 파라과이, 우루과이(Argentina, Chile, Paraguay, Uruguay)」(Chicago, 1897)를 참고하여 추정했다.

40) 국립중앙도서관 소장본, 권13, 지도집에는 브라질 지도가 별도로 수록되어 있다. 혜강이 참조사항 표기를 빠뜨린 것으로 보인다.

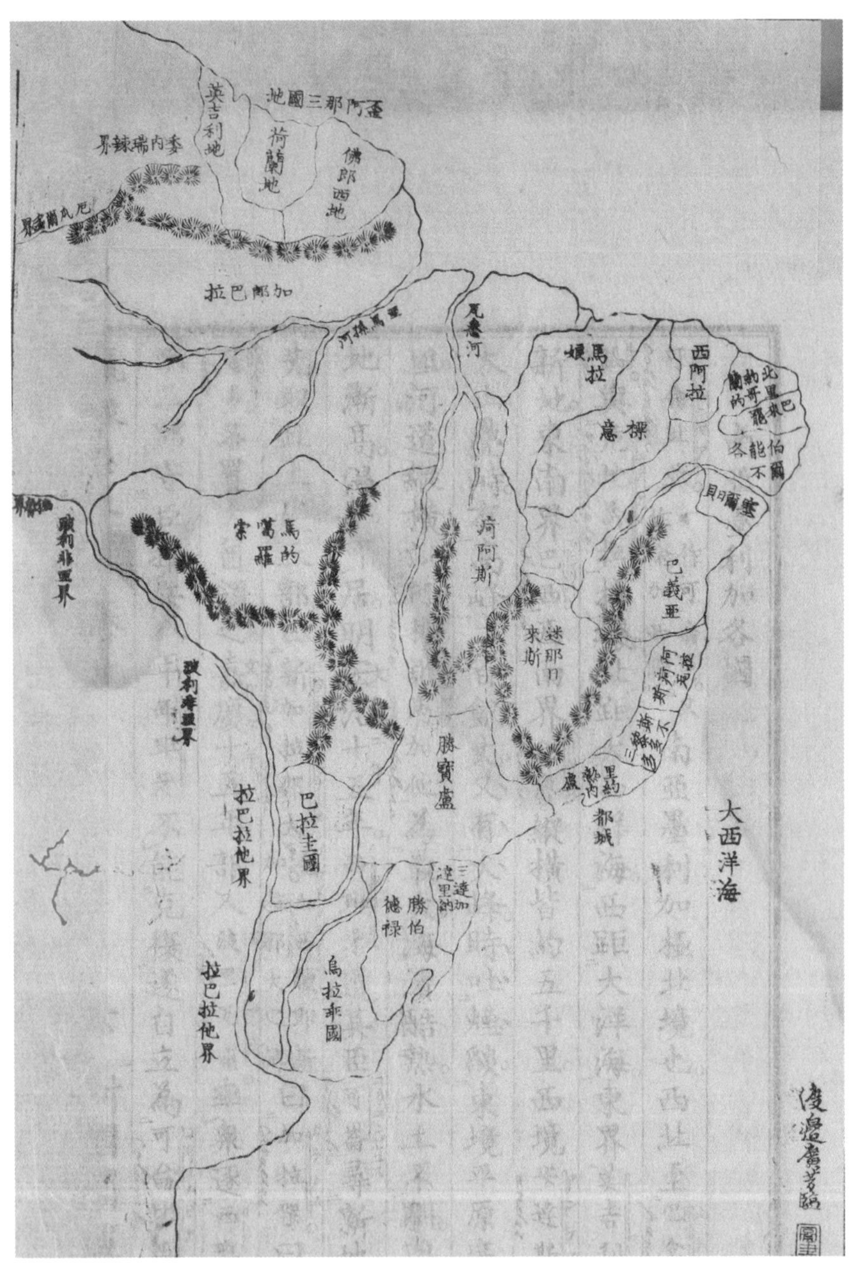

지도 63. 국립중앙도서관 소장본의 지도가 몹시 희미하여 『영환지략』(도시샤대학 소장본, 1861)에서 가져왔다. 국립중앙도서관 소장본에는 '남아묵리가파서도(南亞墨利加巴西圖)'라는 지도 명이 있고, 경도와 적도 표기가 있다.

서 남쪽으로 흐른다. 이 두 강의 크기는 아마존에 버금간다. 모두 대서양으로 흘러든다. 기타 작은 강들은 헤아릴 수 없이 많다.

사람들[人民]: 도광(道光, 1821~1850) 연간 인구는 약 400만 명으로, 포르투갈인[葡人] 80만 명, 잡다한 인종 백인과 흑인 사이에서 태어난 사람 40만 명이고, 흑인 15만 명, 흑인 노예 흑인 노예의 자손으로 팔려 백성이 된 사람들이다. 100만여 명, 원주민[土人]과 먼 나라에서 온 사람 70만여 명이었다. 포르투갈인들은 대부분 때가 되면 행락하고 파티하며 즐긴다. 노동은 모두 검은 백성들이 했지만, 그들을 잘 길렀으므로, 이반하거나 도망하는 자가 없다.

산물(産物): 면화(棉花), 백당(白糖), 담뱃잎[煙葉], 커피[加非], 코코아[可可], 이상 둘은 열매 명칭으로, 차로 대용할 수 있다. 홍목(紅木), 소가죽[牛皮], 약재(藥材)가 나고, 또 금사(金沙), 다이아몬드[金剛鑽], 각 색의 보석이 난다. 토지의 생산력이 아주 두터워, 온갖 곡물이 모두 적합하다. 다만 인구가 많지 않아 농사에 인력이 부족한 점이 아쉽다. 이미 개간한 땅은 불과 10분의 2~3 정도로, 나머지는 잡풀이 우거진 전답으로 수풀이 우거져 있어, 기이한 형태의 짐승들, 이름도 모르는 새들, 크고 기괴한 벌레와 뱀들이 그 사이에서 출몰한다. 진귀하고 기이한 산물이 있더라도 거친 땅에 가려져 있어 마음껏 가질 수 없어서 서양인들은 이를 아쉽게 여긴다.

각 부락[各部]: 땅은 18개 부락으로 나뉜다. 리우데자네이루[Rio de Janeiro, 里約熱內盧]의 어떤 곳에는 아닉라(牙匿羅)로 되어 있다. 도성은 바닷가에 세워져 있는데, 부락 명칭과 같다. 궁전[廷廟]는 높고 화려하며, 둘러싸고 있는 시장 점포들은 온갖 산품들이 넘쳐난다. 학교[學館], 병원[醫院]이 갖추어져 있으며, 인구는 150만 명이다. 나라 전체를 통틀어 상선들이 운집하는 대부두다. 바다 어귀는 광활하고 풍경은 깨끗하고 아름다워 상인들이 유토피아[樂土]라고 부러워한다. 상파울루[São Paulo, 勝寶盧]의 중심도시는 명칭이 같다. 산타카타리나[Santa Catarina, 三達加達里納]의 중심도시는 데스테루[Desterro, 德斯德羅]다. 상페드루[São Pedro, 勝伯德祿]의 중심도시는 포르투알레그리[Porto Alegre, 伯爾達勒給勒]다. 마투그로수[Mato Grosso, 馬的噶羅索], 고이아스[Goiás, 痾阿斯] 등의 중심도시는 부락 명칭과 같다. 미나스제라이스[Minas Gerais, 迷那日來斯]의 중심도시는 오루프레투[Ouro Preto, 額羅不雷多]다. 이스피리투산투[Espírito Santo, 斯不黎多三多]의 중심도시는 비토리아[Vitória, 維多里亞]다. 바이아[Bahia, 巴義亞]의 중심도시는 명칭이 같은데, 또한 대부두로 일찍이 부유하다고 일컬어졌다. 주민들은 도박을 좋아하여 풍습이 되었고 도둑질이 횡행하며, 밤에는 수시로 사람을 죽인다. 세르지피[Sergipe, 塞爾日貝]의 중심도시는 상크리스토방[São Cristóvão, 勝基利斯多望]이다. 알라고아스[Alagoas, 阿拉痾瓦斯]의 중심도시는 명칭이 같다. 페르남부쿠[Pernambuco, 伯爾能不各]의 중심도시는 헤시피[Recife, 勒西非]로, 주민은 7만 명이다. 땅은 평탄하고 풍부한 풀과 수풀이 서로 뒤섞여 있다. 이곳 사람들은 말을 타고 들소를 수렵하여 생활하는데, 라플라타[拉巴拉他]와 같은 풍속이다. 파라이바[Paraíba, 巴來罷]의 중심도시는 명칭이 같다. 리우그란데두노르테[Rio Grande do Norte, 北里約哥蘭的]의 중심도시는 나타우[Natal, 達那里]다.[41] 세아라[Seara, 西阿拉]의 중심도시는 같은 명칭이다. 피아위[Piauí, 標意]의 중심도시는 오에이라스[Oeiras, 痾滅辣斯]다. 마라냥[Maranhão, 馬拉娘]의 중심도시는 상루이스[São Luís, 勝盧義斯]다. 그랑파라[Grão Pará, 加郞巴拉]의 중심도시는 벨렘[Belém, 伯零]이다. 브라질[巴國] 내륙에서는 사금[金沙], 다이아몬드[金剛鑽], 보석이 난다. 그곳 사람들이 산에 오르거나 강물에 들어가 숨겨진 보석들을 찾느라 농사일엔 힘쓰지 않아, 종종 식량이 떨어져 굶어 죽는다. 원주민[土人]들은 사납고 짐승에 가깝고, 인구는 매우 드물다.

연혁(沿革): 명나라 홍치(弘治) 13년(1500) 포르투갈[葡萄牙] 사람 페드루 알바르스[Pedro Álvares Cabral, 伯得祿阿爾瓦利斯]가 이 땅을 찾아냈는데, 이곳 토양의 비옥함과 광활함을 보고 나라 사람들을 이주시켜 개간하게 했다. 뒤에 포르투갈이 에스파냐[西班牙]에 병합되었고, 브라질[巴西] 또한 네덜란드[荷蘭]에 빼앗겨, 편안히 50여 년을 살았다. 포르투갈이 나라를 수복한 뒤에 정예병을 갖추어 바다를 건너와 네덜란드 사람들을 축출하고 더욱 땅을 넓히면서 아프리카[阿非]의 흑인 노예를 사 와 농사를 돕게 한 이후로 200여 년 동안 인구가 불어나 마침내 대서양 서쪽의 큰 부락을 이루었다. 가경(嘉慶, 1796~1820) 연간 포르투갈 왕이 프랑스[佛郞西] 왕 나폴레옹[拿破侖]에게 압박을 받아 브라질[巴西]로 도망쳐 왔다. 프랑스 군대가 물러가자, 귀국하여 얼마 되지 않아 죽었다. 그의 아들 페드루[Pedro I, 伯德祿]가 남아 브라질의 왕

41) '달나리(達那里)'는 앞 두 글자가 도치된 형태[那達里]일 것이다.

이 되어, 딸을 보내 포르투갈의 왕이 되게 했다. 왕이 브라질의 풍속을 잘 알지 못했다. 브라질 사람들은 왕을 포르투갈로 돌아가도록 압박하자, 세자를 왕으로 세우고, 나라의 귀족들이 서로 도와 다스리게 했다. 이로부터 별도의 대서양 서쪽 대국이 되어, 포르투갈에 속하지 않았다.[42)]

브라질 북부 바닷가 국경 지역의 나라들

강역(疆域): 브라질[巴西] 북쪽 경계의 바닷가의 땅을 가이아나|기아나[Guyana, 歪阿那]라고 한다. 세 나라가 있는데, 새로운 땅을 개척한 곳이다. 프랑스[佛郎西]의 새 영토는 동쪽에 있는데, 기아나[Guyana, 加夜那]라고 한다. 길이는 약 1,600리고 폭은 약 1,100리다. 정향(丁香)과 번목(番木)이 난다. 이곳은 수풀이 빽빽이 두르고 있고, 말라리아[瘴氣]가 가장 극심하여 이르는 자들은 곧바로 병에 걸려 죽는다. 프랑스[佛國]은 사형을 면한 죄인들을 이곳에 유배시켰다.

네덜란드[荷蘭]의 새 영토는 가운데 있는데, 수리남[Suriname, 蘇利南]이라 부른다. 길이는 약 750리고 폭은 약 650리다. 중심도시는 파라마리보[Paramaribo, 巴拉馬利波]다. 땅에는 강과 못이 많다. 설탕[白糖], 커피[加非]가 나며 무역이 상당히 왕성하다. 흑인 노예들이 도망쳐 와 숲에 들어가 원주민[土番]들을 꼬드겨 도둑질하거나 약탈한다.

영국[英吉利]의 새 영토는 서쪽에 있는데, 콜롬비아[可侖比亞]와 경계하고 있다. 길이는 약 1,000리고, 폭은 300리다. 원래 네덜란드[荷蘭]가 개척한 땅인데, 영국인들이 빼앗아 점유했다. 데메라라[Demerara, 特墨拉拉], 에세키보[Essequibo, 義斯給波], 버바이스[Berbice, 北爾彼塞] 등 세 부락으로 나뉜다. 땅은 비옥하지만, 절반은 진흙 펄에 속하여 영국인들은 아프리카[阿非] 흑인들을 모집하여 이곳으로 데려와 밭을 일구게 했는데, 비용은 막대하게 들었으나 얻는 이익은 거의 없었다. 또한 설탕[白糖], 커피[加非]가 난다.[43)]

42) 이상 브라질에 관한 모든 기술은 『영환지략』에서 채록했다(『영환지략교주』, 338~339쪽). 언급된 지명들은 John Dower, 「Brazil」(London, 1832); 콜튼(G.W. Colton), 「브라질과 과야나(Brazil and Guayana)」(New York, 1865)를 참고하여 추정했다.

43) 이상 기아나, 수리남, 가이아나 세 나라 정보는 모두 『영환지략』에서 채록했다(『영환지

파타고니아[Patagonia, 巴他峩拿]

강역(疆域): 파타고니아[巴他峩拿]는 어떤 곳에는 팔적가니아(八的哥尼阿), 또는 지가(智加), 또는 파라미나(巴羅謎那)로 되어 있다. 남아메리카의 남단 경계로, 세상에서 전하는 장인국(長人國)이다. 땅은 버선처럼 생겼는데, 북쪽으로는 라플라타[拉巴拉他], 칠레[智利]와 경계하고, 동쪽으로 대서양, 서쪽으로 태평양[大洋海], 남쪽으로 남해(南海)를 두고 있다. 남북으로는 대략 3,000여 리고, 동서로는 그 절반이다.

풍기(風氣): 땅의 기온은 북아메리카의 북쪽 경계처럼 극한이다.

사람들[人民]: 토착민[土人]의 신체는 장대하여, 보통 사람의 하나 반이다. 온몸에 털이 나 있고 들짐승을 잡아[攫]먹는다.

물산(物産): 초목이 황폐하고, 별다른 물산이 없다.

정도(程途): 유럽[歐羅巴] 여러 나라들이 땅을 찾아 나섰을 때 이곳에 이르렀으나 들려 한 번 물어 본 적도 없다. 남극에 임해 있는 땅은 얼음과 눈이 항상 결빙되어 있다. 티에라델푸에고[Tierra del Fuego, 鐵耳聶離依休勾]라는 한 섬이 마주하고 있고, 중간에 해협[港]이 하나 있는데, 마젤란[麥哲論]이다. 옛날 상선들이 항해하여 칠레[智利], 페루[秘魯]에 갈 때, 마젤란 해협[麥哲論港]을 거쳐 서쪽으로 갔다. 해협 안에는 많은 암초가 있어 최근에는 모두 티에라델푸에고섬의 남쪽으로의 길을 취한다. 광풍이 세고 빠르며, 어두운 안개가 자욱하고, 파도와 급류[濤瀧]가 세차고 험함이 희망봉[大浪山]의 배다. 배들이 이곳을 지나가면, 사람들은 이마에 손을 대고 감사하며 다시 살아난 듯이 기뻐한다.

연혁(沿革): 부락을 구성하지 못했고, 또한 다른 나라와 왕래하지도 않는다.[44)]

략교주』, 340~341쪽).

44) 이상 파타고니아의 정보는 모두 『영환지략』에서 채록했다(『영환지략교주』, 341쪽)

10-3. 남북 아메리카 해안의 군도[南北亞墨利加海灣群島] 지도 64를 보시오.

북아메리카의 남쪽과 남아메리카의 북쪽은 가는 해협으로 연결되어, 서북쪽에서 동남쪽으로 굽이가 밖으로 향하는 형세를 이루고 있다. 동북쪽으로 크고 작은 섬 수백 개가 바둑판처럼 펼쳐져 있고, 서북쪽으로 미국[米利堅] 플로리다주[State of Florida, 佛勒爾勒釐部]의 동남쪽 모퉁이가 시작되어 동남쪽으로 콜롬비아[可侖比亞]의 동북쪽 모퉁이에서 끝나 굽이가 안으로 향하는 형세를 이룬다. 두 굽이의 중간에 있는 바다를 카리브[Caribe, 加勒]라고 한다.

명나라 중엽 에스파냐[西班牙]가 콜럼버스[可侖]에게 배를 타고 신대륙을 찾게 했다. 땅에는 주인도 이름도 없이 일찍이 바다 밖에는 오인도국(五印度國)이 있다는 소문을 듣고, 오인도에 이를 수 있을 것으로 생각했다. 서쪽으로 수개월을 항해하자 문득 군도를 보고 설레 인도에 이르렀다고 생각하고는 그곳을 '서인도(西印度)'라 불렀다. 그러나 인도가 동방에 있으며 군도와 아무런 관련이 없음을 몰랐다. 서양의 배가 처음 이르렀을 때, 군도 중에서 비옥한 땅을 골라 부두를 건설하고, 원주민[土番]들을 꾀어 개척을 도모했다. 뒤에 원주민들의 몽매함을 알았고, 그렇다고 억지로 사역할 수도 없어 결국 병력으로 하나도 남김없이 소탕해 버렸다. 별도로 아프리카[阿非利加]의 흑인 노예들을 사와, 밭을 개간하고 곡식을 파종하여, 농사가 점차 많아졌다.

그 뒤로 또 멕시코[墨西哥], 페루[秘魯] 등의 대국을 차지하고, 해마다 금과 은 수억을 벌게 되자, 군도를 헌신짝처럼 여기며 전혀 경영하지 않았다. 한참 지나 해적들이 점거하고 출몰하여 약탈하여 상선들이 우환으로 여겼다. 얼마 뒤 유럽 여러 나라가 연이어 서쪽으로 오면서 어지럽게 다투며 군도를 차지하면서 각기 속령을 가지게 되었다. 에스파냐 이외에, 영국[英吉利], 프랑스[佛郞西], 네덜란드[荷蘭], 덴마크[嗹國], 스웨덴[瑞國] 등이 있었다.

군도의 기후는 매우 습해, 아시아[亞細亞] 남해의 여러 군도와 서로 비슷하다. 큰 섬에는 화산 봉우리가 많이 있고 용암[火漿]이 수시로 흘러나오며 지진이 잦다. 가을과 겨울마다 폭풍이 갑자기 일어나 모래와 돌이 모두 날아간다. 산물로는 면화(棉花), 술[酒], 설탕[白糖], 커피[加非], 코코아[可可子] 등이

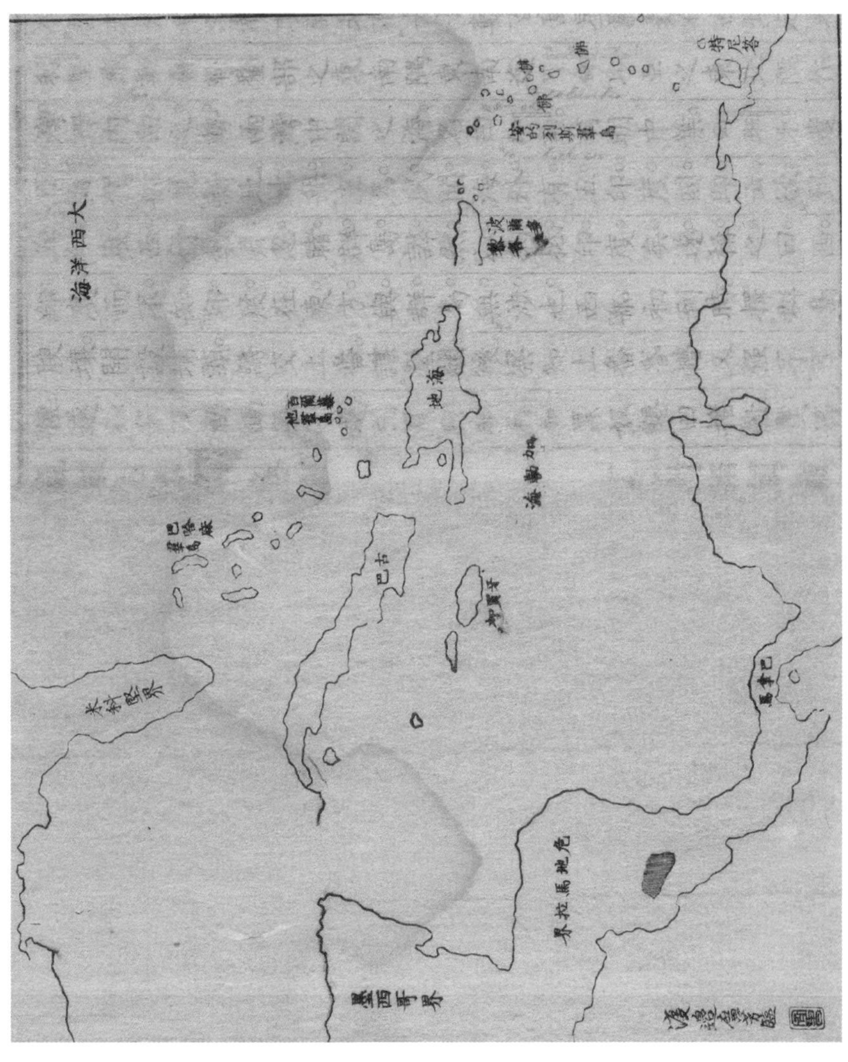

지도 64. 국립중앙도서관 소장본의 지도가 몹시 희미하여 『영환지략』(도시샤대학 소장본, 1861)에서 가져왔다. 국립중앙도서관 소장본에는 '아묵리가해만군도도(亞墨利加海灣群島圖)'라는 지도 명이 있고, 경도와 적도 표기가 있다.

있다.[45]

에스파냐에 속한 섬인 쿠바[Cuba, 古巴]는 플로리다[佛勒爾勒釐]의 남쪽에 있다. 지형은 좁고 길어 동서로는 2,700리고 남북으로는 약 500리로, 군도 중에서 가장 큰 섬이다. 언덕과 구릉이 중첩되어 있고 토양은 비옥하여 물산이 풍부하다. 서양 사람들은 옛날 크게 주목하지 않았지만, 근래에는 속국[藩國]들이 모두 이반하면서 겨우 이 섬만 남게 되자, 그 귀함이 배가되어 의지하며 바깥 정부[外府]로 여겼다. 주민은 70만 명으로, 그중에는 흑인 노예가 28만 명이다. 설탕[白糖], 커피[加非], 술[酒], 금(金), 은(銀), 구리[銅], 철(鐵), 수정, 자석[吸鐵石] 등이 난다. 매년 운송해 가는 상품은 2,000만 원에 달했다.

땅은 세 부락으로 나뉜다. 서부(西部)의 중심도시는 하바나[Havana, 哈瓦那]로, 주민은 10만 명이고 만드는 담배[煙]는 가장 향이 강하여, 여러 나라가 다투듯 사 간다. 중부(中部)의 중심도시는 산타마리아[Santa Maria, 三達馬利亞]다. 동부(東部)의 중심도시는 산티아고[Santiago, 三的牙額]다.

또 하나의 섬은 푸에르토리코[Puerto Rico, 波爾多黎各]로 '부귀한 항구[貴港口]'라고도 부르는데, 아이티섬[Haïti, 海地島]의 동쪽에 있다. 길이는 500리고, 폭은 약 1,500리다. 땅은 넓지 않으나 산물이 더 풍부하다. 노동하는 사람들이 모두 백인이며 흑인 노예들은 매우 적다. 매년 운송해 가는 상품은 은 240만 냥에 달한다.[46]

영국[英吉利]에 속한 섬은 자메이카[Jamaica, 牙買加]가 비교적 큰 데, 쿠바[古巴]의 남쪽에 있다. 섬에는 산이 있고, 산 아래 계곡이 종횡으로 나 있어 이로써 충분히 관개하여 땅 또한 비옥하므로, 이곳의 농사는 가장 왕성하다. 옛날 중심도시는 지진과 태풍을 만나 허물어졌고, 새롭게 킹스턴[Kingston, 京敦]이란 중심도시가 세워졌다. 서쪽으로 바베이도스섬[Barbados, Barbadoes, 巴巴突島]이 있는데, 백인들이 거주하며 그곳의 토양은 자갈돌에 척박하다.

---

45) 『영환지략』에서 채록했다(『영환지략교주』, 342쪽).

46) 쿠바와 푸에르토리코에 관한 기술은 모두 『영환지략』에서 채록했다(『영환지략교주』, 343~344쪽).

동쪽에 있는 섬들은 앤틸리스 제도[Antilles Islands 安的列斯群島]라고 총칭한다. 안티과[Antiqua, 安地禺亞], 키츠[Saint Kitts, 吉]는 영국인들이 차지한 섬들이다. 도미니카[Dominica, 多米尼加], 토바고[Tobago, 多巴峩]는 영국인들이 새로 개척한 섬이다. 또 트리니다드섬[Trinidad, 特尼答島]이 비교적 큰 데, 콜롬비아[可侖比亞]의 동북쪽 모퉁이 부근이다. 이밖에 부근에는 크고 작은 섬들이 많은데, 영국인들이 요충지를 골라 지켰다. 각 섬의 산물은 풍부하고, 주민들 대부분이 넉넉하여 다투어 건물[樓閣]을 세우고 수시로 파티하며 즐긴다. 북쪽으로 바하마 군도[Bahama Islands, 巴哈麻群島]가 있고, 동쪽으로 버뮤다 군도[Bermuda, 百爾慕他群島]가 있는데 크고 작은 섬이 수백 개에 달한다. 기후는 온화하고 맑지만, 산물은 극히 적어 무역할 산물이 없으므로 영국인들은 그다지 중요시하지 않는다.

프랑스[佛郎西]에 속한 섬은 앤틸리스 제도[安的列斯群島] 가운데 있는 마르티니크[Martinique, 馬耳的尼加]와 과들루프[Guadeloupe, 瓜他鹿]다. 이 두 섬이 가장 크고, 이 밖에도 8개의 섬이 있다. 물산이 풍부하고, 무역이 가장 왕성하여, 매년 출입하는 화물은 약 200만 냥이다. 그 지역의 산은 푸르고 물을 맑으며, 이름난 꽃과 기이한 새들이 많고 풍경이 아름다워 대서양 서쪽 군도 중에서 으뜸이다.

아이티섬[Haïti, 海地島]은 쿠바[古巴]의 동쪽에 있다. 동서로 약 1,500리고 남북으로 약 500리다. 명나라 홍치(弘治) 5년(1492) 에스파냐[西班牙]는 콜럼버스[可侖]를 보내 신대륙을 찾을 때, 처음 이 섬에 도착하여, '에스파뇰라[Española, 義斯巴尼納拉]'라고 불렀다. 뒤에 에스파냐가 섬의 동쪽을 점거하고, 프랑스[佛郎西]가 서쪽을 차지하여 대부분 아프리카[阿非]의 검은 노예를 사 와 노역시킨 몇 년이 지나자 더 많아져 흑인 노예는 무릇 40만여 명이 되었고 프랑스 사람은 겨우 1만 명에 불과했다. 프랑스 사람들이 흑인 노예를 박대하자, 흑인들은 이에 원한을 품었다. 건륭(乾隆) 56년(1791) 프랑스에 내란이 일자, 흑인 노예 중 영리한 자들이 시기를 약속하고 동시에 들고 일어나 그들의 주인[총독]을 살해하고, 1만여 명의 프랑스인을 남김없이 죽여버렸다. 에스파냐인 중 서쪽에 사는 사람들도 다른 땅으로 달아났다. 흑인들은 마침내 영웅을 추대하여 추장으로 세웠다. 프랑스는 이곳이 너무 멀었고, 또 토벌할 겨를도 없었다.

땅은 여섯 부락으로 나뉜다. 포르페[Port Paix, 波爾德比]는 그곳의 도성이다. 카이[Les Cayes, 加也斯], 아르티보니트[Artibonite, 亞爾的波尼的], 카프아이티앙[ap Haytien 加不挨顚], 상티아고[Santiago, 三的牙額], 생도밍그[Saint-Domingue, 三多明各斯] 등이다. 도광(道光) 22년(1842) 도성에 지진이 발생하여 수천 명이 깔려 죽었다. 이곳의 물산은 풍부한데, 노동력이 부족하다. 매년 운송해 가는 물건값은 270만 냥에 달한다.

네덜란드[荷蘭]에 속한 섬들은 앤틸리스 제도[安的列斯群島]에 일곱 개가 있는데, 땅은 편협하고 큰 힘이 없었고, 매번 여러 나라가 전쟁하여 세금을 거둘 겨를이 없었다. 각 섬은 그 틈을 타고 팔려나갔는데, 항상 배의 이득을 취했다.

덴마크[嗹國]에 속한 섬들은 앤틸리스 제도[安的列斯群島]에 세 개가 있었는데, 근래 영국[英]과 미국[米]을 따라 흑인 노예들을 석방하고 어질고 바른 정치를 행했다.

스웨덴[瑞國]은 작은 섬을 소유했는데, 앤틸리스 제도[安的列斯群島]에 있는 생바르텔레미[Saint Barthélemy, 桑巴爾多羅美]다. 땅은 편협하고 무역도 아주 미미했다.[47)]

47) 이상 카리브해 제도에 있는 유럽 나라들이 차지한 섬에 관한 기술은 『영환지략』에서 채록했다(『영환지략교주』, 344~346쪽). 언급된 명칭들은 와일드(James Wyld), 「서인도와 바하마 군도 지도(Map of The West India & Bahama Islands)」(London, 1847)를 참고하여 추정했다.

『지구전요』, 패동 최한기 편집[1)]

11-1. 해론(海論)

ⓐ바닷길을 주행하는데 동쪽에서 서쪽으로, 서쪽에서 동쪽으로 두 갈래 길이 있다. 오로지 선박 돛을 이용하여 빠르게 몰아간다. 기구 활용의 정밀함은 해마다 증가하여 거의 갖추지 않은 것이 없다. 선박 체제에는 대략 세 등급이 있는데, 작은 배에는 겨우 수십 명만 탈 수 있는데, 오로지 서신을 전하는 데 사용하고 물건을 싣지 않는다. 선창은 비어 있어 위에서 아래로 겨우 구멍 하나만 남겨 두어 사방은 한 방울의 물도 새어들지 않으며 아래는 돌로 채워 배 바닥이 항상 아래로 향하게 한다. 풍파를 만나면, 물에 익숙하지 않은 사람은 모두 선창으로 그 구멍을 닫고 다시 역청(瀝靑)을 발라 물이 들어오지 못하게 한다. 배를 조종하는 사람은 몸을 돛대에 단단히 묶고 해수의 흔들림에 맡긴다. 그 선창이 비어 있고 바닥이 채워져 있어 전복되지 않는다. 풍랑이 평온해 지기를 기다려 선원은 묶였던 자신을 푼다. 한 치의 실수도 없으면, 하루에 천 리를 항행할 수 있다. 중급 선박은 수백 명을 태울 수 있는데, 멀리 가지 않을 때는 이 선박을 사용한다.

큰 선박은 상하 8층으로, 가장 아래층은 천여 섬의 모래와 돌로 채워 선박이 배가 기울어지거나 흔들리지 않게 한다. [아래] 2~3층은 화물과 식용 물품을 싣는다. 바다에서는 모두 짠물이므로 반드시 담수 1,000여 큰 통에 갖춰야 1,000명이 일 년 동안 족히 쓸 수 있다. 다른 물품은 이에 걸맞게 준비한다. 그 위, 바닥 갑판[平板]에 가까운 한 층은 중급 이하의 사람들이 쓰게 하는데, 취약한 물건이나 필수품 등을 두기도 한다. 바닥 갑판 밖으로는 그 중간에서 100보를 비워두어 돛을 달거나, 무예를 익히거나, 놀이하거나, 연극을 하는 곳으로 쓴다. 그 앞과 뒤에는 4층짜리 집을 지어 존귀한 사람들이 기거하

1) 혜강은 여기에서 분권하려고 생각했을 것이다. 왜냐하면 『영환지략』의 기술은 여기에 끝나기 때문이다. 나는 여기부터 11권으로 나누고 싶다. 그러나 국립중앙도서관 소장본은 「전후기년표(前後紀年表)」부터 '12권'으로 나누었다. 그 근거는 왼쪽 판심에 '11권'으로 바뀌어 있기 때문일 것이다.

는 데 쓴다. 가운데에는 양쪽으로 통하는 길[甬道]이 있어 선두와 선미로 갈 수 있다. 선미에는 수각(水閣)을 세워 더위를 식히는 곳으로 쓰는데, 이곳에서 존귀한 사람들을 모시고 놀며 쉰다. 선박의 양옆으로는 대포[大銃] 수십 문을 늘어놓고 만일의 사태에 대비한다. 그 철탄(鐵彈)에는 30여 근짜리도 있다. 상하 전후에는 돛[風帆] 10여 도(道)가 있는데, 큰 돛대는 길이가 14장이고 돛의 넓이는 8장이다.

선원[水手]은 200~300명이고, 장교[將士]와 포수[銃士]는 300~400이며, 타고 가는 상인 수백 명이 있다. 선박을 총괄하는 관리[舶總管] 1인이 있는데 서양 나라의 높은 관리로, 국왕의 명으로, 배 천체의 일을 관장한다. 그에게는 상벌, 생사여탈의 권한이 있다. 또 박사(舶師) 3인, 역사(曆師) 2인이 있다. 박사는 바람을 살피는 일, 돛의 사용, 기물 정리, 손뼉 치거나 머리로 신호를 보내 선원들을 부리고 지휘하는 일, 얕은 물과 암초를 찾고 예측하여 피해 가도록 하는 일을 전담한다. 역사는 천문을 헤이리는 일을 전담하는데, 낮에는 태양을 측정하고 밤에는 별을 헤아려, 항해도로 도수를 헤아려 항해의 어려움과 쉬움을 알려주고, 거리를 알아낸다. ⓑ어떤 섬이 있어 기록할 만하면, 그 섬을 향해 가지만, 섬이 없으면 나침판으로 방향을 찾아낸다. ⓐ또 의관(醫官)이 있어 배 천체의 질병을 주관한다. 또 가게가 있어 식품과 물건을 교역한다.

큰 선박은 풍랑을 걱정할 필요는 없지만, 유독 암초와 얕은 사장은 우려하고, 또 화재의 우려가 있어 선상에서는 불을 아주 엄격히 금지한다. 천 명의 목숨이 달려있기 때문일 것이다. 출발할 때, 바람의 기색을 살피면 되어, 시일을 선택한 적은 없으며, 크게 실수한 적도 없었다.[2)]

바다의 산물[海産]로는 명주(明珠)를 귀하게 여기는데, 실론[則意蘭]이 최상이다. 토착민[土人]들은 바다에서 방합 조개[蚌]를 채취하여 햇볕에 두고, 그 조개의 입이 절로 열리기를 기다린 뒤에 진주를 채취한다. 진주의 색은 선

---

2) 이상 『해국도지』에 채록한 알레니[艾儒略]의 「사해총설(四海總說)」에 보이는 기술을 재구성했다(『위원전집』, 7책, 1848~1849쪽). 「사해총설」은 알레니의 『직방외기』 권5에 들어 있다. ⓐ는 해박(海舶)에서 ⓑ는 해도(海道)에서 채록, 재구성했다. 혜강이 재구성한 내용과 비교를 원한다면, 천기철, 『직방외기』, 313~321쪽을 참고하시오.

명한 백색이며 광채가 난다. 달걀만큼 큰 진주도 있는데, 광채가 몇 리까지 빛난다. 남해(南海)에서는 모두 조개를 갈라 진주를 꺼내므로 진주 색깔이 어둡고 광채가 없다.

산호섬[珊瑚島]에서는 산호가 많이 난다. 처음 바닷속에 있을 때는 색깔이 녹색이며 본체는 유연하고 위로 하얀 알[白子]이 생긴다. 토착민[土人]들은 철망으로 채취하는데, 물에서 나오면 곧바로 단단해진다. 홍(紅), 흑(黑), 백(白) 세 가지 색깔이 있다. 홍색은 단단하면서 정밀한데, 흰색과 흑색은 물러 사용하기에 적합하지 않다. 희망봉[大浪山]의 동북쪽에 있는 어떤 암초는 물이 빠지면 암초가 드러나는데, 모두 산호 종류다. 묘아정(猫兒睛)과 보석(寶石)이 곳곳에 적지 않은데, 인도양[小西洋]에 더욱 많다.

호박(琥珀)은 유럽[歐羅巴] 폴란드[波羅尼亞]에 있는데, 연해 3,000리에 모두 호박이 난다. 아마도 풍랑의 솟구침을 받아 쌓였기 때문일 것이다. 이곳의 토착민[土人]들은 채취하여 기물을 만든다.

용연향(龍涎香)은 아프리카[黑人國], 브라질[伯西兒] 두 바다에 가장 많다. 일찍이 1,000근이나 나가는 큰 덩어리도 있었다. 멀리서 보면 섬[島]과 같지만, 매번 파도가 쳐 해안에 떠다니는데, 여러 바다 동물[蟲魚]이 모두 이것을 즐겨 먹는다.

해수는 원래 모두 소금 맛이지만, 끓이거나 조리지 않고 저절로 응고된 소금 덩어리도 있다. 호르무즈[忽魯謨斯]에서 가까운 곳에 있는 산은 오색이 섞여 있는데, 온통 이러한 소금이다. 토착민들은 산의 돌덩이를 캐내 물레로 그릇을 만들어, 음식물을 담아두면, 소금을 칠 필요가 없다. 그 그릇에서 저절로 짠맛이 나기 때문일 것이다.[3)]

바닷속 생물[海族]은 헤아릴 수없이 많다. 어패류 이외에 육지의 호랑이, 늑대, 개, 돼지 등과 같은 발 달린 짐승들이 바닷속에도 비슷한 동물들이 많이 있다. 이제 배를 타고 다니며 본 바를 한두 가지 기술하여, 새로운 청문 거리

---

3) 이상 바다의 산물에 관한 기술 모두 『해국도지』에 채록한 알레니[艾儒略]의 「사해총설(四海總說)」에 보이는 기술을 채록했다(『위원전집』, 7책, 1849~1450쪽). 『직방외기교석』, 153~154쪽; 천기철, 『직방외기』, 306~308쪽을 참고하시오.

로 삼는다.

어류 중에 발레나[balǽna, 고래, 把勒亞]는 몸길이가 수십 장이고, 머리에는 두 개의 큰 구멍이 있어, 표면 위로 물을 뿜어 내는데, 그 기세가 폭포수[懸河] 같다. 바다 선박을 만나면 머리를 들고 배 안으로 물을 쏟아붓는데, 순식간에 배 안에 물을 가득 채워 침몰시킨다. 이들을 만나면 속히 커다란 나무통에 술을 가득 채워 던져 주면 몇 통을 연거푸 삼키고는 머리를 숙이고 죽는다. 얕은 곳에서 이 고래를 얻어 졸여 기름을 만든다.

수천 근이 나가는 어떤 물고기는 '사득백(斯得白)'이라 하는데, 길이는 25장이다. 성질이 가장 순해 사람을 잘 보호해 준다. 어부들이 나쁜 물고기에 곤경을 처하면 이 물고기가 곧장 가서 싸워 어부들의 곤경을 해결해 준다. 어쩌다가 우연히 끌어다 붙인 일일지라도, 어찌 곳곳에서 이와 같을 수 있겠는가? 그러므로 국법으로 사람들이 이 물고기를 포획하지 못하도록 했다.

'박리파(薄里波)'라는 한 물고기는 색깔을 사물에 따라 바꿀 수 있다. 흙에 가까우면 흙색을 띠고, 돌에 가까우면 돌의 색과 같이 변한다.

'인어(仁魚)'라는 한 물고기는 서양 책에 기록되기를, 이 물고기가 한 명의 어린아이를 업고 뭍에 오르다가 우연히 지느러미에 아이가 맞아 죽자, 물고기는 슬픔을 이길 수 없어 자신도 돌에 부딪혀 죽었다고 한다. 서양 나라에서는 돌고래[海豚]를 잡을 때, 이 '인어'를 미끼로 끌어들이는데, 매번 '인어'를 불러 그물 안에 넣어두면 곧바로 돌고래를 끌어들인다. 완전히 돌고래들이 들어오기를 기다렸다가, '인어'를 불러 그물 밖으로 나오게 하면 돌고래는 모두 그물에 잡힌다. 이와 같은 종류는 거짓말에 매우 가깝다.

'검어(劍魚)'라는 한 물고기는 그 주둥이 길이가 몇 장(張)이나 되고, 톱날처럼 날카롭고 어긋난 이빨이 있으며, 사납고 힘이 세다. 고래[把勒亞]와 싸울 때는 바닷물이 온통 붉어진다. 이 물고기가 이겨, 주둥이로 배를 들이받으면 배가 부서지므로 바다 선박들은 이를 몹시 두려워한다.

어떤 물고기는 매우 커, 길이는 10여 장이고, 폭은 1장 남짓이며 눈의 크기는 2척이고, 머리 높이는 8척이다. 배 아래에 있는 입에는 32개의 이빨이 있는데, 이빨은 지름이 1척이나 되고, 턱뼈도 길이가 5~6척이나 되어 태풍이 불 때, 해안 절벽에 부딪힌 적도 있다.

어떤 물고기는 아주 크고 힘이 있어, 바다 선박이 이 물고기를 만난 적이 있는데 이 물고기가 머리와 꼬리로 배의 양쪽 끝을 감쌌다. 선원들이 때려잡으려 해도, 한번 움직여 배가 전복될까 두려워, 조용히 기다리면 얼마 되지 않아 풀고 간다.[4)]

악어 같은 어떤 물고기는 '랄와이다(剌瓦而多)'라고 부르는데, 꼬리는 길고, 비늘은 단단하여 칼이나 화살도 들어가지 않는다. 발에는 날카로운 발톱이 있고, 톱니 이빨이 입게 꽉 차 있다. 성질은 매우 사납고 고약하다. 물에 들어가서는 물고기를 먹고, 뭍에 올라서는 사람이나 가축 등 가리지 않는다. 온갖 물고기들은 멀거나 가까우나 모두 피한다. 단지 움직임이 매우 느려, 갖은 종류의 작은 물고기들은 따라다니는데, 다른 물고기에 잡혀 먹는 일을 피할 수 있기 때문이다. 낳은 알은 처음에는 거위알과 같은데, 뒤에는 점차 길어져 2장에 달한다. 늘상 땅에 침을 뱉어 놓고, 사람이나 짐승이 밟으면 곧바로 넘어지는데, 그때를 틈타 잡아먹는다. 무릇 동물이 입을 열 때는 모두 아래턱을 움직이는데, 이 물고기만 위턱을 움직이며, 입에도 혀가 없다. 겨울철에는 아무것도 먹지 않지만, 사람이 보고 달아나면 반드시 따라가 잡아먹는다. 사람이 거꾸로 쫓아가면 그것이 달아난다. 눈은 물에 들어가면 무디지만, 나오면 매우 밝다. 사람이 멀리 있으면 울고, 가까이 있으면 물어버린다. 그러므로 서양 나라에서는 거짓으로 자비로운 척하는 자를 '랄와이다의 울음'이라고 한다. 단지 세 수중동물만 이를 제어할 수 있는데, 하나는 '인어(仁魚)'다. '랄와이다'란 물고기는 온몸이 갑옷 같은 비늘이지만, 다만 배 쪽에만 부드러운 부분이 있는데, '인어'의 지느러미가 매우 예리하여 그곳을 찔러 죽일 수 있다. 하나는 을구만(乙苟滿)인데, 설치류다. 몸집은 고양이만큼 큰 데, 놀랍게도 몸에 진흙을 발라 미끄럽게 하여, '랄와이다'가 입을 열기를 기다렸다가 곧장 뱃속으로 들어가 내장을 갉아 먹고 나온다. '랄와이다'의 알을 깨뜨릴 수도 있다.[5)] 하나는 사프란[saffron crocus, za'farān, 雜腹蘭]으로, 향초다. '랄와이다'는 꿀을 즐겨 먹어, 양봉가들이

4) 마지막 문장은 『직방외기』에 "무릎을 꿇고 천주에게 기도하면 잠시 뒤 풀고 간다"라고 하였는데(『직방외기교석』, 149쪽), 혜강이 조정했다.

5) '을구만(乙苟滿)'이란 설치류 동물은 『곤여도설』에는 '응능만(應能滿)'으로 표기하고, "송서(松鼠)만큼 크고, 연한 검은색이며, 나라 사람들이 많이 길러 '악어[喇加多]'를 제압한다(大如松鼠, 淡黑色. 國人多畜之, 以制焉)"라고 설명했다(사고전서본, 『곤여도설』, 권하, 70b).

사방에 사프란을 둘러 심어 놓으면, '랄와다이'가 침입하지 못한다.[6)]

'락사마(落斯馬)'는 길이가 4장쯤 되고, 발은 짧으며, 해저에 살다가 드물게 수면으로 나온다. 가죽은 매우 단단하여 칼[刀力]로 찔러도 들어가지 않는다. 이마에는 갈고리[鉤] 같은 뿔 2개가 나 있다. 잠을 잘 때는 뿔을 바위에 걸쳐놓고 하루 종일 깨지 않는다.

바다 어류 중에는 바다 섬만 한 바다짐승이 있다. 일찍이 어떤 서양 선박이 한 바다 섬에 이르러 배를 대고, 뭍에 올라 반나절 동안 놀다가 다시 해안에서 불을 피워 음식을 만들어 먹고, 이어서 배에 올라 밧줄을 풀고 몇 리도 못가 바다에서 큰 소리가 나, 상륙했던 섬을 돌아다보니, 이미 잠겨버렸다. 그제야 어떤 물고기의 등이었음을 알았다고 한다.

어떤 짐승은 형체가 약간 모가 났고, 뼈는 부드러우며 날개가 있다. 태풍

---

6) 알레니의 『직방외기』, 권5에 실린 「사해총설(四海總說)」은 페르비스트의 『곤여도설』(1672년)에도 채록되었다. 당연히 그곳에도 '랄와이다(剌瓦而多)'로 표기했다(사고전서본, 『곤여도설』, 권하, 53b). 페르비스트는 알레니의 「사해총설」 기록을 다 채록한 뒤에, 세계 각 지역의 특이한 짐승들을 그림과 함께 설명했다. 그는 아프리카[利未亞] 동북부 이집트[厄日多]에서 나는 '라가다(喇加多)'라는 수중동물[魚]을 악어의 모습으로 그려 놓고(『곤여도설』, 권하, 70a) 알레니의 '랄와이다' 기술과 거의 같은 특성들이 들어 있다[자세한 사항은 『소남선생이 필사한 곤여도설』, 191~192쪽을 보시오]. '랄와이다'와 '라가다'는 같은 악어류를 말한다는 점은 분명하다. 그러나 이들이 음역 표기한 형태로는 대응하는 원음을 찾기 어렵다. 악어 목(目)[Crocodilia]은 알리가토리다이(Alligatoridae)와 롱지로스트레스(Longirostres) 두 군(群)으로 나뉘는데, 전자는 아메리카 대륙의 악어들을 말하고, 후자는 크로코딜리다이(Crocodylidae)와 가비알리다이(Gavialidae)과로 분류된다. 따라서 페르비스트가 언급한 이집트의 '라가다'는 크로코딜리다이과에 속한다. 가비알리다이는 '랄와이다'나 '라가다'와 음성적으로 전혀 대응할 수 없어 보인다. 우리에게 익숙한 '크로커다일(crocodile)'은 바로 '크로코딜리다이'에서 출발한다. 크로커다일의 그리스어 형태는 '크로코데일로스(κροκόδειλος)', 조약돌을 의미하는 '크로케(κρόκη)'와 기어다니는 벌레를 의미하는 '드레일로스(δρεῖλος)'의 합성어다. 그러므로 무게는 '크로케'에 실린다. 추정컨대, 페르비스트는 '크로코데일로스'에서 출발한, '크로코딜(crocodile)'을 '가라도(加喇多)'로 음역 표기했을 것이다. 이후 편집 과정에서 '랄가도'로 도치되었을 것으로 추정한다. 다시 말하자면, 페르비스트보다 앞선 알레니의 '랄와이다'와 '라가다'를 비교해 보면, '가'가 '와이'에 대응하고 있으므로, '와이'란 형태가 이미 잘못되었으므로, 페르비스트는 '가라다'로 바로 잡아 소개했을 것이다. 이 '가라다'란 형태가 '라가다'로 와전되었을 것이다.

을 일으켜 바다의 배들을 전복시킬 수 있다. 몸집 또한 섬처럼 크다.

또 어떤 짐승은 두 손과 두 발이 있는데, 힘[氣力]이 아주 세, 바다 선박을 만나면 곧바로 뒤집어, 가지고 노는데, 대부분 침몰한다. 서양의 배들은 '바다의 악마[海魔]'라고 부르며 몹시 나쁘게 여긴다.

작은 어류로, '비어(飛魚)'가 있는데 겨우 1척 정도에 지나지 않지만, 수면을 스쳐 날 수 있다. '백각아(白角兒)'라는 물고기가 있어, '비어'의 그림자를 잘 엿보아, 앞으로 향할 곳을 헤아려 그곳에 가, 입을 벌리고 먹힐 때까지 기다린다. 항상 수십 리를 추격하므로, '비어'는 다급해지면 튀어 올라 배로 들어와 사람들에게 잡힌다. 선원들은 닭 깃이나 흰 비단을 수면에 나부끼게 하고 날카로운 갈고리를 달아 놓으면, 백각아(白角兒)가 '비어'로 인식하고 튀어 올라 삼켜, 사람들에게 잡힌다.

또 갑각류[介屬]의 어류도 있는데, [길이는] 1척쯤 되고, 딱지[殼]가 있으며, 여섯 개의 발에는 가죽이 있다. 다른 곳으로 옮겨가려면, 딱지[殼]의 반쪽은 배의 돛대처럼 세우고, 돛처럼 발의 가죽을 펴 바람을 타고 다니므로, '항어(航魚)'라고 부른다.

길이가 1장이 넘는 큰 게[蟹]가 있는데, 그 집게발이 사람 머리를 물면, 사람 머리가 곧장 잘리고, 사람의 다리를 물면 다리가 곧바로 절단된다. 딱지[殼]를 땅에 엎어 놓으면 작은 집 같아 사람이 들어가 누울 수도 있다.

또 해마(海馬)는 그 어금니가 견고하고 희며, 말고 깨끗한 결은 명주실이나 머리털처럼 가늘어 염주 같은 물건을 만들 수 있다.

또 해녀(海女)가 있는데, 상체는 바로 여인이나, 하체는 물고기 모습이다. 그 뼈로 염주 같은 물건을 만들기도 하고 하혈을 멎게 할 수 있다. 해마와 해녀는 물고기 뼈 중에서 상등품으로 각 나라에서 매우 중시한다.

바닷새[海鳥]에는 두 종류가 있다. 한 종류는 섬에 서식하며 낮에는 항상 바다 수면을 날아다닌다. 선박이 이들을 만나면 바다 섬의 멀고 가까움을 헤아릴 수 있다. 한 종류는 원래 바다에서 생장하여 해안에 오를 줄 모른다. 배에서 이 새를 잡으려면, 가죽을 수면에 깔고, 갈고리에 미끼를 끼워 가죽 위에 두면, 이 새가 와서 먹을 때, 낚시하는 것처럼 낚아챌 수 있다. 또 어떤 새는 물고기를 잡을 수 있는데, 몸에는 그물 같은 가죽 주머니가 있어, 물에 들어가 물고기를 싸서 나오면 사람이 그 물고기를 꺼낸다.

또 아주 특이한 짐승은 해인(海人)으로, 두 종류가 있다. 하나는 온몸이 사람 모습이고, 수염과 눈썹도 다 있는데, 특히 손가락은 오리발처럼 대략 서로 이어져 있다. 서양 바다에서 이것을 잡아 국왕에게 올린 적이 있는데, 그에게 말을 해도 응하지 않았고, 그에게 음식을 주어도 먹지 않았다. 왕은 친해질 수 없다고 생각하고 다시 바다에 풀어주었는데, 사람을 흘겨보면서, 손뼉을 치며 크게 웃고는 사라졌다고 한다. 200년 전 서양 '갈란달지(喝蘭達地)'의 [사람이] 바다에서 어떤 여인을 잡아, 그에게 음식물을 주자 곧 먹었고, 또 사람을 대신해 일을 하려고도 했지만, 말을 할 수 없었다고 한다.[7] 한 종류는 몸에 있는 살가죽[肉皮]이 땅까지 아래로 드리워 도포를 입은 것처럼 보인다. 그러나 몸에 붙어 있으므로 벗겨낼 수 없다. 이 두 종류는 모두 뭍에 오를 수 있으며, 며칠이 되어도 죽지 않는다. 다만 이들의 속사정을 몰라 어떤 종류인지도 예측할 수 없으며, 바다에 집이 어디에 있는지도 모른다. 사람 같으면서도 사람이 아니니 참으로 괴이하도다.[8]

밀물과 썰물[潮汐]은 지역마다 다르다. 지중해 북쪽과 서쪽은 전혀 없거나 미미하여 구분하기 어렵고, 남쪽과 동쪽은 조수가 있고 크다. 대서양[大滄海]에 이르면 지역에 따라 모두 볼 수 있다. 단지 [조수의] 크고 작음, 빠름과 느림, 길고 짧음은 지역마다 또한 다르다. 해안에 가까워지면서 커지고, 해안에서부터 멀어지면 멀어질수록 조수는 더욱 미미해진다. 지중해의 조수는 극

---

7) 『직방외기』에 이 마지막 정보는, "십자가를 보면 일어나서 공손히 엎드릴 수 있었지만, 말을 할 수 없었다"라고 하였다. 여기 채록하지 않은 문장은 혜강이 어떤 기준으로 채록했는지를 잘 보여준다. '갈란달지'는 '갈란달+지'의 구성으로 '지'자는 '랜드(land)'의 의역일 것이다. 그렇다면 '갈란달'에 해당하는 음을 찾아야 하는데, 세팡[謝方]은 네덜란드, 즉 '홀란드'에 해당한다고 추정했다(『직방외기교석』, 153쪽). 그러나 음성적으로 확실한 추정은 아니다. 왜냐하면 '갈란달'이란 표기는 『직방외기』와 이를 채록한 『곤여도설』에만 보이고, 이 두 책에는 '갈란달'이란 나라는 별도로 기술되지 않았기 때문이다.

8) 이상 바다에 사는 각종 동물과 조류에 관한 정보는 앞의 바다 선박, 바닷길, 그리고 바다의 산물 기술과는 달리, 『해국도지』에 채록되지 않았다. 이는 혜강이 확실히 『직방외기』로부터 직접 채록했음을 보여준다. 『직방외기교석』(149~153쪽)을 참고하시오. 번역본으로는 천기철, 『직방외기』, 293~305쪽과 『소남선생이 필사한 곤여도설』, 176~182쪽을 보시오.

히 미미하고, 루손[呂宋國], 말루쿠[莫路加] 등의 지역에서도 길이는 2~3척에 불과하지만, 다른 지역 예를 들어 대서양의 프랑스[拂蘭第亞國]와 같은 지역은 조수의 길이가 1장 5척에 이르고, 또 1장 8척에서 2장까지 이르는 지역도 있다. 안리아국(安理亞國)의 융제낙(隆第諾) 주[府]는 현재 그 길이가 3장에 이르며, 이 나라의 다른 지역은 길이가 5~6장에 이른다. 아리아국(阿利亞國, Gallia?)에 가까운 만직(滿直, Mainz?) 주[府]에서는 길이가 7장에 이르고, 성마낙(聖瑪諾) 주 사이에 가까워지면 길이는 9장에 이른다.

이처럼 지역마다 조수가 다른 이유는 바닷가 땅에는 높낮이와 곡직의 형세가 있고, 해저(海底)와 해내(海內)에 동(洞)의 많고 적음, 크고 작음이 있기 때문이다. 게다가 달의 비춤이 지역마다 다르므로, 그 효과 또한 같을 수 없다. 불어나고 빠지는 정도는 15일[三侯]마다, 또는 20일[四侯]마다 불어나거나 혹은 불어나는 속도가 매우 빨라, 말을 타고 가더라도 어려우며 예상을 벗어난다. 5일[一侯]에 순식간에 400여 리를 덮어버리고, 5일 만에 별안간 원래대로 돌아가 또다시 시작된다. 길어지는 시기 또한 같지 않은데, 대체로 매일 약 4각(刻)이 느려지며 초하루에 불어남이 더 커진다. 그 이유를 추정해 본 적이 있는데, 옛날 이를 논한 책을 통해 알 수 있었다. 이하는 지정(地靜)으로 조석(潮汐)을 논한 것이지만, 점진적인 깨달음의 단계를 보여주므로 채록한다. 바다의 조수는 달[月輪]이 종동천(宗動天)을 따라 운행하기 때문이다. 예나 지금이나 대부분 이를 따른다. 그 증거로는 여러 단서가 있다.

첫째, 조수의 불어남과 물러남이 다른 것은 달의 뜨고 짐, 차고 기움의 형세를 따르기 때문이다. 달은 하루 밤낮으로 한 바퀴 종동천 궤도를 돈다. 그러므로 한 바퀴는 넷으로 나누어, 동방에서부터 오(午)에 이르고, 오(午)에서 서방으로 이르며, 서에서 자(子)에 이르고, 다시 자에서 동방으로 이른다. 그리고 조수는 대략 하루 밤낮으로 두 차례 일어난다. 묘(卯)에서 불어나면, 오(午)에서 빠지고, 유(酉)에서 불어나면 자(子)에서 빠지므로 지역과 시간에 따라 달라짐이 있다. 이점은 논의한 바가 부족하다. 별도로 그러한 이유가 있을 것이다.

둘째, 달과 태양이 서로 만나거나 서로 대치될 때는 원근의 다른 형세가 또한 조수의 형세를 달라지게도 하기 때문이다. 가령 보름에 달이 차면 조수는 불어나고, 달이 이지러지면 조수는 점차 줄어든다.

셋째, 조수의 불어남은 매일 4각 느려지는데, 달에서부터 매일 4각을 더 써서 한 주기를 이루어야 원래 있던 곳으로 돌아가기 때문이다. 무릇 달 본래의 움직임은 서쪽에서 동쪽으로 하루에 대략 13도를 운행한다. 동종천의 궤도 운행을 따라 동쪽에서 서쪽으로 1일 4각을 더 가야 비로소 역행한 길을 보충하여, 한 주기를 온전히 할 수 있게 된다.

넷째, 겨울철의 달이 여름철의 달보다 강하므로, 겨울 조수는 대체로 여름 조수보다 성하다.

다섯째, 달이 바다 조수를 주관하는 까닭은 빛 때문만은 아니다. 딱 초하루 때 달의 아래도 빛이 없고 우리와 발을 반대로 디디고 있는 땅에도 빛이 없다. 이때 바다에서는 쉼 없이 조수가 일어나므로 달에 자석이 쇠를 당기고 호박이 미물을 끌어당기는 것과 같은 다른 능력이 있음을 알 수 있다. 천착한 설이 모두 지정(地靜)에서 나왔지만, 미루어 입증한 바가 많으므로, 이를 가지고 지구와 달 회전이 두 기륜(氣輪)을 이룬다는 사실과 연구하면 조석의 이치가 명확해질 것이다. 그 설은 1권을 보시오(鑽究之說, 儘由地靜而發, 然多所推驗, 若將此而究乎地月之轉成兩氣輪, 則潮汐之理皎然. 說見首卷).

바닷물의 짠맛은 대부분 건조하거나 습한 기운이 졸여져[煎熬] 생겨난다. 무릇 맛[滋味]은 반드시 두 기의 섞임을 따른다. 바로 건조하여 물기가 싹 없어지면 반드시 짠맛이 생긴다. 예를 들어 재[灰], 오줌[溺], 땀[汗] 등과 같은 것들이다. 바다가 많은 기를 품고 있는 데다, 항상 바람이 불어 말리고, 태양이 졸이므로 짜지 않을 수 없다. 시험 삼아 바닷물로 어떤 사물을 씻되 반드시 온화한 기온에 건조하면, 여러 다른 물에 비해 탁하고, 기름처럼 젖는데, 땅이 머금고 있는 건조한 기운 때문이다. 또 시험 삼아 바닷물을 살펴보면, 흐르는 모래 속에 흘려 낸 물 또는 불로 끓인 증기가 달콤한 것은 땅의 기운을 대부분 잃었기 때문이다. 또 시험 삼아 가볍고 빈 그릇에 입구를 막아 바닷속에 담가 놓으면 그 안에 침투한 물이 달콤한 이유는 미세한 구멍으로 흙 기운이 적어졌기 때문이다. ⓒ또 결이 성근 돌을 솥 형태로 만들어 해수에 넣어두면, 바닥에서 삼투하여 생겨난 물이 감미로운 이유는 그 체로 소금기를 제거했기 때문이다(又以踈理石作釜形, 貯海水, 從底滲漏涔滴之水, 必甘, 以其篩去鹹氣也). 또 바다 기운에서 결집한 비가 달콤한 이유는 기운이 올라갈 때 흙의 탁한 기운을 많이 떨어뜨렸기 때문이다. 이 많은 단서로 볼 때, 바닷물의 염분은 땅의 아주 건조한 기운에서부터 생겨나는 것임이 분명하다. 그렇지만 태양의 폭염도 짜지게 하는데, 실험해 보면, 해수면의 물이 해저에 있는 물보다 짠 이유는 일광이 해저(海底面)에 미치지 못하기 때문이다. 또 시험해 보면, 여름철 바닷물이 겨울철보다 더 짠 데, 태양의 궤도가 매우 가까워 그렇게 만든 것이다.[9)]

11-2. 중서동이(中西東異)

별[星]은 원래 이름이나 이미지[像]가 없는데, 중국과 서양[中西]의 별 이름이 다르다. 삼가 서양의 역법에서 정한 바를 채록하여 밝힌다. 별은 실제 이미지[象]를 가지지 않았지만, 사람들이 식별을 위해 명명했다. 서양 학자[西儒]들이 헤아리고 계산하여, 볼 수 있고 형용할 수 있는 별은 1,022개로, 너무 작거나, 항상 보이지 않거나, 희미하고 어두운 별들은 포함하지 않는다. 별의 크고 작음에 따라 여섯 등[六等]으로 나누었다. 또 식별하기 어려우므로 인물의 이미지를 가져와 그 이름을 구분했다. 매번 여러 별을 합하여 하나의 이미지를 구성하여 총 48개 별자리[像]로, 별들의 많고 적음, 크고 작음은 일정하지 않다.

황도(黃道) 북쪽에는 21개의 별자리가 있다. 제1은 작은곰자리[Ursa Minor, 小熊]로 안에는 7개의 별이 있고, 밖에는 1개의 별이 있다. 제2는 큰곰자리[Ursa Major, 大熊]로 안에는 27개, 밖에는 8개의 별이 있다. 제3은 용자리[Draco, 龍]로 31개의 별이다. 제4는 황제(黃帝)로 안에는 11개, 밖에는 2개의 별이 있다. 제5는 목동자리[Bootes, 守熊人]로, 안에는 22개, 밖에는 1개가 있다. 제6은 북쪽왕관자리[Corona Borealis, 北冕旒]는 8개의 별이다. 제7은 웅인(熊人)으로 안에는 29개, 밖에는 1개의 별이 있다. 제8은 거문고자리[Lyra, 琵

9) 이상 밀물과 썰물, 바닷물이 짠 이유에 관한 설명은 모두 페르비스트[南懷仁]의 『곤여도설(坤輿圖說)』에서 채록하고 재구성했다(사고전서본, 권상, 17a~20b). 이 페르비스트의 설명은 『해국도지』, 권76에서도 채록되었다(『위원전집』, 7책, 1857~1859쪽). 하지만 'ⓒ'로 표기하여 한문을 병기한 정보는 혜강이 예를 들어 설명한 실험으로 보인다. 『곤여도설』에는 보이지 않은 예증이다. 『곤여도설』의 번역은 『소남선생이 필사한 곤여도설』, 60~66쪽을 참고하시오.

琶]로 10개의 별이다. 제9는 백조자리[Cygnus, 雁鵝]로 안에는 22개, 밖에는 1개의 별이 있다. 제10은 악모(岳母)로 13개의 별이다. 제11은 대장(大將)으로, 안에는 26개, 밖에는 3개의 별이 있다. 제12는 마차부자리[Auriga, 御車]로 14개의 별이다. 제13은 의생(醫生) 또는 축사(逐蛇)라고도 하는데 한 명의 의사가 항상 뱀을 잡아 약에 넣어 세상을 구한다. 그 별은 사람이 뱀을 쫓아내는 모습이다. 안에는 24개, 밖에는 5개의 별이 있다. 제14는 독사(毒蛇)로 18개의 별이다. 제15는 전(箭)으로 5개의 별이다. 제16은 일조(日鳥)로 성격이 즐겨 해를 바라본다. 안에는 9개, 밖에는 6개의 별이 있다. 제17은 어장군(魚將軍)으로 10개의 별이다. 제18은 케페우스[Cepheus, 騊]로 4개의 별이다. 제19는 페가수스자리[Pegasus, 飛馬]로 20개의 별이다. 제20은 공주(公主)로 24개의 별이다. 제21은 삼각형자리[Triangulum, 三角形]로 4개의 별이다. 총 북쪽에는 360개의 별이 있고, 1등은 3, 2등은 18, 3등은 84, 4등은 174, 5등은 58, 6등은 13, 어두운 별은 10개다.

황도(黃道)의 가운데에는 절기에 따른다. 12개의 별자리[象]가 바로 12궁(宮)이다. 있다. 제1은 양자리[Aries, 白羊], 바로 춘분과 청명으로, 안에는 13, 밖에는 5개의 별이 있다. 제2는 황소자리[Taurus, 金牛], 바로 곡우(穀雨)와 입하(立夏)로 안에는 33개, 밖에는 11개의 별이 있다. 제3은 쌍둥이자리[Gemini, 雙兄], 바로 소만(小滿)과 망종(芒種)으로, 안에는 18개, 밖에는 7개의 별이 있다. 제4는 게자리[Cancer, 巨蟹], 즉 하지(夏至)와 소서(小暑)로 안에는 9개, 밖에는 4개의 별이 있다. 제5는 사자자리[Leo, 獅子], 바로 대서(大暑)와 입추(立秋)로, 안에는 27개, 밖에는 8개의 별이 있다. 제6은 처녀자리[Virgo, 列女], 즉 처서(處暑)와 백로(白露)로, 안에는 26개, 밖에는 6개의 별이 있다. 제7은 천칭자리[Libra, 天秤], 즉 추분(秋分)과 한로(寒露)로, 안에는 8개, 밖에는 9개의 별이 있다. 제8은 전갈자리[Scorpius, 天蝎], 바로 상강(霜降)과 입동(立冬)으로 안에는 11개, 밖에는 3개의 별이 있다. 제9는 궁수자리[Sagittarius, 人馬], 즉 소설(小雪)과 대설(大雪)로 31개의 별이다. 제10은 염소자리[Capricornus, 磨羯], 양의 머리에 물고기 꼬리. 즉 동지(冬至)와 소한(小寒)으로 28개의 별이다. 제11은 물병자리[Aquarius, 寶甁]로, 바로 대한(大寒)과 입춘(立春)으로, 안에는 42개, 밖에는 3개의 별이 있다. 제12는 물고기자리[Pisces, 雙魚], 바로 우수(雨水)와 경칩(驚蟄)으로 안에는 34개, 밖에는 4개의 별이 있다. 가운데에는 모두 346개의 별이 있는데, 1등은 5, 2등은 9, 3등은 64, 4등은 134개, 5등은 166, 6등은 29, 어두운 별은 3개다.

황도(黃道)의 남쪽에는 15개의 별자리[像]가 있다. 제1은 고래자리[Cetus, 海獸]로 22개의 별이다. 제2는 오리온자리[Orion, 獵戶]로 38개의 별이다. 제3은 천하(天河)로 34개의 별이다. 제4는 토끼자리[Lepus, 天兎]로 12개의 별이다. 제5는 큰개자리[Canis Major, 大犬]로 안에는 18개, 밖에는 11개의 별이 있다. 제6은 소견(小犬)으로 2개의 별이다. 제7은 선(船)으로 45개의 별이다. 제8은 물뱀자리[Hydrus, 水蛇]로 안에는 25, 밖에는 2개의 별이 있다. 제9는 주병(酒瓶)으로 7개의 별이다. 제10은 까마귀자리[Corvus, 烏鴉[雅]]로 7개의 별이다. 제11은 센타우르스[Centaurus, 半人牛] 37개의 별이다. 제12는 이리자리[Lupus, 豺狼]로 19개의 별이다. 제13은 대대(大臺)로 7개의 별이다. 제14는 남쪽왕관자리[Corona Australis, 南冕]로 13개의 별이다. 제15는 남어(南魚)로 안에는 12개, 밖에는 6개의 별이 있다. 남쪽에는 모두 316개의 별이 있는데, 1등은 7, 2등은 18, 3등은 60, 4등은 168, 5등은 53, 6등은 9, 어두운 별은 1개다.

세 방향에 모두 1,022개의 별이 있다. 그 별의 크고 작음에 따라 나누어, 1등은 총 15개, 2등은 총 45개, 3등은 총 284개, 4등은 총 474개, 5등은 총 217개, 6등은 총 49개, 어두운 별은 총 14개다.

새롭게 12개의 별자리[像]를 남극에 가까운 별들이다. 보탰는데, 불사조자리[Phoenix, 火鳥] 10, 수위(水委) 3, 사수사복사미(蛇首蛇腹蛇尾) 15, 소두(小斗) 7, 날치자리[Volans, 飛魚] 7, 고물자리[Puppis, 南船] 5, 해산(海山) 6, 남십자자리[Crux, 十字架] 4, 마미(馬尾) 3, 마복(馬腹) 3, 밀봉(蜜蜂) 4, 남쪽삼각형자리[Triangulum Australe, 三角形] 3, 해석(海石) 5, 남쪽물고기자리[Piscis Austrinus, 金魚] 4, 협구(夾臼) 2, 부구(附臼) 1, 극락조자리[Apus, 異雀] 10, 공작(孔雀) 10, 파사(波斯) 11, 조훼(鳥喙) 6, 학(鶴) 12로, 총 134개의 별이다.

서양 서적에서 말하는 바에 따르면, 그곳의 천문가들은 원래 볼 수 있는 별을 기재하고 48개의 별자리로 나누었다. 또 나누어 62개의 이미지로 만들어 각기 이름을 붙여 식별이 편리하도록 기약했다. 이후 명나라 만력(萬歷) 18년(1590) 서양 학자 호본독(胡本篤)이 처음으로 남극 별들의 경도와 위도 수

치를 측정하여 새롭게 12개의 별자리를 보탰다.[10)]

중국에 전해지는 삼원(三垣) 28수(宿), 300좌(座), 1,461개 중에서 이름이 있는 별은 무함(巫咸), 석신(石申), 감덕(甘德)의 책에서 말한 것들이다. 중국과 서양의 이름과 이미지는 비록 다르지만, 각기 표시하는 바에 따라 일곱 행성[七曜] 궤도를 아는 일이 우선이다. 만약 이름과 이미지가 진짜인 줄 알고, 길흉을 점친다면, 그것은 후세 사람들의 오해[錯認]다.

서역 역법(曆法)이 중국에 들어온 것으로, 당나라 시기에 구집력(九執歷)이 있고, 원나라 시기에 만년력(萬年歷), 회회력(回回歷)이 있다. '구집'은 바로 천축의 역법이다. 천축은 보름 후 1일부터 다음 달 보름까지를 한 달로 친다. 그러므로 '백반월(白半月)', '흑반월(黑半月)'이란 명칭이 있다. 지금 유럽[歐羅巴]과 미국[米利堅] 등의 나라 역법은 천축과는 다르지만, 회회력(回回歷)과는 대략 같다. 모두 중국의 동지 이후 10일을 정월 초하루로 치는데, 태양이 궁(宮)을 지날 때 가장 낮고, 운행이 가장 빠른 나를 택해, 차고 기움[嬴縮]을 계산하는 단서로 삼는다. 중국은 동지를 태양이 적도 가장 남쪽에 있는 날로 잡는 것과 다르다. 그러나 현재 중국과 서양[中西]이 통상하며 역법[正朔]이 서로 통하게 되었다.11) 그 법은 365일이 충족되면 1년으로 하고, 4년마다 3월에는 1일이 남는다. 월마다 일수가 많고 적고 하는데, 1월, 3월, 5월, 7월, 8월, 9월, 10월, 12월은 각기 31일이 있고, 4월, 6월, 9월, 11월에는 각기 30일이 있다. 다만 2월에만 28일로 그친다. 서양 역법으로 1월은 재뉴어리[然收阿厘], 2월은 페브러리[飛普阿厘], 3월은 마치[嗎治], 4월은 에이프럴[唉悖厘爾], 5월은 메이[咩], 6월은 준[潤], 7월은 줄라이[如來], 8월은 오거스트[阿兀士], 9월은 셉템버[涉點麻], 10월은 옥토버[屋多[多屋]麻], 11월은 노벰버[娜民麻], 12월

10) 여기 별자리에 관한 정보는 『해국도지』나 『영환지략』에 보이지 않는다. 혜강이 직접 매문정(梅文鼎, 1633~1721)의 『역산전서(歷算全書)』(사고전서본, 권19, 36a~41a)에서 채록했다.

11) '중서(中西)'란 표현에 주목할 필요가 있다. 위원은 『해국도지』에서 '화이(華夷)'라고 표현했다(『위원전집』, 7책, 1794쪽).

은 디셈버[厘森麻]라고 한다.[12)]

미국[米利堅]의 문자는 모두 영국[英吉利]과 같다. 아마도 건국 초기 땅은 넓고 사람은 적었고, 각 나라가 모두 와서 무역했지만, 영국인이 열에 아홉을 차지했기 때문일 것이다. 언어는 비교적 많았으나 점차 영국과 같아지게 되었다. 이 밖에도 문자는 같지만, 프랑스[法蘭西]와 네덜란드[荷蘭]처럼 말만 다른 경우가 있고, 또한 만주족과 한족, 일본, 베트남[安南], 태국[暹羅] 등처럼 문자도 같지 않고, 말도 다른 경우도 있다. 문자와 말이 다르더라도 반절음이 다른 경우는 없었다. 만주어와 한어는 본디 일본과 다르지 않고, 일본도 서양과 다르지 않다. 서양 각 나라가 통용하는 자음과 모음은 26개가 있다. A, 음은 애(挨). B, 음은 비(碑). C, 음은 시(颸). D, 음은 지(哋). E, 음은 의(依). F, 음은 압부(鴨符). G, 음은 지(芝). H, 음은 인주(咽住). I, 음은 왜(矮). J, 음은 차(遮). K, 음은 가(跏). L, 음은 애아(挨兒). M, 음은 암(唵). N, 음은 연(燕). O, 음은 가(軻). P, 음은 비(丕). Q, 음은 교(翹). R, 음은 아(鴉). S, 음은 애시(唉時). T, 음은 제(梯). U, 음은 요(喓). V, 음은 비(非). W, 음은 탑포여(嗒布如). X, 음은 익시(鷊時). Y, 음은 위(威). Z 음은 사(思)다. 이 중에서 세 철자는 단독으로 사용할 수 있는데, 다른 글자 붙이지 않는 철자로, A, I, O다. A는 1을, I는 나를 의미하고, O는 감탄사다. 자음과 모음은 26개에 불과하지만, 서로 이어서 만들어 변화가 무궁하다. 철자를 연결하는 방법으로 두 철자를 연결하여 한 음절[句]을 구성하며, 3~9 철자 등 일정하지 않다. 왼쪽에서 시작하여 가로로 읽어 오른쪽에 이르는데, 한문처럼 위에서 아래로 읽는 방식이 아니다. 26개의 자음과 모음을 흩어 놓으면 무궁하고 합쳐 놓으면 유한하며, 그 쓰임은 예측할 수 없다. 그러나 삼척동자라도 배워 익힐 수 있다. 무릇 천하의 사물이 모두 이 26개 철자를 빌려 자세히 설명해 낼 수 있다. 첫해 몇백 일이 지나면서 공책이 세 번 정도 바뀌면 익숙해진다. 그러므로 단어가 많은 책이라도 이 26개의 자음과 모음을 벗어나지 않는다. 이 자음과 모음은 서양 각 나라가 모두 같다.

아시아[亞細亞] 대륙과 남해의 도서에 언어는 991가지다.

아메리카[亞墨利加] 대륙의 언어는 1,214가지다.

---

12) 마지막 12월의 '리(厘)'는 '저(底)'자의 오기일 것이다.

유럽[歐羅巴] 대륙의 언어는 545가지다.

아프리카[阿非利加] 대륙의 언어는 276가지다. 총 3,026가지다.[13)]

13) 이상 서양 역법에 관한 정보는 『해국도지』, 권72, 「중국 서양 역법 동이표(中國西洋曆法異同表)」에서 채록했고, 영어에 관한 정보는 『해국도지』, 권94, 「서양기예잡술(西洋技藝雜述)」에서 채록했다(『위원전집』, 7책, 1793~1798쪽; 2183~2184쪽).

[『지구전요』, 권12, 패동 최한기 편집][14)]

11-3. 기원전과 기원후의 동서양 연대를 비교한 표[前後紀年表]

중국은 제왕(帝王)으로 기년을 정하고, 서양의 나라는 종교[教門]으로 기년을 삼으니, 기원전과 기원후의 연수를 조사하고 고증함에 연표가 없을 수 없다. 현재 이 책을 편집한 시기인 함풍(咸豐) 7년, 즉 **정사년**(1857)을 근거로 거슬러 올라가 행마다 10년의 칸을 그리고 그렇게 만들어진 칸에는 제왕의 기원(紀元)을 써서 당요(唐堯)의 원년에 이르렀다. 윗 칸에는 기원전 십 년, 기원전 백 몇 년, 기원전 몇 천 몇 백 십 년을 써서 조사했고, 그 뒤는 기원후 몇 년을 써넣어 실로 과거와 통하고 미래를 살피는[暢往察來] 요법(要法)으로 삼고자 하노라.

		갑	을	병	정	무	기	경	신	임	계
	기원전 2356~기원전 2347 전 4 2 1 3 년 辰	唐堯 元									
	기원전 2346~기원전 2337 전 4 2 0 3 년 寅										
	기원전 2336~기원전 2327 전 4 1 9 3 년 子										
	기원전 2326~기원전 2317 전 4 1 8 3 년 戌										
	기원전 2316~기원전 2307 전 4 1 7 3 년 申										
	기원전 2306~기원전 2297 전 4 1 6 3 년 午										
	기원전 2296~기원전 2287 전 4 1 5 3 년 辰										
	기원전 2286~기원전 2277 전 4 1 4 3 년 寅										
	기원전 2276~기원전 2267 전 4 1 3 3 년 子										
	기원전 2266~기원전 2257 전 4 1 2 3 년 戌										요 망함
	기원전 2256~기원전 2247 전 4 1 1 3 년 申	虞舜 元									
	기원전 2246~기원전 2237 전 4 1 0 3 년 午										

14) 국립중앙도서관 소장본에서 나눈 분권 표기다. 저본에는 아무런 표식 없이 이어진다.

虞夏	기원전 2236~기원전 2227 전 4093년 辰										
	기원전 2226~기원전 2217 전 4083년 寅										
	기원전 2216~기원전 2207 전 4073년 子										순 망함
	기원전 2206~기원전 2197 전 4063년 戌			夏禹[元]							
	기원전 2196~기원전 2187 전 4053년 申	后啓[元]									
	기원전 2186~기원전 2177 전 4043년 午										
	기원전 2176~기원전 2167 전 4033년 辰										
	기원전 2166~기원전 2157 전 4023년 寅									仲康[元]	
	기원전 2156~기원전 2147 전 4013년 子										
	기원전 2146~기원전 2137 전 4003년 戌	后相[元]									
	기원전 2136~기원전 2127 전 3993년 申										
	기원전 2126~기원전 2117 전 3983년 午										少康[元]
	기원전 2116~기원전 2107 전 3973년 辰										
	기원전 2106~기원전 2097 전 3963년 寅										
	기원전 2096~기원전 2087 전 3953년 子										
	기원전 2086~기원전 2077 전 3943년 戌										
	기원전 2076~기원전 2067 전 3933년 申										
	기원전 2066~기원전 2057 전 3923년 午										
	기원전 2056~기원전 2047 전 3913년 辰	后杼[元]									
	기원전 2046~기원전 2037 전 3903년 寅								后槐[元]		
	기원전 2036~기원전 2027 전 3893년 子										
	기원전 2026~기원전 2017 전 3883년 戌										

	기원전 2016~기원전 2007 전 3873년 申				后芒[元]						
	기원전 2006~기원전 1997 전 3863년 午										
	기원전 1996~기원전 1987 전 3853년 辰		后泄[元]								
	기원전 1986~기원전 1977 전 3843년 寅								不降[元]		
	기원전 1976~기원전 1967 전 3833년 子										
	기원전 1966~기원전 1957 전 3823년 戌										
	기원전 1956~기원전 1947 전 3813년 申										
	기원전 1946~기원전 1937 전 3803년 午										
	기원전 1936~기원전 1927 전 3793년 辰										
	기원전 1926~기원전 1917 전 3783년 寅							后扃[元]			
	기원전 1916~기원전 1907 전 3773년 子										
	기원전 1906~기원전 1897 전 3763년 戌								后廑[元]		
	기원전 1896~기원전 1887 전 3753년 申										
	기원전 1886~기원전 1877 전 3743년 午									孔甲[元]	
	기원전 1876~기원전 1867 전 3733년 辰										
	기원전 1866~기원전 1857 전 3723년 寅										
	기원전 1856~기원전 1847 전 3713년 子										后皐[元]
	기원전 1846~기원전 1837 전 3703년 戌										
	기원전 1836~기원전 1827 전 3693년 申	后發[元]									
	기원전 1826~기원전 1817 전 3683년 午										后癸[元]
	기원전 1816~기원전 1807 전 3673년 辰										
	기원전 1806~기원전 1797 전 3663년 寅										

	기원전 1796~기원전 1787 전 3653년 子										
	기원전 1786~기원전 1777 전 3643년 戌										
	기원전 1776~기원전 1767 전 3633년 申										
	기원전 1766~기원전 1757 전 3623년 午	하나라 망함	商湯元								
	기원전 1756~기원전 1747 전 3613년 辰					太甲元					
	기원전 1746~기원전 1737 전 3603년 寅										
	기원전 1736~기원전 1727 전 3593년 子										
	기원전 1726~기원전 1717 전 3583년 戌								沃丁元		
	기원전 1716~기원전 1707 전 3573년 申										
	기원전 1706~기원전 1697 전 3563년 午										
	기원전 1696~기원전 1687 전 3553년 辰							太康元			
	기원전 1686~기원전 1677 전 3543년 寅										
	기원전 1676~기원전 1667 전 3533년 子										
	기원전 1666~기원전 1657 전 3523년 戌		小甲元								
	기원전 1656~기원전 1647 전 3513년 申									雍己元	
	기원전 1646~기원전 1637 전 3503년 午										
	기원전 1636~기원전 1627 전 3493년 辰	太戊元									
	기원전 1626~기원전 1617 전 3483년 寅										
	기원전 1616~기원전 1607 전 3473년 子										
	기원전 1606~기원전 1597 전 3463년 戌										
	기원전 1596~기원전 1587 전 3453년 申										
	기원전 1586~기원전 1577 전 3443년 午										

	기원전 1576~기원전 1567 전 3433년 戊										
	기원전 1566~기원전 1557 전 3423년 寅						仲丁元				
	기원전 1556~기원전 1547 전 3413년 子									外壬元	
	기원전 1546~기원전 1537 전 3403년 戌										
	기원전 1536~기원전 1527 전 3393년 申				河亶甲元						
	기원전 1526~기원전 1517 전 3383년 午			祖乙元							
	기원전 1516~기원전 1507 전 3373년 辰										
	기원전 1506~기원전 1497 전 3363년 寅		祖辛元								
	기원전 1496~기원전 1487 전 3353년 子								沃甲元		
	기원전 1486~기원전 1477 전 3343년 戌										
	기원전 1476~기원전 1467 전 3333년 申										
	기원전 1466~기원전 1457 전 3323년 午			祖丁元							
	기원전 1456~기원전 1447 전 3313년 辰										
	기원전 1446~기원전 1437 전 3303년 寅										
	기원전 1436~기원전 1427 전 3293년 子					南庚元					
	기원전 1426~기원전 1417 전 3283년 戌										
	기원전 1416~기원전 1407 전 3273년 申										陽甲元
	기원전 1406~기원전 1397 전 3263년 午							盤庚元			
	기원전 1396~기원전 1387 전 3253년 辰										
	기원전 1386~기원전 1377 전 3243년 寅										
	기원전 1376~기원전 1367 전 3233년 子					小辛元					
	기원전 1366~기원전 1357 전 3223년 戌										

	기원전 1356~기원전 1347 전 3213년 申						小乙元				
	기원전 1346~기원전 1337 전 3203년 午										
	기원전 1336~기원전 1327 전 3193년 辰										
	기원전 1326~기원전 1317 전 3183년 寅				武丁元						
	기원전 1316~기원전 1307 전 3173년 子										
	기원전 1306~기원전 1297 전 3163년 戌										
	기원전 1296~기원전 1287 전 3153년 申										
	기원전 1286~기원전 1277 전 3143년 午										
	기원전 1276~기원전 1267 전 3133년 辰			祖庚元							祖甲元
	기원전 1266~기원전 1257 전 3123년 寅										
	기원전 1256~기원전 1247 전 3113년 子										
	기원전 1246~기원전 1237 전 3103년 戌										
	기원전 1236~기원전 1227 전 3093년 申										
	기원전 1226~기원전 1217 전 3083년 午			廩辛元						庚丁元	
	기원전 1216~기원전 1207 전 3073년 辰										
	기원전 1206~기원전 1197 전 3063년 寅										武乙元
	기원전 1196~기원전 1187 전 3053년 子				太丁元			帝乙元			
	기원전 1186~기원전 1177 전 3043년 戌										
	기원전 1176~기원전 1167 전 3033년 申										
	기원전 1166~기원전 1157 전 3023년 午										
	기원전 1156~기원전 1147 전 3013년 辰				紂辛元						
	기원전 1146~기원전 1137 전 3003년 寅										

	기원전 1136~기원전 1127 전 2993년 子										
	기원전 1126~기원전 1117 전 2983년 戌					상나라 망함	周武王元				
	기원전 1116~기원전 1107 전 2973년 申			成王元							
	기원전 1106~기원전 1097 전 2963년 午										
	기원전 1096~기원전 1087 전 2953년 辰										
	기원전 1086~기원전 1077 전 2943년 寅										康王元
	기원전 1076~기원전 1067 전 2933년 子										
	기원전 1066~기원전 1057 전 2923년 戌										
	기원전 1056~기원전 1047 전 2913년 申						昭王元				
	기원전 1046~기원전 1037 전 2903년 午										
	기원전 1036~기원전 1027 전 2893년 辰										
	기원전 1026~기원전 1017 전 2883년 寅										
	기원전 1016~기원전 1007 전 2873년 子										
	기원전 1006~기원전 997 전 2863년 戌							穆王元			
	기원전 996~기원전 987 전 2853년 申										
	기원전 986~기원전 977 전 2843년 午										
	기원전 976~기원전 967 전 2833년 辰										
	기원전 966~기원전 957 전 2823년 寅										
	기원전 956~기원전 947 전 2813년 子										
	기원전 946~기원전 937 전 2803년 戌		共王元								
	기원전 936~기원전 927 전 2793년 申				懿王元						
	기원전 926~기원전 917 전 2783년 午										

	기원전 916~기원전 907 전 2773년 辰									孝王[元]	
	기원전 906~기원전 897 전 2763년 寅										
	기원전 896~기원전 887 전 2753년 子				夷王[元]						
	기원전 886~기원전 877 전 2743년 戌										厲王[元]
	기원전 876~기원전 867 전 2733년 申										
	기원전 866~기원전 857 전 2723년 午										
	기원전 856~기원전 847 전 2713년 辰										
	기원전 846~기원전 837 전 2703년 寅										
	기원전 836~기원전 827 전 2693년 子										
	기원전 826~기원전 817 전 2683년 戌	宣王[元]									
	기원전 816~기원전 807 전 2673년 申										
	기원전 806~기원전 797 전 2663년 午										
	기원전 796~기원전 787 전 2653년 辰										
	기원전 786~기원전 777 전 2643년 寅							幽王[元]			
	기원전 776~기원전 767 전 2633년 子								平王[元]		
	기원전 766~기원전 757 전 2623년 戌										
	기원전 756~기원전 747 전 2613년 申										
	기원전 746~기원전 737 전 2603년 午										
	기원전 736~기원전 727 전 2593년 辰										
	기원전 726~기원전 717 전 2583년 寅									桓王[元]	
	기원전 716~기원전 707 전 2573년 子										
	기원전 706~기원전 697 전 2563년 戌										

	기원전 696~기원전 687 전 2553년 申		莊王元								
	기원전 686~기원전 677 전 2543년 午	부처 탄생						僖王元			
	기원전 676~기원전 667 전 2533년 辰		惠王元								
	기원전 666~기원전 657 전 2523년 寅										
	기원전 656~기원전 647 전 2513년 子							襄王元			
	기원전 646~기원전 637 전 2503년 戌										
	기원전 636~기원전 627 전 2493년 申										
	기원전 626~기원전 617 전 2483년 午										頃王元
	기원전 616~기원전 607 전 2473년 辰						匡王元				붓다 죽음
	기원전 606~기원전 597 전 2463년 불교 기년은 여기에서 시작함		定王元								
	기원전 596~기원전 587 전 2453년 子										
	기원전 586~기원전 577 전 2443년 戌			簡王元							
	기원전 576~기원전 567 전 2433년 申							靈王			
	기원전 566~기원전 557 전 2423년 午										
	기원전 556~기원전 547 전 2413년 辰						공자 탄생				
	기원전 546~기원전 537 전 2403년 寅				景王元						
	기원전 536~기원전 527 전 2393년 子										
	기원전 526~기원전 517 전 2383년 戌									敬王元	
	기원전 516~기원전 507 전 2373년 申										
	기원전 506~기원전 497 전 2363년 午										
	기원전 496~기원전 487 전 2353년 辰										
	기원전 486~기원전 477 전 2343년 寅									4월 공자 죽음	

	기원전 476~기원전 467 전 2333년 子			元王元							貞定王元
	기원전 466~기원전 457 전 2323년 戌										
	기원전 456~기원전 447 전 2313년 申										
	기원전 446~기원전 437 전 2303년 午								孝王元		
	기원전 436~기원전 427 전 2293년 辰										
	기원전 426~기원전 417 전 2283년 寅			威烈王元							
	기원전 416~기원전 407 전 2273년 子										
	기원전 406~기원전 397 전 2263년 戌							安王元			
	기원전 396~기원전 387 전 2253년 申										
	기원전 386~기원전 377 전 2243년 午										
	기원전 376~기원전 367 전 2233년 辰			烈王元							顯王元
	기원전 366~기원전 357 전 2223년 寅										
	기원전 356~기원전 347 전 2213년 子										
	기원전 346~기원전 337 전 2203년 戌										
	기원전 336~기원전 327 전 2193년 申										
	기원전 326~기원전 317 전 2183년 午								愼靚王元		
	기원전 316~기원전 307 전 2173년 辰				赧王元						
	기원전 306~기원전 297 전 2163년 寅	주나라 망함	秦昭襄								
	기원전 296~기원전 287 전 2153년 子										
	기원전 286~기원전 277 전 2143년 戌										
	기원전 276~기원전 267 전 2133년 申										
	기원전 266~기원전 257 전 2123년 午										

	기원전 256~기원전 247 전 2113년 辰									秦孝文	莊襄王
	기원전 246~기원전 237 전 2103년 寅		秦王政								
	기원전 236~기원전 227 전 2093년 子										
진	기원전 226~기원전 217 전 2083년 戌							秦始皇			
	기원전 216~기원전 207 전 2073년 申									二世	
한	기원전 206~기원전 197 전 2063년 午	진나라 망함	漢王 元				漢太祖				
	기원전 196~기원전 187 전 2053년 辰				孝惠						
	기원전 186~기원전 177 전 2043년 寅	呂后								文帝	
	전 2033년 子										
	전 2023년 戌										
	기원전 156~기원전 147 전 2013년 申		景帝								
	기원전 146~기원전 137 전 2003년 午							건원 원년	乾元 元 武帝		
	기원전 136~기원전 127 전 1993년 辰			원광 원년	元光 元					원삭 원년	元朔 元
	기원전 126~기원전 117 전 1983년 寅					원수 원년	元狩 元				
	기원전 116~기원전 107 전 1973년 子	원정 원년	元鼎 元					원봉 원년	元封 元		
	기원전 106~기원전 97 전 1963년 戌			태초 원년	太初 元			천한 원년	天漢 元		
	기원전 96~기원전 87 전 1953년 申	태시 원년	太始 元			연화 원년	延和 元			후원 원년	後元 元
	기원전 86~기원전 77 전 1943년 午	시원 원년	昭帝 始元 元					원봉 원년	元鳳 元		
	기원전 76~기원전 67 전 1933년 辰				본시 원년	桓帝 本始 元			지절 원년	地節 元	
	기원전 66~기원전 57 전 1923년 寅		원강 원년	元康 元			신작 원년	神爵 元			원봉 원년
	기원전 56~기원전 47 전 1913년 子	五鳳 元			감로 원년	甘露 元			황룡 원년	黃龍 元 초원 원년	元帝 初元 元
	기원전 46~기원전 37 전 1903년 戌				영광 원년	永光 元				건소 원년	建昭 元

	기원전 36~기원전 27 전 1893년 申				경녕 원년	竟寧元 건시 원년	成帝 建始元			하평 원년	河平元
	기원전 26~기원전 17 전 1883년 午			양소 원년	陽朔元			홍가 원년	鴻嘉元		
	기원전 16~기원전 7 전 1873년 辰	영시 원년	永始元			원연 원년	元延元			수화 원년	綏和元
	기원전 6~기원후 3 전 1863년 서기 1856년	哀帝 建平元				元壽元	기원전 1년	예수 탄생 서력은 다음 해 시작함	平帝 元始元	2	3
	4~13 전 1853년 子			孺子嬰 居攝元		初始元	신망 건국 원년				
	14~23 전 1843년 戌	신망 天鳳元						신망 地皇元		한무제 시원을 고침	
	24~33 전 1833년 申		光武 建武元								
	전 1823년 午										
	전 1813년 辰										
	54~63 전 1803년 寅			建武 中元元			明帝 永平元				
	전 1793년 子										
한	74~83 전 1783년 戌			章帝 建初元							
	84~93 전 1773년 申	元和元			章和元		和帝 永元元				
	전 1763년 午										
	104~113 전 1753년 辰		元興元	殤帝 延平元	安帝 永初元						
	114~123 전 1743년 寅	元初元						永寧元	建光元	延光元	
	124~133 전 1733년 子		順帝 永建元							陽嘉元	
	134~143 전 1723년 戌			永和元						漢安元	
	144~153 전 1713년 申	建康元	沖帝 永嘉元	質帝 本初元	桓帝 建和元			和平元	元嘉元		永興元
	154~163 전 1703년 午		永壽元			延熹元					
	164~173 전 1693년 辰			永康元	靈帝 建寧元					喜平元	
	174~183 전 1683년 寅				光和元						

한	184~193 전 1673년 子	中平元						獻帝 初平元			
	194~203 전 1663년 戊	興平元		建安元							
	전 1653년 申										
	214~223 전 1643년 午								昭烈 章武元		後王 建興元
	전 1633년 辰										
진 晉	234~243 전 1623년 寅					延熙元					
	전 1613년 子										
	254~263 전 1603년 戊					景耀元					炎興元
	264~273 전 1593년 申		晉武帝 泰始元								
	274~283 전 1583년 午							晉武帝 太康元			
	284~293 전 1573년 辰								惠帝 元康元		
	294~303 전 1563년 寅							永康元	永寧元	太安元	
	304~313 전 1553년 子	永興元			懷帝 永嘉元						
	314~323 전 1543년 戊	愍帝 建興元			元帝 建武元						明帝 太寧元
	324~333 전 1533년 申			成帝 咸和元							
	334~343 전 1523년 午		咸康元								康帝 建元元
	344~353 전 1513년 辰		穆帝 永和元								
	354~363 전 1503년 寅				昇平元					哀帝 隆化元	興寧元
	364~373 전 1493년 子			황제 바핌 太和元						簡文帝 咸安元	孝武 寧康元
	374~383 전 1483년 戊			太元元							
	전 1473년 申										
	394~403 전 1463년 午				安帝 隆安元					元興元	

진晉	404~413 전 1453년 辰		義熙元								
	414~423 전 1443년 寅						恭帝 元熙元	宋高祖 永初元	진나라 망함		宋義符 景平[15]
	이 10년으로 앞의 네 항목에 빠진 10년의 공백을 보충한다(此十年以補前四張之漏十年空間).										
	424~433 전 1433년 子		宋文帝 元嘉[16]								
육조	전 1423년 戊										
	전 1413년 申										
	454~463 전 1403년 午	宋孝武 孝建元			宋 大明元						
	464~473 전 1393년 辰		宋明宗 泰始元							宋 泰豫元	
	474~483 전 1383년 寅				宋順帝 昇明元		齊高帝 建元元				齊武帝 永明元
	전 1373년 子										
	494~503 전 1363년 戊	齊明帝 建武元					齊 永泰元	齊寶卷 永元元	齊和帝 中興元	梁武帝 天監元	
	전 1353년 申										
	전 1343년 午										
	524~533 전 1333년 辰				梁 大通元		梁 中大通元				
	534~543 전 1323년 寅		梁 大同元								
	544~553 전 1313년 子			梁 中大同元	梁 太清元	陳武帝 永定元			陳文帝 天嘉元		
	전 1303년 戊										
	564~573 전 1293년 申		齊後主 天統	陳 天康元	陳伯宗 光大元		陳桓帝 太建元	齊 武平元			
	574~583 전 1283년 午			齊 隆化元	齊幼王 承光元			隋文帝 開皇元			陳後主 至德元
수	584~593 전 1273년 辰				陳 禎明元		隋文帝 589		무함마드 사망[17] 회교 기년 시작(593년)		
	594~603 전 1263년 회교의 기년은 여기에서 시작함								仁壽元		
	604~613 전 1253년 子		煬帝 大業元								
당	614~623 전 1243년 戊					唐高祖 武德元					
	624~633 전 1233년 申				太宗 貞觀元					*632	

당	전 1223년 午										
	644~653 전 1213년 辰							高宗 永徽元			
	654~663 전 1203년 寅			顯慶元					龍朔元		
	664~673 전 1193년 子	麟德元		乾封元		總章元		咸亨元			
	674~683 전 1183년 戌	上元元		儀鳳元			調露元	永隆元	開耀元	永淳元	弘道元
	684~693 전 1173년 申	中宗 嗣聖元									
	전 1163년 午										
	704~713 전 1153년 辰		神龍元		景龍元				睿宗 景雲元	太極元	玄宗 開元元
	전 1143년 寅										
	전 1133년 子										
	734~743 전 1123년 戌									天寶元	
	전 1113년 申										
	754~763 전 1103년 午				肅宗 至德元	乾元元		上元元		寶應元	代宗 廣德元
	764~773 전 1093년 辰		永泰元	大曆元							
	774~783 전 1083년 寅							德宗 建中元			
	784~793 전 1073년 子	興元元	貞元元								
	전 1063년 戌										
	804~813 전 1053년 申		順宗 永貞元	憲宗 元和元							
	814~823 전 1043년 午								穆宗 長慶元		
	824~833 전 1033년 辰		敬宗 寶曆元		文宗 太和元						
	834~843 전 1023년 寅			開成元					武宗 會昌元		
	844~853 전 1013년 子				宣宗 大中元						
	854~863 전 1003년 戌							懿宗 咸通元			
	전 0993년 申										

당	874~883 전 0983년 午	僖宗 乾符元						廣明元	中和元		
	이 10년은 앞의 한 항목에 빠진 10년의 공백을 보충한다(此十年充前一張漏十年).										
	이 10년 또한 앞에 비워둔 10년의 공백을 보충한다(此十年又充前空十年).										
	884~893 전 0973년 辰		光啓元			文德元	昭宗 龍紀元	大順元		景福元	
	894~903 전 0963년 寅	乾寧元				光化元			天復元		
	904~913 전 0953년 子	天祐元	哀帝 天祐二年		梁太祖 開平元				梁 乾化元		梁主禎 乾化三年
	914~923 전 0943년 戌	梁 貞明元							梁 龍德元		唐莊宗 同光元
	924~933 전 0933년 申				唐明宗 天成元			唐 長興元			
	934~943 전 0923년 午			晉高祖 天福元							
	944~953 전 0913년 辰	晉 開運元				漢 乾祐元			周太祖 廣順元		
송	954~963 전 0903년 寅	周 顯德元							宋太祖乾 隆元		建德元
	964~973 전 0893년 子					開寶元					
	974~983 전 0883년 戌				太宗 太平興國元						
	984~993 전 0873년 申	雍熙元				端拱元		淳化元			
	994~1003 전 0863년 午		至道元			眞宗 咸平元					
	1004~1013 전 0853년 辰	景德元				大中祥符元					
	1014~1023 전 0843년 寅				天禧元						仁宗 天聖元
	1024~1033 전 0833년 子									明道元	
	1034~1043 전 0823년 戌	景祐元				寶元元		康定元	慶曆元		
	1044~1053 전 0813년 申						皇祐元				
	1054~1063 전 0803년 午	至和元		嘉祐元							
	1064~1073 전 0793년 辰	英宗 治平元				神宗 熙寧元					

송	1074~1083 전 0783년 寅					元豐元					
	1084~1093 전 0773년 子			哲宗 元祐元							
	1094~1103 전 0763년 戌	紹聖元				元符元			徽宗 建中 靖國元	崇寧元	
	1104~1113 전 0753년 申				大觀元				政和元		
	1114~1123 전 0743년 午					重和元	宣化元				
	1124~1133 전 0733년 辰			欽宗 靖康元		高宗 建炎元		紹興元			
	전 0723년 寅										
	전 0713년 子										
	1154~1163 전 0703년 戌										孝宗 隆興元
	1164~1173 전 0693년 申		乾道元								
	1174~1183 전 0683년 午	淳熙元									
	1184~1193 전 0673년 辰							光宗 紹熙元			
	1194~1203 전 0663년 寅		寧宗 慶元元						嘉泰元		
	1204~1213 전 0653년 子		開禧元			嘉定元					
	전 0643년 戌										
	1224~1233 전 0633년 申	理宗 寶慶元			紹定元						
	1234~1243 전 0623년 午	端平元			嘉熙元				淳熙元		
	1244~1253 전 0613년 辰										寶祐元
	1254~1263 전 0603년 寅						開慶元	景定元			
	1264~1273 전 0593년 子		度宗 咸淳元								
송 원	1274~1283 전 0583년 戌		帝㬎 德祐元		端宗 景炎元	帝昺 祥興元		元世祖 至元 十七年			
	전 0573년 申										
	1294~1303 전 0563년 午		成宗 元貞元		大德元						

송원	1304~1313 전 0553년 辰					武宗 至大元				仁宗 皇慶元	
	1314~1323 전 0543년 寅	延祐元							英宗 至治元		
	1324~1333 전 0533년 子	泰定 泰定元				致和元		文宗 至順元			順帝 元統元
	1334~1343 전 0523년 戌		至元元						至正元		
	전 0513년 申										
명	전 0503년 午										
	1364~1373 전 0493년 辰					明太祖 洪武元					
	전 0483년 寅										
	전 0473년 子										
	1394~1403 전 0463년 戌						惠帝 建文元				成祖 永樂元
	전 0453년 申										
	전 0443년 午										
	1424~1433 전 0433년 辰		仁宗 洪熙元	宣宗 宣德元							
	1434~1443 전 0423년 寅			英宗 正統元							
	1444~1453 전 0413년 子							景帝 景泰元			
	1454~1463 전 0403년 戌				英宗 天順元						
	1464~1473 전 0393년 申		憲宗 成化元								
	전 0383년 午										
	1484~1493 전 0373년 辰					孝宗 弘治元					
	전 0363년 寅										
	1504~1513 전 0353년 子			武宗 正德元							
	1514~1523 전 0343년 戌									世宗 嘉靖元	
	전 0333년 申										
	전 0323년 午										
	전 0313년 辰										
	전 0303년 寅										
	1564~1573 전 0293년 子				穆宗 隆慶元						神宗 萬曆元

명	전 0283년 戌										
	전 0273년 申										
	전 0263년 午										
	전 0253년 辰										
	1614~1623 전 0243년 寅								熹宗 天啓元		
	1624~1633 전 0233년 子					莊烈 崇禎元					
	전 0223년 戌										
청	1644~1653 전 0213년 申	淸世祖 順治元									
	1654~1663 전 0203년 午									聖祖 康熙元	
	전 0193년 辰										
	전 0183년 寅										
	전 0173년 子										
	전 0163년 戌										
	전 0153년 申										
	1714~1723 전 0143년 午										世宗 雍正元
	전 0133년 辰										
	1734~1743 전 0123년 寅			高宗 乾隆元							
	전 0113년 子										
	전 0103년 戌										
	전 0093년 申										
	전 0083년 午										
	전 0073년 辰										
	1794~1803 전 0063년 寅			仁宗 嘉慶元							
	전 0053년 子										
	1814~1823 전 0043년 戌								宣宗 道光元 1821		
	전 0033년 申										
	1834~1843 전 0023년 午									『해국도지』 완성 1842	
	1844~1853 전 0013년 辰							『영환지략』 간행 1850	咸豐元 1851		
	1854~1863 전3년후7년 寅				『지구전요』 완성 1857						

	1864~1873 후 17년 子			병인 양요							
	1874~1883 후 27년 戌				최한기 사망						
	1884~1893 후 37년 申	갑신정변									
	1894~1903 후 47년 午	동학 농민운동	을미사변				대한 제국				
	1904~1913 후 57년 辰		을사늑약					한일합방			
	후67년 寅										
	후77년 子										

*혜강의 연표는 1857년으로 끝난다. 혜강은 이후 70년의 공백을 두었다. 누군가 채워넣기를 원했을 것이다. 이제 147년 이후에 추가해 넣는다. 『지구전요』가 완성되고, 9년 뒤 병인박해와 병인양요가 발발했고, 20년 뒤에 혜강은 죽었다.

15) 송의부(宋義符)는 바로 송 소제(宋少帝)로 423~424년 8월까지 재위했다.

16) 송나라 문제(文帝)의 원가(元嘉)는 424~453년까지다. 혜강의 실수일 것이다. 1년 앞으로 당겨야 한다.

17) 혜강은 무함마드[穆罕默德]의 졸년을 593년으로 표기했다. 아랍 자료에 언급된 무함마드의 사망은 632년이다. 기록하는 과정에서 칸을 착각했을 가능성도 있지만, 다음 '10년', 즉 '전 1263년'에 이슬람교 기년이 시작된다는 주석이 있는 점으로 보아 실수는 아닐 것이다.

11-4. 서양 종교와 이슬람교의 분변론[洋回教文辨]

세상에 통행하는 불가역의 ‘교학(教學)’은 정치를 근본으로 삼아야 한다. 정치를 벗어나 교학이 이루어지면 바로 이단이다. 정치를 해하면서 교학을 세우면 사도(邪道)다. 정치는 천지의 기화(氣化)를 표준으로 삼아야지, 기화와 무관하면서 정치를 편다면 낡은 관습이다. 또 알 수 없는 기화에 지나치게 파고들고, 입증할 수 없는 기화에 자질구레하게 따져서 정치를 도모하면 고지식한 관습이다. 그러므로 기화, 정치, 교학에 서로 어긋남은 없고 서로 도와 세워줌이 있다. 이것이 진정한 교학이다. 그러나 기화의 쌓인 효과가 점점 분명해지면서 천 년, 2천 년, 3천 년의 다름이 생긴다. 기화가 1푼 밝아지면 정치도 1푼 밝아지고, 교학도 1푼의 밝아짐을 얻는다. 기화가 두세 푼 밝아지면 정치와 교학도 따라서 두세 푼 밝아진다. 상고시대 기화가 아직 분명해지지 않았을 때, 무릇 기화의 단서에 의혹 되지 않는 바가 없었기 때문에, 정치는 기화에 관련되는 바가 상당히 많아, 의혹 되고 단절되었고, 교학도 기화에 관련되는 바가 많이 변화하니, 의혹 되면서도 전수되었다.(宇內通行不易之教學, 當以政治爲本. 外政治而設教學, 乃異端也. 害政治而建教學, 乃邪道也. 政治以天地氣化爲準, 若將無關於氣化而施政治, 則陋習也. 又將過究乎不可知之氣化, 鄙瑣於無所驗之氣化而謨政治, 則迂俗也. 故氣化政治教學無相違戾, 有交扶植. 是爲眞正教學也. 然氣化之積驗漸明, 自有千年二三千年之不同. 氣化明一分, 則政治亦明一分, 教學又得一分之明. 氣化明二三分, 則政治教學從而明二三分. 上古氣化未明之世, 凡於氣化之端緒, 無非可疑致惑, 是以政治之係于氣化者頗多, 因疑惑而截斷, 教學之關於氣化者變多, 因疑惑而傳授).

서양의 종교[教]는 1856년 전에 시작되었는데, 역상(歷象), 지구(地球), 기용(氣用)이 아직 다 펼쳐지지 않은 시기로, 하나님[神天]에게 예배하는 법을 만들어, 오랜 세월 동안 연역해 보았다고 하면서, 천지조화와 만물생성을 매우 독실하게 믿었다. 또 사람들을 비루하고 어긋나는 설과 신비하고 괴이한 이야기에 몰아넣으려고, 도당을 많이 일으켜 전하며 익혔다. 이슬람교[回教]는 1264년 전, 서양 종교에서 덜고 빼, 점차 사실에 다가갔는데, 어찌 경험이 조금 많아지고, 기화가 더 펼쳐진 기미가 아니겠는가. 옛날의 의혹과 수립된 견해를 현재의 기화로 확인한 사람에게 적용하려 해도, 믿고 따르게 하기 어려울 것이다. 지금 기화로 확인한 견문으로 옛날 의혹의 교리 문헌[教文]을 추론해 보면, 저절로 취할 바와 버릴 바가 있을 것이다. 서양 종교 고찰[洋教考]과 이슬람교 고찰[回教考]가 『해국도지』에 실려 있으므로, 그 대강을 채록하여 의혹을 불러일으키는 말을 하지 않도록 한다. 그 신비하고 괴이함에 대해서는 이미 이전 사람들이 변론하여 지적한 바가 많으니 어찌 다시 거론할 필요가 있겠는가(洋教始於一千八百五十六年之前, 歷象地球氣用未暢之時, 刱立神天禮拜之規, 縱云繹覩萬古天地造化萬物生成, 自信甚篤. 又要人衆之驅納鄙背之說, 靈怪之談, 多發徒黨之傳習. 回教起於一千二百六十四年之前, 損益洋教, 漸就於實, 豈非經驗稍多, 氣化益暢之機微歟. 以古之疑惑見聞所樹立, 欲施於今之氣化得驗之人, 勢難信服. 以今氣化得驗之見聞, 推考古昔疑惑之教文, 自有取捨. 洋教考·回教考之戴於圖志, 略採其槩, 俾免不言致惑. 至於靈怪神異, 已多前人之辨斥, 奚用更擧).[18]

신이 있다는 이론[有神理論]에 따르면, 천지 안에 신이 있는데, 가장 전능하여 만물을 만들고 변화시키며 만물을 관리한다. 사람은 절로 생겨날 수 없고, 사물도 저절로 만들어질 수 없으니, 해와 별이 어찌 순환하며 산천이 어찌 붙어 실려 있고, 초목이 어찌 영락하며, 날짐승 들짐승 어류와 갑각류가 어찌 보고 듣고 울고 움직이겠는가. 영(靈)이니 혼(魂)이니, 심(心)이니, 성(性)이니 하는 것들 모두 신이 행하는 바다. 생각건대 기(氣)가 우주 안에 가득 차, 문지르고 흔들며 만들어 내는데[磨蕩陶鑄], 그 성질로, 각기 성색(聲色)과 변화를 달리함에는 모두 그 까닭이 있다. 기를 보지 못하므로 신(神)에게 돌려야 했다(按氣滿宇內, 磨蕩陶鑄, 因其質而各異聲色變化, 皆有所由. 若不見氣宜歸于神). 이 신은 유일무이하고, 가장 처음으로 이전이 없다. 대응이 있고, 후발이 있으면, 하느님의 신이 아니다. 천지보다 막대하지만, 천지에는 형체가 있어 볼 수 있지만 하느님은 형체가 없다. 천지에는 끝과 시작이 있고, 하느님에게는 끝과 시작이 없다. 천지는 만듦을 받은 물체이고, 만들어 낸 자는 신이다. 천지는 운동의 기계이고, 그것을 움직이는 자는 신이다. 생각건대, 이성[心理]으로 추측하여 천지의 끝과 시작을 탐구해 보면, 어떤 주재자가 설정하여 시행함이 인간이 그릇을 만들고 지혜로 기계를 설계하는 것과 같다는 말은 억지로 끌어다 붙인 것이

18) 이상은 혜강이 천주교와 이슬람교를 변증하면서 먼저 밝힌 서론에 해당한다.

다. 알 수 없는 '대도'를 들어 억측한 것이다. 무릇 천지의 여러 행성은 기(器)의 응축된 형질로, 우주 안에 사물을 채워 문지르고 흔들어 만들어 냄은 기의 운화(運化)이다. 한 점의 공허함도 없고, 형태가 없는 한 개의 사물도 없이 스스로 운행하여 스스로 화육(化育)하니, 변통에 방위가 없다. 소위 도(道)니, 리(理)니, 묘(妙)니, 신(神)이니 하는 것은 모두 그 가운데에서 지향하고, 사람의 마음에서 이름하여 말한 바임을 실로 증험할 수 있는데, 어찌 천지를 만들고, 천지를 움직일 수 있겠는가. 무형의 하느님에게서 비롯한다고 특별히 언급한 바는 증거나 근거도 없다는 혐의를 고려하지 않은 것이다(按以心理之推測探究, 天地之終始, 似有主宰設施, 如人制造器血, 運知設機者, 是乃穿鑿附會, 擬議於不可知之大道也. 夫天地諸曜, 氣之凝質, 充物宇內, 磨蕩陶鑄, 氣之運化也. 無一占空虛, 無一物無形, 自運自化, 變通無方, 所謂道也, 理也, 妙也, 神也, 皆自其中而指向, 自人心而名言, 實爲可證可驗, 豈可造天地, 運天地. 由於無形之神天, 特言之, 不顧無證無稽之嫌).

천지는 아직 신이라 칭할 수 없으나, 세상 사람들은 항상 여러 신과 온갖 신을 경배하는데, 예를 들의 일월, 구름과 천둥, 산해(山海)와 사직처럼, 위대함과 찬란함으로 신격화한다. 옛사람 중 문무에 출중하고 사람에게 공덕이 있는 자를 신격화하여, 천상과 천하를 알지 못하고 단지 관장하는 하나의 신만 있고, 대항할 수 있는 두 신은 없다. 그러므로 오로지 신만 말함은 귀신을 공경함과 가까울까, 걱정해서이고, 오로지 하늘만 말함은 형상에 빠질까, 두려워함이다. 다만 신과 하늘을 합해야 지극히 크고, 지극히 신령한 대상[宗]에 족히 해당하므로, 유가의 책에서 말하는 조화니, 상제(上帝)니 하는 것은 세속의 옥황상제를 말하는 것이 아니다. 생각건대, 기(氣)의 운화에 능한 무엇을 신(神)이라 하는데, 천지를 들어 올리는 대기(大氣)에는 본디 대신(大神)이 있고, 만물을 나누는 소기(小氣)에는 본디 소신(小神)이 있다. 사람의 마음과 정신이 향하는 바에 따라 존경하며, 사모하여 본받는 정성과 보답하고 감사하는 마음을 맡긴다. 신을 받드는 취사 여부, 예절의 번간(煩簡)은 기화와 정치를 기준으로 해야 한다. 기화에 보탬이 있다면, 정치가 존경하지 않으려 해도 존경하지 않을 수 없다. 기화에 보탬이 되지 않으면, 정치는 존봉(尊奉)을 금지하여, 더럽히고 의심하는 비방을 남기지 말아야 한다. 하느님[神天]에 예배하는지, 안 하는 지는 가정, 나라, 그리고 천하의 치란(治亂)과 사실 무관한데, 그의 능력을 크게 하고, 제사가 비루하다고 배척하며, 보응을 설정하여 천당과 지옥의 화복을 분명히 하여, 요컨대 천하가 귀결되는 바가 같다고 말한다면 어려움이 없을지라도, 결국 증험이 없음을 어찌하겠는가(按氣之運化攸能謂之神, 擧天地大氣自有大神, 分萬物之小氣自有小神. 隨其人之心神所向而尊敬之, 以寓慕效之誠, 報謝之意. 然尊神之取捨, 禮節之煩簡, 當以氣化政治爲準. 若有補於氣化, 政治雖欲不致尊敬, 不可得也. 若無補於氣化, 政治宜禁尊奉, 勿遺瀆

諂之譏也. 神天之禮拜與否, 實無關於家國天下之治亂, 則乃大其功能而排群祀之鄙屑, 設其寶應而明堂獄之禍福, 要天下之同歸, 縱或言之無難, 其奈終無證驗何哉).

신을 영(靈)이라 해도 되지만, 다만 인령(人靈), 선령(仙靈), 천령(天靈)이 있을 뿐이다. 인령은 육체와 서로 결합하여 물체에서 벗어나지 못하고, 또한 신이 만든 바이므로 신이 아니다. 선령은 신의 사자로 거칠고 무거운 몸체는 없고 가늘고 미묘한 몸체가 있는데, 역시 신이 만든 바이므로, 신이 아니다. 천령은 바로 하느님으로 몸체는 전혀 없고 있는 곳도 없으며, 있기도 하고 없기도 하다. 그러므로 『역경』에 "음양으로 헤아릴 수 없는 무엇을 신이라 하고, 만물을 묘하게 하는 무엇을 신이라 하며 빨리하지 않아도 빨라지고, 가지 않아도 이르는 무엇을 신이라 한다"라고 하였다. 생각건대, 신의 정명(精明)이 영(靈)이면, 영은 이 기의 정명(精明)으로, 점차 형체가 해체되면, 사람의 영이 돌아가 하늘의 영이 되지 않는데, 만물의 생멸 또한 그러하다. 사람과 사물의 나고 죽음이 이어지고, 신령의 집산은 유한하여, 모두 이 기화 속에서 순환한다. 인령(人靈)을 미루어, 천령(天靈)을 헤아림에, 크고 작음에 다름이 있을 뿐만 아니라, 본디 영원한 불가사의한 바가 있다. 옛날 하늘을 말할 때면, 매번 사람의 일을 기준으로 천도의 불가지를 헤아렸는데, 숙고하여 확인한 바는 없고, 대체로 말을 늘어 지은 바가 많은, 정녕 입언(立言)이다. 근래 하늘 여러 행성의 운행을 측정하여, 인도(人道)가 따르게 하며, 입증할 수 있는 단서를 밝혔지만, 그 의혹의 이치를 말하지 않았는데, 이는 바로 고금 경험이 점차 분명해진 결과다(按神之精明爲靈, 則靈是氣之精明, 漸而形解, 則無人之靈而返爲天之氣, 萬物之生滅亦然. 人物之生死相續, 神靈之聚散有限, 總是氣化中循環. 推人靈測天靈, 非但大小有異, 自有永久之不可思議者. 上古之談天, 每以人事爲準, 推測天道之不可知, 無考驗者, 率多排撰, 丁寧立言. 近世之測天諸曜之斡運, 爲人道之遵奉, 明其可驗之端, 不言其疑惑之理, 是乃古今經驗漸明之效也).[19]

천주교[洋教]의 십계명은 천주에게서 나와 예수[耶蘇]에 이르러 처음 그 법이 사람들에게 제시되었는데, 무릇 하늘을 이고 땅을 밟은 사람들 모두 받

---

19) 이상은 『해국도지』, 권27, 「천주교고 상(天主教考上)」에서 채록했다(『위원전집』, 5책, 816~817쪽). 위원은 아무런 비평이나 주석을 내지 않았지만, 혜강은 단락마다 긴 주석을 붙였다. 이는 『지구전요』에서 혜강의 사고를 읽을 수 있는 가장 중요한 언급들이다.

들어 따라야 했다. 생각건대 십계 유래의 자취는 허황함이 많아 채록하지 않는다.[20] 첫째, 하느님은 나 이외에 다른 신을 가지지 말라고 했다. 무릇 사람의 손으로 만든 나무 인형, 흙이나 돌, 그리고 산천과 조상[祖宗] 등의 신은 모두 받들어서는 안 된다. 아마도 절하고 제사하는 예는 하느님에게만 할 수 있고, 다른 사람에게 해서는 안 되는 이유는 그 마음이 나누어지기 때문이니, 한마음 한뜻으로 하느님을 경배해야 하기 때문일 것이다. 둘째, 하느님은 나를 위해 조각한 상을 만들지 말 것이며 사당을 세워 신위를 놓거나, 술을 올리고 곡을 연주하거나, 찬송하여 신으로 섬기지 말라고 했다. 예배하는 날 예수와 성모의 상이나 십자가일지라도 설치할 수 없다. 아마도 형체가 없는 그 무엇을 신이라 하는데, 형체가 있으면 신이 아니기 때문일 것이다. 셋째, 하느님은 너희들은 신의 이름을 가벼이 써서는 안 된다고 하였다. 옛날 이스라엘[以色耳國] 사람이 신에게 계시[遺詔]를 받아 신의 이름을 여호와[Yahweh, 耶何瓦]라고 기술했는데, 중국어로 '자연히 그러한 신'이라는 뜻이었다. 발원하거나, 맹세하거나, 기도하거나, 한담할 때 신의 이름을 함부로 언급하면 안 되고, 반드시 지극한 계율로 써야 한다. 넷째, 하느님은 안식일[Sabbath, 撒巴日] 예법을 지키되, 앞 엿새는 너의 생업을 꾸릴 수 있지만, 다만 제7일은 다른 일을 해서는 안 되며, 너의 자녀, 하인들, 가축, 집안의 손님들도 마찬가지다. 대개 신주는 엿새 동안 하늘, 땅, 바다를 창조하고, 제7일은 신주가 편히 쉬는 날이므로 반드시 지켜줘야 한다고 하였다. 사바스[Sabbath, 撒巴]는 예배일이다. 제7일은 바깥일을 그치고, 마음의 생각도 쉬게 하되, 이미 떠나가 오지 못했으면, 모든 일을 쉬면서 생각하지 말고, 한마음으로 오로지 하느님을 생각하며, 하느님께 절하거나, 성서를 읽거나, 자기 마음을 성찰하거나, 다른 사람을 교화하는 일 모두 영혼을 보전하고 조화를 체득하는 일이다. 이상 네 가지 계율은 모두 경천(敬天)에 속한다. 이하 여섯 조목은 오상(五常)을 언급한 것들이다. 다섯째, 하느님은 너희 부모를 공경하라고 했다. 여섯째는 살생을 하지 말라고 했다. 사람을 해치는 일뿐만 아니라, 영혼도 안 된다. 즉 자살하는 자는 그 영혼이 지옥에 들어가므로, 어려움을 앞두고 죽을 수는 있으나 자살해서는 안 된다. 가장 큰 죄가 된다. 일곱째는 남의 아내를 간음하지 말라고 했다. 외도를 금할 뿐 아니라, 첩을 두어서도 안 된다. 부귀한 사람들은 무수한 하인을 쓸 수 있어도 첩을 둘 수만 없다. 자식이 없어도 명에 따라야 하며 계율을 어기면 안 된다. 여덟째는 남의

20) 혜강의 주석이다. 자신의 추가 설명에는 '안(按)'자를 붙이고 있다.

물건을 훔치지 말라고 했다. 아홉째는 너의 이웃에게 거짓 증언을 해서는 안 된다고 했다. 열 번째는 남이 가진 바를 탐내지 말라고 했다. 이상 여러 계율은 모두 바깥일로, 모두 마음속의 탐내는 생각을 경계했다. 예수는 너희들은 온 마음으로 영혼을 보전하고, 깨달음을 온전히 하여 너희 주인, 너의 신을 사랑하라고 했는데, 이는 첫 번째 큰 계율이다. 두 번째로 너의 이웃을 자신처럼 사랑하라고 했다. 예수가 설명한 이 십계의 대의는 하늘을 공경함[敬天]과 남을 사랑함[愛人], 두 가지로 귀결되지만, 하늘을 공경하면 남을 사랑하지 않을 수 없으므로, 두 가지는 중복되니, 또한 '경천'을 요체로 한다.[21] 생각건대, 경천애인은 두 가지 일이 아니다. 애인의 근본을 미루어 경천에 이르기도 하고, 경천의 도리를 밝혀 애인의 실체로 드러나니, 이는 애인하여 경천하고, 경천하여 애인하는 것이다. 만약 경천과 애인을 두 가지 일로 보아 분명 상관이 없다면 경천할 필요가 있겠는가? 위의 네 가지 계율이 하나님에게서 나왔다는 말은 단지 사람들에게 오로지 나를 높이고, 오로지 나를 섬기라고 요구한다는 말인데, 이 어찌 하나님 자신이 말하고 자신이 설정한 계율이리오. 또 7일에 안식한다는 설은 더더욱 근거가 없다. 하루 이틀의 수는 천체의 한 주기에서 생겨나지 않고, 지구가 도는 한 바퀴에서 생겨나는데, 설령 주재하는 사람이 있더라도 어찌 작은 땅을 도는 일수로 안식과 활동의 일정한 식으로 삼았겠는가. 이날에 예배하는 것으로, 속죄를 구하며 복을 얻는다는 것은 우매한 사람들을 미혹시키기에 그만이다(按敬天愛人不是二事. 或推愛人之本, 而至于敬天, 或明敬天之道, 以著愛人之實, 是爲愛人而敬天, 敬天而愛人也. 若以敬天愛人, 判爲二事, 了無相關, 將何用敬天哉. 上四誡之出自神天云者, 但要使人惟尊我, 惟事我, 是豈神天自道自設之誡哉. 且七日安息之說, 尤極無據. 一日二日之數, 非生於天體一周, 乃生於地轉一周, 則設有主宰, 豈以小地之周旋日數爲安息與動作之定式哉. 以此日行禮拜, 求免罪獲福, 適足爲誑惑愚迷).

『천학초함(天學初亟函)』 등의 책은 『사고전서(四庫全書)』 잡가류 존목(存目)에 들어 있다. 여기에 대략 그 요점을 채록한다. 『이십오언(二十五言)』 1권은 명나라 마테오 리치[Matteo Ricci, 利瑪竇]가 지었다. 천주교의 교리[教法]가 중국에 전파된 일도 이 책에서 비롯되었다.[9)22)] 스물다섯 가지 조목의 처음

21) 『해국도지』, 권27, 「천주교고 하(天主教考下)」에서 채록했다(위원전집, 5책, 818쪽). 아래 추가 설명에서 우리는 위원의 설명보다 혜강의 반박이 매우 논리적임을 볼 수 있다.

22) 이 요약된 기술은 원문과 비교해 볼 때 오해의 소지가 있다. 위원은 "서양인이 중국에

대지(大旨)는 대부분 석가모니[釋氏]를 표절했지만, 문장은 훨씬 못하다. 또 유교 서적의 문장을 빌려와, 자신들의 설이 세 종교 중에서 가장 뛰어나다고 생각했다.

『천주실의(天主實義)』 2권은 이마두 지음. 8편과 1편은 천주가 천지와 만물을 창조하고 주재하며 편안히 양육한다고 논했다. 2편은 세상 사람들이 천주를 잘못 인식하고 있는 점을 논했다. 3편은 영혼[人魂]은 불멸하며 금수와는 크게 가름을 논했다. 4편은 귀신과 영혼에 관한 다른 설들을 분별하여 설명했고, 천하 만물이 일체라고 말할 수 없음을 논했다. 5편은 윤회(輪回), 육도(六道), 살생 계율의 오류를 반박하고 변론하여 제계[齋素]의 뜻이 바른 의지[正志]에 있음을 밝혔다. 6편은 의(意)는 소멸할 수 없음을 해설하고, 사후에는 반드시, 천당과 지옥의 상벌이 있음을 논했다. 7편은 인성은 본디 선함을 논하고, 천주교 학자들의 학문을 서술했다. 8편은 유럽[泰西]의 관습을 전체적으로 기술하며, 도를 전하는 사람들이 배우자를 맞지 않는 뜻을 논하고, 천주가 사방 땅에서 내려온 이유를 설명했는데, 큰 요지는 사람들이 천주를 신봉하여 그의 가르침을 실천하라는데 있다. 유교를 공격해서는 불가함을 알고, 『육경(六經)』에 나오는 상제(上帝)의 설을 끌어와 천주에 붙였으나 특별히 불교[釋氏]를 공격하여 이기려 했다. 그러나 천당과 지옥의 설은 윤회의 설과 크게 다르지 않다.

『기인(畸人)』 10편 2권과 딸린 『서금곡의(西琴曲意)』 1권은 이마두 지음. 모두 문답을 설정하여 그들 교리를 폈다. 첫째 사람은 수명을 다해도 잘못은 여전히 남게 된다고 하였다. 둘째 사람은 현세에 임시로 살 뿐임을 말했다. 셋째 항상 사후(死後)를 생각하여 잘 행동하여 복을 지르라고 했다.[23] 넷째 항상 사후를 생각하고 사후의 심판을 준비하라고 했다. 다섯째, 군자는 말을 적게 하

들어온 일은 이마두로부터 시작되었고, 서양의 교리가 중국에 전파된 일도 이로부터 비롯되었다"라고 하였다(위원전집, 5책, 818쪽).

23) 3편에서 한 말의 요지에 관하여 『해국도지』에는 "三謂常念死候利行爲祥"라고 하였다. 여기 '사후(死候)'를 혜강은 '사후(死後)'로 고쳤는데, 정확한 이해다.

고 침묵하려 한다고 했다. 여섯째, 재계[齋素]의 바른 뜻은 살생을 금하는데 있지 않음을 말했다. 일곱째 자성하고 자책하되 아무것도 하지 않음은 잘못이 된다고 하였다. 여덟째, 선악은 사후에 보응된다고 말했다. 아홉째, 함부로 미래를 묻는 일은 스스로 몸을 속박하여 죽는다고 했다. 열째, 부유하면서도 탐욕스럽고 인색하면 가난한 사람보다 고통스럽다고 했다. 이러한 말들은 광대하고 널리 변론하여 상당히 따를 만 하지만, 대체로 석가모니[釋氏]가 생사는 무상하며, 죄와 복은 차이가 없다는 설을 흡수하되 윤회와 살생을 경계하고, 장가들지 않는다는 설은 취하지 않으면서 유교의 이치에 끌어다 붙여 사람들이 대뜸 공격할 수 없게 하였다. 『천주실의』와 비교해 보면, 순전히 지루하고 허황함에 이르렀지만, 세운 설은 비교적 영민하다. 불교 서적과 『천주실의』를 비교해 보면, 그 예배와 참회는 같지만, 『천주실의』가 선(禪)을 담론한 듯하다. 끝에 붙인 『서금곡의』 8장은 만력(萬歷) 경자년(1600) 이마두가 북경에서 헌상한 책으로 모두 중국어로 번역되어 원래의 뜻이 아니지만, 『곡의』 의미에 겨우 남았는데, 그 의미가 『기인』 10편과 서로 호응하므로 책의 끝에 붙여둔 것이다.

『변학유독(辨學遺牘)』 1권은 이마두 지음. 우순희(虞淳熙, 1553~1621)와 불교의 책을 논하면서 연지화상(蓮池和尙)의 『죽창삼필(竹窗三筆)』이 천주교를 공격하는 설을 따진 책이다. ⓐ이마두는 불교를 힘껏 배척했으므로, 불교학자들이 일어나 쟁론하자, 이마두 또한 반론하며 서로를 비난했다. 각기 하나의 황당무계한 설을 고집하며, 끝까지 따져 힐책할 수 없는 지점에서 비교하며 승부를 겨뤘다. 불교가 물리칠 수 있는 바는 천주교가 물리칠 수 있는 바가 아니었고, 천주교가 물리칠 수 있는 바는 또한 불교가 물리칠 수 있는 바가 아니었음을 몰랐으니, 같이 목욕하며 서로 벌거벗었다고 나무랄 뿐이었다(利瑪竇力排釋氏, 故學佛者起而相爭, 利瑪竇又反唇相詰. 各持悠謬荒唐之說, 以敎勝負於不可究詰之地. 不知佛敎可闢, 非天主敎所可闢, 天主敎可闢, 又非佛敎所可闢, 均同浴而譏裸裎耳).[24]

---

24) ⓐ의 평론은 『해국도지』에 보이지 않는 혜강의 것이다. 쌍행의 주석으로 처리되어야 했을 법하다.

『교우론(交友論)』 1권. 이마두가 지었다. 교우의 도리를 두루 논하며 교리는 언급하지 않았으므로, 그 대강을 들지 않는다.

『칠극(七克)』 7권은 서양 사람 판토하[Pantoja, 龐迪我, 1571~1618]가 지었다. 만력 갑진년(1604)에 완성되었다. 천주가 금한 죄들을 논설했다. 그 일곱은 첫째 교만, 둘째 질투, 셋째 인색함, 넷째 분노, 다섯째 음식 탐닉, 여섯째 색에 빠짐, 일곱째 선행에 게으름이다. 판토하[龐迪我]는 이 책을 지어 그 뜻을 밝혀, 첫째 교만함을 감추기[伏傲], 둘째 질투를 다스리기[平妒], 셋째 탐욕을 없애기[解貪], 넷째 분노를 삭이기[熄忿], 다섯째 식탐을 막기[塞饕], 여섯째 음란함을 막기[防淫], 일곱째 태만함을 채찍질하기[策怠]라고 했다. 이 말은 유가와 묵가의 사이에서 나왔는데, 논한 일로 말하자면 무리하지는 않지만, 모두 천주를 경배하고 섬겨 행복을 구하면, 그 잘못은 종지(宗旨)에 있지, 말에 있지 않다고 귀결된다. 그의 설에는 동정의 몸을 지키라는 한 조목이 들어 있는데, 어떤 사람이 사람들이 모두 동정을 지켜 결혼하지 않으면 인류는 멸망할 것이오 라고 따져 묻자, 답하기를 만약 세상 사람들이 모두 동정을 지켜 인류가 멸망하면, 천주가 있게 하여 살게 할 것인데, 어찌 지나친 걱정으로 번거롭게 하느냐는 말이 실려 있었는데, 이 말은 이미 없어졌다.

『서학(西學)』 1권은 서양 사람 알레니[艾儒略]가 지은 책이다. 천계(天啓) 계해년(1623)에 완성했다. 『천학초함(天學初函)』의 첫 번째 책이다. 기술한 바가 모두 그 나라에서 학교를 세워 인재를 기르는 법으로, 무릇 여섯 분과로 나누었다. 소위 레토리카[Rhetorica, 勒鐸理加]는 문과다. 필로소피아[Philosophia, 斐錄所費亞]는 이과다. 메디키나[Medicína, 默第濟納]는 의과다. 이우리스[Iuris, 勒義斯[斯義]]는 법과다. 캐노닉스[Canonics, 加諾搦斯]는 교과(教科)다. 테올로지아[Theologia, 陡祿日亞]는 도과(道科)다. 교수들 각자에게 등급이 있는데, 대체로 문(文)에서 이(理)로 들어가며, 이과를 벼리[綱]라 한다. 문과는 중국의 소학과 같고, 이과는 중국의 대학과 같다. 의과, 법과, 교과는 모두 생업으로 한다. 도과는 그들 법에서 말하는 본성을 다해 목숨을 던지는 극단으로, 힘을 다 바쳐 격물궁리를 본으로 삼고 체용(體用)을 공으로 삼으니, 유학과 순서가 비슷하다. 특히 사물의 이치를 따져 밝힌 바는 모두 도량과 산수의 말이며 궁리한 바도 지루하고 신괴(神怪)하여 따질 만한 바가 못 된다. 이것이 '이학(異學)'이라 하는 이유다.

『영언려작(靈言蠡勺)』 2권은 서양 사람 삼비아시[Francesco Sambiasi, 畢方濟]가 짓고 서광계(徐光啟)가 편집했는데, 천계(天啓) 갑자년(1624)에 완성했다. 모두 아니마[anima, 亞尼瑪]의 학문을 논했다. 아니마[亞尼瑪]란 중국어로 영성(靈性)이란 뜻이다. 총 4편으로, 1편은 아니마의 체(體), 2편은 아니마의 능(能), 3편은 아니마의 존(尊), 4편은 아니마의 같고 아름다운 정(情)을 논했으나 모두 천주를 경배하고 모셔 행복을 추구한다고 귀결되는데, 사실 불교 각성(覺性)의 설로 교묘하게 늘어 쓴 것일 뿐이다. 명나라 말 심학(心學)이 서방에 성행하면서 영리하게 불교 서적에서 가져와 둔갑시켜 시대에 영합하자 이 설이 갑자기 성행했다.

『공제격치(空際格致)』 2권. 서양 사람 바뇨니[Alfonso Vagnoni, 高一志]가 지었다. 서법(西法)은 화(火), 기(氣), 수(水), 토(土)를 4대 원소로 삼고, 중국 오행(五行)에서 금(金)과 목(木)의 겸용이 잘못이라고 생각했다.

『환유전(寰有詮)』 6권은 서양인 푸르타두[Francisco Furtado, 傅汎際]가 천계(天啓,1621~1627) 연간 완성했다. 모두 천주 존숭을 논했다. 또한 「환만순체불괴(圜滿純體不壞)」 등 15편이 있는데 대체로 천주의 법을 천명했다.[25] 생각건대 이상 10책은 모두 서양인으로 중국에서 우거하던 사람들의 손에서 나왔다. 신비롭고 기이함을 과장 기술할 때는 서양 나라에 유전되는 교법을 원용했다. 중국에 맞추려 하면서는 유가 서적을 표절하고 문자를 모방했다. 이들을 얻어 보는 자들이 피차의 형세와 고금의 추이와 변화를 참작하여 보면, 중국과 서양 사람들의 지각이 대동소이했음을 확실히 체험할 수 있다. 여러 교는 각기 모시는 신을 들고, 과장하여 칭송함에 이기려 하고, 시비로 분쟁하며, 괴상하고 헛된 소리가 점점 심해졌다. 가령 천하의 사람들이 그 어긋남을 들추어 상도(常道)를 체득하지 못한다면, 현저한 기화(氣化)와 도리가 하느님[主一]에 통섭되어, 우열 경쟁을 일삼을 소지가 없어진다. 기(氣)는 태양, 별, 지구, 달이 만들어 내는 바탕으로 만물 만사가 드러나고 감추어져 있어, 형질의 조리가 있는 것은 입

25) 이상은 『해국도지』, 권27, 「천주교고 하(天主教考下)」에서 채록하고 재구성했다(위원 전집, 5책, 818~821쪽).

증되어 불명함이 없는 것이다. 기도나 푸닥거리하여 변통할 바가 아니니, 단지 성실히 천지 조종을 준수할 바는 그 안에 있다. 고래로 생사는 미루어 이를 수 있건만, 이 기(氣)를 버린다면 무엇이 주관하겠는가. 옛사람들은 기를 알아 보고 기를 증험하는데 이르지 못하여, 충만한 기를 공(空)이니, 영(靈)이니 하며 무형(無形)으로 돌려 버렸다. 부질없이 유형과 무형의 사이에서 분쟁했으니, 무한한 병의 뿌리는 여기에서 생겨났다(按以上十書皆出於西洋人, 入寓于中國者之手. 夸說神異, 則援據西國流傳之教法. 要合中國, 則剽竊儒書, 比倣之文字. 取而觀之者, 參酌彼此形勢, 古今趨變, 中西人知覺之大同小異, 固可驗矣. 諸教各學所事之神, 務勝誇異, 是非紛鬨, 怪誕漸劇. 若使天下之人擧其違越, 不得經常, 顯著之氣化道理, 主一統攝, 無所事於爭競優劣矣. 夫氣日星地月陶鑄之質, 萬物萬事施藏之, 所有形質之條理, 無證驗之晦昧, 非祈禳之所變通, 惟誠實之所遵守天地祖宗在其中. 古來生死可推達, 捨此氣而何主焉. 古人未及見氣驗氣, 而充滿之氣爲空爲靈, 歸之于無形. 徒紛爭於有形無形之間, 無限病根, 由此而發).

진(陳)나라 선제(宣帝) 대건(大建) 원년(569) 무함마드[穆罕黙德]가 메카[回國]에서 태어났는데, 모습이 준수하고 위대했다. 어렸을 때 집이 가난하여, 장사꾼을 따라다니며 원유(遠遊)했고, 이국 사람들과 사귀면서 식견을 넓히고, 인물의 본성을 체득하고 살폈다. 밤낮으로 멈추지 않고 의리를 추궁하며 본국에서 숭상하는 교리를 예수의 무리가 널리 퍼져있던 곳이다. 이리저리 사색하고, 조용히 근원을 찾아내 새로운 교를 세우니 바로 이슬람교다. 그 말은 다음과 같다(陳宣帝大建元年, 穆罕黙德生於回國, 儀容俊偉. 少時家貧, 服賈遠遊, 編交異國人, 廣擴見識, 體察人物之性. 不舍晝夜, 推窮義理, 將本地所崇教門, 耶蘇之徒所廣布. 千思百索, 黙尋根原, 以立新教, 卽回教也. 其言曰).

메카[天方]에서 명을 받아 행하는 교에는 같은 성인이지만 네 등급이 있다. 교를 행하며 미약하나마 징조가 있는 자를 성인(聖人)이라 하는데, 탈루트[Ṭālūt, 脫魯持], 유수프[Yūsuf, 요셉, 郁實父] 같은 사람이다. 교를 행함에 징조가 있어 경전의 뜻으로 구제하는 자를 '흠성(欽聖)'이라 하는데, 시스[Shith, Seth, 施師], 야쿠브[Yaʿqūb, 葉爾孤白], 술라이만[Sulaymān, 素來馬尼] 같은 사람이다. 교를 행하고 경의 뜻으로 구제하며 때에 따라 이전 성인의 경전을 알맞게 하거나 덜고 빼는 자를 대성(大聖)이라 하는데, 누흐[노아, 努海], 이브라힘[易卜剌欣], 무사[모세, 母撒], 다우드[Δαυìδ, 다윗, 達五德], 이수[예수, 爾撒] 같은 사람들이다. 명을 받고 특히 성전을 받아 이전 성인의 경전을 전체적으로 바꿔 천하 만세 모두 그로부터 기준 삼게 한 자를 지성(至聖)이라 하는데 바로 무함마드 한 사람뿐이다. 공이 큰 것으로는 산경(刪經)으로, 경은 신이 성인에게 내려준 114부다. 『타우라[Tawrah, 討剌特經]』, 무사[母撒]에게 내려준 석경(石經)이다. 『자부르[Zaboor, 則逋爾經]』, 다우드[達五德]에게 내려준 경전 명칭이다. 『인질[Injeel, 引支勒經]』 이수[爾撒]에게 내려준 경전 명칭이다. 같은 경은 가장 오래된 것들이다. 무함마드의 출생부터 신[眞宰]이 이들을 없애도록 명하고, 『알 푸르깐['al-furqān, 甫爾加尼經]』 '푸르깐[甫爾加尼]'은 중국어로 진귀한 명으로 받은 진짜 경전[寶命眞經]이란 뜻이다. 6,666장, 총 30책을 주었는데, 이전 경문들이 그 안에 들어 있었다. 예수[爾撒]가 세상을 떠난 지 600년부터 이단이 어지러워지고, 옛 경전이 잘못되어 성인이 명을 받들어 산정하여, 진짜는 남기고 가짜를 버려, 번잡함에서 간략함으로 되돌린 이후로 평온무사하며 만고에 바뀌지 않았다. 둘째, 재계와 예배, 결혼과 상례, 율법, 저울 같은 법을 제정하고, 크게는 사당 배알과 재계 제사, 작게는 음식과 기거, 그리고 천지와 산해, 예악과 문장, 의술과 점술 등 모두 이전 성인의 정미함을 총괄하여 집대성했다. 예를 들어 하루 다섯 번 예배에서 새벽 예배[晨禮]는 아담[阿丹]에게서, 정오 예배[晌禮]는 이브라힘[易卜剌欣]에게서, 오후 예배[晡禮]는 유누스[요나, 郁納息]에게서, 저녁 예배[昏禮]는 이수[爾撒]에게서, 밤 예배[宵禮]는 무사[母撒]에게서 시작되어, 무함마드에 이르러 비로소 합쳐서 사용했다. 하루에 다섯 차례 예배하고, 7일에 한 차례 모여서 하고[Jumu'ah 聚禮], 1년에 두 차례 집회한다[會禮]. 한 번은 재계 집회[Eid al-Fitr, 齋會]이고 한 번은 제사 집회[Eid al-Adha, 祀會]다. 새벽 예배는 4배, 정오 예배는 10배, 오후 예배는 4배, 저녁 예배는 5배, 밤 예배는 9배를 하고, 7일 예배[聚禮]에서는 10배, 두 차례 대회[會禮]에서는 2배를 한다. 단 대인(大人, 이맘)들에게는 명례(明禮), 야공(夜功), 예친(禮親) 예배가 있는데, 예친은 2배를 하고, 명례와 야공에는 횟수가 없다.

무함마드는 이 가르침을 자손에게 전하고, 제자들에 전했는데, 다는 지역으로 나뉘어 가서 교화를 널리 행했다. 가르침이 되는 바는 암묵적 주재자를 종(宗)으로 하여, 경배하고 섬김에 주일(主一) 하는 것을 공(功)으로 여기며, 근본으로 돌아가 복명(復命)하는 것을 궁극으로 삼는다. 오공(五功)을 존경하고 복종하는 것이 천도(天道)를 다 함이요, 오전(五典)을 힘써 높이는 것이 인도(人道)를 다 함이다. 오전(五典)은 유교와 같다. 오공(五功)은 염진(念眞), 예진(禮眞), 재계(齋戒), 기부[捐課], 성지순례[朝覲天闕]다. 수시로 진재(眞宰)를 외고, 소리내어 하는 암송[口念]이 있고, 마음으로 하는 암송[心念]이 있다. 하루 예배는 다섯 시간에 하고, 각자 하는 예배[散禮]가 있고, 모여서 하는 예배[聚禮]가 있다. 해마다 한 달 재계하며, 매운 음식과 고기를 금한다. 해마다 재물을 희사하며, 사원에 기부하는 것을 말한다. 평생 한 번 천궐(天闕), 즉 메카[天方]을 순례한다. 무릇 가르침을 닦는 사람은 어느 나라를 막론하고 평생토록 한 번은 메카에 가서 성인의 묘를 참배하고, 검은 돌[元石]을 어루만지며 고향으로 돌아왔음을 보인다. 아마도 유형(有形)의 참배를 빌려, 무형(無形)의 참배를 맡기는 것이리라.[26] 생각건대 무함마드가 옛 경전을 개혁하고, 문장을 덜고 보탰는데, 예수교에 비해, 살펴 경험한 바가 약간 많고, 항목들도 더 개진되었다. 설령 집대성했다고 하더라도, 예배에 있어서는 더 번잡해져, 황제의 은혜에 보답하는 데에서 나오지 않았다면, 복을 구하고 화를 면하자는 것이다. 하늘을 섬기는 도리는 본디 자질구레하지 않아야 한다. 인간, 사물, 수풀 각기 부여받은 성질에 따라, 움직임이 어지럽고, 시시각각 천만 변화하는데, 진재(眞宰)가 어찌 남김없이 살필 수 있겠는가. 공과(功過)는 반드시 드러나지만, 능히 운행 변화한다면 인간과 사물이 스스로에 힘입어 일어나고 소멸할 뿐이다. 그러나 사람과 사람에게는 본디 고증하고 경험한 선악과 유전하는 평가가 있다. 인도(人道)를 다 하려 애써, 천도(天道)를 받들게 함은 그럴법하지만, 사람의 생각을 미루어, 헛되이 하늘을 헤아려, 사람에게 필요한 술수로 사람을 섬기는 예법을 하늘에 요구하는 것은 천도를 모를 뿐만 아니라, 인도도 모르는 것이다. 이른바 천도가 다 하면, 인도가 다 한다는 말은 수고스럽게 변별할 필요는 없다(按穆罕默德裁革古經, 損益節文, 比于耶蘇教閱歷, 稍多條別, 漸開. 縱云集大成, 至於禮拜, 漸趨煩瀆, 如非出於報謝皇恩, 卽是求福免禍. 事天之道, 固不當鄙瑣也. 人物林叢各稟質, 動作紛紜, 日千變時萬化, 眞宰何能照察無遺. 功過必施, 但能運化, 則人物自賴起滅而已. 然人與人自有考驗善惡, 流傳褒貶. 務盡人道, 以爲奉承天道, 可也, 推人意思, 妄度天道, 以要人之術, 要天事人之節事天, 非但不識天道, 并與人道而不知也. 所云天道盡人道盡者, 不必勞勞卞別).

강희(康熙, 1662~1722) 연간에 금릉(金陵)의 유지(劉智)라는 사람은 이 교의 사람으로, 동서의 글에 능통하여 『천방성리(天方性理)』, 『천방전례(天方典禮)』라는 두 책을 번역하고, 경전에 따라 그림을 그리고, 그림에 따라 전(傳)을

---

26) 이상 『해국도지』, 권25, 「천방교고 상(天方教考上)」에서 채록하고 재구성했다(위원전집, 5책, 783~784쪽).

썼는데, 다섯 장(章)이 으뜸이다. 첫 장에서는 대세계 이상(理象)이 현저한 실마리와 심신(心身)과 성명(性命)이 감추고 있는 용(用), 성범(聖凡)과 선악(善惡)의 이유[由]를 말했고, 마지막 장에서는 크고 작은 세계가 나뉘고 합쳐지고 섞이는 이치를 총괄하여 유일한 진(眞)에 귀의했다. 대체로 하늘은 일곱 겹으로, 기(氣)는 일곱 행성으로, 땅은 일곱 주(洲)로, 사람은 일곱 등급으로 나누고, 예배 또한 7일을 주기로 했다. 일곱 하늘이란 바로 칠정(七政)이다. 이들 하늘 위로[天惟其上]는 여덟 번째 쿠르시[Kursi, 庫爾西天], 아홉 번째 아르쉬[Arsh, 阿爾實天]로 여러 하늘의 밖을 싸고 있다. 바로 항성천(恒星天)과 종동천(宗動天)이다. 사람은 흠성(欽聖), 중성(衆聖), 대현(大賢), 지혜(智惠), 염개(廉介), 용상(庸常), 명완(冥頑) 등 일곱 등급은 나누어 칠정(七政)과 짝을 짓고, 지성(至聖)과 대성(大聖)은 아르쉬[阿爾實], 쿠르시[庫爾西] 두 하늘과 짝지운다. 지성(至聖)은 오로지 무함마드 한 사람뿐이다. 일곱 행성은, 금(金), 목(木), 수(水), 화(火), 토(土) 외에 기(氣)를 하나의 행성으로 넣었는데, 풍(風), 운(雲), 뢰(雷), 전(電) 같은 것들이다. 또 영활(靈活)을 하나의 행성으로 넣었는데, 동(動), 주(走), 비(飛). 잠(潛) 같은 것들이다. 일곱 주(洲)에 관한 설은 그 항목이 알려지지 않았다. 아마도 서양의 다섯 주에서 보탠 것일 것이다. 그들의 교는 진재(眞宰)를 주인으로 삼는데, '진재'란 하늘을 닿고, 땅을 낳고, 사람을 낳고, 사물을 낳고, 이치를 망라하여 만물을 주재한다. 사람의 성명은 모두 부여받은 바이므로 살아 있을 때는 주재자를 따르고, 죽은 뒤에는 근본으로 돌아가 복명(復命)하므로, 그대로 주재자에게 돌아감이다.[27] 생각건대, 끌어당겨 합치고 분배함이 구중천(九重天)을 사람으로 분배하는 데 이르러 극에 달했다. 말류의 폐단과 편벽한 해가 어찌 이슬람교[天方教]만 그러하겠는가. 천 몇백 년의 경험으로 상고해 보면, 잡학(雜學)이 일어나는 이유는 견문이 고루했기 때문이고, 잡학이 치성하는 이유는 복을 쫓고 화를 피했기 때문이며, 잡학이 소멸하는 이유는 상도(常道)가 점차 밝아졌기 때문이다. 어찌 천 년, 천 명이 쟁론하여 분별해 낼 수 있으리오. 우주 사람들의 증험을 거치기를 기다려야 더불어 밝아지고 더불어 펼쳐지는 것이다. 지구의 기화를 자세히 계산하

27) 이상 『해국도지』, 권25, 「천방교고 하(天方教考下)」에서 채록했다(위원전집, 5책, 785쪽).

여 경상이 밝아지면, 공허하고 신기하며, 화복을 구하고 면하는 학문은 공격하여 물리치지 않아도 저절로 종식될 것이다(按牽合分排, 至於九重天分排以人而極矣. 末流之弊, 偏僻之害, 豈獨天方教而已哉. 以其累千百載經驗考之, 雜學剏起, 由於聞見固陋, 雜學熾盛, 由於禍福趨避, 雜學消滅, 由於常道漸明, 是豈十百載十百人所可爭卞哉. 須待宇宙人之閱歷證驗, 共明共暢者也. 自歷算地球氣化, 經常之明, 空虛神異禍福求免之學, 不待攻斥而自可息矣).

ㄱ

ㄷ

ㄹ

ㅁ

ㅂ

ㅅ

ㅈ

ㅋ

ㅌ